# BEHAVIOR IN ORGANIZATIONS

*Seventh Edition*

Jerald Greenberg • Robert A. Baron

教育科学精品教材译丛

# Behavior in Organizations

# 组织行为学（第七版）

[美] 杰拉尔德·格林伯格
罗伯特·A.巴伦 著

范庭卫 等译
朱永新 审校

凤凰出版传媒集团
江蘇教育出版社

**图书在版编目(CIP)数据**

组织行为学/（美）格林伯格等著；范庭卫等译.
南京：江苏教育出版社，2005.7（2012.2 重印）
ISBN 978-7-5343-4945-4

Ⅰ.组...　Ⅱ.①格...②范...　Ⅲ.组织行为学
Ⅳ.C936

中国版本图书馆 CIP 数据核字(2005)第 078818 号



教育科学精品教材译丛

**组织行为学(第七版)**

Behavior in Organizations

杰拉尔德·格林伯格　罗伯特·A.巴伦　**著**

范庭卫等　**译**　　朱永新　**审校**

**责任编辑**　王家俊

**出版发行**　凤凰出版传媒集团
凤凰出版传媒股份有限公司
江苏教育出版社(南京市湖南路 1 号 A 楼　邮编 210009)
**苏教网址**　http://www.1088.com.cn
**集团网址**　http://www.ppm.cn
**照　　排**　南京展望文化发展有限公司
**印　　刷**　江苏凤凰新华印务有限公司(电话 025-68037410)
**厂　　址**　江苏南京市新港经济开发区尧新大道 399 号

开本　787×1092 毫米　1/16　　印张 51.5　　字数 1 052 000
2005 年 7 月第 1 版　2012 年 2 月第 2 次印刷

ISBN 978-7-5343-4945-4
定价：88.00 元

**邮购电话**　025-85406265,85400774 短信 02585420909
**E - mail**　jsep@vip.163.com
**盗版举报**　025-83658837

苏教版图书若有印装错误可向承印厂调换
提供盗版线索者给予重奖

## 作者介绍

杰拉尔德·格林伯格(Jerald Greenberg)　美国俄亥俄州立大学人力资源和管理学教授、博士。

格林伯格教授是研究商业道德问题的著名专家。他出版了好几本书,其中《*组织行为学*(*Behavior in Organizations*)》(即本书,编者注)一书荣获美国教材和学术作者协会颁发的大学优秀图书奖。

格林伯格教授已在《应用心理学》杂志、《管理学》杂志、《员工权利和职责》杂志发表多篇论文。他是《组织行为》杂志、《人类决策过程》杂志、《管理学》杂志和商业道德系列的编委。

格林伯格博士为美国许多企业做咨询,内容包括道德价值评估、激励和绩效评估发展。

主要研究兴趣是:

组织公平;公平和不公平程序的前因和后果,以及对个人和组织行为的影响;应用组织公平研究改进工作场所的社会关系;组织中的公平感。

员工偷窃行为;组织中的反社会行为。

商业道德规范;团体社会责任;组织中的道德决策;团体社会责任规范。

组织中的时间知觉和时间紧迫感。

电子商务管理。

罗伯特·A. 巴伦(Robert A. Baron)　伦斯勒理工学院(Rensselaer Polytechnic Institute)心理学教授。1968 年在爱荷华州大学获博士学位。受聘于普度大学、明尼苏达大学、得克萨斯大学、南卡罗来纳大学、普林斯顿大学和华盛顿大学。

巴伦教授在专业刊物上发表论文 100 多篇,在已编辑成册的书中撰写 30 章书稿。他是 42 本书的著者和合作者,其中包括《组织行为学》(第 8 版)、《社会心理学》(第 10 版)、《人类侵犯》(第 2 版)、《心理学》(第 5 版)和《人际关系》(第 4 版)。

巴伦教授的研究和咨询活动主要集中在:企业家的社会和认知因素;工作场所的侵犯和暴力(包括"网上"侵犯);物理环境(如灯光、空气质量、温度)对生产力的影响。

教育科学精品教材译丛

# 总序

作为高校教师，我们中的许多人常常为教育科学教材的陈旧落后而痛心疾首；作为教育学人，我们中的许多人也常常对经济学、社会学等显学学科教材建设的突飞猛进而称美不已。

于是，我们坐卧不安，我们摩拳擦掌，我们立志超越，我们走到了一起。经过几年的努力，我们将涵盖当代高等学校教育学专业的全部主干课程的大型海外教材《教育科学精品教材译丛》呈现在读者面前。

许多年来，我国高等师范教育和高等学校教育学专业课程改革的步伐极为缓慢，师范教育的教育学、心理学、教材教法这三门课程多年不变，教育学专业的课程内容陈旧，课程的选择空间相当狭小。可以说，改变高等师范教育课程和高等学校教育学课程的落后状况，是《译丛》的最为基本的宗旨。

另一方面，随着教育事业改革的深化，教育实践中产生的问题日益复杂，解决这些问题需要极为丰富的教育科学知识和能力。《译丛》追求的另一宗旨正是通过奉献世界上最先进的教育科学知识体系，促进我国教育事业改革的深化。

在过去的几年中，高等学校课程改革已经取得相当明显的成效。深化课程改革的一种重要途径是引进国外尤其是发达国家的高校教材，藉此提高教育质量和增进学生的学习能力。《译丛》的宗旨和思路与我国高校教材改革的这种方向是一致的，而且是高校教材改革过程的组成部分。

促进学术交流，是《译丛》向往的又一宗旨。学术沟通的障碍，表征是交际语言，而深层原因则是学术语言与学术规范。《译丛》希望通过引进国外的教育科学知识体系和贯穿其中的研究方法与表达方式，促进我国教育科学学术事业的进步，并为其走向世界奠定基础和开辟道路。

《译丛》是建国以来从海外引进的规模最大、门类最全的教育学科教材。被国内媒体称为“又一次重要的拿来主义”。在科教兴国的基本国策背景下，它所蕴涵的巨大社会意义已经超出教材本身。因此，《译丛》的编委会和出版者——江苏教育出版社对此高度重视，并为此做了大量的细致而扎实的工作。第一，组建了强大的编委会和翻译队伍。《译丛》的编委会阵容整齐，有各师范大学的博士生导师、教授以及一批海外教育专家；主要翻译人员和审校者均是教育科学专业的博士或教育科学领域的教授，其中一些译者长期旅居国外，并从事教育科学专业的研究和教学工作，他们均在教育科学领域具有相当深厚的积累，可以确保《译丛》的翻译质量。第二，精心筛选选题。《译丛》的入选图书品质上乘，所有选题皆经中、日、美等国专家反复磋商论证，精选而成。其中一些书目为国外学术机构推荐，在国外大学拥有广泛的学术声誉。许多教材一版再版，最多的已达第八版。

我们希望，这套教材能成为国内教育科学的替代课本或重要参考书，也把它作为各地教师继续教育的重要图书。

我们期待，这套教材能给中国教育理论界带来一些观念和方法上的启示，为我国的教育科学的教学和研究，尤其是教材编写工作提供一定的借鉴。

我们相信，这套教材会得到许多中小学教师、校长、教育行政机关干部、教育科学研究人员、教育专业的研究生以及高校在校学生的关注和选用。

当然，我们更希望、更期待的是创新和超越。希望和期待我国的教育科学工作者编写出高水平的、具有中国特色的教材。站得更高才能看得更远，看得更远才能做得更佳，希望我们这套教材能使中国教育理论界有一个更高的起点，使中国的教师和师范学生有一个开阔的视界。需要说明的是，由于原书附有大量的索引，为降低图书成本，减轻读者负担，我们只好割爱，敬请诸君谅解。

我们欢迎各种形式的参与和合作，欢迎专家和读者随时为我们荐书，随时提出各种建议和评论。

《教育科学精品教材译丛》编委会

二〇〇二年四月

# 前 言

新的世纪，新的千年，恰巧你手中拿的又是本书的一个最新版本。当然，这一切只不过是一种巧合。一个新时代的开始，除了能鞭策我们去思考组织行为学近些年来的变化之外，其实对我们并无裨益。本书从初版至今近 30 年，目前已经是第 7 次修订，在这个时期里，组织行为学领域也发生了翻天覆地的变化。

在这一修订版本中，我们详细列举了这门学科的各种发展与变化，以希望把其他教材包含的本门学科的所有最新内容都纳入到本书之中。组织行为学领域中的变化，一部分是巨大的、具有革命性的，一部分则仅仅是内容上的完善和发展；一部分是真实的、确切存在的，一部分则是伪装的、表面的。虽然我们缺乏时装设计大师的速度和深思熟虑，但我们还是按照当前所流行的课题，对相关内容做了某种程度的增减。此外，我们还注意到，在组织行为学领域中，理论研究与实践应用上的比例近年来也发生了变化。在本书更新的过程中，可以说任何一个变化都没能逃出我们的视线。

坦白地说，这些变化我们是无法忽视的。组织行为学领域中这些变化趋势，都是我们两人在日常的职业活动中经常遇到的。我们所教授的对象通常都是些苛求、老练、具有多年工作经验的学生，他们非常熟悉商界中的情况，甚至能毫不犹豫地指出我们在什么时候出了错误。此外，读者中还可能有接受过各种层次教育的以及接受过我们咨询的全国各类公司的员工。他们不仅关注组织行为学的最新进展，而且还能经常在日常工作和生活中接触这些进展。这类读者——从拿高薪的主管到拿低薪的普通员工——都使得我们不得不去关注该领域不断变化的事实。否则，他们就会批评我们为象牙塔所提供的都只是些过于简单化的奢侈品——作为两位加起来有近半个世纪专业经验的社会科学家，我们很可能会过分强调组织行为学中与我们专业训练相关的某一个侧面。

同时，在大学里，我们也是十分活跃的研究者——大学这种环境不仅十分重视学术贡献，而且还要求我们必须做出一定的学术贡献。不过，让我们引以为豪的是，在组织行为学的研究中我们已建构了自己的知识体系——当然，这些成就不只是我们自己的，同时还包含着我们诸多同事的贡献。毕竟，没有这些学术贡献，我们就不会了解——更不用说教授——这些有关组织行为学的知识，因为这些知识不是单凭个人的经验就可以推论出来的。当然，作为一个研究领域，组织行为学也是有其坚实的科学基础的，而这些基础的知识同样也将是本书所论述的重点。

在你阅读本书的过程中，你可能会对本书产生这样的一种印象——诸多内容的混合产物。如果你有这种印象，那么我们给你的感觉就是正确的。事实上，鉴于教材以及该领域自身的特点，结论就应如此。因为组织行为学研究领域本身就是许多内容的混合，所以本书的这种结构体系是特意如此安排的。

## 一、组织行为学有序的体系

对组织行为学来说，建立一个有序的体系有助于我们去思考其所包含的知识内容。在现有使用的教材中，一部分教材重点在于突出某些课题；另一部分则将其重点放在概念体系上或教学法的体系上。这样的安排自然有它们的卖点，但本书决定不采用上述方法。这类教材的体系固然也有其独特之处，但要获得这种独特性也是有代价的：有所偏倚的体系无法反映出当前组织行为学的真实全貌。对我们来说，描述出组织行为学真实全貌是至关重要的，是我们不可推卸的责任。为此，我们希望能为读者呈现出一个有序的、完整的组织行为学概貌。

为了达到这种效果，我们从如下四个主要方面来考虑体系的有序性：课题内容、理论与实践、企业案例、教学重点。

**课题内容：旧课题与新课题**

如果你有一本体系严谨的组织行为学教材，你就一定能从中找到韦伯(Weber)的官僚主义组织结构理论、马斯洛(Maslow)的需要层次理论、伍德沃德(Woodward)关于技术与组织结构的研究，以及其他几十个理论与研究的相关内容。本书同样也包含这些内容。

相对而言，更富有竞争力的还是当代的许多组织行为学理论。下面是本书所陈述的部分最新研究课题。

- 员工支持政策(第一章)
- 创新薪酬体系(第二章)
- 实践、情感和认知智力(第三章)
- 程序公平(第四章)

- 工作满意度性情模型(第五章)
- 企业家资格(第六章)
- 高绩效团队(第七章)
- 图像媒介沟通(第八章)
- 目标框架效应(第九章)
- 组织偏离行为(第十章)
- 转售问题(第十一章)
- 专制—授权型连续模型(第十二章)
- 双S组织文化模型(第十三章)
- 自发性与系统性变革(第十四章)
- 机器视觉(第十五章)
- 战略性规划(第十六章)

**理论与实践:理论、研究还是实践?**

在以前的一个电视商业小品中,有两个人争论一种薄荷糖是糖果型的还是清新气味型的。经过短暂的辩论后,有人就提出了一个解决方案。"停,"她说,"你们都是对的。"我们听到有关组织行为学类似的争论就会想到这个小品。对那些争论"组织行为学是基础理论学科还是应用学科"这个问题时,我们都可提出相同的劝告:"停,你们都是对的。"

我们印象中的组织行为学应该是一门应用科学——也就是说,在我们的意识里,组织行为学是一门从事实践应用的学科。但我们这些从事组织行为学研究的人通常都认为自己既是科学家又是实践者。为了探究个体、团体、组织的基本心理过程,我们也做"纯粹"的科学研究。之后,我们又再把这种知识应用到组织中去,并在实践中学习的基础之上,再回到书桌前,循着实践的启示来修订我们现有的基础理论,之后再去做更多的研究。这样就可能导致更多的应用,并还会像这样不断循环下去。我们相信,这样做必然会使组织行为领域更特殊、更独特和更重要。

本书中,我们特意去再现这个从理论到研究,再到应用,然后又回到理论的过程。由于这是一个宽泛的、动态的体系,再现这一过程十分困难,但我们的确已经再现了——至少在各种可证实的问题上。例如,在第二章,我们既介绍了学习理论,又介绍了这些理论如何应用到组织实践之中以用于塑造和矫正组织行为。在第四章里,我们对理论和实践也是同样对待——我们探讨了每个动机理论以及实际中的应用。同样,在第五章里,我们既介绍了工作满意度以及组织承诺的相关理论,同时又介绍了如何应用这些理论来改善员工对组织的态度。

我们不只是简单地指出各种理论可能会如何应用,还要能准确地告知这些理论如何应用到今天的组织中来。例如,在第六章,我们不仅讲述了导师制的过程,还对今天采取的形式作出了准确的描述。相似的是,我们在第五章里讨论的多元化管理计划,不仅是要你去分析组织所采取的各种管理形式，而且还明确指出一些企业在多元化管理上的具体做法，从而将这些抽象概念带到真实的现实生活中来。这些仅仅是几个案例。对真实的组织所存在的实践问题的系统讨论贯穿全书。我们这样做的原因很简单：将理论应用到实践中去。并且它告诉了我们一个简单的事实——组织行为学在实践中的应用，在当今组织中是至关重要的。要是仅孤立地谈理论、具体研究或实践应用（潜在的或事实上的）就可能会起误导作用，因为组织行为学是三者的结合。所以，我们必须尽量把所有的要素都融入到本书中来。

**企业案例："多样化"案例更具有示例效用**

为了实现我们真实再现组织行为学真实特征的初衷，我们花了大量篇幅描述了一些现存组织的案例。由于当今组织行为如此多样，以致要真正地描述出其本来面貌绝非易事。

尽管一些坚若磐石的大企业如通用公司和施乐公司至今仍在，但显而易见，它们也不再是若干年前的样子——这一事实也未能逃过我们的注意。今天我们发现，有很多员工希望能去刚崛起的小公司工作，因为，小公司能给员工提供充分的发展和冒险的机会。若干年后，小公司可能在他们的奋斗下逐渐壮大起来，当然也可能会不久就倒闭而不复存在。除了这些倾向于为小公司工作的员工之外，还有一些人更喜欢自己去开办企业。这种企业家的冒险现象是工作情景中的一个重要部分，在本书中对此我们也进行了详细描述。描述各种组织所包含的现象，是本书的一大重要特征。因为对于组织行为学来说，要成为一个具有可行性的研究领域，它必须描述现实中存在的不同组织的现象。

要是说我们在列举组织案例时，对案例的选择有所偏倚的话，那么证据可能存在于两个方面。第一，我们特别注意到由于技术的进步——诸如基于互联网技术的组织（如雅虎公司）——而迅速出现的那些新的商业形式。因为这类企业已经在商业界引起了一场革命，我们认为它们值得我们特别注意。但这并不是说，我们已忽视了技术含量较低的传统组织；事实上，对于这类传统组织我们仍有大量的内容要说。然而，由于电子商务（如亚马逊公司）正逐渐替代传统的商务形式（如传统书店），我们认为，在必要的时候突出讨论一下新兴网络经济下的这类组织是很有价值的。

第二，我们也特意描述了总部位于美国之外的组织。我们用几种有主要特征的形式来强调当前商务全球化的本质。然而，我们知道组织的全球化特征，其实已超出了我们用来说明组织行为的一般案例所具有的特征。所以本书使用了大量有关外国公司和跨国公司的案例。例如，我们在第一章中提到的龟甲万公司——一家日本公司，位于美国威斯康星州乡村，是一家使用古老的配方来生产酱油的现代化公司。我们之所以钟情于这个案例，并将之用作本书的开端，是因为该案例同时包含了传统企业与新型企业、大企业与小企业、国内企业与国外企业的诸多特性。简言之，它是"容纳一切"的体系的具体体现，在当今组织中，这种情况是具有十分典型的意义的。

**教学重点：知识与技能**

教育学家认为，教人以事(即提供知识)与教人做事(即发展技能)之间是有基本的区别的。然而在组织行为学研究领域中，我们认为区别两者的界限是模糊的。因为要想充分懂得如何去做，首先得先掌握些必要的知识。为此，本书对知识和技能都十分重视。

为了说明这一问题，请注意一下第十三章中的这两个方面是如何统一的。在这一章中，我们描述了进行创造的过程，还提供发展创造力的工具。同样，在第八章中，也可以看到这类二元性的例子。在描述组织沟通的过程中，我们讨论了倾听的过程；然后，为了帮助读者成为有效的听众，我们还提供了一个用来提高倾听能力的练习。通过这样做——不只是这两个例子，整本书中这类例子还有很多——我们努力使读者在理解组织行为学是什么的同时，帮助读者能够再提高一个层次，将有关组织行为学的知识具体应用到生活实践中去。

总的说来，涵盖经典内容和前沿课题；注重理论与实践的融合；强调知识和技能的统一，这些特点共同构成了组织行为学一个有序的、现实的体系。正如我们所知，这就是该领域最基本的东西——也正是本书的实质。

## 二、新增章节及最新特色栏目

在本书修订过程中，我们做了许多变动。一些是我们前面所提及的体系安排上的变化；另一些则是更为必要的，即对这个领域的最新进展的介绍。一些变化是微妙的，影响仅是一个课题相对于其他课题应如何设计；而另一些变化，则是较引人注意的，涉及的主要是某些重要课题的转移以及新课题的补充。这就要求我们必须要增加一些新的章节，对应的也就有了一些新的特色栏目。

**新增改的章节**

对本书很熟悉的读者可能会立即发现本书增添了一些新的章节，以及重新组织了的一些章节。例如：

- *第六章《行为管理：职业与压力》* 为读者提供了一些针对个人的指导和建议。这一章重点已从如何管理他人转移到如何管理自身的话题上。

- *第十章《合作——对抗：组织中的亲社会与偏离行为》* 通过强调人类本质的积极和消极的方面，本章同时列举了组织行为学中一组相对立的话题。它丰富了我们日益增长的关于组织中偏离行为的研究文献，也为助人行为同合作行为的研究文献的对比提供了机会。

- *第十三章《文化、创造力与创新》* 扩展了我们组织文化的内容，以跟上这个越来越热门的课题。它同本书的另一个新的课题联系在一起——创造力与创新。我们所关注的，既有个人的创造力也有团队的创造力，以及使得这种创造力转化为更高层次的组织创新所需的各项条件和前提。

● *第十五章《组织中的技术》* 以前，我们关于技术的内容被分散于全书的各章节，而现在，我们把有关技术的内容汇总在一起，我们认为这样做能使读者更透彻、更有效地把握组织行为中这一重要元素的本质。

**新的特色栏目**

为了能使读者阅读起来感觉比以前更容易，并能接触到一些特殊的应用性的材料，本书设计了一些新栏目。所以，每一章除了正文中的例子之外，还有两个特别的部分：

**趋势：今天的企业在做什么。** 这部分通过当前组织实践中的一些例子来说明组织行为学中的一些重要概念，使读者可以对组织行为学在实践中的应用有深刻的认识。另外，把这些材料带到生活中来，从而使得这些概念与学生的生活更加贴近。这些例子包括有：

● *设计一个更好的邮包：减轻美国邮政行业员工的背部劳损（第三章）*

● *电视会议：电子空间中的群体（第七章）*

● *求助于顾问，使会议发挥作用（第八章）*

● *海军官使用决策支持系统来作出军事决策（第九章）*

● *教练：从球员更衣室走向董事会议室（第十二章）*

**制胜诀窍**：这部分是组织行为学应用于实践的向导，对文中材料所提出的一些实用的建议进行了一个总的概述。重要的内容有：

● *使远距离发挥作用：一些需考虑的事项（第一章）*

● *如何心平气和地解雇员工（第六章）*

● *如何有效地揭发（第十章）*

● *在什么时候应该采用虚拟组织（第十四章）*

● *坚定变革：来自希尔斯、壳牌以及美国军队含义深刻的三项建议（第十六章）*

还有两个新的栏目，它们强调了这个领域的国际焦点问题。具体有：

**全球组织行为。** 这部分的材料强调了当前组织行为学的国际化特点。重点在于强调组织行为学在不同国家的实践应用上的差异，以及全球化趋势对该领域的影响。下面是其中的一些例子：

● *委内瑞拉石油公司的综合培训（第二章）*

● *东欧人初次应聘工作的动机是什么（第四章）*

● *旷工：同样的行为，不同国家不同的含义（第五章）*

● *选拔外派女负责人过程中的组织政治（第十一章）*

● *创新中的公司（第十三章）*

● *国防对技术出口的关注（第十五章）*

**全球问题。** 这些简短的部分“POP－UP”遍及每一章节。它们包含一些基于国际事实的与本章内容有关的讨论要点的结合。

另一个新栏目主要强调的是一些与组织行为学研究有关的道德问题：

**道德问题。** 这类问题如同全球问题的"POP - UP"一样，遍及每一章的内容之中。我们所列举的都是一些具有挑战性的问题，使读者能认识到与教材内容相联系的一些关于道德的问题。这类问题被安排在教材中相应的位置。

**富有特色传统栏目仍然保留**

本书第六版的爱好者不必担心本书最受欢迎的栏目无处搁置。请相信，这一版本一定比上一版本做得更好。富有特色的传统栏目是：

- *你来做顾问*。这部分主要用来询问读者如何去利用每一章所学得的知识来解决组织中问题。
- *技巧库*。每一章都包含由两个需亲身体验的练习构成的技能库，一个练习重点强调个人的洞察能力和评估（亲历组织行为）能力，另一个则重点强调在团体中的工作情况（分组练习）。需要说明的是，这一版本中大部分练习已被更新。
- *案例*。每一章都包括两个案例，大部分案例几乎都是全新的或是刚被更新。在每一章的开始部分都会有一个案例（"预备案例"），这些案例均具备在真实组织中发生的事件所需要的条件及背景，其目的在于用来引出本章内容。每一章的末尾也有一个案例（"典型案例"），其目的在于帮助我们复习前面的知识，并希望我们最好能把这些知识应用到现实生活中去。通过对"典型案例"栏目的问题讨论，又为后一章的内容做了铺垫。
- *生动的图表*。图表中所有信息，都包含在带有标示的方框中，而方框中每一段文字都直接反映了该部分的主要思想。从高度描述性的材料、详细的标题和这些生动的图表之中，学生们将会不断发现，这一版本的学习更容易入手，更容易理解。

## 三、致谢

尽管写作是个人的事，然而，要使几百万的字节魔术般地从磁盘上变成一本书时，就需要有一个优秀的团队。在准备这本教材的过程中，我们有幸得到了许多知名学者和专家的无私帮助。尽管限于版面，在这儿我们无法表达我们对所有人的谢意，但我们仍希望能对那些为我们提供了最有帮助的人表示一下我们的感激。

首先，真诚地感谢那些阅读及评论这一版本以及以前各版本的部分手稿的同仁们。他们的建议使我们获益匪浅，这一价值是无法估量的。这些同仁有：

西南得克萨斯州立大学的 Royce L. Abrahamson、孟菲斯州立大学的 Rabi S. Bhagat、哈特福德州大学的 Ralph R. Braithwaite、南密西西比州大学的 Stephen C. Buschardt、犹他州大学的 Dawn Carlson、福特刘易斯学院的 Roy A. Cook、纽约州立大学 Binghamton 分校的 Cynthis Cordes、西南密苏里州立大学的 Patricia Feltes、旧金山北学院的 Olene L. Fuller、南缅因州大学的 Richard Grover、特拉华州大学的 Courtney Hunt、辛辛那提市大学的 Ralph Katerberg、威斯康星州大学 LaCrosse 分校

的 Paul N. Keaton、特拉华州大学的 Mary Kernan、加利福尼亚州立工艺大学的 Daniel Levi、匹泽学院的 Jeffrey Lewis、图兰大学的 Rodney Lim、圣玛利亚大学的 Charles W. Mattox、艾奥瓦州立大学的 James McElory、南伊利诺伊州大学的 Richard McKinney、瑞奇兰德学院的 Linda Morable、艾奥瓦州立大学的 Paula Morrow、匹兹堡大学的 Audry Murrell、詹姆士麦迪逊大学的 William D. Patzig、印第安纳州大学——普度大学福特韦恩分校的 Shirley Rickert、阿肯色州工业大学的 David W. Patzig、迈阿密州大学柯洛盖伯斯分校的 Terri A. Scandura、加利福尼亚州大学芝加哥分校的 Marc Siegall、普度大学的 Taggart Smith、普度大学福特韦恩分校的 Patrick C. Stubbleinc、马凯特大学的 Paul Sweeney、莱德大学的 Carol Watson、艾姆伯里-利德尔航空大学的 Philip A. Weatherford、特拉华州大学的 Richard M. Weiss。

其次,再向我们的编辑斯蒂法妮·约翰逊(Stephanie Johnson)对我们这一项工程的长期关注表示我们最诚挚的感激。正是她那具有感染力的热情、长期的支持以及那份幽默的帮助才使本书能得以愉快、及时地完成。斯蒂法妮·约翰逊的助手赫什·多比(Hersch Doby)及副编辑沙恩·杰默扎(Shane Gemza)也都给予我们很多的帮助。我们的主编珍妮弗·格伦农(Jennifer Glennon),为了使本书更注重细节而做了大量的工作。此外,我们要感谢的当然还有 Prenhall 网站管理的核心成员桑迪·斯坦纳(Sandy Steiner)、吉姆·博伊德(Jim Boyd)以及布赖恩·基比(Brian Kibby)对本书长期稳定的支持。

第三,真诚地感谢 Prenhall 网站顶级产品生产组的产品编辑朱蒂·利尔(Judy Leale)、高级设计师谢里尔·阿谢尔曼(Cheryl Asherman)和纽约产品服务中心的玛丽·乔·格雷戈里(Mary Jo Gregory),是她们才使得本书更加完美。她们的勤奋,她们在问题设计、定稿、插图上的才能——更不用说她们排版上的精雕细琢——在本书的整个准备过程中,所给予我们的帮助可以说是无法估量的。同这些和蔼、宽容的专业人员共事,真可谓是人生莫大的快事。总之,我们的工作可以说是大大受惠于她们所做的这一切。

最后,再真诚地感谢那些为我们在准备本书各种栏目时提供了大量专家级帮助的同仁们。其中,罗布·潘寇(Rob Panco)坚持不懈地研究并为我们编写了每一章末尾的录像案例。詹姆斯·V. 迪尤仆瑞(James V. Dupree)在测验题库和教师手册的编撰上,也为我们做了大量的工作。

还要感谢已故的欧文·阿布拉莫维茨(Irving Abramowitz)和他的全家,以及他们对俄亥俄州立大学的慷慨捐助。在这本书写作期间,这些捐助给予了我们重要的支持。

再次向这些真正德高望重的人以及所有给予我们帮助的人,致以我们最崇高、最热烈的敬意!

## 四、期待您的反馈

回顾过去的工作,为了使本书能尽可能全面地反映出组织行为学在科学研究和实践应用中的特征,可以坦诚地说,我们已经不遗余力了。当然,至于我们是否达到这一目标或者说这一目标已达到了什么样的程度,这还需您、同仁以及学生来评价。我们真诚期待您的意见,希望您能通过 E-mail 或在我们出版商的网站上留下您的讯息(http://www.prenhall.com)。

在您读完本书后,希望您能告诉我们,您对本书钟爱的以及本书还需要完善的部分是哪些。这类的反馈,我们永远是万分欢迎的。我们可以向您承诺,我们一定会仔细地考虑您对本书的评价以及建议,并尽可能地反映在本书的下一版本中。

杰拉尔德·格林伯格

罗伯特·A.巴伦

# 目 录

## 第二部分 基本的心理过程

## 第四部分 群体历程

# 第一部分 概论

## 第一章 组织行为学领域

**学习目标** 学完本章后应能够：

1. 对*组织*和*组织行为学*的概念下定义。

2. 对组织行为学领域所使用的*科学方法*以及*分析的三种层次*作描述。

3. 对形成当今组织行为学领域的历史发展和学派思想作回顾。

4. 识别组织行为学领域的基本特征。

5. 就*全球经济*对组织行为学领域的影响作描述。

6. 对劳动力是如何变得多样化以及这种变化又是怎样导致*灵活工作安排*作解释。

7. 对*技术*是如何导致新组织形式的发展作描述。

8. 对*质量*和*道德行为*越来越高的期望如何影响组织行为学领域作解释。

### 预备案例

### 独一无二的酱油经营

你能想出有多少企业从1630年起一直维持到现在，在东京市区和威斯康星郊外都拥有制造工厂？能猜出来吗？给你一些提示：该企业制造世界上历史最悠久的调味品，这种调味品由发酵的大豆和麦子制成。想放弃不猜了吗？它就是龟甲万(Kikkoman)公司——日本最悠久和最大的公司之一，以生产酱油而闻名于世(酱油在日语中称之为*shoyu*)。

龟甲万公司生产的酱油，在北美东方瓶装酱油中独占50%的市场份额，在日本占30%的市场份额。为满足全世界的需求(酱油远销世界100个国家)，龟甲万的产量在过去的20年里增加了10倍。单是1997年，龟甲万就生产和销售了1.16亿加仑乌梅色液体，这是一个非常大的数字，因为酱油不像软饮料一般吞下，而是洒在食物上帮助产生自然滋味。这一统计数据令人印象深刻的原因还在于：龟甲万运用的是17世纪的生产方法，而且要有几个月酿造时间。

虽然龟甲万依靠传统的自然成分(包括用其独有的微生物制造一种称为*koji*的菌)，而不用竞争对手使用的化学物质，但是，龟甲万在制作工序方面绝非古老。它在美国威斯康星Walworth和荷兰的制造工厂运用的是目前最现代的工艺技术。事实上，除经营酱油之外，龟甲万公司在遗传工程、生物技术、生物化学方面均居世界领先地位。利用细胞溶解技术，龟甲万公司已经开发出了一种全新的柑橘品种，这对于一个有400年历史的公司是非常难得的。

事实上，龟甲万的不同寻常有好几个方面：首先，它的创建者是一位女性——这在17世纪实属罕见。同时，大多数的日本企业生产的产品起源于美国，如汽车、电子产品，而龟甲万却把独特的日本产品变成世界性的厨房常用食品。其次，公司坚持对雇员忠诚的日本传统——一种为西方企业所抛弃的理念。事实上，龟甲万像对待家庭成员般对待每个员工，这一点渗透到公司的所有方面。有趣的是，是龟甲万对和睦、忠诚的亚洲传统的坚持，使它成为扩展到日本、中国市场的美国企业的有吸引力的合作伙伴(如施乐公司Xerox)。今天，在很大程度上是因为这种伙伴关系，龟甲万被认为是国际商业中的重要角色。

除了其广阔的国际影响，龟甲万公司对其从事商业活动的国家和地区忠实守信。威斯康星Walworth的工厂，用来制作酱油所需要的专门项目，包括配料(大部分是大豆，还有小麦、盐和水)以及设备，在当地都不能获得。龟甲万对当地社区一直是慷慨的捐助者，不仅扩大其计税基数，而且对各方面进行捐赠，从4-H项目，到高中生的大学奖学金。

龟甲万公司，虽始创于封建时代的日本，但如今一直处于生物技术的前沿。显然，公司在过去的岁月里所承受的远不只是风险，古老的日本有“井底之蛙不知道海洋”的传说，显然，龟甲万早已离开了井底，探寻了许多不同的海洋。[1]

〔1〕：全书每一章开篇的预备案例来源均见参考文献部分。正文中右上角标识数字，亦指相应文字所参考的文献来源。

对预备案例越仔细分析，对成功包含的多方面因素就越清楚。企业成功的基础是优秀的产品，但这仅是成功的开始。许多公司即使有好的产品，但管理不善，结果还是导致失败，从我们身边消失。而龟甲万公司却因为它对人——它的雇员、它的供应商和它的社区的邻里履行承诺，存在了这么长时间，获得了如此巨大的经济上的成功。此外，公司一直积极地拓展业务，最大限度地向全球推进技术优势以及自身的影响。

新旧融合使龟甲万公司在企业历史上成为独特而又有趣的组织。然而，这个公司成功的基础在于一个主要因素（可不是大豆）——人，这也是所有组织成功的要素。不论一个公司的产品或服务有多好，也不论公司的设备是如何推动技术进步，但这家公司不能没有人。从公司的创始人到忠诚的雇员，都谈的是人。事实上，假如你曾管理过一家企业，你就会知道“人的问题”能很快搞垮一个组织。因此，认识“工作中人的方面”（本书子标题的部分内容并非与之巧合）对组织有效运作很有意义，这甚至是组织基本存在的一个关键要素。这一以人为中心的取向形成了组织行为学（*organizational behavior*，*OB 是其缩写*）的基本领域，它专门研究组织中人的行为（见图 1.1）。

“你们知道我想什么吗？提高技术并不重要，增加利润并不重要，重要的是成为一个热情正派的人。”

**图 1.1　人：组织成功的关键要素**

假如说话者读过此书，他将注意到人们在工作上的行为表现事实上与技术创新和利润紧密相连。

【资料来源】The New Yorker Collection 1987. J. B. Handelsman from cartoonbank. com. All Rights Reserved.

组织行为学的科学家和实践者从**行为科学（behavioral sciences）**（如心理学和社会学）研究中获得知识，来研究和试图解决问题。换言之，组织行为学是牢固地建立在科学的基础之上的。它依赖于通过研究来获得关于组织以及其复杂运作过程的有价值的信息，这些知识被用来作为帮助解决广泛的组织问题的基础。例如，怎样才能使人们对工作更满意并能进一步提高生产力？应在何时以及怎样将人们组织成一个个团队？如何设计工作和组织，才能帮助人们最好地适应工作环境中的变化？这些只是组织行为学领域许多重要问题中的几个。

组织行为学的专家们已经研究了组织中涉及人的各种问题。事实上，在过去的几十年中，组织行为学已发展成为一个广泛的领域，科学家们几乎研究了所能想到的行为的每一个方面。[1] 那些对如何使组织有更高的生产力、组织中的人工作更愉快等问题感兴趣的人，已享用了这些成果。

本章接下来将提供理解组织行为学范围和它潜在价值所需的背景信息。我们计划集中在它的历史和基本特征上以正式介绍组织行为学的领域。首先，我们正式定义组织行为学，并准确描述组织行为学是什么以及它寻求完成什么。接着，概述它从产生到成为现代科学的历史。最后，我们讨论使组织行为学成为富有生机的、不断变化的领域的许多因素。学完本章后，你将对本书的主要目标有了准备，即通过对组织行为学领域的概述，提高你对工作中人的方面的理解。

## 一、组织行为学：工作定义

显然，组织行为学与组织分不开，但准确地说什么是组织呢？可能你就此已有了很好的答案，但要给组织下一个定义是困难的。因此，为避免含糊不明，我们给出以下定义：**组织(organization)**由群体和个人组成，一起达到某些一致目标的有结构的社会系统。换言之，组织包含有结构的社会单位，例如人或工作团体。他们努力达到某一共同的目标，诸如为了赢利而制造和销售一种产品。这一定义相当抽象，但随着深入阅读本书，你就会对其意义更清楚。

既然你明白了我们所说的组织的含义，我们就能正式地明确组织行为学的领域，并描述它的基本特征。具体地讲，**组织行为学**通过系统研究个体、群体和组织过程，获得组织情境中关于行为的知识。这样的知识既被对人的基本行为感兴趣的科学家作为最终目标，也被对提高组织行为效率和个体康乐感兴趣的实践者们所应用。

为使这一定义更清楚，我们来进一步了解组织行为学领域的基本特征。也就是，组织行为学领域的本质是什么？答案存在于两个主题中：一是强调科学的方法，二是基于分析的三个层次。

### （一）将科学的方法应用于实际管理问题中

本书对组织行为学的定义是指获得知识以及研究行为的过程。对这样的定义大家不应感到奇怪。因为我们在先前就曾指出，组织行为学的知识是建立在行为科学基础之上的，所以这样的定义就不奇怪了。组织行为学虽不像物理或化学研究那样完善和成熟，但它的研究方向在本质上是科学的。因此，像其他科学领域一样，组织行为学运用经验的、以研究为基础的方法来建立其知识基础。换言之，它以对感兴趣的行为或现象作系统的观察和测量为基础。就像在本章附录中描述的那样，组织行为学研究既不容易也不十分简单，然而人们广泛认为科学的方法是学习这些行为的最好方法。因此，我们应该承认科学的方法是组织行为学研究领域的一个特点。

为什么学习组织背景下的行为如此重要？答案取决于你提问的对象。对社会科学家来说，学习工作中人的行为本身就是有价值的。毕竟，科学家对生成知识感兴趣，在此即可洞见组织对人的影响以及人对组织的影响。但这并不是说，这些知识在科学范围以外就没有价值。相反，组织行为学家还努力将科学研究中获得的知识，很好地运用到实际生活中。他们寻求增进组织功能，提高在组织中工作的人们的生活质量，他们非常依赖于组织行为学研究中获得的知识。例如，这些研究者要清楚地回答以下实际问题：

◆ 如何设定目标来提高员工的工作绩效？
◆ 工作如何设计才能提高员工满意度？
◆ 在何种条件下，个人做的决定优于群体？
◆ 组织交流的质量如何提高？
◆ 应采取什么步骤减轻工作压力？
◆ 领导做什么才能提高其团队的效率？

在本书中我们将就这些以及其他许多实际问题来解释科学的研究和理论。可以这么说，组织行为学的科学和应用两方面不仅共存，而且互补。就如有关物理学特性的知识能被工程师所应用、工程数据可以用来验证物理学基本理论一样，在组织行为学领域中，知识及其实际运用也是紧密联系在一起的。

组织行为学家不仅应用组织中人的行为的知识，在总体上提出改进组织问题的方案，而且对解决具体组织中的问题进行研究。换言之，组织行为学家运用科学方法，既获得了关于组织行为的一般知识，也得到了解决特定组织中问题的具体知识。[2] 进行研究的根本原因在不同的情况下有所不同，但他们有共同地方，即他们依靠科学的方法。因此，不管学习组织中行为的目标是想在总体上获得关于组织行为理论或实际的知识，还是要洞见某一具体的组织，科学的方法是现代组织行为学领域的中心和基本特征。

### (二) 分析的三个层次：个体、群体和组织

要了解组织中的行为，组织行为学家不能仅仅关注单独工作的个体。毕竟，在组织背景下，人们经常在群体中进行工作。进一步讲，人——无论是单独或在小组中，都会相互影响，也为他们的工作环境所影响。因此，组织行为学集中对个体、群体和组织

这三个层次进行分析。

组织行为学认为*分析的三个层次*都必须用于全面理解组织中行为的复杂动态性(见图 1.2)。对所有三个层次的深入关注是现代组织行为学的中心议题,这在本书中也得到充分反映。例如,在个体层次上,我们描述组织行为学家如何关注个体知觉、态度和动机。在群体层次上,我们描述人们怎样相互交流以及在工作中如何协调他们的活动。最后,在组织层次上,我们把组织作为整体来描述——它们建构的方式、在所处的环境中运作的方式,以及对其中的个体和群体运作的影响。当你读完此书,我们相信你将了解这三种方法的价值,对此我们是乐观的。

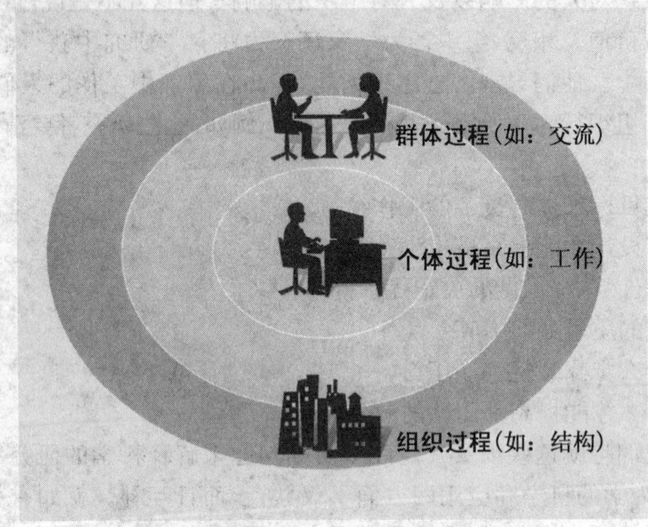


**图 1.2 在组织行为中所使用的三个分析层次**

为完整理解组织中的行为,我们得考虑分析的三个层次:发生于个体、群体以及组织中的过程。

## 二、研究领域的历史回顾

今天,我们把理解组织功能以及工作中人的重要性看作理所当然的。但情况并不总是如此。事实上,直到 20 世纪早期,这一观念才发展起来,而且,仅仅在过去的十多年中这一观念才得到广泛接受。[3] 因此,要理解组织行为学是如何发展到今天这个样子,我们要对它的历史作简要回顾,对其发展中最重要的影响力量作描述。

### (一) 科学管理:组织行为学的基础

最早尝试研究组织中的行为,源自工业效率方面专家们的一个愿望——提高工人的生产力。他们的中心问题是直截了当的:如何使人们花更少的时间做更多的工作?在 20 世纪初期,人们要求回答这样的问题并不奇怪。在美国,这是一个迅速工业化和技术变革的阶段。因为工程师们试图提高机器的生产效率，这样他们把努力扩展到人的方面，使工人提高生产力就成为自然的事了。因此，最早对组织行为学作出贡献的实际上是那些工业工程师们。

弗雷德里克·温斯洛·泰罗(Frederick Winslow Taylor)一生大部分时间在钢铁厂工作。开始他只是一名工人，最后他做到首席工程师的职位(图1.3)。[4]19世纪80年代，在费城米德瓦尔钢铁公司担任工头时，泰罗就注意到员工一些没有效率的行为。例如，在搬动生铁时，工人的有些动作是多余的。泰罗研究了此项任务中各个组成部分，并建立了他认为是最好的工作方式——一个动作接一个动作地完成。几年之后，当泰罗作为匹兹堡伯利恒钢铁公司咨询工程师时，同样地，他对装卸用的有轨车进行了重新设计，使之尽可能有效率。根据这些经验，泰罗出版了他划时代的著作——《科学管理》。在他的研究中，泰罗提出管理的目标在于“使雇主获得最大的成功，同时让每一个雇员也获得最大的成功”。[5]

**图1.3 弗雷德里克·温斯洛·泰罗(1856—1917)：科学管理之父**

由泰罗推进的科学管理方法，旨在发现工人完成工作的最有效方式。泰罗被认为是对工作中的人进行科学研究的先驱之一。

除了验明能更有效率地进行体力劳动的方法，泰罗的**科学管理(scientific management)**理论的独特之处在于强调员工作为个体的作用。泰罗提出了两个观念，在今天看来几乎没有什么特别之处，但在差不多一个世纪之前却是相当新的。第一，他指出要仔细挑选员工，并进行培训，以帮助他们在某些工作任务中成为他所说的“一流”的员工。第二，他认为增加工资能提高工人的工作动机，从而提高工作生产率。虽然这一观念用今天的标准来看，简单而且也不完全准确，但泰罗认识到完成工作中动机的重要作用应当受到称赞。类似的贡献引发了组织行为的进一步研究，而且创造了最终走向现代组织行为学研究领域的学术氛围。认识到这些贡献，管理学家彼得·德鲁克(Peter Drucker)把泰罗描述为“历史上第一个不把工作想当然，而是考虑并研究它的人”。[6]

*《科学管理》*引发了其他一些科学家发展泰罗的思想。例如，心理学家雨果·芒斯特伯格(Hugo Münsterberg)通过解释学习和动机概念如何与工作中的人的行为相联系，研究工作的“人性化”。[7] 同样地，管理学家玛丽·帕克·福利特(Mary Parker Follet)认为，认识到员工的需要，组织将会受益。[8] 然而，受泰罗影响最大的科学家是工业心理学家弗兰克和莉莲·吉尔布雷斯(Frank and Lillian Gilbreth)。这对夫妻开创了**时间—动作研究(time-and-motion study)**方法，这是一项应用研究，它通过将完成工作

所需的单个动作进行分类和简化，旨在找到完成工作的最佳途径。[9] 乍看起来，这种研究是非常机械和非人性的，但是作为12个孩子的父母的吉尔布雷斯夫妇，在他们的个人生活中以人性化的方式实践着泰罗主义。你可能会回忆起经典电影和图书——《论“打”要更便宜些》(*Cheaper by the Dozen*)中所介绍的，吉尔布雷斯夫妇是如何运用科学管理的原理于家务之中的故事。

**道德问题** 认识到帮助那些有生理缺陷的人，通过工作实现自己抱负的价值，吉尔布雷斯夫妇设计了帮助这些人找到有收益的工作的工具和方法。[10] 虽然这一做法在差不多一个世纪之前被认为是激进的，但在今天是很平常的。如今，有什么样的设备是专门为有生理缺陷的人制造以帮助他们有效地完成工作的呢？

## (二) 人际关系运动：埃尔顿·梅约和霍桑研究

科学管理尽管作出了重要的贡献，但它并没有能够让我们认识到工作环境中可能会影响行为的许多因素。工作有绩效和金钱刺激是重要的，但是强调这些因素使人感觉如同机器中的齿轮。事实上许多员工和理论家拒绝泰罗主义，而偏爱一种关注于员工自己的观点并强调对个体尊重的方法。

这种新方法的先驱是埃尔顿·梅约(Elton W. Mayo)，组织科学家和咨询家，被誉为**人际关系运动(human relations movement)**的开创者。[11] 这一管理哲学拒绝主要以经济为取向的科学管理，而强调在工作场所起作用的非经济的、社会的因素。梅约和其他人际关系运动的倡导者也关心工作绩效，但是他们意识到工作绩效受组织中社会条件的影响很大——员工被管理层对待的方式以及员工彼此间的关系。

1927年，在芝加哥附近的西方电气公司所属的霍桑工厂开始了著名的霍桑实验。受科学管理的影响，研究者对在不同条件中判定照明效果对工作生产率的影响感兴趣。换言之，工作环境应多亮或多暗，可以使得人们达到最高工作水平。两组女性员工参与了此项研究。一组为控制组，在房间照明度没有任何变化的条件下工作；另一组为实验组，在房间照明度有规律地变化——有时照明度增强，有时照明度减弱的情况下工作。结果令人不可理解：两组生产力都提高了。同样奇怪的是，照明和绩效之间没有明显联系。事实上，在照明度即使低到工人几乎无法看清东西的情况下，实验组的产量仍然保持较高。

针对这一令人费解的结果，西方电气公司召集以梅约为首的专家组继续展开研究。为了重复这些结果，梅约和他的同事们检查了许多不同变量对生产率的影响，包括休息时间的长短，工作日和工作周的持续时间，以及上午中段时间免费餐点的有无。公司继电器装配间的女性员工参加了此项研究，如图1.4的显示，结果又令人惊奇：几乎随着工作条件的每一个变化，生产率都有所提高。[12] 事实上，即便条件恢复如常，即恢复到研究开始之前的状态，工作绩效仍保持相当高的水平。

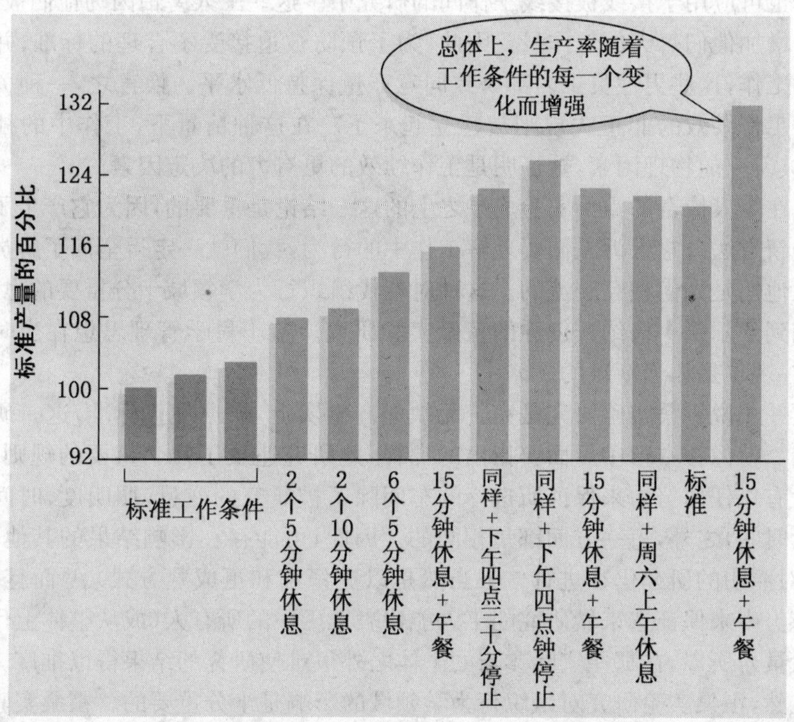


**图 1.4 霍桑实验研究：一些令人费解的结果**

在霍桑实验的部分研究中，女性员工被给予几个变化的工作条件。然而奇怪的是，几乎每一个变化都带来生产率的提高。

【资料来源】Based on data from Roethlisberger & Dickson，1939；see note 12.

然而，并非所有梅约的研究都显示霍桑工厂的员工是高生产能力的。对公司接线板接线工作间进行的研究中，在正常的工作条件下，对各个工作小组的男性员工进行观察，并在工作之后对他们进行了访谈。在这次调查中，梅约他们并没有尝试改变工作环境，但他们在这里得到同样令人惊奇的不同的结果。工人不是去提高绩效，而是故意限制产量。研究者们不仅亲眼看到工人们在停工之前就停止了工作，而且在访谈中工人们也承认假如他们想要做的话，还能做更多。

在对继电器装配室研究中，工作绩效是提高的，而在这里为什么会出现这种情况呢？最终，梅约和他的同事们得到了答案——组织是一个社会系统（*social systems*）。人们的工作效率在很大程度上不仅依赖于物理方面的工作条件，而且依赖于他们遇到的社会条件。在继电器装配间研究中，生产率的提高仅仅是因为这些员工对受到的特别关注作出了有利的反应——知道自己被研究使得工人们感到特殊并激励他们尽力工作。因此,是这些社会因素而不是物理因素在工作绩效上产生了如此深的影响。这样的解释也可应用于接线板接线工作间的研究中。这些工人害怕因为他们被研究,公司最后会增加他们每天的工作量。因此,为了预防被迫接受不合理的标准,并希望保住他们的工作,这些男性员工内部一致同意产量保持低水平。换言之,一种关于构成可接受的工作绩效的非正式规则被建立起来了。在这种情景下,工作中的社会影响力,较之被研究的物理因素,被证明是工作绩效的更有力的决定因素。

建立在令人惊奇的霍桑实验成果之上的这一结论是重要的,因为它产生了思考工作行为的新方法。它告诉人们要理解工作中的行为,我们就一定得全面了解员工们的态度以及他们是如何相互交流的。这种对现代组织行为学领域十分重要的思考方式,可以追溯到爱尔顿·梅约开创性的霍桑实验研究。鉴于科学管理思想在当时占主导地位,这一观点是相当新颖的。

但这并非说霍桑实验研究是完美无缺的。事实上,根据现代标准,这一研究有着严重缺陷。就像在本章中后面要指出的那样,此研究违反了几个重要的规则。例如,研究者没有作任何努力来保证所选择的车间除了被研究的变量(照明度、时间安排及休息持续时间)之外,每一方面都是相同的。因此,可能存在影响结果的其他因素(有趣的是,对照明的研究仍在进行——当然是以更仔细和更成熟方式)。[13] 而且,因为没有作任何努力来保证选来做研究的工人能代表工厂中的所有人(或从整体上代表所有的制造人员),所以,在那些实际参与的个体之外很难使研究的结果得以推广。

但显然,霍桑实验研究对组织行为学领域的影响是十分重要的。霍桑实验研究所作出的贡献,与研究所显示的照明效果没有什么关系,但却与它间接显露出的关于人的需要、态度、动机以及工作场所关系的重要性有着密切联系。在这一方面,霍桑实验研究在社会学、行为科学和正在出现的组织行为学领域之间建立了紧密联系,这一联系一直持续至今。虽然人际关系研究逐渐被更为成熟的观点所取代,但它的一些思想和概念对组织行为学领域作出了极大贡献。曾在芝加哥城外的那个工厂中工作的那些工人们,不会想到他们对组织行为学的贡献是如此持久。

### (三) 古典组织理论

在科学管理的支持者使人们思考工人和他们工作之间关系的同时,另外一种管理方式出现了。它被称为**古典组织理论(classical organizational theory)**,这一观点关注整个组织的有效构成。它与科学管理相反,科学管理寻求有效地组织个人的工作。

几位理论家被看成是古典组织理论的代表。其中第一位就是亨利·法约尔(Henri Fayol),法国工业家,他将他管理的成功归因于发展的多方面原则。[14] 这些原则包括:

◆ 应使用劳动分工(*division of labor*),因为它使工人的劳动专门化并且只做他们做得最好的工作。

◆ 管理人员对其下属应有*职权*(*authority*),即拥有命令下属做组织所需工作的权力。

◆ 职权系列不应被打破,换言之,*等级链*(*scalar chain*)应存在,它联结高层管理者和低层工人。

◆ 明确规定*命令的统一*(*unity of command*),这样工人仅从一个人那里接受指示,以避免混乱。

◆ 应赋予下属*主动性*(*initiative*),去拟订并实施他们自己的计划。

虽然这些原则有许多在今天仍被大家所接受,但大家都知道它们并不总是以完全相同的方式被应用。例如,有些组织根据命令的统一而获得成功,但是其他组织要求一些员工从几个不同的上级那里接受指示。在第十四章将对此作更详细的讨论。然而,今天我们有足够理由说,当今的组织理论家因法约尔开创性的、深远的思想而感激他。

最著名的古典组织学家也许要数德国的社会学家马克斯·韦伯(Max Weber)。[15]他提出了今天众所周知的一种组织结构形式——**官僚制(bureaucracy)**。如同科学管理的支持者们寻求完成工作的理想方式那样,韦伯认为官僚制是所有组织中有效工作的最好方式。表 1.1 对理想的官僚制的要素作了概括。当你想到官僚制,可能在头脑里会浮现出不好的形象,因为有许多顽固的人陷于繁文缛节之中(顺便说一下,据说在第一次世界大战中盛行用红色带子来捆英国政府的文件。[16]基于国家政府在结构上趋于官僚,red tape 引申为繁文缛节,用来指所有形式的官僚制就不足为奇了)。韦伯官僚制结构的"普遍"观点与组织设计的更现代的方法(见第十四章)形成对照,更现

### 表 1.1 一个理想的官僚制的特征

根据马克斯·韦伯的理论,官僚制是理想的组织形式。然而,要有效地发挥功能,它们必须具备以下特征:

| 特 征 | 描 述 |
|---|---|
| 正式规则和规章 | 用书面的指示控制人的行为 |
| 非个人的对待 | 避免偏爱,所有的工作关系均建立在客观标准之上 |
| 劳动分工 | 所有职责分成专门的任务,由具备合适技能的个体完成 |
| 等级结构 | 将职位根据职权水平由低级到高级排列 |
| 职权结构 | 决策由等级中个体的职位清楚地决定,职位高的人有权控制职位低的人 |
| 终身职业承诺 | 对组织和员工来说,职业被看成一个永久的、终身的职责 |
| 理 性 | 组织承诺以尽可能最有效的方式达到目标 |

代的方法认为不同形式的组织结构在不同情景下或多或少是合适的。虽然官僚制可能不是组织所有工作的最完美的结构,但组织学家感激韦伯,他的许多思想在今天看来仍是可行的。

### (四) 组织行为学在现代

基于前面讲述的那些开创性的贡献,工作情景中的行为受许多个体、群体、组织因素的影响的这种认识,为组织行为学奠定了舞台。到了 20 世纪 40 年代,有明显的标志表明组织行为学已成为一个独立的领域。例如,1941 年,第一个组织行为学博士学位授予哈佛商学院的乔治·隆巴德(George Lombard)。[17]仅在四年之后,这一领域第一本教材问世了。[18]1950 年代末 1960 年代初,组织行为学发展迅速。在那时,有一些活跃的项目来研究像动机、领导以及组织结构的影响等这样一些主要过程。[19]

在 20 世纪 40 年代和 50 年代,对管理及组织问题的科学调查的发展是不均匀和不系统的。这对一个新领域来说是不幸的,但也在意料之中。对此,福特基金会主办了一个项目。在这个项目中,经济学家戈登(R. A. Gordon)和豪厄尔(J. E. Howell)仔细分析了美国商业教育的性质。1959 年他们的研究成果出版了。他们的发现非常有影响,被称为戈登—豪厄尔报告。[20]戈登、豪厄尔建议管理学研究应更加注意基础学科,特别是社会科学。在 1960 年代,这一建议对商学院的课程产生了巨大的影响,并促进了组织行为学的发展。组织行为学大量吸收了基础社会学科,基础社会学科经戈登和豪厄尔建议被编入商学课程。

受这一论著的影响,组织行为学迅速发展成为非常注重借鉴吸收其他学科的领域。事实上,如同我们今天理解的那样,组织行为学被描绘成一门吸收了许多社会科学的综合科学。例如,对人格、学习、知觉的研究吸收了心理学。同样地,群体动力学和领导的研究大量吸收了社会学。组织沟通网络的研究吸收了沟通领域的研究。权力和政治研究吸收了政治科学,跨文化主题研究吸收了人类学。组织行为学的研究者甚至关注管理科学领域来理解组织中质量管理的方法。总而言之,现代组织行为学是一个真正的跨学科领域(见图 1.5)。

既然我们知道了组织行为学的研究领域以及它是如何发展到今天的,我们可以把视线转向另一基本问题,这一领域的基本假设有哪些?关注组织行为学中关于人的行为的基本假设,我们就能明白这一领域是如何运作的,以及它提出的各种问题。

## 三、当代组织行为学的基本假设

这部分将集中讨论组织行为学的三种基本假设:

1. 在提高人们工作生活质量的同时,组织也更有生产能力。

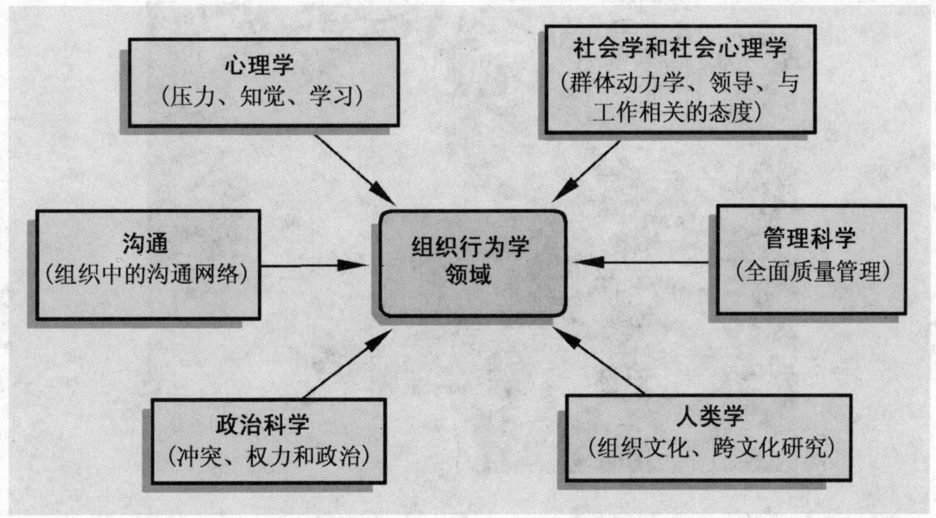


图 1.5 组织行为学:一门混合科学

组织行为学的特征在于它吸收了社会科学的几种不同学科。

2. 没有最好的研究组织行为的方法。

3. 组织是动态的、不断变化的。

## (一) 工作可以多产而且能令人愉快

20 世纪早期,随着铁路通向美国西部地区以及全国人口的迅速增长(从 1880 年到 1920 年,人口增长了一倍),对工业产品的需求非常大。新的工厂建起来了,吸引了大量移民前来寻找生计。劳动者们被这些工厂提供的职业前景所吸引而离开农场。但这些男男女女逐渐发现,工厂是如此巨大、嘈杂、闷热而且高度地组织化——一句话,工厂是残忍的工作场所(图 1.6)。老板贪得无厌,把工人当作可以任意使用的机器对待,那些被开除或死于事故中的工人被厂门外等待工作的人所取代。[21]

显然,100 年前的管理人员对工人持否定的看法。他们认为人本质上是懒惰、不负责的,因而他们不尊重工人。这种伴随我们已多年的否定的倾向,反映了管理学的传统观点——麦格雷戈(McGregor)称之为 **X 理论(Theory X)**。[22] 这一哲学认为人在本质上是懒惰的,不喜欢工作,需要指令,且仅在逼迫和驱使下才会努力工作。

然而今天,假如让一群公司高级职员描述对人性的基本看法,你很可能发现一些更为乐观的想法。虽然有些管理者仍然认为人在本质上是懒惰的,但大多数人并不认同,他们认为情况并非如此简单。他们指出绝大多数人是能努力工作的。假如工人的努力被承认(例如给予合适的报酬),并且有成功的机会(例如得到好的培训),他们

**图 1.6 工厂里的劳动：今昔对照**

今天的工厂条件相对来说安全、舒适（上），而 20 世纪初的制造工厂是非常糟糕的工作场所（下）。组织行为学设想工作不仅可以多产而且能令人愉快。

无需逼迫就能努力工作。因而只要愿意，他们就能在工作上付出很大的努力。因此，管理就是创造条件使人们愿意按要求完成工作。

这种假设人不是天生懒惰而是在良好的条件下愿意努力工作的理论，被称为 **Y 理论（Theory Y）**。这种哲学认为人有追求成功和责任的心理需要。与根本上不信任员工的 X 理论相反，Y 理论同促进人力资源的改善相联系。对这些差异的总结见图 1.7。

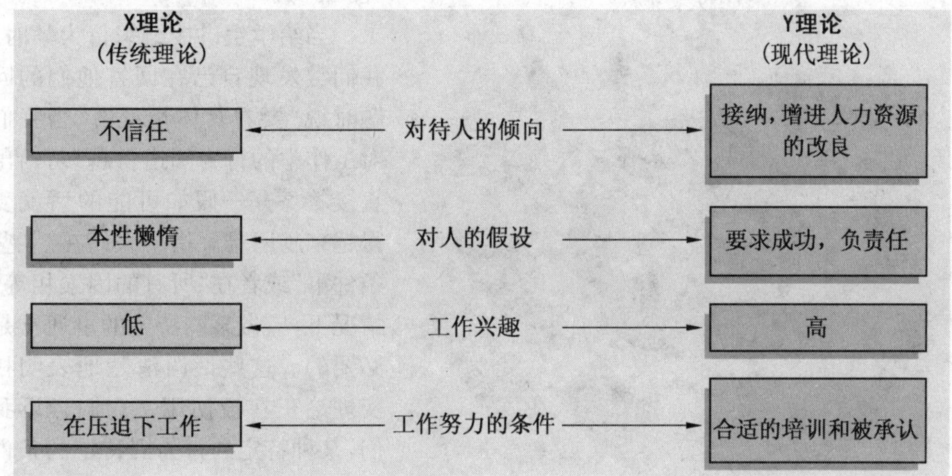


图 1.7 X 理论与 Y 理论的比较

传统 X 理论对待人的倾向要比当代广为接受的 Y 理论消极得多。这两种管理哲学的一些主要区别总结如上。

## (二) 没有管理人的最好理论

激励人的最有效方法是什么？什么样的领导风格最好？应该让团队来做重要的组织决定吗？诸如此类的问题显得相当合理，但它们都存在一个基本问题：他们都假设只有一个简单的答案。就是说，他们认为只有一种最好的方法——最好的激励的方法、最好的领导方式以及最好的决策方式。

现代组织行为学家一致认为，对于这样复杂的现象，没有一种最好的方法。只有一种最好的方法的假定不仅过分简单和幼稚，而且总的来说是不准确的。在研究组织中人的行为时，不存在简单的答案。研究中所涉及的过程是如此复杂，以致不允许有这样的奢想。相反，组织行为学家认识到，工作情境中的行为是许多因素相互作用的复杂结果。这就是**权变理论(contingency approach)**，这一取向是现代组织行为学的一个特点。[23]

例如，让我们来考虑一下决定一个人在工作中生产能力的广泛因素。各种各样的个人特征，诸如一个人的工作价值观、技能和努力工作的动机，很明显是重要的，但这些仅仅是部分因素。我们也必须考虑各种情境因素，像组织的性质(例如同事之间的社会关系)。而且，我们也得考虑完成工作的许多环境特征。例如，经济如何？组织所属的行业竞争力如何？当对一个人在工作中如何表现产生影响时，这些变量可能单独起作用。但它们也可能联合起来绘成一幅非常复杂的图画。这样的复杂性处在组

**图 1.8 组织行为学的权变理论**

根据权变理论，组织行为学认为各种广泛的因素相互结合，影响组织中的行为。

织行为学权变理论的前沿(图 1.8)。

当给学生讲授组织行为学时，我们常发现自己在回答他们的问题时说“要看具体情况”。当我们对工作中的行为知道得越多，给出直接答案——假如可能的话就变得越来越困难。指出人们在“某些条件下”或者在“所有的因素相等”情况下，应做某些特定的事通常是必要的。这些话语清楚地表明权变理论正在被使用。它们告诉我们，某种特定的行为因特定的条件而定，这就是权变理论名词的由来。

这种理论可能使一些人感到受挫和失望，因为这使得运用简单的手册来预测和解释行为成为不可能。然而，我们认为这种抱怨是不公正的。毕竟，准确和非简单化是我们研究的最终目标。下面章节会揭示在这个领域的各个方面这种理论的优势。在向你们呈现这些材料时，我们试图寻找合适的理论，既不过分复杂以致不可理解，也不过于简单而致误解。

**全球问题** 你是否认为民族文化是一个变量，所有形式的组织行为因它而定呢？换言之，期望有组织行为的普遍法则存在是否过于简单了呢？

## (三) 组织是动态的和不断变化的

在组织研究中，组织行为学家认为组织不是稳定不变的。相反，它们是动态的、不断变化的。换句话，他们认为组织是**开放系统(open systems)**——自我维持系统，它们利用能量将环境中的资源(例如原材料)转变成某种形式的产品(例如一个成品)。[24]图 1.9 概括了开放系统的一些主要特征。图表清楚地显示，组织从环境中接收输入，并不断地将输入转换成输出。这种输出又被转换成输入，这种循环操作不断持续下去。

例如，让我们来考虑，组织是如何通过招聘和培训员工开发社区中的人力资源的。

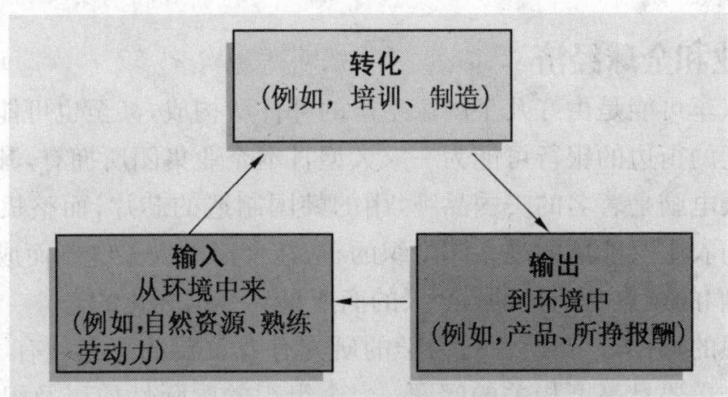


**图 1.9 作为开放系统的组织**

开放系统理论假定组织是自我维持的,即它们以一种连续的方式将输入转变成输出。

【资料来源】Based on suggestions by Katz & Kahn,1978;see note 24.

这些个体可以为提供产品换取报酬而工作,然后他们花费这些报酬,把钱返回到社区并使得更多的人能购买公司的产品。结果是创造了招聘更多工人的需要。假如你这样思考的话,就容易理解组织是动态的、经常变化的。照这样看,组织也就像人体的运作一样。当人们呼吸时,他们吸入氧气并将它转换成二氧化碳。二氧化碳反过来又维持绿色植物的生命,而绿色植物又释放氧气供人呼吸。一个开放系统的连续性不仅是人类生命的特征,也是组织存在的特征。

在坚持组织行为学领域是与组织的动态性质相协调的观点的同时,指出组织行为学也是不断地被环境中的力量所决定是重要的。这些力量包括社会趋势、经济变化、技术进步等。简而言之,组织必须被看成是经常变化的实体。这样组织行为学也必须被看成是一个经常变化的领域。有了这种想法,我们现在把视线转向影响这一领域的几个动态力量。

## 四、影响今天组织行为学的力量

为了全面理解作为一个当代研究领域的组织行为学的性质,认识它与各种影响力量的联系是重要的。特别是,组织行为学领域与当今社会中的经济、社会、文化趋势是高度相关的。它们包括:

1. 经济的全球化。
2. 劳动力的多样化。
3. 灵活的、新的工作安排的发展。
4. 技术进步创造新的组织形式。
5. 质量革命。
6. 对社会负责行为的期待。

## (一) 国际商业和全球经济

你驾驶的汽车可能是由好几个国家生产的部件所构成,甚至也可能是在许多国家里装配的。最近的街边的银行可能为一家大型日本企业集团所拥有,其总部几乎遍及全球。你的个人电脑是著名的美国品牌,用的韩国制造的芯片,而整机可能是在墨西哥组装的。你的衣服可能用的是在印度织的布,在台湾由人工缝制而成。我们还可以列出很多,但我们的观点是清楚的:今天的商业世界是国际化的。

正如你设想的那样,这对组织行为学的研究有着重要的意义。有了这样的想法,我们来思考两个重要且高度相关的问题:当今组织的国际性质以及组织中文化的重要作用。

### 1. 在全球舞台中的组织

为全面理解组织中的行为,你必须认识到组织是在一个资源(如信息、商品和货币)经常流动的经济系统中运行的。最近几十年,经济交易并没有限于一个单一的国家。经济交易发生在国与国之间并变得越来越频繁。正如一个专家指出的那样:"在一个广阔的范围里……全球竞争是 20 世纪 90 年代最为有力的经济事实。"[25]让我们来考虑这些事实:

◆ 在 20 世纪 60 年代,只有 7%的美国公司受国外竞争的影响,而在今天类似的数字超过 70%。[26]

◆ 国际贸易直接或间接地约占美国所有工作的 20%。[27]

◆ 美国公司每出口 10 亿美元,几乎可以创造 2 万个新的就业岗位。[28]

实际上,国际贸易已经从 1950 年的 3 080 亿美元增长到 1993 年的 3.8 万亿美元。[29]有几个因素可以来解释这一显著增长。第一,技术的改进与创新大大地降低了运输和交流的费用,从而提高了国际贸易的机会。第二,限制贸易的法律在总体上已在全世界被解除(例如,在美国和其他一些工业化国家,自由贸易的政策一直被提倡)。第三,发展中国家正在探索通过促进出口和向国外公司开放寻求投资来发展其经济的新途径。而这扩展了在全世界范围内经济增长和竞争的机会。这些因素都对**全球化(globalization)**的发展趋向起作用。全球化是一个在各自生活的文化、经济、政治、技术和环境方面把全世界的人们联系起来的过程。[30]

假如国际贸易是全球化的主要"驾驶员",那么首要的"交通工具"就是**跨国公司(multinational corporations,简称 MNCs)**。跨国公司是重大的经营遍及不同的国家但总部只在一个国家的组织。跨国公司主要负责在国外直接投资:最大的 300 家跨国公司拥有全世界 1/4 的生产资产,其中 100 家最大的跨国公司价值 3.1 万亿美元。

**全球问题** 许多跨国公司一致地称少数几个国家为其总部。事实上,差不多一半跨国公司总部仅在4个国家:美国、日本、德国和瑞士。[31]

目前,全球大约有35 000家跨国公司,而且数量还在增加,尤其在高科技领域。[32]跨国公司通常将其全部资产的很大部分投资于国外(50%以上是很普遍的)。这也适用于跨国公司内部人力资源的分配。例如,一家以日本为基地的大型跨国公司,其一半以上的员工在其他国家生活和工作。[33]那些作为一个国家的公民却生活和工作在另一个国家的人们被称为**外派者(expatriates)**。今天的跨国公司拥有170 000多个国外分支机构(包括分支办事机构或母公司所属的其他公司),这种类型的组织对全球的外派者的存在有很大关系。

很明显,全球化趋势对全世界人们的生活有着复杂而广泛的影响,组织行为学家也已注意到这一事实。实际上,人力资源的管理被广泛地认为是全球舞台上竞争的组成部分。就像一个专家指出的那样:

*事实上,任何类型的国际问题,从最后分析看,要么是人制造的,要么是被人解决的。因此,在合适的时间、合适的岗位,选择合适的人,成为公司走向国际的关键。*[34]

## 2. 文化和它的影响

对于组织的全球化,组织行为学领域的主要兴趣在于研究文化对人们工作中的态度和行为的影响。[35]感兴趣的基本问题是:就他们在组织中的行为,不同文化中的人们表现相同还是不同?

要考虑这一问题,我们首先得分清什么是**文化(culture)**。大多数社会科学家同意将这一术语定义为,人们与同一社会单位(例如一个国家)其他成员共有的一套价值观、习俗和信念。[36]因此,举例来说,在某种程度上一个特定国家的公民共同拥有一套价值观、习俗和信念,他们就被认为有独特的文化。然而,认为在一个特定的国家有一种人人都分享的文化却可能是错误的。例如,虽然大多数美国人可能分享一套广为接受的价值观,但声称美国就只有一种文化是会使人误解的。事实上,美国是一个**多元文化社会(multicultural society)**,它拥有许多不同种族、人种、社会经济和世代的群体,每一群体有着自己的文化。因此,科学家们运用**亚文化(subculture)**这一术语来描述在较大的、主要文化群体中的较小文化群体,每一种小文化群体可能都有自己明确规定的文化。

文化对人们的影响常常不为人们所意识。事实上,只有当人们面临不同的文化时,他们才会意识到自己文化的存在。事实上,当诸如为跨国公司工作的外派者遇到新的文化时,通常会迷惑、晕头转向,这一现象称之为**文化休克(culture shock)**。[37]当人们远离本土文化一段时间后再回到原先的文化环境时,也会经历文化休克,这一重新调整的过程被称为**回归(repatriation)**。一般来说,文化休克是由于人们认为其他人可能与自己不同,这种不同是他们从没有想象到的,并需要一些时间来适应。

科学家已发现适应外国文化的过程一般要遵循U形曲线(图1.10)。[38]开始时,人们对学习新的文化乐观又兴奋,这通常持续1个月左右。接着,在下面的几个月里,当他们努力学习新文化时,他们有挫折感和迷惑感(即文化休克发生了)。最后,在6个月之后,他们适应新文化开始接受它并对其感到满意。这些观察报告表明文化休克是不可避免的。当你开始进入一个新的国家时,你可能会有某种程度的挫折感,但随着你花越多的时间,你就越能理解和接受它。[39]

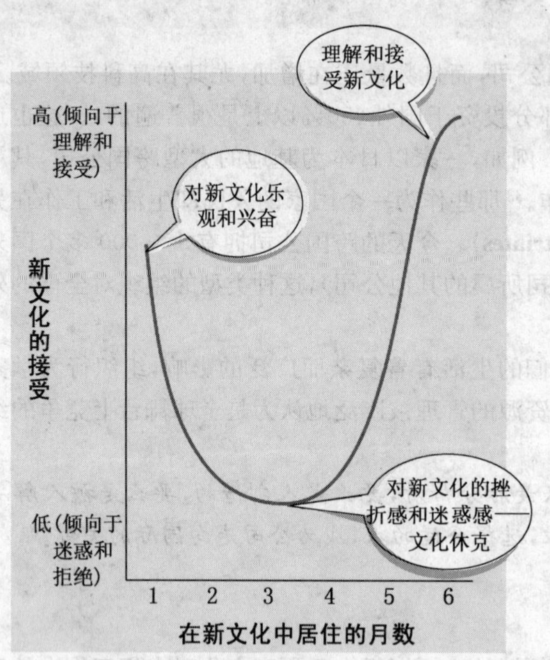


**图1.10 适应外国文化一般过程**

人们对一个新文化的适应一般遵循图示的U形曲线,在最初的兴奋阶段之后,经常会发生文化休克。然而,适应期(大约6个月)之后,在新文化中花的时间越多,接受新文化就越好。

通常,文化休克的产生是基于人们倾向于对他人作非常*狭隘*的假设——狭隘地看待世界,认为只有一种最好的做事方式。这样的人也常常倾向于过分*自我中心*——认为他们自己做事的方式是最好的。例如,美国人倾向于只说英语,而大多数欧洲人一般说几种语言。美国人也倾向于自我中心,认为世界上的每个人应学习他们的语言。然而,正如我们刚解释的那样,身处其他文化一段时间,人们就会了解做同样的事可能有许多不同的方式——这使得人们少一些狭隘,而且这些不同方式如果不存在哪一个更好的话,可以都一样地好——这使他们少一些自我中心。50年前,这些偏见可能听起来很有道理,那时美国的经济占世界主导地位。但今天的情况就完全不同。事实上,当今世界经济在本质上是全球性的,过分狭隘和自我中心的观念是不能容忍的。

对组织中人员管理持有非常狭隘和富有偏见的观点,会严重限制我们对组织行为学的理解。在20世纪50到60年代,管理学家倾向于忽视组织中文化差异的重要性。他们作出了两个主要的假设:优秀管理的原则是普遍的,最好的管理实践是那些在美国运行很好的实践。[40]这种非常刻板的理论被称为**收敛性假设(convergence**

**hypothesis**)。这种有偏见的研究倾向,反映了对组织中行为的研究的最初出现,正值美国经济在世界上占主导地位之时这一事实。

随着全球经济的不断发展,当考虑在各个国家中哪一种实践最好时,美国取向的理论可能会产生误导。实际上可能存在许多有效管理的方法,所有的理论很大程度上依赖于其所涉及的文化。这种有选择性的在今天广为接受的方法,被称为**发散性假设**(**divergence hypothesis**)。基于这种研究取向,理解工作中人的行为就要求对人们工作其中的文化有仔细的了解。例如,美国文化认为员工与上级争论没有什么不合适,但在日本对一个工人来说这是禁忌。因此,今天的组织学家越来越注意文化对组织行为方式的影响。

## (二) 劳动力人口统计的转变:趋向多元化

我们已经讨论了不同国家间公司里的人们之间文化的差异。然而,在组织内部也可以发现广泛的文化差异。在美国的组织中,可以发现大量的人不仅性别不同,而且种族、人种、国籍、年龄也不同。因此,这个部分将叙述今天劳动力多样化的性质并预测将来的多样化。我们也简要介绍现代组织为适应和利用劳动力多样化的增长所做的一些事情。然而在进入这些问题之前,让我们来区分已在美国社会中使用的两种研究多样化的方法。

### 1. 熔炉和文化多元论

20 世纪的大部分时间里,"熔炉"一词被用来类比描述新移民是如何被美国生活方式所同化的:他们踏上美国的土地并"熔"入一个共同的文化之中。**"熔炉"**(**melting pot**)指来自不同种族、人种和宗教背景的人们被转变接受一个共同的美国文化的原则。虽然这一类比暗含着美国文化将会被增加的新人所改变,但事实上并没有发生那样的事。由于二战过后的几十年里移民相对较少,且 95%的美国人是土生土长的,因此直到 20 世纪 60 年代中期,美国人仍主要是由白人、盎格鲁撒克逊人和新教徒所组成。[41]实际上,通过进入熔炉,外国人会适应美国主流的社会经济和文化方式。

**你来做顾问**

你所在的美国公司正在智利建立一个新的分支机构,要求 3 位高级主管到圣地亚哥去驻几年。考虑漫长的逗留,他们将举家前往并在那里建立新家。

1. 当这三位主管去适应他们的新环境时,你估计他们将会遇到什么样的问题呢?

2. 可以采取什么样的具体措施来帮助这些人避免文化休克的影响?

3. 当任务结束后回到自己的国家,这些人又会有什么样的困难呢?可以采取什么样的措施来减少这些困难?

然而，在20世纪60年代中期情况发生了变化。随着公民权运动的展开，人们开始向社会上多数人的绝对控制进行挑战。传统的社会思想受到置疑，对差异的尊重得到培育。因为发生了这些，熔炉哲学就名声扫地了。代之而起的是**文化多元论(cultural pluralism)**。这种理论认为社会的融洽并不要求来自各种文化的人们同化或融为一体，相反人们各自的特性应当保持并为他人所接受。文化多元论者会让来自不同文化的人们一起工作，让他们去认识、接受和欣赏各自的不同而不期望他们变得相同。熔炉和文化多元论的扼要区别见图1.11。

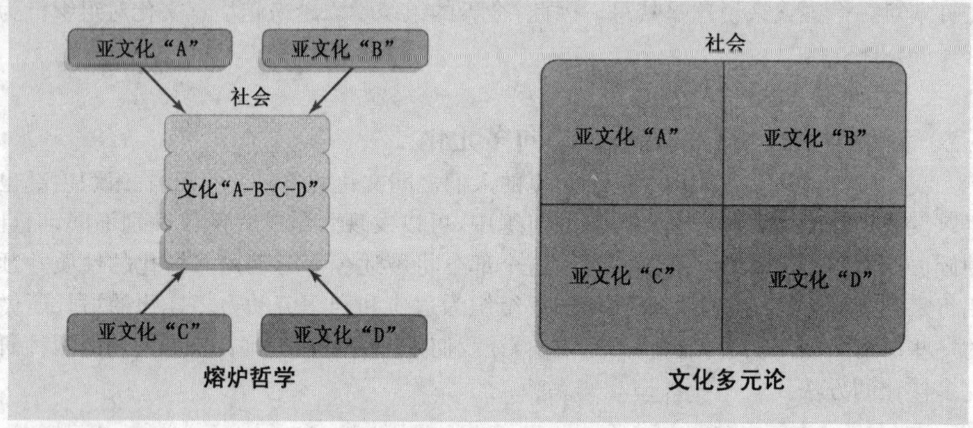


**图1.11 熔炉和文化多元论相对：一种比较**

熔炉哲学认为一个主要文化是由各种亚文化(这里，图示的文化"A-B-C-D")混合而成的。与之相反，文化多元论哲学认为来自各种亚文化的人们生活在一个共同的社会里，保持和认同各种文化的特点。

**全球问题** 有些国家较之其他国家更倾向于文化多元论。例如，传统上，美国要比澳大利亚更多元化。然而，在移民法律方面的变化，已使澳大利亚成为更趋多样化的地方。你认为还有其他哪些国家属文化多元化呢？

在今天流行的文化多元论，常在**尊重多样化(valuing diversity)**的运动中体现出来。尊重多样化指鼓励认识和尊重工作场所中不同的人。第五章分析了影响对他人态度的因素和在工作场所中有效管理多样化的方式。这里我们就来集中讨论人口的统计趋势。

## 2. 多样化的劳动力

在20世纪50年代末到60年代初，好几部流行的电视情景喜剧中描述典型的美国家庭是这样的：中年白人男子是一家之主，每天工作时间为早上9点到下午5点，有足够的钱养活好几个孩子和在家中照料家务的妻子。然而这种情景与今天的实际情况大不相同了。我们来看以下的趋势：

◆*较之以前，如今工作场所中有更多的妇女*。现在有半数以上的妇女工作，在工作场所差不多有半数的人是妇女，在过去的几年中，这些数字一直在稳定增长。[42]这一趋势源自好几个因素，包括妇女走出家门去工作越来越被社会所认可，以及经济上的必要性。随着传统上在家劳动的妇女走出家门工作，公司发现帮助使妇女走出家门是有利可图的，甚至在某些情况下是必要的。了解这方面最流行的做法，请看"趋势"栏目。

◆*种族与人种多样化已成为现实*。正如以前工人主要是男子一样，他们也主要是白人。正如工作中妇女人数的增加使得男子在工作中占较少的多数一样，不同的种族、人种群体的增加也使白人占较少的多数。虽然，白人、非拉丁美洲人目前仍占主导，但这一比例正在下降(见图1.12)。同时，由于自由移民政策，工作中非洲裔美国人、拉丁美洲人和亚洲人将大量增加。在1990至2005年间，少数群体将以更大的比例成为劳动力，这样使少数群体更为普遍了。事实上，到2050年，据估计少数人种将会占到美国人口的47%，这将使得目前使用的少数(*minority*)这一术语过时了。[43]

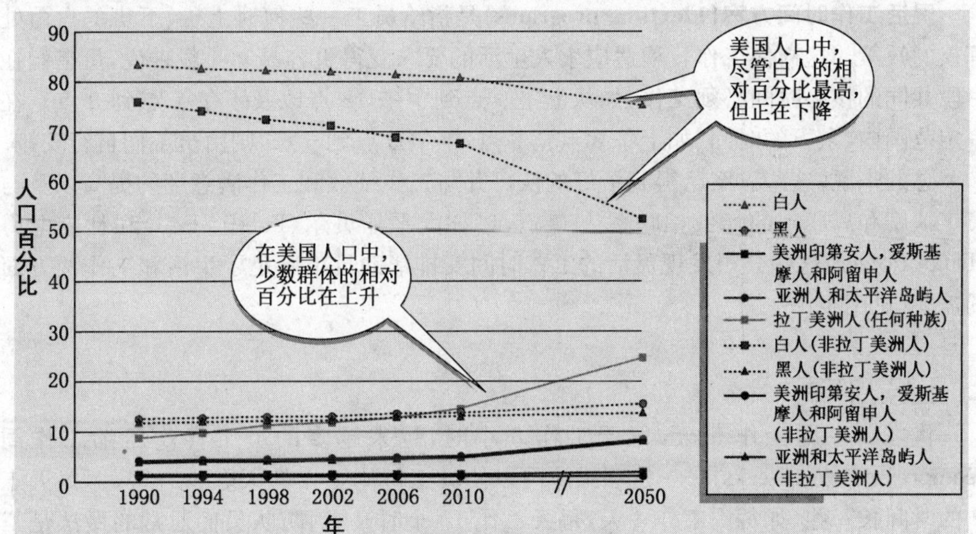


**图1.12 工作场所中的少数人种：他们的数量在增加**

统计显示，尽管在美国劳动力中，白人的相对百分比在所有群体中仍然是最高的，但正在下降。然而，非洲美国人、西班牙人、亚洲人的相对百分比正在上升。随着这一趋势的继续，少数人种群体(*minority group*)将失去其意义。

◆*人们生活、工作的时间比以前更长了*。二次大战之后的几年，和平时代的经济在美国兴旺发达，随之由于士兵回家组建家庭，带来人口的大量增加。这一阶段出生的一代被广泛地称为**激增的一代(baby boom generation)**。今天,这些婴儿中的首批已经55岁了,被劳动经济学家称为是"老工人"了。从现在开始的几年中,工作中老人的数量将明显地增大。生活在65岁不再是自动退休年龄的这一时期,年老的激增婴儿们在随后的几年里将在这群人中占愈来愈多的比例。事实上,85岁以上的老人已成为美国人口中增长最快的一部分。[44]很明显,这一趋势已对美国传统的工作、退休方式产生了深刻的影响。

## (三) 灵活变通的、新的工作安排

半个世纪之前,丈夫在外面工作,妻子和孩了一起呆在家里。上午9点到下午5点的标准工作时间被人们所接受。然而今天,双收入家庭、单亲家庭的出现以及照料年长的亲属的需要,所有这些都要求工作时间应有更大的灵活性。新的多样化的生活方式要求一种新的多样化的工作安排。值得庆幸的是,在最近几年中,已有多项措施受到了欢迎。

### 1. 灵活工作时间方案

**灵活工作时间方案(Flextime programs)**是指给员工一些何时上班、下班的自由处理权的政策。这样使工作日程适应个人生活的要求变得更容易。一般来说,员工们在一段共同的核心时间必须工作,如从上午9点到中午12点以及下午1点到3点。在一定范围内,余下的时间(如上午6点至9点,下午3点到6点)则由员工们自行安排。

总的来说,这些方案已得到了好的认可并与工作绩效和工作满意度的提高以及与员工缺席和离职率的降低相联系。[53]最近,诸如太平洋贝尔(Pacific Bell)和杜克电力(Duke Power)这些公司发现灵活的工作时间安排帮助员工满足了生活和工作两方面的需要(见图1.13)。[54]

### 2. 压缩工作周

代之以一周工作5天,每天工作8小时,越来越多的员工喜欢**压缩工作周(compressed workweeks)**——这项措施可以使员工每周工作的天数少一些,但每天工作的时间长一些(如每周工作4天,每天工作10小时)。消防队员们通常的做法是工作24小时,然后休息48小时,这种做法就是压缩工作周的一个良好的范例。加拿大壳牌公司(Shell Canada)已发现压缩工作周可以使在安大略的萨尼亚(Sarnia)制造厂生产更有效率。总部设在蒙特列尔的加拿大皇家银行(The Royal Bank of Canada)发现,通过给未来员工提供压缩工作周(一周工作4天,每天工作9.5小时)或者标准的5天工作周的选择大大帮助了其招聘工作。[55]

**图 1.13 太平洋贝尔的员工享受灵活工作时间**

太平洋贝尔的员工是不断增长的利用灵活工作时间方案员工的一部分，这一方案使得他们能决定(在一定限度)他们自己的工作时间。这一措施帮助员工平衡工作和个人生活的需要。

### 3. 工作分担

**工作分担(job sharing)**是一种固定的、非全日性工作形式，结成对子的员工承担同一项工作的职责，根据每人工作时间的比例，均分责任、工资和利益。因为人们喜欢这种非全日、灵活的工作形式，工作分担正越来越受到人们的欢迎。

例如，在施乐公司有好几对员工分担工作任务。有两位女性员工，她们曾是销售对手，但现在当她们需要减少各自工作时间以便于把时间用于她们的新家庭时，她们加入了分担一项工作的行列。[56] 在 Pella，以衣阿华为基地的窗户制造厂，工作分担已成功地减少了生产部及办公室员工的缺席率。[57]

### 4. 自愿减少工作时间

**自愿减少工作时间(Voluntary Reduced Work Time (V-time) Programs)**这些方案允许员工在一定程度上减少他们的工作时间量(通常是 10%或 20%)并按一定比例减少工资。在过去的几年里，这些方案在美国各国家机构中开始普遍起来。例如，纽约州政府的许多职员喜欢有其自己的职业生涯，同时也有时间来承担家庭责任。不仅政府可节约开支从中受益，员工也可拥有额外时间用于非工作事务。

### 5. 远距离工作

近年来，**远距离工作(telecommuting)**的做法越来越普遍。远距离工作是指运用通信技术使得工作能在遥远的地方(如家里)完成的做法。这一做法也称为*灵活工作场所*方案，它在诸如 J. C. Penney 和太平洋贝尔这样的公司使用，使员工避免日常上下班的混乱成为可能。[58]这一措施也使公司能够遵守政府要求减少员工往返次数的法规(如 1990 年《联邦净化空气条例》)。统计表明，如今远距离工作正被全力推行。[59]例如：

◆ 现在大约有 2 500 万远距离工作者。

◆ 在财富论坛 500 强公司的员工中，78%的员工大量时间不在工作场所工作。

◆ 远距离工作在小一些的公司最为普遍，77%的远距离工作者是为 100 人以下的组织工作的。

鉴于其技术优势，IBM 公司是采用远距离工作最早的公司之一就不那么令人吃惊了。虽然 IBM 的中西部分支的总部在芝加哥，但是在包括销售人员和客户服务技

**图 1.14 远距离工作在进行：这位男子在工作吗?**

IBM 的中西部分支机构的员工，从遥远的地方用手提电脑工作。由于技术使得远距离工作更容易、费用更低，越来越多的公司开始采用这一方式。

术人员在内的4 000名员工之中,很少有人在一个星期中到公司上班超过一到二次的(见图1.14)。然而,他们有"移动装置",即利用公司的ThinkPad电脑、传真调制解调器、电子邮件和手机,在遥远的地方工作。在仅仅几年里,公司就削减了55%的房地产空间,减少了固定的计算机终端数量,更好地满足了客户的要求。同时,远距离工作受到IBM员工的欢迎,83%的员工说不想回到传统的办公室环境中去。

像Great Plains Software、旅行者保险有限公司(Traveler's Insurance Co.)、美国西部通信(U.S. West Communications)以及NPD Group这些公司在节省办公开支、增进生产力和员工之间的满意方面已报导获得了类似的益处。[60]然而,正如你所想象的,远距离工作并不适合每一个人,而且也有其局限。[61]因此,要使远距离工作发挥作用需要在工作方式上进行一些仔细的调整。想要对这些需要考虑的事项作进一步了解,请看下面的"制胜诀窍"。

**制胜诀窍**

## 使远距离发挥作用:一些需考虑的事项

当平时在工作中有相互联系的人们不再有那种社交接触,可能有好几种情况发生。例如,当员工相互之间不经常见面,就很难在一些组织中建立有质量的商品和服务所需的团队精神。结果是,远距离工作并不适合所有的工作。对那些包括信息处理、大量自动化以及相对较少面对面接触的工作来说,远距离工作的效果最好。销售代理人、电脑程序编制员、信息加工处理技术员、保险代理人、证券交易人都适合远距离工作。

这并不是说在这些工作中的每一个人都必须配备一个手提电脑。远距离工作的好的候选人也必须情绪成熟而且能自我约束,不需要直接监督地工作。为帮助那些适应远距离工作有困难的人,IBM公司仔细地监控远程工作者的工作并对那些有困难的人提供咨询。

为使远距离工作有效地进行,远距离工作者们必须在远距离工作所必要的知识以及在合适的条件下安全工作方面(例如,为避免身体上的疾病,不要几个小时盯着可视终端以及过度使用手腕肌肉)进行彻底的培训。他们也必须在独立发挥作用方面得到培训,如怎样有效地管理时间,怎样在工作中避免家人的干扰。

公司还面临着为远距离工作者建立公平工资的问题。对于那些根据工作量(如处理保险索赔的数量)获取报酬的工人来说,这不是问题。在给远距离工作者支付报酬时,确定诸如质量、数量具体目标的测量绩效的清楚标准,是相当有帮助的。得到拿薪水员工完成工作的清晰的绩效标准是困难的,然而公司一定得根据远距离工作者应该做什么,如在规定的时间内提前完成工作制订政策。在办公室,员工可能努力工作并帮助其他人,但要是在家里,他们可能被休闲玩具所吸引。最关键的任务是要在员工开始远距离工作之前，根据报酬和绩效期望，解决所有潜在的棘手的政策问题并确保工作目标被理解和接受。

显然，远距离工作有它的局限，但它在今天的工作场所中也有特别作用。鉴于技术使得人们远距离工作越来越容易和便利，而交通阻塞使得以往工作方式变得越来越困难，这样，公司考虑这里所列的几点，并据此做出反应，就不失为明智之举了。

## (四) 由技术创造的新组织形式

自从工业革命以来，人们在*组织*——大的、服从上一级安排的人际等级网中仔细地完成规定的任务——*工作*。这幅图虽然非常简单，仍然勾画出 20 世纪的多数时期大多数人所经历的工作安排的特征。然而，随着 21 世纪的到来，我们所知的工作和组织的性质正在发生变化。当然，这一变化由许多因素造成，但是主要的催化剂是迅速发展的电脑技术。现在，计算机微处理器的计算能力大约每 18 个月就增加一倍，由于工作转向数字化大脑，一些曾经由人脑完成的工作变得过时了。同时，由于人们急于在高科技革命转变的领域中找到他们的立足点，新的机会就出现了。

如你所预料一样，这种状况对组织行为学领域有着重要的意义。现在我们就来看一看近几年来所注意到的工作场所中的一些最主要趋势。

### 1. 更精简的组织

技术使得现在用更少的人做更多的工作成为可能。当然自动化，用机器代替人的过程不是新近才有的。这一过程已缓慢、平稳地进行了几个世纪。然而今天，由于数字化数据而不是大的机械设备的操纵，科学家已提到工作场所的信息化。

术语**信息化 (informate)**描述这样的过程：工人通过在他们和那些物体之间“输入数据”来操纵物体。[62]当工作被信息化，信息技术被用于将以前的一项物理任务变为一个包含一系列数字命令的操作。例如，一个现代化工厂的工人现在只要在计算机键盘上按几个按钮，就能搬动大块的钢铁。同样，只要有正确的程序，一名销售员就能够将一个定单输入到手提电脑，并能引发一连串与工作相连的所有事情的活动：向供应商发订单，按精确规格生产产品，发送成品，发出汇票，甚至把给销售人员的佣金记入他们的工资单。

与自动化的渐进过程不同，今天的技术信息化过程正进行着，进步是如此之快，使得工作的性质变化快得如同可能实现这些变化一般。伴随着这些变化，许多工作正在消失，使得组织——至少是最成功的组织比以前要小得多。[63]例如，福特公司应付账款部门雇用了大约 400 人，而 Mazda 公司高度计算机化仅用 5 个人做同样的工作！Mazda 公司本身要比福特小很多，但这一区别仍是相当显著的。

除了服务，产品制造也被信息化了。例如，位于弗吉尼亚夏洛特的通用公司Faunc自动化工厂，线路板的生产由实施信息化之前所需的员工的一半来完成。[64]不仅蓝领工人，手工劳动工作也正被削减。就白领工人而言，"脑力劳动"工作也正在消失。在许多地方，中层管理者不再需要作决策，决策现在由电脑来完成。事实上，虽然中层管理者在劳动力中仅占10%，但是在最近的失业人员中却占20%。

组织调整的另一种方式是通过完全去除组织中那些非核心业务的部分（即对组织不太重要的任务），而雇用外部公司来完成这些职能，这一做法被称为**外包（outsourcing）**。[65]通过把次要的活动外包出去，组织就能集中于其做得最好的事情上，集中于被称为**核心能力（core competency）**的主要能力上。像提供门卫服务的Service Master公司和提供工资发放服务的ADP公司，这些公司使他们的客户有可能集中在对他们公司目标最重要的业务功能上。例如，通过外包维修保养或工资处理，一家制造企业可以缩小规模并把资源集中在其做得最好的方面——制造。

有些评论家担心外包代表着把公司"挖空"——通过使组织依赖于其他公司而削弱组织的功能。[66]支持者反驳道，当被影响的工作对竞争成功不是非常关键（如门卫服务）或者非常关键只有外面的帮助它才能成功时，外包是有意义的。[67]例如，在今天销售个人电脑的公司中，把各种部件（如硬驱，CD-ROM和芯片）的制造外包给其他公司是一种普遍的做法。[68]与大多数制造公司所发生情况相比，这听起来是不正常的，但实际上并非如此，有分析数字作出估计，认为30%的美国最大工业企业他们制造业的半数以上是外包出去的。[69]

## 2. 临时劳动力："永久临时"员工

代之以去除整个组织的功能并花钱请外面的供应商完成这些职能，组织有时消除个别的职位，然后在特定的基础上雇人完成这些工作。这些人组成**临时劳动力（contigent workforce）**——这些人由组织临时雇用，根据需要工作有限的一段时间。[70]临时劳动力不仅包括传统的临时工，而且也包括自由职业者、转包商以及独立的专业人士。如图1.15所显示的，临时工人最经常做的具体工作是那些办公室工作。[71]这样一种非常灵活的安排使组织能够按需要扩大或缩小，并在需要时找到有专业知识的专家。

企业重新组织的趋势使得美国许多公司把他们的职员规模保持在较小的范围，他们必须经常利用人力公司的服务或者向全国7 000家临时雇用公司中的任何一家寻求帮助。[72]有些分析家预言，在接下来的几年里，美国全部工作人口的一半——大约60万人将做临时工或成为自由职业者。

## 3. 虚拟公司：临时组织网

由于越来越多的公司把各种组织功能外包出去并减少他们的核心能力，公司也许不能完成一个项目所需的所有任务。然而，他们必定能把他们自己高度专业化的部

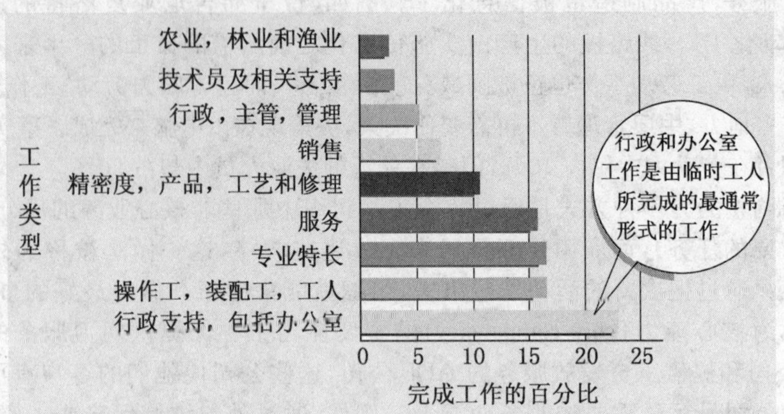


**图 1.15 临时工人：他们做什么样的工作？**

在临时劳动中，占最大比例的是行政和办公室的工作

【资料来源】Based on date reported in 1999, from the Bureau of Labor Statistics.

分完成得很好。因此，假如你雇佣几家核心能力相互补充的公司，并让他们共同来完成一个特殊项目，你就有了一个强大的合作团体。

这是近来逐渐流行的一种组织安排的理念——**虚拟公司（virtual corporation）**。虚拟公司是一个非常灵活的临时组织，它由一组公司组成，联合力量开发一个具体的产品。[73]（我们将在第十四章更具体地讨论这种组织形式）

例如，在娱乐业（如制作电影）和建筑领域（如建造购物中心），各种各样的公司常常为一些特别的项目集合在一起。毕竟如今技术变化是如此之快，技能变得越来越专业化，以至于没有哪家公司能够独自完成所有的事。因此，一些公司常常临时把力量集中起来形成虚拟公司——它们不是永久的公司，而只是临时的，它们没有自己的办公室或组织结构图。虚拟公司还不太普遍，但专家们预测在接下来的几年里它们会大量增加。[74]

## （五）质量革命

长期以来，当购买了劣质的商品或得到的服务不尽如人意时，人们除了报怨，几乎没有什么其他办法。毕竟，假如市场中的每件商品都质量低劣，哪里有选择的余地呢？直到丰田（Toyota）、尼桑（Nissan）这些日本公司进入了美国的汽车市场，情况才开始转变。当美国的福特、通用、克莱斯勒公司还在为给客户提供价值而自鸣得意时，日本公司就制造出了比美国汽车更耐用、更便宜，设计也更合理的汽车。当日本汽车制造商开始占据美国汽车市场最高份额时，美国公司被迫重新思考他们的竞争策略，并改变他们的经营方式。

今天公司的经营方式与几十年前美国的汽车公司已经大相径庭了。今天的口号不是“得过且过”而是“把事情做得更好”，这就是所谓的*质量革命*（*quality revolution*）。最好的组织是那些较之以往更致力于以低廉的价格提供更好的商品和服务的组织。做到这一点的公司才可能兴盛，否则就会被淘汰。

## 1. 全面质量管理

确保质量的最常用的方法之一就是所谓的**全面质量管理（total quality management, 简称 TQM）**。这是一项组织策略，它通过开发严格管理产品质量的技术来提高消费者的满意度。TQM 不是一种诸如牢不可破的价格体系的特别技术，TQM 是一种生活方式，通过这种生活方式，人们对提高所做的每一件事的质量都表现出强烈的承诺。

爱德华·戴明（W. Edwards Deming）是最著名的 TQM 的倡导者。根据他的观点，成功的 TQM 要求每一个组织成员，从最低层的工人到 CEO 都必须全力投入任何有助于提高质量的革新。这包括既要通过精确的统计程序严格监测质量，又要实施任何必要的提高质量的措施。通常，这就要求我们不断改进生产工艺以达到更高的质量。

例如，在开发一款凌志（Lexus LS 400）汽车的过程中，丰田公司购买了竞争对手梅赛德斯（Mercedes）和宝马（BMW）的汽车。丰田公司把这些汽车拆了开来，检查它们的零部件，他们希望这样能有助于研制更好的汽车。这种将自己的产品或服务与市场上最好的产品或服务进行比较的方法，我们称其为**标杆管理（benchmarking）**。丰田公司为此花费了大约 500 万美元，这无疑体现了丰田公司为顾客提供优质产品的意愿。现在凌志由于其卓越的性能已经得到了消费者的广泛认同，这进一步标明了丰田公司全面质量管理的努力是成功的。

TQM 的另一个要素是将对质量的关注全面融入组织文化之中（我们将在第十三章中进一步讨论组织文化这一概念）。[76] 例如，在美德橡胶（Rubbermaid）公司，不仅在产品的制造过程中强调质量，同时将其延伸到了成本、服务和创新之中。为确保产品质量达标，许多公司都实现了**质量控制审计（quality control audits）**，通过这一措施，可以严格监测出公司是否达到自己的质量标准 。

例如，像百事可乐（Pepsi Cola）和联邦快递（FedEx）这样的公司会定期询访他们的客户，以发现可能出现的问题。这些公司会认真对待询访的结果，并以此来决定采取必要的改进措施以避免将来出现类似的问题。

## 2. 波多里奇国家质量奖

一些公司在全面提高质量的进程中获得了成功，他们也因此得到了相应的荣誉。1987 年，美国国会设立了**马尔柯姆·波多里奇质量奖（Malcolm Baldrige Quality Award）**，（根据里根政府的前任商业部长的名字命名），以表彰那些有效地实施质量管理并在提高产品和服务质量方面取得了卓越成就的美国公司。[77] 在该奖项的三个类别制造业、服务业和小型商业(任何一家正式员工少于500人的独立企业)中,每年都会有2个获奖名额。表1.2列举了1988—1998年度的获奖名单。

### 表1.2 波多里奇奖得主

自1988年以来,美国国会每年都颁发马尔柯姆·波多里奇奖,以表彰那些在全面提高质量方面表现出色的美国公司。下面是1988—1998年度该奖项的每一个类别的获奖者名单,分别为制造业、小型商业和服务业(1999年新增了两个类别,健康和教育)

| 年度 | 制造业 | 小型商业 | 服务业 |
|---|---|---|---|
| 1988 | • Motorola. Inc.(摩托罗拉)<br>• Commercial Nuclear Fuel Division of Westinghouse Electric(威斯汀豪斯电子公司的商用核燃料分部) | • Globe Metallurgical, Inc.(全球冶金) | • [无] |
| 1989 | • Miliken & Company(美利肯)<br>• Xerox Business Products and Systems(施乐) | • 无 | • 无 |
| 1990 | • Cadillac Motor Car Company(卡迪拉克) | • Wallace Co., Inc. | • Federal Express Corporation(美国联邦快递) |
| 1991 | • Solectron Corporation(旭电) | • Marlowe Industries | • [无] |
| 1992 | • AT&T Network Systems Group(电报电话)<br>• Texas Instruments, Inc. | • Granite Rock Co. | • AT&T Universal Card Services<br>• The Ritz-Carlton Hotel Co. |
| 1993 | • Eastman Chemical Company | • Ames Rubber Company | • [无] |
| 1994 | • 无 | • Wainwright Industries | • AT&T Consumer Communication Services<br>• GTE Directories Corp |
| 1995 | • Armstrong World Industries' Bulding Products Operation<br>• Corning Telecommunications Products Division | • [无] | • [无] |

续 表

| 年度 | 制 造 业 | 小 型 商 业 | 服 务 业 |
| --- | --- | --- | --- |
| 1996 | · ADAC Laboratories | · TridentPrecision Manufacturing | · Custom Research<br>· Dana Commercial Credit |
| 1997 | · 3M Dental Products Division | · Solectron Corp. | · Merrill Lynch Credit Corp.<br>· Xerox Business Services |
| 1998 | · Boeing Airlift and Tanker Programs<br>· Solar Turbines | · Texas Nameplate Co. | · [无] |

【资料来源】National Institute of Standards and Technology, 1999.

但凡对这一奖项感兴趣的公司都需要填写一份长达 75 页的详尽的申请书,全面地阐述他们在质量方面取得的成就。获奖者的评定是由来自美国标准与技术协会的专家组成的评审组(目前大约有 250 位质量专家)决定的。该委员会首先审议每一份书面申请,然后将访问在审议中得分足够高而得到复试资格的公司。该委员会对所有申请者的评判标准包括:顾客满意度、公司运营方式的改进以及公司挖掘员工潜能的程度。

该奖项的目的在于,通过表彰那些长期致力于最大限度地全面提高产量和生产效率以推进质量进步的公司,来提高美国产品的总体质量。为确保所有的美国公司都能够从中获益,该奖项的设立者还希望所有的获奖者都能让其他公司分享他们的成功经验。这一愿望已经通过各种方式得到了实现,如个人报告、图书和录影带。[78]例如对于IBM 公司来说,为准备波多里奇奖的申请工作,IBM 公司已经进行了极为细致的自我检查,IBM 公司从中获得的利益不仅在于他们于 1990 年因获奖而得到的广泛认可,同时在于申请工作本身的细致准备的过程。[79]

## (六) 公司的社会责任:道德的组织

回顾美国的商业史,我们不难发现充斥其中的种种肮脏的故事,一些商业巨头为不择手段地追求自己的成功,不仅破坏了美国的自然资源,失去了公众的信任,而且还击碎了千百万人的美好梦想与希望。例如,标准石油(Standard Oil)的创建人约翰·D·洛克菲勒(John D. Rockefeller)为了垄断石油业就长期贿赂政客,甚至让政客与他同流合污。

当然,这些令人发指的商业行径并非仅仅是历史的遗物。在现实中,这早已是公开的秘密,而且今天这种现象似乎随处可见。例如,最近有关行贿和受贿丑闻的报道就已经玷污了国际奥委会的声誉;而有关汽车维修业务中欺诈行为的指控也让在汽车零售业中长期备受赞誉的巨人西尔斯(Sears)忽然出现道德危机。[80] 显然,人类的贪婪并没有从商业领域中消失。然而,有些事情确实发生了改变,那就是公众对组织的非道德行为的容忍程度已经发生了改变。让我们来看看下面这段由商业道德的权威专家提出的论断:

> 道德标准,无论正式的还是非正式的,已经在上个世纪中发生了巨大的变化。我们可以大胆地认为,没有任何人能够认定道德标准在20世纪的后半叶下降了,相反,道德标准提高倒是真的,而且道德标准是更高了。商人自己以及公众都期望在企业经营中,商业行为能更加敏锐地适应这种标准的变化。然而,问题并不仅仅在于拥有标准,更在于去实践这些标准。[81]

人们对非道德商业行为的容忍程度有何种变化?为回答这一问题,组织行为学家们仔细分析了诱发非道德商业行为的各种因素。更重要的是,我们需要发展提高商业行为道德水准的策略。

## 1. 非道德组织行为出现的原因何在?

如你所想,人们在商业领域中出现的所有非道德行为不是单单一个因素就能解释清楚的。相反,大量不同的因素才致使人们出现各种在道德上存在疑问的行为。表1.3概括了其中的部分因素。

**表1.3 存在道德问题的商业行为:何以出现?**

人们由于各种不同的原因才出现非道德行为,下表列举了决定此类行为的重要因素。

| 原 因 | 注 释 |
| --- | --- |
| 社会高度关注经济上的成功 | 接受“道德底线”的人不计一切手段追求经济上的成功 |
| 某些公司在陈述公司目标时将利润作为单一的目标加以强调 | 在此基础上滋生的组织文化鼓励人们为获取利润而不择手段 |
| 员工之间、部门之间以及公司之间爆发的激烈竞争 | 面对竞争,人们眼里只看得到胜利,而忽视了如道德水准等其他目标 |
| 关注“法律条文”而非“法律精神”的管理方式 | 通常,法律所规定的仅仅是“什么是可行的”而非“什么是道德的”,因此,法律所陈述的仅仅是人们所应遵循的最低标准 |

续 表

| 原 因 | 注 释 |
| --- | --- |
| 公司关于道德行为的政策模棱两可 | 公司的道德章程过于模糊，无法为行为是否符合道德标准提供足够的指导 |
| 缺乏有效的控制使人们可以"规避"非道德行为 | 财务制度的疏漏以及安全措施的缺乏使非道德行为有机可乘 |
| 商业领导无法理解公众对道德问题的关注 | 某些人忘记了公众普遍越来越不能容忍的商业领域的非道德行为 |
| "让买主自己当心"的风气盛行 | 人们有时认为由于他人期望而做的一些不道德的事情是可以接受的（如在购、销关系中） |

## 2. 公司为何应关注道德行为?

显然，公司应该提倡员工中的道德行为，原因很简单，这样做才是正确的。然而不管怎样，正如表 1.3 所示，很多潜在的因素会阻碍人们以正确的方式一贯行事。公司的高层必须对此高度重视，即使不是出于社会道德的原因，也应当看到良好的商业道德状况所带来的长期回报。

就这方面的证据，让我们来看看最近的一项研究。该研究揭示了公司的财务状况与其道德承诺之间的密切联系。[82]研究者收集了被《商业周刊》(*Bussiness Week*)杂志确认的美国 500 家最大的公司 1996 年的年度报告。然后，研究者又对这些公司有关以道德为承诺的言论作了细致的分析。其中的案例包括以下一些：

◆ 强生(Johnson & Johnson)：

"以符合道德标准并承担社会责任的方式处理各种事务是公司的一贯政策和实际行动。"

◆ 坎贝尔汤业(Campbell Soup)：

"公司认为，长期以来致力于强调行为和商业道德的最高标准，其目的在于强化公司的内部财务控制系统。"

◆ 杜邦(Du Pont)：

"公司的商业道德政策阐明了管理层将以最高的道德标准在世界范围内开展业务的承诺。"[83]

研究者在对 500 家公司的年度报告的分析中，发现了 134 份类似的言论。研究者使用各种不同的测算标准（如销售增长量和利润增长量）对这 500 家公司 1997 年的财务业绩进行了比较。研究结果让人们大为惊讶：平均来说，那些表述过类似道德承诺的公司比没有表述过道德承诺的公司其财务业绩更为出色。换言之，公司的经营越是以道德取向出发，在经济上就越容易获得成功。

为什么会得到这样的结果？答案的关键在于：以对社会负责的方式经营的公司之所以具有长久的经济利润生命，原因在于他们得到了公众的支持，正是公众的这种支持让公众广泛地融入公司的业务活动中，以此来回报公司的社会意识。在现实中，像 Ben & Jerry's Homemade 和 Body Shop 这样的公司正是这方面的典范，这两家公司通过为社区所做的特殊贡献来提升公司的公众形象，同时也博得了分享他们利益的消费者的好感。[84]

**道德问题** 具有讽刺意味的是，某些人认为公司在为谋取经济利益而积极宣扬承担社会责任的同时却以不道德方式行事。你是否同意这一说法？换句话说，公司在宣传业务时以道德为中心，这种做法本身符合道德吗？除了上面提及的公司，其他公司又是怎样做的呢？

### 3. 我们能为促进组织中的道德行为做些什么？

正如你想象的那样，要让人们以合乎道德的方式行事并非简单的事情。然而，因为“良好的道德”就意味着“成功的生意”，所以我们设法消除组织中的不道德行为就具有非常的意义。以下是一些有价值的建议：

◆ *在谋划任何决策时检验你的道德观。* 若要做到这一点，你可以问自己以下四个主要问题：

1. 这样做对吗？虽然判断某一特定的行为是否正确并非总是一件容易的事情，但我们不应违背那些为人们普遍接受的对、错原则。例如，我们都认为偷窃是一种错误的行为。

2. 这样做公平吗？公平要求一视同仁。例如，两个同样称职的员工，做同样的工作应给予相同的报酬。

3. 这样做自私吗？假如你的行为结果只对你一个人有好处，那么你的行为可能是不道德的。符合道德的行为应当让最大多数人获益，同时受到伤害的人应当是最少数的。

4. 如果你的行为被他人发现，你会有何感想？如果你认为当地报纸头版头条报导你的某一做法是一件尴尬的事情，那么你的这一做法可能存在道德上的疑问。[85]

◆ *建立道德准则。* **道德准则(code of ethics)**是一种正式的文件，用以描述组织的基本道德主张、实施该主张的基本原则以及对员工行为的期望（如避免利益冲突、诚实等）。[86]某些道德准则可能非常具体。例如，某些道德准则可能会规定公司内所能接受的礼物的最高价值，另一些道德准则可能详细阐述违反这项准则将受到怎样的处罚。如果将道德准则与强化公司价值观的培训项目结合起来，其效用更为出色。[87]若缺乏这些培训，道德准则常常被看成“橱窗装饰”而不被理睬，即使这些准则耳熟能详。（若需了解有关国际商务的道德准则的案例，请参考本章的“全球组织行为”栏目）

◆*实施道德审计*。如同公司定期审核财务报表以识别其中的不正当行为一样，公司也应当定期评定员工行为的道德状况，以识别在这些方面的不正当行为。具体地说，**道德审计(ethics audit)**指对在道德上存在疑问的事件所进行的积极的调查和取证。接受道德审计的事件应当在一种开诚布公的气氛中加以讨论，同时还需要制订具体的计划以避免将来发生类似的事情。

◆*挑战你自己对有关道德行为的合理化*。我们都倾向于对我们所做的事进行合理化，以便我们能够使自己确信这样做是正确的，即使这种做法是错误的也不例外。一些常见的合理化现象包括：

1. *让自己信服某件事情在道德上是可以接受的，仅仅因为这件事情是合法的*。将法律作为行为所遵循的最低标准，而将道德标准作为更高的目标。

2. *让自己信服某件事情是正确的，仅仅因为这样做对你有利*。因为你觉得少拿了工资，所以很容易说服自己接受贿赂。但不管怎样，这仍然是错误的行为。

3. *让自己信服某件事情是正确的，因为永远也不会有人知道事情的真相*。即使你永远不可能被人揭露，但错误的行为终归是错误的。

4. *让自己信服某件事情是正确的，因为这样做可能对公司有益*。不要期望公司宽恕你的不道德行为——即使这样做会给公司带来好处。最好的公司想获得成功是因为它们选择了正确的道德之路，而不是因为其员工的不道德的行为。

就像你所想象的那样，避免这些合理化的做法并不容易。然而，我们还是希望在对行为进行合理化时，你能够尽量发现你自己不正确的做法。因为在某种程度上说，你在进行合理化时，可能就在掩盖某些不道德的行为。

## 全球组织行为

### 国际商业的道德准则

在1992年至1994年间，世界顶尖商业企业Ciba-Geigy，Cummins，Matsushita，3M，Philips Electronics，Homeywell的领导聚会瑞士的Caux-sur Montreaux，进行一项雄心勃勃的计划：起草第一部国际商业道德准则。[88]他们的目标是建立一个商业行为得以衡量的世界标准，一个公司用以发展它们自己道德准则的标准。

会议提交了名为考克斯圆桌商业原则（*The Caux Round Table Principles for Business*）的文件，起草这一文件并不容易。主要的挑战在于要提出适合于所有文化的道德标准，很自然的，在这一过程中，不同国家的人们之间产生了一些基本的不同看法，然而，专家们一致认为，在 1994 年 7 月产生的最后文件是很有价值的。实际上，Caux 原则被认为是亚洲国家的观念（如日本 *kyosei* 观念，意思是为了共同的利益一起工作）和西方国家观念（如保护人的尊严的观念）的独特混合。Caux 原则包括以下方面：

1. 在分享他们创造的财富同时，商业有责任提高他们的顾客、员工和股东的生活。
2. 商业活动应对其从事经营的他国的经济发展作贡献。
3. 在所有商业经营中，领导应该是真诚的、公正的和可信的。
4. 在他国从事商业活动，国际的和这个国家法律都应该遵守。
5. 多边贸易的所有协议应该承认。
6. 商业应该保护，如有可能，应该改善物理环境。
7. 行贿、洗钱、毒品买卖这些违禁做法是不允许的。

Caux 原则好几年来一直被认为是恰当的，他们很好地为人们接受。事实上，在联合国世界最高级会议上，这些原则曾被提交和讨论。看来一切都好，但现在真正的问题是，这些原则将怎样准确地来帮助指导公司进行国际商业活动？指出一项原则是一回事，遵守它则又是一回事。要使一项原则能在国际舞台上指导复杂的人的行为，这一原则一定得因为有价值而被广为接受。在 Caux 圆桌会议上通过的这些原则会是这样的吗？只有时间会告诉我们答案。但现在，有一件事是肯定的：遵循这些原则比说明这些原则更有挑战性。

## 学习目标的回顾与总结

**1. 定义*组织*和*组织行为学*的概念。**

**组织**由群体和个人组成，一起达到某些一致目标的有结构的社会系统。**组织行为学**是这样一个领域，通过运用科学的方法，获得组织情境中行为的各方面知识。

**2. 对组织行为学领域所使用的*科学的方法*以及*分析的三种层次*作描述。**

组织行为学运用经验的、以研究为基础的方法来建立其知识基础。照此，它以对感兴趣的行为或现象作系统的观察和测量为基础。组织行为学运用三个层次进行分析：个体、群体和组织，而且所有分析都以科学的方法为基础。

**3. 对形成当今组织行为学领域的历史发展和学派思想作回顾。**

组织行为学最早依靠**科学管理**理论，这一理论把人当成机器，并强调最大限度地提高生产率。例如，这一理论依靠**时间—动作研究**，它是一种应用性研究，试图发现人们完成工作的最有效途径。随着这一理论不受欢迎，它被**人际关系运动**所代替。人际关系运动强调工作场所中非经济的、社会因素的重要性并在今天仍受欢迎。这些因素在霍桑实验研究中得到证实。霍桑实验是第一个在工作组织中进行的大规模的研究项目，证实了社会因素决定生产率的重要性。与科学管理强调组织个人的工作不同，**古典组织理论**的倡导者们发展了有效组织完成工作途径的方法。韦伯的**官僚制**就是这一理论的一个最好例子。当代组织行为学不是以一个最好的管理理论为其特征，而是以吸收了社会科学中好几个领域的系统科学研究为其特征。现代组织行为学使用**权变理论**，这种理论认为行为可能由同时出现的许多不同因素所影响，因此反对任何一个最有效的管理组织中行为理论的观点。

**4. 识别组织行为学领域的基本特征。**

组织行为学领域假定：组织可以变得更有生产力，同时也能提高人们工作生活的质量；没有一个最好的研究组织中行为的理论；组织是动态的、不断变化的。

**5. 就全球经济对组织行为学领域的影响作描述。**

世界经济正变得日益全球化，它从几个不同的方面影响了组织行为学。例如，组织正不断地向海外扩张，因此，要求人们到不同的国家生活和工作，这就涉及相当多的调整和适应。由于这种情况发生了，许多我们以为知道的关于管理人的知识就受到文化的限制。在大多数情况下，关于管理人的知识是在美国文化下发展起来的。

**6. 对劳动力是如何变得多样化以及这种变化又是怎样导致*灵活工作安排*作解释。**

工作场所的多样化，在很大程度上，是移居形式变化的结果，它使得工作场所中的外国人更多了。工作场所的多样化，也是社会价值和经济方面变化的结果，它使妇女在今天的工作场所里普遍了。同样，得益于现代医学，人们的寿命和工作时间较之以往更长了。当家庭中的成人都外出工作，为应对出现的工作—家庭问题，组织采取了各种措施帮助员工解决工作和家庭冲突。这些措施包括灵活工作时间方案、压缩工作周、工作分担、自愿减少工作时间和远距离工作。

**7. 对*技术*是如何导致新组织形式的发展作描述。**

随着技术越来越专门化，组织发现*外包*是有用的。外包是指雇佣别的公司做那些曾是自己做的非核心方面的工作。因为今天工作性质的变化是如此之快，许多人——他们被称为**临时劳动力**——选择为多家公司做临时工，而不是为某一家公司做全日工作。这与趋向**虚拟公司**的趋势是一致的，在虚拟公司中，一些公司为竞争特殊的项目而暂时联合。

**8. 对*质量*和*道德行为*越来越高的期望如何影响组织行为学领域作解释。**

今天的消费者要求高质量的产品和服务，这鼓励公司去发现满足这些要求的方法，从而使公司得以生存并在竞争者中居于领先。持续地提高产品和服务的流行的政策，被称之为**全面质量管理**，正是对这一趋势的应答。大部分民众也显得讨厌个人和公司的不道德行为。结果是许多公司正采取旨在提高他们行为的道德性质的措施（如进行**道德审计**和建立**道德准则**），这些措施已产生了积极的影响。

## 问题讨论

1. 组织行为学领域如何能对组织的有效运作以及个人的幸福起作用？这些目标是不一致的吗？为什么是，或为什么不是？

2. 解释下面这句话：人们影响组织以及组织影响人们。

3. 什么是权变理论？为什么在当今组织行为学领域中它是如此流行？

4. 解释组织行为学领域如何坚持从全球的观点中获益。这一观点会面临哪些主要的挑战？

5. 由于近年来发展形成的灵活的、新的工作安排，你自己及家人的生活发生了怎样的变化？

6. 对产品质量及服务越来越高的要求如何影响了你的工作？

7. 描述一个工作情景：你处于道德和非道德行为两难之中。是什么力量促使你采取对立的行为？你最终是如何做的？什么可能导致你采取不同的行动？

## 典型案例

### 案例1 LSG空中厨师为获全球成功调整方法

由于国家之间变得越来越相互依存，产品和服务周期缩短，全球公司中的管理者就需要具备成功的新技能。过去认为外派管理人员离开总部，高兴甚至高贵地被派往一个异国所在地，这种观念正迅速消失。今天，全球管理人员必须对变换的市场、政治条件作出迅速的反应，并且注意总部发生的事件，以便与他们当地的企业与绩效期望同步。

对某些管理人员来说，对变化的条件作出反应可能是一项新的挑战，LSG的空中厨师就是一个例子。这是一家以得克萨斯为基地的阿灵顿航空伙食公司，它在全球有200家负责伙食的点，在全球90亿美金的市场份额中占据1/3。空中厨师的首席执行官米切尔·凯(Michael Kay)说："我们大多数年轻的管理人员，生长在经济繁荣时期，他们现在都非常担心。""那些更能适应的人，已学会了对好的、差的商业条件进行识别和作出反应。"

凯和他的高层管理人员鼓励全球管理人员要快速地行动起来，灌输公司的文化。凯说："我们已非常努力地工作，使我们的操作标准化，不管厨房是在奥克兰、芝加哥或者是巴西。我们有清晰的、准备良好的文件交流和做事方式，在困难时期，这些帮了我们大忙。"

这种策略反映在空中厨师全球派遣管理人员的方式中。作为多年外派分配的替代，他们出国90天、120天或者其他特定的天数去完成一项具体的任务。例如，一位在英格兰曼彻斯特的管理者，他有1 800美元的预算和12家航空客商，被派到一家更小的位于马萨诸塞的波士顿的公司四个月，了解循环时间和各种费用。

“基本上，我们对传统的外派已失去兴趣了，”凯解释道，“以前，我们花了很多钱派人员及其家属出国，给他们配备外派人员所需的诸如高级的住房、私立学校和司机。我们现在的着眼点是，有特定技能的全球管理人员，短期工作，然后把他们放置在公司中最需要的地方。”

**问题反思**

1. 由于全球经济的发展，LSG 不得不做了什么改变？
2. 由于这些变化，你认为公司职员将面临什么样的挑战？
3. 在 LSG 灵活的工作安排是怎样被使用的？
4. 当接受新的任务派往新的国家，LSG 的员工可能会面临什么样的道德问题？
5. 对 LSG 使用的新的外派系统，你可能怎样适应它？与老的系统相比，你是更喜欢还是更不喜欢新的系统？

## 案例 2 组织行为学的领域

**小型商务 2000** 对组织的研究并非一个新生的领域，但我们如何研究它，以及当我们在研究时，我们发现了什么，如今与过去相比已有很大的不同。值得庆幸的是，研究管理的学者和管理人员，认识到公司就像人一样在变化。变化常常因为各种原因和以各种方式而发生。因此，研究变化是如何影响个人、群体和整个组织是有用的。在这个案例中，我们采访三个人，他们发生了影响他们的生活以及他们的谋生方式的变化。

格雷戈结束了 18 年在建筑行业的工作开办了一个设计公司。这有什么有趣的呢？格雷戈自己的生活发生了巨大的变化。他放弃了在公路上从事繁重体力劳动以及管理几个员工的职责这样一份工作。他得到的回报是，一个安顿在 45 英亩土地上，以家为基地的公司，办公室面对一个湖泊，一座积雪覆盖的山。他放弃了什么？听格雷戈讲，他放弃的不多。

苏·考夫曼曾经是一位大学英语教授。她的工作是那一领域有博士学位的一些人的典型，就像她指出的，“我仅仅是这些英语教授中的另一个”。30 年之后，苏做了一次较大的改变。你可能会想象一位商学院的教授放弃了原有的一切，开办一家公司，而一位英语教授也会这样吗？苏发现了一个市场，她的技能被视为是一些特别的东西。她不再是一位英语教授了。

最后，我们采访了布雷特·拉斯卡瑞拉。布雷特把全球经营和灵活性要领应用至极点。他不仅应用计算机技术和万维网与世界各地的客户取得联系，而且应用它从世界各地与客户取得联系。布雷特不是一个喜欢安静地在那里的人。他的公司以允许他灵活地满足客户的需要，以及允许他自身工作灵活这种方式构成。灵活对布雷特来讲，不仅仅是“灵活的时间”，它也指“灵活的地点”。

我们在这个案例中看到的三个公司代表了当今商业的一个趋势。拥有一份工作并不再意味着必须离开家去工作。这种工作和生活方式不适合每个人，但它是一种建立令人满意生涯的途径。我们从客户的眼光来看，大公司雇佣了许多有各种技能的人。有时，那些所有的技能并不总是被需要。问题是一个公司有时工作只需三个人来做，但这些人可能在其他时候根本不需要。这可能就是进退两难的处境。与这个案例中三个公司类似的公司允许他们的客户（通常是大一些的公司）能只在需要的时候雇佣他们。技术使他们交流起来容易；他们甚至不需要彼此离得很近。事实上，正如苏·考夫曼所指出的，有时他们甚至从来没有见过面。

就像其他任何事情一样，灵活的工作安排有它们好的和不好的地方。观看此案例时，考虑一下你可能会怎样在类似录像中的任何一家公司工作，同时也考虑一下管理一群人或一个公司与使用计算机的人做生意会是什么样。

**问题讨论**

1. 在这个案例中，你遇到三个人，他们开始了作为职业替代的以家作为基础的经营业。每个人的原因各不相同，讨论各自的原因。如何看待每个人的成就？

2. 我们所遇到的以家为基础的经营者，有一个共同点：在开始他们的公司之前，他们都有好几年职业经验。运用案例中的信息以及你自己的想法，对在选择职业中你认为重要的事情作讨论。

3. 从案例中，我们得出这样的想法，即单独工作是一件好事。可能是这样，但同时也可能有一些不足。你认为以家为基础的经营，它的不足在哪里？

4. 我们遇到的三位，都在一定程度上运用技术来进行经营。在人们已容易地进入传真、PC 和互联网时，你认为以家为基础的经营是一项选择吗？假如你现在在家里工作，你期望其他什么技术或能力，能使你的生活变得更容易？

# 技巧库

## (一) 亲历组织行为

### 1. 测试你的道德 IQ

道德困境可能给你带来无尽的烦恼。在由来已久的形容“进退两难”处境的比喻中，你面对一头向你冲来的公牛，你无疑会被这头公牛抵伤，当“生死抉择”的时刻到来时，你的选择常常是避免最厉害的那只牛角。在两难困境中，有两项内含的假设：你一定得做选择；你有能力做出选择。当然不做出选择，本身就是一种选择。下面的练习将表明，在道德困境中，你是如何做选择的。

### 2. 指导语

下面列举的是商业活动中真实的 10 种困境。你需要对每一种困境做出一个选择。请根据你的第一反应做出直接回答，圈出**“否、视情况而定、是”**三项中的一项。你的回答应反映出你在真实情境中的实际行为方式，而不是你认为应该怎么做，或者是你认为的最好的或最符合道德的回答。

### 3. 道德 IQ 测验

(1) 你新近被一家大型制造业公司聘为初级行政官。你代表公司参加的商业会议还剩下两天就要结束。你已计划坐飞机回家，但是，你在会议上结识的一对朋友正准备驾车回家，并邀请你与他们同行。坐飞机回家只需 2 小时，坐车要 5 小时，但你的新朋友可以把你送到家门口。和新结交的朋友一起坐车回去将会是一次刺激的旅行，而且对公司也有好处。你认为额外的旅行时间是你自己付出的，也就是说，没有花公司的钱。因此你决定和你的新朋友一道坐车回去。在途中路过加油站时，你往加油机里投了 10 美元。

*问题：你会报销返程的机票并留为己用吗？*

否　　　　视情况而定　　　　是

(2) 在你的办公室里，关于员工如何使用办公用品你有一套严格的道德规则。一次，你办公室里最能干、任职时间最长的秘书准备把打印机色带和擦带放在公事皮包中带回家，却不幸被你——他的老板，逮了个正着。公司有一项明确的规定是不允许这样做的，同时，如果要回家做公司的工作，这项规定清楚地说明了为员工提供办公用品的程序。这项规则要求你当场解雇这位秘书。

*问题：对这位忠心的员工，你会为他破例吗？*

否　　　　视情况而定　　　　是

(3) 你在公司的一位朋友问你是否要将一套昂贵的计算机软件拷贝带回家，你知道这套软件是受版权保护的。

*问题：你会让朋友为你拷贝一份软件吗？*

否　　　　视情况而定　　　　是

(4) 你是一家大型跨国公司负责公共事务的高级副总裁。你的一位在市场部的老友向你透露：老板正准备暗地里建议销售代理就一种特殊的产品对未来的客户提供误导信息。你的朋友对此非常沮丧，希望得到你的建议。

*问题：你会鼓励你的朋友听从老板的建议吗？*

否　　　　视情况而定　　　　是

(5) 你是中西部一中等城市的公共关系专业人员。3 个月之前，你建立了自己的公司。你的第一个大客户希望在你所在的整个地区推销一种减肥运动机器。在得克萨斯的总部声称这种仪器被科学证实能有效地快速减肥。这家制造公司在国内没有名气，而且尽管你一再要求，公司还是不能提供给你它所声称的科学证据。

*问题：在没有科学证据之前，你是否会继续将这家公司作为客户并为其服务。*

否　　　　视情况而定　　　　是

(6) 你是公司研发部的头头。人事部为你部门空缺的新产品测试职位找到了两位候选人。其中一位候选人似乎更为称职，更有提升的潜力，而且将来也更可能为公司献计献策，但他看上去相当冷淡和孤僻，很可能与你的性格相冲突。而另一位候选人不太称职，尽管他对公司的贡献可能会不如前者，但你偏向于选择这个人。

*问题：你会选那个不那么称职的候选人吗？*

否　　　　视情况而定　　　　是

(7) 你是公司最赚钱的品牌之一的产品经理。你知道，你的产品将受到经济实力强大的竞争对手的挑战，他们的产品是你的产品的改进版本。你的一位零售商提出可以向你提供一份你的竞争对手的市场策略计划的机密拷贝，但他还没有提出价格要求。

*问题：你会利用这一重要信息来帮助你的品牌死里逃生吗？*

否　　　　视情况而定　　　　是

(8) 你最近接受了一家新公司市场部的高级职位。你的第一项任务之一是，要为你们公司最大客户的一位高级采购员审批一次全部费用由公司承担的豪华旅行。这次在加勒比海举行的 4 天会议是由你公司单独承办，会议将为客户及其配偶提供头等舱机票、会议之后的 3 天巡游，外加 500 美元的酬金。你知道这家公司没有书面的利益冲突政策。你也知道你的新老板非常希望这位采购专员能参加这次会议。

*问题：你会为这位客户批准这笔费用吗？*

否　　　　视情况而定　　　　是

(9) 你是一家制药公司审计委员会的外部委员，这家公司通过门诊医生来推销新药。通过秘密渠道，你已经了解到，你们公司的研发部已开发出一种流产药，这种药似乎百分之百的安全和有效。然而，公司内还流传着这样的流言，说你公司的首席执行官因为他的牢固的宗教信仰而不愿意将这一产品推向市场。如果真是这样，公司将面临上百万的潜在利润损失。

*问题：你对首席执行官的秘密决定没有任何异议吗？*

否　　　　视情况而定　　　　是

(10) 你无意中听到公司的一些工程师在讨论一种新产品，你在公司高级管理层的同事们焦急地希望此产品能如期地推向市场。你又无意中了解到，这些工程师对设计中一些缺陷非常担心，它们可能对产品使用者造成危害，尽管这种可能性很小。

*问题：由于你不是该产品的直接负责人，你会完全忽视工程师们的议论吗？*

否　　　　视情况而定　　　　是

总分：______　　______　　______

## 4. 计分方法和解释

(1) 在上面的选项中，计算一下你选择"否、视情况而定、是"中每一项的个数。

(2) 选出你在三类选项中得分最高的数字，将其乘以 100，再把结果除以 5，这就是你的*道德 IQ*。该分值的平均分为 100，满分为 200。

(3) 如果你在三类选择中的任何一项得分*超过 160*，这说明你的决策模式具有坚定、一致的道德观。你的同事也会认为你的行为倾向可以预测。例如，如果你在"否"这一选项上得到高分，你的同事可能会认为你是道德典范。你在道德上作出的一些决策可能会引起相当的关注，因为你的决定总是显得特立独行。如果你在"是"这一选项上得到高分，你一般愿意按照通常的标准和原则来处理一些特殊事件，也就是说将这些事件视为理所当然，你的这种做法让别人认为你是一个没有原则的人。你和你的决定可能迎合了大多数人的观点，或者因为这些决定太过危险，或者因为你不想"拘泥于形式"。如果你在"视情况而定"这一选项上得到高分，你通常会被视为一个没有主见的人。你的大多数决定总是像墙头草一样左右摇摆。

(4) 如果你的最高分介于 *100—140*，那么你可能是一个相当老练的人，这种人也正是我们这个时代的产物。你的回答比较均匀地分散于三类选项之中。这种模式恰好反映了当今市场中道德感的高度模糊，人们行为的道德层面并非水晶般透明。我们在每一次抉择时都过于深思熟虑了。因此，回答上面问题的最终结果就是越来越多的选择"视情况而定"和"是"。看起来，简单地"说不"并非一件容易的事情。深究其中的原因，往往说"是"更容易为我们带来好处，例如刺激和金钱。

(5) 如果你的得分在 110 左右，也就是说你在每一选项上得分都接近平均值，那么你可能认为过去的那些道德原则很难在当代的市场环境中虔诚地得到严格的遵循。在上述测试中得分接近这一水平的人都是那些最能适应环境变化，通常也是事业最顺利的人。显然，他们愿意在非功利的道德原则与对他人的伤害之间做出折中的选择。或许，这些人要比我们想象的更为平凡。

(6) 如果你的最高分低于 *100*,你不是对道德问题太过于敏感就是对道德问题太过于淡漠。你可能意识到上述问题的涉及面非常之广,而其他人会忽略或者有意回避这些细节。而另一个极端是,你或许根本没有意识到上面的问题是有关道德的问题。无论哪一种情况,你的回答都没有固定的模式,因此每一种情况都需要根据细节来加以单独分析。

【资料来源】Adapted from Verne Henderson. *What's Ethical in Business*? © 1992. New York: McGraw-Hill. Reprinted with permission of the author.

### 5. 问题讨论

(1) 上述的道德 IQ 测验揭示了你自己的哪些问题?这些问题是你已经预料到的还是出乎你的意料?

(2) 你的回答在哪一类选项中的得分最高,"否、视情况而定、是"?你认为这样的答案意味着什么?

(3) 你认为这一测验中的问题有"完美"的答案吗?换句话说,你认为是否有答案能让你觉得自己是个完全的道德主义者?如果有,为什么?如果没有,那又是为什么?

(4) 你认为不同的个体差异,或者说不同的个人的修养会怎样影响人们对上述问题的回答?请予以解释。

## (二) 分组练习

### *1. 关于组织行为的常识:付诸于测验*

即使你已经对组织中的行为有了很好的直观认识,你的一些想法可能与已有的研究结论不相一致(本书中大量引用了这些结论)。因此你不必完全依赖自己的主观判断,因为你的主观判断难免有失偏颇。与大家一起进行下面的练习或许能让你对组织中的行为有一个正确的认识,而且有助于在这些认识上达成共识,或许你能够从中得到启发。

### 2. 指导语

将全班同学分为大致 5 个小组。然后分组对下面的一些论断进行讨论,就这些问题的对错达成一致意见。整个讨论过程控制在 30 分钟左右。

(1) 对某一份工作满意的人也容易满意于另一份工作。

(2) 因为"三个臭皮匠胜过一个诸葛亮",所以团队的决策要优于个人的决策。

(3) 最好的领导不论面对什么样的环境都能始终保持一贯的行为方式。

(4) 特殊的目标让人焦虑不安;人们在简单地要求他们尽自己的努力时能更好地

工作。

(5) 人们容易厌烦一成不变的工作,因此他们乐意接受组织的变化。

(6) 金钱是最好的激励。

(7) 现在的组织比过去的组织结构更为严谨。

(8) 人们通常回避工作中的挑战。

(9) 沟通渠道过多(例如书面的和口头的)容易引起混乱。

(10) 组织中的冲突总是破坏性的。

### 3. 计分

按照以下的标准对你们组的答案进行计分:

1=对;2=错;3=错;4=错;5=错;6=错;7=错;8=错;9=错;10=错。

如果你对上述问题有任何疑问,请按照下面的线索获取更多的信息:

1=第5章;2=第9章;3=第12章;4=第4章;5=第16章;6=第4章;7=第14章;8=第4章;9=第8章;10=第10章。

### 4. 问题讨论

(1) 你们组的答案如何?你们是否在一些问题上拿不定主意?

(2) 将你们组的讨论结果与其他小组进行比较,你们是否发现有些问题比其他问题更难回答(即,有些问题的科学解释并不那么直观)?如果你们的结果不理想,也请不要泄气。上面的这些论断在某种程度上过于简单化了,还需要进一步检验以便我们全面地理解。对于你们认为最难回答的问题,你们的授课老师给予了解释吗?

(3) 上面的练习是否让你更好地理解了组织行为的本质?或许这些理解有时出乎你的意料或者过于复杂。

## 趋势:今天的企业在做什么?

### 员工支持政策

越来越多的公司正采取积极措施帮助员工实现个人要求和履行家庭职责。通过这些做法,他们使得员工满足非工作生活对他们提出的要求成为可能,反过来又要使得公司能吸引住一批不同群体的潜在员工。公司如不这样做,这些员工有可能不为其效力。在这方面,有三个方面的实践尤其有用。

◆ **儿童照料场所(Child-care facilities)**。这些场所无论是在公司还是靠近公司,父母在上班时能够把孩子放在那儿。例如,美国西部航空公司(America West)认为提供孩子照料非常重要,他们提供一天24小时服务。公司即使在1991年破产诉讼中仍维持这些福利。[45]

◆ **老人照料场所(Elder-care facilities)**。如同公司为职工提供照料儿童的场所一样,越来越多的公司也为员工照料年长的亲戚,诸如父母、祖父母提供照料场所。[46]例如,在宾夕法尼亚兰开斯特的兰开斯特药厂(Lancaster Laboratories)提供场所让工人在工作时可把需照料的年长家庭成员带来。[47]圣·*彼得堡时报*(*The St. Petersburg Times*)提供建议帮助员工满足家庭老年成员的需要。[48]根据推测,在接下来的几十年中,多代家庭会变得越来越普遍,我们可以预料老人照料场所会越来越普遍。

◆ **个人支持政策(Personal support policies)**。这些多样化的做法,用以帮助员工满足他们家庭生活的需要,使他们集中精力于工作。例如,北卡罗林纳州卡里(Cary)的SAS学院,不仅提供免费的、现场的蒙台梭利儿童照料,而且还有可带回家的营养餐。北卡罗林纳州夏洛特的威尔顿康纳包装公司(Wilton Connor Packaging)提供更不同寻常的支持,诸如现场洗衣房,与中学平行的班,直接接送,甚至儿童的洗衣中心。[49]

虽然这些措施可能比较昂贵,但采取这些措施的组织普遍确信在几个方面看来他们的投资是明智的。第一,这些措施帮助他们留住了高级人才——既不被竞争对手挖走,也节省了重新找人的开支。事实上,美国电报电信公司的官员们发现让刚生小孩的父母休一年无薪假的平均费用仅为一个员工年薪的32%,而要永久地替代那个人所花的费用则占到150%。[50]第二,通过减少对非工作问题担忧的干扰,员工能把精力集中在工作上并最大限度地发挥其创造性。那些利用雇主所提供的支持系统的员工不仅在小组问题解决活动中很活跃,而且几乎提供两倍有用的改进建议。就这些结果,家庭与工作研究院的院长之一埃伦·盖林斯基(Ellen Galinsky)评论道:"不提供工作和家庭的支持是要付出代价的。"[51]第三,这些政策有助于吸引最合格的人力资源,给使用这些政策的公司提供一个较之其他公司所没有的竞争优势。[52]

# 附录 理论与研究：了解组织行为的工具

组织行为学是门科学，这门领域的发展特别依赖于科学研究方法，对此我们不该有任何疑问。如同其他学科一样，组织行为学要使我们达到了解组织和行为规律的目的，也需使用科学研究工具。所以，对于我们来说，理解科学家在研究组织行为时所使用的基本工具是十分必要的。在此附录中，我们将简要地介绍这些技术，这是因为，我们的目标不是使你成为科学研究方法论的专家，而只是让你对涉及有关组织行为的相关研究技术能有一个清晰的认识。

## 一、这一切不仅仅是常识

你不一定是具有数十年经验的大型商务公司的高层主管，但你必定会知道有关工作过程中行为的一些知识。因为，无论是从你的现在或以前的工作中，还是从与他人交流经验的谈话中，你都能获得大量的相关知识。此外，在一些不经意的观察中，我们也能获得组织环境中有关人的行为的大量信息。因此，无论你是《财富》500强公司的执行总裁，还是比萨饼临时送货员，你都会面临许多思考人们是如何工作的机会，甚至可能，还会有许多你十分在意的组织行为的知识。

例如，或许你会问，快乐的员工是不是更倾向于有更高的生产力？或许你也可能会说，“当然是的”。但这只是逻辑上的。不是吗？尽管你可能会这样的认为，但通常这却并不是事实。事实上，正如我们第五章将探讨的，对工作满意的员工通常不如对工作不太满意的员工具有更高的生产力。这种常识性的矛盾并非独此一例，本书中有大量的像这种令你惊讶的组织行为学现象。为了评价你预测组织行为的能力，你可以做一下第一章最后部分的“分组练习”的小测验。如果你测验成绩不是很好，也不要失望。因为这也仅仅证明了，对于组织行为学复杂性的理解，我们看到的表面东西是远远不够的。

所以，我们不能太相信常识，那我们究竟应相信什么？这就是科学研究方法。尽管社会科学研究远远未达到完美，但用于研究组织行为的技术仍能告诉我们大量的信息。自然，并不是科学研究所揭示的每一件事都与我们的常识相矛盾。要是科学研究所揭示的每一件事都与我们的常识相矛盾的话，那科学研究就没有了必要。所以我们应肯定地说“不!”因为科学证据毕竟还能常常帮助我们洞察出许多事件中出现的一些微妙的情形。如果仅靠偶然的、非系统的观察或常识，这种复杂性是远远显现不出来的。换言之，组织行为科学应建立在严密操作的、逻辑分析的研究基础之上。如果我们要想清楚地了解所发生事情的内容和原因，常识只能为我们提供一个有用的起点，而不能替代科学研究。

在了解了科学方法的重要性之后，你一定想知道组织行为学这个特定的研究领域究竟有哪些研究方法。接下来，我们先通过介绍组织行为研究中最广为接纳的一个思想根源——*理论*，来开始描述这些研究技术。

## 二、理论：组织行为学研究不可缺少的向导

当你在思考一位科学家工作情形时，首先浮现在你脑海里的形象是什么？是穿着白色外套的，被一套套显微镜、一个个试管所包围而忙于验证其理论的人？然而，组织行为学家一不穿白色外套，二也不用显微镜和试管，但他们却运用各种理论。尽管组织行为学只能从部分意义上说是一门应用科学，但若仅是因为一个研究领域被描述为是“理论的”而却不能应用，这是不切实际的，也是不现实的。相反，理论也只不过是描述概念之间的关系的途径。因此，理论有助于我们理解所应用的环境。

### (一) 理论是什么？理论为什么重要？

我们通常把理论(**theory**)定义为能使我们预测和解释各种事件及其过程的一组关于概念间相互关系的陈述。为此你可能会想到，这些陈述可能就是实践研究者和观点相似的科学家们所共同关切的地方。随着对本书的阅读，你可能会逐渐领会到理论在理解组织行为以及知识应用于实践的过程中所起到的巨大作用。

为了证明理论在组织行为学中的价值，我们可以思考一下任务目标对工作业绩的影响的这一事例——这一现象我们将在第四章详细阐述。想象一下你可能会看到过的，当打字员在有一个明确的任务目标(如，每分钟75字)时，其打字速度就比仅要求他们尽量打快时的速度要快。再想象一下你还可能看到过的，销售人员在限定最低销售额时会比没有限定最低销售额时销售的要多得多。因为在引进任务目标后，我们就能预测到要发生的事情。此外，任务目标还可引导我们改善工作条件以提高工作业绩。这两个作用——*预测*(*prediction*)和*控制*(*control*)，都是科学研究的主要目的。

然而，事物永远不是完美的。尽管我们能知道特定目标可以提高工作业绩，却不一定能知道其中的*原因*。任务目标究竟为什么可以提高工作业绩呢？观察必须在两种不同环境下的实验组中进行，在这个时候，理论就显示了它的必要性。在物理学和化学这两门学科中，理论常常是以一种数学的形式出现，而在组织行为学中，理论通常是言语上的假设。例如，在下面的例子中，理论就可能会如下所示：

- 当人们被给予特定的目标时，他们就能确切知道外界对他们的期望。
- 当人们知道外界对他们的期望时，他们就会产生努力工作以取得成功的动机。
- 当人们努力工作以取得成功时，他们的工作业绩就会更好。

这个简单的理论——如同其他理论一样——是由两个基本要素构成：*概念*(如，目标和动机)，以及*对概念间关系的描述*。

### (二) 理论的产生和检验

在科学研究中，理论的提出仅是一个开始。一旦理论被提出，就会被用来建构假设(**hypotheses**)——从理论中逻辑衍生出来的陈述。比如在上述例子中，我们能够假设：只有在目标可望达到

时，任务目标才能促进工作业绩的提高。接下来，我们就需在实际的研究中加以检验并观察其是否能被肯定。如果在经过数次精确操作之后，研究仍不能证明出假设的正确与否，我们就不应该再对我们的假设充满信心。而继之将应是对理论的修订，从而再产生一个新的可检验的衍生于理论的假设。由于组织中行为的复杂性，理论很少能被充分地肯定。事实上，我们熟悉的许多有用的理论都曾经过不断地修订和检验。(图 A. 1 是我们对科学循环演进本质的概括)

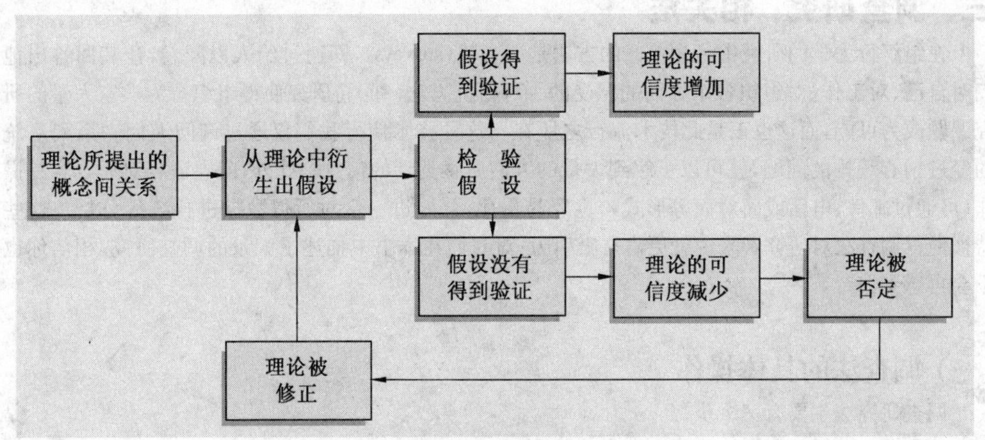


**图 A. 1　理论检验：研究过程**

一旦理论被提出，衍生于理论的假设就要通过直接研究进行检验。如果假设被验证，理论的可信度就增加。反之，可信度就会降低，这时，理论就需被修正和重新检验，或就完全被否定。

如果说理论的产生与检验是一个艰难的过程，这可能不会引起任何惊奇。那么科学家在理论的不断修正过程中为什么会遇到诸多的麻烦呢？答案可能存在于理论所服务的目的之中。具体地说，理论有三个重要的功能：组织、归纳和引导。首先，鉴于人类行为的复杂性，理论为我们提供了把大量数据*组织*成为富有意义的陈述的一种方式。换言之，理论可帮助我们组合信息，以致没有理论，理解起来就会很困难。第二，通过对大量信息的掌握，理论还可以帮助我们去*归纳*知识。否则，要是没有理论的话，理解这些信息将非常困难。第三，理论还具有重要的*引导*功能——也就是说，理论可以帮助科学家去识别所需要研究的重要内容，如果没有理论的引导，这些重要内容可能就不会为我们所知。

在试图解释组织行为方面存在着许多不同的理论。尽管对理论所起到的组织、归纳和引导的三个作用——简言之，就是理论如何为我们提供对行为丰富的解释——可能你很认同。然而，任何理论的实用性都是建立在理论能被肯定或否定的程度的基础之上。换言之，就是理论必须具有可检验性。不能被检验的理论不具有任何真实的用途。理论(至少理论的一部分)必须能被证实是对人类行为精确的解释，组织行为学领域的理论也不例外。

那么理论究竟是如何被检验的？通过*研究*。除非我们去做研究，否则我们无法检验假设；除非我们去检验假设，否则在了解组织行为方面我们就会受到很大的限制。[1] 这就是组织行为学专家们之所以注重研究的原因。因此，为了充分评价组织行为学研究，你必须要了解组织行为学研究中所使用的研究技术——我们用来研究工作中的行为的手段或方式。为此，本书不仅要介绍组织行为学的内容，还要介绍获取这些知识的方式。我们相信，对"学科工具"理解得越充分，我们就越能充分准确地懂得组织行为学作为一门研究领域的价值。下面，我们就将开始描述一些在组织行为研究的过程中所运用到的主要的技术。

## 三、调查研究：相关法

在组织行为学的研究中最为普遍的方法是调查法(**surveys**)，即通过给人以问卷，让其回答出他们对自己、对工作、对组织各个方面的感受的一种研究方法。问卷研究使得组织行为学家大量的研究课题成为可能，而这也正是此技术流行之所在。这种技术使得我们仅通过询问人们一系列系统的经过精心编排的问题，就可以了解到大量的人们所感觉到的信息。此外，问卷法相对而言容易操作(可通过邮件、电话或面对面等形式)，也容易量化，并能进一步对所得数据进行统计分析。这些特征使得调查法对研究者来说就更富有吸引力；对我们在本书中描述了大量的调查研究，相信你也不会再感到惊奇。

### (一) 调查法的具体操作

调查研究法主要有三个步骤。

首先，要确定研究变量。研究变量可能是人的(如工作态度)、组织的(如执行计划)或环境的(如企业的竞争力情况)某个方面。研究变量的选择可能来自多个方面的启示，如某一理论、前期调查，乃至一次不经意的观察。

其次，对这些变量尽可能的精确测量。要获得人们对我们所研究事物的确切的感觉，是十分不容易的——尤其是当被调查者自己对这种感觉都不确定时或当他们不愿与我们共享其感觉时。所以，调查者应格外注意问题的措辞。(表 A.1 中是一些被设计来测量人们对工作的态度的问题)

**表 A.1 测量工作态度问卷部分题目**

这类题目可能被用来测量被试对工作各方面的态度。要求被试者在能代表他们对工作某一方面态度的选项上用圆圈做上标记。

你对所得报酬总体上觉得公平否？

一点也不公平 1 2 3 4 5 6 7 非常公平

假若你的同事需工作很晚才能完成任务。在没有报酬的情况下，你在多大程度上愿意帮助他？

一点也不愿帮助 1 2 3 4 5 6 7 非常愿意帮助

对目前工作，你辞职的兴趣程度如何？

一点也不感兴趣 1 2 3 4 5 6 7 非常想辞职

最后，确定了研究变量和精确测量之后，科学家必须去判断这些变量彼此间是如何相关的。本着这种目的，科学家需通过使用一些统计方法以分析研究调查的结果。

科学家们做调查研究通常都注重判断变量间的相关情况——换言之，就是一个变量是如何随着另一变量变化而变化的。例如，假如有位研究者就员工对报酬的公平感与某种工作态度——如帮助同事的意愿或对辞职的愿望强烈程度——之间的关系感兴趣。在已有理论和前期研究的基础上，研究者可能会认为，员工对报酬的公平感越低，他们帮助同事的意愿就越低或者辞职的愿望就越强烈。这些预测相应就构成了研究者的*假设*（研究者希望去研究的一种建立在理论基础上而未经检验的预测）。在设计一个测量这些变量的问卷之后，研究者就用它对大量被试进行施测，以期假设能被验证。

## （二）调查结果的分析：相关法的应用

一旦数据被搜集上来，研究者就需对数据进行统计分析，之后再对结果和假设进行比较。通常情况下，研究者都很感兴趣研究变量间的相关方式——换言之，就是两变量间是否“有相互关系”（如：二者之间存在着相关）。一定程度相互关联的变量间，通常都是一个变量某一水平对应着另一变量的某一水平。

譬如，假若一个研究者所获结果如同图 A. 2 左边所示。那么，员工对报酬感觉越公平，他们就越愿意帮助同事。换言之，两变量相关，一个变量增加越多，另一变量增加也越多。这类相关，我们称之为正相关(**positive correlation**)。

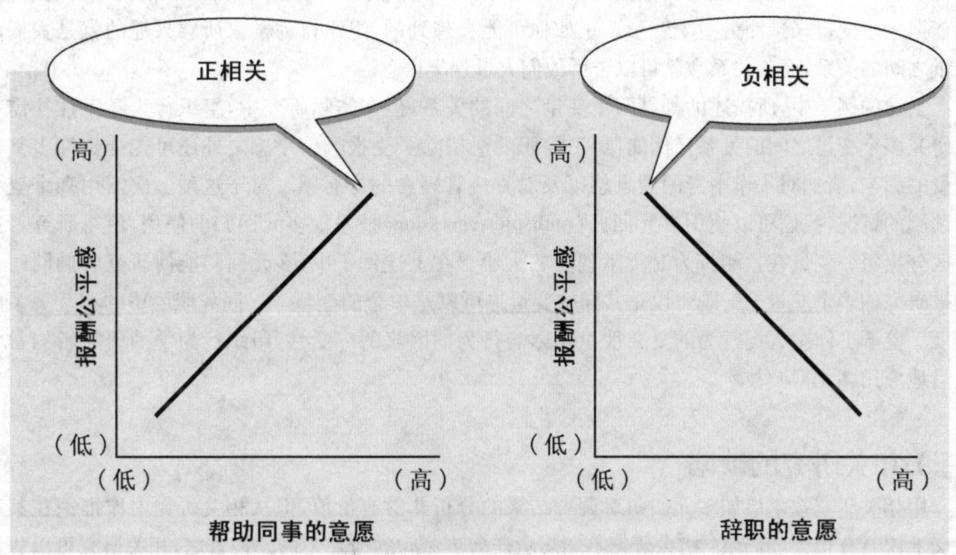


图 A. 2 正相关与负相关

正相关(左)：就是一个变量的增(或减)同时伴随着另一个变量的增(或减)，我们把这种关系称之为正相关。

负相关(右)：就是一个变量的增(或减)同时伴随着另一个变量的减(或增)，我们把这种关系称之为负相关。

现在，假若研究者要比较报酬公平感同员工辞职的愿望程度之间的关系。如果假设正确的话，那结果就像图 A. 2 右边所示。换言之，员工对报酬感觉越公平，他们另寻工作的愿望程度就越小。

因此，一个变量增加得越多，另一变量减少得就越多。我们把这类的相关称之为负相关(**negative correlation**)。

科学家所感兴趣的不只是两变量之间关系的方向——正相关还是负相关——同时还关心两变量之间关系的强度。在统计学上，我们通常用相关系数(**correlation coefficient**)来表示测量这种关系的强度。其取值范围为[−1.00，+1.00]，相关系数值的大小表示了变量间关系的强度。数值越靠近1(−1.00或+1.00)，相互关系就越强——也就是说，两变量之间的相互关系就越紧密。相关系数越靠近0，变量间相互关系就越弱——也就是说，两变量之间的相互关系就越疏远。

在解释相关系数时，有两方面需加注意：*符号与绝对值*。例如，一个相关系数值为−0.92意味着两变量间关系比相关系数值为0.22的两变量间关系要强。负号仅表示两变量间关系是负的(即一个变量的增加意味着另一变量的减少)，绝对值则表示值越大，变量间相互关系就越强。

变量间关系越强，科学家就越能精确地推测它们之间是如何发生联系的。从员工对报酬的公平感越低辞职愿望就越强烈的这个负相关的例子中，我们可以推测，那些认为报酬不公平的人比那些认为报酬公平的人，辞职得更多。在相关系数很高(如高于−0.80)的情况下比在相关系数只有很低(如低于−0.20)的情况下，我们能更有把握地预测某一现象的出现与否。事实上，当一个相关系数为0时，我们就不可能再做任何精确的预测。也就是说在相关系数为0的情况下，我们就不能依据一个变量来预测另一个变量。正如你可能会想到的，组织行为学家所感兴趣的就是去揭示变量之间的关系，而相关系数就可以告诉他们大量这类信息。

上述的例子中，所描述的都是两个变量之间的关系，但在实际研究中，组织行为学家往往需一次研究多个变量之间的关系。例如，员工辞职的愿望除了受报酬公平感之外还可能受到许多其他变量的影响，诸如对工作本身的满意感以及对直接管理者的好恶感。对于这种一次需用多个变量做预测的情况，我们可以使用多元回归(**multiple regression**)技术。多元回归的使用，使得研究者能够区分出每一变量在预测行为时贡献程度的大小。在上述例子中，多元回归能使研究者们同时获知被研究的多个变量——既可以是共同的变量也可以是单个的变量——同辞职愿望的相互关系的程度。鉴于工作中人类行为的复杂性以及影响行为的因素的广泛性，组织行为学的研究者们常常大量地应用多元回归技术。

## (三) 相关研究的缺陷

用相关研究技术诸如多元回归对调查结果的分析非常有价值，但从相关研究中作推论在某种意义上说具有很大的局限：*相关研究不能揭示任何事物间的因果关系*。换言之，相关研究可以告诉我们变量间是如何发生关系的，但它们不能帮助我们鉴别出任何因果关系。

对此，在上述的例子中，我们知道，员工对报酬的公平感越低，他们辞职的愿望就越强烈——但我们无法解释其中的原因。换言之，我们不能说员工之所以要辞职是*因为*他们的报酬公平感低。这也可能是报酬公平感低的员工不喜欢这项工作，而可能正是这种不喜欢才鼓励着他辞去这项工作而另谋高就。另一种可能性是报酬公平感低的员工觉得他们的直接管理者命令太多，这种观念也可能提高他辞职的愿望程度(图A.3)。所有的这些可能性都是合理的，但仅通过变量的相关研究，还不允许我们去判断孰因孰果。可见，搞清楚变量间的因果关系无疑是十分重要的，为此，研究者常常需要借助于另一项可允许我们*作*因果推论的技术——*实验法*。

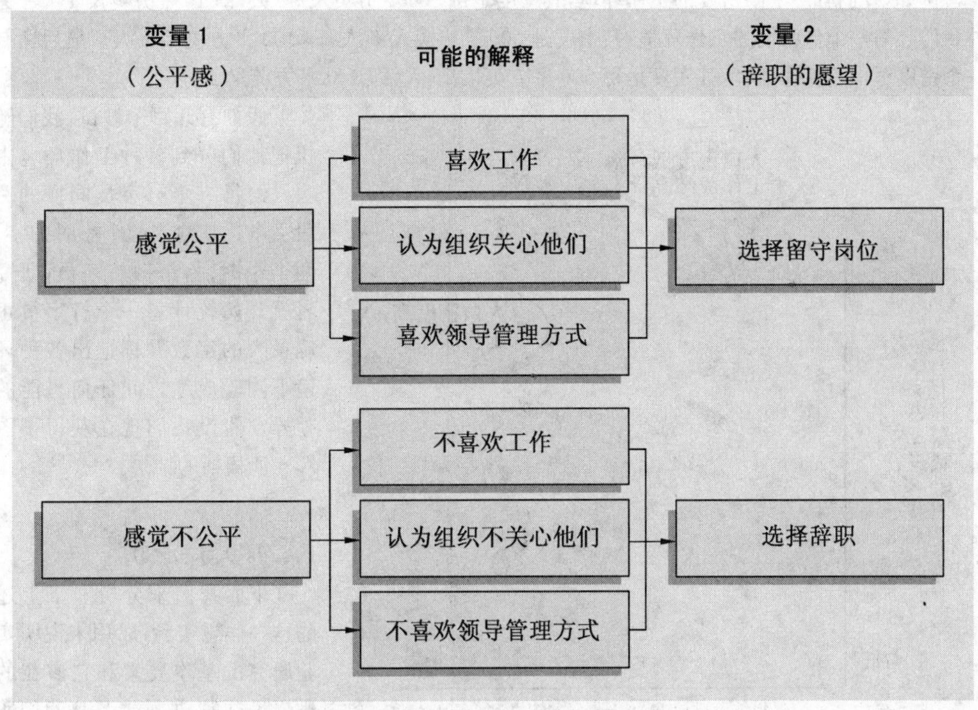


图 A. 3 相关：为什么不能揭示因果关系

尽管报酬公平感同辞职的愿望程度之间可能存在强烈的负相关，但我们仍不能揭示这种关系存在的原因。因为，如图所示，我们仅靠相关，许多潜在的、可能的原因还是无法鉴别出来。

## 四、实验研究：因果的逻辑

科学家和实践者除了想知道变量间相关的程度之外，他们同时还想知道一个变量是如何引起另一个变量的。正因如此，实验法（**experimental method**）在组织行为学领域里才被普遍使用。我们知道的变量间的因果关系只要越多，我们就越能充分解释行为潜在的原因——而这也是组织行为学研究的主要目的之一。

### （一）一个假设的实验

为了说明实验的程序，假设我们要测定社会人口密度（即单位空间的人口数目）对办公人员的工作绩效的影响。换言之，就是我们想测定工作的拥挤程度对打字员的精确性的影响。

这个课题有多种研究方式，但按实验法进行的研究程序如下：首先，从不同的组织中，随机选择一组打字员（被试）。第二步，创建一个特别设计的办公室（实验环境）。整个研究过程中，我们应尽可能使所设计的办公室同真实工作环境相似（如，温度、照明、噪音等），但在给定的时间里我们能系统地变化办公室的人数。

例如，我们有一个高密度的工作环境，其密度是每500平方英尺50人，即10平方英尺1人。另外我们还有一个低密度的工作环境，其密度是500平方英尺5人，即100平方英尺1人。最后还有一个密度适中的工作环境，其密度是每500平方英尺25人，即100平方英尺20人。

假如有几百个被试，我们随机把他们分到各种工作环境中去。给每一个打字员同样的一段文章让其输入两个小时的字。两个小时后，解散打字员，研究者就开始统计每一个打字员正确录入的字数并标记出各种环境下测验成绩之间任何可能的差异。假设我们现在获得了图A.4所概括的结果。

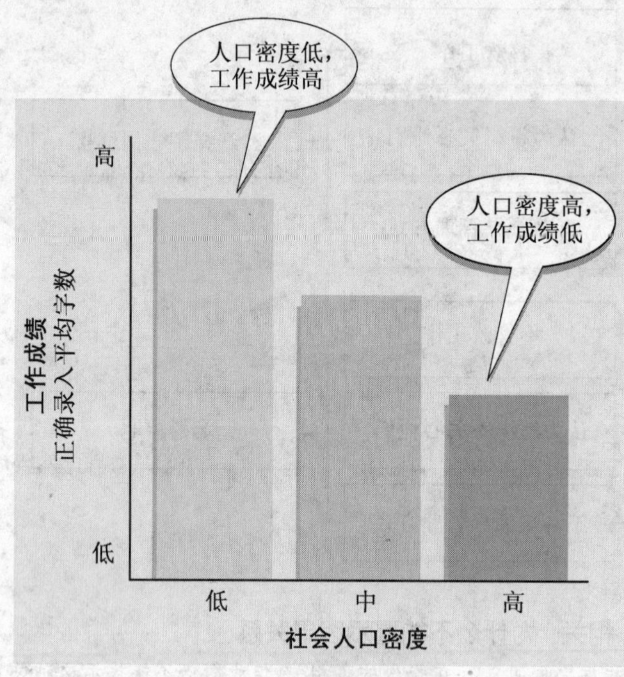


图A.4 实验结果示例

在我们的例子中，打字员被按照社会人口密度随机分到3个不同的办公室里。对假设检验的结果概括显示（如图），在人口密度低的办公室里的被试成绩最好。

## （二）实验逻辑

下面我们来分析一下上述的这一假想实验，以用来说明实验研究的基本要素和它潜在的逻辑。首先，被试者是从我们所研究的总体中选取，并被*随机分配*到各实验环境组中去。因此，每个被试者都有相等的机会被分配到3个实验环境组的任何一组中去。这是非常重要的，因为若不是这样，最后各环境组间被试差异可能是来自被试间原本存在的差异，即某一环境组下的被试具有很高的技能，而另一环境组下的被试却不具有很高的技能。为了警惕这种可能性的出现，随机分配被试因此就显得十分的重要。如果我们是随机分配被试，那么我们就可以假定各组间被试者之间不存在差异。

通过随机分配被试，我们就可以假定每个环境组中有相等的打字快的打字员，也有相等的打字慢的打字员。这时，我们就没有理由相信各环境组的平均成绩的差异来自于各组被试技能上的系统差异。由于“抽签运气（the luck of the draw）”原理，系统差异可被忽略不计，因此这就增加了我们认为实验结果上的差异是由社会人口密度造成的把握程度。这就是隐藏在随机分配后的逻辑。当然，在组织研究领域中的实验，不是任何时候使用随机分配都是恰当的，但只要情况允许的话，随机分配永远都是最理想的选择。

上述实验中，环境上的差异只能在我们所研究的变量上——社会人口密度。实验者*操纵*工作环境的一个方面——系统地改变工作环境，而从一种环境变化到另一种环境。我们把这个被改变的变量称之为自变量（**independent variable**）——即实验者借以测定它对我们所研究的行为的影响而系统操纵的变量。在上述实验中，自变量就是社会人口密度。具体地说，该自变量有三个水平（即自变量的三个取值）：高、中、低。

被测量的变量（受自变量影响的变量），我们称之为因变量（**dependent variable**）。因变量是研究者所研究的行为——决定于自变量的行为。在上述实验中，因变量是打字成绩或正确录入的单词量。当然我们也可以研究其他的因变量，诸如对工作的满意感或对压力觉知水平。在实际研究中，实验者通常都是同时研究若干个变量。

基于上述原理，研究者在一个特定的实验里也常常同时考虑几个自变量的效应。在研究过程中，对自变量和因变量的研究可能是研究者所做的重要的决定之一。他们的这些决定通常都是建立在前期研究以及已有理论的基础之上。

通常情况下，实验法背后所蕴涵的逻辑都是简单的。事实上，其逻辑主要有：首先，我们所关心的变量（自变量）必须能系统地变化。其次，这个变量所产生的效果（如果有的话）必须能被测量。如果自变量影响行为，那么被试接受该自变量不同水平的处理，就会表现出不同的行为。在上述实验中，我们可以确定的是社会人口密度能引起打字成绩之间的差异。因为所有其他的因素都保持恒定，只能是不同的人口密度导致了不同的业绩水平。尽管上述的实验是虚构的，但它符合实验的基本逻辑——实验的设计是为了揭示自变量对因变量的影响。

## （三）从实验中得出有效的结论

要想从实验中获得有效的结论，除自变量之外，所有的因素都必须被保持恒定。那么，因变量若出现变化，我们就应把这种变化假定为自变量作用的结果。正因如此，在上述实验中，我们必须要确保一个关键的因素——被试者之间的能力差异——是等同的。为此，把被试随机分配到各环境组中去，也就是非常重要的一步了。

此外，其他因素也可能会影响到实验的结果。例如那些可能会影响到打字速度的实验环境也需保持恒定。比如在上述实验中，由于人越多，所产生的热量也就可能越多，为了确保实验结果只受人口密度的影响，我们必须在房间里装上空调以确保温度恒定。

如果你对上述实验仔细地思考，你会发现我们这个简单的实验其实一点都不简单——只有我们所做的一切都特别小心时，才能获得一个有效的结论。因此，实验要求除了自变量以外的实验环境所有方面都必须保持一致性，只有这样，自变量的作用才能被准确无误地测定。可见，说比成常常更容易。

## （四）实验场所：实验室环境和自然环境

控制无关变量（非实验者所关心的变量）的简单程度往往取决于所做实验的场所。在组织行为学研究领域中，通常有两种实验场所：自然组织环境，即所谓的*自然环境*；为研究本身而特别创造的环境，即所谓的*实验室环境*。图 A.5 形象地概括了两种实验环境的优缺点。

上述实验就是一个实验室实验。换言之，这个研究就是在为其所特别精心设计并严格控制的环境里进行的。这种环境由于对大量无关变量进行了控制，使得我们做有效结论的把握程度得到了增强。然而，实验研究同时也就会越来越远离真实性。也就是说，工作环境一旦被严格控制，就变得相对不真实了。最终的结果是，实验结论将很难推广到实验室之外的场所中（如工地）。

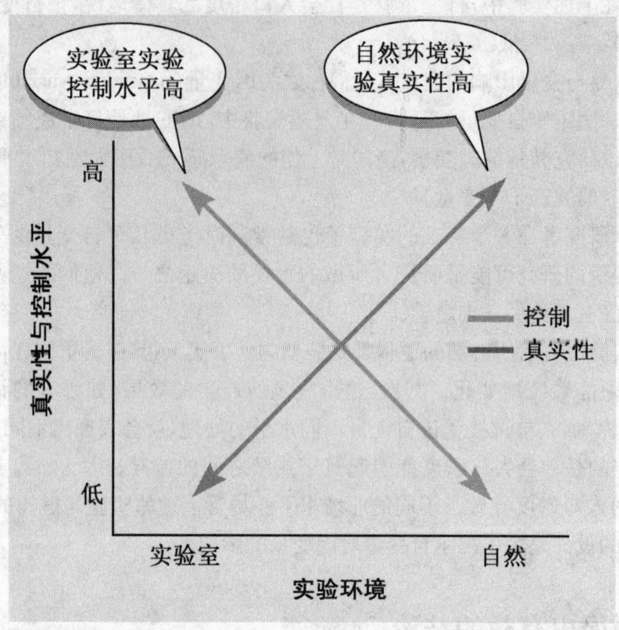


图 A. 5 实验室环境和自然环境实验的优缺点

实验室环境实验可提供更多的控制，但缺乏真实性。自然环境实验缺乏控制，但却具有更多的真实性。

如果我们在一个真实的组织中做研究，可能就会有许多我们所不知和无法控制的因素。比如，我们要区别不同社会人口密度中的人在工作业绩上的差异。如果我们只能保证实验的真实性，但无法控制实验中许多无关变量，那么有许多因素可能就会影响到实验操作。例如，由于被试不能随机分配到各环境组中去，被试就可能会到他们最想去的环境中。除此之外，还有许多诸如外界干扰和环境差异(如噪音，温度)等我们无法控制的因素。

简言之，自然环境实验，尽管有很强的真实性，但提供的控制水平却很低。相对的是，实验室实验可允许我们严格的控制，但缺乏真实性。考虑到二者在优劣方面具有相互补充性，实验最好能在两种环境下都做。这样，我们获得有关组织行为的结论的有效性就会显著增加。

## 五、定性研究法

同研究者使用高度实验化的研究方法相比，我们得指出，研究者也常常使用缺乏实验化的描述性研究方法。毕竟，了解组织行为最明显的方式还是去直接观察和描述。组织行为学家在研究行为的过程中使用非实验化的描述性技术——所谓的定性研究(**qualitative research**)——已有一个悠久的历史。[2] 定性研究保留了被研究环境的自然特性，其目的就在于研究者希望能在自然环境破坏程度最小的情况下获取丰富的行为产生的背景信息。组织行为学家常用的两种定性研究方法是*自然观察法*和*案例研究法*。

## (一) 自然观察法

通过观察来研究人们在组织中的行为方式，可以说是该研究领域中最为基本的方法，该方法就是我们熟知的自然观察法(**naturalistic observation**)。例如，假若你要了解员工对裁员的反应，有一种方法就是去参观一家正在裁员的组织，并系统地观察员工在组织裁员前和裁员后所说的活与所做的事。通过对比，我们可对员工对裁员的反应有一个更深入的了解。该技术的一种变式是，你可以先加入组织成为其中的一员，然后以"内部人员"的身份来进行观察，这样，很可能会带给你一种新的观点或看法。这一方法常为人类学家所应用，对于该方法，我们常称之为参与观察法(**participant observation**)。

对于观察法研究的优缺点，是不难理解的。其主要的优点就是没有干扰常规的工作，因此，可以保证我们所研究的行为都处于自然状态。此外，几乎任何人，包括组织内部的员工，都可以通过培训使用该技术。

然而，观察法研究也有许多大的局限。首先，研究者具有潜在的主观性，对此，我们不可忽视。无论研究者多勤奋多严谨，不同的人对同一事物的观察都会有所差异。第二，若卷入到正常的组织工作中去，对于研究者来说，不可能完全做到无偏观察；研究者在解释组织事件时，很可能会受到自己对某人情感的影响。最后，由于组织中的事物常常是枯燥的、程序化的，研究者往往会把重点放在一些不寻常的或一些意外的事件上，而这很可能引导出不精确的结论。

由于这些局限的存在，多数组织行为学家认为，观察法在研究的初始阶段往往是最有用的。换言之，他们仅将观察法看做是对行为形成最初了解的一个工具，而不是为了获得确定的知识。

## (二) 案例研究法

在员工对裁员反应的假想研究中，我们可用另外一种不同的研究方式进行。例如，为了代替直接观察行为的方式，我们可以记录一些公司的历史(作为裁员事件发生的先导)和一些统计数字(概括了裁员事件发生的后果)。例如，员工将被解雇多久，公司在裁员后如何重新建构组织。我们甚至还可以对遭受到事件影响的员工进行访谈，访谈结果可为我们直接作为引证。这一方法我们称之为案例研究法(**case method**)。案例研究法背后所蕴含的基本原理时常并不是为了让我们去了解某一特定组织的相关情况，而是通过了解该组织所发生的事情作为一个线索去帮助我们推断其他组织可能发生的事情。

案例研究法与自然观察法具有一定的相似性，比如，都需要对有关事件作描述性记录。不同之处在于，案例研究法使用的记录常常是事件发生后的，而这些记录的科学性往往会遭到那些只赞同第一手观察的科学家们的反对。

正如你可能会想到的，通过组织事件的这些详细记录，我们可获得很多信息。当这些案例再被细致的访谈工作补充一下，我们就可以绘制出一幅非常详细的事件图景(该事件是在某一特定组织中发生的)。

某种意义上说，所研究的组织往往都具有独特性，所以，案例研究所得到的结论往往难以推广到一般。为了弥补这一缺陷，许多研究者建议可利用多案例研究法(相对于单个案例研究)来验证理论。[3] 该方法的另一局限是，也是自然观察法所具有的，易受到相对很高的潜在的个人偏见的影响。这使得许多科学家认为，案例研究法可为有关工作中行为的假设的产生提供一个有价值的来源，至于要检验这些假设，还需要一些更严格的研究方法。[4]

# 第二部分

# 基本的心理过程

## 第二章

## 知觉与学习：对工作环境的理解和适应

**学习目标** 学完本章后应能够：

1. 区分*知觉*和*社会知觉*这两个概念；

2. 解释*归因*过程究竟是如何起作用的，以及它如何帮助我们理解他人行为的原因。

3. 对*社会知觉偏见*产生的多种根源进行描述，知道怎样才能克服它们。

4. 理解如何将社会知觉过程运用在*绩效评估*、*招聘面试*，以及*公司形象塑造*等过程之中；

5. 给*学习*下定义；

6. 描述*操作性条件反射*和*观察学习*。

7. 描述学习原理是如何被运用于组织*培训*和*创新薪酬体系*的。

8. 在*组织行为*管理过程中，知道在执行组织规章时如何最有效地对*奖惩手段*进行比较。

### 预备案例

#### 置身教育产业的制高点

贝克和何恩·萨里克都不是大学毕业生。贝克从霍普金斯大学中途辍学，而何恩·萨里克被哈佛大学录取后却从未上过一堂课。当你想到教师时，脑海中浮现的人往往应该比他们两个拥有更加引人注目的教育背景。严格说来，贝克和何恩·萨里克本身并不是教育家。更确切地说，这两位而立之年者是希而万学习系统公司(Sylvan Learning Systems)的联合总裁。这是教育产业中一家正处于快速阶段的公司。

如果你打算对670个希而万学习中心的任何一个进行一番参观的话，你就会发现贝克或者何恩·萨里克本人并不是在从事教学工作——至少可以说他们不是在从事传统意义上的教学工作。他们也许能够教人一两样东西，比如说要积累技巧，要努力工作，要始终追寻自己的商业梦想等等。在1982年，他们还是巴尔的摩一家电脑商店的职员时，他们其实就是这么做了。当时他们发明了一种身份证，它含有一块能够贮存个人医药史的嵌入式电脑芯片。他们俩谁都不能肯定这种装置是否有用，但是马里兰州的蓝十字和蓝盾公司(Blue Cross and Blue Shield)于1985年买下了这一设想，他俩因此从该机构获得了几百万美元。这让他们感到非常高兴。

几年后，他们用这笔基金买下了当时财务状况不稳定的日托幼儿教育中心(Kinder Care)拥有的希而万50%股份。到了1993年，当希而万开始发展时，他们又买下了剩余的50%，贝克和何恩·萨里克并没有满足于现状，他们开发了许多新的服务项目。例如，他们现在管理着教育考试服务机构中的一些很流行的电脑版考试项目，其中包括GMAT(申请MBA课程之前必须通过的测试)。事实上，他们与这一机构的合约所带来的收益占了希而万年收入的近10%。

在贝克和何恩·萨里克完全控制希而万后不久，他们将其私人服务方面的项目扩进了公立学校。巴尔的摩的一些教育家们承认，希而万的方法在帮助学生提高阅读和数学技能方面非常有效，他们于是在市内的一些公立学校中开设了希而万学习中心。今天，主要依靠旨在帮助后进生的联邦特别拨款的资助，希而万在公立学校中开设了600多个学习中心，以后还将开设更多的同类中心。这些中心的目的不是为了取代学校正在做的事，而是为了增加一项许多学校都无法提供的额外服务——一对一的训练。

尽管希而万取得了成功，但是两位创办人都很清楚地意识到了来自诸如卡布兰教育中心(Kaplan Educational Centers)等资金雄厚的后起竞争者的威胁。为了能够站在这个行业的前列，他们更加努力地工作。实际上，他们雇佣了三个新的管理人员来负责日常运作，这样可以使他们自己有精力去开发新的业务。因为如果按照贝克和何恩·萨里克的意图，将要发展大量业务(他们需要这些业务来支撑每年计划中的50个新的培训中心)，同时，他们还致力于突破早已饱和了的职业证书考试市场(比如面向飞行员和计算机系统训练人员的考试)，扩大教育考试服务机构通过希而万提供的考试的数量，包括申请大学入学的SAT考试。两个大学没毕业的年轻人(其中一个甚至没有通过SAT考试)正在靠给希望进大学的年轻人提供服务而赚到了大笔的收入，这是件多么具有讽刺意味的事啊！

当你看了前面这个例子，你也许禁不住会想贝克和何恩·萨里克能成为一个拥有几百万美元资产的公司的掌舵人，他们是多么幸运啊！当然，有一点事实必须承认，他们的正式学历达不到他们同事的水平，但是他们从经验教训中学到了许多东西——不论是在如何将电脑应用于处理商业问题方面，还是关于商业本身。他们自己所受的非正规培训与他们的公司提供的高度正规化的培训形成了鲜明的对比。其实，如果你考虑一下这个问题，就会发现几乎所有的组织行为都是以某种学习为基础的，毕竟，我们学习如何工作、如何取悦老板，以及如何为公司谋利。记住了这一点，我们便可以在本章中仔细地描述学习的过程了。

也许你没有看出前面这个例子还阐释了本章中另一个同样基本的论题：*知觉*(*perception*)。请你自问如下一些问题：你对贝克和何恩·萨里克的评价是否受他们不是大学毕业生这一事实的影响？又如何看待他们是非常成功的商界弄潮儿这一事实呢？对大部分人来说，答案也许是“当然，是的”，人们倾向于相信关于非大学毕业的成功商人的一些确定的事情。比如，他们很有天赋，他们勤奋工作，完全投身于自己的目标。也许这一形象被我们添加了色彩，因为这时我们会联想到一些类似的人物，比如微软的比尔·盖茨（比尔是个非常成功的大学辍学生）。当我们对贝克和何恩·萨里克有了进一步了解的时候，也就比较容易理解我们如何将这两个人视作与盖茨相似的人。

显然，这其间存在着一个细微但强有力的知觉过程，借助这一过程人们逐渐开始评价和理解他们接触到的人和事。和学习一样，知觉是一个基本的心理过程，它与组织中行为的许多方面有关，因此我们也将详细地讨论这个问题。

特别要提出的是，我们的行程从描述与知觉有关的基本过程开始，其中包括人们犯的许多知觉错误。有了这样的背景做准备，我们就可以考虑几个特定的组织情景，比如绩效评估和工作面试。在一般的学习中，我们同样遵循从理论到实践的方法。这里特别把描述在组织中起操作作用的学习的基本过程作为开始。接着，我们会继续讨论这些过程将如何被应用于工作以及在实际情境中是怎样的（比如通过培训计划和处罚技巧）。

## 一、社会知觉：理解别人的过程

毫无疑问，我们周围的世界非常复杂，我们每时每刻都会被不同感官接收到的大量信息所包围，然而我们在大脑中并不是把这个世界反映成一个由图像、声音、气味和味道构成的自由集合。不管在什么地方，我们更会去注意次序和模式。接受大量多种多样的感觉输入与包含着主动的信息处理——**知觉**过程。我们将知觉正式定义为人们选择、组织和理解信息的过程。[1]

为了说明这一过程，请考虑下面的例子。假设你第一次遇见你的新老板，你大致了解她作为经理的声誉，了解她的观点，听到她说的话，看到她所写的备忘录。立刻，你试图想象她是怎样一个人。她会是个容易相处的老板吗？她会喜欢我吗？她在公司是否干得不错？凭着你能得到的所有信息，哪怕只有一点点，你也会试着去理解她以及你将如何受她影响（图 2.1）。也就是说，你试图将你所知道的关于她的各种事情组合成一幅有意义的图画，有趣的是，这一过程如此自动化以至于我们从未意识到它正在发生。然而它却时刻都在发生。显然，当开始去理解周围环境中的客观物体和人的时候，更多的东西并不是显而易见的。

**图 2.1　会见新人，为社会知觉提供的一个机会**

会见人提供了许多机会去联结、整合以及理解关于他人的许多信息。这是社会知觉（social perception）的过程。

在组织行为学（**OB**）研究领域中，知觉过程尤其重要。他人——无论是老板、合作者、服务生、家人或朋友——都能对我们产生深远的影响。去理解我们周围的人，揣摩出他们是怎样的人，他们为什么这么做以及他们在做什么，也许这些对我们都会有所帮助。毕竟，当你确信你的老板心情不好时你不会去要求她或他给你提供升职的机会。显然，**社会知觉（social perception）**——联结、整合，理解有关别人的信息去获得对他们的准确理解的过程——在组织中非常重要的。[2]

**全球问题** 因为来自某种文化的人们比来自另一种文化的人们有更多的机会与他们所处环境中的特定客观事物相接触(比如高层建筑)，这两类人对这些客观事物的知觉自然就不同。当你阅读本章中有关社会知觉的内容时，请您问自己这样一个问题：人们的知觉是如何受到民族文化差异影响的。

下面的几节探索社会知觉的不同层面。首先要说的是**归因(attribution)**过程，即人们怎样去判断他人行为的隐含原因。然后，指出下列过程中的种种不足(比如导致对他人的判断不准确的错误和偏见)，以及如何克服它们的办法。最后，着重强调归因过程在组织中使用的特别方法。

## 二、归因过程：判断他人行为的原因

"为什么"是我们经常问别人的一个问题。为什么托尼不回我的电话？为什么约翰破坏纪律？公司经理为什么会采用她提出的政策？当我们问这样的问题时，我们正试图得到两种不同类型的信息：这个人究竟如何(比如他或她的特质和性格怎样)，以及是什么使得他或她这样做(比如什么能够解释他或她的行为)，人们试图用不同的方法来回答这些问题。[3]

### (一) 作对应推理：用行为来判断性情

在组织中经常会产生一些使我们想去了解某个人的情景。你的对手是个难以应付的谈判专家吗？你的合作者们守时吗？你对别人了解越多，就能越好地知道你可以期待些什么，以及如何去应付这些人。那么，我们该怎样准确地鉴定一个人的品质呢？

一般来说，我们通过观察别人的行为来了解他们并从这些信息中推断出他们的个性，这种以我们从某个人身上观察到的信息为基础做出的对他/她的判断叫做**对应推理(correspondent inferences)**。[4] 简单地说，对应推理是关于人的性情(比如他们的品质和性格特征)的判断，而性情与我们观察到的他们的行为是相互对应的(图 2.2)。

图2.2　对应推理：基于行为判断性情

我们判断他人是什么样的人，一种方法就是根据我们对他人行为的观察进行推理。这种对应推理的判断常常发生错误。这里总结出的推理在什么情况下是不正确的呢？

### 1. 在准确判断他人过程中所遇到的挑战

首先，基于他人行为推断他们是怎样的人似乎是件简单的事情。办公桌上物品摆放混乱的人会被人看作是个做事马虎而草率的人。在商店地板上滑倒的人会被认为比较笨拙。这样的判断也许准确，也许不准确。毕竟，乱糟糟的办公桌也许是某个同事在上面乱翻一气为了找出一份重要报告的结果。与此类似，滑倒的人也许正碰上了地上有油，在那种情况下即使最灵活的人也会滑倒的。换句话说，承认我们对某个人的判断有时并不准确这一点很重要，因为有许多种可能存在的原因会导致他/她的行为出现。一个人潜在的性格特征当然会在决定他们做什么的时候扮演一定的角色，但是就像下一节中所阐释的那样，行为也会受到外界力量的影响(在我们的例子中，这些外界力量可能是同事的行为或是表面上有油的地板)。由于这个原因，对应推理并不总是准确的。

导致相似参考可能不准确的另一个原因是，工作中的人们总是要隐藏他们的一些品质，尤其是那些被认为是不好的品质，因此，一个做事马虎的人会当众努力工作以便显得他是个有条理的人。同样，一个不遵章守纪的人也许会大谈一番讲道德的重要性。也就是说，人们常常尽自己最大的努力去掩饰一些基本的特质。因为行为是复杂的，并且有很多不同的原因，而且人们会故意掩饰他们某些真正的特质，所以建立对应推理是件有风险性的事情。

### 2. 做出关于他人的准确推理

尽管存在这些困难，还是有一些技巧能够帮助做出更加准确的对应推理。

首先，我们可以集中注意某人在一些特别场合中的行为，在这些情况下他/她不需要采取讨人喜欢或可以被社会接受的方式，例如，任何人在对待公司总裁时都会采取一种礼貌的行为方式，因此，当人们这么做时，我们从他们身上看不到什么，只有那些讲礼貌的人在对待某个比自己级别低得多的人时仍然注意礼貌——也就是说在对待某人时他可以不必注意行为礼貌与否。换句话说，对公司总裁礼貌相迎而对一个秘书却表现得高人一等的人也许真的很傲慢。在一些情况下，某个行为被认为不会在人们身上发生，这时人们的行为方式会揭示出大量关于他们的基本品质和动机情况。

与此相同，当我们仅仅关注一个富有逻辑性解释的行为时，我们也可以了解到许多东西。比如，设想一下你发现一个朋友已经接受了一份新的工作。通过询问，你知道了这个职位薪水很高，工作有趣，而且地点也很理想。你对你的朋友了解多少？不很多。这些都是考虑接受一个职位时的好理由。现在，想象一下你发现这项工作要求很高，上班地点不理想，但薪水很高。在这样的情况下，你更有可能了解到关于你朋友的某一点——他非常看重钱。显然，当被观察到的行为只有一个合理解释时，做出准确的对应推理的机会要大得多。

## （二）对责任的归因：回答“为什么”的问题

假设你发现你的老板刚解雇了你的一名同事，你自然会问自己“为什么？”是不是因为你的同事违反了公司的行为准则？是不是因为老板是个冷酷而且没有同情心的人？这些答案代表了行为原因的两类主要解释：

**行为的内部原因（Internal causes of behavior）** 这种解释以个人应该负责的行动为基础。

**行为的外部原因（External causes of behavior）** 这种解释以个人无法控制的情况为基础。

在上述例子中，内部原因可能是个人对规则的违反，外部原因则可能是老板无情，任意的行为。

一般说来，能够判定一个外部或内部原因是否应对某个人的行为负责是很重要的。知道了一件事为什么会发生在别人身上，可以更好地帮助你对即将发生在自己身上的事有所准备。比如，如果你相信你的同事被解雇是由于像违反公司条例这类她有责任的事，你就不会像她被解雇是由于老板的武断本性时那样容易受到伤害。在以后的情况下，你也许会决定采取某种预防措施以保护自己，比如站在老板一边，或者干脆放弃，找一份新工作——在你被迫这样做之前。

### 1. 凯利的归因理论

当研究社会知觉时，社会科学家们感兴趣的是：人们怎样判断一个人的行动是由内部原因还是由外部原因造成的？**凯利的归因理论（Kelley's theory of causal attribution）**提供了一种答案。根据这一理论，我们将对内部原因和外部原因的判断建立在与三类信息有关的观察上。[5] 它们是：

**一致性(Consensus)** 指是否每个人面对相似的情况都有相同的反应。如果其他人的反应相似，一致性就高，反之，则低。

**连贯性(Consistency)** 指是否无论何时此人都有同样的行为。如果一个人在别的时候做出同样的行为，连贯性就高，反之，则低。

**特异性(Distinctiveness)** 指个体在不同情境下是否表现出不同行为。如果一个人在别的情境下做出相同的行为，特异性就低，反之，就高。

根据这个理论，在收集了信息之后我们就可以把它们组合起来归结出原因。如果我们知道别人的行为和被判断对象一样(高一致性)，此人在别的时间里采取同样的行为方式(即高连贯性)，此人在别的情景下行为有所不同(高特异性)，我们就有可能从外部原因上对行为做出结论。相反，假设别人的行为和被判断对象不一样(低一致性)，一个人在别的时间里采取了同样的行为方式(高连贯性)，一个人在别的情境下做出同样的行动(低特异性)。在这种情况下，我们就有可能从***内部(internal)***原因上对行为做出结论。

### 2. 一个例子

由于前面的解释十分抽象，例子将有助于说明这个过程是如何起作用的。假设你正和公司里的几个销售代表一起参加一个商务午餐会，这时销售经理发表一通意见批评餐馆的食物和服务。再设想一下，在场的其他人没有一个做出这样的行为(低一致性)，你听过这个人过去在这家餐馆吃饭时也说过同样的话(高连贯性)，并且你看到这个人在其他的场合下的行为也带有批评性(低特异性)。这时你会做出怎样的结论？也许这位销售经理是个"挑剔"的人——很难满意的一种人。换句话说，这里的行为产生于内部原因。

现在，假设场景相同但观察到的东西不同，如果其他一些成员也在抱怨这家餐馆(即高一致性)，你看到经理在这家餐馆里的其他一些时候也在抱怨(高连贯性)，但是以前你没看到他抱怨过别的什么事(高特异性)。于是，这一次你也许会得出结论：这家餐馆真的不行。在这样的情况下，销售经理的行为就是由外部原因引起的。为了总结一下这些相反的结论，请看图 2.3。

## 三、社会知觉的不足

正如你所想象的那样，人们在判断别人时远远不能做到完美，实际上，一些系统化的偏见影响我们做出完全准确的判断。在这一节里，我们会讨论一些错误，当然还是有克服的办法。

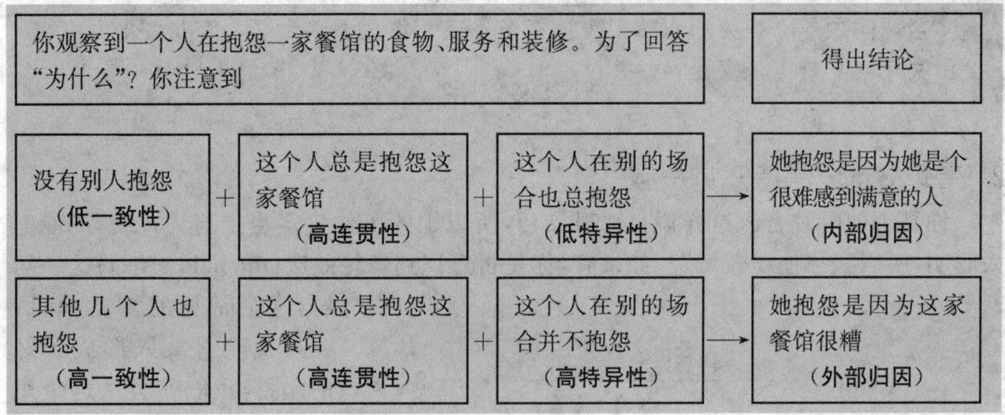


图 2.3　凯利的归因理论：小结

在判断他人的行为主要由外因还是由内因决定时，我们要关注三类信息：一致性、连贯性和特异性。

**道德问题**　对工作上别人的不准确知觉如何导致我们做出可能的不道德的决定？给出一个例子来说明一下你的观点。

## (一) 知觉偏见：知觉他人时的系统误差

人们在判断他人时犯的一些错误普遍反映了我们在看待别人时的系统化偏见。这些偏见被称为**知觉偏见(perceptual biases)**。现在我们讨论一下五种这样的偏见：基本归因错误、晕轮效应、类似吸引效应、第一印象错误、选择性知觉。

### 1. 基本归因错误

凯利的理论表明，人们对内部和外部原因做出判断时的倾向性是不相等的，他们更可能对某个人的行为做内部归因而非做外部归因。也就是说，我们倾向于推测说人们的行为是他们品质和性情的结果（即，她就是那样一种人）。比如，当一个人迟到了，我们往往会认为这是由于他/她比较懒而不会想到是因为交通堵塞。这种知觉偏见非常强烈所以被称为**基本归因错误(fundamental attribution error)**。[6]

这种特别的偏见起作用是因为，从一个人的性格去解释他/她的行动要比承认复杂的情境因素对行动有影响简单得多。正如你所想象的那样，这种倾向在组织中的危害性很大。尤其，它会导致我们不成熟地推测人们应对发生在他们身上的不好的事情负责（如：他毁了公司的汽车因为他粗心），而对有利于他们的外部可能性不加考虑（如：另一司机撞了汽车）。这会导致对人的评价不准确。

**全球问题** 你认为基本归因错误有多普遍？你是否认为它在西方文化中比在亚洲文化中更有可能发生？

### 2. 晕轮效应：保持知觉一致

你是否曾听过有人这样说：她很灵巧，所以她的工作肯定也很努力，或者“他不太聪明，所以我猜他比较懒”？如果有，你是否意识到**晕轮效应(the halo effect)**这一问题，这个常见的知觉偏见，一旦我们对某人形成了好的印象，我们就会从这个角度去看待他所做的事——即使我们对有些事还一无所知。一个对某人不利的整体印象可能会与对他行为的不利评价有关。这两种倾向(甚至是不利的情况)就是指晕轮效应，虽然“晕轮”这个词本身是褒义的。

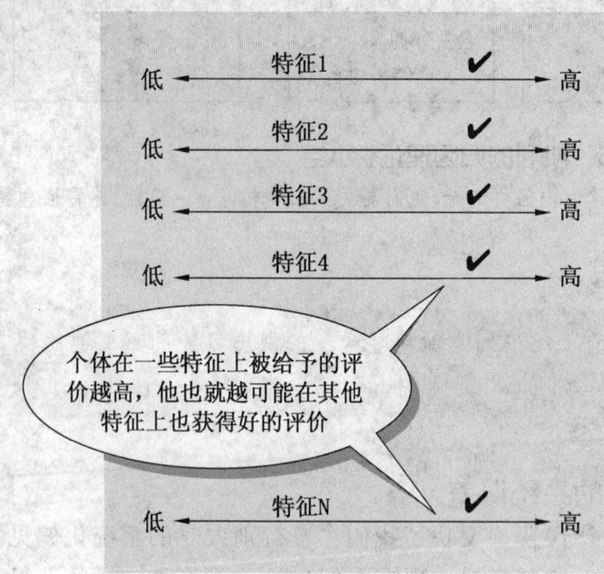


**图2.4 晕轮效应：说明**

晕轮效应的表现之一是人们的某种倾向性，当对他人做等级评定时，会给个体连续的高分(如果个体获得的整体评价较好)或连续的低分(如果个体获得的整体评价较差)。因为每个定级层面不是被独立考虑的，于是不准确的评价也就产生了。

在组织中，当领导者使用正式的绩效评估表格将下属分成不同等级时，晕轮效应经常发生。一位经理在某些方面上对一个雇员评估甚高，于是他可能认为该雇员在其他领域内也同样擅长，甚至对他的其他层面也做出高度评价(图2.4)。晕轮效应使在不同层面上对人们进行的等级划分之间产生了紧密联系。于是，最终的评价往往缺乏准确性，其质量会受损害。

### 3. 类似吸引效应：“如果你像我，你肯定是个不错的人”

另一常见的知觉偏见是人们倾向于对与自己相似的人做出好的评价。**类似吸引效应(the similar-to-me effect)**形成了一个潜在的偏见源。事实上当管理者给下属定级时，对方越与他相似，所得到的级别就越高。[8] 这种倾向适用于几种不同的相似层面，比如在工作价值观和工作习惯方面的相似，对工作所持有的看法方面的相似，以及在人口统计变量上的相似(如年龄、种族、性别和工作经验)。

这种效应部分产生于人们倾向移情于与自己相似的人，将好的东西与他们联系起来，或对他们更宽容。它还由于下属们会更加信任与自己相似的上司。[9] 结果，人们会与这些个体建立起更积极的关系，这会使上司对和自己相似的下属做出更好的评价。不考虑对类似吸引效应的基本解释，承认它的含义是十分重要的：即人们怎样被知觉在很大程度上以知觉者和被知觉个体之间的相似点为基础。

### 4. 第一印象错误：证实个人期待

通常我们判断一个人时并不仅仅根据他现在的表现，而是根据对个体的最初评价——也就是说，我们的第一印象。由于第一印象指导着接下来的印象，所以我们全都成为**第一印象错误(first-impression error)**的牺牲品。

你可以想象，这种错误在组织中尤其严重，因为准确判断他人的表现是组织中一项关键的管理工作。下属的表现进步了，这就应当得到承认，可是由于当前的评价以不好的第一印象为基础，这些进步也就不可能被看到了，同样，最初的良好表现留下了好的第一印象，它挥之不去，即使个体的表现不如以前，这时不准确的评价也会产生。为了小结一下第一印象错误，看图 2.5。

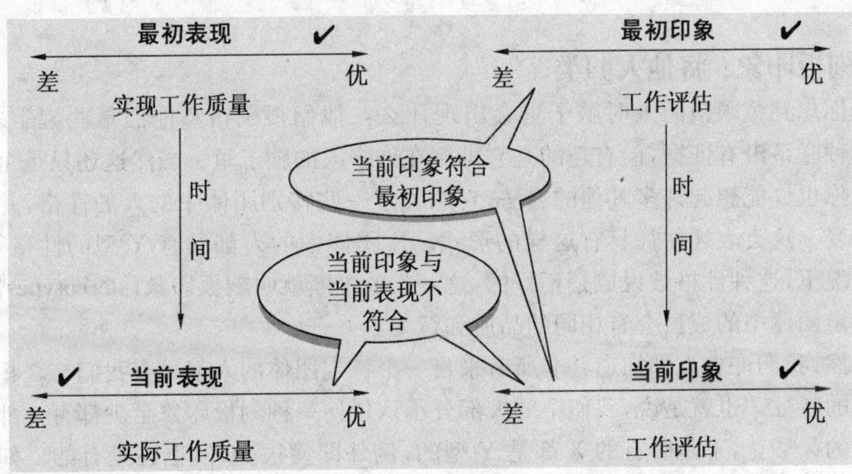


**图 2.5 第一印象错误：小结**

当犯这种错误时，我们评价某人的方法更多受最初印象的影响而非个体的当时表现。在这个例子中，一个开始表现好的人继续获得不错的评价而不顾他实际表现的倒退。

研究表明，第一印象错误会采取很难觉察的形式。[10] 比如，面试考官根据求职信和考试得分来评价应聘者。考官对应聘者在这两方面的评价越高，应聘者在面试过程中受到的待遇就会越好。也就是说，候选人给考官留下的第一印象越好，他在面试中就越占优势，如双方之间的谈话以一种更令人愉快的方式进行。由此，招募者们从面试中并没有获得其他公正的信息，而只是再次确定了已经获得的建立在求职信和考试得分基础上的第一阶段。这个研究提供了第一印象错误起作用的证据。

### 5. 选择性知觉：注意一些事情而忽略另一些

**选择性知觉(selective perception)**指的是人们注意环境中的一些方面而忽视其他方面的倾向。[11]我们在一个复杂的环境里活动，其中有许多刺激物会引起我们的注意，这使我们倾向于选择，自然也就缩小了我们的知觉范围。这就形成了另一种偏见，当我们的注意被限定在某种刺激之时，同时也扩大了对其他东西的注意。

这样的过程同样发生在组织中。事实上，当高层执行官被问及组织中的哪些功能最有助于提高它的效率时，他们可能会列举与他们的背景相匹配的一些基本方面。[12]比如，负责销售和市场的执行官会认为公司产品和服务的改进是重要的。同样，负责研制和开发的人则更注重产品的研制。换句话说，他们受到选择性知觉的影响——他们最注意经营环境中与他们的经验背景相匹配的方面。知道了这种倾向，我们就会比较容易理解为什么不同的人对相同的情景会有不同的看法这一现象了。

## (二) 刻板印象：将他人归类

当你想到戴眼镜的人时脑子里会出现什么？他们很勤奋？他们是些饱学之士？虽然这种联系没有证据，但有趣的是它徘徊在许多人的脑子里。当然这还只是个例子而已。你也许能想起许多其他的看法，它们关于一些特别团体中的人的性格，并且被广泛接受。这类表述往往具有这样的形式。X团体中的人都具有Y型的性格，在大多数情况下，这种性格被说成是不好的，这一类的推断就叫**刻板印象(stereotypes)**——某些特定团体中的成员会有相同的品质和行为。

当然，我们许多人都知道并非所有来自一个特定团体的人都具有我们与之相联系的不好的特征。也就是说，我们中的大部分承认任何一种刻板印象至少都有一部分是不准确的。毕竟，不是所有的X都是Y型的，例外即使很少，但也还是有的。如果是这样的话，刻板印象为什么会如此流行呢？我们为什么还要使用它呢？

**全球问题** 关于刻板印象方面的笑话有很多。但有趣的是，同一个笑话在一个国家(如美国)的某一个地方是有关X团体的，而在这个国家中的另一个地方它讲述的却又是Y团体了，这一现象揭示了关于刻板印象的什么呢？你的个人经验如何呢？

### 1. 我们为什么会依赖刻板印象?

在很大程度上，这个问题的答案是，当考虑他人时，人们喜欢做尽可能少的认知工作。这就是说，我们倾向于依赖思维捷径。如果将人们分类可以使我们推断出他们是什么样的人以及他们的行为怎样，那么我们可以省去所有繁琐的了解个体的工作。毕竟，为了了解他们所有的事而去接触这么多的人是不实际的，也是不可能的。所以，我们依赖于可获得的关于某人的年龄、种族、性别或工作类型的信息，并以此为基础连贯地组织起我们的知觉。

例如，如果你认为X团体中的成员(如戴眼镜的人)具有品质Y(如好学)，那么观察到某人属于X团体成为你认为他/她具有品质Y的基础，刻板印象被应用在这个例子中，知觉是准确的。但这样的思维捷径经常会造成不准确的判断。这是我们使用刻板印象必须付出的代价。

我们喜欢依赖刻板印象这会使我们对他人做出不成熟的判断，因为我们除了知道他们属于某一类群之外就对他们没有更多的了解了。(图2.6)然而，我们都依赖于刻板印象——至少有些时候，它的诱惑大都使人无法拒绝。

**图2.6 这些人是什么样的?**

如果你已经从此插图中对这些个体形成了某些印象，你可能正在依靠刻板印象，它们是基于对他人归属不同的群体作出的判断。刻板印象会导致不准确的判断，如果我们花时间去了解知觉对象，判断会是不同的。

### 2. 在组织中使用刻板印象的危险

可以想见，刻板印象对人们在组织中做出的判断会产生多么强大的影响。例如，如果一个人事官员认为某些团体中的成员是懒惰的，那么他/她便会刻意避免雇佣这些团体中的成员。该人事官员也许坚定地认为自己的判断是正确的，他/她已经收集了所有必需的信息，并仔细聆听了候选人的话。然而，有一点也许没有被意识到，这些刻板印象影响了他/她对某一个体的判断。结果当然是个体的命运被提前决定了——并不一定是因为这个人说了什么或做了什么，事实仅仅是这个人属于某个团体。也就是说，即使人们本无意按偏执的大众方法行事，他们仍会被自己持有的刻板印象所影响。

**道德问题** 思考有关来自不同种族、民族的宗教团体的人的刻板印象怎样成为历史上种族间不平等的基础。举出这些年来反映这种现象的事件。

当然，我们意识到将他人刻板化的影响并不总像我们的例子中所表现得那么严重（那些例子中某个人没有获得雇佣或升职的机会）。会计被称为“数大豆的人”，教授被描述成“会走神”，这些反映了一些只带有轻微否定意义的刻板印象。但是，有一点必须警惕，即持有不同团体的刻板印象有可能造成交流误解和冲突（这方面的有关内容将在第十章中加以讨论）。

## 制胜诀窍

### 怎样克服社会知觉中的偏见

在大部分情况下，人们带有偏见的知觉并不是出于要造成伤害的恶意。相反，社会知觉中偏见的产生常常因为我们知觉者缺乏信息，我们将人们的行为做内部归因，因为我们没有意识到所有可能有关的情况因素——因此，我们犯了基本归因错误，而且，由于要了解个体的每件事是非常不现实的，因此我们采用了刻板印象。

然而，我们能够将这些偏见的影响减少到最低程度。的确，一些步骤有助于提高对他人的准确知觉。在这方面以下的建议是有用的：

*不要忽视他人行为的外部原因* 基本归因错误使我们忽略了一种可能性，即人们的不佳表现，可能是由超出他们控制的条件造成的。因此，我们也许忽略了差劲表现的合理的解释。问问您自己，在相同的条件下，是否任何别的人也会表现得同样糟糕。如果答案是肯定的，那么你就不该情不自禁地认为这个人该受到批评。出色的经营者需要做出准确的判断，以便决定他们的精力应该放在提高员工素质上还是放在改变工作条件上。

*识别和正视你的刻板印象* 我们都依赖于刻板印象——尤其是在对待陌生人时。虽然这很自然，但错误的知觉肯定会产生——极可能以一些例外为代价，所以，识别你所持的刻板印象很有好处。这样做使您更了解它们，并朝将它们的不利影响降低到最小这一目标迈出了一大步。毕竟，只有当你对刻板印象有很清楚的意识时，你才能依靠它们。

*以客观因素为基础评价他人* 你用以判断他人的信息越客观，你做出的判断就越不容易成为知觉歪曲的对象。人们容易以自我服务的方式使主观判断带上偏见，如肯定我们喜欢的人的工作，给予我们不喜欢的人的工作以否定性的评价。如果评价以客观信息为基础，这种情况就不大可能发生了。

*避免做草率的判断* 急于给人下结论是人类的本性，即便我们对他人了解很少时也往往这样做。在确信你已经知道了全部你想知道的之前，要深入地去了解对方，你所了解的也许会使你的观点改变不少。

这些策略都是说起来容易做起来难，如果我们在日常工作中与别人接触时坚持试着采纳这些建议，我们就获得了能够更加准确地知觉别人的机会，这是成功管理秘诀中的一个基本要素。

## 四、知觉他人：在组织中的应用

到目前为止，我们已经鉴定了一些社会知觉的基本过程，并且说明了它们与组织行为的关联。在这一节中，我们将使这些联系更加明了。特别是，我们将对知觉在三种组织行为中的角色做一番描述：*绩效评估*（*performance appraisal*）、*招聘面试*（*employment interviews*），以及*公司形象塑造*（*corporate image*）的发展。

### （一）绩效评估：对工作绩效的正式评价

社会知觉发生的一个明显的例子就是一个人正式评估别人的工作绩效。**绩效评估**被定义为评估他们绩效的过程，通常以一年或半年为基础，而且常常是出于决定加薪、晋升和参加培训的需要。[14]

#### 1. 带有固有偏见的过程

理想的绩效评估应该是个完全理性的过程，它会公正客观地评判出每个员工的绩效以及他/她应受到何种待遇。到目前为止，根据我们对知觉的讨论，您也许会猜到，这个过程离客观性还很远。的确，人们在加工、储存、提取信息的能力上有局限，这使他们在评估他人时就带有了偏见。[15]

研究人员注意到了几个此类的偏见。比如说，人们对他人的绩效等级评定依赖于绩效与评定者的最初期望之间的一致性程度。例如在一个研究中，研究人员问银行经理，他们对新出纳员有怎样的期望。[16]四个月后，经理们会被要求对新员工的实际工作绩效做出评估，他们对工作绩效符合他们期望值的员工定级较高，对工作绩效低于或差于他们期望值的员工定级较低。他们这样做的结果不见得很切合实际，因为有些员工有进步的绩效可能没有被承认，甚至于被贬低了。当然，如果人力资源的决定以多种信息为基础，而不仅仅依靠某一个领导的判断，这样带有偏见的判断可能就不必被纠正了。然而，这些发现显然低估了一个关键点：知觉以被知觉对象的性格和知觉者的性格为基础。

研究表明了几个不同的对绩效评估有影响的偏见，它支持了以上的结论。例如，一些研究说明了类似吸引效应在绩效评估中的作用。在银行中进行的研究表明，出纳员给上司留下的印象越好（如帮过他们，同意他们的观点），上司们就越认为他们与自己相像，而出纳员越是被认为与上司相像，他们的工作就会获得越高的评价。[17]

为了给别人留下好印象，员工们总是将自己好的表现做内部归因，而将差的表现做外部归因。的确，当观察者对行为隐含原因做出不同判断时，两个同样优秀的员工可能会被定为不同的绩效等级。有些员工绩效较差是由不被控制的外部因素造成的（如某人很努力，但太缺乏经验以至于不能成功），另一些人是由于内部因素造成的（如那些有能力，但懒惰或拖拉的人），管理者对前者的评估会高于后者。也就是说，我们对他人的绩效评估取决于对此绩效做内部归因还是做外部归因。

这些发现说明组织的绩效评估距离希望中的公正、理性还很远。相反，它们代表了一个复杂的知觉偏见的集合——如果我们最终将要改进绩效评估的过程，我们就要研究偏见产生的影响。

#### 2. 绩效评估中的文化差异

我们注意到，收集信息时的个人偏见使得绩效评估成了不太精确的过程，但文化差异也与之有关。也就是说，人们评价他人工作的方法可能受他们所属民族的影响。[18]这一点并不奇怪，即来自不同文化背景的人们在绩效评估过程中的几个关键点上会出现意见不同，比如说，是否愿意与别人直接接触，对社会地位的差别有多么敏感等方面。图 2.7 总结了美国和日本在绩效评估中的一些关键差异。

### （二）招聘面试：招聘中的印象处理

### 面试：给未来雇主留下好印象

希望给别人留下好印象是很普遍的事。我们都试图用这样或那样的方法去控制别人对我们的看法，我们试图使别人对自己有最好的评价，这个过程叫做**印象处理**。[19]一般来说，个体会在自己给别人留下的印象上花大量的精力——尤其当这些人对自己很重要的时候，例如未来的雇主。

我们留在未来雇主脑海中的印象也许是建立在一些不起眼的行为基础之上的，如我们的穿着、谈吐，或一些更具解释性的行为，比如说，介绍自己所取得的成就。[20]这些印象使得别人会以某种方式来看待我们，或者它们是我们行为的被动的、无意中所产生的效果。

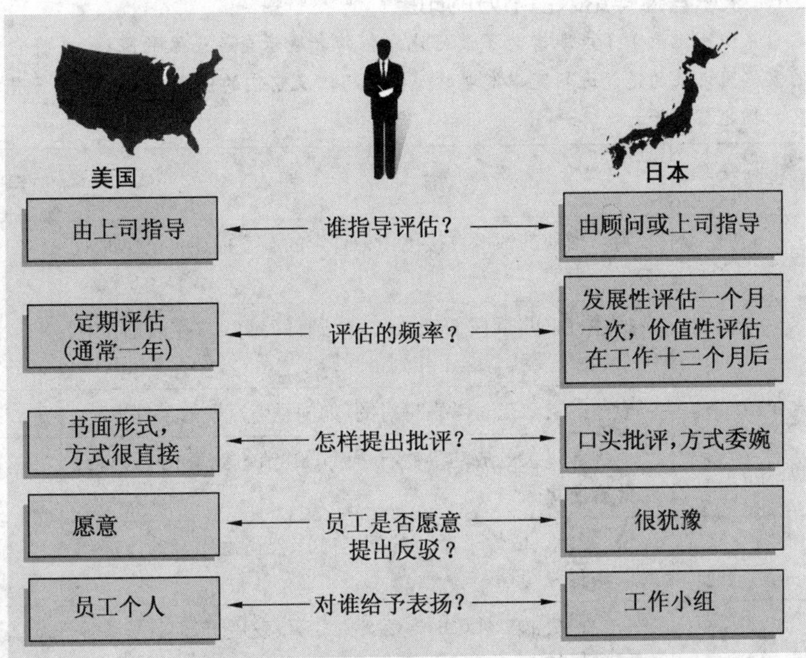


图2.7 绩效评估中的跨文化差异：例子

不同的社会有不同的准则和价值标准，他们在如何使用绩效评估上有所不同是不奇怪的，美国和日本在绩效评估的一些关键方面存在差异就说明了这一点。

**全球问题** 印象处理在日本十分重要，以至于人们有时得雇用演员去履行不同的社会功能（如参加葬礼的致哀者，婚礼上的宾客）。只有他们知道那些人实际上只是“租来的熟人”，可以帮助自己建立良好的形象。[21]日本文化使这种“拯救面子”的滑稽行为流行，你对日本文化有什么看法呢？你是否认为这项服务在我们的文化中也会流行？为什么会或为什么不会？

在招聘面试中，应聘候选人通常以做一些事情来加深印象。在最近的一项研究中，研究人员录下了找工作的大学生和在校园就业中心设摊的公司代表之间的面试情况。[22]如果对应聘候选人在陈述中所使用印象处理的技巧进行分类的话，可以看出其中的一些策略还是很普通的。表2.1列出了一些特殊策略，并给每个都附上了例子，同时还统计了使用者的比例。有趣的是，最常见的技巧是自我提升，它表明了某人具有公司所期待的特征。这时，候选人都会说自己工作努力，人际关系好，有抱负，并有领导才能。

**表 2.1 求职者怎样给人留下好的印象?**

研究人员系统地记录下了求职者为了最好地向招聘者展示自己而做的陈述,并将它们加以分类。下面的表格里记录的是最近研究中发现的一些技巧以及它们的使用频率。同时一并给出了有关每种技巧的描述与例子。

| 印象处理技巧 | 描述 | 使用频率(%) |
| --- | --- | --- |
| 自我提升 | 为了当前的情境直接用一种肯定的态度描述自己(如"我工作努力") | 100 |
| 个人故事 | 描述过去的事件使别人对自己有好感(如"在以前工作中,只要需要我就会工作到很晚") | 96 |
| 观点一致 | 表达的看法正是考官持有的(如同意考官说的某件事) | 54 |
| 自我标榜 | 声称对过去的成功事件有贡献(如"销售额增长 39%,或对此有所贡献") | 50 |
| 奉承 | 说些奉承、取悦于考官的话(如"您公司近年来的发展给我印象很深") | 46 |
| 夸张 | 夸大积极的事件(如:"我们部门不仅发展了,而且成为全公司最好的") | 42 |
| 克服障碍 | 描述一个人是如何克服障碍而成功的(如"我做了两份兼职,但仍拿到了 3.8 的平均分") | 33 |
| 辩护 | 承认对个人的不佳表现负责,但否认其中的消极含义(如"我们队赢的次数不多,但重要的是我们参加比赛了") | 17 |
| 托辞 | 否认对一个人的行为负责(如"我没有填完申请表,因为就业中心将它们发完了") | 13 |

【资料来源】Based on information in Steven & Kristof, 1995; see note 22.

研究还表明候选人运用这些技巧获得了成功。他们越是依赖这些技巧,就越能在一些重要层面(如适合该组织)上获得面试考官的肯定评价。研究不仅再次肯定了候选人在面试中依赖印象处理技巧,并且肯定了它们会建立起对方希望的好印象。有了这一点,工作面试可以被看做是候选人尽可能好地展示自己这种努力的继续,对考官来说则是要通过展示准确地判断他们。有证据表明,这项任务也许不像看起来那么简单。

## (三) 公司形象塑造:组织的印象处理

不仅仅是个人希望给别人留下好印象,组织也一样,这被称作**公司形象塑造**。[23]一个组织给人们留下的印象会对个人与它的关系产生巨大的影响。将我们工作招聘的讨论扩展一下,应聘者希望给未来的雇主留下好的印象,雇主也同样希望他们提供的工作能被最佳人选接受。

一个公司的形象与人们在其中谋求职位的兴趣有很大的关系。[24]尤其是公司声誉越好(以《财富》的调查为基础)，人们就越有兴趣去那里工作。[25](表2.2中根据《财富》列出了最有求职吸引力的公司)这种关系很重要，因为组织必须成功地招聘到职员以便有效地开展工作。承认了这一点，仔细考虑一下什么因素帮助形成了组织形象是很值得的。

**表2.2 最吸引求职者的美国公司**

根据《财富》杂志最近的调查，以下是美国最具求职吸引力的公司，调查以公司在8个重要方面的等级为基础。良好的团队形象很重要，因为它有助于吸引合格的候选人。

| 等级 | 公司 | 主要产品或服务项目 |
|---|---|---|
| 1 | 通用电气 | 广播、用电器具 |
| 2 | 可口可乐 | 软饮料 |
| 3 | 微软 | 电脑软件 |
| 4 | 戴尔电脑 | 个人电脑 |
| 5 | 波克夏·哈萨威 | 投资 |
| 6 | 沃尔玛 | 打折商品零售 |
| 7 | 西南航空 | 空运 |
| 8 | 英特尔 | 电脑芯片 |
| 9 | 默克 | 制药业 |
| 10 | 迪斯尼 | 娱乐业 |

【资料来源】Based on Brown, 1999; see note 25.

影响组织形象的因素之一是人们从*招聘广告*(*recruitment ads*)中获得的有关它的信息量，通常广告越长，形象越好。这可能是由于广告内容——但也由于广告自身的长度。特别是招聘广告总是强调受雇之后的利益，广告越长描述的利益就越多，因而建立起的形象也就越好。而且，人们相信长的广告反映了一个公司致力于招聘优秀员工(如他们愿意在大的广告上投资)，他们在印象中会将那家公司视为未来的工作单位。

组织用来优化自己形象的另一个工具就是他们的***年度报告***，它是公司就自身的活动和财政状况向股东提交的正式报告。报告内容包括CEO们的信件，关于未来的计划书等——总之，就是一些有助于在员工和股东的脑海中树立起公司形象的信息(图2.8)。

图2.8 年度报告：公司形象的重要决定因素

我们中的许多人——即使是图中所示的动物们——都从看年度报告中建立对公司的印象。

【资料来源】The New Yorker Collection 1973. Donald Reilly from cartoonbank. com.

传统的年度报告总是非常漂亮的，内容繁多的小册子，里面附有精美的照片和成功的标志，以便使投资者获得信心。但是近年来，一些公司已经去掉了这项开支，改用只含有实际内容的报告。[26]原因是：形成一个俭朴的形象。今天的投资者所追求的是价值，因此公司们开始建立不浪费的形象。将大量的钱浪费在精美的年度报告上来获得成功的形象，也许会带来这样的问题：利润都到哪儿去了。

不论这些出版物是精致还是简朴，设计年度报告都为了建立"正确"的团队形象。显然，和个人一样，组织也因给人留下良好印象而获利，并且会为此做大量工作。

## 五、学习：适应我们周围的世界

到目前为止，我们关注的焦点都是知觉，它是人类的基本心理过程之一，并且与解释组织中的行为关系十分紧密。另外一个同样重要的过程就是——**学习(learning)**。许多组织行为中都涉及学习，从发展新的职业技能去改变工作方式，到有效地领导员工以便达到最高产量。一个公司越是注重形成有利于员工学习的环境和氛围，那么它就越有可能实现高产出和高收益。[27]研究组织行为学的科学家们对理解学习过程非常感兴趣，包括它是如何发生的，以及它怎样被应用到有效的组织运作中去。

在将注意力转到这些问题上之前，我们首先应该准确地解释一下学习。我们将学习定义为由于经验而发生的相对持久的行为改变。[28]定义虽然很简单，但其中有些方面还需要加以说明。第一，学习要求发生某种改变。第二，这种改变必须相对持久。第三，改变必须由经验引起，即通过与外部世界的不断接触而引起。有了这个定义，我们就不能说诸如因疾病或疲劳等引起的工作上的短期绩效变化是学习的结果。和社会科学中的许多概念一样，学习对科学家来说也是难以理解的，因为无法直接观察，它必须依靠行为中相对持久的变化来推断。

学习有几种，这里我们只研究在组织中最经常发生的两种——操作性条件反射和观察学习。

## (一) 操作性条件反射：通过奖励和惩罚来学习

假设你是位餐饮公司的厨师，正在为一个难缠的主顾准备一份特别的菜单。如果你的菜单被接受了而且在晚餐中大受欢迎，公司就有机会获得一份大的订单，你努力要把工作做得最好，并向持怀疑态度的主顾展示你在烹饪方面的创造力。现在，故事该如何结束呢？如果他喜欢你的菜，你的老板会给你晋升大大的一级。如果他讨厌你的菜，你的老板会叫你脱下厨师的帽子，无论会发生何种结果，有一件事是肯定的：无论你在这种情况下做了什么，如果成功了你以后还会这样做；而如果失败了，你会避免今后再这么干。

这个情景很好地说明了**操作性条件反射(operant conditioning)(又叫工具性条件反射，instrumental conditioning)**的一条重要原则——我们的行为会产生结果，我们今后的行为依赖于这些结果。如果我们的行为效果不错，将来我们可能会重复这种行为。如果结果不尽如人意，我们就不太可能会重复它们。这种现象被称为**效果律(Law of Effect)**，它是操作性条件反射的基本规则。我们对于该现象的知识来自著名社会科学家B·F·斯金纳。[29]他的具有开创性的研究表明，人们通过行为及其结果之间的联系来学习该怎么做事情。图2.9总结了这个过程。

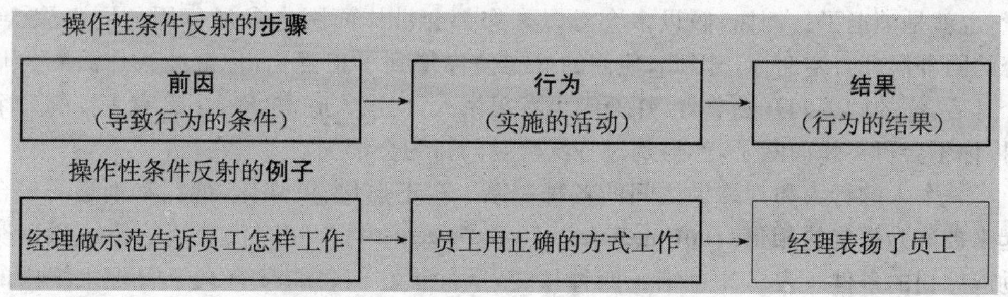


**图2.9 操作性条件反射的过程：概览**

操作性条件反射的基本前提是人的学习，它是通过将行为的结果与行为自身相联系获得的。这个例子中，经理的表扬加强了下属正确工作的倾向性。因此，学习在提供了合适的前因和结果的情况下发生了。

### 1. 强化的相倚关系

操作性条件反射基于这样一种观点，即认为某种行为被学习是因为它产生了好的结果。例如在公司中人们常会得到诸如分红、加班费等各种对自己的劳动表示承认的、令人愉快的表现形式。人们学会了采取特定的行为以产生期待中的结果，这整个过程就叫**正强化(positive reinforcement)**。能导致好的结果的行为会再次发生，因此也就强化了该行为自身。奖励充当了正面强化者，这必须依靠对某个特别行为的发现。例如，如果一个销售员在获得了一份大的订单后拿到了奖金，那么这笔奖金只有在销售员将它与订单联系起来时才会强化他/她的行为。当这一切发生了，销售代表才会在今后的工作中更加努力地去设法得到订单。

有时候我们学习采取某种行为是因为它可以避免产生不被期待的结果，如训斥、被拒绝试用和终止合约等。人们学习采取行为以避免产生不被期待的结果的过程叫**负强化(negative reinforcement)**或简单称为**回避(avoidance)**。能够结束这些事件的行为都可能再次发生，这就强化了它们本身。例如，你会因为修改销售报告而在办公室待到很晚，因为你相信如果报告第二天一早还没准备好的话，老板会“吃了你”。在某个时候，你学会了如何避免此类可怕的情形，因此在这个例子中你也就这么做了。

至此，我们已经确定了一些被加强了的反应，无论是因为它们带来了好的结果还是避免了不好的结果。然而，一个行为和它的结果之间的联系不会总是被加强，这种联系也可能被减弱。发生**惩罚(punishment)**的时候情况就是这样。惩罚是针对一个不期望的行为，给予一个不想要的或厌恶的结果。一个伴随着不期望的结果的行为将不太可能再次发生。例如你的老板因你休息时间过长而严惩了你，你认为被惩罚是由于你的这种行为所造成的，最后结果是你不会再拖延时间了。

行为和其结果间的联系还会因为没有奖励而被弱化，这个过程叫**消退(extinction)**。当一个行为曾经被奖励过但不再得到奖励时，它就会逐渐变弱，最终失去力量，也就是消退了。例如，假设多个月以来您都会带炸面圈去参加每周的同事聚会。您的同事们都会谢谢你。因此，他们的好感使你得到了**正强化**，你继续买炸面圈。几个月后，你的同事们开始节食，炸面圈虽然很诱人，但没人吃。经过了没有表扬的几个月，你不会再买炸面圈了，你得到过一次奖励的行为会消失。

一个人的行为和其结果之间的各种关系——正强化、负强化，惩罚和消退——合起来被称为**强化的相倚(contingencies of reinforcement)**。它们代表了给予或撤销奖励或惩罚的条件。表 2.3 总结了四种权变，掌握了它们将非常有利于管理组织中的行为。

### 2. 强化时间表：管理奖励的方式

至此，我们关于一项奖励是应给予还是取消的讨论是以有关行为的出现为前提

**表 2.3 强化的相倚关系：小结**

四种强化相倚关系会以一种令人愉快或不愉快的刺激的给予或取消而被加以区分。正强化或负强化的行为被加强，而被惩罚过或消退的行为被减弱了。

| 刺激的给予或取消 | 合乎需要的刺激 | 相倚的名称 | 反应的力度 | 例子 |
|---|---|---|---|---|
| 给予 | 愉快 | 正强化 | 加强 | 上司的表扬鼓励了被表扬行为 |
| | 不愉快 | 惩罚 | 减弱 | 上司的批评阻止发生被惩罚行为 |
| 取消 | 愉快 | 消退 | 减弱 | 没有表扬助人行为减少了助人行为在将来发生的可能性 |
| | 不愉快 | 负强化 | 加强 | 按上司希望的去做可以避免受批评 |

的。然而，这样做并非总是现实的，或者说有参考价值。强化可以根据多种规则来加以管理，这涉及它的时间、频率等，总称**强化时间表(schedules of reinforcement)**。奖励每个符合期待的反应叫**连续性强化(continuous reinforcement)**，但是与马戏团里的动物不同，工作中的人们很少被不断地强化。组织奖励是一种**部分强化(partial reinforcement)**，也叫**间歇性强化(intermittent reinforcement)**。按照这些时间表，奖励是间歇发生的。四种间歇强化时间表在组织中有直接的应用。[30]它们是：

**1. 固定时距强化时间表(fixed interval schedules)** 指期望的行为第一次发生时，经过特定的时距实施的强化。每周五下午 3:00 兑换付款支票就是个例子，因为工资被控制在有规律的时间里发。但这种时间表在维持期待行为中并不特别有效。例如，员工们知道老板会在每天上午 11:30 经过他们的办公桌，看看他们当时是否在认真工作。如果老板不在旁边表扬他们，他们可能会早早吃午饭或在工作中偷懒。因为他们知道努力了也不会得到奖励，不工作也不会被惩罚。

**2. 不定时距强化时间表(variable interval schedules)** 指在强化之间必须有不定的时距(根据平均数)。例如，银行审计员平均 6 周对支行进行一次突击访问(如：有时是 4 周，有时是 8 周)。审计员采用的是不定时距强化时间表。因为经理们不能准确地知道自己的支行什么时候会被审查，所以他们不敢掉以轻心。(下一次检查也许比他们原想的要早)毫不奇怪，这种不定时距强化时间表要比前一种有效。

**3. 固定比率强化时间表(fixed ratio schedules)** 指期望的行为第一次发生时，经过完成特定数量的这种行为，所实施的强化。例如，假设销售员们知道他们每推销出价值 1 000 美元的货物就会得到一次奖金，那么拿到第一笔奖金后，他们就会松懈下来，但是当销售额接近 2 000 美元时，可以获得奖金的又一个标准——绩效就又提高了。

**4. 不定比率强化时间表(variable ratio schedules)** 指在强化之间必须有不定数量的期望的反应(根据平均数)。一个经典的例子是人们玩投币游戏机。在绝大多数时候，当人们投一个硬币时，他们会输。但是经过无数次游戏之后，游戏机会输一大笔钱。因为玩游戏的人永远不会知道何时才能赢得赌注，他们会连续玩很长时间。可以想象不定比率强化时间表比固定的要来得有效。

**道德问题** 你是否认为赌场在利用赌客的弱点给投币游戏机编排了不定比率时间表来赢取赌注是不道德的？为什么是或为什么不是？

各种强化时间表之间有一些重要的相似点和区别，这在图 2.10 中有总结，看图时要记住，这里所给的时间表是"纯粹"形式的，在现实中，不同的时间表可能会被组合起来，形成复杂的新的时间安排。但不论它们是单独起作用还是联合起作用，承认强化时间表能对组织中的行为产生强烈影响是很重要的。

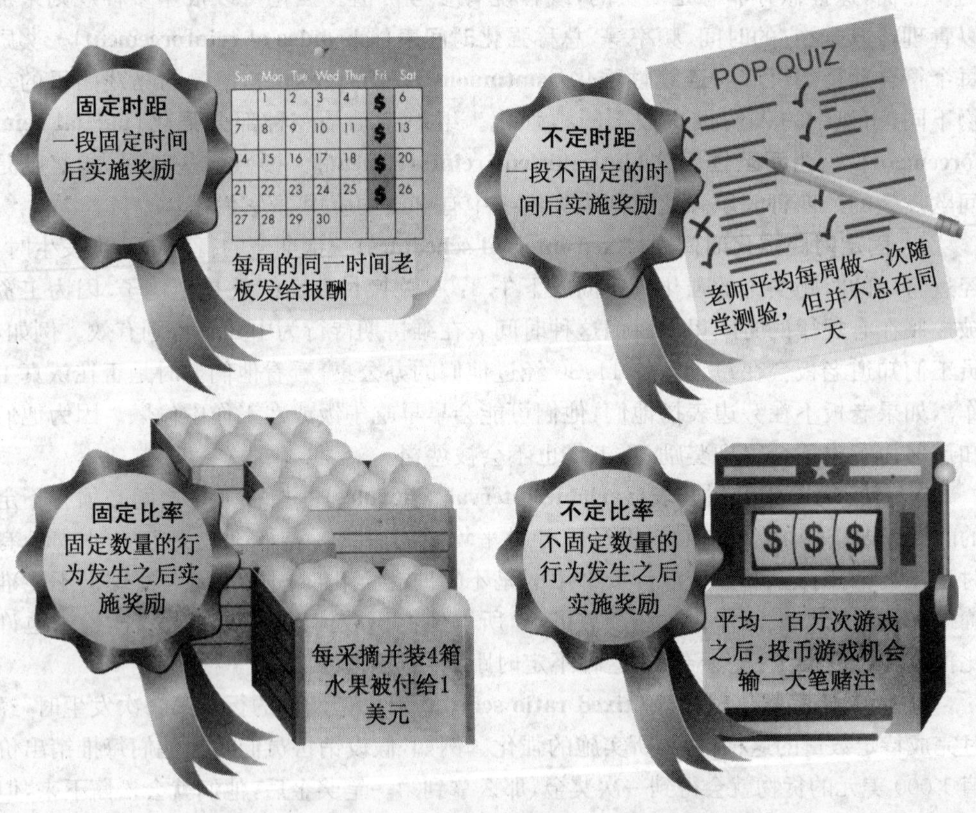


**图 2.10 强化时间表：小结**

四种时间表代表了实施间歇奖励的不同做法。

## (二) 观察学习：通过模仿他人学习

操作性条件反射认为，我们的行为是直接被强化的。但我们在工作中的许多学习并没有被直接强化。例如，假设你看到跟你工作相同的一个销售代表通过加入当地一个民间组织正在确立一个具有潜在价值的领先地位。此后不久在办公室聊天时，你得知另一同事已经从一个民间组织中得到了一个可获利的领先地位。通过几次这样的观察，你也会将加入此类组织与取得销售领先地位联系起来。也许过去你和这些组织没有过接触，但你开始希望像那两个人那样将工作做得出色。这个例子反映的就是所谓**观察学习(observational learning)**或**模仿(modeling)**。[31]它发生在人们间接获得新知识时，即通过观察发生在别人身上的事，行为被模仿的那个人就叫模型。

### 1. 观察性学习过程的步骤

通过观察模型来学习，必须经过几个阶段。图 2.11 对此进行了总结：

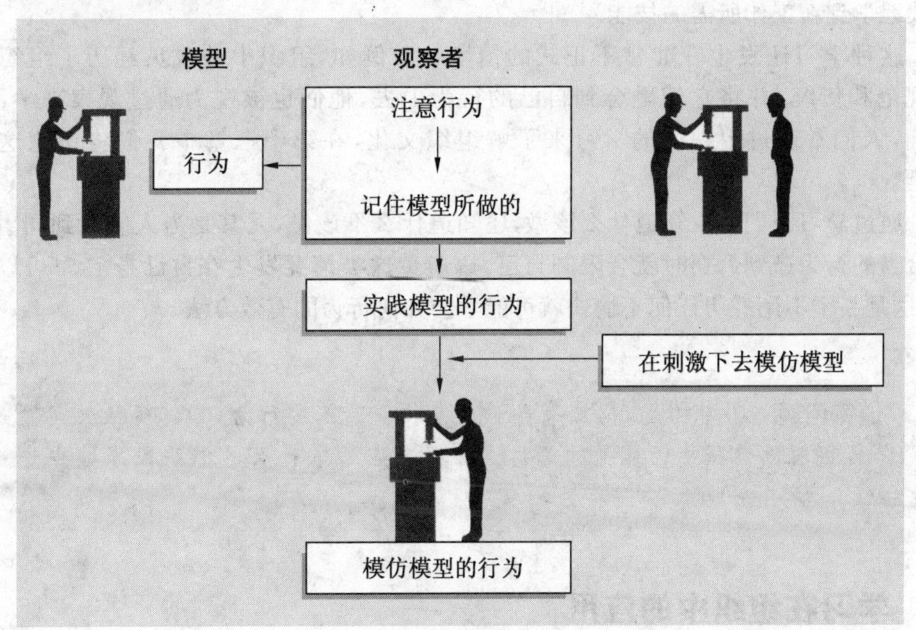


图 2.11 观察学习：概览

首先，学习者必须密切注意模型，注意得越多，学习就越有效。为了方便学习，模型有时会主动引起注意。上司要下属仔细看他们正在做的事情就属于这种情况。

其次，对模型的行为得有良好的保持(*retention*)，对某人行为的语言描述或表象有助于记忆。毕竟，如果我们记不住也就学不到什么。

再次，必须有对模型行为*再生产*（*behavioral reproduction*），只有当人们能准确地做出模型所做的，他们才能从观察中学到东西。这种能力一开始自然会受到限制，但实践会使它有所提高。

最后，人们得有学习的*动机*（*motivation*）。我们不会模仿我们所看到的每个行为。相反，我们关注一些行为是有原因的，如做这件事的人得到了奖励。

观察性学习要求观察者注意并记住模型的行为。通过观察和演练这些行为，观察者将学会模仿模型——但只有当他在受激励时才会这么做（如模型），因为被观察到的行为受到奖励。

### 2. 组织中观察学习的例子

组织中很多关于行为的学习可以用观察学习过程来解释。[32]例如，观察学习是许多正式工作培训的关键部分。[33]在下一节中，我们也将解释到，受训人有机会观察专业人员的工作过程，接着他会有机会实践这些技能并且在工作中得到反馈，这样会使他有效地学到新工作所需的技能。

这种学习还发生在非常不正式的情境中。例如，组织中的成员经历了组织内的规范和传统，并将它们融合到自己的行为中去，他们也被视为通过观察来学习。的确，人们常通过组织内的学习来了解组织文化，在第十三章中我们将讨论这个主题。

通过学习人们不仅知道什么该做，还知道什么不该做，尤其是当人们看到同事因不恰当的行为遭到惩罚时就会限制自己，以避免这类情况发生在自己身上。[34]可以想见，这是一个不用经历任何不愉快就可能学会如何行为的有效方法。

**道德问题**　不幸的是，员工也会学会各种不道德的行为，如怎样从公司偷东西，怎样逃脱因性骚扰而应受的惩罚。管理者应采取什么具体手段来减少这些行为？

## 六、学习在组织中的应用

前面所讨论的是学习原理在组织中以不同的方式被加以应用。现在，我们就来讨论各种学习原理在组织中的具体化，讨论四种系统化的方法：培训、创新薪酬体系、组织行为管理和处罚。

### （一）培训：学习和发展工作技能

学习原理在组织中最明显的应用是**培训**——人们系统获得和提高用以提高工作

绩效的技能和知识的过程。就像学生们在教室里学习基本的教育技能一样，员工们必须学习工作技能。培训是为了帮助新员工做好应付挑战的准备，帮助老员工提高和优化工作技能。实际上，根据美国培训和发展协会的调查，美国公司用于培训的年经费超过440亿美元。

### 1. 培训种类

培训有许多形式，有一些是非正式的，由有经验的员工示范指导新员工，也有些培训是正式的课堂教学，教师讲解工作的要求以及如何达到它们的技巧，一般在课堂上学习新技能的人会有机会在模拟工作场景或工作中去实践它们。

例如，考虑一下培科(Payco)是如何培训会计部门代表的。培科是俄亥俄州哥伦布市一家代理机构。会计代表的职责是电话要求顾客交付差错严重的结算款项。他们要接受十天的强化性课堂训练，内容包括使别人同意付款的方法，交付款项的步骤，顾客可获得的付款计划，账单持有人必须遵守的法律条文等。课堂训练的同时还会有模拟练习，供学习者实践所学的技能。培训之后，代表们就能做实际工作了，但刚开始的电话会被有经验的代表监听，以便随时提供所需的指导。

现在越来越普及的是正式的**学徒训练计划(apprenticeship programs)**，它将课堂训练与一段长时间的实际工作训练(像木匠、电工、园艺工等等需要好几年)系统结合起来。美国政府认识到了这类计划在强化人力资源上的重要性，已经对其投资了几百万美元，并且鼓励政府和私有工业合作发展该项计划[36]。学徒计划往往是由专业的商业联合会制定和管理的。美国烹饪联合会(The American Culinary Federation)就为学徒厨师制定了一个计划，厨师们必须完成课程学习，并且要在餐馆中工作三年以上。

考虑到工作场所的日益全球化，公司经常要派员工去国外工作。数量不断扩大的员工们接受过有关某个海外国家的文化的完整培训，他们就更有可能在海外任务中取得成功。当然，这种培训有助于掌握东道主国家的语言，但这还仅仅是个开始。如果你曾在另一个国家居住过——或曾经去旅游过——你就会体会到充分理解生意伙伴所在国的文化是多么重要。基于这一点，许多公司开设了**跨文化培训(CCT)(cross-cultural training)**。[37]CCT不是个单一的方法，它有各种特殊、有效的培训技巧。表2.4总结了其中一些最有效的方法。

另一个流行的培训形式是**总经理培训计划(executive training programs)**——这是公司针对高层领导开设的一系列讲座。计划中涉及的技能从如何使用电脑软件到一些较为普通的技巧，例如如何与别人相处[38]。公司或者邀请外面的专家来做人员培训或者送人员参加由私人咨询公司或高等院校开设的专业课程[39]。

一些公司(如苹果电脑、摩托罗拉)非常重视培训，它们都建立了自己的**公司大学(corporate universities)**满足公司员工培训要求的全日制培训中心。最著名的有麦当劳自己开办的"汉堡包大学"。在那里,来自世界各地的特许经营者可以学习如何成功经营麦当劳餐厅的技巧,并不断加以提高。

**表2.4 跨文化培训(CCT)中所用技术的小结**

在海外工作的人往往会被训练使用这里描述的一种或几种方法去完成任务。

| | |
|---|---|
| 文化简介 | 解释东道国文化的主要方面,包括风俗、传统、日常行为。 |
| 地区简介 | 解释东道国和地区的历史、地理、经济、政治和其他普通信息。 |
| 案　例 | 描绘一幅生意或个人生活中的真实场景来说明东道国文化的某一方面。 |
| 角色表演 | 让受训人将他/她在东道国生活或工作时可能遇到的场景表演出来。 |
| 文化吸收 | 就受训人在东道国生活或工作中可能遇到的场景提供一些书面材料,受训人选出与场景相对应的行为,并从培训人员处获得的反馈中知道此方法是否合适。 |
| 实地经历 | 为受训人提供机会去东道国或另一陌生的文化中生活或工作一小段时间。 |

【资料来源】INTERNATIONAL ORGANIZATIONAL BEHAVIOUR by Francesco/Gold, 1998. Reprinted by Permission of Prentice Hall, Inc., Upper Saddle River, NJ.

大部分组织培训并不像这里讲的这样正式。培训还与日常工作指导有关,这里的员工们只是被告知工作的有关情况,看别人怎么做,并被允许在有经验的同事的指导下进行实践。虽然不正式,但这也是培训,而且不像正式培训那样要注意许多原理。

可以想见,没有一种培训方法是完美无缺的,一些方法更适于学习技能,因为其中具体化了较多的学习原理。最佳培训计划往往使用了许多方法,从而使得好几种学习原则能够在培训中得到和谐应用[40]。

## 2. 有效培训的关键

如果你回忆一下你是怎样学习技能的,如学习开车、使用文字处理系统等,你也许就能体会一些使培训有效的原则。最相关的原则有四条:

**(1) 参与(participation)** 如果积极参与了学习过程,人们不仅学得比较快,而且保持技能的时间也比较长。这对运动性任务和认知技能的学习都适用。例如学习游泳,没有能够比跳入水中并活动你的手臂和腿更好的方法了。教室里,认真听讲的学生同时也积极参加讨论,他们的学习效果要比那些只是被动地坐着的学生要好。

**(2) 复习(repetition)** 如果你知道谚语"熟能生巧"的话,你就已经意识到复习在学习中所带来的益处。也许你就是用复习的方法学习乘法口诀表、一首诗或一句外语短语的。的确,在大脑中演练这些认知任务提高了真实表演时的效率。科学家们已经总结出了复习的益处——分散时的效果要比它们都集中在一起完成时来得好,练习时间过长，疲劳会降低学习效果，而每次少学一点可以使学习内容被完全理解。

**(3) 培训迁移(transfer of training)** 当培训中所学的必须被应用到工作实践中去的时候，培训会更加有效。一般来说，培训计划越贴近工作要求，培训就越有效。用于训练飞行员和宇航员的精良模拟设备就是个很好的例子。另一个例子是技校里的那些用来学习熟练手艺的设施，如焊接、电脑修理和发热技术。如果模拟非常接近真实的工作条件和设备，学到的技能就有希望被迁移到实际工作中去。

培训管理技能时情况是相同的，在这样的情况下，受训人将新学到的技能用于组织运作中，而且被组织接受了。这时，培训的益处就最佳地体现出来了[43]。学习在工作中不被接受的管理方法是浪费时间和制造潜在混乱的原因之一。

**(4) 反馈(feedback)** 没有反馈学习是很难发生的。反馈提供的是有关一个人所受培训的有效性方面的信息。[44]除非你知道自己什么事做得好，什么行为需要纠正，否则你将无法提高自己的技能。例如，一些人正在接受为文字处理系统操作员而开设的培训，确切地知道每分钟能正确输入多少字对他们的进步很关键。

近年来较为流行的一种反馈形式叫 **360°反馈(360° feedback)**——使用组织周围的多个信息源来评价个体工作的过程。这不仅是从上司那里收集反馈(习惯做法)，对反馈的收集扩展到其他来源，如某人的同事，直接回报(即直接下属)顾客，甚至某人自己(图2.12)。[45]许多公司都已使用了这种反馈方式来向员工提供更完整的绩效信息，这样，使员工本人的工作得以进步，同时也提高了总产量。[46]要了解这些公司是如何使用这种反馈的，请参看“趋势”栏目。

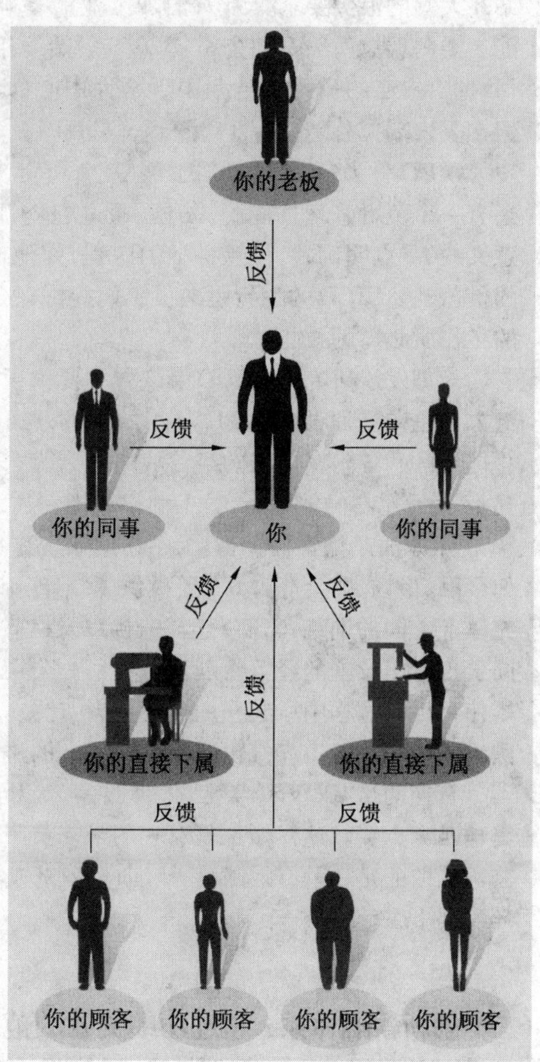


图 2.12 360°反馈

### 全球组织行为

#### 委内瑞拉石油公司的综合培训

很少有行业像原油开发、加工和生产业这样极容易受供求波动的影响。当国际市场价格下跌时，石油公司得勒紧裤腰带。一有机会，他们便不失时机地抓住。站在大潮的浪尖要求具有石油加工业的基础知识和基本商业管理方面的完备技能。委内瑞拉南美石油公司(PDVSA)始终相信这一点，它是世界第二大的石油公司，拥有自己的公司大学和国际培训中心(CIED)，总部设在加拉加斯(Caracas)，但在委内瑞拉各地设有14家分公司。[41]

CIED分为三个独立的机构：一个负责工业培训，一个负责职业和技术提升，还有一个负责管理技能的提升。通过它们，PDVSA向员工提供了超出传统教育意义的、重点明确的、设置科学的课程，使他们逐渐获得与PDVSA的理念相一致的价值观。CIED的宗旨是向员工们提供在公司所处的复杂而多变的经济环境中的工作所必需的技能。

管理发展研究所(MDI)为该方法提供了良好的例证，该所进行培训的一个关键方面是向受训人灌输PDVSA的思维方式，这是有关公司的前景、历史以及组织总体上的和各附属公司的经营战略。因为公司很庞大，它有20多个国际子公司，45亿美元左右的纯赢利，员工们很难把握这样一幅巨画。公司的商业计划包括到2004年原油产量要翻一番，为了帮助实现这一计划，除了标准商业课程中的论题，如金融、市场、财会等，MDI还提供了领导和谈判两方面技能的训练。而且为了补充以上方面的训练，CIED还与哈佛以及麻省的商学院建立合作关系，以提供按不同要求专门设置的经营管理训练项目。公司总裁认为CIED在帮助公司实现许多雄伟目标的过程中所起作用也相当大，比如，全美洲的销售量的增长(CITGO是美国目前第三大管道煤气供应商)，与欧洲的进一步合作。

有趣的是，PDVSA广泛资助了有11万高中生参加的全国数学、化学和物理奥林匹克竞赛。这样做也是对它的未来员工的投资，为它今后的成功播下了种子。公司采取的是一种有效战略：培训会带来成功，成功又会带来更多的培训，如此循环发展下去。

### (二) 创新薪酬体系：超过功绩奖励的范围

当谈论组织中的“薪酬”时，我们大部分会将注意力集中在工资和红利上，它们以功绩或资历等为标准。但是近来，组织开始使用经过非常创新的方法。因为新方法以各种学习原理为基础，区分它们很有意义。

### 1. 技能报酬

传统上，员工们根据他们完成的工作而获得报酬，完成的工作多，报酬就高。然而在**技能报酬（skill-based pay）**中，一个人所学技能的数量是衡量报酬的标准，这些技能最终证明对组织是有用的。在这种报酬体系中，相对于一样或几样工作而言，一个员工必须展示出自己有能力运用一种新技能，这样才能获得加薪。这是和传统的报酬体系相抵触的，传统的加薪以工作中的功绩和在公司里的资历为基础。

例如玩具制造商乐高（Lego System），员工被付给报酬是根据他们如何分别在技术技能、团队成就技能和个人技能三方面都有效地显示了自己的竞争力。[49]这三种技能都是优秀员工大量具备的。虽然这种体制初看有些奇怪，但它确实有优势。[50]具体说来，技能报酬鼓励推动公司成长和发展的关键技能的发展，而且因为包括各种技能，员工被持续激励去完成工作（参见第四章）。技能报酬是种较新的补偿方式，因此它的有效性还未得到全面的检验，然而前面的报告表明它也许很有前途。[51]

### 2. 团队奖励

传统的补偿体制集中在个人表现上。然而，现在越来越多的公司强调的是整个团队的表现而不是员工个人（这一趋势我们将在第七章中作详细讨论）。仅根据个人表现而忽略他所在团队的成就来奖励个人会造成潜在的混乱。别忘了，学习的一条基本原理是人们倾向于采取正面强化了的行为。因此，奖励对团队今天的成功有所贡献的行为将鼓励人们对明天的成功作出更多的贡献。这就是所谓的**团队奖励（team-based reward）**（图 2.13）。

不同层次的员工都比较关注团队奖励体制。西方文化背景下的人们从小就重视个人成就。他们不希望成为团队中同酬不同工的人。这样，许多引入团队奖励体制的公司都将它与传统的个人报酬体制相结合，这种做法就不奇怪了。虽然不少公司都对团队奖励体制的结果表示满意，但大多数还在试用这种方法。只有在历经了相当长一段时间之后，当系统的研究对该体制的效果做出了正确评估，人们才能就什么时候和怎样实施这些体制提出一些比较确定的建议。[54]如果工作中团队增长（参见第七章），那么团队奖励体制显然代表了最重要和最有希望的报酬体制改革中的一种。

**全球问题**　一般来说，来自亚洲文化的人比来自西方文化的人更愿意合作。前者首先关注别人，后者自我意识较强，他们首先关注自己。所以日本公司里的员工比美国公司里的员工更容易接受团队工作——也更有可能体验到团队奖励体制的成功。

图 2.13 团队奖励体制：一种正在发展的趋势

今天越来越多的人在团队中工作，公司改变补偿体制去奖励团队成绩而不只奖励个人表现。例如，图中员工获得奖励就是因为他们的团队成就。

## (三) 组织行为管理：正强化期待的组织行为

在讨论操作性条件反射时，我们注意到行为的结果决定了我们是重复某一行为还是放弃某一行为。被奖励过的行为会被加强，将会被重复。考虑到这一点，奖励的实施应有所选择以便强化我们希望重复的行为。这就是**组织行为管理(organizational behavior management)**，也叫**组织的行为矫正(organizational behavior modification**，简称 **OB Mod**)依据的基本原理，它可以被定义为：组织为了提高被期待行为的发生频率而对正强化原理的系统化应用。

### 1. OB Mod 中的基本步骤

为了有效使用组织行为管理计划，管理者必须按照以下步骤。

(1) *指出所期待的行为* 管理者们应确切地表明他们希望看到怎样的变化(如，他们希望答复顾客的询问要比以前快一倍而不仅是说希望改进客户服务)。

(2) *进行审查* 管理者们应能确切地判断出员工们具体的进步表现(如，说出员工们现在回复电话有多快)。

(3) *确定一个标准* 管理者们应明确员工的表现应达到的目标(如所有电话必须在第一个 30 秒内被答复)。

(4) *选择一种强化物* 管理者应该准确地选择对待期中行为进行奖励的方法。服务代理人对一个月内接到的电话都在30秒内做出了答复，是否应给他们发奖金？如果是，奖金的形式采取何种形式？今天，许多公司采用非金钱奖励，部分原因是它们可以成为某人成就的回忆。例如一张100美元的支票会立刻被花光，但一个纪念品的奖励价值却能保留很久。[56]一些非金钱的奖励很有异国情调，比如有趣的境外旅行。[57]奖励并不需要非常的精美。表扬也是组织中效用极高的强化物，而且不花一分钱。

(5) *有选择地奖励接近标准的期待行为* 奖励接近期待水平的行为有助于学习的进行。例如，如果代理人开始在60秒内答复电话，那么他们的进步就该获得一定的奖励。然而在一段时间后，只有当50秒的水平达到了才能实施奖励，然后是40秒，等等。对趋近目标的行为有选择地进行强化的过程我们称之为**塑造(shaping)**。这个技术除了被经常用于驯兽外，同样也适用于人类身上。

(6) *定期重新评估计划* 目标行为在作用吗？奖励还有效吗？一段时期后，应预料这些事件中的变化。因此，行为管理计划的实施者应该密切监察他们所关注的行为的改善状况。

### 2. 一个有关应用 OB Mod 的例子

OB Mod计划已经在许多不同的组织中成功刺激了各种各样的行为。[58]一个特别有效和有趣的计划曾被马萨诸塞州帕尔马(Palmer)的钻石国际公司(Diamond International)采用。为了对付产量的降低，一个简单而体面的强化措施诞生了：任何工作满1年，没有发生过工业事故的员工可以获得20个级点。满勤可获得25个级点。级点每年统计一次。当员工们积累到100点时，他们会得到一件印有公司商标的蓝色呢绒夹克，上面还有一块小补丁表明他们是“100俱乐部”的成员。级点超过100的还会得到额外奖品。例如，达到500点时员工可以从许多小的家庭用品中选择自己需要的。这些价格低廉的奖品慢慢地让员工觉得公司对他们的努力工作的欣赏。

这项计划使公司的产量有了惊人的增长，与OB Mod没有实施之前相比，产出增长了16.5％，与质量有关的问题下降了40％。财政总收入超过100万美元——一种愉快得多的工作动力。虽然并非所有此类的计划都同样成功，但有证据表明它们基本上都是很有益的。比如，很成功的OB Mod计划曾被用于像通用电气这样的公司。

## (四) 处罚：消除非期待的组织行为

就像组织使用奖励来鼓励期待行为，它们也使用惩罚来削弱非期待行为。缺勤、迟到、偷窃和滥用原料等问题花去了公司大量的资金，许多公司试图通过使用**处罚**

(discipline)—— 对惩罚的系统实施来控制这些情况。

用实施令人不愉快的结果(如停职停薪)作为对非期待行为(如过度拖沓)的反应，公司力求将这种行为减到最少。以这样或那样一种形式，使用处罚是较普遍的实践。事实上，83% 的公司采用某种形式的处罚——或至少威胁使用处罚——来对非期待行为做出反应。[59]正如你想象的，处罚行为在组织中被大量采用。它们可能是正式的，如书面警告，它会成为员工永久记录的一部分；也可能是非正式的，重要性不大，如善意的提醒，上司与有问题的下属之间不做记录的讨论。

在一次调查中，护理业的管理者们被要求列出她们最常用的处罚行为并根据严厉程度分成等级。表 2.5 显示了结果，也说明了处罚措施的范围较广。虽然这项研究中样本覆盖面有限，但其结果也许是具有代表性的。

**表 2.5 处罚措施的连续体**

以下是最近从对护理业管理者调查中获得最常用的处罚措施的列表，从最温和的到最严厉的。

| 等　级 | 处　罚　措　施 |
|---|---|
| 1 | 与员工商谈问题 |
| 2 | 口头警告 |
| 3 | 书面警告或训斥信 |
| 4 | 辅导员工以解决问题 |
| 5 | 提供特别的单独服务以帮助员工 |
| 6 | 送员工参加为这类问题而设置的正式课程 |
| 7 | 把员工调至公司的其他部门 |
| 8 | 干预问题 |
| 9 | 将员工降为试用期 |
| 10 | 收回员工获得的功绩奖励的一部分 |
| 11 | 停职停薪 |
| 12 | 解除合约 |

【资料来源】Based on findings reported by Trahan & Steiner, 1994; see note 60.

## 1. 组织中的处罚实践

**渐进性处罚**(Progressive discipline)是以违规的频率和严重程度为根据的处罚。也就是说初犯时处罚较轻，接着每再犯一次，处罚就会相应加重。

考虑一下这种处罚是怎样处理像缺勤和拖沓这类普通问题的。首先，上司对员工提出非正式的口头警告。接着如果问题还存在，上司将正式与员工面谈，并提出正式的口头警告。如果再犯，就会有一份正式的书面警告，它将成为员工个人记录的一部分。再接下来的处罚办法就会是停职停薪，最后如果这些都不起作用，员工就被解聘了。在一些更严重的违规中，比如赌博，起始步骤会被省略，正式的书面警告会成为第一步。对于最为严重的违规行为，如盗窃或蓄意破坏公司财产，公司官员会直接采用最严厉的步骤：立即解聘。

拥有最有效的处罚计划的公司倾向于将这种渐进处罚公开化（如在公司手册上刊登处罚条款）。这样，员工们就会知道什么样的行为是公司不能容忍的，这会将实施处罚的必要性降到最低。

有一点不奇怪，即上司们并不总是处罚他们碰见的所有不适当的行为。[62]一个关键原因是工会对他们施加的限制或由于自身缺乏正式权威而使他们觉得被约束了。此外，没有明确的有关如何使用处罚的公司政策，他们害怕受罚者为此产生强烈的负面情绪反映，甚至会是报复。因此许多上司在员工行为不当时只是眼睛看着别处或什么措施也不采取。从长远看，这样做会很容易，但是不及时纠正就等于非正式地同意了这种做法，这会导致将来产生更严重的问题。[63]

基于对这一点的考虑，拥有最好的处罚计划的公司会立即采取行动。在美国的本田（Honda），人力资源专家发现该公司密切注意所有的违规行为，包括那些“别的公司认为不值得注意的”，所以“如果有问题，我们会立刻注意它”。

**道德问题** 组织处罚员工是否是不道德的？使用什么特定形式的处罚是道德的或不道德的？

**你来做顾问**

一家公司电话中心的员工没有像要求的那样：将足够的时间花在接电话上。相反他们相互串门、聊天。客户服务问题于是产生了。

1. 你会对这些员工下何种结论，这将和你对他们做的绩效评估有何联系？
2. 做判断时，你可能犯哪类错误？你将怎样克服它们以获得更准确的判断呢？
3. 你将如何使用培训、创新薪酬体系，组织行为管理和处罚去处理这些问题？

### 2. 有效使用惩罚的关键

显然，确切地知道何时与怎样实施惩罚或者怎样才能用一种被认为公平合理的处罚方法不是件容易的事情。幸运的是，研究和理论已经指出了一些有效的原则，它们将最大限度地在组织中发挥处罚的有效性。请思考下列关键原则。

**(1) *非期待行为发生后立即实施惩罚*** 非期待行为和否定反应之间间隔时间越短,人们就会将两者联系得越紧密。当人们建立了这种联系后,否定结果就成了惩罚,于是就降低了这类行为再次发生的可能性。因此,对管理者来说最佳做法是下属一旦承认就立刻与他们讨论那些不被期待的行为。几天或几周后再表示出不赞成,其效果会差些。因为时间的流逝削弱了行为和它的后果之间的联系。

**(2) *给予中度的惩罚——既不太高也不太低*** 如果某种非期待行为引起的反应不强烈(如用眼睛示意不赞成),那么这些反应行为就不太可能充当惩罚。毕竟,伴着这种温和的反应,做事情还是比较容易的。相反,过于严厉的反应可能会被看做不公平或不人道。[65]当这种情况发生时,这个人会辞职,别人也就获得了一个强烈的信号,即这个公司做事不合理。

**(3) *是惩罚行为,而非惩罚人*** 好的惩罚是一视同仁的,它关心的是个体的行为而非他/她的人格。例如,当指责一名员工经常超时休息时,说"你很懒,态度不好"是不明智的。这样说要好一些,"该工作的时候你却不在办公桌旁,你使我们所有的人都不能按时完成工作。"这种反应态度不会使个体感到很不光彩,同时也使谈话不至于非常令人不快。

此外,将目光集中在一个人能做些什么去避免不被赞同的行为发生(如上述例子中缩短休息时间),可以使个体更愿意去改变自己的行为以符合期待。相反,如果个体觉得受到了人身攻击,他非但不会纠正自己的行为,还会让他变得更糟。

**(4) *持续使用惩罚——在所有的时间里,适用于所有的员工*** 有时候,管理者试图对违规行为睁只眼闭只眼。这样做是弊大于利,因为它会使员工觉得违了规可以逃避处罚,这也就强化了非期待行为。因此,每次非期待行为发生后都实施处罚变得非常有效。

同样,管理者在对待所有员工显示出一致性很重要。这就是说,犯了同样错误的人应受到相同的处罚而不考虑实施处罚的人是谁。(这样做了,上司们就不会因偏袒而受指责。)此外,如果一个上司被认为很宽大,另一个则很严厉,下属们会学会避开严厉的上司而不是避免犯错!

**(5) *清楚地说明惩罚原因*** 清楚地说明:何种行为会导致何种处罚对惩罚的有效性有很大帮助。它还有助于加强行为及其后果之间已被觉察到的联系。明智的管理者会利用机会向下属清楚地说明惩罚不是报复,它的目的是消除不被希望发生的行为。在私人谈话中指出不佳表现是比较好的方法,但这样做不太容易,为了使这样的谈话尽可能有效,管理者应系统地引导谈话,按照图 2.14[66]中步骤进行。

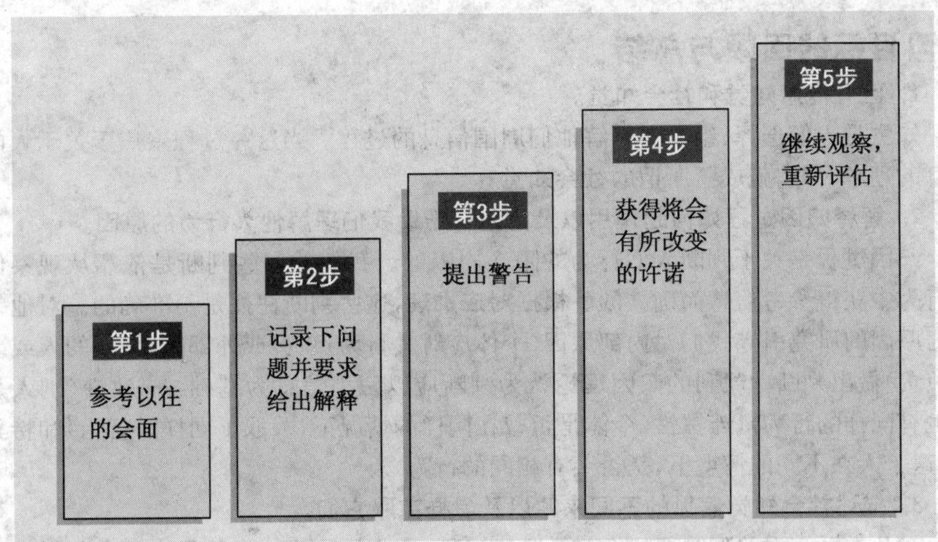


**图2.14 进行一次处罚性面谈：关键步骤**

指出表现中的问题从来都不是件容易的事。然而依照下面的步骤会有助于将问题和由此产生的后果说明白。

【资料来源】Based on suggestions by Lussier, 1990; see note 66.

**(6)** ***惩罚不应伴随着不相称奖励*** 假设你是上司，并且已经因为某个下属严重违规而写了一份处罚信。被惩罚的下属感到很沮丧，这使你有些后悔。为了减轻负罪感，你告诉这位下属当天剩下的时间他可以不工作但不会被扣薪。这也许会使你好受些，但它造成了一个严重的问题：你在无意中因为非期待行为而奖励了这个人。严重违规以信的方式受到处罚却又用时间来补偿了。因此，处罚的效果会大打折扣。这样的行为也会给其他员工带去错误的信息：他们很快便会知道如果自己犯了适当程度的错误，你会给他们放假。建议很明确：为了取得最佳处罚效果，上司们必须约束自己不要在无意中对非期待的行为进行奖励。

建议也许很清楚，但人们并不总是按照它做。[67]实际上，高层管理者承认现在组织经常奖励那些与他们的真实期望**相反**的行为。[68]例如，虽然组织希望开展团队工作和合作，但它们仍会奖励团队中最优秀的个人。同样，虽然组织期待较高的成就，它们还是会奖励小的进步。所以，不能就此说组织较好地完成了期待行为的奖励工作。实际上，它们经常在做相反的事！

如果看过所有这些资料后，你觉得组织为合理实施奖励和处罚真的很难，那么你就得出了和组织行为学家们一样的结论。的确，使一些管理者获得成功的关键的一点就是他们有能力通过合理实施奖励和处罚来影响别人。

## 学习目标的回顾与总结

**1. 区分概念知觉和社会知觉。**

**知觉**是人们选择、组织和理解他们周围信息的过程。当这一过程聚焦于关于人的信息的理解时，它就成了所谓的**社会知觉**。

**2. 解释归因过程如何起作用以及它怎样帮助我们理解他人行为的原因。**

**归因**过程是关于判断人们行为的隐含原因的。我们的一些判断是依靠从观察他人行为中获得参考信息而确立的。根据**对应推理**，这些判断往往是不准确的。对他人行为原因的研究引导我们对**内部原因**（个体应对其行为负责）或**外部原因**（别的人或事应负责）做出判断。**凯利的归因理论**认为判断应以三类信息为基础：**一致性**（别人是否也有同样的行为），**连贯性**（个体是否曾在同样的情况下，采取了同样的行为）和**特异性**（这个人在不同的情境下，是否会有相同的行为）。

**3. 描述社会知觉偏见的不同来源以及怎样克服它们。**

有几类系统误差限制了社会知觉的准确性，它们被称为**知觉偏见**。其中包括**基本归因错误**（倾向于将他人的行为归结为内部原因），**晕轮效应**（倾向于以持久的正面眼光或反面眼光知觉他人），**类似吸引效应**（倾向于用喜爱的眼光知觉与自己相像的人），**第一印象错误**（倾向于用最初的印象指导后来的知觉）和**选择性知觉**（倾向于将注意力集中在环境中的某些方面）。知觉的不准确还产生自人们对**刻板印象**（即根据他人所属的类别对其做出判断）的依赖。知觉偏见不易克服，但可以尝试去做。这类尝试包括考虑他人行为的外部原因，识别和正视一个人的刻板印象，客观评估他人并避免做出草率判断。

**4. 理解社会知觉过程在绩效评估、招聘面试和塑造公司形象中是如何运作的。**

对他人的不公正判断有时会发生在**绩效评估**过程中。表现与评判者的期望值相符的员工会得到较高的评价，他们好的表现被归于内部原因而不足之处被归于外部原因。人们总希望别人用赞同的眼光看待自己，他们在这方面的努力叫**印象处理**。这个过程在招聘面试中尤为重要，但有时它也会影响有关个人或公司的信息的准确性。一个组织给人留下的总体印象叫**公司形象**，这是影响它对合格求职者吸引力的决定因素。

**5. 给学习下定义。**

**学习**指由于经验而发生的相对持久的行为改变。

**6. 描述操作性条件反射和观察性学习两个概念。**

在**操作性条件反射**中，个体根据行为的后果学会如何采取行为。强化可以是**正面**的（以期待结果的出现为基础），或是**反面**的（以非期待结果的取消为基础）。如果产生了否定的反应（**惩罚**），或者肯定反应的消失（**消退**），某些行为发生的可能性就会降低。**观察学习**是指通过模仿他人行为来学习。通过注意和演练那些行为，我们能够间接学习(即通过模型的经验)。

**7. 描述学习原理与组织培训和创新薪酬体系之间的联系。**

学习直接与**培训**过程有关。当人们主动参与学习过程，并重复期待行为而且得到对他们表现的反馈，同时学习环境与实际工作环境很相似时，培训可以发挥最大的效果。现在，许多公司正在试用创新薪酬体系，它包括**技能报酬**(根据员工在工作中展示的各种技能付给报酬)和**团队奖励**(根据他们对团队表现做出的贡献付给奖励)。

**8. 试比较组织是如何在组织行为管理计划中使用奖励和如何最有效地使用惩罚。**

**组织行为管理**是指将强化原则运用到工作中以提高组织的功能。强化期待行为能够极大地提高组织功能。与此相反，**处罚**是系统化运用惩罚手段以便将非期待行为减少到最少。在非期待行为发生后立刻实施惩罚，惩罚严厉程度适中，针对的是行为而不是个人，其效果不会因无意奖励而被削弱，并且被解释得很清楚，实施也具持久性。这时，处罚的效果是最好的。

## 问题讨论

(1) 描绘一个组织情境，要求在其中判断某人的行为主要出于外部原因还是内部原因非常重要。

(2) 刻板印象如何影响我们对组织中其他人的判断？如何克服刻板印象判断？

(3) 人们能做些什么以便给组织中的其他人留下积极印象？

(4) 在组织中你怎样才能通过操作性条件反射学到对生活很重要的东西？如果是通过观察学习呢？

(5) 强化的四个不同时间表：分别可以如何应用在你现在的、过去的和将来的工作中？

(6) 目前组织中使用什么种类的培训，怎样能使它们更加有效？

(7) 目前组织中使用什么种类的创新薪酬体系，怎样能使它们更加有效？

(8) 你能够如何提高一个组织的处罚计划的质量？

## 典型案例

### 案例 1 在塞夫维找一条通向微笑的安全道路

任何有关客户服务要素的培训课程都建议你对顾客微笑，并且跟他们目光交流。事实上，这一点似乎太明显以至于不必重复提醒。

你也许想象不到精确地做到了这一点会给一些超市职员带来麻烦！加利福尼亚的塞夫维百货公司(Safeway)的 12 名员工最近声称她们的目光交流和微笑引出了购物者的注意——对方将友好的表示误当成了调情，这种注意是她们不愿意看到的。一些员工不得不躲进商店中以避开那些饥渴地寻求"服务"的顾客,商店里不出售这种商品。北加州分店的一名女员工甚至被跟踪到车里,而且那位不怀好意的顾客对她提出了非分要求。

这12名员工认为问题的根源是百货公司的"超级服务"政策,它要求员工们向顾客微笑,并维持与每个顾客有3秒钟的目光交流。它还要求员工们设想顾客的需要,帮他们找到需要的物品以及当他们用支票或信用卡付账时称呼他们的名字。

在公司开始强制实行这一政策并且派购物者去揭发违规职员之前,这项政策已存在了5年。违规职员会收到公司信件,警告他们由此带来的否定评估和处罚方法(甚至是解雇)。因此不久,职员受顾客骚扰的事件就发生了。工会正在寻求一种有所改进的政策,它会给职工一些决断自由,允许他们自己选择是维持目光交流还是拒绝在晚上将顾客的包拿到他或她的车上。

然而公司总部的官员说,虽然一些顾客行为过分,但其原因不是公司的政策。他们还说150 000名员工中没有1人是因为没有做到友好待客而被解雇的。尽管如此,仍有100名员工被送去参加为期1天的有关友好态度的纠正培训班——他们称之为"微笑学校",公司发言人说:"这不是处罚。这只是训练员工们礼貌对待顾客。"

下次当你去当地超市买洗涤剂时,如果营业员甚至没抬头跟你打招呼,你在抱怨的同时可以想想这个例子。

**问题反思**

(1) 这个案例怎样说明了归因过程?

(2) 为了训练职员友好对待顾客,你认为该怎么做? 也就是说你认为"微笑学校"里应该教些什么?

(3) 你怎样看待委派购物者来揭发违反服务规定的职员? 你认为这样做道德吗?

(4) 你认为违规员工收到的警告信中会有哪些渐进性处罚步骤?

(5) 你认为工会对"超级服务"政策的不满合理吗? 对这项政策可以做些什么修改?

## 案例2 知觉与学习:理解并适应工作环境

**小型商务2000** 你也许听说过这么一句话"工作可以是愉快"。安格鲁·德鲁萨(Angelo Delusia)和他在"戴尔柠檬水"(Del's Lemonade)的小组告诉我们愉乐也可以成为工作。以罗德岛州(Rhode Island)为基地,他拥有的商店已超过60家,甚至在东京也有一家。他的公司欣欣向荣,并且还在不断地寻求良方以使自己能够更好地满足顾客需要。

德鲁萨的故事给人的感觉是生意就这么成功了。他向我们讲述了自己和伙伴们的努力工作和奉献精神,但他似乎没有想到别的什么东西。德鲁萨告诉我们的就是这些,但从听他讲故事和听别人讲有关他的故事中,我们渐渐明白德鲁萨还有很多没讲,他有太多的东西要与我们分享。

幸运的是，我们已经能够从聆听他本人，他的员工以及他的特许经营者中揣摩出很多东西。这项生意当然是建立在努力工作的基础上的。但是它有自己独特的风格，这来自德鲁萨的关于正确对待人和工作的信念。公司中的大部分高级职员都是一步步升上来的，他们有的最初打扫过停车场，有的在柜台干过。他们也都是忠实的顾客。德鲁萨说他的柠檬水中有种神奇的东西吸引着人们——使人们喝了还想再来。

这家公司能成功是因为它遵照了一种程式——安格鲁·德鲁萨程式。被选中做重要工作的人并不仅仅因为他们了解安格鲁，更重要的是他们对他了解多少以及他对他们了解多少。在许多特许经营生意中，以财务标准论人，而且挑选经营者的基本标准是他们的创新投资能力。在戴尔，人是第一位的。如果德鲁萨认为你有良好的品质，你就进公司了，如果他不这么认为，你的财务状况再好也无济于事。

**问题讨论**

(1) 德鲁萨向我们讲述了他是怎样得到第一笔银行贷款的。银行经理将他和他妻子称为“两个努力工作的意大利好人”。你认为银行经理说这句话是什么意思？你认为德鲁萨说了什么会给对方留下这种印象？这跟银行经理如何决定借给他们钱有什么联系？

(2) 德鲁萨将公司的第一个特许经营权给了他的一名员工。他这样做自有原因。根据从本章中学到的内容，你认为学习和培训的哪些方面会对格鲁萨选择一名员工去经营第一家授权分店产生影响？

(3) 在戴尔的管理高层中，大部分人都曾和安格鲁一起工作过，而且在很长一段时间内还都只是一些普通员工。所以我们可以想象管理层中许多人与德鲁萨很相像。你认为这是件好事吗？这类的管理层有什么样的优势和局限性？

# 技巧库

## (一) 亲历组织行为

### 1. 识别职业刻板印象

虽然我们通常保留一些有关妇女，少数民族或种族成员的刻板印象，但其实我们可以获得任何群体的刻板印象。在组织中，人们持有的对他人的刻板印象是以这些人属于什么样的职业群体为基础的。我们对别人有什么样的期待，我们对待他们的方法都受到他们的职业的刻板印象的影响。这一练习有助于你更好地理解这一现象。

### 2. 指导语

使用下面的评分标准，按照每种性格特点在群体成员身上表现出来的程度给下面列出的职业群体分等级。

1＝全无 2＝很少量 3＝中等 4＝较多 5＝极多

| | 有 趣 | 慷 慨 | 智 慧 | 保 守 | 腼 腆 | 有抱负 |
|---|---|---|---|---|---|---|
| 会 计 | | | | | | |
| 教 授 | | | | | | |
| 律 师 | | | | | | |
| 牧 师 | | | | | | |
| 外科医生 | | | | | | |
| 铅管工 | | | | | | |

### 3. 问题讨论

（1）你对各群体的打分的结果是否不同？如果是，你对哪个群体的评价最高，哪个最低？

（2）在哪个特点上（如果有）你发现各个群体之间没有差异？你认为这意味着什么？

（3）你的打分结果与别人的有多少一致性？各种职业群体中的成员在本质上都有刻板性的说法是否被普遍认同？

（4）你的反映在何种程度上是基于你对某个特别的人的了解？具备或不具备有关各种职业群体成员的特别知识会怎样影响你的打分？

（5）意识到了这些刻板印象，你认为你会在将来保留它们，还是约束自己不按照它们去判断别人？请解释。

## （二）分组练习

### 1. 分角色扮演：进行一次处罚性面谈

知道应如何处罚违规了的员工是一项很重要的管理技能。诀窍是要让犯错的人接受犯错这一事实并且知道如何改正，这样就能将错误行为永远地改变为正确的行为。这一点往往是说起来容易做起来难，毕竟人们一般不愿意承认自己的错误。此外，他们还会抵制训斥——或者干脆不听批评。所以对别人施以处罚对管理者来说的确是个挑战，这也许就是为什么处罚成为值得去提高的一项技能。

## 2. 指导语

(1) 从班里选四个学生，将他们分成两组。每组中挑一位扮演安迪，机器操作员，另一位扮演伯利，安迪的上司，每人都只看自己的台词。两组人都等候在室外直到你叫他们。

(2) 班上的其他成员做观众，他们应该了解两个角色的台词。

(3) 叫进第一组扮演者，给他们 10—15 分钟的表演时间。他们可以自由推测脚本里没有的其他情况。

(4) 观众必须仔细观看并认真记录，但他们不能介入表演。

(5) 第二组表演中重复步骤 3、4。

## 3. 脚本

### 安迪——机器操作员

你已经在这家公司工作了 6 年，并且记录良好。因为工作出色，你有时能开开小差。例如，一个星期五的下午，车间的广播里播着首好歌，你随曲而舞时正巧被车间主管伯利·B 碰上了。他认为你这是擅离职守的行为，所以把你叫去训了一顿。你认为他跟你过不去，是想让你丢了这份工作。虽然你知道这次的行为有些愚蠢，但你相信这没什么关系，因为你的工作已经干完了。现在伯利叫你去谈谈这个问题。

### 伯利——车间主管

因为有多年在车间工作的经验，你受雇于艾克制造厂，成为它的一名新的车间主管，你上任刚刚四个月。在这期间一切还算顺利，除了一个机器操作员安迪 F 经常惹麻烦。他的工作表现还可以，但并没有尽全力。问题还在于他常做些不负责任的事情。你已经非正式地跟他谈了几次，但情况没什么改变。星期五下午，你当场抓住他不在岗位而在跳舞。

## 4. 问题讨论

(1) 车间主管伯利在处理这个问题时采用的是不是一种非威胁性的方法？

(2) 表演双方是相互聆听，还是只顾讲自己的故事而使对方无法开口？

(3) 伯利是否给过安迪一些特别的建议以改变他的表现？特殊惩罚是否与将来发生的明显的不良行为有关？

(4) 讨论是不带个人偏见的，还是以双方的人格为焦点的？

(5) 考虑所有这些问题,你认为哪一个主管在实施处罚时措施更为得当(在表演者中)? 可以采取怎样的方法去完善每一个主管采取的处罚性面谈的措施?

## 趋势:今天的企业在做什么?

### 使用360°反馈:三个例子

在组织中进行问卷调查以评估大的团体成员间的相互看法会有很多作用。调查结果有助于评估工作和许多其他目标的实现。例如,360°反馈可以用来系统地评估培训需求,决定顾客们所希望的产品和服务,了解潜在的人力资源问题。[47]为了理解这个流行工具的各种用途,请考虑下面的360°反馈在应用中的三个特例。[48]

#### 1. 兰德马克证券交易所改变组织文化

兰德马克(Landmark)是美国较小的证券交易所之一。虽然被纽约股票交易所和纳斯达克等巨人遮住了光辉,但它努力凭借提供更快更准确的股票动向而成为世界上最好的交易市场。实现这一目标要求有一种支持快速变化和革新的文化。为了了解这种文化是如何起作用的,兰德马克采用了360°反馈,它在许多关键方面给员工提供反馈,如向别人咨询,激励别人,团队建设和网络工作。然后反馈又成为各种系统文化培训的基础。这些行为对于在兰德马克发展一种开放的文化十分重要,因此它们也成了员工绩效评估的对象。

#### 2. Leber McGovern Bovis 公司注重个人发展

你也许从未听过(LMB),但是你肯定会熟悉由它管理的一些建筑项目,包括自由女神像的整修。LMB在建筑业中独具风格,它不仅满足了顾客的需求而且参与其中,它注意发展员工的领导技能,使他们能胜任高层职位。LMB实施了360°反馈计划,它有助于在公司内部挑选对升任领导职位做好充分准备的员工和参加管理培训的最佳候选人。该计划还将项目经理的人事变动率从12%降低到2%。而且,LMB在主要员工身上的投资,使他们觉得自己与众不同,每个员工都能从这种积极情绪中获益。

#### 3. 西北相互人寿保险公司明确培训和人才选择要求

从广告中你也许会认为这家公司(Northwestern Mutual Life Insurance Company)是个不出名的公司。的确这家有140年历史的公司引以为自豪的是它的服务质量而非资金数额。可是近来竞争给公司的财政状况造成了压力,这使它的总代理办公室不得不更加努力工作以扩展业务范围。公司由100个独立代理商组成,他们归总代理办公室管辖。因此选择合适的人担任总代理很重要。基于对这一点的考虑,NML引入 360°反馈计划来挑选有望被晋升为总代理的有潜力的代理人的潜质。收集到的信息被用来设计出急需的管理培训形式。NML 对总代理的选拔比以往都有效，在很大程度上是因为使用了 360°反馈计划。

以上例子表明，360°反馈在实现广泛的、多种多样的组织目标上是非常成功的工具。显然，它的使用是一种潮流，而且还将继续。

总之，这四种原则——参与、复习、培训迁移和反馈是任何一个培训计划是否有效的关键。最有效的培训旧案是尽可能多地运用这些原则的培训计划。

# 第三章 个体差异：人格与能力

**学习目标** 学完本章后应能够：

1. 定义*人格*，并描述其在组织行为学研究中的作用。

2. 区分测验的*信度*和*效度*。

3. 识别“大五”*人格因素*，并解释它们与组织行为中几个方面的关系。

4. 解释*积极情绪倾向*与*消极情绪倾向*，以及它们是如何影响组织行为的。

5. 区分*A型行为模式*（*Type A*）与*B型行为模式*（*Type B*），以及它们对组织行为的影响。

6. 描述*自我效能感*，并解释其与*自我监控*的区别。

7. 描述*马基雅维里主义*，以及拥有此种品质的个体最容易取得成功的条件。

8. 解释*成就动机*（*或成就需要*）和具有不同程度这种特征的人们在绩效方面的差别。

9. 描述*早晨型人群*和*晚上型人群*，以及这种个体差异与职业行为间的关系。

10. 描述*实践智力*，*情感智力*，及其各自在与*认知智力*有关的职业成功中的作用。

## 预备案例

### “急流”再次冲击！

很难想象，一个首席执行官会被他所在的资产为几十亿美金的银行中的职员称为“急流”。那就让我们来认识一下Edward E. Crutchfield，美国第六大银行第一联合公司的首席执行官（CEO）。自从20世纪80年代中期，Crutchfield通过70多次并购行动在公司中推行革新，逐步发展完善了一套银行可能，或者说应该具有的全新理念。

因为对第一联合银行传统而低效的经营方式不满，Crutchfield开发了一种名为“未来银行”的积极模式来发现并迎合顾客的需求。其理念非常简单：与其坐等顾客的光临，不如战略性地去推销自己的产品和服务，并开发新的产品和服务来防御来自经纪公司联合基金的日益激烈的竞争。Crutchfield做了好几件事情来实现未来银行的理念。例如，他建立了一个很大的电话中心来与新老顾客在银行业务方面保持联络，通知他们公司的各项服务。为了不让顾客进了银行大门后不知所措，他引进了“接待员”，在问明顾客的需要后，将他们引至相应的业务人员(或 ATM 机，即自动柜员机)处进行交易。

这些创举的背后是一个什么样的人呢？Crutchfield 是一个土生土长的南方人，他彬彬有礼和朴实的语言经常掩盖了他强烈的竞争精神。在他的外在魅力和轻松的神态下跳动的是一颗奋进的心，他时时刻刻向往着成功。这种特殊的品质在他的早期职业生涯中就有所显露。当他大学毕业时，他并不愿简单地在有意雇佣他的三大银行中挑选一个职位了事，而是在每一家都呆一天，在此期间，他徘徊在每家银行的营业大厅里，以便能观察到那些以后他能最终与其共事并相互竞争的人。看来，他做了一个明智的决定，因为当时他的雇主，Clifford Cameron，不久就接管了第一联合银行，并因欣赏年轻的 Crutchfield 而将其升迁至高级职位。

然而，不久就出现了一个问题：Crutchfield 与同事们相处得并不融洽。为了解决这个问题，Cameron 将其安排至人力资源部。Crutchfield 在那个职位上所获得的技能让他从此受益匪浅。比如说，现在他通过一种“市政厅”的格局来经营他那庞大的组织：他会花上一半的时间来会见下属，回答他们的问题并倾听他们的反应，从而在高级行政人员中很不寻常地做到了密切注意银行的日常事务操作——甚至事无巨细到了要亲自审批新的声音邮件系统的地步。

这种“销售，销售，再销售！”的方法真的能在过去稳固、传统的银行业中站得住脚吗？迄今为止，结果表明了 Crutchfield 的措施恰恰有效。实际上，第一联合银行的营业收入已经创造了新纪录。不管这些数字最终说明了什么，“急流”在银行界永远是一个独一无二的人物——在这个领域里，他的灵活和开放性将永远使他无愧于这个称号。

多年前,当笔者(以及 Eddie Crutchfield)还是孩子时,所有的银行看起来都非常相似:巨大,坚固的房子,有着坚固的栋梁,令人印象深刻的门厅,发光的大理石地板。换句话说,它们这样设计是为了在顾客的心中建立起稳固可信的形象。如今,情形完全不同了。银行看起来像什么都行。正如刚才我们展示的案例一样,银行正实行许多新的创新。然而,在银行业,像 Crutchfield 那样创造性地改变了银行业性质的却很少,Crutchfield 在第一联合银行引进的实践与方法已经传遍了这一行业,至今还正在被许多其他的银行争相效仿。

Crutchfield 的许多银行业务改革其实就是今天标准的营销手段,但我们不能忽视这里还是有着他自己的独到之处,正是这种独到之处使得他脱离了传统的、固有的银行形象。许多因素——从信息革命到正在全球化的世界经济——这其中每一个因素都可能起着作用。但是我们相信,部分的答案在于他本人的两个主要方面:他的人格,或者说使他与众不同的品质和特征;以及他的*能力*,或者说他所能完成的任务。换句话说,能意识到必须在银行界创造一种全新的策略并把这些观点转变成生机勃勃的现实——建立新的第一联合公司,需要一种拥有特殊人格组合的人才。

简而言之,我们相信所谓的“*个体差异*”——个体在许多方面之间的差别,它们具有很大的影响力,特别是在组织行为的许多方面,包括事业成就方面。本章下面部分将提供这一观点的依据,而这一观点在组织行为研究历史上渊源已久。

为了给那些已经研究了个体差异的性质及作用的学者们提供一个更详尽的观点,我们将更精确地界定人格并考察其在组织行为中的作用。然后,我们将考虑在组织过程中起重要影响作用的人格的几个具体方面。接下来,我们会把注意力放在个体差异的其他几个方面——*能力*,或者说是个体完成不同任务的心理和生理能力——以及这些能力在与工作有关的行为中的作用。最后,我们将探讨测量个体差异的不同方法。这些技术在比较不同品质和能力的个体,以及使用这些信息来作实际决定,如该把一项工作交给谁或提升谁时,是极其重要的。

## 一、人格:基本性质和主要问题

在进入这一章节前,我们要解决两个问题:给人格一个正式的定义;探讨其在理解组织行为中的特殊作用。

### (一) 人格的定义

我们从与人们的相处中了解到的是,他们在某些方面都是独一无二的,而且从某种程度上来说,这是他们一贯的行为方式。换句话说,所有的人都拥有一种别人无法模仿的特殊品质和特点,而且这种特点往往是很稳定的。因此,如果你认识一个现在很乐观、自信、而且友善的人，那么很可能就是说他在过去和将来都具有这种品质。而且，此人在很多不同的情况下都会表现出这样的品质。无论是在工作表现中，还是首次在俱乐部与人会面时，他在与人交往中都会展现出乐观友善和自信的一面。

于是，在这两个特性的基础上我们给**人格（personality）**下了一个操作性的定义——*由个体表现出来的独特并相对稳定的行为、思想以及情感模式*。[1] 这些稳定的模式非常重要，因为它们能帮助我们理解人们在不同情境下会采取何种行为方式。不管我们是在跟上司谈论解决工作中所遇到问题的最好方法，还是仅仅在与朋友聊一场足球赛，对方的人格很可能不仅会影响到我们对他（她）的态度，而且会影响到这场谈话的总体性质（见图 3.1）。

**图 3.1 一致性：人格的基本要素**

不管何时何地，人们在与别人交往时的方式都是一致的，这种一致性是人格的一个基本要素。

## （二）人格在组织行为中的作用

去问问你的同事们为什么 Joe 总是能在早上替整个办公室煮好咖啡，而 Mary 总能在复印机出错时赶来帮忙。像问题那样直接，答案建立在几个重要的观点之上。

首先，在最基本的标准层面上，你可能会注意到，这些人都拥有恰当处理问题的*知识*、*能力和技能*。换句话说，他们*知道如何去完成任务*（知识），*拥有处理问题的本领*（即能力），而且他们*逐渐展现了出色完成任务的能力*（技能）。[2] Joe 和 Mary 能做上述的事，是因为他们拥有做这些事的条件。

关于 Joe 和 Mary 为什么能做上述的事，你的答案其实已经不仅仅局限于他们能够做到哪些事，而是涉及了他们实际上是*愿意*去做那些事的可能性，这样你就会说，“他们就是这样的人。”或者说，“他们是友好而热情的人。”像这样的结论反映出你的第二个观点：Joe 和 Mary 拥有可能会让他们在问题出现时采取行动的人格品质。因此，至少你答案的一部分已经建立在个体的特征上了——他们的知识、能力、技能以及人格。

但是如果说这些人，不管他是 Joe 还是 Mary，或是当事的任何一个人，他们那样做只是因为“他们就是这样的人（即他们的知识，能力和人格就是这样）”，这就又走入了另一个误区。这就忽视了一个决定人们行为的重要因素——一个人面对的环境，或行为发生的背景。这对一个管理者是至关重要的,因为他要负责的就是创造能让人发挥出最佳能力的条件。自然,本书中也对不同的情境变化作了详细的探讨。(例如,工作中所给的报酬,见第二章和第四章;主管的领导风格,见第十二章;组织的设计和构成方法,见第十四章。)

有趣的是,情境变量的研究已经变得如此普遍,以至有的社会科学家已撇开对人格的研究而主张行为主要决定于外部条件。[3] 但大部分的社会科学家们相信人格特点确实存在,并能持久而稳定地引导着人们的行为方式,不管是终生还是在特定的环境下。实际上,组织行为研究领域的大部分专家都认为人本身和环境这两个因素在决定组织行为中都起到了重要作用。换句话说,*行为既由个体特征(即他或她的知识,能力和人格)决定,又受到环境特点的影响*(见图 3.2)。这种方法被称为**“交互作用论”(interactionist perspective)**,并在当今的组织学中占主导地位。

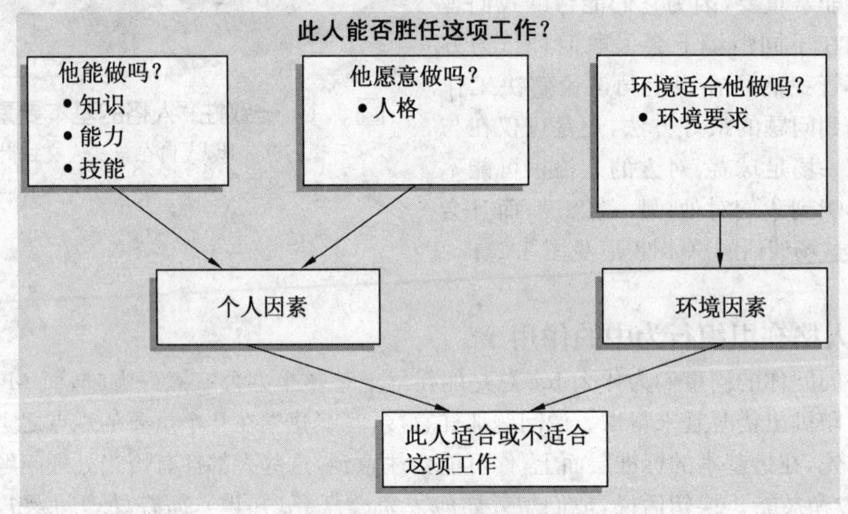


**图 3.2 交互作用论**

根据交互作用论,行为是由个体差异(包括知识,能力,技能以及人格等方面)与环境因素之间复杂的相互作用决定的。

为了说明这一方法,我们来举个例子:假设有一个人,被所有的熟人称为“爆脾气”,一个“易燃炸弹”,因为他很容易就发火,即使是一个很平和的缘由也会惹得他大为光火。假如有一天,这个人因工作上的失误被上司盘问。当他的上司触犯他时他会发火吗?也许会。但更有可能的是,至少在某种程度上他会控制他的脾气,并会表现得更礼貌些。毕竟,如果在这种情境下发脾气,其后果是显而易见的,并且其代价也是不小的!

这种方法的另一个启示就是,有一些人可能会比另一些人更适合某种工作。这一概念被称为**人职匹配(person-job fit)**，可定义为*“个体的人格品质和能力能够满足他所从事工作要求的程度”*。[4]许多证据表明个体的人格品质、能力与所安排工种越适合，此人的工作效率就越高，他或她就会越满意自己的工作。[5](有关职业成功更详细的内容请见第六章。)

## (三) 如何测量人格?

既然我们已经了解人格的定义以及它在组织中的作用，就可以认识到人格测量手段的重要性了。正如你所想象，这并非易事。然而，科学家们已经找到系统评估人们人格的好方法。在此，我们就不对这些技术作详细的描述了，但是，在我们研究人格特质之前了解一下如何测量它们还是很重要的。

生理特点，比如说身高和体重，可以用简单的工具来测量。然而，人格的不同方面是无法这样简单评估的，既不能用尺也不能用表来测量。那么，我们怎样才能比较不同个体间的人格特征差异呢？有好几种方法可循。在这一节里，我们介绍最重要的两个方面，然后再讨论在测量个体差异全过程中的一些基本要求。

### 1. 客观测验：用笔和纸来断定我们是什么样的人

你有没有填过这样一张调查表，让你做一系列关于你自己的判断题，其内容范围可以是你是否同意一句话，或者在两个活动中选出一个你更喜欢的？如果你曾经做过的话，那你就有幸完成了一份**客观测验(objective test)**，即一份用来测量人们一方面或多方面人格的笔试题目。客观测验是测量人格或心理能力(如智力)使用得最广的一种测验方法(见本章末“亲历组织行为”一节人格客观测验的范例)。

客观测验中的答案是通过特殊的选项来记分的，然后再把某个人的得分跟上百个或上千个其他人做比较。用这种方法，我们就可以判断一个人的品质或能力在群体中的相对水平。这些得分还能被用于预测不同方面的行为。这些测验被认为是“客观的”，因为它们的记分是通过统计不同范畴问题的反应获得的，并且用来与别人的得分做比较。

### 2. 人格测验的基本要求

假设有一个裁缝要为你做一条裤子并拿着一根软尺在给你量腰围。假设这根软尺不太好，是松紧带做的，拉直时还有弹性。结果，每一次量下来尺寸都不同。有时你的腰围是38英寸，有时却只有30英寸。假定你的腰围实际上每一次都不变，显然测量结果是不正确的。科学家们会说这些测量是不*可信*的。如果我们要对自己测量的东西有信心——不管是腰围还是人格——我们必须能够令人信服地去测量它。而一项测量的**信度(reliability)**指的就是测量的稳定和一致程度。

我们应该能够想到，一项人格测验必须要有很高的信度，这样才有可能在此基础上作出任何推论。科学家们用严格的统计学分析来检验一项测验的信度(这点不在本书讨论范围之内)。这些程序的结果就得到一个可以反映出测验稳定性的数字，这种稳定性既指测验的持久性，也指测验内部的一致性。在组织行为的研究领域中(至少在本书介绍的研究中)，只有具有很高信度的测验才会被使用。毕竟，结果无法令人信服的测验是没有意义的——更糟的是，它有时还能产生误导。

一项测验必须是可信的，但光是这一点并不足以让科学家们把它看做是一种有用的信息资源。毕竟，仅仅能可靠地测量出一个东西并不意味着测量本身就是有意义的。例如，要测量你的智力，假设我们测量了你的头颅尺寸，并想以此估计你的脑容量。这种测量是非常可靠的——每次我们这样做，都能得到很相近的测量结果。然而，这些结果真的能说明你的智力吗？当然不能。通过科学研究，大脑的大小与智力有着直接关系这种观点已经受到质疑了。问题的关键在于，除了要有可信度之外，一项测验必须真的能测量出它自称能够测量的东西——它必须是有效的。科学家们用**效度(validity)**来表示一个测验的实际测量效果与测验目标的一致性程度。

确定人格测验的效度非常重要，但我们如何才能做到这一点呢？社会学家们经历了一段艰难的历程，其中需要大量系统的、经验的步骤，并采用了许多复杂的统计技巧。抛开细节，效度是通过将相关得分与不同方面的行为联系起来而实现的，而这些行为也早已被认定能反映被测验者的品质。从概念上说，一项人格品质测量对于它所要测量的内容来说是有效的，这与其他已经建立的测验对该品质的“真实”测量密切相关(见图 3.3)。要确保一项人格特征测验的有效性，这项测验的得分就必须与其他旨在测量同一种特征的测验得分具有高相关。

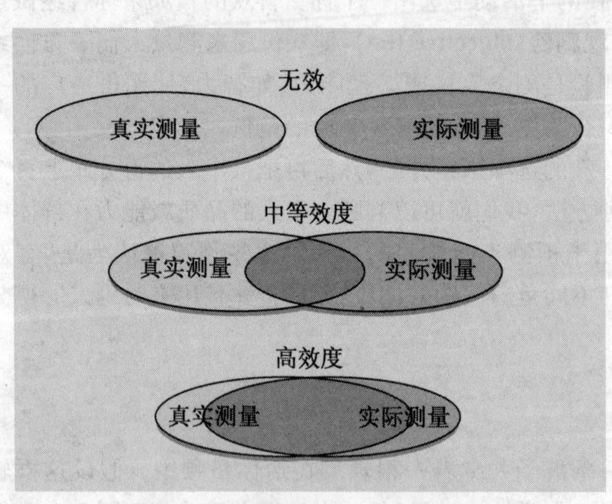


**图 3.3 效度：任何人格测验都必须具有的重要特征**

一项人格测验若要提供有用的信息，它就必须是有效的。任何一项特征的测验对于它所要测量的内容来说是有效的，这与其他已经建立的测验对该品质的“真实”测量密切相关。

效度在测量不同方面的人格和心理能力时特别重要。例如，如果一个智力测验的得分与学校成绩或者诸如GMAT（工商管理硕士MBA入学考试）之类的考试成绩很相近的话，这可能就证实了测验的有效性。虽然确立测验的效度还有其他方法，但这种方法是最直接和最可信的。

在总结上述讨论之前，我们应注意到本章中提及的品质与能力测验都是可信和有效的。因此，你们应该相信本文所讨论的调查结果确实都与人格的各个重要方面有关——它们对于组织行为的各个方面也有着重大意义。

**道德问题** 有些管理者可能会采用一些信度和效度都没有经过严格评估过的，甚至是错误的人格测验。他们声称这些测验并不是医学诊断，而只是用来触发讨论或引导人们对自己的工作的不同方面作出一些思考。在你看来，这种做法从伦理道德角度来讲是正确的吗？为什么？

总之，人格是组织行为中的一个重要决定因素，它与环境等的另外几个方面一起构成许多的相关因素。而且，对人格的测量会引出一些相应的难题。为了充分理解组织行为，我们有必要认识并承认人们的人格差异。带着这一宗旨，下面我们会着重研究一些在组织行为学中最有影响力的人格因素。

**你来做顾问**

有一家大保险公司，很难吸引与留用业务人才。根据顾问的建议，他们采用了人格测验来鉴定职员是否具有成功担任这些职位的最大潜力。不幸的是，这些测验帮助甚小。

1. 你认为为何会出现这种情况？
2. 这些测验在信度和效度上有些什么问题？
3. 根据交互作用法的观点，人格测验在预测工作绩效方面应担任什么角色？
4. 鉴于上述问题，应采取什么措施来改善这种情况？

## 二、与工作有关的人格

既然我们已确立了人格在组织行为中的地位，下面就来研究人格中与组织行为最为密切相关的几个方面。

### （一）大五人格因素：我们最基本的特点

你能想出多少个描述人格的词？你相信这样的词汇居然有17953个之多吗？那是60多年前进行的一本英语词典中与人格相关单词的调查中所得到的一个数字。[6]

即使在把类似的单词做了一番归纳后，仍有171种特质之多。这是不是就意味着我们必须研究所有这些性格特点才能充分理解人格在组织行为中的作用呢？

幸运的是，越来越多的证据将我们的视线吸引到了仅有的5个主要因素上。因为这5个因素反复出现在用不同方式进行的不同研究中，它们通常被称为**大五人格因素（big five dimensions of personality）**。[7] 即：

- *责任心*：指个体的勤奋，组织性，可信，坚定，对应于懒惰，懒散和不可信。
- *外向-内向*：指个体的合群，果断，善交际，对应于保守，胆怯和安静。
- *随和性*：指个体的合作精神，热心和令人愉快，对应于好斗，冷漠和令人不快。
- *情绪稳定性*：指个体的安全感、冷静和愉快，对应于不安、焦躁和压抑。
- *经验的开放性*：指个体的创造性，好奇心和有修养，对应于实用主义和兴趣狭隘。

科学家们让人们用纸和笔在客观测验（如前所述）中回答了一些关于他们自己的不同问题，从而像测量其他东西一样测量出了人格的5个纬度。通过对所使用的一些项目的研究，你可以学到很多关于人的人格特点。表3.1给我们列出了一些例子，可

**表3.1 大五人格因素**

下面列出的项目类似于测量大五人格因素的问卷。通过回答这些问题可帮助你了解自己的人格。

**指导语**：在每一项的旁边记下一个数字来表示你对每一项赞同或反对的程度。如果你非常同意此项则记5，如果同意则记4，如果既不同意也不反对则记3，如果不同意则记2，如果非常反对则记1。

责任心：
——我总是保持房间的干净整洁。
——人们总是认为我非常可靠。

外向：
——我喜欢生活中充满令人振奋的事。
——我通常总是很快乐。

随和性：
——我总是待人彬彬有礼。
——人们从不认为我是冷漠或狡诈的人。

情绪稳定性：
——我经常为我无力控制的局面伤脑筋。
——我经常感到悲伤或沮丧。

经验的开放性：
——我有很大的好奇心。
——我喜欢各种富有挑战性的变化。

计分：把每项的得分加起来。得分较高的人说明在所测量的人格方面程度较高。

以用来评估个体在大五人格因素上的一些状况（通过完成这些项目，你可以洞悉到你在这些重要特点上处于什么位置）。

**全球问题**　来自不同文化背景的人们常会用大五人格因素来描述自己。[8] 这对说明这些人格因素的普遍性有何意义？□

大五人格因素到底有多重要？大量的研究表明了它们的重要性。研究者们进行了一次大型的调查，在总结了近期许多相关研究的基础之上，对上万名被试进行了调查，其目的旨在揭示大五人格因素的水平与其工作绩效的关系。[9] 很多不同的职业群体（例如：专业人员，警察，经理，营销人员，技术工等）都参与了此调查，研究了各种不同的工作绩效评估方式（例如：由经理或其他人员为职员评定等级，考察培训成绩以及人事档案等）。另外要说明的是，被试来自欧共体的不同国家，尽管他们存在如此大的差异，可结果却非常明了：不管是什么样的职业群体，也无论采用了什么样的评估方式，高度的责任心和情绪稳定性总是与高工作绩效联系在一起（见图3.4）。其他的差异也由此产生。例如，正如我们所预想的一样，具有高度责任心的个体跟在这方面程度较低的人相比，是不大可能缺勤的，而有高度外向型性格的人却恰恰相反。[10]（显然，这些人会发现远离工作的生活是如此有乐趣，以至于他们随时都有可能缺勤！）

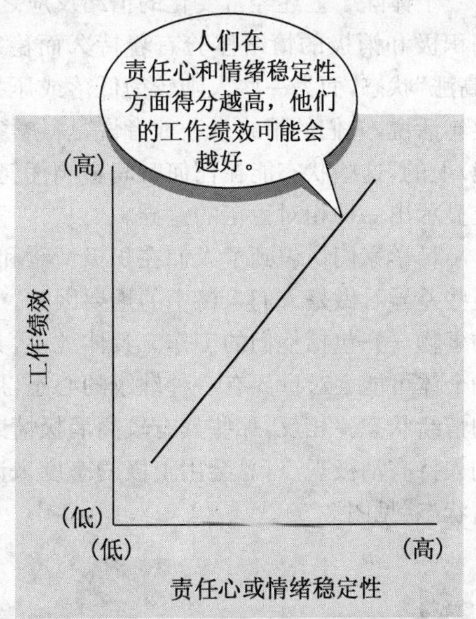


**图3.4　两个主要人格变量的影响**

大五人格因素的两大维度——责任心和情绪稳定性——与人们在许多职业团体中的多方面工作绩效呈正相关。

【资料来源】Based on suggestions by Salgado，1977，see Note 9.

有趣的是，人格的其他因素也与工作绩效有很大的相关，只不过更有针对性。[11] 例如，经验的开放性就与职业培训的成功密切相关。另外，外向型性格对于那些在工作中需要接触很多人的职员来说是非常有利的，那些人也会因此更多地面对这种与人相处的机会，而对他们自己来说，友善相处和交际才能是得心应手的事（如经理和警察）。要着重指出的是，个体在大五人格因素上的水平还与他（或她）所在的团队的绩效有关。更确切地说，团队成员在责任心、随和性、外向性和情绪稳定性方面的平均得分越高，他们所在的团队的绩效就越好（这一点与管理者的评价一致）。[12]总之，大五人格因素与组织行为的几个重要方面高度相关。

## （二）积极情绪倾向和消极情绪倾向：感觉良好及感觉糟糕的倾向

在我们每天的生活中，人们的情绪经常变化无常——有时起伏还很大。一封带来好消息的电子邮件可能会使我们高兴，而与同事之间一场不愉快的冲突则可能会使我们感到沮丧。这种短暂的感受被称为“*心境*”，它们随时都会影响任何一个人。可是，当我们研究工作中的感受时，心境只是其中的一部分因素。

个体除了上述经常变化的情绪反应之外，还有一些更为稳定的*特质*，它们对于人们积极和消极的情绪体验有着持久而稳定的不同影响。[13]有些人大部分的时间处于“高涨”状态，而另一些人则较为低落或压抑。这些倾向在许多情况下都是很明显的。换句话说，人们的情绪——或者说是科学家们所称的*情感*——是建立在短暂状态（心境）上的，这些状态能在任何时间影响任何一个人，同时，也使个体在性情（人格特质）上显示出一种相对稳定的差异。

科学家们认识到了人们在积极情绪和消极情绪倾向上的先天差异，研究者们也将这些差异看做是人们人格中的重要因素。其实，这些差异决定了人们如何处理生活中的事物——包括他们的工作。具体地说，具有高度**积极情感倾向（positive affectivity）**的个体可能会对世界有一种健康的心态，用积极的眼光来看待人们和事物，处于积极的情绪状态。相反，那些具有较高**消极情感倾向（negative affectivity）**的个体对自己和别人持有消极观点，总会用消极的态度来诠释模棱两可的情境，并经常处于消极的情绪状态（见图 3.5）。[14]

**图 3.5 积极情感倾向和消极情感倾向：一个重要的人格特征**

任何人都会有高兴和悲伤的时候，但有些人——具有积极情感倾向的人——常会用乐观的眼光看待事物，总体上有一种健康的心态。有的人——具有消极情感倾向的人——往往用悲观的眼光看待人和环境。

当涉及组织行为学时，有高度积极情感倾向的人与有高度消极情感倾向的人在行为上会有所不同吗？科学研究表明，情况确实如此。例如，在一项调查中，研究者们对一些被试的积极情感倾向和消极情感倾向作了评估，这些被试也曾参与过一系列的商业情境模拟训练。[15]研究者们收集了此项工作中的一些重要指标，其中包括精确度（即，决策正确的概率），受训者的总体成绩分布，以及管理潜力的等级（即，由专家就被试能否胜任管理者的职位而评定的等级）。在每次调查中，具有高度积极情感倾向的人总是比具有高度消极情感倾向的人胜出一筹。

此项调查还表明，情感倾向不仅影响个体的表现，还会影响工作团队的表现。例如，具有积极情感倾向的工作小组（即平均积极情感倾向水平较高的小组）比具有消极情感倾向的工作小组（即平均消极情感倾向水平较高的小组）效率要更高一些。[16]总之，越来越多的证据表明，工作中积极或消极情感的稳定倾向不仅对个人的工作满意度有重大意义，还会影响整个组织的绩效。

## （三）A 型行为模式：忙忙碌碌对健康有害

想一想你身边的人。你能举出一个老是匆匆忙忙，竞争意识强烈，又非常易怒的人吗？你能说出一个与此恰恰相反，总是很放松，不爱竞争，并且很随和的人吗？你所想到的这两个人就分别代表着人格的一个主要方面的两种极端。第一种人代表的是**A 型行为模式（Type A behavior pattern）**；第二种人代表着 **B 型行为模式（Type B behavior pattern）**。[17]被归为 A 型的人表现出高度的竞争意识、急躁和时间急迫感。而被归为 B 型的人表现得截然相反，他们要冷静和松弛得多。

你也许能猜到，A 型人和 B 型人很可能在工作中有不同绩效。[18]这些差异可分为三类：个人健康，工作绩效和人际关系。[19]因为我们在第六章要着重研究 A 型行为模式对健康的影响，这里我们就来看一看 A 型行为模式对工作绩效和人际关系的影响。

### 1. A 型行为人与工作绩效

首先，A 型人和 B 型人的差别会影响到工作绩效吗？有了强烈的竞争意识，我们就可以理所应当地认为 A 型人会比 B 型人工作更努力——因而工作绩效也会更好。事实上，情况要复杂得多。A 型人常会在许多工作中表现出更快的速度，即便是在没有压力和期限的情况下也是如此。类似的，在同样繁重的任务下，[20] A 型人能完成更多的工作，并比 B 型人追求更有难度，更富有挑战性的工作。[21]

然而，A 型人并不总是胜过 B 型人。事实上，A 型人在某些工作中经常表现很差，如那些需要耐心和仔细判断的工作。他们总是太匆忙了，甚至无法有效地完成这类工作。[22]

与之一致的是，调查表明，大多数的高级行政管理者都是 B 型人而不是 A 型人。[23]以下几个因素可能会对此现象作出解释。首先，A 型人可能无法坚持得足够长

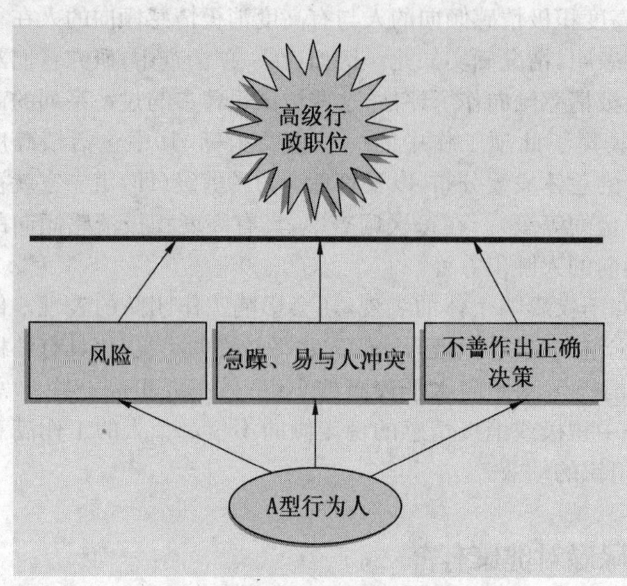


**图 3.6 A 型行为人：为什么无法晋升到高层职位**

与你设想的相反，更多的高级管理人员是 B 型行为人，而并非 A 型行为人。这里列出了其中几个原因。

久以升迁到高级管理层。(正如我们在第六章中所看到的，他们的健康为了他们"时刻匆忙的"生活方式所冒的险实在是太大了！)其次，A 型人经常表现出的易怒和敌意可能会对他们的职业产生负面影响，从而妨碍他们上升到组织的高层。确实，A 型人似乎是"爆脾气"，也就是说，他们经常生气，在别人可能只会置之不理的情况下表现得咄咄逼人。[24]最后，A 型人的缺乏耐性与高级管理者必备的决断前的深思熟虑是不相符的(图 3.6)。

有一个完美的例子，能证明 B 型人更适合担任高级管理职位，那就是杰克·史密斯，通用汽车公司(General Motor，以下简称 GM)的首席执行官。史密斯被认识他的人描述为"一个几乎在任何环境中都能保持冷静，并很少发脾气的人"。为了公司的利益，他当然要努力工作，但他从不匆忙。他不喜欢情绪波动。其实，局外人甚至还曾批评他对部下过于忠实，即使是在他们处理重要工作时犯了错误还会去体恤安抚一番。同样，他是决不会与人争吵的，总是拒绝采用强权去阻止 GM 部门间因意见不一致而产生的纷争。在 20 世纪 90 年代早期，史密斯还将 GM 从濒临破产的困境中解救出来，"一步一步来"的方法确有成效。确实，大多数的高级行政管理者都是 B 型行为人的事实说明，这种务实的风格往往比急躁的，追求完美的，却总是匆匆忙忙的 A 型行为人要有效得多。

**全球问题** 在亚洲和非洲文化中，行政管理上的成功与冷静的 B 型行为人之间的联系似乎比西方文化中来得更为强烈。[25]在这些文化背景中，高级行政管理人员应该是冷静，谨慎的——他们确实也是这样的。你认为在不同的文化背景中，行政管理人员在人格的哪些方面可能会存在着差异？

总之，不管是A型人还是B型人，在涉及工作绩效时它们都有着各自的优势。A型人适合做一些具有时间紧迫性，或是需要独立完成的工作，而B型人则适合那些与速度无关，对复杂的判断和精确度要求较高的工作。因此，是A型人还是B型人更有工作效率的问题可以归结为人格与职业是否匹配的问题；当人们从事适合自己的职业时，工作效率就会得到提高。

**道德问题** 除了要选择适合个体人格的职业之外，应该有可能——至少是从逻辑上来说——通过改变人们的人格特点来达到人格与正从事的职业的匹配。你能想出这种情况何时会出现吗？你认为这种做法是否合乎道德？为什么？

### 2. A型行为人与人际关系

许多职业的成功因素都与如何与人相处有关。你的经验会告诉你，B型行为人更松弛的风格使他们更适合那些对人际关系处理能力提出要求的工作。

确实，研究已证实了这一推断。因为缺乏耐性和急躁，A型人常会惹恼同事。而且，他们很容易发脾气，顶撞别人。因此，A型人在工作中比B型人会引起更多的冲突。[26]其实，最近的一些证据表明A型人比B型人更容易作出一些侵犯性的或不利于工作效率的举动（比如，说一些不利于同事或公司的话）。这是我们在第十一章要讨论的行为的重要形式。

总之，A型人总是好像"旋风一样行动"，可能会很快地处理完案头的大量事务，但这种行为模式肯定会有其不利的一面——不论是对他们自己还是对他们的同事或所在组织。

## (四) 自我效能感：人格的"胜任"面

假设有两个人，他们的上司给他们分配了同样的任务。其中一人非常自信能够成功地完成任务，另一个却顾虑重重。哪个人更有可能成功？

第一个人在一个被称作**自我效能感(self-efficacy)**的人格特征上程度较高。"自我效能感"指的就是对自己能够按指定水平来执行某个行动的信心。[27]简单地说，就是个体对自己有能力完成一项具体任务的信心。[28]评定自我效能感时需要考虑以下3个因素：

1. *程度*：个体相信自己完成任务的具体水平。
2. *强度*：对自己能在此水平上完成任务的信心。
3. *广度*：自我效能感在何种范围的情境或任务中得以展现。[29]

当涉及具体任务时，严格说来自我效能感并不是人格的一个方面。[30]个体似乎还会对自己多方面的能力产生期望,如动机强度、认知资源和处理生活事件的策略。[31]这些反映实际工作能力的观念是长期稳定的,并可以被看成是人格中的重要方面。

自我效能感的观念是如何形成的呢?这就涉及2个主要因素:*直接经验*,或者说从过去类似工作中获得的反馈;以及*间接经验*,或者说对别人完成工作过程的观测。[32]根据这些信息的来源,人们对一项工作所要求的技能得到最初的结论,他们是否拥有这种技能,其他的因素或条件是否会影响他们的工作绩效等等。这些结论共同形成了他们现在的关于自我效能感的观念。相应的,这些观念随着新信息的出现,比如说在实际完成工作时得到的更多的经验,而作出调整。

自我效能感的观念会产生什么样的影响呢?首先,这种判断会在很大程度上影响组织行为学中许多决定性的方面。例如,期望表现得好的人——那些相信自己拥有"该有的条件"的人——通常真的会成功。至少,他们比那些一贯怀疑自己的表现能力的人做得要好。[33]毕竟,当我们对自己成功的能力感到乐观时,我们就会加紧努力,排除万难。当我们感到成功的希望渺茫时,我们很可能就不会再去争取,而只是放弃了。因此,具有高度自我效能感的人常会对工作及他们的生活持乐观态度,这不足为怪。[34]

幸运的是,自我效能感是可以改变的,这一点与人格的其他方面有所不同。也就是说,人们可以从生活经验中总结到,他们自己并不是非常有能力或高效率,但他们可以学会在特定的条件下用比较积极的眼光来看待自己的能力。并且,这种改变会对他们的生活产生巨大的影响。

为了证明这一点,研究者在一组失业的以色列技工中间用两种方法增进其自我效能感:指导他们如何更有效地找工作(如,如何在未来的雇主面前展示技能),及让他们学习成功的求职范例。[35](换句话说,这些工人接受了先前讨论过的直接经验和间接经验两种信息来源)这些培训是为期2周半的系列强化训练中的一部分,提供给失业工人重要的反馈信息,从而帮助他们进一步磨练技能,并激发他们对成功的自信心。之后不久,工人们的自我效能感空前高涨,这些感觉演变为成功:培训前自我效能感较低的人有了较高的自我效能感,并能和培训前自我效能感就很高的人一样在求职中取得成功(见图3.7)。

这些调查结果的重要性表现在几个方面。从科学的角度看,它们说明人们人格中的基本因素是可以改变的——当这种改变对个人和社会都有利时。从实践的角度看,它们说明采取具体的方法可以帮助无业人员再就业。自我效能感的系统性训练似乎还能帮助自我效能感较低的人更好地把握自己的生活。简而言之,能帮他们去帮助自己。

**全球问题** 1998年,在一些亚洲和欧洲国家(如俄罗斯)爆发了经济危机。如果说自我效能感会受到生活经历的影响,你认为这场危机会影响这些国家中人们的自我效能感吗?如果是的话,你认为这又会对这些地区的经济产生什么样的影响呢?

图3.7 自我效能感与失业

当一个人失业时，他的自我效能感会受到挫伤。然而，如果他们接受了求职技巧培训并找到了新工作后，他们的自我效能感自然会随之上升。

## (五) 自我监控：自我形象与个人现状

假设你是一个基层管理者。你在对待下属和上司，甚至上司的上司时态度会有所不同吗？有趣的是，不同的人可能会有不同的回答。有些人随时会随着所面对的不同环境变换行为方式，他们力求尽可能地给人们留下最好的印象。因此，他们对下属采用一种方式，而对上司又采用另一种方式——而且往往是用更尊敬的态度。相反的是，其他的人并不是很乐意随时改变个人风格，对他们来说，他们更愿意奉行"该怎样就怎样"的处事原则，与人相处时是不大可能因人而改变方式的。

人格的这一方面被称为**"自我监控"(self-monitoring)**，在组织行为学中有重要意义。它可以正式地定义为人们为了适应环境而改变行为方式的不同倾向。[36]这一定义就暗示着，有高度自我监控力的人处于各种环境中都会发挥他们的明显优势，即给人留下深刻印象。[见第二章关于*印象处理*(*impression management*)的讨论]因为他们愿意通过改变自己的行为方式来适应环境，也就会想方设法激发别人的积极反应。你能想象，这种差异会导致涉及工作绩效，事业成就和人际关系等方面的相应差异。

### 1. 自我监控和工作绩效

如果人们在自我监控力上有差异，会不会影响到他们的工作绩效？答案是肯定的——至少在某些特定工种上是如此。具体地说，在做要求有*边界跨越*(*boundary-spanning*)很大的工作上，具有高度自我监控力的人会做得更好一些。这些工作要接触到来自各种专业或职业团体(见第八章)的各种人群。例如，你所在的大学学术部门的主管，他或她既要和教职工打交道，又要与行政人员周旋，两组人都将此主管视为他们中的一员。打个比方，这种职位就是"跨国界的"。

成功的边界跨越者必须要根据每一方的准则、预期以及行事风格来对自己的行为作出相应调整。因此，具有高度自我监控力的人更具备成功地与每一方相处的条件。[37]相反的，自我监控力较低的人则不善于从事类似的跨越度较大的工种。考虑到跨越边界角色在大多数组织中的重要性，安排具有高度自我监控力的人员来担任此项工作就变得很有意义。

### 2. 自我监控和职业成功

自我监控对一个人的事业成功影响重大。具体地说，自我监控力较高的人容易获得更多的晋升机会，特别是当这些晋升涉及公司间的转行时。[38]

原因是什么？一个可能的原因就是他们更愿意改变行为方式来适应环境，而迎合人心的做法也会使他们在晋升的竞争中旗开得胜。[39]在应付不同的环境时他们总是问自己，"这种情形要求的是什么样的人，我怎样才能成为那样的人？"而自我监控力较弱的人可能只会问，"在这种情形下我要怎样做才能表现出自我本色？"结果呢？前者给人留下好印象，得到了尽早升迁的优势。一旦如此，他们往往就踏上了通往事业成功之路。

自我监控力强的人能够成功的另外一个原因可能就在于他们移情的能力——"用别人的眼光看世界"，或"急人所急，难人所难"。以 Orit Gadiesh 的卓越成功为例，她是一家名为 Bain & Co. 的著名管理策划公司的首脑。有些人把她的成功归因为她的自我监控力。[40]Gadiesh 女士最引人注目的是她的灿烂的个人形象(部分是以她变换多姿的发型为代表)，但真正令客户印象深刻的还是她能以别人的眼光来看待事物。美国 Philip Morris 的首席执行官 James Morgan 这样评价，"Orit 有这样一种天赋，她能使你感觉到你是整个房间中最重要的人，她能使你精神振奋。"在自我监控力较高的人身上通常都能发现这种善解人意的品质，正是这种特点给客户深刻印象并经常惠顾。有趣的是，虽然女士具有独一无二的人格，她的善解人意代表了男性和女性一个方面的差别：女性通常要比男性更善解人意(因为这是一个非常有趣的论题，我们将在本章后面讨论情感智力时作进一步探讨)。

### 3. 人际关系：自我监控的潜在倾向

但所有的这些并不是说具备高度的自我监控力就一定会事业成功，我们必须提醒你这一特点也有负面影响。因为具有高度自我监控力的人是如此善变，以致人们曾把他们称为“社会变色龙”——就是说，他们也可能被看成不可信任，变化无常的，甚至是善要手腕的。[41]被冠上这样的头衔，具有高度自我监控力的人与他人建立的关系当然往往只会是较不稳定的，较肤浅的。[42]

另外，因为具有高度自我监控力的人常因环境不同而改变行为方式，他们通常会经常寻求新的伙伴。相反的是，自我监控力较低的人却变化很少，因此，他们会建立起较少的，但更深的人际关系。简而言之，正如人格的其他方面一样，自我监控具有复杂的作用，不管你要对此特点带来的相关影响或利益作任何评估，都要认真考虑到这方面的复杂性。（见图 3.8，高度自我监控力的正面和负面影响）

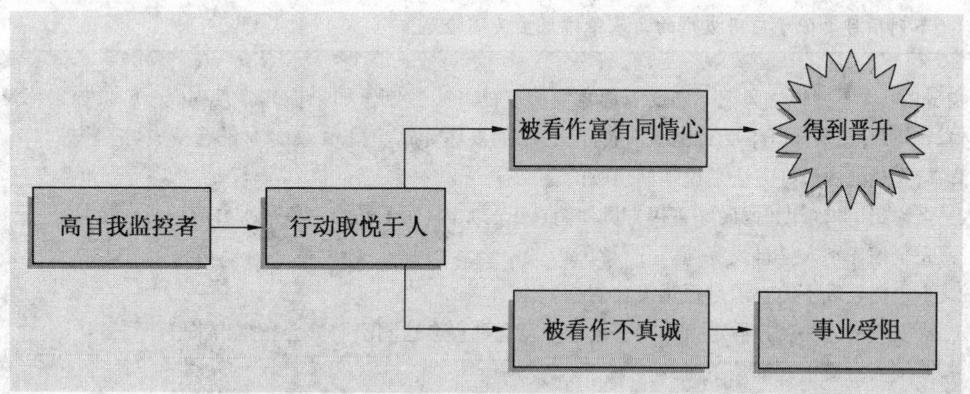


**图 3.8 高度的自我监控力：一个两面体**

具有高度自我监控力的人处处想取悦于人。当这些行动被正面看待时（如表示同情心），这些人会与他人建立亲密的关系，得到晋升。但当同样的行动被负面看待（如不真诚），这些人与他人之间只能建立肤浅的关系，并在事业上受阻。

## （六）马基雅维里主义：利用别人来获得成功

1513 年，意大利哲学家马基雅维里（Niccolo Machiavelli）出版了一本名为《王子》的书。在书中，他提出了一个夺取政权的无情战略。这一策略的宗旨就是——权谋：为了成功而不择手段。他在书中还推荐了几个指导原则：

- 永不表现出谦卑。傲慢在与人相处时要更有效。
- 道德与伦理是弱者的专利。一旦需要，强大的人可以自由地说谎、欺诈和蒙骗。
- 与其被人爱，不如被人怕。

总之,马基雅维里怂恿那些追求权力的人使用权谋、功利的手段:“让别人去为友谊、忠诚或所谓正义和公平竞争的信仰动摇去吧,我只愿意为胜利而不择手段。”

幸运的是,我们接触到的大部分人并没有采用马基雅维里的哲学。但你肯定也曾遇到过一些人,他们确实接受了这些原则中的很多观点。对此,研究者们提出,对这些无情信条的接受实际上涉及了人格的又一个方面,他们很妥贴地将其命名为**“马基雅维里主义”(Machiavellianism)**。

在人格的这一方面表现较强的人(高马基雅维里主义者)接受马基雅维里的观点,寻求用冷酷的方法摆布别人。[43]相反,在这一方面表现较弱的人(低马基雅维里主义者)则拒绝马基雅维里的主张,对马基雅维里所摒弃的公平竞争、忠诚等其他原则深信不疑。马基雅维里主义可以通过一份相对简单的问卷进行测量。在表 3.2 中列出了类似于*马基雅维里量表*(*Mach Scale*)中的题目样题。

**表 3.2 测量马基雅维里主义**

下列项目类似于应用极广的马基雅维里主义测验题。

**指导语:**在下列说法旁记下能反应你真实感受的一个数字。如果你非常反对,记下 1;如果你反对,记下 2;如果你既不反对也不赞成,记下 3;如果你赞成,记下 4;如果你非常赞成,记下 5。

1. 与人相处的最好方法是说他们想听的。
2. 当你想请求帮助时,最好直接告诉他们真正的原因,而不是给一些带水分的理由。
3. 完全信任别人是自找麻烦。
4. 不走捷径或不钻空子是很难成功的。
5. 最安全的方法就是假定人性本恶——一旦遇到机会这阴暗面都会显露出来。
6. 对别人撒谎永远都是不对的。
7. 大部分的人基本上是善良友好的。
8. 大部分的人只有在被迫的情况下才会努力工作。

计分:你越是同意第 1,3,4,5,8 条,而反对第 2,6,7 条的话,你就越有可能是一个马基雅维里主义者。

## 1. 高马基雅维里主义者的特征

在马基雅维里主义测验中得分较高的人是什么样的人呢?最近的调查表明,他们与被心理学家们所称作的“心理病态者”(*psychopaths*)非常相似。[44]这种人都能说会道,讨人喜欢,经常说谎,不会因蒙骗或愚弄了别人而感到不安,伤害了别人也不会感到悔恨或内疚,他们冷漠,缺乏同情心。而且,他们还常常会感情冲动,不负责任,容易感到厌倦。如果这些描述听起来有些像报纸上常说的“骗子艺术家”,那就对了:证据表明高马基雅维里主义者大致都带有这些特征。[45]

假如高马基雅维里主义者可能会拖后腿,在工作中辨认出这种人就是至关重要的。我们如何才能证明一个人是否为高马基雅维里主义者呢？他们可能会有以下的行为表现：

(1) 忽略重要信息的共享(例如，他们会声称“忘了”告诉你有关的重要会议或重要任务)。

(2) 找一些小机会来使你显得不善管理(例如，用模棱两可的赞扬话对你明褒实贬)。

(3) 失职(例如，在合作项目中不完成预期任务，以此来对你不利)。

(4) 制造针对你的流言(例如，当着别人的面编造一些使你难堪的事情)。

## 2. 马基雅维里主义与成功

如果高马基雅维里主义者愿意为了成功不择手段，你可能会认为他们通常会获得成功。但实际并非如此。他们的工作绩效总是与两个重要因素有关：他们从事的工种，以及他们所在组织的性质。

当人们所从事的工作涉及很大的自主权时，比如，推销员，营销经理，大学教授，马基雅维里主义与成功的联系并不大。这些人可以自由地决定如何行事，从而可以幸运地逃脱马基雅维里主义的控制——甚至还能避免与高马基雅维里主义者的接触！[46]鉴于同一原因，高马基雅维里主义者常会在*结构松散*的(*loosely structured*)(制定了较少规定的)组织中取得成功，而在*结构紧密*的(*tightly structured*)(制定了清楚而明确的行为规则的)组织中则恰恰相反。[47]其原因很简单：当规定含糊不清时，更利于他们“大行其事”；而当规定严格约束时，他们在推行自己的行为准则时就受到了束缚。

这就产生了一个新问题：怎样才能保护自己不受高马基雅维里主义者的伤害？在以下的“制胜诀窍”栏中，你可能会找到一些有用的答案。

**制胜诀窍**

### 应付马基雅维里主义的三大防御策略

由于高马基雅维里主义者的冷漠和自私(他们除了自己的利益什么都不关心)，他们在组织中可能构成隐患。而且，因为他们难以抗拒不正当手段的诱惑，由此可能会成为强大的敌人。你不可能总是通过重新安排工作环境来阻止他们，但你可以保护自己不受伤害。以下是一些可能会生效的办法：

1. 揭发他们。这类人经常毁约、说谎、使用卑鄙的手段，却能屡屡得手，其原因就是受害者总是保持沉默。这并不奇怪，因为很少有人愿意说出自己曾被欺骗或愚弄过。而这种要保护自尊心的想法正中这类人的下怀，从而让他们一再得逞。因此，阻止他们的方法之一就是将他们的行径公布于众。[48]也就是说，当众揭发他们的丑恶行径或错误言论。最后,他们会因无法继续谎言而大失颜面,从而不再有编织欺骗与背叛的罪恶之网的机会。

2. 不要看他们说了什么,而要看他们做了什么。这些人是欺骗的老手。他们使你相信他们会将你的利益放在心上,而且总是显得能言善道,在受害者毫无防范的情况下突然袭击!你怎能防范到这样的战术呢?那就要多看看他们的实际行动。如果他们的行动表明他们只是在无情地愚弄周围的人,那就不要相信他们信誓旦旦的关于忠诚和公平竞争原则,那只是误导你的幌子。

3. 不给任何能让他们得逞的机会。为了确保自己的成功,这类人往往会在他们的进攻目标处于情绪激动或不知所措时行动。因为他们意识到很多人在这种情况下会因心绪纷乱而不辨敌友。所以,如果能尽可能地避免类似情况的发生,则是比较明智的做法。万一这种情况无法避免,那么至少要避免在此时做出任何重要的决定或承诺,这样就有可能增加这类人利用你来达到自身利益的难度。

这几条建议可能会帮助你逃脱那些没有原则的高马基雅维里主义者的魔爪。大部分组织中都存在着这样一些人,他们正对毫无防范的人们虎视眈眈,所以上面的几条建议要牢记于心。

## (七) 成就动机:追求卓越

你还能回想起高中时被叫做"最有可能成功的人"吗?如果能的话,那个人很可能是一个极具竞争性的,在每一个场合里都想赢的人——至少是在重要场合。当你考虑这个问题时,你正在承认人与人之间一个重要的差别:一些人比另一些人更热衷于出人头地,具有取得成功的倾向。的确,这种变量被称为**成就动机(或成就需要)(achievement motivation or need for achievement)**——也就是,促使一个人期望优秀,去克服困难取得成功,比别人做得更好的力量。

### 1. 成就的需要和困难任务的吸引力

有两种人,他们之间最有趣和最明显的区别也许就在于他们对不同难度的任务的不同喜好,从而表现在他们各自对成就的需要的不同上。这些区别也对管理的成功方面起到了深远的影响。

有高度成就需要的人是如此渴望成功,以致往往会将兴趣偏离某些工作,比如那些非常简单或者非常困难的工作。毕竟,特别简单的工作不够富于挑战性,吸引不了他们。而特别困难的工作又往往注定了要失败——这是一个无法接受的结果。因此,他们就顺理成章地被具有适度挑战性的工作所吸引,即更喜欢从事中等难度的工作。[49]

在成就动机较低的人群中则出现了相反的趋势。这些人更倾向于选择非常简单或非常困难的工作，而不是中等难度的工作。原因很简单，他们喜欢从事简单工作，因为成功几乎是肯定的，这样就不会影响他们对自身的评价。同时，从事有难度的工作时，因为失败也是肯定的，这失败也就是无关紧要的，并不意味自身能力会受到任何形式的贬低。毕竟，任何人从事有难度的工作时都会失败。但是，因为难度适中工作中的失败可能会贬低自身的工作能力（见第二章），这类人很可能会自动退避这种工作。（见图 3.9，这些倾向的总结）

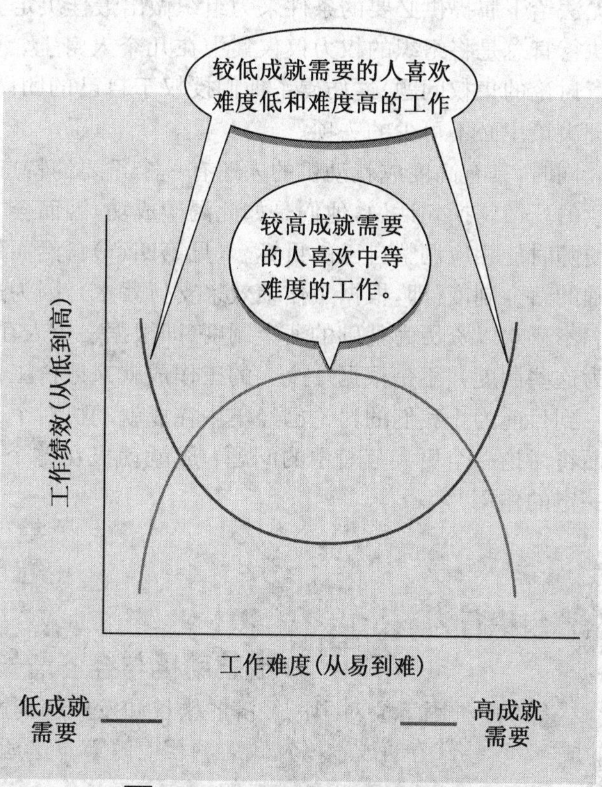


**图 3.9 成就动机和工作喜好**

成就需要较低的人喜欢从事难度较低的工作（因为他们很可能会成功），他们还喜欢难度较大的工作（从而可以原谅自己的失败）。而成就需要较高的人则喜欢中等难度的工作，因为简单的工作挑战性不够，太难的工作又注定会失败（他们无法接受失败）。

这些差异本身就很有趣，而在我们讨论其对管理者的成功所起到的作用时，它们的实际价值会显得尤为明显。

## 2. 具有高度成就需要的人会成为成功的管理者吗？

我们说具有高度成就需要的人重工作任务。他们关心的是把事情做完，这一信念支持着他们努力工作并力争成功。这些人，特别是在管理位置上的人，是不是经常会成功呢？因为这牵涉到了组织行为学领域中的很多其他问题，所以答案是很复杂的。

有了胜人一筹的强烈愿望，具有高度成就需要的人应该比其他人要获得更大的成功。确实如此——但是仅限于特定的范围内。他们会比成就需要较低的人更快获得晋升机会——至少更早一些。[50]在他们的职业生涯中，对成功的追求能帮助他们有一个高起点，但随着事业的发展，他们的成功会受到影响，因为他们不愿意面对最艰巨的挑战。

更糟的是，这些人往往太过热衷于自己的成功，有时会不愿将权力委派给别人，因此无法给下属提供必要的条件来为组织做出最佳决定。确实，具有高度成就需要的首席执行官总是将组织的权力仅仅集中在几个人身上。（这就是我们在第八，十一和十四章讨论的集权问题）这妨碍了他们授权于自己的团队成员，而权力下放正是高效的管理决策中必不可少的一项。[51]

同时，具有高度成就动机的人还有一个重要的特点：他们强烈地渴望得到其工作绩效的反馈。换句话说，他们是如此渴望成功，因而会非常想了解自己到底表现如何，以便随时能相应调整自己的目标。（见第四章）自然而然地，他们也会更喜欢以业绩为基础的薪金制度（即，根据工作绩效来支付薪水），因为这些制度承认个人成就。同时，他们不喜欢以资历为基础的薪金制度（即根据一个人在公司的工作年限来支付薪水），因为这些制度并不是根据一个人的工作成就来评价工作差异，而只是凭任职时间。[55]

到目前为止我们的讨论已经集中在成就动机对个人成功所起到的影响作用上面。下面将讨论一个更大范畴中的问题：成就动机在整个国家的经济命运中是否也起到了一定的作用？

## 全球组织行为

### 成就动机与经济增长

有许多种因素会对国民经济的增长和发展起到影响作用，其中包括，自然资源的成本和供给，劳动成本以及政府的相应政策。这还并不是全部，影响经济发展的另一个重要因素就是，成就动机的民族差异。

虽然严格说来成就动机只是能表现人格差异的一个方面，大量证据表明，它还是文化差异的表现之一。另外，它还体现了经济差异。

研究者在一项经典研究中对来自 22 个不同文化背景的儿童故事进行了有关成就动机的主题分析，在很大程度上阐明了这个观点。[52]（例如，在美国，有上百万的孩子们曾读过的儿童故事“小小发动机”，就含有大量的成就动机思想）调查者们将故事中不同程度的成就动机因素与经济增长的水平联系起来，有了一个重大发现：来自某特定民族的故事中越是强调成就的重要性，这个国家的经济增长速度就越快！

这些调查结果并非巧合，类似的发现屡见不鲜。[53]例如，一项针对 41 个国家 12 000 位被试的大规模调查也证实成就动机的文化差异确实存在，并与经济增长有关。[54]具体说来，不同国家存在着对待工作（如竞争）的不同态度。国民竞争意识较强的国家也是那些经济增长速度更快的国家。

为什么会出现这种情形？成就动机作为个人的一个特点是如何影响经济活动的？原因可能在于经济趋势，它反映着许多个体的行为。因此并不奇怪诸如成就动机这样的因素可以在决定国家经济命脉中起到一定作用。而一个国家的整体经济面貌是一系列的“部分”的组合，这些“部分”就是——人类的思维、情感和行为！

## (八) 早晨型人群和晚上型人群:"我讨厌在……时起床!"

在当今美国社会,大约有20%的劳工在从事着轮班工作。[56]近年来这一数字又有所增长,随着越来越多的企业采用24小时工作制,这一数字还会有继续上升的趋势。[57]不幸的是,晚上工作会对很多人的幸福和健康带来不利影响,因此这一潮流代价是极大的。[58]你可能在生活中也会看到一些人,他们更喜欢"黑白颠倒",并乐此不疲。(如果你正在夜读此文,那你也可能是其中的一员!)

有证据表明,人们在一天当中什么时段更为敏捷或活跃是有差异的,这一差异不仅存在,而且长期稳定。具体地说,人们通常可分为两类:**早晨型(morning persons)**,他们在早晨精力最为充沛;**晚上型(evening persons)**,他们在晚上精力最为充沛。

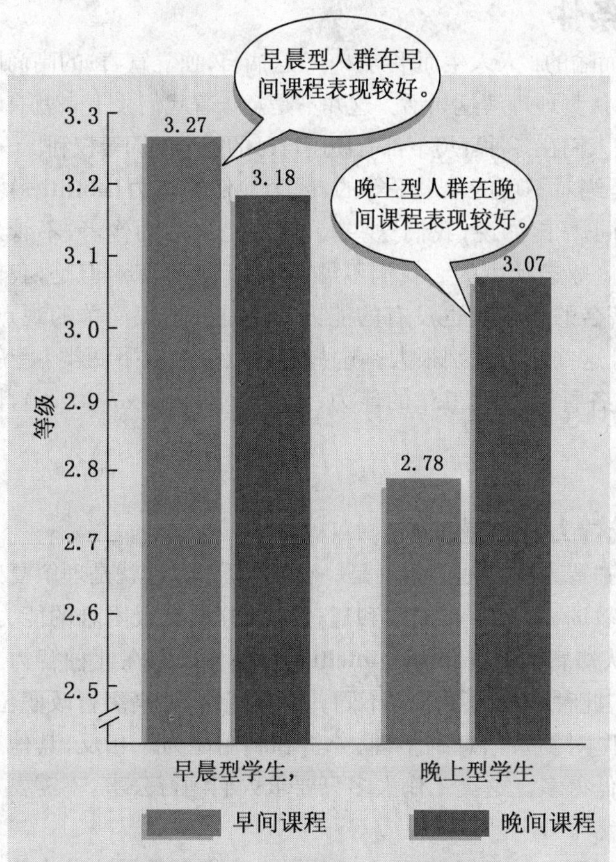


图3.10 时间段和学业表现

在这项调查中,在早间最为活跃和敏捷的学生(早晨型人群)在早间课程中表现较好。相反,在晚间最为活跃和敏捷的学生(晚上型人群)在晚间的课程中表现较好。

【资料来源】Based on data from Guthrie, Ash. & Bandapudi, 1995; see note 56.

也许,晚上型的人们觉得在晚上做事压力更少,从而效率更高。让我们来看一项最近的研究,其研究对象是读者们大都很熟悉的人群:大学生。这些学生按要求每天记日记,记录每天睡觉和学习的次数。[59]关于他们的课程安排和学业活动的一些信息也通过校方取得。除此之外,所有的被试者还都完成了一份问卷,旨在测量他们是属于早晨型还是晚上型。

结果反映了被归为两种类别的被试者之间的潜在差别。正如你能料想的,早晨型的人据报告每天基本上是晚上睡觉,白天学习,而晚上型的人则相反。类似的,他们的课程安排也不同：早晨型的人常把他们的课程安排在一天的较早时候，而晚上型的人则较晚。最有趣的是，早晨型的人在早间课程的表现要比晚间课程中好，晚上型的人则恰恰相反(图 3.10)。

包括这些调查在内的很多研究都表明，个体间确实存在对一天中不同时段的喜好差异，而且这种差异在涉及工作绩效时非常重要。[60]理论上讲，只有晚上状态最佳的人才可以被安排上夜班。这种政策的结果就是有利于使员工保持更好的工作绩效、更健康的身体以及更少的事故率，这使员工和组织本身都能成为最大的受益者。

## 三、能力：成功的必要条件

"我们认为下述真理是不言而喻的：人人生而平等……"这摘自《独立宣言》的高尚陈述是为人熟知的。然而我们需要认真地理解这句话。这并不是意味着我们生下来就有了同样处理事务的能力。它指的是人们在各种环境下都有使用自己的能力的同等权利。

生活经验告诉我们，人类是绝对不可能生来平等的，因为他们的**能力(abilities)**不同——完成各种工作的本领不同。[61]比如说，我们这些人，就算是本书的作者，不管怎样努力都是不会成为一名职业篮球运动员的。我们不够高，也不够称职。但是，我们有其他方面的能力，即使是最著名的运动员也没有的能力。这是一个很简单的观点：人们不仅拥有很多的能力，而且这些能力差别很大。这些能力可分为以下两类：*智能*(*intellectual abilities*)，即完成各种认知性工作的能力；*体能*(*physical abilities*)，即完成身体动作的能力。

### (一) 智能：认知智力、实践智力和情感智力

传统上，当人们谈及某人的"智力"时，他们指的是一种具体形式，也就是理解复杂概念，有效适应环境，接受经验教训，从事各类推理和通过仔细分析克服困难的能力，这种能力被心理学家们称为**"认知智力"(cognitive intelligence)**。[62]人们在此种智力上的水平不同，不同的工作对人们此种智力的要求也不同。有些工作，如高级行政职位，要求高层次的*信息处理*能力，即，对复杂信息的整理、分析和利用能力。相反，其他工种对这种能力的要求可能就要低得多。这类工作大多只要求人们例行公事，不需要对信息进行细致的思考和分析。

这种定义智力的方法已使用了 100 多年，但是今天的科学家们发现了这种方法的局限性。他们注意到智力不仅是一个"多少"的问题，也是一个"哪种？"的问题。现在为人们公认的是，智力不是一种单一的、单元化的能力；而是多种不同能力的组合。[63]科学家们区分了几种不同形式的智力，其中两种与组织行为的各种形式密切相关。一种是*实践智力*，或我们通常说的"小聪明"。正像(图 3.11)中所描绘的那位女性一样，人们的实践智力适用于处理日常生活中的问题。另一种形式是*情感智力*，指的是一个

人对人们的情感作出敏感反应的能力。两种形式的智力在组织行为学中都有重要地位，下面我们将对它们作详细的介绍。

"帕姆是我们这次题为'我最少能靠多少工资生活'作文比赛的获胜者，你们其他的人都被开除了！"

**图 3.11 实际生活中的实践智力**

图画中的女士展示了高度的实践智力：她保住了工作，而其他的人都丢掉了工作！

【资料来源】The New Yorker Collection 1996, Ed Fisher, from cartoonbank. com.

## 1. 实践智力："擅长处理事务"

让我们先来看一个关于实践智力的实例。美国佛罗里达州的一个城市 Tallahassee，常年为它的市民提供垃圾桶。很多年来，环卫工人们从市民的院子中拿回装满垃圾的桶，带到卡车上，倒空桶，然后把桶送回原处。这种程序一直持续进行，直到一个新进员工意识到通过一个简单而机灵的做法可以使工作量减少一半：在每次倒空桶后，不是送回原处，而是将桶带到下一个院子里，在那里，用空桶代替装满垃圾的桶，顺便将满的桶带回卡车。因为所有的桶都完全相同，对居民来说拿回哪一只桶并无区别，但这小小的变革却为收集垃圾的人节省了从卡车到院子间的整个距离。想出这个主意的员工似乎有着高度的**实践智力(practical intelligence)**——能想出解决问题的好方法的能力。越来越多的证据说明，实践智力与智力测验所测的智力并不相同，它在商业环境中尤其能体现其重要性。[64]

具有高度实践智力的人是如何解决实际问题的呢？他们成功的秘诀就在于他们

的**默会知识(tacit knowledge)**。即,如何完成任务的知识。与*形式知识*(*formal academic knowledge*)相反,它指的不是死记定义、公式和其他的信息,默会知识要来得实用得多。具体说来,默会知识有以下3个特点:

(1) *动作定向*。它涉及的是"知道如何"去做事情,而不是"知道"某些事实。例如,一个锁匠可能会拥有大量的关于锁是如何组装的默会知识,但同样是这个锁匠,可能就不太清楚造锁公司的一些事实与数字,也不会太了解用来造锁的合金材料的化学元素构成。

(2) *它允许人们去追求个人推崇的目标*。这一点有着实践性的价值,因为它侧重于跟自身有关的知识。(如果有学生正抱怨所学的学术课程,他会说,"这东西跟我毫不相干,我一辈子也不会用到它!")

(3) *这种知识的获取往往不需借助别人的直接帮助*。这种知识的获取是要依靠自己的,因为在大部分情况下它是不可言传的。因此,人们必须亲自意识到它和它的重要价值。比如,没人会告诉一个雇员从资历较老的人那里获得的帮助会有助于他或她的事业,但这个人还是会意识到这一点,并按此方法去做。

总之,越来越多的证据表明,智力包含的意义比那些跟学术成就有紧密联系的语言能力、数学能力和推理能力等要多得多。实践智力的重要性影响着生活中很多方面的成功。

**全球问题** 不同的文化给具有高度"认知能力"的人以不同的地位。认知能力也就是能使人在学校获得高分的能力。你认为这些差异会对不同文化中的实践能力水平起到影响吗?如果是的话,你认为它们也会影响不同文化国家的经济吗?

## 2. 情感智力:"擅长处理感情"

至今为止智力的所有方面都被与称为智力的"认知面"有关,也可叫做处理不同形式信息的能力。然而根据丹尼尔·戈尔曼(Daniel Goleman)的观点,还有另一种形式的智力——他称之为**情感智力(emotional intelligence,简称EQ)**。[65]指的是跟生活中的情感或感觉有关的一系列能力。具体说来,情感智力由以下几个组成部分:

(1) *认识并调整自己情感的能力*。高情商的人能意识到他们可能快要生气了,但还是能控制住自己的脾气。

(2) *认识并影响别人情感的能力*。高情商的人能估量别人对他们所谈论的事物感兴趣的程度,并能激起别人对他们的观点的热情。

(3) *自我激励*。高情商的人能激发自己长期从事各种艰苦工作的热情,并抵制放弃或逃避的引诱。

(4) *与他人建立长期合作的高效关系*。高情商的人能与人长期保持多种不同关系，并不受生活变化的影响。其中一个特点就是能熟练处理各种协调、谈判事务及复杂的人际关系，并能使人喜欢和信任他们。

情感智力在组织背景中有没有价值？答案是肯定的。比如，情感智力的几个方面（如，揣摩别人心理的准确度）都与企业家的经济成就有密切关联。[66]同样的，善于揣摩别人心理的科学家也会比不谙此道的科学家更能博得同事们的好感，业务上效率也会更高，部分原因就可归功于这种能力。深得人心的他们会加入一些非正式的电子邮件网络，并对本领域中的最新信息有所了解。而他们那些情商较低的同事却与此种网络并无多少瓜葛。总之，情感智力的各方面的优势都可能对一个人的事业有所帮助（见图 3.12）。

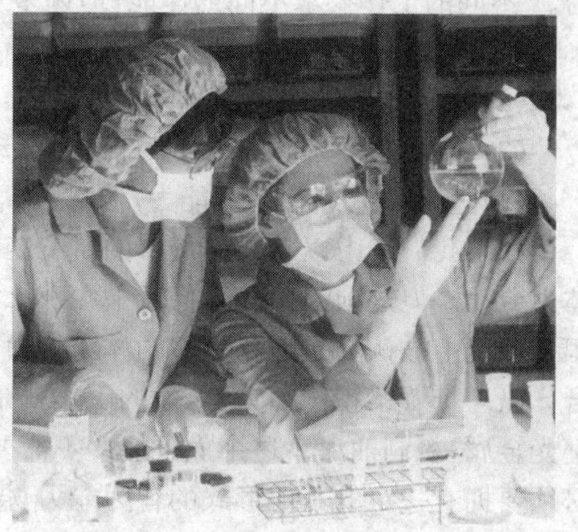

**图 3.12 情感智力：工作中的一个重要能力**

高情感智力是许多工作成功的重要因素之一。高情感智力的人更善于把握他人的心理，这使他们与同事的私人交往密切，并对他们的事业发展帮助很大。

### 3. 其他认知能力

虽然每种智力都是很重要的，但它们并不是影响组织行为的仅有的一些认知能力类型。还有一些更具体的认知能力也与工作绩效相关。它们包括：

（1）*知觉速度*：很快识别视觉刺激的共同点和不同点的能力（如，设计师识别织物的不规则图案）。

（2）*数字能力*：快速而准确地处理数字的能力（如，会计在财务报表中指出错误）。

（3）*空间想象力*：想象不同物体在空间旋转或运动时状态的能力（如，建筑师构思改动建筑设计图）。

显然，最基本的还是给人们安排最适合他们能力的工作。航空调度员必须具有良好的知觉速度，查账员必须具有良好的数字能力，工程师必须具有良好的空间想象力。缺乏适合他们所从事工作的基本能力的人们常常在事业初期就能够意识到这一点——不管是自己意识到的，还是由别人深入细致地指出的，并转行到与他们所具有的能力更加匹配的事业上去。

## （二）体能

我们所说的**体能（physical abilities）**是完成一项工作中所要求的体力任务的能

力。[67]不同的工作要求不同的体能，但许多工作都有几个共同的特征。它们包括：

(1) *力量*：运用身体力量对待不同物体的能力。

(2) *灵活性*：敏捷移动身体的能力。

(3) *耐力*：忍受超长时间从事体力活动的能力。

(4) *速度*：快速移动的能力。

如果我们考虑以下人们从事的所有工种，我们或许能区分出它们是脑力劳动还是体力劳动。但这项工作并不像看上去那么简单，其结果很可能是有误导性的。其实，很多传统上被认为是需要更多的体力能力的工作，它们更是体力能力和脑力能力的组合。以一个桥梁粉刷工为例，他的工作就是从桥梁支架上吊下来，悬在路面或水面上磨光金属，粉刷油漆。这个人可能并不需要很高的情感智力来取得成功，但他(或她)必须要拥有一定的其他形式的智力能力，包括很高的实践能力(如，如何进行危险的攀越)。另外，与那些行政管理者不同(他们最大的体力活动就是从家里走到汽车，再从汽车走到办公室)，桥梁粉刷工却要有相当的体力与技巧来攀越桥梁，在此期间还要拿着设备并要努力保持身体的平衡。其他的职业也是如此。例如，职业足球运动员需要做出一些神奇的勇敢举动，还要有一些认知智力(如洞察速度)及情感智力(如不能说任何关于队友、教练或对手的不符合职业规范的话)(见图 3.13)。

**图 3.13 有些工作需要多种智力和能力**

图中这些足球运动员需要有哪些形式的智力和具体能力呢？和许多工作一样，要在这种工作中取得成功几乎所有形式的智力和能力都要具备。

虽然我们能意识到对足球运动员在体力上有所要求，但有些工作对体力上的要求却并不是如此明显。例如，行政助理（及各种办公室职员），通常必须以特殊的姿势坐在电脑前输入文件或数字，或者连续几个小时埋头看文件。这种工作也需要相当的身体灵活性，但是很少有机构能提供这方面的重要训练。我们都很清楚，长时间从事此类工作会对人的健康有害（特别是当人们采用了不正确的姿势时）。[68]因此，越来越多的公司正在为从事体力工作的员工引进各种有利于健康的措施。后面的"趋势"栏就简述了一个大型公司是如何做到这一点的。

## 学习目标的回顾与总结

**1. 定义人格，并描述其在组织行为学中的作用。**

**人格**是个体表现出来的独特的、相对稳定的行为、思想和情感方式。它和能力（完成工作的本领）及不同的环境因素一起决定着组织行为。这种观点就是**交互作用法**，是当今组织行为学领域中被广泛接受的观点。

**2. 区分测验的*信度*和*效度*。**

任何个体差异的测量必须是**可靠的**——它必须产生出一致的测量结果。另外，所有的这种测验必须是**有效的**——它们必须能测量出它们宣称能测量的东西。

**3. 定义大五人格因素，并解释它们与组织行为学中几个方面的关系。**

大五人格因素是人格中非常基本的几个因素，在很多工作的成功表现上起到重要影响作用。它们是：*责任心*，*外向-内向*，*随和性*，*情绪稳定性和经验的开放性*。其中两方面——责任心和情绪稳定性在许多工作中是成功的先决条件。尤其是在那些自主权较大的工作中。

**4. 解释*积极情绪倾向与消极情绪倾向*以及它们是如何影响组织行为的。**

**积极情绪倾向**和**消极情绪倾向**指的是人们在工作中分别经历积极的或消极的情绪倾向。比较起来，在积极情绪倾向方面得分较高的人往往更容易作出高质量的个人决策，更愿意帮助他人。

**5. 区分*A 型行为与 B 型行为模式*以及它们对组织行为的影响。**

**A 型行为**人竞争性强，易急躁，经常匆匆忙忙。这样的人在完成有速度要求的工作中表现较好；但是，在要求成熟判断的工作中，他们可能表现得不及 **B 型行为**人。A 型行为人会与周围人有较多冲突，可能会卷入更多工作纷争。他们还会比 B 型行为人更多受到健康上的威胁，这可能会妨碍他们上升到组织的高级职位。

**6. 描述*自我效能感*，并解释其与*自我监控*的区别。**

相信自己拥有能力完成很多困难任务的个体一般自我效能感比较高，与那些缺乏信心的人相比较，他们通常表现得更好。**自我监控**力较高的人则热衷于给别人留下好印象，愿意为了不同的环境而改变自己的行为方式。相反，自我监控力较低的人在各种环境中都表现得大致相似。比较而言，自我监控力较高的人更容易获得晋升，但有时会被看做是不可靠的人。

**7. 描述*马基雅维里主义*以及拥有此种品质的个体容易取得成功的条件。**

在与人交往时喜欢玩弄权术的人被称作**马基雅维里主义**者。这类人不会受忠诚、友谊,或伦理的约束。他们为了成功可以不择手段。这类人在人们无法逃避他们的环境里以及在那些制定较少规定的组织中容易取得成功。

**8. 解释*成就动机(或成就需要)*以及不同程度拥有此种特性的人们表现上的不同。**

**成就动机(或成就需要)**个体想要克服困难取得成功以及胜过别人的力量。成就动机较高的人会回避非常简单的工作(因为挑战性太小),也会回避非常艰巨的工作(因为通常会失败)。成就动机较低的人则与他们相反。成就动机较高的人在一开始晋升较快,但他们回避困难的天性有时会成为他们前进的障碍。

**9. 描述*早晨型人群*和*晚上型人群*,以及这种人格差异与职业行为间的关系。**

**早晨型的人**在一天的开始最为活跃,而**晚上型的人**到了晚上才精力充沛。人们只有在他们喜欢的时段,即他们感到精力最为充沛的时段,工作效率才会最高。

**10. 描述*实践智力*,*情感智力*,以及其各自在与*认知智力*有关的事业成功中的作用。**

**认知智力**指的是人们理解复杂概念、有效适应环境、接受经验教训、从事不同形式的推理和通过仔细分析克服困难的能力。其他形式的智力也得到了科学家的承认,而且它们在组织功能中起到了重要作用。它们包括:**实践智力**,即有效完成任务的能力;**情感智力**,即涉及生活中感情(或感觉)方面的能力。

## 问题讨论

(1) 为什么两个人格相似的人可能会在同样的环境下做出不同的行为?

(2) *人职匹配*对工作绩效方面会起到何种正面作用?

(3) 心情好与*积极情绪倾向*有什么区别?

(4) 假设你要雇佣一个人来从事一项对速度要求很高的工作,你会选择A型行为人还是B型行为人?为什么?

(5) 自我效能感较低对工作绩效会有何种影响?

(6) 为什么自我监控力较高的人适合从事边界跨越较大的工作?你能举出他们不适合从事的工作吗?

(7) 如果你怀疑你身边的人是马基雅维里主义者,你应该怎样保护自己不受他(她)的侵犯?

(8) 有没有哪一种文化教导人们要有较低成就需要?这些文化所处的社会经济发展速度如何?

(9) 假如你是一个早晨型人,即,你在每天的清晨最为敏捷和活跃。你怎样才能使这一特点有利于你的工作效率?

(10) 假设你要招聘一名营销人员,你喜欢认知智力较高的人还是情感智力较高的人? 为什么?

## 典型案例

### 案例1 Bob Kierlin的企业"螺丝螺帽"法

如果你几年前买了Fastenal的股票的话,你现在可以很放心,因为你的股市局面良好。事实上,这家企业的利润在过去的5年中每年都在以高于38%的比例上涨——甚至还超出了可口可乐、微软、通用电气等一些历史悠久的大牌公司。与这些偶像公司不同,Fastenal的生产线似乎并不是那么有魅力。这家公司经营的是螺丝螺帽——共有49 000个不同种类,620家分店——通常都是分布在美国与加拿大的一些小城镇上。

在Fastenal成功的背后是首席执行官(CEO)Bob Kierlin,一位58岁的工程师,他在1967年和他的牌友们一起建立了公司。当他7岁大在他父亲开的一家汽车零件铺扫地时,他就知道自己想要开一家自己的公司。当时,同龄的男孩们都梦想着成为一名棒球运动员,可小Kierlin却只想着制造和出售东西。在主修完工程专业后,他进了国际商用机器公司(IBM)。然而,大公司的职员生活并不适合他。他想做的就是回到家乡,明尼苏达州的Winona——Fastenal公司的发源地及现今所在地。

Winona并不是你想象中的一个每年销售额达到250亿美金的公司的所在地应有的样子,而Bob Kierlin也不是你想象中的一个经营着这么大一个公司的人。如果你打算找到任何成功的附属品的话,你就大错特错了;在这里你是找不到的。Kierlin,公司里也有人亲热地把他叫做"BK",因他非常节俭的生活方式而著名。例如,当他最近到加利福尼亚出差的时候,并没有乘飞机前往,而是开着公司的小型客货两用车,往返5 000英里,沿途停靠在便宜旅馆和快餐馆。大部分的首席执行官不仅不愿这么干,就连穿着也不会愿意和他一样——他总是穿二手的西服和短袖衬衫。而且,他们也不会愿意只拿120 000美元的年薪。你大概也能猜到,他对待员工也不会十分慷慨,他的员工很少拿到额外津贴,并且一点养老金都没有。

那么,Kierlin给了他的员工什么呢? 责任感——很强烈的责任感。在很多公司,员工在晋升到高级职位的过程中总要历经磨难,而在他的公司,营销人员只要通过3年就有可能晋升为商店经理。例如,新泽西州哈肯萨克分部的经理就只有24岁,却已能带着比他更年轻的助理,有大量的机会为当地分部作出各项决策,包括从日常事务(如,通过帮朋友搬家为交换条件来免费得到旧办公家具)到更复杂的事(如,解决一个棘手的、影响了销售业绩的货物清单分配问题)。这些经理们既为公司省钱又卖力工作的原因很简单:他们薪水的一半都来自奖金,公司的效益越好,他们的利益也越大——迄今为止，各方都有所收益。

虽然 Kierlin 对公司很放心，但他还是很努力地工作着。他并没有陶醉在自己的成功里。他每天早上 6 点之前到达公司，然后就立即开始工作——着手管理他心目中最重要的资产：人力。如果一家商店一天的利润超过了 5 000 美元，Kierlin 就将这记录下来，并且召见这位经理以表祝贺。除此之外，当他出差旅行的时候，总要在当地的分店停顿一下，询问经营情况。

Kierlin 强调说，给人们以责任感正是企业的宗旨所在——而并非是生产线和利润。对他来说，只有人才是企业真正的"螺丝螺帽"。他主张说："相信人，给他们作决定、冒险和努力工作的机会。这样，我们的企业就会获得成功。"

**问题反思**

(1) 你认为 Bob Kierlin 的人格对近年来 Fastenal 令人惊异的辉煌成就起到了什么作用？在这一案例中什么样的人格因素是最重要的？

(2) Fastenal 公司内部的人说 Kierlin 永远不会退休，但猜想他还是会退休的。你认为 Fastenal 会改变吗？公司的风格会一直保持下去吗？

(3) 你认为情感智力、实践智力和知识智力在 Bob Kierlin 经营企业方式中各自起到了什么作用？

## 案例 2 个体差异：人格与能力

**小型商务 2000** 如果你有兄弟姐妹的话，你就会知道，即使你们很相像，你们还是有所不同的。想一想你们是如何相处的，是如何处理意见分歧的，你们有多少地方是相似或不同的。有时，你可能会希望人们更相似一点——或者更像你一点。但你需要再考虑一下：你认为如果他们都像你的话，相处的时候是更容易了还是更难了呢？

现在我们来假设你有一家跟你的兄弟姐妹一起合开的企业。你可能会被这种想法吓倒，但凯利斯兄弟确实有这么一家公司。他们收购了它并一起经营了 30 年。有趣的是，他们是从他们的父亲和叔叔那里收购了这家公司。据他们自己说，当他们收购这家公司时，公司的经营状况很不好，原因就是他们的父亲与叔叔不和。

在工作环境中，人们需要一起合作，但这并不意味着他们一定要做朋友。决定人们合作程度的因素之一就是他们的人格。凯利斯兄弟有着共同的奋斗目标：成功地经营一家面包批发店，并成为同行中的典范之一。但他们在具体实现这一目标时仍然有着自己不同的观点，也许还有着不同的知识水平。在我们讨论团队和小组成员的合作方式之前，有必要了解每一个个体的特点。当你看凯利斯兄弟谈论他们的公司的时候，思考一下他们各自展现的风格。注意他们的共同点和不同点。尽量去理解是什么原因使他们那样做的，以及当他们为公司利益作出贡献时在哪些方面满足了他们的个人需要。

**问题讨论**

(1) 迈克，琼和鲍勃凯利斯谈论了他们的家庭成长环境和从妈妈那里得到的建议。你认为这对他们人格的塑造有什么影响作用？你认为他们从父母身上学到了什么？

(2) 选择两兄弟之一，谈谈你从他身上所学到的东西。着重从你学过的智力的3种类型角度上来分析。

(3) 你在本章中已经学过了马基雅维里主义。如果两兄弟之一离开公司，而由一个高马基雅维里主义者来接管，你认为会对凯利斯兄弟面包店产生什么影响？

(4) 情绪的倾向可以作为理解一个人人格的一种方法。你认为凯利斯兄弟拥有的是积极情绪倾向还是消极情绪倾向？根据录像中的例子，为你的观点建立论据。

## 技巧库

### (一) 亲历组织行为

#### 1. 检测你的自我监控力

你已经学习了人格特点中的自我监控，你有没有猜测过自己在这一特点上的表现？即，你在不同的环境中表现不同吗？如果是的话，你就是一个自我监控力高的人。为了看出你在这一重要方面的表现程度，请根据以下说明完成答卷并给自己打分。

#### 2. 指导语

根据自己的实际情况判断下列说法是否正确。如果说法正确（或大致正确），标明字母 T，如果说法错误（或大致错误），标明字母 F。

(1) 我很少会模仿别人的行动。

(2) 我的行为通常会反映我的真实感觉、态度或主张。

(3) 在晚会和社交聚会上，我总是力图说一些和做一些人们喜欢的事情。

(4) 我可以就任何一个话题发表演说——即使是我并不是很熟悉的话题。

(5) 我很可能是一个很差劲的演员。

(6) 有时我会为了给人留下好印象或取悦于人而自我显示一番。

(7) 我很难为我不信任的观点辩护。

(8) 我总是用不同的方式来对待不同的环境和不同的人。

(9) 我不会为了取悦于人或获得他们的赞同而改变自己的态度和行为。

(10) 有时别人认为我正经历着强烈的感情波动，而实际并非如此。

(11) 我不善于博得人们的好感。

(12) 如果我有充分的理由，我会直视着别人的眼睛说谎而面不变色。

(13) 我对电影、书籍和音乐的选择有自己的观点；我不会受朋友建议的影响或左右。

(14) 在晚会上,我总是倾听别人的笑话或故事。

(15) 我实际上并不是我通常表现出的那种人。

### 3. 计分

(1) 如果你的答案与以下的相同,给自己加上1分。1. F; 2. F; 3. T; 4. T; 5. F; 6. T; 7. F; 8. T; 9. F; 10. T; 11. F; 12. T; 13. F; 14. F; 15. T。

(2) 算出总的得分。

(3) 如果你的总分超过(包括)8分,你很可能是自我监控力较强的人。如果你的得分低于(包括)4分,你就是自我监控力较弱的人。

### 4. 讨论题

(1) 你的得分如何?班级里其他人的得分如何?

(2) 自我监控力高总是占优势吗?什么情况下它会对事业或工作绩效产生负面影响?

(3) 你在下列情况下更倾向于自我监控力较高还是较低的人?

a. 营销人员

b. 工程师

c. 会计

d. 人力资源部经理

## (二) 分组练习

### 1. 行动中的马基雅维里主义:10美元游戏

高度马基雅维里主义的人是真正的实用主义者,因此他们与人相处时总能占上风。换句话说,只要能成功或得逞,他们什么都愿意做(或说)。有几种问卷可以用来测量人格的这一特点;但是,人格特点的这一倾向在很多面对面的情况下就能观察出来。此练习提供了一个有用的方法来观察人格在这一方面的区别。

### 2. 指导语

(1) 整个班级分为3个小组。

(2) 发给每组的3个人一张纸,上面有下列指示:假设我在你面前的桌子上放了10张1美元的钞票。这些钱属于你们中的两个,你们可以自由决定如何分配。

(3) 每组成员可用10分钟的时间来就此项活动作出决定。

(4) 问每组成员的决定。很有可能发生的情况是，一组中的两个人已就如何分配钱财达成协议，却将第三个人“拒之门外”。

## 3. 讨论题

(1) 这些两人组合是怎样形成的？小组中有没有一个主要负责组织这一得胜组合的人？

(2) 为什么第三个人被排除在外？这个人因为说了什么，做了什么——或因为没说什么，没做什么——才导致被从两人分钱的组合中排除？

(3) 你认为此处的行为与马基雅维里主义有关吗？如果有的话，又是怎样的关联呢？也就是说，你在这一练习中有没有看到马基雅维里主义的迹象？

(4) 在此处的环境中，不信奉马基雅维里主义的人如何保护自己才能不被“拒之门外”？

# 趋势：今天的企业在做什么？

## 设计一个更好的邮包：减轻美国邮政行业员工的背部劳损

很多人都很熟悉邮递员斜挎一个邮件皮包出现在街头的形象。

实际上，几个世纪以来关于邮包的设计一直没有变过。“有改的必要吗?”你可能会提出疑问。

几乎任何一个邮递员都能解答你的疑惑。全世界的邮递员都会忧愁地反映这些邮包会带来的不适。这样设计的邮包可以用来承受很大的重量——通常不会少于35磅。另外，因为邮包是挂在一只肩膀上的，所以它们还会引起很多的肌肉和背部损伤。[69]

对此，美国邮政总局(USPS)专门提供经费来设计一个更好的邮包 —— 一个不会造成背部劳损和其他疼痛的邮包。本着这一宗旨，美国邮政总局将两个改良型邮包与传统邮包作了比较。[70]其中一个设计是用一根腰带把邮包挂在腰间。另一个设计是两个肩膀同时背起的两个包。这3个方案(即原有的邮包和两个新设计)一起经受了一场测验：让男性志愿者使用邮包1小时，之后分别测验肌肉疲劳程度。

结果非常明了：3个邮包都会造成一定的疲劳，但原来的邮包对身体造成的疲劳要比其他两个设计大得多。结论就是：传统的邮包肯定要改进了。

美国邮政总局正在考虑改进方案。如果做到了这一步，员工的背部劳损和伤害应该会得到大幅度的降低。当然，不管改进能否实现，这都是美国邮政总局的事。但是，我们还是要指出，这一事例有力地说明细致的调查能影响公司政策，并在一些与员工利益息息相关的方面，如工作满意程度、工作绩效和健康等方面达到改善效果。

# 第三部分 组织中的个体

## 第四章 组织激励

**学习目标** 学完本章后应能够：

1. 定义*激励*，并解释其在组织行为领域中的重要性。

2. 描述*需要层次理论*以及在提高组织激励水平方面该理论给出的建议。

3. 明确并解释在*目标设置*环境中能提高工作绩效。

4. 描述*公平理论*与*程序公平*，并解释如何运用它们来激励组织中的成员。

5. 描述*期望理论*及其如何被应用于组织之中。

6. 区分作为激励员工技巧的*工作扩大化*与*工作丰富化*。

7. *描述工作特征模型及其工作再设计以提高激励水平方面的含义*。

### 预备案例

#### 人类所能达到的信息技术：使沃尔玛成长壮大的魔幻组合

当萨姆·沃尔顿(Sam Walton)于1992年去世时，一些业内人士怀疑他在30多年前创建的沃尔玛连锁店作为一种打折零售商能否保持原有的业绩。他们担心失去的将是沃尔顿曾经使拥有720 000员工的连锁店兴旺的“神奇力量”。在20

世纪 90 年代中期，沃尔玛的股票也像其他公司那样失去了牛市的增长状况，因此权威人士的评论似乎是正确的。然而今天沃尔玛又重新振作起来了。不仅在美国 50 个州及 8 个国家有了分店，而且在同类折扣商店中，销售业绩处于领先地位。

许多人相信沃尔玛成功的关键之一是它懂得如何去激励其销售队伍。例如，沃尔玛商店的每一次员工聚会都是令人振奋或鼓舞人心的——这种聚会是多年以前沃尔顿亲自发起的代表性事件或典型事件之一。当销售人员为一天的购物狂潮做准备时，商店经理带领员工高呼"给我一个 W，给我一个 A，给我一个 L……"，用他来激励销售人员进入工作状态。此外那些职员还了解他们的顾客想要什么以及有多少人正在购买他们的商品。然而为了使他们更加明确，职员们仍然要知道精确的销售数额以确切表明他们某一连锁店的运营状况。例如，与前一天、前一个星期或前一年相比较他们赚了多少钱？哪些是热销产品以及他们的利润是多少？

各部门的代表都可以骄傲地宣布问题的答案，但不是使用大多数商务会议上那种枯燥的语调。在沃尔玛，会使每个人都对回答此类问题感兴趣。例如，假设你是一名得克萨斯州帕萨蒂娜市(Pasadena)沃尔玛的员工，你可能由于不久以前猜中了前 4 个星期商店售出 15 850 包商品而赢得一包奥利奥饼干。的确，这样的奖品对于员工来说是微不足道的，但此类事情能增进沃尔玛员工之间的友谊并使得在此工作的经历更有趣味性。

正如你想象的那样，销售数额来自公司的计算机。然而，你可能永远想不到的是沃尔玛的信息技术是如此先进，以至于它提供了所有连锁店在最近一分钟每种产品的销售数额。事实上，沃尔玛每年用于最先进信息技术的费用高达 5 亿美元，在信息存储容量方面仅次于美国政府(一个巨大的 24 兆兆节的处理设备)。以至于没有其他的零售机构能够与之媲美。

这样的技术使得沃尔玛的员工能够掌握每一种商品销售状况的信息。只要手持扫描器，在一种商品的代码上简单一扫，商店经理就能得到关于那种商品的过去、现在以及计划要实现的销售额。(例如，你知道每 20 秒钟沃尔玛就能售出一个芭比娃娃吗?)假如一名沃尔玛员工发现一个竞争对手打出广告声称要比沃尔玛同种商品价格更低，他或她的商店经理就能立即将价格作出比较并通过公司的卫星系统将新的、更低的价格传送至所有的 2 400 个沃尔玛商店。然后降价的消息就会在店内的公告牌中宣告出来。

沃尔玛官员认为，迅猛的科技不仅可以作为一种有用的推销工具，而且可以作为与其他员工激励策略如低技术含量但充满士气的集会相对应的高科技的组成部分。公司官员坚信沃尔玛的员工，由于有着最佳工作方式信息的武装，他们将会在公司的激励下竭尽全力。假如说公司最近的 30 亿美元的利润有什么意义的话，那就是表明公司的这种战略正运作良好。

沃尔玛的成功使它赢得了“世界最大零售商”的地位，这给人留下了深刻的印象。当然以诱人的价格销售质优的产品是成功的关键。但是，其他许多打折连锁店也同样可以做到这一点，但没有成功。那到底是什么使沃尔玛如此特别呢？一个关键要素是它知道如何对待它的员工。毕竟，通过传送与接受他们所售产品的信息，沃尔玛的销售人员感受很特别，而且通过店内鼓舞士气的集会，他们受到激励而成为产品的热情宣传者。另外，他们还能接收到其促销成效的当前信息。将所有这些加起来，就拥有了使沃尔玛成为今天零售业巨人的独特经营战略。

当然，这也就引出了一些有趣的问题。尤其是在那些鼓舞士气的集会中究竟是什么刺激人们行动的？销售人员得到的反馈是如何鼓舞他们去努力工作的？为什么使工作有趣味能带来如此大的帮助？如果将所有这些综合成一个反映这一章主题的基本问题，我们可能会问：你是怎样着手激励人们工作的？着眼于对这个问题的回答，我们将在这一章中探究一下*激励*（*motivation*）的过程。

商界人士可能有许多关于如何激励员工的有趣想法，但这些想法并不总是有效的（图 4.1）。理解组织行为的途径是基于科学而不是基于直觉。这并非说我们仅对研

“佩恩德托先生，至今天中午，我们将不再需要您了，同时，继续好好工作吧。”

## 图 4.1 怎样不激励员工

毫无疑问，即使是最糟糕的经理都能意识到可怜的佩恩德托先生不会从“继续好好工作”中得到激励。除非他们了解激励过程的复杂性，然而即使是通情达理的老板也会有这样的风险，即不能使自己的下属竭尽全力。

【资料来源】The New Yorker Collection 1992. Robert Mankoff from Cartoonbank. com.

究与理论感兴趣——绝对不是这样！对于告诉我们关于如何去激励人们工作的这些尝试，我们同样非常感兴趣。基于这种思想，我们既对理论问题感兴趣(例如，“*什么能够激励人们，为什么？*”)也对应用问题感兴趣(例如，“*这种知识怎样才能投入实际使用当中？*”)，这两个焦点问题将非常明显地贯穿于本章之中。

我们在这儿所考虑的理论代表了[1]当前研究激励这个主题所涉及的主要方法。我们对每种主要方法的关注将聚焦于该理论的内容，关于它的研究意义以及实践的含义。这种定位将帮助你对激励的重要性有一个扎实的理解，这种激励是作为组织行为学家与业内人士所关心的主题。然而在论述这些理论及应用之前，让我们首先来关注一下激励本身的概念。

## 一、组织激励：基本特征

激励是一个宽泛且复杂的概念，但是组织行为学家就其基本特征达成了共识。[2]我们将**激励**定义为*唤起、指向并维持人们的行为以达到某种目标的一系列过程*。图 4.2 中的图样将对这个定义作出详细的解释。

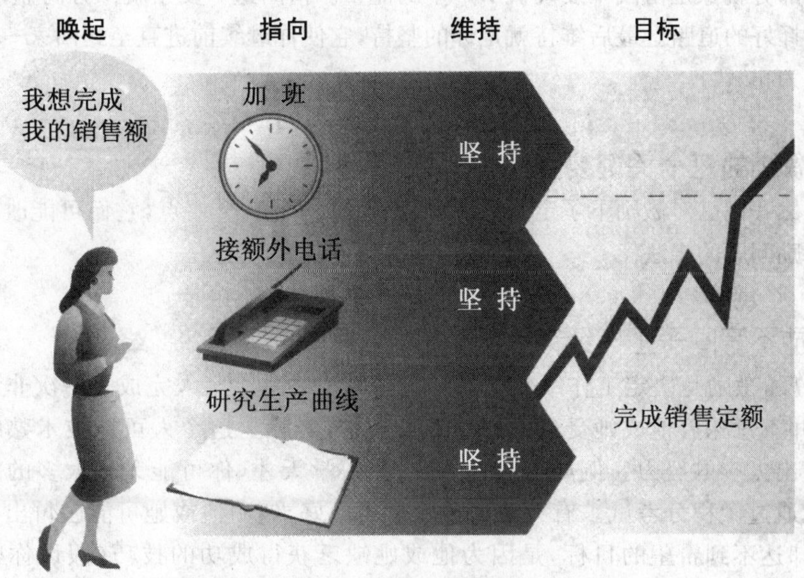


**图 4.2 激励：基本组成要素**

激励包括唤起、指向以及对朝向一个目标前进的行为的维持。

### (一) 激励的组成要素

在我们的定义中首先涉及的是*唤起*(*arousal*)，它与我们行动的驱动力或能量有关。例如,人们的行为可能受他们兴趣的引导:给别人留下良好的印象、做有意义的工作、有所作为,等等。他们实现这些动机的兴趣刺激他们采取按照已设计好的行为模式去实现这些动机。

但是,人们将做些什么来实现他们的动机呢?激励同时与人们做出的选择、行为的*指向*(*direction*)有关。例如,有意给主管人员留个好印象的员工可能会做出许多不同的事情,诸如称赞上司工作出色、去帮个忙、在一项重要计划中特别卖力地工作以及其他类似的事情。在这些选择之中每一个都可能被认为是一条通往实现员工目标的道路。

在我们定义中最后涉及的部分是*维持*(*maintaining*)行为。人们将会坚持多长时间来尝试实现他们的目标?在一个目标实现之前就放弃意味着没有满足第一阶段中刺激那种行为产生的需要。显而易见,没有坚持到底实现其目标的人(例如在达到销售定额之前放弃的销售人员)不能称其受到高水平的激励。

总而言之,激励需要具有目标指导行为的所有三个要素:激发、指向与维持。用一个类比可能会有助于将这些元素联系在一起:想象你正驾车在回家的路上。激励的唤起部分就像是由汽车发动机所产生的能量。指向这一要素就像方向盘,带领着你走已选择好的道路。最后维持就是你的坚持,它使你继续前进直至到回家——实现你的目标为止。

## (二) 激励的三个关键要点

既然我们已对激励下了定义,让我们来考虑一下三个要点,它们可能改变你对工作中激励问题的想法。

### 1. 激励不等同于工作绩效

相反,激励是决定工作绩效的几个可能因素之一。某人完成了一次非常出色的任务,并不意味着他或她受到了高水平的激励,实际上这个人可能技术熟练但根本没有付出太多的努力。例如,假如你是一个数学天才,你可能无须太多的努力就能轻松地通过微积分考试。有些人任务完成得不好,然而他或她可能已付出了大量的努力,却达不到希望的目标,是因为他或她缺乏获得成功的技巧(假设你曾经尝试学习一项新的体育运动,但是无论你怎样努力都不能掌握它的话,你就会明白我们的意思)。

### 2. 激励是多方面的

人们可能会同时产生几种不同的动机,有时这些动机可能会相互冲突。例如,一个文字信息处理人员可能因为受到激励而尽可能提高效率,去取悦他或她的老板。然而由于效率太高,可能会引起同事的敌意,因为他们害怕相比之下被看成是差劲的。结果两种动机可能会将个体拉往不同的方向,胜利的一方就是在某种形势中处于强有力地位的。很显然,激励在组织行为学领域是一个复杂且重要的概念。

### 3. 人们所受的激励不仅仅是金钱

调查表明,大多数美国人即使不需要钱也会继续工作。[4]当然金钱对于人来说是重要的,但他们也可以受到激励去实现工作中的许多其他的目标。由于科技的进步使许多工作不再枯燥无味,今天的工人们受有趣且具有挑战性工作的激励——而不仅仅是高薪水(图 4.3)。他们同时也寻求能使他们在商业中获得成功的工作,并且由于这种成功而得到酬劳(例如,通过拥有股票、奖金,等等)。组织行为学认为有各种各样的因素激励人们去工作,我们在对各种理论的讨论中将强调这种多样性(看一下发展中地区激励人们工作的一些因素,参见本章的"全球组织行为")。

**图 4.3 工作:实现生活价值的重要来源**

俄亥俄州韦斯特维勒(Westerville)的约翰·杰瑞尔(Jarrell)在国家发行的彩票中赢得了数百万美元,但他仍然保留其在机器制造车间的工作。究其原因,他解释道,工作以及与他一起工作的人们是他生活中的一个重要部分。

## 全球组织行为

### 东欧人初次应聘工作的动机是什么?

东欧地区的社会与政治环境正迅速地发生着变化,并带来动荡的经济环境。为了使这个曾经繁荣的地方重新振作,就需要知道怎样去激励人们,尤其是针对初次寻找工作的年轻人。特别地,是什么吸引年轻人到各种各样的工作中去,以及什么能使他们将这些工作干得出色?最近有一份针对波兰、捷克共和国、匈牙利商业及工程学专业毕业的 1 100 学生所作的调查,提供了一些这方面的情况。[3]

可能正如你想象的那样,金钱是重要的。确实,43%的人表明他们寻找有竞争力的薪水。考虑到学生们是生活在一个刚刚出现的全新市场形态,这一点就能讲得通了。然而还是有大约52%甚至更多的人声称他们需要一种能在工作同事影响下更好地发展、成长的人为工作环境。据调查大约有1/5至1/4的学生表示找工作的动机是想增加他们的阅历。引人注目的是，他们还表现出对这样一些工作感兴趣：能让他们在感兴趣的领域内成为专家(26%)、能为他们将来的事业提供良好参考价值的工作(22%)、能提供良好的培训计划(21%)，希望得到履行多种任务机会的占到了20%。确切的数字与统计值在不同的国家可能会有变化，但是各种因素之间的相对重要性呈现出显著的一致性。

这些调查研究结果说明有两点很重要。第一，在世界的一个地方能够激励员工的许多事情同时也能激励世界上其他地方的人们。第二，金钱仅仅是几个激励因素中的一个——不是必须的也不是最重要的一个。金钱不是至上的，即便是在一个金钱对取得成功是非常关键的新兴市场。这种事实能帮助我们强化自己的观点。

## 二、满足需要的激励

到目前为止，我们的讨论已表明有多种因素在激励人们工作方面都是很重要的。然而，我们还没有确切地解释这些因素是怎样互相结合起来发挥作用的。

我们在这里所考察的解释激励的理论是就满足人类的基本需要而论的。确实，组织学者已经对下面的问题给予了极大的关注，即人们受到激励，将工作作为满足其自身需求的机制。我们将叙述这样两种理论：马斯洛的*需要层次理论*（*need hierarchy theory*）以及奥尔德弗的*ERG 理论*（*ERG theory*）。

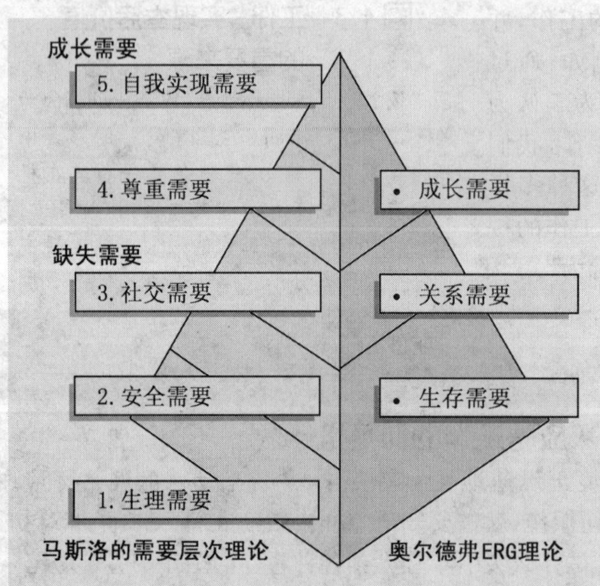


图4.4 需要理论：比较

由马斯洛*需要层次理论*（*左边*）所列的五种需要与奥尔德弗的*ERG理论*（*右边*）的三种需要是相一致的。然而，马斯洛理论明确指出，这些需要是从最低水平至最高水平依次被激发的，奥尔德弗的理论表明需要可以以任何次序激起。

### （一）马斯洛的需要层次理论

组织行为学中最为著名的关于人类需要的概念是由

亚伯拉罕·马斯洛(Abraham Maslow)[5]提出的。马斯洛是一位提出个人适应理论的临床心理学家,**需要层次理论(need hierarchy theory)**就是基于他对病人多年的观察。他的假设是假如人们生在其需要得不到满足的环境中,那他们将不可能成为健康的、具有良好适应能力的个体。马斯洛理论之所以流行的主要原因在于将相同的思想运用到了组织当中。换句话说,除非人们在工作中满足了他们的需要,否则他们将不能进行有效的工作。

特别指出的是,马斯洛推断人们有五种类型的需要,并且这些需要是以一种等级(*hierarchical*)阶梯的方式依次被激发的。这样,需要就以一种特定的顺序被激起,从最低到最高,最低层次的需要必须在下一个较高层次需要被引起之前得到满足,如此等等。五种主要的需要类型被列在图4.4的左边,请参照这张图,作为我们在此描述的需要理论的一个总结。

## 1. 生理需要

位于最低层次的是**生理需要(physiological needs)**。这些是马斯洛归纳提出的最低层次、最基本的需要。它们所指的是基本的生理上的驱动力(例如对食物、空气、水和栖身的需要)的满足。为了满足这些需要,组织必须提供给员工足够的能满足生活条件的薪水。同样,足够的休息机会(例如喝咖啡的时间)与从事体育活动(例如健身

**图4.5　运动:满足人们生理需要的一条途径**

在俄勒冈州贝弗顿(Beaverton)的74英亩的公司广场上,耐克提供了大批健康设施以满足员工的生理需要(保持他们的健康),同时也满足了社会需要(让他们以一种友好的方式相互交往)。

和运动设施)的机会对于人们满足这些需要来说也是重要的。目前,越来越多的公司正在为其员工提供运动及身体健康方面的计划以帮助他们保持健康(图4.5)。[6]理由很简单:过于饥饿或身体很糟糕的人不可能为公司作出贡献。

**道德问题** 令人悲哀的是,数以百万计的人们由于在其饮食中得不到足够的富有营养的食物正在遭受饥饿的折磨。针对这个问题,厨师志愿者们已经发起了*行动战线*(*Operation Frontline*)活动来教授收入有限的人们怎样以最小的开销来预算、计划食谱,从而获得最大的营养价值。[7]通过学习烹饪技巧,缩减食品开支预算以及配制不昂贵但具有营养价值的食谱,*行动战线*的参与者已逐渐懂得如何去改善他们的饮食——并从此增进他们的身体健康。通过这种生理需要的满足,这些人们正走上这样一条道路,即生产效率得到提高,同时成为社会中有资格任职的成员。

## 2. 安全需要

位于马斯洛需要层次理论中第二层次的需要是**安全需要(safety needs)**,它是在生理需要满足以后才被激发的。安全需要指的是寻找一种安全的环境,免遭生理上的威胁或心理上的伤害。组织能做许多事情来帮助满足员工的安全需要。例如,他们可能会提供员工一些安全设备(例如,坚硬的帽子和护目镜),人身与健康保险以及安全保卫人员(例如,警察与消防保护)。同样,永久任期的工作(例如教书)以及不会出现临时解雇的工作也能提供心理上的安全保护以帮助人们满足安全需要。所有这些实践都能使人们在一种安全的、没有顾虑的氛围中工作,无须担心受到侵害。

## 3. 社交需要

马斯洛第三层次需要——**社交需要(social needs)**是在安全需要满足以后受到激发的。社交需要指的是归属的需要(例如,拥有朋友、被爱以及被别人接纳)。为了帮助满足员工的社交需要,组织可以鼓励员工参与社会活动(例如,公司的郊游野餐或聚会)。公司的保龄球或垒球联合会与乡村俱乐部会员都能提供满足社会需要的良好机会。这样的活动不仅有助于促进身体健康——帮助满足生理需要,正如前面所提到的——而且提供员工参与社会活动的机会并发展友谊。

生理需要、安全需要与社交需要作为一组可称之为缺失需要。马斯洛假设,这些需要没有满足的话,个体将不会发展成一个健康的人,无论在生理还是心理方面。与此相对照,两个最高层次的需要,位于那个等级的顶部,被称为成长需要。这些需要的满足将有助于个体的成长并发挥他或她的最大潜能。

### 4. 尊重需要

第四层次的需要——**尊重需要(esteem needs)**,是个体形成自我尊重与获得别人认可的需要。获得成功、拥有声望以及被其他人承认都属于这一类别。公司做了许多事情来满足其员工的尊重需要。例如,他们可能会举办颁奖宴会来承认员工卓越的成绩。付一些额外的奖金作为对提出改进措施员工的表彰,这样也能提高他们的自尊。非金钱的奖励(例如纪念品与勋章)同样也能作为对员工重要贡献的承认并持续地满足其尊重需要[8]。另外包括在公司的时事通讯中描述员工成功的文章、发给行政部门盥洗室的钥匙、指定私人的停车空间并贴出标志以明确"员工月",这些事情都是满足员工尊重需要的例子。

### 5. 自我实现的需要

马斯洛需要层次理论的顶部是只有在所有较低层次需要都满足以后才被激起的需要——**自我实现的需要(self-actualization)**。它指的是实现一个人能够达到的全部需要并发挥出自己最大的潜能。通过发挥自己最大的创造性潜能去工作,自我实现的员工能成为组织中最宝贵的资产。已完成自我实现的个体在他们的巅峰状态中工作,他们代表了一个组织中人力资源最有效的使用。

研究结果证实了马斯洛在缺失需要与成长需要之间所作的区分。然而遗憾的是研究同时也表明并非所有人都能满足他们在工作中较高层次的需要。例如,波特(Porter) 发现较低水平的管理者仅仅能满足他们工作中的缺失需要,而较高水平的经理既能满足他们的缺失需要,也能满足他们的成长需要。[9]一般说来,关于马斯洛理论提出的具体观点并没有得到大量的证实——即存在的确切需要以及它们被激发的顺序并没有得到证实。[10]许多研究人员并没有证实人类仅有五种基本的需要类型以及这些需要是否按照马斯洛明确规定的顺序被激发。

> **全球问题** 你认为用马斯洛研究美国人得出的理论来考察不同国家人们的时候是否会有不同?你认为这些理念的基础是什么?

## (二) 奥尔德弗的 ERG 理论

针对对马斯洛理论的种种批评,奥尔德弗提出了另外一种形式的理论,[11]称之为**ERG 理论(ERG theory)**,其划分方式更加简单。奥尔德弗明确指出只有三种类型的需要而非五种,并且他也相信这些需要并不一定以特定的顺序被激发。事实上,奥尔德弗主张任何需要可能在任何时候被激发。ERG 理论具体规定的三个需要是生存、关系与成长需要。生存(*Existence*)需要相当于马斯洛的生理需要与安全需要,关系(*Relatedness*)需要相当于马斯洛的社交需要,成长(*growth*)需要相当于马斯洛的尊重与自我实现需要。奥尔德弗的ERG理论的概括在图4.4的右边(与马斯洛提出的相应需要理论相对应)。

很显然,ERG理论比需要层次理论少了很多的限定。其优点在于ERG理论更好地印证了研究的证据,即虽然存在基本的需要,但它们并非像马斯洛明确划分的那样。[12]这两种需要理论在关于需要的确切数量以及它们之间关系上并不完全一致,但它们都赞同满足人的需求是激励人们工作行为的一个重要部分。

## (三)需要理论在管理中的应用

或许需要理论的最大价值在于其在管理中的实际应用。尤其要指出的是这些理论的重要价值在于它们向管理者建议用特定的方法去帮助其下属完成自我实现。自我实现的员工很可能发挥他们最大的创造潜能去工作,于是帮助员工满足他们的需要而使之达到这种状况就变得很有意义。因此,基于这种想法,组织帮助员工满足其需要所做的一切是值得重视的。

### 1. 促进员工的健康

一些公司提供一些刺激来保证员工的健康以满足其生理需要。例如,黑人食品公司(Hershey Foods Corporation)与南加利福尼亚爱迪生公司(Southern California Edison)以及其他一些公司,向具有健康生活方式的员工提供保险金额上的贴现,并且对某些员工的保险金进行控制,即那些拥有坏习惯(例如吸烟)能使其健康处于更加危险境地的员工。[13]在一定程度上,这些激励措施鼓励员工采取健康的生活方式,增加了满足其生理需要的可能性。[14]

公司同样对促进员工的心理健康感兴趣。但拜访心理治疗医生可能很昂贵,而且在偏僻的地方并非都有心理健康治疗机构。为了满足这样的需求,在温哥华、英国、哥伦比亚、加拿大驻有机构,提供心理服务的威尔逊·班威尔(Wilson Banwell)公司,提供了一个以世界万维网为基础的咨询服务机构PROACT[15]。通过支付给公司一定的费用,威尔逊·班威尔提供由68名职业心理学家之一参与的现场在线"网上心理治疗"活动。它可能与面对面的治疗方式不同,但是病人通常喜欢这种服务,并且他们的老板也欢迎它所提供的独特的机会。

### 2. 提供经济上的保障

经济保障是安全需要的一个重要类型,一些公司正在超越传统的工资存款形式以及利益分享计划。特别值得一提的是,在工业领域,一家设在俄亥俄州克里夫兰的汽车零件制造商,发现其员工在送孩子上大学问题上会遇到严重的经济困难——这种状况使公司向员工提供利息很低的贷款(时间可长达10年,每年利息仅3%)。[16]

经济保障是工作安全的一个重要方面,尤其是在经济困难时期。为了帮助减弱临时解雇的风气,越来越多的组织正在提供**新职介绍服务(outplacement services)**——即帮助员工获得新的工作。在诸如此类的大量计划中,美国电报电话公司(AT&T)与王安电脑公司(Wang)已经为被其解雇的人员提供了大量的职业咨询与寻找工作的帮助。[17]当然称心如意的是没有被解雇者,但是知道有这种帮助可以利用也是不错的,在需要的时候,可以减少工作不安全方面的消极情绪。

**道德问题** 公司提供新职介绍服务当然是有益的且令人愉快的,但也有可能被认为这样做是不道德的,因为这种计划会导致巨大的财政开销,因而会削弱股东的投资。你是如何看待这种议论的呢?

### 3. 提供社会化的机会

为了帮助满足员工的社会需要,IBM在纽约总部阿莫克(Armonk)附近每年都要举办一个"家庭日"郊游野餐活动。[18]其他一些公司也将安排社会活动作为他们的各种组织文化的有机组成。例如加利福利亚阿纳海姆奥德第斯(Odetics)有限公司智能机器系统制造商,不仅有其自己保留剧目的巡回演出,而且有定期的"主题"日(例如,公司自助餐馆中的"喜剧舞蹈")和常务"娱乐委员会"——组织一些活动,例如在午餐时间进行"员工奥林匹克"竞赛,以完成一些简单的游戏。[19]

### 4. 承认员工的成绩

承认员工的成绩是满足其尊重需要的一个重要的方式(图4.6),与之相关的事例是,佛罗里达的坦普尔天坛(Temple Terrace)燃气轮机研究所(GTE)数据服务机构奖励能提高顾客满意度或商业业绩的员工。[20]这个大的奖励是四天二类假期加上价值500美元的勋章并且在公司杂志上予以确认。然而并非所有的奖励都是如此夸张。例如美国航空公司(American Airliaes),壳牌石油,坎贝尔·索普(Campbell Soup)公司,美国电报电话公司(AT&T)以及三大汽车制造商(通用汽车、福特及克莱斯勒)中任何一个都提供相对较小的非金钱形式的礼品(例如,晚宴券、盒式磁带录像机以及电脑)给员工,作为对他们成绩的承认。[21]

无论他们采取何种形式,只有当奖励与所期望的行为联系在一起的时候,才能提高自尊。如果奖励太普通(例如,一个对"最佳态度"颁发的纪念品)可能不仅不能满足尊重的需要,而且会降低真正物有所值的奖品所带来的影响力。(然而,当今的几家公

图 4.6 承认功绩服务：一种满足需要的有效方式

在马萨诸塞州的剑桥德雷珀实验室工作了 41 年之后，罗姆·西尔斯(Norm Sears)被一家著名的事业机构所承认。这种奖励是在公司的宴会上授予员工的，通常没有金钱上的奖励，但它们能长期满足尊重的需要。

司已经认识到一种特别的奖赏——休假——对所有员工来说都有价值，因为它有助于满足各种各样不同的需要。让我们关注一下这个实践，参见“趋势”专栏。)

## 三、目标激励

正如人们受到激励去满足其工作中的需要一样，他们也受到激励，奋力去寻求并实现目标。事实上，设置目标是组织中最重要的激励力量之一。[27]带着这种思想，我们现在来描述一个著名的目标设置理论并列举一些进行有效目标设置的实用建议。

### (一) 洛克与拉色曼的目标设置理论

假设你正在执行一项任务，例如文字录入，这时就设置出了一个绩效目标。例如现在是期望你以每分钟输入 70 个单词的速度来取代你正在进行的每分钟 60 个单词。那你是努力工作达到这个目标还是简单的放弃呢？洛克(Locke)与拉色曼(Latham)提出了一些关于人们对设定的目标如何做出反应的见解。[28]这些理论家宣称一个设定好的目标会影响人们完成一项任务(例如第三章所描述的**自我效能感(self-efficacy)**的人格变量)以及实现个人目标的信心。然后，这两种因素又会影响绩效的实现。

洛克与拉色曼理论的基本思想是，目标之所以能作为一个激励的来源，是因为它能使人们对其目前执行任务的能力与胜利完成目标所需要的能力之间作出比较。对某些人来说，如果他们认为自己与目标有差距的话，那他们会感到不满并更加努力工作以实现目标——只要他们相信这样做是可能的话。当他们成功地实现一个目标时，他们感到胜任与成功。[29]目标设置在大多数情况下能提高绩效，因为目标使期望达到的绩效类型与水平变得明确。

这个模型也说明了设置好的目标能导致人们将这些目标接纳为个人目标。换句话说，设置的目标将会成为自己的目标。这就是**目标承诺(goal commitment)**观点，即人们在达到目标过程中的自我投入程度。[30]的确，人们对其所希望达到的目标会更加卖力的同时，他们也相信这样做有合理的可行性。同样，人们越是坚信他们能实现某个目标，他们将这个目标作为自己目标的愿望也就越强烈。相反，如果员工感觉自己完全不可能完成绩效目标，例如普遍地不愿承担实现这些目标的责任——他们就不会为之奋斗。[32]

最后，这个模型还说明了自我效能感与目标承诺的观念能影响工作的绩效。这一点很有意义，因为当人们相信他们能够成功时，就会投入更多的努力，而当他们相信其努力只是徒劳时，就不会这样了。[33]并且当目标不为人们所接受时，它对行动的指导能力也就非常有限了。实际上，人们越是致力于实现某项目标，他们就会做得越好。[34]总而言之，洛克与拉色曼的目标设置模型已经得到了好几项研究的证实，这表明本模型在洞悉目标设置过程如何进行运作时是一个非常有价值的来源(图 4.7)。[35]

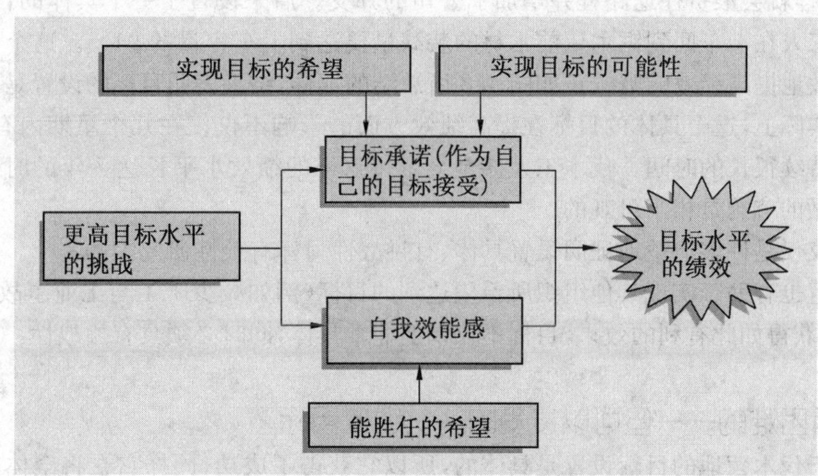


**图 4.7 目标设置过程的简要概括**

当人们受到挑战去实现更高目标的时候，会发生好几件事情。首先，他们会估计实现目标的希望以及实现目标的可能性，这两点会共同影响人们的*目标承诺*。其次，他们会估计目标的实现对提高自我效能感信心的程度。当目标承诺与自我效能感水平高的时候，人们就会受到激励以达到目标的水平去努力工作。

**全球问题** 你认为努力实现目标是一种基本的人类特征,还是不同国家的人们各不相同?换句话说,某些国家的人们是否比其他国家的人们更加关注目标的实现?

## (二) 管理人员设置有效绩效目标的指导方针

由于研究人员对目标设置过程已作了多年的研究,所以他们的研究结果能够以原则的形式加以概括。这些成果是管理者用于提高激励水平的实践性建议。

### 1. 设置具体的目标

或许关于目标设置最具有建设性的研究结果是*人们被要求实现一个具体的、高绩效目标,能比简单的要求“尽你全力”或没有规定目标时以更高的水平去完成工作*。[36]人们倾向于寻找具体的目标作为一种挑战并受此激励去实现目标——这不仅仅实现管理部门的期望,也是对自己能做得很好的自信。

一个经典的研究是在俄克拉荷马州的一个木材营地进行的,它非常明显地证明了这个原则。[37]参与者是木材营地的全体人员,他们将木头从森林托运至公司附近的锯木厂。在这项研究开始之前的三个月时间内,工人的装载量仅仅是卡车法定装载量的60%,这样就会浪费往返路程并增加了公司的开支。后来设置了一个具体的目标,要求伐木工人在卡车回到锯木厂前木材的装载量要达到卡车容量的94%。这个目标是如何有效地提高绩效的呢?正如图4.8所总结的那样,结果表明目标的设置是非常有效的。实际上,这个具体的目标在提高绩效方面的影响不仅仅在几个星期内有效,常常能够持续很长的时间。伐木工人甚至会维持这样的绩效水平长达7年的时间!为公司所做的节约是相当可观的。

这仅仅是许多清楚地证明设置具体、有挑战性目标有效性研究中的一个。具体目标的设置也有助于实现其他组织所希望达到的目标(例如减少旷工与工业事故)。[38]无疑,要想获得如此有利的效果,目标不仅仅要非常具体,同时必须具有挑战性。

### 2. 设置困难的——但可以接受的——绩效目标

由于伐木营地的目标设置是具体的,所以它获得了成功,同样它在将全体工人都推向一个更高的水准方面也获得了成功。但是如果一个目标太容易达到,很明显它将不会带来希望绩效的增加。例如,假设你一分钟已经能打70个字,那每分钟60个字的目标——虽然具体,但很可能会降低你的绩效。关键一点是*对于提高绩效目标来说,目标的设置除了具体之外,还必须有难度*。与此同时,只要这些目标在人们能力范围之内,他们将努力工作以实现这些具有挑战性的目标。当目标变得过于困难的时

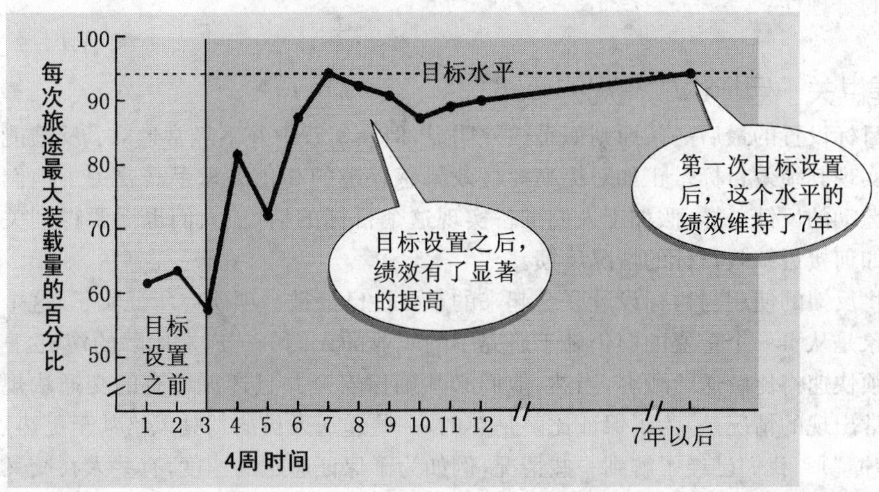


**图 4.8 目标设置：显著的效果**

在设置了一个具体的有难度的目标之后，伐木工人的木材装载量明显提高了。卡车木材装载量的最大百分比从目标设置之前的大约 60% 到目标设置之后的 94%，并且这种绩效水平保持了 7 年。

【资料来源】Adapted from Lathan & Baldes，1975；see note 37.

候，绩效的实现将会遭受挫折，因为人们会拒绝不现实与不可能达到的目标。[39]

例如，作为一个学生，你可能在一个具有挑战性的班级比在一个非常宽松的班级会更加刻苦学习。但同时假如达到前一种班级要求的惟一方法是在所有考试中都得到好分数——一种可能令你无法接受并拒绝的标准时，你可能会放弃努力。总而言之，当设置的具体目标不太低也不太高时是最有效的。

相同的情况也会出现在组织当中。例如贝尔加拿大分公司的电话接线员被要求要在 23 秒钟之内处理完电话，联邦捷运（FedEx）的顾客服务代理商要在 140 秒之内回答问题。[40]最初，这两项都被认为是困难的目标，但是两家公司的员工最终都达到了——甚至都超过了这些目标，并且享受着体验自我成功的喜悦。通用电气公司的一个制造厂设置了生产率与减少费用的具体目标，这些目标被认为具有挑战性但却有可能导致绩效的提高。然而由于这些目标很难达到结果导致了绩效的降低。[41]那么究竟应该以什么样的方式来设置目标以加强员工对它们的目标承诺呢？

提高目标接受程度的一个效果非常显著的方法是*让员工参与目标的设置过程*。人们更愿接受的是他们参与设置的目标而不是由他们的管理者安排的目标——结果是他们会更加努力工作。[42]换句话说，目标设置过程的参与能提高目标的承诺程度。参与不仅仅帮助他们更好的理解和重视其亲自制定的目标，而且也有助于确保被设置目标的合理性。

### 3. 提供关于目标达成情况的反馈

目标设置的最后一条原则似乎格外明显，但在实践中并不经常遵守：反馈能帮助人们实现其绩效目标。正如对提高挥杆效果感兴趣的高尔夫球手需要关于他们的球往哪运动的反馈一样，假如工人们准备实现这个目标的话，工人们也需要得到关于他们正如何接近绩效目标的情况反馈。

将反馈的使用与目标设置联合起来的重要性已经被一项研究所证实了，这个研究的对象是从事一个重要的但仍处于研究中的职业的人们——递送比萨的司机。[43]这些人必须快速将比萨送给顾客，当然，他们必须确保安全并且遵循所有的交通法规。然而经常出现的情况是，为了保证比萨是热的，一些递送人员的驾驶风格甚至更热烈（更加"莽撞"）。我们已经了解到一些情况，例如为了保证递送的速度，有些人在交叉路口不会完全停下来。

着眼于对这种行为的控制，两个不同城镇的比萨店职员参加了一项研究，即在9个月的时间里系统地观察递送人员的驾驶行为。经受过培训的观察人员隐藏起来记录在主要工作时间里递送人员的驾驶行为，尤其是在交叉路口驾驶人员能够完全停止下来的次数的比率。经过6个星期的观察，两个地方的驾驶人员能够完全停止下来的次数，平均说来不到一半。由于这种状况不尽如人意，所以要求其中一个地方的驾驶员——实验组——完全停止的次数达到75%。4个星期中，对他们进行定期的绩效评估即关于他们是怎样成功地达到这个目标的。然而对于另一个地方的驾驶员——控制组的驾驶人员既没有要求他们实现任何目标，也没有提供给他们驾驶方面的任何反馈。在这段反馈时期的随后时间里，仍然要求实验组的驾驶人员维持75%的目标，但停止给予反馈。在这6个月中，对控制组与实验组驾驶行为的观察是同时进行的。

那驾驶人员究竟干得怎么样呢？研究的结果正如图4.9所作的总结，表明与反馈相联系的目标设置能获得很大的成功。特别是它使得驾驶人员非常接近设置好的目标即完全停止在交叉路口的次数达到3/4。然而一旦反馈被取消，这些驾驶员又会回到完全停止的次数为一半的状况——就像研究进行之前以及控制组驾驶人员（既没目标也没反馈）完全停止的频率。这些研究结果清楚地证明了那些具体的、有难度的同时伴有目标实现程度反馈信息的目标是很重要的。不提供有效反馈的目标会导致工人盲目地工作，提供反馈成为实现任务绩效的一个闪光点，它对于获得成功是必须的。

总而言之，目标设置是管理者激励人员的一种有效工具。设置一个具体的、有一定难度的目标并提供达到目标过程中的反馈能大大提高工作绩效。

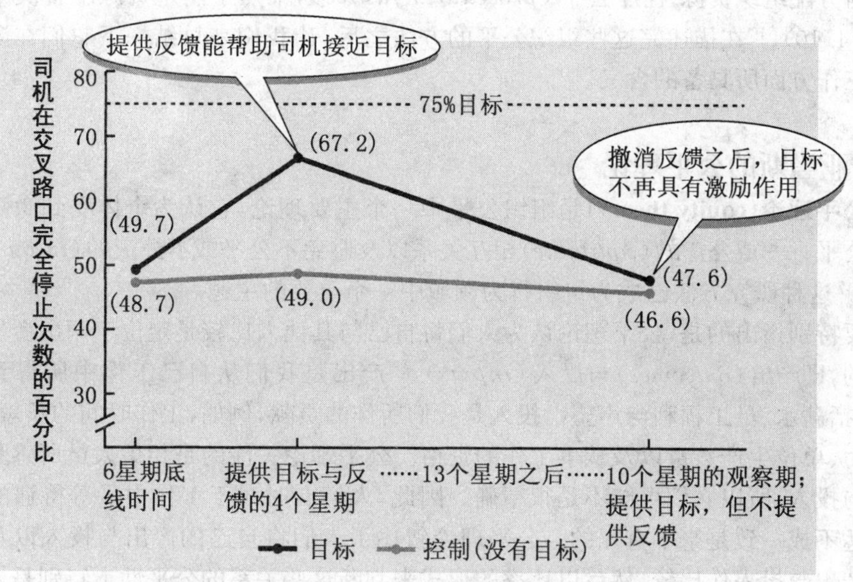


图 4.9 反馈：目标设置的一个基本要素

比萨递送驾驶员开始接近目标了——在交叉路口完全停止的次数为 75%——在有规律地给他们提供目标绩效反馈的时期。然而几个月之后，当不再提供类似的反馈时，他们的绩效又下降到了以前的水平。

【资料来源】Based on data reported by Ludwig&Geller，1997；see note 43.

## 四、公平激励

到目前为止所描述的理论都是完全建立在个体过程——需要激活和对目标的反应基础之上的。我们要考虑的有关激励的下一个方法是组织公平，它也是一种基于个人行为的理论，但它增加了社会的成分。[44] 特别要指出的是，组织公平的各种概念来自人们进行社会比较(*social comparisons*)得出的观点——他们用其他人以及流行的标准与自己作比较时所看到的。[45] 在这一章中，我们将描述两种主要的组织公平的方法：公平理论，聚焦

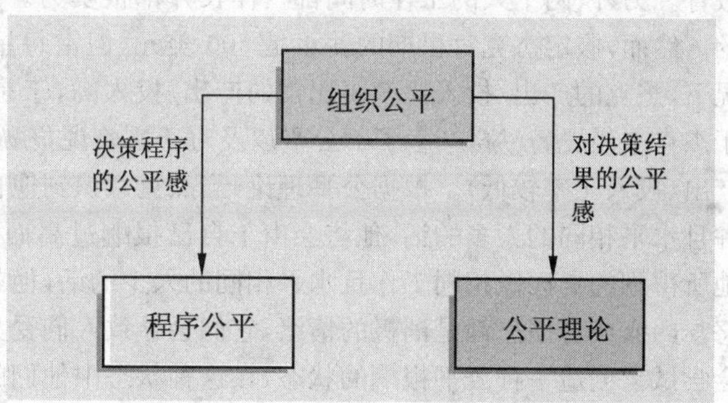


图 4.10 两种类型的组织公平

人们对于组织中的公平感(组织公平)是建立在那些结果是什么(公平理论)以及决定结果的程序公平的信念基础之上的(程序公平)。

于如何分配组织资源;*程序公平*(*procedural justice*),聚焦于制定资源配置决策的过程(图 4.10)。[46]在描述完这些组织公平的方法之后,让我们来总结一下它们在激励人们的工作方面所具备的含义。

## (一) 亚当斯的公平理论

**公平理论(equity theory)**是组织公平中一个主要理论,它认为个体受到激励而去维护公平——或*公正的*(*equitable*)相互关系以及避免不公平或*不公正的*(*inequitable*)关系。[47]这种研究方法已成为组织行为领域中一个重要的主题。

要特别指出的是,公平理论认为人们将自己与其他人比较是定位于两个变量基础之上的,即*产出*(*outcomes*)与*投入*(*inputs*)。[48]**产出**是我们从自己工作中所得到的东西,包括薪水、员工福利与声望。**投入**是我们所作的贡献,例如,工作时间的长短、付出的努力、单位生产数量以及从事工作的资格。公平理论关注的是相关人员所感受到的产出与投入,所以它们可能不是很精确。因此,人们有时对于工作中平等待遇的构成要素达不成一致是毫不奇怪的。公平理论叙述了人们将自己的产出与投入以及其他人的产出与投入作比较,然后以比率的形式来判断这些关系的公平性。特别是人们喜欢将自己的产出/投入的比率与其他人的产出/投入的比率做比较。作为比较基础的这个"其他人"可能是工作小组中的某个成员、组织中的另外一名员工、相同行业中的成员或者是前一阶段的自己——总而言之,差不多其他任何人都可以与我们自己作比较。正如图 4.11 所示,这些比较可能导致三种不同结果中的任何一种:*报酬过高产生的不公平*、*报酬过低产生的不公平*或*报酬公平*(图 4.11)。

为了说明这些概念,让我们来看一个例子。设想杰克(Jack)与雷(Ray)并排工作在一条装配线上。两个人做同样的工作并且具有相同的工作经验、接受相同的培训与教育。另外,两个人的工作时间都一样长并都很卖力。总而言之,他们的投入是相等的。然而,假定杰克每星期的薪水是 500 美元,但雷每星期只有 350 美元。在这种情况下,杰克的产出/投入比率要比雷的产出/投入高,于是就造成了这样一种状态即对于杰克来说*报酬过高产生了不公平*以及对于雷来说*报酬过低产生了不公平*(因为他的产出/投入比率较低)。根据公平理论,当杰克意识到他自己得到的要比做同样工作的并且水平相同的人多的话,他将会由于自己报酬过高而感到*内疚*。相反,当雷意识到他所得到的要比做相同工作且水平相同的人少的话,他就会由于其报酬过低而感到*愤怒*。内疚或者愤怒都是消极的情绪,它们会导致人们受其驱使作出改变。特别是他们会尝试去创造一种公平报酬的状态,在这种状态中他们的产出/投入比率是相等的,由此会让他们感到*满意*。

人们怎样才能将不公平状态变成公平状态呢?公平理论提出了几个可行的方案(表 4.1)。一般说来,报酬过低的人可能会减少他们的投入或增加他们的产出。任何一种行为都能有效地使报酬过低个体的产出/投入比率与其参照对象相一致。在我们

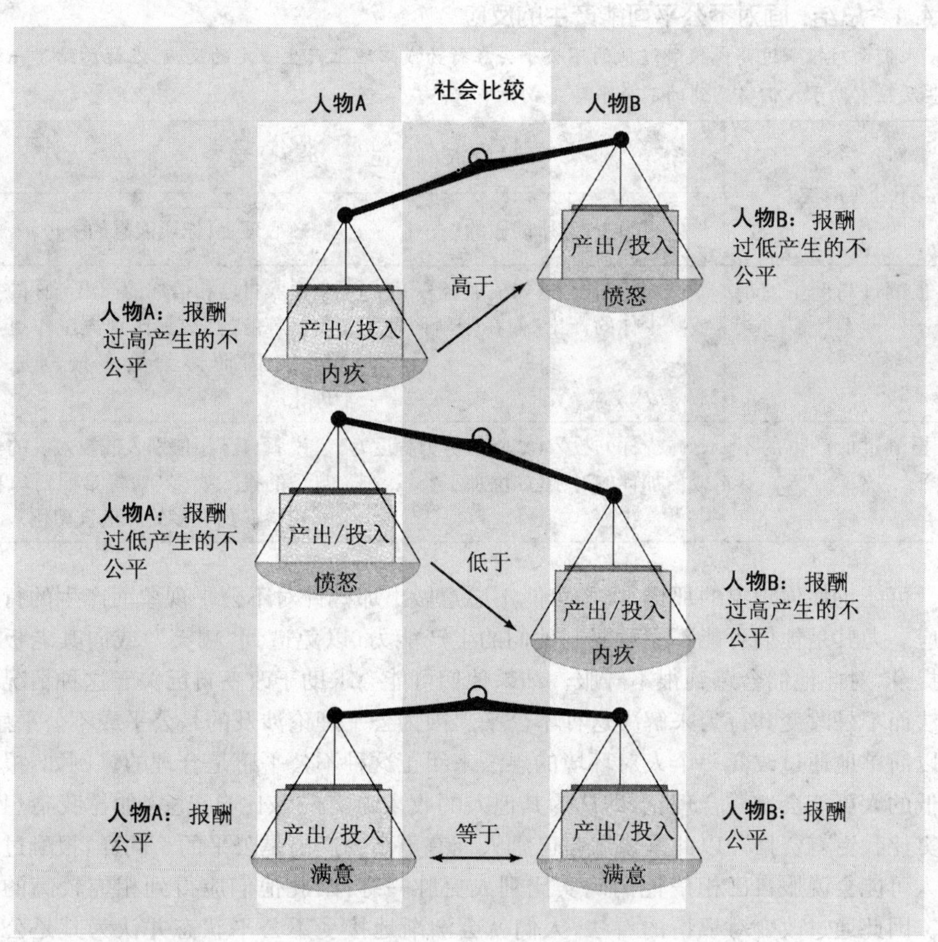


**图 4.11 公平理论：概要**

为了判断公平与否，人们将自己的产出/投入比率与其他人（或自己以前）的产出/投入比率作比较。结果产生了三种状态，即*报酬过高产生不公平*，*报酬过低产生不公平*与*报酬公平*，并且总结了人们相应的情绪反应。

的例子中，报酬过低的雷可能会通过怠工、迟到、早退、延长休息时间、少干活或做低质量的工作来减少投入。一种极端的情况是雷甚至可能辞职。但他也可能尝试去增加其产出，例如要求提升薪水甚至将公司财产（例如，工作或办公设备）带回家。相反，报酬过高的杰克可能会做相反的事情，或增加其投入或降低其产出。例如，杰克可能会付出更多的努力、延长工作时间并为公司作出更大的贡献。他也可能在带薪假期里工作或不接受公司提供的额外福利来减少他的产出。这些都是针对不公平状态所作出的具体*行为上*的反应——也就是人们将不公平状态变成公平状态所做的事情。

## 表4.1 总结：面对不公平可能产生的反应

人们面对报酬过高或报酬过低的不公平会在行为或心理上产生一定的反应，在此总结了一些，这些反应有助于人们将感到的不公平转变成公平状态。

| 不公平的类型 | 反应类型 | |
|---|---|---|
| | 行为上（你所能做的……） | 心理上（你所能想的……） |
| 报酬过高产生的不公平 | 增加你的投入（如更加努力工作）或减少你的产出（如在带薪假期工作）。 | 说服自己相信你的产出与你的投入是等值的（如你比别人工作更加努力，因而得到更多报酬是合理化的）。 |
| 报酬过低产生的不公平 | 减少你的投入（如降低努力程度）或增加你的产出（如增加工资）。 | 说服自己相信别人的投入真的比自己的投入要多（如将参照对象更有资格得到更多的产出合理化）。 |

可能正如你想象的那样，人们可能不愿意做出那些针对不公平现象而产生的行为反应。尤其是他们可能不愿意限制他们的生产能力（以免遭到"嘲笑"）或向其老板要求提升，对此他们会感到很不舒服。结果他们可能会求助于改变自己关于这种情况的想法而不是改变其行为来解决这种不公平。因为公平理论涉及的是公平或不公平感，所以简单地通过改变一个人对环境的想法来纠正这种不公平感是合理的。例如，报酬过低的人可能会这样合理化，即认为其他人的收入*确实*应该比自己多（如，"我猜想她*确实*比我更有资格"）以此来说服自己别人拥有更高的产出是公平的。同样，报酬过高的人可能会说服自己相信他们确实比别人更胜一筹，因此他们应得到相应较高的报酬。因此通过改变对事情的看法，人们就会渐渐地接受不公平状态并认为其是公平的，这样就会有效地减少由于不公平而产生的痛苦。[49]

大量证据表明人们会受到激励去调整工作中的不公平正如公平理论中所描述的行为反应。例如，报酬过低的职业篮球运动员（如，与别人打得同样好或更好但得到的报酬却比别人少的人）就会比那些得到公平报酬的人场上得分更少些。[50]换句话说，他们减少了投入。另外，报酬受到削减的人们比那些接受正常报酬的人们更有可能从其雇主那儿偷东西。[51]根据公平理论的观点，这些人被认为是在增加他们的产出。事实上，因为受到不公平待遇而向他们的雇主报复是很普遍的。[52]

**全球问题** 有时候报酬的公平分配会导致给一个人的要比给另外一个人的多些。这在某些国家是说得通的，例如美国，人们对于工作有一种个人主义的倾向。而来自亚洲国家的人们普遍具有一种集体主义倾向，喜欢完全平等的分配报酬。

## (二) 程序公平：公正的制定决策

*程序公平*的观点来源于法律界，在那儿始终要求审判的结果是公正的，用于审判的程序（如，对证据的性质所作的规定）必须是公平的。[53]最近，组织行为领域的专家已经认识到可以将相同的基本思想应用于工作中的决策制定。[54]因此，我们所说的**程序公平(procedural justice)**指的是制定决策过程的公平感。组织中的人们非常关心公平地制定决策，并且他们在受到激励之下去促使其他人将此作为公平的决策接受下来。理由很简单：当人们认为组织遵循了公平程序时，员工个人与整个组织都能受益。

科学家已经认识到程序公平的两个层面：一个是结构层面（如，以决策建构的方式为基础的程序公平），另一个是社会层面（例如，程序公平基于人们在决策过程中受到的待遇）。让我们依次来看一下。

### 1. 程序公平的结构层面

程序公平的结构涉及的是：对他们来说要考虑如何决策才能被认为是公平的。（记住这一点很重要，即我们不是在谈论那些决策是*什么*，我们讨论的是那些决策是*怎样*被制定的。）我们可以采取一些措施来使组织的决策被认为是公平的。包括：

(1) *在怎样决策方面给人们一个发言权*。提供一个*说话*的机会——在程序决策中的发言权——这是程序公平的关键。例如，当人们有机会提供涉及自身绩效的信息时，他们会认为这样的绩效评估要比没有此项要求时感到更加公平。[55]

(2) *提供一个改正错误的机会*。正如法庭的判决能被提起上诉的公平要求一样，组织上的决定也应提供相同的机会。事实上，如果要想使药品审查程序是公正的，那么必须有再次检验药品受测人员的机会。[56]（另外一例，参见图 4.12）。

(3) *保持规则与政策的一致性*。假设一个组织有一项如何挑选休假时间的政策。资格最深的人首先挑选，剩下的时间留给广大职位低的员工。这项政策就它本身来说可能是公平的，但是假如一个组织仅仅将这项政策应用于一部分人而不适用于其他人，那这个组织就不可能是公平的。很显然，*一致性*是建立程序公平的关键。

(4) *无偏见的制定决策*。一个组织的决策要想被认为在程序上是公平的，那决策者必须无偏见。设想一下，假如一个人力资源部经理持有种族偏见，就会导致他或她经常性地拒绝那个种族群体中有潜力的受雇人员（第五章对此种偏见进行讨论）。在这种情况下，我们说制定程序公平的决策是不可能的。[57]

**图 4.12 通过纠正错误的判断来提高程序公平的两个范例**

国家橄榄球队允许裁判通过回顾有争议的比赛录像来纠正他们的判断(*左图*)。这个程序提高了程序公平,但其益处是有限的,因为它使比赛的速度放慢了。相反,社会能够容忍法律决策的拖延以便创造公平审判的机会(*右图*)。我们这样做是因为我们知道纠正拙劣的决策能提高法律体系中程序的公平感。

### 2. 程序公平的社会层面

前面指出的结构方面的因素非常重要,但这些并没有讲明关于程序公平的整个环节。另外程序公平还有一个社会层面。换句话说,当考虑到程序公平的时候,人们也会考虑到他们在决策者控制之下所受到的人际关系待遇的质量问题。我们把这种想法称作**互动公平(interactional justice)**。

人际待遇的两个主要方面是:*信息理由*(*informational justification*),即关于一个决策所接收到的信息的详尽细节;另外一方面是*社会敏感性*(*social sensitivity*),即当面对一种不尽如人意的结果(如削减报酬或失业)时所表现出来的自尊的程度。当负面产出以一种非常完整、有教育意义并且带有高度人际敏感性的方式呈现,而不是以一种缺乏教育意义、人际感受迟钝的方式呈现时,人们会更加满意一些。[58]对于"更加满意"这一说法,包含着许多事情。例如,在吸烟者中,具有较高互动水平的人容易接受禁止吸烟的规定,甚至诸如减薪、临时解雇这些极端的结果。人们可能不喜欢这些事情,但是如果以一种人际公平的方式表现出来,那人们就更加容易接受它们。

## (三) 组织公平:给管理人员的一些激励秘诀

公平理论对于激励人们来说具有重要的意义。

### 1. 避免报酬过低

有些公司企图通过缩减员工的薪水来节省开销可能发现员工会以许多不同的方式"得到更多"。例如,他们可能去偷窃、削减工作时间或对生产加以限制。

员工也可能通过罢工来表达他们对报酬过低产生的极度不公平感。在 1997 年 8 月确实有这样的事情发生,185 000 名卡车司机工会的成员进行了反对 UPS 的罢工活动,UPS 是世界上最大的包裹配置公司(图 4.13)。员工声称公司雇佣了许多兼职工人,他们得到的报酬要比做同样工作的全职工人的报酬要少。经过 16 天的罢工,UPS 损失了数以百万的收入并且阻碍了将包裹发往世界各地。卡车司机相信有办法能使员工得到更加公平的待遇,包括限制使用兼职员工、将全职员工每小时的工资增加到 3.10 美元或者 5 年以上的兼职员工每小时 4.10 美元。这仅仅是相信自己报酬过低而举行罢工的一个例子。

**图 4.13 感到不公平而举行的罢工**

1997 年 8 月,UPS 的司机抱怨公司以较低的工资雇佣兼职工人,而全职工人做同样的工作却得到较高的工资。他们同时也进行了罢工表达了他们由于报酬过低而产生的不满,这一行动使公司损失了数百万美元。

在过去的几年中,规定过低报酬的那种动荡不安的形式已经以**双层工资结构(two-tier wage structures)**的形式固定了下来。在这些工资支付制度指导下,新来的员工与做同样工作的早些时候进来的员工相比却得到较低的报酬。毫无疑问,这样的制度尤其是对于较低层次的人来说是极不公平的。[59]当巨人食品连锁超市(the Giant Food supermarket chain)实施这一计划的时候,2/3 的低层员工在前三个月停止了工作。"太令人讨厌了,"洛杉矶的一家商店职员说,"做相同的工作他们却支付给我们较低的工资。"[60]毫无疑问,两层工资制度的推出已遭到员工相当程度的抵制,当合适的时候,工会就会代表员工出面。

## 2. 避免报酬过高

员工由于其报酬过高而努力工作以使他们感到这是自己应得的,所以你可能会认为支付给人们过多的报酬是一种有用的激励技巧。然而这样做并不奏效,有以下几个原因。首先,由于支付报酬的不平等而导致绩效的增加是暂时性的。随着时间的流逝,人们开始相信他们的工作就应该得到较高的报酬,然后就会将其工作水平降至常态。其次,当你支付给一个员工过多报酬的时候,就意味着其他员工报酬过低。转而,当大多数人感到支付不足时,他们就会*降低*其工作绩效,这样就会导致生产大幅度减少——以及员工广泛的不满。因此,结论是很明显的:*管理者应该力争平等地对待所有员工。*

当然,我们也意识到,这一点说起来容易,做起来比较难。存在难度的部分原因是因为公平与不公平是建立在感觉基础之上的，而感觉并不总是容易控制的。一个可能有用的方法是*对产出与投入实行公开与公正的做法*。人们倾向于高估其上司所得到的报酬，因此就会感到自己的报酬比应该得到的要少。[61]然而假如关于报酬的信息共享的话，不公平的感觉可能就不会出现。

### 3. 提供人们在影响他们自身决策上的发言权

人们可能会相信如果某种程度上他们有机会去影响决策的制定时，那就有可能作出公正的决策——也即在一定程度上他们被授予"参与事务的发言权"。例如，只要合法地给予人们一个参与到选举过程中去的机会，人们就会认为选举结果是公平的(不管他们有没有选择这样做)。当人们相信他们应该有这样一种发言权而被拒绝时，他们的反应就会很消极——即使最后的决策与他们参与制定的决策是*相同*的。

有一个恰当的例证，1998 年的一个星期，纽约城的出租车司机的怠工引起了严重的交通问题(要比平常更严重!)这些司机抗议市长强行增加了某些规定，他们感到很愤恨。有意思的是，司机并不反对规定的本身——事实上，大多数司机愉快地接受了它们。相反，他们对市长没有就此事向他们咨询就增加了这些规定而感到难过。

### 4. 以一种完整并带有高度社会敏感性的方式提供关于产出的信息

人们对工作公平的评估超出了他们的产出与投入的本身。当然，这些评估也包括他们对决定产出与投入的理解。例如，人们了解了决策的程序之后，即使有消极的产出诸如临时解雇、工资冻结与工资削减，在一定范围内都可以被接受，并认为这样是公平的。当此类的程序看起来毫无偏见并且谨慎地颁布并以一种高度敏感、小心的方式提出其负面结果的时候，令人不快的结果就不会使人感到痛苦。[62]

为了说明这一点，让我们来考虑一下经历一个长期的工资冻结将会出现什么现象。这种现象可能会令人痛苦，但假如决策的程序被认为既详尽又仔细——也就是说提供"一个公平的解释"的话，人们可能会更加容易的接受工资冻结这一事件，并认为是公平的。最近在一项关于制造工人对工资冻结的研究中，这一点成为非常明确的研究结果。[63]特别指出的是，研究人员比较了两组工人：一组人员收到有关工资必须冻结程序的详尽解释(如关于组织经济问题的相关信息)，另一组没有收到这样的信息。所有的工人都反对工资冻结，但是收到解释的人能更好地接受它。尤其是这种解释降低了他们寻找一份新工作的兴趣。这些研究结果表明即使管理者无法消除工作场所中的不公平，但他们可以通过解释为什么必须有这些不幸条件来减轻这种刺激。

## 五、通过改变期望进行激励

**期望理论(expectancy theory)**取代以往对个体需要、目标或社会的比较的关注,采取了一种更为宽泛的方式。它关注在整体的工作环境中来看待激励所充当的角色。本质上,期望理论认为当人们期望从其工作中获得一定成果的时候,人们就会受到激励而去工作。期望理论将人描述成是具有理性的,他们会思考必须做什么才能得到回报以及对他们来说在实际工作之前报酬有多少。然而这个理论并不仅仅集中于人们想什么,它同时也认识到这些想法是与组织环境中其他方面联系在一起共同影响工作绩效的。

### (一) 期望理论的基本要素

至今已提出了几种版本的期望理论,但研究期望的理论家们都一致同意激励来源于人们拥有的三种不同类型的信念。[64]它们指的是:**期望(expectancy)**,指一个人对其努力将产生绩效的信心;**工具性(instrumentality)**,一个人对其绩效得到回报的期望;**效价(valence)**,报酬对个人的价值。

#### 1. 期望

有时人们相信通过付诸大量努力会取得大量的成绩。然而在有些情况下,人们对他们的努力能带来多少影响的期望不大。例如,一名操作有缺陷设备的员工对他或她的努力将导致高绩效水平的*期望*(*expectancy*)可能非常低。很显然,在如此条件下工作的人们可能不会付出太多的努力。

#### 2. 工具性

假使一名员工努力工作并以高水平完成任务,但如果其工作没有得到恰当的回报——也即没有产生预期的期望,他或她的工作动机可能会动摇。例如,在一个公司中假如一个非常多产的工人已经到达其工资的最高水平,那他或她就不大可能再受到激励而努力工作。

#### 3. 效价

使员工相信努力工作会导致良好的绩效并且他们的报酬将与其绩效成比例,但假如那些报酬对他们来说*效价*很低的话,那么他们就不大可能再受到激励而努力工作。换句话说,对组织所提供的报酬不关心的人就不会因获取这些报酬而受到激励。例如,100美元的报酬不可能对一个百万富翁产生激励作用,虽然这对多数人意味着是一种理想的、令人满意的报酬。仅当接受这些报酬能产生积极效价作用的时候才能激励人们的行为。

**全球问题** 激励来自不同国家的人们时，报酬的效价就显得特别重要。毕竟，在决定一个人对不同报酬类型的偏好方面，民族文化扮演着一个很重要的角色。你能举出相关的例子吗？

## 4. 三种要素的结合

期望理论指出激励是三种要素的乘法函数。换句话说，当期望、工具性与效价都高的时候要比它们都低的时候产生更高水平的激励效果。这个理论的乘法假设同时也暗示假如任何一个要素是零的话，那整个激励水平也将是零。例如，即使一名员工相信她的努力将导致绩效的产生并得到报酬，但假设她期望的报酬效价是零的话，她的激励也将会是零。图 4.14 将这些要素的定义作了总结并表明了它们之间的相互关系。

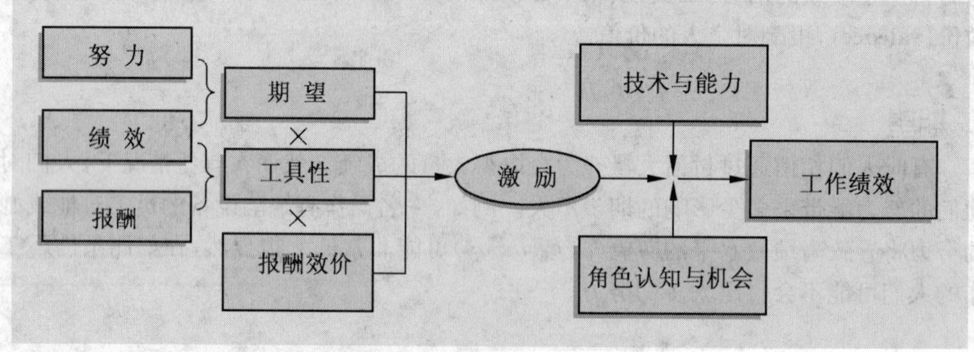


**图 4.14 期望理论：概要**

根据*期望理论*，激励产生于三种类型的信念：*期望*（个人的努力将对绩效产生影响的信念），*工具性*（对其绩效得到报酬的信念）与*效价*（对所期望报酬感到的价值）。这个理论同时也认识到激励仅仅是实现工作绩效的必不可少因素中的一个。

## 5. 决定工作绩效的其他因素

图 4.14 还强调了一点即在我们对激励的开放性观察中——激励与工作绩效并不相等。期望理论认识到激励仅仅是决定工作绩效的几个重要因素中的一个。

例如，期望理论假设*技能*（*skills*）与*能力*（*abilities*）都有助于实现一个人的工作绩效。根据他们独有的特征、特殊的技巧与能力，一些人比其他人更适合于某些工作。例如个高、强壮、具有良好协调性的人要比个矮、体弱、协调性差的人更有可能成为一名职业篮球运动员——即使矮个的人有很高的成就动机。

期望理论也认识到了工作绩效受人们*角色知觉*（*role perceptions*）的影响——即

在工作中期望的角色。某种程度上,由于对某人工作职责理解的不一致会造成绩效的受损。例如,一名相信其主要职责是培训新员工的经理助理可能发现她的绩效被上司降低等级了,因为上司认为她应该花更多的时间在日常文书工作上面。在这种情况下,这个人在绩效方面受挫并非是激励做得不够,而是因为对她的工作所承担的内容存在误解。

最后,期望理论也认识到了工作中*表现机会*(*opportunities to perform*)的作用。假如他们的机会被限制的话,甚至连最好的员工都可能以低水平去工作。例如,一个地方的财政收入呈现下降趋势或可利用的存货有限的话(如,机会受到限制),一个具有高动机水平的销售人员也可能表现不佳。

认识到期望理论只是将激励视为工作绩效几个决定因素中一个这一点是很重要的。激励与一个人的技能、能力、角色知觉、机会联系起来共同影响工作的绩效。

期望理论已经进行了大量的研究,并在许多不同组织背景中,对行为方式的理解方面得到了成功的运用。[65]虽然,这个理论仅仅在某些具体方面得到褒贬不一的支持(如乘法假设),但它仍然是研究组织中激励的主要方法之一。这项理论流行的主要原因可能是该理论为实际管理人员提供了许多有用的建议。我们现在来描述一些期望理论中最基本的应用并提供一些案例,这些案例来自已经进行实际运用的组织。

## (二) 期望理论在管理中的应用

期望理论是一种非常实用的方法。实际上,它提出了几条重要的激励员工的途径。

### 1. 让人们清楚他们的努力能产生绩效

激励水平可以通过培训员工更有效地工作而得以提高,因此也就可以从他们的努力中获得更高的绩效水平。努力——绩效期望值也可能通过下属员工改变工作方式的建议而得到提高。在一定程度上,员工能意识到影响绩效实现的问题,并尝试去缓和这些问题从而帮助他们更有效地工作,这实质上是*使期望的绩效能够实现*。好的上司应该使人们很清楚他们所期望的是什么并帮助他们达到那种绩效水平。

### 2. 给予员工积极的效价作为回报

换句话说,棍棒那头的萝卜作为一个激励的源泉必须是美味可口的。如今,面对具有高度差异的劳动者,假设所有的员工都希望拥有相同的报酬是不对的。一些人可能认识到了加薪所带来的激励价值,其他人可能喜欢额外的假期、改进的保险福利、提供日托或照顾老人的设备。因此,许多公司引进了**自助式福利计划(cafeteria-style benefit plans)**——也就是说激励系统允许员工从一个可供选择的菜单中挑选他们的福利。假如说福利代表了工资额的 40%，越来越多的公司正在认识到灵活分配这些福利的重要性。[66]例如，自从 1978 年开始普利玛瑞可(Primerica)已经使用了弹性福利计划——公司 8 000 名拿薪水的员工中 95%认为这对他们来说是非常有利的。[67]

### 3. 明确有价值的报酬与绩效之间的联系

遗憾的是，并非所有的激励计划在回报希望达到的绩效时都做得很好。一个近期的调查发现仅有 25%的员工认识到了在良好的工作绩效与加薪之间有一种很明显的联系。显而易见，许多组织在提高员工工具性方面仍有很长一段路要走。[68]换句话说，管理者应通过明确说明什么样的工作行为导致什么样的报酬来提高下属的工具性。

那他们怎样才能做到这一点呢？一定程度上员工可以直接以他们的绩效作为标准来接受薪水——例如通过计件工资制、商品销售计划或奖金——期望理论明确指出这样做是有效的。有些公司甚至将公司的一小部分给其员工以作为对他们所做贡献的交换——一个在员工的思想上确保将绩效与报酬紧密联系的实践。[69]确实，认真执行这样的优胜劣汰制度能导致绩效的提高，这样的体制常被称之为**绩效工资(pay-for-performance)**计划。[70]

**道德问题** 几年以前，西尔斯汽车机械厂的薪水支付与修理量是成比例的。据称这项政策鼓励他们对顾客的汽车进行了一些毫无必要的修理。[71]西尔斯现已取消了这种支付薪水的办法，但这则消息清楚地表明了：当你根据绩效来支付薪水的时候，要小心，你得到的正是你所付出的！

为了说明选择最理想绩效报酬模式的重要性，我们来看一下 IBM 用于其 30 000 名销售代理人的薪酬支付计划。以前，这些代理人得到的大部分工资都是建立在同一报酬水平基础之上的；他们的报酬与他们的工作表现是没有关系的。然而如今他们的报酬与公司成功的两个基本要素紧密联系起来，即利润与顾客满意。因此，取消了仅凭销售数额接受佣金的做法——正如许多其他公司销售人员所做的——IBM 销售代理人佣金的 60%与公司的销售利润联系在一起。结果，公司赢利越多，代理人获利也越多。为了确保代理人不推销仅具有高额利润但顾客可能不需要的项目，他们佣金中剩下的 40%是建立在顾客满意基础之上的，这就需要通过定期的调查来加以评估。自 1993 年引进这个计划以来，IBM 已经有效地扭转了其利润下滑的趋势。当然这种转变有很多原因，但是专家相信将个人报酬与理想绩效联系起来的实践是其关键因素之一。

另外一个例子是大陆航空公司( Continental Airlines)。1994 年，航空运输被列为准时性最差的一项服务，这个问题使公司每月损失6亿美元。[72]为了解决这个问题，管理部门开始为准时的员工支付奖金：最高一级每位员工100美元，二级或三级员工每位65美元。自从启动这个计划以来，大陆航空公司已在准时性方面持续处于领先地位，最近一年内每位员工多得了大约700美元。

当然，报酬不一定都是以金钱形式存在的。对于一项干得出色的工作，甚至连象征性的口头上的承认都可能很奏效。有些公司在其时事报道的版面上对员工为组织所做的贡献给予了承认。例如，大型制药公司——莫克(Merck)的员工对普奥斯卡(Proscar)(一种高效的治疗前列腺增大的药物)的研究有了进展，当他们看到自己的照片在公司的时事报道中出现的时候，他们感受到了被公司认可的喜悦。这个例子说明了重要的一点，即员工得到承认的方式没有必要都是丰富或昂贵的。可能什么都比不上一句发自内心的"谢谢"。正如马克·吐温(Mark Twin)所说的"我能仅凭一句赞美而生活两个月。"基于这种思想，一些公司已采取了非常有创意的措施，参考表4.2的例子。[73]

**表4.2 非金钱的认可：来自公司的一些有创意的范例**

认可也许是最有效的报酬类型之一，由于它不是那么昂贵，所以能在小公司中流行起来。这儿提到的小公司以某些特别有创意的方式来承认它们的员工，并且公司也已发现这些技巧在吸引新员工方面是有用的。

| 公　　司 | 商业性质 | 认可的方式 |
|---|---|---|
| 肯戴尔 | 药品的临床测试设计 | 将所有288名员工从事他们所喜爱的户外运动的照片沿着走廊张贴 |
| 洛哈德特电镀公司 | 钢铁制造厂 | 允许抛光部门的员工实行自我管理 |
| 北肯塔基州辛辛那提机场附近的50家小型公司 | 多种经营 | 这些公司联合起来为住得较远的员工提供免费的交通服务 |
| 佩恩有限公司 | 环境咨询公司 | 建立电话交流设备以使某些员工在家中时工作更方便 |

【资料来源】Based on information in Schafer, 1997; see note 73.

## 六、改变工作结构以使工作变得更有趣

我们认为激励的最后一个方法在范围上来说是最广的，因为它旨在改进工作的性质。**工作设计(job design)**背后隐含的思想就是通过使工作变得吸引人来提高工作的动机。让我们回忆第一章中弗雷德里克·W.泰勒的*科学管理*(*scientific management*)原则，它企图通过最大效率的工作设计来刺激绩效的提高。然而像机器一样

去对待人意味着让他们从事重复的动作，这会让他们觉得非常机械并单调无趣。人们对这样的工作感到厌倦并频繁的辞职是毫不奇怪的。[74]幸运的是，当今的组织学家已经发现了几种不仅能使工作变得有效而且能令人感到愉快与有趣的工作设计方法。

## (一) 工作扩大化与工作丰富化

设想你有一份高度机械化的工作，例如是当汽车运下生产线时旋紧其左右轮胎。很自然，如此重复的任务非常单调且令人不愉快。工作再设计中运用的方式之一是建议人们在相同水平之上去干许多不同的工作可能会将这种单调的感觉最小化。这种方法被称之为**工作扩大化(job enlargement)**。在我们所举的例子中为了扩大工作，可以要求工人们旋紧所有四个轮子的接口。结果，员工并没有承担更多的责任，也没有使用更多的技巧，但是他们以相同的水平干了多种不同的工作。以这种方式增加的工作据说能增加职位的*水平工作量*(*horizontal loading*)。

几年前，美国俄亥俄州克里夫兰的庆典服务公司在其创意部门扩大了约 400 个工作岗位。[75]现在员工的工作并非总是限定在制作圣诞贺卡上面，他们可以在不同的工作组例如制作生日绸带、滑稽小丑与情人节礼包中来回转移。据报道美国庆典服务公司职员喜欢这种变化，正如 RJR 纳贝克斯、科恩(Corning)、伊斯门柯达以及其他公司最近允许员工进行如此横向流动一样。

关于工作扩大化有效性的大多数报道已经成为轶闻了，但是一些详细的以观察为基础的研究说明它产生了深远的影响。例如，一个小组研究了大型金融服务公司的工作扩大化所产生的影响。[76]在工作没有扩大的情况下，让不同的员工完成单独的文书工作，例如，准备、分类、译成电码、用键盘穿孔机记录等形式。然而在扩大化的工作中，这些不同的职责被联合成一项由同一人来操作的更大工作。培训这样的人员虽然要比独立工作困难一些并更加昂贵，但产生了重大的好处。尤其是扩大化工作中的员工表达了对工作更多的满意并减少了厌倦感，因为一个人是自始至终负责这项工作的，所以存在更多的纠正错误的机会。毫无疑问，顾客也对这样的结果感到满意。

遗憾的是，两年以后，对相同公司进行的追踪调查发现并非所有有益的影响都继续存在。[77]最为显著的是，员工的满意度下降了，错误率开始上升，这种情况表明因为员工习惯于扩大化的工作，他们发现自己的兴趣下降了并且不能注意到所有的细节。因此工作扩大化可能有助于提高工作绩效，但它的影响可能不会持续长久。

与工作扩大化形成对照的是**工作丰富化(job enrichment)**。它给予员工的不仅是更多的工作而且还需要更高水平技巧与责任感来完成的任务(图 4.15)。工作丰富化为员工提供了这样的机会即怎样对工作进行更多的控制。因为增加了在较高水平的工作的机会，所以可以说工作丰富化的过程增加了工作的*垂直工作量*(*vertical job loading*)。

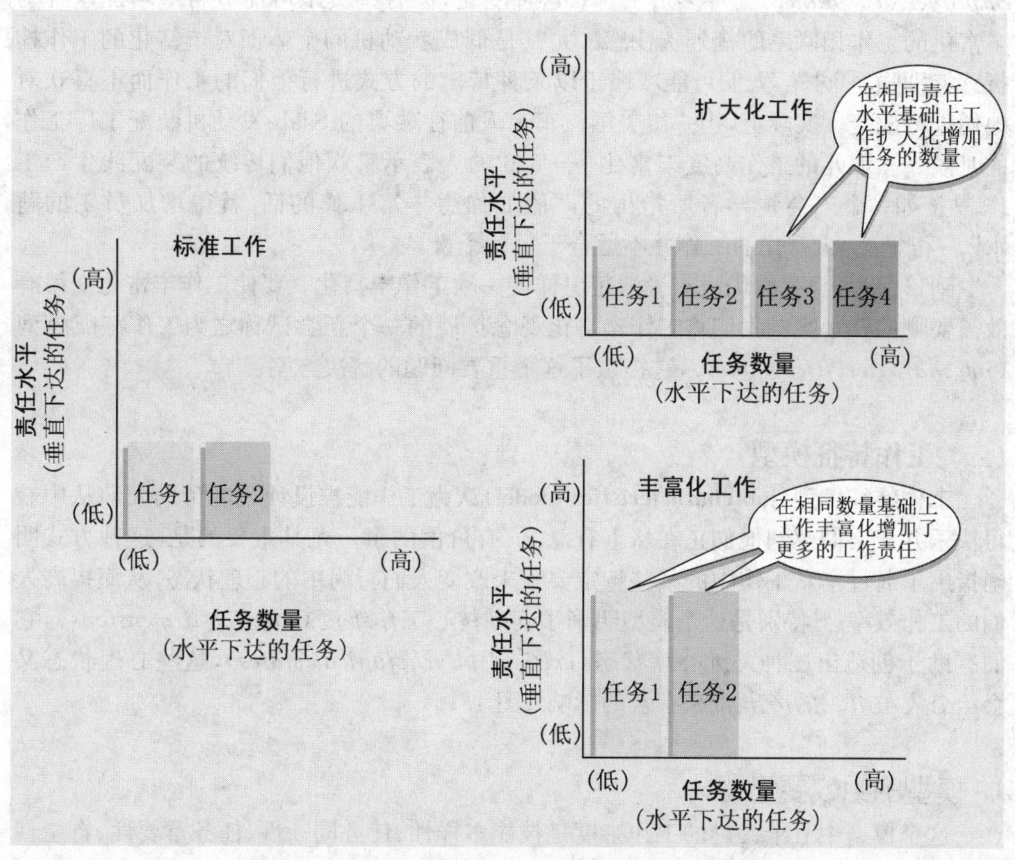


**图 4.15 工作扩大化与工作丰富化之比较**

通过在相同水平上增加执行任务数量的再设计(*水平工作量*)被称之为工作扩大化。通过增加员工的责任与控制水平的再设计(*垂直工作量*)被称之为工作丰富化。

**全球问题** 最早开发工作丰富化程序之一的是瑞典汽车制造厂沃尔沃(Volvo)。沃尔沃的汽车由大约每20名工人组成的25个小组装配完成,每个工人负责汽车装配的一部分(例如,发动机、机电系统),而不是仅在一条装配线上生产汽车。[78]一些美国汽车工人不喜欢这种方式,但其他人却喜欢。你猜这是为什么呢?

有证据表明工作丰富化在其他组织中同样也获得了成功,但几个因素限制了它的普及。[79]最明显的就是*操作上的困难*(*difficulty of implementation*)。为了对现有的设备重新设计以使工作更加丰富化常常需要昂贵的费用,并且要对完成某项工作所需要的技术进行再设计是不切实际的。另外一个限制因素是*缺少员工的接纳*(*lack of* *employee acceptance*)。许多员工喜欢这种变化,但有些员工可能不希望增加这种与丰富化的工作相联系的额外责任感。尤其是低成就动机的个体面对丰富化的工作挫折感特别强。[80]同样,人们可能习惯于以某种特定的方式进行他们的工作而不喜欢对他们进行改变。实际上,当一组美国汽车工人前往瑞典的 Saab 发动机装配工厂工作的时候——那儿的工作高度丰富化——5/6 的人表示喜欢他们传统的装配线生产工作。[81]正如一个工会领导者所指出的,"假如你想丰富工作的话,就得增加员工的薪水"。[82]很显然,丰富化的工作并不适合于每一个人。

到目前为止,我们仍没有说清楚怎样使一项工作丰富化。要使工作丰富化变得有效需要哪些要素呢?我们将工作丰富化观念扩展的一个新尝试称之为*工作特征模型*(*job characteristics model*),它提供了这个重要问题的解决方案。

## (二) 工作特征模型

**工作特征模型(job characteristics model)**认为工作能被设计成能帮助人们从中获得快乐并让人们感到他们正在从事有意义、有价值的事。尤其重要的是,这种方式明确指出了通过丰富工作中的某些特定要素来改变人们行为中的心理状态,从而提高人们的工作效率。[83]特别是这个模型明确了*五种核心工作维度*(*core job dimensions*),它们有助于创造出三种*关键心理状态*(*critical phychological states*),这些心理状态又会给*个人与组织的产出*带来有益的影响(图 4.16)。

### 1. 模型的组成要素

这个模型中五个关键的工作维度是技能多样性、任务同一性、任务重要性、自主性与反馈。让我们逐一来看:

(1) *技能多样性*(*Skill variety*)是指一项工作需要员工使用多种技术与才能加以完成。例如,具备这种能力的一名办公室经理必须执行多种不同的任务(如,文字输入、接电话、招呼来客与整理记录)。

(2) *任务同一性*(*Task identity*)是指一项工作需要从头到尾进行完整操作的程度。例如,让裁缝制作一套完整的服装的时候就需要他们具有这种能力(例如为顾客量体、选择布料、裁剪、缝纫并修改至合身)。

(3) *任务重要性*(*Task significance*)也就是认识到工作对别人的影响程度。例如,进行治愈致命疾病工作的医学研究人员可能认识到这项工作对绝大多数世人的重要性。然而即便是很一般的贡献,当员工理解了他们的工作在组织总体任务中的角色时,也可以认为达到了很显著的程度。

(4) *自主性*(*Autonomy*)是指员工自由选择计划、安排、执行他们工作的程度。例如,一个家具修理人员自己安排他或她的日程工作表来高度自主工作并决定如何处理他或她面临的修理工作。

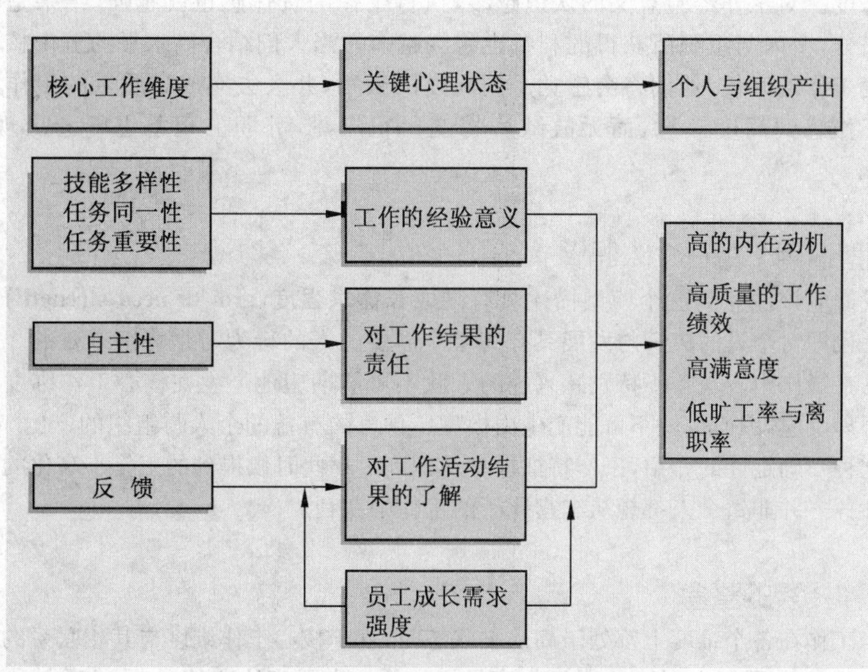


**图 4.16 工作特征模型：基本组成要素**

*工作特征模型认为特定的核心工作维度将导致特定的关键心理状态，继而又会导致有益的个人与组织产出。这一模型也认识到这些关系在具有高水平成长需求强度(growth need strength)的个体中最强。*

【资料来源】Adapted from Hackman & Oldham，1980；see note 83.

(5) *反馈*(*Feedback*)是指一项工作允许人们得知与其工作成效相关信息的程度。例如，电话销售代理商会定期收到关于他们每天处理电话的数量以及销售量、销售金额。

这个模型明确指出了这些工作维度对各种关键心理状态产生的重要影响。例如，技能多样性、任务同一性与任务重要性联合起来共同对任务的经验意义(*experienced meaningfulness*)产生作用。一项任务被认为有意义在某种程度上是因为有人认为它非常重要、有价值并值得去做。据说提供大量自主性的工作能使人感到受人*信赖并对工作负责*。当人们能自由决定做什么以及如何做的时候，他们会对结果承担更多的责任——无论结果是好还是坏。最后，有效的反馈让员工对*其工作结果有着更多的了解*。当工作提供给人们行为成效的相关信息时，这些人将更好地了解他们应怎样做才会更加有效。继而这样的了解也将提高他们的工作效果。

工作特征模型明确指出了三种关键心理状态，它们将对个人与组织的产出造成影响，这三个关键心理状态指的是对激励的感受、工作的质量以及对工作、旷工、离职的态度。对工作经验意义的认识越多,执行工作的责任感也就越强,结果是掌握得越充分,个人与组织所获得的利益也将会越多。当人们结合高水平的五个核心工作维度工作的时候,他们将会感觉受到高度的激励,并会去完成高质量的工作同时对其工作感到高度满意,而无故缺席将变得很罕见,辞职的现象也不会出现(图4.16)。

### 2. 模型适用于每一个人吗?

我们应该注意到这个模型描述具有高**成长需求强度(growth need strength)**的个体——也即对个人的成长与发展具有高层次需要的人的行为时是特别有效的。对提高自己在工作中表现并不特别感兴趣的人就不可能期望他产生在核心工作维度基础上的心理反应,因而也就不可能产生由模型所预言的有益的个人与组织的产出[84]。通过对这种不确定性的介绍,工作特征模型认识到了早些时候提到的工作丰富化的重要局限性——并非每个人都想从丰富化了的工作中获利。

### 3. 五种要素的整合

当工作在各个维度上都处于高水平状态时,基于核心工作维度与其相联系的心理反应之间的关系,这时的工作动机应该是最强的。为了确认这种观点,一项被称之为工作诊断调查(JDS)的问卷调查已经测量了特定的工作中各种工作特征的参与程度。[85]基于JDS的结果,我们可以预测出人们所从事的某项工作对其的激励程度。我们用**激发潜力值(motivating potential score)(MPS)**作为指标来表示它。计算公式如下:

$$\text{MPS}=\frac{\text{技能多样性}+\text{任务同一性}+\text{任务重要性}}{3}\times\text{自主性}\times\text{反馈}$$

MPS是激发人们工作潜力的一个概括性指标。正如模型所归纳总结的,一项特定的工作得分越高,个人与组织获得产出的可能性也就越大。知道一项工作的MPS有助于一个人明确他可能从工作再设计中所获得的利益。

### 4. 关于模型的例证

工作特征模型已成为许多观察测试的焦点,并且大多数测试已经证实了模型中的许多方面。[86]一项关于南非抄写工作人员的研究对这个模型提供了强有力的支持。[87]根据工作特征模型提到的技巧,对这家公司办公室的许多工作进行了丰富化。特别是执行这样工作的员工有机会去选择他们所从事任务的种类(高度的技能多样性),完成整套工作(高度的任务同一性),接受关于如何将其工作与组织融为一体的指令(高度的任务重要性)、设置自己的工作时间表并检查他们自己的工作情况(高度自主性)以及对其日生产量进行记录(高度反馈)。另一组员工作为控制组,除了他们的工作没有丰富化以外,其余各方面都是相等的。

当员工执行完最新设计的工作 6 个月之后,将他们与控制组作比较。对于模型所提到的大多数产出,执行再设计工作的员工都展示了优越的成果。尤其是,这些员工声称他们感受到了内在的激励并对他们的工作更加满意。同时他们也降低了故意旷工与离职的比率。唯一与模型预言所不同的是:在执行丰富化与未经丰富化的工作中,人们完成的同样出色。考虑到许多因素对工作绩效负有责任(与期望理论相联系),这样的结果应该不会太令人感到意外。

## (三) 工作再设计的技巧:一些管理方针

工作特征模型明确指出了关于激发人们潜力的工作设计的几种方法。[88] 表 4.3 以一般原则的形式进行了描述。

**表 4.3 工作丰富化:来自工作特征模型的一些建议**

工作特征模型明确指出了几种将核心工作维度纳入工作之中的工作再设计方法,以此来提高激励和绩效水平。列举如下:

| 工作设计的原则 | 与之相结合的工作维度 |
| --- | --- |
| 1. 将工作联合起来,使工人能执行完整的工作 | 技能多样性<br>任务同一性 |
| 2. 建立顾客联系,允许服务的提供者满足接受者的需要 | 技能多样性<br>自主性反馈 |
| 3. 垂直下达工作,使员工承担更多的责任,对工作进行更多的控制 | 自主性 |
| 4. 开放反馈渠道,提供关于员工工作结果的报告 | 反　馈 |

【资料来源】Based on information in Hackman, 1976; see note 88.

### 1. 联合工作

以每个工人执行整项工作来取代几个工人执行一整项任务的各个部分,这就对技能多样性与任务同一性提出了更高的要求。例如,马萨诸塞州麦德福特科恩玻璃制造工厂对工作进行了再设计,以便使人们一次性地将热杯盘拼装完成而不是分成一个个步骤单独进行。[89]

### 2. 开放反馈渠道

设计工作时应让员工得到尽可能多的反馈。人们对其工作了解得越多(信息来自于顾客、上级或同事),就更有能力采取正确的行动(我们已注意到第二章关于学习的过程提到了反馈的重要性)。有时候,工作绩效的有关暗示可以从人们完成工作的情况中得到(注意与目标设置相联系)。在大多数案例中,开放员工与管理者的交流渠道已成为公司文化不可缺少的一部分——正如博伊西卡斯特(Cascade)造纸生产组那样——反馈无处不在。[90]

### 3. 建立顾客联系

工作特征模型建议应该这样去设计工作,即提供服务的人(如一位汽车机械工)与接受服务的人(如汽车主人)建立联系。以这种方式设计工作不仅有助于为员工提供一定的反馈,而且还可以发展更多的技能(例如,除了修理汽车之外与顾客进行交流)并提高自主性(如提供人们与顾客之间建立自己关系的自由)(图 4.17)。

**图 4.17 案例:建立顾客联系**

恩涅·加西亚经常使用其上午的时间为卡特(Cadet)制服服务公司递送衬衫。为了提高服务水平,他现在把下午时间花在顾客特殊要求与抱怨的处理上。恩涅和他的顾客对这样的结果都感到非常满意。

这个建议已被海地服务公司(Sea-land Service)——一家大型远洋集装货运公司实行。[91]一旦这家公司的机械工、职员及起重机操作人员开始满足顾客的需要,他们的产量就上升了。面对这个曾经很抽象的工作,他们现在所做的一切已使他们认识到应该更加认真地对待那些工作。

### 4. 垂直下达工作

如前所述,垂直下达工作包括使人们在工作中能够承担更多的责任。让下属能够摆脱管理者的影响从而对工作承担责任而且加强控制可以提高低水平员工的工作自主性。根据最近一项民意测验，自主性是人们找工作时最看重的一项——甚至比薪水更加重要。[92]因此，越来越多的公司正在减少对员工的控制并给予员工在工作上所希望的更多的自由(至少在有限范围内)。

**你来做顾问**

故意旷工已经成为一家加工制造厂的一种长期恶习了，以至于有时生产线在轮班时竟没有足够的人手。公司正在遭受这种情况的困扰，现让你提一些建议。

1. 怎样让工作变得更加有趣以鼓励员工重新上班?
2. 怎样利用报酬来缓和这个问题? 这些建议的理论基础是什么?
3. 怎样利用公平理论来解释这种情况? 它将提供什么建议来作为解决问题的方法?

让我们来看一下亚利桑那州一家汽车代理商丘吉斯·别克(Childress Buick)的例子。这家公司面临着顾客严重的不满并且员工在其雇主纳斯提·丘吉斯(Rusty Childress)面前将这些问题隐藏起来的境地，所以公司开始鼓励其员工进行自我判断并享受一定的优先权。从前对员工实行专制的管理者看到一旦允许人们自我决策而努力工作时常感到非常震惊。鲍勃·弗雷斯，北卡洛林 Research Triangle Park Alphatronix 公司新上任的 CEO 说:"我们让员工告诉我们什么时候能完成一项计划并且他们需要什么资源，实际上他们设置的目标比我们为他们设置的目标要高。"[93](关于怎样使工作变得自主的有关建议，请参阅下面的"制胜诀窍"。)

## 制胜诀窍

### 进行自主工作的三个并不简单的规则

当然，自主性并非一种灵丹妙药，假如在激励人们方面总是有效的话，那所有的公司将会一直使用它。然而确实在那些有效使用自主性的组织中有一些共通性。通过对这些共通性的了解，我们应该认识到在自己的组织中有效使用自主性的方法。那我们就会问，公司到底做些什么才能使工作变得具有自主性呢?

首先，成功地给予员工自主性的公司倾向于在确保他们雇佣的人能在没有近距离监督的情况下为正确完成工作投资时间与精力，让人们相信给予他们一定的自主权并不是一条通往失败的道路。

其次，一旦在自主性方面有兴趣的员工被挑选出来(如那些具有高成长需求强度的人)，必须进行训练以便有效地完成工作。毕竟，在他们独立进行那项工作之前，他们需要知道如何才能做得非常出色。

第三，我们总是期望组织中的自主性工作能带来高绩效——甚至是要求这样子。正如你所知的，一些公司比别的公司更能容忍最低限度的绩效——甚至是平庸的绩效。没有人喜欢看到不明确的工作，但是在一些地方必须毫无疑问地接受工作。所以在这样的组织中，员工不应该享受太多的自主权。实际上，在那些自主工作运转有效的组织中，*因为*每一个人都坚信在更高水平基础上工作的重要性，才出现这样的状况。

总之，我们认为对这儿所提到的三个指导方针进行描述远比执行它们要容易。毕竟，人员的选拔难得尽善尽美，有的时候并不适合这项工作的人会混进来。同样道理，甚至是训练有素的人员也可能做出不好的决策。最后，就算是最严格的组织标准也不可能总是带来这样良好的结果 。尽管有这些担心，但我们仍然相信给工人带来工作自主性的潜在收益，在处理值得面对的挑战方面作出了一些努力。

## 学习目标的回顾与总结

**1. 定义*激励*，并解释它在组织行为学领域的重要性。**激励是指唤起、指向并维持通往某一目标行为的过程。它与工作绩效并不相等，但它是关于工作绩效的几个决定性因素之一。今天的工作道德标准激励人们去寻找有趣并具有挑战性的工作，而不仅仅是为了金钱。

**2. 描述*需要层次理论*以及在提高组织激励方面的措施。**马斯洛的需要层次理论假设人有五种基本需要。这些需要以特定的顺序从最基本、最低层次的需要（如生理需要）到最高层次的需要（如自我实现需要）依次被激发。这个理论还没有被严格的调查研究所证实，但在满足员工工作需要方面提出的建议确实很有用。另一个对概念作了较少限定的是奥尔德弗的 **ERG 理论**，它提出人们仅有三种需要：生存、关系与成长。遵循这些理论，公司可以采取一些措施来激励员工。特别是他们提倡一种健康的劳动，提供财产保险，提供社会化的机会并承认员工的成绩。

**3. 明确并解释*目标设置*能提高工作绩效。**洛克与拉色曼的目标设置理论声称一个设定好的目标能影响一个人完成任务的信心（称之为自我效能感）与他或她的个人目标。转而这些因素又会影响绩效。当设置了具体的、有难度的目标并提供关于任务绩效的反馈时，人们将会提高他们的绩效。通过允许员工参与到目标设置的过程，选择出员工可接受的目标这一任务会变得容易些。

**4. 描述*公平理论*与*程序公平*，并解释怎样激励组织中的人们。**亚当斯的**公平理论**认为人们希望在工作报酬（如产出）与其工作贡献（如投入）的比率和其他人的这种比率上达到平衡。**报酬过高不公平**与**报酬过低不公平**这两种不公平状态都令人不快，这样就会激励人们采取措施达到公平状态。对不公平的反应既可能是行为上的（例如，升高或降低一个人的绩效）也可能是心理上的（例如关于工作贡献方面的不同思考)。人们关心建立公平的关系与**程序公平**——也就是在进行组织决策时既考虑结构方面(例如在决策过程中拥有发言权)也考虑人际关系方面(例如平等尊敬地对待每一个人)的因素。这些理论一起被称之为公平理论,它建议公司应该有意识地避免报酬过低或报酬过高,而且管理人员应以社会敏感性的方式来完整地解释关于产出的基本原则。

**5. 描述*期望理论*以及在组织中如何得以运用。** **期望理论**认识到激励是一个人的**期望**(如努力将导致绩效的产生)、**工具性**(绩效将导致的报酬的多少)与**效价**(对报酬的价值)的产物。当激励与技能、能力、角色认知、机会相结合的时候,它会对工作绩效产生积极的作用。期望理论认为与绩效相联系的报酬(如**绩效工资计划**)以及高效的分配报酬(如**自助风格福利计划**)可以提高激励水平。

**6. 区分作为激励员工技巧的*工作扩大化*与*工作丰富化*。** 它们作为一种有效的、组织层面的激励人们的技巧正在对工作进行设计或再设计。工作设计技巧包括工作扩大化(如以相同的水平完成更多的任务)与工作丰富化(如让人们对其工作具有更大的责任感与控制权)。

**7. 描述*工作特征模型*及其对重新设计工作以提高激励水平的启示。** **工作特征模型**明确指出了应该加以丰富化的工作维度(如技能多样性、任务同一性、任务重要性、自主性与反馈),并且将这些维度与关键心理状态联系起来。继而这些维度与关键心理状态导致员工个人(如提高工作满意度)与整个组织(如减少旷工与离职)有益的产出。我们还可以通过联合任务、开放反馈渠道、建立顾客联系与加大垂直工作量(如提高一个人的工作责任感)来设计工作以提高激励水平。

## 问题讨论

(1) 基于马斯洛的需要层次理论,可以具体做些什么事情以提高员工的激励水平?

(2) 为什么说目标设置是激励人们工作的有效途径?可以采取什么步骤来确保实践中目标设置的有效性?

(3) 假如一名员工感到与他或她同事相比所得到的报酬过低,请问什么情况下可能会导致这些感受,你希望这名员工对工作会做出怎样的表现?

(4) 设想你正在制定一项政策以决定你所在部门休假的顺序。那你应怎样做才能使相关人员相信在程序上是公平的?

(5) 一名表现较差的员工对其老板解释他正在尽力的工作。根据期望理论是什么原因促使他如此努力?对工作绩效有贡献的额外因素(除了激励以外)是什么?

(6) 根据工作特征模型,应该采取什么步骤来提高某人进行销售工作的激励水平?

(7) 解释本章中提到的所有激励理论中金钱作为一个激励来源所充当的角色。

## 典型案例

### 案例 1 改进的薪水计划有效激励着三家小型公司的员工

塑料把手业的日子正变得日益艰难。如果要问伊利诺斯州北布鲁克(Northbrook),罗根(Rogan)的主人 Ed 罗根,他将告诉你刻度标准仪电子控制器的引进怎样使他失去了许多顾客。面对市场的疲软,要提高 107 名员工的工资是不可能的,反而要考虑从他们的收入中扣除一部分——更不用说去激励他们了。罗根(Rogan)对此的解决方法是让员工分享节约份额来激励员工寻找削减成本的方法。他们收到了数百种方法不仅能帮助公司应付自如,而且最近几年员工都有 17%的额外收入。罗根(Rogan)方法成功的关键是鼓励员工对自己的工作负起责任从而共同分享进步。相似的思想也被用在位于加利福利亚的圣庄瑟(SanJose)的艾斯帕科特通信设备制造厂,在那儿没有采用奖励节约的做法,员工的报酬是与顾客服务的两个关键点相联系的:公司产品的使用寿命以及顾客满意度。其 CEO 吉姆·卡瑞克尔(Carreker)解释这种观点的基本思想:公司要想获利,员工必须对顾客的服务保持一种长期行为。这种方法使艾斯帕科特的所有 400 名员工都关注于他们报酬(即顾客满意)的衡量标准——并且他们对工资报酬感到很满意。

工资报酬也使卡尔弗特集团——设在马里兰彼塞斯达(Bethesda)金融管理公司的 190 名员工感到了意外的惊喜。这些报酬包括成绩突出员工的奖金以及公司的固定福利。员工干得越好,公司也就会越好——并且员工得到的也会越多。一名以微电脑提供支持的分析专家巴特勒·帕金斯(Perkins)说:“我们都知道必须做的事情是赚更多的钱。”卡尔弗特(Calvert)的员工似乎正在做这样的事情。

然而这仅仅是卡尔弗特集团表示对其员工重视的一部分。在一次非常规的迁徙中,公司补偿了员工的乘车往返费用。假如你步行上班,公司甚至会提供你跑鞋。为了进一步节约其他开支(例如干洗),卡尔弗特已经取消了穿制服的规定,允许员工穿平常的衣服上班——这成了他们都非常喜欢的一种特色。

**问题讨论**

(1) 如何运用组织公平的概念来解释本案例中提到的激励方案所取得的成功?

(2) 有效的激励手段不仅仅包括金钱。解释一下在这方面三家公司采取了什么措施。

(3) 在这里期望理论的哪些基本方面被用于具有创意的激励体制?

(4) 你认为将这些激励方案用于大一点的公司会一样有效吗? 为什么有效或为什么没有效?

## 案例2 组织激励

**小型商务 2000** 人们因为许多原因而工作，最重要的是它可以赚到钱，但金钱本身并不是人们选择某家公司某种工作的充足理由。通常还有其他方面的原因。当你考虑人们为什么长期干同样的工作并从中得到享受的时候，这个问题就会变得更加有趣。

哈勃·马林(Harbor Marine)公司可能是较好理解工作激励的一个良好场所。有一点很显然：在哈勃·马林工作的每一个人都喜欢水。正如一名员工所指出的——“做我喜欢做的事情——在水上工作并得到报酬，这样很有趣。”但我们应明白对水的喜爱可能并非是这些人对工作持有激情的唯一原因。

了解这种现象的另外一个途径是通过公司的拥有者雷·迪塞尔托(Ray Disanto)。迪塞尔托已在这家建筑公司30多年了，拥有哈勃·马林的时间已长达17年。迪塞尔托自从19岁起就开始拥有自己的生意。他从个体运作到今天所拥有的一切这其中有一个明显的模式。迪塞尔托热爱他从事的事业，重要的是，迪塞尔托意识到他不可能一个人实现目标。他谈到了从顾客的角度来看待公司主张的重要性。有趣的是，就算不是很关心，但至少看上去，他似乎也在关心员工眼中公司代表的形象。

当你观看这个录像时，注意一下迪塞尔托关于他为什么对自己拥有事业而感到骄傲所说的话。对这些问题的考虑可能有助于你更好地理解到底是什么使迪塞尔托获得成功。其次，认真考虑一下迪塞尔托关于经营公司的评论以及关于如何对待员工的观点。你会在这个录像中看到哈勃·马林的一些员工，当你听他们谈话的时候，仔细思考一下他们所说的是怎样与你所学到的激励相联系的。

**问题讨论**

(1) 你已经学习了许多雷·迪塞尔托在建筑方面的发展变化过程了，他似乎是一个永不停止的人，你认为是什么激励迪塞尔托不断进行新的尝试？

(2) 你认为迪塞尔托在工作中的激情能激励他的员工吗？你认为对员工来说迪塞尔托的什么最重要？

(3) 你已经见过哈勃·马林的一些员工了，利用奥尔得弗的ERG模型讨论一下哈勃·马林的员工是怎样实现其基本需要的。

(4) 迪塞尔托谈到了保证设备有序运转的重要性，他喜欢有条不紊的工作，你认为这种方法会影响员工的工作动机吗？为什么会或为什么不？

## 技巧库

### (一) 亲历组织行为

#### 1. 在工作中你受到公平的人际待遇了吗?

程序公平的一个关键要素在于怎样让人们相信他们正接受其他人包括同事、老板以及整个公司的公平待遇。下面的一组问题提供了对这些情况的洞察。

#### 2. 指导语

思考一下大多数情况下您所在的组织是什么样的状态。在 18 个问题后面都有"是"、"?"、"否"三个备选项。假如所描述的内容符合您所在组织的情况,就选择"是";假如不符合就选择"否";假如不能确定就选择"?"。

在这个组织中……

| | | | |
|---|---|---|---|
| (1) 员工因为表现良好而得到赞扬。 | 是 | ? | 否 |
| (2) 主管对员工大呼小叫。 | 是 | ? | 否 |
| (3) 主管袒护部分员工。 | 是 | ? | 否 |
| (4) 员工受到信任。 | 是 | ? | 否 |
| (5) 员工的抱怨能得到有效处理。 | 是 | ? | 否 |
| (6) 员工受到精心呵护。 | 是 | ? | 否 |
| (7) 员工受到礼遇。 | 是 | ? | 否 |
| (8) 员工的质疑与难题能得以快速回答。 | 是 | ? | 否 |
| (9) 对员工撒谎。 | 是 | ? | 否 |
| (10) 忽视员工的建议。 | 是 | ? | 否 |
| (11) 主管对员工作出承诺。 | 是 | ? | 否 |
| (12) 员工的努力得到重视。 | 是 | ? | 否 |
| (13) 以辞退或临时解雇员工工作为威胁。 | 是 | ? | 否 |
| (14) 员工受到公平对待。 | 是 | ? | 否 |
| (15) 同事之间互相帮助。 | 是 | ? | 否 |
| (16) 同事之间互相争论。 | 是 | ? | 否 |
| (17) 同事之间互相压制。 | 是 | ? | 否 |
| (18) 同事之间互相尊重。 | 是 | ? | 否 |

【资料来源】Copyright© 1997 by Michelle A. Donovan, Fritz Drasgow and Liberty J. Munson, University of Illinois at Urbana-Champaign.

### 3. 评分标准

（1）在下列问题中回答"是"的每题得一分：1，4，5，7，8，12，14，15，18。

（2）在下列问题中回答"否"的每题得一分：2，3，6，9，11，13，16，17。

（3）将这些分数相加就得到你的公平人际待遇得分。你的得分可能介于 0—18 分之间，你的得分越高，表明在组织中越受到肯定的人际待遇。

### 4. 问题讨论

（1）在组织中人际待遇方面，你的得分说明了什么？这是你事先能预测到的吗？

（2）你认为组织中的其他人是否同意你对这些问题的回答？为什么？

（3）据你估计，是否有这样一个人（如一个指定的老板）对你如何回答问题负主要责任吗？假如存在这种情况，那么假设这个人不属于你的组织，那你将怎样回答这些问题呢？

（4）采取什么措施能提高你在组织中受到公平的人际待遇？

## （二）分组练习

### 1. 目标设置真的有效吗？亲自体验一下

具体、有难度的目标能提高工作效能。下面设计的练习会让你亲自证明一下。你所需要的是愿意合作的一个班级的学生以及一些简单的设备。

### 2. 指导语

（1）从一本书中挑选课文的一页并制作几份影印。仔细计算一页上的单词以及每个单词所包含字母的数量。这将是你的成绩表。

（2）去找一个有 30 个或更多学生的班级，他们对目标设置一无所知（我们不希望他们对这种现象的了解会对结果造成偏差）。根据随机原则，将这些学生平均分成三组。

（3）要求第一组——"基线"组的学生尽可能将课文抄在另一张纸上，并给定他们时间，指导他们的动作快一些。利用步骤 1 制作的评分表，确认学生抄写单词的最高数量，然后将这个数字乘以 2，这将是那个具体的有难度的目标水平。

（4）要求第二组——"具体目标"组的学生在一分钟内抄写同样数目的单词。让他们努力达到步骤 3 中的具体目标。

（5）对于第三组——"竭尽全力"组的学生，要求他们重复同样的过程，但不规定他们具体的目标，而是指导他们"尽最大努力去完成任务。"

(6) 计算认为“有难度目标”组与“竭尽全力”组学生抄写单词的平均数目，让老师进行适当的显著性检验(在本例中用 t 检验)以决定不同成绩水平差异上的显著性。

3. 问题讨论

(1) 两组学生成绩是否存在统计学上的显著性差异？假如存在的话，“具体目标”组的学生是否如期望的那样优于“竭尽全力”组的学生？就目标设置的效用性来说，这种现象揭示了什么？

(2) 假如预测的结果得不到支持，你认为为什么会发生这种现象？在这个过程中是什么导致了这样的失败？难道是具体目标(例如“基线”组最快速度的两倍)太高而遥不可及？或者是目标定得太低，实现它太容易？

(3) 假如目标降低使之变得更容易或提高目标使之更困难，你认为会发生什么情况？

(4) 你认为提供关于目标达成情况(例如有专人数出抄写单词的数目，同时报告给正在抄写的人)的反馈有益吗？

(5) 你相信目标设置对于其他类型的任务同样有效吗？特别地，你相信目标设置能提高自己在某些方面的绩效吗？请解释这种可能性。

## 趋势：今天的企业在做什么？

### 因表现良好而休假

除了满足员工在工作中的需要之外，许多公司给员工*不上班*的时间来满足员工的需要。我们将这种可能采取放假或不上班的形式称之为*带薪休假期*(*sabbaticals*)。

休假曾一度为教师所享有，被认为是教师的专业福利。通过给予教师一定的休假时间让他们能够更新自己的技术或学习新知识从而有助于其职业的发展。休假作为一种新的方式正进入越来越多的私人公司，包括一些大型公司，例如美国快递(American Express)、杜邦(Dupont)、麦当劳(McDonald's)以及施乐(Xerox)。[22]事实上，据估计当今美国公司中有 14%～20%正在提供各种类型的公司休假制度。休假所包含的思想是通过提供员工理应获得的休息与恢复精力的机会来满足员工的基本生理需要。几家公司的官员已明确地意识到了这一点，在发展迅速以至于人们常常感到疲于奔命的企业中，没有重新恢复活力的机会将是致命的。例如苹果电脑公司的员工每 5 年就会得到一次 6 个星期的休假，在这段时间中他们可以做任何恢复自己精力的事情。

休假提供了另外一种重要的益处：他们奖赏忠实勤奋的工作，因此能满足尊重的需要。据苹果公司发言人弗兰克·欧马赫尼(Frank O'Mahoney)声称，他们休假计划的*重新启动*“是苹果公司将你视为全面发展的人来关心的一个象征，你不仅仅是一部机器”[23]。

虽然并非所有的员工都期望休假，但确实是越来越多的人期望增加休假的时间。事实上，根据玛里琳·莫特·肯尼迪，一名职业设计战略家的观点来看，求职者并不回避通过磋商希望尽可能得到多的休假这一问题。她指出存在这样一种趋势：即越来越多的人“仅仅是因为休假时间的增加或更宽松的去留政策就变换了工作，即使在报酬上没有任何少许的增加”[24]。

最起码的是，今天的员工需要更多的即使是没有酬劳的休假机会，以使他们能满足与其工作无关的兴趣爱好。这一点导致了一些非常具有创造性的实践，尤其是小公司。例如佛蒙特州布里斯托尔 Autumn-harper 护肤品制造厂商的 65 名员工中任何一个人都可以将自己用不着的假期贡献给其他由于这种或那种原因而需要假期的员工。[25]这种做法并不增加公司的一点开销，但通过让他们理解其同事为了他们自己的安康做出了贡献，来帮助员工满足其社交需要与尊重需要。

专家警告花大量时间来休假的人们可能会被视为对其公司不忠诚。但对于一些人来说，这样做是值得的。在一些组织中这并不是一个问题，在那儿员工必须实行休假。正如顾问琼·卡弗迪斯解释的那样——“正在成长的人们对于公司来说是有益的。公司必须会说‘去发现生活，那正是我们所要回报的内容。’”[26]的确，当公司采取例如提供休假等措施来满足员工的需求时，需要理论使我们能够这样期望：不管是员工还是组织都将从中得益。

# 第五章 和工作相关的态度：对工作、组织和同事的感受

**学习目标** 学完本章后应能够：

1. 定义*态度*并了解其基本要素。
2. 描述*工作满意度*的概念，并能简述其测量方法。
3. 概述两种主要的工作满意度理论。
4. 解释工作不满意所带来的主要影响以及如何消除这些影响。
5. 定义*组织承诺*并描述其三种主要类型。
6. 描述组织承诺水平过低所带来的主要影响以及如何消除这些影响。
7. 区别*偏见*与*歧视*，并清楚地了解偏见对组织的危害。
8. 描述今天的组织针对员工*多元化*所采用的管理策略。
9. 描述*多元化*管理*计划*的效能。

## 预备案例

### 丹尼斯和雪尼斯餐馆菜单中的种族平等意识

在20世纪90年代早期，如果你要预测美国最受欢迎的家族式餐饮连锁店，那么很自然地，雪尼斯(Shoney's)和丹尼斯(Denny's)会出现在1998年《财富》杂志中亚、非、拉美50家最好的公司名单里。毕竟，1992年雪尼斯花费了1亿3 280万美元来解决被上千名少数民族员工共同起诉的歧视案件。1994年，丹尼斯付给那些声称被拒绝服务的美国黑人顾客5 440万美元。而仅仅就在这几年之后，雪尼斯的母公司Advantica便上升到《财富》杂志排名的第二，丹尼斯名列第十三。

情况明显地发生了根本性的变化。这两个不为人看重的公司是如何戏剧性地改变了对少数民族员工和顾客的待遇呢？两家餐馆的管理层承认是诉讼案件唤醒了他们，引导他们挽救了自己。

雪尼斯先前的做法是在外界招募人员来填补公司的高层职位，而忽略了公司内部有才能的少数民族员工。如今，公司对所有的职位空缺都公开招聘，少数民族员工也可以通过竞争加入公司的高层。

Advantica的执行总裁(CEO)杰姆·亚当森(Jim Adamson)在雪尼斯采取了更为积极的姿态，他认识到少数民族的

候选者在公司内没有平等的晋升机会，因此他首先做的便是发掘这些人才来填补公司的高级职位。如今这些努力已初见成效，公司主管的三分之一是亚洲人、美国黑人和拉丁美洲人——这一数据比《财富》杂志上的任何一家公司都要高。而在1992年这些少数民族主管中没有一人能进入雪尼斯公司的高层。此外，在过去的五年中公司直接向少数民族供应商购买原料的金额也从零一跃至1亿2 500万美元。

Advantica公司保证机会均等的举措并非徒有其表，公司决定从十条基本能力出发对经理进行评估，其中专门有一条就是"重视多元化"。任何一个经理如果在这一举措上乏力，他(她)会发现自己四分之一的奖金被扣除——而任何人如果完全缺乏这一点就会被解聘。在丹尼斯，重视多元化从员工延伸到特许餐馆。事实上现在公司的737个特许餐馆中少数民族业主拥有其中的百分之三十五。

不可否认，一些批评家嘲笑这些主动应变的公司，声称他们变革的动机不纯，是迫于法律的压力。而其他人攻击的是变革的结果而非动机。如果考虑到对多元化的重视可能带来的收益和忽视可能招致的损失，他们或许会恪守对少数民族的承诺。

丹尼斯和雪尼斯改变他们的做法并非心甘情愿，但我们猜想他们最终会认识到没有处在“枪口”之下的其他公司也将面临相同的处境。换句话说，对于民族多元化的职员群体我们还有很多事要做，通过给予他们平等的机会，丹尼斯和雪尼斯现在能够吸收更多的人力资本来提高业绩。反过来，这可以使所有的员工获得良好的工作感受，从而能够坚守自己的岗位。很显然，这种感受对于人们在组织中的行为有强大的影响力。确实，这种感受——或者称为*态度*(*attitudes*)，在人们的生活中尤其是在工作中扮演着非常重要的角色。这些对于工作和组织的态度即与*工作相关的态度*(*work-related attitudes*)不但对我们的行为方式有深远影响，而且也影响到我们在工作中所体验到的生活质量。

在这一章中，我们首先描述态度的基本属性，然后进一步考察与工作相关的态度的几种具体类型。我们的讨论将从*工作满意度*(*job satisfaction*)开始，工作满意度实质是指人们对于他们工作的积极或消极的感受。[1]我们将明确地描述影响工作满意度的一些主要因素，其后我们将讨论这些因素对组织行为的影响。

在此基础上，我们将转而讨论另一类重要的与工作相关的态度：*组织承诺*(*organizational commitment*)。这一概念是指人们对于所处组织的情感——人们对于雇佣他们的组织的认同程度。[2]最后，我们将讨论一类大家或许都很熟悉的特殊类型的态度：*偏见*(*prejudice*)。这一概念是指人们对于某些特殊人群的消极看法，如对妇女和少数民族群体等的消极看法。[3]这种态度可能会严重损害个体的生活以及雇佣他们的组织运作的效率。

## 一、什么是态度？

如果我们问你对工作的感觉如何，也许你的回答会略显武断。比如你可能会说你真的很喜欢这份工作并感觉它很有趣。你也可能会痛苦地抱怨这份工作，说它几乎使你发疯。也许你所持的看法更为复杂一些，对一些方面满意(如“我的老板很棒”)却对另一些不满(如“薪水很糟糕”)。

### (一) 态度的三个基本要素

不管我们表达出来的是什么态度，它们都由三种主要成分构成：*评价*(*evaluative*)、*认知*(*cognitive*)和*行为*(*behavioral*)成分。[4]这奠定了我们定义态度的基石(见图5.1)。

前面我们已经提到，态度在很大程度上影响我们对于事物的看法。确实，态度的一方面即它的**评价成分(evaluative component)**——指的是我们喜欢或不喜欢某一特定人、项目或事件(也可以称其为*态度的对象 attitude object* 或态度的核心)。比如你

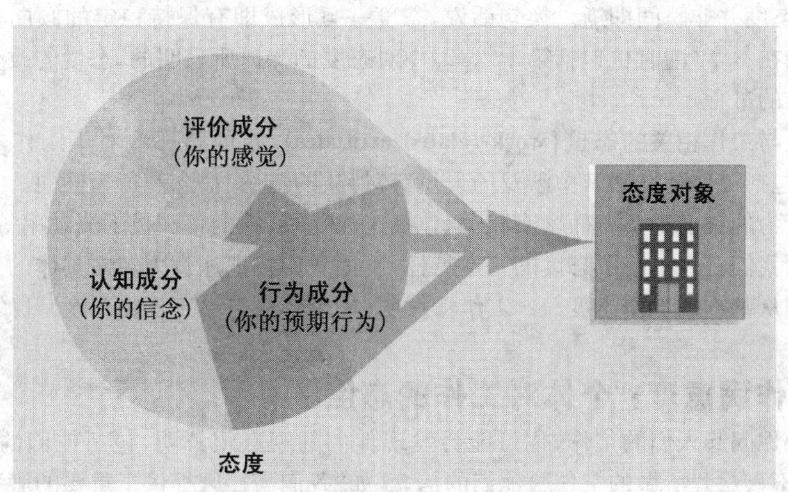


**图 5.1 态度的三个基本要素**

态度是由三个基本的成分构成：评价成分、认知成分和行为成分。

对老板、门廊的雕刻或者公司最近签订的合同条款的积极或消极的感受等。

然而，态度不仅仅包括感觉。还包括一种知识体系——也就是你对态度的对象所持有的观念。比如，你可能认为你同事的薪资比你高或者你的上司对于工作知之甚少等。不管这些观念是否完全正确或完全错误，都包含着态度的**认知成分(cognitive component)**。

正如你可能想到的，你对一些事情(如“我的老板在侵吞公司财产”)以及你对此的感受(如“我再也不能忍受为他工作了”)可能会影响到你的行为倾向(如“我打算找一份新的工作”)。换句话说，态度还包含了**行为成分(behavioral component)**——也就是某一预期的行为方式。然而这一倾向并不就是某一行为的前兆。比如，你可能热衷于找一份新的工作，但如果没有更好的职位或者如果工作的其他方面抵消了你的消极感受，那你都不会换一份新工作。换句话说，你的某一行为方式的意图并不一定能预测你的实际行为方式。

**全球问题** 人们的行为与他们的态度并不总是保持一致。比如西方国家的员工如果对同事持消极态度，他们表现出来的行为也必定是冷漠的。而在东方文化中处理人际关系更倚重于传统，它比个人情感更重要。

## (二) 态度的基本定义

把这些不同成分结合起来，我们就可以将**态度(attitudes)**定义为相对稳定的一系列情感、信念和行为的倾向性(即对某一特定对象的倾向性)。这里用“相对稳定”一词，意指态度并非瞬间即逝。换句话说，态度一旦形成即有保持稳定的倾向。事实上正如我们在本章(同时也包括第十六章)中对态度的探讨所表明的，态度的改变是一个相当困难的过程。

论及**与工作相关的态度(work-related attitudes)**，指的是那些对于工作本身的各个方面(包括工作环境和其中涉及的人员等)持久的情感、信念和行为倾向。工作态度与组织行为的许多重要方面紧密相关，包括工作业绩、缺勤率和员工流动率等。

前面我们已经描述了态度的基本特性，下面我们将把注意力转向具体的工作态度上。我们从基本的工作态度——*工作满意度*(即个体对自己工作的态度)开始讨论。

## 二、工作满意度：个体对工作的态度

如果你问起人们的工作，你可能会发现他们的观点很鲜明，包括他们的情感(如“我真的不喜欢我所做的工作”)他们的信念(如“我们为社区提供了重要的服务”)以及他们的行为倾向(如“我打算寻找一个新的职位”)。鉴于人们花费大约一生中三分之一的时间在工作上，我们用以谋生的主要手段表明了我们评价自己的主要方面，那么这些感受如此强烈也就不足为奇了。

人们对他们的工作所持的态度称为**工作满意度(job satisfaction)**，这是工作态度中研究得最为广泛的内容。我们可以将工作满意度正式定义为个体对工作的认知、情感和评价性的反应。[5]

进一步考察工作满意度，我们提出几个主要的观点。比如，我们将讨论如何测量工作满意度，评价这个概念的关键问题是什么。我们也将描述几种工作满意度理论(也就是系统阐明工作满意度作用过程的理论框架)。然后我们将分析影响人们工作满意度的主要因素。最后，我们将考虑工作满意度在组织行为中所起的主要作用。然而在谈论这些问题之前，我们提出一个基本的问题：通常人们对他们的工作满意吗？

### (一) 人们通常对他们的工作满意吗？

报纸上经常会刊登这样的报道：工人们不断罢工，甚至一怒之下杀死自己的主管。如果你仅仅从报纸上的故事来推测人们工作满意度的一般水平，那么也许你会认为人们一般对自己的工作不满。[6]然而这些是非常极端的例子。总的说来，有迹象表明大多数人对他们的工作是十分满意的。

为了证明这一点，在美国、墨西哥和西班牙的一项调查揭示了工人们对于工作以及上司行为的满意水平。[7]如图 5.2 所示，三个国家的工人对于这两个问题的平均得分都很高。如果我们将其他(近几十年中进行的)调查结果一并考虑，那么有证据表明百分之八十到百分之九十的人对工作相对满意，这无疑是令人高兴的局面。[8]

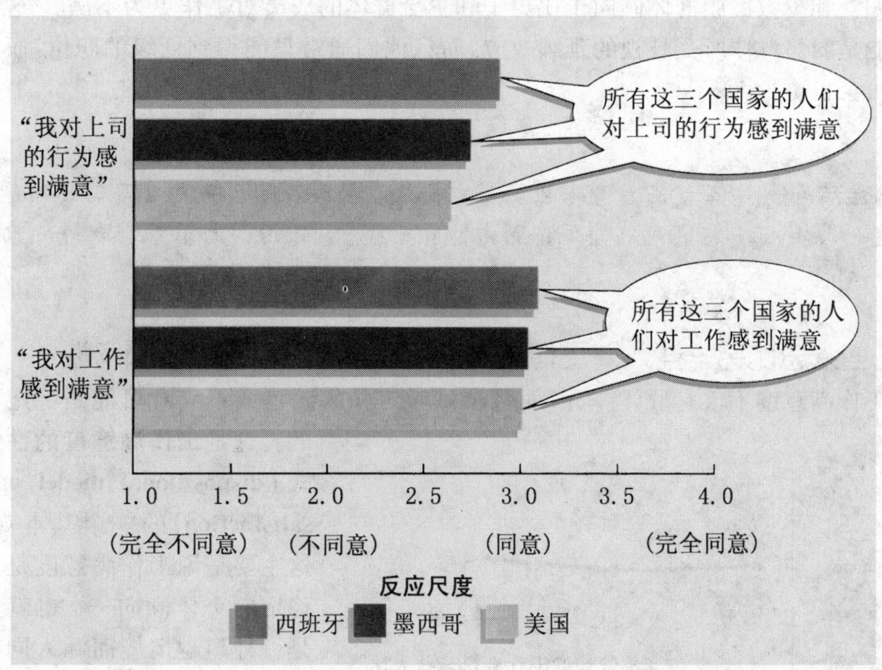


**图 5.2 人们对工作满意吗：三个国家的比较**

调查西班牙、墨西哥、美国的员工对自己工作以及上司行为的满意度，他们的回答都很积极。

【资料来源】Based on data reported by Page & Wiseman，1993；see note 7.

## 1. 工作满意度的群体差异

工作满意度的整体情况可能要比你想象的更复杂。并不是从事不同工作的人对工作同样满意。特定方式的满意或不满意在某一群体中会清晰地呈现。那么，哪些人对工作最满意呢？这里有一些重要的调查结果。

◆ 白领（如管理人员和技术人员）比蓝领（如体力劳动者和工厂工人）的工作满意度要高。[9]

◆ 年长者通常比年轻人的工作满意度要高，但有趣的是，工作满意度并非随年龄的增长而同等保持均等的增长速度。人们通常在 30 来岁时（当他们取得初步成功时）对自己的工作更为满意，在 40 来岁时（此时他们大多抛弃了自己的梦想）工作满意度稍有下降，然而在 50 来岁时（他们已经安于生活的现状）工作满意度再次回升。[10]

有工作经验的人比没有工作经验的新手对工作更满意。[11] 这一点很自然，因为对工作极为不满的人在条件允许时可能会期望找一份新的工作。而且，人们从事一种工作的时间越长，就越能强烈地意识到在他（或她）任期内所从事工作的积极面。

妇女和少数民族群体倾向于比男子和主流群体的成员对工作更为不满。[12]这一结果可能是弱势群体所受歧视的延续效应，而且他们通常只能得到低级的职位，而且晋升的机会也更少。

**全球问题**　工作满意度存在国家之间的差异吗？除了一些有限的资料能证明这一点外，工作满意度在全球范围内没有显示出国家之间的显著差异。

## 2. 一些人总比另一些人对工作更满意：工作满意度的个体倾向性

工作满意度不仅有群体差异，而且个体对工作的满意或不满意可能是稳定不变的。这是**工作满意度的性情模式（dispositional model of job satisfaction）**的一个基本观点。这主要是说工作满意度是相对稳定的个体倾向——也就是说是一种超越情境而和人同在的特征。根据这种观点，如果员工在特定的时间段内表现出对工作的满意，那么我们可以预期他在另一时间段内会表现出相同水平的工作满意度——即使他已经变换了工作。

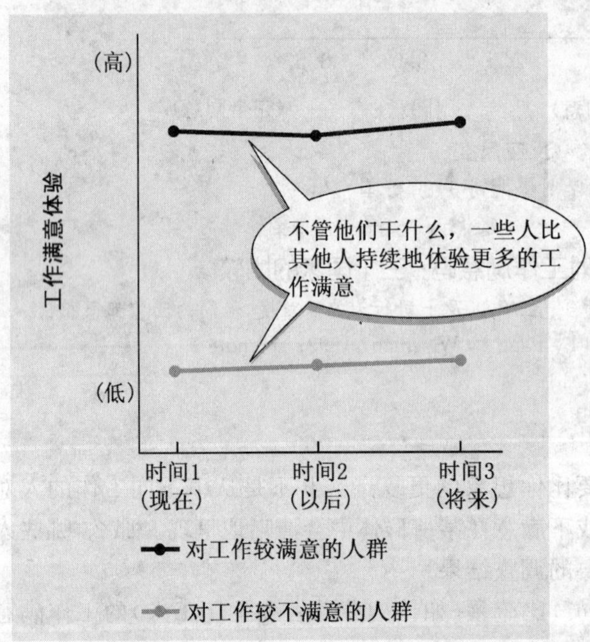


**图5.3　一些人通常对工作更满意**

图中的数据支持了工作满意的性情模式，对此我们可作以下结论：一些人不管他们干什么，都会比另一些人更满意自己的工作，而且这种满意度保持了较好的一致性，即使在他们更换工作期间也是如此。

研究者们已经证实了这一观点。例如，研究者们在1969年到1971年期间对5 000多名更换了工作的员工进行了研究。[13]结果显示，人们的工作满意度是相对稳定的。换句话说，尽管人们换了工作，在1969年对工作满意或不满意的人在1971年仍然如故。更近的一项研究显示，这种效应持续的时间可能更长——其中一项研究显示出这种效应持续的时间为10年。[14]需要特别指出的是，如果被试在报告中的工作满意度的倾向越强（满意或不满意），那么在10年以后的回访中这种倾向也会表现得越强，尽管环境可能已经发生了变化(关于这种效应的总结请参见图 5.3)。这些研究结果支持了工作满意度的性情模式。因而我们很容易得出结论，一些人比另一些人更倾向于对他们所做的任何工作都要感到满意。

## (二) 工作满意度的测量：对工作反应的评价

人们对于工作的不同方面有许多不同的态度，但如要对此进行评价并非像你所想象的那么容易。你不可能直接观察到一种态度，你不能由人们的行为精确地推断出这种态度的存在。因此，我们必须依赖于人们的自我评述来判定他们的态度。然而人们往往对这样的话题不能完全放开谈，他们保留了大部分的感受。而且有时我们的态度是如此的复杂，很难用相关的形式表达出来——即使我们愿意这么做。

社会学家一直致力于设计可靠而有效的工具来系统地测量工作满意度。一些有用的方法已经逐步产生，包括使用*等级量表*(*rating scales or questionnaires*)、*关键事件法*(*critical incidents*)和*访谈法*(*interview*)。

### 1. 等级量表和问卷

测量工作满意度的最常用的方法包括采用专业化的等级量表建构的问卷。运用人们回答问题这种方法，从而允许他们报告自己对于工作的反应。据此目的而编出了几种不同的问卷，这些问卷在形式和应用范围上都有很大的不同(见表 5.1)。

最常用的问卷是**工作描述指标(Job Descriptive Index，简称 JDI)量表**，在这个问卷中，被试需要通过判断选择出最符合自己工作情况的形容词。[15] JDI 中的问题涉及工作中截然不同的五个方面：工作本身、薪资、晋职的机会、管理以及人员(同事)等。

另一个被广泛使用的测量工具是**明尼苏达满意度问卷(Minnesota Satisfaction Questionnaire，简称 MSQ)**，它使用了不同的方法。[16] 在这个问卷中，被试评估他们对于工作的不同方面的满意或不满意的程度(例如薪资、晋升的机会)。得分愈高则表明对工作满意度愈高。

JDI 和 MSQ 测量了工作满意度的许多方面，但其他问卷则集中于满意的具体方面。例如，**薪资满意度问卷(Pay Satisfaction Questionnaire，简称 PSQ)**主要关注人们对薪资不同方面的满意度。[17] 更特别的是，薪资满意度问卷提供了诸如薪资水平、薪资的上涨、额外薪资以及薪资系统的管理和结构等重要方面的有效测量。[18]

等级量表的一个重要优点在于其时效性。另一方面的优点在于相同的问卷分给成千上万的个人去做，那么就可以得到大量不同工种、不同类型组织的平均数。这可以使得某一公司的得分可以和平均数相比较，就可以得到*相对*(*relative*)满意度。这对那些对研究工作满意度感兴趣的科学家和那些对于想知道员工情感趋向的公司都非常有用。

**表 5.1 工作满意度的测量：一些常用的量表**

这里列举了目前流行的三种测量工作满意度的量表中的项目

| 工作描述指标(JDI) | 明尼苏达工作满意度问卷(MSQ) | 薪资满意度问卷(PSQ) |
|---|---|---|
| 在下面每一种描述或形容词前写上"是"、"不是"或"?"。 | 简要说明你对目前工作的满意程度。在下面每一方面的前面写下一个数字。 | 简要说明你对目前薪资的满意程度。在下面每一方面的前面写下一个数字。 |
| 工作本身：<br>——一般<br>——满意<br>——很好 | 1=非常不满意<br>2=不满意<br>3=无所谓满意与否<br>4=满意<br>5=非常满意 | 1=非常不满意<br>2=不满意<br>3=无所谓满意与否<br>4=满意<br>5=非常满意 |
| 提高：<br>——穷途末路的工作<br>——几乎没有提高<br>——很好的提高机会 | ——你的能力的利用情况<br>——职权<br>——公司政策和执行情况<br>——独立性<br>——管理人员的人际关系 | 对薪资水平的满意情况：<br>——我目前的周薪<br>——我的月薪<br>对加薪的满意情况：<br>——象征性地加薪<br>——制定加薪决策的程序 |

【资料来源】Based on items from the JDI, MSQ, and PSQ; see note 15, 16 and 17.

### 2. 关键事件法

评估工作满意度的第二种方法是**关键事件法(critical incidents technique)**，这种方法要求被试描述他们所发现的对工作特别感兴趣或特别不感兴趣的事件。通过分析他们的回答揭示一些潜在的问题。例如可能有的员工会抱怨自己上司在工作中的粗鲁态度，有的则会称赞上司在公司困境中所表现出来的灵活性，这表明管理风格在工作满意度中扮演着重要的角色。

### 3. 访谈法

评估工作满意度的第三种方法是访谈法，这种方法要求研究人员细心地和被试员工进行面对面的交谈。通过询问员工个人的态度通常比用高度结构化的问卷更能揭露出深层次的东西。通过谨慎地向员工提出问题、系统地记录他们的回答，可能会弄清各种影响工作态度形成的原因。比如，一组研究者通过和员工面对面地会谈，可以分析他们对最近公司破产案的情绪反应。[19]这种高度个人化的数据收集方法对收集这类复杂而困难情境的反应特别有效。

**道德问题** 为了避免影响被试的工作并确保回答的有效性，收集工作满意度信息的研究者必须对所有回答保密，以使被试者安心。事实上，使被试者的身份处于匿名状态是非常有用的，这样可以避免有人通过被试者的不同回答来区分被试者的真实身份。

## (三) 工作满意度理论

什么使得一些人比另一些人对工作更满意？是否存在潜在的影响着人们的工作满意的程式？我们下面介绍两种最流行的工作满意度理论：*双因素理论*和*价值理论*。

### 1. 双因素理论

思考工作中一些让你特别满意或者不满意的事件。这些事件是什么(这是前面所讲述的关键事件方法的一个例子)？30 多年前，一位研究组织的科学家向 200 名会计师和工程师提出过这个问题，并仔细分析了他们的回答。[20]科学家所发现的结果可能有点令人吃惊：不同的因素引起工作的满意和不满意，这就是**双因素理论(two-factor theory)**。

你可能以为提供某些因素时会导致工作满意，当这些因素缺失时则导致对工作不满意，事实却不是这样。对工作满意或不满意有不同的原因(见图 5.4)，特别是不满意和工作的环境因素相关(如工作条件、薪资、管理质量、人际关系)而不是和工作本身相关。因为这些因素降低了消极反应，他们被称为*保健因素*。相反的，满意因素和工作本身或工作的直

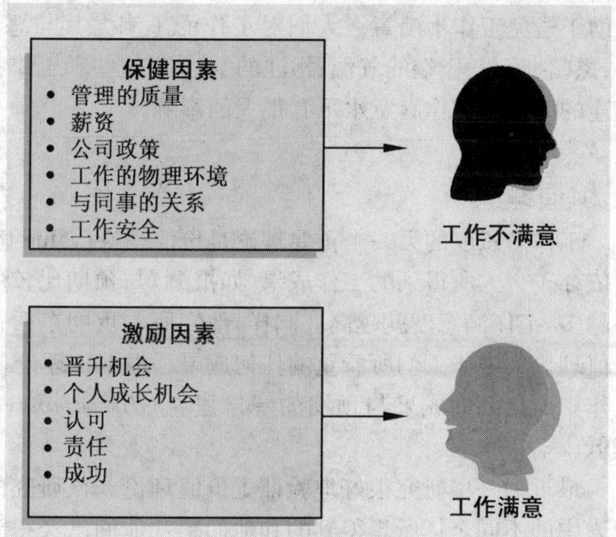


**图 5.4 工作满意的双因素理论**

根据*双因素理论*，工作满意取决于一系列*激励因素*，而工作不满意取决于被称为*保健因素*的不同因素。图中列举了一些常见的保健和激励因素。

接结果相关(如工作性质、工作绩效、晋升机会、个人成长和受认可的机会)。由于这些因素和工作满意度相关,他们被称为*激励因素*。由于保健因素和激励因素是双因素理论的主要因素,所以有时也被称为**保健——激励因素理论(motivator-hygiene theory)**。

对这一理论的实验性研究已经得出了综合性的结论。一些研究已经发现工作满意和不满意基于不同的因素,但这些因素不同于保健和激励因素。[21]然而另有一些研究已经发现被归为保健或激励因素的这些因素对工作满意或不满意都产生很大的作用,从而对双因素理论提出质疑。[22]对于这些模棱两可的证明,我们必须将双因素理论作为虽有魅力但未经过证明的——理解工作满意度的理论框架。

双因素理论仍然对组织管理有着重要的含义。尤为明显的一点是,管理者据此理论的建议能将自己的精力集中于一些已知的、可能提高员工工作满意度的因素之上,例如为员工的个人成长提供机会。事实上,目前许多公司已经认识到当给员工提供机会以发展他们工作中专业技术的全部技能时,他们的工作满意度会提高。比如,马利奥特酒店(Marriot Hotel)的前台服务员以"客人服务伙伴"而著称。他们被雇佣来执行各种任务包括帮助客人登记、结账,甚至搬运行李等。[23]他们的工作并不简单,这种工作性质要求马利奥特的雇员相应地提高和发展自己的工作能力,从而提高他们的工作满意度水平。

双因素理论同时也蕴含着这样的含义:必须通过优化工作环境来降低员工的不满,该理论也列举了人们应予以重视的因素(保健因素)。例如,令人愉快的工作环境有助于避免工作不满意。人们对工作的不满尤其与恶劣的工作环境相关,如过度拥挤、黑暗、嘈杂、极端的气温、污浊的空气。[24]这些和工作状况相关而和工作本身不直接相连的因素对工作满意水平有很大的影响。

### 2. 价值理论

工作满意度的另一个重要理论是**价值理论(value theory)**。[25]该理论认为工作满意度依存于个人所得到的工作成果(如报酬)与预期比较的结果。他们所得到的工作成果越多,工作满意度就越高。同样,他们所看重的东西得到越少,工作满意度就越低。价值理论集中于人们所看重的任何成果。根据该理论,工作满意度的关键在于人们在工作中所得到的成果与预期的*差异程度*(*discrepancy*),差异程度越大,满意度水平越低。

最近的一项研究很好地验证了价值理论。该研究的研究者运用问卷测量了一组工人中的不同个体所想得到的和他们感觉他们已经得到的工作不同方面的差异水平(如以个人方式工作的自由度、学习机会、提高机会、薪资水平)。[26]同时,研究者还测量了这些被试对工作的每一方面的满意度以及这些方面对他们的重要程度(如图 5.5 所示)。被试在工作中所遇到的差异最大的方面是他们最不满意的那些方面。而那些他们所遇到的差异最小的方面即是他们最满意的方面。有趣的是，如果人们对于工作的特定方面越为看重，那么其中的这种相关程度就越高。换句话说，人们相信工作的某一方面越重要，当人们没有得到他所想得到的那么多时，工作满意度就越低。

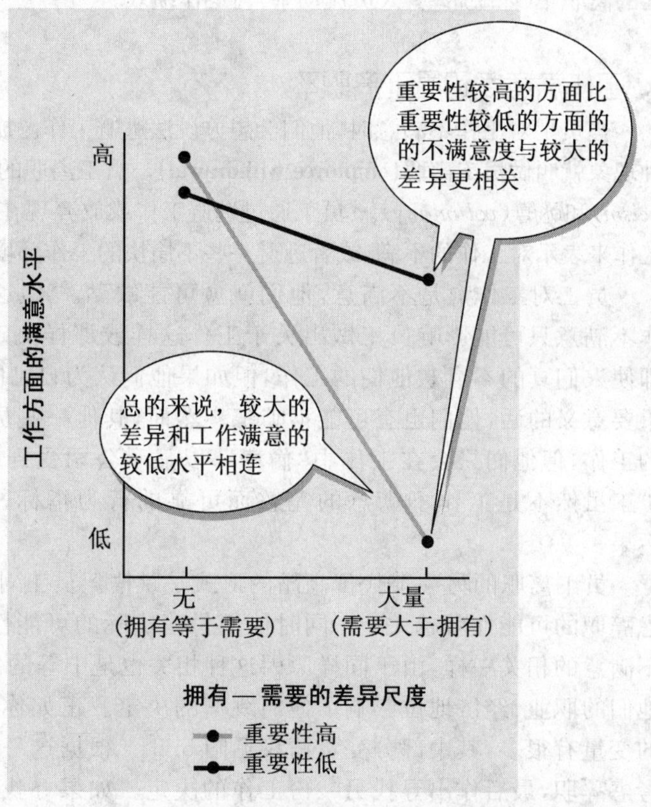


**图5.5　工作满意度：工作成果与预期**

员工得到的工作成果（涉及工作的不同方面，如薪资、学习机会）与预期的差异越大，他们对工作越不满意。如果员工对工作的某一方面越为重视，这种关系就越是明显。

【资料来源】Adapted from McFarlin & Rice，1992；see note 26.

价值理论有趣地暗示了对工作满意度方面的注意必须转向工作结果方面。尤其是这个理论认为这些方面对每个人来说都不一定相同，而对任何有价值的方面，人们感觉到的差异度是不同的。通过测量价值，这一理论表明，工作满意度源于很多因素。因此让员工满意的一个有效的办法就是弄清楚他们所想得到什么，并尽可能给予他们。

信不信由你，有时这说起来容易做起来难，事实上，有时很多公司费了很大的周折去寻找提高员工满意度的方法。许多规模不断扩张的公司（尤其是大公司）已经开始系统地对员工进行调查，如联邦快递公司（FedEx）对员工态度追踪调查非常关注，现在使用全自动在线调查。该公司通过调查美国总部的员工所获得的信息来确定员工不满意的来源。

## （四）工作不满意的后果

关于提高员工满意度的重要性，人们谈论了很多。一般人们假设士气是影响组织运作的关键因素。工作满意度确实影响着组织，但其影响力并没有人们想象的那么大。那么，如果员工对工作不满意，其后果将是怎样？我们这里着重分析两个变量的关系：员工的离职率(如缺席率、人员流动率)与工作绩效。

### 1. 工作满意度和员工离职率

当员工对工作不满意时,他们会想方设法逃避工作。换句话说,他们会远离工作,这种现象就叫做**员工离职(employee withdrawal)**。员工离职的两种主要方式是*旷工*(*absenteeism*)和*跳槽*(*voluntary*)。[27]员工通过逃避工作或放弃现在的工作而去寻找另一份新的工作来表示对工作的不满,或者逃避一些不愉快的工作环境。

员工对工作愈是不满意,他们就愈可能缺勤。[28]但这种相关程度并不很高。工作不满意只可能影响员工做出关于工作这样或那样决定的众多因素之一 。例如,即使人们真的不喜欢他们的工作,但如果他们认为自己的工作对完成一个项目有着重要意义的话,他们也有可能不旷工。然而,其他一些员工也可能非常不喜欢他们的工作,但他们只会在工作中"偷懒",以显示公司受到的影响与自己无关。因此,旷工虽然不是工作不满意的完整而可靠的行为指标,但却是其中一种最严重的后果。

员工离职的另一个代价高昂的形式是跳槽。员工对工作的满意度愈低,他们考虑辞职的可能性就越大——同时他们付诸实际的可能性也越大。同旷工率与工作不满意的相关一样,由于同样原因这种相关也是中等的。[29]很多员工的个人因素,如他们的职业、经济地位影响了他们跳槽的决定。正如你想象的那样,影响员工跳槽的变量有很多,其中部分变量请参见图 5.6。[30]根据这一理论,工作不满意使员工们考虑辞职,最后作出寻找另一份工作的决定。如果寻找新的工作成功的话,员工就会做出明确选择,或是辞职或是保持原有的工作。最后,这些选择就会被付诸具体的行动。

最近的研究也证实了这样的假设:员工的经济状况以及据此在谋求新的工作上取得的成功是影响员工跳槽的重要因素。例如,研究者们进行了这样一项有趣的研究,他们分析了许多关于员工跳槽的前序研究。[31]他们与这些前序研究的学者取得了并测定了原始数据的精确性。然后,这些研究者采集了研究实施期间的失业率。他们据此推断出失业率对于工作满意度与员工流动率之间的关系有一定的预测作用,在失业率低的条件下,工作满意度和员工流动率的相关程度要高。他们推断,当失业率低时,人们认识到他们还有许多其他工作机会,于是对目前工作不满意的员工倾向于寻找另一份工作。相反,高失业率限制了员工选择其他工作,从而导致人们保持原有的工作,尽管他们或许对工作很不满意。该研究的结论是很精确的:失业率越高,工作满意度和员工流动率的相关越小。

由于员工离职的代价通常很大,因此每个公司对这一问题都高度关注。如果要重新招聘和训练新员工来代替这些离职的员工,其费用相当可观。甚至连员工不定时缺勤的代价也是昂贵的,据最近估计,通常可以达到人均每年 757 美元。[32]事实上,在

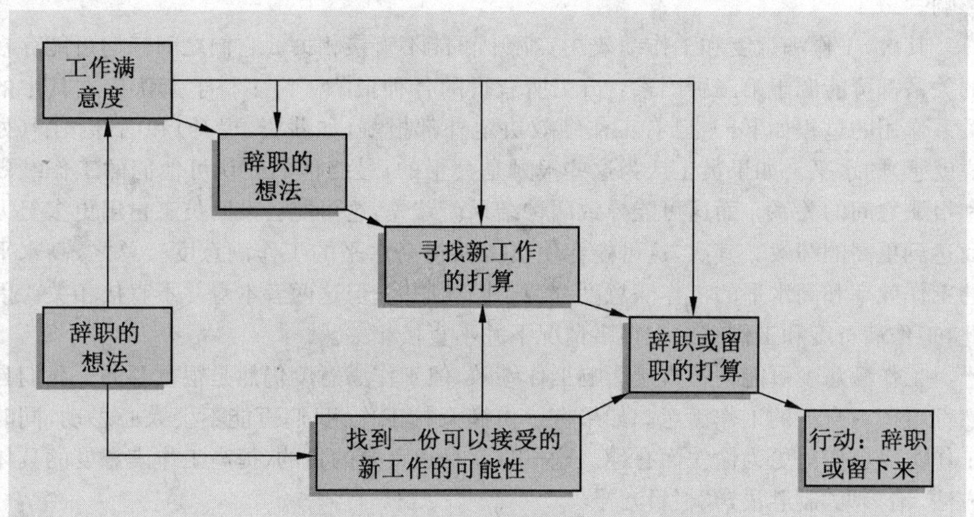


图5.6 关于员工流动的一种模式

科学家假设员工跳槽是一个由低水平的工作满意度而引发的复杂过程。在这种模式中，员工首先会考虑辞职，然后寻找另一份工作。最终，他们形成辞职或留职的打算。在这个过程的几个步骤中，寻找到一份可以接受的工作的可能性起着关键作用。

【资料来源】Based on suggestions by Mobley，Horner，& Hollingsworth，1978；see note 30.

1998年间，对一般的大公司来说，员工的缺勤所导致的损失也达400万美元，这一数字还将逐年上升。虽然说员工跳槽是长期的行为，而缺勤是短期行为，但两者都是摆脱不满意的工作的有效方式。

## 2. 工作满意度和工作绩效

很多人认为，开心的工人生产率高，但这是真的吗？换句话说，工作满意度和工作绩效或者组织的生产率直接相关吗？总的说来，有研究证明这种相关是存在的，但相关度并不高。事实上，我们综合关于这一论题的成千上万的研究文献可以看到，工作满意和工作绩效的平均相关系数只达到一般水平——0.17，正如第1章的附录所解释的，这个数字是非常低的。[33]为什么工作满意度和工作绩效相关程度如此有限呢？这其中有很多种原因。

首先，许多工作环境对于工作绩效的大幅提高只有很小的余地。很多工作是结构化的，这导致员工至少必须保持一定水平的绩效以维持工作。对于其他人来说，可能只需要付出少量的努力即可越过底线。因此，对于许多工作来说，工作绩效的差距是非常有限的。而且许多员工工作的效率与其他人的工作以及各种机器的运转速度有很大的关联。因此，工作绩效只有很小的变动余地，员工的态度对此可能没有太大的影响。

其次，工作满意度和工作绩效在实际中可能不直接相关。它们之间任何可能存在的关系都可能源于第三种因素：员工所获得的各种报酬。许多科学家认为这其中的关系作用的过程如下：[34]已有工作绩效决定外部报酬（如薪资、提升）和内部报酬（如成就感）的水平。如果员工认为这些报酬是公平的，最终他们会认可他们的工作绩效和报酬之间的关系。而这可能导致两种结果。首先，这可能会鼓励员工付出更多努力而达到更高的绩效。其次，这可能会使员工获得高水平的工作满意度。总之，高水平的工作效率和高水平的工作满意度都源于同样原因，但这两者本身并不直接相关。因此，工作满意度和工作绩效在很多情况下并不直接相关。

工作满意度可能并不直接影响工作绩效，但工作满意度仍然是很重要的。我们自然都希望对自己的工作满意。如果有一份满意的工作，我们可能不会人心思动，同时工作本身也变得更为愉快而有趣。这本身就是很重要的目的（提高工作满意度的具体方法，请参见“制胜诀窍”栏目）。

## （五）提高工作满意度的方法

鉴于工作不满意所带来的消极影响，提高员工的工作满意度并防止员工对自己的工作产生不满是非常有意义的。我们假设一个员工对自己的工作不满，这可能不会影响他（她）工作绩效的所有方面，但这并不意味着提高工作满意度不重要——如果我们没有其他方法让员工更开心的话。毕竟人们都期盼有一份满意的工作。那么我们该怎样提高工作满意度呢？科学家提出如下建议：

1. *让工作变得更有趣*。与那些无趣和令人烦恼的工作相比，人们会对他们所喜欢的工作更满意。当然有些工作本质上就是令人烦恼的，但几乎任何工作都可以注入一定程度的趣味。各个公司都使用一些极富创意的技巧来让工作变得有趣味，包括让员工在工作的间隙期间玩击鼓传花的游戏；拍摄别人在工作时间里幽默的瞬间并张贴在布告栏中；组织员工开展讲笑话比赛，并在午餐休息时进行评比。[35]这些小技巧可能不会使工作本身变得更令人满意，但可以通过增加工作场所的趣味来降低员工对工作的不满。（图 5.7）中列举了一些公司在这方面的做法。

2. *薪资公平*。如果员工认为组织的薪资系统本身不公平，就会对工作产生不满。这不仅适用于员工的工资，而且适用于员工的小额边缘收入。事实上，当员工可以对他们最期望得到的小额优惠进行选择时，他们的工作满意度通常会上升，这与价值理论是一致的。毕竟，如果员工有机会获得他们最期望得到的小额优惠，员工可能会最大限度地忽略自己的预期与所得到的之间的差异。

3. *让员工从事感兴趣的工作*。人们通常有许多个人兴趣，但这些很少能够在工作中得到满足。如果员工从事的工作愈能满足他们的个人兴趣，他们对工作就愈满

**图 5.7 他总能让工作满意：Yeah，Yeah，Yeah(好棒)**

Skip Maggioria 是一家位于加州萨克拉门托的名为 Skip 的音像制品店的主人，他对自己的工作非常满意，因为他在使别人快乐的同时自己也得到了快乐。他所用的方法很简单。他组织了一支由“老年宝宝”组成的摇滚乐队，他们让年轻的人们得到了全新的音乐体验。这种极富创意的技巧不仅使得 Skip 店生意兴隆，而且还让 Skip 以及他的同事们有了一种与众不同的幽默感。

意。这就是为什么职业顾问经常要判定人们的非职业兴趣的原因。比如，许多公司，如美国电话电报公司(AT&T)、美国国际商用机器公司(IBM)、福特汽车公司(Ford Motor Company)、壳牌石油公司(Shell Oil)以及柯达(Kodak)公司，为员工提供系统的测试和咨询，从而使他们的技能和他们最适合的职位的兴趣能够相匹配。其他一些公司(如可口可乐(Coca Cola)公司、迪斯尼(Disney)公司)甚至为员工提供个人化的咨询，让他们识别自己的个人兴趣和职业兴趣，并使两者尽可能的匹配。

4. *避免乏味的重复性工作*。大多数从事乏味的重复性工作的人其工作满意度很低(如图 5.8)。与双因素理论一致的是，如果允许员工在工作中通过自己的方式取得成功，那么他们对自己的工作就会更满意(这是第 4 章中所讨论的工作多样化的思想)。

总的说来，管理者对提高员工的工作满意度感兴趣是一个好消息，因为这样可以避免员工在工作中出现不满情绪。然而提高工作满意度并不是一件容易的事情，尤其是考虑到日常工作的紧张节奏。但通过维持员工对工作的满意度所获得的利益表明，这种努力可能是非常有价值的(针对员工工作中的不满情绪，一些公司采取了特殊的措施使得员工的态度发生了根本性的转变，从中我们可以学到不少提高员工工作满意度的方法。这种案例的例子，请参见下文的“制胜诀窍”栏)。

**图5.8 枯燥无味的重复性工作是导致工作不满意的普遍原因**

大多数从事那些要求高度重复且枯燥无味的工作的人倾向于对工作不满意。图中的这个病人显然是不幸的，因为对于这些外科医生来说，这次手术不可能有多少趣味。

【资料来源】From Harvard Business Review，Jan. Feb. 1996. © Sidney Harris.

## 制胜诀窍

### 赛夫为面包店的故事

不久前，赛夫为(Safeway)在俄勒刚州克拉卡马斯(Clackamas)的面包店出现了严重的问题。该地区的130名面包工人中在工作中经常出现缺勤、离职和工作事故，他们对工作惶惶不可终日。这种局面非同小可。仅仅在一年中，工作事故导致了1 740个工作日的损失，这可是一个高昂的代价。当然事故仅仅发生在员工极度怠工的时候。在生意冷清的时段中，如周末晚上，如果听到有8%的员工请病假，你根本就不应该感到奇怪。该地区的员工中几乎没有人干满一年。情况很清楚，在这个组织中员工对工作不满的反应简单而明了，那就是离职，这显然是极具破坏性的。

是什么使得这些员工如此不满呢？很奇怪的是，这都是些不是问题的问题：管理者对待员工无礼而粗暴的态度。该地区的分公司主管是个有着极强的控制欲，而且莽撞无礼的家伙，在他手下，员工无不感到无能和沮丧(这些员工对工作不满意就毫不为奇了)。

在进行了问卷调查和访谈、弄清了问题所在之后，管理层认识到他们必须扭转这一局面——他们也确实这么做了。管理层认识到问题的根源在于他们武断的管理方式所致，因此他们彻底改变了管理方式，放宽了对员工的限制，而代之以开诚布公的态度和赋予员工充分的自由。同时，员工可以参与解决卫生和安全问题，管理层还鼓励他们提出改进意见。

管理层的改进成果卓著：由于事故而损失的工作日从每年的 1 740 天下降到只有两天，旷工率从 8.0% 下降到只有 0.2%，员工离职率从 100% 下降到不足 10%。很明显，赛夫为面包店在管理改进中花费了大量的心血，消除了员工对工作不满所带来的消极影响。

用普通的措辞，确切地说，赛夫为公司的管理层做了些什么？首先，他们表现出了对员工明显的尊重，向员工昭示了这样的信息：他们把员工的利益时刻放在心上。他们同时将决策权下放。换句话说，管理层允许员工自己作很多决定，虽然所有的决策权并不在员工自己手中。一旦允许员工自由地参与决策，他们的满足度就能得到提高，因为他们感到可以在组织中有所作为。相反，如果决策权集中在少数人手中，员工可能会感到无能为力，从而导致对工作的不满。

赛夫为面包房管理方式的改变说明了工作满意可以在管理者的控制之下。这个案例也提供了一个颇具价值的技巧：尊重并允许员工参与工作决策，可以提高他们的工作满意度。

## 三、组织承诺：对组织的依附感

目前为止，我们的讨论集中于人们对待工作的态度。然而要完全地理解工作态度，我们必须要明晰人们对所处组织的态度——也就是明晰他们的**组织承诺(organizational commitment)**。组织承诺的概念涉及人们对组织的卷入度以及对于留守在组织内兴趣的高低。

这个很重要的态度可能和工作满意度完全不相关。比如，护士可能很喜欢他们所从事的工作但不喜欢所在的医院，从而导致他们在别处寻找类似的工作。同样，服务员可能对他们所在的餐馆有积极的情感，但不喜欢侍候在客人的餐桌旁。这些复杂性情况说明了研究组织承诺的重要性。下面的章节我们将从测量不同组织的承诺程度开始，然后评价组织承诺对于组织运作的影响。最后概括性地介绍强化组织承诺的方法。

### (一) 组织承诺的类型

研究组织承诺并不仅仅是判断“是”还是“不是”的问题，而在于分析组织承诺的“程度”问题。这种判别或许同时包含了区分组织承诺类型的问题。目前，研究者们已经区别出了三种不同形式的组织承诺(图 5.9)。

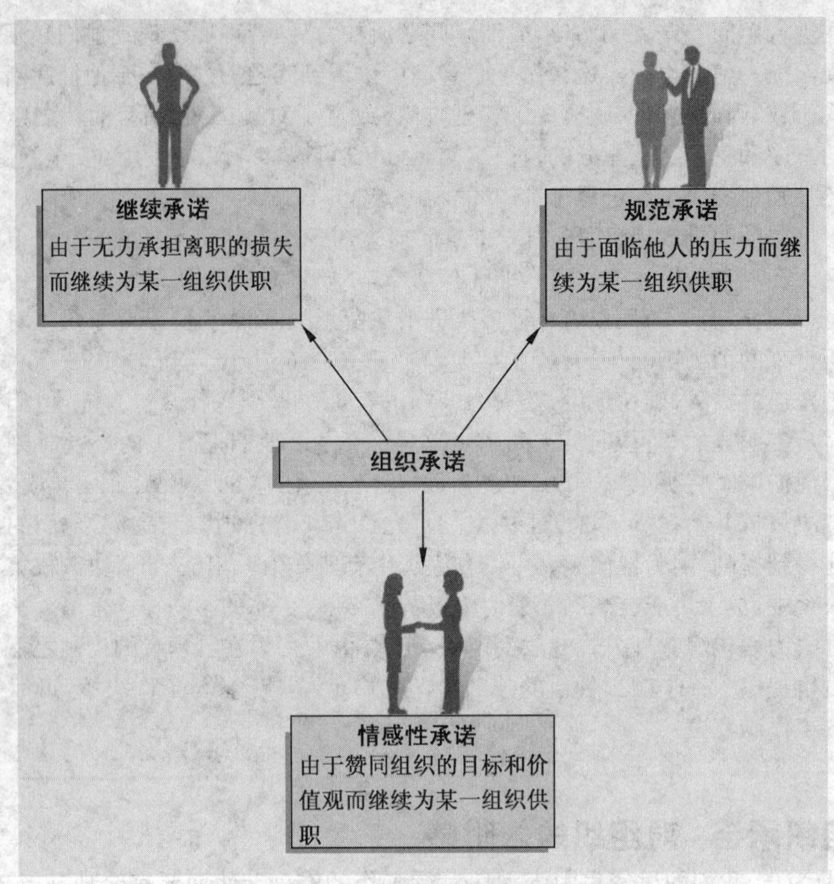


图5.9 组织承诺的三种不同类型

组织承诺有三种不同的类型：继续承诺、规范承诺和情感承诺

### 1. 继续承诺

有的人仅仅因为烦于寻找新的工作而一直从事同一份工作，你有过类似的经历吗？如果是这样，那么你对**继续承诺(continuance commitment)**这个概念就有所了解，它指的是个体由于认为离开某一组织付出的代价太大，而在这一组织内供职的意愿的强度。

人们在一个组织中供职的时间越长，他们在此的投资就越多，而一旦他们离开，其损失也就越多(如退休金、亲密的友谊关系等)。许多人仅仅因为不愿意失去这些而宁愿保留原来的工作。我们可以认定这些人具有高度的继续承诺。

然而如今有迹象表明继续承诺的水平已经不及以往那么高了。传统上人们找到一份工作以后便终身为之努力，许多人在其工作年限内始终从事同一份工作，从起点开始到终点结束。然而这种情形在今天已经很难见到了。以忠诚来换取工作的安全性这一做法已经不言而喻地退出了历史舞台。宝德信(Prudential)公司新泽西总部的一位年轻的项目经理对此说道，“如果经济好转，我会比以前更快的速度找一份新工作，我可不是瞎子”。[36]这其中所表现出的离职愿望反映了继续承诺水平的下降。

### 2. 情感承诺

组织承诺的第二种类型是**情感承诺(affective commitment)**，这是指员工由于认同组织潜在的目标和价值而继续为一个组织工作的强烈愿望。情感承诺水平高的员工留在组织中是因为认同组织所表征的一切，并愿意协助组织达到目标。

有时，当组织面临变革时，员工会对他们的个人价值是否和他们为之工作的组织的价值仍然保持一致产生怀疑。出现这样的情况时，他们可能会问自己是否属于这个组织，如果他们认为自己在组织的计划之外的话，就会辞职。

几年前，瑞德公司(Ryder Truck Company)通过公开重申公司的价值观而成功地避免了员工流失。瑞德公司面临着公司发展超出中心卡车出租业务的境地，同时也面临着处理一系列反常的状况(如路线、关税和税收)。为了帮助员工顺利度过这一非常时期，公司的总裁托尼·伯恩斯(Tony Burns)想尽一切办法来强化公司的核心价值观：支持、信任、尊敬、努力。他在整个公司广泛而深入地宣传这一价值观，用到的媒介包括电视会议、公司刊物上的论文、广告牌、海报，甚至还有叠成钱包大小的印有公司核心价值观的卡片。和瑞德公司的其他员工一样，伯恩斯先生确信，反复宣传公司的价值观可以使公司在动荡时期享有较高的情感承诺水平。

### 3. 规范承诺

组织承诺的第三种类型是**规范承诺(normative commitment)**，指的是员工由于其他方面的压力而继续在组织中供职的责任感。规范承诺水平较高的员工非常关心如果自己一旦离职，其他员工会有什么想法。他们不愿意让老板失望，担心同事可能会由于他们的离职而看不起他们。

**全球问题** 有研究证实，北美地区的组织中存在上述三种组织承诺：继续承诺、情感承诺、规范承诺，韩国地区的组织中同样存在上述三种组织承诺。[37]

同其他形式一样，规范承诺通常是用书面问卷进行评估的(若需测量组织承诺并评估你自己的组织承诺水平，请参考本章末的“亲历组织行为”部分)。

## (二) 提高组织承诺的意义何在?

正如你所想象的,那些对组织行为有较高承诺水平的员工和别的员工大不一样。尤其是工作行为的几个关键方面和组织承诺是密切相关的。

**你来做顾问**

你应一个金融服务机构的邀请去帮助他们处理严重的人员流失问题:几乎没有一个员工能在自己的工作岗位上做满四个月。这不仅使公司利益在严重受损,而且迫使公司不得不花费大量资金培训新员工。

1. 你认为关于工作满意度方面的问题是什么?你如何评价这个问题?再者,你认为应如何去解决这个问题?

2. 你认为哪一种类型的组织承诺存在问题?如何在组织内提高这种承诺的水平?

3. 你认为工作满意和组织承诺水平不高的原因何在?

### 1. 组织承诺水平高的员工更能坚守岗位

员工的组织承诺水平越高,他们就越不易于辞职或缺勤。组织承诺让员工能坚守自己的工作岗位,并且让他们珍惜自己的工作时间(高缺勤率可能是组织承诺过低的迹象,但人们缺勤的动机可能部分基于他们的民族背景。若要考察这种可能性,请参见本章的"全球组织行为"栏)。

一项大规模的调查已证实了这一效应。这项调查对美国空军学校四年制军校学生的辍学率进行了追踪研究。军校学生在开始服役期间的承诺水平越高,就越不容易辍学。[38]这表明,承诺水平可以预测未来的行为,这一点印证了组织承诺作为一种与工作相关的态度的重要性。

### 2. 组织承诺水平高的员工愿意为组织做出牺牲

除了能坚守岗位之外,组织承诺水平高的员工显示他们非常愿意为组织的繁荣而作出牺牲。例如,当克莱斯勒(Chrysler)公司处于财政危机时,公司执行总裁李·艾柯卡(Lee Iacocca)将自己的年薪降到1美元以显示自己对公司的忠诚。艾柯卡的这一举动向公司的所有员工昭示,虽然艾柯卡的行为无疑会使自己损失一大笔钱,但公司现在需要他们作出必要的牺牲。现在克莱斯勒已经走出危机,而且成就非凡,但若艾柯卡当时没有对克莱斯勒的高度承诺,他也就不会有多少的内在动机来如此慷慨地挽救公司了。在现实中,一个承诺水平不高的执行总裁可能会使一个公司彻底垮掉。

但这并不意味着仅仅只有高尚的行为受组织承诺的驱动,事实上一些为组织谋利的小小善行也有可能发生在组织承诺水平较高的人群中。如果你认为人们愿意为公司的发展而自我奉献是由于对组织的高度承诺，那么在这一点上意义深远。

新加坡的一项研究发现，正式员工（即那些有正式雇佣关系的员工）比临时工（即那些没有正式雇佣关系，只是临时招聘来的员工）对工作的承诺水平更高，对组织的投入也更多。[39]从上面的观点来看，这一结果是再自然不过的了。毕竟，如果老板对员工没有承诺，员工也没有理由以承诺作为回报，而且也没有理由去寻找工作中的乐趣。

由于组织承诺为组织带来的收益，因此提高员工的组织承诺是非常有意义的。下面我们介绍其中的几种方法。

## 全球组织行为

### 旷工：同样的行为，不同国家不同的含义

我们非常容易理解那些对组织没有承诺的员工可能会离职，因而潜在地导致旷工率的上升。然而人们通过离职所表现出的低承诺水平可能和民族文化相关。最近一项有趣的研究检验了这一观点，该研究大规模地调查了加拿大和中国的员工关于旷工的态度。[40]

总的说来，中国的管理者比加拿大的管理者更关注旷工率。在中国的大多数组织中，旷工是非常令人沮丧的，这种影响如此之甚，以至于那些即使没有对组织承诺的中国员工也不愿意旷工在家。中国人对由于生病而旷工也皱眉头，而加拿大人一般能够接受生病这一正当理由。这和中国的文化思想是一致的，中国人认为一个品行端正的员工应该能够自我控制，而由于生病而旷工被认为是缺乏自我控制的表现。[41]

然而，对于中国人反感旷工这一普遍倾向来说，还有一个有趣的例外。与加拿大人相比，中国人更容易旷工去处理个人的家庭事务。他们认为这样的做法不足为过。这其中有两种原因。第一，与加拿大的组织不同，中国员工旷工是拿不到薪资的，因此他们不会没做工作而白拿报酬，这样他们就不会由于白拿薪水而引起的潜在的负疚感（参见第四章）。第二，在这项研究进行期间，中国员工建立自己家庭的可能性很大，由于认识到这一点，雇主一般认为员工花费一定时间做家务是可以接受的。

这项研究的结果强调了一个关键问题：缺乏组织承诺可能会导致员工旷工（即导致员工认可旷工的态度），但若仅仅是缺乏组织承诺不一定导致员工的实际旷工行为。而决定旷工的实际因素是员工所处的社会文化价值观对旷工的理解。

## （三）提高组织承诺的方法

一些决定组织承诺水平的因素超越了管理者的控制领域，对于强化这类情感，他

们难有作为。比如，当存在大量就业机会时，员工的组织承诺水平会降低。就业机会的增多无疑会降低员工的继续承诺水平，对此许多公司也无能为力。毕竟，管理者无法控制外在的经济因素，但他们可以使员工乐意为公司供职，也就是说，他们可以提高情感承诺的水平。

### 1. 丰富工作的内容

如果员工能有机会决定工作的方式，并且被认为做出了重要贡献时，他们倾向于对组织有较高的承诺。在第4章我们曾经提到过，工作丰富化包括增加员工工作的乐趣，同时赋予他们工作的责任。

这一方法在福特汽车公司(Ford Motor Company)就颇具成效。在20世纪80年代的早些时候，福特汽车公司面临财政预算削减、裁员、工厂关闭、产品质量下降等不利局面，同时也遭遇了组织承诺危机。用福特员工发展办公室主任恩斯特·J·萨瓦的话来说就是，

> *我们认为福特的出路在于彻底进行公司改革……要完成这一改革，我们必须赢得全体福特员工的承诺。要得到承诺，我们必须改变我们的管理方式。*[42]

在认识到这一点后，福特实施了*员工参与*(*Employee Involement*)计划，这一系统的计划旨在让员工参与公司的各方面的决策活动。员工不仅执行规范而多样的任务，同时在工作中拥有相当大的自主权(比如弹性工作时间以及在必要的时候停止装配线的自由)。到1985年为止，福特员工对工作更为负责，情况转变得如此之快，以至于以往员工对劳工合同续签时间的一贯嘲讽也随之消失。员工参与计划可能不是所有的承诺病症的良方，但在上述案例中的效用是非常明显的。

### 2. 使员工的利益与公司的利益保持一致

如果公司的举措不仅能为公司带来利润，同时能为员工带来利益，员工对组织的承诺水平会提高。许多公司采取了直接的做法，如引入**利润分配计划(profits-sharing plans)**，这是一种员工激励计划，根据公司的利润按照一定比率给员工分配红利。此类计划在提高组织承诺方面十分有效，尤其是当分配方案公平无误时。

这里有一些案例，位于密歇根州霍兰的汽车零部件制造商普林斯公司(Prince Corporation)每年按照一些指标分给员工红利，这些指标包括公司的年度总利润、员工所在部门的利润以及员工的个人业绩。同样，位于弗吉尼亚州亚历山大的联合宝丽板公司(Allied Plywood Corporation)是一家建筑器材批发商，该公司也根据公司的利润以现金形式给员工分发红利，只不过这些红利不仅按年度发放，而且每个月都有。

该公司每个员工的月度红利都一样，但年度红利根据每个员工的工作对于总利润的贡献、工作时间以及工作业绩发放。

上述案例是公司提高组织承诺的很好的例证。其中各个公司的方法可能也有所不同，但其基本原理是一致的：当员工分享公司的利润时，他们更倾向于让自己的利益和公司的利益保持一致。当这两种利益保持一致时，组织承诺的水平就得到了提高。

### 3. 招募和选择与组织价值观一致的新员工

招募新员工是很重要的，不仅因为它能为组织提供机会去发现那些个人价值观与组织价值观一致的人，也在于招募新员工本身所带来的动力。尤为重要的是，组织对一个员工的投资越多（通过大量的努力以吸引他（她）加入公司），该员工以同样的能量回报给公司的就越多（通过对组织的承诺）。换句话说，如果公司在招募新员工的过程中显示出足够的热忱并付出足够的努力的话，所招募到的新员工就越有可能对公司忠诚。

总的来说，我们有必要将组织承诺看做一种可能受到管理行为影响的态度。我们不仅要选择那些可能对组织保持高水平承诺的员工，同时也可以在组织面临承诺危机时采取各种措施来提高组织承诺水平（公司就提高组织承诺应采取各种措施，就这方面的案例请参见图 5.10）。

**图 5.10 提高组织承诺的正确做法**

TD 工业公司 TD Industries 位于得克萨斯州的达拉斯，是一家生产管件和空调的著名公司，在《财富》杂志 1999 年度最适宜工作的 100 家公司评选中排名第 2。该公司的员工流动率为 13%，这是一个很低的数字，这一点很好地说明了该公司的员工有着极高的组织承诺水平。对于公司的所有 994 名员工来说，公司的管理层都非常尊重他们的工作业绩，这一点非常重要。事实上，公司的低层员工拥有着公司 75%的股份。

## 四、偏见：对于他人的消极态度

我们常常在尚未深入了解一个人之前就匆忙下结论了，这是我们都知道的，实际上我们自己却很难避免犯这样的错误。相反，人们经常仓促地对他人下结论——基于非常有限的信息。但如果你曾经以对方的民族背景、年龄、同性恋倾向或生理特点等来对他们作判断，你就能意识到这一倾向。正如前文所提及的*刻板印象*（*stereotype*）那样，这类倾向在本质上都是消极的。

### （一）偏见和歧视：关键的区别

或许因为我们了解的对象（他或她）是某一特定群体的成员而对其持有一种消极的态度，这就是**偏见（prejudice）**。[43]通常持偏见态度的人不但有消极的信念和情感，而且他们可能有类似的行为倾向，比如，在招聘时，一个主考官若是对某一个小群体持否定态度，这就可能导致他消极地评价属于这一群体的候选人，并对雇佣其中的个体不感兴趣。

如果这种偏见真的导致主考官没有雇佣候选人，这就是**歧视（discrimination）**行为。换句话说，面试者带着消极态度行事，从而不给候选人以公平的机会并且以不同的方式对待不同的人。要记住的关键一点是：偏见是一个否定的态度，而歧视则是紧随之而采取的行为（态度的行为表达）。这一观点的总结请见图5.11。

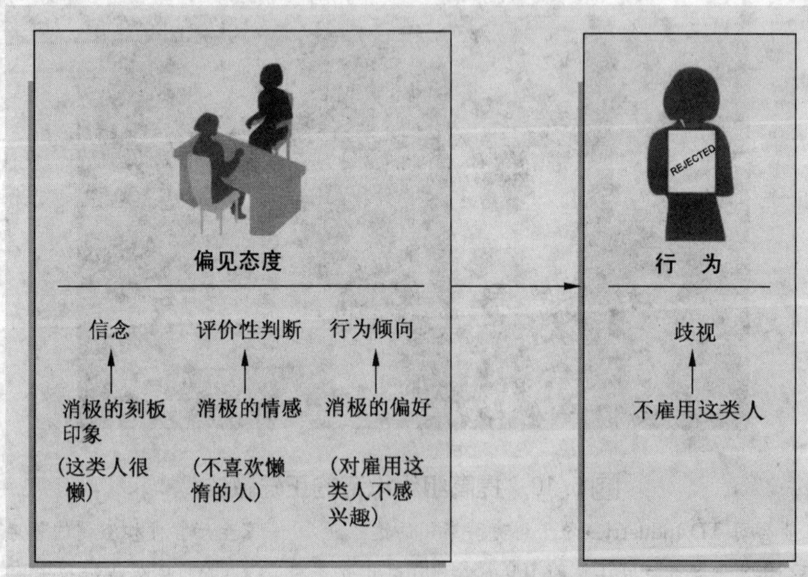


**图5.11 偏见和歧视：关键的区别**

*偏见*是一种态度，因此是由态度的三种基本成分构成。*歧视*指的是基于态度之上的行为。

## (二) 多元化的现实与偏见问题

组织的领导通常都关心偏见问题，他们不能容忍这种态度。在现代组织中，伦理和文化的多元化已经成为主流(见第一章)。

### 1. 多元化的现实

美国是一个多民族的国家——现在正变得更为多元化。据估计到 2040 年为止，有一半的美国人将是非洲人、拉丁美洲人、美国印第安人或亚洲人的后裔。而且原来很少在家庭以外工作的妇女最近填补了 65％的新职位。再过几年近一半的文职工作岗位将由妇女承担。[44]对于很多公司来说，多元化已经成为现实。比如位于加利福尼亚州苗必达(Milpitas)的旭电公司(Solectron)，这家计算机配件公司，在 3 200 名员工中可以发现有 30 多个民族和 40 种不同国家的语言和方言。[45]

**全球问题**　由于移民政策的放松，以及交通日趋便利，多元化正成为一种国际性的现象。甚至在几乎没有移民传统的澳大利亚，现在也比以往有了更多外籍工人。

正如图中所展示的，高度多元化的美国，对各种群体的偏见仍然存在。而这些偏见很容易导致严重后果。然而在描述这些偏见态度的本质之前，我们首先列出由此而产生的基本问题。

### 2. 工作场所中常见的偏见问题

首先，偏见容易引起*严重的摩擦或冲突*。高度的多元化是一柄双刃剑，它可能会提供更多的观点和看法，但是，如果个体带有偏见也有可能会导致组织的分裂，非常极端的例子是当人们不能合作完成工作时，随着偏见态度而产生的歧视行为会以合法行为的形式而达到高潮，比如员工会控告主管不公正的歧视，[46]顾客也会指责公司的歧视行为。[47]

其次，偏见可能会*对个人的职业发展目标带来多种冲击*。个体由于受这种态度的影响可能会遇到各种各样的歧视，包括裁员、晋升和薪资等问题，这其中有些是很微妙的，但有些却是很明显的。比如现在有越来越多的妇女在更高层次的岗位上就职。不过即便如此，她们在组织高层担任的职务仍然低于应有的比例。事实上《财富》杂志 500 强企业中只有 3.0％的高级主管和 5.7％公司主管是女性。[48]由于歧视确实存在但却难于识别，因此它经常被比喻为*玻璃天花板*(*glass ceiling*)(也就是看不清的屏障)。

图 5.12　妇女就业经历了漫长的道路

在二战期间，男性在前线奋战，妇女则在后方的军工厂里从事生产。半个多世纪之后，如今的妇女不再充当劳动力大军中的配角，但对职业女性的歧视仍然存在，这也阻碍了她们获取高层的职位。

**道德问题**　大多数人认为玻璃天花板是不道德的，对妇女来说，这可能会导致谋取更高职位时机会的不平等。这种平等的机会属于一种基本的对待人的伦理问题。

再次，我们不能忽略被歧视的受害者的被压抑的心理影响。不仅仅是受害者受到伤害，而且有类似背景的其他人（牵连受害人）也同样受到伤害。[49]对于有才能的个体由于他们群体中某一小组成员被忽略，他们的自尊受到伤害。当然仅仅由于他们不是白色人种而忽略有才能的个体，这是组织的损失。在今天高度竞争的全球经济中，没有公司能够承受这样的错误。

## 五、各种团体主义：每个人都可能是偏见的受害者

如果在如今的工作场所中存在任何"真正的平等机会"，这就意味着我们每个人都可能成为偏见的受害者。事实上有许多不同种类的*团体*主义——就是基于某一集团成员之上的偏见——每个人都有可能受影响。[50]

### （一）基于年龄的偏见

我们每个人都会慢慢变老，当然如果幸运的话，我们可以活得足够长。在美国，出

生率已经维持稳定，中年人口数正在上升。[51]然而对于年龄的偏见太普遍了。虽然美国以及其他许多地方的法律已经规定不允许对雇员存在年龄歧视，但这些年龄歧视仍然存在着。

在旧习中仍然存在着这样的问题：老年工人训练方式过于呆板，容易生病和易于出事故。和许多态度一样，这些偏见没有足够的信息支持。事实上调查结果正好相反，组织中年长者工作倾向于积极的效果：他们有较好的技术，有很高的责任心将工作做好，有非常突出的安全记录。[52]

年轻人也发现他们是偏见的受害者。对他们来说，部分问题在于工作场所中平均年龄的提高(从1976年29岁提高到2000年的39岁)与期望的经验有一段距离，年长工人担任主管时年轻人才进入工作场所。如今30岁以下的员工和老年人相比对社会有不同的看法。他们更倾向于探寻工作的方法，却没有团队精神，也没有期望的忠诚。他们可能把个人发展看成自己的主要利益。他们愿意学习任何能提高自己价值所需的技能。这些不同的期望会使长者对这些年轻同事不满。当工作性质不断变换时，需要有不同技巧的人们在同一小组工作，这尤其成问题。

然而也有令人鼓舞的消息，一份有关老年人的调查显示，即便年轻人也对老年人持积极的观点——虽然这些观点不如老年人对自己所持的积极。[53]非常有趣的是，同样的研究发现年轻人和年长的同事在一起工作的时间越长，对老年人所持的态度就越积极，成见也就越少。这显示正在成长中的年轻人和年老者一起工作可能减少年龄的偏见(见图5.13)。

**图5.13 见识“成人教育先生”**

我们大都认为年轻人是教育业的主要对象，但78岁的约翰·斯伯林(John Sperling)先生打破了这一成见。他的公司，阿波罗集团(Apollo Group)在凤凰城经营着一家盈利性成人大学，这家学校有74 500名学生，所有的学生都超过23岁。

## (二) 基于生理状况的偏见

我们都有一些生理特点使得我们不能做某一工作。一些人身体不是足够强壮，不能将重的包裹搬到卡车上，另一些人没有足够的运动技能而不能成为运动员，还有一些人由于没有足够的机敏和精力而不能成为一名射手。因此每个人都存在某方面的障碍，但某些生理状况很容易成为大众持偏见态度的焦点。这些特征(如眼盲、相貌丑陋、瘫痪)被人们看做是身体的烙印,也就是用以识别个人身份的消极特征。[54]

在20世纪90年代的早些时候,美国政府实施了美国公民伤残法案(ADA)以保护生理和心理有缺陷的人的权利。这项法案背后的基本原理很简单:员工某一方面存在缺陷绝不意味着不能提供便利条件帮助这些个体从事工作。不遵从该法案的企业要受到法律制裁。事实上,美国伤残法案实施的第一次判决使一个在癌症康复期间被解雇,失去工作的雇员获得572 000美元,这项法案实施的第一年就有15 000例歧视案件被处罚。[55]

许多公司发现他们只要花费很小的代价就能满足残疾员工的要求。比如,位于得克萨斯州埃尔文的格莱勒工程公司(Greiner Engineering, Inc.)仅通过提供给伤残员工进出休息室的轻便门,用一些砖头垫在制图桌子下来提高桌子高度等方法就为公司的伤残员工提供了便利。[56]当然并不是所有的便利都这么容易,但专家相信美国伤残法案会减少对员工的生理特征的歧视。[57]

### (三) 基于种族和民族偏见

美国的历史就是为各种民族、各种族人民共同奋斗而相互接受的历史。但资料显示,美国工厂比以往更具备多元化,但偏见仍然存在。一项对美国工人的大规模调查结果证实了这一点。[58]我们可在图5.14看到该调查的总结。

各类少数群体的成员认为他们不但是偏见的受害者,同样也是歧视的受害者,他们因此采取了一些行动。平等就业机会委员会(EEOC)对基于种族原因的歧视投诉归档在1989年到1991年期间上升了30%,而且歧视案件的受害者大多赢得了这类官司。比如1993年华盛顿州的高级法庭宣判西雅图一家银行的一名员工胜诉,这名柬埔寨裔的雇员因其口音而被银行解雇,西雅图银行因此支付了389 000美元。[59]除了法律上的损失以外,带有歧视的公司以其他方式付出代价,尤其突出的是失去人才和生产率。根据EEOC的委员乔伊·奇林(Joy Cherian)的说法,"那些感到受害的雇员不会发挥潜力去搞发明和其他创新"。她补充道,"由于这些人才被冻结,每天美国雇主丧失了成百万美元。"[60]

为了解决这类问题,一些公司采取了具体的步骤,比如美国电话电报公司(AT&T)在新泽西州莫莱山地的贝尔实验室就和管理者一起帮助公司的少数民族员工更快提升。同样地,洛杉矶的休斯飞机公司(Hughes Aircraft)分派优秀的顾问去将公司文化教给少数民族员工,并教给他们成功所需的技术。[61]这两家公司都只是采取了适当的方法,但都表明了采取措施减少这类长期存在的问题的鼓舞人心的趋势。

### (四) 基于性取向的偏见

生理有缺陷的人们可以通过联邦法律来反对歧视而保护自己,但对另一类群体却没有这样的保护存在,他们的成员经常也是偏见的受害者——他们就是同性恋者。越

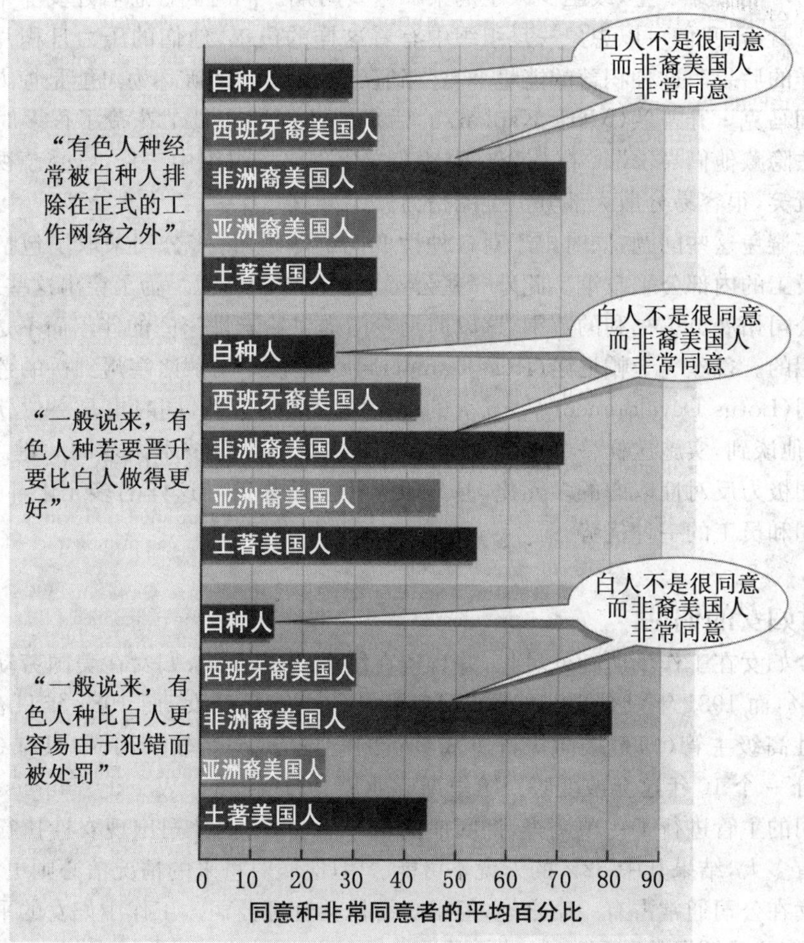


**图 5.14 种族歧视存在吗？这取决于你询问的对象**

一份对美国工人的调查显示种族歧视普遍存在着。它的主要受害者是非洲裔美国人，他们倾向于比受影响的其他人更意识到歧视的存在。

【资料来源】Based on data reported by Fernandez & Barr，1993；see note 44.

来越多的人能够容纳非传统意义的性，但不幸的是，反同性恋偏见在工作场所仍然存在。事实上，有近三分之二的大公司的执行总裁表明他们不愿意让同性恋者担任管理要职。[62]因此不足为奇的是，由于没有法律的保护，同时由于社会对他们的广泛偏见，许多同性恋者不愿意让别人知道他们的性取向。[63]

由于害怕暴露自己的性取向（也就是被发现是同性恋），这一人群总有很大的压力。例如芝加哥一家大型的办公设备生产商的一位副总裁（男同性恋者）承认他想成为公司的执行总裁，但他担心如果他的性取向被众人知晓之后就会失去这个机会。[64]

这种压力可能贯穿一生，或至少人生的某一重要时期。同时同性恋者还要非常极端的伪装自己身份，我们可以想象一旦组织中有着这样的员工，他们的压力日积月累会带来什么样的后果。这种积蓄的能量一旦受到误导，爆发出的破坏力可能是惊人的。用管理顾问马克·开普兰(Mark Kaplan)的话来说，"同性恋员工花费了很多时间和精力来设法隐藏他们身份"。[65]在一个对同性恋文化恐惧的组织中工作，忍受藐视男女同性恋的玩笑，很容易分散大部分员工的精力。

为了避免这些问题，同时出于对各种性取向的尊重，许多公司采取了包括性取向在内的员工的内部公平政策。此外一些公司禁止性取向歧视。为了突出这些思想，还有一些公司拓展员工福利的范围，这以前是专门提供给异性家庭的伴侣而不是同性家庭的伴侣的。鲁丝·卡帕尼诺(Russ Campanello)是位于马萨诸塞州剑桥的莲花发展有限公司(Lotus Development Corp.)的人力资源的副总裁，同时也是一位软件开发者，就此他谈到，实施这样一个计划是其组织成功吸引高级技术人才的关键。[66]显然，有些公司极力反对性取向的多元化，但其他一些公司却倡导这样的多元化，同时将其作为公司和员工的一种优势。

## (五) 对妇女的偏见

如今妇女在工作场所随处可见，并且还在增多。1991 年，妇女在美国劳动力人口中占 46%，而 1981 年只有 43%。1991 年 41%的主管是妇女，而 1981 年只有 27%。然而女性高级主管(即直接向执行总裁负责的管理者)相对较少，其中只有 3%是妇女。[67]在下一个 10 年这会改变吗？哈里斯商业周刊(Business Weekly/Harris)最近对美国公司的主管进行了一项调查，询问他们在今后 10 年内公司出现女性执行总裁的可能性有多大，结果其中 82%的人说不可能。[68]但他们对将来的情况信心则更大一些。尽管妇女在公司通常占有一席之地，但很少有机会管理公司。工作中妇女的平等机会在改进，但这是缓慢的胜利。

为什么会出现这种情况？可能还没有足够的时间让妇女进入组织的高层管理梯队，但却有很多难以克服的障碍。尤其显著的是*性别角色成见*(*sex-role stereotypes*)——人们心目中固有的关于妇女所能从事的为数不多的特定工作的陈见——仍然明显地存在。比如在上面提到的哈里斯商业周刊进行的调查中，有 8%的被试表示妇女没有足够进取心或者说是决心进入到组织的上层。这个数字虽小，但我们从中却不难发现反对者为妇女公平就业设置障碍的最好证据——成见。

这样的成见使妇女远离了组织的重要职位，包括公司权力的核心圈——董事会。获得许可进入这一特殊集团的妇女会不断增长，但成见对于她们的角色限制仍然存在。董事会提供了重要的组织指示，他们通常由负责具体领域的管理者构成(财务、薪资、公共事务)。然而最近的一项研究发现，这些委员会的组织成员信奉性别成见。[69]妇女通常平等地被赋予在委员会中拥有一定席位的权力，但通常她们很难接近与公司基本管理紧密相连的委员会（如薪资、财务），妇女只能获得外围机构（如公共事务）委员会的成员席位。很明显，性别角色成见仍然存在，并且成为组织权力的一个壁垒。

## 六、管理多元化的劳动力：当前的实践

固有的偏见在工作场所中是有害的。确切地说，问题在于组织对出现的这种状况能够做些什么。若要回答这个问题，认识到如今组织中的多元化是非常重要的。

### （一）公司关心多元化吗

首先，我们得问公司是否确实关心多元化。尤其是，多元化在公司的战略计划之内吗？如果是这样，为什么？

#### 1. 多元化进入当今公司的议事日程了吗?

几年前，美国培训与发展协会（the American Society for Training and Development）对《财富》杂志中列举的1 000家公司对于多元化态度的抽样调查结果显示多元化管理在他们议事日程中不占重要地位，只有11%的公司表示多元化是优先考虑的事，33%的公司表示他们只是开始关注这事。事实上，调查显示1/4的公司对此什么也没做。[70]

然而令人鼓舞的是，有迹象表明情况开始变得越来越积极。另一项调查结果发现55%的职员相信在过去的两年中，公司已经对多元化管理计划更为支持，只有4%的员工表示对多元化管理努力的关注在减少。[71]事实上，91%的员工显示公司的高级主管认为对待员工的方式在"获得或削弱组织的资源"。[72]因此，若要回答前面提到的问题，我们可以认为对于多元化问题的关注正与日俱增。

**全球问题** 多元化管理趋势在美国和加拿大最为强劲，现在在其他国家也开始流行。换句话说，民族多元化在国际商业活动中是不争的事实，但多元化管理实践却并非如此。

#### 2. 公司为什么要致力于多元化的管理?

你可能会认为公司关注多元化管理仅仅是迫于政府的压力，然而一项调查显示，仅有29%的被试表示政府的压力是起决定作用的因素。[73]与此形成对照的是，同样的调查发现迫使公司致力于多元化的管理有以下两个主要因素：

● 高级主管对多元化管理重要性的关注程度(95%的被试认为是起决定作用的因素);

● 认识到吸引和留住有技术人才的必要性(90%的被试认为是起决定作用的因素)。

## (二)如今的公司对多元化做了些什么?

认识到偏见态度是一回事,改变这些态度又是另一回事。目前已有两个主要方法可以用来准确地处理这个问题:*赞助性行动计划*(*affirmative action plans*)以及*多元化管理计划*(*diversity management programs*)。

### 1. 肯定行动计划

美国公司在传统上依照**肯定行动法案**(**affirmative action laws**)来提高妇女和少数民族员工的待遇。自20世纪60年代美国公民获得创制权以来,这项法案就一直致力于给予为那些传统上处于不利地位的群体提供工作机会。这项法案的根本理由是非常合理的:通过鼓励雇佣妇女和少数民族员工担任那些传统认为他们不应当担任的职位,以实践迫使人们认识到他们成见的错误性。因而当这些成见瓦解时,各种偏见,以及基于此的歧视,就会减少。

在肯定行动计划实施大约30年之后,妇女和少数民族获取工作机会的问题得到了有效的解决。尽管问题可能仍然存在,但毫无疑问的是这项法案的实施效果是非常明显的。

### 2. 多元化管理计划

如今许多公司的目光已经超越了肯定行动计划,他们不仅仅雇用了各种肤色,各种类型的员工,而且为这些员工的共同发展创造了良好的氛围。这些公司不但遵循法律或社会规范,他们还认识到多元化是商业活动中的重要环节(图5.15)。

正如一位管理咨询顾问所说的,"一个公司的成功将逐渐地由其管理层自然地激发多元化劳动力的全部潜能的能力所决定。"[74]因而许多组织选择了**多元化管理计划**(**diversity management programs**)——这项计划旨在通过为妇女和少数民族员工创造具有支持性而非中庸的工作环境以倡导多元化。[75]简单地说,多元化管理计划潜在的理念在于,如果要敲碎"玻璃天花板",让妇女和少数民族员工学会容忍偏见是不够的,更重要的是要让人们意识到他们的重要价值。[76]在下面的章节中,我们将区分多元化管理计划的各种类型,同时也将介绍一些在多元化管理中取得成功的案例。

图 5.15 今天的学历，明天的工作

最近佛罗里达 A&M 大学的毕业生有一些值得祝贺的事情。这些才华横溢的非洲裔美国人接受了良好的培训，那些对提高多元化管理排名感兴趣的公司为他们提供了极好的工作。

## 3. 公司如何促进劳动力的多元化?

由人力资源管理协会(Society for Human Resource Management)和商业票据交换中心(Commerce Clearing House)进行的一项大型的调查发现，下列几种多元化管理措施最为常见。[77]它们包括：

- 制定防止性骚扰的政策(调查中 93%的公司使用)
- 为残疾员工提供无障碍通道(76%)
- 提供弹性工作时间表(66%)
- 允许少数民族员工在自己的宗教节日请假(58%)
- 提供亲子假日(57%)

然而这项调查同时发现，一些公司对多元化管理的热忱并没有持之以恒。在那些尝试多元化管理计划的公司中，只有 30%的公司收集正式的数据以考察多元化管理实施的效果。仅 20%的公司对倡导多元化管理的经理给予了正式的奖励。

现实的情况很明显，今天的公司对于多元化管理通常谈论的多，实际行动的少。然而，也不是没有任何鼓舞人心的改进迹象。随着对于多元化管理行为的重要性的日益关注，我们相信会有更多的公司将员工的多元化作为一种提高竞争力的资源(若要进一步了解在这一方面表现出众的公司，请参考后文的“趋势”栏)。根据上面的讨论，我们下面将总结用于管理工作场所多元化的特殊策略。

## (三) 不同类型的多元化管理计划

一般说来,多元化管理计划分为两类:*意识性多元化训练*和*技能性多元化训练*。[81]

### 1. 意识性多元化训练

确切地说,**意识性多元化训练(awareness-based diversity training)**是用来提高员工在工作场所中对多元化问题的意识,并且帮助他们认识对于他人的潜在假设。这是最为基本的认知导向,即员工需要具备的基本认知方式。一般而言,此类训练能让员工在认识到商业活动中重视多元化的必要性,并且使他们敏锐地观察到对于自己文化的傲慢和偏见。此类训练可能包含各种经验性练习,用以帮助员工从个体的角度来评价他人,而免受对于某一群体陈见的影响。

### 2. 技能性多元化训练

建立于认知训练基础之上的是**技能性多元化训练(skill-based diversity training)**。这类导向性训练用以帮助员工提高在管理多元化中的技能。因此,这类训练不仅仅在于对意识的提高。它为员工提供并完善了与他人有效交流所必需的技能。[82]这类训练包含 4 种技能。

*跨文化的理解能力(Cross-culture understanding)*:理解不同的同事在工作中不同行为的文化差异性。

*跨文化的沟通能力(Intercultural communication)*:学会克服语言和非语言的障碍进行跨文化沟通。

*促进技术(Facilitation skills)*:帮助他人减少源于文化差异而引起的误解。

*灵活性和适应性(Flexibility and adaptability)*:培养员工在与不同类型的人交往时,耐心而灵活的应对能力。

这两种多元化训练都有同样长远的目标,这一点在图 5.16 中已概括出。多元化管理训练致力于让不同群体的员工能够更容易、更有效地交流。而一旦员工彼此关注,事实上就为提高士气、提高生产率、激发员工的创造力铺平了道路。

我们在上面谈到了多元化管理的各种好处,但组织的终极目标很简单:提高其经济效益。事实上这发生了吗?换句话说,他们为多元化管理付出的努力得到了回报吗?

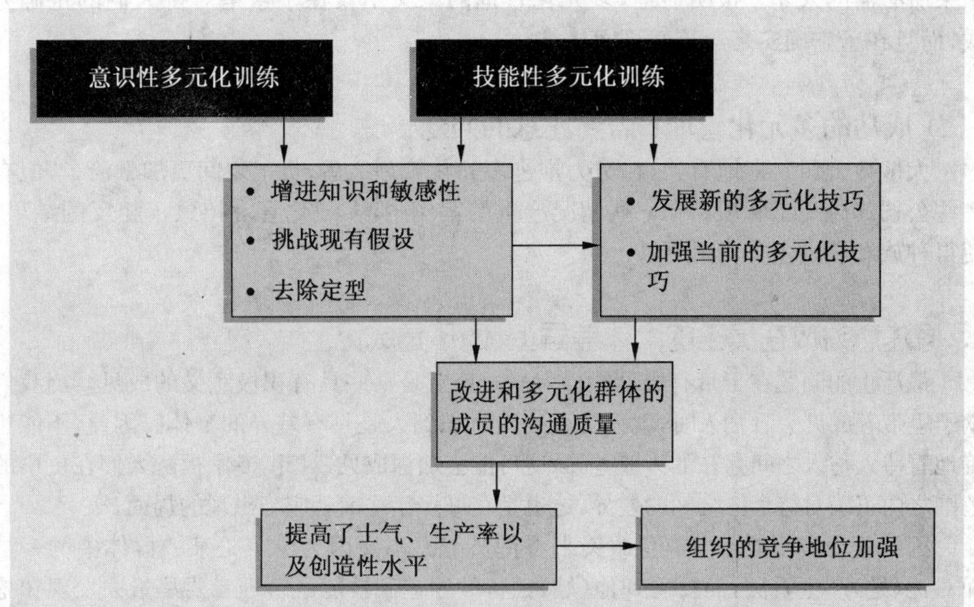


**图 5.16 多元化管理：两种主要的训练方法**

*技能性多元化训练建立在意识性多元化训练的基础之上。然而两种方法都朝向同一个目标。*

【资料来源】Adapted from material in Carnevale & Stone，1995；see note 81.

## 七、多元化管理有效吗

很明显，组织将资源投资于多元化的员工，并且费尽周折选拔出他们中的优秀人才，这一切都是为了得到回报，产生最大利润。因此，多元化管理有成效吗？答案是肯定的，当然，这必须以一定条件为基础。

### (一) 多元化管理：的确行之有效

近来有迹象表明，人们在多元化管理中的努力正初见成效。研究者推断，当公司有效配置人力资源时，他们可以降低成本，从而超越竞争对手。[83] 为了验证这一论断，他们在 1986 年到 1992 年间对两组公司进行了对比研究。其中一个组是接受美国劳工部津贴的公司，他们在多元化管理中起着表率作用；另一组公司则长期遭受雇用歧视起诉的困扰。

研究者依据经济效益的关键指标——股票赢利率来比较这两组公司的绩效。结果是非常明显的：致力于多元化人力资源管理的公司比那些歧视雇员的公司的赢利要可观得多。正如研究者所解释的，投资于劳动力多元化的公司更能吸引并留住组织繁荣所必需的人才。很明显地，多元化管理的意义不仅在于这是对待人们的正确方式，而且在于它确实是一笔好买卖！

## (二) 成功的多元化管理：需要注意的问题

大多数公司欣喜地看到，在努力推进多元化管理之后，员工之间更加融洽了，但有一些公司却碰到了麻烦。在一些情况严重的案例中，多元化管理招致了相反的结果，使得种族和性别差异变得更甚。[84]

### 1. 将注意力放在员工的个体差异上，而不是成见上

最严重的问题在于带有成见的行为——甚至是某些具有积极意义的成见。当我们脑子里带着成见去看别人时，就无法正确地认识到人是具有差异的个体。因此，不能正确地看待人与人之间存在的一般差异，这可能会加深成见，对此，专家提醒人们在更广的范围之内正确对待个体之间的差异，这也是在许多年之前就应当出现的局面。[85]

因此管理者不能戴着有色眼镜来看待员工。不要因为员工是某一群体中的一员而对他(她)产生看法，而要看到他(她)独特的才艺和技能。管理者要尽量去发现和挖掘员工的潜能，不管他们是哪一个群体的成员，这样才能清除多元化管理的障碍。

还有另外几个重要的问题需要关注。若要成功地实施多元化管理训练，我们必须在几个方面时刻保持警惕。这方面的总结见表 5.2。

**表 5.2 多元化管理训练的潜在问题**

若要成功实施多元化管理训练，我们必须避免下面列举的潜在问题。

| 问　题 | 描述和对策 |
| --- | --- |
| 情绪紧张被加强 | 谈论偏见可能使人感到不安，训练需要在一个安全、舒适的环境中进行。 |
| 两极化的可能性 | 避免讨论需要肯定或否定回答的问题(如军队中允许同性恋吗)，相反鼓励思考更广泛领域的选择。 |
| 一些人可能另有企图 | 训练期间不应该给那些想就过去问题发泄私愤的人提供空间，培训人员应当尽量让大家紧随团队的目标。 |
| 可能会发生个人攻击 | 对于多元化言论的激进观点可能彻底否定一个人。应尊重每一个人的尊严。 |
| 各人对训练的反应会不一致 | 一些人可能会欣然接受训练，而另一些人会憎恨这样的训练。在训练过程中应当对这类情绪保持警觉。 |
| 白人男性通常是抱怨的对象 | 就多元化问题，人们可能会责怪作为优势群体的白人男性，但偏见和歧视不仅仅发生在一个群体之中，白人男性应该思考如何应对形势的变化。 |

续 表

| 问 题 | 描 述 和 对 策 |
|---|---|
| 时间安排可能会是问题 | 避免由于时间进度的原因给员工增加压力，比如一些敏感事件（如临时解雇、劳资谈判）发生期间。 |
| 训练的动机可能不纯 | 如果公司管理层的策略能使公司更具“包容性”，多元化管理训练能发挥最好的效果。多元化管理的顺利实施需要每个人的努力，否则，只可能失败——甚至导致后院起火。 |

【资料来源】Adapted from Gardenswartz & Rowe，1994；see note 86.

### 2. 管理多元化需要管理上全方位的支持

或许多元化管理成功的主要因素在于*管理上的全方位支持*（*complete managerial support*）。你不能在多元化管理取得短期成效之后仅仅表扬一番了事。成功的多元化管理要坚持关注组织所有活动中的多元化。比如，成功地实行多元化管理训练的公司也倾向于让每一个人都接受训练，他们对于多元化的定义也非常宽泛（他们不是将多元化局限于一两个群体）。这些公司同时对在推进多元化中所作杰出贡献的管理者进行奖励。[87]如果没有付出心血，也没有管理上的全方位支持，公司会发现他们对推进多元化的努力只是白费力气。

总的说来，尽管有些公司在多元化管理计划上犯了些错误，但在许多案例中这样的计划对于公司来说都是受用无穷的，这让公司在高度多元化的人力资源中找到了尽可能发掘员工潜力的妙方。

## 学习目标的回顾与总结

**1. 定义态度并了解其基本要素。**

态度是指向于外部世界的某个方面的一系列稳定的情感、信念和行为倾向。与工作相关的态度包括对工作环境的各个方面以及同事的反应。所有态度都由认知成分（你的信念）、评价成分（你的感觉）以及行为成分（某一行为的倾向）三个部分组成。

**2. 描述*工作满意度*的概念，并能简述其测量方法。**

工作满意度包含对工作的积极或消极的态度。这些态度可以通过*等级量表*（如工作描述指标、明尼苏达工作满意度问卷）、*访谈法*、*关键事件法*（让员工描述工作中特别令人满意或者特别不满意的事件）来测量。

**3. 概述两种主要的工作满意度理论。**

根据双因素理论，员工对工作的满意或不满源于不同的因素。该理论认为，员工对工作的满意源于和工作本身相关的因素（*激励因素*），而对工作的不满源于工作背景因素(如工作环境)。而价值理论则认为工作满意反映了个体的期望(他们所看重的)和他们认为自己实际得到的成果之间的匹配程度。

**4. 解释工作不满意所带来的主要影响以及如何消除这些影响。**

如果员工对工作不满,他们会产生离职倾向。换句话说,他们可能会经常性的缺席,并有可能会辞职。然而有迹象表明,工作绩效和工作不满意之间只有微弱的相关。工作满意度水平可以通过薪金透明化、提高管理质量、授权、为员工提供符合个人兴趣的工作来提高。

**5. 定义组织承诺并描述其三种主要类型。**

组织承诺着重强调员工对其组织的态度,其中有三种类型。继续承诺指员工由于无法承受其他选择而继续为一个组织供职的倾向的强度。情感承诺指员工由于认同组织目标和价值观而希望继续为组织供职的倾向的强度。规范承诺指员工由于社会责任而留职的承诺。

**6. 描述组织承诺水平过低所带来的主要影响以及如何消除这些影响。**

人们认为低水平的组织承诺与下列不良现象相关:高缺勤率、高跳槽率、员工对工作的漠不关心、员工对公司缺乏奉献精神以及员工个人发展的不利等。然而组织承诺可以通过工作丰富化,使员工的利益与公司的利益保持一致以及招募和选择与组织价值观一致的新员工等手段来提高。

**7. 区别偏见与歧视,并清楚地了解偏见对组织的危害。**

偏见是指对于特殊群体成员的消极态度,而歧视是指由于偏见而有区别地对待他人。如今的劳动力人群具有高度的多样性,许多群体发现他们由于许多不同因素而成为偏见态度和歧视行为的受害者,这些因素包括年龄、性取向、生理特征、种族以及性别等。虽然人们对于不同群体中的个体的容忍度更大了,但偏见仍然存在。

**8. 描述今天的组织针对员工多元化所采用的管理策略。**

为了开发今天高度多元化的劳动力中丰富的人力资源,许多公司都实行多元化管理计划,这一计划旨在系统地引导员工正确认识多元化并以此来倡导个体之间的差异。这一计划的特色之处在于公司会尽力招募、雇用妇女和少数民族员工,同时为他们创造适宜的工作环境。最有效的计划不仅旨在加强来自工作场所中工人多样性的利益意识,而且旨在帮助员工发展技巧以容忍多样性。

**9. 描述多元化管理计划的效能。**

实行多样性管理计划存在潜在的困难,但一旦实施,组织和个人从中的收益却是相当可观的。比如,有计划地接受多样性员工的公司比那些允许歧视存在的公司获利要大得多。

## 问题讨论

(1) 有人告诉你,人们一般不喜欢他们的工作,你同意还是不同意这个叙述?为什么？

(2) 作为一个管理者，你想提高下级的工作满意度，你将如何实现这个目标？

(3) “快乐的员工是多产的员工”，你同意还是不同意这个叙述？为什么？

(4) 旷工和自发的离职对于许多公司来说都是损失惨重的问题。如何减少这种形式的员工离职的发生率？

(5) 假设一个员工对他的工作和组织非常不满意，但却没有寻找一份新的工作，如何理解他的行为？

(6) “男性主义和种族主义过时了”，你是否同意这一观点？为什么？

(7) 如今的组织是如何管理工作场所中的多样性的，试举一例。

## 典型案例

### 案例1 平等的工作机会为蒙特利尔银行带来了高利润

如果你在加拿大最古老的银行——蒙特利尔银行(Bank of Montreal)工作，人们可能会认为你庸俗而保守。该银行的主席马修·巴雷特(Matthew Barrett)和董事长托尼·康普(Tony Comper)认识到已经到达竞争的边缘——并且如今有很多竞争——应该有新的观念加入到银行传统的组织结构中。进步的机会还不平等。这意味着要投资于员工的丰富多样性，有91%的妇女从事非管理性的工作而只有9%的妇女从事主管工作。

必须采取措施以达到平等。因此巴雷特和康普迅速采取行动。他们成立了妇女进步工作小组(Task Force on Advance of Women)，并责成这个小组寻找出妨碍妇女平等就业的障碍，并制定计划来清除这些障碍。工作小组通过广泛的研究发现，主要的障碍是对女性主管普遍存在的一系列荒诞看法。如调查结果显示，妇女因为放弃工作抚养孩子会被认为对公司不负责任。然而事实上，银行的绝大部分工作妇女的服务记录要比男子长——这是对传统观念的直接反驳。

在该银行的副董事长约翰尼·M. 托塔(Johanne M. Totta)看来，员工计划和工作场所平等，改变周边状况的一个关键因素是在银行中讲最容易被理解的语言：数字。管理者们习惯于季度性地报告他们的工作对于银行财政形象影响的评价。现在，季度性的反馈告诉管理者们他们在平等目标中所达到的程度，比如雇佣女性员工、帮助那些银行的员工学习新的技巧以及帮助员工进步的名次等。管理者自己的绩效评估——以及他们的薪资——和这些目标的达到情况紧密相连。

此外，银行还创立了建议委员会，来自不同层次的雇员代表每季度在这里和银行官员会面讨论平等进程问题。这些会议提供了有用的直接通向托塔办公室的反馈意见。更重要的是，也许他们提供的有用的关于改进平等的建议能够带回到他们的工作场所中去。

蒙特利尔银行由于其工作场所平等计划而获得了很多奖励，包括基督教女青年会颁发的特别奖励、国际人文和科学学院的美科利奖(Mercury Award)。然而对银行职员来讲，最大的奖励是扫清了人们发展潜能的障碍，不仅保留了本组织的女性员工，而且使得她们更好地为顾客服务。正如托塔所说，“银行提供了相同的利率，是人使其发生变化——顾客服务”。有 6 000 家国际性分支机构，确实有许多需要服务的顾客。如今这看起来就是蒙特利尔银行的工作场所平等计划所期望的高产出的投资。

**问题讨论**

(1) 蒙特利尔银行的问题是什么原因引起的?

(2) 工作场所平等计划将继续产生什么样的效果?

(3) 银行的这个计划将会面临什么障碍?

(4) 这个银行提高工作场所的平等还有什么方法?

## 录像案例

### 案例 2 工作态度：对工作、组织和人员的感受

**小型商务 2000** 态度和人们如何看待生活以及如何度过他们的生活有很大的关系，态度不是固定的，态度也可以改变。但一般将其当作相对稳定的。我们可以通过理解人们的态度而了解他们如何处理工作。

朱迪·雅各布森(Judy Jacobsen)，麦迪逊花园贺卡公司(Madison Park Greeting Card Company)的创立者，有着一个“伟大的态度”，但这到底是什么意思呢？雅各布森对于生活有着非常积极的看法，因而给人留下很深的印象。这带进了她的工作态度和方法中。我们知道她宁愿放弃一些利益以确保她(和其他人)在工作中感觉良好。雅各布森意识到开一个势力强大而又财源旺盛的公司的必要性，与此同时，她致力于拥有一个高兴、积极而又独特的公司而努力。

在这个录像中，你会知道在麦迪逊花园贺卡公司里人是最有价值的资源。没有人被迫过多地暴露自己，或者“买进”他们不同意的东西，但他们有机会成为大家庭中的一员——就如同是公司的一部分——如果有人愿意的话。关键项目中的全体成员每天(是每天!)都觉得有点滴进步。这个会议也给雅各布森一个了解人们做得如何的机会。朱迪看起来就像扮演了一个母亲的角色。

麦迪逊花园贺卡公司的环境对你来说有点不同寻常。如果你学业刚刚结束并打算到《财富》杂志前 110 名的大公司工作，这当然不是你所期望的。但如果你打算到一些较小的公司工作，这也许更不是你所期望的。原因在于这条路不是每个人能走的。另一方面，如果这是令人感到舒服的那种类型的组织，那么这对于公司和个人来说都是非常重要的。在一个令人感觉良好的地方工作并且允许你成为自己也许会影响你的工作感觉——你在多大程度上愿意为公司效力。关于担心员工的人员更新问题的

观点是混杂的，但好的员工是价值很高的资源。如果我们接受在"归属感"和好工作之间存在着相关的观点的话，那么朱迪·雅各布森在其中肯定起着一定的作用的。

**问题讨论**

(1) 你已经结识了朱迪·雅各布森并对其如何开始和投入到生意中稍微有所了解。请考虑她所说的自己是如何成长为一个商业主以及她所建立起来的工作环境，你如何描述她的工作态度？

(2) 思考一下你所了解的组织承诺。在麦迪逊花园贺卡公司中的各类员工存在着哪些类型的承诺？你认为每个人对工作和组织的感觉都和雅各布森相同吗？

(3) 我们已经了解了关于雅各布森的雇佣家庭方法的两件趣事。她寻找了三个孩子中的一个和她一起作为公司的董事长，她要求她的孩子到她公司工作之前要到其他地方工作。你如何看待这些决定？你赞同雅各布森所做的一切吗？为什么？

(4) 我们已经介绍了好几种针对不同能力和文化背景的员工计划。这个小公司甚至有一个帮助高年级学生挣大学学费的计划。你认为这个计划有必要吗？你认为公司为什么会有这样的计划？

## 技巧库

### (一) 亲历组织行为

#### 1. 你对自己的工作有承诺吗？

在确定的工具基础上的问卷（和下面列出的一样），常用来评估组织承诺的三种类型：继续承诺、情感承诺和规范承诺。完成下面的问卷（根据 Meyer&Allen，1991，见注释 88）会让你感觉到自己的组织承诺水平以及这个重要概念是如何测量的。

#### 2. 指导语

在下面每一个陈述的左边空白处写下最能够反映你同意程度的数字。(1. 根本不同意；2. 不同意；3. 同意；4. 比较同意；5. 完全同意）

____(1) 在我留在原来的工作岗位上这一点上，不是因为我想留而是因为我不得不留；

____(2) 我强烈地感觉到我属于某个组织；

____(3) 一旦我在某公司工作，我就不愿意离开；

____(4) 离开我的工作需要作出很大的个人牺牲；

____(5) 我感觉到我和公司紧密相连；

____(6) 如果我离开公司老板会很失望；

____(7) 我没有其他选择只能留在原来的工作岗位上；

____(8) 我感到自己是所工作的公司大家庭中的一员；

____(9) 我感到有强烈的责任心留在原来的工作岗位上；

____(10) 如果我放弃现在的工作，我的生活会一团糟；

____(11) 在这个组织中度过我工作的剩余时间，我感到很开心；

____(12) 我留在原来的工作岗位上，是因为人们会因我的离开而看轻我。

### 3. 记分方法

(1) 将 1、4、7、10 题的得分相加，反映你继续承诺的得分；

(2) 将 2、5、8、11 题的得分相加，反映你情感承诺的得分；

(3) 将 3、6、9、12 题的得分相加，反映你规范承诺的得分。

### 4. 思考题

(1) 这个问卷揭示了你哪一方面的承诺最高？哪一方面的承诺最低？这些差别很大还是高度相似？

(2) 这个问卷揭示了不为你所知的东西了吗？或者是直接加强了你对组织的组织承诺的直觉？

(3) 这个问卷在多大程度上反映了你的组织承诺？在多大程度上涉及你想放弃工作和接受一个新职位的利益问题？

(4) 你对这些问题的回答和你的同事相比如何？你的反应和他们的反应一样吗？你认为这是为什么？

## (二) 分组练习

### 1. 承认工作中的文化差异

理解并且欣赏其他文化的人们的一大障碍是他们可能选择了不同的价值观——尤其是涉及到基本的组织行为时(如雇佣)。下面的练习会使你意识到这样的差别，并使你对他们在组织中的影响更为敏感。

### 2. 指导语

(1) 将一个班分为由 5 到 10 个学生组成的小组；

(2) 评论下面列出的价值观的差异；

(3) 完全基于个人的体验，在小组内识别并讨论每一种注明的文化区别的特定例子；

(4) 在小组内，讨论这些差异的内涵。比如记录由于这些差异而可能引起的特定的例子；

(5) 在班级内，评论步骤 4 每个小组所识别的差异的内涵。

| 在美国的主流文化中 | 在其他许多文化中 |
| --- | --- |
| 人们的首要责任指向工作 | 人们的首要责任指向家庭和朋友 |
| 职业是随意的，雇员于公司之间的选择是双向的 | 职业是为了生活 |
| 竞争成为可以接受的生活方式 | 认为合作更好，因为它使得人们之间的关系更为和谐 |
| 人们为了个人成功而努力 | 不赞同个人野心而高度重视组织成功 |

### 3. 问题讨论

(1) 你的小组成员或整个班集体通常对这个练习中表明的问题敏感吗?

(2) 班级中文化价值观差异的主要内涵是什么?

(3) 如何帮助人们认同和接受这些文化差异?

(4) 脱离这个练习，对于文化差异对组织行为的影响这个问题，你有更深的了解吗?

## 趋势：今天的企业在做什么?

### 太平洋公司超越"多元化的精英"

大多数公司希望致力于劳动力的多元化，并希望在促进多元化方面做些努力。但只有极少数公司能持之以恒，因为他们发现在面临雇佣、晋升、留住少数民族员工这些事情时，实在困难重重。为了找出这类可作为典范的组织，《财富》杂志最近就种族和民族的多元化问题评估了一些美国最大的公司。[78]评价项目中包括少数民族群体成员(尤其是一些拿高薪的公司高层管理人员和公司董事会成员)的描述以及其他多种实施中的多元化管理计划。

调查结果显示，排名前 24 名的是一些享有盛誉的公司，如美国银行(Bank America)，马里奥特(Marriott)，匹尼鲍兹(Pitney Bowes)，好事达(Allstate)，联邦快递(FedEx)，杜邦(DuPont)，施乐(Xerox)，安海斯布希(Anheuser-Busch)和耐克(Nike)等。所有这些公司都在公司内部积极地推进多元化管理。居于首位的是位于洛杉矶的太平洋公司(Pacific Enterprises, PE)。太平洋公司是能源服务的供应商，它旗下的分公司南加州燃气公司(Southern California Gas Co.)是美国最大的天然气供应商。这个每年利润达 28 亿美元的公司(和美国银行持平)的出众之处在于，它真正致力于对少数民族有益的慈善性投资。

真正使太平洋公司登上榜首的是公司在留住少数民族员工以及为他们提供高层职位问题上获得的巨大成功。事实上，太平洋公司董事会成员的1/4，公司行政官员和经理中的1/3，以及公司总共7 100名员工中的一大半是少数民族，这些数字比调查中的任何其他公司要高，比所有公司的国际平均数要高得多，这反映了太平洋公司为员工提供优质服务的策略，这样一来，员工也会为顾客提供相同的优质服务。正如太平洋公司的财务员丹尼斯·阿里奥拉所谈到的，“公司的顾客五花八门，就像是瑞典式自助餐馆”，因此公司无疑致力于让员工也门类齐全，以此来应付顾客的各种需求。[79]

和如今大多数公司一样，如何让有才能的员工继续留在公司的薪资册上，这对于太平洋公司来说仍然是一个持续的挑战。在公司的策略中，管理层为了留住人才使用了一项叫做“管理就绪”(Readiness for Management，简称RFM)的计划作为强有力的武器。这一计划旨在少数民族员工受到其他公司吸引离开之前，系统的训练和提高他们的能力。RFM计划通过给予员工一系列自我评估测试来决定他们最需要改进的管理技巧，允许员工提名自己参加管理技巧的短期追踪调查，同时引导他们提高这些技巧。

几年之后，太平洋公司通过RFM计划甄别出一些最有才能的少数民族员工，如果没有这一计划，这些员工在谋求管理职位时会被忽略。该计划使得少数民族员工坚信，太平洋公司是一个卓越的公司，这样留住了大量的少数民族员工。比如帕特丽西亚·华莱士(Patricia Wallace)就是一个很好的例子。帕特丽西亚是RFM计划的一个黑人毕业生，她在公司的客户服务中心从接线员一直做到了部门经理。尽管她承认经常没有休息时间，但华莱士女士认同公司不断提供培训机会的承诺，并乐意留在太平洋公司。因为正如她自己所说，“在这里工作你可能会做到最好”。[80]当华莱士女士说这些话的时候，她本人也许没有认识到这一点，但《财富》杂志却完全能替她总结出这一点。

为了证明太平洋公司员工的素质有多棒，公司也会作出一些非同寻常的举动：公司会积极鼓励员工在别处寻找工作！事实上，太平洋公司甚至教给职员写简历以及面试的技巧，而这些会使他们在竞争中更具吸引力。然而即使公司的员工在与别的公司眉来眼去，但太平洋公司大多数员工的选择与华莱士一样，他们选择了留下来。他们看的愈多，就愈欣赏太平洋公司平等的工作环境。还有其他公司能像太平洋公司这样吗？——当员工人心思动的时候还能坦然面对，更别说为员工另谋高就出谋划策了！因此，在多元化管理的精英公司名单中，太平洋公司是理所当然的NO.1，别的公司只有望尘莫及。

# 第六章 行为管理：职业与压力

**学习目标** 学完本章后应能够：

1. 理解*社会化*及其发展的阶段。

2. 解释什么样的人是*导师*，他们做些什么，导师制对导师和徒弟的利弊。

3. 描述人们如何选择自己的*职业*，阐述近年来职业性质发生了哪些变化。

4. 解释男女职业的差异，包括所谓的*玻璃天花板*。

5. 解释*压力*的概念，并将其与*紧张*相区分。

6. 描述引起压力的主要组织和个人原因。

7. 描述压力的负面影响，包括*倦怠*，解释在这些效应中的个体差异。

8. 描述个体和组织的压力管理技巧。

## 预备案例

### 灰色期望：所有的规则都变了，我该怎么办？

早晨6:45，Open Market的中层经理克里斯·托尔(Chris Toal)先生正在自己办公室附近的健身房里进行剧烈的健身运动。8:00，他将在位于马萨诸塞州Burlington的公司总部上班，在那里他负责管理一小部分职员的工作。托尔做过多种工作，他曾做过项目收益规划、销售部门开支监督，以及津贴争端处理等工作。

55岁的托尔生于人口急速增长的年代之前。他已经工作三十几年了，30多年前他刚开始工作时满怀期望地策划着自己在某一家公司或某几家公司中能拥有一份稳定的、发展顺利的职业。他还构想着当自己到50多岁时，在工作上可以松一口气，可以花更多的时间与家人待在一起，然后平平淡淡地享受生活。然而，现实并非如此，商界的变化给托尔的职业生涯带来了消极影响。

托尔开始是一位中学教师，多年后，他从法律学校毕业后便成为波士顿一个贫困社区的律师，最后他成为靠高科技崛起的LTX公司的职员。他在该公司中平步青云，而且1989年，托尔的收入已超过9万美元。这也正是他烦恼的开始。LTX公司为了保持其在市场中的竞争力开始裁员，托尔为了保住这份工作，不得不在自己的职位上苦苦挣扎。他从生产部门到采购部门，又辗转到销售管理部门，然而所有这些努力都是徒劳的。在他 50 岁时，他成了公司解雇的对象。他的第二份工作是在 Proteon 公司，一家高科技公司，他在那儿只工作了几年。有一次，他发现自己又需要寻找另一个职位了。1996 年，他来到了 Open Market 公司。在那儿他努力工作，以提升和扩展自己的技能并保住自己的工作。

托尔先生是在 Open Systems 中工作的所有员工中最年长的一位，为了保持自己的竞争力，他不得不学习很多新的技能，包括使用电脑的技能、进行信息管理的技能、参加电话会议的技能等。尽管如此，但他还是悲伤地意识到他的年龄和经验并没有给自己带来任何优势，如年轻员工对自己的尊重、工作的高保障。相反，这些不是他的资本，却成了不利的因素。托尔说，年轻人并不把我看成是他们的良师益友。大家为了自己的前途和成功都在努力地工作。他的老板相当年轻，并常拿他保守的着装（托尔是极少数的系领带上班的一族）和他那不太娴熟的电脑操作技巧开玩笑。这只能使托尔加倍努力，通常每天工作 12 至 15 个小时。

每隔几个星期，他会与一群 50 岁左右的员工聚会，他们一起对由工作变化引起的生活变化发出消极感慨。托尔感慨道："我希望我的职业达到顶峰，但我想当我的工作真的达到顶峰时，我可能将不像一个人了。"然后，他忧愁地补充道："事情并不是我们中任何人所预料的那样，天资聪颖、努力工作、正确的价值观将会带给我们稳定的工作。事实上，现在根本没有安全和稳定。"

尽管你也许从没有听说过克里斯·托尔，但你认识的人中就可能有与他有相似遭遇的人——也就是说，他或她现在已经是准备退休的经验丰富的老员工了，并且她或他被迫花了多年的时间学习各种新的技能，他们努力工作仅仅是为了保住那一份工作而已。大学毕业后，你就可以进入一家公司，在这家公司一干就是几十年。你的收入随着你工作年限的增加而逐渐增加，最后达到与你的资历和期望相应的水平。然而，这样的年代已经一去不复返了。同样的像下列这样的日子也不存在了：人们只掌握某种单一的技术并打算依靠这种技术度过他的整个职业生涯。相反，现在的员工通常期望为许多不同的公司服务，并且他们也许永远不会体会到上一辈人曾经体验到的职业安全感。从托尔先生的艰难求职之路，人们已经意识到——今天的劳工队伍中的人们必须不断地学习新技能，并根据市场的需要不断地挖掘自己的潜能，才能保持自己在市场中的价值。

尽管他们或许很沮丧，但托尔先生的经历则说明了*职业管理*（*career management*）的复杂性。职业管理是保证满意的职业发展所需要的技能和经验的过程。[1]事实上，获得一份令人满意的职业所需掌握的技能，其中大部分技能是需要你尽快地适应世界的改变。也许你可以想象一下，其实为了保证自己工作的有效性，还包括保证你的其他的重要想法有效。这些因素中最重要的是*压力管理*（*managing stress*）——人们无论做什么事情都要面对组织内外的各种需求，这些不同的需求都会使我们产生各种负面的情绪反应和生理反应。压力管理就是人们如何将这些反应的负面作用控制到最低程度。[2]

我们对职业生涯和压力管理的讨论，反映了我们管理的重点是个体在组织中的行为。本书写到目前为止，其中大部分内容是针对如何管理他人的——贯穿于本书其余部分的一种如何支配他人的管理方法。然而，在本章中，我们要对此作出补充，重点介绍个体在工作中如何管理自己的行为。当然，这并不是说我们将不讨论职业生涯中其他内容和在职业生涯中所面对的压力。相反，与这本书中其他章节不同的是，本章将主要讨论我们所做的事情，而不是他人所做的事情。这里，我们将主要讨论我们自己所做的事情——特别是，如何管理我们的职业生涯和我们生活中所面临的压力。

本章中，我们将以职业生涯管理为起点，并将特别围绕下面三个主题展开讨论：

1. *组织同化*（*organizational socialization*），或者说是个体成为组织一员的过程；[3]

2. *导师制*（*mentoring*），一种一帮一的帮助个体取得职业发展的组织同化形式；[4]

3. *职业生涯发展*（*career development*），通过职业生涯中许多工作来规划自己的工作生活和实施此规划的过程。[5]

## 一、组织同化：学习组织规范的过程

请回想近几年来你曾经从事过的工作。你能回忆起在你就职的每份工作的头几天或前几周的感受吗？如果能，你也许记得的是有点不舒服的感受。作为组织的一个新职员，你面对一个新的工作环境，这个新的工作环境与你以前的工作环境在诸多方面均有差异。现在你周围的大多数人，如果不是所有的人，对你来说很陌生。你必须一切从头开始去认识他们，去了解他们的习惯。如果你现在的工作与你前面所做的工作截然不同，你还必须学习一些新的操作程序、工作技能以及与之相关的操作方法和你所在的新组织的规章制度。简言之，为了工作的高效性，你必须学习这些新的规范（图 6.1）。

**图6.1 学习规范**

你是否在新工作的第一天就感到失落呢？如果是这样，欢迎你到俱乐部来。这里几乎所有人都有过这样的经历。

**组织同化（organizational socialization）**指的是：*个体从组织外参与到组织内并成为一个有效的组织成员的过程。*[6] 从某种意义上说，职业生涯是由一系列社会化经验组成的，这些经验是个体在融入组织过程中积累起来的。因此，为了理解职业生涯，我们必须理解组织同化的过程。

很显然，组织同化是一个连续不断的过程。这个过程在人们工作之前就已经开始了，并将一直持续到工作后的数周或数月。每个人社会化的经验是各不相同的，但组织同化过程有三个有序阶段：*到达阶段（getting in）*、*进入阶段（breaking in）*、*安定阶段（settling in）*。[7]我们现在就逐个了解组织同化过程的每一个具体阶段（图6.2）。

### （一）到达：人们在被雇用前会做什么

你可以想象一个你将来可能为之服务的具体的公司吗？你为什么愿意在这个公司工作？该公司有哪些方面吸引你？某种程度上，你可以回答这些问题，你甚至承认，在你真正到该公司工作之前就对这个组织有许多的了解了。换句话说，人们往往在组织雇用前就对组织提出自己的一些期望。因此，从某种程度讲，组织同化的过程在人们接受一份新的工作之前就已经开始了——这一阶段被称作*前进入阶段（pre-entry period）*。[8]

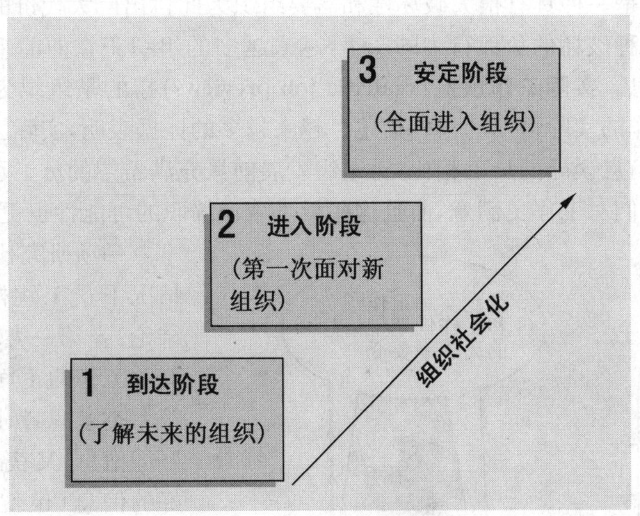


图6.2 组织同化三个阶段

组织同化过程通常包括三个阶段：到达阶段，进入阶段和安定阶段。

【资料来源】Based on suggestions by Feldman，1981；see note 7.

### 1. 我们是如何了解组织的？

对于组织的认识有若干信息资源。第一，已经在组织中工作的朋友或亲戚的经验。第二，你可能从专业杂志、新故事和公司的年度报告中获知组织的情况。然而，通过这些途径所了解到的关于组织的信息的准确度常让人不敢恭维。这些信息源提供的信息可能将这个组织的前途描述得比实际情况更美好，但他们毕竟也给我们提供了在那儿工作的基本情况。

另一种信息来源是组织自身，如通过招聘者或面试主考官。遗憾的是，这种信息也可能带有偏见。当今社会，优秀员工间的竞争十分激烈，成功地招募新员工往往是由于组织的自我推销能力和富有技巧的政策的成功组合的结果。招聘者容易用热情洋溢的词语来描述自己的公司，在对公司内外部问题的描述时都会加以润饰，而且往往都会强调公司正面的、好的特征。因此，公司潜在的员工经常获得组织的不切实际的良好的印象。然而，一旦这些潜在员工成为真正员工并且开始从事他们应聘的工作时，他们发现组织并不能满足自己的最初期望，从而这些员工会感到失望、不满意，甚至因为被误导而产生憎恨情绪——这就是**进入打击(entry shock)**。

### 2. 通过实际工作预览以减少进入打击

员工对组织最初的期望满足程度越低，他们对工作的满意度就越低，他们对工作承担的义务就越少，他们也更倾向于考虑辞职事宜——事实上，他们也会真正这样做。[9]很显然，这是一种具有很大破坏性和需要组织为此付出巨大代价的组织状态。因此，为了避免这种破坏的负面行为的产生，越来越多的组织正在向前来应聘的人提供组织的精确信息。**实际工作预览(realistic job previews)**指的是组织为其潜在员工提供在组织中工作的实际情形的精确描述。越来越多的证据表明，实际工作预览是非常有效的。和被信息误导的员工相比，对组织发展前景充满希望的员工了解实际工作情境，这不仅使他们对工作更满意，而且这些员工主动辞职的可能性也更小。[10]

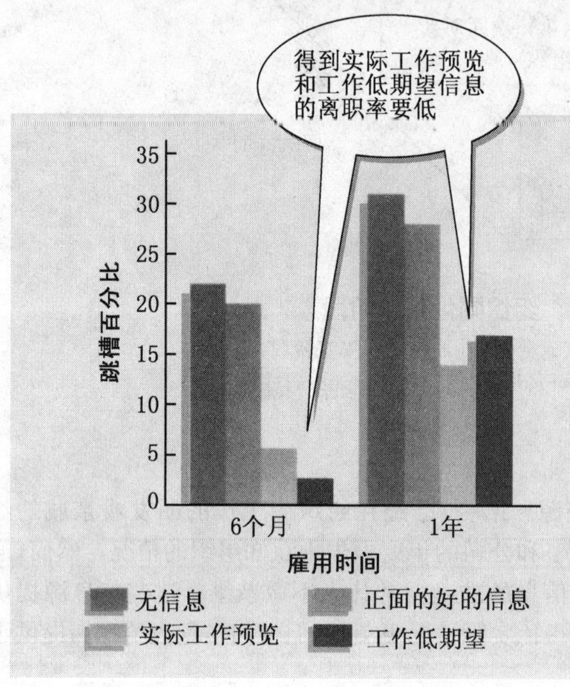


**图6.3 预防"进入打击"的技巧**

新员工如得到实际工作预览或避免对新工作产生过高期望的信息，其离职率要低于得不到任何有关新工作的信息或没有包含主要正面信息的标准工作预览。

【资料来源】Based on data from Buckley et al., 1998; see note 11.

一项研究比较了四类不同情况下员工跳槽率，得到下列结论：[11]第一类求职者，只获取有关工作的正面的、好的信息；第二类求职者，既获得正面的、好的信息，又获得了负面的、不好的信息（也就是实际工作预览）；第三类求职者，没有得到组织任何具体的信息，相反，这类求职者被告诫不要有任何过高的不切实际的期望，否则对他们将有不利之处，同时要求他们根据自己的实际情况提出合理的期望值（也就是低期望值的求职者）；第四类求职者，组织根本不对求职者提供任何信息（无信息）。这四类求职者成为员工后，哪一类求职者跳槽率将最低呢？

如图6.3所示，结论非常明显：第二类和第三类员工比其他两类员工的期望值更切合实际而且他们的跳槽率也相对较低。总之，组织给潜在性员工提供有关他们将从事的新工作的切合实际的期望，或者仅鼓励潜在员工不要对组织提出不切实际的高期望值，这样做对组织和员工都具有重要的意义和实际价值。

### 3. 实际工作预览的重要提示

在你忙着下这个结论——使用实际工作预览总是明智的做法之前，注意一个重要的条件。具体地说，最优秀的、最有资格的应聘者与资格较差的应聘者相比，他们更关注未来工作的负面信息。[12]或许因为最优秀的求职者往往能够抓住最好的机遇，所以他们对工作的负面特征就最为敏感。因此，尽管组织为应聘者提供实际工作预览可以避免员工的进入打击，且他们更可能接受这份工作，但是，这种做法也会导致组织很难招聘到最优秀的员工。

这样的话，组织在向应聘者提供信息时，就应该小心地平衡关于组织正面的、好的信息和负面的、不好的信息的数量，这是很明智的做法。这样，组织不但可以为求职者提供足够的信息以避免他们对组织产生不切实际的期望，而且还可以防止因优秀求职者对信息的过多考虑从而使组织失去他们。

**道德问题** 人们对组织中的工作前景过分描绘是否合适呢？这样做是否属于撒谎？给未来员工提供工作情境的真实信息的做法是否总是合乎道德？

## (二) 进入：接触阶段

个体被雇用后真正开始履行自己的义务，这时组织同化的第二阶段也就开始了。在这个阶段中，员工们将会面临许多挑战，当然，他们的新工作要求他们必须掌握一些新的工作技能。[13]他们还必须以新组织的惯例和规章制度为准则——也就是说，规范他们办事的方式。他们学习*组织文化*（*organizational culture*），学习员工的共同的态度、价值观、组织中其他成员的期望（这一点我们将在第十三章中进行详细讨论）。

对于员工来说，学习组织文化是一项重要的任务。毕竟，通过学习组织文化可以帮助新员工衡量自己是否真正融入现在供职的公司。事实上，目前一些公司认为员工学习组织文化非常重要以至于在组织同化过程的关键阶段就帮助员工评估自己的组织文化。例如，在 Conrail 与 Norfolk Southern 合并时，为了避免员工之间潜在文化冲突，Conrail 公司聘请了顾问帮助员工完成这次由于合并而引起的变动。当员工在决定自己仍旧留在新成立的公司还是重新求职时，公司鼓励员工对组织的重要方面提出自己的问题：新公司的沟通反馈方式、着装要求、公司决策的开放度、对最后期限的关注等。对这些问题的想法直接提出后，未来员工就可以来权衡自己的价值观与公司文化是否匹配。[14]

接触阶段有时又称作*调节阶段*（*accommodation stage*）。在这个阶段员工们可以了解组织对自己的期望，了解如何使自己成为工作团队中的一员，这个阶段也是实施新员工入职说明的阶段。入职说明可以使新员工了解组织，了解自己每天工作的操作流程，了解其所属组织的历史、使命和传统。如果没有入职说明，新员工可能会感觉到理解和融入自己所属的组织会更加困难一些。这些内容的学习是在业余时间通过非正式的途径进行的，但如果上得好的话，这些学习会使得新员工在很短的时间内就能获得有关组织的大量信息。

### (三) 安定：变形阶段

从个体进入组织后的某一时间开始，他就成为组织的一名真正的成员。在入职说明的基础上，这一阶段的标志可以是正式的仪式，如宴会或毕业练习，也可以是非正式的方式(图 6.4)。新员工可以获得转正的具体的物质标志，如去经理餐厅的一张通行证。当然，员工转正仪式也有很不正式的，例如被邀请和小组的其他成员一起吃午餐，尤其在培训时间短且不正式的情况下。

**图 6.4 进入组织的标志**

有时正式的仪式标志着个体成为组织或行业的一员。图中所示是某个州的士兵们经过强化训练后在参加这样的仪式。

无论哪种形式的转正，个体经历了组织同化过程中的安定阶段则标志着个体实现了由单一个体向组织成员的重大转变。此时的员工通常为自己的工作做长期的规划，而组织则要考虑员工能否成为其所在的工作小组中的长期成员。

## 二、导师制：一种"一对一"的同化形式

假如有一家大公司刚刚雇用了 50 名刚毕业的大学生，并分配他们去做基本相同的工作。这时，所有人都处在同一个起跑线上。然而，让我们来展望一年后的情况，他们的情况会截然不同，有的人已经离开这家公司，有的人已经远远地落后了，还有小部分人已经在成功的快车道上疾驰了。

同样的开始，为什么会有这么大的差异呢？当然，它是受许多因素影响的结果，其

中最重要的因素是**导师制(mentoring)**。[15]经验更丰富的员工——**导师(mentor)**提出建议，提供咨询，或者说促进**徒弟(protégé)**的个人（和职业生涯）的发展。如果你曾经受到一位年长的更富有经验的人的照顾的话，你就能了解导师对徒弟的价值了。实际上，在个体职业生涯的早期有导师的指引是员工取得成功的前奏：员工得到导师的指引越多，他获得的提升就越快，他得到的回报就越多。[16]

现在让我们来详细了解师徒关系，详细了解导师具体做些什么以及这种关系是怎样形成的。随着时间的推移这种关系又将怎样发生变化，导师在其徒弟成功的职业生涯中所起的作用又是怎样的。

## (一) 导师通常做些什么

导师通常要为他（或她）的徒弟做许多事情。[17]例如，导师要为他的徒弟提供情感支持，这是徒弟们需求最多的；在徒弟面对刚开始出现的（且可能有一点不安全的）不熟悉的情况时，导师要为他们提供信心支持。导师还要为徒弟的职业生涯的成功铺平道路。他们要为徒弟的晋升提名，为展示他们的才能提供机遇，通常要引导徒弟关注高层管理。导师还要为徒弟达到工作目标提供有价值的战略建议——通常是徒弟自己都没有想到的。总之，导师要经常保护徒弟，使他们不犯错误，还要帮助他们避免面对一些可能对其职业产生威胁的情境。

考虑到导师制的潜在好处，许多公司不但不改变师徒关系的形成。相反，他们有正式的仪式将新员工分配给富有经验的老员工，这些老员工即是新员工的导师。[18]表6.1中总结了一些使用此种做法的公司。

**表6.1 导师制计划：公司正在做什么**

因为导师带徒弟这一过程如此重要以至于许多公司都不愿意改变这种一对一的组织同化形式。这样，他们将导师制发展成为一种正式的组织机制，这种机制鼓励师徒制关系的存在与发展。

| 公　司 | 做　法 |
|---|---|
| Colgate-Palmolive | 所有的白领员工均被分配了一位比自己职位更高的导师 |
| NYNEX | 师徒指导链，包括六个低职位的女员工和两个高职位的女员工，她们每月聚会一次来讨论与工作相关的问题 |
| Dow Jones | 他们选择四个员工组成一个小组，其中包括一位高水平的导师，一位白人男员工，一位不限种族的女员工和一位不限性别的少数民族员工 |
| Chubb & Son Insurance | 赞助计划，3个徒弟被分别分配给10个不同导师 |

【资料来源】Based on information in Granfield，1992；see note18.

## (二) 师徒关系是如何形成和改变的

正如前面所述,师徒关系并不是随机形成的。与之相反,师徒关系的形成通常是经过复杂选择的结果,在这个复杂的选择过程中导师和未来的徒弟都积极主动地参与相互选择。因为导师不愿意将自己的时间和精力浪费在任何其他人的身上,所以导师只寻找最优秀的和最有前途的新手作为自己的徒弟。导师选择徒弟的具体过程通常没有详细的记录,但在绝大多数组织中,徒弟的人数往往超过导师的人数,所以导师精心挑选徒弟的事情的确存在。

徒弟们同样也忙于挑选导师。通常,他们寻找比自己富有经验的年长者——这些人知道如何在组织中取得成功。从新员工选定自己未来的导师时就已经为建立师徒关系跨出具有积极意义的一步。[19]

师徒关系一旦建立后,随着时间的推移这个关系是不是就再也不改变了?答案是否定的。事实上绝大多数师徒关系的形成都会经历下面四个不同的阶段。[20]

### 1. 第一阶段:初始阶段

这个阶段持续的时间一般是从 6 个月到一年。在这个阶段中,师徒关系逐步展开,并会对双方产生重大影响。同样,在这个阶段师徒双方逐步互相了解,互相学习,彼此提出自己的期望。

### 2. 第二阶段:培养阶段

该阶段可以再持续 2 年到 5 年。在这个阶段中,师徒之间的关系加深了,因为在导师娴熟的指导和帮助下,年轻的徒弟在自己的职业生涯中进步很快。

### 3. 第三阶段:分离阶段

师徒关系发展到这个阶段,徒弟感到该是自己独立决策并形成自己风格的时期了。这也许是因为外部发生了一些变化的结果,如徒弟获得晋升或导师调离所在的组织。此外,如果导师认为自己不能继续为徒弟提供支持和指导时,导师和徒弟也会分离(如师傅生病)。如果导师对徒弟的逐渐独立不太满意,或徒弟认为师傅提前结束对自己的支持,这个阶段中师傅和徒弟双方都会感到非常大的压力。

### 4. 第四阶段:重新明确阶段

最后阶段发生在真正分离之后。在这个阶段中,师徒双方都会觉得他们彼此之间是一种朋友关系。他们地位上是相互平等的,师徒角色也逐渐消失。换句话说,随着徒弟工作经验和工作技能的增加,他对师徒关系的需要也会逐渐地减弱,甚至在师徒关系结束后，导师反而会以徒弟工作的成功而自豪，徒弟也可能会很感激导师。

然而，有时令人不愉快的事也会发生。例如，导师可能会嫉妒徒弟或者徒弟认为导师阻碍自己的发展。另一方面，徒弟可能在师徒关系没有效果时仍依赖这个关系，或依恋徒弟身份，或依恋师傅。这些情况均可能导致师徒关系不良终止，师徒双方可能都会陷入深深的痛苦之中。[21]

## (三) 性别、种族和导师制

通常人们更喜欢与自己相似的人在一起，这样会使他们感到舒服。素质、态度和背景相似的人更容易形成朋友关系或者更容易交往。这个原则在师徒关系中仍适用吗？越来越多的证据已经证明这一点对师徒关系仍然适用。组织中女性员工和少数民族员工(如非洲美国人)与白人男性员工相比，前者在寻找导师时似乎更加困难一些。[22]当然，也有例外的情况，但总体来说，在寻找导师这个问题上，女性员工和少数民族员工明显处于劣势(图 6.5)[23]。前文已提到的一个原因似乎可以解释这种现象：今天，美国甚至许多其他国家的管理者都是白人男性员工，按照这个相似的原则，他们当然会选择与自己有相同背景的人一起工作，这样他们会感到愉快和舒适。

然而，这种现象的出现还受其他因素的影响。近几年的调查显示，与男性员工相比，女性员工不愿意成为导师。[24]显然，女性员工比男性员工更加关心她们所指导的未来的徒弟的失败和由徒弟失败给其带来的负面影响。

**图 6.5　性别、种族和导师制**

女性员工和少数民族员工一般比白人男性员工寻找导师难一些。这在很大程度上是因为未来的导师绝大多数是白人男性员工。他们希望选择与自己有相似背景的员工做徒弟。因为雇员队伍越来越多样化，所以这个问题迫切需要解决。

**全球问题** 你认为在某些文化中员工寻找导师比在其他文化中要更难一些吗？如果是这样，为什么呢？这种现象会对不同文化中的年轻员工的职业生涯和组织的竞争力产生什么样的影响呢？

另一方面，许多男性管理者已经关注导师对女性员工的指导了：他们担心与女性员工的关系太亲近可能会被一些罗曼蒂克之事缠身！由于员工早期职业生涯中有导师的指导和帮助是非常有意义的，所以，组织应该排除这种障碍，增加女性员工和少数民族员工获得导师指导的机会。组织如果不能做到这一点，则会剥夺这些员工在组织中获得职业生涯成功的重要机会。

鉴于此，许多公司已经设置了导师制计划，该计划旨在使组织中各民族成员团结在一起。例如，杜邦公司在1985年就正式实施导师制计划。导师制计划帮助少数民族员工保全了自己的职位，因为如果没有该计划的话，他们则不会得到现在的职位。[25] 近几年来尽管杜邦公司管理层职位的总数在减少，但是高层中少数民族员工的比例显著提高，从原来的10%提高到30%。由此可见，导师制是组织努力消除种族偏见和种族歧视的有力武器之一（参见第五章）。

## 三、职业生涯：新形式、新战略

不久前，许多人对于“你毕业后想到哪里工作?”这样的问题的答案一般是：“大公司，*世界500强*企业。”直到10年前，这个问题的答案仍然一成不变。因为大公司可以为员工指明最可信的通往高层之路——公司设有为员工晋升到组织高层的阶梯，让员工获得更多的报酬，同时，也担当起更多的责任。然而，今天，大多数学生，尤其是完成MBA学业的学生有了不同的答案。最近的统计说明这样问题：

- 不足一半的MBA毕业生在大公司就职，相反他们中的绝大多数人在小公司或咨询公司工作。[26]
- 1 400万美国人自己做老板，包括830万人作为独立经纪人，230万人成为临时代理。[27]
- 每25个美国人中就有1人打算自己开公司。[28]
- 目前本土化公司的数目已经超过了所有的历史记录，现在的本土化公司已经超过2 700万家。[29]

上述事实表明，有关*职业生涯*(*careers*)性质的重要因素正在发生不断地变化。**职业(career)**<u>*可以被简单定义为个体在某一段时间内的相关的工作经历*</u>。近几年，人们工作经历的一般概念已经发生了很大的变化，部分是由于商界同样发生了翻天覆地的变化。[30]换言之，现在人们对职业的概念与过去对职业的概念相比，已经发生了改变。这是因为他们日益意识到如何运营公司，包括如何雇用员工、培训员工、晋升员工和挽留员工都已经发生了巨大的变化。

**你来做顾问**

尽管公司雇用的女性员工和少数民族员工是经过精心选拔的高素质人才，但许多大公司中这些员工的发展速度并没有白人男性员工快。一项调查显示，存在这种现象的原因是由于女性员工和少数民族员工很难找到对自己职业生涯提供帮助和指导的导师。

1. 如何解释这种困难？换句话说，这种现象存在的潜在原因是什么？
2. 公司在帮助这些员工寻找导师的过程中可以做些什么？
3. 除了帮助这些员工寻找到导师外，为了女性员工和少数民族员工的发展，组织还能做些什么？

在这部分中，我们要着重讨论职业生涯的各个重要方面以及它们性质的变化。首先，我们将关注个体如何选择自己的职业(也即，为什么他们会选择某一具体工作)；接着，我们将讨论改变职业生涯的几个主要途径及个体在规划自己职业生涯时对此如何做出最好的反应。最后，我们将要思考职业生涯中的性别角色，并提出这样的问题：女性员工和男性员工是否拥有不同的职业经历，如果是，为什么会这样？

**全球问题** 尽管全球职业生涯都在发生着变化，但美国人与其他国家的人相比，他们希望自己开办公司的欲望更强烈。请问，这是为什么呢？随着其他国家经济的发展，你认为企业家职业生涯的倾向性会更明显吗？

## (一) 选择工作：职业选择

人们如何选择自己所从事的具体工作：在这一过程中起作用的因素有很多，但是在这里我们要强调一些十分重要的因素。

### 1. 人职匹配

请你问自己这样一个问题：什么样的人将会成为一名律师？什么样的人将会做一名职业军人？什么样的人将来是一名小学教师？你所描述的这些人之间有什么差异吗？如果你能说出从事上述三种不同职业的人之间的差异，说明你已经了解了什么样的个体的特征与具体工作之间是相匹配的。这就是组织中人*职匹配*(*person-job fit*)所反映的思想，这个思想我们在第三章中已经讨论过了——即根据个人特征(如特质或能力)判断个体更适合于做哪些工作。[31]

研究人职匹配关系的专家认为，人们通常选择从事与自己个性、能力和价值观相适合的工作，研究发现也确实证明了这一点。[32]人职匹配得越完美，个体的工作满意度就越高。[33]事实上，许多人在找工作时会更多地关注这种匹配，而不是组织给自己的报酬和晋升机会。[34]

## 2. 工作机会

另一种对个体选择工作产生重大影响的是人们对这份工作前景的信念。换言之，我们倾向于非常理性地选择自己的工作，注重那些为我们提供越来越多的发展机会的工作，同时会避开那些给我们提供机会越来越少的工作。大多数人都知道现代社会对铁匠或列车员的需求并不是很多，所以他们是根本不会考虑这些工作的——即使他们发现从个人的角度来看，这种工作对他们有吸引力。

人们期望将来工作的数量、机遇、前景都有所增长，当我们考虑从事某一份工作时，这些因素都将成为我们关注的焦点。人们同样关注中学、技校和大学里的职业管理课程。这些课程深受有前途的学生欢迎，因为这些课程给这些学生提供实际工作的模拟培训，并且这种培训机会的可获得性也吸引了许多人去从事这类工作。换言之，这种情况有规律地重复进行，即某些职业领域的发展激发了该领域的人们的兴趣，从而也会促进那些职业领域训练课程培训的发展，这样就为那些职业领域提供了更多的技能娴熟的人，这些人又进一步促进了该职业领域的发展。

未来职业前景会怎样？表 6.2 列出了几年中可能成为“热门”的职业。[35]特别地，根据教育和培训程度，指出了到 2006 年快速发展的职业。假如你正在寻求就业机会，表中的职业值得考虑。

### 表 6.2 明天的工作在哪里？

根据员工接受的教育层次和所需要的培训，到 2006 年，组织对特定工作的期望水平将有很大的提高，具体情况归纳如下。

| |
|---|
| 第一专业学位 |
| 　　脊椎按摩师 |
| 　　兽医和检疫员 |
| 　　医生 |
| 　　律师 |
| 　　牧师 |
| 博士学位 |
| 　　生物学家 |
| 　　医学家 |
| 　　大学教师 |
| 　　数学家 |

（续 表）

| |
|---|
| 硕士学位 |
| 语言病理学家和听力学家 |
| 咨询师 |
| 图书馆馆长，案卷保管员，博物馆技术人员 |
| 心理学家 |
| 运营研究分析师 |
| 工作经验加学士或更高学位 |
| 工程学、科学和计算机系统经理 |
| 市场营销、广告和公关经理 |
| 艺术家和商业艺术家 |
| 管理分析师 |
| 财务经理 |
| 学士学位 |
| 数据库管理员和计算机维护专家 |
| 计算机工程师 |
| 系统分析师 |
| 生理治疗师 |
| 职业治疗师 |
| 副修学位 |
| 辅助语言学家 |
| 健康信息技师 |
| 牙卫生专家 |
| 呼吸道治疗师 |
| 心脏病学专家 |
| 中专职业训练 |
| 数据处理设备维修员 |
| 急诊药剂师 |
| 指甲修饰师 |
| 外科技术员 |
| 医学秘书 |
| 工作经验 |
| 食品服务和寄宿管理员 |
| 教师和指导者，职业教育和培训 |
| 草坪管理者 |
| 指导者，成人教育 |
| 护士或花室管理者 |
| 长期训练和经验（多于 12 个月的工作培训） |
| 桌面排版专家 |

（续　表）

| |
|---|
| 飞行服务员 |
| 音乐家 |
| 校对员 |
| 制造商、导演、演员和娱乐人员 |
| 中期培训和经验（1—12 个月的与工作相关的经验和非正规培训） |
| 医生和矫正治疗助理和助手 |
| 医疗助手 |
| 职业治疗助手 |
| 社会服务助手 |
| 指导者和教练（运动和生理训练） |
| 短期培训和经验（最多 1 个月的工作经验） |
| 私人和家庭护理助理 |
| 家庭健康助理 |
| 娱乐服务员 |
| 调解员 |
| 账目和清单的收款员 |

【资料来源】Bureau of Labor Statistics，1997；see note 35.

## （二）正在改变的职业规划

你曾经看过《商界轻松致胜》这部电影吗？该影片中讲述了这样一个虚构的故事：无任何特殊才能的人如何综合运用印象处理、好的运气和无情的手段快速谋就高职。正如故事中所隐含的那样，英雄是从工作中脱颖而出的，薪水、地位越高的员工，他们办公所在的楼层也就越高。

尽管像这样单一的职业生涯发展道路仍然存在，但这种做法已经成为例外，而不是常规了。今天，员工的职业生涯发展通常并不经过一系列明显不同的阶段而向上爬升。更多是通过在组织间的横向流动、轮岗、不同地区间工作调动来获得职业生涯的发展，而且越来越多的员工成为某一时期的独立承包商或分包人，而不是普通的全职员工。

为什么职业生涯的本质会发生这些转变？我们认为主要的原因是组织本身发生了改变。例如，就像我们在第一章中所描述的那样，许多组织已经通过重组手段精简其组织结构（我们将在第十四章中详细介绍这种趋势）。预备案例中的克里斯·托尔先生，与成百上千的其他人一样，从来没想过要辞职（包括图 6.6 中的人），他们肯定可以告诉你由于组织裁员而失去工作的情况。随着组织对现在正在做的事情及其运营方式的改变，许多本来存在的职业发展途径也就消失了。[36]考虑到情况改变得如此之快，那么我们今天应该寻求什么样的职业目标和职业发展道路呢？

Krepner Industries was notorious for its abrupt lay-offs.

Krepner 公司因突然解雇员工而声名狼藉

**图 6.6　终身为公司服务吗？不要这样！**

越来越多的公司通过裁员及相关措施来增强自身竞争力。单一的职业途径，即员工终身为一个公司雇用已经彻底消失了。

【资料来源】CLOSE TO HOME ©John McPherson. Reprinted with permission of Universal Press Syndicate.

## 1. 职业目标：员工应该寻求什么？

除了日本，其他大多数国家的组织不再实行终身雇用制。考虑到今天的组织生活的实际情况，人们应该寻求什么样的目标作为回应呢？

因为员工已不再指望职业安全了，所以他们将所从事的工作作为获得技能的工具。简言之，他们应当将工作作为获得新的技能的机会，每次机会都会增加自己在职业市场中的价值。这里蕴含的基本思想很简单：个体在获得这些竞争力后，作为员工对职业则会更加充满激情。因此，他们可能获得的未来职业范围也就更大了。这样，人们在打算从事一份工作时更可能会询问"从事这份工作我能学到什么"，而不是"这份工作我能做多长时间？"或"这份工作的晋升情况如何？"之类的问题。既然员工将工作基本上视作是学习经验的过程后，我们就可以描绘出指引我们职业发展的职业发展战略——这在人才市场中是很受欢迎的商品。

## 2. 轮岗：职业发展中的关键步骤

员工认识到工作只是学习经验，这只是一个方面，但为了达到这个目标，贯彻这个原则的具体步骤又是另一回事。员工将怎样在工作中掌握受市场欢迎的技能？

一种重要的途径正是**轮岗**(*job rotaton*)——员工在一个组织的各个部门之间横向流动。组织中做得最好的员工(也就是薪水最高和提升最快的那些人)在职业早期阶段就进行职位轮换了。[38]这并不奇怪，经过一系列轮岗的员工发现这是他们获得成功所需要的各种技能中的有效途径(图6.7)。因此，如果你有机会进行轮岗，就请抓住这个机会吧，它的好处是显而易见的。

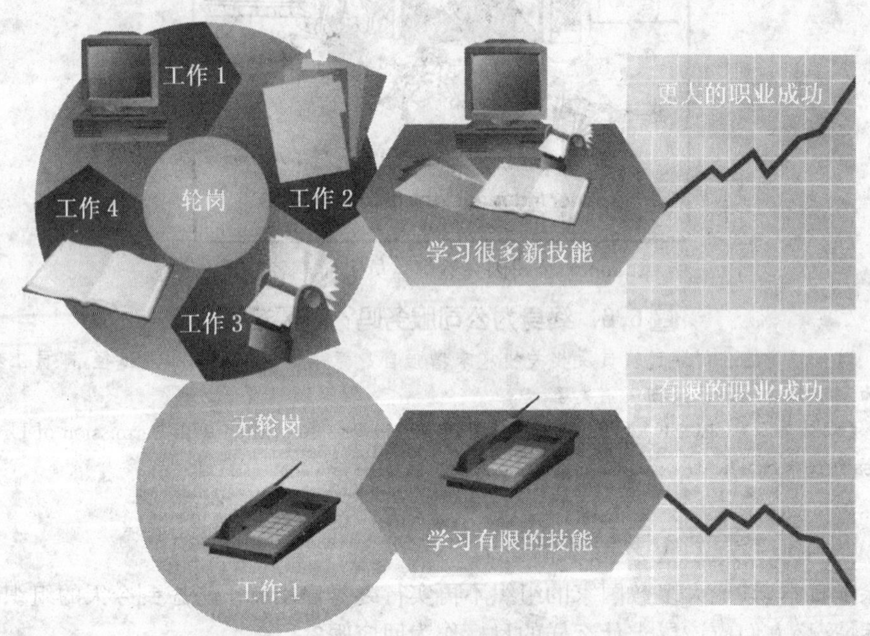


**图6.7 轮岗：职业生涯成功之路**

组织通过各种轮岗的过程帮助人们学习有价值的技能，增加取得职业生涯成功的机会。相反，只做单一工作的员工，获得的技能较少，这就会限制他(或她)取得职业生涯的成功。

【资料来源】Based on suggestions by Campion, Cheraskin, & Stevens, 1994; seenote 38.

## 全球组织行为

### 终身雇佣：为什么在日本继续存在

在很多国家，人们在一个公司获得一份永久性工作的观念犹如只有一个人工作、一个家庭主妇和有许多孩子的家庭一样过时了。然而，尽管近几年日本经济萧条，但在日本仍然沿袭这种做法，至少在日本的许多大公司仍然实行终身雇佣制。事实上，法律严厉禁止解雇全职员工。那么，为什么日本的这套终身雇佣体系仍然能够运行良好呢？

人们普遍认为日本的终身雇佣制与深深植根于这个国家的家长制的文化价值观是一脉相承的，但终身雇佣制是在二战后日本重建家园后才实行的。[37] 相反，日本偏好终身雇佣制似乎有它更实际的考虑——增强人们对日本大公司的兴趣。换言之，日本公司实行这种政策考虑到以下几点：

□ 日本公司以快速采用新科技而闻名。他们能够这样做的一个原因是员工们能够很快地获得新技术。因为他们清楚这样做能够增加公司利润——从而自己的收入也会相应地增加。

□ 由于员工终身被雇用，对员工强化培训是一种明智的投资，而不会让自己的人力资源衰竭，如美国员工一旦离开某个公司，可能永远都不会回来。除此之外，日本法律禁止公司从竞争者手中招募劳工和员工。因此，终身雇佣制确保通过培训的方式来增加员工对公司的价值，而且不要担心竞争对手会抢走自己培训过的员工。

□ 反对雇用同行员工的行业规则确保日本公司的前任员工不会将自己公司研发部门的商业机密带给竞争对手。因为他们一点也不用担心自己的研发成果被其他公司占有，日本公司在研发活动上投入很大并取得了很不错的效果。

人们注意到终身雇用制不仅使员工和公司受益，也为日本社会的进步做出了贡献。日本公司甚至在经济萧条期仍给员工发薪水，绝大多数员工仍有自己的工作(如果没有奖金)，因此他们可以购买货物，可以消费，这样避免了在其他国家出现的经济发展中的雪球效应的发生，并缩短了经济恢复的时间。

总之，日本终身雇用制的实行是因为它的有效性而得以持续。同样的体制在其他国家可以采用吗？也许，这样做将需要对现有的劳动法作出较大的修改，包括禁止从其他公司挖走员工以及解雇员工将会受到严厉的惩罚。然而，在许多国家采用这种法律是不可能的。因此，日本通过一些顶尖公司保证这种终身雇用制的实施，来保持其全球的相对唯一性。

### (三) 企业家资格：必须自己开公司吗

前面，我们看到了一个令人吃惊的统计数字：美国成年人中每 25 个人就有一人正在(或已经开始)创立自己的公司,这个数字仍在增长。[39]这些人被称为**企业家(entrepreneur)**。企业家就是自己开公司的人。

### 1. 企业家资格发展趋势

为什么许多人选择把做企业家作为职业快速发展的途径呢?正如许多做出这样决策的人一样,这里似乎有一种“推动力”和“拉力”吸引人们成为企业家。

“推动力”来源于许多因素,但也许最重要的因素是今天人们面临的工作的低保障度。不同组织中的许多人已经明白即使你很出色,你也不能永远依靠某一份工作。当人们面对如此之多的不确定因素时就会想到为什么不冒险尝试自己开公司呢?与这种情况相类似,近几年来数以百万的下岗员工,他们都是企业的优秀人选。这批人突然发现自己没有了工作、孤立无助,并且通常是在其他公司也不愿意再雇用的年纪时成了下岗工人。因此,他们开办公司自己来解决自己的问题。

从经济角度出发允许个人成为企业家将是对人们的一种误导,而个人因素也有助于解释近年来企业家不断增多的现象。现在人们渴望独立和自治的念头越来越强烈,年轻人尤为如此。一项项调查都显示,近年来商科的毕业生均表示要主宰自己的命运,并表示这一点对他们来说非常重要。[40]这也是企业家职业备受青睐的原因。

在“拉力”这方面,商业新闻和其他媒体不断地向人们讲述已经成为大企业家的那些商业英雄们的成功故事。这些人包括微软公司的比尔·盖茨、英特尔公司的安迪·格鲁夫(Andy Grove)、戴尔电脑公司的迈克尔·戴尔,他们都是从小公司做起,现在已经是拥有巨额财富的成功企业家(图 6.8)。这些成功案例也吸引着人们选择成为企业家的职业发展道路。

**图 6.8 某些非常成功的企业家**

迈克尔·戴尔(左)和戴尔公司,安德鲁·格鲁夫(右)和英特尔公司拥有大量财富的报告激励许多人成立自己的公司。

我们必须补充一点：做企业家也有其有益于社会的一面。企业家们成立公司不仅为自己创造财富，而且为社会创造了巨大的财富。[41]事实上，20世纪90年代早期，当大公司开始缩小规模时，开办公司可以为数百万的人提供新的工作机会。今天，尽管新公司的数目仍然在继续增加，但是在经济繁荣的外表下，开办公司已经不再是时尚，但却为许多人提供了就业的机会。

### 2. 企业家风险

考虑了这些因素后，你认为你仍有必要成立自己的公司吗？只有当你做了这个决定后，你才必须注意，创立自己公司的这种做法，其积极的一面的确很好，但其消极的一面也很糟。不妨看看下列事实：[42]

- 24%的新公司在成立后不到两年即以失败而告终，63%的新公司则在六年内消失；
- 极少数新公司在运营的头一年中能够盈利，许多公司甚至几年后才能盈利；
- 公司的创办者的工作负担常常会急剧地增加，即与以往任何时候相比，他们的工作时间变长，工作难度加大，而收入通常会变少。

如果你认为你能够承担这些风险，你就可以创立自己的公司了。如果你选择了这条职业发展道路，我建议你首先要掌握一些商业背景资料，并要参加企业家的课程学习。这样，你不仅可以学习到这个创业过程所需要的许多知识，而且可以避免你不小心掉进某些陷阱。

## (四) 男女职业生涯：他们的职业之间有多少地方相似

当看到职业生涯几个字的时候，你会很自然地问自己"我的职业生涯怎么样？我能从事这样的职业吗？或者说我必须从事这份职业吗？"自然，你的答案是以你过去的工作经验为根据的。尽管根本没有两个人的工作经验是完全相同的，但如果考虑到某个系统模式——尤其是考虑到性别系统时，某些差异同时存在的可能性是令人感兴趣的。这里我们要问两个相关的问题：男性职业生涯与女性职业生涯有差异吗？如果有，为什么会产生这样的差异？

我们比较了职业生涯的成功经验后，得到的第一个问题的明确答案是男女职业经验确实存在差异。这些差异通过多种形式表现出来，但最主要的差异是男女员工在追求自我实现时所选择的途径不一样。男女职业的主要差异如下：[43]

- 虽然经过培训的男女员工的晋升机会平等，但男性员工的受益程度大于女性员工；
- 工作经验和受教育程度增加了员工接受培训的机会而且并没有性别差异，但这两者之间的相关程度男性员工明显大于女性员工；
- 夫妻两人必须有一个人留在家里负责照顾家庭，这一点又减少了女性员工的工作经验，从而相对增加了男性员工的工作经验；

● 对于来自同事的职业生涯发展的鼓励和男女员工在管理上的进步的关系而言，女性员工的管理进步与来自其同事的职业发展鼓励关系更密切。

总之，通常成功的因素对于男女而言没有差异，但这些因素对男女产生作用的具体方式则不同。

## 男女职业差异的解释：玻璃天花板

男女员工的工作经验存在这样的差异的一个关键原因是男女所属群体的差异。在许多公司中，女性员工如果做到高层职位通常会遭遇各种障碍和困难。**玻璃天花板(glass ceiling)**，在美国劳动部门中被定义为：*组织中阻碍优秀个体发展的偏见和人为制造的障碍*。[44]

在过去的30年中，组织中女性管理者的比例出现了惊人的增长——从原来的16%增长到42%以上。即使如此，组织中高层管理者中女性比例也只从原来的3%增长到5%。[45]这些数据表明组织中可能存在玻璃天花板，而且女性角色对保持这种天花板起着关键作用(如我们在第五章中详细描述的)。

具体地说，玻璃天花板通常以各种微妙的形式帮助男经理们，使女性员工不可能在自己的领域中发展，这并不是男经理们努力的结果。例如，女性员工获得发展自己技能的机会和提高自己竞争力的机会比男性员工要少，这些机会正是为他们将来从事高层次的管理工作做准备的。女性员工参加项目的机会也较少，参与这些项目能够开拓她们的眼界。简言之，女性员工没有机会获得发展自身技能的工作机会，也没有机会展示她们的才能。[46]除此之外，女性员工在工作中会遇到各种各样的阻碍，例如她们认为很难获得人际支持，她们常被孤立在组织中的重要人际网之外，她们必须努力工作，只有做出优秀工作绩效才会被组织认可。[47]

有趣的是，身居要职的女性员工称她们并不像男性员工那样。相反，她们自己有独特的女性风格，她们很少去关心自己的地位和阶层，她们也不愿意为此去进行争辩，她们不大愿意自己成为媒体所关注的对象，而男性则需要以“赢者”的姿态出现。这些女性人际风格让其他人觉得女性高层人士热心、平易近人。正如EDventure Holdings公司，一家快速发展起来的高科技公司的主席爱瑟·戴森(Esther Dyson)所言“男性高层人士总是努力地去做某些具体层面上的一切工作，他们注重工作主题。女性高层人士则关注人的因素”。与此相类似，哥伦比亚图片公司前任主席爱米·帕萨卡说：“我从一个角度经营我的公司——我的员工感觉怎样——而男性高层人士则不会这样做……女性高层人士会艺术地处理争辩，而男性高层人士则不会……我想我和我的员工的感觉更趋于一致……我认为我可以以更坦诚的方式与他们进行对话……”[48]

近来的一项研究进一步提供了玻璃天花板破裂的证据，该研究比较了一家大公司中男经理和女经理的工作绩效和工作经验的差异。[49]这些男经理和女经理分别向研究者提供他们（或她们）薪水中的奖金数目，管辖的下属员工人数、过去的发展机会，遇到过的阻碍及职业发展间断情况。研究者假设他们在每个方面都有差异，但研究结果表明几乎没有发现什么差异。较少控制下属的女性经理职业发展过程中被间断的次数较男经理多，遇到的阻碍更多（例如，努力想影响他人但没有获得权力支持）。但根据薪水、奖金、发展机会，她们与其男同事相比没有差异，但她们不能很和谐地融入男性主宰的组织文化中去（图6.9）。

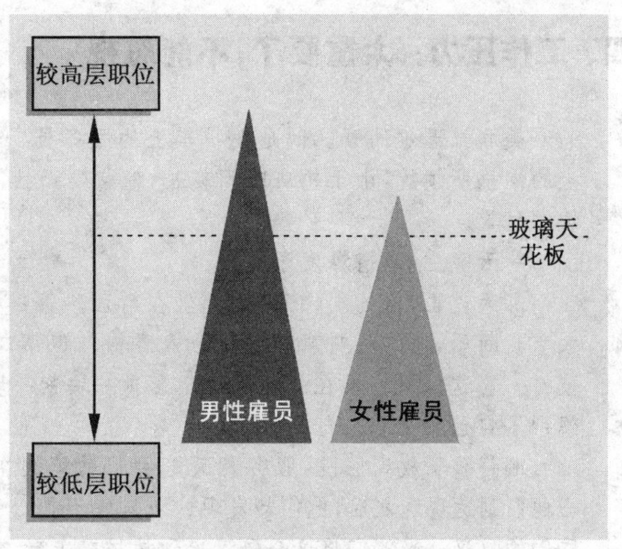


**图6.9 玻璃天花板：女性员工职业生涯成功的障碍**

传统意义上，男性员工比女性员工拥有更多的机会获得向最高层的晋升。今天，玻璃天花板在许多组织中仍然存在，但随着组织中女性管理者的人数不断增加，玻璃天花板如不是被彻底打破了，那么就是它正在被打破或至少是得到缓冲。

这项研究提供了玻璃天花板破裂的证据，但这只是对一个公司而言。因此，这些结果并不能全面地反映社会趋势。此外，研究中所选的被试——这些经理在职业发展中都是非常成功的，他们收入很高——平均年薪达17万美元。因此，他们的经验并不能推广到那些没有特别竞争力的经理人中去。但研究者们确实发现一些玻璃天花板的痕迹。例如，女性经理所管理的下属人数较少，她们在向高层晋升的过程中遇到的障碍要更多，而且当研究者问及女性经理的未来职业发展机会时，与男性经理相比，她们的乐观程度要来得低。

因此，尽管玻璃天花板在某些职业中已被打破，但也许会出现第二个或更高的玻璃天花板并且阻碍着那些特别有竞争力的女性员工的发展。只有进一步研究才能解决这个问题，但有一点是清楚的，近几年的工作设置已经发生了巨大的变化，其中一些——阻碍女性员工成功的因素，即使没有完全消失，但已经变少了。

## 四、工作压力：太重要了，不能忽视

美联社巴尔的摩。他是救护车上的服务员。他一直为一些不断重复发生的惨祸所烦扰，由于轮班时间较长，他感到孤独，他的婚姻也麻烦频现。他饮酒过量。

一天晚上，事情爆发了。

那天夜里，他的同伴驾车，他坐在后面。第一个电话是一名男子的腿被火车轧断了，他的尖叫声和惨状令人恐怖。但第二个电话更糟，是一名孩子被打。当这位服务员在处理那个全身青一块紫一块和骨头断裂的小孩时，他想到了自己的小孩。他发火了。

刚将孩子放到医院，服务员又赶去帮助摔倒在街道上的心脏病发作者。当他们到达现场之后，他们却发现这个人并不是心脏病患者，而他只不过是个昏倒的醉汉。当他们将这个醉汉抬到救护车上时，他们已经怒不可遏，决定给他一个深刻的教训。

司机尽可能地将救护车开得飞快，那个醉汉在后面车厢里从一边被甩到另一边，对救护人员来说，他们以为这只是在开玩笑。

突然，醉汉心脏病真的开始发作，后面的这位服务员扶着醉汉，并开始大喊“你……”“死了！”

他看着醉汉发抖直至死去。等他们到医院，他们毫无隐瞒地讲述了事情发生的经过。他们说：“死亡已经来临，我们无力挽回。”

这位服务员在近来的一次“职业倦怠”（高强度压力下工作中经常出现问题）咨询大会上讲述了那个晚上的事。[50]

这一新闻报道叙述了一个令人恐怖的悲剧事件。令人悲伤的是，这不仅是一件真实的事情，而且对于许多不顾自己生命安全，每天面对生活中丑陋的一面的人来说，太司空见惯了。当我们在读这则故事时，绝大多数人可能从自己的工作生活中得到安慰。或许我们正在享受着相对安全的现代办公环境，但我们不能忽略这个意外事故所揭示的人们对*工作压力*（*stress*）的反应。而且，你不妨再思考一下，在这个案例中我们不能也不应忽略的东西——这个事件中的人物出现了这样的反应的原因是由于长期工作在高度压力的情境中。我们也许永远都不会遭遇救护车服务人员同样的事件，但我们在工作中会遇到来自各方面的压力。

### （一）有关压力的令人忧虑的统计数字

虽然压力并不总是会威胁生命，但几乎对人的行为和组织功能的各个方面都会

产生极具破坏力的影响。为了强调压力的重要性，让我们来看看下面的事实和数据：[51]

- 在美国，每年处理与压力相关的问题的花费为 5 000 亿美元。
- 仅在加利福尼亚州，工人要求的精神压力补偿比 20 世纪 80 年代增加了 7 倍多。
- 美国工人中，40％的人认为自己的工作压力很大或非常大。
- 一半的美国工人认为现在比几年前工作压力大。
- 高压力情境下工作的人患病的概率是无压力情境下工作的人的 3 倍。
- 员工由于工作压力产生的疾病，使美国工业生产每年损失累计达 1.32 亿个工作日的生产量。

也许你会认为救护车服务员的例子太极端了，但晚间新闻或文献电视片很难避开这些事实材料。相反，这些例子告诉我们一个重要的事实，压力正在以某种方式影响着我们。事实上，当我们进入 21 世纪时，我们不可避免地要面临着工作压力。

## (二) 压力的定义

我们关于压力的讨论是在假设你对此有所了解的前提下展开的。事实上，在日常生活中，我们一直在使用压力这个词。然而，或许你会认为组织行为学家会更精确地使用这个词，而且他们还能将压力与其他相关概念区分开来。

具体地讲，我们将**压力(stress)**定义为*人们对外部需求作出的复杂反应，包括情绪反应、生理反应和相关的思维反应*。这些外部需求称为**压力源(stressor)**。

与压力相关的词是**紧张(strain)**，*它是指压力的积累效应，主要指由于长时期处于压力事件中使个体偏离正常的状态或导致个体行为异常*。这些效应包括生理症状、绩效降低和其他行为变化。

我们可以通过与我们物理世界中的建造桥梁相类比来理解和区别这些词。土木工程师在任何时候都会关心桥梁表面所能承受的力量。例如，车辆行驶时产生的力量。我们和土木工程师都称之为*压力源*。这些压力源使桥面在车辆通过时变形，这种变形就是*压力反应*(*stress reactions*)。随着时间的推移，压力作用的不断积累，最后使桥面受到损坏，即桥梁开始出现**紧张反应(strain reaction)**。尤其是人行道可能出现裂缝，桥梁的大梁可能会弯曲或变形。

虽然在这里我们关注的是人而不是桥梁，但我们可以运用同样的思维方式考虑人们面临的压力问题。然而，与人有关的压力则更复杂，因为有些因素是否构成压力源，还得由个体自身的因素来决定，即由他们对所面临的*压力源的认知评价*来决定。[52]因为压力只有在人们觉察到时才会存在，包括以下两种情况：(1) 人们所面临的情境对他们已构成威胁；(2) 人们不能处理潜在危险——从某种意义上讲，他们不能控制自己所处的情境。图 6.10 对这些概念做了总结。

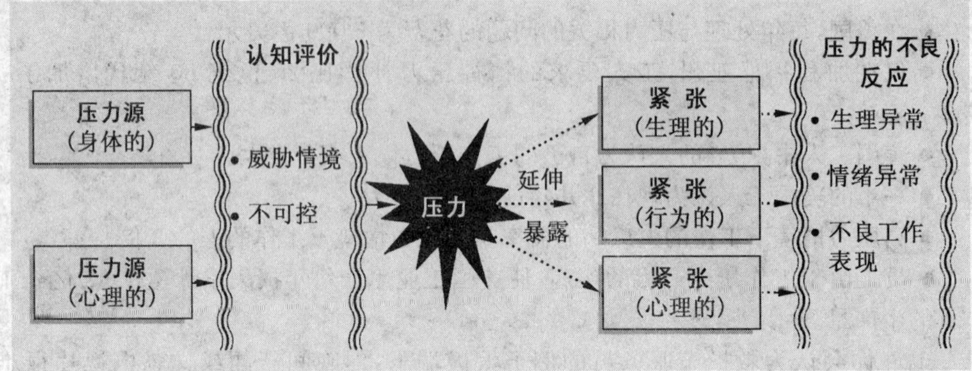


图 6.10 压力源、压力和压力紧张

压力源既有生理的,也有心理的。当人们明显感到对自身有威胁。不能控制时,压力反应将出现,压力通常导致人们失去常态,表现出生理紧张、情绪异常和异常工作表现。

## 五、产生压力的原因

工作情境中引起压力的因素有哪些?我们已注意预备案例中的职业发展失败这一因素。然而,许多其他因素也会影响个体工作中的压力水平。为了清楚地陈述,我们将这些因素分成两大类:一类是与组织或工作相关的因素,另一类是与个体生活的其他方面相关的因素。

### (一) 与工作相关的压力原因

参加过工作的人都知道工作场所通常是非常有压力的环境,在这一方面也存在很大的不同。有些职业和组织会使员工产生高水平的压力,然而有些职业和组织给员工的压力水平则非常低。那么,是什么因素导致组织对员工的压力水平有如此大的差异呢?

#### 1. 职业要求:某些工作较其他工作压力更大

让我们考虑下列职业:消防员、保险统计员、高级主管、会计、外科医生、科技作家和航空调度员。这些职业之间有压力差异吗?我们的常识和系统的研究均表明差异是存在的。[53]

像消防员、高级主管、外科医生(案例中的救护服务员)都处于高水平压力的工作情境中。其他工作,如保险统计员、会计和的工作压力水平则较低。调查比较了从事按不同标准划分的数百种职业的人们,他们认为某些工作较其他工作来说,压力水平高，这些标准包括：加班、定额、最后期限、竞争、生理要求、环境条件、危险、工作初始条件、精力要求、得失情况和公众工作[54]。通过这些标准来比较哪种职业压力最大？美国近几任总统的工作压力肯定是最大的。表6.3中列出了不同的职业及其对应的压力。

**表6.3 什么样的职业压力水平最高，什么样的职业压力水平最低？**

根据各种不同的标准，科学家列出250种不同工作并考虑他们的压力水平。下面分别列出了所选的职业的排名及其压力水平分值。（压力分值越高表明该职业的压力水平越高）

| 职　　业 | 压力分值 | 职　　业 | 压力分值 |
|---|---|---|---|
| 1. 美国总统 | 176.6 | 47. 汽车销售员 | 56.3 |
| 2. 消防队员 | 110.9 | 50. 大学教授 | 54.2 |
| 3. 高级主管 | 108.6 | 60. 校长 | 51.7 |
| 6. 外科医生 | 99.5 | 103. 市场调查分析师 | 42.1 |
| 10. 航空调度员 | 83.1 | 104. 人事招聘员 | 41.8 |
| 12. 公关关系主管 | 78.5 | 113. 医院管理者 | 39.6 |
| 16. 商业会计主管 | 74.6 | 119. 经济师 | 38.7 |
| 17. 房地产商 | 73.1 | 122. 机械工程师 | 38.3 |
| 20. 证券经纪人 | 71.7 | 124. 按摩师 | 34.9 |
| 22. 飞行员 | 68.7 | 132. 科技作家 | 36.5 |
| 25. 建筑师 | 66.9 | 149. 零售商 | 34.9 |
| 31. 律师 | 64.3 | 173. 会计 | 31.1 |
| 33. 普通医师 | 64.0 | 193. 采购代理商 | 28.9 |
| 35. 保险代理 | 63.3 | 229. 广播技术员 | 24.2 |
| 42. 广告商 | 59.9 | 245. 保险统计员 | 20.2 |

【资料来源】Reprinted by permission of the *Wall Street Journal*；©1997，Dow Jones & Company，Inc.

有许多重要因素使某些职业较其他职业压力更大。[55]具体地说，达到了以下条件，工作就变得有压力：

(1) *需要做决定的工作*。军事领导的工作有压力，因为这项工作需要作出与成千上万人生死攸关的决策和有关世界政治的决策。

(2) *持续监督设备或物料的工作*。航空调度员的工作有压力，因为他们在整个上班过程中必须集中注意雷达屏幕提供的信息。

(3) *需与他人保持不停的信息交换的工作。* 华尔街证券所工作人员所从事的工作也有压力，他们要处理股民们买卖股票的订单。

(4) *在令人不愉快的物理环境中的工作。* 正如我的每一位工人都知道，他们所面对的黑暗、肮脏和危险的环境都是压力源。

(5) *要执行无结构任务的工作。* 如果你努力或曾努力创作一首歌曲或写一个故事，你就能够理解面对一张白纸时的压力有多大。

(6) *面对公众的工作。* 如果你曾在餐馆侍候进餐，你就可能了解到面对公众时多么有压力，与此类似地，最近对飞机乘客的过失行为的报道，也增加了飞机乘务员的压力。[56]

### 2. 有工作和无工作的冲突：冲突要求带来的压力

如前所述，在今天有孩子的家庭中夫妻双方都是做全职工作的——或至少是做兼职工作的，于是他们就经常处于工作和家庭责任的斗争中，结果这些人就会面临已经被人们广泛承认的压力原因：**角色冲突(role conflict)**，或者说是人们不能协调不同组织的期望，或不能协调单一角色的多方面的要求。这里，夫妻双方和孩子的期望经常与老板和合作者的期望发生冲突，家庭和工作之间的冲突的确会产生很大的压力。[57]值得庆幸的是，工作环境中的高水平的社会支持可以削弱这种影响。[58]

### 3. 角色模糊：不确定因素带来的压力

即使个体可以避免角色冲突产生的压力，但也会遭遇**角色模糊(role ambiguity)**产生的压力。个体在不能确定采取什么行为能够满足工作需要时，角色模糊的现象就出现了。绝大多数人不喜欢不确定，并发现这样给自己的压力非常大，但实践中这是难以避免的。事实上，角色模糊现象非常普遍：从调查中我们了解到，有35%到60%的员工有某种程度的角色模糊。[59]

有趣的是，员工经历角色模糊的量因文化之间的差异而不同。一份有21个国家参与的调查研究表明，在经理和下属之间地位或权力差异很明显的国家中，角色模糊出现则相对少(如在高权力距离国家中)。[60]角色模糊现象在人们喜欢将自己作为组织中的一员而不是独立个体的国家中出现的频率也相对很少(如在低个人主义国家中)。许多文化变化的基本维度是权力距离和个人主义。[61]如图6.11中所示，角色模糊在亚洲和非洲的国家中出现的频率相对较低，这些国家中的权力距离较高，但个人主义现象少。相反，低权力距离、高个人主义的西方国家中角色模糊现象相对严重。根据这些结果，我们可以预测西方国家人们面临的压力水平要高于亚非国家人们的压力水平。

### 4. 工作超载和工作欠载：做得太多或太少

当提到“与工作相关的压力”时，多数人会想到工作狂和做的工作超过自己能

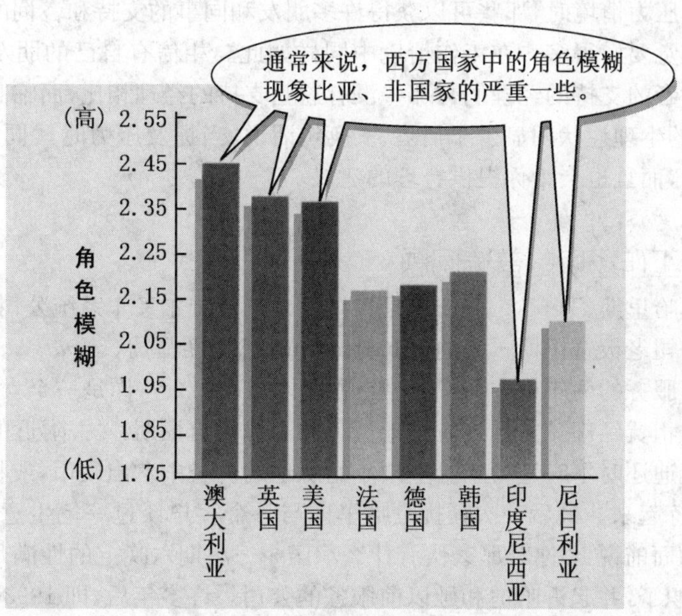


图6.11 文化和角色模糊

在一个包括21个国家的研究中，亚、非国家的员工角色模糊现象——引起压力的关键决定因素——少于西方国家的员工，很明显，这是因为西方国家有较低的权力距离和较高的个人主义水平。

【资料来源】Based on data reported by Peterson et al., 1995; see note 60.

够处理的范围的人。这就是*工作超载*(*overload*)，它有两种不同的表现形式。**工作量超载(quantitative overload)**，即个体被要求做的工作量超过他所能完成的工作量。与此相对照，**质超载(qualitative overload)**指的是员工认为自己做某一特定工作时仍缺少必需的技能。上面提到的两种类型的超载都是令人不愉快的，都可以导致高水平压力的产生。[62]

超载的现象仅仅是一个方面，虽然当员工被要求做的事太多时会产生压力，但如果被要求做的事情很少时，同样会产生压力，这儿也有两种类型的欠载。**量的欠载(quantitative underload)**，指工作量太少而导致的无聊，**质的欠载(qualitative underload)**，指工作缺少精神刺激，单调重复。如果你曾有过这样的经历——或许由于公司实行轮班——你可能太了解轻负荷工作的压力是多么的大。

### 5. 缺少社会支持：被孤立的代价

如果你遇到了麻烦或正经历着多重压力，你可能会想到去寻找你的朋友或家庭来帮助你，这样你的感觉会好一点，这是很自然的事情。其实，寻求他人支持是缓解压力的最有效的途径。

人们面对压力情境时，那些可以获得许多朋友和同事的支持和咨询的人比只能单独面对的人感觉要好得多。在工作情境中同样如此。相信有自己的朋友和有来自直接上司及合作者的支持的经理们与那些没有这些支持的经理相比，面临高强度的压力时，前者出现的生理症状明显少于后者。[63]换句话说，当提及压力时，"同病相怜"不仅让你体验准确，而且也会为你提供合理的建议。

## 6. 性骚扰：工作场所的普遍问题

特莱莎·哈里斯（Teresa Harris）是田纳西州纳什维尔叉车系统公司的一名经理，她曾经遭调公司老板查里斯·哈迪（Charles Hardy）的*性骚扰*（*sexual harassment*）。[64]在她为该公司服务的两年半中，哈迪经常说："你知道什么？你是一个女人。""我们需要一个男人做租赁经理。"并且当着其他员工的面建议哈里斯："去附近的旅馆商量晋升的问题。"哈迪还时不时地要求哈里斯小姐从他的裤袋中拿出硬币，或将东西扔在地板上，再叫她拣起来。最后一次骚扰是哈里斯与一个客户谈过一笔生意后，她的老板在其他员工的面前说："你对那家伙有什么承诺……星期六晚上的性满足？"就因为这个，哈里斯辞职了，并起诉哈迪和她以前服务的公司。许多年后，即1993年，哈里斯的案件被送到高级法庭，以她胜诉为结局。

这肯定是一个很极端的案例，但性骚扰——又一个主要压力源，在今天的工作生活中是常见的。事实上，在最近的一次民意调查中，31%的女员工表明她们至少遇到过一次类似的骚扰。相反，同样的调查只有7%的男性承认他们有过这样的经历。[65]

因为专家对于性骚扰的内容没有一致的看法，所以性骚扰的定义也很难确定。目前至少可以从美国法律的角度将**性骚扰（sexual harassment）**定义为不受欢迎的性表示，性喜爱要求和其他的带有性的身体或生理的行为。而且，美国法律规定下述情形中的行为可以被认为是性骚扰：

（1）或明确或含蓄地以一定条件使员工屈从于上述描述的行为。

（2）以个体屈从或反对这种行为决定是否录用此人来影响个体的行为。

（3）这种行为的目的，或者是不合理地干涉个体的工作表现，或是故意创造亲近的、敌意的或冒犯的工作情境。

当然，性骚扰并不局限在哈里斯小姐所遭遇的极端的不愉快的行为，也包括其他的较微妙但具有侵犯性的行为。按照这样的定义，张贴妩媚图片，对别人生理特征津津乐道，甚至反复评论一个人的外表，这些行为如果使工作环境笼罩着充满敌意的氛围都将被视为性骚扰。1998年美国最高法院规定：员工甚至可以在他们自己对骚扰行为无知的情形下，有权对性骚扰行为提出诉讼！[66]

今天与过去相比性骚扰更普遍了吗？统计数字表明情况也许的确是这样。例如，员工抱怨的数目是20世纪80年代的两倍，并且在20世纪90年代期间仍在急剧增加。[67]除此之外，考虑到传媒对性骚扰的广为关注，包括美国总统的性骚扰行为，这使得妇女对性骚扰更熟悉。许多专家认为这也是性骚扰数字飙升的原因。然而，不管媒体的影响如何，很显然，被提到的性骚扰事件中，有许多仍不为人知。事实上，称自己曾经被性骚扰的妇女中只有10％的人报告在自己的身上发生这种事。[68]这些调查结果表明，对于许多员工来说性骚扰是产生压力重要原因，因此组织必须采取强有力的措施保护员工免受其害。

**全球问题** 对于西方国家的人来说性骚扰并不陌生，但在亚洲非洲部分地区中性骚扰仍不为人知。你认为这是为什么？你认为这些国家中的人们是否会增加对性骚扰的了解，并努力与之斗争吗？如果会，为什么？

### 7. 对他人负责：沉重的负担

一般情况下，对他人负责的人一定会激励他人，奖励或惩罚他人，并会与他人沟通。这些人与行使组织其他职能的人相比，曾经有过较高水平的压力并伴有生理症状的出现（如高血压）。[69]表6.3中详细地描述了各个行业的主管人员的工作，并附有他们的职位说明。

人们对此无需大惊小怪。毕竟行政人员和管理者最终必须面对由于组织的政策和决策所付出的代价。例如，他们必须传达来自员工的不好的负面反馈信息——并体验由于不好的负面反馈信息带来的痛苦。除此之外，高层管理者还要负责处理工作中的人际摩擦，这包括倾听无休止的抱怨，调解争执，促进合作，培训领头人，所有这些工作都会给管理者带来压力。（对他人负责，管理者如何面对这种压力？请看下面的诀窍栏目。）

**制胜诀窍**

#### 如何心平气和地解雇员工

你知道经理们面对的压力最大的情境是什么？许多人明确表示是在必须解雇某个最差的员工时，这一点都不奇怪。被解雇的这个人可能会有强烈的反应，他的情绪由生气或愤懑直到泪流满面地哀求经理的同情。某些人将会通过种种方式（包括承诺、威胁、恳求同情）来改变经理最初的决定。除此之外，一小部分人不仅威胁要报仇，他们还要回来寻衅滋事（请参见第十章《工作场所中的攻击行为和暴力事件》）。作为管理者，你如何减少这种有压力情境的负面效应？下面是人力资源管理专家的一些制胜诀窍：

(1) *不要以随便的干巴巴的方式解雇员工* 许多管理者试图隐藏自己的感情,采用一种"冷淡"的专业方式解雇员工。就某一点来说,这种方式不错,但操作时往往会把握不好分寸。当事人通常非常伤心,而且所承受的压力也会非常大,因此,处理这样的问题时要牢记这一点。

(2) *不要通过电子邮件解雇员工* 一些经理为了避免直接地面对被解雇员工的愤怒,往往求助于电子邮件通知员工他(或她)被解雇了,这是种随便的不顾他人感觉的方式,事实上这种做法更容易激起员工的愤怒。毕竟,绝大多数被解雇的员工想和经理谈一谈目前自己的处境,然而电子邮件不能提供这样的机会,同样,这种方式也表明管理者对员工被解雇所付出的代价毫不关心。

(3) *不要集体解雇员工* 在不断裁员的今天,有时整个团体在顷刻间被全体解雇。也许这种做法很有效,但太无情了,也容易激起人们不满。通常,最好选择和每个员工私下交流,而不是集体解雇许多人。

(4) *解雇员工时应检查日历* 你如果在这些日子(包括员工的生日、来公司服务的周年纪念日或其他重要的日子)里解雇他(或她)将是最糟的。在员工离开公司的日子里,在周末或某个假日里解员工是合理的——第二天他们不会回来制造事端——但也并不是说任何时候都可以避免的,甚至可能会雪上加霜。

(5) *解雇员工后应该要求员工立即离开* 如果某人已经被解雇了,那么他仍在公司里徘徊则毫无意义。因为他们不仅不能工作,而且他们可能将悲伤情绪传染给其他员工。因此,如果可能的话,在一天中快下班时召开终止雇佣会议,但无论如何,应该要求被解雇的员工在会议结束后立即走人。

(6) *以富有感染力的方式向员工解释公司作此解雇决定的原因* 员工不喜欢被解雇,但只要向他(或她)清楚地说明组织不得不做这个决定的原因,他们会更愿意接受这个决定。这样做既考虑到一个人的自尊,又能使被解雇的员工感觉稍微舒适点,还可以避免由于劝阻员工起诉而引起错误的解雇。[70]

(7) *不要将解雇变成个人行为* 真的,你不能随便解雇员工。另一方面,经理也不应该使自己成为被解雇的员工发泄愤怒的对象。专业的解雇方式是既对被解员工表示出关心,也必须表示你对解雇这件事很严肃,但仍可将其作为人才储备,这种方式通常是最好的。

(8) *向员工说明解雇的理由,但不要与员工做任何争辩* 组织应该向员工解释为什么他们被解雇,但只要简单列出理由即可,也不必要进行争辩,在这场争辩中你不可能获胜,因为这是由于组织已经做好决定,结果是无法改变的,所以讨论这个也毫无意义。

有了这些指导,你不仅容易避免将原本困难的情况变成尴尬场面,而且还可以减少你和被解员工的压力体验。

## (二) 工作以外的压力原因

很显然，工作是许多人生活中的最重要的活动，但并不是唯一的活动。这样，发生在工作背景以外的事件产生的持久压力也会被带到工作中来。这种方式引起的压力来源于多方面的因素。然而绝大多数因素都属于*应激性生活事件*(*stressful life events*)和*日常烦恼*(*daily hassles*)这两类。

### 1. 应激性的生活事件

配偶死亡、离婚、孩子受伤、股市大跌、意外怀孕——除非过着真正令人陶醉的生活，他或她将会在某个时候经历创伤事件或发生诸如此类的变化。这样的事将会对你有什么影响呢？最初这个问题由内科医生研究，他们让一大群被试者根据自己所面临的生活事件时需要做出调整的程度，从 1 到 100 给这些生活事件打分。[71] 数字越大意味着打分者所经受的压力越大。

表 6.4 中列出一些应激性的生活事件及其压力的打分数值。最大的数据与最高水平的压力事件相对应，如配偶死亡、离婚和被关进监狱。搜集到的较高的"压力数值"的结果令人非常吃惊：经历过的压力数值大于(等于)300 的事件的个体，与经过小于(等于)200 的压力事件的个体相比，随后几个月中意外发病的可能性前者比后者要高得多。

**表 6.4 各种生活事件压力**

书面问卷通常用来评估人们在生活中各种压力水平的高低。尽管完成这些调查的被试者并不一定熟悉每个生活事件，但他(或她)可以从事件列表中选出在过去一年中经历的事件，并根据他们面临这些生活事件时所需要做出的调节程度给这些事件的压力水平打分，分值从 1 到 100。这里我们列出了一些数据，被试者所标出的数字越大，说明将来他们患重病的可能性就越大。

| 事　　件 | 相关压力指数 | 事　　件 | 相关压力指数 |
|---|---|---|---|
| 配偶亡故 | 100 | 怀孕 | 40 |
| 离婚 | 73 | 密友死亡 | 37 |
| 夫妻分居 | 65 | 孩子离家出走 | 29 |
| 入狱 | 63 | 与配偶、家属有麻烦 | 28 |
| 家庭成员死亡 | 63 | 与老板发生矛盾 | 23 |
| 受伤或生病 | 53 | 搬迁 | 20 |
| 结婚 | 50 | 放假 | 13 |
| 被解雇 | 47 | 圣诞节 | 12 |
| 退休 | 45 | 轻度违法 | 11 |

【资料来源】Based on data from Holmes & Rahe, 1967; see note 71.

#### 2. 日常生活烦恼

创伤性生活事件所产生的压力非常大，但庆幸的是这样的事件发生频率相对很低。许多人生活了好几年甚至几十年也没有经历过一次。然而，难道这就意味着他们过着非常平静的生活吗？未必！

日常生活中充满了无数的令人烦恼的小事，虽然这些事件的紧张度不高，但发生的频率挺高。这些称之为**日常烦恼(daily hassles)**，它们可能发生在生活的各个方面，包括家务(如做饭、购物)的烦恼，时间压力烦恼(如有很多事情要做)，经济烦恼(如欠债)。许多研究表明，人们每天所关心的这些事情都是重要的压力源。事实上，人们经历的日常烦恼越多，自我报告的压力水平也就越高。当然，这些经验也会对生活的其他方面和健康有着潜在的副作用，很显然，即使细微的日常关心也是非常重要的，我们不应该忽视它们。

讨论到这儿，我们已经综合全面地了解了压力对人们的真正影响。有了这个基础，现在我们可以对这些影响作更详细地了解。

## 六、压力的主要影响

如前文所述，压力是工作生活中不可避免的部分。也正如我们前面所描述的那样，压力对人有重要的影响。前面的统计数据可以说明这一点，但我们还有更多数据可以用来说明这一点，即人们在应对压力的负面影响中所付出的代价超过美国国民生产总值的10%。[72]

许多压力代价都与健康相关。越来越多的证据说明压力同样以其他方式影响着我们每个人。特别是对我们的心理健康和行为表现都产生了影响。现在我们来仔细分析这些不同压力影响的差异。

### (一) 压力和工作绩效

过去人们通常认为压力和工作绩效之间在本质上成*曲线关系*(*curvilinear*)。换句话说，低压力水平提高人们的绩效水平，然而达到某一水平后，压力水平的增加反而会降低人们的绩效水平。某些情况下，这种关系是这样的，但近来大量的证据表明压力对工作绩效起副作用——即使在低水平压力下也是如此。[73]

为什么会这样呢？不是绝大多数情况下适度水平的压力都会激发人们的良好绩效吗？这在某些情形中也许是对的，也有许多原因可以解释。但是即使中等水平的压力也会影响人们工作绩效，有下列三方面的原因：第一，即使相对适度水平的压力也会分散人们的注意力。换句话说，人们面临压力时，注意力可能集中在不愉快的情绪上，而不是手头所做的工作任务上，结果工作绩效就降低了；第二，长时间地或反复地处于适度压力状态中对健康有害，从而影响人们完成任务的能力；最后，即使中等水平的压力，有时也会引起人们高度的兴奋，影响人们的工作绩效，请问你曾有过“在压力状态下哽住喉咙”这一体验吗？这种情况下，就是发生了高度的兴奋，又如观众注视着你，也会影响你的工作绩效。

分析到这里，我们必须指出，常规情况下压力会降低工作绩效也有特例。首先，一些人似乎喜欢“出人头地”，因此在高压下才会有不同寻常的工作绩效，他们像技能娴熟的运动员一样（图6.12）临场发挥水平很高。另一种情况下，有人将压力视为一种*挑战*（*challenge*），而不是*威胁*（*threat*），这样压力对个体的工作绩效就会产生积极的影响。

**图6.12　压力下的超常表现**

面临压力情境时，有些人（如优秀运动员）能够超水平发挥。

其次，压力对绩效表现的影响存在很大的个体性差异。正如你的亲身经验一样，一些人（如第三章中描述的A型性格的人）似乎在压力状态下精力更旺盛。这些人积极地寻找高水平的刺激和兴奋。对这类人而言，压力就是动力，可以促进其行为表现。相反，一些人以消极的方式避免这种高水平刺激和兴奋，他们认为压力是非常令人烦恼的，并且会影响自己的行为表现。

因此，压力对工作绩效影响的答案是什么？许多情况下，压力影响工作绩效，但其具体影响由任务的具体性质、人们操作的熟练程度和个性特质共同决定的。因此，总的来说，应谨慎地给压力对工作绩效的影响下结论。

## （二）压力和心理健康：倦怠

绝大部分工作都有一定程度的压力，然而无论压力水平高低，人们总是努力去应对这些压力。然而，随着时间的推移，一些人并不是如此幸运。他们在心理上会被反复出现的压力拖垮。这些人被认为遭受**倦怠**（**burnout**）之苦，即由于个体长期处于压力下出现的综合症状，主要包括三个部分：情绪衰竭、玩世不恭、成就感低落。[74]

图6.13对这三种表现作了总结，描述如下：

● *情绪衰竭*是一种生理的、情感的耗尽的严重状态，个体感觉自己毫无生机，疲惫不堪，不能满足工作的需要。

● *玩世不恭*是对已从事的职业和工作持麻木不仁、冷漠的态度。个体认为自己现在做的任何事情都没有意义，没有价值，并认为别人也是这样的。

● *成就感低落*是指在评估自己工作成就时持消极的态度。他们通常认为自己过去没有做过什么事情，将来也不会取得成功。

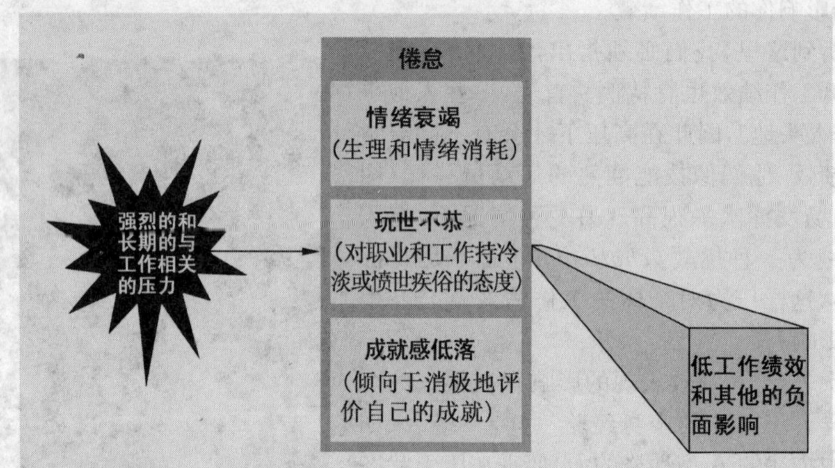


**图6.13　精神衰竭的主要表现**

如图，倦怠主要由长期面临强烈的和长期的与工作相关的压力，包括三种表现形式：*情绪衰竭*、*玩世不恭*、*成就感低落*。

## 1. 主要原因

什么原因会导致倦怠？正如上面已经阐明的那样，似乎主要是由于长期处于压力状态中所致，即过多的工作要求和接连不断的生活烦恼所致。[75]形成倦怠的一个关键因素，尤其是*情绪衰竭*的因素是个体感觉自己*已经失去了（或将来会失去）有价值的资源*，或认为自己*再不能满足工作需要了*。[76]那么个体又担心将失去什么资源呢？其中最重要的资源是社会支持、参与决策、自主性以及工作提升的机会等。

当然，引起倦怠还有其他的因素。[77]例如，倦怠与个人*努力是徒劳的、无效的或者说是不起作用的工作情境*是相联系的，在这种情况之下形成的个体成就感就较低，这就是倦怠的主要表现。与此相似的，*晋升无望*、*死板的工作规定和操作流程*，也使员工想到他们处在不公正的工作情境中，形成他们消极的工作观。另一个重要原因是*领导风格*（leadership style），领导越不体贴（即他们较少关心员工的福利或保持良好的上下级关系），员工倦怠程度越严重。[78]（本书第十二章中将讨论各种类型的领导风格）

## 2. 主要影响

无论引起倦怠的确切原因是什么，这个结果对个体和组织都很重要，详见表 6.5

中的总结。[79]很显然，表中列出的影响包括工作满意，主动跳槽和工作绩效降低及低生产率工作行为（即工作方式降低生产率）均是其消极影响。[80]

**表 6.5 倦怠的症状**

陷入倦怠状态的三个主要指标：生理状况、行为变化和工作表现

| 生理状况 | 行为变化 | 工作表现 |
|---|---|---|
| 头痛 | 易激怒 | 低效率（工作时间长，生产率低） |
| 失眠 | 情绪不稳定 | 主动性降低 |
| 体重减轻 | 对挫折的承受力降低 | 对工作失去兴趣 |
| 胃肠功能紊乱 | 疑心加重 | 工作能力降低 |
| 精力不济、疲劳 | 更喜欢冒险 | 思想僵化 |
| | 企图自我麻醉（饮酒和服用镇静剂） | （钻牛角尖、不灵活） |

【资料来源】Based on material reported by Moss, 1981; see note79.

## 3. 倦怠可以预防或转变吗?

倦怠的负面效应提出了一个重要问题：倦怠可以预防或转变吗？幸运的是，越来越多的证据表明倦怠是可以预防或转变的。

说到预防，我们将在后面给个体提供应对压力的有效方法时介绍，那些方法通常是非常有帮助的。接受这些技能训练的员工与没有接受训练的员工相比，前者经历倦怠的可能性要小于后者。[81]

除此之外，帮助员工应对不平等感——认为自己正经受组织的不公正的待遇（请参阅第四章）——能够在很长一段时间内防止倦怠。近来设计的一项研究证实了这一可能性。该研究以两组健康护理的专业人员作为被试，并为第一组被试提供减轻不公正感的帮助，而对第二小组被试不提供任何帮助，并测试两组被试的倦怠体验和不公正感。[82]在研究开始之前他们均打算辞职，后来又进行了第二次测试（一年半后），并记录了这些被试在这段时间内缺勤情况。

结果表明干预计划，包括连续五周小组开会和公平感恢复技巧的培训（如改变实际结果，改变对自己成果和贡献的看法）都对他们产生了很大的积极影响，倦怠体验明显减少、不公正感减轻、缺勤时间明显减少。因此，集中降低不公正感的干预对防止倦怠是非常有效的方法。

其他是*转化*倦怠的技巧。放短假、白天休息、休假都是非常有效的技巧。[83]显然，即使是从压力工作环境中短期休息也能帮助个体从情绪衰竭和玩世不恭中恢复过来，玩世不恭通常是长期不得不处于工作的高要求中形成的。这些措施对女性员工特别有效，她们对不上班很满意（如休假），同时她们对来自朋友、上司或合作者的社会支持

也很满意。[84]

简言之，获得适当帮助的个体能够逃离倦怠死神的陷阱——甚至可以避免其破坏性影响。目前实现这种目标的计划已经有了，然而，这需要得到员工和其组织积极的合作才能取得良好的效果。

## (三) 压力和健康：沉默杀手

有证据表明，个体的健康和其承受的压力之间有着非常紧密的联系。实际上，一些专家估计压力影响着50%至70%的各种各样的生理疾病。[85]甚至有的是一些最严重的、威胁个体生命的疾病，如心脏病、中风、溃疡、头痛、糖尿病以及癌症甚至传染病（如由细菌或病毒引起的传染病）。[86]许多研究也表明高水平压力增加了患某些传染病的概率，如上呼吸道感染、疱疹病毒感染，以及各种细菌性传染性疾病。[87]总之，压力对个体健康起着消极作用。表6.6中归纳了一些与压力相关的严重疾病，包括医学的、行为的和心理的三个方面的疾病。

### 表6.6 与健康相关的压力后果

压力引起各种各样的健康问题，包括医学上的、行为上的和心理方面的问题。这里列出了各类问题中的主要后果。

| 医学后果 | 行为后果 | 心理后果 |
|---|---|---|
| 心脏病和中风 | 抽　烟 | 家庭冲突 |
| 背痛和关节炎 | 酗酒、吸毒 | 睡眠紊乱 |
| 溃　疡 | 有发生意外事故倾向 | 性功能障碍 |
| 头　痛 | 暴　力 | 抑　郁 |
| 癌　症 | 胃口不好 | |
| 糖尿病 | | |
| 肝硬化 | | |
| 肺　病 | | |

【资料来源】Based on material reported by Quick &Quick, 1984; see note 86.

这些结果表明，在压力状态下的工作会影响员工身体健康。反过来，越来越多的证据也支持了这个观点。[88]诸如裁员、死亡、对自己工作的控制，失去朋友和合作者的社会性支持等因素都是引起工作压力的重要因素，并与由医学原因引起的缺勤显著相联系。[89]这样，高水平的工作压力的确对员工健康有害。

**道德问题** 假如一个组织意识到工作环境会使员工产生高水平压力，并且也清楚地知道这样的压力水平对他们的健康有害这一情况的话，这就涉及道德的问题。考虑到道德问题，组织会作出降低压力的反应吗？

### (四) 抵制压力的个体差异

前面，我们已经说明压力对绝大多数人起消极影响，但是也有一些人在这样的环境下发达了。现在我们来看看压力对不同个体产生作用的差异。换言之，个体的特征可能决定压力对其不利影响的程度。

我们已经提到过个体特征中的一种，即 A 型行为模式。尽管具有 A 型行为特征的员工似乎在寻求高水平的压力（如一次承担许多工作），但是这种行为有点自我毁灭的倾向。事实上，A 型行为者较 B 型行为者更容易受压力的负面影响。[90] 其他个人特征（如乐观主义和勇于面对危险）也影响压力反应。在某种程度上，拥有这些特质的员工，表现为会防止压力对自己的有害影响。从这方面的重要性可知，它们是具有适应性的特质。

## 七、压力管理：有效的技巧

压力本身是不可避免的，但其不利影响是可以转变的，甚至可以避免。事实上，个体和组织可以采取许多措施减少压力的负面影响。下面让我们进一步看看这方面的详细内容。

### (一) 个人进行压力管理的方法：培养复原力

保护自己免受压力影响的途径是培养和提升**复原(resiliency)**的能力——学习减轻压力源对自己产生的负面影响的技能。换言之，当我们有能力帮助自己恢复愉快心情时，我们不是被它们所"击败"，而是"应付自如"。复原概念也适合桥梁建造中的压力概念。我们指出桥梁表面由于承受路面多年的压力，最后可能裂缝。然而，这不大可能出现，因为桥梁表面的材料非常牢固——桥梁表面的材料是具有复原力的，压力发生作用时，它可能弯曲，而不是裂缝。这一观念对人同样适用。换言之，人们在应对压力时有一定程度的弹性，这样形成严重压力后果的可能性就较小。下面将介绍这方面的有用策略。

#### 1. 生理技巧：放松、冥想和……打盹！

当你想到成功的经理们在工作时，你的脑海中会浮现出什么画面？某些人是否会想到他们正在进行三方通话，同时还在看报告，并在和来宾进行交谈？这个画面与这些人如何生活的普通概念很接近。没有人会想到他们正在宁静的环境中静静地休息——甚至在睡觉——都绝对不会出现在画面中。然而今天，对于越来越多的员工来说，这个画面太普通了。

例如，Symmetric 是马萨诸塞莱克星顿的软件开发公司，该公司有 125 个员工，其中许多人每天花 20 分钟闭门放松，静静地冥想。[91] Symmetric 公司并不只是许可这种做法，而是鼓励这种做法，甚至花钱请顾问培训员工如何放松。其他许多公司也都采用这种做法，包括 Marriott 公司，Polaroid 公司和波士顿公司（一家投资公司）。

类似地，对于托姆布朗兹（Tambrands）有限公司的总裁迈克尔·凯·劳莱莉（Michael K. Lorelli）来说，他认为每天打个盹，对他帮助很大。法国的核能公司 FramatomeSA 正在测试上夜班员工打盹的效果。初步结果表明他们醒来后即刻精神振奋，警觉性又高。令人惊奇的是，许多名人也打盹。如，吉姆·莱勒（Jim lehrer），公共电视新闻节目主持人，每天中午 12:30 打个盹，他说打盹增强了机敏。[92]

上面提到的所有这些公司都努力帮助自己员工应对压力，从而提高生产率。其中打盹就是其中的一种并不需要进一步解释的做法。另一种方法是**冥想（meditation）**——学会清理外部思想，通常是一遍又一遍地重复某一种思想。冥想需要以一个舒适的姿势静坐，闭上眼睛，放松肌肉，放慢呼吸，技巧就是排除任何破坏你休息状态的思想进入你的大脑中。每天这样做 10 到 20 分钟，是减缓压力的有效方法——同样能提高员工的工作能力，帮助他们享受生活。[93]（图 6.14）

**图 6.14 放松：减轻压力的一个办法**

员工在工作中放松时，工作效率可能非常低，但深度放松——甚至打个盹可能会帮助他们减轻压力，因此从长远角度考虑则会提高组织生产率。

另一种技巧是**放松训练**(relaxation training)。学习这种方法之前，你必须学会如何拉紧和放松自己的肌肉。[94]熟悉这两种状态后，无论你何时感到紧张，你都可以进行自我放松。

## 2. 认知技巧：想像自己没有压力

是否有很多事情令你担忧？几乎95%的人的回答都是肯定的[95]。而且，许多人意识到他们担心的事情都是一些不重要的事情和不在自己控制范围内的事情。很显然，为这些事情担心是徒劳的，并且会增加自己的压力感。为减少这种不必要的担忧，许多人会运用他们的心理复原来帮助自己减轻压力。

然而，过度担忧并不是产生压力的唯一原因。我们经常处于*一切都糟透了的状态*——夸大失败、夸大不完美和被拒绝的思维模式之中，这种思维模式会增加压力强度。因此，改变这种不理智的、自我击败的认知方式是与压力做斗争的又一有效方法，这种方法使人们通过关注压力中的认知评价因素——压力的基本组成部分而避免压力。

所有压力管理认知技巧的指导方针是坦诚，因为我们不能改变世界，但我们能够改变自己对周围的反应。换言之，我们没必要过度地为自己不能改变的一些事情而担忧，我们也没必要努力追求绝对的完美，没有必要为令人气愤、但不重要的情境气得撞墙。相反，我们可以避免这种反应，这样就能缓解我们所面临的压力。

## 3. 生活方式管理

应对压力最有效的方法是培养员工生理复原。这种方法将使你不会屈从于紧张反应。这可以通过两种方法培养，但说起来容易做起来难，包括合理饮食，进行心血管条件反射活动。现在的医生经常为其病人开一张合理饮食和适量运动的处方，并让他们记住这种生活方式的好处。

另一种生活方式管理的有效方法是*平衡日常活动*。典型的表现是人们经历生活中某方面压力时，通常在那一方面会花更多的时间。例如，有人为了完成一项重要的工作项目而承受巨大压力，他则会花比平常更多的时间在办公室工作——这样能够远离家庭、文化和社会等活动的干扰。然而，这样做会对自己产生不良影响，因为这样做破坏了使人们做得最好的必要条件——生活的平衡。换言之，在工作上花太多时间，会影响工作绩效，如使人觉得疲劳，阻碍创造性(请参阅本书第十三章)。相反，人们可以通过完好地处理日常生活活动来培养压力复原，帮助他们在工作时精神振奋、轻松地接受挑战，使工作效率更高。

## 4. 时间管理：控制自己所做的事

关于平衡日常生活的讨论，表明了我们如何合理地支配自己的时间是非常重要的。如何合理地支配自己的工作时间对于你的工作来说尤其重要，因为工作中有许多事情干扰我们去做最重要的事。除此之外，在某种程度上，我们还允许一些干扰存在于我们生活之中。因此，我们必须接受这些干扰带来的压力，包括人们需要我们关心，最后期限悄然逼近，由于自己疏忽而产生的危机，这些压力经验又会给我们的生活带来更多的压力。

有效地进行时间管理和避免因时间管理出现错误而产生压力的关键是控制自己的行为。这里有几种有效的方法帮助你控制自己的行为：[96]

(1) *确定优先事件，并持之以恒* 对你来说什么事情是最重要的？什么事情可以暂缓一下？如果有意外事情发生，这件事能暂缓一下吗？什么事情需要我们立即关注？在确定优先事件时我们必须回答这些问题，这些事也必须是与我们的日标相一致的。然而，最常见的是，没有确立优先事件的人们很容易做最简单的、最有趣的或其他人也想做的事。确定优先事件可能是一个最简单的决定，常规原则下，只要决定什么是最重要的目标就已经确定了优先事件了。当然，接下来的技巧是关注优先事件直到完成这些优先事件。

(2) *不要让别人打扰你* 出于礼貌，我们允许别人打扰我们正在做的优先事件，这太稀松平常了，但这样做只能增加我们的压力。如果有人请你做你认为可以暂缓一下的事情，礼貌地请他离开就是技巧——只要他或她能理解你必须这样做的原因即可。因为当别人敲你的门时，他(或她)不可能理解此时此地你为什么不能集中注意力，所以，这时候你必须做两件事：一件事是向他解释在这个时候你为什么不能放弃你手头正在做的事情而去接待他，另一件事是确定并告诉他一个你可以见他的具体时间，这可能只要简单地说上一句：“我现在正面临某件工作的最后期限，我们能在午饭后讨论这件事吗?”问题就解决了。

(3) *委派他人承担责任* 时间管理的一种最有效方法是将我们承担的事情的责任委托给他人，从而来控制自己所做的事情。毕竟，这样的做法在某种程度上是减少他人对你的依赖，也会使你的压力感降低。当然，这样做的前提是假设你很明智地将事情委派给他人——你所委派的那个人愿意且能够完成这个任务。在这样的情境之下，有助于你将责任委派给你已经商量过并同意提前完成这些任务的人。

## (二) 组织的压力管理策略

到目前为止，我们已经重点讨论了员工可以做些什么来降低压力水平。然而组织也可以帮助员工降低他们的压力水平。事实上，以组织为基础的由组织发起的降低压力的政策是非常有效的。

### 1. 家庭支持措施：降低工作、家庭角色冲突形成的压力

如前面阐明的，忙碌的工作和家庭义务都会给许多人带来压力。毫不奇怪，组织

的规章制度的设计（如弹性工作时间）可以减少这种角色冲突带来的压力。[97]这种方法至少在两个方面可以帮助人们减轻压力。首先，弹性工作时间增强了员工个人控制感，从而就减少了许多他们认为具有压力的情境。其次，允许员工重新安排自己的生活以消除工作和家庭的冲突，这样也就消灭了压力源。

### 2. 特殊的公司计划

考虑到压力的破坏性可能之大，组织特殊计划，帮助员工应对压力，每种计划都为员工提供不同的应对压力的方法，组织所用的特殊计划有：

（1）**压力管理计划(stress management programs)** 该计划包括前面提到的几种技巧训练（如冥想、放松、生活方式管理）和其他的技巧训练。如公正人寿保险公司(Equitable Life Insurance)的“情绪健康计划”的压力管理训练主要进行生理技巧训练。公司领导估计对每个员工花费33美元进行培训，可以减少公司100美元的生产损失。[98]然而，许多公司负担不起压力管理计划。因此，他们经常依靠外面的咨询公司预先设计好的计划或现存的录像材料来培训员工。

（2）**保健计划(wellness programs)** 该计划帮助员工通过保持生理和心理健康进行压力管理。[99]这样，该计划比压力管理计划适用范围更广泛。典型的保健计划包括教给员工如何减轻压力的方法，如减肥、锻炼及与此类似的练习。虽然组织在这些计划中提供了理论知识，但还是由员工自己控制自己的生活。这就意味着保健计划是对员工的投资，免遭压力的员工希望自己更健康，因此通过减少残疾、人寿保险、因疾病而造成的缺勤投资为公司节约成本。[100]有关当前最成功的保健计划，请参阅本章的“趋势”栏目。

（3）**员工帮助计划(EAPs)(employee assistance programs)** 该计划在员工遇到问题时，提供帮助（如药物滥用，职业生涯规划，经济和健康问题）。城市人寿保险公司(Met Life)的EAPS在帮助其员工减轻压力工作中发挥积极的作用。[101]该公司为42 000名美国员工提供免费的电话咨询，包括现场咨询、外部医疗咨询和心理专业咨询。很少有公司的EAPs做得像城市人寿保险公司涉及的范围如此之广，但这项计划产生的效应也使在该公司就职的员工仍在继续受益。

## 学习目标的回顾和总结

**1. 理解*组织同化*的概念并确定其发展阶段。**

新员工从学习组织的规范开始到逐渐成为一个真正的员工的过程即**组织同化**。这个过程包括三个阶段：*到达阶段、进入阶段和安定阶段*。**实际工作预览**可以帮助新员工避免不切实际的乐观或悲观的期望，从而减少**进入打击**。

**2. 解释*导师*的概念，他们做些什么，导师制对*导师*和*徒弟*的利弊。**

一对一形式的组织同化被称为导师制，即一个富有经验的员工（**即导师**）给新员工

(**即徒弟**)提供个人发展的建议、咨询和帮助。导师为徒弟职业生涯的成功铺平了道路,还要为徒弟提供情感支持。导师制关系使双方受益。因为人们通常认为与自己相似的人相互交流会更舒适,妇女和各种少数民族员工比其他员工获得师傅的机会要少一些。因此,越来越多的组织正在采取积极的措施来消除这种障碍,包括给这些员工提供更多的导师。

**3. 描述人们如何选择自己的*职业*,阐述这几年来职业性质发生了怎样的变化。**

**职业**是个体一段时间的工作经验的演进序列。职业会是或应该是什么样子的日常概念在这几年已经有了巨大变化,部分缘于商界巨大的变化。人们在做职业选择时,通常会考虑自己的价值观和态度与有前途的组织在多大程度上接近——**人职匹配**。今天的职业生涯极少是通过公司提供的晋升步骤发展的,相反,越来越多被称作企业家的人会成立自己的公司。

**4. 解释男女职业生涯的差异,包括所谓*玻璃天花板*。**

男女职业受许多相同因素的影响,但一些因素对不同性别的员工所产生的作用不同。例如,婚姻和孩子有利于男性员工的职业生涯发展,而这些因素却会限制女性员工的职业生涯发展——很显然,因为女性员工还要承担家务管理和扶养孩子的职责。通常来说女性员工的职业生涯发展的机会要比男性员工少,这也影响其职业生涯的发展。此外,**玻璃天花板**的确存在——极少数女性员工能晋升到高层管理职位。这似乎并不是女性员工没有努力而阻碍其职业发展,而是有更微妙的因素在影响其职业发展,如玻璃天花板的观念,玻璃天花板使许多女性员工被置于申请高职的门外。近年来的数据也表明了玻璃天花板如果还没被彻底粉碎的话,但至少已被打破了。

**5. 给*压力*下定义并将其与*紧张*相区别。**

**压力**是人们对外部要求(*即压力源*)作出的复杂反应,包括情绪反应、生理反应和相关的思维反应。与之相对照,**紧张**指压力的积累效应,主要是偏离常态的反应或压力事件引起的行为异常反应。

**6. 描述引起压力的主要组织原因和个人原因。**

压力产生源于与*工作相关*的和工作以外的其他因素。与工作相关的原因中,最重要的是**角色冲突**,主要是家庭责任和工作之间的矛盾。其他与工作相关的原因包括职业要求、工作超载和工作欠载、对他人的责任心,缺乏社会性支持和性骚扰;工作以外引起个体产生压力的原因包括应激性生活事件和日常生活烦恼。

**7. 描述压力的负面影响,包括*倦怠*,解释在这些效应中的个体差异。**

即使低水平压力也会影响工作绩效。此外,压力对心理健康也会产生有害影响,长期处于压力状态下可能使人**倦怠**,即情绪衰竭、玩世不恭和成就感低落的综合症状。压力也有害生理健康,它与许多疾病相联系,如心脏病、高血压、溃疡和糖尿病及传染病。尽管压力对员工健康有不利的影响,但也有一些人对这些影响抵制能力较强,如B型性格人抵制压力的能力强于A型性格人。

**8. 描述个体和组织的压力管理技巧。**

个体技巧包括*生活方式管理*，如良好的饮食和锻炼。*生理技巧*，如冥想和放松。*认知技巧*，包括个体对压力思考的变化及产生压力的情境变化。组织的压力管理技巧包括*家庭支持措施*，如弹性工作制。应对压力的专门的组织培训计划包括**压力管理计划**，旨在教会员工管理压力的技巧，**保健计划**旨在促进健康，**员工帮助计划**旨在帮助员工处理重要问题(如药物滥用，经济和法律问题)，这些计划已经被证明是非常有效的应对压力的计划了。

## 问题讨论

(1) 组织如何减少新员工进入组织后遭遇*进入打击*？

(2) 如何使女性员工和少数民族员工更容易找到导师？

(3) 轮岗的潜在好处是什么？这些工作经验是否存在的缺点？

(4) 为什么更多的大学毕业生和新一代 MBA 会选择自己创办公司——成为企业家？

(5) 为什么人们对具体的重要情境的认知取决于他们压力体验的水平？

(6) 假如女经理对涉及其男下属生理方面的某些情况进行评价的话，她的这种行为是否构成性骚扰？如果是，请解释原因。

(7) 假如你需要招聘高压力水平下工作的员工，你认为应聘者应具有什么样的个人特征？

(8) 个体应该采取什么措施来进行压力管理？

(9) 组织应采取什么样的策略来减少员工所面临的压力？

## 典型案例

### 案例 1：保护帕罗阿托警官的安全

设想一种职业，在这种职业中你将经常面临危险、处理公众事务、面对同事和上司带来的压力，并且经常会被不能解决工作困难的管理系统所困扰。你曾经遭受到这样的工作折磨吗？绝大多数人有过。你可以随机问一名警察，他会告诉你他每天会面临这样的工作困扰。因此在 50 万美国执法人员中关于工作压力伤害的申诉稳步增长，这一点并不奇怪。

幸运的是，许多社区在努力地帮助保护这些人——他们在保护大家的安全中发挥了重要的作用——安全和健康。例如，加利福尼亚的帕罗阿托(Palo Alto)警察局约有 100 名正式警官和 60 名民间警官，该警察局开设*健康资源协调者计划*(*HealthResources Coordinator Programs*，简称 *HRC*)，如你所预料的，这项计划已经帮助警官们处理像射击和 SWAT 团队活动产生的压力。组织除了提供人们已经诊断的抑郁咨询,HRC 计划还注重预防。警察局或需要咨询的其他机构均配有专职心理学家,他们与白天面临了压力的警官交流,并给他们提供及时的帮助。该计划还根据警官和他们家庭的需要提供保密的异地(off-site)咨询,你可以想得到,对于他们的家庭来说,生活压力也很大。

该计划不仅帮助官员们处理压力,还帮助他们协调和处理一些具体的事务以消除在紧急情况下可能产生压力的潜在压力源。例如,HRC 的全体工作人员经常检查警官们的工作场所,查找可能给他们带来压力的具体的人(如烦人的主管)和更有代表性的工作情境(如晋升中的不公平感)。除此之外,该计划还培训警官们进行有效的交流和如何处理与他人之间问题的技巧,这种技巧有利于他们避开潜在压力源。

帕罗阿托的 HRC 的压力管理一直很有成效,这里有下列四种原因:首先,它的服务是随时随地都可以提供的。因此,通过参加 HRC 计划可以避免人们关注自己外显的"弱点"。第二,以组织的基本结构和部门为基础的自我管理是进行有效压力管理的原因。第三,开设 HRC 计划进行压力管理是根据警察局具体需要决定的。最后,该计划能够为警官及其家属提供及时的帮助。帕罗阿托警察局并不是惟一为其员工提供这些服务的警察局,但在组织范围的压力管理中却发挥着领头羊的作用。在高水平压力不可避免的那些机构中,这样的努力将是非常有意义的。

**问题反思**

(1) HRC 给警官进行压力管理培训可能遇到哪些特殊挑战?

(2) 除了文中的措施,HRC 能为员工的压力管理起什么作用?

(3) 其他类型的组织中如何使用 HRC 的技巧?

(4) 你了解到当地执法机构实施了相似的计划吗?如果知道,他们在做些什么,他们已经积累了哪些经验?

## 案例 2:行为管理:职业和成功

**小型商务 2000** 有一些人对自己的成功更加负责任。在这个录像案例中,你将会看到一位"不畏艰险"的妇女,她不仅仅找到她喜欢的职业,并且创造了自己的职业。劳莱茵·米勒(Lorrain Miller)是仙人掌热带温室公司(Cactus and Tropicals Greenhouse)的创始人和业主,该公司以 Utah 为基础,员工超过 45 人,她也是小商务管理的"年度小商务人奖"获得者。也许你会猜想米勒在她的一生中一直辛勤地工作,这些成果应该是她努力工作和决定自己做老板的回报。其实你只猜对了后半句。米勒工作的确努力,她认为自己需要为自己创造机会。

然而,我们猜想的前半部分也很有趣。米勒并没有终身做这个工作。事实上,她只是这个工作的实验技术员,工作得并不好。米勒精力充沛,对学习新东西热情似火。而她的老板并不想教她什么(当然只希望她完成工作)。对一些人来说,这也许是一件好工作,只要切换机器模式,就会做好大量工作。但对米勒来说,她想弄明白她所做的工作的意义和如何才能将工作做得更有意义。

当她开始启动她的公司时，她只是为了生存，对于大多数公司也都是这样。米勒这样做非常有意义，公司有今天的繁荣景象，米勒花费了大量时间。她还意识到一些非常重要的东西，最后，她的公司规模大到她一个人无法控制，她必须雇佣一些员工来帮助她。然而，根据自己的亲身经历，她向员工承诺，她的公司将为他们提供与其价值观一致的工作环境。她还将公司发展成为鼓励员工学习和发言的地方。米勒承认公司经营并不民主，仍由她做最后决定，但她也承认，因为员工的承诺、热情和强烈愿望，公司的最后的决策往往不需要智囊团参与。

**问题讨论**

(1) 米勒说："工作不应该是痛苦的，而应该是一种享受。"这种评价可以从多方面来解释。你认为米勒应如何帮助其新员工理解她的本意？

(2) 你已经见过在仙人掌热带温室公司工作的部分员工，并知道他们多么喜欢在那儿工作。那么你认为他们为什么会离开原来的工作？什么原因使他们现在的工作这么愉快？

(3) 仙人掌热带温室公司似乎是一个不错的工作地方，你也许认为这里的员工总是愉快的，他们几乎没有压力，这或许是正确的。另一方面，他们的压力可能与其他工作不一样，在这里不可能所有的人所有的事都很好，那么，在这里压力源是什么呢？

# 技巧库

## (一) 亲历组织行为

### 1. 个人职业计划

达到你职业目标的最重要的事情之一就是要制订一份**职业计划**。总的来说，这个过程共有五步，前三步你现在就可以做(最后两步则要等到工作后才能进行)。

### 2. 指导语

完成职业计划的前三步时，你可以自问下列问题并记录下你的答案，为了保证测评的可靠性，请你尽可能如实地回答这些问题。

**第一步：个人评估**

a. 你能为你的工作带来什么特殊技术和才能？

b. 你最大的弱点和限制是什么？

c. 你喜欢什么类型的工作？

d. 你在 c 中选择的工作在多大程度上需要 a 中你所拥有的特殊才能？

**第二步：机会分析**

a. 经济对你的工作前景产生了什么样的影响？

b. 你认为现在组织中是人员过剩还是人员紧缺？

**第三步：职业目标**

a. 你的长期职业目标是什么？（如 5—10 年）

b. 你的中期职业目标是什么？（如 3—5 年）

c. 你的短期职业目标是什么？（如 1—3 年）

**第四步：执行计划**

**第五步：必要时修改计划**

a. 如果你现在正在上班，请监督你的计划，并请求反馈，比较你的结果和你的目标。然后根据需要修改你的计划。

b. 请记住，成功职业管理的关键不一定是要得到晋升。相反，是增强你的技能，使你成为一名适于各种不同类型的公司的理想员工。

### 3. 思考题

（1）你的职业计划现实性如何？符合你的兴趣吗？与你的技能相匹配吗？

（2）你的职业计划是具体的，还是概括性的？为了便于调整，你应将你的职业计划订得更精确些还是更概括化？

（3）你的职业计划与你的同行相比怎么样？

（4）你知道其他执行个人职业计划的人吗？如果知道，他们能够给你的职业计划提供什么建议？

## （二）分组练习

### 1. 担忧练习

每个人都出现过担忧，这是自然的事。然而，诀窍在于是积极地担忧虑而不是破坏性地担忧。换言之，运用此技巧可以帮助你担心一些你能控制的事情，因为担心你不能控制的事只会给你的生活增加压力。这项练习有助于你向建设性担忧目标迈进，并会增加你洞察别人担忧的事情的能力。

### 2. 指导语

（1）逐条列出你最有可能担心的事情，应该包括你生活的各个方面的问题。

（2）将这个班分成为五人一组的小组。

（3）每个小组成员都要向其他组员描述他（或她）所担忧的每件事情。

(4) 小组的其他成员一起讨论这些担忧的事情，并判断其应属于下表中的哪一类？

| 担忧可控吗？ | 担忧的事重要吗？ | |
|---|---|---|
| | 重 要 | 不 重 要 |
| 可控 | 值得关注 | 不值得的担忧 |
| 不可控 | 不值得的担忧 | 不值得的担忧 |

(5) 重复这个过程，直到每个成员都将自己的担忧归类为止。

(6) 活动结束后，每个小组对着全班成员报告归类结果。

3. 问题讨论

(1) 其他人是怎样将你所担忧的事情归类的？绝大多数人的担忧都会归到不值得担忧的这类吗？你同意这个归类结果吗？

(2) 班级成员承认自己曾经担忧过一些不重要和不可控的事吗？（例如，那些被归到不值得担忧类的人。）

(3) 你认为人们为什么会担忧一些不值得担忧的事？这样有意义吗？这样做会有什么不利影响吗？

(4) 你认为人们可以不去担忧那些不重要的事情或处于自控范围以外的事吗？

## 趋势：今天的企业在做什么？

### 保健计划很有效

如果你相信医疗经济学家的话，那么，他们会告诉你今天最大的公司为其员工的医疗开支与其税后利润一样多。[102] 为节约这样的开支，组织正在引进保健计划。然而，这种最好的计划并不是仅仅提供锻炼身体的机会，也提供如饮食、药物滥用和身体力学的教育和咨询。有效的保健计划不是简单的一次体检或一次讨论，而是提供持续地帮助员工保持长期健康和达到健康目标的训练。

保健计划之间有很大差别，但华盛顿艾佛瑞特的 GTE 公司所用的保健计划设施，直到今天仍在使用。GTE 公司为训练者提供了从白天到晚上的力量训练设施。公司还提供几种有氧运动课。我们可以看一下其日程表的一小部分摘录：

- 中午 12:00 到 12:50　　滑动间隔训练
　　　　　　　　　　　　跆拳道
- 下午 2:00 到 2:30　　加强和坚固训练
- 下午 5:20 到 6:10　　循环训练

统计数据记载着公司保健计划的有效性，并被美国保健协会（WELCOA）收录，该理事会是由3000家公司联合成立，旨在推进上班族参加与健康相关活动的非营利性组织。[103]

自1985年成立以来，美国保健协会的使命就是增进员工的健康和完美，从而促进生产，降低缺勤率，降低健康医疗费用。如今这些目标实现了吗？美国保健协会的统计数据表明这样的目标已经实现了。让我们来看看下面的例子：

● 旅游公司投资1美元用来增进人们的健康，获得了3.40美元的回报，大大节约了开支。此外，参加保健计划的员工与没有参加的员工相比，前者的缺勤率显著低于后者。

● 高级咖啡和食品公司（Superior Coffee and Foods）的员工也积极地参加保健计划，该公司是Sara Lee公司的一个子公司，与Sara Lee的其他没有保健计划的子公司相比，住院率低22%，住院时间短29%。

● 太平洋联合铁路（Union Pacific Railroad）实施保健计划，帮助员工降低患高血压、高胆固醇和肥胖症的几率，1美元的费用可为公司节省1.57美元。

● 杜邦公司在其41个工业点开设保健计划后，员工旷工的损失降低14%，而在没有实施保健计划的19个工业点却只降低了5.8%。

很难说这些结果典型与否，但越来越多的公司倾向于实施保健计划，表明实施这些计划可能是最有效的帮助员工解决由工作压力所带来的问题的方式。因为现在的保健计划保证员工在工作时处于健康状态是非常有价值的（如南佛罗里达大学的保健领导计划），这样的计划也正如它给人们带来越来越多的利益一样越来越有市场。

# 第四部分 群体历程

## 第七章 群体动力学以及团队工作

**学习目标** 学完本章后应能够：

1. 为*群体*下定义，并解释它与人的组合有什么不同。
2. 鉴别组织中群体的不同类型以及它们是如何发展的。
3. 描述组织内部*角色*，*规范*，*地位*以及*凝聚力*的重要性。
4. 解释群体中的个体绩效是如何受在他人面前(*社会助长作用*)、群体成员的文化多样性、共事的其他人的数目(*社会惰化作用*)影响的。
5. 解释什么是*团队*，大体上将它与群体进行对比。
6. 描述组织中存在的团队的类型以及在创造团体的过程中应该遵循的步骤。
7. 总结组织中团队有效性的证据。
8. 解释一些团队没有尽可能有效地起作用的原因。
9. 阐明成功的团队是如何建立起来的。

## 预备案例

### 卡特拉·汉莫公司的团队销售法

卡特拉·汉莫(culter-Hammer)公司是世界上处于领先地位的电控制产品和电力分配设备的供应商之一。无论是你的家庭、你所在的部门需要一个电路切断器，还是你所在的工厂需要一个变压器，这个克利夫兰伊顿公司的匹兹堡分公司一定能制造出来。

多年以来，卡特拉·汉莫公司的销售代表一直使用一种非常传统的方法：他们从顾客那里拿到订单，顾客则依赖于销售代表对其所需产品的了解程度。一直到多年以前这种工作方式还算良好，但是当生产线无论在规模还是在复杂性上都增长很快时，这些销售代表就跟不上步伐了。以至于他们知道什么产品就卖什么产品——不管那些产品是不是最好的选择。

然而这并不是惟一的问题。一些代表努力工作，签订了上百万元的合同，但是有些人成绩很糟糕，并且照样分享他人成功带来的好处，他们自己的付出很少。很自然，就会有大量的怨恨，也正如你想到的，顾客不会得到很好的服务了。

布鲁斯·布诺萨德，卡特拉·汉莫公司商业部的经理，他认识到这是一种不合适的方式，然后提出了一种团队销售方法。布诺萨德不是让个人销售代表努力跟上最新产品的发展，而是组织了销售团队——被称为"密集小群体"——团队中的个体成员专搞某项独特的产品或服务。现在，当一个顾客有问题时，一个代表就可以让团队中有合适专长的人来解决。结果，卡特拉·汉莫公司的销售代表认为他们自己在销售解决方案而不是产品——他们的顾客也很欣赏这一点。

毋庸置疑，这个想法最初遇到了大量阻力，即让销售代表们接受自己要进行大量的培训。毕竟，为了使顾客了解公司的产品，大部分的销售代表认为他们了解每件产品——他们也期望这样做会受到奖励。毕竟，学会把一种潜在的信息传递给很懂行的人不是件容易的事情。

然而考虑到这个计划的积极影响，付出些努力似乎也值得。实际上，变化是戏剧性的。公司现在保留着一沓来自满意顾客的证明书，目前有 150 个——而且还在增加。不久前，那样的证明书还是空空如也，现在高层次的顾客满意度也反映出来了（公司管理人员以此为乐）。最近一段时间，市场每年仅仅增长 4%—7%，卡特拉·汉莫公司保持在 18%。

不仅公司的账本底线得到了好处，个人销售代表的银行账户也从中获益。尽管这些代表可能会由于将一个客户介绍给同事而失去一些机会，但是他们可以通过服务于适合自己技术专长的其他客户而得到更多的补偿。在这种制度下，也不用害怕某人会偷懒：被要求做一定事情的人不可能从同事那里得到任何参考。当时勉强放弃旧的销售方式的任何卡特拉·汉莫公司的代表，现在看看他们的工资单就会发现他们自己也是公司团队销售方式的最热心的支持者。

公司基于团队销售方法的有效性给人留下了很深的印象。公司的销售代表在满足顾客的需要方面比以前更感兴趣了——一系列满意的顾客和一种健康的底线反映了这种情况。然而准确地说,是什么导致了许多像卡特拉·汉莫公司的雇员这样的成功呢?所有那样的工作团队都是有效的吗?或者这只是一个不寻常的案例呢?如何形成这样的群体呢?可能会出现哪些问题并且如何克服这些问题呢?这些问题是*群体动力学以及团队工作*这些主题的基础。

**群体动力学(group dynamics)**强调群体的本质——影响它们形成和发展的变量,它们的结构,它们与个体,其他的群体以及母公司之间的相互联系。[1] **团队工作(teamwork)**涉及团队使用的实践,或者是特殊的群体,在这些群体中成员相互承诺一些目标,并且为了达到目标共同奋斗。考虑到组织中群体的流行性以及团队的普遍性,组织行为领域中这些主题的重要性就很明显了。

由于群体存在于所有的社会环境中,社会科学对群体动力学的研究历史悠久,对组织行为的研究也是如此。[2]在本章,我们将给群体下定义,鉴别群体的不同类型以及它们形成的原因,解释它们发展的几个阶段,描述群体动力学是如何构成的,通过这些,我们实际上描述了群体的本质。然后我们集中讨论了组织是如何有效运行的,我们特意描述了人们是如何受其他人影响的,一个群体的文化多样性是如何影响绩效的,以及在某些情形下为了抑制个体的绩效,人们的趋向是什么。我们也描述了特殊的群体——团队,我们特意为团队下了定义并且将它与群体进行了比较,描述了不同类型的团队,并且鉴别出了创造团队的一些基本步骤。最后,通过检验他们有效性的相关证据、导致他们有时失败的障碍、达到高水平团队绩效的技巧,我们描述了团队绩效。

## 一、工作中的群体:它们的基本特性

为了理解群体动力学以及它对个体和组织功能的影响,我们必须提出一些基本的问题。什么是群体?存在着什么类型的群体?为什么人们会加入到群体中?群体是如何形成的以及它们是如何构成的?

### (一) 什么是群体

假想有三个人在超市的出口处排队等待付钱,现在将他们与一个大公司的董事会作比较,你认为哪一个集合是“群体”?在我们的日常语言中,我们可能会将排队等待的人作为一个群体。然而明确的是,他们是一个与董事会有不同意义的群体。很明显,一个群体不是简单的人员的集合,但是什么可以使一个“群体”成为群体呢?

社会科学家将**群体(group)**定义为:两个或两个以上相互交流的个体的组合,他们之间有一种固定的关系模式,分享共同的目标并且把他们自己看做是一个群体。[3]为了帮助我们更准确地检验这个定义，图 7.1 总结了群体的四个关键特点。

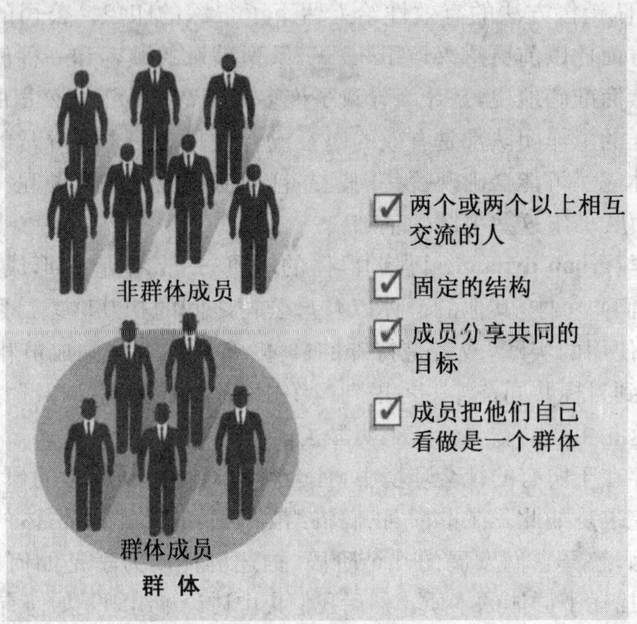


图 7.1 群体：它的定义特点

要想成为一个群体，必须符合四个标准：有两个或两个以上相互交流的人；分享共同的目标；有一种固定的群体结构；个体必须把他们自己看做是一个群体。

## 1. 社会交互性

最明显的特点之一是那些群体都是*由两个或两个以上社会交互的人*所组成，也就是说，群体成员之间一定要相互影响。集团之间的交流可以是口头化的（如为了公司的接管任务而分享策略），也可以是非口头化的（如在会堂中的相互微笑）。但是这些集团一定要相互影响才可以被看做是一个群体。

## 2. 稳定性

群体一定要拥有一个*稳定的结构*，群体可以——也经常是——变化的，但是一定要有一些稳定的关系使得这些成员待在一起并且作为一个整体来运行。不断变化的个体组合（如某一特定的时间在候车室等车的人们）不可能作为一个群体，因为它的稳定性不高。

## 3. 共同的兴趣或目标

群体的第三个特点是*成员分享共同的兴趣或目标*。例如，一个集邮俱乐部的成员由一个群体组成，这个群体中的成员有共同的兴趣。由于有共同兴趣的成员为了达到一个共同的目标而相互帮助，也就形成了群体。例如，一个裁缝店的主人和雇员组成了一个群体，这个群体中的成员有共同的兴趣——缝制衣服，也有共同的目标——赚钱。

### 4. 对一个群体的认可性

最后，要想成为一个群体，个体一定要*把他们自己当做是*一个*群体*。群体中的人们能把他们作为群体中的成员而相互认可，他们能将成员和非成员区别出来。例如，一个公司的财政委员会或一个棋牌俱乐部的成员知道谁是以及谁不是他们的群体成员。相比之下，等待付款的顾客们可能不会认为彼此都是一个群体的成员，他们相互之间离得很近，可能也会有短暂的交流，但是他们几乎没有什么共同点——可能会有一个共同的兴趣，就是轮到自己付款，他们也不会把自己和队列中的其他人看做是一个群体。

根据这四种特征为群体下了定义，我们会将群体看做是非常特殊的个体组合。这些特征解释了群体为什么对组织行为有重要影响，为了更好地理解这些影响，现在我们就看一下组织内部所运行的各种各样的群体。

## (二) 群体的类型

下列这些有什么共同点：一个部队的作战集体、共进晚餐的三对夫妇、一个大公司的董事会、一个商业客机驾驶舱中的三个人，它们都是群体，当然它们是不同类型的群体，是人们由于不同的原因而加入的群体。

### 正式和非正式群体

鉴定群体类型的最基本的方式是将群体分成*正式群体*和*非正式群体*（图 7.2）。**正式群体（formal groups）**由组织产生并且特意用来引导成员完成一些重要的组织目标。一种类型的正式群体被称为**命令型群体（command group）**——由正式组织的成员（如可以合法地对其他人发布命令的那些人）之间的

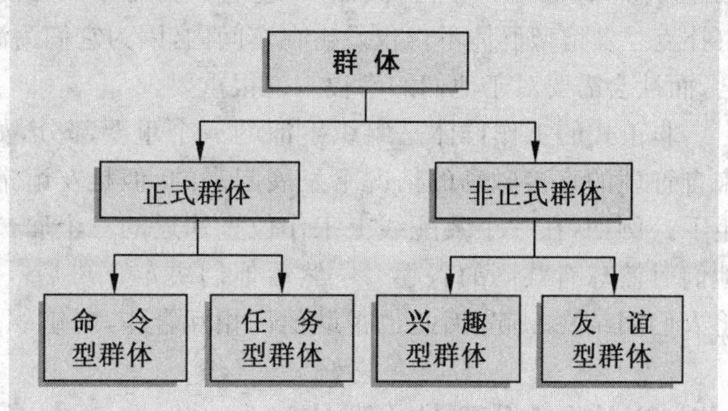


**图 7.2 组织中群体的多样性**

在组织内部，你可能会发现正式群体（如命令型群体和任务型群体），也会发现非正式群体（如兴趣型群体和友谊型群体）。

关系所决定的一个群体。例如，销售部的副经理可以形成一个命令型群体，她将区域销售代理从四面八方召集到一起，听听他们对一场新的广告大战的想法。重要的是命令型群体由组织的规则决定，而这些规则规定了谁向谁汇报，它们通常由一个主管和其下属组成。

一个正式的组织群体也可以由一些特殊的任务形成，这样的群体被称作是**任务型群体(task group)**。同命令型群体不一样，任务型群体可以包括那些有独特的兴趣或在一个独特的领域中有专长的个体，尽管他们在组织的等级制度中地位不同。例如，一个公司可能会有一个委员会，它的成员是监督雇佣机会的平等性的。群体可能由人事专家、公司的副经理以及车间的工人组成。不管它们是不是永久性的群体，它们都被认为是**常务委员会(standing committees)**，或者是由于特殊的目的而形成的临时委员会(如为了解决停车问题而形成的一个委员会)，被认为是**特定委员会(ad hoc committees)**或**特别工作组(task forces)**，任务型群体在组织中是很常见的。

众所周知，并不是所有的组织群体都是正式的，有许多群体在本质上是非正式的。**非正式群体(informal groups)**是在组织的个体之间自然发展起来的，而且没有任何管理方面的指导。非正式群体形成中的一个关键因素是它的成员拥有共同的兴趣，例如，成员联合起来寻求共同的兴趣，或者是为了保护公司的环境而努力奋斗，这样的群体称为**兴趣型群体(interest group)**。一个兴趣型群体的成员所追求的共同目标可以以不同的组织水平将工人团结起来，关键因素是这种会员资格是自愿的——它不是由组织产生的，而是由于人们有共同的兴趣而产生的。

有时候将人们结合在一起的兴趣是很弥散的，群体可能是由于对参与运动、看电影或者在一起聊天有共同兴趣发展起来的。这些类型的非正式群体被称为是**友谊型群体(friendship groups)**。例如，一起吃午餐的工人可能会在下班后一起去玩投球或打扑克。友谊型群体不仅仅发生在车间内，因为它们为满足工人的社会需要提供了机会，而社会需要对于他们的幸福来说很重要。

非正式的工作群体是组织生活的一个重要部分，如上所述，尽管它们是在没有来自管理的直接激励的情况下发展起来的，但是友谊常常在正式的组织接触之外产生了。例如，在一个装配线上工作位置邻近的三个雇员可能会开始聊天并且发现了他们对篮球有共同的兴趣——然后他们决定下班后一起去打篮球。这样的友谊会将人们团结在一起，因此也帮助他们相互合作，对组织的运转产生其他有益的影响。

## (三) 为什么人们要加入群体?

正如已经提到过的，人们经常会加入群体以满足他们的共同兴趣和目标。在某种程度上，将人们联合在一起使我们完成了那些一个人不可能完成的任务，形成群体就很有意义了。实际上，组织本身也可以认为是群体的组合，它们强调为公司完成共同的成功目标。然而加入群体还有几个其他的原因，如图 7.3 所示。

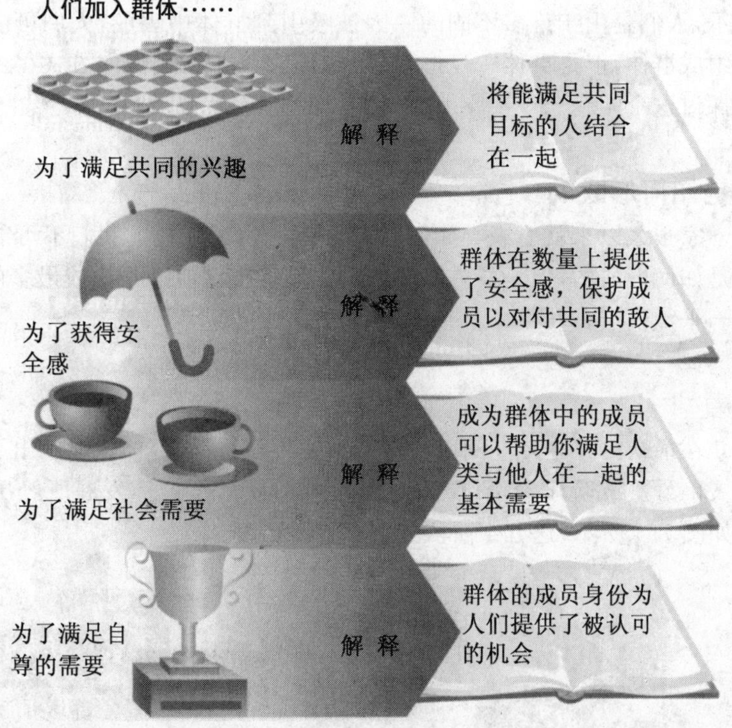


**图7.3 人们为什么要加入群体呢?**

人们加入群体是由于多种不同的原因，这里列出了四个最重要的理由。

群体的形成不仅仅是为了完成共同的目标，它通常也是寻求其他群体保护的一种方式。如果你曾听过这个短语“数目中蕴含着安全”，你可能就会明白人们加入群体是为了安全。例如，历史上如美国劳工联合会、美国产业工会联合会、美国联合汽车工会以及卡车驾驶员这样的工会已经由劳动阶级组成了，它们联合起来就是为了反对管理层的滥用职权。类似地，如创建美国医疗协会和美国律师协会这样的专业组织，主要是为了保护他们的选民，以防止讨厌的政府立法。

这并不是说群体总是用来保护某些兴趣的，确实，它们的存在也是因为群体能满足我们对社会的基本心理需要。正如我们以前讨论过的马斯洛的需要层次理论所说的那样(参见第四章)，人是社会性的动物，他们有一个与他人交流的基本需要。群体为友谊的发展提供了许多好机会，因此社会需要也得到了满足。

正如马斯洛所说的，人类有一个满足自尊的基本欲望，群体的成员关系可能是培养自尊的一种非常有效的方式。例如，假如一个人所属的群体是成功的(如完成定额的一个销售群体)，所有成员(以及支持者)的自尊心可能都被激发起来。类似地，被选举成为一个独特群体(如一个民族性的荣誉团体)的成员也会提高一个人的自尊感。

如上所示,人们是由于许多不同的原因被吸引到群体中去的,人们可能会怀着不同的动机来组成群体,但是群体一旦形成了,它们会以非常相似的方式得到发展。现在我们就来探讨这个问题。

## (四) 群体是如何形成的

社会科学家很久以来就对人类如何组成群体产生了兴趣。我们不可能精确地断言所有群体是如何形成的,但是群体发展的两个系统模型似乎是描述最多的:五阶段模型和间断—平衡模型。

### 1. 五阶段模型

正如婴儿在最初的几个月期间以特定的方式生长一样,群体也显示出了相对稳定的成熟和发展信号。[4] **五阶段模型(five-stage model)**展示了群体发展所经历的五个不同的阶段,[5] 如图 7.4 所示,这五个阶段如下:

**图 7.4 群体发展的五阶段模型**

一般来说,群体是根据总结的这五个阶段来发展的。

(1) 形成:在群体发展的第一阶段,人们之间变得相互熟悉。通过研究哪些行为可以接受他们建立了一些基本规则,而这些行为涉及工作(如期望工作效率有多高)以及人们之间的关系(如谁真正在负责工作)。在形成阶段期间,对于在群体中应如何行动以及会员资格有多大益处这两个问题,人们还有一点困惑和不确定性。一旦个体开始把自己看做是群体中的一员时，形成阶段就结束了。

(2) *震荡*：正如这个名称所暗示的，这个阶段是以群体内部的高度冲突为特征的。群体成员经常会抵制领导者的控制，他们会彼此表现出敌意。如果这些冲突没有得到解决并且群体成员开始退缩，这个群体就会解散。当冲突得到解决并且群体的领导层次明确时，这个阶段就结束了。

(3) *规范*：在这个阶段期间，群体变得更有凝聚力了，人们在更大程度上将自己视为群体的一员。成员之间发展了亲密的关系，同甘共苦很普遍，成员对寻找相互满意的解决方案更感兴趣，同志之间的友爱感情以及对群体活动的共同责任感也加强了。当群体成员对于什么样的做事方式可以接受达成共识时，这个阶段就结束了。

(4) *运作*：在这个阶段，有关群体关系和领导权的问题已经得到解决——群体开始准备运行。经过充分的发展，群体现在着力于完成任务，成员之间的友好关系以及对领导的接受使得群体运行得更好。

(5) *中止*：由于成员已经实现了他们的目标，群体不再需要，所以群体可能会中止（如为了慈善事业而收集钱财的一个特定集团），这种情况的结局是很突然的。另外有一些群体可能会逐渐中止，由于群体成员的离开或者是由于规则对于群体来说不再有效，群体则解体了。

为了说明这些不同的阶段，假设你已加入到了公司新产生的预算委员会的成员之中。首先，你和你的同伴们小心打听对方的意见：观察谁想出了最好的主意、谁的建议容易被广泛接受、谁在负责管理工作，等等（形成阶段）。然后，当成员之间相互影响时，你可以看到关于委员会控制权的一场斗争（震荡阶段）。然而不久这些冲突就得到解决并且出现了一个大家都接受的领导者。在这个阶段，成员变得高度合作化，协调地一起工作，一起做事情，比如作为一个群体一块出去吃午餐（即规范阶段）。对于委员会成员来说，尽最大努力地为群体一起工作就成为可能（即运作阶段）。然后，一旦预算产生了并且得到了赞同，群体的任务就结束了，并且它也就解体了（即中止阶段）。

群体在任何特定的时间都可能处在任意的发展阶段，记住这一点是很重要的，此外，一个群体在任一特定阶段所花费的时间都会发生变化。实际上，有一些群体在成员有机会一起工作之前就解散了。各个阶段之间的界限不可能非常明显，几个阶段也可能同时进行——特别是当最后期限的压力迫使群体采取行动时。[6]最好是将五阶段模型当做群体形成的一个大体框架。群体的发展可能遵循了许多阶段，但是群体的动力特性不可能使群体严格地按照这五个阶段发展。

### 2. 间断—平衡模型

并不是所有的科学家都赞同群体以五阶段模型的顺序发展。实际上，一些人认为不可能有一个普遍的阶段发展模型，但是在群体形成和变化方面却有很大的一致性，这个模式被称为**间断—平衡模型(punctuated-equilibrium model)**。群体形成的这种模式认为：为了在时间期限内完成任务而一起工作的成员，他们在合作的前一半时间会不同地接近自己的工作，这是与合作的后一段时间相比而言的。[7]

在前一半时间，或称*阶段 1*，群体解释了他们的工作，设定了一个直到群体生命的后一半时间才会改变的使命，即使成员有新的观点，总体来说也不会得到执行。然而有趣的是，一旦群体到了生命的中间阶段(无论是几个小时还是几个月)，就会发生一些奇怪的事情。就好像警报爆发一样，处在这一阶段的群体会经历一种“中年危机”——在危机中，他们认识到要想完成目标必须进行变革。在*阶段 2* 开始的时候，群体就会放弃旧的思维方式，接受新的观点，然后群体会执行这些任务，一直到阶段 2 结束，这时他们展现出了活力的爆发，这些活力是用来完成任务的。图 7.5 是对这些过程的一个总结。

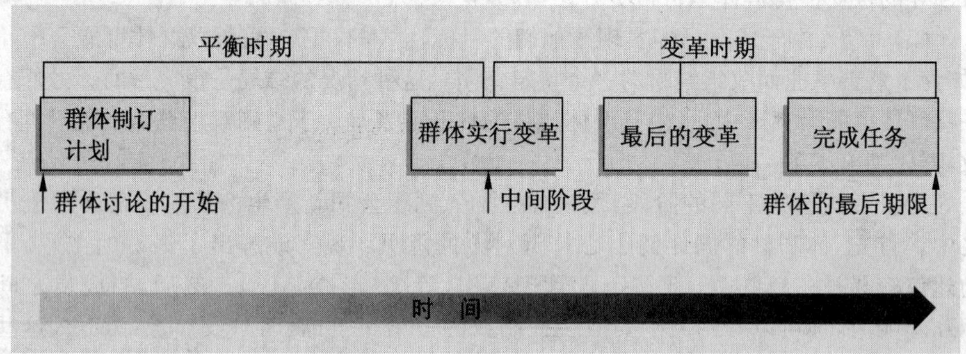


**图 7.5 间断—平衡模型**

根据间断—平衡模型，群体经历了两个阶段，它是以发展的中间阶段为转折点的，前一半时间是平衡时期，群体制订了计划但是完成得很少。在后一半时间，由于最后期限要到，成员就进行变革以保证他们完成群体的任务。

这个观点显而易见：群体发展了惯性，而惯性使它们运行(如“平衡”)到中间阶段，那时它们意识到时间期限就要到了，这就刺激了它们面对重大问题并且开始变革，开始了一个新的平衡阶段(如“间断”)，这个新阶段会持续到群体最终的进展，也在最终的期限之前。

为了阐明间断—平衡模型，我们考虑一下这个问题：一个群体要选一个政治候选人，内部会发生什么事情呢？当这个群体在 1 月份第一次召开会议时，成员开始相互认识并且计划他们的行为策略。他们决定了在 10 个月中需要做些什么，候选人开始办公，他们也采取了行动。然而到五六月份时，发生了一些事情：很明显，群体内存在着问题——必须要改变最初的计划，群体成员批判性地看待他们的所作所为，并且他们采取了积极的措施进行变革，这样持续到 10 月份。然后，在 11 月份选举之前的几周或几天内，群体召开了一次较长时间的会议并且做出了最终的决定。

间断—平衡模型相对来说新一些，但是研究表明它很好地描述了群体的发展。[8]我们认为：将这个模型和你自己在群体中的经历对比一下，对你来说意义重大。

## (五) 工作群体的结构动力学

如前所述，群体的一个主要特点是它的稳定结构。当社会科学家使用**群体结构(group structrue)**这个术语时，它就涉及了构成群体的个体之间的相互关系，也涉及了使群体既有秩序又可预测地运行的特点。在这一章节中，我们描述了群体结构的四个不同方面：群体成员扮演的各种职务(*角色*)、群体内部的规则和期望(*规范*)、群体成员的威望(*地位*)，以及成员的归属感(*凝聚力*)。

### 1. 角色：我们戴的帽子

群体的一个主要结构元素是成员在群体交往中扮演特殊角色的倾向性——往往不是一个角色。社会科学家很多时候使用角色这个术语，就像导演在剧本中指挥演员一样。实际上，一个人在整个群体结构中扮演的角色是我们对一个角色所期望的，更正式一些，我们将**角色(role)**定义为一个人在社会环境中典型的行为特征。[9]

许多角色是以组织内个人的地位为基础而指定的。例如，我们可以期望一个老板下命令，期望一个老师作报告，进行测验，在那些角色中我们期望个体有这些行为。扮演角色的人称作**角色扮演者(role incubent)**，对那个人所期待的行为称为**角色期望(role expectations)**。拥有美国总统职位(角色扮演者)的人有一定的角色期望，因为他(她)当前占有这个职位。当新总统上任的时候，那个人也有相同的角色——和以前的总统有相同的正式权力，即使新总统对于国家面临的问题会有不同的想法。

角色扮演者对他(她)的角色期望的认识会帮助他(她)避免社会混乱，而这种混乱是在没有清晰角色期望的情况下产生的。然而有时候，公司对工人的期望是什么，工人自己可能会感到困惑，如在他们的权威和责任方面(图 7.6)。这种**角色不明(role ambiguity)**通常发生在组织的新成员中间，他们很少有机会了解本组织的规则，这种情况通常导致员工对工作不满，缺乏对组织的承诺，对辞职感兴趣。[10]

随着工作群体和社会群体的发展，大多数的成员开始在社会结构中扮演不同的角色，这个过程被称为**角色分工(role differentiation)**，群体中不同角色的出现就自然地发生了。想一下你所属的委员会，有没有人喜欢开玩笑让大家感到开心？有没有人努力工作以处理群体手边的问题？这些不同角色的例子是群体中出现的典型角色行为。例如，组织通常会有“办公室喜剧家”，他会使每个人大笑；有“公司漫谈处”，它可以分享他人的秘密；或者有“伟大的老人”，他可以给新来者讲述公司“过去的好时光”。

我们常常以一些标准的方式来划分角色。例如，在任一群体中，经常会有一个人帮助群体实现目标，[11]他比别人付出要多，我们就说这个人在扮演**工作取向角色**

“如果安德森是首席执行官(CEO),沃特是财务总监(CFO),你是首席经营官(COO),那我是谁呢?我在这里做什么?”

**图7.6　角色:我们在组织中的职责**

与图中的说话者相比,我们大多数人都能更容易地辨别出我们自己在工作组织中所扮演的角色。

(**task-oriented role**)。另外,也可能出现这样的成员:他乐于助人并且充满爱心,使每个人都感觉到很舒服,我们说这个人在扮演**社会情感角色(socioemotional role)**。仍旧有一些人在为他们自己做事情,经常是不惜牺牲群体的利益,这些人是在扮演**自我取向角色(self-oriented role)**。许多独特的角色行为就自然地分作一种或另一种类型。看表7.1,它列出了这三种角色最普遍的形式。

**表7.1　群体成员普遍扮演的角色**

组织角色可能被区分为工作取向、关系取向(或社会情感)以及自我取向角色——每个角色都有几个子角色,这里列出了许多角色:

| 工作取向角色 | 关系取向角色 | 自我取向角色 |
|---|---|---|
| 着手者—贡献者 | 协调者 | 阻碍者 |
| *向群体推荐新问题的解决方案* | *调节群体冲突* | *行为固执并且抵抗群体* |
| 信息搜索者 | 妥协者 | 寻求认可者 |
| *试图获得必要的事实* | *将自己的观念转向创建群体和谐* | *只注意自己的成就* |
| 给予建议者 | 鼓励者 | 支配者 |
| *和他人分享自己的观点* | *表扬及鼓励他人* | *通过控制群体拥有权威* |
| 精力充沛者 | 探索者 | 逃避者 |
| *当群体的兴趣下降时刺激群体* | *建议群体能更平稳运行的方式* | *自己和群体成员保持疏远,孤立* |

【资料来源】Based on Benne & Sheats, 1948; see note 11.

### 2. 规范：群体不言而明的规则

增强群体有秩序运行的一个特点是群体规范。可以这样定义**规范(norms)**：大家都共同接受的引导群体成员行为的非正式规则。[12]它们代表了成员看待世界的共同方式。规范不同于组织规则，因为它们不是正式的，也没有以文件形式写下来。实际上，群体成员可能不会意识到那些存在并且调整他们行为的微妙的群体规范。即使这样，这些规范也有深刻的影响。规范会以重要的方式来调节群体的行为，例如：培养工人对公司的诚实及忠诚，建立起适宜的穿着方式，当迟到或缺勤时做出指示，这些方式都可以接受。

如果你回想起了成长过程中由于衣着和发型都很独特而带来的来自同龄人的压力时，你就会了解到群体所施加的规范压力。一些规范被称为**规定性规范(prescriptive norms)**，它描述了应该履行的行为，其他的被称作**禁止性规范(proscriptive norms)**，它描述了应该避免的特殊行为。例如，群体发展了规定性规范，以使成员跟随他们的领导者或者帮助困境中的成员。群体也可能发展了禁止性规范，以避免成员的缺勤，防止向老板泄露秘密。有时候顺从的压力是很微妙的，比如一个经理看到他的同行和装配线上的工人一起吃午餐而流露出鄙夷的眼光。也有的时候，规范的压力很严重，如一个生产工人对另一个人的工作采取破坏行动，因为另一个人的工作效率很高，这样就使他的同事看起来很糟糕。这些例子强调了基础的社会动力学，而社会动力学解释了群体发展规范的理由，但这仅仅是一个原因。实际上，几个因素都可以解释规范的发展。[13]表 7.2 是对这些因素的一个概括总结。

**表 7.2 规范：它们是如何发展的？**

这个表格总结了群体规范发展的四种方式。

| 规范发展的基础 | 例子 |
|---|---|
| 1. 前例 | 每个群体成员在桌子周围的位置 |
| 2. 其他情景的迁移 | 专家的行为标准 |
| 3. 他人的明确说明 | 以一种特定的方式工作，因为有人告诉你“在这里我们应该如何来做” |
| 4. 群体历史中的关键事件 | 由于一个人泄露了公司秘密，导致组织遭受到了损失，保守秘密这样一个规范就形成了 |

【资料来源】Based on Feldman, 1984; see note 13.

**道德问题** 在 IBM 公司，违反道德原则的员工被抓到后不是降级或调动——而是被解雇！对那些违反道德规则的员工采取迅速而果断的行动，这个规范在许多年前就发展起来了。当时的总经理小托马斯·J. 沃森，因偏袒犯同样错误的高级雇员而受到羞辱。[14]大多数公司认为它们不可能容忍道德的双重标准。

3. 地位:群体成员的威望

你是否曾经因为群体给予了成员威望而被这个群体所吸引呢?你可能想加入一个大学兄弟会或女生联谊会,因为它得到了其他学生的高度尊敬。毫无疑问,在比赛中获胜的足球队的成员会自豪地炫耀,以把他们自己当做是受到高度敬仰的这支队伍中的成员。很明显,对群体成员的一个潜在奖励就是他们在那个群体中的地位。

然而,即使在一个社会群体中,不同的成员也被给予了不同等级的威望。例如,兄弟会和女生联谊会的长官以及委员会的主席可能都被认为是群体中更重要的成员。这是**地位(status)**背后的含义——也就是,别人对群体或群体成员的相应社会位置或层次的界定。[15]

在大多数组织内部,地位在本质上可以是正式的也可以是非正式的。**正式地位(formal status)**涉及组织所给予员工的职权差异。这一点通过**地位标志(status symbols)**得到完成,地位标志是反映个人在一个组织的等级制度中所处地位的事物,它包括工作头衔(如董事长)、奖金或额外利益(如一块预留的停车空间)、做那些令人愉快并且受到高度尊敬的工作的机会(如担任重要委员)、豪华的工作环境(如一个大型的属于私人的装饰很好的办公室)(图 7.7)。[16]

图 7.7 工作环境:在组织中所处地位的标志

宽敞、装饰幽雅的办公室是占有者在组织内部拥有高地位的标志。

地位标志以多种方式帮助了群体。[17]首先,它们使成员想起了他们的相对角色,也因此减少了不可靠性,并且提供了一个稳定的社会秩序(如你的小桌子使你想到你在组织中的地位较低)。另外,它们提供了各种奖励的保证,而这些奖励只用于那些处在高级位置的人身上(如,可能有一天我也会有一块预留的停车场地),它们通过使成员想起群体的价值而提供了一种认同感[如一帮人的夹克衫可能会使穿着者想起对他(她)所期望的忠诚和勇敢]。因此,通过使用地位标志来加强正式地位,组织起了很大的作用。

组织内部**非正式地位(informal status)**的标志也是很广泛的,这些标志包括对那些有一定特点的个体给予的威望,而这种威望没有被组织正式认可。例如,年纪较大并且经验丰富的成员可能会被他们的同事看做是地位高一些。那些有一定技能的成员(如棒球队中的击球者)也被认为是比他人的地位高些。在一些组织中,认为妇女以及少数民族的人所做的工作次要一些,可以认为是组织运行中非正式地位的一个例子。[18]

正如你所期望的,地位高的人比地位低的人更有影响力。我们在一项经典的研究中也可以看到这种现象。[19]三个轰炸员组成一个小组,小组在解决问题遇到困难时,实验者向地位低的成员(尾部射击者)和地位高的成员(驾驶员)都提供了解决问题的线索,由驾驶员提供的解决方案更可能得到采用,即使尾部射击者也提供了相同的方案。很明显,给予了驾驶员更高的地位——因为他们更有经验并且有更高的军衔——这就是他们有更大影响的原因。

### 4. 凝聚力:团队的精神

任何群体结构的一个很明显的决定因素是**凝聚力(cohesiveness)**——一种使成员想留在群体中的力量。在高凝聚力的工作群体中,成员之间相互吸引,接受群体的目标,并且为了实现目标而互相帮助。在没有凝聚力的群体中,成员互不喜欢,甚至是为了不同的目标而工作。[20]本质上,凝聚力涉及一种对群体的*归属感*。

几个重要因素都会影响群体成员"粘在一起"的程度。一个是加入群体的难度:加入一个群体越困难,这个群体的凝聚力越强。[21]为了理解这一点,考虑一下你努力加入的群体,它们的凝聚力有多高。在你的运动队中,要想"削减"是不是非常困难?进入精英群体(如威望最高的医学院和军事培训院校),严格的入学要求很好地解释了他们高度的合作精神。已经"通过考试"就意味着将个体联合起来——将他们和那些不愿意(或不能)为入学"付代价"的人区分开来。

在高度的外部威胁或竞争的条件下,群体的凝聚力也会增强。例如,当工人们面对一个"共同的竞争对手"时,他们会一起奋斗(图 7.8)。这样的凝聚力使工人感觉更安全并得到更好的保护,凝聚力鼓励工人们紧密地联系在一起,并且共同合作来对付竞争对手。在这些情况下,群体内部可能会导致争吵的小的意见与不和就被放在一边了。

群体凝聚力的建立也受其他几个因素的影响。[22]第一,当群体成员在一起的时间

**图7.8 面临共同的对手可增强群体凝聚力**

当群体成员一起工作来对付共同的对手时，群体的凝聚力就会增强，这一点既适用于军事群体，也适用于商业组织中的群体，尽管它的成员面临着很少的肉体搏斗(但是有同样的敌对性)。

较多时，凝聚力通常会更强。很明显，有限的交流会减少成员之间形成联合的机会。相似地，在较小的群体中，凝聚力可能会更大一些。总的来说，在大群体中，成员之间相互交流就有些困难，因此凝聚力要达到一个高水平也就难了。最后，因为“一事成功，万事顺”，有成功历史的群体也有较高的凝聚力。人们经常说“人人皆爱胜利者”，成功会把群体成员团结起来，使他们围绕在群体的周围。由于这个原因，员工对成功的企业往往是很忠诚的。

到现在为止，我们的讨论已经表明了凝聚力是一个积极的因素。例如，人们喜欢加入高凝聚力的群体。此外，联系紧密的群体中的成员会更多地参与群体活动，也更愿意接受群体的目标，比起凝聚力低的群体成员，他们的缺勤率低多了。[23]毫不奇怪，凝聚力高的群体成员会很好地一起合作，有时他们效率非常高，员工跳槽率很低。[24]

然而，凝聚力高的群体也会有问题。例如，如果一个高凝聚力群体的目标与母公司的目标相反，群体就处于这样一个位置：它会伤害到母公司。[25]高凝聚力的群体成员密谋来暗中破坏雇主的行动，这就是一个很好的例子。因此，认识到什么时候涉及整个公司的绩效，这是很重要的。群体凝聚力是一把“双刃剑”：它的影响可能是有益的，也可能是有害的。

## 二、群体中的个人绩效

现在我们来看一下与组织行为最相关的群体动力学的这一方面：群体对个人绩效的影响。我们看一下有关这种联系的三个问题。首先，考虑一下人们的工作绩效是如何受他人在场的影响的。然后，我们审查一下群体的组成——特别是它们的种族多样性——是如何影响绩效的。最后，我们描述群体大小是如何影响绩效的。

### (一) 社会助长作用：在他人面前工作

假想你已经学习了五年戏剧，现在正准备在一些好莱坞的制片人面前做第一次试演。为了这一次你已经努力地演练了几个月。现在你不再是单独在家里排练你的戏剧脚本了。念到了你的名字，当你走上舞台时，下面一片寂静。在观众面前，你表演得如何呢？是否会忘记单独时能记住的台词而僵在那里呢？观众会不会对你的最佳表现给予鼓励呢？也就是说观众在场会对你的行为有什么影响呢？

这个问题的答案并不简单。[26]有时候人们在他人的面前会比单独时表现更好，也有时候人们在单独时表现更好。他人在场某些时候会提高个人的绩效，有时会妨碍个人的绩效，这种趋势被称作是**社会助长作用(social facilitation)**(尽管"*助长*"这个词意味着工作绩效的提高，但是科学家用"*社会助长作用*"这个术语既指绩效的提高，也指由于他人在场而造成的绩效下降)。用什么来解释这些看似矛盾的研究结果呢？

### 1. 解释社会助长作用

许多科学家认为答案可归结为几个基本的心理过程。[27]首先，社会助长作用来源于人们在他人面前感受到的加强的情绪唤起(如紧张和兴奋。在听众面前弹钢琴是不是比单独时要感受更紧张呢？)第二，当人们被唤起时，他们往往表现出最优势的反应——也就是在那个环境中最可能表现出来的行为(向微笑的合作者报以微笑可能被认为是一种优势行为，因为向对你微笑的人报以微笑是一种熟练的行为)。如果一个人表现出一种熟练的行为，优势反应可能是正确的(如在你的第五十次演出中说出正确的词句)。然而如果正被谈论的这种行为是相对新奇并且是最近才得知的，优势反应可能是错误的(如在一次试演中说了不正确的话)。

总的来说，这些观点被称为是**社会助长作用的驱动理论(drive theory of social facilitation)**。[28]这个理论认为：他人在场会增加唤起，反过来唤起又会增加最有优势反应的表现趋势，如果这些反应是正确的，那么最终的绩效就得到提高，如果反应是不正确的，绩效就受到阻碍。这些心理过程可能会提高绩效(如果这项任务是熟练的)，也可能会阻碍绩效(如果这项任务是不熟练的)。图7.9概括总结了这个过程。

研究已经为这个理论提供了大量的支持：如果那项任务是熟练的，人们在他人面前的工作绩效会更好一些；但是如果任务是不熟练的，他的表现就会更差一些。对于这种影响存在着几种很好的解释，有一个重要的解释是以**评价顾虑(evaluation apprehension)**为基础的——害怕另一个人对自己进行评价或判断。[29]确实，由于人们很在意其他人会怎么想，所以在他人面前执行任务可能会唤起人们。例如，当低层次的员工担心总监会怎样评价他们的工作时，他们就很可能会出现评价顾虑。相似地，上面那个试演的例子中，在制片人的面前你可能也会出现评价顾虑。毕竟，这些制片人对你的评价对于决定你事业的成功会起到很大作用。如果你很了解你的角色，在这种情况下你可能会比单独演练时表现得好得多。然而，如果这个角色对于你来说是全新的，你就不可能很快了解其意义，然后你就很担心别人如何评价你，这可能导致你获得这个机会的概率减小。

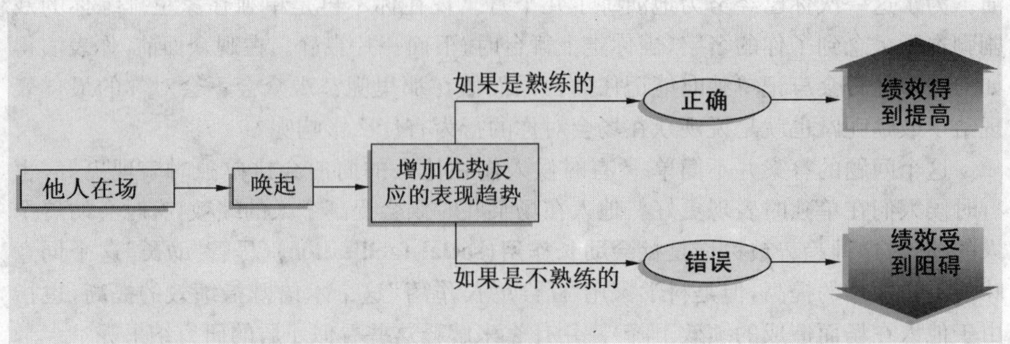


图7.9 社会助长作用

社会助长作用的驱动理论认为：他人在场会增加唤起，反过来唤起又会增加优势（如最强大）反应的表现趋势，如果这些反应是正确的（如这项工作是熟练的），绩效就得到提高；如果反应是不正确的（如这项工作很新奇），绩效就受到了阻碍。

## 2. 社会助长作用与计算机绩效监控

如果你读过乔治·奥韦尔（George Orwell）的经典小说《*1984*》，你可能会想起"老大哥"，这股无人不知的力量能监测你的每一个行动。正如经常所发生的，一个时代的科幻小说最终会变成另一个时代的科学现实。就"老大哥"来说，没过多少年，奥韦尔的预言就实现了——至少在工厂中实现了。今天，使用计算机来监测工作绩效已经越来越普遍了。**计算机绩效监控（computerized performance monitoring）**已经广泛用在保险、银行、通信以及运输行业中了，在未来的组织中，它会变得更加普遍。[30]因此，了解一下监测人们的工作绩效会产生什么影响，这一点是很重要的。

理解计算机化的监测如何影响绩效的一种方式就是延伸我们对社会助长作用的思考，这种技术提供了一种间接的计算机监测或"电子化场合"，而不是让一个现场的人来观察。例如，假想你正在向计算机终端输入数据，可能会有人以一种直接的方式在你的身后监测你——也可能有人通过检查计算机化的速度记录或者你每一次敲击键盘的准确性来间接地监测你，如果执行的这项任务很复杂，社会助长作用的研究会表明：观察者的在场会导致绩效的降低。然而，用电子监测是否会发生同样的事情呢？

研究为我们提供了答案。[31]在一项研究中，要求大学生来完成复杂的变位字游戏（即变换字母的顺序以形成词），他们要将反应输入到计算机终端，他们执行任务的条件由研究者用几种不同的方式系统地变化着。第一组参与者（即在控制条件下）执行任务时，没有人以任何形式来观察他们。第二组（即在人监测的条件下）参与者执行任务时，有两个女性观察者在他们身后对他们进行监测。最后，第三组（即在计算机监测的条件下)被告知他们的绩效会被别人监测,而这个人是在另一台与网络相连的计算机上观察他们的工作(为了确信这一点,出示给参与者另一台的计算机装备)。参与者进行了10分钟,之后研究者统计在每种条件下由大学生正确解决的变位字的数量,图7.10对这些研究结果进行了概括。

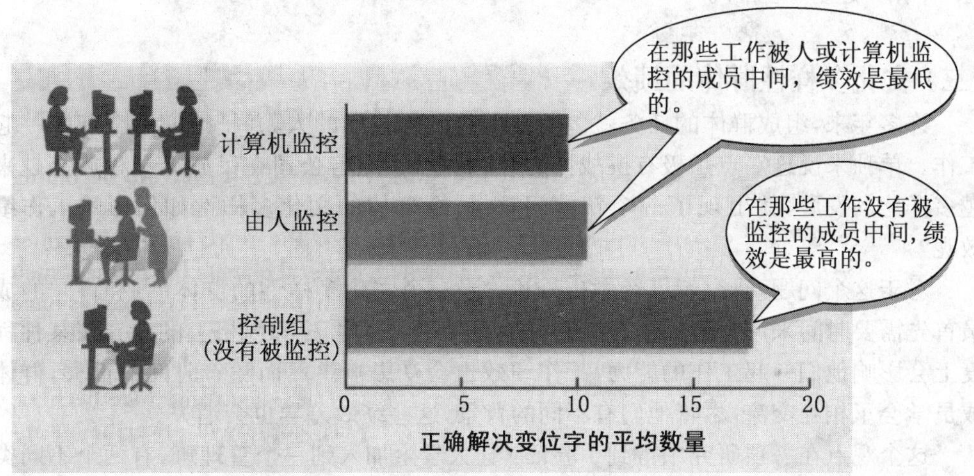


**图7.10 计算机监控:它反面影响的证据**

在一项最近的研究中,参与者执行了复杂的任务,有单独工作的,有的被一台计算机监控,有的被两个在场的人监控。与其他有关社会助长作用的研究相一致,人们在他人面前执行复杂任务时要比单独时效果差,当受到计算机电子化的监控时,他们的效率是最低的。

与单独地执行任务相比(即控制组),有他人在场观察时(即人监测组)人们的绩效会差一些。从人们执行复杂任务时在他人面前的表现可以看出,这与有关社会助长作用的研究和理论是保持一致的。然而,更有趣的是这个研究结果:当有计算机监测时绩效也会降低——也就是说当研究中的参与者没有受到他人现场的观察时。很明显,当察觉不到另一个人然而却知道他存在时也会降低工作绩效。

这些研究结果支持了这个观点:社会助长作用可能来自人们对他人负面评价的担心——也就是源于评价顾虑。在这项研究中,参与者了解到:通过远程计算机观察他们与直接观察一样,都可以很容易地评价他们的绩效。在两种条件下都存在着评价的机会,因此这就很可能解释了导致绩效下降的顾虑。

关于这些结果有一个重要的应用性的含义——即,为了保持高水平而进行的工作绩效监测可能会产生不良的后果。也就是说,监测实际上可能会阻碍绩效(提供一个使人分心的评价)而不是提高绩效(害怕由于做得差而被当场抓住)。这项研究中的参与者仅仅在很短的时间内执行了任务,因此我们也不能说人们是否适应受人监测,随着时间的推移监测是否会提高他们的绩效。进一步的研究解决了这个问题,我们一定要记住下面的注意事项：用计算机监测工作绩效可能会阻碍绩效，而这种监测旨在提高绩效。最终，“老大哥”使他自己的目标失败了(在今天的组织中这种增长的趋势包括：不仅用计算机来监测绩效，而且还用它将人们以电子化的形式集合起来，这些人在现实空间中不可能聚在一起。为了更接近地看一下这种实践，参看下面的“趋势”栏目)。

## (二) 文化多样性群体的绩效

许多年来，组成群体的任务就包括发现有各种技能的人，并把他们联合起来一起工作。单独来说这一点是极有挑战性的，然而今天，随着公司在民族上和种族上越来越多样化的发展，就出现了一个新的问题：一个群体的文化多样性如何影响工作绩效呢?

对于这个问题，研究者已经做出推论：当一个文化多样性的群体形成时，它的成员首先需要时间来调整他们的民族和种族差异。[37]人们看法和风格上的差异在某种程度上会影响他们一起工作的能力，工作绩效也会受影响。然而随着时间的推移，群体成员学会了相互交流，尽管他们有不同的背景，这些绩效差异也会消失。

这个观点在一项研究中得到了验证：让大学生加入到一个管理班，有两个不同类型的群体，每个群体中有四个人：*同质性群体*，它的成员有相同的民族和种族背景；*多样性群体*，其中有一个美国白人、一个非洲裔美国人、一个拉丁美洲裔美国人，还有一个外国人。群体形成以后，要求他们来分析商业案例——这是一项管理学的学生很熟悉的任务。这两个群体在四种情况下执行任务，每种情况都安排了一个月时间，然后由专家对他们的案例分析计分(使用预先决定的标准)，这些专家并不知道哪组是多样性群体，哪组是同质性群体。这两种不同的群体构成方式如何影响工作绩效呢？图7.11的数据总结为我们提供了一些见解。

这个答案基本上依赖于群体成员一起度过的时间多少。开始时，同质性群体要大大优于多样性群体。然而在第二次集会期间，这些差异就变小了。到第三次时，差异几乎完全消失。第四次时，多样性群体要比同质性群体稍微好些。正如你所料到的，随着时间的推移所有的群体都会提高它们的绩效，但是同质性群体最初的优势只是临时的并且只出现在新创建的群体中。当群体成员获得了更多的一起工作的经验时，他们之间的差异就没有什么阻碍作用了。

有关民族和种族构成对群体工作绩效影响的研究刚刚开始，所以我们还不了解这些研究结果是否适用于不同种类的任务，我们也不知道多样性群体的绩效是否总比同质性群体好一些。对任务有不同看法可能会帮助一个群体来完成任务，多样性群体在这一点占有优势。有关多样性对群体绩效的影响还存在几个未回答的关键问题，但是这个变量对群体绩效的重要性是很明确的。

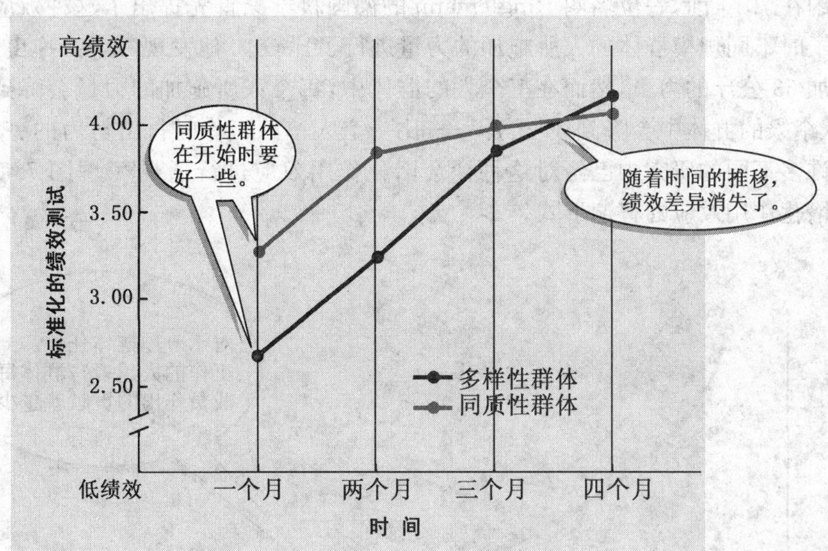


**图7.11 在文化多样性群体中的工作绩效：一项实验研究证明**

哪一个绩效好一些——文化多样性群体还是文化同质性群体？根据实验研究，这个答案依赖于测试绩效的时间。在开始时，文化多样性的群体比同质性群体的绩效要差一些，但是这些差异会随着时间的推移而消失。

## (三) 社会惰化作用：与他人一起工作时"自由放松"

你有没有和几个人一起帮助一个朋友搬家呢？每个人都搬一部分东西从老家运到新家。你有没有和他人一起坐在桌子周围向信封里塞有关政治运动的信件，并把它们寄给有希望的志愿者？这两项任务看起来似乎不同，但它们实际上有一个重要的共同特点：执行每项任务仅仅需要一个人，但是几个人的合作会产生更大的效果。因为每个人的贡献都和他人的累加在一起，这样的任务被称作是**累加性任务(additive tasks)**。[38]

如果你曾经执行过如刚才描述的那些累加性任务，你可能会发现自己工作起来时并不像一个人单独工作时那样困难。确实，当几个人共同努力来完成累加性任务时，每个人付出的要比他(她)单独完成相同的任务时少得多[39]。正如这句谚语所说："人多好干活。"一群人的效率应该比一个人高一些。然而当几个人联合起来完成累加性任务时，每个人的付出就要少一些了。一起工作的五个人，他们的效率并不是一个人单独工作时的五倍；总是会有一些人"自由放松"。实际上，对累加性任务作出贡献的人越多，每个人的付出就越少，这种现象被称作**社会惰化作用(social loafing)**。[40]

大约在70年前，一位名叫Ringlemann的德国科学家首先提出了这种效应，他对拖曳绳子时不同规模群体的人所施加的力量进行了比较。[41]他发现一个人拖曳绳子时平均施加63公斤的力量，然而在三个人的群体中，每个人所施加的力量会降到53公斤，在八个人的群体中会降到31公斤——比一个人单独工作时付出努力的一半还要少！在许多不同的研究中已经对这种社会惰化作用效应进行了观察。[42]图7.12描述了社会惰化作用效应的普遍形式。

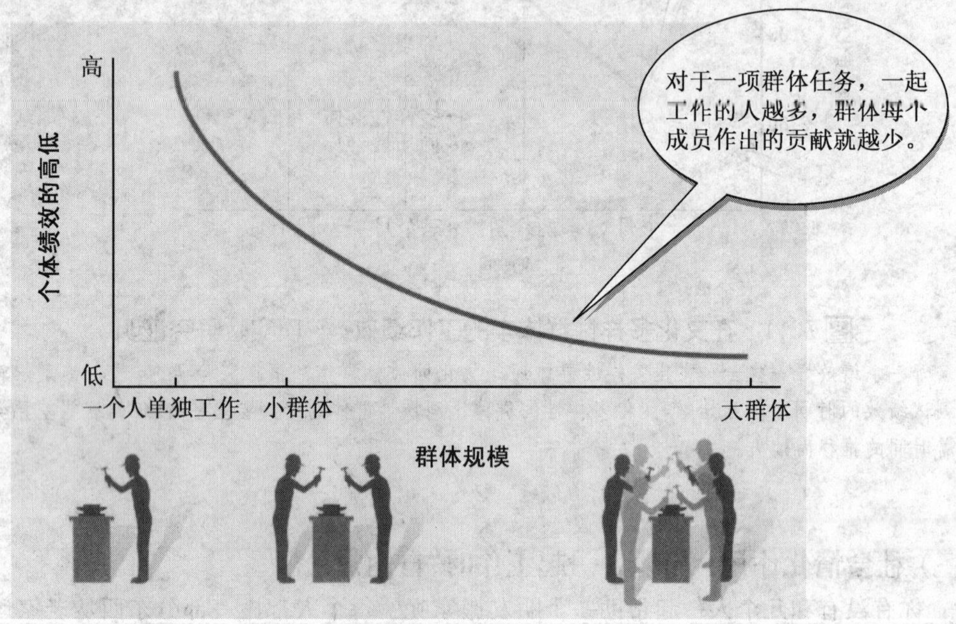


**图7.12 社会惰化作用：它的一般形式**

根据社会惰化作用的影响理论，当人们一起执行一项累加性任务时，对群体的任务作贡献的人越多，每个人付出的努力就越少。

**社会影响理论(social impact theory)**解释了社会惰化作用这种现象。[43]这种理论认为：作用于群体的任何社会力量，它的影响会平等地划分到群体成员中去，群体越大，这种力量带给每一个成员的影响越小。因此，要很好地完成任务时，对群体作贡献的人越多，每个人面临的压力越小，也就是说，执行任务所承担的责任就分散给了更多的人。结果，每个成员对于做出适宜的行为就不负多少责任——社会惰化作用就会发生。

## 1. 社会惰化作用很普遍吗?

理解社会惰化作用的一种方式是：它之所以发生是因为人们对他们自己比对群

体其他成员更感兴趣(自己得到的最多,付出的最少),对他们来说,他们是被强迫做这些工作的。在美国,考虑到美国文化高度个性化的趋势,这种现象不会令人非常惊讶。在**个体主义文化(individualistic cultures)**中,人们会高度重视个人成就和成功的。

然而在其他国家,如以色列和中国,人们高度强调共同的责任感以及集体的利益,这些国家被认为有**集体主义文化(collectivistic cultures)**。在这些文化背景中,并不期望在群体中工作的人从事社会惰化作用,因为那样做意味着对群体没有责任感——而这种责任感在个体文化中并不流行。实际上,集体文化中的人在一定程度上被激发去帮助群体中的其他成员,他们在群体中工作要比单独时效率高一些。也就是说,他们不仅不懈怠,反而还会更努力地工作。

一个有趣的实验验证了这个观点,实验中有来自美国、以色列和中国的经理,[44]要求每个经理都完成一项"公文筐"练习,这项任务模拟三个国家经理的日常活动(如写备忘录,填表格,评价求职者)。要求所有的经理在一小时内尽最大努力执行这项任务,但是在两种不同情形下完成:*单独*,或者作为*群体*的一员,而这个群体由10个经理组成。要求单独工作的参与者仅仅在完成的每个项目上写下自己的名字并且把它交上来。告诉那些在群体情形中工作的参与者:在时间结束时要评估群体的整体绩效。群体成员并不在场,但是,据描述,他们在家庭和宗教背景以及兴趣方面都有很高的相似性(研究者推论:这种类型群体中的人非常不愿意由于懈怠而使其他成员感到失望)。为了比较不同的群体,对每个参与者的公文筐练习都打了分,并将他们的反应转化成标准绩效分数。

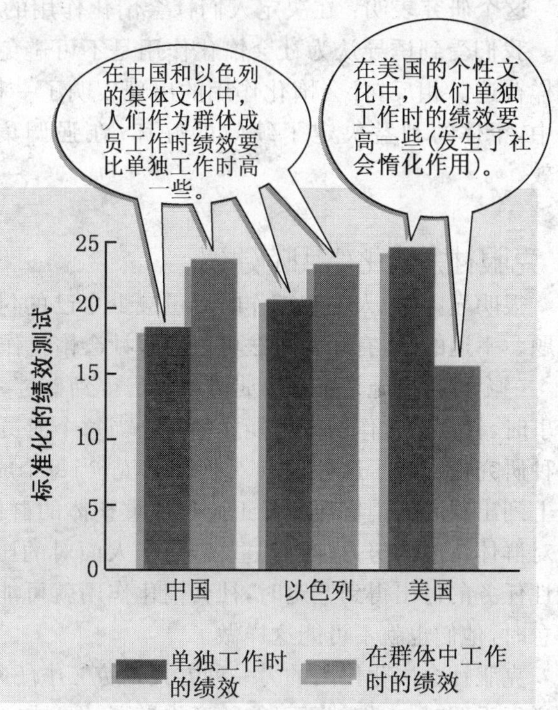


**图7.13 社会惰化作用:不仅仅是一种普遍现象**

研究者对来自美国、以色列和中国的人的绩效进行了对比,他们单独或者是在群体中执行一项管理工作。尽管在美国个人单独工作时的绩效要比作为群体一员时的绩效高(发生了社会惰化作用),然而在中国和以色列却发现了相反的结果。与更加个性化的美国文化相比,高度集体化的中国和以色列文化使得人们不愿意让其他的群体成员感到失望。

【资料来源】Based on data reported by Earley, 1993; see note 44.

社会惰化现象会发生吗？图 7.13 概括了这个答案，它明确地表明：社会惰化现象在美国发生了。也就是说，在群体中工作的人中间，个人绩效要比单独工作时低多了。在这两个有高度集体文化的任何一个国家(即中国和以色列)，我们发现了相反的结果：在这两个国家中，工作在群体中的个人绩效要比单独工作时高些。这些人在群体中不仅仅没有懈怠，实际是他们比单独时更加努力工作了。因为他们将自己与群体视为同一，并且关心其他成员的福利，集体文化中的经理是把群体的利益放在第一位的(仅仅在人们将自己与群体其他成员紧密地联系在一起时，这种结果才会出现)。

这个研究表明：在决定人们社会惰化作用的趋势方面，文化扮演着很重要的角色。我们受到诱导认为社会惰化作用是不可避免的，但是这种现象并不是你所想的那样普遍。相反，社会惰化作用的出现表明了一种文化价值观：在强调个性化的文体中，个体的利益决定了绩效的好坏；在强调集体的文体中，群体利益则决定了绩效。

### 2. 克服社会惰化作用的建议

很明显，与他人一起工作时尽量减少自己的付出，这种趋势是组织中的一个严重问题。幸运的是，有几种方法可以克服社会惰化作用。

一个可行措施是*使每个成员的付出得到鉴定*，当人们感觉他们能“放松一点”顺利行事时，社会惰化作用就可能发生——当每个成员的付出决定不了时。对公*共职务*的各种研究也支持了这种观点。[45]换句话说，当每个成员的付出展现给他人看时(如在图表上列出每周的销售额)，员工比只注重整体的群体(或公司)绩效时要努力多了。个人对群体付出的努力越得到重视，每个人面对的压力就越大。因此，如果一个人对累加性任务的付出得到鉴定时，社会惰化作用就可能被克服，如果人们害怕被抓住自己懈怠时，他们也就不可能这样做了。

克服社会惰化作用的另一种方式是*使工作任务更重要*、*更有趣*。当任务对于组织来说很重要时，人们就不可能随意偷懒了。[46]例如，销售人员认为他们的工作没有多大意义时，他们就更有可能从事社会惰化——特别是当他们认为上司不了解他们工作有多难时。[47]为了克服这一点，公司的官员应该使工作对于员工来说更加有趣。工作越有趣，人们就越不可能懈怠。

另外，管理人员可以*对那些为群体绩效作出贡献的个人给予奖励*——也就是鼓励他们为群体绩效作出贡献。[48]例如，如果一个区域的销售人员联合起来超额完成了他们的销售目标，就给所有人一种奖励，这就使得员工对集体利益强调得多一点，而对个人利益强调得少一点，也因此增加了他们对群体的责任感。这一点是很重要的，因为群体的集体努力比任何一个成员的个人付出更有可能影响一个组织的成功。

克服社会惰化作用的另一种方法是*使用惩罚的威胁*，通过威胁要惩罚偷懒的个人，绩效下降的程度可能会得到控制，懈怠也可能减少。在一个实验中证明了这种效果，实验包括中学游泳队的一些成员，他们或者是单独游，或者是在团体接力赛中游。[49]在第一组中，教练恐吓队员说，如果任何一个人没有在一个特定的、很难达到的时间内完成100米自由泳的话，每个人都要"罚游几圈"。在控制组，没有宣布任何威胁。惩罚威胁如何影响工作绩效呢？研究者发现：人们单独时要比作为接力赛团体中的一员时游得更快，因为他们没有惩罚的威胁，也因此证明了社会惰化作用的影响。当有威胁的时候，群体绩效就会增加，因此也除去了社会惰化作用的影响。

这些研究结果表明社会惰化作用是一种潜在的因素——对组织绩效的一个严重威胁。然而有几种方法可以控制懈怠的发生，这些方法减少了人们懈怠的欲望，例如使懈怠的人感到困窘，或者使懈怠伤害到他人的利益。

## 三、团队：特殊的群体

既然你了解了群体以及群体的运作，我们就可以将群体和另一种被称为团队的个体集合进行比较。在这一部分，我们为团队下定义，看看它与群体有何差异。然后我们描述了组织中不同类型的团队。最后，我们提出了在组织中创建团队的一些指标。

### (一) 定义团队并且将团队区别于群体

如果你考虑一下以前描述过的一些群体，如在卡特拉·汉莫公司(预备案例中所描述的)中的群体以及假定的预算委员会(在五阶段模型中描述的)，你很快会发现它们稍微有些不同。每个群体都是由为了完成共同目标而一起工作的几个人组成的，但是在卡特拉·汉莫公司，雇员之间的联系似乎更深一些。预算委员会的成员可能会对他们所做的感兴趣，而卡特拉·汉莫公司的成员似乎对他们的工作更有责任心——更关注于他们的工作如何来做。这并不是说预算委员会的任何事情都是必然错误的，实际上它是一个相当典型的群体，然而卡特拉·汉莫公司的那些群体就是被称为*团队*的特殊类型的群体。

可以这样定义**团队(team)**：*团队是一种群体，它的成员有互补的技能并且承诺于一个共同的目标或一系列绩效目标，他们认为他们自己应该为这些目标共同负责。*[50]在这一点上，团队如何区别于群体可能不是非常明确。这个困惑可能源于人们常常把他们的群体当做团队，即使并不是这样。[51]群体和团队之间有几个重要的区别(图7.14)。

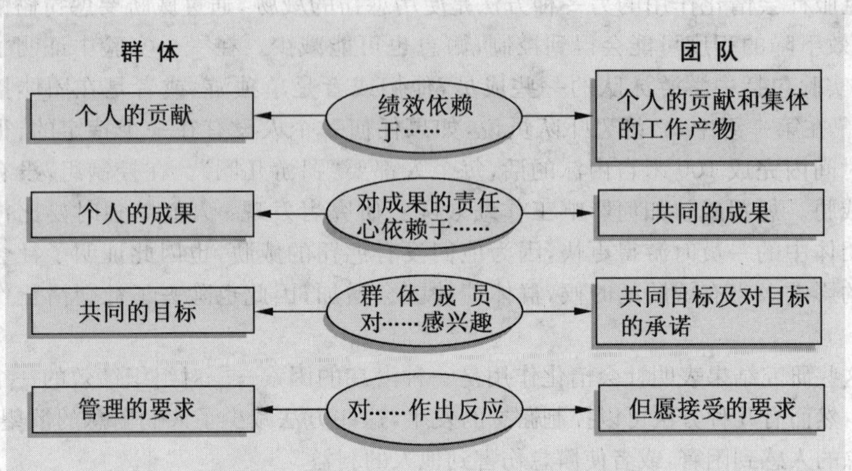


**图7.14 群体和团队：一种对比**

这里总结了许多特点，根据这些特点我们可以将群体和团队区别开来。

首先，群体绩效主要依赖于个体成员的工作。然而团队的绩效既依赖于个人付出又依赖于*集体的工作产物*——也就是协调工作的团队成员的共同结果。

第二点差异涉及对工作的责任心。很典型，群体成员将他们的资源聚在一起来达到目标，但是当涉及奖励时个体绩效才被考虑在内，群体成员通常不为除了他们自己以外的任何结果负责。相比之下，团队既强调个人的责任也强调*共同的责任*，换句话说，为了产生某个结果（如产品、服务、决策），他们一起工作，而这个结果代表了他们共同的付出，每个成员对那个结果都负有责任。关键区别在于：在群体中，总监认为个体成员应该对他们的工作负责，然而在团队中，是成员自己认为他们应该对工作负责。

第三，群体成员可能有一个共同感兴趣的目标，但团队成员有一个*对目标的共同承诺*，此外，这些目标关系到某些方式的成败，如做最快的或最好的。例如，一个公司在财政上有困难，为了使这个公司在工业领域遥遥领先，生产部门的工作团队负有高度的责任感。一个公立中学的团队可能会对所有毕业生毕业后比同地区其他学校的学生要负责任多。团队成员共同追求那样的高尚目标以及独特的绩效目标，并且投入到实际行动中去。实际上，我们说团队建立了员工对目标的"所有权"，并且团队通常会花很多时间去实现那个目标。同群体一样，团队使用目标来监测他们的进展；然而团队也有一个更广泛的目标，这个目标为执行的活动提供了一种有意义、有感情的动力。

第四，在组织中，团队在与管理的联系本质上与群体不同。我们要求工作群体要对管理人员下发的命令做出反应，相比之下，一旦管理人员对团队发布了使命并且具有一定挑战性,团队一般有足够的灵活性来支配自己的工作,而不会得到管理人员的进一步干扰。也就是说,在某种程度上团队是*自我管理*——它们可以自由设定自己的目标、时间以及方法,通常也不会受到管理人员的干扰。因此,许多团队被描述成是*自主型或半自主型*,这并不是说团队完全独立于公司的管理和监督,它们仍旧要对高层人员发布的命令做出反应——这些命令通常来自更高层的团队,我们称为*高层管理团队*。

很明显,团队是独特的整体,有些团队甚至已经超越了我们在这里描述的团队特点,我们称之为**高绩效团队(high-performance teams)**,这些团队的成员深深地关注着相互的个人生长和成功。[52]这样的团队被称为*高绩效团队*,因为它们比普通的团队绩效要高得多,而普通团队的成员缺乏这种对他人成长和成功的额外关注。[53]确实,在绩效最好的团队,它的成员表现出了相当高水平的相互关心、信任和尊敬。

**道德问题** 一些领导者认为团队是不公平的,因为它们导致员工做了许多额外的工作而没有得到额外的报酬。对这一点你感觉如何呢?

## (二) 团队的类型

考虑到团队的广泛普遍性,目前存在多种类型的团队也不足为怪。为了理解这些团队,科学家已经将团队分成几个常见的类型,它们主要在四个方面不相同(图 7.15)。[54]

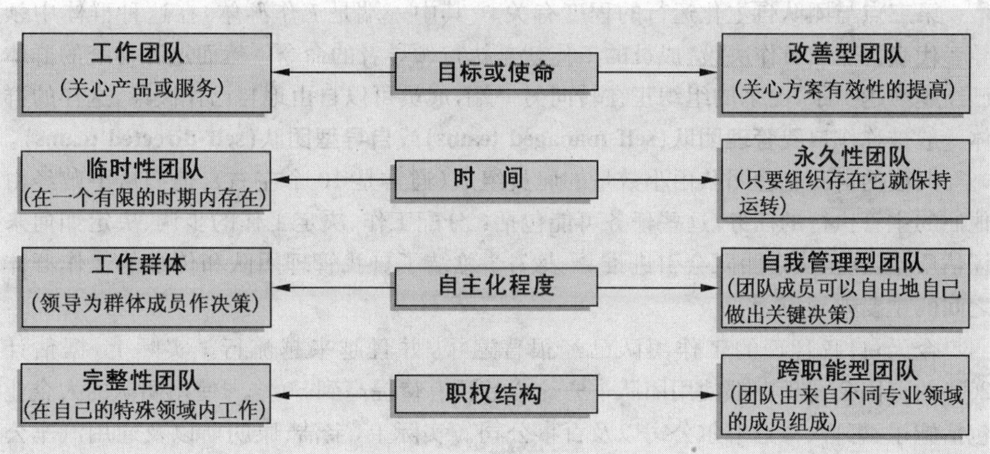


**图 7.15 团队的类型**

组织中的团队可以以这里列出的四个主要方面为基础而进行相互区分。

【资料来源】Based on suggestions by Mohrman, 1993; see note 54.

### 1. 目标或使命

第一个方面与团队的主要*目标或使命*有关。在这一点上，一些团队——被称为**工作型团队(work teams)**——主要关心由母公司所做的工作，如开发和研制新产品，为顾客提供服务，等等。他们的主要焦点就是有效地利用组织资源来创造出成果，不管它们是产品还是服务(我们在范例中所描述的卡特拉·汉莫公司的团队就属于这种类型)。

其他团队——被称为**改善型团队(improvement teams)**——主要侧重于母公司所使用方法效率的提高。例如，Texas Instruments 公司就依靠团队来提高马来西亚分公司的运作质量。[55]

### 2. 时间

第二个方面是*时间*。特别是一些*临时*团队，它们是在有限的时间内为了完成一项独特的任务而建立起来的。例如，一个用来开发新产品的团队可能是临时的，因为一旦任务完成了，它就会解散。其他类型的团队是*永久性*的，只要母公司还在运转，它们就不会解散。例如，那些着重为顾客提供有效服务的团队就是组织永久性的一部分。

### 3. 自主化程度

第三点与团队自主化运行的程度有关。[56]其中一端是*工作群体*，在这种群体中领导者代表群体成员作决策，成员的工作就是执行领导者的命令。然而这种传统的群体已经越来越少了，更多的组织正在转向另一端，成员可以自由地自己作决策，这样的群体一般被称作**自我管理团队(self-managed teams)**或**自导型团队(self-directed teams)**。

典型的自我管理团队由小数量的雇员组成(通常是 10 个左右)，他们从事曾经由他们的主管执行的任务，这些任务可能包括：分配工作、决定工作的步调、决定如何来评估质量，甚至决定团队会引进谁。[57]表 7.3 总结了自我管理团队和传统的工作群体之间的主要差异。[58]

今天，自我管理的工作团队已经很普遍了，并且越来越流行。实际上，据估计 20%的美国公司现在都使用团队——这个数目有待提高到 50%。[59]使用团队的大企业包括施乐、惠普、霍尼韦尔公司以及百事公司。实际上，宝洁、康明斯以及通用汽车公司使用自我管理团队也已经有 30 多年的历史了。[60]

### 4. 职权结构

第四方面反映了一个团队与组织整体的*职权结构*的联系——也就是各种工作责

## 表 7.3 自我管理团队和传统工作群体的比较

正如这里所概括的，自我管理团队和传统的工作群体在许多重要方面都不相同。

| 自我管理团队 | 传统工作群体 |
|---|---|
| 由顾客驱动 | 由管理人员驱动 |
| 多种技能的工作团体 | 专家隔离的工作团队 |
| 很少的职业描述 | 很多的职业描述 |
| 广泛地共享信息 | 有限的信息 |
| 很少的管理层 | 很多的管理层 |
| 强调整体的事务 | 强调功能/部门 |
| 目标共享 | 目标分离 |
| 表面似乎无秩序 | 表面似乎有组织性 |
| 强调目标的完成 | 强调问题的解决 |
| 成员的高度责任感 | 管理人员高度的责任感 |
| 绩效不断提高 | 绩效下降 |
| 自我控制 | 管理人员控制 |
| 以价值观/原则为基础 | 以政策/程序为基础 |

【资料来源】From K. Fisher, *Leading Self-Directed Work Teams*, © 1993. New York: McGraw-Hill. Reprinted with permission of the McGraw-Hill Companies.

任心之间的联系。在一些组织中，团队在有关它们的组织功能方面保持完整。例如，在 Ralston-Purina 公司，为了使人们全力以赴共同研发特定的产品，而不把他们的特长应用到更广范围的产品中去，组织构建了一些方案。在这些组织内部，团队运行得很好，而没有由于偏离一个人的专业领域所产生的不利影响。

然而，团队正在飞速地跨越各种各样的功能团体（如市场销售、财政、人力资源等等），这样的团队一般被称做**跨职能型团队（cross-functional teams）**，它由一些处于相同的组织级别但是专业领域不相同的雇员组成。跨职能型团队是很有效的，它将整个组织的员工团结起来执行各种各样的任务，而这些任务是完成大工程所必需的。在使用跨职能型团队的组织中，所有团队之间的界限必须是可渗透的。人们通常不仅仅是一个团队的成员——为了使组织有效地运行，常常需要这种情形。例如，对于一个组织生产部的成员，他们必须仔细协调自己的行为，以和市场营销部的员工取得一致。人们卷入不同类型团队的程度高一些，他们就能获得更广泛的视角，作出更重要的贡献。

10 多年来，许多汽车制造企业——包括大的美国公司和日本公司——使用跨职能型团队来创建和制造新模型。例如，成功的 Dodge Neon 完全就是由多功能型的专家团队创造出来的。相似地，波音公司创建了跨职能型团队设计并制造出了波音 777 飞机。在这两个例子中，使用团队已经得到了认定，因为产品以很快的速度进入了市场——这些产品都有非常好的质量。然而正如你想到的,跨职能型团队很难管理(图7.16)。各个领域的专家需要时间来学习如何相互交流,如何协调他们的努力,建立相互的信任和认可也要花时间,而这些是人们紧密联系在一起工作所要求的。当然考虑到跨职能型团队的巨大成功,需要多大的努力也是值得的。

图 7.16 BP Norge 的跨职能型团队

BP Norge 是英国石油公司的一个挪威分公司,它的雇员一直在北海的石油平台上进行着极度紧张、危险的工作。然而现在他们面临着一种不同类型的挑战——使用自我管理型团队一起工作,这个团队由执行不同组织功能的成员组成。这并不是件容易的事——特别是因为人们来自不同的专业领域和不同的国家——但是公司官员认为跨职能型团队一直很成功,所以他们考虑在公司中其他地方也采取类似的安排。

### 制胜诀窍

#### 团队创建的四个阶段

组织一个团队并不是容易的工作,它需要有各种技能的人的正确组合,也需要那些愿意与他人一起工作的人。有效地设计工作团队是一个包含四个不同阶段的过程,[61]认真遵循这些步骤,会使团队在通向成功的路上开一个好头。

*阶段 1:工作前阶段。* 在团队实际创建之前,必须决定这个团队是否应该形成,一个管理人员可以通过参考几个人的意见来决定;如果管理人员认为团队可以形成最有创造性和最有洞察力的做事方式,就可以创建团队。考虑这一点时,确切指出需要做什么工作是很重要的,团队目标一定要建立起来,工人所需的各种技能的详细目录要制定出来,另外还应该决定这个团队有什么职权。可以对管理者提供建议,或者为了执行任务,承担全部的责任和职权。

*阶段 2：创建绩效条件。* 完成了工作前阶段，组织必须要确保团队有执行任务的合适资源，这不仅包括物质资源（如工具、设备、金钱），人力资源（如技能熟练的专家的适当组合），还包括来自组织的支持（如愿意让团队适当地自己行事）。如果管理者没有为团队的成功创造出合适的条件，就会导致团队的失败。

*阶段 3：形成并建立团队。* 三件事情可以有助于一个团队从好的开端出发。首先，管理者应该建立界限——也就是明确规定谁是、谁不是这个团队的成员。一些团队没有成功仅仅是因为成员身份没有搞清楚，减少这样的含含糊糊有利于避免困惑及挫折。第二，成员必须接受团队的所有使命和目标，如果他们不这样的话，失败就在所难免。第三，组织的官员应该澄清团队的使命和责任感——也就是确切搞清楚期望做哪些事情（并不一定要搞清如何来做）。团队成员对于监测并计划他们自己的工作负责任吗？如果是那样的话，这些期望应该是明确的。

*阶段 4：提供继续帮助。* 最后，一旦团队运行起来，管理者需要帮助团队解决问题并且使团队运行得更好。例如，对于那些造成分裂的团队成员，可以给予忠告或取而代之。同时，物质资源也要得到添置或升级。对于一个管理者来说，阻碍已经从事正常运行的成功团队可能是不明智的，但是如果忽略有助于团队运行的更好机会也是不明智的。

考虑一下这些建议，毫无疑问，你会认为：有效地创建并管理团队需要大量的管理技能和辛苦工作。然而，当管理者学会了这些技能，个人在有效的工作团队中也获得了成功的经验时，这里列出的几个阶段可能就成为自然的东西。一个专家说过："当达到那个阶段时，为了学习如何更好地使用工作团队，它所需的大量投入就会产生回报——无论在工作有效性方面还是在管理者和（团队）成员的经验质量方面。"[62]

## 四、有效的团队绩效

最近，在有关团队改善质量、顾客服务、生产率以及公司盈利方面已经充满了压力。[63]表 7.4 列出了这些研究结果的例子。[64]

很明显，这些研究已经使我们认为：团队一般能产生令人印象深刻的结果，然而重要的是我们要考虑这些结果是否有效。在这部分中，我们将检验与这个问题有关的证据，然后集中阐述阻碍团队成功的几个因素以及促使团队成功的一些方法。

### （一）团队是如何地成功呢？

关于组织中团队有效性的问题是很难回答的。许多不同种类的团队不仅仅在组织中做不同种类的工作，而且它们的有效性也受到许多因素的影响，这些因素超越了任何来自团队的利益，如管理支持、经济、可利用资源。结果，理解团队的真正有效性

**表7.4 概括了团队的成功事例**

这里是一些支持团队建设的组织成功例子。

| 组　织 | 结　果 |
|---|---|
| 宝洁制造 | 生产成本降低30%—50% |
| 联邦快递 | 在一年内服务小事故(开错发票及丢失包裹)减少了13% |
| Shenandoah人寿保险 | 案例处理时间从27天减少到2天，服务抱怨“几乎消失了” |
| 宣威-威廉斯 | 成本下降了45%，货物返回率下降了75% |
| 泰克 | 两年之内由利润最少变为利润最多 |
| 罗门赫斯 | 生产力增加60% |
| Tavistock煤矿公司 | 产量提高了25%，成本更低<br>意外事故、患病、缺勤率减少了50% |
| Westinghouse Airdire | 循环时间从17周减少到1周 |
| 美国电报电话信用公司 | 团队每天处理800个租赁申请，在老制度下每天才处理400个。合成年利率增加了40%—50% |
| General Electric Salisbury | 生产力提高了250% |
| Aid Association for Lutherans (AAL) | 生产力提高了20%，加工处理时间减少75% |
| Cummins Engne Jamestown | 以8 000美元的价格从日本买了一台发动机，而它们期望卖到12 000美元的 |
| 施乐复印机 | 与传统的运作方式相比，团队的生产力至少提高了30% |
| Best Foods Little Rock | 在任何一个最佳食品工厂，产品都是有最好的质量，最低的成本 |
| 沃尔沃Kalmar | 与沃尔沃汽车的传统工厂相比，生产成本降低了25% |
| 福特Hermosillo | 在运作的第一年，与大多数的日本汽车制造商相比，有更低的缺点评价率 |
| Weyerhauser Manitowoc | 产量增加了33%，利润翻倍 |
| 哈里斯堡北方电讯 | 利润翻倍 |
| 通用食品 | 与传统的工厂相比，生产力提高了40% |
| 霍尼韦尔 | 产量增加了280%，质量从82%增加到99.5% |
| American Transtech | 成本和加工时间降低了50% |

【资料来源】From K. Fisher, *Leading Self-Directed Work Teams*, © 1993. New York: McGraw-Hill.

就困难了。

最权威的商业期刊最近刊登的有关团队成功的故事也支持了上述那个难题，[65]因为它源于最新的管理风尚，所以不知它的有效性有多大，然而我们视之为团队高效率的有效证据时，又应该接受多少呢？幸运的是，几个调查研究已经证实了这个问题。[66]

### 1. 调查研究

了解工作团队经验的一个最直接方式就是调查使用团队的组织官员。一个大规模的研究就是这样做的,[67]他们从1 000个最大的美国公司中挑选几百个作为样本,将近47%的公司都使用一些工作团队,但是这些团队仅仅在一些经过挑选的场所,并不是贯穿整个组织。然而在使用团队的地方,它们普遍得到了高度重视。在1987年,53%的团队被认为是"成功的"或"非常成功的",但是仅仅三年之后这个数字就增加到了60%。几乎所有的其他反应都属于"不确定"类型,每年仅仅有1%的团队被认为是"不成功的"或"非常不成功的"。

### 2. 案例研究

对于许多不同组织中大量团队的案例研究进一步证明了它们的有效性。[68]尽管很难对它们定性化并且在组织之间作对比,但是这类研究为怎样使团队成功以及为什么使团队成功提供了一些很有趣的见解。

例如,一群研究者分析了菲茨杰拉德的GM公司电池厂所使用的工作团队。[69]公司有320个员工工作在各种各样的团队,包括在支持团队中一起工作的经理、协调者的中层团队(类似于工头和技术人员),以及雇员团队(3到19个成员组成的执行独特任务的工作单位)。这些团队一起工作并且协调他们的行为,但是它们几乎是作为独立的团队起作用的。

因为工厂职员在他们的团队中执行许多不同的任务,所以不能根据他们的职务来支付工资,而是根据他们的知识和能力。实际上,工资最高的职员是那些至少已经在两个不同团队的所有工作中都证明了他们自己能力的人(常常通过高要求的测验)。这是GM公司为了扩展员工前景而奖励他们的一种方式——要意识到"其他同事的问题"。通过采用多种方式,菲茨杰拉德工厂已经有非常好的效益,它的产品价格比传统企业中的其他可比较团体低多了,员工跳槽率比平均数值也低多了,员工调查也表明:在菲茨杰拉德工厂的员工满意度属于GM公司中最高的。

这样的案例还有更多。[70]案例研究一致证明了团队的有效性,但是那样的研究可能不是完全客观的,企业毕竟不愿意向世人宣传它们的失败。这并不是说案例研究不可信。确实,当外面的研究者(如这里所报道的那些)收集信息的时候,他们对于如何使用团队以及使用团队的结果的描述——可能是非常令人信服的。[71]

### 3. 实验研究

尽管案例研究有这么多吸引人之处,但是如前所说,它们也并不是完全客观的。因此,研究者已经开始对团队的有效性实行有控制的实验研究。例如,有一个调查是这样的：在澳大利亚的一个铁路机车修理厂，比较工作绩效的各个方面以及两组成员的态度。[72]第一组（自治型工作团队）是这样的：它的成员可以自由地决定如何完成他们的工作。第二组（非自治型团队）是以更传统的方式构建的，通常是告诉成员他们要做什么。

几个月后，比较这两组，自治型工作团队的成员有更少的意外事故以及更低的员工缺勤率和跳槽率。其他的研究也表明：制造厂中工作团队的成员比那些传统地分配工作的团体中的成员（这种团体中，个体要执行管理人员的命令）对自己的工作更满意。尽管工人就个人来说工作效率不可能更高，但是使用团队已经使一些管理职位的淘汰变为可能，因此也使一个组织更有利润。[73]

## 全球组织行为

### 美、英、日团队有效性之比较

当你的团队面临一个问题，需要你寻求建议时，你最有可能求助的是什么呢？公司政策手册，非正式的政策，上司、团队同事还是你自己的经验呢？另外，这些不同的选择其效果如何呢？这两个问题的答案可能依赖于团队的民族文化了。毕竟，在个性化的文化中（如美国和英国），人们是自我依赖性的，然而在集体文化中（如日本），人们是有群体倾向的。因此，我们认为来自集体文化中的人会咨询他们的团队同事，来自个性文化中的人要依靠他们自己的经验了。

一项最近的研究也发现了这一点。[76]研究者调查了美国、英国和日本的团队成员，看看他们在自己的团队面临问题时如何做出回应。研究结果很明确：在日本，人们最有可能咨询他们的团队同事，但是在美国和英国，人们最有可能依赖于他们自己的经验和培训。这些研究结果表明民族文化影响团队成员在面临问题时的选择。

然而哪一种策略最有效呢？为了回答这个问题，这些研究者又研究了团队喜欢采取的策略和上司对它们的评价之间的联系。结果很有趣：一般来说，日本上司评价团队有效性时就看他们依赖公司手册寻求帮助的程度，然而，美国和英国上司评价团队有效性时看他们依赖于自己经验的程度。这些研究结果和这个趋势是保持一致的：日本人依赖正式的程序方案（因为它们代表了过去的集体智慧），更加个性化的美国人和英国人则相信他们自己的经验。[77]

一定要谨慎地解释这些研究结果，因为它们依赖于上司对团队有效性的评价，而不是依赖于客观的标准。上司可能会由于团队坚持了文化上认可的方式而给予它更高的评价，也可能是由于这些方法确实最有效而给予更高的评价。不幸的是，这个研究并没有告诉我们它属于哪一种情况。然而，它确实为下面一点提供了很好的证据：团队的成绩和团队运行的文化差异紧密相连。因此，建议那些对团队有效性感兴趣的研究者在未来的研究中要考虑民族文化的影响。

## (二) 通向成功的潜在障碍

我们已经讲了许多有关团队的成功故事,我们也间接提起了使用团队的一些问题和困难。毕竟,团队中的工作是高要求的,并不是每个人都有所准备。幸运的是,我们可以从这些经验中学到东西。对将团队引用到工厂失败的分析表明,对于团队的成功有些障碍是可避免的——如果你了解它们的话。[74]

首先,一些团队失败是因为成员*不愿意合作*。许多年前,密歇根州中部的陶氏化学公司的塑料生产厂就发生了这样的事情,在那个工厂创建了一个生产新塑胶的团队。[75]一些成员(如研究领域中的那些人)想花费几个月的时间来开发并验证新产品,但其他人(如在生产一头的那些人)想改变现存的产品并且马上开始生产,双方都不改变态度,这个工程最终就被搁置下来。相比之下,当团队成员有共同的目标并且为了达到目标而共同努力时,他们就有很高的合作性,反过来它又导致了团队的成功。

其次,一些团队没有什么效率是因为它们*没有得到管理人员的支持*。例如:在堪萨斯州,Lenexa, Puritan-Bunnett Corporation 公司的制造呼吸装备的一个工厂就是这种情况。[78]产品开发团队用了七年的时间开发改进软件,但仍旧没有完成工作。这些工作平均只要三年。罗杰·J. 多利达是公司研究和开发部的经理,他认为问题在于管理人员从来不优先考虑这个项目,因此他们就不会让这个工作所需要的另一个关键人物来做这项工作。正如他所说的,"如果高层管理人员都不接受这个观点……团队就无成功而言了"。[79]

第三,相对普遍的成功障碍是*一些经理不愿意放弃控制权*。好的上司下命令之后,让员工自觉执行命令。然而,团队的领导者一定要建立起一致的意见并且允许员工一起作决策。正如你所料到的,让员工自行控制也不是容易的事情,在纽约罗切斯特的 Bausch & Lomb's 太阳镜工厂就出现了这个问题。[80] 1989 年,大约 1 400 个员工被组织成 38 个团队。到 1992 年,大约有一半的上司还没有适应这种变化,尽管他们在作为团队的一员如何工作方面接受了完整的培训。当他们的观点没有被团队接受并且最终被重新安排时,这些上司感到很痛苦(图 7.17)。在密西西比,谢尔比拉模铸造公司采取了一种更严格的方法。[81]当它的上司拒绝在团队中合作时,公司就取消了他的工作并且让员工运行他们自己的团队。结果怎么样呢?公司每年支付的工资节省了 25 万元,生产力猛增了 50%,公司利润几乎翻倍。这两个公司所表明的信息很明确:不能适应团队工作的人是不受欢迎的。

第四,团队失败可能是因为它们*不能与其他团队合作*。当通用电气医疗公司安排两个工程师团队时就出现了这个问题——一个在威斯康星的 Waukesha,另一个在日本的日野——他们的工作是为两个新的超声设备开发软件。[82]这些团队的特色是它们的产品仅仅在自己的国家流行,并且它们在相互复制。当这两个团队相遇时,

**图7.17 不愿放弃控制权：团队成功的一个重要障碍**

当纽约罗切斯特的 Bausch & Lomb's 太阳镜厂引入了团队时，它遇到了混杂的成功。这里——在许多组织中也一样——部分问题是由于许多管理者不愿放弃他们曾拥有的控制权。

语言和文化障碍将它们隔离开来，相互之间更加疏远了。团队之间没有亲密的合作(团队内部也一样!)，组织就不可能获得它们在创建团队时所期望的利益。[83]

## (三) 创建成功的团队

正如前面所述，使团队工作有效并不是简单的事情，成功也不是自动出现的。为了使团队完成它们的使命，我们必须要仔细照料和维护团队。正如一个专家所说的："团队是工作设计的法拉利，它们有高度的成就，但是团队需要精心维护，并且要付出经济代价。"[84] 为了团队工作尽可能有效，我们应该做些什么呢？以成功团队的分析为基础，我们提出几条建议：[85]

1. *团队成员多样化*。当团队由高技能的个体组成时，它的效果最大了，而这些个体对于手边的工作有各种各样不同的技能和经验。[86]

**全球问题** 当团队包括来自不同文化和民族群体的人时，它们有时会面对一些独特的挑战。最近，在几个专业运动团队中就出现了这样的情况，队员来自世界各个国家，你能鉴别出这样的团队吗？由于文化障碍而使队员不能很好地一起工作，为了克服这些问题，已经做了哪些——或者能做哪些呢？

2. *保持小的团队规模*。有效的团队由这项工作所需的最少数量的人组成。当团队规模太大时，协调就困难了；团队太小时，有可能发生成员的工作超载问题，一般来说，10 到 20 个成员是最理想的。[87]

3. *选择合适的团队成员*。一些人喜欢在团队中工作，另一些人喜欢单独工作。因此，不要强迫那些喜欢单独工作的人加入团队，这样就能减少问题。相似地，根据他们的技能（或潜在技能）来选择团队成员也是很重要的。因为团队的成功要求成员在许多任务上紧密合作，对于他们来说有互补的技能就很必要，这不仅仅包括工作技能，而且还包括人们之间的交往技能，因为与团队成员很好地相处非常地重要。

4. *培训，培训，再培训*。为了使团队有效地起作用，成员必须具备工作所需的所有技能。这可能包括在他人专业领域的重要方面进行跨专业培训。对于他们来说在人际交往技能方面进行培训也是必要的，而这些技能是与他人融洽相处所需要的。由于团队成员拥有很大的责任心，所以应该以最有效的方式培训他们作决策，考虑到这些因素，在俄亥俄州剑桥的高露洁公司的液体清洗剂工厂，工作团队最初接受了 120 小时的技能培训，如质量管理、问题解决以及团队交流，随后他们又接受了这些领域的深层次培训。

5. *阐明目标*。当团队成员有一个定义很明确的使命时，他们就可能指向相同的方向并试图完成相同的目标。因此，必须要清晰地阐明团队目标。

6. *将个人奖励和团队绩效联系起来*。由于群体的成功而在经济上奖励团队成员越多，他们就越有可能高度承诺于为成功而努力奋斗。

7. *使用合适的绩效评估*。当团队形成了自己的成功评估体系时，它们的效率是最高的。此外，这些策略应该以过程而不是结果为基础。例如，不要度量它是否有利润，这是一种传统的评判成功的方式，一个制造团队可能会提出有诊断价值的测量，如每次服务的平均时间或者是服务迟到的次数。毕竟，意识到这些指标的团队成员能够做一些事情。

8. *促进相互信任*。为了使团队能成功地运行，成员之间必须相互信任，以维护他们的共同利益，他们牵挂着团队和所有成员的福利。通过这一点人们能证明信任的价值。

9. *鼓励参与*。参与到决策中的团队成员越多，他们就越有可能对那些决策负有责任感。因此，要使团队得到承诺，所有的团队成员必须参与进去。

10. *培养团队精神和社会支持*。有着“一定能做”态度的团队工作是最有效果的——也就是当他们认为他们能成功的时候。当人们向他们的团队成员表示人们之间的以及工作上的支持时，他们常常会受到鼓励，但支持必须要来自高层管理人员。团队成员如果认为管理的支持不充分，他们就不会致力于手边的工作。

11. *促进交流和合作*。团队成员一定要相互交流和合作，以便他们能协调他们的努力来完成共同的目标。但同时，他们也一定要与其他的团队相互交流、合作。这样做会促进母公司的整体成功。

**全球问题** 来自不同国家的团队领导者与团队成员交流时可能会采取不同的方法。例如,美国人习惯用直率的方式,但是日本人习惯于以一种和谐的方式达成一致。你能举出团队中交流方式有民族差异的其他例子吗?

12. *强调团队工作的紧迫性*。团队成员共同迎接挑战,而这些挑战迫使他们达到很高的绩效标准。例如,几年前,在Ampex公司,它是生产广播录像带设备的专业制造公司,当团队成员认识到他们有必要从模拟技术转移到数字技术时,他们就会努力工作以使团队获得成功。公司一旦遇到了这些挑战,它们就会努力奋斗。意识到公司的未来处于危险境地,工作团队就会推动Ampex进入到工业领域中占主导的位置。

13. *阐明行为的规则*。有效的团队对于哪些行为被期望,哪些行为不被期望都有明确的规则。例如,在得克萨斯州器具防卫系统和电子集团,有关出勤率,仅仅给出建设性批评,结果规则得到了认真地遵守。

14. *经常面临新情况*。新的信息可能会促进新的方法,引进新情况会向团队呈现挑战,而团队需要挑战来保持革新。例如,当佛罗里达的哈里斯股份有限公司的团队得知国防开支要削减的信息时,作为一个电子制造商,它们发展了新的技术,这使它们在非军事的政府组织中签订了大量的合同并立于不败之地——其中包括一个使美国农业基金会的空运交通控制系统升级的17亿美元的合同。

15. *承认并且奖励团队的重要贡献*。正如第二章所述,奖励被期望的行为是保证行为在将来得以重复的一种方式。奖励不必是非常大的,例如,柯达的斑马团队,它是制造黑白胶片的团体,当它的成员由于作了特殊的贡献而被挑选出来时,往往奖励他们主餐券。[88]

**你来做顾问**

一个大的制造公司的管理人员对于过去一年生产的不景气感到担忧,为了补救这种情形,他们正在考虑使用自我管理团队,要求你对这个问题给出自己的建议。

1. 你认为团队在这种情形下会有效果吗?为什么呢?
2. 与创建团队相连的有什么潜在的问题?如何克服呢?
3. 如果你认为团队可行的话,你会提出什么建议来帮助团队尽可能有效地运行呢?

读了这些建议之后,如果你认为使团队有效地工作并不是容易的事情,你就和那些众多的有实践经验的经理得出了相同的结论。确实,创建团队后,不能坐着休息,然后指望那些令人惊讶的成果。团队可能是非常有用的工具,但要有效地使用团队，需要进行实践工作。尽管这些建议很重要，但它们也不能确保工作团队的成功，注意到这一点也是很重要的。许多其他的因素，如经济、竞争对手以及公司的财政情况都是组织成功的重要决定因素。然而，考虑到会出现的巨大利益，这些努力还是值得付出的。

## 学习目标的回顾和总结

**1. 为群体下定义，并解释它与人的组合有什么不同。**

**群体**是满足特定标准的一个特殊的人的组合：有两个或两个以上相互交流的个体，他们之间有一种固定的关系模式，分享共同的目标并且把他们看做是一个群体。

**2. 鉴别组织中群体的不同类型以及它们是如何发展的。**

组织内部有两种主要的群体类型：**正式群体**，它包括**命令型群体**和**任务型群体**；**非正式群体**，它包括**兴趣型群体**和**友谊型群体**。根据**五阶段模型理论**，群体的发展经历了五个阶段：*形成*，*震荡*，*规范*，*运作*，*中止*。根据**间断—平衡模型理论**，群体的活动是很稳定的，直到它到达中间阶段为止，然后开始出现活动的紊乱并且一直持续到群体的最后期限。

**3. 描述组织内部角色、规范、地位以及凝聚力的重要性。**

群体的结构是由四个关键因素决定的：*角色*，即社会环境中典型的行为模式；*规范*，即普遍赞同的非正式规则；*地位*，即给予群体成员的威望；*凝聚力*，即成员为了保留在群体中所面临的压力。

**4. 解释群体中的个体绩效是如何受在他人面前(*社会助长作用*)、群体成员的文化多样性、共事的其他人的数目(*社会惰化作用*)影响的。**

个体绩效受其他群体成员在场的影响。有时候一个人在他人面前绩效会提高(当他们对正在做的工作熟悉时)，有时候绩效会下降(当这项工作很新奇时)，这被称作**社会助长作用**。绩效不仅仅受他人在场的影响，而且还受群体的民族和种族多样性的影响。开始时，多样性群体的绩效要比同质性群体差一些，但是随着成员不断参与到群体中，这些差异会消失。在*累加性任务*(每个成员的个人贡献都被联合起来的任务)方面，发生了**社会惰化作用**。根据这种现象，从事一项任务的人越多，每个群体成员付出的就越少。

**5. 解释什么是团队，大体上将它与群体进行对比。**

**团队**是特殊类型的群体，它的成员强调集体的而不是个体的工作成果，他们相互对对方负责任，并且承诺于一个共同的目标，通常是自我管理。

**6. 描述组织中存在的团队的类型以及在创造团体的过程中应该遵循的步骤。**

团队在几个方面有所差异：它们的目标或使命(**工作型团队和改善型团队**)，时间(*临时性团队和永久性团队*)，自主化程度(*工作群体*和**自我管理团队**)，职权结构(*完整型团队*和**跨职能型团队**)。创建团队包括几个基本步骤：工作前阶段，创建绩效条件，形成并建立团队，提供继续帮助。

**7. 总结组织中团队有效性的证据。**

在*调查研究*中，组织官员报道运行在他们组织中的团队几乎都是成功的。综合性的*案例研究*也发现了由于使用团队而产生的组织生产力的提高（如更多的成果，改善的质量，更低的成本）。然而，更加客观的*实验研究*表明：尽管员工在团队中工作比在传统的管理条件下更加满意，但是他们在个体层次上效率不是很高。

**8. 解释一些团队没有尽可能有效地起作用的原因。**

尽管有证据证明团队会成功，但一些团队失败了，常常是因为：团队成员不愿意相互合作，没有得到管理人员的支持，经理不愿意放弃控制权，团队成员没有与其他团队取得协调一致。

**9. 阐明成功的团队是如何建立起来的。**

通过努力奋斗，团队产生了高水平的绩效。为了创建成功的团队，照下列来做会很有帮助：团队成员多样化；保持小的团队规模；选择合适的团队成员；培训，培训，再培训；阐明目标；将个人奖励和团队绩效联系起来；使用合适的绩效评估；促进相互信任；鼓励参与；培养团队精神和社会支持；促进交流和合作；强调团队工作的紧迫性；阐明行为的规则；经常面临新情况；承认并且奖励团队的重要贡献。

## 问题讨论

（1）假设你为了看一场电影和其他的几个人排队等待，你会不会说这些人组成了一个严格意义上的*群体*呢？为什么？

（2）考虑一下你工作的群体，*五阶段模型*和*间断—平衡模型*如何应用到这些实践中呢？

（3）在你所属的群体中，*规范*、*角色*和*地位*是如何起作用的？对每一点至少给出一个例子。

（4）假设你正要上台表演钢琴独奏，*社会助长作用*如何影响你的成绩呢？

（5）描述一件包括你在内的*社会惰化作用*事件（如一个班级计划），为了克服这种影响应该做些什么呢？

（6）什么使得团队成为群体的一种特殊形式？一支棒球队是一个团队，还是一个群体呢？

（7）以关于团队有效性的证据为基础，你能不能说今天团队的普遍性已经建立起来？

（8）假设在你的组织中你需要组成一个工作团队，你认为会有哪些潜在的危险因素呢？为了使得团队的绩效更高，你会怎么做呢？

## 典型案例

### 案例 1 SEI 投资公司：那里有全部的团队合作规则

宾夕法尼亚的 SEI 投资公司，掌管着 1 210 亿美元的资产，并且为近乎一半的美国最大银行的信托部提供操作服务，它也给有钱人提供投资建议。不管你认为高级金融的拘泥仪式怎么样，SEI 并不与之相符。实际上，它很开放，SEI 的工作人员不穿制服，他们也没有秘书以及办公室。

他们所拥有的是自我管理型工作团队——将近 140 个。实际上，团队是 SEI 的唯一运行单位。如果你想寻找反映在组织图表上的等级制度，那是不可能的事。所有的工作都被划分到各种团队中，这些团队的规模在 2 到 30 个人之间变化。一些团队是永久性的，服务于重要的顾客和主要市场，然而也有一些团队是临时性的，由需要做一项工作或解决一个问题而聚在一起的人组成，任务完成时团队就解散了。根据 SEI 的主席和首席执行官阿尔·韦斯特的观点，“人们要搞清楚他们擅长于做什么，这也就塑造了他们的角色。领导者不是一个，不同的人在过程的不同部分、不同期间都会起到领导作用”。

为了做事情便利，SEI 的公司设备中没有墙壁，桌子是带有滑轮的，以便使得团队成员需要时能重新定位。实际上，电线、电话以及因特网的接口是通过吊在天花板上的有色电缆完成的，因此，物体障碍就不能阻碍员工使用工作所需的资源。

与这种有准备的物理通道相一致的是，SEI 取消了那些在传统组织中将人隔离开来的权力差异。如果你想在 SEI 做一些事情，你必须要劝另一个人加入你的团队——如果你有一个好的项目想法并且能说服他人的话，他们会集中来到你的团队（如果你的想法很差劲的话，它会由于缺少支持而失败）。对于那些在传统的投资机构中努力奋斗的人来说，SEI 是不适合他们的。毫不奇怪，公司非常认真地寻求那些可以接受高度流动文化的新员工。没有行政机构来提供资源，也没有等级制度来发布命令，在 SEI 工作并不是每个人都行的。

然而，数字表明 SEI 做得很好。实际上，它 1997 年的财政收入——大约是 3 亿美元——比 1994 年上升了 30%多，它的利润也增加了很多。1998 年，SEI 的商业股高达 54 美元——一年以前仅仅是 18 美元。首席执行官阿尔·韦斯特深爱这幅耀眼的经济画面，也以人们如何在 SEI 工作为乐。与 20 世纪 80 年代相比，那时公司运行起来更像一个传统的投资公司，他将他现在的工作描述为“更有趣”。

**问题反思**

(1) SEI 使用的是什么类型的群体或团队？

(2) 你如何概括 SEI 的角色分工的本质？

(3) 你认为在其他类型的公司中，完全使用自我管理型团队会像在 SEI 看到的那样有效吗？在哪些类型的组织中使用自我管理型团体有效呢？在哪些类型的组织中无效呢？

（4）当韦斯特先生为了给自我管理型团队铺平道路而拆散SEI传统的组织结构时，你认为他会面临哪些挑战？

（5）你喜欢为一个单独依赖自我管理型团队的公司工作吗？为什么呢？

## 案例2 群体动力学和团队工作

**小型商务2000** 人们一般是为了某个理由而做事情——至少做重要事情是这样的。他们可能被他们的信仰，被一个察觉到的机会，或者被一个独特的需要所激发。无论情况如何，我们总是对我们信仰的事情给予最大的个人投资。吉姆·莫里斯和吉姆·莫里斯环保T恤衫公司的员工正是这样的人，他们都在谋生，公司似乎也很有利润。然而，经营好一个企业并不仅仅是使这些人赚钱，这个公司还进行着其他的事情。

莫里斯学的是数学，但是涉及谋生时，他就转向了其他的行业。莫里斯是一个热情的人，他总是尽自己的努力去保护我们的自然环境，保护生活在大自然中的动物。有趣的是，他用他的智慧和兴趣为自己和他人提供了一个舒适的公司。

乍一看，你可能会认为这个公司完全是由莫里斯和他对保护环境的承诺发展而来的。然而仔细观察后，你会发现这个公司由十几个人组成，所有的人都有共同的兴趣。公司的每个人并不是很像莫里斯，但是每个人都在以自己的方式关心着环境。

当你看到这个电视片断时，你会明白一个人的兴趣如何转向一个人的工作——最终转向一个公司的。你会看到公司内部的许多自动化过程，但是不只是有莫里斯和一群机器、电脑，公司还有更多其他的内容。莫里斯雇用了大约20个人，一些人一起工作，一些人单独工作。注意一下个人是如何交流的，他们对这个公司感觉如何，公司的创建者莫里斯是如何谈论他的员工的。

**问题讨论**

（1）根据你对吉姆·莫里斯的了解，鉴别出一个你认为莫里斯所属的公司之外的群体，用你从电视片断中得来的信息以及你的有关"群体"的知识来支持你的答案。

（2）鉴别出你认为在吉姆·莫里斯环保T恤衫公司中存在的一些团队，考虑一下你已经学过的关于团队的维度（使命、自主化、时间以及结构），选择一个团队然后用这些维度来简短地分析它。

（3）工作在吉姆·莫里斯环保T恤衫公司的人们很明显有许多共同的想法和价值观，这是建立一个好的工作团队的很好的一步。如果你是莫里斯的顾问，为了使他的团队更强大，更有效率，你会建议他注意哪些问题呢？

## 技巧库

### (一) 亲历组织行为

#### 1. 你是一个合作者吗?

让我们看一下：一些人认为在团队中工作要比其他人更容易一些，你是一个“团队工作者”吗？你还没有形成在团队中与他人一起有效工作所需要的技能吗？当你考虑一个新的工作或者计划你的下一个工作安排时，了解你自己所处的位置可能是很有帮助的。下面这个问卷为此问题提供了一些见解。

#### 2. 指导语

(1) 阅读下面的每一个陈述，认真考虑一下它是否确切地描述了工作中的你(大部分时间)。

(2) 如果它描述了大部分时间的你，就在每个陈述前面的横线上写上“是”，否则写上“否”，如果你不确定的话，打上一个问号(“?”)。

(3) 尽量诚实地对所有的项目做出回答。

*在工作中的大部分时间，我……*

——① 展示了很高的道德标准。

——② 放弃了我许过的诺言。

——③ 不用他人告诉，采取初步行动来做需要做的事情。

——④ 在我所工作的群体中，遵守规范和标准。

——⑤ 把团队的目标放在第一位，我自己的放在第二位。

——⑥ 在组织中确切地向他人描述我的团队。

——⑦ 努力帮助他人学习新技能。

——⑧ 至少要做我自己的一份工作。

——⑨ 使自己的工作和他人的协调一致。

——⑩ 尽量参加所有的会议并且及时到场。

——⑪ 有准备地参加会议。

——⑫ 在会议期间注意议程安排。

——⑬ 和其他人一起分享有关工作的新知识。

——⑭ 鼓励他人对事情的来龙去脉提出问题。

——⑮ 在注意任何内容之前，对别人的想法给予积极的肯定。

——⑯ 不打断他人的讲话。

——⑰ 向别人提出问题以了解他人。
——⑱ 确信我注意到了讲话者的非言语信息。
——⑲ 表扬那些成绩好的人。
——⑳ 给出建设性的、非判断性的反馈。
——㉑ 没有采取守势而接受建设性的反馈。
——㉒ 与他人交流观点时不用威胁或嘲笑。
——㉓ 解释我的观点的合理性。
——㉔ 表明我愿意改变我的观点。
——㉕ 我不赞同他人时就大声说出来。
——㉖ 以一种委婉礼貌的方式表示自己的不赞同。
——㉗ 当我与他人发生冲突时，尽量讨论意见一致的领域。

【资料来源】Based on material appearing in McDermott et al., 1998; see note 89.

### 3. 计分

（1）数出回答“是”的次数。

（2）数出回答“否”的次数。

（3）将这两个数加在一起。

（4）为了计算你的合作分数，用你回答“是”的次数（第一步）除以总数（第三步），然后乘以100。你的分数在0—100之间，得分越高说明你越容易适应团队工作。

### 4. 问题讨论

（1）你得了多少分？与班里其他同学相比，你的分数如何呢？

（2）这个问卷评估了团队成功的哪些内在标准？

（3）这个问卷揭示了你在团队中工作时最大的优点是什么？

（4）这个问卷揭示了你在团队中工作时最大的缺陷是什么？如何提高你在团队中工作的意愿？

## （二）分组练习

### 1. 证明社会惰化作用的影响

社会惰化作用的影响是很大的，在人们对一项累加性群体任务付出个人贡献时的许多不同情形下，都有可能发生社会惰化作用。这个练习就证明了在你自己班级中的影响。

2. 指导语

(1) 把一个班分成大小不同的组。5 到 10 人是单独工作,另外,应该有两个人的组,3 个人的组,4 个人的组等等,一直到所有的班级成员都被安排到组中(如果班级很小,则将学生分配到人数相差大一些的组,如两个人,7 个人,15 个人),将来自同一组的人聚集在一起就形成了群体。

(2) 发给每个人一张或两张电话簿上的纸以及一沓索引卡,然后让个体以及每组的成员执行相同的累加性任务——将电话簿的条目抄到索引卡上,时间限制在 10 分钟,鼓励每个人尽最大努力地工作。

(3) 到时间的时候,数一下所抄的条目数量。

(4) 对于每一组和所有的个体,计算出每人的平均成绩,即用所抄条目的整体数量除以组内的人数。

(5) 指导者应该画出图来表示结果,垂直轴是每个人所抄条目的平均数量,水平轴是工作群体的规模(即一个人,两个人,3 个人,4 个人等等),这个图看起来应该像图 7.12。

3. 问题讨论

(1) 社会惰化作用的影响得到验证了吗? 这个推论的基础是什么?

(2) 如果社会惰化作用的影响没有被发现,为什么你会认为它不存在呢? 你对这种影响的熟悉了解是否导致你避免它的发生呢? 再做一次练习以验证这个可能性,这次要找那些不了解这种现象的人(如另一个班级),然后比较两次结果。

(3) 小组的成员是否比大组的成员对自己组的成绩感到更多的责任心呢?

(4) 如何反对练习中可能会发生的"自由放松"呢?

## 趋势:今天的企业在做什么?

### 电视会议:电子空间中的群体

如果你想计划一个群体会议,你应该知道对于繁忙的人们来说找一个共同接受的时间开会是多么难,当会议涉及遥远地区的人时也会出现这样的问题。在这些情况下,我们不仅要考虑会议本身花费的时间,也要考虑旅途耗掉的大量时间和消费。为了减少这些障碍,现在的高科技使人们以电子化的形式聚在一起——在"虚拟的"空间中而不是在物理空间,这种方式被称做**电视会议(videoconferencing)**——也就是用高科技将听众和电视联系起来(有限的或者是完全动态的),因此也允许了人们之间的可视化交流,虽然他们不在一个物理空间。

电视会议消费不太高,因此它成了群体开会的一个越来越普遍的方式。如果不考虑其他原因，仅仅是在旅途方面的节省就使得电视会议很划算了。BASF's 光纤公司就是进行这项投资的一个公司，这个公司花费了 100 万美元在世界范围内的 24 个地区安装了电视会议设备，现在它每年都要节省 1 040 万元的旅途费用，[32]此外，公司官员发现这样更容易计划会议了。一群繁忙的专家寻找共同的时间到最近的电视会议设备室开会并不是容易的工作，但是与在物理空间上将他们安排到一起相比，就显得简单多了。考虑到电视会议的简单、方便，一些公司已经使用这种技术来获得竞争优势。例如，巴塔鞋业在 60 个国家都有分公司，它使用了电视会议，将产品开发时间降低了大约 90%。[33]

一个更有限的多媒体会议形式是**共享屏幕会议(shared-screen conferencing)**——也就是将计算机工作站联系起来提供一致的信息展示和个体之间的交流。[34]使用这种技术，群体成员在他们的办公电脑上能操作共同的文件，并且同步进行工作，这可能包括简单的事情，如草拟备忘录，或者更复杂的事情，如进行一项新的程序设计。一些群体成员甚至相互传递私人信息，而不让他人知道——这种高科技相当于将信息低语传入另一个人的耳朵。[35]

这种技术很明显还处在初级阶段，但是他们在许多组织中已经越来越普遍。尽管只有大的企业才能支付得起电视会议设备的巨大投资，但是小企业可以租借公共的电视会议设备。一些私人企业，如 Kinko 的许多场所，现在也提供了这种服务。考虑到公司对这些服务的满意程度，我们期望在将来能看到更多的电视会议。正如一个管理顾问所说的：“尽管我们不能确信 10 年以后电子式的会议会完全代替面对面的会议，但是人们之间通过计算机交流的新形式会越来越多”。[36]

**学习目标** 学完本章后应能够：

1. 描述沟通的过程及其在组织中的作用。

2. 识别组织中使用的言语媒介的形式，并解释某种类型的言语媒体为何最适用于相应的信息类型。

3. 解释怎样的服饰类型和对时空的运用构成了组织中非言语沟通的一部分。

4. 描述人们沟通中的个体差异。

5. 描述影响组织沟通的正式力量。

6. 描述非正式网络如何作用于组织中的沟通。

7. 阐释人们如何通过清晰简练的语言提高他们在组织中进行沟通的效果。做一个积极的听众，评估沟通的过程，并适当给予和接受反馈。

8. 描述使你自己成为一个积极沟通者的方式，并能使用技巧使自己更有效地沟通。

# 第八章 组织中的沟通

## 预备案例

### Digital 公司怎么啦

尽管你一定知道康柏电脑，但可能对康柏于 1998 年夏天收购的附属企业 Digital 公司只有一个大概的印象。当崛起的康柏在 20 世纪 80 年代进军个人电脑(PC)行业，与行业巨擘 IBM 进行较量时，Digital 公司已经是这个市场的一支主要力量了。它的专长不在于 PC 机的制造，而是为大型行业企业研制中央处理器和网络产品。事实上，早在康柏诞生之时，Digital 公司就已经从至今仍联系着办公室电脑、受到普遍欢迎的局域网络系统 Ethernet 的开发中尝到了成功的滋味。然而，具有讽刺意味的是，多年以后，同一个网络系统却给公司造成了严重的问题。

情况之一是：主持公司的下一个人选的不确定造成了公司的混乱局面。每个人都认为资深副总裁杰克·施尔茨(Jack Shields)将成为当然人选，但当肯尼斯·奥尔森(Kenneth Olsen)召集"公司状况会议"时，施尔茨却惹人注意地缺席了，令众人大跌眼镜。当奥尔森未能直率地就施尔茨的去向做出令人满意的解释时，人们的好奇心被大大激发了起来。

当在一张新的组织结构图中没有保留施尔茨的方框时，事态进一步升级，并继续发展着。

这一事件从公司传了出去，并立即引起了新闻界的关注。由于手边没有正式公告，故 Digital 公司负责人否认了这一谣传。原本事态可以就此平息，但一位粗心的电视台记者却误读了否认施尔茨离去的新闻稿，并发布了施尔茨已经辞职的报道。听到这个电视新闻后，目瞪口呆的 Digital 公司负责人才在他们的电子公告栏上重申了这个报道的失实。不久，这个消息传到了华尔街，Digital 公司的股票开始下挫。

事态继续发展，直到施尔茨亲自出面向媒体澄清才得以结束。而事实非常简单，施尔茨之所以错过这个会议，是因为他出席了另一个会议。他在组织结构图中的"缺席"也是出于同样的误会，该图没有把他在其中的执行委员会画完整。

值得注意的是，这不是 Digital 公司惟一的一次遭受自由传播信息影响的事件。早在被康柏收购之前，Digital 公司就已把其看家宝——网络产品部卖给了 Cabletron Systems 公司。当传出 Digital 公司正在寻找买家时，很多顶尖工程师纷纷离去，而不愿面对不稳定的新公司。对任何高科技企业来说，人才是公司最大的一笔财富。因此，网络产品部不再有从前那么高的身价了。这也让 Cabletron 做了一笔好买卖。在 Digital 公司员工在 Cabletron 公司中一个现在名为数码网络产品集团确立起他们的地位之前，这种破坏就已经造成了。

你对 Digital 公司的状况考虑得越多就会越赞同以下观点：如果说存在着一个造成公司成败的因素，那么它就是*沟通*。例如：关于未来 PC 机产业发展前景信息的沟通使 Digital 忽略了其制造中央处理器和网络产品的优势路线。研发 Ethernet 系统的工程师必须做到在彼此技术细节的沟通上一丝不苟，因为这决定着其项目的成功与否。当对一位 Digital 公司经理低价抛出其手中的股票在无意中产生误解时，关于出售集团的消息便不胫而走，从而导致了极具天赋的工程师的离职，降低了公司的价值。以上各种情形的出现，究其根源，在于沟通。我们将在这一章着重探讨这个问题。

毫不奇怪，专家们认为，沟通是隐藏在组织运作所有方面的一个重要过程。[1] 当代学者纷纷将组织沟通比喻成“凝结组织的一种社会纽带……”[2] 以及“组织的核心”[3]。著名管理理论家、新泽西贝尔电话公司前总裁切斯特·伯纳德(Chester Barnard)多年前曾说过：“组织的结构、规模和范围几乎全部由沟通技术所决定。”[4] 如果从一个主管将他 80%的时间花在诸如讲话、倾听、阅读写作材料等形式的沟通上来看，这一论断是不无道理的(图 8.1)。[5]

图 8.1 沟通：组织的基本过程

组织的基本功能取决于沟通过程。没有沟通，组织就不能存在。

既然沟通在组织中的作用巨大，这一章我们将对其过程进行仔细考察。首先，我们要给沟通过程下一个定义，并勾勒出它在组织中的作用。然后，描述沟通的两种基本形式：言语沟通和非言语沟通。接着，要认识到：人们有着不同的沟通方式。我们考察了沟通中几种主要的个体差异：人格类型差异、性别差异、跨文化差异。下一步我们将对自己身处其中的两大主要沟通类型进行区分：正式沟通和非正式沟通。在本章结束时，我们将列出一系列有助于人们成为一个更善于沟通者的具体建议。不管怎样，认识到组织沟通的重要性将有利于你更注重发展自身的沟通技能。

## 一、沟通的基本特征

在我们完全了解组织沟通的过程之前，必须先弄清一些最为基本的东西。首先我们要对*沟通*给出一个正式的定义，然后再详细阐述沟通发生的过程。接着，我们将描述沟通在组织中的重要作用。

### （一）沟通的操作性定义以及对沟通过程的描述

以下的情况有哪些共同之处？地区经理贴出一个告示，称公司产品区禁止吸烟；一位总经理准备了一份有关公司财务状况前景的分析报告递交给公司接管者；一名出租车调度员告知54号车司机开到樱桃街1065号接一位客人；一个领班对其下属露出笑脸并拍拍他的后背，赞赏他在工作中的出色表现。问题的答案是什么？每一事件都包含着某种沟通方式。你可能对什么样的沟通是必须的这一点已非常熟悉了，但通过赋予它精确的定义，描述其过程的性质，能帮助我们更好地理解组织中的沟通。

我们将**沟通(communication)**定义为一个过程。在这个过程中，个人、群体或组织(即*发送者sender*)将某种信息(即*消息message*)传递给另一个个人、群体或组织(即*接收者receiver*)。为了更好地阐明这个定义，说明沟通的运作过程，我们在图8.2中进行了一个归纳。当我们回顾不同步骤时，这个图解可能会有一定的帮助。

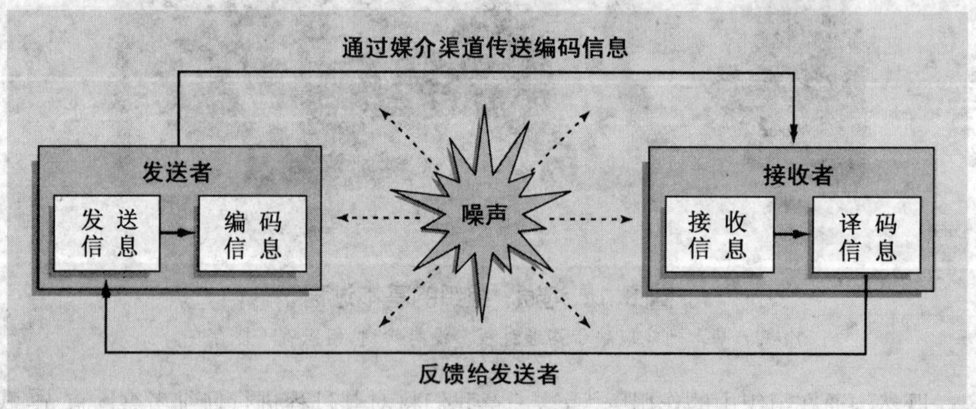


**图8.2 沟通过程**

沟通通常按照这里所列出的步骤进行。发送者对信息进行编码并通过一个或多个渠道发送给信息接收者。当原来的信息接收者向信息发送者给予反馈时，沟通过程继续进行。歪曲和限制信息流动的因素，即众所周知的噪音，可能在任何时刻介入沟通过程。

## 1. 编码

当一方想将其观点传递给另一方时，沟通过程就开始了。（每一方可能是一个人、一个群体或整个组织。）发送者的任务是将其观点转变成一种可以传递和为接收者所理解的形式。这就是编码的过程，即将一种想法转化成接收者所能理解的形式（如书面语言或口头语言）。当我们写信或与人交谈时，我们对措辞进行的推敲就是在为信息编码。这个过程对我们进行清晰的意见沟通非常重要。然而，不幸的是，当需要对其想法进行编码时，（尽管沟通技能已有所提高）人们的表现却依旧不尽如人意。

## 2. 沟通渠道

一个已经编码的信息可通过一个或多个沟通渠道到达期望的接收者。信息以这些渠道为通道进行传递。电话线、广播和电视信号、光纤电缆、邮路，甚至带有我们声音振动的电波，都代表了潜在的沟通渠道。当然，广泛运用的编码形式决定了信息的传递方式，如图片、文字等可视信息，可以通过个体信使、航运快递服务以及电子方式进行传递（如，通过调制解调器、传真机和卫星天线）。口头信息可以通过电话、广播和电磁波传达或亲自沟通。不管使用什么渠道，目的只有一个：向预期的接收者准确地发送已编码的信息。

## 3. 译码

一旦接收者收到信息，译码的过程就开始了。译码就是将这些信息还原到发送者原来的意思。它包括了很多各不相同的次级过程，如理解口头或书面语言、解释面部表情，等等。在某种程度上来说，若接收者准确破译了发送者的信息，那么他就能理解信息发送者所想表达的意思。当然，我们理解和解释从他人那儿所接受信息的能力还远远不够完美（如，受到我们自身语言技巧的限制或含混语言的限制）。另外，就译码而言，我们对信息译码能力方面的局限性也体现了沟通过程中另一个潜在的弱点（尽管这方面的技术同样有了一定提高）。

## 4. 反馈

一旦信息被译码，接收者就能向原来的发送者传递一个新的信息。这就是反馈，即接收者对所收到的信息做出的反应。接到反馈可使信息发送者判断其发送的信息是否已被真正理解。同时，反馈可以使接收者确定发送者是否真正关注他们的意见。因为一旦收到信息，反馈可以从发送者那里得到又一个想法，从而开始新一轮信息的传递。由于这个原因，我们在图 8.2 中归纳了连续沟通过程的特征。

5. 噪音

除了特别简单的沟通过程外，沟通过程很少表现得如我们描述的那样毫无缺陷。存在着许多潜在的、阻碍有效沟通的障碍。其中，噪音是破坏信息清晰度的一个因素。如图 8.2 所示，噪音可能在任何时刻发生在沟通的过程中。例如，信息编码糟糕（如，书写过于潦草）或者译码能力太差（如，无法理解），又或者沟通渠道过于单一（如，接收者的注意力转向了其他信息），这些都可能降低沟通的效果。这些因素和其他因素（如，时间压力、组织政策）可能都造成信息在从一方传递到另一方的过程中失真，从而造成沟通过程的繁复。通过阅读本章，你会意识到：正是这些因素使得组织沟通的过程变得如此复杂和重要。

## (二) 沟通在组织中的基本作用

当你想到人们在组织中相互交流时，脑中会出现一幅什么样的画面？一个典型的画面可能是：一个人正在告诉另一个人去做什么。的确，*指挥行动*（*direct action*）是组织沟通的一个重要目的。它使别人表现得如被期望的那样。然而，组织中的沟通往往不仅包括着单方面的努力，也包括了一致的行动。而且，为了实现组织的效能，个体和群体必须小心翼翼地协调他们的努力和活动。[6] 侍者必须取得顾客的点菜单，再将它送到厨师手中。市场研究人员必须收集有关顾客需求的信息，并将此与生产部和广告部的主管共同分享。沟通是尝试取得一致的关键因素。如果完全没有沟通，人们将无所适从，组织也会委靡不振。换句话来说，沟通在组织中的另一个重要作用就是*赢得一致的行动*（*achieve co-ordinated action*）。

这个作用的实现靠的是对信息的系统化分配。事实上，不论是产品销售情况的数据、顾客住所的向导，或是对如何完成任务的指导，信息是所有组织活动的核心。然而，它可能会产生误导，使人们觉得沟通仅仅局限于事实和数据。组织沟通中的*人际*（*interpersonal*）层面同样聚焦于人们之间的社会关系。[7] 例如，沟通也有着很强的目的性，比如*发展友谊*（*developing friendships*）、*建立信任和认同*（*building trust and acceptance*）等。正如你所了解的，你表达的内容和方式深刻地影响着他人喜欢你的程度。如果人们在某种程度上对在工作场所建立一个令人愉快的人际环境比较关心，那么他们必然对沟通非常重视。

# 二、言语和非言语沟通：通过词汇或不通过词汇分享信息

由于你正在阅读此书，所以我们知道你非常熟悉**言语沟通**（**verbal communication**），即通过使用词汇来传达和接受观点的过程。与同事面对面的聊天、一个来自供应商的电话、老板发来的电子邮件信息，或者来自公司总部的备忘录，这些都属于言语

沟通的例子。毫无疑问,你也知道,人们不仅仅通过词汇来进行沟通,他们同样也进行**非言语沟通(nonverbal communication)**,即不通过词汇来传递信息。由于在组织中,言语沟通和非言语沟通都占有一席之地,所以我们在这一部分将分别对其进行描述。

## (一) 组织中的言语媒介:口头信息和书面信息

当我们提到言语媒介时,通常指的是包含着词汇的交流。这些词可以通过口头或书面的形式表现出来,但两者在组织中都担当着重要的角色。

### 1. 信息的丰富性

言语媒介可以根据其传递信息的能力进行分类(图 8.3)。[8] 一些言语媒介,如*面对面的讨论*,由于能提供大量信息而被认为是特别*丰富*的、极具个人特点,并提供了即时反馈的可能性。非面对面的互动媒介就稍微逊色一些,如*电话*。然而,并非所有的商业交流都要求双向的信息通路。例如,处于这个闭合体的*瘦小*末端的是个人化的静止媒介,如*备忘录*(即,用于内部沟通的书面信息)和*书信*(即,用于外部沟通的书面信息)。[9] 这包括了单通道沟通,通过身体运动(如:写信)或通过电子方式(如:传真或发电子邮件)。最后,这个闭合体最为狭窄的末端便成了极端非个人化的和静止的媒介,如*传单*和*布告*。这种书写信息有着极广的目标,而不单单指向某个特定的人。

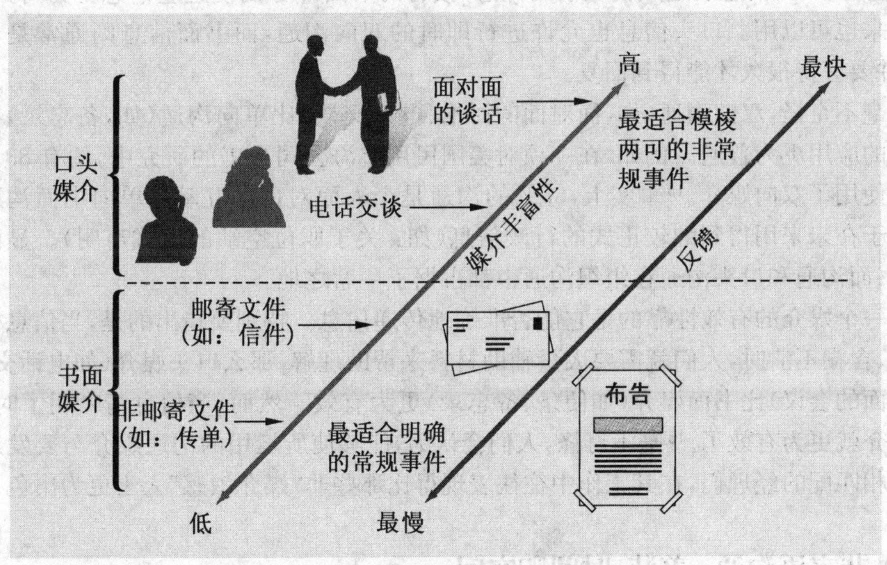


**图 8.3 言语沟通媒介闭合体**

言语沟通媒介可以描述为一个闭合体,从面对面的讨论这样高度丰富、交互的媒介到布告这样狭窄、静止的媒介,各不相同。

*时事通讯*和*员工手册*，由于它们在组织中的重要作用，这两类书面媒介特别值得关注。尽管缺乏个人色彩，但**时事通讯(newsletters)**在面向大众方面发挥着重要作用。它们定期出版，是在商业和非商业领域中向员工们介绍他们感兴趣信息的内部文件。[10]约有三分之一的公司依赖于时事通讯，特别是由此来弥补其他沟通重要信息手段的不足(例如，小组会议)。[11]

**员工手册(employee handbook)**是另一项重要的内部出版物。它是一个介绍公司基本信息的文件。通常是对公司背景、行业性质、公司规章的一个概要。[12]特别要指出的是，员工手册的目的主要有：[13]

(1) 解释公司政策的重要方面。

(2) 阐明公司及员工对彼此的期望。

(3) 表达公司的理念。

今天对员工手册的运用大大超过从前。阐述公司理念可以帮助防止法律诉讼，也让全体高级员工意识到：明晰地阐发公司理念对促进新员工社会化和推进公司价值方面的巨大益处。

### 2. 匹配信息的媒介

总体而言，当使用多个渠道时，沟通是最为有效的。如：同时使用口头信息和书面信息。[14]口头信息引起人们当前的注意，接着的书面部分则使这些信息更为持久，到了将来也可以用。口头信息也允许进行即时的双向沟通，而书面信息则通常是单向的，并要等待很久才能得到回复。

毫不奇怪，双向沟通(如，面对面的讨论、电话交谈)比单向沟通(如，备忘录)在组织中的应用更为普遍。例如，在一项对美国民用航海公司员工的研究中，约有83%的沟通使用了双向媒介。[15]事实上，55%的沟通是个人面对面的互动。单向书面沟通通常用于在未来用得到的较正式的行政信息(如：关于职位空缺的正式声明)。显而易见，书面沟通和口头沟通在组织沟通中都占据了一席之地。

一个媒介的有效性靠的是它能否准确地传递信息。特别要指出的是，当信息模棱两可、含糊不清时，人们就需要大量辅助材料来帮助理解，那么口头媒介(如电话交谈、面对面的会议)比书面媒介(如便条、备忘录)更为有效。然而，当信息清晰明了时，书面媒介就更为有效了。[16]毫不奇怪，人们会认为，能够使所运用的沟通媒介与要发送的信息相匹配的经理们，在其工作中往往表现得比那些非“媒介敏感”人士更为出色。

## (二) 非言语沟通：着装、时间和空间

你一定会从经验中得知，我们与他人分享的许多信息也来自非言语线索。例如，手势、距离、眼神交流充分显示出我们与他人之间的关系。然而，你可能会想到，非言语线索的沟通在国与国之间存在着千差万别(图8.4)。[17]即便如此，组织中一些最普遍

的非言语沟通线索主要来自三方面：人们如何着装、他们使用时间的方式以及他们如何利用空间。非言语线索可以交流众多不同的事，但人们所发送的响亮、明晰的信息往往与其在组织中的地位有关(第七章详细地讨论了这个问题)。

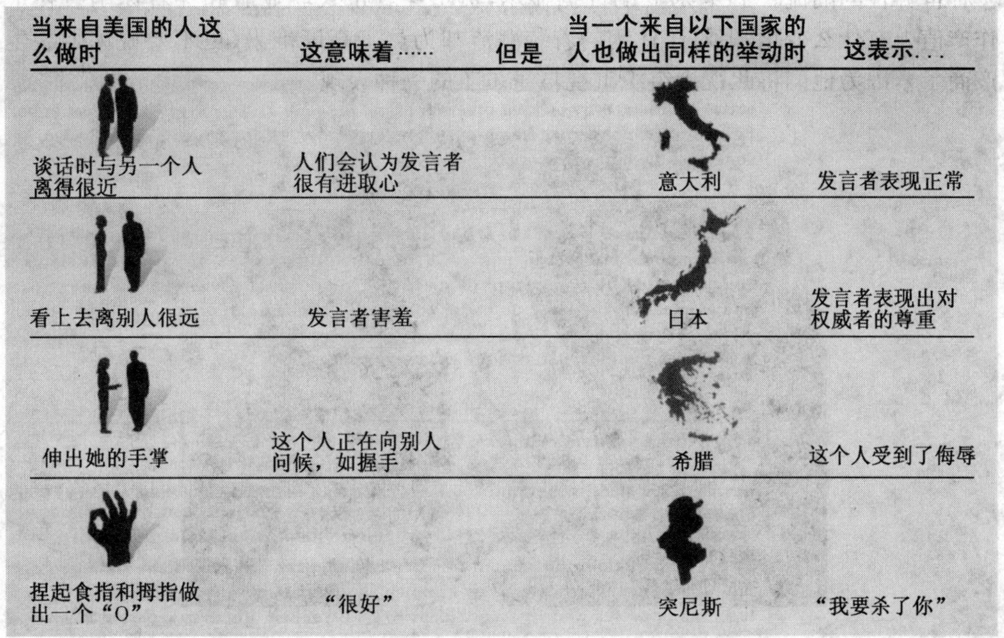


**图 8.4 谨防不同国家间非言语沟通的障碍**

在另一个国家经营成功不仅要学习这个国家的语言，也要学习其非言语的特殊习惯。正如此处所提及的，即使是有着最好出发点的沟通者也可能因不知情而发出错误的甚至是极端错误的信息。

【资料来源】Based on information in Barnum & Wolniansky，1989；see note 17.

## 1. 着装方式：通过外表的沟通

如果你曾听到过“人要衣装”这样的话，你可能已经认识到了服装作为沟通载体的重要性。以个性化著称的时装设计师约翰·T. 马洛(John T. Malloy)提醒我们，穿着充分传达了作为员工的我们的种种信息。这话在组织中尤为经典。[18]

更确切地说，我们的服饰所体现出的自我并不像“走向成功的穿着”指南建议讲得那样简单。我们不可能单单通过穿上适当的服装来弥补自己在重要工作技能上的缺陷，而符合条件的人可以通过他们的穿着打扮传达某种东西。例如，在各行各业工作的女性，同一组织中，有意以不同的着装品位来表现其地位的差异。[19]总体而言，高层人士往往不屑于穿着休闲服装。

而这种趋势正在迅速改变。事实上，今天的着装风格与从前已大相径庭，更具工作休闲性(图 8.5)。最近一项调查表明：发展迅速的美国私人公司，有超过三分之一认可休闲装为其工作装。[20]另外，脱下那些长期以来被认为是商业领袖所钟爱款式的细条子西服、硬板板的白衬衫以及象征权力的领带，而换上更为舒适的职业装正成为一种世界性的潮流。[21]没有对立的证据显示，员工穿着正式职业服和穿着休闲装在工作产值上有什么变化，但趋于休闲的着装潮流却为员工高度推崇(更不要说休闲装生产商了)，因为他们将此视为组织重视自身员工的一种表现。[22]

**图 8.5 职业便装：当代潮流**

在许多今天的组织中，传统职业装(如：职业西服)正在被不过于正式的*职业便装*着装标准所取代。

## 2. 时间：等待的游戏

组织中非言语沟通的另一个重要途径是对时间的利用。你曾经在医生或牙医的办公室外等待过吗？我想，你一定有过这样的经历。毕竟，仅仅为了这个目的就有特别安排的“候诊室”。你为什么需要等待这些人呢？主要是因为他们特殊的技能令其服务十分受欢迎。结果他们对自己的时间安排效率极高——出于自己的便利，让别人排队就诊。[23]

在众多不同的组织中，地位高的个人往往通过使他人等待来表现自己的时间比他人更有价值。因此，他们得到了地位较高的职业。这是一种非常微妙却又十分重要的言语沟通。特别要指出的是，你必须等待见某人的时间越长，这个人在组织中获得的地位也越高。[24]事实上，花费很长时间去见一个地位较低的人显然是一件不甚光彩的事。

### 3. 空间的使用：它对你意味着什么？

同穿着与时间一样，空间也是非言语沟通的又一个重要方面。一个人的组织地位可通过他所占用的空间来体现。通常，一个人拥有的空间越大，他在一个组织中的权力也越大。例如，在一个组织中，地位较高的人寿保险投保商就比地位较低的人寿险投保商拥有更大的办公桌和办公室。[25]

**全球问题** 来自不同文化背景的人们倾向于不同的人际距离。例如，在交谈时，来自北欧国家(如，英国、瑞典)的人比来自南欧(如，意大利、希腊)的人站得更远些。

不仅空间的大小体现着人们在组织中的地位，空间的安排也体现了这一点。例如：在一个小型学院的员工中，资深教授更喜欢对办公室的桌子进行调整，以使来访者与自己分隔开来；而资历浅的教授则很少会设置诸如此类的身体障碍。[26]这些不同的办公室布置系统反映了各个职位间的不同。特别要指出的是，不用桌子将自己和学生隔开的教授们在与学生的交往中往往比那些喜欢把桌子当做屏障的教授更开放、更不具有成见。

空间的使用在群体交往中具有象征意义。例如，想想那些通常坐在长方桌首座的人。在多数情况下，他是群体的领袖，而事实上，这已成了一种传统。然而，与此同时，研究表明，那些崭露头角成为领袖人物的人也常常是那些碰巧刚好坐在上席的人。[27]显而易见，一个人坐在何处影响着开展沟通的可能性，坐在长方桌的上席允许一个人看到所有的人，并为别人所看到(图 8.6)。因此，领导们倾向于坐在上席就不足为怪了。

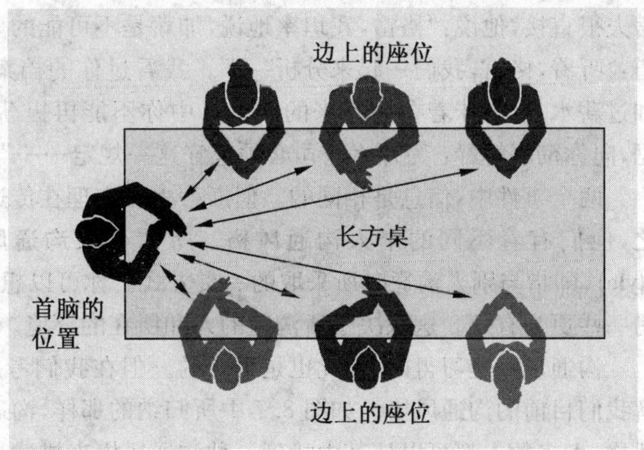


**图 8.6 桌首：沟通的绝佳位置**

原因之一是在于，坐在桌子首座不仅很容易看到他人，也容易为别人看到，并且能与坐在长方桌两侧的人进行有效的沟通。

组织同样也通过对空间的使用来展现其自身。[28]例如，根据百事公司前总裁约翰·斯卡利(John Sculley)的意见,其公司的全球总部被设计成让所有参观者感到他们看到的是“世界上最重要的公司。”[29]不谋而合,宝洁公司也通过对在其辛辛那提公司总部增设第二办公塔楼,建立一个门面般的综合楼来展示公司与整个社区的联系。[30]正如这些例子所揭示的那样,组织也同个人一样,它们通过空间来展示其身份中的某些方面。

总之,我们注意到,这里所列出的非言语途径尽管十分重要,但仅代表了沟通的一个渠道。如果同时使用时,言语渠道和非言语渠道都是重要的信息来源。而且,尽管我们在论述中将各种形式的沟通方式剥离了开来,但在实际运用中,它们共同发挥着作用,并以复杂的方式相互补充。

## 三、沟通中的个体差异

无疑你可以从经验中得知,不同的人有着不同的沟通方式。两个人说的是同一件事,干的却大相径庭,而且他们沟通信息的方式可能会在你身上产生不同的效果。换句话说,人们沟通的方式存在着个体差异。现在,我们就来看看沟通中主要的个体差异。这些差异是建立在个人风格、性别和国籍基础上的。

### (一) 个人沟通风格

斯蒂夫和查理是两个主管,下属格雷来找他们,要求讨论加薪的可能性。两个人都认为格雷不配享受他要求加的薪水,但斯蒂夫和查理在表达意见时却迥然相异。斯蒂夫很直接,他说:“格雷,我坦率地说,加薪是不可能的事。”而查理在分析上则头头是道:“听着,格雷,我们一起来分析一下。我看过你的档案记录,两个月前,我们刚给你加过薪水,这意味着在接下来的四个月中你不能再提薪了。下面让我来分析这些数据,向你彻底解释:为什么公司必须遵守这一规定……”

两个事件中,信息是相同的。但斯蒂夫和查理在传达时却表现得截然不同。换言之,他们有着不同的个人沟通风格。所谓**个人沟通风格(personal communication style)**,即指与别人沟通时所采取的一贯方式。你可以想像,某些个人沟通方式可以比另一些更为有效。这取决于所沟通的人和所在的环境。

沟通风格是习得的,因此也是可变的。但在我们考虑改变沟通方式时,首先要了解我们目前的沟通风格。如图 8.7 中所归纳的那样,沟通专家区分出六种主要的沟通风格,大多数人都可以从其中找到一种沟通风格来描述自己:[31]

*贵族型*(*The Noble*)。这类个体倾向于一点也不过滤自己的想法,很直接地将自己的想法脱口而出(如我们在例子中提到的斯蒂夫)。贵族型的人用很少的话表达自己的想法,实话实说。

*苏格拉底型*(*The Socratic*)。这类人信奉三思而后行的原则。苏格拉底型的人喜

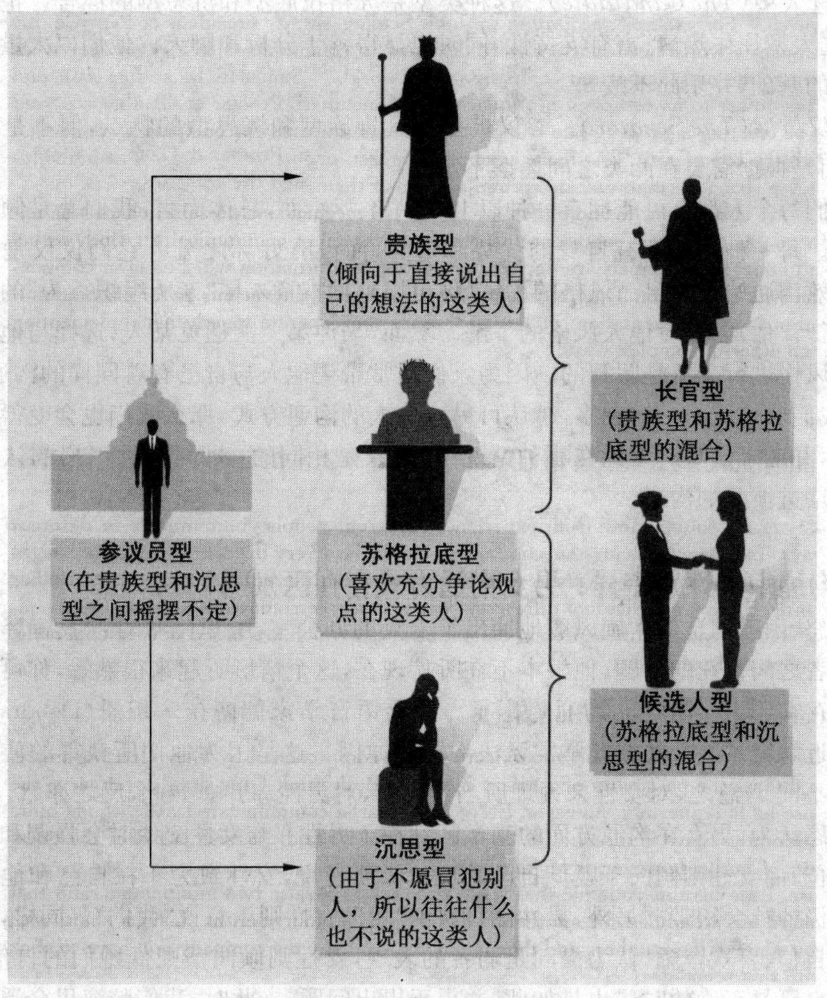


图 8.7 个人沟通风格

人们倾向于使用六种不同个人沟通风格中的一种。这里是对这些风格和它们间的关系的一个归纳。

【资料来源】Based on suggestions by McCallister, 1994; see note 31.

欢争论观点的过程，而不害怕卷入难缠的争执。他们喜欢细节，并经常探讨细节。

*沉思型*(*The Reflective*)。这类人在乎沟通中的人际关系。他们不愿冒犯别人，是一个好听众。沉思型的人往往什么也不说，或告诉你一些你所乐意听到的事，为了不说出可能引起冲突的话甚至不惜撒个小谎。

*长官型*(*The Magistrate*)。这种类型是贵族型和苏格拉底型的混合。长官型的人会明确地告诉你他们的想法，并说得非常具体(如我们例子中的查理)。这类人也有一种优越感，因为他们喜欢控制讨论。

*候选人型*(*The Candidate*)。这种类型是苏格拉底型和沉思型的混合。正由于如此,候选人型往往热情、富有支持性,同时也显得善于分析和聊天。他们以大量信息作为交往的基础,并乐此不疲。

*参议员型*(*The Senator*)。参议员型兼具贵族型和沉思型的特点,但不是两类的混合,而是根据需要在两类之间摇摆不定。

我们每个人都有可能拥有一种以上的风格。[32]然而,总体而言,我们总是倾向于某种风格。每一种风格都有自身的优势和劣势,而没有好坏之分。它们仅仅是不同而已。有效沟通始于对自己风格的了解(你可以根据本章末尾"亲历组织行为"的练习对自己进行评估)以及对他人风格的了解。然而,当你第一次遇见某人,选择与他相匹配的沟通风格进行交流是明智的。因为人们通常希望他人与自己有着同样的沟通方式。然而,我们对彼此的了解越多,越认可另一个人的沟通方式,那么我们也会变得越来越接受它,并融于自身。无论在哪种情况下,建议是相同的:即对沟通风格的认识和反应可以增进彼此的沟通。

## (二) 沟通中的性别差异:男女沟通方式存在区别吗?

愤怒、困惑的金伯利旋风般地冲出了麦克的办公室,嘴里咕哝着:"我解释了与自由职业者之间存在的问题,他根本不在听!"现在,这个情形听起来很熟悉,你可能已经意识到存在于男女之间的沟通障碍了。社会语言学家德博拉·坦恩(Deborah Tannen)最近解释了男女间彼此常常无法沟通的原因。这是因为他们所获得的使用语言的方式不同。[33]总之,对女性来说理所当然的事,对男性却并非如此,反之亦然。

坦恩认为,男女在沟通方面的基本区别在于男性在与女性交谈时会强调和提升自己的地位,而女性则倾向于贬低自己的地位。或者说,女性致力于在自己和他人之间建立积极的社会纽带。另外,男性更喜欢说"我",女性则乐意说"我们"。同样,男性试图展现自信、喜欢夸耀,认为提问是弱者的表现,女性则倾向于贬低她们的自信,即使在确认自己是正确的时候也是如此,并勇于提出问题。(此时,我们脑海里会浮现出一对夫妇模式化的形象,他们困惑极了——因为这个男人拒绝了女人寻求指导的请求。)

这种男女沟通风格的不同说明了为什么他们会对问题有着不同反应的原因。女性更倾向于倾听和给予社会援助,而男性则倾向于提供建议。当男性这么做时,他们会维护自己的权威,并在两性之间设置了一道沟通屏障。毫不奇怪,男性可能抱怨女性"感情用事",而女性则埋怨男性"目中无人"。同样,男性往往比女性更直接、更具有对抗性。例如,一个男子可能径直跑过来说:"我认为你的销售量不够准确。"而一位女性则可能问:"你是否核对过今早的报表,核实过销售量了吗?"男性可能认为这么做过于婆婆妈妈,但女性则认为这种方式比直接的定论更委婉、更亲切。女性将男性的直率误读为缺乏同情心也是出于同样的原因。

一旦我们提到坦恩的另一项研究结果,这些隐含的差异就会变得一清二楚:有权力的人往往会犒赏那些和自己的语言风格相近的人。[34]在多数组织中，男性往往掌握着权力，而女性的意思常常受到误解，其贡献也经常受到贬低。在一个会议上，向男性主管彬彬有礼地提出异议的女子可能看上去很服从，至少对男性是如此。其结果是，她的贡献自然不会摆到桌面上来。然而一个敢于打破这种局面，表达自己观点的女性至少在男性眼里是个固执己见、过于自信的人。同样，她的作为也将大打折扣。在两种情况中，沟通障碍不仅导致了组织中的冲突，而且使得女性员工不能充分发挥其技能和能力。

解决的方法在于学会认同和接受人们不同的沟通风格。正如坦恩所言："语言是管理工作的灵魂所在，认识到不同的人有着不同的思想表达方式，通过对广泛的语言风格的运用将人们的聪明才智得到充分的发挥。"[35]

## （三）沟通中的跨文化差异

第一章中，我们已注意到全球化现象给人们带来了众多挑战。显然，其中最紧迫的挑战之一就是沟通。毕竟，人们使用着不同的语言，这也造成了他们之间沟通的不尽如人意。

问题的部分在于不同的词汇对不同的人有着不同的含义。[36]例如，对来自长期实行资本主义经济体制下的人们来说，他们要明白俄罗斯人由于语言中没有相应的词汇来直接理解诸如效率（*efficiency*）和*自由市场*（*free market*）此类词汇的情形确实是很难的。从未在自己的语言中听说过自由市场经济的对应词的人们当然很难理解这个概念。因此，对想在俄罗斯发展事业的美国主管人员来说，他们面前已经存在着一个基本的沟通障碍（图 8.8）。[37]

**图 8.8 俄罗斯人—美国人的沟通障碍**

尽管有像厂址位于 Rybinsk 的 Poliplast 橡胶厂董事长 Giorgi Kovalenko 这样能够迅速学会资本主义经营方式的俄罗斯公民，但以往多年的生活造成了他们对基本商业词汇的一无所知，为他们与西方资本主义国家的沟通带来了困难。

除了词汇的不同外，跨文化沟通也很困难。因为在不同的语言中，即使是同一个词也可能指代不同的事情。例如请你想像一下，当一位美国经理与她的以色列同行交谈时，而同一个希伯来词"shalom"同时含有"你好"、"再见"和"平安"的意味时，她是多么的迷惑不解啊。同样，在不同的语境中，说话的语调也存在着文化差异。例如：美国人在正式场合使用你（*you*）这个词时会很自然，而法国人就不同了：在法语中，你(*tu*)用于非正式谈话，您(*vous*)则用于正式场合。如混淆了这两个词的用法，就可能造成对社会环境性质认识上的巨大错误，并会因无知而付出代价。而所有这些仅仅是因为没有意识到跨文化沟通的微妙之处而造成的。(如何才能减少这种跨文化沟通障碍造成的无知呢？“全球组织行为”将对此提供几点重要的建议。)

## 全球组织行为

### 促进跨文化沟通

正如上面所指出的，在文化背景不同的人们之间，沟通的不畅是一个相当突出的问题。虽然我们不想成为外语和外国文化专家，但一些努力也能促进跨文化沟通。[38]

1. 观察而不评价。假设在参观一个外国工厂时，你发现一些流水线工人不在干活，却坐在那里交谈。根据你的文化，这是不合适的，并且确实是懒惰的表现。联想到这会影响工厂的产量，接着你又会为与该公司在事业上的合作而担忧，而当你了解了这些工人的民族文化背景时，你会发现这只是他们工间休息的传统方式：坐在工作地点休息。这些人只是按照他们的文化期望行事，所以他们一点不懒惰。关键在于你以自己的文化价值观去评价这种情况，并由此受到误导。为避免这种情形的出现，简要描述你观察到的现象(即：工人们在休息)，而不是将此作为评论的依据(即：工人们在偷懒)。这样做会帮助你避免出现严重的误解。

2. 不要武断地下结论。当我们感知各种情况时，往往会认为自己的判断是正确的。然而，在跨文化情境中，我们对自己的判断要再三推敲，而不能断然下结论。如果你认为某件事是正确的(如，你把前一个例子中的工人看成是懒惰的)，那么最好要将这些判断与熟悉当地文化的专家的判断相比较，而不要武断地认为自己是对的。通过对自己判断准确性的验证，误解的发生率将大大降低。

3. 意识到他人与你的不同。我们中的大多数人总认为别人和我们差不多，直到遇到其他情况才会改变这种想法。而这种观念常常会将我们引入歧途，而老练的世界级经理人深知这一点。因此，他们采取了不同立场。他们认为：除非有事实表明，否则他人就是不同的。由于这些经理人“意识到他们的未知”，所以当没有预料到的，却不可避免的差异出现时，他们往往镇定自若。

4. 站在他人的立场。试着站在你外国同事的角度考虑问题。考虑到他的价值观和经历，并问问你自己：他或她是怎样以不同的眼光看待事物的？你可以在某种程度上有效地转换角色，从而避免视野狭窄(即：文化短视)，一意孤行。

这些方法说起来较容易，做起来却不简单。但我们可以通过实践来掌握它们。鉴于这些实践是世界级经理人成功的关键所在，所以非常值得努力一试。

## 四、组织中的正式沟通和非正式沟通

试想一下：在一个工作日中，你会接收到各式各样的信息。你的老板可能要求你完成一份重要的销售报告。另一个经理走进大厅交给你一份有关新方案的备忘录。你可能会阅读一份来自同事的电子邮件，讨论那个赢得公司足球场的人，而管理者却告诉你那只是和你开了一个玩笑。即使从这几个不多的例子中，你也可以区分出组织中两个基本的沟通类型：**正式沟通(formal communication)**，即有关组织工作的各类信息的交流，和**非正式沟通(informal communication)**，即组织正式活动之外的非工作信息的交流。由于正式沟通和非正式沟通在组织中的运用都很广泛，因此我们在这里一并阐述。

### (一) 正式沟通：组织系统中的上行沟通、下行沟通和平行沟通

对基本沟通过程的描述在许多不同的情境中都很相似，但组织的一个独特特征深刻地影响着这个过程，这便是它们的*结构*(*structure*)。组织的构成方式往往决定着谁将与谁沟通以及谁不将与谁沟通。鉴于此，那么组织的结构对组织沟通过程有着怎样的影响呢?

#### 1. 组织结构影响沟通

**组织结构(organizational structure)**指的是正式规定的各部门间的关系模型(我们将在第十四章中继续讨论这个话题)。一个组织的结构可以通过一个被称作**组织图(organizational chart)**的图表来进行描述，参见图 8.9 中的例子。这个图表以图形的方式展现了组织的结构。它可以看作为一张 X 光片，它展现出组织的概貌——即组织规划的轮廓，以及各部门间的正式关联。[39]

请注意图表中的各栏以及它们间的联系。每一栏代表了从事某一特定工作的人。图表还表现了从事各种不同工作个体的称谓和他们之间所规定的正式的沟通方式。这些模型相对稳定，比较明确。每一个个体都对某一工作的开展负责，所以一旦组织中的人们离开，他们的位置必须有人替代，关键在于一个组织的正式结构不会因为人员更替而发生变化。

连接组织系统图各栏的是显示谁必须对谁作出应答的*职权直线*。每个人都对与他或她相连的更高一级负责(或给予回应)。同时，每个人也都对那些位置比自己低一级的人负责(或发出命令)。这些栏和线构成了一个组织的蓝图，显示了人们需要完成的事情以及为了使组织运作顺利而必须与其进行沟通的对象。

你可能会想到，沟通的本质和形式随着人们在组织内相对位置作用的不同而千变万化。略略对一个组织系统图看上一眼就知道，信息可能上行传递(即从低层向高层流动)，下行传递(即从高层向低层流动)，以及平行传递(即在平级之间流动)。然而，如图 8.9 中所归纳的那样，不同类型的信息在一个等级系统中有着各自不同的传播方向。

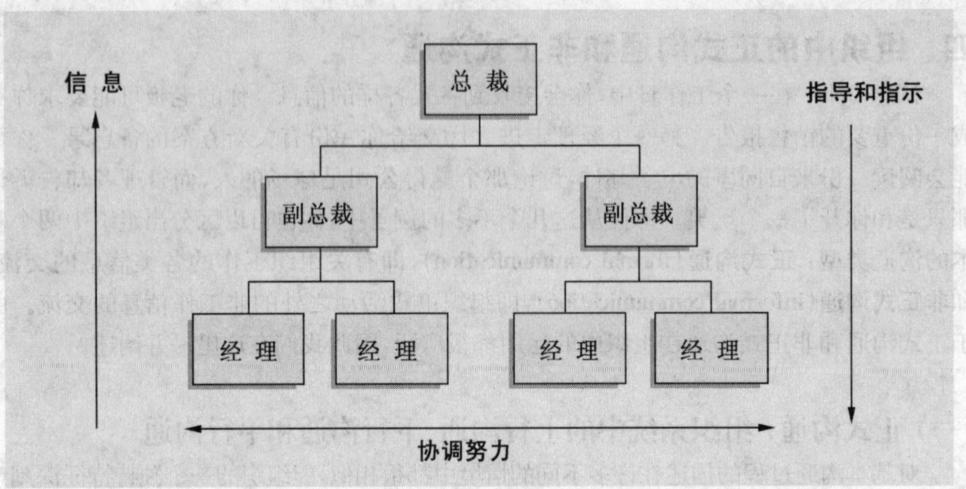


**图8.9 组织图：一个组织的正式沟通网络**

组织图展示了一个组织中指定的正式沟通模式。不同类型的信息在组织中相应地采取了上行、下行或平行的流动方式。

### 2. 下行沟通

假如你是一个主管，你将发送给下属什么样的信息？具有典型性的是，下行沟通包含着指导、指挥和命令，即向下属传达信息，告诉他们该去做哪些事。[40]对过去业绩的反馈也属下行指挥中的一个典型流程（例如：经理告诉下属他们工作干得如何）。例如，一位销售经理可能指示她所领导的销售小组的成员要提高某产品的销售量，并对他们的成功表示祝贺。

下行沟通从一个层次进行到下一个层次，逐渐到达最低层。然而，当信息通过不同层次时，它常常会失真，特别是口头信息。因此，最有效的下行沟通技巧在于直接针对易受信息影响的人们，即小型群体会议和面向特定群体的组织出版物。[41]这些方法正在被成功地运用着！（最让人倒胃口的下行沟通是：经理告知其下属他们被解雇了。）然而，沟通最终决定的过程可以通过采纳下面“提示”部分的建议而变得不那么令人不快。

**制胜诀窍**

**说：“你被解雇了！”而不用听到“我们法庭见！”**

没有经理喜欢干裁员的事，却往往不得已而为之。然而这项任务不仅仅会给人带来不快，如果处理不当，还会付出高昂的代价。近年来，法庭判给了起诉前任雇主"错误终止合同"胜诉的员工几百万美元的赔偿。目前,同样有数目惊人的员工正在提交诉讼。根据最近一项研究,在过去的五年时间里,有53%的公司曾与其前员工对簿公堂。[42]即便雇主是无辜的,但他们必须花费几千美元来为自己辩护。所以明智之举是远离法庭的被告席。那么雇主们怎样做才能保证其员工不产生提起诉讼的念头呢?专家们提出了一些建议:[43]

1. *保存好对绩效问题的书面记录*。法庭不会强迫雇主留下不称职的员工,但如何证明某人不称职却又是另一回事。缺乏对实际绩效问题的详细记录,缺少解决问题的若干次明确的尝试,那么对一个员工来说,要以受到不公平待遇的理由起诉雇主是轻而易举的事(在一些案例中也的确如此)。雇主应该保留好所记录的问题和针对问题的改进目标、用于实现这些目标的合理时间安排的细致书面记录。另外,必须要求员工在所有这些文件上签名,并给他们副本。这么做可以帮助雇主在员工对他们起诉时,保护自己,并打击一下众多试图将他们推上被告席的员工的气势。

2. *给出合理的通告*。如果一个员工做了某些违法的或威胁到工作场所他人的事,就要当场解雇他。毕竟,雇主有义务为其员工提供一个安全的工作环境。然而,在一些不太极端的情况下,不通告就解雇员工只会增加伤害,而这些受到伤害的情绪可能促使沮丧的员工转而去找他们的法律代理人。对花多少时间做出合理通告没有统一的答案,但在多数情况下,视雇主所在公司或行业的通行标准而定。不管是多久——两星期或一个月,至少雇主必须进行必要的通告。

3. *清晰而简要地解释解雇的决定*。通常的情况是:人们对自己为什么被解雇不明就里。[44]主管应以明晰的语言对此作出解释,但不要说得太多,以免使自己陷入麻烦。在解释了解雇的决定,并强调了这是最终的决定后,他们应把话题转移到更实际的事务上去,如离职费和续缴健康保险费,等等。

4. *对被解雇人员表示同情*。由于我们往往在很大程度上根据我们的工作来对自己进行定位,所以失去工作对我们的身份是一种主要威胁。很自然地,一种油然而生的,同时来自个人和经济方面的失落感席卷而来,尤其让人难以平静。而且,主观不应该疏忽大意,否则情况会更糟糕。这时候需要的是同情。在某种程度上,对终止合同的员工表示同情和给予惋惜可以帮助他或她接受这个不幸的结局。

5. *亲自做这项工作*。不论以书面形式(如,通过发电子邮件或信件)或通过口信告知某人他被解雇了的方式听起来多么诱人,千万别那么做。毫不奇怪,这将激怒领受者,他们会在不久之后以某种理由起诉。

6. *安抚留下的员工*。当某人遭到解雇,消息很快会传开去。留下的员工往往会忍不住想自己的将来。老板疯了吗?公司财务出问题了吗?在某种程度上,变动可能会造成不信任和谣言。人们的注意力会从他们的工作上移开。另外,主管应向员工们对未来作出适当的保证。

解雇一个人并非易事，但这六条考虑周详的建议可以使这一工作不再那样难做。它们也使终止合同的过程对公司来说不再过于昂贵，并防止了前员工的感情用事。

### 3. 上行沟通

组织中，信息从低层流向高层（如，从下属流向主管），就称之为上行沟通。这种方向的流动往往包含着经理所需的信息，例如：决策所需的数据、各种方案的情况。简而言之，上行沟通使管理者掌握着正在发生的事，各类向上流动的信息包含着改进工作的建议、职位报告、对与工作相关事件反应以及新的想法。

上行沟通不是下行沟通的简单倒置。沟通双方地位的差别造成了一些重要的分野。例如，上行沟通比下行沟通的发生率要小得多。实际上，一项经典研究发现：70％的流水线工人与其主管的沟通一个月不到一次。[45]深入研究发现：管理者与他们的主管的沟通不到其沟通总量的15％。[46]当人们进行上行沟通时，他们的谈话比起同伴间的讨论来要简短得多。[47]

也许更重要的是，上行沟通常常受到严重失实的困扰。例如：下属经常觉得他们必须夸大自己的业绩，少说自己的过失，以此来获得老板的赏识。[48]同样，如果一些个人认为当自己的业绩使上司感到威胁时，那么他们就会担心受到上司的非难。[49]其结果是：许多人常常避免告诉上司坏消息，或仅仅简单地将责任推卸到某人身上。[50]这种普遍不愿传递坏消息的勉为其难被称作**“沉默效应”（MUM effect）**。[51]你可能会想到，由于主管依靠信息来进行决策，对重要事件保持沉默，即便是坏消息，也可能是一个下属所能干的最坏的事。正如一位总经理所言：“我们所有的人都会有一些傻乎乎的念头，如果有人能在你去做傻事之前告诉你真相，这确实是一件值得令人庆幸的事。”[52]

### 4. 平行沟通

以协同努力为特征的（即试图共同工作）信息的平行流动（即在组织的平级间流动）被称为*平行沟通*。例如：一位负责营销的副总裁需要负责生产的副总裁的协助，提供有关何时第一批成品将走下流水线的产品信息，以配合其发起推销新产品的广告大战的努力。

和沟通双方处于不同层次的垂直沟通不同，平行沟通所涉及的人是同一个层次的。同伴间的沟通往往更随心所欲，发生得也快。因为双方间没有太多的社会障碍。然而，值得注意的是，平行沟通也存在着一些问题，例如：不同部门的人可能会感到彼此间在为宝贵的组织资源进行竞争，因而仇视、竞争取向替代了完成任务所需的友善与合作。[53]

## (二)组织图背后的非正式沟通网络

想一想:你平时每天要与之沟通的人们:朋友、家庭成员、同班同学和同事,他们都是你可能进行非正式沟通的人,即你会与他们共享任何非正式的、不带责任和限制的信息。要识别我们的非正式网络十分简便:你认识某个人,那个人又认识另一个认识你的最要好的朋友的人,不久,你的非正式网络的覆盖面就会变得越来越广。

一方面因为它们分布太广,所以非正式沟通网络包含着面向组织中信息沟通的重要途径。事实上,中层经理视非正式网络为比正式网络更好的组织信息源。[54]因此,如果一个组织的正式沟通代表了其骨骼系统的话,那么非正式沟通则代表了它的中枢神经系统。[55]

### 1. 组织的隐形通道

不难想像非正式信息的流动在一个组织内部的重要性。人们将信息传递给自己接触的人,从而提供了可供信息通过的通道。我们也倾向于与那些与自己在年龄、工龄等方面相近的人进行沟通。[56]因为同与自己相近的人接触比与自己有差别的人接触更舒服些,所以我们往往会花更多的时间与他们接触和沟通。其结果是:组织中形成了众多非正式的、同性别的网络,例如:在男子中就被称为**老男孩网络(old-boys networks)**。

在某种程度上,这些联合可能使人们与那些掌权者相分离(与他们不同的人),这种实践是有限制性的。[57]然而,与此同时,与那些让人感到舒适的与自己相近的人的接触会带来许多有价值的信息资源。例如:许多非洲裔美国商业领袖与他们种族中的其他人之间建立起一个有助于许多行业的少数民族联盟外,还建立起非正式网络来共享成功。[58]这种建立在科学证据基础上的非正式观察显示:参与到其组织沟通网络中的人越多,那么他们的力量和影响也就越大。[59]

人们之间非正式联系的观点也解释了组织中的一个重要现象:流动。人们是否会随随便便或无缘无故辞职?研究显示:他们不会那么做。流动恰恰是与人们之间的非正式沟通方式有关。[60]事实上,自愿的流动(即员工自动辞职)往往会以**雪球效应(snowball effect)**的形式发生。一个雪球不会随意积聚雪片,而是积聚它滚过的道路上的雪。同样的道理,自愿流动的方式也不单单作用于一个工作群体中。相反,它们是由人们相互间的影响而造成的结果。而且,预测谁将辞职在很大程度上是建立在对工作群体内非正式沟通模式的了解之上。换言之,一个离开他或她现有工作岗位而在另一个组织中寻找更好工作的人往往曾认识一个有这样经历的人。关于这类现象是如何发生的,可参见图 8.10 的提示。

与正式沟通网络不同的是非正式网络由组织各层的个体所构成。在这些群体中,人们可以告诉任何人他们所希望的任何事。例如:玩笑和趣事往往会越过组织的界限,并为组织管理层和非管理层共享。[61]另一方面,一个低级员工告诉一个高级员工

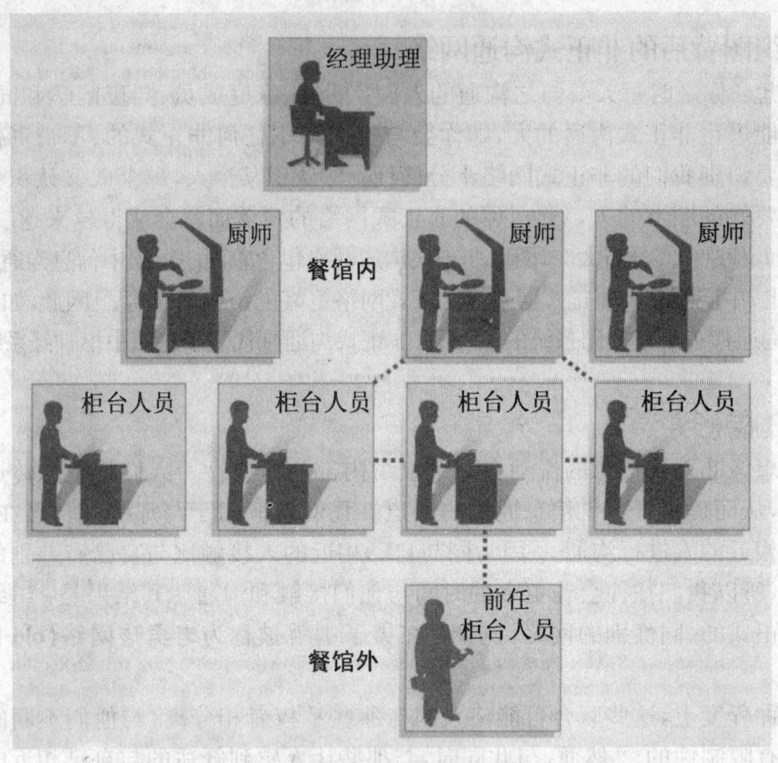


**图 8.10　信息沟通网络：流动的形式的预测**

人们之间沟通的非正式网络(这里以虚线来表示)提供了更好职位信息的传播渠道。自愿流动形式与这种非正式网络的存在相关联。

【资料来源】Based on suggestions by Krackhardt & Porter，1986；see note 60.

该如何去工作是极不可能的，也被认为是不妥当的。非正式沟通网络通路内流动的是非正式的信息，即与工作不相关的信息。

## 2. 小道消息和流言之源

当某人告知另一人某些非正式信息时，就造成了信息的快速流动，而这就称之为**小道消息(grapevine)**，即非官方的、非正式的信息传播途径。与需要花费数天时间才能传达到所期望对象的正式组织消息相比较而言，非正式信息沿着组织盘根错节的关系网常常只需几小时就可以迅速传到接收方。这是因为：非正式沟通可以打破正式的组织疆界(如，你可能可以对任何人而不仅仅是那些组织所规定的可以沟通者开玩笑)，同时也因为非正式信息通常是通过口头沟通传播的。

正如前面所提到的，口头消息比书面消息沟通起来更快，但却往往会在人与人之间的传递过程中越来越失真。由于小道消息可能会造成混乱，所以一些人试图消除它们,但小道消息也并非一无是处。员工间非正式的社会交往可以提高工作团队的凝聚力,同时可以为人们期望的接触提供良好的机会,还能使工作环境具有激励性。小道消息是组织生活中不可避免的一个因素。[62]

大多数由小道进行沟通的信息是准确的。事实上,一项研究表明,就某个场合而言,一个公司组织有 82%的小道消息是准确的。[63]然而,解释这个数据的问题在于信息的失真部分可能改变整个信息的含义。例如,如果某人没有得到晋升,而比他级别低的人却被提升了,这样的事流传开去,势必在工作中引起纷争。现在,假设除了第一个人未能升职外,其余都是真的,因为对其职位会有重新的安排。这个重要的事实完全改变了状况:即消息本身,只因一个事实的错误就影响到了沟通的准确性。

失实问题确实给小道消息带来了恶名声。在极端事件中,毫无依据、未经证实的信息往往可以得以传播。这类消息就被认为是**流言(rumors)**。流言往往建立在猜想、过于活跃的想像和自说自话的想法之上,而不是以事实为依据的。流言在组织中的传播就如同野火一样,这是因为它们所承载的信息很有趣,且模棱两可。这种似是而非性使流言在人们的众口相传中很容易被添油加醋。在你知道前,几乎组织中的每一个人都对流言有所耳闻,它失实的信息被人们当做了事实。"这一定是真的,每个人都知道。"因此,即便流言中曾有一些真实的成分,但它立即就变得面目全非了。

如果你曾是流言的受害者,你一定知道要消除它有多难,它的影响有多厉害。所以当组织成为受害方时,流言的破坏性还要大。例如:关于公司可能要被兼并的流言不仅影响着一个公司的股票价格,也威胁着其员工的工作安全感。有时候,关于公司产品的流言也是代价高昂。例如:

- 有关麦当劳汉堡包中使用蛆的流言在 20 世纪 70 年代末的芝加哥地区流传。虽然这纯属无稽之谈,但一些餐厅的销售额下降了 30%。[64]
- 1993 年 6 月,新闻界流传着在美国各地的百事可乐易拉罐中发现针管的传言。这些毫无依据的谣传却让百事公司支付了高昂的调查和广告费用。[65]
- 消费产品巨擘宝洁(P&G)公司一直是持续不断的与恶魔有关的流言的攻击对象。[66]自 1980 年以来,流言认为公司的星月商标与魔法(巫术)有关。宝洁公司断然否认了这些流言,甚至还对各种散布流言的个人打赢了官司,但流言仍在继续。

怎样做才能制止流言的影响呢?不幸的是,有证据表明,直接驳斥流言往往不能制止其影响。例如:百事公司的官员否认有关其受污染产品的报告。流言本身就难以置信,而且也立即被来自美国食品药物管理局的独立调查官所否认。另一些情况下,正如宝洁流言事件所揭示的那样,流言很难被证实是错的,而且不会很快消失。在此类事件中,直接反驳流言仅仅是火上浇油之举。当你反驳时(例如:"我没有干过。"),你实际上正可能在不明就里的人群中帮助传播它(例如:"哦,我不知道人们那么想。"),而且甚至在那么多已经听说过这件事的人中起到强化作用(例如:"如果这不是真的，他们就没有必要反驳得那么凶。")。在宝洁事件中，由于声明一些派别正在协同努力保护流言，因此使问题更加恶化。另外，将公众视线从流言移开有助于减少其不利影响。例如：宝洁将广告集中在一些为大众所熟知的其他良好品牌的宣传上。对麦当劳的流言，提醒人们他们想到的麦当劳的其他方面(例如：清洁、富有家庭气氛的环境)将有助于抵消流言产生的消极影响。[67]

如果你曾是流言的受害者，首先要以无可辩驳的事实立即予以回击。如果流言仍在继续，尝试把人们的注意力引向其他他们已经认可的积极的事。流言很难停止，但通过一些努力，可以对它们的影响加以控制。

### (三) 组织内部沟通与外部沟通的比较

所有的团体沟通可以依据它是否指向组织内部成员(如：同事员工)或外部人员(如：大众)来进行区分。总经理们对内的言论与对公司外部的言论是否存在不一致的地方呢?

研究认为：这种现象的确存在。[68]例如：来看一项研究。在这项研究中，科学家分析了10家林产品公司首席执行官在1979年到1988年间致股东的信件内容(即外部沟通)。这些公司该期的各种计划文件档案同样受到查阅(即内部沟通)。然而，研究者们没有仔细研究这些文件的内容，而是根据这些沟通的结构进行了分类。尤其值得一提的是，他们关注的是：这些声明强调的是公司面临的威胁(例如：材料价格的上涨)还是面对的机遇(例如：家居市场的发展)。

结论相当有趣。由于在进行研究的时期，这个行业总体很景气，所以提到威胁的文件比重呈下降趋势。然而，在内部和外部声明中所提到威胁的频率也不一样。就研究的每一年而言，内部文件提到威胁的比重比外部文件更大。同样，除很少的例外情况外，外部文件比内部文件更多地提到机会。关于这些结论的总结，参见图8.11。

这些发现显示：总经理试图将其公司好的一面呈现在大众面前(如：强调机遇)，但对内则更倾向于强调威胁。他们一定希望在不吓跑投资大众的同时，又使员工对任何威胁都加以提防，以使公司能维护自己。而这一点是非常重要的。

隐藏在这种做法背后的观念就称为**战略沟通(strategic communication)**，即向广大的外部受众(如：新闻媒介)展示公司信息的实践。公司越有效地控制这一过程，大众就能更好地接受它们，且可产生可观的效益(如：顾客忠诚度的提高，销售量的增长)。鉴于通过战略沟通明确而恰当地控制整体形象的重要性，企业往往雇佣公关公司从事此项工作。

**道德问题** 对公关公司为他们所代表公司误导大众的看法被广泛认为是不公平的和失实的。恰恰相反，这些公司所"包装"的有关其客户的信息极大地满足了外部受众的需求。你是否赞同这种观点呢?

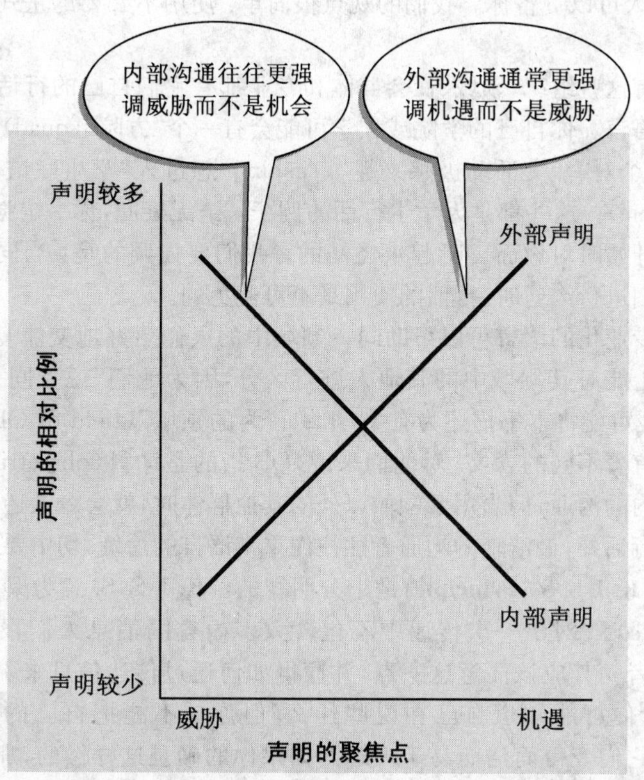


图 8.11 内部沟通与外部沟通之间有区别吗?

总经理们试图对组织内外进行不同的沟通。一项研究发现,内部沟通往往比外部沟通更强调威胁而不是机会,而外部沟通则比内部沟通更强调机遇而非威胁。

【资料来源】Based on suggestions by Fiol, 1995; see note 68.

## 五、增进你的沟通技能

在这一整章中,我们指出了沟通在组织职能中的中心地位。另外,增进沟通过程的努力不仅对组织而且对组织中的个人和群体都大有裨益。我们可以通过以下步骤获得高效益、高频率的沟通。[69]在这部分,我们将描述其中的一些技能,包括个人及整个组织可以采取的策略。

### (一) 使用简单、清晰的语言

你是否曾经将你"从前的一辆电动交通工具"开到"乙烯装置"的状态,并曾经让一位"汽油转换工程师"装满你的"燃料舱"? 可能你曾经为寻找一个"手工发动机"而去过"家庭维修中心"。不管怎么说,如果你去了另一家具有更好"顾客接待能力"的"业务公司”，没有人可以责备你。我们的观点很简单：*使用不必要的正式语言可能会对沟通设置障碍*。

认识到所有这些组织、领域、社会群体和专业都有它们自己的**行话(jargon)**，即它们自身特定的语言。你自己的学院或大学可能会有一个“方院”(quad)，而作为学生来说，你可能有一个对“社交活动极感兴趣”(rushing)想进入“学生联谊会”(go Greek)的“舍友”(roomie)。这些都是大学生行话的例子。毫无疑问，你一定觉得这本书中的许多语言在刚开始时对你而言听起来怪怪的。我们要强调的是：当同一领域或同一社会群体的人们进行沟通时，行话的使用是不可避免的。

某些高度专业化的语言可以帮助同一领域中的人们更好地交流复杂的想法。行话也使专业人士能对其领域中的其他人进行区分，因为他们“说着同一种语言”。例如：管理学教授可能将本书描述为有关“组织行为的领域”(field of OB)，但这个术语对医生而言却有着不同的含义[对他们来说，OB指的是产科(obstetrics)]。显然，行话有助于专业内的沟通，但当用于领域以外的其他群体时，就会令人迷惑不解了。

除了避免行话外，最清晰的沟通者往往注重其语言的简练，切中要害。因此，遵守**K. I. S. S. 原则(K. I. S. S. Principle)**是十分明智的。K. I. S. S. 意为*保持简练*(*keep it short and simple*)。[70]对于一次传递中不包含太多内容的消息人们很容易理解。一个聪明的沟通者尤其应该注意这一点，并懂得如何通过传达信息来引导他或她的听众。此外，尽管你可能知道自己在说些什么，但你却不能把自己的思想传达给别人。除非能将它们变得简洁而易于理解。如果你的确是这样做的，那么即使是最复杂的想法也能得到清晰的传递。[71](你一定不希望教授在你的推荐信中使用含含糊糊的语言。[72]表8.1是关于在一份如推荐信一般重要的文件中可能会出现严重的含糊信息的例子)。

### 表 8.1 难以令人满意的推荐信

有时，含义不清的推荐信往往明褒实贬。下面就是一些这样的例子。你可能需要再三阅读才能发现确切的问题所在。

| 描述某人…… | 你可能会说…… |
|---|---|
| 特别无能 | “我满怀热情地推荐这位没有取得任何资格的候选人。” |
| 不太勤奋 | “在我看来，有这样一个人为您效力，您实在是荣幸至极。” |
| 不值得考虑 | “我不想浪费您的时间来同您探讨为这个候选人提供一个职位的问题。” |
| 不讲信用 | “总而言之，对这个候选人我说不出足够的好处，也没法将他说得更好。” |
| 你不欣赏的前员工 | “我很荣幸地说：这个候选人是我以前的同事。” |
| 办事效率低 | “我可以向您保证：没有人更适合这个工作。” |

【资料来源】Robert J. Thornton, Lexicon of Intentionally Ambiguous Recommendations (L. I. A. R.), 2nd edition, 1998, Almus Publications, Central Point, Oregon.

## (二) 做一个积极、专注的听众

正如你努力使他人明白你的意思(即发送消息),你也要成为一个好听众(即接受消息)。人们会听到许多事,但他们只注意到或理解了指向于他们自己的、其中的一小部分。[73]

我们中的大多数人通常将倾听看做是一个被动的过程。单纯地接受来自他人的信息,而如果能正确地去做的话,那么这个过程就可以成为更为主动的过程。[74]例如:好听众如果不明白某些事,他们就会提问,而在能理解意思时则点头或做出其他动作。诸如此类的线索提供给沟通者以重要的反馈。作为一个听众,你能通过使发送者了解他或她的信息是否以及如何到达你来增进沟通。*提问及将说话者的思想转换成你自己的语言*都是确保你接受所传达的所有信息的有效途径。

在某一环境中,避免分心以及将注意力集中到他人所说的内容上同样很有帮助。当听别人说话时,*要避免一下子得出结论或是评价他们的观点*。全面了解以后,再做出结论。仅仅因为你不喜欢某人说的话就不理睬他或她,是过于草率的。同时,这么做会对有效沟通设置难以克服的障碍。

做一个好听众也包括了确保自己明白他人的主要论点。说话者想表达什么内容?深入而言,*确保自己在做出回答之前先理解他人的意思*。我们常常在完整地把话听完之前,打断讲话者以发表自己的看法。如果你的确这么做的话,那么可以说,这不仅是稀松平常的事,而且也是可以加以纠正的。

尽管需要一些努力,而使这些想法成为你的习惯能使你成为一个更好的听众。确实如此,许多组织通过这种方式来帮助其员工。例如:企业巨擘 Unisys 曾一度在倾听技能方面通过研讨和采用自我训练的方式对其几千名员工进行了系统培训。显而易见,Unisys 便是意识到良好的倾听技能在增进有效的组织沟通方面起着重要作用的公司中的一个。

发展倾听技能要求你能区分听到的各个内容,即促进倾听效果的各种技能。这些技能可以细分为六种 **HURIER 模型(HURIER model)**。[75] HURIER 这个词代表的是有效倾听的基本技能:*倾听(hearing)*、*理解(understanding)*、*记忆(remembering)*、*解释(interpreting)*、*评估(evaluating)*和*反应(responding)*。图 8.12 是对这些个别技能的总结。

管理顾问南茜·凯·奥斯汀(Nancy K. Austin)会同意这一看法。她认为:当你邀请人们同你谈谈其工作中的问题时,你做出了一个明确的倾听承诺。[76]当然,当你这么做时,有可能感到友善或对谈话者有所防备,但如果你听到了不愿听的话,就会变得更喜欢高谈阔论和直截了当。这就是对倾听的挑战。好听众会抵制这种诱惑,并更细致地关注谈话者。一旦做不到这一点,他们就承认问题并重新安排在一起沟通的机会。

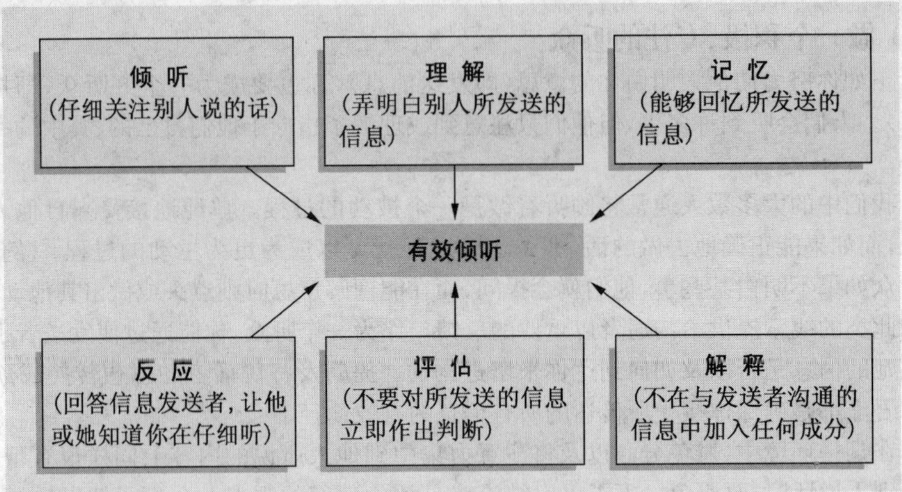


图 8.12 HURIER 模型:有效沟通的成分

*有效倾听的六种技能:倾听(hearing)、理解(understanding)、记忆(remembering)、解释(interpreting)、评估(evaluating)和反应(responding)。*

【资料来源】Based on suggestions by Brownell, 1985; see 75.

奥斯汀也建议人们做一个"机会均等的听众"。换言之,不仅要关注高层人物,也要关心任何层次的人,花时间以一种民主的方式倾听他们的谈话。其要点是:不同层次的人都有自己要表达的观点。作为经理的你若能体察民情,大家就会对你推崇有加。奥斯汀指出:倾听员工谈话相当于向他表明:"你真棒,而且还有重要的事情告诉我。我花时间听你的谈话是很值得的。"[77]这样的信息对建立起一种高层管理所必需的开放、双向的沟通是必要的。

研究证实:倾听是一项重要的管理技能。事实上,越善于做一个好听众的人,他或她在组织等级中快速升迁的可能也越大,[78]越可能成为一个好的管理者。[79]总之,好的倾听技能是决定一位经理人成功的重要方面。然而,不幸的是,人们在这方面往往对自己的估价过高。[80]这种对自己能力的过于自信也成为了倾听技能训练中的障碍。因为自认为是好听众的人们,可能缺乏寻求此类训练的动机。不过,当管理者引入整套正式培训课程来提升其倾听技能时,通常会取得相当不错的效果(完成本章后的"分组练习"来实践这个重要的管理技能)。

## (三) 控制信息流动:避免超负荷

想像一下,忙碌的经理埋头于一大摞文件中,两个耳朵上都夹着电话听筒,还有一大群人在等着见他(她)。很显然,在一个人身上施加太多的要求会放慢整个系统的步调并降低其工作的效率。同样的道理,当沟通网络的任何一个部分要处理过多的信息时,它的节奏就会慢下来,**超负荷(overload)**的情形便出现了。例如:当组织财会部门的成员准备全体税收返还时,就可能产生常规财经信息流动中的瓶颈效应。很自然地,这种状况会对高效的组织沟通产生严重威胁,这只会使事情变得更糟糕。由于今天的经理们比以往面临着更厉害的信息超负荷,所以他们往往会忽视他们工作中必需的大量信息。然而,幸运的是:几项具体的措施可以帮助人们更有效的管理信息。

**全球问题** 调查显示出全世界存在着超负荷问题。半数接受调查的来自英国、美国、澳大利亚、中国香港、新加坡的总经理表示,他们经常或接二连三地感到难以处理他们所接收的大量信息。[81]没有发现国家间的显著差异。

首先,组织可以雇佣*把关者*(*gatekeeper*)。把关者指的是其职责为控制信息流,以免信息流向可能超负荷部门的人。例如:行政助理负责确保繁忙的总经理不被其他人或团体的要求所淹没。报纸编辑和电视新闻指导也被看做把关者,因为他们这些人决定着什么样的新闻向大众播出,以及什么样的不播。避免他人因信息太多而超负荷也是这些人工作的重要部分。

超负荷也可以通过排队(*queuing*)来解决,即列出将要达到的信息,使其排列有序。当一队队飞机到达一个繁忙的机场,使其排好并让乘客在忙碌的行李柜台领好一个号码,都是避免在系统中一时要求太多而导致混乱的策略。对这些技巧的总结,请参见图 8.13。

当系统超负荷时,可能会出现歪曲(*distortion*)和遗漏(*omission*)。换言之,在信息从组织的一个部分传递到另一个部分的过程中可能发生变化和遗漏。如果你以前玩过室内游戏"打电话"(游戏中,一个人对另一个人耳语,告诉他一条消息,这个人再告诉另一个人,如此继续,直到传到最后一个人),你就很可能感受到信息的歪曲和遗漏,而你在造成这一结果中负有一定的责任。当你考虑到常常在组织中传播的重要信息时,这些问题可能更为严重,它们可能相当极端。例如:在一项于 100 家组织中下行沟通传播的跟踪研究中,经过 5 层的下行沟通在到达组织体系的最下层的目的地时,信息已经丢失了原来的约 80%。[82]显然,我们需要采取一些行动。

一个有效的策略是*重复*(*redundancy*)。重复信息指的是再次传递它们。通常以另一种形式或通过其他渠道进行传递。例如:一位经理在与下属沟通一个重要信息时,可以先告诉他们,再发一个书面备忘录。事实上,经理们也常常采取这个方法。[83]

另一个方法是*确认*(*verification*)。确认指的是保证所接受信息的准确性。飞行员重复所接受到的来自空中交通控制员的信息以加以确认。这样做可以使双方都确

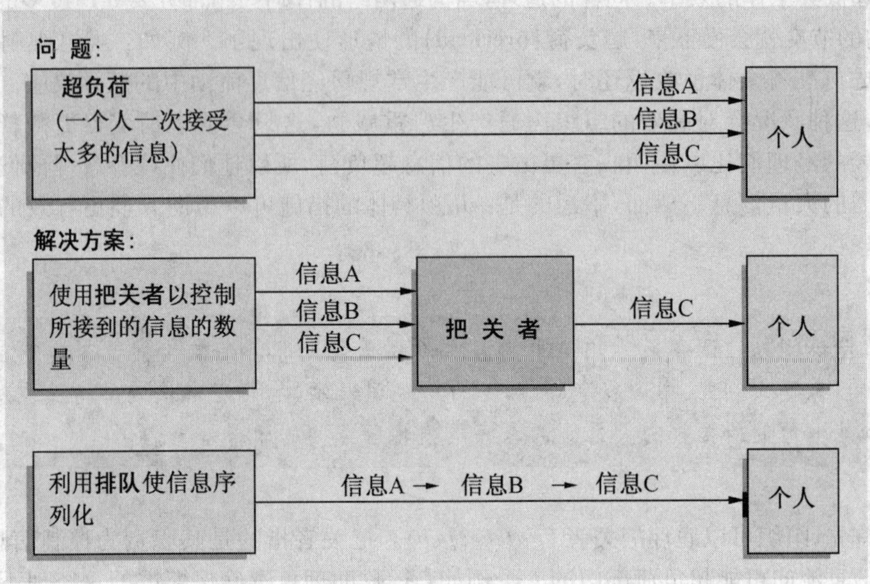


图 8.13 超负荷:一个可以解决的问题

*超负荷*,或者说一次接受太多的信息会对组织功能产生严重的影响。不过,这个问题可以通过*把关者*(即:控制信息流的个体)和*排队*(即:列出将要达到的信息,使其排列有序)得以缩小。

信:飞行员听到了控制员发出的事实信息。设想一下,飞行员本已繁忙,却还要辨别伴随着来自电台信号干扰的重要信息,因此确认信息是明智的安全措施。这个方法也可用于个人沟通者。积极的听众可能希望确认自己正确理解了发言者的话,而他们也通过复述发言者在某一问题上的观点来实现这一目标。诸如:他们会问:"如果我理解得没错的话,你是说……"

## (四) 给予和接受反馈:开放沟通渠道

为了有效运作,组织必须同那些保证其顺利运作的人们(即它们的员工)有准确的沟通。而不幸的是,大多数员工认为,他们与其组织间的反馈不尽如人意。[84]出于种种原因,人们常常不愿意或不能够与其上层管理者交流思想。问题部分在于上行沟通渠道的缺乏,以及人们对现存的渠道的冷落。那么,组织如何从其员工处获得信息,并增进上行沟通呢?

一种方法是使用*建议系统*(*suggestion system*)。员工们有关如何提高组织技能的好建议常常很难到达组织系统。因为这些有想法的人们通常不知道怎样才能接触到可以支持他们的人。更为糟糕的是,即使他们碰到了这样一个人,员工们也可能会感到他或她也许不会听他们的。意见箱被用来帮助避免这些问题的发生,并为员工们的想法提供了一个通道。约有15%的员工使用其公司的意见箱,他们提出的约25%的建议得到了实施。[85]员工常因其成功的建议得到嘉奖、固定奖金或是由建议实施所节约资金的百分之几。然而,对于建议系统而言,要想拥有预想的积极效果,那么必须让每个人都相信:他们受到了公正的待遇。这一点无须赘言(图8.14)。

**图8.14 建议系统:潜在有效的反馈资源**

建议系统背后的理念是不言而喻的:邀请你的员工给出改进的建议。这一方法只有当员工们认为他们的想法能够受到认真对待并能由此有所收获时才能够发挥作用。

【资料来源】THE FAR SIDE © FARWORKS, INC. Used by permission.

提供重要信息的第二种方法是使用公司热线(*corporate hotlines*)。公司热线指的是由公司人事部管辖的电话线,专门回答员工的问题、听取其意见和有关想法。[86]有一个范例是由AT&T公司在20世纪80年代反垄断强制过户时期发起的回答员工提问的"让我们聊聊"项目。通过为人事部提供更为便捷的信息通路,公司一举多得。这样做不仅向员工们显示了公司对他们的关心,也鼓励他们在事态变得更糟糕之前说出自己的想法。另外,通过对此类问题的跟踪和让意见得到自由表达,高层管理者获得了对改善组织状况更深入的看法。

由于有多达40%的电话是正式工作时间后或周末打出的,所以如今的公司发现:要为它们自己的公司热线配备人手非常困难。其结果是,一些组织从外部招聘人员来对其公司热线予以支持。事实上,外包热线最大的供应商已经应运而生了,其中就包括了Pinkerton服务集团。[87]

**道德问题** Sears使用名为"道德援助"的免费道德热线来指导员工们明辨是非。[88]这只是努力的一部分,其中包括了具体的道德标准和集中培训,旨在帮助公司所有层次的员工遵循高度的道德准则。

第三种技能被称为“棕袋”会议（“*brown bag*”*meetings*）和“跳级”会议（“*skip level*”*meetings*），旨在为因工作而在组织的不同层次、通常不在一起的人们提供沟通的机会。[89]棕袋会议是早、午餐时人们的非正式聚会。他们可以讨论公司里正发生的事。由于食物都是从各自家里带来的，所以得名“棕袋”。这些会议的非正式性质是为了促进人们之间轻松的思想交流（吃着从袋子里拿出的三明治是一种策略），跳级会议也起着相同的作用。员工们同公司主管在一起聚会，而不仅仅与组织体系中仅比他们高一层的人在一起。这里的思路是：沟通的新线路可以通过使通常无法彼此接触的相隔两层或两层以上的人们相聚在一起得以建立。

最后，*员工调查*（*employee surveys*）可以收集有关员工态度和其对组织运作关键领域的看法。有一定时间间隔的问卷调查可能帮助公司在员工态度发生变化时就有所察觉。当调查结果告知员工时，这样的调查就相当有效，特别是当这些结果形成了改变事情方式基础之时，尤为如此。一些管理者甚至做得更道地，他们让员工以“报告单”的方式来评价自己。[90]

## （五）增进关系，做一个支持性的沟通者

想要成为一个有效的沟通者，你必须采取**支持性沟通（supportive communication）**。通过这种方式，我们觉得任何沟通都应是准确、诚实的，并是以建立和增进关系，而不是损害关系为宗旨的。

你如何对待他人影响着你与此人的关系，而这又反过来影响沟通的质量，还可能因此影响各种各样的与工作有关的态度（见第五章）以及工作绩效。例如：假若你向某人发送了一个生硬的、伤害感情的消息，那个人往往会变得与你拉开距离、不信任你，并认为你是一个冷漠的人。反过来，这还会促使具有攻击性的人变得戒心重重，花费更多的时间和精力建立一个更好的防卫系统而不是仔细倾听你的消息。这些并非认真传达的消息根本不受关注，就造成了有问题的工作绩效。这个过程的归纳，参见图 8.15。

这个讨论引出了一个非常重要的问题：我怎样才能成为一个支持性的沟通者呢？有一些可靠、真实的策略可供参考。[91]

### 1. 对事不对人

针对一个人的特点（如：说：“你真懒。”）往往会激起那个人的防御心（如：认为“不，我不懒”）。然而，集中在问题本身（如：说：“我们损失了利润。”）可能会将对话本身转变为侧重于问题的解决。（如：问：“在这件事上，我们可以做些什么？”）针对事情和可能解决办法的沟通常常变得比集中于任何一个人对他人特点的看法上的沟通更富支持性。

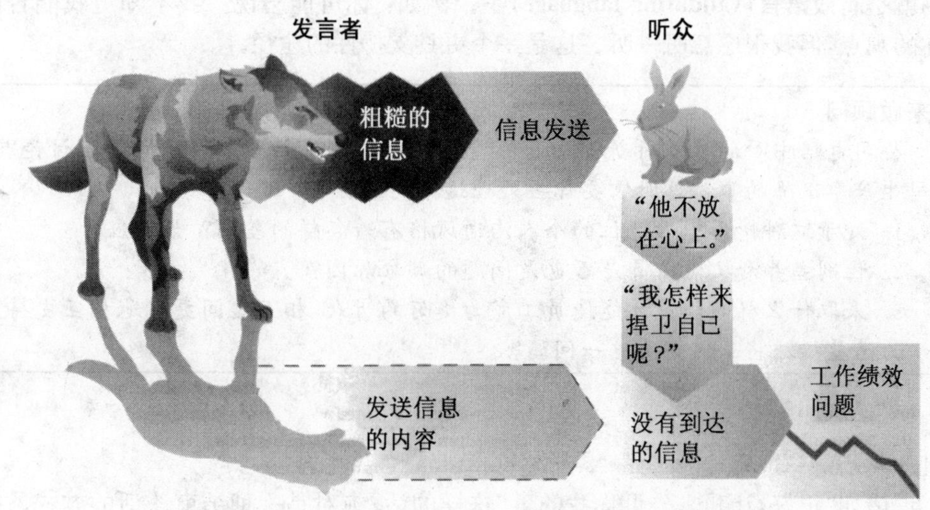


**图 8.15 非支持性沟通：绩效问题的一个原因**

正如这里所归纳的，与他人非支持性的沟通会影响一个人完成工作所需的对信息的专注程度。

### 2. 诚实地说出你的想法

人们经常通过掩盖他们的真实感受避免难题。因此当事情搞得很糟糕时，你应该清楚地表达出自己的感受，而不是一味地说万事大吉。不要害怕对别人说"对你的所作所为，我感到很气愤"。

> **全球问题** 值得注意的是：成为一个支持性的沟通者的策略并非在所有国家中都一样。例如，"含蓄"深深植根于亚洲文化之中。

### 3. 做你自己的决定

毫不犹豫地阐明你的行为和感受。例如：向某人明确地解释你为何投票否决其请求的原因远比保持缄默要好（如："委员会看到了你提议中存在着一些问题"）。如果你是委员会的一员，就要为自己辩解。

### 4. 使用有效的语言

当阐发你的观点时，避免使用引起伤害某人自我价值感等消极情感的语言（例如："你指望从律师那儿得到什么？"），这样的言论使用的便是**无效语言（invalidating language）**。使用人们能认可与接受的方式表达你的观点将更为有效。那样的话，你所使用的就是**有效语言**(**validating language**)了。例如:你可能会说:"我不知道我能否同意你的观点,但我很愿意听一听。"这是一个更具支持性的途径。

**你来做顾问**

公司电话中心的员工对新程序毫不关心。他们还花相当多的时间相互讨论其公司生产率下降的事。这时需要你去处理这个局面。

1. 处于这种情形中心地位的个人沟通风格有着怎样的差别?如何应付?

2. 性别差异和文化差异是否也是问题的部分原因?

3. 采取什么样的措施才能使员工成为更好的听众,相互之间更好地相互支持?你认为这些措施将如何解决这一问题?

### 5. 使谈话继续

说诸如"很好,让我来告诉你我的事"这样的话,绝对是一种结束谈话的方式。把讲话者的视线转向你自己,你根本就一点儿也没有支持性。而寻找更多的信息(说:"告诉我更多的关于这事的情况")或回馈你对讲话者所表达的想法(如"如果我没听错,你觉得……")就好得多。另一个帮助使谈话继续的绝招是使用***相关言论***(***conjunctive statements***),即发表可将你说的和讲话者的谈论联系在一起的内容,而不使用***不相关言论***(***disjunctive statements***),即与讲话者谈话无关的内容,例如:说诸如"在这件事上,我的看法是……"的表述就要比与其相对立的、完全不同话题上的某事要好得多。这么做无疑会结束这次谈话。

## 六、使用技术来提高沟通效率

今天的商业沟通比以往任何时候都要更加依赖于先进的技术。毕竟,估计有超过1亿人使用电子邮件,而因特网通道不管是在多数公司还是在私人家庭中都被广泛地使用着。[93]想像一下,技术为人们彼此的有效沟通提供了绝佳的机会。在这点上,几种趋势非常值得一提。

**道德问题** 当老板截取其员工的电子邮件信息时,潜在的侵犯隐私问题发生了。员工们宣称这就像翻他们的抽屉一样,是不应当的。然而,一些管理者却认为由于这些设备属于公司,因此他们有权确认员工没有用于私人目的。你对这件事有何感想?

### 1. 图像媒介沟通

提高沟通效率的一个方兴未艾的趋势是**图像媒介沟通**(**Video-Mediated Commu-**

**nications,称简 VMC)**[94]。简单说来,VMC 包括了介于两台或多台电脑间连续不断的音频和视频传递。公司使用这种技术以较低的花费联系远距离的员工,让他们参加网络会议(*cyber meetings*)。这不仅在金钱和时间的花费上比坐飞机更实惠,而且在最后一分钟再作出会议安排也显得从容不迫。例如:波音(Boeing)公司使用 VMC 技术联系其在西雅图总部的员工与那些在卫星站的员工。[95]

**全球问题** VMC 的一个基本优势在于它允许遥远国度的人们在并不昂贵的网络会议中得以聚首。

尽管通过计算机会见他人无法让人体验到现场交流的感受,但人们认为 VMC 比联络身处异地的人们的传统方式更为有效(如:电话、电子邮件、传真)。事实上,在一些情形下,VMC 比其他沟通媒介更胜一筹。[96] 这些情形的归纳,参见表 8.2。随着未来硬件和软件的不断发展进步,VMC 将会成为组织沟通中运用最广的工具(同时,今天组织中的人们充分运用不太复杂的技术来提高其会议的效能。若想了解一些专家在这一领域中的作为,请见后面"趋势"栏目)。

**表 8.2 图像媒介沟通:下一个最佳方案**

尽管与他人间的图像媒介会议不如现场亲历的会议来得亲切,但比起电话、电子邮件或传真来,它具有更为广阔的应用空间。

| 最合适的情形 | 图像媒介沟通 | 电 话 | 电子邮件 | 传 真 |
|---|---|---|---|---|
| 单向沟通 | | | √ | √ |
| 双向沟通 | √ | √ | | |
| 强调时效的信息 | √ | √ | √ | √ |
| 需要同时到达几处的信息 | √ | √ | √ | √ |
| 需要即时沟通 | √ | √ | | |
| 需要多个来源的信息 | √ | | | |
| 需要视觉呈现 | √ | | | |
| 包括着几个不同地点 | √ | √ | | |
| 讨论内容包含了贮存在计算机中的材料 | √ | | | |
| 参与者从未谋面 | √ | | | |

【资料来源】Based on suggestions by Diamond & Roberts; see note 96.

### 2. 语音技术

你可能在电脑上安装了一个不太贵的语音识别软件。如果的确如此,你只要对着话筒说话,你所说的内容或诸如此类的话就会出现在屏幕上,而你可能不知道遍及全球的许多公司正在使用先进的演说识别技术更有效地进行着它们的工作。今天最精密的设备比我们在个人电脑上使用的那些更胜一筹。例如:如果你通过 A&T 接到了一个付费电话,问你是否接受这个价格。电脑可以识别你的"是"或"否"的答案,从而为公司节约了原本要支付给话务员的每年 1 个亿的工资支出。[97]

专家们认为这只是一个开端。公司已经使用语音识别技术拨电话,允许顾客得知电话号码及帮助他们浏览因特网。以后,还有更多的功能将出现。在不久的将来,你可能能够让这本书自己读给你听,这当然也能做到。(不过,想要把这本书的观点直接装入你的头脑还需要几年的时间。)

## 学习目标的回顾与总结

**1. 描述沟通的过程及其在组织中的作用。**

信息发送者对信息**编码**并通过沟通渠道传递给接受者,接受者对其**译码**再进行**反馈**,**沟通**过程就得以进行了。干扰这些过程的因素是**噪音**。组织中的沟通通常用于指导个人行动和达到一致的行动目标。沟通的灵魂是信息,但沟通也可用于发展友谊、建立人际间的信任和组织中的认同。

**2. 识别组织中言语媒介的形式,解释哪一种是最适于沟通某种信息的形式。**

口头沟通和书面沟通均是组织沟通的常用形式。非言语媒介很多,从面对面的讨论等*丰富*媒介(即高度个人化并提供即时反馈机会的媒介)到诸如传单等*贫乏*媒介(即无个性单向的媒介)。丰富的媒介尤其适宜传递含糊或非常规的信息,而贫乏的媒介则更适合常规事务的沟通。

**3. 解释着装和对时空的利用风格是非言语沟通的组成部分。**

当衣着体面地去上班时,人们往往会表现出更多的自信。有关什么样的服装最合适众说纷纭。(如:*职业便装*正迅速成为一种新标准)。组织下层的人们花时间等待与组织上层进行沟通。人们也通过空间的利用进行非言语沟通,以表现其地位。例如:高层人物往往端坐于长方形桌的桌首位置就可见一斑。

**4. 描述人们沟通中的个体差异。**

人们有着不同的个人沟通风格。可以分为六类:*贵族型*、*苏格拉底型*、*沉思型*、*长官型*、*候选人型*和*参议员型*。当人们的风格相匹配时或其中一人欣赏另一人的风格时,人际沟通就得到了加强。沟通中也存在着性别差异。男性倾向于在沟通时强调他们的地位,而女性则往往关注建立积极的社会联系。此类差异常导致男性与女性间的沟通障碍。跨文化沟通因来自不同文化的人之间经常性地彼此误解而比较困难。这种现象的根源在于:在特定的文化之间存在着词汇结构和语词含义的微妙差别。

**5. 描述影响组织沟通的正式力量。**

组织结构影响着沟通。组织结构指的是正式制定的人们之间的关系模式。结构规定着谁必须与谁沟通(正如反映在**组织结构图**中所描述这类关系的图表)以及所应采取的沟通形式。命令沿组织系统向下发布，而信息则向上传递。然而，由于人们不愿意把坏消息报告给上级，上行传递的信息常常受到歪曲。平级之间的信息传递称为平行沟通，包括了组织同级成员间信息的流动。

**6. 描述非正式网络如何影响组织中的沟通。**

信息在*非正式沟通网络*中迅速流动。人们间的这些非正式联系因它们能跨越正式组织的界限而使信息得到了迅速传播。为人所知的非正式路径**小道消息**通常是造成这种部分不准确或**流言**迅速传播的原因。流言往往会让组织像个人一样付出极高的代价。不过幸运的是，我们可以通过一些方式战胜流言。

**7. 解释人们如何通过清晰简练的语言提高其组织沟通的效果，做一个积极的听众，评估沟通的进程，适当给予和接受反馈。**

保持其信息的简洁明了，避免与不熟悉专业术语的人在沟通中使用行话，人们能成为一个更好的沟通者。他们也可以通过学习积极倾听（即思考及向讲话者提问）和集中注意力（即不被分心）来改善其倾听的技能。超负荷问题可以通过使用把关者（即控制信息流向他人的人）或排队（即对即将到达的信息进行有序排列）得以降低。信息的歪曲和遗漏可以通过重复和确认减小到最低程度。在组织的某一层上，可以运用向员工反馈敞开上行渠道的方法得以改善（如建议系统、公司热线和员工调查）。

**8. 描述如何才能成为一个支持性的沟通者并通过使用技术成为一个更高效的沟通者。**

努力增进与他人之间的关系。他们通过对事不对人、实话实说、做出自己的决定、使用有效语言、继续谈话等方法来做到这一点。技术进步在许多方面提高了沟通效率。例如：人们正越来越频繁地使用图像媒介会议和演讲识别技术。

## 问题讨论

(1) 通过组织日常沟通的一个例子（如：一位主管要求其助手做一个月生产报表），描述组织沟通过程的运作（如：信息如何编码）。

(2) 将自己想像成一个地区经理。你需要向一群厂方经理解释一项新的公司政策。你应该使用书面沟通、口头沟通，还是两者都采用呢？说说你的理由。

(3) 假设你正在应聘一份工作。描述你的着装以及面试官的时空使用情况对你们沟通内容的影响。

(4) 假设你发现与一位新同事的沟通有困难。解释个体差异在其中是如何发生作用的，怎样克服它们？

(5) 想像你的公司正受即将合并流言的困扰。你将采取什么行动阻止流言？请做出解释。

(6) 在莎士比亚的《哈姆雷特》中，波罗尼斯说："多听少说。"讨论这个建议对于一个积极的听众的含义。你是如何提高倾听效果的呢？

(7) 假设当你需要与下属谈话时，你发现他们不是听不懂，就是害怕你，你该如何避免这些问题的发生？

## 典型案例

### 案例1 PSS公司：与政策同步比任何政策手册更有意思

大部分拥有各种不同附属公司的大型公司中，整齐划一的办事方式正面临着直截了当方式的挑战。你有条例、规定、程序，所以你要编写政策手册，接着将它递交给经理。然而这些经理往往又将它直接扔到了文件柜中被遗忘的角落里。

认识到这种举动毫无用处，Physician Sales & Service(简称PSS)的创始人采取了另一种公司沟通的方式：他们写下的很少。事实上，各分公司的人仅仅需要每月阅读来自公司办公室的第一份备忘录。这些部门有86个在美国，更多在欧洲。当公司官员写下重要信息时，他们不想使之以任何枯燥的政策手册的形式出现。例如：当公司律师坚持PSS要出台一项无歧视政策时，他们设计了一个使用卡通形象解释的招贴画，并将它挂到了每一个附属机构内。当公司创始人帕特克·凯里(Patrick Kelly)想要传达公司最推崇的20项核心价值时，他将它们印在皮夹大小的卡片上发给所有的员工随身携带。

以上没有一项策略表示凯里和他的顾问不插手分部运作。恰恰相反，正如凯里所解释的："我们非常想使每一部分彼此一致。"PSS的声望正是依靠为客户提供国际标准的服务取得的。另外，我们发展系统、运用各种方法来保证顾客享受到这样的服务。我们有自己的商业模式，而且不希望分公司的老总们发展自己的商业模式。

那么，PSS是如何不借助政策手册而维护其一致性的呢？他们使用被称为蓝缎书的100标准一览表。例如：卡车干净了吗？有为客人准备的便餐吗？运送原木的卡车是否就绪？庆祝员工成就的"荣誉墙"准备好了吗？为了保证以上这些以及余下的96条标准，凯里及其他公司官员进行每年两次的"蓝缎之旅"，对各个分部进行不事先通知的访问。然而，在真正的PSS方式中，这些不属于军事化的检查，而是一些有趣的事。当他们绕着空垃圾箱跑动和检查厕所的厕纸时，员工们嘘声一片。

根据100条标准来进行每一条达标与否的考察，每个分部最多可得到100分。得分最高的分部不仅可以得意一番，而且每个员工都可以享受奖金。从得分最高分部员工的每人3 000美元到得分为第十名分部的每位员工500美元，这些奖金都来自其他分支营运利润的基金。如果一个分部干得很糟糕，不会有人因此受到惩罚。但正如凯里所指出的：他们会有足够的动力在下一次做得更好。蓝缎之旅比一个严格的政策手册更能促使员工们严格地遵循公司的标准。

**问题反思**

(1) 是什么使PSS推行的方式取得了如此巨大的成功？在你所工作的组织中这种方式是否有效？

(2) 一个组织中如果有正式政策手册的话，你认为会处于何种地位？说说它们最有用的地方。

(3) 你认为应如何奖励蓝缎之旅中表现出色的员工？你认为这种实践是否长期有效？

(4) 还有什么新策略可以用于公司政策的沟通？

(5) 本章所述的各种提高组织沟通的技术怎样用于PSS组织政策的沟通中？

## 案例2 组织中的沟通

**小型商务2000** 我们必须依靠沟通来传递一条消息。我们沟通的方式有很多：通过我们的行动沟通，通过我们的语言的沟通，通过我们的仪表沟通，甚至通过我们的公司沟通。对于个体之间、企业部门之间、企业之间以及企业和其客户之间的关系，沟通的内容和沟通的方式非常重要。

Community Insurance Company的领导米尔特·摩西(Milt Moses)深知良好沟通在事业成败中的重要性。在这个录像节目中，摩西从不同角度谈了沟通的重要作用。在描述他怎样被说服进入保险业时，我们了解了他从自己的保险公司那里得到的对这个行业的印象。摩西不是积极的再就业者。事实上，他在找活干。他为什么会选择保险业？通过观察，摩西发现保险业是一项有利可图的事业，对他来说比他考虑到的其他行业的障碍更少。在他自己的公司，摩西运用多种途径在社区树立起良好的形象。

摩西谈起其公司的内部沟通。我们了解到他与员工沟通的方式；他奉行保持言路畅通的政策以及对提供高质量服务重要性的信念。他的员工不是借助偶然的机会才了解摩西及其公司。每一个在公司工作的人没有必要以同一种方式或在同一时间内获得相同的信息。

任何一个公司面对的一个挑战是如何进行信息沟通。摩西告诉我们了几种方式。我们看到：可以通过商业计划、工作分派和与员工开诚布公的交谈来达到目的。最为重要的可能是：我们觉得摩西重在实践，他不仅表达出他的商业信念，同时也真正去实施它们。

**问题讨论**

(1) 显而易见，米尔特·摩西为公司定下了基调。你认为摩西向员工传达了什么样的公司运作观念呢？你认为他是否成功地传达了这一想法呢？

(2) 当摩西通过其行为传达极为有趣的信息时，你了解了一个事例。例如：在开始时是禁止听音乐的，而当员工使用耳机后这一行为又得到了认可。你认为摩西为什么会改变主意并批准一些他完全可以不同意的事？你认为这件事传达给其员工什么样的信息？

(3) 摩西强调要为客户提供优质的服务。事实上，他认为这种服务是其事业成功的关键。根据你对公司和摩西的了解，你认为他在传达提供优质服务的理念上干得是否漂亮？为什么？

## 技巧库

### (一) 亲历组织行为

#### 1. 评估你的人际沟通风格

当你读到六种不同的人际沟通风格时,有没有想过自己是何种风格?下面的测验由与研究人员使用的测试沟通风格试题相近的问题构成,它将帮助你对自己的人际沟通风格有一个很好的认识。

#### 2. 指导语

阅读下列18种表述,每一个题目都设计你在现实中的沟通方式(而不是你想像中自己会采取的方式)。如果你认为某一表述的确描绘出了你通常是怎样沟通的,请在左边的空格中写上“是”。如果你认为这一表述没能描绘出你通常是如何沟通的,请写上“否”。

——(1) 我对别人说话往往很直接。
——(2) 我是个实话实说的人。
——(3) 我直率地将自己的想法与人交流。
——(4) 我常常想到什么,就说什么。
——(5) 在别人说话时,我往往会不耐烦。
——(6) 我常常避开冗长的讨论。
——(7) 我非常喜欢同别人聊天。
——(8) 我喜欢不厌其烦地指导别人。
——(9) 我有时会因絮叨而受责备。
——(10) 我倾向于利用轶事和例子解释事情。
——(11) 我喜欢与人争论。
——(12) 当我说话时,人们会叫我闭嘴。
——(13) 人们喜欢向我倾诉他们的问题。
——(14) 我常常忽略愤怒的人。
——(15) 我很好说话。
——(16) 即使不同意,我也可能告诉别人我同意。
——(17) 我说话时,人们常常打断我。
——(18) 当我对人说话时,往往彬彬有礼、富有支持性。

#### 3. 计分

(1) 将项目1到项目6“是”的数目相加,便是你贵族型的得分。

（2）将项目 7 到项目 12“是”的数目相加，便是你苏格拉底型的得分。

（3）将项目 13 到项目 18“是”的数目相加，便是你沉思型的得分。

（4）比较你每类的得分，得出你的风格类型：

a. 如果你的贵族型分值最高，你就属于贵族型。如果你的苏格拉底型分值最高，你就属于苏格拉底型。如果你的沉思型分值最高，你就属于沉思型。

b. 如果你的贵族型分值与苏格拉底型分值相近，而与沉思型分值相差很大，你就属于长官型。如果你的苏格拉底型分值与沉思型分值相近，而与贵族型分值相差很大，你就属于候选人型。如果你的贵族型分值与沉思型分值相近，而与苏格拉底型分值相差很大，你就属于参议员型。

c. 如果三种分值彼此接近，你就无从判别自己的沟通风格。重新做一遍测验，注意选择你的实际情况而不是理想化的做法。

### 4. 问题讨论

（1）测验显示出你属于哪种风格？与你所认定的风格有没有差距？

（2）根据课本中对人际沟通风格的描述，你可以预先猜出各项目所指向的风格类型吗？在每一种风格的评价中还可以为测验增加哪些项目？

（3）你认为自己有多大能力转变自身沟通风格以与他人的风格相匹配？

## （二）分组练习

### 1. 训练你的倾听技巧

你是一个好听众吗？你是一个真正的好听众吗？你能明白无误地理解另一个人的话吗？当谈到这些重要技巧时，我们中的大多数人往往会高估自己。毕竟，我们在整个一生中要不断听别人说话，有那么多的实践，必然差不到哪里去。要获得对你自身倾听技巧的了解，请尝试以下的分组练习。

### 2. 指导语

（1）将全班分为彼此不相识的两人一组的小组，重新调整座位，使每组中的人面对面且与其他组相分离。

（2）在每组中选出一人作为发言人，另一人做听众。发言者要告诉听众发生在工作中的一个特殊事件。在这个事件中他或她受到伤害（如：因未得到晋升而感到失望；因他人的原因而感到尴尬；与同事的争执失败；被解雇）以及由此引起的感受。

（3）听众应尝试图 8.12 中归纳的做一个好听众的建议。为了帮助听众，指导者应该与全班讨论这些建议。

（4）谈话结束后，与你的搭档回顾这些建议。讨论听众运用了其中的哪几条，忽略了哪几条。在评价优缺点时尽量开诚布公。发言者应该注意自己去体会听众对他们真正的关注程度。

(5) 改变角色,重复第 2 步到第 4 步。(这时,发言者成了听众,而听众则成了发言者。)

(6) 与整个班级一同分享你作为发言者和听众的感受。

### 3. 问题讨论

(1) 作为一个听众,在倾听技巧方面,这个练习教会了你哪些东西?

(2) 对于每个听众的优缺点是否存在一个总的看法? 试解释之。

(3) 在讨论了第一个听众的倾听效果之后,你可能寄希望于第二个听众能做得更好。在你的小组或整个班级是否存在着这种情形?

(4) 在实际应用中,哪种倾听技巧是最简单的,哪种又是最难的? 在某些特定的情形下,好的倾听技巧是否很难起作用?

(5) 你是否认为从这个练习中学到的东西将有助于你在其他场合中倾听技巧的提高? 如果的确如此,你学到的东西是什么? 如果并非如此,原因何在?

## 趋势:今天的企业在做什么?

### 求助于顾问,使会议发挥作用

会议,我们都曾体验过这种经历,它们或者应该称之为忍受会议。你往往不太喜欢开会,而且也很少会从中有所收获。开会不仅浪费时间,而且花费甚巨。例如:假如一个公司每周举办一次每位年薪为 45 000 美元的 10 个人参加的 2 小时会议,那么公司在这些会议上每年要投入 31 200 美元。对大多数公司而言,这都是一个足以引起重视的数额。[97] 付出如此高的代价,你一定希望从中能有所收获。鉴于会议开销巨大,越来越多的公司发现:花钱邀请这一新领域的专家的服务非常值得,即会议顾问。[98] 通过会议顾问的建议,你将得到一些提高会议质量的有效方法。

就拿艾迪斯·布斯(Edith Buhs)为例吧。布斯女士在一所专门教企业提高其会议效率的机构中担任国内总监。正是布斯女士促使坐落于波士顿的非营利性服务组织"城市年"的员工遵循 NOSTUESO 规则,即"没人能发两次言,除非每人都发过一次言"(No One Speaks Twice Until Everybody Speaks Once)。这条规则的执行使"城市年"会议免受任何人的控制。会议也不再显得穷极无聊。为了使会议充满生气,布斯女士采取了另一些富有创意的措施。例如:为庆祝"城市年"10 周年纪念,她设计了一个 4×8 英尺的杂志封面来记录这一盛典,让每一个参与者都为杂志的内容出谋划策。你可能认为这些做法有些矫揉造作,但它们确实很有效,不但与会者被深深吸引,而且再没有人昏昏欲睡了。

如果你想要取得不同凡响的效果,那么你可以雇佣会议辅助者道格拉斯·格里芬(Douglas Griffen),花上 5 000 美元就能使你的小组会议掌握在你手中。他的交易工具是计算机。格里芬让参与者围坐在一张U形桌旁,并在每人面前放一台笔记本电脑。接着,在电脑里向群体成员提出一个问题——如:“我们可以进入什么样的新市场?”——每个参与者可以在屏幕下方键入他或她的答案,并在上方看到其他参与者的答案。当众人作出反应时,格里芬在屏幕上找出优秀方案并加以归纳,呈现给大家。参与者投票给他们中最中意的答案,并在最后一票投完后就能得到最终结论。这个方法使参与者能自由地讨论群体最佳方案,而不是对别人大喊大叫。

建立更好会议学院(Institute for Better Meetings)的安迪·高文(Andy Koven)也使用计算机使大型玩具公司 Mattel Media 的产品开发会议顺利进行。高文不是在白板上写出观点,而是将一切东西键入笔记本电脑,并将其投影到一个大家都看得到的大型电视屏幕上。不过,高文自己不参与会议。他惟一的工作就是“办公记录”;在会议进行中记录和组织各种想法。当会议结束时,每人都得到一份记录副本,而且无论公司某个部门何时需要,都可将该文本随时通过电子邮件发过去。不要总认为记录会浪费纸张,其实正是这种记录引发了光盘定制轿车设计热潮。

你可能无法聘请会议专家来帮你出谋划策,但你却可以采用他们的技巧。尽管做起来不容易(老习惯很难改!),但会很有成效。不管怎样,你是否说过你对会议从不感兴趣?老天知道?这些建议可能会改变一切。

# 第九章 组织中的决策

**学习目标** 学完本章后应能够：

1. 了解*决策分析模型*的步骤。
2. 区分*程序化决策*和*非程序化决策*，*确定性决策*和*不确定性决策*，*自上而下的决策*和*授权决策*。
3. 区分不同的*决策风格*。
4. 描述群体决策和个体决策。
5. 明确影响决策过程的各种组织因素和文化因素。
6. 区分决策的三种模型：*理性—经济模型*、*管理模型*和*印象理论*。
7. 认识可能影响决策效率的两种效应：*框架效应*、*启发式*。
8. 阐述*内隐偏爱*和*承诺升级*是如何导致决策失误的。
9. 在什么样的条件下，组织决策能发挥优势？在什么样的条件下，个体决策有更高的绩效？
10. 阐述提高群体决策和个体决策质量的各种技术。

## 预备案例

### 迪尔公司从自我创造中获得发展

在19世纪30年代前期，人们发现，铸铁犁可以顺利地翻耕美国东部松软的泥土，而翻耕大农场的黏土却十分困难。每当耕了几英尺后，农民就必须把粘在犁上的土块刮掉，因此劳动效率大大降低了。到了1837年，情况开始有了改观。一个名叫Deere John的铁匠由于在佛蒙特州生活艰难而迁移到了东部，并且在伊利诺伊州的Grand Detour开了一家铁匠店。在那里，他很快取得了巨大的成功：他生产出了一种免刮钢犁——能高效率地在大农场翻耕的新农具。在此后的160年里，斗转星移，这种农具不断获得了改善。但是始终不变的是：公司一直在面对影响未来命运的重大决策。

在20世纪30年代的经济大萧条中，迪尔公司用赊销的方法帮助手头拮据的客户渡过了难关。如此慷慨的举动为公司培养了一大批忠诚度非常高的客户。这些客户祖孙三代人都使用迪尔的产品。然而，当20世纪80年代农业萧条来临时，这些忠实客户的支持并没有帮助公司走出窘境。销售额锐减使得公司的产量削减了一大半，因此，公司被迫裁员，数以万计的工人失业。到了20世纪90年代，情况有所好转。但是瞬息万变的经济形势和国外竞争者的介入使得迪尔公司的高层不得不采取一些强有力的措施来塑造农具工业160年来的另一个辉煌。

迪尔公司的首席执行官 Hans W. Bercherer 面临着很多挑战。所幸的是，Bercherer 先生与迪尔的创立者有着同样的创新精神。他没有在研究西部的土质上花费过多的时间，而是把更多的精力投入到管理上的创新中去。然而，在管理领域也是困难重重的，尤其有像国际收割机公司(International Harvester)这样有力的竞争对手。

即便如此，Bercherer 先生和他的助手们还是设计出了吸引顾客的新方法，其核心是迪尔公司的大众定制方案。以前，迪尔公司只向顾客出售数十万美元的大型农业机械，而让顾客根据需要自己去配置配件。现在他们一改以往的做法，开始为所有顾客定做农业机械。当一位顾客来到当地的迪尔公司零售商店，营业人员就会上前询问一些关于耕作细节的一系列问题。(比如：每行种几棵，种植密度有多大。)这样，公司就可以为这位顾客设计适合他需要的一款农业机械。几个月以后，这位顾客梦寐以求的农业机械已经在地里干活了。迪尔公司还向客户提供零件商能提供的任何小零件，公司的销售人员会为繁忙的顾客购买任何配件，并且提供一站式服务。通过进一步与顾客建立良好的个人关系，迪尔公司的管理者相信，公司可以借此渡过任何难关。

为了规避风险，迪尔公司开拓出了一些新的业务，而这些业务是公司的创始者想都没有想过的。比如：提升品牌知名度，公司开发出一系列学前儿童的玩具，并主办NASCAR 车赛。自从1986年起，公司开始涉足保健品行业，成立了分公司并为自己的雇员制订了保健计划。现在，John Deere 保健品公司向1 400多个公司提供保健服务。

这些变化引起了公司许多老员工的不快。伊利诺伊州莫林分公司的总部被撤职后，老员工们纷纷哀叹公司抛弃了她一贯的传统。而股东们为公司前无古人的经营业绩欢呼。在1998财政年度，公司的收入就达到了10亿美元。尽管财源丰厚，但是现在断言公司的发展已经是一马平川还为时过早。专家警告说，由于生物技术的发展，公司在未来的发展中还将会遇到很多难题。假如公司的管理者们能够做出果断的决策，公司的广告标语“一切都不能阻挡迪尔公司”就很有可能实现。

从一个雄心勃勃的英格兰铁匠富有创意的想法，到一家在160个国家开展业务、在世界上首屈一指的农业机械生产商，迪尔公司经历了一个漫长的发展历程。巨大的成功背后，潜藏着一连串的决策过程。从John Deere决定离开佛蒙特州，在伊利诺伊州开办一家铸造工厂，到公司的首席执行官决定变更公司的业务，使其多样化，迪尔公司的发展史其实就是一个有关决策的故事。其实，任何一个企业的发展史，包括你个人的发展史，也都是一个个有关决策的故事。

应该说，从决策的规模上来讲，有关大公司运作的决策比有关个人事务的决策有更大的影响。然而，诸如考哪所大学，选什么课程，向哪家公司求职等等这些个人事务的决策也是很难作出的，因为这些决策的结果对于你个人来说很重要。如果你了解了个人事务的决策有多么困难，那么你肯定能领会到组织中的决策是多么的复杂和重要，它关乎组织的命运，影响深远。不论**决策(decision making)**的内容是什么，决策的实质是大致相同的：我们可以把它看做是从若干个选项中作出选择的过程。

决策是管理活动中最重要的内容之一。[1] 许多管理理论家和研究者认为：决策是管理者工作中最常见也是最重要的一项。组织中的管理者每天都要对各种事情做出各种决策：小到一些日常琐事，大到有深远影响的事件。[2] 了解决策是如何作出的、如何改善决策是组织行为学的一项重要研究内容。

在本章中，我们将要回顾个人决策和群体决策的理论研究，学习组织管理实践中的决策技术。首先，我们研究个体决策，纵览关于人是如何决策的各种观点。然后，了解影响决策质量的各种不利因素，以及对付它们的策略(即提高决策质量的技术)。接下来，我们将关注群体决策，讨论在什么条件下最适合群体决策，在什么条件下最适合个人决策。最后，我们了解影响群体决策质量的不利因素，和提高其质量的各种因素。我们先来看一看决策过程的一般特性和组织中各种不同的决策类型。

## 一、决策的特性

我们以探讨决策过程的基本特性作为开始。首先要展示描述决策步骤的模型，然后，论证不同的人有不同的决策方式。我们还要特别讨论决策中的个体差异和文化差异。

### (一) 决策过程中的分析模型

通常，科学家把决策过程看成是群体或者个人解决问题的一系列分析步骤。[3] 一个通用的模型——**决策分析模型(analytical model of decision making)**——可以帮助我们了解组织中决策的复杂特性(见图9.1)。[4] 模型强调决策过程中的两个重要方面：

*制订对策*和*实施对策*。制定对策是指明确问题所在，有针对性地制定解决方案过程。实施对策是执行解决方案的过程。[5] 需要记住的是，并不是所有的决策都完全符合模型中所描述的八个步骤(有些决策会合并或者跳过某个步骤)。[6] 讲清楚实践中一般的决策的操作过程，这才是决策分析模型的意义所在。

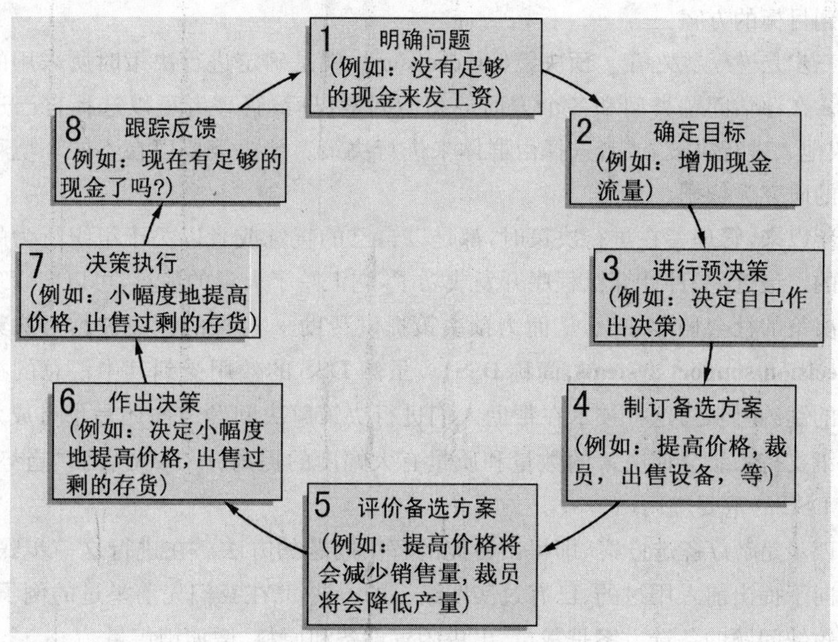


**图9.1 传统的决策分析模型**

一般而言，决策的过程要遵循模型中列出的八个步骤。要注意每一个步骤是如何在文中假设的问题(比如：没有足够的现金发工资)中得到体现的。

【资料来源】Based on information in Wedley & Field, 1983; see note 4.

决策过程的第一步是*明确问题*。要决定如何解决问题，首先要识别问题，认清问题。比如，公司出现不能支付员工薪水的情况，管理人员就要明确这个问题。然而，这个步骤并不像我们想像的那么简单。人们通常会曲解、遗漏、忽视包含揭示问题实质线索的重要信息。[7] 在第二章中我们曾经讨论过社会知觉，人们并不总是能精确地察觉社会情况。因此，有些人不能明确问题，不愿明确问题。这样，否认问题就成了解决问题道路上的第一个障碍。

**道德问题：** 当人们不能认识到自己的不适当行为时，常常会产生一些道德问题。举例说明：如果人人都把公司的财产据为己有，偷窃就不会被认为是一个问题。管理者如何避免这类现象呢？

在明确问题之后，下面的步骤就是*确定在解决问题过程中所要达到的目标*。在考虑问题时，要尽量想出所有可能的解决方案，这一点很重要。在刚才的例子中，我们明确了问题，问题在于没有足够的钱，用商业术语说就是“现金流量不足”。这样，目标就很清楚了——增加现金储备。备选的解决方案要依据目标来进行评价；好的解决方案是能达到目标的方案。

第三步是*进行预决策*。**预决策(predecision)**，就是确定进行决策时所采用的程序和方法。在评估问题类型和各个方面的情境因素以后，管理者可以选择自己进行决策，授权他人进行决策，或者选择由群体来进行决策。预决策要以在不同环境下对决策特性的研究为依据。

多年以来，管理者在进行决策时，都是以自己的直觉或者以关于组织行为的经验为指导的。最近，一种计算机程序开发成功了，它汇总了大量的信息，可以向管理者提供有关决策的社会科学知识，从而为预决策提供帮助。[8] 这样的程序被称为**决策支持系统(decision support systems，简称 DSS)**。虽然 DSS 的效用受到其中汇总的社会科学信息的制约，但是，这种技术在帮助人们进行决策解决问题方面还是卓有成效的。[9] 使用决策支持系统会使决策的数量和质量有大幅度的提高。[10]（参见后面“趋势”栏目中关于 DSS 的重要应用。）

第四步是*制订备选方案*，即提出可能的解决问题的方法。在进行这一步骤时，人们都倾向于提出前人用过的、已有过实践结果的方法。[13] 在我们先前举过的例子中，解决资金短缺问题的备选方案是裁员、出售闲置设备和原料、增加销售量。

因为可能的并非都是可行的，所以第五个步骤就要*评价备选方案*。评价在所有的备选方案中，哪一个是最好的？比如：对于落实发工资所需要的资金来说，哪一种方法最有效？有一些方案也许比其他方案更有效，但是操作的难度也比其他方案大。比如：增加销售量是一个比较有效地解决资金不足问题的方案，但是，说起来容易做起来难，这并不是一个可操作性强的方案。

第六步就要*作出决策*了。我们将在后面的部分介绍，不同的决策方法决定了人们看待备选方案的不同视角和判断最佳方案的不同标准。人们一提到决策过程，就会自然而然地想到确定决策方案这一步骤。

第七步是*决策执行*，就是把选定的方案付诸行动。

第八步，也是最后一步，称为*跟踪反馈*。对于成功的组织而言，对决策实施效果进行跟踪反馈是至关重要的。例如：考察问题是否还存在，解决方案有没有引发后遗症。换句话说，这个步骤就是要收集决策方案实施的反馈信息。图 9.1 把决策过程描述成一个循环的过程也正是基于这样的考虑。如果反馈结果证明方案行之有效，问题可以视为已经解决了；否则还要尝试其他新的方案。

再重申一下，上述模型只是决策的一般模型。并不是在所有情况下的决策都要遵循这个套路。不过，这个模型有助于我们理解决策这一复杂操作的一般特性。

## (二) 组织中决策的种类

决策是组织中的一项基本活动，因而，决策有许多不同的类型。要理解决策过程的特性，第一个重要步骤就是了解组织中决策的多样性。我们按照如下三个维度来划分决策的类型：常规性、风险性、决策的主体。

### 1. 程序化决策和非程序化决策

根据事先确定的方案重复进行的决策称为**程序化决策(programmed decisions)**。比如：打字员决定要对一天的工作成果做一个备份，快餐店的经理在库存减少时决定要订购制作汉堡包所用的面包。类似的决策都是程序化决策，它是由低级别员工依据事先确定的行动方案而进行的常规性决策。

与此相对的是**非程序化决策(nonprogrammed decisions)**，这种决策没有现成的方案可以利用，决策者面临的是全新的问题，解决的方案也是独创的。比如：一位医生想要治愈一种罕见的疾病，他面临的问题情境极其混乱，结构性差。一个采购员在文件夹短缺时的行动方案是明晰的，而这位医生就不一样了，他没有事先拟订的方案可参考，而要依靠自己的创造力去解决问题。

非程序化决策又称**战略决策(strategic decisions)**。[14]通常，这种决策都由高层集体作出，会对组织产生深远的影响。战略决策反映了在具体情况下指导组织活动的一贯模式，诸如组织哲学、组织目标，等等。比如，组织决定在某个年增长率的基础上继续发展，或者确定指导日常工作的一套组织伦理，这些决策就是战略决策，因为它指导了企业未来的发展方向。

表 9.1 总结了程序化决策和非程序化决策在三个重要方面的区别。第一，任务类型。程序化决策的任务类型是普通的、常规性的；而非程序化决策的任务类型是独特的和全新的。第二，对于现成方案的依赖程度。在进行程序化决策时，决策者要依赖组织的现成方案和程序。非程序化决策通常要创造性地提出前人没有实践过的方案，过去用过的方案几乎不具有参考价值。第三，决策主体。显然，非程序化决策通常是由高层作出的，而程序化决策常规性和结构性强，通常是由低层员工作出的。[15]

**表9.1 比较：程序化决策和非程序化决策**

组织中决策的两种主要类型——程序化决策和非程序化决策——的不同之处在于任务类型，对现成方案的依赖程度，决策主体。

| 变量 | 决策的类型 | |
|---|---|---|
| | 程序化决策 | 非程序化决策 |
| 任务类型 | 简单，常规 | 复杂，有创造性 |
| 对现成方案的依赖程度 | 相当程度上接受过去的决策的指导 | 不能从过去的决策方案中获得指导 |
| 决策主体 | 低层员工(通常单独决策) | 高层主管(通常集体决策) |

## 2. 确定性决策和不确定性决策

设想一下，如果我们能知道未来会是怎样，那么决策将是多么简单的一件事！只要看一看明天的报纸，就能轻而易举地完成股票投资的决策。当然，我们无法知道未来会怎样，可是在某些时候，未来是比较确定的；而在另一些情况下，未来具有很大的不确定性。决策的确定性是一个组织决策过程中备受关注的因素。

确定性的程度可以用风险性的大小来衡量。所有组织中的决策都存在一定的风险，其程度从零风险(完全确定)到高风险(完全不确定)。为了作出最好的决策，人们努力控制风险，通过搜集相关信息来把风险降到最低。[16]

**全球问题** 由于珍视传统和历史，意大利人不愿意冒风险，在决策时倾向于保守；而澳大利亚人倾向于革新，愿意作出具有较大风险性的决策。

决策风险性的指标是得到所期望结果的概率(可能性)。如果同类的事件曾经发生过的话，决策者就能获得相关的概率信息。比如：经济分析家断定当基准利率降低时，某种股票上涨的概率是80%；气象学家预测降水概率是50%(过去当这样的气象条件存在时，有50%的情况是下雨或者下雪的)。因为这些概率是根据具体的可检验的数据得出的，我们称之为*客观概率*(*objective probabilities*)。然而，许多决策是根据*主观概率*(*subjective probability*)作出的。所谓主观概率，是指个人主观认为某事发生的可能性。(见图9.2)比如，某个赌马的人在一匹马上押注，因为这匹马的名字与他孩子的名字相似；某人怀疑天会下雨，因为他刚刚洗了车。这些判断都是基于主观概率。

当然，我们都不希望在决策中存在不确定性。我们可以看到组织中的很多决策者试图减少不确定性(例如：根据经验估计事物发展的可能性)，以便作出更好的决策。

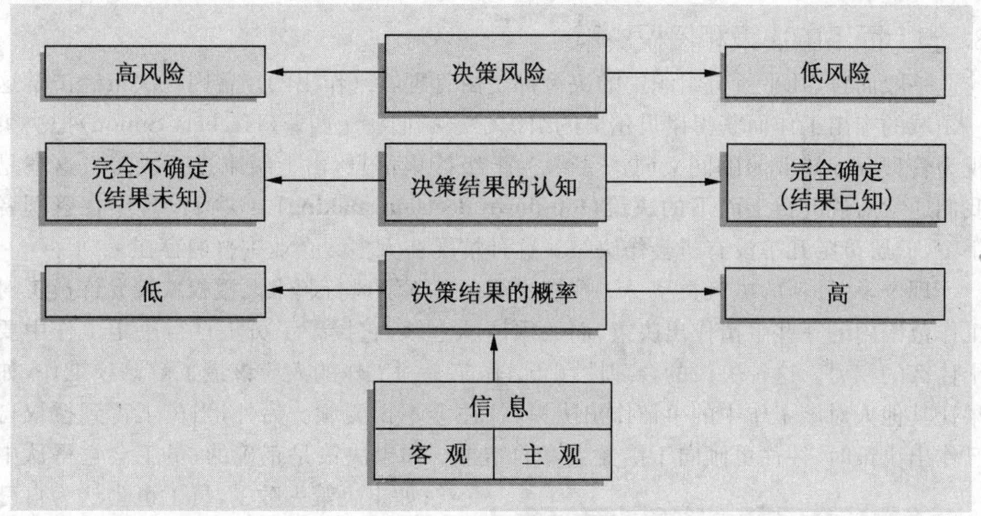


**图9.2 决策的风险**

决策结果的确定性程度决定了决策的风险程度。信息——无论是主观信息还是客观信息——都是估计决策结果确定性的依据。

组织如何应对高度不确定的情况下(比如:没有人知道未来会怎样)的决策呢?决策中的不确定性可以通过*建立与其他组织的联系*而得到降低。一个组织对其他组织的做法越了解,在决策中的不确定性就越小。[17]组织中的决策者通过加强对经营环境中其他组织行为的预测来降低决策的不确定性,这已经成为了一种普遍的趋势。而且,决策者会模仿其他组织的做法。[18]

一般而言,是什么降低了决策情境中的不确定性呢?是信息。充分认识过去和现在有助于推断未来。现代管理者要依靠电脑来获得决策所需要的信息。实际上,电脑技术通过搜集全面而又准确的信息使得管理者的决策能力有了很大的提高。[19]各种各样的在线信息服务为决策者提供了与决策内容相关的最新信息。

诚然,并不是所有的信息都来自电脑。许多管理中的决策是依靠决策者的经验和直觉作出的。[20]这并不意味着管理者是依据主观的东西来作决策的(尽管这种可能是存在的),而是证明了历史上决策的成败得失在新的决策过程中具有十分重要的作用。也就是说,决策时人们常常要依赖过去的经验。这种策略常常是很有用的,因为经验丰富的决策者更善于利用相关信息。[21]他们懂得什么样的信息对决策有用,以及如何分析这些信息并作出最佳决策。因此,在面临重大决策时,人们总是选择有经验的专业人员(如:行业内的资深医生和律师)也就不足为奇了。丰富的经验有助于决策者准确评估备选方案的风险性,从而有效地规避风险。

### 3. 自上而下的决策和授权决策

一般而言，几乎所有组织中的决策都是由管理者来作出的。曾因在决策经济学这一领域的杰出工作而获得诺贝尔奖的组织学家赫伯特·西蒙(Herbert Simon)把决策视为管理(managing)的同义词。[22]下级为上级搜集信息，由上级来进行决策。这就是我们通常所说的**自上而下的决策(top-down decision making)**。决策权集中在管理者手中，低层员工几乎没有机会作决策。这种情况在大多数企业中普遍存在。

现今，一种新的决策类型——授权决策——逐渐风行起来。**授权决策**允许员工对工作范围内的一些事情作出决策，而无须请示上级，它授予了员工自行决定工作中要干什么的权力。这种决策的合理性在于：做某一项工作的人应该最了解该项工作，如果让其他人对该工作中的事情作出决策，往往会不得要领。另外，当员工得到授权自己作出决策时，往往更倾向于接受决策的结果。如果决策是正确的，员工会觉得从中受益；如果决策失败了，员工也会认为自己从中得到了教训，为后面的工作积累了经验。无论结果如何，员工都更倾向于对自己的决策行为承担责任。这种责任意识对于保持组织的高效运转至关重要。

**图 9.3 “斑马团队”中的授权决策**

图中是柯达黑白胶卷制造小组——“斑马(Zebra)团队”的成员。他们在很多方面取得了巨大的成功，因为他们得到授权来确定自己的工作任务。

现在，许多公司授权员工作出各种决策。例如：Ritz-Carlton 连锁饭店授权员工每天可以支配 2 000 美元用于维修损坏的物件。一次，一位客房女服务员发现一盏灯被打破了，需要修理。以前遇到这种情况需要层层上报。现在她得到了授权，可以立刻找相关的负责人去修理这盏灯(见图 9.3)。

工作团队中也要得到授权。比如马里兰州巴尔的摩的 Chesapeake 包装公司纸盒厂就包含有 8 个彼此独立的工作团队。[23]每个团队都得到授权去决定一些重要的事情，如：订货、购买新设备、评估工作业绩等。实际上，我们在第七章曾经讨论过“自我管理的工作团队”，就是指得到全面授权，拥有高效决策工具的员工在一起协同工作的团队。

**道德问题**　马萨诸塞州 Foxborough 一个名叫 Maguire Group 的小型专业化建筑工程公司中，27 个不同级别的员工一起讨论了 8 个月，想要制订出一套指导组织内行为的道德标准。[24] 他们制订道德标准的决策涉及工作中的伦理问题（如潜在的利益冲突）。这套道德标准被视为公司诚实正直名声的象征。

## 二、影响组织决策的因素

组织中的决策是一个基础的过程，它受很多因素的影响。在组织行为学研究中，我们主要探讨其中的三个因素：个人因素、群体因素、组织因素。另外，我们还会涉及民族文化因素对决策的影响。下面，我们就开始逐一进行讨论。

### （一）决策风格：决策的个体差异

所有的人都用相同的方式来进行决策吗？不同的人在决策方法上存在差异吗？一般而言，在决策倾向上的个体差异是十分显著的，我们把这种差异称为**决策风格（decision style）**。

在决策过程中，有的人关注如何不惜代价争取胜利，有的人更关心决策结果对他人的影响；此外，有的人采用逻辑分析的方法，有的人则依靠直觉和创造力。显而易见，不同决策者采用不同的决策方法。**决策风格模型（decision-style model）**界定了四种主要的决策风格（见图 9.4）[25]。

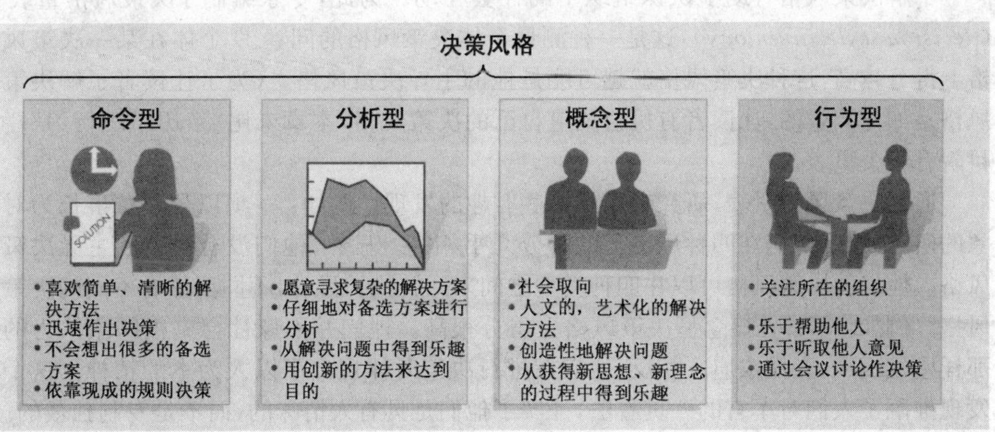


**图 9.4　决策风格模型**

这个模型概括出四种典型决策风格，每个人都可以划归某一决策风格。

【资料来源】Based on information in Rowe, Boulgaides, & McGrath, 1984; see note 25.

*命令型决策风格*（*directive style*）的决策者喜欢简单、清晰的解决方法。他们决策时利用的信息不多，也不会挖空心思想出很多的备选方案。因此，决策的速度很快。他们通常依靠现存的规则来进行决策，用自己的地位和权力来达到目的。

*分析型决策风格*（*analytical style*）的决策者愿意根据模糊的信息去寻求复杂的解决方案。他们会充分利用数据小心翼翼地进行分析，并能从这一过程中得到乐趣。他们寻找最佳方案，并用创新的方法来达到目的。

与命令型、分析型相比较，*概念型决策风格*（*conceptual style*）具有很强的社会取向。也就是说，这种类型的决策者倾向于采用更人文的、更艺术化的方法解决问题。他们会广开思路，寻找备选方案，创造性地解决问题。他们有较强的未来意识，热衷于提出新想法、新理念。

*行为型决策风格*（*behavioral style*）的决策者关注他所在的组织，关注同事、合作者的个人发展。他们支持他人，关注他人的成功，并经常帮助他人达到目标。他们乐于听取他人的意见建议，倾向于通过会议讨论作出决策。

虽然绝大多数决策者总体上来说具有某种决策风格的特征，但有时也会显示出其他决策风格的痕迹。某些人的决策风格能在各种风格之间转换，这种人的决策风格也更为灵活。一定意义上说，他们形成了自己复杂而又独特的决策风格。即便如此，一个人的主导决策风格还是能说明他或她在决策时的某些倾向。显然，不同决策风格的人之间经常会产生一些冲突。比如说：典型的命令型的领导者可能会很难接受典型的分析型的下属那种缓慢、深思熟虑的决策方式。

了解决策风格有助于认识组织中的社会互动。为此，专家编制了*决策风格量表*（*decision-style inventory*），这是一种测量个体决策风格的问卷。[26]个体在某一决策风格上得分越高，这种决策风格就越可能是他的主导决策风格。（为了让读者了解决策风格是如何测量的，让读者有机会测量自己的决策风格，本章末尾“亲历组织行为”栏目附有相关量表。）

通过决策风格量表，研究者得到一些有趣的发现。例如：一项以公司董事长为对象的研究发现，他们在四种风格上的得分几乎相等。显然，他们没有单一的主导决策风格。他们的决策风格可以在四种类型之间来回转换。另外，不同群体有不同的决策风格。例如：军官在概念型决策风格上得分很高。他们并不像社会刻板印象认为的那样盛气凌人、专横跋扈。相反，他们在进行决策时体现出了以人为本的精神。这个发现推翻了人们对军官的一贯看法，证实了他们是具有人情味的，而不是专制独裁的。

总之，不同的人具有不同的决策风格。人格、人际交往技巧等诸因素联合作用于个体，形成了个体相对稳定的决策风格。决策风格的研究是一个刚刚开辟出的全新领域，但人们对其重要性已经有了相当的认识。了解决策风格的差异是认识决策者之间潜在冲突的关键。

## (二) 群体对决策的影响

群体对决策的影响既有潜在的积极方面,又有潜在的消极方面。之所以要用“潜在的”这个定语,原因在于组织中的决策受各种因素的影响,很难预料某种特定的情况是否会出现。然而,了解群体决策的利弊对于我们而言还是不无裨益的。

### 1. 群体决策潜在的优点

毫无疑问,群体决策有很多优点。首先,大家一起集思广益能调动更多的知识和信息,以便作出高质量的决策,即*集中智力资源*(*pooling resource*)。其次,*劳动分工*(*specialization of labor*)对决策也有帮助。当大家共同完成一项任务时,个体就能专门从事他最擅长的工作,这样就无形地提高了群体的工作质量。

群体决策的第三个优点是它比个人决策更具有*可接受性*(*acceptance*)。参与决策的人对决策有更深刻的理解,而且愿意在决策实施中承担更多的责任。[27]

### 2. 群体决策潜在的问题

当然,群体决策在应用时也存在着一些问题。第一,群体决策容易*浪费时间*。群体决策中很多时间花在了为了使决策满足方方面面需要而进行的反复商榷中。这对于组织而言是一种代价昂贵的浪费。第二,群体决策可能导致针对重要问题的争论,从而引发人际关系紧张和*群体冲突*。建设性的争论能提高群体的决策效率,而破坏性的争论则会干扰决策的进行。群体中的争论如果掺进了争夺权力和荣誉等因素,通常会具有破坏性而导致人际关系恶化。

最后,群体决策有时会因为群体成员屈从于权威而变得没有效率。一个群体中如果有一些善伺上意的“好好先生”,就会阻碍开放和坦诚的讨论。这正应了那句格言:“一群人可以把一匹马变成一头骆驼。”

### 3. 群体盲思:凝聚力过于强烈是很危险的

我们在第七章中曾经提到,有时群体成员会非常关注自己的言行,不让自己成为出头椽子(中国有句歇后语:出头的椽子——先烂,意思是与群体不一致的人可能会受到排斥。译者注)。他们不愿意对群体的决定提出质疑。当这种情况出现时,整个群体就会倾向于自我封闭,不再会进行批判性的反思。这样的现象称为**群体盲思**(**groupthink**)。[28]

**全球问题** 因为群体盲思源自人们与群体中同伴保持一致的倾向,所以,这种现象在重视他人意见的民族(如:日本)较为多见。而在思想上有个人主义倾向的民族(如:美国)则不多见。

我们以1986年1月酿成"挑战者号"航天飞机爆炸这一惨剧的错误决策为例，来进一步说明群体盲思的实质。"挑战者号"航天飞机爆炸后，有人对发射现场指挥人员的谈话录音进行了分析，结果表明美国国家航空及太空总署(NASA)的官员没有理睬工程师的忠告而坚持发射，以致酿成惨剧。[29]此前，太空总署有许多次成功发射航天飞机的记录，现场指挥发射的官员难免自我感觉良好。他们在一起紧密地开展工作；在"按时发射"的巨大压力下，他们共同支持发射的决定，造成了"一致通过"的假象。图9.5对群体盲思进行了精确的描述，帮助我们认识其特征。

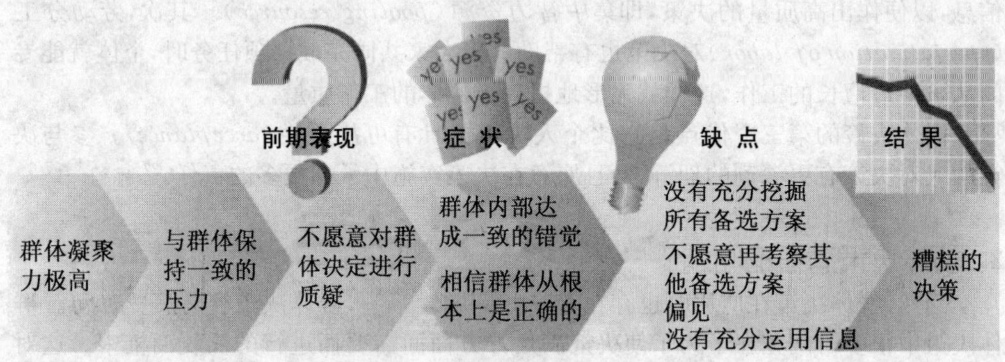


**图9.5 群体盲思概观**

当群体内部高度一致，阻碍其成员对群体行为进行质疑时，群体盲思现象就发生了。群体盲思往往导致质量低劣的决策。

你可能会认为群体盲思只存在于政府的决策中。实际上在私人企业的决策中也存在这种现象，只不过因此导致的失误很少被公开罢了。例如：对洛克希德(Lockheed)和克莱斯勒(Chrysler)等大公司的商业政策分析表明：公司高层对市场变化的错误回应几乎把公司推到了灾难的边缘。[30]在凝聚力很强的群体中，成员对群体的决策确信不疑，因此压制了不同意见的表达。("群体似乎知道它正在做什么。")在维护群体团结一致的名义下，批评意见被束之高阁。当群体成员彼此忠诚时，他们会对质疑群体决定的声音听而不闻，最后作出无知的、无理的，甚至是不道德的决策。[31](所幸的是有几种具体的方法来规避群体盲思。请参见下面的"制胜诀窍"。)

## 制胜诀窍

### 规避群体盲思的策略

由于透彻地了解了群体盲思产生的原因，专家提出了几条规避群体盲思的策略。

1. *开放言路(promote open inquiry)* 群体盲思产生于群体成员不愿意做出

头椽子的倾向。因此群体的领导者要鼓励成员对所有的方案表示怀疑，避免在方案不成熟时就达成一致。有时，扮演“反对派”（devil's advocate）角色，即有意挑出方案中的错误，对群体决策是有益的。[32]如果真的能这样做，群体决策的质量将会提高。[33]有的公司总裁故意用引发冲突导致争论的方法训练员工，以便在决策方案付诸实践之前发现其中的缺陷。[34]公司总裁并不好辩，他们只是提出非攻击性的问题来促使一个方案的正反两方面都能得到充分的讨论和认识。这对提高决策的质量是很有帮助的。

2. *利用亚群体*（*Use subgroups*） 既然一个群体作决策有可能导致群体盲思，那么让两个亚群体共同进行决策应该能避免这种情况。如果两个亚群体的意见相左，那么在它们的争论中会发现一些重要问题。如果两个亚群体意见一致，那么你也可以相对自信地认为群体盲思现象没有发生。毕竟，两个亚群体同时陷入群体盲思的可能性要小得多。

3. *容忍缺陷*（*admit shortcomings*） 当群体盲思发生时，群体成员自信他们的抉择是完全正确的。这种完美的感觉阻碍了他们对反面信息的认知。如果群体成员承认决策中存在缺点和局限性，他们就会比较容易接受反面的信息了。记住：没有十全十美的决策。要求别人直接说出对决策的疑惑有助于避免“完美决策”的错觉。这种错觉通常会导致群体盲思。

4. *召开第二次会议*（*hold second-chance meetings*） 在实施决策之前，开再召开一次会议。会上，鼓励大家对决策方案进行质疑，或提出新的方案。阿尔弗雷德·P. 斯隆（Alfred P. Sloan）——通用汽车公司的前任总裁，对重要事件的决策比较慎重，他直到群体内所有的质疑和争论都得出结果才把决策付诸于实施。[35]当人们厌倦于在同一个问题上纠缠不休时，他们就会草率地在一个方案上取得一致。在这种情况下，召开第二次会议是一个很好的方法，它可以检验决策方案在短暂的搁置后是否还像当初看起来那样好。

鉴于群体盲思对组织所造成的不利后果，明智的管理者应该采纳上述几条建议，对群体盲思进行认真的反思。

## （三）组织对决策的影响

我们强调了个人缺点和偏见对决策效率的影响，同时，也不能忽视几个重要的干扰理性决策的组织因素。决策者不得不面对这些限制他们决策能力充分发挥的组织因素。

第一个因素是*时间的限制*（*time constraints*）。许多重要的决策都会面临紧迫的时间限制。在这样的状况下，作出无懈可击的决策几乎是不可能的。当组织面临危机需要进行快速反应时尤其如此。决策者往往会匆匆忙忙地把决策方案付诸行动，而来不及收集更多的信息，制订更完备的备选方案，从而影响了决策的质量。[36]

第二个因素是*保住面子的压力*（*political "face-saving" pressure*）。换句话说，决策者为了给别人留一个好印象，保全自己的面子，往往会采用迎合他人口味的决策方案，而不管这样的方案是不是能给组织带来好处。例如：假设采用正确的决策会使决策者面临遭受非议、甚至丢掉工作的风险，而面子不保的话，决策者就会曲解相关的信息，作出四平八稳、让各个方面都满意的决策。为了保住面子而曲解信息作出迎合他人口味决策的现象比比皆是。

**全球问题** 保住面子对每个人来说都很重要，在亚洲尤其是如此。这个论断对我们在这些地区开展商业活动有何启发？

一项关于保面子现象的研究表明：群体决策情境下的个人往往更倾向于选择最稳妥的方案，而不是最佳方案，用以规避引发群体成员间冲突的风险。[37]这好有一比：比方说一个提倡用注射疫苗的方法预防流感的人致力于推广预防接种的方法。即使受到病菌感染的可能性只有2%，他也坚持要推广这个注射疫苗的计划。[38]相当多的人就是这样，他们在决策时考虑得最多的是如何决策才能给别人留下一个好的印象，为自己留足面子，而不管这样决策是否对组织有利。

## (四) 决策中的文化差异

从世界范围来看，决策的过程和决策活动中的人都是相同的吗？不全是这样的。即使大家遵循同样的决策步骤，来自不同文化的个体也会存在行为方式上的广泛差异。[39]由于我们对本国文化背景下的行为方式习以为常，尤其是对自己的决策方式司空见惯，决策中的文化差异也许会使你惊诧万分。

假如，你是一项在建工程的经理，你发现一个重要的建材供应商把供料日期推迟了几个月，你将会如何应对？也许你会认为这个问题实在是太小儿科了，另外找一个建材供应商不就行了吗？如果你是美国人，你才会那样做。如果你是泰国人、马来西亚人，或者是印度尼西亚人，你就会认为这是命运的安排，接受这样的事实，并且相应地推迟了工期。也就是说，对于美国、加拿大、西欧的经理而言，外部因素是可选择的，需要进行决策。而泰国、印度尼西亚和马来西亚的经理则认为外部因素是不可选择的，不能作为决策的对象。决策开始于对事物可选择性的认识，但并不是所有的人都认为外部因素是可选择的，是能够作为决策对象的。

文化差异还表现在决策单位的选取上。例如，在美国，个人主义倾向占据主流地位，个人独立作出决策是很正常的。而在日本等集体主义文化占据主流的社会，群体决策的现象比较普遍；不求得同事认可，自己独立作出决策的情况在这样的社会是难以想像的。

**全球问题** 日本人追求群体内一致的观念已经深深地根植于他们的文化之中。除非每个成员都赞成,否则一项决议是不会被付诸行动的。因此,日本员工参与组织活动的意识极强。而大多数美国人会认为求得一致的过程完全是多余的,而且是令人厌烦的。

相应地,文化差异同样体现在决策者的选取上。例如,在瑞典,不论职务高低,所有员工都能参与与自己有关的决策。有许多事例表明:在组织决策中,瑞典人是不分级别高低的。决策时,如果有必要,可以与组织中的任何人联系,不管他的职位有多高。在印度,独裁专断式的决策被看做是天经地义的;经理在决策时与下属进行商讨会被认为是无能的表现。

文化差异还表现在决策时间的长短上。例如,在美国,英明决策者的标志之一是决策的“果断性”(decisive)。即:毫不拖延地做出重要决策。然而,在有些文化中,决策时间短是没有对此决策投入足够重视的表现。例如,在埃及,决策越重要,决策耗费的时间就越长。在整个中东地区,快速作出的决策通常被认为是草率的。

正如上述例子所论证的,在决策的制订和执行上,不同国家不同文化背景的人存在着有趣的差异。深入了解这些差异是在全球范围内制订正确的商业策略的基础。[40]

## 三、个体决策是如何作出的

既然我们已经界定了组织中决策的类型,下面,我们来看一看个体是如何着手决策的。也许你会觉得这个问题实在太简单了:不就是仔细考虑之后选择一个最佳方案付诸实施吗?话虽然不错,但决策远比我们想像的要复杂得多。专家们总结出许多种个体决策的模型,这里我们着重介绍其中最重要的三种。

### (一) 理性—经济模型:寻求完美的决策方案

我们都希望自己是“理性”的人,能作出理性的决策。然而,什么是理性的决策呢?组织学家认为**理性决策(rational decisions)**是最大限度上达到目标(无论是个人的、群体的,还是组织的目标)的过程。[41]那么,什么是个体决策最理性的方式呢?经济学家们对市场状况和价格变动的预测常常建立在决策的**理性—经济模型(rational-economic model)**基础上。该模型假设所有的决策都是理性的、最佳的决策。理性的决策者就会通过系统地寻找解决问题的最佳方案来实现自身利益的最大化。为此,决策者必须拥有完整和精确的信息,而且决策过程必须精确,不带偏见。[42]

在很多方面，理性—经济模型的决策步骤与决策的分析模型的八个步骤颇为相似(参见图9.1)。理性—经济模型的独特之处在于：它要求决策者罗列*所有*的解决方案(决策分析模型中的第四步)并且准确和全面地评价每一个步骤(决策分析模型中的第五步)。只有这样，决策者才能寻找到完美的方案，制订出理性的决策。

当然，理性—经济模型是一个理想化的模型。据此推断，决策失误是不可能存在的。模型中给出的"毫无遗漏地占有正确的信息，然后作出完美决策"的规范决策方法，只是对一种理想状态的描述，它没有告诉我们在现实情境中应该如何决策。这个问题可以在个体决策的管理模型中找到答案。

## (二) 管理模型：理性的局限

在操作层面上，我们不可能完全按照理性—经济模型的方式进行决策。假如人事部要招聘一名接待员，人事经理在对几位求职者进行面试后，就会终止面试，从已经参加面试的候选人中选出最好的。如果按照理性—经济模型的套路，人事经理要对所有求职者一一面试，然后挑选出最优秀的。但是这位人事经理用了一种相对简单的方法，他在发现足够优秀的求职者后终止了面试。

以上例子中的决策过程正显示了**管理模型(administrative model)**的特征。[43]在决策情境中，决策者的视野是受限的，也就是说，受到决策能力和组织资源数量的限制，我们不可能列出所有的解决方案，也并不是每一个解决方案都能被付诸实施。另外，决策者不能准确地知道每一个备选方案会引发什么样的结果，因此，他们无法判断哪一个是最佳决策。

根据管理模型，决策是如何作出的呢？决策者只要考虑手头几个操作性强的备选方案，而不用考虑所有的方案了。他们遇到第一个符合标准的备选方案时，就不再犹豫，果断地采用这个方案。这样，决策者的决策是足够好的，而不是最好的。这样的决策称之为**满意决策(satisficing decisions)**。作满意决策比作完美决策容易得多。在大多数情况下，满意决策比完美决策更为人们所接受，可操作性也更强。[44]两者的异同好有一比：假设要在一大堆干草中找出一片针叶(如松树的树叶)来缝衣服，完美决策要求我们选出整个草堆中最尖最尖的那片针叶，而满意决策只要求选出一片尖得足以能缝衣服的那片针叶就行了。

正如前文所述，作出完全理性和完美的决策是不现实的，不具有可操作性。管理模型只承认决策者具有**有限理性(bounded rationality)**，它认为人缺乏用完全客观和理性的方式认识和解决商业难题的认知能力。[45]另外，决策者要把他们的行为限定在当前伦理道德许可的范围之内。也就是说，他只能进行**有限判断(bounded discretion)**。[46]即使某些为法律所不容的方案(例如：偷窃)可以使组织得到最大的收益(至少是短时期的最大收益)，道德规范也不会容忍这样的方案。

**道德问题** 通常，人们按道德规范行事，是因为他们害怕稍一越轨，就会被别人发现。但是，如果人们认为自己的行为会不为别人所知，那么你认为他们将会在多大程度上背离道德法则？

在描述决策者的实际决策行为上，管理模型比理性—经济模型更有优越性。这个模型本质上是一个描述性的模型。管理模型的核心是分析决策者真实的、不完美的决策，而不是说明理想的、理性—经济的决策行为。我们的意思不是说决策者不想作出理性的决策，而是种种固有能力的限制使他们无法作出“完美决策”。

## (三) 印象理论：决策的直觉方法

并不是所有的决策都会依照决策一般模型的逻辑步骤进行。伊丽莎白·芭蕾特·布朗宁(Elizabeth Barrett Browning)的诗句中说道：“我是怎样地爱你？让我细数端祥。”(How do I love thee? Let me count the ways.)[47]没有人会来测量“爱得有多深”(虽然很多指标能够被测量，但爱的深度是不在其中的)。在这种情况下，人们会启动直觉的决策程序。直觉程序不仅在爱情之类的问题上能够应用，而且在组织中许多重要事件的决策上也发挥着作用。[48]

评价所有备选方案，然后作出最佳选择，这并不是决策者最关心的问题。人们同样关注各种备选方案是否与个人目标、计划相匹配。同样一个方案对于甲来说是最佳方案，却不一定适合乙。人们有时更多地用一种无意识的直觉的方式进行决策。Beach 和 Mitchell 的**印象理论(image theory)**中描述了这种决策方法(见图9.6)[49]。

印象理论适用于确立行动方向(例如：公司是否要设计新的生产流程)或改变行动方向(例如：公司是否要淘汰现有的生产流程)的决策。印象理论认为：这类决策由两个简单的程序组成。第一道程序是*一致性检验*(*compatibility test*)，比较某种行动方向与各种主观印象(如个人原则、现有目标、未来计划)的一致性程度。如果某种行动方向与主观印象缺乏一致性，就会被淘汰。如果通过了一致性检验，就进入了第二道程序：*利益性检验*(*profitability test*)。也就是说，要考察行动方向与价值观、目标、计划的匹配程度。然后，选择匹配程度较高的行动方向。这些检验是在特定的*决策框架*(*decision frame*)内进行的，它包含了有关决策背景的许多有用的信息(例如，过去经验)。印象理论的基本思想是过去的案例能指导我们现在的决策。图9.6中的例子是这种现代决策方法的典型案例。

印象理论所描述的决策过程既快又简单。印象理论主张人们不必对备选方案反复衡量，只要挑选干起来顺手的那个就行了；它主张用直觉去决策，尽可能减少其中的认知过程。如果你平时说某事“好像是正确的”或者“觉得有点不对劲”，你就已经意识

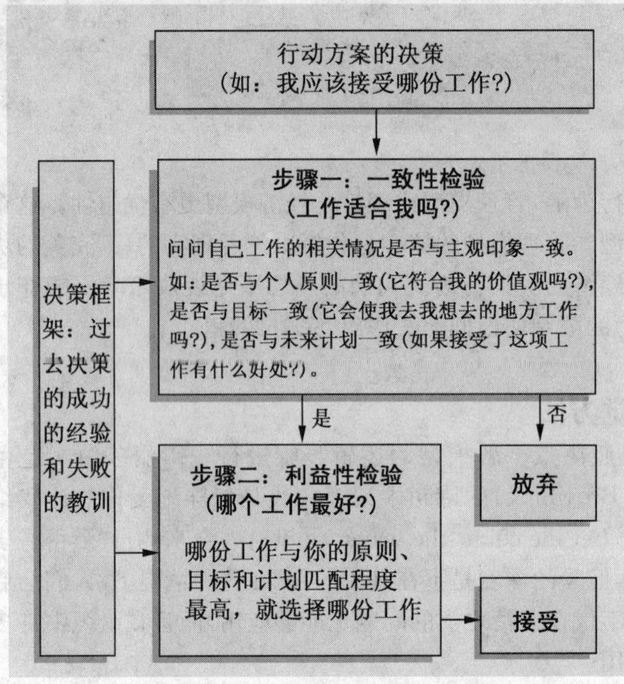


图9.6 印象理论的总结和案例

印象理论认为，决策是以无意识的，直觉的方式进行的。它遵循表中所列的两个步骤。

【资料来源】Adapted from Beach & Mitchell, 1990, see note 49.

到自己的决策过程中已经掺入了直觉思维的成分。最近的一项研究表明：当进行相对较为简单的决策时，人们倾向于采用印象理论的决策方法。[48]例如：经验告诉你某些方案不符合你对未来的设想时，你就不会采用它。[51]

总的来说，理性—经济模型代表了决策的理想化模式。而管理模型和印象理论代表了决策的实际操作过程。所有这些模型都能在实践中获得支持，不存在一种模型能取代另一种的趋势。实际上，现实中的决策常常同时具备几种决策模型的特征，另外，并不是所有的决策都采用单一的方法：有的情况下采用分析的方法，有的情况下则采用直觉的方法。现代组织行为学学者认为这些方法都是有价值的。方法间的对比参照有助于我们认识决策中的缺点与不足。本着这种理念，我们来探讨一下个体决策的不足。

## 四、个体决策的不足

我们不得不面对这样的事实：我们所作的决策并不完美，总会存在这样或那样的失误。因为，人们受自身能力的限制，不能毫无遗漏、精确无误地处理信息(即使计算机也是如此)。例如，在决策时，我们时常关注一些不相关的信息。[52]因为遗忘现象的存在，我们也不可能全面地利用可获得的信息。[53]在本节中，我们将系统地列举几个导致决策失误的决定性因素。这些因素不仅来自决策主体自身(例如偏见)，而且也来自于组织。现在，我们就一起来探讨导致个体决策失误的五大因素。

## (一) 框架效应

你是否曾经因为别人向你阐释问题的方式不同而改变对该问题的看法吗？如果你有过这样的情况，那么你对这种称做**框架效应(framing)**的决策偏见一定是相当熟悉了。框架效应是指随着问题呈现方式的不同，人们有作出不同决策的倾向。专家描述了决策过程中框架效应的三种表现方式。[54]

### 1. 风险选择的框架效应

如果问题采用强调利益的方式呈现，人们倾向于规避风险，保住利益(决策者是不愿意冒风险的)；如果问题采用强调损失的方式呈现，人们更愿意冒点风险，以避免损失(决策者有作风险决策的倾向)。[55]这就是所谓**风险决策的框架效应(risky choice framing effect)**。我们来举例说明这一现象。

> 政府设法救治600个患上一种罕见疾病的病人。有两种方案可供选择。采用方案A会救活200人；采用方案B则有1/3的可能性救活所有的600个人，有2/3的可能性一个也救不活。你认为哪个方案更好？

当问题用这种方式呈现时，72%的人选择方案A，28%的人选择方案B。这说明人们更倾向于明确的利益(有100%的把握救活200人)，而不是悬而未决的好处(1/3的可能性救活全部600人)。如果问题用强调负面影响的方式呈现，人们的选择就会发生有趣的变化。

> 采用方案C，400人会死亡。采用方案D，有1/3可能性没有人死亡，2/3的可能性全部600人都会死亡。你更喜欢哪一个方案？

A、B、C、D四个方案相对照，我们不难发现，方案C和方案A是等价的，方案D和方案B也是同一回事。不同之处在于方案C和方案D强调了该方案的负面影响。这种呈现方式的差异导致人们作出了相反的选择，22%的人选择的方案C，78%的人选择了方案D。这说明：当问题用“救活的人数”(正影响)的方式呈现时，人们有规避风险的倾向；而问题用“死亡人数”(负影响)的方式呈现时，人们有冒险的倾向。这种效应已经在很多研究中得到了证实。[56]

### 2. 特性的框架效应

风险决策的框架效应发生在风险决策中，同理，特性的框架效应发生在决策的特性评价中。比如说，当你漫步于超级市场的肉类货架前时，你发现有一包贴有“75%瘦肉”标签的碎牛肉。如果标签上写着“25%肥肉”，表明的也是同样的情况。但是，市场调查表明：顾客认为标有“75%瘦肉”（正特性）的碎牛肉比标有“25%肥肉”（负特性）的碎牛肉口味更好，油脂含量更低。[57]

我们举了一个商品评价的例子来说明特性的框架效应，但是**特性的框架效应（attribute framing effect）**并不仅仅局限在商品评价这一个领域，它广泛地存在于组织行为中。如果从积极方面描述某种特性，人们就会从积极的方面评价这种特性；反之亦然。在绩效评估方面，从积极方面描述绩效（如篮球运动员的投篮命中率）比从消极方面描述绩效（如篮球运动员投篮的失误率）能得到更为积极肯定的评价。[58]

### 3. 目标的框架效应

目标框架效应是框架效应的第三种类型。它提出了这样一个重要问题：当劝说人们做某件事情的时候，告诉他们做这件事的积极结果能起到更好的劝说作用，还是告诉他们不做这件事的消极结果会更有效？例如，假如你想让妇女确信进行乳房自我检查能及早发现乳腺癌的征兆，你可以向她们宣传这样做的积极结果：

> 调查显示：进行乳房自我检查，会增加早期发现乳腺肿瘤的可能性，从而增加治愈的机会。

你也可以向她们宣传不这样做的消极结果：

> 调查显示：不进行乳房自我检查，会减少早期发现乳腺肿瘤的可能性，有可能延误治疗的时机。

哪一种说法更有效呢？研究表明：第二种说法（不进行乳房自我检查的消极结果）比第一种说法（进行乳房自我检查的积极结果）更能促进妇女进行乳房自我检查。[59]这就是**目标框架效应（goal framing effect）**的例子。从中，我们可以了解到，人们看到消极信息时，比看到积极信息时更容易被说服而采取行动。

### 4. 框架效应综述

本节中提到了三种框架效应。它们之间虽然有相似之处，但也存在着显著的差异。它们关注不同的行为方式：风险选择的框架效应关注风险选择，特性的框架效应关注特性的评价，目标框架效应关注说服他人的效果（见图 9.7）。

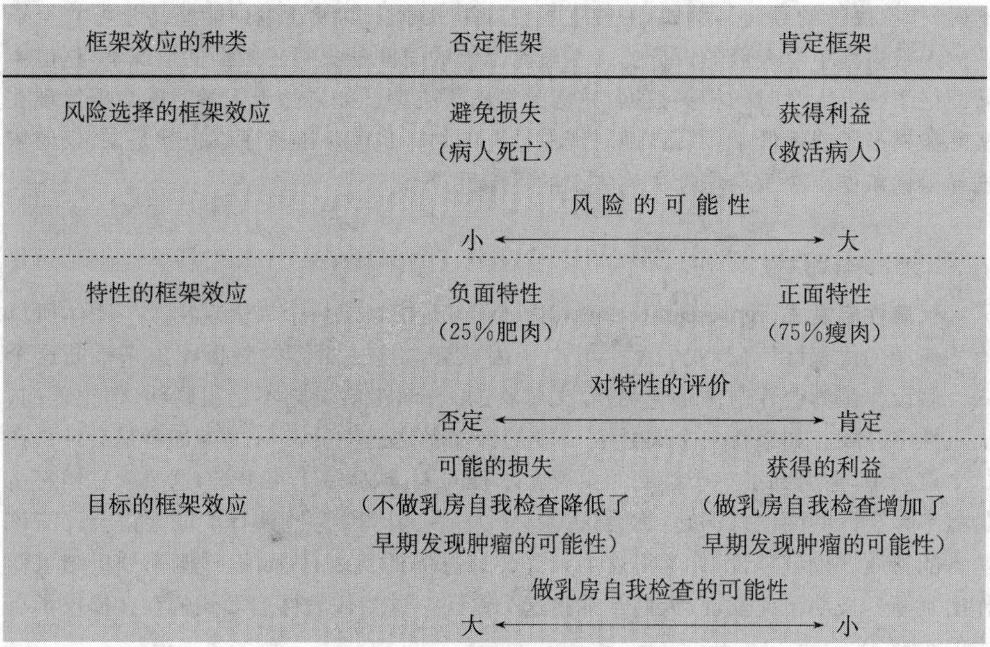

| 框架效应的种类 | 否定框架 | 肯定框架 |
| --- | --- | --- |
| 风险选择的框架效应 | 避免损失（病人死亡） | 获得利益（救活病人） |
| | 风险的可能性：小 ← → 大 | |
| 特性的框架效应 | 负面特性（25%肥肉） | 正面特性（75%瘦肉） |
| | 对特性的评价：否定 ← → 肯定 | |
| 目标的框架效应 | 可能的损失（不做乳房自我检查降低了早期发现肿瘤的可能性） | 获得的利益（做乳房自我检查增加了早期发现肿瘤的可能性） |
| | 做乳房自我检查的可能性：大 ← → 小 | |

**图 9.7 框架效应的三种类型**

以消极的方式和以积极的方式呈现同样的信息会给人造成两种信息有本质差别的认知偏差。框架效应有三种形式：风险选择的框架效应、特性的框架效应、目标的框架效应。

【资料来源】Based on suggestions by Levin et al.,1998; see note 54.

专家们认为：框架效应源自这样的认知倾向：人们认为以不同方式呈现的相同信息在实质上是有所差异的。[60]也就是说，通常，人们会认为“半满”和“半空”的杯子是存在本质差别的。虽然有时候通过理智思考，我们不难发现两者其实是完全一样的。这样的发现证明了人并不总是理智的决策者；相反地，信息呈现方式的简单差异会导致认知偏差，从而引发人们在决策中的偏见。

## (二) 依赖启发式

影响决策的认知偏差不仅仅是框架效应。人们常常试图用**启发式(heuristics)**去简化所面临的问题。即用简单的经验法则指导他们作出一系列复杂决策。[61]启发式既可能对决策者有很大的帮助，但也可能成为决策的障碍。阻碍决策的启发式有下面两种主要类型。

### 1. 可得性启发式

**可得性启发式(availability heuristic)**指人们根据现成的信息（这些信息可能不太

准确)作出决策的倾向。例如,一位主管想知道大学一年级新生中能坚持学习直至毕业的人数占新生总人数的百分比。在没有足够的时间搜集精确数据的情况下,这位主管回忆了她上大学时的相关数据,并据此作出了决策。如果她上大学时的数据比现在实际数据高了或者低了,那么,她对现在情况的估计也就不准确了。也就是说,仅仅依据易得信息作出决策会增加决策失误的可能性。[62]

### 2. 代表性启发式

**代表性启发式(representativeness heuristic)**是指如果一个人表现出某一团体所具有的典型的代表性特征,我们就会倾向于用社会对这一团体的刻板印象来推断这个人。假设你认为会计通常是聪明、温文尔雅的人;而销售员则不是很聪明,但很外向,而且性格开朗。如果在一个聚会中,2/3 的参加者是销售员,1/3 的参加者是会计。在这个聚会中,你遇到了一个聪明而又温文尔雅的人,从概率上来分析,这个人是销售员的概率是会计的两倍。但是,你会认为这个人是会计,因为她具有了你觉得会计应该具备的特质。也就是说,你觉得这个人是会计总体的代表,因而不顾概率分析结果而作出判断。长期研究发现,人们常常犯这类错误。这为代表性启发式的存在提供了有力的支持。[63]

**道德问题** 你认为代表性启发式能在多大程度上解释社会上对某些种族、民族的偏见?试举例以支持你的观点。

### 3. 启发式对决策的积极方面

启发式并不是在任何情况下都会造成决策质量的低劣。有时候,它会对决策起到促进作用。经验法则有助于简化人们所遇到的复杂问题。例如:组织学家们经常用经验法则来辅助决策,来决定诸如在哪儿修建仓库,如何进行投资组合之类的问题。[64]日常生活中,我们也会利用启发式,比如在下棋(如:控制国际象棋棋盘的中心区域)或玩二十一点(Blackjack)时(如:"16 出击,17 防守")。

代表性启发式和可得性启发式之所以会妨碍决策的进行,是因为它阻碍了人们尽可能多地继续收集信息和处理信息的过程。根据手头的现成信息和刻板老套的观念作出决策也许会简化决策过程,但这样做所付出的代价是昂贵的:这将直接导致决策质量的低劣。因此,真正妨碍个体决策的实际上是那些根深蒂固的偏见。

## (三) 内隐偏爱所造成的偏见

有这样一个案例,唐(Don)就要拿到 MBA 文凭了,这是他迁居旧金山的一个很好的机会。唐很久以前就一直梦想着在那个“海滨城市”生活。他希望自己第一份“真正”的工作能帮助他实现这个梦想。当每年一度的校园招聘活动开始时,唐迫不及待地报了名,参加了几家公司的面试。其中是一家位于旧金山的中等规模的咨询公司,薪水很不错,同事也很和善,各方面的情况都让唐很振奋。公司同样对唐很感兴趣,并向唐发出了加盟邀请。

故事是不是到此结束了呢?不,其实这只是一个开头。后来,尽管唐很乐意接受这份工作,他还是觉得这样轻易地找到一份工作,似乎缺乏成就感。因此他明智地又报名参加了几次面试。很快,一家当地公司向唐提供了一个颇有诱惑力的职位,不仅薪水很高,而且各方面的情况显示,这份工作比旧金山的那份工作更有前途。

唐会何去何从呢?经过了仔细考虑,唐认为当地这家公司的工作过于低级(没有足够挑战性的工作),薪水很高并不能代表这里一切都要比旧金山的公司好。于是毕业后的第二天,唐收拾行装前往他的那间能俯视金门大桥的办公室。

你是不是觉得唐在决策时采用了非常规的方法?唐似乎事先已确定了旧金山的那份工作,而没有给其他工作以考虑的余地。研究表明,人们总是在用这种决策方式——决策者在决策过程早期就已选定了**内隐(implicit favorite)偏爱**的方案(即最喜爱的备选方案,但决策者自己也没有意识到该方案是他最喜欢的,故称内隐偏爱)。[65]此后,决策者就不会认真考虑其他方案了。其他方案只是用来证明“内隐偏爱方案是最佳选择”的工具。因此,作此用途的其他方案被称为**证实方案(confirmation candidate)**。人们经常在心理上歪曲对证实方案的认识来证明选择内隐偏爱方案是明智的。唐就是通过这种方法使自己相信当地的那份工作并不像看上去的那么好。

人们常常在决策过程的早期就已完成了决策。比如:在一项关于招聘过程的研究中,研究者发现,当学生们真正认识到自己已经作出决策,决定去哪家单位工作之前的两个月,87%的学生的就业意向已经能得到准确的预测。[66]其实,人们的决策偏见来源于没有认真考虑所有既得方案的倾向。事实上,他们或强调某方案的优点、或强调某方案的缺点,目的是为了证实既定的方案——内隐偏爱方案的优越性。[67]这种现象表明:决策时,人们不仅不能考虑所有潜在的备选方案,而且也没能做到考虑所有已获得的备选方案。事实上,人们早已做出了决策,而且设法证明自己的正确性。这种“内隐偏爱所造成的偏见”很容易影响决策的质量。

## (四)承诺升级

由于决策总是在组织中作出的,因而不可避免会出现一些错误。当错误已经铸成时,按照理性的行为方式,你认为我们应该怎样做呢?显而易见,无效的行为必须停止,并得到纠正。换句话说,就是要“减少损失,另寻出路”。然而人们并不总是这样做的。实际上,错误的决策有时不但不会得到纠正,反而会在同一个方向上继续错下去。

假设你错误地把资金投入了一家经营状况不佳的公司，为了不使自己的初始投资付诸东流，你会向这家公司追加第二笔投资，希望经营状况的好转，避免投资的损失。你的投资金额越高，你就越想追加后续投资来挽救先前的投资。也就是说，人们有时会"把钱投在错误的事情上"，因为初始投资金额太大了，不忍舍弃。这就是所谓**承诺升级现象(escalation of commitment phenomenon)**，即因为投入的成本太高，不忍放弃，所以人们存在继续先前错误行为的倾向。[68]

这样做似乎并不理性。但人们却时常这样行事。例如，我们的银行和政府经常向外国政府投入大笔资金，以期待他们在大权在握后能投桃报李。即使这个政府重新上台的可能性越来越小，投资行为也还在继续。无独有偶，1986 年在不列颠哥伦比亚举行的博览会已经严重亏损时，组织者还向其中注入大量资金。[69]

为什么人们会这样做呢？在组织中，不继续支持自己先前的行为意味着承认决策失败。这对于组织的领导者来说是很难接受的。也就是说，人们有时更在乎自己的面子，要保持在别人心目中的完美形象。[70]人们为了保护自己"理性、称职的决策者"这一形象而用继续加大投入的方法来使别人坚信自己的决策从头到尾都是正确的——因为我一直在支持它。而*自我正当化*(*self-justification*)倾向是造成这一现象的主要原因。[71]当然也许还有造成承诺升级的其他原因存在。但研究结果支持了"自我正当化"倾向对承诺升级效应的解释[72](见图 9.8)。

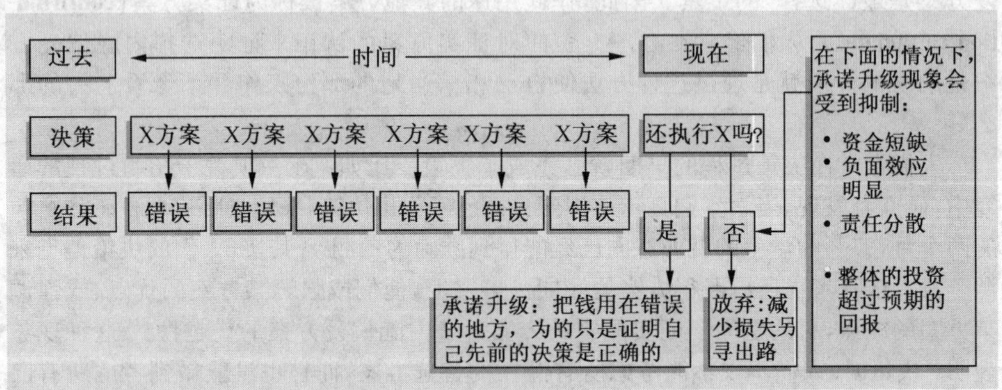


**图 9.8 承诺升级概观**

"承诺升级"是指作出错误决策的人为了证明先前决策的正当性而继续投入人力物力来支持、执行错误决策的现象。在某些情况下，承诺升级情况不会发生。

在某些情况下，承诺升级现象会受到遏制。[73]当*投资资金短缺*或*投资的风险过大*时，人们就会终止错误的投资。[74]例如，长岛电力公司(Long Island Lighting Company)原来计划在纽约的 Shoreham 修建一座核电站，为此，公司在 23 年里承受了强大的政治和经济上的压力(比如：声势浩大的反核能运动，数百万美元的资金投入)。在

1989 年,公司不顾前期的巨大投入而放弃了这一计划。[75]

当错误决策的责任趋于分散时,承诺升级现象也会得到遏止。也就是说,觉得对错误决策负有部分责任的人越多,承诺升级现象发生的可能性就越小。[76]原因是:一个人对决策失误负有的责任越小,他用加大投资的方法来自我正当化的动机就越微弱。

当组织领导班子发生人事变动,作出错误决策的领导者被调离,而新上任的领导者与这个错误决策又没有任何瓜葛时,承诺升级的可能性也会很小。也就是说,人员调整能降低投入升级的可能性。例如,有的银行为一些老客户办理很可能成为呆账(不能收回)的贷款,但如果对这些贷款业务负有责任的高层领导离职的话,这样的投资就不会继续下去。[77]还有,当所有*整体投资超过预期的回报*时,人们也不会让承诺升级继续下去。[78]人们愿意把资金投入到能返还本金的项目上,而没有理由去做那些明摆着要赔钱的买卖。在这种情况下,即使人们"殷切"希望这个问题最终能得到解决,进一步的投资也是很难被合理化的。实际上,当全部收益小于全部成本时,决策者的承诺升级就会得到抑制。[79](这一推断在有会计学背景的学生身上表现得尤为突出,因为他们所受的教育使他们对"收益""成本"之类的问题比较敏感)

## 五、群体决策

群体决策在现代组织中司空见惯。委员会、研究会、特别工作队、复查小组常常负责重要问题的决策。[80]这些决策群体广泛地存在于组织之中,以至于有些行政主管要花费 80%的时间参加它们的各种会议。[81]

那么,与个体决策相比较,群体决策有何优越性呢?我们在前面部分已经讨论过群体决策的优点与不足,但这个问题仍然值得一提。我们特别要注意了解一下在什么条件下群体决策有优势;而在什么条件下,个体决策更为合适?前人的研究已为我们提供了一些很好的答案。[82]

### (一) 群体决策优于个体决策的条件

群体决策是优于还是劣于个体决策,取决于任务的性质。群体决策的优越性是否能发挥出来,要看任务难易程度如何。

#### 1. 复杂的决策任务

假设要作出一个类似于"甲公司是否要兼并乙公司"的复杂决策。这类问题靠个人单枪匹马是解决不了的。问题的高度复杂性会使任何行家里手不堪重荷。因此,必须采取群体决策的方法来更好地解决问题。群体决策在这种情况下是优于个体决策的。

这种优越性不是无条件地体现出来的。要让群体决策比个体决策强，就必须满足下列条件。第一，决策群体必须由有丰富专业技能，且专业背景不同的成员构成。例如：群体中要有律师、会计、房地产代理商和其他方面的专家。这样的群体在针对企业兼并这样复杂的问题上，会比只有同一领域的专家组成的群体作出更英明的决策。实际上，群体成员观点的多样性正是群体决策的优势之一。[83]

然而，群体成员仅有丰富的专业技能还远远不够。成功决策群体的成员之间必须能进行开放的、不带敌意的思想交流。如果某一成员用专家或权威的意见来威吓其他成员，就会使得从不同专业视角思考所得出的各种不同观点得不到表达。其实，决策群体中*有*(*have*)专家和*利用*(*using*)*专家的意见来促进决策*完全是两个概念。只有充分重视决策群体中大多数专家的意见，群体决策才从中获益。[84]总之，*只有在决策群体由不同专业背景、有丰富专业知识技能的专家组成，这些专家在群体内能自由、开放地工作时，群体决策才会优于个体决策*。

### 2. 简单的决策任务

试想一下：如果要作出有确定答案的简单决策，我们该怎么办？比如：有人要求你把一个难以理解的外文短语翻译成英语。

在这样的情形下，群体决策也许会有优势，但是由于团体协作需要沟通，出现语言障碍的可能性比较大。如果出现了语言问题，就不要指望群体决策产生比个体决策更好的绩效。这时，专家个体决策有利于集中精力工作，而且省去了与别人交流、求得认同的麻烦，从而提高了效率。因此，在进行简单决策时，专家个人决策有时比群体决策效果好。[85]另外，需要指出的是，群体决策的优势来源于智力资源的集中。注意，集中的是智力资源。如果集中的是愚昧无知，那会于事无补。

总之，这一节讨论的问题是“两只手一起干活好，还是一只手单独干活好”。一般来说，*如果两只手中至少有一只具备了足以完成任务的能力时，两只手干活比一只手强*。群体决策是不是更优越，取决于任务的难易程度和群体成员是否具备专业知识(见图 9.9)。

## (二) 个体决策优于群体决策的条件

在某些情况下，群体决策比一般人甚至是专家级的个人作出的个体决策要更有效。在某些情况下，个体决策也会比群体决策有更高的绩效。

组织中有很多问题需要大量的创新思维。例如，“如何把一种新研制出的胶带应用于产品制造”这样毫无头绪的问题。面对这样复杂的创造性问题，群体决策的优势能得到体现吗？很难！实际上，*在毫无头绪的需要创新思维的任务中，个体决策比群体决策强*。[86]

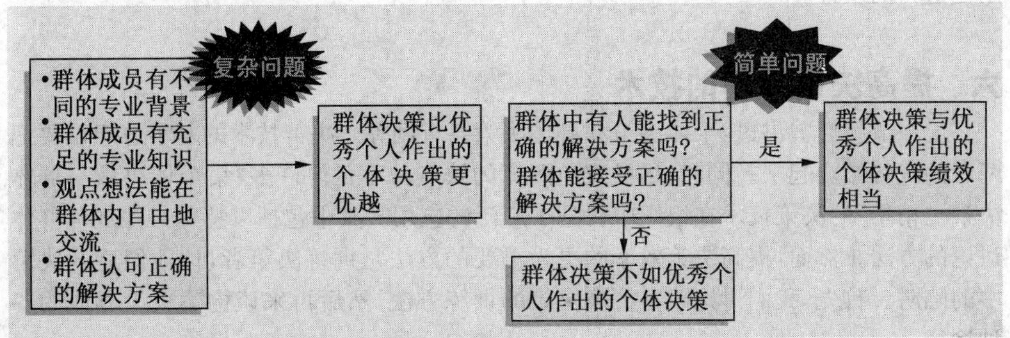


图 9.9 群体决策优于个体决策的条件

面对复杂的决策任务时，如果特定的条件得到满足，群体决策就优于个体决策。（如：成员具有不同的专业背景，丰富的专业知识，成员间的自由交流，群体认同好的想法，等等。）面对简单的决策任务时，只有当群体中优秀的成员提出好的方案，并且群体认同这个方案时，群体决策和优秀个人作出的个体决策绩效相当。

**脑力激荡法(brainstorming)**是一种群体经常采用的、解决需要创新思维的问题的方法。这种方法是一个名叫亚历克斯·奥斯本(Alex Osborn)的营销经理发明用以作为一种促使群体成员相互启发，产生创造性新思路的工具。[87]这种方法鼓励群体成员尽可能表述自己的想法，不许批评他人的观点，任何问题都能得到自由和开放的探讨。具体来说，群体成员要遵循以下四条原则：

(1) 不要批评他人的想法；

(2) 提出自己新奇的观点，让大家共享；

(3) 尽可能地对现有的观点和想法进行评论；

(4) 在别人的观点基础上，构建自己的观点。

脑力激荡法能提高决策质量吗？为了解答这个问题，研究者比较了个体决策和利用脑力激荡法进行的群体决策在面对创造性问题时的决策效率。[88]他们做了这样的实验：要求被试在 35 分钟之内想像如果每个人都瞎了，或者如果每人的双手上都多了一个大拇指，会出现怎样的情况。显然，回答这样新颖的问题需要很强的创造力。被试被分成两组，一组由 4—7 人组成群体，用脑力激荡法进行解答。另一组由数量相当的个体独立进行解答。把两组的答案进行比较，结果显示个体独立解答比群体解答得出的答案更多。

综上所述，面对创造性任务时，群体决策是不如个体决策的。尽管脑力激荡法鼓励成员提出新奇的观点供大家共享，但是有人还是会因为别人的出现而使思维受到压抑。或多或少地，人们都有点害怕因为说“傻话”而受到嘲笑。因此，人们的创造力就在群体中受到了压抑。同样道理，群体也会延缓新观念付诸行动的过程，这同样会抑制创造力的发挥。

## 六、提高决策效率的技术

上一节我们曾讲过，个体决策和群体决策各有利弊。决策技术的基本思想是要把两者的优势结合起来。同时，尽量避免两者的缺点与不足。许多“集个体决策与群体决策之精华”的决策技术在组织中得到了广泛的应用。其中包括以特殊方法规范群体讨论的方法。然而，提高决策效率的更为重要的方法是训练决策者，让他们避开决策中的陷阱。首先，我们讨论改善群体决策的训练方法，然后再来谈构建决策群体的各种途径。

### (一) 个体决策技术：造就更好的决策者

有几种提高个体决策质量的办法。其中包括训练决策者，指导人们作出道德的决策，等等。

#### 1. 训练个体以改善群体绩效

前面的章节中，我们曾提到，群体决策质量在一定程度上要依赖于群体成员的素质。只要有一个人想出了合适的解决方案，整个群体都会从中受益。于是，群体成员解决问题的能力越强，整个群体的决策绩效就越好。那么，怎样提高个人的决策能力呢？

尝试创造性地解决问题时，人们通常会陷入四类误区中。如果受过相关训练，能躲开误区的话，人们就会作出更为英明的决策。[89]具体来说，这四类误区是：

(1) *过度警觉*。**过度警觉(Hypervigilance)**是决策者的一种不良决策状态，具体表现为疯狂地搜索问题的解决方案，找了一个又一个，最后绝望地发现已有的方案都不够理想，而新的方案还没有想出来。可是剩下的时间已经不多了。这样，只能撞大运似的随便选定一个方案来缓解内心的焦虑。要避免产生这种状态，就必须选准一个方案，把它进行到底。也可以劝慰决策者，让他(她)相信自已有足够的能力和知识来完成决策任务。自信会给予决策者良好的状态，远离过度警觉。

(2) *先入为主*。许多决策者坚持采用第一个进入脑海的方案，而不去评价其执行效果。这种误区称之为**先入为主(Unconflicted adherence)**。一旦陷入了这种误区，决策者不能意识到这个方案实施后可能存在的问题，也不会试图寻找其他潜在的解决方案。多发掘问题的独特性、特殊性，不要把先前一些问题的假设套用到手头的问题上来，有助于躲避这一误区。

(3) *没有主见*。有时，决策者的主意变得非常快，而且总是倾向于采用刚提出的最新方案。这种误区称之为**没有主见(Unconflicted change)**。为了避免陷入这种误区,决策者要多问问自己:采用了新的方案后会有什么风险?执行过程中会遇到什么问题?新方案有什么优势?其他方案的优势和缺陷在什么地方?

(4) *防御性回避*。很多情况下,决策者不能有效地解决问题,是因为他们想尽一切办法来回避手头的问题,这就是所谓**防御性回避(Defensive avoidance)**。有三种办法可以避免这种误区。第一,*不要拖延*。也就是说,不要因为你不能立即想出解决办法就把那些棘手的问题往后拖延。虽然面对这些问题会让人有挫败感,但你必须得花时间去处理它们。第二,*不要推卸责任*。你可以轻松地说一句:"这不是问题,谁在乎这些事情!"就把一些重要的问题"化解"掉。但是,不要轻易放弃你的责任!*第三,不要忽视潜在的信息*。人们通常在作出决策后还对决策中的疑惑耿耿于怀。但是,优秀的决策者不会这样做。相反,他们会用这些疑惑去检测决策质量,提高决策水平。

避开了上述四个误区,人们就能作出更好的决策。群体决策的质量在很大程度上取决于群体成员个人的解决问题能力。避开误区是提高个体决策能力的有效方法,因此,它也是提高群体决策质量的良方。

## 2. 作出道德的决策

上一节列出的建议能帮助个体作出更有效的决策,但不能帮助个体作出更道德的决策。道德问题是一个重要的问题,值得我们认真考虑。毕竟,最近上了报纸头条的道德丑闻(政界高层任务说谎)表明了人们在判断什么是正确的行为并据此作出合乎道德规范的行为上还存在一定的困难。我们在第十章中将要谈到,工作场所中的欺诈和偷窃行为远比我们想像的要普遍。[90]高质量的组织需要高标准的道德规范。

问题是:即使是道德高尚的人有时也会做出一些不道德的事。你也许会说:"有些人会干不道德的事,但我没有干。"那么请你扪心自问:你曾经拿过公司的小件物品(如,铅笔、打字机)作私人用途吗?你曾经为了省钱而用公司的复印机给自己复印文件吗?

如果答案是肯定的 ,你也许会辩解道:"公司是*默许*雇员这样做的。"每个人都这么干,这也许是事实。但是我们不要忽略:人们常常用理性化的方法把不道德的行为正当化。当我们想要干一些看上去不太道德的事,正犹豫不定时,我们的同事会让我们确信这样干绝对没问题(图 9.10)。这种理性化手段能让我们作出不道德的决策,因为在这种手段的掩护下,我们会决策那些不道德的决策"并不太坏"。

为了避免这种情况,改善决策的道德水平,建议大家对你构想中的决策进行一次道德测试。[91]请回答下列问题:

(1) *决策有没有触犯道德禁令?* 有些人错误地认为:说谎、欺骗、偷窃都是不正当的,但是我们可以去做。不要试图去想那些绕过道德禁令的方法(例如:让自己相信在某种情况下干点不道德的事情是可以接受的),而要始终不渝地遵守那些已经成型的社会道德规范。

"这也许是不道德的。但是，这对每个人都是一个问题吗?"

**图 9.10 道德的决策：一个模糊的概念**

当群体进行决策时，群体成员常常一致认为：看上去不道德的行为并没有什么不妥当的地方。这样，不道德的决策随处可见就不值得奇怪了。

(2) *有人会因此受到伤害吗?* 哲学家认为：道德的行为必须要在一定程度上为绝大多数人谋取最大的利益。因此，如果有人因为你的行为而受到伤害，那么对你的决策进行反思吧！它很可能是不道德的。

(3) *如果报纸头条报道了你的决策，你作何感想?* 如果你的决策是道德的，你就没有任何理由为它的公之于众而担心。(实际上，你应该对它能引起公众注意而感到高兴。)如果你觉得这个问题不好回答，那么你所构想的决策很可能是不道德的。

(4) *你把决策重复执行 100 次会有怎样的结果?* 有时，一个不道德的决策并不会显得很恶劣，因为它只是被执行了一次，在这种情况下，其破坏力还没有充分发挥出来。但决策本身是不道德的这一事实并没有因此改变。如果这样的错误行为重复多次(如，重复 100 次)，造成的恶果就能显示出不道德决策的危害。

(5) *如果别人用你的决策实施在你的身上，你会觉得怎样?* 如果你制订的决策是道德的，那么如果这项决策实施在你身上，你也应该觉得是可以接受的。如果你对此有所迟疑，那么你最好重新制订你的决策。

(6) *你内心的感受是什么?* 有的事情看上去很糟糕，因为它确实糟糕。如果你的决策是不道德的，你的内心会有所察觉。倾听来自你内心的声音，不要受其他声音的干扰。

应该承认：仔细思考这些问题并不能把魔鬼变成天使。但是，它们对辨别你构想中的决策是否符合道德规范是有所帮助的。你对这六个问题的回答能帮助你远离"把不道德的行为理性化"的泥潭。一旦我们认识到自己的决策是不道德的，那么我们就已经迈上了通往道德殿堂的康庄大道。(另外,民族文化能影响人们对决策是否符合道德标准的知觉。实际上,在不同民族的不同文化背景下,人们的道德标准有所不同。不同民族、不同文化背景的人会对同一个决策作出不同的道德判断。参见下面的“全球组织行为”栏目)

## 全球组织行为

### 美国商界过于关注道德问题吗?

正如第一章所列举的,世界经济已经全球化了。在世界上已经实现工业化的地区,同一行业(比如:制造业,营销业,金融业)的运作都趋于一致。有趣的是,在道德标准的问题上,却没有出现世界范围内的一致。相反,在资本主义国家里,道德标准是千差万别的。其中,美国比其他国家更重视伦理道德。

任何美国公司领导者都可以毫无困难地界定什么是不道德的决策。大家都知道,在美国商界,只要做了不道德的事情(如:侵吞公款,行贿,操纵选举),不是要坐牢就是被罚款。而在其他国家,公司高层认为这样的事情没有什么大不了的。同样,美国比其他国家更加重视组织的社会责任(如:关注环境,关心雇员医疗,关心动物检疫),并且会联手制裁作出不道德决策的公司。美国人自豪地把这一切看做是他们道德水准较高的体现。但就世界范围来看,美国人对道德的关注程度已不如从前。[92]

在一些高度工业化的国家,一些被美国人视为不道德的行为受到了广泛的接受。例如:在德国,内幕交易(insider trading)不会被视为离经叛道之举,而逃税行为不仅获得了认可,还被誉为“绅士的运动”。[93]在日本,私下给好处(under-the-table favors)是其民族文化的一部分,人们并不觉得有什么不妥。[94]许多欧洲商业人士看到美国公司在道德训练和道德规范上投入大量资金,觉得很好笑;他们称美国社会为“非正常的道德化社会”,并且认为美国社会的气氛应该轻松一点儿。同样,在日本,人们对美国公司里不许接受礼物的规定感到费解。[95]

我们不想就美国人的做法是否合适作出评判,而要讨论一个更有意义的问题:这种道德观上的差异为什么会存在。在很大的程度上,问题的答案在于“我们”和“他们”的区别上。具体来说,美国社会强调平等地对待每一个人,要给予每个人以均等的成功机会。欧洲人和日本人则不太强调机会公平。英语词汇“机会均等”(equal opportunity)和“公平竞争”(level playing field)是很难翻译成日语的。欧洲人(尤其是欧洲南部的人)和日本人更注重对有长期关系的个人和机构履行义务。对于来自这些地区的人而言,道德的决策既能反映公司共同价值观,并能履行这些价值观所倡导的义务的决策。

尽管有巨大的文化差异，但情况还是可以改变的。全世界的商业领域中，美国的道德价值观正在被接受。在欧洲，环境法规得到了强化，禁止性骚扰的法规开始颁布，作内部交易的人被判有罪，关进了监狱。这一变化要归功于蓬勃增长的全球化经济和跨国公司的发展。但是随着时间的推移，在道德观念上千差万别的不同国家，道德标准会作何变化呢？是民族观念发生变化来适应美国的商业道德标准呢，还是制定新的商业道德准则以适应民族观念呢？只有让时间来作出回答。

### （二）群体决策技术：促进群体决策的方法

正如个人决策的质量能得到提高一样，群体决策也能获得改善。群体决策技术的基本思想是与个人决策技术的基本思想一致的，即设法让群体决策的优势得到充分的发挥，避免其缺点和不足。

#### 1. 德尔菲技术：专家集体作出决策

在希腊神话中有一位叫德尔菲的神灵，如果人们想要知道未来的事情，就会企求他的神谕。今天，组织中的决策者采用与专家磋商的方法来进行决策。这就是所谓德尔菲技术。**德尔菲技术（Delphi technique）**是由兰德公司发明的，它是一种系统地收集、整合几个专家的意见，然后组合成一个决策的方法。[96]图 9.11 总结了该方法的程序步骤。

首先，要确立参与决策专家的名单，并通过信件把问题告知他们。每个专家构想自己认为最佳的解决方案。决策者对这些方案进行编辑整理，然后再通过信件进行反馈，将所有的方案告知每一位专家，要求他们对其他人的观点进行评论，并再构想新的方案。专家构想的新方案再回到决策者那里进行编辑整理，看一看专家间是否达成了一致。如果达成了一致，决策就此产生。如果还有分歧，就重复上述步骤，直至意见一致。

德尔菲技术的优势在于：它不要花很多钱，不用费心协调时间安排面对面的会议就能得到各位专家的意见。但是，它也存在一些局限。例如：它的决策过程耗时太多。寄出信件，等待答复，编辑整理，进行反馈，然后还要重复这些步骤直至意见一致，整个过程要花费相当长的时间。据推算，用德尔菲技术决策至少要花费 44 天时间。曾有一个用德尔菲技术的决策耗费了整整 5 个月的时间。[97]显然，德尔菲技术不适用于危机情境下的决策和时效性强的决策。它可以成功地应用于确定会议日程、讨论新政策的潜在影响之类的决策。[98]

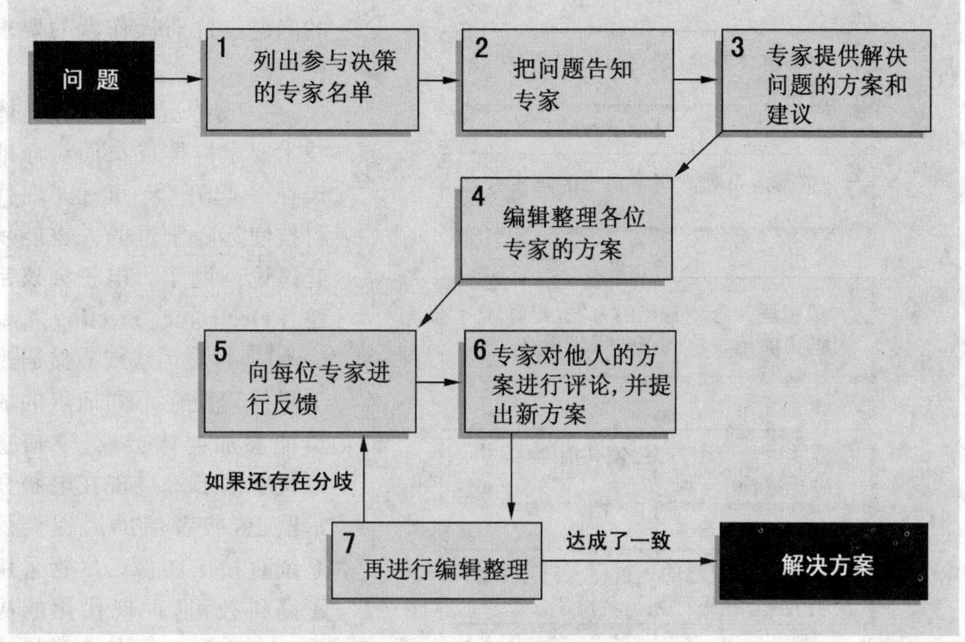


图9.11 德尔菲技术

德尔菲技术是组织几个专家共同决策，而同时又能避免直接的群体互动负面影响的决策技术。

## 2. 名义群体技术：结构化的群体会议

如果仅仅有几个小时来作出决策，可以采用群体讨论的方法。讨论中，群体成员间的互动要有序，讨论的问题要紧扣决策主题。这就是所谓的**名义群体技术（nominal group technique，简称 NGT）**，即召集小规模（一般 7—10 人）的讨论，参加者系统地提出自己对问题的解决方案，听取大家的意见。[99]之所以取了“名义群体”这样的名称，是因为决策群体只是一个名义上的群体，参加者可以不同意讨论中的任何方案，他们只要投票表决就行了。图 9.12 列出了该方法的步骤。

首先，召集决策群体开会，明确所要讨论的问题。然后，由群体的每个成员写下自己的解决方案，并向群体陈述。同时，决策者用表格的形式展示已陈述的方案。第三，所有成员陈述完毕后，群体对方案逐一讨论，辨明利害，进行评价。在讨论时，人人都要有表达自己意见的机会。之后，成员按自己对这些方案的认可程度对它们进行排序。总排名最靠前的那个方案就是群体的决策方案。

名义群体法有利有弊。[100]正如前文所说，这种方法可以在几个小时内作出决策，速度较快。同时，它也消除了与群体中的权威保持一致的压力。因为所有的方案都是通过无记名投票的方式进行评价的。然而，这种方法的操作者需要专门的训练。名义群体技术所讨论的问题涉及面不能太广，难度也不能太大。解决复杂问题时，只能把

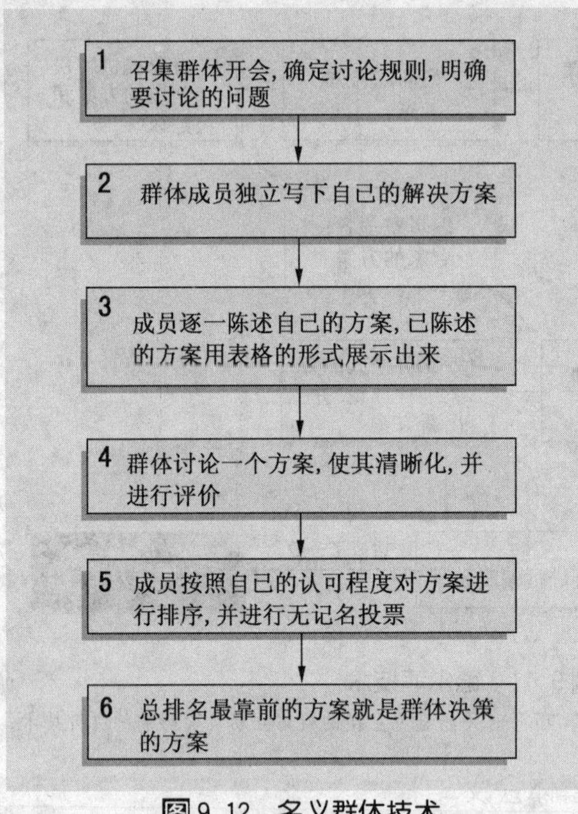


图9.12 名义群体技术

名义群体技术要求决策者召集面对面的会议,会上允许成员自由地表达观点并作出评价。

复杂的问题分解成若干简单的问题。这对操作者的要求比较高。

一般情况下,名义群体技术要求群体成员面对面地聚在一起开会。但是,现代科技使远隔千里的人也能一起讨论问题了。**电子会议系统(electronic meeting systcms)**通过电话线或直接通过卫星传输使在不同地点的成员能参加群体会议。[101]信息以文字的形式呈现在电脑显示器上,或者借助远程会议系统直接出图像。尽管采用了高科技,这种现代化的决策方式实际上是名义群体法的另一个版本。由于这种方式比召集面对面的会议更方便,电子会议开始日益普及。现在,美国通用电气公司、US west、Marriott Corp. 等大公司都采用了这一决策技术(见图9.13)。

一个重要的问题是:与面对面的群体互动比较,德尔菲技术和名义群体技术的效果究竟怎样?研究表明,这些决策方法确实有其优越性。[102]所有的群体成员都希望有最令人满意的工作业绩,希望能作出高质量的决策。不管是德尔菲技术还是名义群体技术,都要比普通决策更高效、更优越。

当然,面对面的群体互动也有一些名义群体技术和德尔菲技术所不具备的优势,即对决策的接受程度较高。如果群体成员积极参与了决策的制定,群体会更倾向于接受决策方案,并对其承担责任。使用德尔菲技术和名义群体技术时,决策群体具有离散性和不受个人因素影响的特性,因此,群体成员对决策的接受程度较低。我们应该认识到:一般意义上的最佳决策方法是不存在的。决策者权衡了决策速度、决策质量、制约条件等诸因素后,选择的最符合当前决策特点的方法才是所谓的最佳决策方法。[103]

**图 9.13 进行中的电子会议**

通用电气公司的职员正在召开一个电子会议。

通讯技术的发展使人们不必相聚就能见面，并且就重要的问题作出决策。

### 3. 阶梯技术：有计划地让新成员加入群体

还有一种决策技术叫做**阶梯技术(stepladder technique)**。[104]这种技术能弱化群体成员不愿意表达自己意见的倾向。在群体业已对问题进行讨论之后，向其中多次输入新成员，一次输入一人，要求新成员独立地向群体展示自己的方案。具体来说：首先，由两个人独立对问题进行思考，再组成小组相互交流、进行讨论。与此同时，第三个人正在独立地对问题作出解答。然后，第三个人向两人小组展示他的观点，并加入到讨论中去。第四个人在进行独立思考之后，向三人小组表述他的看法，并加入到三人小组的讨论中去……每当新成员加入群体时，整个群体都要一起工作来寻找解决方案(见图 9.14)。

在这样的程序中，每个人在加入决策群体前都必须投入足够的时间对问题进行研究。群体也要给每个人充分表达观点的时间。同时，群体也要投入充足的时间进行讨论，要在新成员加入前初步达成一致。最后的决策要在最后一名新成员加入群体后方能作出。

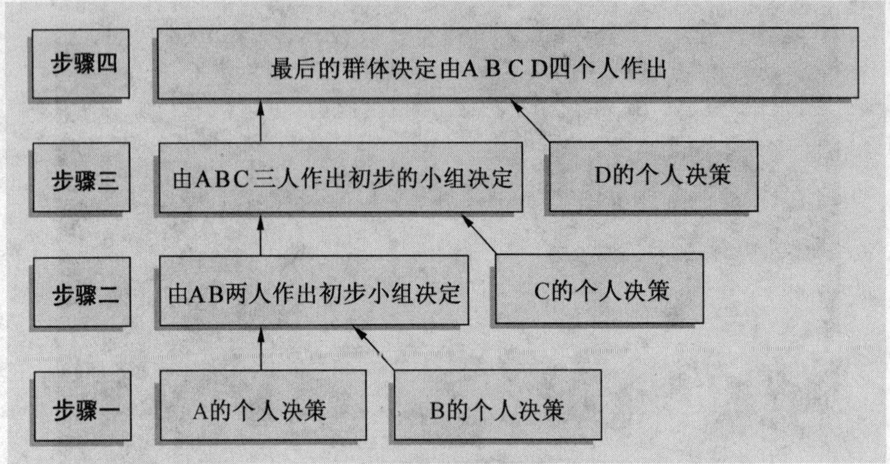


**图9.14 阶梯技术**

*阶梯技术*通过有计划地向决策群体中添加新成员来提高决策质量。

【资料来源】Adapted from Rogelberg, Barnes-Farrell, & lowe, 1992; see note 104.

> **你来做顾问**
>
> 一家大型销售公司在会议中遇到了麻烦:为了让别人了解他的观点,一位部门经理不断地打断会议发言。他不时地压制其他同事,以至于大家都不愿吭声了。最后,会议变成了一言堂,其他人的意见都没有得到表达。
>
> 1. 提出建议,谈谈如何避免这样的情况。
> 2. 你的建议的基本理论、基本思想是什么?
> 3. 你的建议的优点和不足各是什么?

阶梯技术的基本思想是:在对决策群体的讨论结果一无所知的情况下,迫使个体独立发表自己的见解,从而使个体思维不受群体的束缚,而决策群体也不断地得到新观念新思想的注入。如果真是这样的话,在对同一问题进行决策时,使用阶梯技术的群体应该比只采用常规方法的群体绩效更高。事实证明,情况确实如此。而且,阶梯技术能使群体成员工作得更愉快,更积极,更振奋。阶梯技术是一项全新的决策技术,但事实已经证明它是提高群体决策能力的保证。

## 学习目标的回顾与总结

**1. 了解决策分析模型的步骤。**

决策分析模型所描述的决策过程是由很多步骤组成的。首先,要明确问题,确立目标,进行预决策(确定决策程序);然后是制订备选方案,评价备选方案;接下来要作出决策，执行决策；最后是进行跟踪反馈，看一看决策执行效果如何，问题是否还存在。

**2. 区分程序化决策和非程序化决策，确定性决策和不确定性决策，自上而下的决策和授权决策。**

组织中的决策，根据其特征可以分为程序性决策（根据预先确定的指导原则进行的常规决策）和非程序性决策（要求采用新颖和创造性方案的决策）；根据风险程度，可以分为确定性决策（决策结果相对确定）和不确定决策（决策结果不确定性强）。决策的不确定程度是用决策结果的客观或主观概率来标志的。决策还可以根据决策主体划分为自上而下的决策（决策主体是高层管理者）和授权决策（决策主体是一般员工）。

**3. 区分不同的决策风格。**

不同的人有不同的决策风格。一般地，我们认为有四种主要的决策风格。*命令型决策风格*：适合于简单清晰的任务。*分析型决策风格*：适合于信息模糊不清的复杂任务。*概念型决策风格*：有人文主义的倾向，有艺术性。*行为型决策风格*：关注组织的决策风格。

**4. 综合评价群体决策和个人决策。**

群体决策得益于决策群体中*智力资源的集中*和*劳动分工*。群体决策比个体决策有更强的可接受性。但是，群体决策有时会浪费时间，成员间也会彼此发生冲突。另外，由于存在群体成员受权威胁迫的倾向，有发生**群体盲思**的可能，群体决策的质量也会受到影响。群体盲思是指群体决策时的一种不良倾向，即群体内强烈的从众压力抑制了批判性思维的开展，使得群体在解决方案并不成熟，还存在问题时就达成了一致。

**5. 了解影响决策过程的各种组织因素和文化因素。**

在组织中，决策的质量可能受到时间限制和保面子压力的不利影响。组织中的决策还受到民族文化的影响。比如：美国人认为问题是可以解决的，需要人们对此作出决策；而泰国人则更多地把问题看成是不可改变的，人们只能接受这一事实。在决策方式上，美国人多用个人决策（只考虑自己的想法），而亚洲国家更喜欢集体决策（重视群体和组织的意见）。

**6. 区分三种决策模型：理性—经济模型、管理模型和印象模型。**

理性—经济模型认为决策者能全面地搜集信息，然后作出完美的决策。这是决策者在理想状态下进行决策的*标准方法*。与此不同，管理模型是对现实状态下决策者决策行为的*描述*。**管理模型**认为，人受到处理信息能力的制约（比如：**有限理性**和*有限选择*），而只能作出**满意决策**——采用"足够好"而不是"最好"的解决方案。**印象模型**认为：决策是通过无意识的、直觉的方式作出的，人们通常会下意识地采用与他们的个人原则、当前目标、未来计划相符合的行动方案。

**7. 认识可能影响决策效率的两种效应：框架效应和启发式。**

人们的决策失误通常源于认知偏差。**框架效应**就是认知偏差的一种，它是指根据问题的呈现方式而作出不同决策的倾向。比如：我们在描述问题时强调得到的利益，人们就倾向于做保守的、规避风险的决策；而在描述问题时强调可能的损失，人们倾向于做风险性强的决策。简单的经验法则（比如：**启发式**）也会使决策存在认知偏差。比如，可得性启发式发生作用时，人们会依据现成的信息作出决策。而在代表性启发式发生作用时，人们会用自己的刻板印象来作出判断。

**8. 阐述内隐偏爱和承诺升级是如何导致决策失误的。**

**内隐偏爱**是认知偏差的一种，它是指决策者在考虑所有方案之前就已经作出的决策：选择自己偏爱的方案。决策者内隐偏爱方案以外的其他方案叫做**证实方案**。决策者对证实方案也做一些了解，但是那只不过是用来证明他已选定的方案是最佳方案而已。承诺升级现象是指由于在某项错误决策的实施上投入了太多太多的人力物力，所以决策者会继续支持这个错误决策。这种现象之所以会发生，因为人们希望证明自己先前的决策是正确的，不愿意承认决策失败。

**9. 在什么样的条件下，组织决策能发挥优势？在什么样的条件下，个体决策有更高的绩效？**

当不同专业背景、有丰富专业知识的专家构成决策群体时，群体决策比个体决策更有优势。当面对简单的、可验证的决策任务时，群体决策与优秀个人作出的个体决策绩效相当。在解决创造性的问题时，个体决策比群体决策效果好；即使群体决策采用了**脑力激荡法**这样的先进的决策技术时，结果也是如此。然而，当脑力激荡法辅以电子技术（利用计算机终端传送信息）时，决策质量会有所提高。

**10. 阐述提高决策质量的各种技术。**

决策质量可以通过几种方法获得提高。首先，个体决策质量可以通过增强个人解决问题的能力来获得提高。同时，道德训练能帮助人们作出更符合道德规范的决策。其次，群体的决策质量可以通过三条途径得以提高。第一，通过**德尔菲技术**系统地收集专家意见，作出一个独立的，综合性的决策。第二，采用**名义群体技术**，组织结构化的群体会议，所有成员的意见能得到充分的表达，自由地评价每个人的意见。第三，根据**阶梯技术**的原理，向决策群体中注入新成员，每次一人；让群体中不断能有新观点呈现。

## 问题讨论

（1）从正反两方面来论述“所有的人都是用相同的方式决策”。

（2）回忆你最近作出的一次决策，这一决策是程序化的还是非程序化的？是确定性的还是非确定性的？是自上而下的还是授权的？并对此进行解释。

（3）各举出一个管理模型和直觉模型在生活中的实例。

（4）举出框架效应、直观推断、内隐偏爱和投入升级这些认知偏差在现实决策中的实例。

（5）如果你是一家单位的经理，你的单位不能吸引高素质的人才加盟。你打算独立解决这个问题，还是组建决策群体解决这个问题？试说明这样做的理由。

(6) 群体思维是妨碍群体决策的一种现象，试对其进行描述，并论述如何避免这种现象。

(7) 假如你所在的群体由来自不同的国家，且负责公司重要工作的员工组成。你认为这样的人员构成对群体运作有何影响？

(8) 如果你认为组织中某些重要决策必须是由群体作出的，但是个体决策有时更有效。那么请你列举三种既能发挥群体决策优越性，又能避免其不足的方法。

## 典型案例

### 案例 1 婴儿用品超市的起步、成熟、终结

从哈佛大学法学院毕业后，杰克·泰特(Jack Tate)发现他对律师工作不感兴趣。虽然他在南卡罗来纳州格林维尔已经挂牌开业好几年了，但是他的心思一直不在法律工作上。一天，他在为他 9 个月大的女儿买东西时灵机一动：为新生儿买齐各种用品需要跑好多家商店，那为什么不开一家专售婴儿用品的商店，在一家商店里就能买到所有的东西呢？如果有一家备齐尿布、玩具、婴儿床、婴儿衣物、婴儿常备药的商店，一定能让工作繁忙的新任父母们备感方便，这样的商店也必定会顾客盈门，生意兴隆。泰特用他乐观的设想说服了银行，在 1971 年 3 月获得了 20 万美元的贷款。于是，卡罗来纳婴儿用品商店开张了。一个月后，泰特辞去了他的律师工作，成了一名专业的零售商。

琳达·罗伯逊(Linda Robertson)，泰特以前的兼职法律秘书，被泰特对婴儿用品商店的热情所感染，不久就加入到这项有风险的事业中来。他们的生意一直进展得很好。两年后，泰特和罗伯逊就在南卡罗来纳州的 Easley 开设了第二家商店。当业务不断增长时，他们决定缩小经营范围。他们把目标顾客群从 13 岁以下的所有孩子缩小到婴儿和蹒跚学步的幼儿。这样做的理由很简单：年轻的爸爸妈妈肯定要为他们新出生的宝宝购买很多东西(如婴儿车、活动桌子、汽车坐椅等等)。据估计，当时这样的市场年消费额为 1 300 万美元。

缩小经营范围的同时，泰特和罗伯逊扩大了营业面积。因为店面租金太贵，他们把商店搬到了商业区内租金较便宜的店面里。到 1987 年，他们拥有了 26 家平均面积为 6 000 平方英尺的商店，营业额达 1 450 万美元。同年，他们在乔治亚州的 Marietta 开设了 2 000 平方英尺的仓储型超市。当每平方英尺的营业额增长了 50%时，泰特和罗伯逊感到他们的事业正如日中天。他们把店名改成了婴儿用品超市。不久，公司改变了经营方式，超市与仓库合二为一，商品从货架顶端一直堆到了椽子下面。仓储式销售和营销网络的建立，使得超市能为顾客提供方便的购物方式、广阔的选择空间和低廉的价格。

这种经营模式很有效——至少在一段时间内很有效。到1992年,26家分店总营业额达到了6 300万美元。两年后,公司的名气越来越大,股票价格也一路飙升。事业的发展使罗伯逊从每周赚55美元的秘书变成了拥有价值5 000万美元的股票的公司董事长。可是好景不长,泰特在短期内开设100家分店的决策使公司陷入了财务危机。为了挽救公司,泰特于1996年作出重要决策:以婴儿用品超市折合37 600万美元的股票价格接受Toy"R"Us公司的并购。这虽然使泰特失去了很多,但是这也使他的人生安逸了许多。因此,他有机会回到南卡罗来纳州重温以前的生活。

**问题反思**

(1) 根据决策的分析模型,你怎样看待婴儿用品商店的发展过程?

(2) 如果利用群体进行决策,泰特的决策会变得更好还是更糟?

(3) 在泰特的决策中,"承诺升级"现象是怎样表现的?

## 案例2 组织中的决策

**小型商务2000** 一个企业的成败取决于其管理者和员工所作出决策的质量和执行结果。有些人不愿意干需要作出很多决策的工作;有些人则四处寻找这样的工作。作出正确的决策并不是一件容易的事情,尤其在当今商业机遇和市场状况瞬息万变的情况下更是如此。不确定性更增加了决策的复杂性。

在录像中,我们追溯了一家企业的历史。这家企业曾面对过各种复杂的决策,经历过好几次转折。这家企业就是弗鲁克(Fluker)蟋蟀农场。通过这个案例,你将会对蟋蟀农场有所了解。理查德·弗鲁克(Richard Fluker)经过反复考虑,决定把农场的经营权交给他的三个孩子。你可能会觉得奇怪:经营蟋蟀农场这么困难,谁愿意干这种活呢?答案就在下列数据中:弗鲁克蟋蟀农场年销售额超过500万美元,每星期农场都把300万只活蟋蟀或其他虫子装船运往世界各地。

这家企业在经营上并不是一帆风顺的。老弗鲁克把农场交给他的孩子后,没有几年时间,销售额就骤减至50万美元。于是,农场进行了多项变革,主要是增加产品种类,开拓以前受到忽视的市场。也许你猜到了,这些主意不是弗鲁克兄弟自己想出来的,他们不过是负责执行而已。

在案例中,大家将了解到是什么让企业拥有了现在的地位;了解到影响弗鲁克公司起步时的早期决策;了解能影响企业现在和未来发展的当前决策。看录像时,试寻找决策者作出特定决策的原因。你也可以去考虑一下决策中的其他备选方案,为什么决策者没有采用它们。

**问题讨论**

(1) 理查德·弗鲁克谈到了1958年他作出的一个决策:决定把养殖鱼饵由个人兴趣发展为赖以谋生的全职工作。这当然不是一个简单的决策,不是一个没有经过深思熟虑就能作出的决策。用分析模型来讨论理查德·弗鲁克是如何作出决策的,并设想他可能作出的其他选择。

(2) 霍华德·弗鲁克(Howard Fluker)向我们陈述了他的决策思想。他对大事和小事两个概念作了区分。你认为这两个概念有什么不同？处理这两类决策时应如何区别对待？

(3) 戴维·弗鲁克(David Fluker)谈到了企业尝试着增加产品种类。其中之一就是饲养老鼠，不过这个项目效益并不理想。试评价这一决策，这是一个正确的决策吗？另外，David 说："你知道什么时候可以说'何时'。"你认为他这句话是什么意思？

(4) 弗鲁克蟋蟀农场付给雇员的工资要比一般的工业企业的平均工资高。农场还向员工提供同行业其他企业不提供的额外利益。运用有关启发式(比如：可得性启发式和代表性启发式)的知识，分析弗鲁克农场和其他同行业企业在员工待遇有所差别的原因。你认为是什么因素促使弗鲁克农场向员工支付高于平均工资水平的报酬？

## 技巧库

### (一) 亲历组织行为

#### 1. 测量你的个人决策风格

当你了解了不同的个人决策风格后，你认为你的决策风格属于哪一类？*决策风格问卷*能测量出你的决策风格。做完这个问卷。本章中出现的问卷是根据正在管理实践中应用的真实问卷改写而成。(see Rowe, Boulgaides & McGrath, 1984; see note 25.)

#### 2. 指导语

回答下列问题。选择最能反映你日常工作状况的选项。

(1) 在工作中，我通常会去追求：

a. 实实在在的结果　　b. 问题的最佳解决方案
c. 新观点，新方法　　d. 令人愉快的工作环境

(2) 当我面对一个问题时，我通常会：

a. 用我过去用过的方法解决　　b. 仔细地进行分析
c. 试图寻找创造性的新方法　　d. 凭感觉解决问题

(3) 在制订计划时，我通常会强调：

a. 当前面临的问题　　b. 现有目标的达成
c. 远期的目标　　d. 让自己的事业获得发展

(4) 在各种类型的信息中，我通常更相信：

a. 具体的事实　　b. 完整准确的数据
c. 囊括了各种观点的综合信息　　d. 篇幅不长，容易看懂的数据

(5) 当我不知道该怎样做的时候，我会：

a. 依靠直觉作出判断　　b. 搜集更多的信息
c. 寻找折中的解决方案　　d. 等一等，以后再作出决策

(6) 我最好的工作伙伴是：

a. 雄心勃勃，精力充沛　　b. 自信
c. 思路广阔，思想开放　　d. 值得信任，彬彬有礼

(7) 我作出的决策通常是：

a. 直接的，现实的　　b. 抽象的，有计划的
c. 自由的，可变通的　　d. 能照顾到他人的需要

### 3. 计分

分数反映了你的决策风格倾向的相对强度

(1) 如果你选择了一个 a，请在“命令型决策风格”上加 1 分。
(2) 如果你选择了一个 b，请在“分析型决策风格”上加 1 分。
(3) 如果你选择了一个 c，请在“概念型决策风格”上加 1 分。
(4) 如果你选择了一个 d，请在“行为型决策风格”上加 1 分。

### 4. 问题讨论

(1) 根据测量结果，你的决策风格属于哪一类？这与你想像中自己的决策风格有什么异同？

(2) 根据本章对个人决策风格的描述，你能事先猜猜哪些选项是用来测量哪些决策风格的吗？

(3) 在问卷中还能再添加哪些题目？

## (二) 分组练习

### 尝试着组织一个名义群体

如果你做一次名义群体的组织者（至少你要当一次参加者），你会从中学会很多东西。这样做不仅能帮助你了解名义群体的工作程序，而且会让你更深刻地体会到它的工作效率有多高。

### 1. 要求

(1) 为一个由学生组成的名义群体选择合适的话题供讨论。这个话题范围不能

太大,并且要存在不同的意见(名义群体在这样的问题中才能发挥作用)。比如说:

- 你觉得你们学校学生干部应该做些什么?
- 如何提高学院的授课质量?
- 学生毕业之后,如何才能找到更好的工作?

(2) 把全班同学每十人分成一个小组。如果有可能的话,小组成员围坐在一起,然后每一组选出组长。

(3) 组长按照图 9.12 列出的步骤领导大家讨论某一话题。在 45 分钟或一小时之内完成讨论。

(4) 如果时间允许的话,重新选择话题,选出小组长,进行新的讨论。

## 2. 问题讨论

(1) 名义群体对话题作出的结论是什么?你认为这个结论能反映群体的意见吗?

(2) 如何对不同群体的结论进行比较?它们的相似之处和不同之处各在哪里?为什么会有这样的相同之处或不同之处?

(3) 你们这次群体讨论存在的主要问题是什么?比如说,有没有群体成员在还没有轮到他的时候就抢着发言的情况?

(4) 如果你组织过两次群体讨论,第二次是否要比第一次要顺利得多?

(5) 你认为传统的、非结构化的、直接进行互动的群体讨论与名义群体讨论有什么不同?

# 趋势:今天的企业在做什么?

## 海军军官使用决策支持系统来作出军事决策

"在看清敌人的眼白之前不要开枪",这样的原则在美国独立战争时期发挥了一定的军事指导作用。但是,今天军事行动的指导方针要依赖于更为先进的技术。精密复杂的决策支持系统(DSS)能辅助战斗指挥官在战争环境下作出精确的决策。比如,在美国海军中,一项称之为*紧急情况下的战术决策计划*(*TADMUS*)已经开始启动了,用来应付 1988 年伊朗民用飞机被美国 Vincennes 击落的突发性事件。[11]

海军 DSS 系统所使用的技术很复杂,但是其基本原理却也简单:汇总相关信息,并以一定的形式呈现出来,用以帮助指挥官作出适当的决策。比如:一个不明飞行物出现在天空中。根据关键变量(飞行物从何方而来,它的大小、速度等等),计算机能帮助指挥官确定飞行物的危险程度,并且在一定的范围内(从警告到击落)提出合适的行动建议。指挥官可以以这些信息为基础作出恰当的军事决策。

一项用经验丰富的军事人员进行的模仿战争情境的研究表明:DSS 系统的主要作用表现在三个方面。[12]这些作用在海军的 DSS 系统中表现得尤为突出。

- 它能帮助指挥官更早更精确地发现目标。
- 它显著地增加了军事指挥官可以用来作重要决定的时间。
- 军事人员可以专注于追踪可疑目标，而无须彼此交流所想的和所见的。

考虑到这些好处，研究中使用过 DSS 系统的军事人员都主张推广这项技术。DSS 系统并不是代替军事人员作出重要决策，而是为他们提供作决策时所需要的信息。正是因此，系统才受到他们的喜爱。换句话说，计算机并不是要代替军事专家，而是汇总相关信息辅助军事专家决策。这才是 DSS 系统的作用。

# 第十章 合作—对抗：组织中的亲社会与偏离行为

**学习目标** 学完本章后应能够：

1. 定义*亲社会行为*，区别亲社会行为与利他主义。
2. 描述*组织公民行为*和它的主要形式。
3. 解释*揭发*以及潜在揭发者面临的窘境。
4. 解释*合作*的本质并确定影响合作产生的个人和组织的因素。
5. 定义*信任*，解释其与组织公民行为和与合作的关系。
6. 定义*冲突*，指出冲突怎样产生正面和负面的影响。
7. 明确几个组织的和人际之间冲突的原因。
8. 描述*冲突管理*的各种方法。
9. 区别*工作场所暴力*和*工作场所侵犯*。
10. 叙述工作场所侵犯的原因以及减少这种行为的方法。
11. 描述*员工偷窃*的动机和减少这种行为的方法。

## 预备案例

### 善良的银行家？为什么日本的银行经常帮助他们的借贷者？

Takao 铃木先生拥有一家东京小型机械公司 Suzuko kogyo K. K，今年的收入预计不到 15 万美元。但他在几家大银行的贷款资金却超过 200 万美元。这些银行会追讨铃木公司的贷款或者威胁他要没收抵押品吗？绝对不会。事实上，每一家银行都削减了他们贷款的利率——甚至提供新的贷款帮助铃木的企业摆脱困境。例如：城南信用金库 Johnan Shinkin 把贷款的利息从 1992 年的 8%降低到 1993 年的5.6%，1995 年降到 3%。然而他们的善举到此为止了吗？"今年他们会再次降低利息，"铃木说，"我相信他们会这样的。"

是银行家们大发善心吗？不是！这些银行在防止铃木公司以及其他小企业的倒闭中能有很多的收获。最近，死账给日本的银行造成了巨额的损失，在许多情况下，如果损失进一步发生，银行可能就不能承担另外的贷款，而借贷是商业银行的主要业务，所以这样就等于停止了它们的运转。

在日本，公司债务不像其他国家那样有污名，"日本企业靠欠债运作，”在东京的城南信用金库分行的经理这样说，这家银行给铃木贷款已有30年，“在这里，欠债是我们做事的方式。”

铃木先生不会因公司最近的窘境而受到责备。在20世纪80年代的繁荣时期，不少银行找到他，简直是恳求他借他们的钱。当一家大银行找到他并提供120万美元的贷款时，铃木问：“我用这些钱做什么？”“买股票。”他们告诉他。铃木就这样做了。当1989年东京股市大跌时，他损失很大。另外，铃木先生在东京地区公司的房地产价格在过去的10年里从60%下滑到80%。因此，如果银行强迫关闭公司并卖掉作为贷款抵押品的财产，他们得回的将更少。

总之，铃木的债权人有充分的理由对他的企业表现出“善良”。逼迫铃木关闭企业还是降低利息提供新贷款以保证 Suzuko Kyogo 运行，相比较而言，前者对银行的伤害更大。所以，当铃木走进支行办公室说“今天我需要你们的帮助”时，贷款工作人员不会像其他许多国家的贷款办公人员一样首先要求他还清以前的贷款，相反，他们会眨眨眼，叹口气，然后伸出援助之手（也就是提供很多钱）。

银行为客户降低利率，在旧贷款未还清时提供新贷款，允许公司债务额高达当年收入的15倍，真不可思议。然而这一切在现代日本，却是事实。在大多数情况下，银行还是坚持让他们的借贷者按时归还贷款，如果借贷者没有这样做，银行就会扣押抵押物，施加罚款或提高利息。然而在日本，银行会选择极端不同的策略：他们积极地*帮助*像铃木这样的借贷者生存。这种策略的原因是什么？我们认为，并不是因为银行家善良，相反，这种策略来自"启蒙了的自我利益"。银行通过给铃木提供更多的贷款和作出各种让步，保持铃木公司的运行，使其贷款不会成为一笔死账。在这里，尽管看上去是借贷者享受了更多的利益，但结果是双方都得益。

和其他许多情况一样，在这样的情况下存在着这样一种选择：参与者要在两个基本决策(在某种程度上两者是相对的)中选择一个。首先，他们可以互相*对抗*，每一方都注重自己获取利益的最大化，而不顾"对方"的代价。另一方面，他们可以互相*合作*来达到共同的目标，使共同的利益而不是个体利益最大化。

为什么个人、群体或组织要选择一种而放弃另一种呢？每一种选择的结果是什么？这些问题正是本章的焦点——关于合作或对抗维度相关的若干过程(见图10.1)。

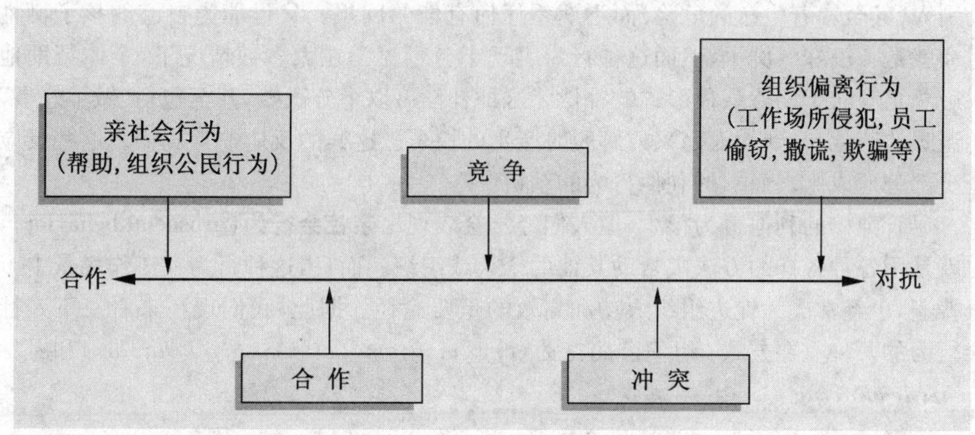


**图10.1 合作与对抗**

个人和群体能选择彼此合作或对抗，这两种截然相反的策略导致一连串的行为，上图列出了这些行为的连续状态。

连续体中的第一种行为被称作亲社会行为(*prosocial behavior*)，它包括那些对他方有利但不要求明显直接回报的行为。亲社会行为对组织能产生重要的影响。显然它是值得关注的主题。第二种行为被称作*合作*(*cooperation*)，指双方相互的援助。这种援助是个人、群体或组织以一种共同的互利互惠的态度来为他方提供帮助的行为。

在预备案例中讲述的就是这种情况。

我们要思考的第三种行为是*冲突*(*conflict*),当个人或群体认为他方的行为已经(或将要)对自己的利益产生负面影响时会出现冲突。对对方行为的这种理解往往会产生对双方都不利的很大的影响。事实上,持续长久的尖锐的冲突不断发展,到最后双方都会更为关注于伤害他们的对手而不是使自己的所得最多。但是不只是冲突这种行为方式会在工作中造成负面后果,*偏离行为*(*deviant behavior*)也会产生同样的后果。偏离行为是员工故意违反既定制度(群体、组织或社会的)的行为,这种行为会给同事和组织带来不良的后果。最为显著和明显的异常行为方式被叫做*工作场所侵犯*(*workplace aggression*),即个人试图伤害组织的其他成员或组织本身的事件。最后,我们认为*员工偷窃*(*employee theft*)也是异常行为的一个重要形式。

## 一、亲社会行为:在工作中帮助他人

真有纯粹的**利他主义(altruism)**行为吗?也就是一个人在不求任何回报的前提下为他人谋利益?哲学家对这个问题困惑已久。最近,社会科学家也同样对此迷惑不解[1]。通过调查,他们对完全无私的助人行为的存在产生许多的疑问。人们有时会帮助别人(甚至冒着生命的危险)而不期望任何有偿的回报。父母能为自己的孩子牺牲生命就是个极好的例子,然而这种行为表现十分罕见。在大多数情况下,个体帮助他人后总是倾向于期待某种形式的补偿。这种补偿可以十分微妙,甚至包括"做了好事"的温暖的感觉,看到他人高兴或解脱时产生的快乐。这样的反应非常真切。这些反应至少部分地成为表面上的利他行为的动机。

尽管纯粹的利他行为很少,但人们经常会表现出**亲社会行为(prosocial behavior)**,也就是用各种各样的方法去帮助其他的个人或组织。而且,这种行为在工作场景中十分普遍,也经常成为促进组织成功和高效的重要途径。据此,我们现在来看一下亲社会行为的两种重要方式:*组织公民行为*(*organizational citizenship behavior*)和*揭发*(*whistle-blowing*)。

### (一) 组织公民行为:超出责任要求的行为

也许在组织中最为广泛的亲社会行为方式就是**组织公民行为(organizational citizenship behavior,简称 OCB)**。这是组织成员的超出他们工作标准要求的行为,所以是"多于或大于责任要求的"。[2] 一般说来,组织公民行为有三个主要成分,首先,是"超出工作标准需要的"或超出工作岗位描述的行为。第二,这种行为在本质上是随意的,换句话说,是个人自愿的行为。第三,组织正式的奖酬体系不一定要把这种行为列入奖励范围。[3]

## 1. 组织公民行为有什么样的形式?

尽管组织公民行为有很多形式，但总的说它们可以归到下面五个基本类别中：

(1) 能够帮助他人或者表现出*利他主义*(*altruistic*)的行为。你曾经帮助过承担艰巨项目的同事吗？如果有的话，你所做的就属于这种类型的组织公民行为。

(2) *尽职行为*(*conscientiousness*)，在出勤、守纪律、休息等方面要达到并超越组织最基本的要求。如果你为自己从未旷过一天工而自豪的话，你的行为就属于尽责的组织公民行为。(图 10.2)

图 10.2 尽职行为

1998 年 9 月 20 日，当小卡瑞普肯(Cal Ripken. Jr)(棒球"铁人")从巴尔的摩金莺队(Baltimore Orioles)退役时，他结束了连续 2 632 次比赛的历史性时期。17 个赛季没有误过一场比赛的卡瑞普肯的确是恪尽职守的典范，恪尽职守正是"组织公民行为"的关键因素。

(3) 积极参加组织生活并对此表现出关心，常被称作*公民美德*(*civic virtue*)。这类行为包括参加志愿者集会，积极参与如俱乐部、委员会之类的活动。

(4) 这类行为者具有*运动家精神*(*sportsmanship*)，他们愿意而且毫无抱怨地去容忍并非理想的环境。如果你在工作中曾遵循过"百忍成钢"的信条，那么你的行为就属于"运动家精神"的组织公民行为。

(5) *谦恭*(*courtesy*)，这类行为者表现得很礼貌，并以一种"谦恭礼让，息事宁人"的态度行事。

这些组织公民行为的其他事例列在表 10.1 中。[4]

**表 10.1 组织公民行为(OCB):典型形式与事例**

组织公民行为(OCB)可以以多种形式出现,大多数都可以归入下列表中的五种类型中。

| 组织公民行为(OCB)的形式 | 举例 |
|---|---|
| 利他主义 | 帮助同事做工作,自愿和他人调换假期 |
| 尽职 | 从不旷工,如果需要就提前上班,从不浪费时间打私人电话 |
| 公民美德 | 参加自愿性会议,担负写备忘录的责任;跟上新信息 |
| 运动家精神 | 毫无抱怨地做事("咬牙忍耐"),不挑组织的毛病 |
| 谦恭 | 用"转过另一边脸"的精神来避免问题,矛盾激发时不煽风点火 |

## 2. 组织公民行为的决定因素是什么?

为什么员工在工作中有超出职责要求的行为呢?有三个因素在起作用。

其中最重要的因素是*期待公平的待遇*(*expected fair treatment*)——员工相信如果他们作出组织公民行为,他们的组织尤其是他们的直接领导者会公平地对待他们。进一步说,员工越是认为上级会做出公平的决定(如用一种一视同仁的态度,见第四章),他们就越信任领导者。进而,员工有了更多的信任感,他们也就更愿意作出亲社会行为。[5] 当员工相信领导者能公平地实施惩罚时,这一现象表现得尤为突出。员工越相信他们的老板能公平地使用惩罚的方法,他们就更倾向于作出组织公民行为。[6]

人们对于他们工作责任范围大小的认识(即认为哪些行为是必须要做的,哪些是自愿的)也会影响组织公民行为。一般来说,员工把工作定义得越宽泛,他们就越容易作出组织公民行为。[7] 比如,假设一位教授被请去为另一位外出的教授代课。如果前者认为帮助其他教授是他工作的一部分(如"去做好事"),他会很愿意去做。但进一步说,如果他认为在当今社会帮助同事的确不是工作的一部分,也不是他的义务,他将很少表现出组织公民行为。

第三,组织公民行为受到员工对待组织的态度的影响,正如第五章提到的,这种态度通常被看作*组织承诺*。[8] 很自然,员工对组织的承诺越强,在需要时他们就越愿意承担额外的工作,这会引导他们做出不同形式的组织公民行为。

## 3. 组织公民行为真的那么重要吗?

的确,它十分重要。我们大多数人都宁愿为一个有着高素质成员的组织工作而不想为一个成员都漠不关心的组织卖命。毕竟,一个都是好员工的公司与一个充斥着没有理想的员工的企业相比,前者是一个更令人愉快的工作场所。而后者的员工只是为了避免麻烦而做最低限度的工作。然而最基本的问题仍然没有解决:组织公民行为真的能提高组织绩效吗?回答这个问题并不简单,因为组织公民行为没有被纳入正式的绩效评估和奖励体系。

然而，最近的研究显示：组织中组织公民行为发生的频率越高，组织业绩就越好。另外，有亲社会行为表现的个体在许多企业里都会得到正式和非正式的表彰。尤其做出组织公民行为的人更容易获得老板和同事的喜爱。同时，因为从事助人、利他行为，他们经常得到更高的绩效评价。[9] 综上所述，组织公民行为似乎产生了我们所希望的有益的影响。因此，管理者们有充分的理由鼓励他们的员工用一种亲社会的方式来行事。

## （二）揭发行为：通过持异议来帮助组织

组织中亲社会行为的另一种形式被称作**揭发（whistle-blowing）**。它是指员工揭发雇主对员工或组织对员工所作的不合法的、不道德的、不规范的行为（图 10.3）。[10]

大多数例子中，揭发者可以保护大众的健康、安全或经济利益。比如比尔·布什（Bill Bush）的例子。他在 1974 年揭露国家航空航天局下达的一份备忘录，这份备忘录命令像他自己这样的高层主管都不要考虑提升 54 岁以上的雇员。布什认为这违反了法律和道德，所以揭露了这份备忘录。

另一个就是罗伯特·杨（Robert Young）的例子。他是新泽西州普天寿（Prudential）保险公司的业务员。他发现业务员们经常违反政策，把新的更昂贵的保险计划提供给已有的保险客户，以收取回扣。杨对此进行了投诉，但没有什么结果，随后他感受到来自环境的压力使他无法再留下工作，不久就被解雇了。公司的理由是：杨是一个对下属进行性骚扰的糟糕的经理。杨不承认这种指控，宣称他被解雇仅是让他"闭上嘴"，是对他这个"惹麻烦"人的惩罚。[11]

**图 10.3 一个著名的揭发者**

影迷们可能还能记得一部 1979 年的电影《诺玛·雷》(Norma Rae)，在片中莎莉·费尔德(Sally Field)因为扮演了一个揭发工厂里无法忍受的工作环境的纺织工人而获得了奥斯卡奖。尽管片中角色所面对的斗争比大多数情况下更极端、更不可想像，但这也许就是揭发者们在斗争的最高潮时所面对情况的相对真实的描述。

幸运的是，并不是所有的揭发者都因为做了自认为对的事而被惩罚。例如丹尼尔·向农（Daniel Shannon），1993 年的他是为智能电子公司（Intelligent Electronics）工作的一名法律顾问。他反对由几个股东发起的对所谓的"从计算机制造商处滥用市场资金事件"进行的非正式的证券交易委员会

SEC的调查和起诉,之后,向农被解雇了。然后他在一份起诉中宣称自己被雇主错误地解雇。这起控告以50万到100万美元的价格在法庭外解决。

正像你能想像到的,揭发者面临着艰苦的斗争。华盛顿特区"政府责任项目"的法律官员汤姆斯·戴文指出:如果揭发者有一个共同特征的话,那就是他们面临骚扰、报复。[12]当这些人尝试去证明所揭发事情的错误之处时,他们经常发现自己面对着一场长期的逐步深化的战争。公司很快找到其他替代者,找出一个看似合理的理由来解雇揭发者,他们甚至发现自己上了本行业的黑名单而很难再找到其他工作。很显然,揭发者为了保护无辜的受害者要牺牲很多。

**全球问题** 揭发行为在美国和其他西方国家里通常要比在亚洲和非洲国家更为普遍,这是为什么呢?

揭发行为真的可以被看做亲社会行为吗?难道揭发者仅仅只是使不满的员工找到一条与组织变得平等的方法?后一个结论在大多数例子中可以总结出来。揭发者通常是受到激励才来纠正他们认为不对的事情。大多数揭发者在把事件公布于众之前都试图要在公司内部解决。只有当内部努力失败之后他们才那样做。[13]然而即便如此,情况总是很复杂。这种行为的本质是亲社会行为还是非亲社会行为,主要看行为者的内在动机。如果揭发者从他(她)自己的行为中受益,组织却受到损失,或者揭发者的行为是个人报复行为的需要,那么揭发行为就不能被认作是组织中的亲社会行为。[14]

如果你曾发现自己在公司中处于一个想要"揭发"的境地,你将做什么?下面的"诀窍"栏目里有一些建议。

## 制胜诀窍

### 如何有效地揭发

假如有一天,你发现你所在的公司正在干一些你认为是不道德的、有悖伦理的或是不合法的事。如果你像大多数人那样行事,你就会陷入进退两难的境地。一方面,你觉得自己不能对这些现象置若罔闻;另一方面,你又不能让自己的工作、职业陷入危险的境地,有什么方法能让你两者兼顾呢?

幸运的是,专家们想出了一些方法尽可能让你在做好事的同时,又可以保证自己的职业安全。

- *谨慎地证实你所揭发的事实(Document your claims scrupulously)*。不要在没有证据的情况下贸然说出去。否则你的意见不会被认真地接纳,那么你做任何事情都会缺乏效果——事实上这也很有可能会让你丢掉饭碗。

● *首先告诉你最直接的上司*(*Speak to your immediate supervisor first*)。尽一切努力找出问题的关键。先让问题引起你老板的注意，如果没有用，再告诉给他的上级。无论你做什么，在你用尽所有的机会，告诉给公司里所有相关人员之前不要公布于众。

● *与律师联系*(*Talk to a lawyer*)。美国35个州和许多国家都有保护“揭发者”的相关法律。这些法律的帮助是很大的。然而在起诉之前要仔细地查看，并确定你自己的法律权利和受到的保护。

● *做最坏的打算*(*Plan for the worst*)。相信你的公司和直接上司是正直的，但是在你揭发之前，要从经济上、心理上为诸如下岗、处分和解雇等负面影响做好准备。因为那些你认为做了违反伦理或违法事情的人也不会善罢甘休。如果其他方法都失败了，他们会与你同归于尽。因此，当你对“公正”终将胜利保持乐观态度时，要做好最坏的准备。

这些建议要做到也许很难，但是无论你是否这样做，它们的确都是有一定参考价值的。

## 二、合作：在工作环境中的相互支持

像上面所描述的，亲社会行为基本上都是单向过程：一个人帮助另一个人。然而在组织中有许多“帮助—回报”式的互动，这种双向过程就被称为**合作(cooperation)**，一种相互援助的行为方式，是两个或更多的个人、群体或组织为了共同的利益、共同的目标一起工作的过程。[15]合作是工作场所中协作的一种普通形式，主要是因为这样做能使参与行为的人或群体完成比个人单独工作时更多的工作量。

如果合作有显著的益处，那么出现了一个问题：既然合作那么有用，为什么合作行为不经常出现呢？换句话说，为什么有共同目标的人有时不合作呢？这里包含了许多因素。但在不少情况下最重要的就是个人或群体对所追寻的目标没有达成共识，以致合作不*能*实现。例如，两个人追求同一份工作或职位，他们就不能合作实现目标。同理，在两个公司想要并购同一家企业的情况下，也不能通过合作来达到目的，因为只有一家公司最终能获得并购权。在

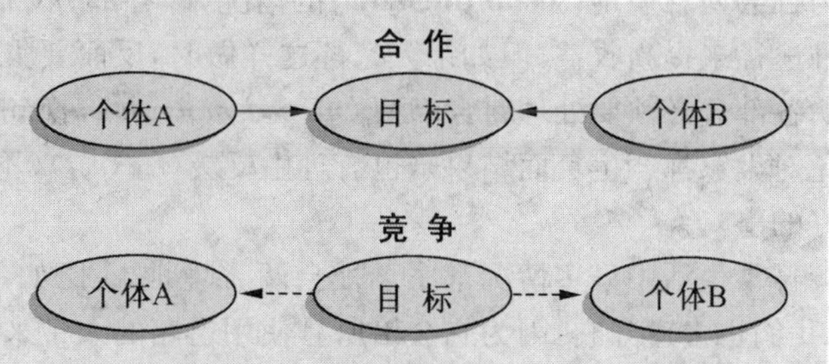


**图10.4 合作和竞争：一个简单的对比**

当大家合作时，为了达到共同的目标人们都要作出贡献。相反，当大家竞争时，人们会尽力排斥他人来达到目标。

这些情况下，人们经常选择的行为方式就是**竞争(competition)**。竞争也就是每一个个体、群体或组织力求使自己利益最大化的行为方式，而这种追求最大化的结果通常是以他人的牺牲为代价的。[16]关于合作与竞争的对比请看图 10.4。

在一些情况下，竞争是自然的，也是能够理解的。个人和群体为了不充足的资源和报酬而竞争，组织为了原料供给，为了政府合同，为了争夺顾客和扩大销售量也必须竞争。如："巡洋舰商战"——发生在具有传奇色彩的摩托车巨人哈利·戴维森公司(Harley-Davidson)和几个刚起步的公司之间的一场激烈的竞争。这些刚起步的公司为了争夺有利可图的"巡洋舰"市场(*巡洋舰 Cruiser* 是一种大型的摩托车，装备有挡风板，单独的行李箱，和其他豪华的装备)，与在 1997 年产品的销售量超过132 000辆的哈利·戴维森公司竞争。胜利(*Victory*)和 *Excelsior-Henderson* 这些年轻的竞争者们推出的摩托车在外形上与哈里·戴维森的产品不相上下，而且根据顾客的需要可以提供更多的特色服务(如复杂的上色工作，镀铬层)。这些公司能成功吗？有一件事可以肯定：摩托车市场里巡洋舰部分的竞争已达到白热化的状态。

很明显，零售业中竞争是不可避免的。但在其他情境中，竞争不出现时，合作形式也并没有产生。这就提出一个问题：什么能引导人们相互合作？要回答这个问题，就先要仔细看一下合作的本质。

## (一) 合作的本质：包含着混合动机的情况

假设你住在一个有着严格废品回收制度的社区里，你在垃圾里要把玻璃、塑料、金属罐及纸张分开。从纯粹的自私角度考虑，不按制度而把所有的垃圾放在一起会更容易，但如果社区里每个人都这么做，那每个人都将遭受损失。你的垃圾箱很快就会填满，你将花更多的钱把垃圾运走。如果你是惟一一个不遵守制度的人，你可能由于方便先得利(至少短期内如此)。如果你所有的邻居都用这种方法追求自我利益，那所有的人都会损失利益。图 10.5 提出了这种观点的另一种解释。但这里的例子描述了被称为**社会两难境地(social dilemma)**的情况，即各部分(个人、群体或组织)都可以通过一种途径来提高收益，但如果大家都这样做时，反而要失去利益。[17]在这社会两难境地中的各部分必须要处理*混合动机(mixed motives)*，换句话说，他们有理由合作(可以避免对大家都产生负面结果)，也有理由*反叛(defect)*(不顾对他人的影响去做对自己最好的事)。

日常生活中许多情况都属于社会两难境地。[18]比如，即使交通规则给我们带来不便，我们也去遵守它，因为它会给所有使用道路的人带来长远的好处。与此相似的，为了避免在贸易战中都付出昂贵的代价，世界各国会削减进口商品的关税，即使他们知道增税有短期利益。

在我们所说的那些情境里，如大家所知，总有一些人就是不按规章分离垃圾或就是不遵守交通规则，一些国家总是不时地对一部分进口商品加税。一般说来，总有一些参与者在某些时候不合作并采取更为自我倾向的行为，而不考虑多数人的利益。这是为什么？什么因素促成合作？哪些因素是合作的障碍？在下一部分，我们将讲述影响合作的个人因素，再接下去的一部分，我们将讨论跨组织合作。

## （二）影响合作的重要个人因素

当个人处在包含着混合动机的社会两难境地中时，许多因素决定个人是否选择与他人合作。但有三个因素最为重要：*互惠*（*reciprocity*）的倾向性、合作的*个人取向*（*personal orientation*）及*信任*（*trust*）。

### 1. 互惠：

互惠遵守**黄金法则（Golden Rule）**。纵观人生，我们所有的人都会极力遵守“黄金法则”，即“己所不欲，勿施于人”。在我们成长过程中，这观念完全由我们的父母、老师和宗教领袖不断地灌输给我们，但我们仍然经常以不同的方式行事。许多人不是用希望别人对待自己的态度来对待他人。如果某个人过去用某种态度对待过你，你将会用同样的态度对待那个人。简单地说，多数情况下，人们遵守互惠原则，也就是人们倾向于“有恩报恩，有仇报仇”。[19]

图 10.5　社会两难境地的本质

在社交困境中，每个人都可以自私行事来增加自己的所得。当许多人都这样做时，每个人能得到的反而减少了。（左图中）使用小型的有效燃烧的小汽车，使用者也许被认为是合作的，因为他们的汽车节省自然资源，污染空气的程度相对较低。而（右图中）大型的排气量大的多功能越野汽车的使用者会被看做更为自私，因为他们的汽车浪费燃料，污染程度很大。

当在合作与冲突中选择时，这种原则被小心地遵循着。换句话说，当其他人与我们合作而把利益放在一边时，我们通常也会如此地对待他人。如果其他人倾向于追求自己的利益，那我们一般也会追求我们自己的利益。

## 2. 个人取向

想想生活中你认识的人,你能记得谁强烈地追求合作,谁几乎在每一种情况下都与其他群体的成员一起工作呢?你能记得谁总是追求自己的利益而不依赖合作?也许你很难举出这样的例子。

事实上,社会科学家认为人们在合作的倾向性中的差异是确实可信的,反过来,这些差异体现了人们对合作的不同看法,在相当长的时间内,在不同的情况下,人们的这种看法是相对稳定的。[20]对社会两难境地,人们有三种不同的个人取向。

● 有*合作*(*cooperative*)取向的人愿意将所有的人能接受到的共同利益最大化。他们认为帮助别人就像为自己做事一样。

● 有*个体主义*(*individualistic*)取向的人,首先关心他自己的所得是否最大化。只要他们得到自己想要的,他们就不会在乎别人得到多少。

● 有*竞争*(*competitive*)取向的人,首先关注打败别人,他们更关心如何比别人获得更多的利益,而不太注意自己的工作干得怎样。

控制情境中的研究证实:个人取向上的不同确实能解释现实情况下人们行为的差异。换句话说,一些人真的比另一些人更具有竞争性,那么这在他们对待他人的方式中就会有所体现。

## 3. 信任

先前我们就指出员工更愿意成为组织成员,当他们相信他们的上级能公平地对自己。[21]事实上,信任起源于(至少部分起源于)一种期望,期望老板或领导能够通过公正的程序作出决策(即程序公正)。[22]信任程度越高,员工对领导者的决策就越认同。把这种观念扩展开来,**信任(trust)**被定义为个体的信心也就不让人感到惊讶。这种信心是对他人诚意的信心,相信他们会努力地去和组织的群体目标保持一致。信任在合作中也扮演着重要的角色。[23]特别人们越信任他们的同事,他们也就越愿意与同事合作。[24]

但在实际情况中,这种关系更为复杂。有两种不同的信任,每一种都以独特的方式影响着合作的强度。[25]首先,第一种被称为*认知基础上的信任*(*cognition-based trust*),指我们对他人的可靠性和可信度的信心,这种信任是通过对事情的同意程度来衡量的,"考虑到这人的经历,我认为没有理由怀疑他(她)的能力和对工作的准备"。第二种被称作*情感基础上的信任*(*affect-based trust*),指在真诚地关心照顾他人利益时产生的个体之间的一种感情纽带。这种信任又可以通过双方对工作关系中感情投资的认可程度来衡量的。

情感基础上的信任受某些因素的影响,如管理者与同等地位者接触的频率和他们先前对那些人帮助的次数。[26]进而,信任又明显直接影响到助人和合作的几种形式,间接影响管理者和同等地位者的绩效。相比较来说，认知基础上的信任看上去不会直接影响合作（图 10.6）。

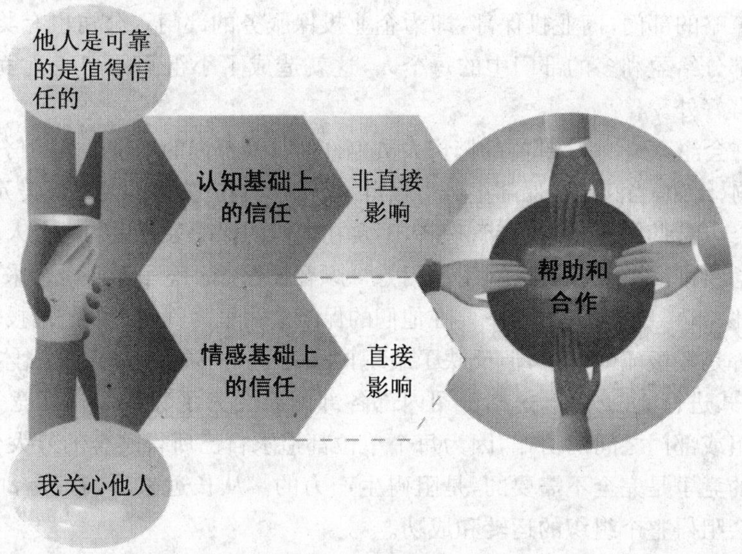


**图 10.6　两种信任**

当一些人认为其他人可靠和值得信赖时*认知基础上的信任*就会出现，它直接影响帮助与合作。相反，当一些人关心其他人的时候，*情感基础上的信任*就会出现，它不会直接影响帮助和合作。

总之，信任是合作中的一个重要的决定因素。而合作产生了许多有益的影响，诸如提高绩效和协作。因此，在一起工作的人之间建立高水平的信任是很值得努力去追求的。

**全球问题**　信任上司和同事的现象在西方国家中比在亚洲国家（比如日本）更普遍。[27]这是为什么？什么样的文化和经济因素能解释这种差异？

## （三）合作的组织因素

组织内部的合作水平是显著不同的。一些（特别是那些很成功的）组织内部的各个部门之间显示出高度的协调性。[28]然而另一方面，这些部门内成员的工作目标是不同的。什么能解释这些不同？个人因素只能解释其中一部分，与组织内部结构和功能有关的因素也起了很重要的作用。

1. 奖酬体系与合作

看看下面的例子：一个大型保险公司有两个主要的部门：顾客投保部，即为个体制订保险策略的部门；商业投保部，即为企业投保服务的部门。公司也有奖酬体系，每年的奖金都分给盈利多的部门中的每个人，这就造成了小组间的高度竞争，这种情况乍一看很有好处。

你也许会注意到，一个部门的销售人员也许给其他部门的销售人员的努力工作带来巨大的影响，比如，当商业投保部正努力赢得一个大型制造公司的几百万美元保险时，部门推销员会劝说那个公司的高层管理者，不要在他们的保险公司里购买个人生命和财产保险。毕竟，他们不会帮助竞争对手部门——顾客投保部。竞争对手也会采取同样的行动，顾客投保部员工也劝说顾客不要在他们的保险公司里为其所在的公司投保。

这也许是较极端的例子，但反映了组织内很普遍的状况。许多奖酬体系都以"胜者全得"形式进行奖励分配，这样公司内部各部门就会为了奖金而相互竞争。这反而降低了小组或部门之间的协作，因为每个单位都追求自己所得奖金的最大化。这并不表示内部的竞争是完全不需要的，是阻碍生产力的。从长远来看，管理者应该确保这种竞争不会阻碍整个组织的运转和成功。

2. 员工内部的相互依赖

有这样的两个组织：在第一个组织里，员工可以独自完成主要工作，也就不需要个人与他人的紧密合作。在第二个组织里，员工不能单独完成任务，因此，员工们必须紧密地互相配合。哪一个组织会产生高度合作呢？很显然是在第二个组织内，原因就是：合作的程度取决于工作性质。

尤其当员工内的相互依赖程度越高时，他们之间合作的可能性就越大。毕竟，团队中需要相互依赖换取成果的人越多，损害他人利益的行为就会越少，因为损害他人也会让自己的利益受损。而那些工作中相互依赖程度不高的人就很少会考虑这一点。在许多研究中，这种关系都被证实，并且表现得很强烈、很普遍。[29]

## (四) 组织间合作

当我们在同一行业中考虑不同组织之间关系的时候，脑子里肯定会想到竞争(*competition*)。商业关系的本质促使我们把焦点集中在"组织如何竞争？它们应采取哪些策略才能在市场上提高它们自身的竞争优势？"这类问题上。但也有这种情况，即组织间为了共同的目标相互协作。简单地说，这是被称作*组织间协作*(*interorganizational coordination*)的一种重要的情形。

第十四章详细地叙述如何设计组织的结构，在这里我们只是提一下关于合作内涵的一个基础性问题：同一行业内的组织为什么愿意合作？答案就在三种不同情况中。

### 1. 与供应商的合作

当今的企业当发展到一定程度后，会用一种特殊的方法促进发展，即与为企业提供原料和服务的组织联合。许多企业从中得到了越来越多的利益，出现在大型制造企业和配件供应商之间的新型关系就是这种特殊方法的最好例证。

传统的制造商总是不断压制他们的供应商，尽可能多地降低原料价格，但这会导致相反的结果。因为这样供应商就不会有很大的提高和发展。另外，当大公司降低供应商的小额利润时，供应商们也会降低在设备上的投入，通过这样的方法降低更多的价格，但这将降低设备的质量。逐渐认识到这一点后，一些公司开始寻找他们的供应商伙伴。[30]他们不再把供应商看做谈判桌对面讨价还价的对手，而是与自己的利益紧密相连的伙伴。这样他们就要为供应商提供培训和援助。他们采取一种双赢的策略，在这种策略中，两个组织的共同目标被建立起来，这个目标就是“更高的效率，更低的耗费”。

**图 10.7 与供应商的合作：一个案例**

联合信号公司与墨西哥恩森纳达 Baja Oriente 公司合作，购买这个公司的铝皮。作为每年降低 6% 价格的交换，联合信号公司把订货从 50 万美元提高到 600 万美元，这就让 Baja 扩大了更多产品的固定产值，可以进行长期的生产，也降低了改换产品的花费。这就帮助 Baja 削减了成本，并满足联合信号公司的需要。两个公司都从合作中获利。

我们看一下联合信号(Allied Signal)公司的案例，这是一个年产值为 118 亿美元的汽车零件和航空电子产品制造商。为了降低用于生产的原料价格，公司与许多供应商都建立了双赢的关系。例如，在 1993 年，联合信号与 Mech-Tronics 签订了双倍的订货合同，但条件是 Mech-Tronics必须削减原有价格的 10%。这种做法虽然一开始减少了 Mech-Tronics 的收益，但它从联合信号公司的发展中得到了帮助，很快有了更多的回报。结果如何呢？两个公司都盈利了(图 10.7)。

也许你会想到联合信号公司不是惟一认识到与供应商合作会有收益的公司。本田(Honda)和丰田(Toyota)公司也从与供应商不断发展的合作关系中获利，节省了花费，保证了质量。事实上，这些汽车制造巨头建立的这种合作关系在确保长久的高质量、低成本方面起到了关键的作用。高质量、低成本也使他们能完成公司的中心任务——为顾客提供最优的服务。

**道德问题** 通过相互的合作，独立的公司可以降低成本赢得较多的利益。但这也为新成立的公司进入市场带来更多的困难。与新的公司合作对于已有的伙伴公司来说是不是不道德呢？

### 2. 促进商业发展

当独立公司觉得合作将极大地提高潜在收益时，组织间的协作就可能产生。比如1998年克莱斯勒与戴姆勒—奔驰的合并（事实上戴姆勒—奔驰花费了580亿美元收购了克莱斯勒，但这次收购在许多方面都被视作合并）。

两个公司都希望收入更多。克莱斯勒在北美很强，但在欧洲很薄弱。在欧洲，他们只占有不到1%的市场。相反，戴姆勒—奔驰在欧洲很强，但在北美市场也仅有1%的份额。另外，克莱斯勒的中等价位的系列产品可以对戴姆勒—奔驰的豪华系列产品作补充。通过合并，这两个公司可以联合他们的财政、技术和市场资源，这使他们成为更加有力的竞争者的联盟。事实上，戴姆勒—奔驰的主要竞争对手在德国——大众。大众已经感觉到了合并的影响力，并考虑采取几个主要步骤来抵御预计中来自强大对手的攻势。

### 3. 对外部威胁的反应

当一个或几个新的竞争者进入成熟稳定的市场时，组织间的合作经常会发生，因此会动摇原有市场。在20世纪70年代末和80年代早期的美国就出现过。当时日本的汽车销售已达到很高的水平，作为对外界威胁的反击，三家最大的美国汽车制造商联合起来游说议员寻求政府保护。他们成功了，美国制定法律限制日本汽车的进口，为他们改进自己的产品提供了喘息的空间。两个竞争对手间的合作帮助公司保护自身免受外界的威胁。

## 三、冲突：本质、原因和影响

在一个描述组织中个人和群体工作状况的连续体中，如果说亲社会行为和合作构成了连续体的一端，那*冲突*就在连续体的另一端。冲突这个词有很多含义，但在组织行为领域，它首先是指在组织中个体或团体不是互相合作，而是互相攻击的情况。[31]

更正式地讲，**冲突(conflict)**是一个过程，在这个过程里，一个成员感觉到其他成员采取的(或将要采取的)一些行动会对自己的主要利益带来不良影响。冲突的关键因素是：

- 在个体或群体之间的利益对立。
- 对这种对立的认识。
- 双方都认为对方将会(或已经)损害自己的利益。
- 真正产生损害的行动。

不幸的是，当这种态度明确之后，冲突在现代组织中就变得十分普遍。它的影响大得不能忽视。有实践经验的管理者们说，他们要花费大约20%的时间来处理冲突带来的影响。[32]另外，冲突之后憋闷的怨气和破裂的关系会持续几个月甚至几年。这种状况在原有的冲突变为记忆之后还能在人们的脑海中产生强烈的影响。正因为这些原因，组织冲突在组织行为中是个值得我们关注的重要的话题。

在这一部分，我们将对有关冲突的现有观点进行综述。首先，我们来审视一下构成多种形式冲突的两个基本维度。其次，我们看一下冲突的多种原因。最后，再看一下冲突的主要影响。你也许会惊奇地发现，冲突除了有消极影响外，有时也会有积极的影响。

## (一) 整合与分配：冲突的两个基本维度

看一下这个真实的事例：马克是一位在电话公司工作的营销专家，他建议两个伙伴和自己一起开一家公司。他确信他们会成功的。但很快事情就变得很明朗。他的伙伴们的想法与他截然不同，"他们想要公司为他们买汽车，到巴哈马开会"。但他对资金的不同看法是"我想把我们的钱投回到商业运作中"。他们一次又一次地压制他，直到最后，耗尽了所有的资源，公司也倒闭了。现在马克即使在街上碰到原来的伙伴，他也不会与他们打招呼。"我从来不会想到商业关系会击败友情，"他说，"但事实就是这样。"正像他所看到的那样，"一旦谈到钱，人就蜕化变质了"。[33]

这个事例很好地解释了在许多冲突中扮演重要角色的两个基本维度：**分配(distribution)**，就是关心自己的收入；**整合(integration)**，是关心他人的收入。马克很明确地考虑到整合：他想让他的公司(包括他和他的同事)兴旺发达。而他的朋友们更为关注分配，他们想拿到自己的那份。因此，他们就要为了自己的利益压制更保守的同伴，分割公司的财产。

更多的事例表明了这两个基本维度的重要性、独立性。所以在上述事例列举的情况中，就有这样几种行为可能：分配和整合行为程度都很低，或者都很高，或一个高一个低。[34]事实上，这些动机的各种组合构成了处理冲突的五种显著的基本形式：*竞争(competition)*，*合作(collaborating)*，*回避(avoiding)*，*迁就(accommodating)*，*折中(compromising)*。[35]这些方法与分配整合的相互关系在图10.8中显示。正像图中所示，*竞争*是高分配，低整合；*折中*在分配与整合之间；*回避*是两者程度都很低；*迁就*(也就是把别人想要的东西给别人)是高整合，低分配；*合作*是两者程度都很高。

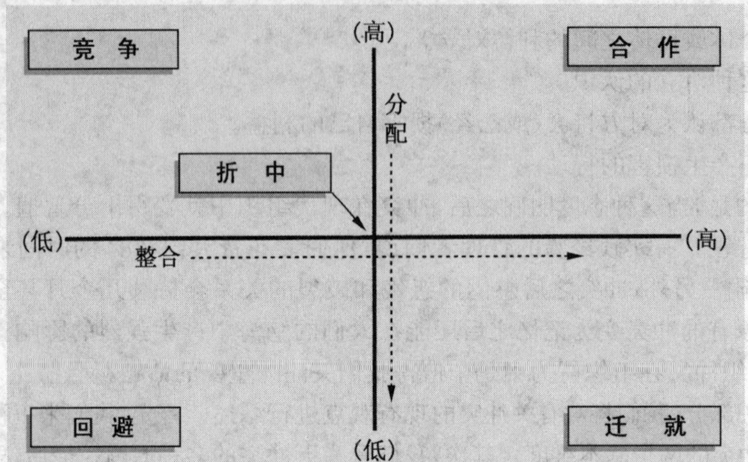


**图 10.8 冲突解决的基本形式**

解决冲突的不同方法反映了大多数情况下的两个基本维度：关心自己的收入(分配)；关心他人的收入(整合)。五种处理冲突的主要方式反映了这两个基本维度的不同状况。

回忆一下我们先前讨论过的个人在选择合作与冲突时的差异，那么当你看到个体在选择冲突处理方式时也有显著的不同就不会感到惊讶了。[36]但你也许会发现许多预料不到的事，文化的差异在这方面也是一个影响因素。许多西方文化都倾向于“个人主义”取向(即关注个人利益)，更坚决地选择竞争。许多非洲和亚洲文化则是“集体主义”倾向(即关注所有成员的利益)，他们就选择相反的方法，迁就或回避的意向更强。[37]这些差异是值得关注的，因为他们对冲突管理有重要的诠释作用(这个话题我们将在本章的后面部分作详细的说明)。

## (二) 冲突的主要原因

正如前文所述，冲突包含着一种当前的(至少是可预见的)利益对立。但利益对立本身这个条件对于冲突的发生既不必要也不充分。有时甚至人们的利益互不相容时，公开的对抗也不会发生，但有时认为不会出现利益对立的情况下，冲突却出现了。

很明显，许多因素与环境都会导致冲突的产生。这些因素可以被分为两个主要类别：与组织结构功能相关的因素和人际关系相关的因素。现在我们就来分析这两个因素。

### 1. 引发冲突的组织原因

也许引发冲突最显著的组织原因是*对有限资源的竞争*(*competition over scarce*

*resources*)。所有组织的资源都是有限的。当空间、金钱、设备和人员的分配不足时冲突就产生了。当每一个成员都单方面认为自己比别人更需要这些资源而去索取更多的可得资源时，竞争的趋势就会更明显，结果冲突当然更尖锐，时间更长。如果你曾经和同事争夺过办公室里的一块地盘或是一份额外的薪水，你就应该很清楚地了解冲突的实质了。

引发冲突的另外两个关系紧密的原因是*责任*和*权利的不明确*。一个组织内部群体中对于个人的责任有时并不明确，当存在这种情况时，每个人都不承认自己负有责任，冲突很快因此而起。同样地，对于权力和权限的不明确也经常存在。组织责任规定得越明确，无论在正式或非正式的组织文化中冲突出现得也就会越少。

## 2. 引发组织冲突的人际关系的原因

我们对冲突的定义着重强调了利益的互不相容，事实上，这也是所有冲突的本质特征。但如果你有实践经验的话，你会发现当双方存在互不相容的利益关系时，冲突并不一定自然发生。有时当双方只是*认为*(*believe*)对立利益时，冲突却出现了。[38]很显然，事情要比我们想像的更为复杂。冲突的出现一定还有除了对立利益之外的原因。

在引发冲突方面，*人际关系*(*interpersonal*)的因素所起的作用甚至比利益对立所起的作用更大。其中一种人际关系因素被称为*错误的归因*(*faulty attributions*)，也就是错误地理解他人行为的原因。[39]当个人发现自己的利益受到威胁时，他们总是想："为什么会这样？(请看第二章)是自己运气坏，工作缺乏计划，还是缺少必要的资源呢？是不是其他人或其他群体的故意破坏呢?"如果他们认为最后一种解释是真实的，那么冲突就有可能发生。即使别人与此事*毫不相干*！换句话说，错误的归因关注负面结果，这经常是引发冲突的重要原因。错误的归因有时会导致一些本来可以避免的冲突爆发。

在引发冲突中扮演重要角色的另一个人际关系因素被称作*错误的沟通*(*faulty communication*)，也就是个体有时在与其他人交流时无意中所用的一些方式使他人感到愤恨恼怒。你是否受到过让你感到不公平、强烈的、不能给人一点帮助的批评？这种反应就被称作*破坏性批评*(*destructive criticism*)，这会产生以报复为目的的愤怒回击，这又为冲突的发生创造了机会。但这种原因不是因为利益的对立。

第三种原因包含着一种倾向性，即我们倾向于认为自己的观点总是客观的，是反映现实的，而他人的观点则是建立在他们自己的意识形态之上的。[40]因为这种被称作*幼稚实在论*(*naive realism* )，我们倾向于夸大我们与其他人之间观点的差异，也去夸大我们之间利益的冲突。这种倾向性在处于支配地位、掌握权力的人群中表现得尤为明显：这类人比没有权力的人更容易夸大自己与潜在对手之间的差异。[41]换句话说，这种现象会导致组织中高地位的人群(如最高领导)夸大他们与下属之间的差异。

从这些现象中我们能得出什么结论呢？回答就是：冲突不仅存在于有利益冲突的人群之间，它也受人际关系因素的影响，如长期的敌意与怨恨，渴望报复，有偏差的社会期望，贫乏的沟通以及类似的因素（正像在"全球组织行为"所描述的那样，尽管在多种文化中人际关系因素有所不同，但这些因素所起的作用都是很重要的）。简单地说，像合作一样，冲突也有许多起因，最主要的也许是不相容的利益，但这不能涵盖全部。很显然，在这个过程中社会和认知的因素也是不能被忽视的（请看图 10.9 的总结）。

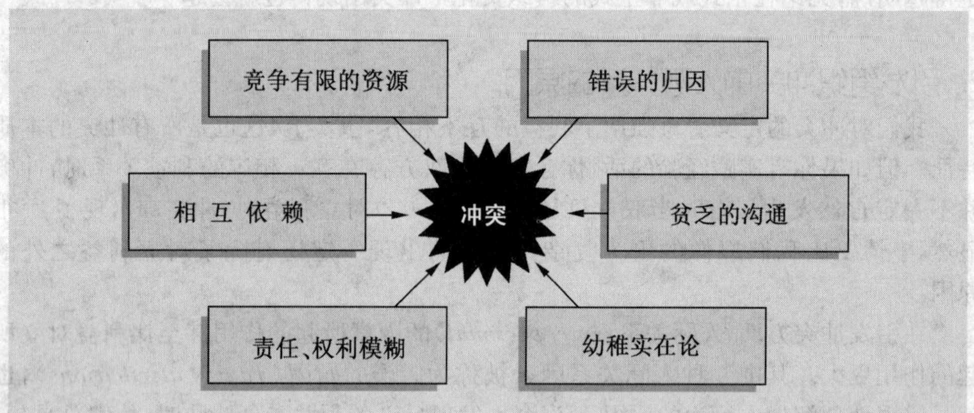


**图 10.9 冲突的组织因素与人际关系的因素**

许多因素，包括这里总结的，都可能会引发工作场景中的冲突。

## (三) 冲突的影响：明显的是一个复杂结果

在日常用语中，*冲突*这个词有很强的贬义：它总是能激起愤怒的情绪，以及直接对抗和尖锐的破坏性行为。然而在工作场景中，冲突的影响就如一把"双刃剑"一样。根据产生的原因和形式，冲突在产生负面影响的时候也可能会带来益处（见图 10.10）。

### 1. 冲突的负面影响

冲突所带来的一些负面影响十分显著，几乎不需要什么论述。例如，毫无疑问，正如你从经验中所知，冲突会产生强烈的消极情绪，这种情绪可以十分强烈（请看第六章）。冲突也经常妨碍个人、群体、部门之间的交流，使这种交流中缺少合作。此外，冲突会分散精力，会分散为达成重要组织目标所付出的努力和精力。另外，冲突还会严重地干扰组织效率。

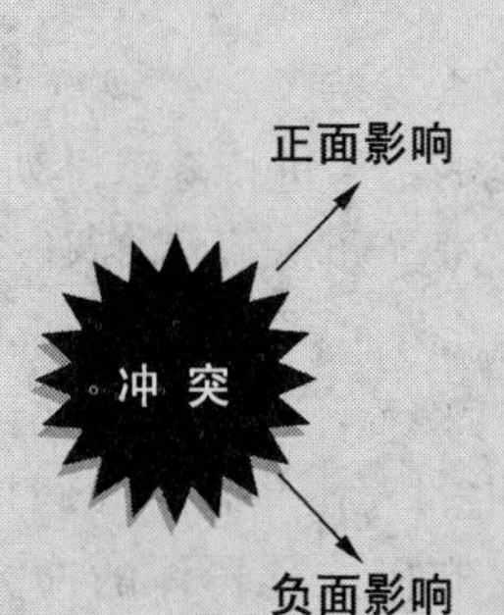


**图 10.10 总结：冲突的正面与负面影响**

在组织中冲突会产生很多形式的正面和负面影响,在这里作一个总结。

冲突的其他影响比较小,有时常被人忽略。比如,群体间冲突经常促使领导从*民主型领导风格*(*participative styles*)转变为*专制型领导风格*(*authoritarian styles*)。[42]也就是说,他们不愿让其他人参与决策,这就使冲突中的群体面临高度压力。在这种情况下,下属如果想成功就必须坚定方向。意识到这一点,他们的领导就会采用更多的控制手段。

## 全球组织行为

### 文化界限

当人们尽力去解决冲突的时候,他们很自然地会寻求对自己有利的结果,比如得到更多的资源。但最后,总有一部分人不可避免地得不到满意的结果,然而这也只是问题的一个方面。一般来说,冲突各方不仅关注自己所得的利益,而且还关心在冲突中受到何种待遇。换句话说,是否被他人尊重,平等的对待与所得利益的多少是一样重要的。[43]事实上,这经常成为相互关系能否继续的关键。

深一层考虑,你也许会意识到这种倾向在不同文化群体的成员之间并不明显。毕竟,同一文化内的成员对待我们的方式可以让自己更清楚地了解同伴是怎样看我们的。因此比起不同文化的人,我们更注重同文化内的成员,与他们的关系也更好。进一步说,我们没有很强的能力去了解不同文化的人,因此也不能从不同文化的人对待我们的方式中获取有用的信息。所以当解决与不同文化人之间的冲突时，我们要比处理与同文化人之间的冲突更少的关注人际关系。而与同文化的人相处时，我们更注重人际间的关系。

对一所大学里不同种族群体的员工所做的一项大型调查支持了上述观点。[44]这些员工被请去描述最近与上级之间发生的冲突，并对可能的结果进行等级排列，(如"你最喜欢什么样的结果?")以及如何看待上级的行为方式(如："你认为什么样的行为方式是礼貌的?"或"你对你的权利关注多少?")。此外，参与者还排列了在冲突中对于上级决策的各种愿望的等级。因为参与者与上级有不同的种族文化背景，这样就可以比较和同文化的人在一起以及和不同文化的人在一起时人们是如何看待利益和别人的对待自己的方式。结果也很明了：在同文化群体的冲突中，人际关系比领导决策更重要。在不同种族群体间发生的冲突中，所得利益更重要。

这个结果在一个日本学者的关于日本人与西方英语教师之间冲突的研究中再次得到验证。在研究中参与者排列了来自调解冲突的第三方的处理方式，得到的利益以及所接受的决策程度的三个内容的等级。结果再一次表明：同一文化群体内的人更关心人际关系，不同文化群体的人更关心利益。

这项研究显示了在不同文化人之间的商业贸易中，重点要考虑的是逐渐增多的共同性和这种情况下不可避免的冲突。毕竟，很少有人会去考虑与自己文化不同的人会有什么感受，他们更可能会建立相互作用的固定模式。这样一来解决潜在的跨文化冲突就更为困难。所以按照员工希望的文化形式和价值观来培训员工是一个很好的建议，这在今天的许多跨文化企业中正被广泛地实践。像这样培训不同文化的员工，不仅容易、舒服，而且能帮助员工更清楚地了解到在处理他们之间的冲突时，人际关系的因素是多么重要。

因为这些变化，冲突中的群体比没有面临冲突压力的群体更容易产生让人不满的的工作环境。

冲突也会增强双方*陷入不良定型*的倾向性。如前面所提到的对立群体的成员倾向于强调他们之间的差异，这种差异可以用负面的理由来解释，以致双方都逐渐把对方视作让人讨厌的对象。

最终，冲突让双方都*排除异类*，*加强对自己部门和群体的忠诚*。任何一个人如果提到(即使是试探性地说到)对方有优点，那么这个人就会被视作叛徒，并受到强烈的指责。结果双方就越来越难接受对方的观点。进而，也就极大地减少了有效解决差异的机会，增大了*群体盲思*(*groupthink*)的可能性(请看第九章)。

### 2. 冲突的正面影响

但事情并不完全让人沮丧，虽然冲突常有破坏性影响，但它有时也会带来益处。

● *冲突使原来被忽视的问题公开化*。因为解决问题的第一步是认为问题有必要解决(请看第九章)，从这一点来说，冲突是很有用的。

● *冲突促使双方更充分地理解对方的处境*。这就能培养开放的思想意识，让双方都能包容与自己的观点相对立的观点。[45]

● *冲突鼓励思考新观念、新方法，促进革新与改变*。[46]当冲突公开爆发，一个组织或工作单元就不能继续日常工作，结果冲突的卷入者就必须尝试一切可以使工作恢复正常的事情，这就要求他们作出艰难的决策，同时必须采用新的政策。

● *冲突有时会带来更好的决策*。当决策制定者收到与他的观点不一致的信息时(经常是在冲突存在的情况下)，他们就会更倾向于比没有反对意见时作出更好的决策。[47]当然只有当冲突强迫人们挑战自己的设想，面对新观念，考虑新方法时，这种情况才会出现。然而如果那些人不愿意参与这样的活动，结果可能更具破坏性。[48]

● *冲突可以加强组织承诺*。冲突有助于对立的观点公开化，这就使这些观点得到更充分的讨论。[49]进而这又使得人们的观点得到考虑，从而加强了他们对组织的参与程度，加强了他们对组织的承诺。相比之下，当不允许自由交流相反意见时，人们通常对组织不会有太多的承诺。

总之，冲突事实上可以为提高组织的效率作出贡献。但需要注意的是，只有当冲突得到谨慎的管理而且没有失控的时候，利益才会出现。如果冲突变得很严重，被合理化，描述的那些潜在的益处就可能会消失在一种朦胧而强烈的消极情绪中。

## 四、冲突管理：扩大冲突的益处，减少冲突损耗的方法

如果想让冲突在损耗的同时也能产生益处，组织所面对的重要任务就是"管理"出现的冲突。简言之，全球都不可能完全消灭冲突，只能将其潜在益处最大化，同时使其可能的损耗最小。要达到这个目标，目前有这样几种方法。

### (一) 协商：全球化进程

到目前为止，解决和有效管理组织冲突的最普遍的方法就是**协商(bargaining)**或**谈判(negotiation)**。[50]在这个过程中，对立的双方直接或通过代表来交换提议、反对提议和让步(图 10.11)。如果这个过程成功了，一个让双方都能接受的解决方案便产生了，冲突也就解决了。有时还会带来有益的副产品，如加强了理解，改善了双方的关系。但如果协商不成功，要付出极大代价的相持不下的局面也可能会出现，冲突会更为激烈。

图 10.11 协商：解决冲突的一个主要方法

在协商中，双方经过争论、协商、让步的过程，直到达成一个双方都能接受的协议或陷入僵局。

什么因素决定哪一种结果出现？看看协商的重要性以及它在现实生活中各方面的应用，这也是几十年来人们着力研究的一个项目。[51]结果是确定了几个关键因素。

## 1. 特殊技巧

首先也是最明显的，协商结果在一定程度上是由协商者采取的特殊技巧决定的。人们设计了许多方法去完成一个重要目标。比如如果要达到"减少对手的期望"这个目标，就要让对手意识到他们不能得到他们想要或将要得到的东西，那么相对应地，我方就会得到一些满意的结果。要达到这个目的的技巧包括：

(1) *漫天要价*(*the extreme offer*)。无论是解决法律控诉、请求加薪，或者讨论房价，人们在与其他人谈判时通常在开始会提出一个很极端的要求，这个要求对他们自己是非常有利的。原因很简单：知道自己总要作出一些让步，那就干脆以一个极端的提议开头，使你能够以期望的结果结束。

(2) *瞒天过海*(*the big lie*)。当谈判时，人们总是尽力让对方相信自己的最高承受能力要比真实的低。比如，一个熟练的汽车销售员，会说如果自己在交易中接受了一个低价位，他就会有大的损失，事实上这是假的。

(3) *假意要退出协商*(*claiming an "out"*)。对谈判者来说，让对方相信自己"要退出协商"这种技巧是常用的。[52]比如，假设你与一个推销员协商一辆汽车的价格，为了得到最低的价格你可能会说你可以到其他地方能做笔更好的交易。

(4) *虚虚实实*(*misrepresenting your position on common issues*)。假设你的组织对收购另一家企业很感兴趣，那谈判桌上就有两个话题：工厂本身的销售价格，工厂内部设备的价格。假设你也知道卖方要求的工厂价格，而这正是你所期望支付的。但如果你很容易就答应的话，在关于设备的谈判上你就只有很小的协商余地。如果你掩饰你的真实情况(比如说希望在工厂上支付更少的钱)，那你就可以以对方的工厂要价作交换，在设备谈判上得到更满意的价格。这种方法在你开始谈判时就可以采用。[53]

你也许会发现这些技巧有些存在道德问题，但人们对这些已习以为常。事实上，许多人在实践中采用这些技巧时认为是对的，他们说："其他人期望我这样做，所以我就这样做了。另外，如果我不这样做，我的对手也会这样做的！"

**道德问题** 采用如"瞒天过海"、"假意退出协商"或"虚虚实实"这些方法合适吗？即使这些策略很有效时，有道德的谈判者会拒绝使用这些方法吗？

## 2. 全面的取向

影响协商结果的第二个因素，也是最重要的决定因素，它包含了谈判者在谈判过程中的全面的取向。[54]人们对谈判协商有两种截然不同的观点。首先，他们可以把谈判视作"得与失"的过程。在谈判中，一方利益的获得必须与另一方利益的失去相联系。但同时，他们也可以把谈判看做一种可能的**双赢(win-win situation)**的过程，也就是说，在谈判中双方的利益并不是非要互相抵触的，双方的所得都可以达到最大化。

虽然并非所有的情况下都有双赢的可能性，但很多一开始就出现冲突的情况，还是有这种双赢的可能。如果参与者愿意谨慎地讨论他们的选择，有时他们就可以达成被称作的**整合一致(integrative agreements)**，即达成一个共同的协定，这要比简单的折中(包括把所有的差异简单地一分为二)能给两方都带来更多的利益。例如，假设有两个厨师都在准备烹饪，他们都需要一个橘子。但厨房里只有一个橘子，而且假设无法得到更多的，那他们该怎么做？一种可能就是把橘子分成两半，可这样每个厨师就得不到需要的数量，结果双方都不会满意。现在假如一个厨师只需要橘汁，而另一个只要果皮，如果大家能互相讨论问题的话，那就有了一个更有效解决问题的可能。通过烹饪方法的比较，他们会意识到如果双方都用仅需要的那部分，分享橘子是可能的。然而很明显，冲突中的人们经常意识不到有联合解决问题的可能。有许多方法就是为了达到联合解决已有问题的目标。表10.2总结了几种这样的方法。

**表 10.2 达到联合一致的方法**

在协商中有几种方法在达到整合一致上是很有用的，在这里对此作个总结。

| 协议的类型 | 描述 |
|---|---|
| 扩大资源(Broadening the pie) | 扩充可得资源使双方都可以达到自己的目标。 |
| 其他补偿(Nonspecific compensation) | 一方得到想要的，另一方在其他不相关的问题上得到补偿。 |
| 互助合作(Logrolling) | 双方都在对自己不太重要的问题上作出让步，以便在更有价值的问题上作出让步。 |
| 削减损耗(Cost-cutting) | 一方得到想要的，同时不给另一方造成损失，或尽量减少对方的损耗。 |
| 过渡(Bridging) | 双方开始的要求都没有满足，但在双方间产生了一个新的让大家都能保证主要利益的主张。 |

### 3. 知觉错误

我们在第二章中已经提到过，协商者是否采用某种方式，可能要受到他们知觉的影响，即他们对自己情况的知觉和认识。人们在与他人的冲突中可能会错误地认识他们面临的状况，并按照错误知觉的系统方法行事。

其中一种错误被称作**不能相容错误(incompatibility error)**，即双方假设都倾向于认为他们的利益是水火不相容的，这种想法就会让双方忽视在某些问题上的确存在可以达成一致的可能性。[55]人们越是认为他们的利益对立，他们也就越容易把精力放在协商双方有差异的部分上。另一种错误是**固定估计错误(fixed-sum error)**，即冲突中一方倾向于认为协商的每一个问题对他们自己和对对方都是同等重要的，但这并不一定正确。比如，三个朋友一起讨论下一年租什么样的公寓。他们在所有问题上都不一致，但他们重视的是不同的方面。对于其中一个人，租金是最重要的问题；对第二个，房子的地理位置是关键；对第三个，起居室的数量是最关心的。如果这些人愿意改变某些问题的重要性，他们就会有好机会找到一个让大家都满意的公寓。

协商者有时也会因为**高估透明度(transparency overestimation)**而受损。高估透明度也就是说我们相信自己的动机和目标已被对手掌握和了解，其实并非如此。[56]这就会带来一系列的问题。比如当协商者认为他们已经向对手暗示了他们想要妥协的意向，但对方仍然毫不让步。事实上，对方也许并没有注意到暗示信号。尽管如此，协商者还是因为对方没有反应而很生气。

其他许多因素也会影响协商结果。但上述的原因是最为重要的。因此，在你下一次和别人谈判时，上述的那些原因都要认真考虑。

### (二) 第三方干预：调停和仲裁

有时尽管双方都尽力了，可谈判还是陷入了僵局。这时他们就需要第三方的帮助，也就是找到不直接参与争端的人来帮助。第三方的干预有很多方式，其中最普通的是*调停*(*mediation*)和*仲裁*(*arbitration*)。[57]

在**调停(mediation)**中，第三方尽量促成双方自愿达成某种一致。调停者没有正式的权力，他们不能强加任何协议。但他们会努力澄清争论的问题，加强对立双方的交流。调停者有时会为两方的妥协或联合解决问题提供特别的建议。但在其他情况下，他们只能引导双方向自我解决的方向发展。他们的角色首先是*促进者*(*facilitator*)，也就是帮助两方建立都能接受的协定。[58]

因为调停需要冲突双方自愿服从，所以调停在很多情况下效率不高。事实上，当调停过程失败时，就等于强调了双方间差异的程度很深。调停时也会存在一定的风险。

相比较而言，**仲裁(arbitration)**中，第三方有更多的权力。在这个过程中第三方(包括*仲裁者*(*arbitrators*))有权强制或者强力促成冲突双方达成一致。(调停与仲裁的比较请看图10.12)。

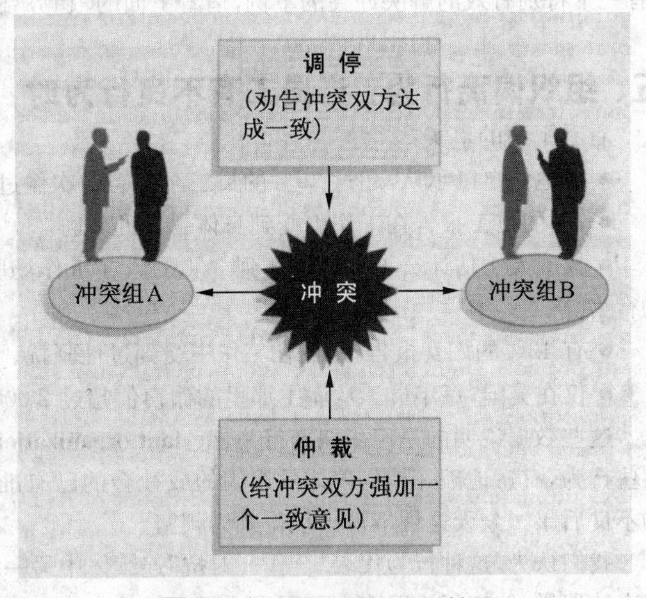


**图 10.12 调停和仲裁：差异**

调停和仲裁都是解决冲突的较普遍的方法。作为仲裁者的第三方可以强加一个协议，而调停者只能建议性地提出协议。

有四种仲裁方式最为普遍。

(1) 在*捆绑型仲裁*(*binding arbitration*)中，双方必须事先同意仲裁者制订的协议，无论这个协议是怎样的。

(2) 在*自愿型仲裁*(*voluntary arbitration*)中，双方有拒绝仲裁者协议的自由，但仲裁者个人的重要地位和专业知识往往让冲突双方很难拒绝。

(3) 在*贯例型仲裁*(*conventional arbitration*)中，仲裁者可以提供任何他或她希望的协议。

(4) 在*终选型仲裁*(*final-offer arbitration*)中，最终由仲裁者在冲突双方自己作出的决定中选择一个作为最后结果。

在许多情况下这些仲裁形式都被成功地使用，但对谈判来说，仲裁作用也是有限的。实际上，仲裁有四个明显的缺陷。首先，仲裁会使谈判者受到*冷淡效应*（*chilling effect*）的影响，因此会使谈判双方的主动性降低。双方都知道仲裁者会为他们解决冲突，所以在一系列的协商中，他们就缺乏主动性，而协商毕竟是个艰难的工作。第二，一方或双方都可能猜疑仲裁者会偏心。如果发生这种情况，冲突双方就不再愿意服从仲裁者的意见。第三，仲裁要比调停需要更多的花费，时间也更长。[59]最终人们将慢慢地不再很愿意地服从仲裁者的安排而宁愿直接谈判。毕竟决策是为他们做的，而不是由他们做的。

总而言之，调停与仲裁在解决冲突时是很有用的，但它们的作用也都是有限的。（有一个特别有效的解决冲突的事例，请看下面的“趋势”栏目）

## 五、组织偏离行为：当员工有不良行为时

看看下面的事实：

- 据他们自己承认，超过 75%的员工至少有一次偷过雇主的东西。[60]
- 7%的员工报告在工作中受到身体暴力的威胁。[61]
- 权威人士估计员工中有 1/3 到 3/4 的人在工作场所有过欺诈、野蛮、蓄意破坏的行为。[62]
- 有 42%的妇女报告，她们在工作中受到过性骚扰。[63]
- 仅在美国，每年员工从雇主那里的偷窃值超过 2 000 亿美元。[64]

这些数据说明的是**组织偏离行为（deviant organizational behavior）**，也就是员工的某些行为，有意地破坏他们群体的组织的或社会的已有准则，导致了对于同事或组织的不良后果。今天这种事情出现得颇为频繁。

我们认为，这种行为代表“合作—对抗”连续体中另一端的现象。正像材料所显示出来的那样，偏离行为以许多不同形式呈现。从小偷小摸、小的报复到大规模盗窃、蔑视法律程序、人身暴力侵犯等行为，在极端情况下甚至会出现谋杀。[65]所有这些组织中的偏离行为的方式都很重要，但我们集中讨论两种最易理解的形式：*工作场所侵犯*（*workplace aggression*）和*员工偷窃*（*employee theft*）。

### （一）工作场所侵犯：本质和原因

最近报纸和杂志充斥着**工作场所暴力（workplace violence）**的令人不安的报道。工作场所暴力是由临时的或正式的雇员直接对组织中的其他成员进行身体攻击。事实上，媒体关注的这类事件一出现就被完全证实了，即仅在美国，每年就有 800 多人在工作中被谋杀。[66]而美国这类行为的发生率还不是最高的，一项最近的调查显示，工作

场所暴力是全球性问题。有几个国家(如法国、阿根廷)报道的此类事件发生率比北美国家高出许多。[67]

这些数据显示了工作场所变成了真正危险的地方，在那里不满的员工经常攻击甚至射杀其他员工。但我们应注意到这样两个事实：首先，大多数在工作场所发生的暴力都是由“外人”所为，即不在那里工作的人进入了工作场所抢劫或进行其他犯罪。第二，身体伤害的危胁或真实伤害的事件在工作场所中实际上是很少发生的。尽管此类特殊事件在一些“高危险的职业”中是较多的，如出租车司机或警察，但在美国，在45万件的案件中，在工作场所被外人或同事联合杀害的案件只有一例。[68]所以，图10.13所描述的工作场景看上去就不那样真实：在任何特殊组织中员工间暴力是很少发生的。

**图10.13 工作场所暴力：并不像媒体宣传的那样频繁**

与报纸文章、电视节目和卡通所宣传的相反，在组织中员工间工作场所暴力事件很少发生。

【资料来源】The New Yorker Collection 1997. Leo Cullum, from cartoonbank. com.

**全球问题** 工作场所暴力的发生率在不同的国家差异很大。你认为在这些差异中文化因素(如文化上对身体攻击的宽容程度)是不是起到了一定的作用呢？

## 1. 工作场所侵犯的形式

如上面提到的，工作场所暴力很少发生，偏离行为的一种更为广泛的并达到极端程度的形式是**工作场所侵犯(workplace aggression)**。它可以被定义为这样一种行为，即个体通过这种行为寻求对工作场所中的其他人的伤害。[69]

越来越多的证据表明，工作场所侵犯在本质上更为*隐蔽*（*covert*），而不是*公开*（*overt*）的。换句话说，攻击者是很狡猾的，他们在伤害其他人的同时还阻止另外的人证明他们进行了这种伤害行为。比如，有人写一封匿名信投诉一名同事就属于隐蔽的侵犯行为，有人公开痛斥一名同事就是公开的攻击行为。

你可以想到，隐蔽的侵犯行为在工作场所中比公开的侵犯行为更为普遍。这有一个很显而易见的原因：侵犯者害怕他们的攻击对象会进行报复。而侵犯者可能还希望将来继续与攻击对象相互联系。用隐蔽的攻击形式是“安全的”，因为这将减少被报复的可能性。

实际上，个人在工作场所里会用到何种特殊的侵犯形式？大多数工作场所的侵犯行为都可以归入以下三种主要类型中：[70]

(1) *表示敌意*（*Expressions of hostility*）：这种类型本质上首先是一种口头或象征性行为（如轻视其他人的观点，在背后讲他人的坏话）。

(2) *蓄意阻挠*（*Obstructionism*）：设计一些行为去妨碍或阻止对象的业绩（比如，不回电话或不理睬备忘录；不传递必需的信息以及干扰对象的主要行动）。

(3) *公开侵犯*（*Overt aggression*）：这是典型的可以归于“工作场所暴力”的行为（如人身攻击、偷窃或财产破坏、身体暴力威胁）。

## 2. 工作场所侵犯的原因

什么原因造成了这种行为？许多因素都起了一定的作用，但有一个关键的因素就是*感觉不公平*（*perceived unfairness*）。[71]当个体感到在组织中他们被别人或被组织不公正地对待时，他们会有强烈的愤怒和怨恨的感觉，这会导致他们“为了公平”去伤害那些对此事负责的人。[72]

你有没有听说过“毁坏明信片”事件？这是最近发生在美国邮政服务公司员工间的工作场所暴力事件。这种行为的一个重要原因就是攻击者有强烈的“不公平”的感觉。[73]这些人认为自己被解雇、没有被提升或在其他方面被不公平地对待，这种想法对他们最终的侵犯行为起了重要的作用。反过来，这种感觉最有可能导致在公共场所攻击他人以及在工作以外的高频率的暴力事件。换句话说，是员工们的观念导致了在工作场所采取人身暴力的行为，这些行为又影响了他们对不公正的反应。

但是感到不公平只是引发工作场所侵犯的一部分原因，其他的因素也很重要。其中有些与工作场所内的新的变化有关，如裁员、临时解雇、增加雇用临时工(图10.14)。最近的几项研究表明，这种变化的程度越大，在这些场所中侵犯行为发生得就越多。[74]

此外，裁员、临时解雇和其他会在员工中造成负面影响的变化（如，不断增长的焦虑与抱怨）最近几年经常出现，而这些变化都会提高侵犯行为的发生率。

图 10.14 引发工作场所侵犯的组织因素

最近在许多组织中都发生了变化(如，裁员、临时解雇、增加临时工的数量)，这些变化都会引发工作场所侵犯。

## (二) 工作场所侵犯的有效管理

工作场所侵犯行为的发生率可以被降低吗？换句话说，这个过程能得到有效的管理吗？经常使用的有这样几种方法：

### 1. 员工甄别

首先努力*甄别*(*screen*)可能出现此类行为的员工。甄别出那些有侵犯行为史的人，或被高可信度的证据证明比其他人更有攻击行为倾向的员工。事实上，当面对困难和压抑的情况时，有些人比其他同处境的人更易爆发攻击行为。[75]

准确辨明具有侵犯倾向性个体的技术，首先是人格纸笔测验(请看第三章)。但这还远不够。这种方法虽然在确定个人潜在的侵犯性时有一定的作用，[76]可实际上，只有最极端的例子(包括有高度暴力倾向的人)才能被这种测验检验出来。当然，这并不意味这类人在所有场合都会有侵犯行为。即便如此，在某些职业(如警察)甄别候选人时，能辨明那些最有暴力倾向的人还是十分重要的。

### 2. 纪律措施

减少工作场所侵犯的第二种方法是建立明确的纪律条令。当在某种环境里，侵犯行为明显被视作是不恰当的，而且会受到迅速和明确的惩罚时，侵犯行为就不会滋长。

*渐进式的惩罚*(*progressive punishment*)针对组织工作场所内其他的不恰当行为十分有效(请看第二章)。所以我们有充分的理由相信,如果谨慎地使用这些方法,至少能有效地阻止几种形式的工作场所侵犯。[77]

### 3. 待人公平

既然工作场所侵犯经常源于被不公平对待引起的愤怒感受,那么提高*组织公正*(*organizational justice*)的水平就可以减少这种行为的出现。人们会按照感受到的不公平程度,特别是受到的人际间不公平对待的程度来进行攻击。当人们谨慎地与他人相处时,就可能不会引发侵犯行为。这也就是为什么当要作出可能引起愤怒(如让人不喜欢)的决定时要考虑周全的原因。[78]令人不愉快的决策(如,决定解雇某人)是不可避免的,但受到决策影响做出侵犯行为的情况是可以避免的。如果对于伤害性的决定用一种方式来解释,使得丢失工作的伤害能够让人理解,那么侵犯行为也可能不会发生。

**你来做顾问**

最近你注意到在你企业组织中的市场营销部有很强的敌意和尖锐的攻击。该部门的员工开始传播负面的谣言,并很快在背后尖刻地谈论其他部门的人员,甚至藏匿自己并不需要的资源阻止其他人得到。

1. 在没有了解更多的事实真相时,你怀疑是什么原因造成了这种偏离行为?

2. 如果你猜想的这些原因的确是问题的核心(比如,你从问卷调查中推断),那你将怎样减少这些行为?

3. 你采用的方法对于组织公民行为和其他的偏离行为(如员工偷窃)会有什么影响?

### 4. 员工培训

正如上面所提到的,身体暴力事件很少发生,但毕竟还是存在的。因此员工有必要学会当遇到被现在或以前的员工以及顾客威胁时该怎样办。有准备的管理者应努力建立一个系统规划去辨明潜在的危险状况,如果可能的话去排除它们,这是现在正在发展的新的方法。[79]

通过这些方法以及其他方法,可以减少工作场所的侵犯行为。依我们看来,工作场所侵犯对员工的个人安全、良好行为以及组织的有效运作都造成了一种威胁。为了发泄个人的怨恨,将会耗费更多本可以用于进行建设性活动的时间和精力。所以我们认为:努力去管理工作场所侵犯,无论从道德的角度还是从加强组织效率的角度都是很值得做的。

## (三) 员工偷窃：不适当地据为己有

当你考虑*员工偷窃*这个词时，你一下子会想到什么？可能会想到很卑鄙的人破坏公司的保险柜，卷走当天的现金收入后逃跑；或者一个计算机黑客把公司的资金调入自己的账户。这种行为的确构成员工的偷窃，但我们会认为这是犯罪分子做的事。如果一个办公室人员把一盒文件夹拿回家里或者一个超市的职员吃了货架上的食品，这些行为也属于员工偷窃。当然他们做的事微不足道，而且"每个人都这样做"。即便如此，从专业上讲，他们的行为也构成了员工偷窃，因为拿走的都是公司的财产。这样，**员工偷窃(employee theft)**可以定义为员工个人未经许可而占用公司财产的行为。[80]

你也可以想到，员工偷窃是一个会造成很大损失的问题。事实上，员工偷窃行为造成的损失每年约有2 000亿美元(见图 10.15)，这些损失的一部分是由大规模的偷窃行为造成的，但很多是由小偷小摸造成的，小偷小摸就是指人们拿走一些价值很小的东西而且并不认为自己做错了。如果你从公司拿一支钢笔回家作为个人财产使用，你就是一个"小偷"了吗？当然不是，但即使这种微小的行为也构成了"偷窃"。这种小偷小摸的价值累计起来也能达到极大数目的金额。一个文件夹，两个文件夹……许多员工就这样榨干了他们的公司，这些公司是被财政赤字榨干的。毫不奇怪，员工偷窃被证实是小型公司倒闭的主要原因。在某些行业，由这个原因造成的公司倒闭率达到30%到 50%。[81]

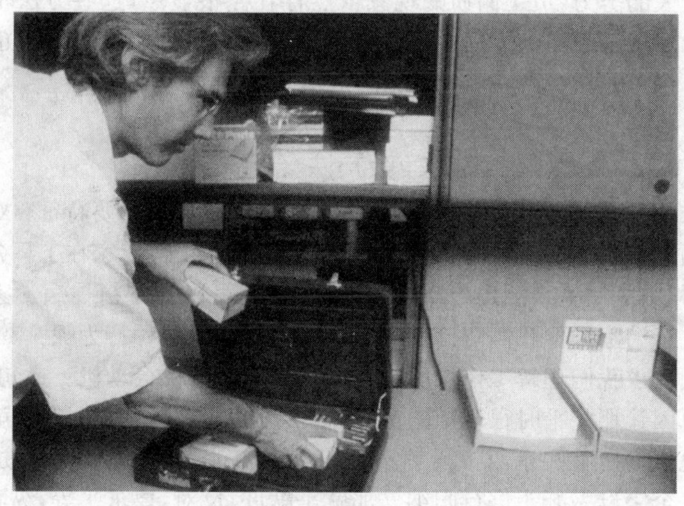

**图 10.15 员工偷窃：许多组织中都存在的严重问题**

员工偷窃的事件在许多组织中都很常见，他们有时会影响账目的盈亏。

员工为什么会有这种行为？组织该如何减少此种行为的发生率？这些是现在要关注的问题。

## 1. 员工为什么要偷窃？传统的理解方法

员工为什么要偷窃？这个问题的答案取决于你问什么样的人。

企业安全（或者被称作“防止损失”或者“资产管理”）方面的专家告诉我们，员工偷窃是因为他们有机会这样做。所以，专家们建立复杂的安全系统包括安装摄像头以及其他的高科技设备来防止人们偷窃。这样即使他们偷窃，也有证据抓住他们。

犯罪学者则有不同的观点。这些经过培训的社会学家倾向于关注员工面临的各种各样的经济压力（如，过度的经济困境），恶习造成的压力（如，为了偿还赌债）。他们的方法是使用心理测验来测试员工，清除那些更容易出现偷窃行为的人。但是用预测侵犯行为的测试来预测工作中的诚实与不诚实行为并不是完全成功的。[82]

临床心理学家运用了其他的方法。这些专家关注人们的某种倾向，即人们倾向于认为自己的所作所为都是合情合理正确的事。在某种程度上，我们都有这种倾向。但是有些被我们称作*精神病患者*（*psychopaths*）的人具有异常的人格，他们会让自己相信即使自己做了最严重的犯罪行为也是可以接受的。临床心理学家处理这些有犯罪人格的人的方法就是对他们进行高强度的心理治疗。

许多年来，这些多样的方法很好地解释了员工偷窃行为。更进一步说，他们的方法为这个问题提供了一系列的切入点。但是还有一个现实我们不能忽视，就是即使专家们做出了最大的努力，员工偷窃的现象依然存在。很显然，这些方法不能给出所有的答案。所以对员工偷窃的原因要进一步探究。组织行为领域的专家也在关注这个问题。

## 2. 偷窃的动机：对员工偷窃的管理方法

尽管专家们的方法有很多差异，这些方法几乎都有一个重要特征：对于问题都采取了宿命论的观点。作为有经验的管理者，我们可以让安全专家在工厂各处安装摄像头，也可以用权威的测试来测出有犯罪倾向的人，还可以安排精神病学家对那些有犯罪人格的人进行治疗。但我们自己能做些什么才能避免这种行为呢？

解决问题要求我们理解工作场所中造成员工偷窃的社会动机。换句话说，工作场所中的哪些原因让那些平时很规矩的员工（包括无犯罪行为、无精神疾病的员工）在特定的时间里也想偷窃某些东西？科学家们找出了四种因素，可以用偷窃（STEAL）这个单词的每一个字母做开头进行归纳。那就是默许，反对，要求平等，纵容[83]。

下面就来详细地讨论这些因素：

（1）*默许*（*support*）是指群体的一些准则宽容偷窃，即群体的准则认为员工拿走公司财物的行为是合适的，因为这是体制的一部分或者是习以为常的行为。例如：在一些公司里，人们认为拿走一些东西供自己使用这种行为是完全可以接受的。这样做就是寻求同事的"默许"和理解。

(2) *反对*(*thwart*)，指员工希望通过做他们想做的事来抵制群体的规范。这就是说他们会经常对工作推三阻四以及偷窃财物，即使群体规范禁止这类行为。比如假设饭店里的一些员工认为只要不去偷收款机里的钱，从厨房里拿一些食品是完全可以的，那么如果这个饭店里的一名员工想反对其他的同事，他就会有目的地违背群体规范从收款机里偷钱，仅仅是为了表达他(她)有意反对群体价值规范的意图。

(3) *要求平等*(*even the score*)，是特别重要的，这和员工的"没有受到公平对待"的想法有关。从公司中偷窃是得回"属于他们自己的"。例如，如果有人感觉被错误地对待或者得到了较低的报酬，这个人就可能拿走公司的财产来"纠正"由公司造成的错误。

(4) *纵容*(*approval*)，指现实中有些领导不仅宽容偷窃行为，有时还赞成并以此作为奖励员工的非正式途径！事实上，管理者有时认为偷窃是"隐形报酬结构"的一部分。"隐形报酬结构"允许上级以一种有效的方式为员工提供额外的刺激。结果，他们对偷窃视而不见甚至安排员工将属于公司的各种工具和产品作为专用物。比如说，零售商店的一个管理者让一名在清扫仓库的工作中表现十分出色的员工用10美分的价钱拿走一包尿布，而原来的价钱远不止于此。[84]

很显然，"偷窃"动机为我们提供了一种超越传统的理解员工偷窃的方法。这种方法为如何管理员工偷窃的若干建议提供了一个基础，这正是这种方法最有用的地方。

## (四) 控制员工偷窃：几条有用的方法

既然员工偷窃在许多组织中是一个重要的问题，我们作为一个实践型管理者该怎样阻止或减少这种行为呢？这里有几个明确的建议，不同于企业安全专家的方法，它们不需要一分钱。

(1) *诚恳尊敬地对待员工*(*Treat employees with dignity and respect*)。这就会引导员工对他们组织建立积极的态度，正像专家指出的："从朋友那里偷窃要比从一个不关心你的人那里偷窃难得多。"[85]

(2) *让员工参与正式定义"偷窃"概念*(*Involve employees in formally defining theft*)。员工们通常不会认为在公司里打私人电话或用复印机复印自己喜欢的食谱是"偷窃"。当员工参与制订公司的规章(如，道德准则)，明确哪些行为是恰当的，那些行为是不恰当的时候，他们会更清楚地了解哪些行为方式是不允许的。

(3) *公开交流偷窃的代价*(*Openly communicate the costs of stealing*)。员工们看到偷窃的个人利益，但很少关心偷窃的影响范围和对公司造成的损失。如果向员工解释偷窃会伤害组织并最终会损害他们自己的工作，这样也能有效地阻止偷窃行为。

(4) *利用公司热线*(*Use corporate hotlines*)。越来越多的公司现在开通了专线电话,让员工们用此寻求问题的解答和报告过错。这个系统可以帮助员工们理解组织的薪酬体系,进而也会减少不公平待遇的感觉。热线可以为员工提供一个匿名的揭发同事偷窃行为的途径。热线也可以有效地阻止偷窃。

(5) *以身作则*(*Be a good role model*)。如果员工看到自己的上级拿公司的财产,他们最终会认为这是一个他们也可以偷窃的信号。有偷窃行为的管理者想去阻止别人的这种行为是毫无力度的。换句话说,为了阻止偷窃,管理者必须"言行一致",给自己的行为设定一个高标准。

通过这些方法,组织不仅能减少偷窃行为的发生率也能缩小员工偷窃的规模。使用这些方法的时候,他们也完成了两个重要的目标:提高自己的基本素养以及内在的行为道德标准。

## 学习目标的回顾与总结

**1. 定义*亲社会行为*,把它和*利他主义*进行区分。**

**亲社会行为**指用各种方法帮助他人的行为。这种行为很普遍,在组织中以多种形式呈现。但**利他主义**行为较少出现,利他主义行为指一个人在不求任何回报的情况下做出对一个人或更多的人有益的行为。现实中,即使看上去是利他的行为(如帮助危难中的人)也不是完全的利他主义,因为行为者追求由这种行为带来的快感,这也是得到了回报。

**2. 描述了*组织公民行为*和其主要形式。**

**组织公民行为**是一种亲社会的行为方式。人们的这种行为超出了他们工作的要求。它可以以这样的形式呈现:如帮助需要帮助的同事,高度尽职,关心组织(如有公民美德),具有运动家精神(如毫不抱怨地忍耐困难),谦恭地对待他人。

**3. 解释*揭发*和潜在的揭发者面临的困境。**

**揭发**是员工对于那些"混淆是非"的人所进行的不合法、不道德或不规范的行为的检举。潜在的揭发者致力于做正确的事,但他们经常担心在事情公布于众后来自他们雇主的报复。

**4. 解释*合作*的本质并明确影响合作发生的个人和组织的因素。**

**合作**指在两个或更多的人以及群体之间的相互帮助与协调。在组织中,人们经常面临社会两难境地,即人们通过某种方法可以提高自己的收益,但其他人都这样做,就都将失去利益。在这种情况下,人们的选择要受到几种个人因素的影响(如,互惠的强烈倾向性,合作的个人取向),也受到几个组织因素的影响(如,奖酬体系,员工间的相互依赖)。

**5. 定义*信任*并解释它与组织公民行为以及与合作的关系。**

**信任**被定义为一种个人对别人具有诚意的信心,以及相信他们会努力与组织目标保持一致。当员工信任同事时,他们更愿意成为一名组织公民,也更愿意与同事合作。

**6. 定义*冲突*，表述当冲突产生负面影响的同时，怎样产生正面的影响。**

**冲突**是一个过程。在这个过程中，一组成员认为另一组成员采取的某些行动(或将要采取的某些行动)将会给自己的主要利益带来不良的影响。冲突经常干扰个人、群体或部门之间的沟通，削弱他们之间的合作。这会导致人们以一种独裁主义的态度行事，并陷入一种不良的行为模式。但冲突也会带来有益的影响。比如，它有助于问题的公开化，促使人们互相去理解对方的处境，鼓励思考新观念，有时会引导人们作出更好的决策，加强组织承诺。

**7. 弄清冲突的几个组织原因和人际间原因。**

冲突可能源于组织因素，如竞争有限的资源，责任和权限的不明确。冲突也可能源于人际因素，如错误的归因，错误的沟通和幼稚实在论(包括扩大自己与他人间差异的倾向以及夸大利益冲突的倾向)。

**8. 描述*冲突管理*的各种方法。**

冲突经常在**协商**或**谈判**的过程中得到解决。在这个过程中，对立双方不断交流各自的提议，相互斗争，直到最后达成一个双方都可以接受的解决方案。在这个过程中，可以运用一些特殊的方法让其中一方在某些方面得到满意，然后再努力达成**整合一致**。也就是说，通过提出比简单的折中更好的方法使双方都获利。冲突也经常通过**调停**和**仲裁**得到解决。在调停中，第三方努力在对立方之间提供一个自愿达成一致的建议。在仲裁中，第三方有权提出或建议一个让双方达成一致的协议。

**9. 区别*工作场所暴力*和*工作场所侵犯*。**

**工作场所暴力**是指现在或以前的员工对组织中其他员工进行直接的身体攻击。但这种现象很少，极为广泛的行为方式叫做**工作场所侵犯**。工作场所侵犯指个人想要伤害工作场所里的其他人的所有行为，许多工作场所侵犯的形式本质上都是隐蔽的。

**10. 描述工作场所侵犯的原因和减少这种行为的方法。**

工作场所侵犯大多数源于不公正的感受，也源于工作场所的不良变化(如，裁员，临时解雇)。它可以通过员工甄别，采用恰当的纪律措施，公平地对待他人以及员工培训得到控制。

**11. 描述*员工偷窃*的动机以及减少这种行为的方法。**

**员工偷窃**指将公司的财产拿来供个人使用。有许多因素会引发这种行为，包括鼓励人们遵循支持偷窃的群体准则的社会动机和从那些伤害自己的人那里“得到平等”。要减少员工偷窃，管理者应该诚恳尊敬地对待员工，给员工一个关于“偷窃”的正式明确定义，公开交流偷窃的代价，使用公司热线电话，以身作则树立诚实行为的榜样。

## 问题讨论

(1) 在你自己的工作经历中，你观察到哪些组织公民行为？如果个人没有从这种行为中直接收益，他们为什么要这样做？

(2) 组织中的哪些因素会带来员工间的高度信任？这些现存的因素值得相信吗？

(3) 当个人决定是否揭发怀疑中的组织的一些错误做法时，必须考虑哪些道德问题？

(4) 采用什么方法能提高社会两难境地中个体的合作意愿而不是对立？

(5) 你认为人们解决冲突的方式有什么不同吗(如：折中、合作、竞争)？这些差异是在所有的情况下都有表现还是仅在某些情况中出现？

(6)“当参与者意识到有冲突存在后，冲突就会消失。”你同意这个观点吗？为什么？

(7) 越来越多的证据表明，冲突有时能产生积极的影响，你曾体会过冲突带来的益处吗？如果有，你认为为什么会产生这种影响？

(8) 假设你组织中的人经常与别人发生冲突，你怎样减少这些冲突？

(9) 你认为工作场所的偏离行为现象(如，工作场所侵犯、员工偷窃)是在增多，保持稳定，还是在减少？解释你的回答。

(10) 解释下面这段话：“管理员工偷窃是很难的，因为尽管几乎每个人都在拿公司的财物，但我们中很少有人认为自己在偷窃。”

## 典型案例

### 案例 1 当对手异常强大时，索尼公司在泰国怎样使用“终极武器”

很多专家都认为价格战是错误的做法。这样做的结果是双方都会大伤元气，只有顾客是赢家，也仅是暂时的赢家！但在国际企业日益激烈的竞争中，有些公司还是使用了这个“终极武器”并侥幸获得了成功。请看索尼公司如何在泰国攻击它的主要对手三菱公司。

当索尼开始在泰国销售产品时，三菱已经占领了超过 1/3 的电子产品市场。索尼公司在泰国的经理 Somaya 衡量了这种情况之后，决定“价格”将成为策略中的一部分。然后他把索尼公司 21 英寸电视机的价格降到与三菱公司 20 英寸电视机的价格相同的水平。这就迫使三菱公司也降低产品的价格。但索尼公司继续施压，继续降价。结果如何？当三菱公司 20 英寸电视机的价格与他们卖得最好的 14 英寸电视机售价之间的差距缩小到只有 40 美元时，14 英寸电视机，这个原来有高额利润的小型产品受到了威胁。三菱公司为了摆脱危机，撤销了 20 英寸制式电视机的生产。这就为索尼公司打开了他们需要的市场。

但这并不是 Somaya 用来从对手手中夺取市场的唯一方法。他还从中国著名的共产主义领导人毛主席那里借鉴策略来“围剿”三菱公司。Somaya 说：“毛没有直接攻打上海，而是先占领农村，然后再攻打城市。”Somaya 采取了相似的策略，先在以曼谷为中心的外围商店里销售他们的产品，而当时曼谷不是索尼的天下。然后，一旦他们占领了这些外部市场，他们就开始打响了上述的价格战。当然，索尼公司打赢了这场战争，而且赢得很多。三菱肯定要反击，因为在对手间的竞争中，只有那些不断使出奇招的才能立于不败之地。

**问题反思**

(1) 这个案例讲述的竞争与冲突的原则是什么？

(2) 你认为索尼公司用价格战的方法道德吗？为什么？

(3) 当三菱公司发现索尼公司的做法时，他们会怎样反击？一旦索尼公司开始打响价格战后，三菱公司的反击是不是太晚了？

(4) 既然三菱已经失去了重要的市场份额，你认为他们现在应该做什么？

## 案例 2 合作与对抗：组织中的亲社会行为与偏离行为

**小型商务 2000** 与他人合作并不总是很容易。在同一个群体甚至同一个公司里也不能保证人们都能被凝聚在一起工作。不同的人有不同的工作原则，不同的人在工作中寻求满足不同的需要，不同的人也会有不同的做事方式，所以无法保证一个工作群体既平稳又有凝聚力地运作。

当 Presant 进入了父亲的 All Brand Appliance 公司工作时，他学会了与他人合作。Presant 的例子为我们提供了一个对于独特工作环境的分析。Presant 是一个闯入家族企业工作的家族成员。作为老板的儿子或女儿，可能会有好结果，同样也可能会有坏结果，Presant 的例子就证明了这一点。他最终回过头来发展自己的事业。Presant 的自谋生计有许多原因，但我们可以了解到在他与 Presant 的其他成员之间一定发生了什么事情。

结果 Presant 最终又回到了父亲的公司。但这一次不同的是，他以自己的名义工作，他回来从父亲的手中接管了企业。更有趣的是，Presant 第一次在公司时，对公司的股份结构颇有异议。他回来后建立了一个新的合股结构。有什么不同呢？这一次，他是股东之一，在工作需要注入新鲜血液的时候，他仍然掌握着公司，另外他的合作伙伴就是他的兄弟。

Presant 的例子很有趣。当你看到这个录像片时，认为他的工作是怎样从在公司的第一次经历演变到现在这种情况的？你也许想知道 Presant 和他的兄弟在这段时间内做的与以前有什么不同，以及这些不同对大多数长期为公司效力的员工有什么影响。

**问题讨论**

(1) Presant 在大学毕业后决定去他父亲的企业工作，这似乎并不使他满意，最终他开始自己创业。他提到他决定自己创业的部分原因是因为与他父亲的合伙人以及合伙人的家族之间存在一些分歧，那里可能会发生什么事？你认为 Presant 离开公司的决定怎么样？他可能还做了些什么？

(2) Presant 最后又回到了 All Brand Appliance，他和他的兄弟从父亲手中买下了这个企业。这次 Presant 有什么改变？你认为 Presant 和他兄弟间的工作关系会怎样？

(3) 瑞克和杰夫有几个在公司里工作了很长时间的员工，你看到他们中的一些人并听说了他们是怎样应付工作的，你认为他们是好的组织成员吗？为什么？

(4) 公司里的人似乎能很好地一起工作。你在录像中看到的哪些事对这个公司的合作有所贡献？你认为合作重要吗？为什么？

## 技巧库

### (一) 亲历组织行为

#### 1. 冲突管理的个人方式

人际间的冲突是普遍的，也是生活中不可避免的。所以对我们来说，当冲突出现时有效地*控制*冲突就很重要。*你*怎样处理这种情况？在处理与他人之间的不同意见和冲突时，你会选择哪种方式？下面的训练将分析这个重要问题。

#### 2. 指导语

(1) 回忆你经历的与他人发生的三次冲突，在一张纸上简短地描述一下。

(2) 根据每种情况回答下面的每一个问题(也许可以帮你制成三份问卷)。

a. 你选择用回避来解决*冲*突(如，不参与争论，从冲突中撤出)的程度如何？

不这样做 这样做

1 2 3 4 5 6 7

b. 你尽力通过迁就来*解决冲突*的程度如何？

不这样做 这样做

1 2 3 4 5 6 7

c. 你努力用竞争来解决冲突的程度如何？

不这样做 这样做

1 2 3 4 5 6 7

d. 你用*折中*的方法解决冲突的程度如何？

不这样做 这样做

1 2 3 4 5 6 7

e. 你用*合作*的方法解决冲突的程度如何？

不这样做　　　　　　　　　　　　　　　　　　　　　　　这样做

1　　　2　　　3　　　4　　　5　　　6　　　7

(3) 你们的指导老师有没有记录班上每个人的得分？他(她)可以解释每个问题的分数的含义。

### 3. 问题讨论

(1) 你是否注意到你回答的一贯性？你会选择一个基本模式来解决冲突吗？如果有，这将对你在更广泛的范围里有效地解决冲突产生什么影响？

(2) 在不同的情况下，你是否会选择不同的方式来处理冲突(如，取决于与你发生冲突的人)？

(3) 同其他人相比，你的得分情况如何？他们的方法比你的好，还是不如你？

(4) 你在处理冲突时会改变你喜欢的方法模式吗？要改变的话，怎样变？

## (二) 分组练习

### 1. 当你需要帮助时会得到帮助：工作的一种技巧

当你需要帮助时，你怎么办？一种方法就是站出来简单地要求你想要的。但大多数人知道在别人态度冷淡时要求帮助不是最好的方法，有时等到别人有好心情或将他们引入好心情时要求帮助才有用。这可以用几种方法来实现，像赞美他们，送小礼物，或给他们说些笑话或有趣的事。一旦他们的情绪高涨，他们说“好的”机会也就越多。下面的练习就显示了这种影响的力量。

### 2. 指导语

(1) 把一个班分成两组。

(2) 一组作为应聘者，阅读下面的信息：

你的任务是在一次简短的面试中充当一名候选人，工作是一个普通的初级水平的管理岗位。你要尽一切努力提高被选中的机会。

(3) 另一组作为招聘者再分成两个小组，一个小组总是给应聘者好的评价，阅读下面的信息：

你的任务是在一次简短的面试中充当一名招聘者，你要问候选人下面的问题：

假设，你要评价那人的绩效水平。但事实上，无论那个人说什么做什么你都要给一个好的评价，用下面的词回答五个问题：

1=好的　　2=很好　　3=很好　　4=很好　　5=很好

(4) 另外一个小组总是要给予不好的评价，注意下面的信息：

你的任务是在一次简短的面试中充当一名招聘者，你要问候选人下面的问题：

假设，你要评价那人的绩效水平。但事实上，无论那个人说什么做什么你都要给一个不好的评价，用下面的词回答五个问题：

1＝糟糕的　2＝糟糕的　3＝一般　4＝糟糕的　5＝一般

（5）招聘者要问的问题：

a. 你的专业是什么？

b. 你的平均成绩如何？

c. 你的最佳品质是什么？

d. 你最糟糕的品质或缺点是什么？

e. 你将怎样描述你的工作习惯？

f. 你是怎样和其他人相处的？

（6）招聘者在招聘后填写下面的评价表：

a. 资历（选择一个）

______很差　______差　______一般　______好　______很好

b. 动机（选择一个）

______很差　______差　______一般　______好　______很好

c. 个人技能（选择一个）

______很差　______差　______一般　______好　______很好

d. 成为成功员工的可能性（选择一个）

______很差　______差　______一般　______好　______很好

e. 整体评价（选择一个）

______很差　______差　______一般　______好　______很好

（7）现在招聘者和候选人交流他（她）的评价。

（8）在演示结束后，招聘者以一种实事求是的态度请应聘者帮个小忙，比如借他（她）的课堂笔记。

（9）在每组学生都提出请求之后，将每种情况下工作应聘成功的数量列表。

## 3. 问题讨论

（1）好的评价是否使被评价者情绪高涨呢？不好的评价是否让被评价者情绪低落呢？

（2）积极情绪中的人是否比低落情绪中的人为他人提供了更多的帮助呢？

（3）还有其他什么因素可以让人具有好的情绪？

（4）你曾经用过这种方法或者别人对你用过这种方法吗？

## 趋势：今天的企业在做什么？

### 达美航空公司冲突激发事例："就是这样"

大多数管理者特别是高层有经验的管理者，通常会做解决冲突的这种受人尊敬的工作。但是经常会发生这样的情况，一个高层经理人员，有时所做的所说的，不仅没有解决冲突反而激发了冲突。请看一下罗纳德·艾伦——达美航空公司（Delta Airlines）前任 CEO 的事例。

达美航空在 20 世纪 90 年代中期每年要花费几百万美元去遏止增长的赤字。艾伦发起了一个大规模的削减开支的项目，包括解雇几千名在公司里长期工作的员工。结果是可预知的：员工们的精神崩溃了，顾客的抱怨达到了历史最高水平。艾伦的反应是沉默寡言，感觉迟钝。在公众的视野中，艾伦的行为使许多员工很失望，可他只说了一句话："*但事情就是这样*（*But so be it*）"。在这里，简言之，这句话就等于是公司领导告诉员工：他们是不重要的，是可以牺牲的，如果必要的话，公司会解雇他们。在某种意义上，艾伦和员工之间并没有利益冲突，大家都想帮助公司摆脱财政危机。但是艾伦的话激起了强烈的怨恨和愤怒，导致他和员工之间产生了很深的隔膜。

对达美航空的员工来说，艾伦的话是"攻击性语言"。一时间，"事情就是这样"这句话出现在所有驾驶员、地勤人员和机械工人的胸前，成了抗议的标志。甚至是以前没有将达美航空员工成功组织起来的工会代表也将此看做是一个重新组织员工的机会而振奋鼓舞。

艾伦削减开支的措施最终成功了，将公司拖出了财政混乱的困境。但在公司管理委员会的眼中，代价太高了。他们看到公司优秀的顾客服务的名誉变成了垃圾，高层经理们宣称要离开公司。最终，他们采用了感觉上唯一可以结束公司内冲突的方法：拒绝续签艾伦的合同，理由是"超时的损耗太多"。这个理由削减了艾伦领导的信心。然而一个达美的飞行人员说"他得到了他想要的"。

正如你所料，达美航空公司不是唯一出现决策者激发组织内冲突事件的组织。实际上，激发冲突的行为在许多组织中都有发生，但只有被报道的极端事例才引起了我们的注意。很显然，艾伦的命运说明公司对于内部冲突的潜在耗费十分敏感，这个代价让其他避免冲突的有效决策失去了作用。幸运的是，团体管理的高层梯队内部规则更多地排斥那些激发冲突的行为。但是今天的企业显然逐渐地在包容任何潜在的冲突以及任何形式的激发冲突的途径。

# 第五部分 影响他人

# 第十一章 组织中的影响、权力与政治

**学习目标** 学完本章后应能够：

1. 区分*社会影响*、*权力*与*组织政治*之间的差异；
2. 描述*社会影响*的各种主要变式；
3. 能够对那些运用各种*社会影响*的情境进行描述；
4. 对组织中个人*权力*的主要类型能够予以识别；
5. 能对两种实现组织中部门权力发展的途径进行解释(比如说,*资源相依性模型*和*战略列联性模型*等)；
6. 能对*组织政治*进行描述,也要能对其即将发生的时间与地点给予说明；
7. 对组织中的政治性行为所涉及的伦理道德问题予以解释。

## 预备案例

### 电波大亨帕德

你也许还没有听说过乐维尔·帕克森(Lowell Paxson)这个人,但是你很可能已经与此公麾下的某个公司有过业务上的往来。实际上,如果你曾经从有线电视上的家庭购物网(HSN,这是乐维尔·帕克森于20世纪80年代开辟的一条销售渠道)上购买过商品的话,或者你已通过在深夜播放的商业信息片买过东西的话，你也许就已经成了帕克森先生的一名很好的顾客了——只是你自己没有在意罢了。如果你与乐维尔先生真的不存在任何此类形式的联系的话，但你总还观看过乐维尔·帕克森先生在全美拥有的 55 家小型 UHF 电视台中的某一家播出过的电视节目吧。诸如纽约 31 频道 WPXN 以及洛杉矶 30 频道 KZKI 等就是这些电视台中的成员。

帕克森自己也知道，帕德(Bud)被广为报道成一个精明强干的成功商人。情况的来龙去脉是这样的：在 1987 年，当帕德在佛罗里达州的克尼尔沃特(Clearwater)经营一家步履维艰的 AM 广播电台时，他碰到了一位电器商行的老板，而这个老板欠该电台 1 000 美元。帕德已经想好了一个主意来对付这个欠他债的家伙：他打算从那家商行拿走 112 个电动起罐器来抵偿那些欠款。在拿到了这些电动起罐器的第二天，帕德就通过广播向公众发布了销售广告，并以每台9.95美元的价格将这些抵偿物全部卖了出去，结算时发现销售所得销售款要远多于原来的那笔欠款。这一小小的经营插曲在帕德心中燃起了一团熊熊的烈火，这使他看到了通过电波来销售商品的光明前景。就这样，这家电台所属的阳光海岸国际议价者俱乐部就诞生了。但是，帕德很快就将该形式迁移进了电视这一传媒渠道，像家庭购物网(HSN)就是在电视这一经营领域的业务得到拓展后推出的销售渠道。家庭购物网在发展巅峰时一年中销售出的商品总价值高达 10 亿美元之巨。但在后来，也就是在家庭购物网这一销售形式开始走下坡路之前，帕德又把该销售网转手卖给了他自己的另一位合伙人，自己却退休回到了一个海滨度假胜地。

帕德是一个工作狂，他真的一刻都闲不下来。他不久就又瞅准了这样一个机会：经济衰退使得全美上下过半数的电视台都处于经营困难的窘境，这也就使得它们成了价格上非常低廉的便宜货。帕德想借此赌上一把，就赌美国联邦法院会主动要求有线电视公司来帮助地方性的广播电视台渡过眼前的难关。所以，他就尽自己的一切力量来收购这些经营困难的地方性电视台。结果情况真的如预想的那般，而且丝毫不差。联邦法院出台的带有“必须帮带”字样的这一法规使得帕德手中新购得的那些电视台就有了上有线频道的绝佳机会。这样一来就大大增加了自己公司曝光的机会，也就扩大了这些公司的知名度。随之而来的自然少不了滚滚而至的大笔广告收入了。

你也许会认为帕克森这样就会心满意足地去享用上述这些冒险性经营给他带来的数百万美元的经济回报，也许认为他会去驾驶他那辆劳斯莱斯跑车去兜风了，认为他会去驾驶他那长达 132 英尺的游艇在海上冲浪，或者认为他会去他的那座拥有 35 个房间、坐落在唐纳德·创普(Donald Trump)的佛罗里达州度假胜地临海而建的私人豪宅里享清福呢，那你可就真的大错特错了。这正如一位广电产业分析学家在描述帕克森时所说过的一番话那样，“驱动他的并非仅仅是金钱的魔力；他想努力在广播电视发展史上为自己挣得一席之地”。这样一想也就不奇怪了。他的确在自己的办公室墙壁上挂了一些广播电视发展中的一些巨头们的照片。这些人都是这一领域的先驱者和探路者。他肯定希望自己的公司将来也能够像这些巨头们曾经统帅过的那些公司一样在历史上久负盛名。

你也许对帕克森已经跻身广播电视业的偶像行列一事还稍有疑虑,但是他肯定能在不久的将来就能做到。那么,他的下一个目标又是什么呢?答案是数字电视。因为他已经与微软和英特尔这样的巨头联手合作,所以伴随着帕克森的努力,广播电视领域中的下一轮创新毫无疑问地将会启动起来。

虽然几乎很少有人能够对帕克森的富有与巨大的影响力望其项背，但是他传奇式的商业生涯却揭示出了组织生活中的一个基本的事实：人们试图影响其他个体或者公司所进行的活动。这一现象在报纸分发员的工作中同样也会出现，他们会要求报纸递送人员以更快的速度完成规定路线上的递送任务；在公司董事会向公司首席执行官施压以敦促其应该让公司营运基本面上的利润数字更好看些的这一过程中也会发生前面提及的这种现象。为了让其他人按照预想的计划行动而所作的努力，我们称之为*社会影响*（*social influence*）。这在所有的社会性场景中都非常普遍。在组织中，情况就更是如此了。这一过程中的绝大部分时间都涉及对有关*权力*（*power*）的使用这一问题，即正式地对他人施加影响的能力。帕克森已经具有了巨大的权力，但是他还在寻求更大的权力。事实上，帕克森在尽最大努力保护自己利润的时候，在尽力让自己的那些公司免受损害的时候，这些做法对他的那些竞争对手们而言是显得有点无情而且甚至有点残忍，但是帕克森还是尽力这样去做了。此类的努力我们称之为*组织政治*（*organizational politics*）。

由于此类影响、权力以及政治活动的过程在组织功能的发挥中扮演着十分关键的角色，所以我们在本章中将对那些在组织中使用到的用来影响他人的一些技巧和策略加以描述。我们将谨慎地对影响、权力和政治这些概念加以区分；我们也将对如何取得权力的政治机制加以考察，并对这些机制是些什么以及它们何时起作用这两个问题加以讨论。并且，我们还将特别对组织政治中的伦理道德层面上的有关问题予以关注，并将其作为本次讨论中的部分内容——因为这些行为和活动会潜在性地对他人产生负面影响，并可能引发令人深感疑虑的道德问题。

## 一、社会影响：一个基本的组织过程

请你把自己设想成一位公司的总监，你正领导着 12 个下属为一个非常重要的新项目在努力工作着。你明天就将向公司的管理层官员们作一个非常长的陈述报告，但是这份报告至今还没有完全准备好。倘若有几个属下能够留下来加班几个小时的话，这项工作将能够按时完成。然而，现在的你所面临的问题却是：你部门中的这些成员早已计划好今晚准备出去参加社交活动，因此没有人想留下来工作到很晚。如果情况允许的话，他们甚至恨不得早早地就下班。你将如何说服你属下中的一些人来为这项尚未完成的工作而加班呢？换句话说，你将怎样来影响他们的行为呢？

这个问题只不过是公司经理们每天面对的诸多经典问题中的一个而已。为了理解这一情境的动力学，我们在这一部分中将会对社会影响的过程加以阐述。尤其值得一提的是，我们已经对现存的社会影响的各种形式进行了区分，并且对这些形式中有望被用到的情境进行描述。首先，我们还是来看一看如何将社会影响与权力和政治中的相关过程进行比较这一问题吧。

## (一) 社会影响与权力和政治之比较

让我们回到前面所举的那个例子上去看看,但是在这里需要指出的是,这一次我们是从一个雇员的角度来对该问题进行讨论。你作为雇员虽然对老板的尴尬处境心知肚明,但是你又不想额外加班。你一直都在等待着一个能够外出休闲的机会,你不想让任何事情把它给搅了。然而,与此同时,你又不想因拒绝老板的要求而惹怒他(或她)。你毕竟一直在努力做一个好的雇员。那你该怎么做呢?有一个很简单的解决方案:如果老板没有看见你的话,他(或她)就会去找其他人——这样你就躲过了因处理这一问题而可能引发的不快。为此,当你看见老板向你办公桌走来的时候,你就转身离开,避免有目光接触,并且迅速走进休息室以免发生冲突。

在这种情况下,你的老板有没有对你产生影响?虽然你熟练而又巧妙地通过偷偷溜走的方法摆脱了尴尬的境地,但是问题的答案却是肯定的。事实上,你的老板已经影响了你。如果这一说法令人奇怪的话,那全是由于社会影响的性质具有宽泛性特点所导致的。简而言之,**社会影响(social influence)**是指以既定的方式影响其他人的努力,不管这些努力有没有取得成功。事实上,我们在一定程度上都在影响着他人,即使是无意的,我们的行为对那个人也产生了影响效应(参见图 11.1)。在上述所列举的例子中,那位老板显然对你产生了影响。你毕竟是从他(或她)身边偷偷地溜走的,而

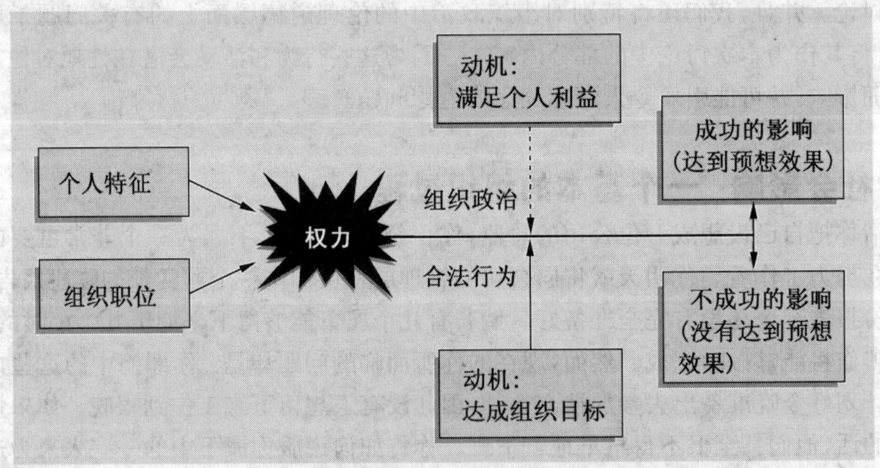


**图 11.1 社会影响与权力和政治之间的关系**

当我们在做一件对其他人产生影响的事情时,无论这种影响成功与否,我们都对这个人施行了社会影响。我们把能够对他人施行影响的能力称之为权力。为了增加和维护个人自我利益而对权力进行非正式使用,而且这些自我利益的获取通常是靠牺牲组织目标为代价的,我们将这种情况称之为组织政治。

不是从其他人身边。这样,即使这位老板并没有能以预想的方式影响你,但他的确已经对你产生了影响(比如说,他让你躲着他)。

很显然,社会性影响是个一般性的过程。但是,又应该如何来对权力和政治进行定位呢?正如图 11.1 中所揭示的那样,这两者皆为意义更为狭窄的过程。特别要提一下的是,权力是指成功影响他人的潜力。更正式地讲,权力是按预想的方式改变他人态度或行为的能力。[1]与社会影响相比,权力是对他人产生预想的影响效果的能力。也就是后面将要讨论到的那些内容,这种权力虽然具有多个不同的源头,但总的说来,权力主要来源于下面两个方面:个人的特点和组织所赋予的职位。行文至此,你可以这样假想一下了:你老板对你之所以有权力,是因为他(或她)可以使用一些相当可观的资源。这些资源使其能够通过用涨工资(作为获得合作的交换)的方式来奖励你,或者使其能够通过使用不支持你晋职(如果你拒绝合作)之类的手段来惩罚你。这些行为都是上面提及过的这位总监所采用的用来成功影响你的正式的行为,就是说,它们是权力的来源。

人们在行使自己的权力时,他们经常会考虑到自己的个人利益。比如说,我们所举例子中那位总监的行为很可能为自己想晋职这一个人利益所驱动,或者说,他(或她)至少是想维护自己的职业发展免受因工作报告拖延而造成的不良影响,所以他(或她)想确保自己的工作报告能按时完成。但是,这并不是说老板就可以对公司工作报告的价值视而不见。这仅仅意味着老板的行动在最初时是受了与其个人利害关系相关的问题的驱动。

用来满足这些利益需要的行为反映出的就是**组织政治(organizational politics)**。这种政治是指在未经授权的情况下使用一些权力,而这些权力正是为了增进或维护某个人(或某团体)的利益而存在,并且通常以牺牲组织目标为代价。[2] 这与预想的(比如,运用权力来推进组织目标等)背道而驰。如果你觉得这种行为听起来有点消极的话,那你就对了。事实上也的确如此。从技术性角度看,组织政治无论是其手段还是其结果都既不合法也不合理。这一点也并不奇怪,它也是一种典型的冲突来源。在后面,我们将会对政治行为的许多类型予以描述,并且也会对那些人们在组织中为了增进个人利益而使用权力的一些手段(或途径)进行一些描述。那么,下面我们来对社会影响的过程进行进一步的考察。

## (二) 社会影响的技术之运用

成功的经理人都是些对影响他人很在行的家伙。[3] 那他们是怎样做到这样的呢?或者说,你又将怎样做到他们那样呢?换句话说,你怎样才能让其他人去按你的意愿去做事情呢?你的风格是怎样的,是直截了当地告诉他人你想让他们做什么呢,还是更倾向于向他们强调他们为什么应当做你所提出的那些要求呢?他们如果不做的话又会发生什么呢?你的风格是向别人施压以达到目标呢,还是通过让他喜欢你从而说服他们去做你想达成的事情呢？

研究人员已经对人们在组织中用来影响他人的诸多技术进行了确认和识别。[4] 下面陈列的技术最为常用[5]：

- *理性说服*（*Rational persuasion*）：运用富有逻辑性的论辩和事实来说服另一个人相信某一预期的结果一定会发生；
- *鼓舞人心*（*Inspirational appeal*）：通过赞赏或迎合他人的价值观和理想来唤起他人的热忱和热情；
- *磋商*（*Consultation*）：在决策时，寻求他人的参与和支持，或者让他人参与变革计划的制订；
- *迎合*（*Ingratiation*）：这是指通过让他人处于好的情绪状态或者让他们喜欢你，从而让他们去做你预想让他们去做的事情；
- *交换*（*Exchange*）：许诺用一些利益来作为他人应允你要求的交换条件；
- *私人恳求*（*Personal appeal*）：在说出要求之前赢得他人的忠诚和友谊；
- *结成联盟*（*Coalition-building*）：寻求他人的帮助，或者对他人表示支持；
- *照章办事*（*Legitimating*）：指出某人有权提出要求，或者核准认为这与组织的大政方针以及主流行为相一致；
- *施压*（*Pressure*）：通过使用规定、威胁或者恫吓等手段从而得到应允和配合。

## （三）什么时候使用这些技术

正如你可能已经设想过的那样，人们并非在所有的情况下都能均衡地对所有此类影响他人的形式进行使用。对于这些不同技术的使用要视一个人想影响他人的程度大小而定，要看想影响他人的程度是处于高水平、低水平，还是仅仅处于同等组织水平（参见图 11.2）。[6] 譬如，领导者经常使用鼓舞人心之类的策略来影响他的下属，但他们在必要的时候也使用施压一类的技术。然而，下属在影响他们自己老板的时候不大会使用这些技术技巧。实际上，他们往

**图 11.2 社会影响依赖于组织层次**

由于组织存在不同的层次，这位经理和他的下属们可能会使用不同的技术技巧进行相互影响。

往会使用磋商或者迎合之类的策略。(如果想了解人们影响老板这方面更为具体的情况,就请你参见本部分下面的"技巧"栏中的内容。)最后要说的是,如果你要影响的人是你的同事的话,那么交换和私人恳求这两种技术最为常用。

作为一条一般性规则而言,*开放性的、磋商性的策略和技巧要比强制性的策略技巧要来得更为恰当*。[7] 相对而言,在所有的影响程度水平上,使用最为普遍的策略有三种,它们分别是:磋商、鼓舞人心以及理性说服。[8] 这些技术技巧中的每一种技巧都能让受其影响的人能甘心情愿地接受有关要求。同时从社会性角度讲,每一种技术技巧在影响他人的所有程度水平上也都可以接受。因此,能够使用这些技术技巧的人们大都被认为在他们履行义务的过程中绩效也是相当高的。

相比而言,在施行影响的各种形式中,那些社会意愿性欠佳的形式的使用频率则相对比较低,如施压以及照章办事之类的形式就是如此。实际上,施压这一技术在使用过程中更多可能是被用作为一种跟随性的策略,而不是被用作为一种为了启动别人努力和意愿的工具。甚至这种策略只被用于下属身上。此外,像迎合、结成联盟、私人恳求以及交换等在绝大多数情况下可以与其他策略互相配合使用,而并非单独使用。

**道德问题** 某些形式的社会影响从本质上看是不是比另一些形式的社会影响更不道德呢?如果答案是肯定的,那么又有哪些形式能够解释你的这一答案呢?

某人对可能出现的效果的期望是构成此人对技术技巧进行选择的基础。这样说并不奇怪,这还得有赖于受影响者本身的素质。比如说,当人们发现他们的老板是个具有很高参与性品质的人时,他们往往会依赖用理性说服的方式来影响他们的老板。毕竟,一位具有参与精神的上司应当是会对理性的论述和论辩予以考虑的。然而,这种方法对一位信奉权力主义的老板是不会起什么作用的。这也难怪人们在影响这些家伙时更多的是倾向使用极具强迫性的行为(比如,顶撞他们的上司等)。[9]这些研究成果表明,人们对权力的使用反映的不仅仅是他们自我倾向的功能,而且也反映了他们对自己行为可能产生的效应的想法以及对这些效应的坚信程度。

### 制胜诀窍

## 将自己所面临的问题转手倒给上级:吸引经理注意的十种方法

你如果正在为一家大公司工作,你可以希望自己公司的最高层来解决一些自己难以定夺的问题。公司将怎样解决污染处理达标的问题?怎样才能进一步改善公司形象?在哪些社区项目中公众扮演着最重要的角色?今天的执行经理们都面临着这些问题，当然还有许多许多其他的问题。你很可能有足够的理由对让这些经理们着手处理一个或多个你认为重要的问题一事而感到悲观和失望，但实际上，还有更多的问题在争夺执行经理们的眼球。[10]

然而，如果你能很成功地把所面临的这个问题“转嫁”给你老板的话，也就是说，让他（或她）去处理这个问题的话，那么你在组织中的信誉就会大大提高。这也会大为增加你职业生涯中取得成功的机会。可是，问题是在组织中你怎样才能将自己手中的问题向上“转售”倒给你老板呢？这里提供几个可能用得到的技巧：

1. *一致性*（*Congruence*） 你要想提高所付努力的信誉的话，就请挑一个与你既有专长相关的问题。如果你挑了一个你专业领域以外的问题的话，这将可能只会引起很小的关注。

2. *信誉*（*Credibility*） 请弄清楚，你对这一问题的兴趣并非着眼于你自己的个人利益。如果解决这个问题是为了个人私利的话，你将信誉全无。

3. *沟通*（*Communication*） 让尽可能多的人能听到你的论述和论辩，并且尽可能地使用许多不同的方式和渠道来进行沟通（比如说，电子邮件、会议陈述以及便条等）。

4. *和谐性*（*Compatibility*） 确保这个问题与组织的原则和任务是相连的，同时避免与公司的文化相左。

5. *可解决性*（*Solvability*） 如果你能为问题提供切实可行的解决方案的话，你就能受到关注；而挑一个根本无法解决的问题就不大可能引起关注了。

6. *薪酬支付*（*Payoff*） 能够对针对组织的长期薪酬与针对管理者的长期薪酬进行区分。薪酬数额越大，问题就越可能被接受以便解决。

7. *专长*（*Expertise*） 就如何通过现有的人手来解决你所提的问题予以解释。

8. *责任*（*Responsibility*） 解释一下你的问题之所以属于经理责任范围之内（或称分内之事）的原因，这样就会起到以建议的方式暗示经理自己去处理这个问题是合情合理的效果。当然，你也可以道明如果忽视这一问题将会出现什么样的消极后果。

9. *透明度*（*Visibility*） 在公开场合将这一问题“转售”给你老板，而不是在私下里会面。这样做就能让更多的人听到这一问题，这就会增加经理将此问题排上工作日程的可能性。

10. *结盟*（*Coalition*） 让支持你的人结成联盟。这样就可以防止你的提案被老板否决。因为拒绝实施一项由多人支持的提案的难度要比拒绝一项仅由一人倡导的提案的难度大多了，老板不得不对这一问题予以考虑。

你通过做这些事情就将会有比较好的机会来影响你老板的工作日程安排。并且在做这些事情的过程中，你也可以从整体上很好地影响你所在的组织。因此，在组织中，“转嫁”问题也是增加你权力的一种具有重要潜力的途径与技巧。

## 二、个人权力：影响存在的基础

正如前面所定义过的那样，*权力是指影响他人的一种潜在性能力——影响他们所做的事情和他们对一些事情的感受*。在这一部分中，我们将着重讨论个人权力的基础——也就是说，一些因素赋予人们一种能力，这种能力使得人们能够实现对他人进行成功控制的目的，而下面就将这些因素展开讨论。

不可避免的情况是，有些人成功影响他人的能力要比另外一些人来得强。在组织内部，权力的分配也常常体现出不均衡的两个主要类别：那些源自职位的权力和那些源自个人的权力。

### (一) 职位权力：随工作部门而产生的影响

在组织中，人们所拥有的权力中的绝大部分是来自于他们所谋得的工作职位。换句话说，他们之所以能够影响他人是因为他们拥有一些因与其工作相关联而形成的较为正式的权力。这就是现在人所共知的**职位权力(position power)**。比如说，美国总统拥有一定的权力仅仅是因为他(或她)履有公职(比如说，签署法案、制定条约等)。这些*正式的权力与职位俱生，只要获得这样的职位也就会拥有这样的权力*。当一届总统的任期期满时这些权力就要移交给新任总统。职位权力具有四个基点：*法定性*、*奖励性*、*强制性*以及*信息性*。请你参阅图 11.3 对此问题进行归纳与总结。

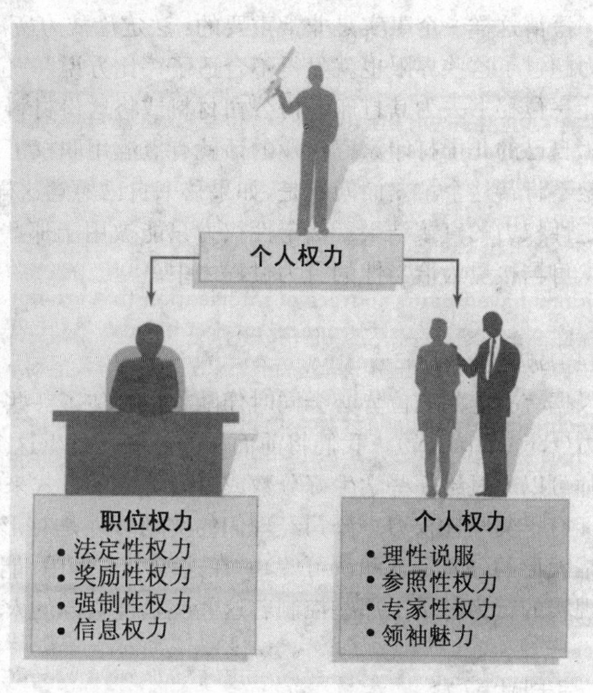


**图 11.3 个人权力的类型：总结**

个人权力由两种主要类型构成：职位权力或者说成源自某人在组织中所扮演的组织角色的权力；个人权力，或者说成源自个人特征的权力。每一个分类中又可以细分出四种特定的权力类型。

#### 1. 法定性权力

一些人所拥有的并且得到他人认可与接受的权力，我们称之为**法定性权力(legitimate power)**。比如说,学生们认可这样一个事实:教员们有权力制订班级的规章制度,以及有权决定学生分数的高低等。这样,教员们就被赋予了控制这个班级的权力。如果有人用诸如"你这样做,你以为你是谁啊?"之类的质疑来向这位教师发起挑战的话,挑战者很可能会获得这样的答复:"我是这里的教员,也就是你所问的我是谁"。一来一去的这个回合就明确了职位据有者的行为所具有的法定性。

**全球问题** 菲律宾人、墨西哥人以及印度人权力距离感高(*high power distance*)。他们对较有权势的上司很景尊敬,而且自己不愿意表现出什么越权行为。而那些*权力距离感低*(*low power distance*)的国度(如奥地利,以色列以及丹麦等)中的人们更多地对较有权势的人则是另眼相看了。

澄清这样一个事实是非常重要的:*法定性权力所覆盖的影响范围相对较窄*,而且权力超过了这些界限也就显得不合适了。比方说,一位老板虽然可以使用其法定权力去让一位秘书去为其打印一份公司材料或将这份材料传真出去,但是如果叫这位秘书去为自己的儿子打印家庭作业的话就有点滥用职权了。当然,这并不是说这位秘书就一定不肯帮这个忙。而问题是,如果秘书自己愿意这样做的话并不是源自于这位老板法定性权力的直接结果。法定性权力只能被用于那些已经得到相关各方以及相关机构认可与接受为恰当性的行为过程之中。

### 2. 奖励性权力

据有一定的职位势必会同时伴随着控制住了一些奖励他人的权力,这就是**奖励性权力(reward power)**。我们将前面举的教师—学生这个事例稍加拓展就会看到:由于教师可以通过给一些学生好分数或者好等级的方式来奖励这些学生,这样教师对学生就拥有了奖励性权力。公司经理们的奖励可以是有形的(比如,加薪和晋职等),也可以是无形的(如,赞赏和认可等)。在这两个事例中,能够把这些既定性的奖励结果变成现实的行为赋予了那些控制着这些奖励性资源的人们以权力。

### 3. 强制性权力

权力亦可因对惩罚性措施有控制力而生,我们称这种权力为**强制性权力(coercive power)**。虽然绝大多数经理并不喜欢具有威胁性的惩罚性措施,但是在组织生活中的确还是有人在依靠强制性权力行事。如果曾经已经有某位经理对你讲过这样的话:"按我说的去做"——或者言谈之中暗含此意的话,那么你很可能对强制性权力就非常熟悉了。很多情况的确如此,一些人拥有权力仅仅是因为其他人知道他们有惩罚他人的机会,哪怕并没有做出什么明显的威胁举动,人们心里也就有数了。比如说,在军事组织中,当指挥官要求你去做某事的时候,你也许只能照做。因为那个要求可以转变成命令——如果不服从的话则会有严重的后果。在私人经营性的组织中,降职威胁、停薪留职以及不遂人意的工作分配等暗示性行为都增强了经理们的强制性权力。

**道德问题** 一些人认为使用强制性权力即意味着不道德,意味着背离伦理,因为这种做法限制人的自由愿望。你同意这样的观点吗?存不存在一些这样的场合和情境——在这些场合和情境中使用影响的一些强制性形式是公正合理的呢?如果存在的话,它们又是什么呢?

#### 4. 信息性权力

依靠个人职位而获得的权力中的第四个权力来源是建立在对数据信息以及其他知识掌握的基础之上的,我们称这种权力基础为**信息性权力(information power)**。历来如此,处于领导高层的人们向来独占信息资源,这些资源对其他人是封锁的(比如说,有关公司业绩的信息,市场趋势方面的信息等)。正如他们所声称的那样,“知识就是力量”。而且,这些信息对在许多岗位握有实权的人们的确起到了很大的作用。*信息权力虽然仍然存在,但是在许多组织中它作为影响之源头的有效性正在得到削弱*。与以前相比,现在的科学技术使更多的信息能为更多的人所获知成为了可能,结果使得信息与以往不同了,它们并不是一些身居特殊职位的人所独享的财富。

### (二) 个人权力:源自个人的影响

行文至此,我们虽已对组织中建立在个人工作职位基础上的有关影响之过程进行了一番讨论,但是这些已述内容并非是人们影响他人的惟一途径。正如图 11.3 中所概括的那样,权力也可以源自个人的独特素质和特征。这就是我们所知道的个人权力。个人权力有四个源头:*理性说服(rational persuasion)*、*参照性权力(referent power)*、*专家性权力(expert power)*以及*领袖魅力(charisma)*。

#### 1. 理性说服

苹果公司前主席约翰·斯卡利(John Scully)早在 20 世纪 90 年代早期就已对他所看到的前景感到并不怎么乐观了。苹果公司当时尽管经营状况良好,但是计算机销售在未来几年中将会受到下降趋势的威胁。以这位前主席的眼光看来,苹果公司未来的真正出路在于将苹果公司中那些深受顾客喜爱的数字技术应用到新的领域中去。而实现这一应用性转变的关键则在于要对电话、计算机、电视以及娱乐系统等领域进行整合。这时候，约翰·斯卡利要做的第一项工作就是去请苹果公司当时的首席营运官米歇尔·H.斯宾德勒(Michael H. Spindler)和当时的董事会一起来分享他的这一设想。为此，斯卡利把自己所了解与所拥有的有关计算机领域的所有知识进行了一番梳理，而且仔细对实现这一设想所需要完成的必要工作进行了仔细研究。在完成了这些准备性工作之后，他对自己的计划进行了阐释和解析。他的这一计划目的在于将苹果公司从一个具有单一产品且进行直接分销的公司转变成一个产品业务多元化的联合型巨型企业。首席执行官斯宾德勒和董事会被斯卡利说服了，苹果公司的这一新战略也随之启动并且进行正式实施。(然而，正如我们所知道的那样，这项战略后来失败了。1998年，随着苹果公司推出iMac计算机后，公司业务活动又回到了其以前的核心主营业务——也就是说，回到了主营销售那些简单易用的计算机这一核心业务上去了。)

在上述案例中，斯卡利使用了社会影响中的一种很普通的技巧，它就是我们所知道的**理性说服(rational persuasion)**。这一技巧是依靠富有逻辑性的论述与实证性的论据来让他人信服你所陈述的观点和论证的内容。在当事各方智力层次都比较高、对所面临之情况与事实均能有很好的理解以及各方立场均很坚定的情况之下，理性说服就显得非常有效了。(在苹果公司的高层中，这一点肯定毫无疑问是这样!)在基于逻辑性强、论据确凿以及愿意协助公司发展的情况之下，使用理性说服这一策略和技巧则显得极为有效。回顾一下，人们虽然对苹果公司最近的财务问题多有批评，但是却绝对不能对苹果公司高层的这些官员在陈述和论证自己观点过程中所采用的理性方式说三道四。[11]其实，这一点也不奇怪，理性说服在组织中是影响方式中用得最为普遍的一种。

### 2. 专家性权力

除了理性说服这一途径之外，斯卡利的观点之所以得到认可与接受是因为这与他在该经营领域的专长也是分不开的。这样，就可以说他也具有专家性权力了，即基于对某一领域有着深入了解而形成的权力。同样，一位体育教练对运动员拥有权力在一定程度上是由于人们相信他所知道的东西最优又最佳。一旦专家们得到了类似的接受与认可的话，他们对其他人所拥有的权力也就相当大了。毕竟，人们还是尊重那些“领域知情人”的，而且也愿意采纳他们的建议。

如果一位主管缺乏专长的话，他(或她)本可拥有的基于这些专长而产生的权力就会受到挑战和威胁。虽然大家并不期待有人能成为万事通的专家，但是这个问题还是有必要考虑一下的。一个专业不够精或者专长不够专的人自己是可以承认自己的不足，而且也可以从他人那里寻求到指引性的支持。但是，一个已经身居一定职位的人如果还没有达到一定的被比其职阶低的人员尊重并认可的专长水准的话，那问题也就随之而来了。尤其在这些低阶人员认为他们自己比这位主管更具专长的状况出现时，情况就更是如此了。*那些尚未将自己的专长清楚地展现出来的人也缺乏这一重要的*

*权力资源,然而相比之下,那些专长已经得到高度认可的人在组织中往往是些最具权势的人。*

### 3. 参照性权力

正如你所知道的那样,个人品质在组织中也可以形成受人钦佩与赞赏的基础。受人敬爱和尊重的人能够让这些敬爱和尊重他的人改变其行为,我们将这种类型的影响称之为**参照性权力(referent power)**。那些既有吸引人的品质又有良好声誉的资深经理们可能会发现他们自己对一些认识自己并希望仿效自己的年轻经理人们具有参照性权力。

### 4. 领袖魅力

有一些人深受他人的敬爱和尊重,我们称这些人具有**领袖魅力(charisma)**,即一种让人着迷的人格。一些人也能因为他们具有领袖魅力的行事方式而具有相当大的个人影响力(请参见第十二章)。是什么因素使得这些人具有如此大的影响力呢?首先,领袖魅力十足的人对其所在组织的发展前景以及如何达成这些前景目标有着十分明确的认识。梅琳凯化妆品公司的创始人玛琳凯(Mary Kay Ash)就是这样一位被推崇为具有远见卓识的人。其次,具有领袖魅力的人也大多是一个非常优秀的沟通者,他们能用其极具感染力的语言以及令人振奋的措辞来激发起群体的斗志,他们也能为自己的言辞配以极具表现力的动作。第三,这些具有领袖魅力的人也往往能够赢得他人的信任。他们的正直从未被挑战过,这是他们力量的源泉之一。历史学家就曾这样对已故民权领袖马丁·路德·金进行过评价。第四,具有领袖魅力的人能使其他人对他们产生很好的感觉。他们能对他人的情感体验表示接受与理解,而且他们对这些情感早已有思想准备。"祝你出色地完成这项工作",具有领袖魅力的人会很自然地脱口而出。

*总之,人们可以因其拥有的工作和他们自己的个性来影响他人。*在理解特定时间特定组织中某些人比其他人要更有权势的时候将这些因素考虑进去就应该没有什么困难了。如果你想了解在商业性组织中最具权势的女性的话,就请参见表格 11.1。[12]

## (三) 权力:如何用它?

你通常使用些什么样的权力基础?你很可能会使用好几种权力基础,在不同的场合中使用不同类型的权力。这毫不奇怪,因为组织行为学专家已经发现不同的权力基础在使用中彼此紧密相连。[13]

比如说,某人对强制性权力使用得越多,那么他就越不怎么讨人喜欢——因而,他所拥有的参照性权力也就会相对较少了。与此相似,拥有专家性权力的经理们也可能具有法定性权力,因为人们对其专长的认可只能作为其权力形成的基础之一。此

## 表 11.1 谁是美国公司中最具有权势的女性?

《财富》杂志的编辑们已经列出了活跃在当今美国公司中的最具权势的50位女性。下面列举的是最具权势的前10位。大家对女性中的一些人可能要比其他人要来得熟悉一些,但是你想了解在商业性组织中那些最具权势的女性的话,就请参见下表。

| 姓　名 | 职　位 | 行使权力范围 |
| --- | --- | --- |
| 卡丽·菲奥里拉(Carly Fiorina) | 美国朗讯科技集团总裁 | 经营着世界上最大的电信设备业务 |
| 奥普拉·文弗莱(Oprah Winfrey) | 哈普(Harpo)娱乐集团董事长兼首席执行官 | 她所领导的联合性电视节目对时尚文化有着巨大的影响 |
| 海蒂·米勒(Heidi Miller) | 美国旅行者集团首席财政官 | 掌控全球最大金融公司的财产运营 |
| 雪莱·拉托勒斯(Shery Lazarus) | 奥基里乌—麦瑟公司(Ogilvy & Mather)全球董事长兼首席执行官 | 领导着世界上第七大广告代理机构 |
| 雪莱·兰辛(Shery Lansing) | 派拉蒙影业集团董事长 | 好莱坞赢利状况最佳也最为成功的电影制作工厂的老板 |
| 吉尔·芭拉德(Jill Barad) | 麦特尔公司(Mattel)董事长兼首席执行官 | 经营着世界上最大的玩具公司 |
| 玛里琳·卡尔森·尼尔松(Marilyn Carlson Nelson) | 卡尔森杲斯公司(Carlson Cos)的首席执行官、董事长兼副董事长 | 经营着一个业务范围包括经营雷迪森酒店、TGI星期五酒店、游船,以及旅行社等业务的公司 |
| 安德里亚·姜(Andrea Jung) | 雅芳化妆品公司董事长兼首席营运官 | 为世界上一家最大的化妆品公司掌舵 |
| 艾比·约瑟夫·科恩(Abby Joseph Cohen) | 投资政策联席委员会 | 华尔街最具影响力的投资战略家 |
| 马乔里·斯卡迪萝(Marjorie Scardino) | 皮尔森股票上市公司(Pearson PLC)首席执行官 | 领导着一个出版帝国,这个帝国包括世界上最大的出版集团(顺便说一下,本书就是由这一出版集团出版的) |

【资料来源】Based on information in Creswell, 1998; see note 12.

外,一个人在组织中身居的职位越高,他拥有的法定权力也就越大。这相应地也使得他拥有了更多使用奖励权力和强制性权力的机会。[14]很显然,*各种权力基础是完全独立的,也各具特色。人们在使用它们的过程中,经常会对各种权力基础进行不同的组合*(图 11.4)。

图 11.4 在这里使用的权力基础是什么呢?

人们通常依赖好几种社会权力基础,图中这位大学教员可能就拥有法定性权力(依靠其职称),拥有专家性权力(依靠她的专业知识),以及拥有好几种其他类型的权力。

那么人们倾向于使用什么样的权力基础呢?答案虽然复杂,但是人们在通常情况下最倾向于使用专家性权力,而最不喜欢使用的是强制性权力。[15]然而,这些研究成果还只是局限于对已经确定的一些权力基础而言。当我们将这个问题扩展开来并想对人们在工作中拥有的权力基础弄个水落石出的时候,一幅迷人的图画就开始展现在我们的面前了。图 11.5 中就描述了一项有关这方面调查的结果。这项调查的对象是美国 216 家公司的首席执行官,调查内容是要求他们对一些特定权力基础的重要性进行排序。[16]图中的数字反映的是那些执行官们眼中权力权重位列前三位中的某一权力的有关比重情况。这些执行官们的权力不仅依靠权力本身使用的宽泛性,而且还要依靠得到组织中位于其他地区的有关机构的支持。

虽然可以用许多不同的权力形式来影响下属,但是*要对同事或者上级产生影响的话最好还是使用专家性权力*。[17]毕竟,你在证实自己的行动和努力时依靠的是自己的专长,这多少显得有点恰如其分。相比之下,强制性权力通常会让人大皱眉头,而且尤其是在试图影响高职位者的情况下运用这种策略就更显得不恰当了。[18]影响上级主管也有风险,因为他们拥有*抵制权力*(*couterpower*)。在影响一个确实没有什么权力的人时,就不需要担心会受到什么打击报复了。然而与一个权势很大的人交往时,你除了迎合他的心意外恐怕能做的事情也很少了。

如果一方在有些领域中权力大些而在另外某一领域中权力相对小些的话,这种情况就因此变得更加复杂了。比如说,一些秘书们可以拥有一些权力,因为他们已经在公司呆了许多年,他们对公司的来龙去脉了如指掌。如果他们愿意帮你的话,他们可

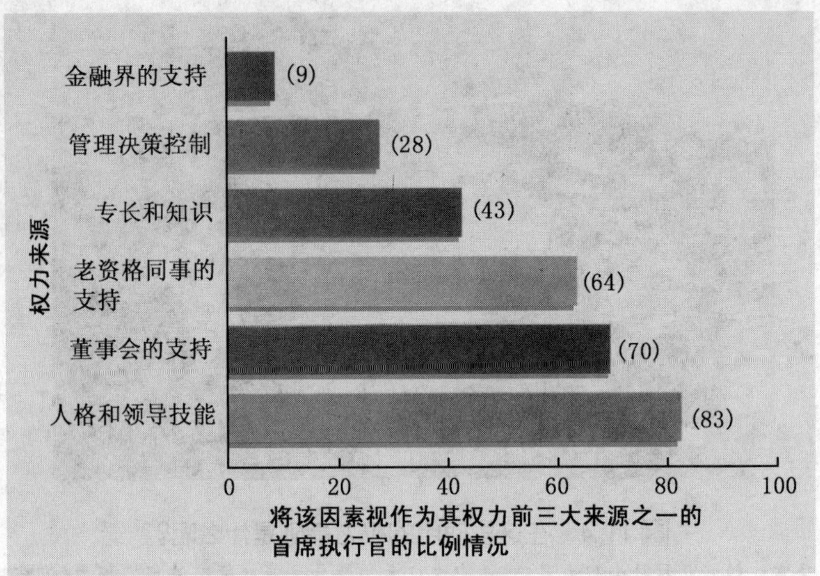


**图 11.5 美国首席执行官：什么是他们的权力基础呢?**

一项对200多位美国首席执行官的调查表明：他们最初是通过培养下面组织中的各级人员来对其进行支持而获得权力的。

以为你把事情很快搞定。当然，他们也能让你身陷泥沼而无助无为。他们专家性的知识使得他们对他人拥有巨大的权力感。与他们的老板相比，他们虽然缺少法定性权力，但是秘书的专业可以成为抵制权力中非常有价值的权力源头。（去参阅一下专家们是怎样对不同类型的权力进行衡量的——然后对你上司所用的权力再作个初步性的结论——那就请参阅本章末尾的“亲历组织行为”这一练习。）

**道德问题** 阿勃特拉布斯(Abbott Labs)公司的前任首席执行官罗勃特·斯科本(Robert Schoellborn)在其沉醉于权力之后被赶出了办公室。[19]他在自己周围召集了许多对其言听计从的下属。任何胆敢不听从其命令的人都会被开“涮”掉——包括3位已在公司呆了8年的资深总裁。斯科本可谓将自己的筋骨放松到了家。他把自己的老板告上了法庭，并且这场官司最终是以他获得520万美元的巨款而告终。而董事会却把这笔钱看做是让他们摆脱这个酗权主义者纠缠的小小代价。[20]

## (四) 授权：当今组织中权力基础的转移

在当今越来越多的组织当中，权力正在从经理级管理人员向员工转移。事实上，今天的许多员工已经不再是传统意义上的那些“被管理着”的人了，那种传统的权威性领导风格是以往的经理们所常用的。通常说来，权力已经从职位阶梯上移了下来，移给了由员工组成的团队。这些员工们自己被获准进行决策。在一项调查当中，当一些首席执行官被问及自己与10年前相比目前手中的权力有多大时，只有19%的执行官认为他们现在拥有了更多的权力，[21]36%的人认为他们手中的权力没有变化。相反，却有42%的人——也是最大的一组数据——认为他们目前手中的权力变小了。

这些数字都与**授权(empowerment)**密切关联——也就是说，责任与职权正在从经理向员工转移。许多年来，员工们通常会使用这样的借口：“我这样做是因为我的经理叫我去做的”。然而，随着员工们获得了授权，这种解释性的借口就再也不大可能听到了。

授权不仅仅意味着在实现领导既定目标的过程中给员工们自己留有余地，也意味着对一些信息和知识的分享，这些信息与知识正是员工们在实现和达成组织目标的过程中所需要的。为了强调这一点，我们还需要指出：*成功授权的关键在于对专家性信息的分享(这与过去所崇尚的囤藏信息的做法恰恰相反)*。今天的经理们可能比他们的前任来得更为开放。正因为这样，他们更愿意通过在更广范围内传播信息的手段来对其员工进行授权。这样，就能做出更佳的决策。

正如你可能想的那样，授权不是简单的是与否选择，而应是一个程度的问题(参见图11.6)。[22]在这个统一体的一端，是公司中的员工对自己的工作并没有实际的决策权(有如传统意义上的生产流水线)。在相反的另一端则是员工们对自己所做的工作有着充分的自主权(比如在第七章中已经描述过的自我管理的工作团队等就是)。比如说，在坎培尔钢铁厂(Chapparel Steel)，经理们可以完全自由地按照自己的最佳想法去雇佣、培训以及使用新的雇员[23]。在W. L. 高尔(W. L. Gore)公司，授权理念也已

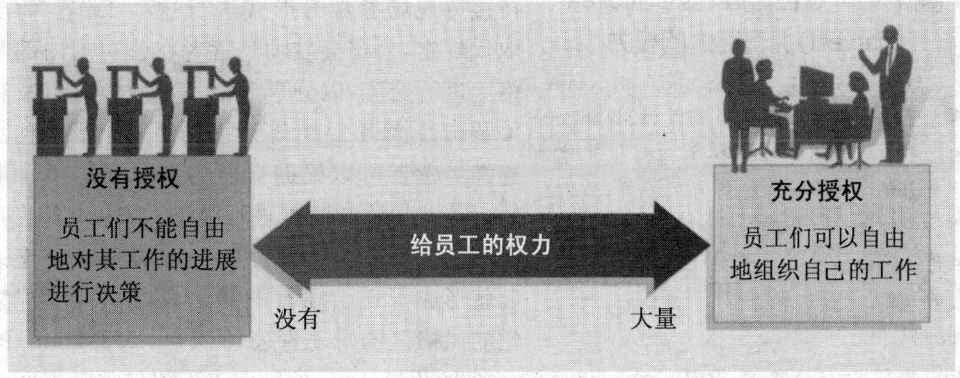


**图11.6　授权统一体：放开控制权只是个程度问题**

给下属授权可能有很多形式，从给员工对自己工作的充分决定权到一点也不给他们权力。

经深入人心，以至于员工们在工作时并未分配到了什么固定性责任。[24] 在这两个极端之间反映的是公司员工们在一些重要的决策中担有一定程度的责任以及有一定的发言权，但是他们并不能完完全全地按照自己的意图去行事。越来越多的公司正在加入这一群体中，包括像位于田纳西春山(Tennessee Spring Hill)的通用汽车集团旗下的赛峰工厂(Safurn Plant)这样的组织在内。[25]

*在员工获得授权的情况下，他们的主管就可能不是将他们堆拥在自己周围的老板了(强制性权力)，而是更像一位引导团队使用知识和经验去解决问题的教师或者推动者了(专家型权力)。*正如奥克达特公司(Okidata)(总部设在东京的生产打印机以及其他办公设备的厂家)总裁所说的那样："去影响人们，你必须证明你是正确的。"[26]

**图 11.7 在巨丰面包公司(Great Harvest)拥有巨大的权力**

苏珊和希里埃哈特(Sealie Van Raalte)两人正在他们位于纽约拉奇蒙(Larchmont)的巨丰面包公司准备烘烤面包。和其他的巨丰面包公司的特许经营者们一样，他们愿意从经验更为丰富的经营者那里获得指导，但是他们以自己的方式在自由地经营着他们的公司。

传统意义上的经理告诉人们该做什么、怎样去做，以及该什么时候去做；而给下属授权的主管则更愿意通过提问题的方式来引导下属解决问题，以及允许他们自己去做出决定。在巨丰面包公司(Great Harvest)——一家在全美 34 个州拥有着 130 家持有特许经营连锁面包店的公司，[27] 这一方式也得到了很好的应用。绝大多数的特许经营者都必须遵守那些严格程序化了的标准，但是巨丰的特许经营者们却不要求遵循那些自上而下的规则。相反，为了获得具有指导意义的经验，他们更愿意接受其他经营者的成功经验(参见图 11.7)。这项工作在迪林恩公司(the Dillion)的总部进行，通常是通过参观其他的连锁店以及通过主持接待现场参观等形式进行这项工作。为了取代规定，公司会鼓励经营者在公司的内部网络上进行交流，以分享食谱、管理技巧，以及有关装饰装潢和促销等诸多方面的宝贵经验。连锁经营者可以根据自己的需要和愿望自由地对这些想法与观点进行吸纳、采用或者放弃等——或者去尝试新的方法，这样每一家连锁店就形成了自己独有的能给人以"夫妻店"感觉的风格。汤姆麦肯公司(Tom McMakin)的首席营运官对分享经营思想这一做法的重要性非常认可，他倾向于不仅仅将巨丰做成一家面包公司，而且倾向于将这家公司办成一所大学。

如果上述的这些实践活动与你的经验不相符的话，就请留意吧！*绝大多数经理都*

*害怕失去自己手中的控制权，所以，在绝大多数组织中，对下属进行授权的领导其实还只占少数。*[28]*然而，专家预测这方面的变化正在发生，而且变化也在加快。*[29]如果这一预言正确的话——正如我们所相信的那样——我们期待着组织中人们用权方面会发生巨大的变化。（如果想体会一下这一点给你所带来的感受的话，敬请进一步参阅"趋势"栏中所描述到的有关一些授权的实践性做法。）

## 三、团体权力或次级单位权力：结构性决策

至此为止，我们已经对个人用权方面的内容进行了论述。然而，在组织中，团体也施控着权力。[36]从传统意义上看，组织可以解构成许多次级单位，这些次级单位对不同的职能负责，比如说财务、人力资源、市场营销以及研发等职能（我们将在第十四章中对这些问题进行更为全面的阐述）。这些致力于达成不同组织目标的正式部门也必须经常对其他一些团体的活动进行一些指导与引导。这样就必须赋予这些正式部门以权力。那么，这些权力的来源是什么呢？这些正式部门怎样才能成功地控制其他团体的活动呢？

这里有两个理论模型为上述问题提供了答案：*资源相依性模型*（*resource-dependency model*）和*战略列联性模型*（*strategic contingencies model*）。考察这些方式和途径有助于鉴别那些对次级单位权力负责的因素，也有助于对它们如何起作用进行描述。

### （一）资源相依性模型：控制关键资源

一个组织可以被看成是一个由次级单位组成的复杂系统，这些次级单位之间在不断地进行着资源交换。这样说，我们的意思是，正式部门之间有可能同时在进行着资源交互往来。这些有价值的资源有许多，比如资金、人力、设备、存货以及信息等诸多方面。这些关键性的资源对组织的成功营运是必需的。

为了获得了这些资源，不同的次级单位经常会对其他次级单位产生相依性。比如说，请你设想出一个集开发、生产和自主销售为一体的大型组织。产品销售部可以在为研发部开发新产品时提供财务性资源方面大显神威。当然，销售部如果不能从营销部那里获得有关消费者的喜好以及消费者的心理价位等有价值信息的话，它的业绩也不可能好到哪里去。虽然生产部必须按时生产出相关产品，但是只有在采购部能够提供必需的原材料时才能做到这一点，而且这些原材料的进价能为公司带来赢利必须在得到财务部确认的情况后才能被购进。

要理解不同的次级组织单位在上述复杂的相互关系中的卷入情况还是比较容易的。在一定程度上讲，如果一个次级单位控制着另一个次级单位所依赖的资源的话，就可以说第一个单位对第二个拥有了权力。毕竟，控制资源的组织使得其能够成功地

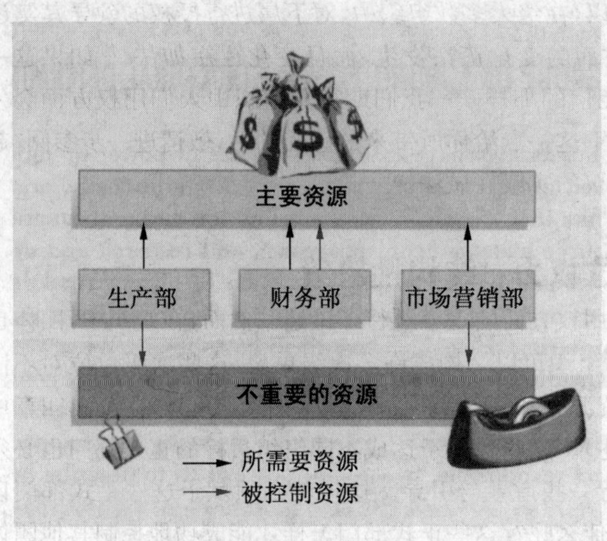


图 11.8 资源相依性模型：一个例子

有关组织权力的资源相依性模型认为：一些次级部门单位因为掌控着其他次级部门单位所需之资源而拥有权力。在这个例子中，财务部掌握的权力比生产部门或者市场营销部的权力更大。

对其他部门或单位产生影响。这样，控制资源越多的次级单位在组织中拥有的权势就可能十分可观。此类不平衡性，或称作为不对称性(asymmetries)，在组织中以资源相依性之形式出现的情况很常见。总而言之，如果一个团体因自己所需资源方面的原因而对另一个团队依靠程度增加的话，那么它所拥有的权力就会相对越小(参见图 11.8)。

**资源相依性模型(the resource-dependency model)**认为次级组织权力的大小决定于其对其他次级单位所需资源控制的程度。[37]*这样，虽然所有的次级单位可能对一个组织都起作用，但是最具权势的还是那些控制着最重要资源的单位。对其他部门所需资源有控制权的次级单位和部门往往在为获得自己所需的且为另外一些部门所控制的资源而去与这些次级部门单位进行谈判协商的过程中处于较为有利的地位。*

比如说，来看一看对某规模较大的大学中的不同部门之间的权力差异性所进行的一项经典研究。[38]在一所大学中，考虑到不同的学院所拥有的权力，就会发现它们之间不平等。其中一些学院中的在读学生人数多些，一些学院声誉则更高些，一些学院获得的捐赠多些，而有一些学院则在大学里重要的委员会中占据的代表席位要来得相对多一些。正因为如此，这些学院对一些主要资源拥有很大的控制权。这是一项对某大型州立大学研究中所揭示出的结论。值得一提的是，权力越大的学院在获得珍贵稀缺性资源的过程往往最为成功(比如：研究生奖学金基金、院系研究资助、夏季院系研究员基金等)。结果，它们手中的权势也就越来越大了。因此推而广之，在组织中，经济上宽裕的部门或单位也越来越富有了。

这导致了另一个问题：不同的次级部门单位一开始是怎样坐上组织中手握重权的第一把交椅的呢？换句话说，为什么有一些部门在组织成立之初就能控制绝大多数资源呢？一项对加利福尼亚州的半导体工业进行的研究提供了更为深入的解释。[39]这些研究人员在通过对个人的访谈、市场研究数据，以及有关档案材料等资料的研究后认为，*一个组织中的次级部门单位所拥有的权力取决于两个主要的因素：公司开创时所处的时段和公司创始人个人的背景*。比如说，在早期的半导体公司中，研发职能是非常关键的职能，所以在一些老牌公司中研发部往往最具权势。因此，公司处于开创期的时候其某一团体活动领域的重要性在后来数年发展中的该领域中仍然具有很大的话语权。

组织中最具权势的部门更可能是那些代表公司创办人专长领域的部门。这样，比如说，由市场营销专家创办的公司中市场营销部就可能拥有最多的权力。这项研究为我们理解组织中各部门如何获得权力这一问题的来龙去脉提供了极为重要的思考纽带。

**全球性问题** 最重要的权力源自公司创始人的专长领域这一现象在全球范围内都存在。比如说，索尼公司（当时为东京电信实验室）的创始人是一个工程师，正因为这样，索尼公司中的工程部至今还是一个非常有权势的部门。

资源相依性模型理论认为，部门权力的关键的决定性因素是对主要资源的控制。当然，也不仅仅是对那些决定组织权力话语权的重要资源的控制，还包括对组织中部门组织行为活动的控制。

## （二）战略列联性模型：通过相互依靠而取得的权力

一家公司的财务部可能负责着一些基金的运作和使用，而这些基金又恰恰是其他各部门所需要的。如果情况是这样的话，该部门的行为就会在很大程度上与其他那些对其决策有依赖性的部门产生着巨大的影响。换句话说，其他部门的运作对财务部门的所作所为具有条件性依赖。某一部门通过其行为在一定程度上对组织中的其他各部门的相关权力具有控制能力，就称之为对战略列联性拥有控制权。比方说，如果财务部门连续审计通过生产部的预算要求，而一再驳回营销部的此类预算计划的话，这就会使生产部相对地拥有了更大的权力。

在组织中，战略列联性出现在哪里呢？在一项经典研究中，研究人员发现，不同行业中的权力分在不同的部门中。[40]*在成功的公司中，战略列联性往往是为那些对公司成功显得最为重要的部门所掌握*。比如说，在新产品凸显得很关键的仪器加工行业里，成功公司中的战略列联性往往是由销售部和研发部等部门控制。而在容器制造领域里，情况就有所不同了。在该领域里，组织要取得成功，关键的决定性因素是快速及时地将高质量的产品运送出去。所以，一些成功的企业大多将决策权放在了销售部和生产部门。这样，经营运作得比较成功的公司都非常注重把战略列联性的控制权放在那些对组织成功负有最主要责任的部门与单位。

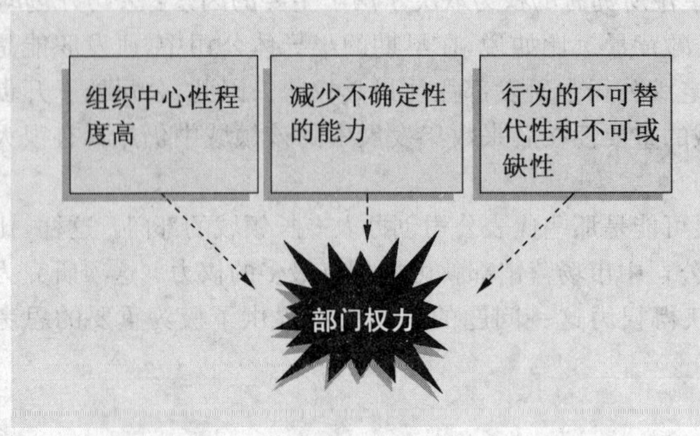


图 11.9

战略列联性模型：界定部门权力来源的战略列联性模型理论将组织内部性权力解释为一些部门对其他部门行为活动的控制能力。部门权力可以通过获得或强化这里呈示的几种因素而得到增强。

是什么因素使得一些部门和单位对战略列联性拥有控制权的呢？**战略列联性模型**(**strategic contingencies model**)提供了几个思考结果。[41]这些因素已经概括在了图 11.9 中。

一些部门会因为*具有减少他人所面临之不确定性的能力*而使其权力得到加强。这样，任何一个组织遇到不确定的情况（如，未来市场、政府调控、所需支持之获得，以及财务安全等）时使组织“柳暗花明”的部门都有望成为最具组织权势的部门。与之相应，组织中的权力平衡性往往会在组织情境发生改变时被打破。

比如，以公用事业公司中发生的变化为例，我们来作一番讨论。在这些公司开创之初，工程师们就可能已掌握了最多的权力。然而，当这些公司发展成熟了，并且开始遇到法律或者政府规定（尤其是有关核能方面）等方面的问题时，权力就易手到律师们手中了。[42]在人力资源管理领域中，那些复杂的法律以及政府的一些规定的确给各组织的发展带来了很大的不确定性，其间权力向法律部门转移的类似情况也已经发生过。再次重申，强势部门往往是那些有能力减少组织不确定性的部门。

在组织中，那些*中心化程度高*(*a high degree of centrality in the organization*)的部门往往拥有更多的权力。换言之，组织中的一些部门职能表现具有更多的中心性或中央状态，而其他一些部门的职能更多表现得有点边缘性。比如说，一些部门（如财务部等）有可能需要为一些在决策之前前来咨询的其他部门提供咨询服务。这些提供咨询服务的部门在组织中就获得了中心地位。某部门的职能在一些组织中产生了立竿见影的效果时，该部门的中心性也就会凸显了出来。比如说，在一家汽车制造厂，生产线停产所造成的后果远比停止市场调研工作所产生的后果要严重得多。总之，一些部门与组织成功之间的核心联系决定了它们所具有的可供其支配的权力的大小。

此外，*一个部门的活动在其显得不可替代而且不可或缺*的时候，该部门就握有了一些权力。在任何一个团体或群体都有能力实施某一职能的情况下，倘若某一部门对此职能负责时其权力就显得不怎么大了。譬如说，在一家医院中，有关外科团队的人事工作比起后勤保障部门中的人事工作来说显得更为不可缺少，因为外科人事部所需之工作技能技巧很少有人能够胜任。对组织而言，其现有成员中的一些人能够很轻易地被外来人员所替换掉，那么组织中那些由替换难度最低的成员所组建成的部门所拥有的权力往往就非常小了。

*此战略列联性模型在好几项有关组织的研究当中已经得到了验证和支持*。[43]比如说，一项对多家公司的调查发现，组织中的部门在其可以减少不确定性、在工作流程中占据中心地位以及其所履职能不能为其他部门所取代的情况之下，此部门的权力的确会更大些。[44]这样的话，战略列联性模型就成了重要的信息源，而这些信息也正是对组织中各部门产生影响的诸多因素方面的资讯。

## 四、组织中的政治：权力的运用

迄今为止，我们关于权力的讨论主要还是放在关于成功影响他人这一方面。在这一潜力——也就是为了达成既定目标而行动的能力——已经达到的情况下，我们就不必要再对权力进行讨论了，而应转入对有关*组织政治*的讨论。[45]需要设想一下，某人为了达到自己的目的而进行一些活动的情形并不困难，*这些个人目的甚至没有获得组织的正式批准，它们影响他人是为了达到自己的个人目的*。[46]

如果你认为我们正在进行有关一些自私的事情以及滥用组织权力方面的描述的话，你可就真说对了。组织政治的确涉及将个人利益凌驾于组织利益之上的一些情况。这种为了满足私欲而使用权力的行为与那种在得到组织批准和接受后运用权力的情况是相区别的。[47]

毫不奇怪，商人通常看不起那些潜心于组织政治的人。比方说，正如坦率的亿万富翁、前总统候选人 H. 罗斯佩洛特(H. Ross Perot)所说的那样：“我不需要合伙的政治……一些想踩着别人肩膀往上爬的家伙。”[48]越来越多的人也已经发现组织政治是如此的让人难以忍受，以至于使得这些人已经离开这个拉帮结伙的世界去开创他们自己的事业(参见图 11.10)。

### (一) 政治权术：他们采用什么样的形式?

要想理解组织政治，你必须能够辨认组织中政治行为的不同表现形式。换句话说，组织政治的技巧是什么呢? 通常有六种用得最多。[49]

#### 1. 控制信息传播

信息是组织生命的血液。因此，*对一些知情人和不知情人的控制就成了组织中弄权专营过程中的最重要的手段之一*。在组织中，撒弥天大谎和无中生有地发放信息之类的做法虽然比较少见(部分原因可能是对真相败露后所产生的后果有所顾忌)，但

图 11.10　组织政治使得他离开了这个拉帮结伙的世界

腊克奥拉(Lak Vohra)在位于华盛顿特区郊外的家中工作。他在线发行了一种叫《党派文摘》的月刊，主要内容是关于商务和社会关系网等方面的内容。这个自诩为"党派古鲁"(古鲁是指印度教、锡克教的系教师或领袖)的家伙是在对组织政治的卑劣可耻抱怨不迭之后离开了那个拉帮结伙的世界。奥拉先生是越来越多的自由职业者中的一员，这些人都一致认为政治让人难以忍受。

是某些人以一些手段对信息加以控制从而达到增强其职位权势目的的做法还是存在的。比如说，你可能会封锁对你不利的信息(如，消极性的销售信息等)，避免接触那些向你打听你不愿披露的信息的人、对自己所披露的信息进行精心筛选，或者用一些并不完全切题的信息来搪塞他人，等等。所有这些做法都是在信息提供过程中的旨在控制信息本质和信息披露程度的手段。此类信息控制非常重要。

有一项研究曾经对有关美国电报电话公司下属的一家电话商场组织结构重组的情况进行过探讨，所得到的结果表明，对信息进行巧妙的处理，对其进行歪曲以及制造信息等手段都可以使权力发生转移。[50]实际上，一位副董事长通过隐秘渠道向公司首席执行官披露一些不完全的信息和一些不准确的信息就会使其赢得对这些商场的控制权。

## 2. 塑造能赢得赞许的形象

*对增强自己的组织控制能力有兴趣的人往往会在一定程度上致力于形象的塑造*——也就是说，力图加深他们留在他人脑海中的印象。此类努力往往呈现出许多形式，有如"象征成功的衣着和打扮"，将自己与他人取得的成功联系在一起(或者甚至赞誉他人所取得的成功)，或者仅仅引起别人关注自己的成功和关注自己好的个性特征。[51]

**全球问题**　虽然没有人喜欢被批评，但是沙特阿拉伯人对听起来逆耳的反馈信息显得特别敏感。他们认为当众挨批是对名誉的损害——他们倾向于在私下里忍受屈辱。

专家们已经注意到，有些人为了适应他们所在的组织而努力地工作。这些人被看成**组织中的美洲变色蜥蜴(organization chameleons)**。[52]这些人心里清楚在他们所在的组织中什么样的行为通常是正确的。他们会以其他的一些方式和途径来让人们意识到他们正在以这些正确的行为方式在进行组织活动和过组织生活。这就是通过塑造"正面形象"来加强个人权力的一些手段和方法。

与此相连的一大挑战就是做这些事情一定要让人们相信你的所作所为并不带有政治性动机的色彩。比方说，提前做计划肯定是值得赞许的，但是如果有人怀疑此举有政治意图的话，提前做计划很可能会被想成或被看成有"预谋"的行为。与此相似，做决策虽然是一种比较好的管理实践，但是如果人们怀疑这其中有政治企图的话，就会对它有所微词了(比如说，"管好你自家的后院吧")。换句话说，政治技巧用得最为娴熟的那些人有必要进行印象管理，这个印象管理是有关自己如何管理好自己的印象这方面的问题。

### 3. 建造一个支持你的根基

*成功地影响他人并且获得他人的支持，这一点在组织中通常也很有用。*比如说，经理们在正式与会并在会上陈述自己观点之前很可能会去做一番游说性的工作，这样就能确保其他人能够提前对此有个表态，以免在会上当场遭到反对而面临尴尬的处境。当然了，有时候要想让一个职位较高的人在听完你报告后采纳你的意见可是件很困难的事情。但是，你也不要让这件事情成为一个障碍。有一个例子特别值得在这里提一提，在莲花开发公司(Lotus Development Co.)，有一个崭露头角的且具有独创精神的执行经理就承认自己曾经主演过一场"电梯讲演"的戏——因此而使他获得了一个当面向公司董事长陈述己见的大好机会，难道这位董事长就真的需要在电梯里碰上这位经理吗？[53]

请你假想一下，你已经为自己的意见去游说过一番了，并且看来也已经赢得了一些人的支持。但是，你得确保那些人不会改变他们的初衷。你怎样才能让他们信守此前的承诺呢？有一种方法是在组织中"撒播人情债"——也就是说，为他人做些事情，给他们行些方便，然后他们就会觉得自己有义务也应该通过支持你的意见这一形式来对你予以回报。这种做法依据的是**互惠原则(reciprocity)**，该原则认为人们其实希望自己提供给他人的帮助能够获得回报。只要我们考虑一下诸如"人若犯我，我必犯人"以及"好人有好报"之类的俗语，就可以知道在组织中这一原则通常而言还是表现得相当强烈的。毕竟，在某人帮了你一次或给你提供了一次方便时，你可能会说："我欠你个人情。"这样就挑明了你应该清楚你有义务回报那个曾经帮过你的人。总之，"偿还"人情是一种被广泛应用而且自身稳固性良好的机制，这种机制可以用来发展和增强组织权力。

### 4. 责备和攻击他人

当不好的事情发生时，人们在组织政治中还会使用一种最为常见的权术，这就是责备和攻击他人。此类常用的权术技巧其实就是寻找一个**替罪羊(scapegoat)**——一个因他人的失败或过错而受斥责或承担后果的替他人背黑锅的人。比方说，一位上司在分析自己制订的销售计划落空原因时很可能会辩解说他所制订的这项销售计划失败是其下属犯了严重错误所导致的，并将失败原因归咎到其下属身上——即使这并不完全真实(参见图11.11)。"这是他的错误"(即，让另一个人来承担"落败"的后果)之类的辩解往往会让本应对后果负责的真正责任人得以逃脱。

**图11.11 寻找一个替罪羊，一种在组织政治中广为沿用的技术**

在寻找替罪羊时，虽然很少有人像图中这个发言者这样直率，但是在组织中去找另一个人来为己代为受过的做法还是比较常见的。

【资料来源】© The New Yorker Collection 1985. Michael, Maslin from cartoonbank, Com.

*寻找一个替罪羊这样的做法使得一些政治上敏感的人能够避免(或者至少是缩小)自己与不良情况的关联程度。* 比方说,在出现团体业绩下滑情况时,一些较有权势的总执行官们经常会将罪责推卸到一些职位较低的员工身上去,这样就可以保护他们自己免受被裁之运了——因为他们的上司手中握有裁员这把大斧。[54]

## 5. 与其他更有权势的人结盟

获取权力最为直接的一条道路就是把自己与其他最有权势的人联系在一起。有好几种方法可以达成这一目标。比如说,如果一个权力较小的人有一个非常有权势的导师的话,这个人也会获得更多的权力——也就是说,一个权力更大而且地位稳固的人可以为权力较小的人寻求到利益或者可以保护其利益(参见第六章)。

如其不然,人们很可能会提前暂时地*结成联盟*(*coalitions*)——也就是说,为了达成一些目标而聚集在一起所形成的团体(比如,为了压制现任首席执行官)。[55]这些相对无权的团体连在了一起就是他们获得权力的最有效的途径之一。[56]两个相对无权的个人或团体如果同意一致行动时,他们拥有的权力就会更加强大,这样一个暂时结成的联盟就形成了(参见第十章)。

一些人也可以通过为那些更具权势的人做些“积极性的努力”,从而使自己与那些人联系在了一起,目的是为了让那些要人喜欢自己和帮助自己。这一过程其实就是早先提到过的*迎逢讨好*(*ingratiation*)[57]这一方法。与更具权势的人保持意见一致有可能是使此人把你看成圈内盟友的一种极为有效的手段。当你在组织中寻求支持时,这种结盟就显得不可或缺了。*总的来说,拥有一个极具权势的导师,暂时结成联盟,以及运用逢迎讨好手段等所有这些都是获取权力的极为有效的途径,这些途径都看重将自己与他人结成联盟这一点。*

## 6. 政治游戏

在组织权力与政治这一研究领域中,一位该领域的专家曾作过一个比喻,他把组织中的行为比喻为多循环闭合线路的集合。[58]换句话说,许多人或许多团体可能想在同一时间内对其他的人或团队产生影响。那么,组织中进行的政治游戏是些什么呢?我们可对四类主要的政治游戏予以确认:*权威*(*authority*)、*权力基础*(*power base*)、*对抗*(*rivalry*)和*变革*(*change*)。这些都总结在了表 11.2 中。

(1) *权威游戏* 有一些政治游戏我们称之为*阻抗性游戏*(*insurgency games*),它们是用来阻抗权力的;与之相对的其他一些政治游戏,我们称之为*反阻抗性游戏*(*counterinsurgency games*),它们是用来抗击上面的那些权力阻抗性行为的。对抗性游戏中的对抗程度从轻度(如,故意不执行命令)到重度(比如,组织工人骚乱或破坏工厂等)均有。[59]在这些情况出现时,公司可能会以反阻抗性游戏来予以反击。有一种他

**表 11.2 政治游戏：事例集锦**

组织进行的每一种政治游戏都涉及不同的个体，这些个体都是为了达到不同的政治目的。

| 游　戏 | 典型的主要游戏者 | 目　的 |
|---|---|---|
| **权威游戏** | | |
| 阻抗性游戏 | 低层管理者 | 为了抵制正式的权威 |
| 反阻抗性游戏 | 高层管理者 | 为了阻抗抵制权威的行为 |
| **权力基础游戏** | | |
| 赞助关系游戏 | 任何下属员工 | 为了在与上级主管交往中增强自己的权力基础 |
| 结盟游戏 | 生产线管理人员 | 为了在与同阶经理的交往中增强自己的权力基础 |
| 建立帝国游戏 | 生产线管理人员 | 为了在与下属的交往中增强自己的权力基础 |
| **对抗性游戏** | | |
| 在流水线线长与雇员之间进行的游戏 | 生产线管理人员与其下属员工 | 为了在寻求权力的过程中打败对方 |
| 竞争性阵营间的游戏 | 平行的部门或群体 | 为了在寻求权力的过程中打败对方 |
| **变革游戏** | | |
| 吹耳边风游戏 | 低阶经理 | 为了纠正组织中的错误做法 |
| "年轻蛮横者"游戏 | 高层经理 | 为了获得对组织的控制权 |

【资料来源】Adapted from Mintzberg，1983；see note 3.

们用到的特殊方法涉及强权和对下属的控制等因素。由于这些政治游戏对游戏双方都不具建设性，它们往往会让位于谈判与协商中的那些更具适应性的技巧与手段。

(2) *权力基础游戏*　进行这些游戏的目的是为了增强某人手中权力的大小程度以及扩大其权域的幅度。比如，*赞助性游戏*（*sponsorship game*）就是与上司一起玩的一种游戏，该游戏是将自己与一个步步高升的或者地位稳固的"星级领导"连在一起，其交换条件就是为其效劳。例如，一个没有权势的下级为了从一个地位稳固的人（如，他的老板）那里获得建议和信息，有时也是为了达到借其威信与借其手中之权的目的，这个下级会把忠诚地支持这位老板作为交换条件。结果对双方均有利。类似的游戏也可以在同辈人中进行。比方说，在*结盟游戏*（*alliance game*）中，同阶职位上的员工会同意在事情发生之前就提前相互支持，这样通过增加他们的联合规模和增强他们手中的现有权力这一方式来获得力量。在现实中，有一种风险最大的权力基础游戏，它就是"*建立帝国*（*empire building*）"这一游戏。玩这种游戏是通过在组织中用为越来越多的重要决策承担责任的方式来达到能够操控越来越大的权力之目的。的确如此，组织中的某个部门真的可以通过获得对预算、环境、设备或组织中任何其他稀缺资源或者人所共欲的一些组织资源的控制权来增加该部门的权力。

(3) *对抗性游戏* 有一些政治游戏进行的目的是为了削弱自己的竞争对手。比如，*在流水线线长与雇员之间进行的游戏*(line versus staff game)中，经理们是在"线"上，他们负责组织中某一部门的运作。与此相对的是那些站在"雇员"阵营中的人们，他们是负责提供必要的建议和信息。比如说，装配生产线上的领班很可能会对组织中法律专家有关如何对待其生产人的看法视而不见，这就使得该法律专家手中的权力得到了削弱。

另一个此类游戏称之为"*竞争性阵营间的游戏*(*rival camps games*)"。游戏中的个人或团体往往具有不同的观点，他们都试图削弱对方手中的权力。比如，某组织的生产部很可能喜欢稳定和效率，而市场营销部很可能对业务成长与顾客服务比较钟爱。结果会怎么样呢？结果是，每一方都在设法使自己的盟友支持自己的偏好，而对自己对手的利益不够敏感，不够关心。当然，某一组织取得成功需要其下属的不同部门之间进行共同协作。因此，这些对抗性行为对组织功能的发挥具有潜在的破坏性。虽然其中的一方或者另一方可能会在对抗中赢了一次又一次，但是组织本身却在不断内耗自己的资源。

(4) *变革游戏* 几个不同游戏的目的均是为了创造组织变革。比如说，在"*吹耳边风游戏*(*whistle-bowing game*)"中，一个组织成员悄悄地将一些错误的做法报告给其上司，这样做的目的是为了纠正这些错误行为，因而这就会带来变革。有一个游戏的名字叫"*年轻蛮横者的游戏*(*young Turks game*)"，玩这个游戏时所下的赌注可要高得多，在游戏中，骚乱工人形成的阵营想推翻组织的现行领导层——这是阻抗性游戏中最为极端的一种形式。游戏参与者寻求到的变革成果可不小，而且变革的影响深远，变革的效果持久。在政府任期内，他们寻求的就是发动一场"政变"了。

*有一些组织政治活动也可能是与组织利益相一致的*(如"赞助性游戏等")，*而其他一些政治活动与组织利益明显不一致*，如年轻蛮横者游戏等。当这些游戏进行时，即使它们对组织影响不大，但这种行为很明显，也非常有害。[60]既然我们已经知道什么样的行为是政治活动，我们就要准备对那些产生这些行为的情境予以考虑了。

## (二) 政治活动什么时候会发生？

想象一下下面的情形：你是一家大型慈善机构的负责人，你管辖的这个机构管理着一些正资助着许多项目的基金(比如，挽救遭遇危险的物种，为无家可归的人们提供庇护所等)。有一个富有的慈善家，他已经去世了。他在遗嘱里立下了一条规定，这条规定说要为给你所管辖的这个组织捐赠 1 000 万美元——而且可以以任何方式花掉这笔款项。各个项目的负责人在听到有关这条慷慨捐赠的消息后就非常感兴趣,都想为自己手中的项目尽可能地争取到更多的资金。这一情境诸多层面上的问题就使得引发政治行动变得比较敏感起来。[61]

### 1. 触发政治活动的情境

首先,这种情境往往充满着不确定性。毕竟,并不是很快就能清楚资金应该花在哪些地方。在基金花费这一问题上,如果组织上还尚未有关资金优先使用方面的考虑的话,不同的团体很可能会尽一切努力来争取属于他们自己的份额。如果捐赠的款项非常小(如500美元),或者只是些很平常的常用物品(如纸夹子)的话,进行政治行动的动力就会减弱了。

我们所举例证中的不同团体都有自己的冲突性目标和利益。"拯救我们的野生生命"这一团体为他们自己的利益服务,而"收容流离失所的人们"这一团体却有着截然不同的利益。这些相异的目标很可能产生政治行动。最后,还应注意到,由于所有的这些各不相同的团体在权力上大致平等,所以在上述情境中政治行动产生的潜在可能性还是非常大的。如果权力分布极不对称的话——也就是说,如果一个团体对资源的控制权比其他的团体大得多的话,政治活动就会没什么效果了,因为权力最大的团体往往具有决策权。

总之,*在有不确定性因素存在时,在大量的稀缺资源抢手时,在组织中的不同部门之间有利益冲突时,或者在当事各方所拥有的权力处于大致均势时,在所有这些情况下都有可能引发政治行为和政治活动。*这些情形——尤其是雇员之间权力不平衡的情形中的好几种情况在另一种情境中也会发生。这种情境就是:在女经理被派往海外执行任务时。如果你想了解一下在全球管理活动中有关与妇女相关联的一些潜在性的政治问题,就请参见本章中的"全球组织行为"这一栏目吧!

### 2. 人力资源管理中的政治

政治问题有时也往往集中表现在人力资源管理中的一些主要问题上。比方说,绩效评估、人事选拔,以及补偿决定等方面(请参见图11.2)。[62]举个例子来说,如果一定程度的模糊性经常与某人对他人绩效进行的评估——也就是说这样的评价有可能建立起某人自己的一些形象——联系在一起的话,那么这样的绩效评估则被认为更多的是反映了评价者在提高其自身形象方面的兴趣,而并非是在如何准确地评价他人行为方面的兴趣。[63]与此相似的是,在做人事决策的时候,人们在准备做最有利于组织的行为时,至少会考虑一下他们所获得的任命对他们自己职业生涯的发展会有什么样的内隐作用(比如说,这个人会支持我吗?或者会让我难堪吗?等)。[64]

图 11.12 人力资源：滋生组织政治的温床

有关选拔、评估、培训以及补偿等方面的决策不仅重要，而且素有因含混而起争议的特点、结果，使得组织政治在这些情况中大有蔓延之势。

## 全球组织行为

### 选拔外派女负责人过程中的组织政治

在全球经济渐趋一体化的今天，向海外派遣负责人员去管理和运作一些海外项目已经是件很平常的事情了。然而，在绝大多数的组织当中，此类任命中很少有让人觉得机会唾手可得的情况出现。因此，这些任命都被看作为用来考验与证明一个人价值的绝佳机会，而且它们也往往是受委派人员获得晋职的阳光大道。结果，为获得这些外派委任状，相当多的当事人经常会为此发生非常激烈的竞争。[65]因此，在做出谁最终将赢得委派的决策这一过程中，真往往是玄机迭现。在这些情境中，要求偏袒的呼声是听不到的，但是有足够的理由相信女性执行经理们在这一政治游戏中很可能已变成了棋子——外派委任只是项奖励而已。

有一种广为流传的观念对上述情况起了一定的作用。这种观念认为，在委任过程中之所以对女性不予考虑是因为她们对这些任务没有什么兴趣。但对那些想在最优秀的公司中获得高阶职位的男性们而言，这一观念对他们是有利的(参见第五章)。事实上，对那些从七家最佳工商管理硕士培养项目中毕业出来的毕业生们展开的一项调查结果表明，女性和男性对外派一事有着同等的兴趣。[66]但与此同时，这些研究人员也承认公司很少愿意将女性派往海外。此外，那些最终成行的往往是些强烈要求从事该工作的人，而不是那些决策者脑海中有印象的一些人。这一点在一项有关团体人事实践的调查研究中得到了支持。调查还发现，有五分之四的美国公司在上述问题上持犹豫不决的态度——但也并非说所有的公司都不愿外派女经理。[67]这些公司最大的担心往往集中在害怕那些在东道国工作的同事们会为难这些外派经理，尤其是为难那些女经理们。

然而，在海外项目运作中，女性是不是就真的不能够获得成功？这一疑虑使得人们要用实际经验来对这一问题作出回答。真的，有一项深度调查对此问题进行了审视和研究。被调查的对象都是来自一些北美主要公司的经理们。他们都是在外派归来后接受访谈的。[68]调查结果虽然很明确，但是与人们所预期的结果却恰恰相反：总体而言，女性经理在海外项目的运作中比他们的男性同职经理们做得更为成功。几乎所有的女性经理（比例高达97%）在向总部作有关海外经营的述职报告时都称她们的国际项目运作是成功的，这一比例比同阶男性同事的成功比例要高得多。客观的评价方法也表明，实际情况的确如此。实际上，公司尽管是第一次外派这些女性去海外负责公司业务，但是在未来公司再次外派女性经营管理人员时就往往会以她们所取得的成功经验作为基础予以参照了。

有趣的是，身为一位女人，这并不是一个在获取成功海外经验过程中要克服的困难。相反地，这实际上还是一大优势。下面有几个方面的原因可以对此予以支持：

（1）由于女性的工作伙伴们绝大多数都是些男性，这就使得女性显得有点突出、有点与众不同。因此使得其他人对她们充满好奇，并想与她们打交道。这一独特性使得她们也很容易被他人记住。

（2）在工作中，女上司比男性上司更容易让男性工作伙伴在工作时处于轻松的状态。因为这些女上司更容易交谈，她们做业务时也就往往实施得更为成功了。

（3）女性的社会地位在国内往往没有男性高。然而，身在国外的那些女性的地位却往往不会被否认。正是如此，这些被作为研究对象的女性们往往是些曾因受到特殊对待而获益匪浅的人。

（4）来自东道国的公司官员们也承认，外派女性是一种具有特殊性的做法。情况正是如此，这些女性往往被看成是最优秀的，这也就使她们获得了极为顺利的支持。

总之，女性在外派任务中将比男性表现得更为成功。你可以用种种理由去怀疑这种说法。一旦这一说法在外派任务中被人们知道了的话，那它会对外派委任的政治性本质起什么作用呢？如果这样的话，预期女性将能更成功地控制这些海外项目，这就可能对男性产生威胁了，可能会让男性更加努力地去争夺这些委任机会，从而使得政治权术之门打开了。与此同时，从某种程度上说，妇女在全球性管理中所具有的优势是来自她们在那种情况下具有的独特性。但是随着越来越多的女性担任此类国际性的管理职务，所以她们因自己在外派时所具有的独特性而产生的一些优势就有可能会消失掉。很显然，我们只能猜测这个领域在未来将会发生什么。但是，只有一点非常清楚，那就是我们可以有很好的理由对那些声称妇女在国际性管理职位上——从而对她们在与获得这些职位相关联的组织政治中——所起的作用越来越重要之类的问题予以怀疑了。

如上所言，薪酬的增加通常也受政治性因素的驱动。尤其值得一提的是，研究人员通过管理模拟练习发现，经理们通常会把最高的工资发给这样一些人，一些一旦得不到物质性实惠就会以抱怨相威胁的人们——这些人在组织中如果有政治性的秘密联系的话就特别要注意了。[69]从所有这些研究成果中可以看出，*在组织中，人力资源管理行为的本质使得从事这些行为的人员变成了进行组织政治的首要候选人*。

### 3. 政治与组织的寿命

组织中那些导致政治性活动的情境是组织生命中的功能，这些情境往往各不相同。因此，在组织发展的不同阶段，需要对政治活动的程度和类型进行比较。组织可以被看成为那些由企业家（如*诞生*和*早期成长*）开创的组织机构，可以被看成那些充分发展了（如*成熟阶段*）的机构，也可以被看成是面临衰落和衰亡（如*衰落*或者*重新发展阶段*）的组织。在组织发展的这些不同阶段，都有可能会发生不同类型的政治活动。[70]

当一个组织还是个新生组织时，它基本上还没什么像样的组织结构，或者根本就没有什么结构可言，它只是被开创人的哲学所引领着向前走。在这个阶段中，企业家通过向其员工提供富有理性的观点而获得政治权力。作为回报，员工们会接受这个人关于公司任务的想法。开创人通常可以获得充分的信息，并且根据他或她的价值观来做出决策。对这些决策进行解释不仅是一种将这些决策所依据的价值观教授给其他人的途径与方法，而且也是一种对其他人实施控制的途径。政治活动在这一阶段中不大可能会发生。

然而，随着组织变得成熟起来，而且变得日趋复杂起来，它们就需要根据职能的不同而被划成不同的部门。这就会出现一些情况，形成一定的局面。在这些情况和局面中，不同团体可能会因既得利益而发生一些冲突。在这些情况中，就可能会用政治手段来抢得先机和优势。*当组织成熟的时候，早先提到过的所有政治性手段和方法（如：结成联盟、信息利用等）可能都会被派上用场。在组织开始走下坡路的时候，各部门可能会显得相当不稳定，这时候进行政治活动就显得非常必要了。因为一些人和一些部门都要争夺组织的控制权，甚至是另起炉灶。*衰落期反映了组织的不稳定期。在这一时期内，组织的政治活动可能会非常地紧张。比如说，还处于衰落态势的加利福尼亚的学校聚集区中的员工之间的竞争要比那些还处于成长上升态势的组织中的成员之间的竞争关系显得更为紧张，而且员工彼此之间的关系也更不好。[71]很明显，组织对政治手段的使用可能会受到组织成熟程度的影响。

## （三）组织政治：什么时候发生？

组织政治虽然流传范围甚广，但是出现在组织各个部门中的政治活动可能是不平衡的。[72]特别值得一提的是，*政治活动最有可能出现在这样一些领域中：这些领域中的一些很明确的政策（比如说跨部门联盟、晋职和调动，以及团体决策等方面的政策）不是根本没有就是不健全*。[73]然而，在那些规章制度具体明细的领域中——比如说在雇佣和组织纪律等领域，政治活动就非常少。

一项对组织政治活动的调查研究得出了相类似的研究成果。[74]特别需要指出的是，人们认为在一些政策不明的部门（如董事会、营销部等）中组织政治显得非常重要，而在那些政策规章明细的部门（如生产部、财务部）中，人们将政治活动看得很轻。与此相似，人力资源管理工作（如人事选拔，绩效评估）由于其天然具有与含混、模棱两可这一类的状态相连的特点，政治行为就很可能会在这些职能的实施过程中产生。[75]

这些研究成果指出了很重要的一点：*在面临含混和模棱两可的状态时，政治活动很可能会发生*。在行动有严格的规章制度约束时，人们不大会通过使用政治手段的方法去滥用职权。然而，人们在面对高度含混的情境时，由于这些情况中的规则模棱两可，想象一下政治行为怎样起作用也就不是件什么难事了。

组织中的哪些地方政治气氛最为活泼呢？换句话说就是，人们相信政治活动可能在什么样的组织层次上发生呢？正如图 11.13 所示，在组织的高层中，政治活动更有

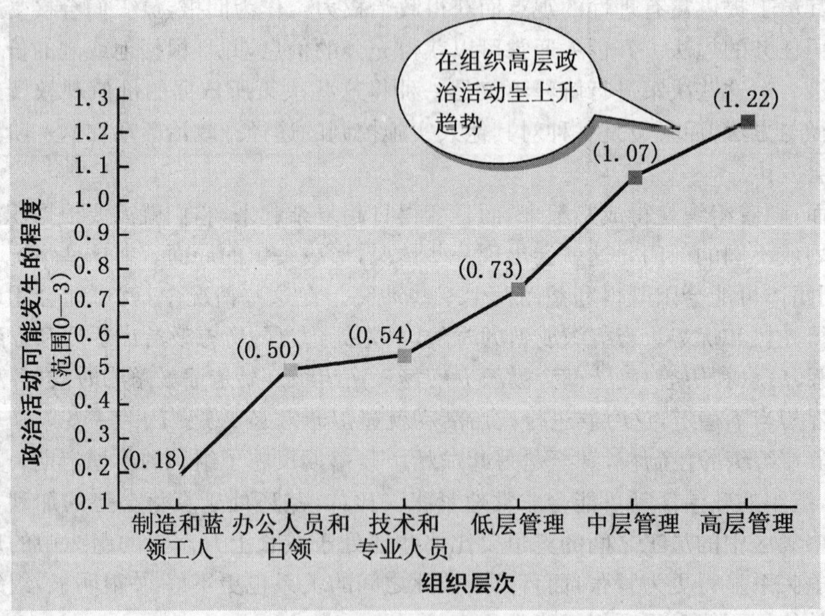


**图 11.13 组织政治：在高层中更可能会发生**

员工们相信在组织高层上更可能会发生政治活动。在高层中，那里的规则比基层更为模棱两可，利害关系也更大。

【资料来源】Based on data reported by Gandz & Murray, 1980; see note 73.

可能发生;而在组织的基层或者非管理层中,政治活动则很少会发生。[76]很明显,政治最有可能在高层中发生——当然,那里的利害关系最大,权力也可能发生腐败。

**你来当顾问:**

一个拥有好几家食品加工厂的公司的首席执行官来找你并向你抱怨道:“这里有时候‘冷枪暗箭’如此之多,以至于人们不能做好他们的工作。”公司利税多年一直表现平平,高层执行官员们将被政治左右了的组织气氛斥责为罪魁祸首。

1. 公司内部的政治冲突是如何干涉它的基本政策的?
2. 一旦出现政治问题,在组织中你最希望去找谁?为什么?
3. 在公司中,你还希望去找到什么样的其他形式的政治行为?

## 五、组织政治中的道德

组织政治活动最重要的后果之一就是它会引发腐败。的确,一个人*拥有的权力越大,他(或她)就越有可能把手中的权力用于达到一些不道德的目的*。[77]很显然,有权势的个人或组织滥用其手中权力的这种潜在可能性是真实存在的。然而,由于这些行为被人们看做为消极性行为,就是连那些在政治上最为机敏的人——包括政治家自己的——也经常会尽力摆出一副较高的道德姿态。

不幸的是,这些不道德行为发生的潜在可能性已经很频繁地变成了现实。比如说,想一想,在看了曼微尔公司(Manville Corporation)隐瞒吸入石棉会导致员工死亡的这一证据后,你会发现这是贪婪吞食了对人类健康问题的关心。再如,福特公司由于没能及时纠正一个生产中的已知缺陷而使得 Pinto 非常容易受到由于低速的末端碰撞而导致的储气罐爆炸。[78]有一些公司把有毒的医药废弃物直接排进河里与海洋里,这种做法也是把自己的利益凌驾于公共利益和公共安全之上的行为。

虽然这些案例比许多其他的案例让人们更为熟知,但是它们也并非是些不同寻常的案例。事实上,它们也许比我们所喜欢的那些案例来得更为经典。有位专家做过统计,在美国前 500 强公司中,有三分之二的公司都已经与一些非法或不道德的行为有牵连和瓜葛。[79]在给出了与不道德的组织行为相联系的问题范围之后,我们在这里就将着力于对政治的道德层面进行论述了。

### (一) 如果有的话,那么什么样的组织政治是不道德的呢?

几年前,有人对 1 000 个人力资源专家进行了一项调查。调查是想了解这些专家们对管理中的不道德行为有什么样的感受。[80]有趣的是,*被看成道德问题最严重的情境是那些反映出滥用权力的行为*。包括这样的一些行为,比如说“用裙带关系和偏袒做法取代工作业绩来作为人事决策的基础”,以及“根据交情的深浅来做决策”。实际上，在人力资源经理所面临的不道德情境中，这两个情境最常被人们提及或引用。把这两种情境都归属于最严重的渎职范畴的比例几乎高达31%。

另一种类型的不道德政治行为（在调查样本中，有超过23%的人认为该行为也是一种最为严重的不道德的行为）是“在与小贩或咨询机构的交往中谋取个人私利这种‘捞外快’的做法”。正如图11.14所示，除了其他一些不道德的行为之外，这些行为虽然也算是，但是它们因自谋私利而构成政治活动的趋势并不明显。

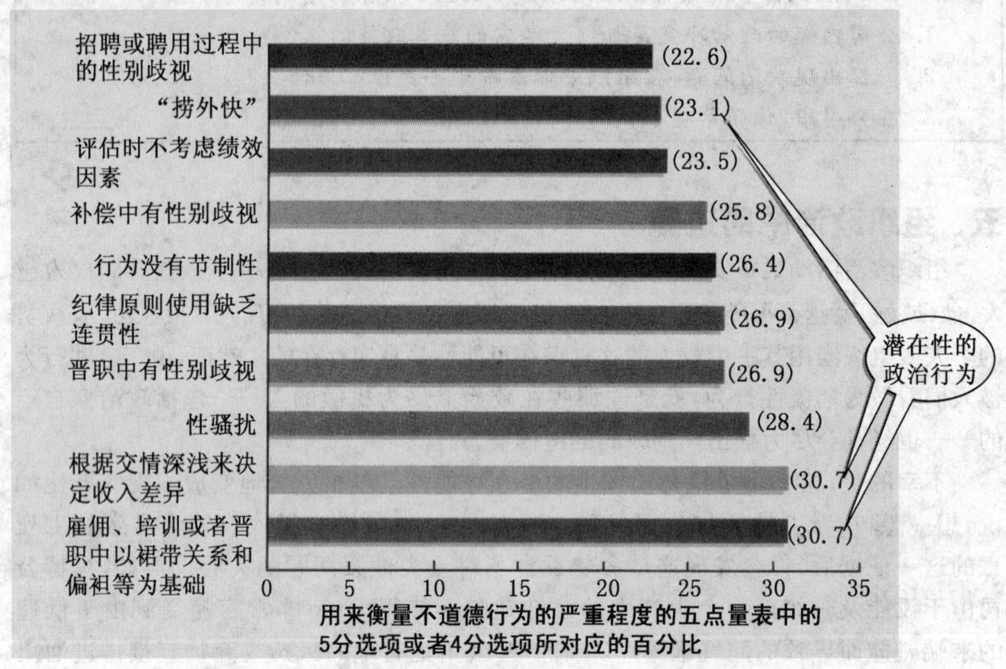


图11.14 位于最不道德行为的列表之首的政治噱头

在对人力资源经理进行的一项调查结果表明，分布最广的不道德行为与政治行为中的尤为不适当的形式有关联，这种形式就是：裙带关系和偏袒。

【资料来源】Based on data reported by the Commerce Clearing House, 1991; see note 80.

一旦这么多主要的不道德行为是一些受政治性因素驱动的牟取私利的行为的话，经理们在处理问题的过程中遇到巨大的困难就不觉得有什么奇怪了。实际上，在被调查的经理中，只有大约一半的经理认为他们在处理一些诸如裙带关系而录用某人之类的问题所产生的不良影响降低至最小程度方面取得了一些成功。由于此类行为对某些人是有利的，从而导致这些行为很难消除。相比之下，基于不敏感（如对他人隐私问题注意不够等）的一些不道德行为在实际处理时相对容易些，因为做这些事情是损人不利己的。

然而，经理们往往没有意识到他们自己在不道德行为中所透露出的政治性偏见。

相反地，他们却认为自己的行为与高层管理者的态度与行为相吻合。值得一提的是，仅有 10%的参加者把不道德行为归因于迫于政治压力，但是却有 56%的人将这些行为归因于高层管理者的态度和行为。他们虽然经常为了一些不道德的行为而指责高层管理者，但是他们也承认高层管理者也还是有德行的。置这些错误行为于不顾，公司管理者们往往会忽视人力资源经理们提高公司价值观的能力。他们的注意力往往更集中于让这些经理们保守最新的有关人事问题的合法性信息。

*良好道德状况超过仅仅对法律的起码性遵守*，而社会还是敦促公司的行为要大大超过伦理的最低限度。正因为这些原因的存在，就不要提什么公司的长期成功了。*但是，人力资源官员们必然会帮助公司制定那些鼓励人事决策要依据绩效而非裙带关系的政策*。[81]考虑到这些潜在性问题可能会出现在那些政治活动多发性的组织当中，这就必须寻求到一些能够约束这些行为的方法。[82]有好几种方法可以实现这样的目的，有关它们的情况请参见表 11.3。

**表 11.3 怎样与组织政治作斗争**

虽然完全消除组织政治是不可能的，但是管理者们可以对其所产生的不良影响予以控制。一些最为有效的方法都总括在这张表中了。

| 建 议 | 情 况 描 述 |
| --- | --- |
| 分清工作期望 | 政治行为受一些模棱两可情境的影响。在一定程度上，管理者通过一些方法可以将政治行为产生的可能性降为最小。 |
| 公开沟通过程 | 当沟通过程公开化了，可以接受调查了，人们以牺牲组织目标为代价达到自己目标的做法就会非常困难了。在整个系统处于所有人监督之下的时候，要想“取走任何东西”就不那么容易了。 |
| 做个好榜样 | 员工们会对高职管理者的行为进行模仿。因此，一个坦率而明智的经理往往鼓励大家行动一致。 |
| 不要对游戏者不道德行为坐视不管 | 应当立刻去正视试图将别人的工作成就归功于自己的员工。不这么做的经理也就传达了这样一条信息——此种行为是可接受的。 |

## (二) 对政治行为的道德评判

虽然没有什么直截了当的方法可以被用来对组织行为进行道德评判，但是还是有章可循的。[83]有关政治行为道德评判方面的核心问题的概况，请参见图 11.15。

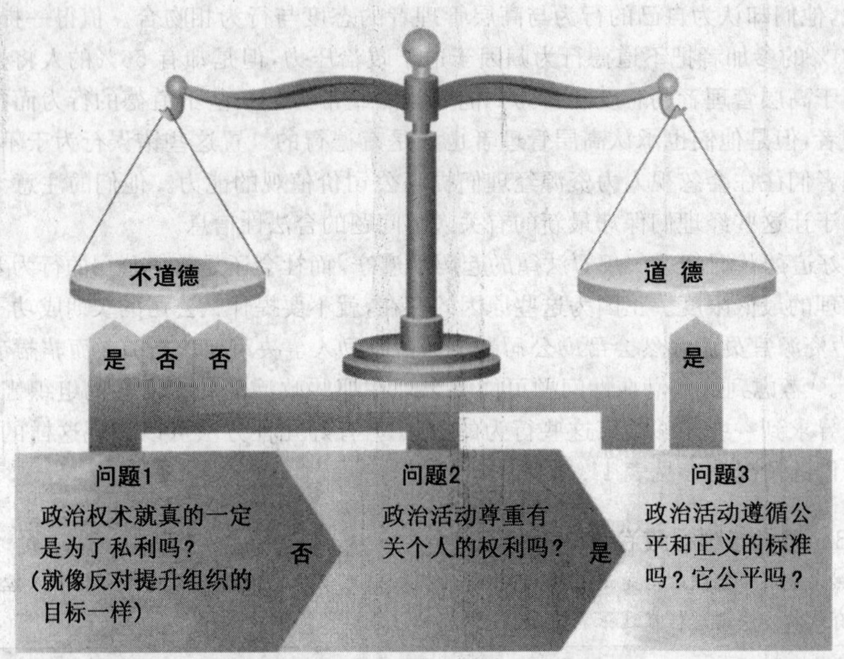


图 11.15 决定道德行为的准则

评价行为的道德性虽然是个非常复杂的问题，但是这里呈现的三个问题可以提供一个比较好的说明。这一流程图表明了进行具有道德性行为的必经之路。

【资料来源】Base on suggestions by Velasquez Moberg & Cavanaugh，1983，see note 83.

### 1. 得到满足的难道就仅仅是个人私利吗？

首先，政治权术真的就一定是为了私利吗？或者可以这样问，它们这些权术有助于达成组织目标吗？如果在政治行为中，只有个人达到了中饱私囊的目的，那么这种政治行为的确可以说成是不道德行为。政治活动虽然不利于达成组织活动，但是情况也并非总是如此。比方说，假想有一个由高层经理组成的团体总是不断地作出不好的决策，这使得组织走向了崩溃。在这种情况下，利用政治权术让这些当权者离开他们的职位或者让他们大权旁落是不是也不道德呢？可能不是吧！实际上，为了造福组织而进行的政治活动只要合法，它们从整体上来说可能就是公正而恰当的，而且也非常有德性。毕竟，它们的出发点是组织利益最大化。

### 2. 隐私权受到了尊重吗？

政治活动尊重那些受其影响的个人隐私权吗？一般而言，侵犯人权的行为当然是不道德的。比如说，那些靠间谍刺探等手段进行的肮脏政治伎俩（如对他人电话等进行窃听)不仅非法,而且不道德。这些行为侵犯了当事人的个人*隐私权利*(*the right to privacy*)。

然而,也许正如你知道的那样,警方有时候可以得到法律的许可去使用一些方式侵犯有关人员的隐私权。当然,这是在更大社区利益处于危险状态时才能这样做。当然,要权衡个人隐私权与社会利益两者孰轻孰重并不是件很容易的事情。诚然,做出此类决策的过程也的确存在误用权力的可能性。因此,社会经常把如何做这些决定委托给法庭。这样做就可以考虑到个人权利以及整个社会的权益。

### 3. 这公平吗?

这种行为遵循公平和公正的标准吗?任何一种靠牺牲一方利益为代价而使另一方获益的不公平手段都是不道德的。对两个素质相仿的人而言,支付给其中一个人的薪酬比另一个人要高就是一个例子。但是,一些注重平等待人的标准本身往往不够明确。这也并不奇怪,相比之下那些更具有权势个体有时会寻求并实施一些看上去公平的规则。这些规则自然对他有利,但这是靠牺牲其他人的利益作为代价的。[84]当然,这反映的是滥用权力。

但是,有时候我们也必须承认有一些违背公正原则的做法其实是正确的。譬如,经理们有可能为那些业绩不够理想的员工所提供的实际薪酬要高于他们基于绩效评定而应该得的份额,但是他们这样做的目的是为了激励这些员工更加全身心地投入他们自己的工作。[85]在这种情况中,公正原则(如人们获得的报酬应该与其作出的贡献相应成比例)虽然被打破了,但是这些经理却有可能坚持认为这样做的结果对员工和组织双方都有利。当然,其他那些没有获得如此慷慨对待的人可能会认为这个结果对他们不公平。很显然,我们在这里并不能把这个复杂的问题阐释清楚。我们的观点是,富有道德性的行为涉及对公正原则的坚持,但是在一定情况中打破这些原则在伦理道德上也是可以接受的。

正如你可能说出的那样,绝大多数涉及伦理道德问题的事情就显得非常复杂。*每考虑一项政治性战略的时候,就应当用这里简要列出的问题来对其可能会产生的潜在性后果进行一番评估*。如果在基于这些考虑之后认为某一实践看来是道德的,那么它在这种情况下就是可以接受的了。然而,如果出现道德问题的话,就应该对备选方案予以考虑了。

## 学习目标的回顾与总结

**1. 区分*社会影响*、*权力*,以及*组织政治*三者之间的差异。**

当某人试图以期望的方式去影响另一个人时,我们就可以说此人用的是*社会影响*。*权力*这一概念是指以期望的方式改变其他人行为或者态度的能力。在未获批准的情况下，通过使用影响其他人的方式达成自己目标的这一做法，我们称之为*组织政治*。

**2. 描述社会影响不同形式的特点。**

社会影响可能以下列形式出现，如*理性说服*、*鼓舞人心*、*磋商*、*迎合*、*交换*、*私人恳求*、*结盟*、*照章办事*以及*施压*等。

**3. 对运用*社会影响*的情境进行描述。**

在期望以不同的水平去影响他人时，比如较高的水平（如磋商和迎合）、较低水平（如鼓舞人心以及施压）以及中等的水平（如交换和私人恳求），在这些不同的情况中，就需要运用不同的做法。总体而言，那些更为开放的带有磋商性质的方法和手段比那些强制性手段要更受欢迎。

**4. 对组织中个人权力的主要类型进行区分。**

**职位权力**是一种随某人在组织中据有的正式职位而来。它包括**奖励性权力**和**强制性权力**，也就是分别掌控奖励和惩罚的权力；**法定性权力**，也就是组织中个人因其组织职位而获得认可的权力；以及**信息性权力**，也就是因握有特殊数据和掌握着特殊知识而获得的权力。**个人权力**则是指因其具有独特品质或特征而获得的权力。它包括**理性说服**，即运用富有逻辑性的论述和事实论据去让他人信服某一观点上可以接受的；**专家性权力**，也就是个人因其较多的学识、技能或者经验等在获得他人认可后而获得的权力；**参照性权力**，即自己因受他人仰慕而拥有了一种影响力；**领袖魅力**，也就是个人所具有的一种有吸引力的人格。

**5. 解释在组织中次级单位权力发展的两种主要方式，如：资源相依性模型和战略列联性模型。**

**资源相依性模型**认为，控制组织资源中最大份额的部门握有权力。**战略列联性模型**对某一部门因有控制另一部门的行为的能力而获得权力的现象进行了解释。该权力可以通过下列一些手段而获增强，这些手段包括有能力减少另一部门所面临的不确定性，在组织中赢得一个中心位置，或者能够履行其他单位不能胜任的职能。

**6. 对组织政治及其可能发生的时间和地点进行描述。**

政治权力可能包括指责和攻击他人、控制获取信息的途径、塑造悦人的形象、发展一个可以获得支持的内部根据地，以及把自己与那些更具权势的人联系在一起。这些权术可能也涉及一些政治游戏，比如维护某人的权威、增强某人权力基础、攻击某人的竞争对手，以及试图促进组织变革。这些行为活动通常会发生在一些模棱两可的情境中（如，组织中那些规章不明晰的职能领域中）。当组织中存在不确定性局面时，在做出一些事关许多短缺资源的重要决策时，以及在组织中各团体有利益冲突但又势均力敌的时候，政治活动很可能就会发生。这些情况在人力资源部门中会出现，在组织发展成熟阶段中也会出现。

**7. 解释组织中出现的与政治行动有关的道德问题**

在以下几个方面政治行动也许是道德的：克服个人贪欲而强化组织利益，尊重个人权力，遵守普遍的公正和公平竞争的标准。组织政治的后果也可以通过一些措施对其予以控制，比如明确工作期望、公开沟通过程、树立良好榜样，以及对游戏者的行为不能视而不见。

## 问题讨论：

(1) 假想教授又一次要你去做家庭作业了。在这种情境中，对他(或她)在影响你的时候所运用的社会权力的不同基础进行一番解释。

(2) 以资源相依性模型和战略列联性模型为基础对你所熟悉的组织中的团体间的权力差异进行描述。

(3) 对一个人在组织中先于他人而可能用到的政治权术和权谋进行描述。

(4) 假设你是人力资源部经理。与其他部门相比，政治行动是不是或多或少地更可能在你的部门中发生？为什么是，又为什么不是？如果更可能的话，这些行为有望是什么样的形式？

(5) 就下面这一说法进行辩论：组织中的用权行为是不道德的。

(6) 要完全消除组织政治虽然不可能，但是对政治行动进行有效的管理却是可能的。请对一些能对付组织政治的手段加以描述。

## 经典案例：

### 案例 1 大众汽车公司的"推土机"：斐迪南·皮耶希

根据各种流传的说法，大众汽车公司新生产的甲克虫汽车无论如何都可以说是一大成功。媒体和消费者都对这种安全性能好、款式吸引人、价格又公道的汽车大为赞赏。公司的会计不能过分地只对已经把顾客们诱回到大众汽车公司特许经销商那里的某一种产品进行赞誉。因为在经销商那里，顾客们开走的其实不仅仅是甲克虫汽车，还包括展厅中展出的各种型号的汽车。由于甲克虫汽车和深孚众望的帕萨特家用轿车具有非常大的市场力量，大众汽车公司的收支报告从 1993 年的亏损 11 亿美元迅速改观为到 1998 年公司赢利已经超过 20 亿美元。业内人士当然并没有忽视这样一个事实，他们都注意到公司的巨大成功与新任首席执行官斐迪南·皮耶希(Ferdinand Piech)的到来是分不开的。

皮耶希在德国汽车工业界具有良好的口碑。早在 20 世纪 60 年代后期，他将宝时捷汽车公司经营成了一个赛车工业界的明星公司。在 20 世纪 70 年代和 80 年代，他通过诸如首次采用全天候四轮驱动技术生产出旅行车(如 the Quattro)等一系列的革新措施而使自己成了公司的技术领袖。考虑到皮耶希有这么多资信，你就用不着为他给大众汽车公司定下的目标——对大众汽车的形象进行重新定位，将其从一个大众化的品牌变成最受人尊重的世界品牌之一——感到奇怪了。但是，你也许对他的这种"手伸得太长"的做法感到奇怪——有人说他的这种做法是专制。

任何在大众工作的人如果对皮耶希的立场感到怀疑的话，他就准备去另谋高就吧。为了巩固自己手中的权力，皮耶希解雇了数十名对他忠诚不够的高层执行官——单在其上任的头三年中就开掉了20个人。为了进一步保证他能够推行自己的意图，皮耶希把管理委员会由原来的9人削减至5人，并自任一把手。在会议上，几乎没人敢讲话，人们害怕冲撞到皮耶希，害怕被他解雇。这样，会议就进行得很快，因为与会者全是些唯唯诺诺的人，他们只想等着去执行命令。

这使得皮耶希能非常自由地去"突袭造访"下面的一些单位，包括作风一向懒散的沃尔夫勃格工厂(Wolfsburg)——在这里皮耶希用"害怕"这种感觉作为驱动剂迫使员工们时时处于警惕状态。但是在那里，他也可能会亲自参与生产、研发以及采购等领域的工作——直到他估计自己对这些领域已经有了完全的控制权。相比之下，其他一些汽车公司中的这些职能大多全是为分公司主管所掌控。皮耶希对大众控制得太紧了，以至于几年前公司经理们以公开信的形式向公司董事长柯劳茨·里森(Klaus Liesen)抱怨皮耶希是"一个具有精神变态特征的家伙"。

然而，皮耶希与劳力公司老板的关系倒不是像上述这种单向的关系。他对这些劳力的控制已远不是一个给予与索取的问题。自从在奥迪公司供职以来，皮耶希就已经通过不裁员这一法宝保持了劳工队伍的忠诚与稳定——他甚至在1993年经济衰退富余员工高达3亿人的情况下仍然恪守这一原则。做为交换，公司的劳工代表们——根据美国法律规定，监督委员会中要留给这些人一半的席位——无论皮耶希做什么都会对他进行支持，包括收购外国汽车公司，如林宝坚尼(Lamborghini)这款车的生产(在这项动议中，他的智慧已经受到了质疑)。

专家们也已经开始对皮耶希铁掌中的大众汽车公司还能表现出怎样的成功感到疑团重重。虽然他已经被誉为"今日商界中最有光彩、最具远见卓识的首席执行官"，但是许多人认为如果皮耶希放松手中的控制权，并且让公司能够在分权共治中享受收支平衡的乐趣的话，从长远看来大众可能会表现得更好。然而，你如果将这一看法说给皮耶希听的话，他可能就会进一步地巩固他的统治地位——然后会告诉你离开时的门在什么地方(叫你走人)。

**问题反思：**

(1) 在经营大众的过程中，皮耶希采用的是什么类型的权力？

(2) 皮耶希与政治游戏有牵连吗？如果有，它们是些什么？

(3) 如果皮耶希出人意料地突然去世了，公司会发生什么情况？

(4) 是什么使皮耶希能够如此牢固地掌控着大众的管理权？

## 案例2 影响、权力和组织政治

**小型商务 2000** 如果你在用蜂窝电话与你的朋友交谈时听到他在电话里告诉你说他们的"心情特好(clouds nine)"一类的话,你很可能会认为他们心情真的很好或者对什么事情感到很高兴。但是,如果他们是从圣地亚哥给你打电话说这番话的话,告诉你的事情就完全不同了——也许是在说他们正在乘一辆能载12人的有篷货车去机场呢。在圣地亚哥,九云(cloud 9)代表着当地一家公司,这家公司控制着圣地亚哥机场地面运输市场这块"蛋糕"中高达75%的份额。

是什么促使我们对九云如此有兴趣呢?原因虽然是多方面的,但是人们尤其感兴趣的是,该公司的领导层是怎样把这家当初接手时形象不佳、员工素质平平、破产了的公司打造成现在的市场领跑者的呢?约翰·霍金斯首先将会告诉你并非是他一个人独自达成了这一目标。用霍金斯的话来讲就是"我们最为重要的财富是人"。他并不是指他的顾客,而是在说他的员工。

霍金斯为了和他的员工之间创造出一种积极性的关系已经做了大量的工作。比如说,霍金斯想让乘坐九云公司有篷车成为一件有乐趣的事情,所以他就叫人将看上去有点怪诞的本公司的商标画在了车上。他也想让在九云公司工作的时光成为一段满富乐趣的人生经历,所以他将公司的商标又印在了员工们所打的领带上。这样做是出于这样的考虑:霍金斯想通过这些小的细节来鼓励员工们去认可这一概念并且对工作充满激情,就像他自己和他的一些经理一样。

在看了这两篇像剪报一样的小短文之后,如果你处在霍金斯的位置上会做些什么呢?

**问题讨论**

(1) 约翰·霍金斯谈论了当初接管圣地亚哥的超级往返运输公司特许经营权的情况,也谈论了在后来怎样把它发展成了如今的九云公司的一些情况。霍金斯是负责人,他认为自己在将一个旧公司的员工带领出来并赢得了他们的支持这一过程中已经取得了成功。你对霍金斯赢得了这种支持有什么感想?你认为霍金斯在组织中是怎样建立起他的权力基础的?

(2) 想一想你所学过的资源相依性模型和战略列联性模型的有关理论,把相关内容记在脑海中,在这时来对九云的团队进行一番辨别,并且指出怎样才能运用自己已经掌握的这些理论模型中一个去为你自己赢得权力。

(3) 九云公司是一家沉沦过又崛起的公司。在它从破产中重新站起来的时候,我们能想到一定有许多双眼睛正在盯着这家公司。我们也知道公司的资源是有限的,你认为经理们可能已经思考过了哪些类型的政治问题呢?在公司的发展时期,你认为政治是个问题吗?说是,为什么?说否,又是为什么呢?

## 技巧库

### (一) 亲历组织行为

#### 1. 你的主管使用什么样的权力?

有一种方法可以知道人们在组织中的社会影响,这种方法就是使用问卷让人们去描述他们主管的行为。从下属对上司的描述中所透露出的稳定行为方式为了解上司的影响力风格提供了强有力的线索。这些问卷与这里所列出的一份问卷相类似。你可以试一试,把这份问卷填写一下,你就能对主观所喜欢的影响方式有个了解了。

#### 2. 指导语

看一看你在多大程度上同意或者不同意下列这些有关主管情况的描述。使用下列尺度来加以回答:

(1) = 非常不赞成
(2) = 不赞成
(3) = 既不赞成也不反对
(4) = 赞成
(5) = 非常赞成

**请选一个与你反应最适宜的数字填在下面的横线上**

#### 3. 我的主管能够

——(1) 推荐我使我获得加薪
——(2) 分配给我一个我不喜欢做的工作
——(3) 明白我想晋升
——(4) 让我的工作生活变得完全不可忍受
——(5) 决定事情如何进行
——(6) 为我提供一些有助于改进我工作的建议
——(7) 理解以一定方式做某事的重要性
——(8) 让我仰慕他(或她)
——(9) 愿意与我分享他那丰富的业务知识
——(10) 让我去喜欢一些他(或她)赞成的事情
——(11) 能够发现出其他人没有认识到的情况
——(12) 把事情阐释得非常富有逻辑性以至于我很想去做这些事情

——(13) 有权获得公司极其重要的资料
——(14) 和大家分享公司未来的远景
——(15) 陈述一些有助于让人信服某事的事实
——(16) 在与我沟通时让我处于昏昏欲睡的状态

### 4. 记分

(1) 将第1句和第3句的分数相加,这就是奖励性权力的得分
(2) 将第2句和第4句的分数相加,这就是强制性权力的得分
(3) 将第5句和第7句的分数相加,这就是法定性权力的得分
(4) 将第6句和第9句的分数相加,这就是专家性权力的得分
(5) 将第8句和第10句的分数相加,这就是参照性权力的得分
(6) 将第11句和第13句的分数相加,这就是信息性权力的得分
(7) 将第12句和第15句的分数相加,这就是理性说服的得分
(8) 将第14句和第16句的分数相加,这就是领袖魅力的得分

### 5. 问题讨论

(1) 主管在哪方面得分最高,哪方面得分最低? 这些结果与你早就已经预料到的结果相符合吗?

(2) 主管的行为方式与你给他(或她)所打的最高分相一致吗? 换句话说,他(或她)符合文中列出的对他行为的描述吗?

(3) 你自己的下属针对你是怎样来回答这些问题的呢?

(4) 你认为在社会影响的这八种形式中,哪一种最为常见,哪一种最不常见? 为什么?

【资料来源】Adapted from Schriesheim & Hinkin, 1990; see note 4.

## (二) 分组练习

### 1. 在组织政治中确认它

理解组织政治的一种好方法是去实践这些不同的政治权术,并且能够在别人描述这些权术的时候对它们进行确认。本练习是伴随着脑海中的这些主体而设计的。你对确认政治生活活动的练习练得越多,你在政治生活活动中就能更好地保护自己。

### 2. 指导语

(1) 将学生分成4组,每组大约4个学生。

(2) 每组随意从本章中描述过的 6 种权术中选择出一种,包括表 11.2 中列出的任何一种政治游戏。

(3) 聚在一起 50 分钟,每一组应当准备一个短剧,并且在这个短剧中表演一下本组选择的政治权术。这些短剧要尽可能反映真实情况,而不是写成书面材料作为回答问题的答案。换句话说,表演中的权力活动要尽可能像你在组织中所看到的那些情况一样地真实。

(4) 每一组都有机会把自己组所编的短剧表演给全班的同学看。你在表演中要自由地宣泄出自己的想法。请不要担心表演得好不好;在手中放张纸条也是可以的。重要的是,要以一种真实的状态来刻画政治权术。

(5) 在每组表演结束之后,全班要能够对剧中所刻画的特定的权术进行确认。这应当能够引起一场讨论,从讨论中可以离析出与答案有关的线索,也可以离析出其他的一些情况,这些情况都可以被变成剧情来对特定的权术进行刻画。

### 3. 问题讨论

(1) 这个班级在区分不同政治权术方面所取得的成功情况如何?是不是对有些权术的描述要比对其他一些权术的描述来得困难?

(2) 根据这些描述,你相信哪些权术最有可能在组织中用得到?这些权术又是在什么样的情况下才用得到?

(3) 你认为哪种政治权术消极影响最大?为什么?

(4) 你认为怎样使用表 11.3 中所提供的建议去消除那些最具消极的政治权术所产生的影响?

## 趋势:今天的企业在做什么?

### 授权:一些著名的成功案例

授权的思想(即与他人分享权力)虽然并不复杂,但是它在组织中通常是以不同的形式出现的。下面是一些大公司在授权实践方面所取得的成功经验。[30]

*施乐公司*　自 1992 年 2 月以来,施乐公司的一项重组计划已经激励着该公司的员工愿意为自己的工作承担更大的责任。这项计划的实施情况没有比位于亚特兰大郊外的施乐公司的分销中心实施得更充分的了。这家分销中心的负责人把 24 位按小时计费的工会工人当成经理人——并且真这样对待他们。他们可以自由地对自己的工作负责,并且按照他们自己的意愿去解决问题。这也正是他们所做的事情。比方说,这些员工已经找到了在垃圾处理(通过回收的方式)、海运成本以及通过使用重量较低的集装架等方面节省成本与开支的方法和途径。他们甚至已经对仓储流程进行了重组,以至于使得 99.9%的订单都可以准时装船发货。基本上也不存在什么缺勤

的现象，而且产量也在戏剧性地上升。施乐公司的官员们现在也正在研究亚特兰大分销中心的成功经验，以期能在公司的其他地方对这些成功经验进行复制。[31]

*奥姆尼宾馆(Omni Hotels)* 在1990年5月，奥姆尼宾馆为了改变员工流动率特别大以及顾客满意度低这种不良的经营状况而实施了一项叫做"一人权力"的项目。这个项目涉及对所有员工的培训，目的是为了让所有的员工能够独立作出有利于顾客的决策——有时甚至意味着对既定规则的变更。一线的员工也被授权去听取顾客的抱怨，并且公司方面会满足员工所提出的要求(只要要求在理性范围之内)。[32]在项目实施一个月之后，顾客满意度上升了16%。一年后，员工的流动率降至42%(从计划实施前的65%一直降至现在这一水平)。自从那时起，这家经营连锁宾馆的公司就从中获得了高额的利润回报。事实上，1998年由J. D. 权力联合会(J. D. Power Associates)进行的调查结果已显示这家宾馆连锁实体已位于宾馆连锁业的前三甲行列。[33]

*普鲁丹谢尔保险公司(Prudential Insurance Company)* 这家大型保险公司的东北区营运中心曾经在很长的一段时间内一直处于效率不高的经营状态。索赔要求需要花很长时间才能归档，经理们对出现的问题及问题的解决也显得无所作为。在对这一状况的流程进行过重新审视和重组之后，高层经理们同意给下层员工们放权。因为这些员工们在实际中离顾客们更近些，而且他们也知道怎样把业务做得更好些。通过对团队进行授权让他们处理自己的索赔业务，这样就使得业务处理时间从原来的10天降至目前的3天。此外，营运成本也下降了12%，顾客服务措施改进了，而且总体收益上升了40%。[34]

这些授权的成功实践非常典型。实际上，我们还可以给出许多其他的好例子。[35]然而，这些事例之所以引人注目，其中的一个原因就是因为它们涉及到一些大型的公司——确切地说是一些权力高层占主导地位的公司。如果授权策略在这些公司中都能够进行得如此成功的话，那么在一些小型公司中推行了此类策略应该要容易得多，因为这些小公司中关于权力的界定并不怎么正式。很显然，规模不同的组织中的领导应该有足够的理由去考虑将自己手中握有的权力下放给那些下属的员工。

# 第十二章 组织中的领导

**学习目标**:学完本章后应能够:

1. 了解*领导*的概念,能够解释领导与*管理*的差异。
2. 能够描述*领导的特质论*,能够鉴别出成功领导者不同于一般人的特质。
3. 能够描述参与式和专制式领导行为。
4. 能够区分出两种基本的领导风格——*员工导向型*和*生产导向型*,并能够解释*方格训练*是如何帮助两种领导风格的领导者完善领导方式的。
5. 能够就领导者和被领导者两者之间的关系来解释出*领导者—成员交换模型*和领导的*归因理论*。
6. 能够描述*领袖魅力型的领导*,并能与*变革型领导*相比较。
7. 能够解释领导效力的*权变理论*。
8. 能够结合领导风格和情境变量的关联概括出*LPC 权变理论*和*领导的情境理论*。
9. 能够解释*目标—路径理论*和*标准化决策理论*。
10. 能够描述出*领导替代理论*,并能够依据理论指出在工作场所中需要领导者存在的情境。

## 预备案例

### Chan Suh:普通的广告公司经理——但……

无论你何时登陆到互联网,随处都可见一些闪动的广告图条——游动的文字、动态的图片极具吸引力。你也许从未想过,这种形式的广告是如何出现的。这可是 Suh 冥思苦想了许久的结果。37 岁的韩国人 Suh 1976 年随母亲移居纽约,他是 Agency. com 公司的创始人及 CEO。Agency. com公司是当今世界上最大的交互式在线广告代理商之一。

交互式在线广告虽然仅占 2 000 亿美元市场份额的 1.5%,可是却蕴含着巨大的潜力。仅 1998 年一年,成立仅 4 年的 Agency. com 公司的规模就扩大了 4 倍,销售额从 1 800 万美元增至8 000万美元。它的客户包括福特、GTE、日立、大都会人寿保险公司以及英国航空公司——使得传统的六大广告代理商羡慕不已。Agency. com 并不像这些公司入驻纽约的高层办公楼——那里铺着豪华的木质地板，一些世故圆滑的经理们在隔间里发号施令。相反，Agency. com公司坐落在曼哈顿一座20层左右、占地面积不大的、名为"时间—生命"的大楼里。这里曾经是装卸码头，通风条件不太好，只是偶尔会粉刷一番。

如同当初的办公室——Suh早先业务的主要资产，他将公司600名才华横溢的员工视为自己的财富。在1995年Suh申请建立Agency. com公司时，银行对他的商业计划嗤之以鼻，但他决心已定。所以，怀着对未来美好的愿望，他和他最初的公司在"时间—生命"大楼（自己创业之前，他在此公司开发了Vibe在线）里开始了创业生涯，Suh抓住了机会，完成了几个项目，其中就有1995年Agency. com公司与*体育解说*频道合作建立一个体育网站。凭借在"时间—生命"的成功经验，他吸引了很多"蓝筹股"客户，从而积累了一定的资金储备。例如：1996年，Agency. com网站的点击率为30万次，而在他接手后的1997年，点击率就上升到400万次。此外，该网站是1998年赢得顾客良好声誉的二十几个公司之一，包括获得了一次克里奥（Clio）广告奖。

对于Agency. com公司，面对互动式广告即将来临的衰退是继续发展还是维持生存，这是他们目前无法回避的问题。Suh意识到，他的公司在未来的18个月中必须加倍努力。客户变得越来越精明，他们不再需要令人费解的小说式的情节，对呼呼作响的炒作声也不再感兴趣，他们要求的是结果，即又回到了最初的广告投资上。Suh知道，这将使他忙于去寻找最具天分和创造力的人——那些和他有同样远见的人，即认为交互式在线广告具有其他形式的广告无法替代的优势。

拥有一个愿景，去追寻。这所有的一切使他勇敢地乘风破浪去创造。毕竟，只有一个真正具有远见、敢为人先的开拓者才会说："我们热衷于在现实中开创未来。"如果Suh的预见仍然像从前那样准确，他就能轻易地达到目标——2003年使Agency. com成为营业额达到10亿美元的公司。毫无疑问，他会成功的。

纵观世界历史上著名的商业领导人,你最认同的是哪一位呢?标准石油的约翰·洛克菲勒(John D. Rockefeller),IBM总裁汤姆·沃森(Tom Watson),通用汽车的艾尔弗雷德·斯劳恩(Alfred Sloan),抑或微软的比尔·盖茨(Bill Gates)?实际上,这些人以及其他一些优秀的商业领导者都早已获得了绝大多数人的认同。

以上所提之人都是在商界取得显赫成绩的卓越领导者,而他们也只不过是众多成功人士中的一小部分。相比而言,像Suh那样名气不大,又要常常为那些大大小小的生意每日奔波的人士却有成千上万。

实际上,如果你想描述Suh在Agency. com公司取得的惊人成就,而不了解他那令人印象深刻的领导风格,那是根本办不到的。就算你在Agency. com公司取得如Suh一样的位置,可能你也很难拥有他那般令人印象深刻的领导(*leadship*)风格。Agengcy. com公司失去他便就很难立足于世,毕竟他那高瞻远瞩的开创精神是Agency. com公司成功的根本。无可厚非,Suh是一个很独特的出类拔萃的人,但同时他也是为求得自己的组织有别于他人而不断克服障碍的人,我们称之为——**领导者(leaders)**。实际上,领导力在公司绩效中是最关键的因素。[1] 正如你所想,领导力的重要性并不受商业组织的限制,领导力在政治、体育以及其他的社会实践中起着关键的作用。[2]

领导在社会科学中被给予更多的重视并成为研究最广泛的概念之一。[3] 为更好地组织有关领导的丰富内容,我们从以下几个方面进行学习:首先,掌握领导的基本概念。例如,什么是领导?为什么领导者同时不一定是管理者?然后,去了解一些领导观,而重点在于领导者的特质和领导者的行为。接着,去熟悉一下一些主要的领导理论,而重点在于领导者与被领导者的关系上的讨论。最后,我们去比较一些领导理论,讨论一下这些领导理论在哪种情形下才能取得更好的领导效力,或者不佳的领导力。

## 一、领导的本质

领导在某种程度上类似于爱情——很多人都知道但却很少有人能够真正地理解和描述出来。那么,什么是领导?如何成为一名领导者?领导者和管理者究竟有什么区别?

### (一) 领导的操作性定义

假设你接受了一份新的工作,进入了一个新工作群体,你如何才能辨识出该群体的领导者呢?当然,一种可能就是通过他的正式职位和在小组中扮演的角色来辨别。简言之,被任命为部门首脑或项目经理的人就是该群体的领导者。

然而设想一下,在几次员工会议上,你会发现某些人并不具有他所处职位应有的影响力。他们拥有正式的权力，然而会议的主导者却可能是他们的下属。这个时候你又怎样定义领导呢？有时，组织中的真正领导者是那些实际操作并保持组织运作的人，而并非是那些仅有头衔而无实权的人。

多数情况下，这种不一致并不存在。拥有最正式的权力的人也应该是最具影响力的人。然而情况并不总是这样，遇到特殊情况时，我们就会视组织中最有影响力的人为领导者。这些事实使人们给领导下了如下的具有可操作性的定义，并且已被大多数专家所认同：领导就是指组织中个人影响其他成员完成既定组织目标的过程（见图 12.1）。[4]

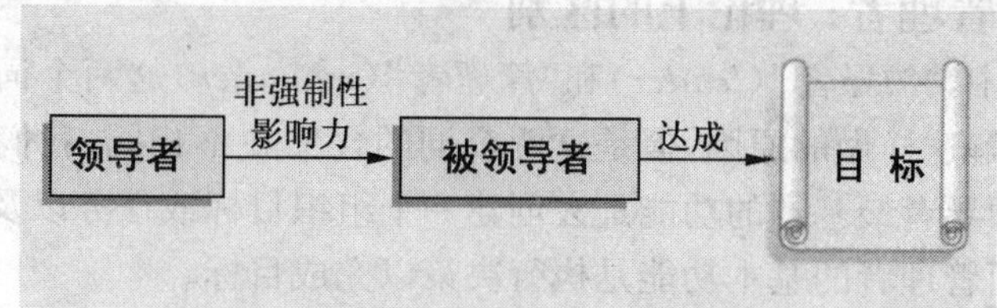


**图 12.1 领导过程：概括**

领导是组织中的*领导者*在非强制性手段下影响*被领导者*完成既定目标的过程。

## 1. 领导拥有非强制性影响力

根据这个定义，领导首先涉及的是影响力——也就是领导者改变组织成员或下属的行为或态度。正如第十一章所讨论的，实施影响力有许多的技术。影响力包括强制性影响力（受影响一方几乎没有选择余地，必须接受）和非强制性影响力（受影响一方可以接受也可以拒绝接受）。一般来说，领导通常指非强制性技术的运用。这就是领导者与*独裁者*（*dictator*）之间的区别。独裁者是以物质或肉体上的强迫手段促使他人完成自己所要求的事情，而领导者却恰恰相反。[5]

在某些时候，领导体现的常常是领导者与被领导者之间的积极情感。换句话说，被领导者之所以接受领导者的领导是因为他们尊敬他、爱戴他、崇拜他——而并不是因为他拥有正式的权力。[6]

**道德问题** 领导通常是建立在非强制性影响的基础之上。然而，在实际运用中，领导者们往往超越这个界限，以强制性手段来影响小组成员，这就很容易导致领导权力的滥用，而不能有效地进行领导。

## 2. 领导影响力是以目标为导向的

这意味着领导具有目的性，它是以达成既定组织目标为目的的。换而言之，也就是说领导者要根据不同的组织目标不断改变下属的行为和态度。领导者很少去关注或去改变下属那些与组织目标无关的行为和态度。

### 3. 领导需要被领导者

通过强调影响力的核心作用,我们对领导的定义意味着领导是双向的。领导者影响着被领导者,反过来,被领导者也影响着领导者。事实上,领导发生在领导者和被领导者之间。毕竟,没有被领导者,领导者就不能称之为领导者。

## (二) 领导者与管理者:理论上的区别

在日常生活中,"*领导者*"(*leader*)和"*管理者*"(*manager*)这两个词经常被交替使用。尽管我们理解这样做的原因,但是这两个词的含义并不相同,我们必须学会区分它们。本质上,领导者最基本的功能是去创建一个组织目标或任务以及制订出完成这个目标的策略;而管理者的基本功能是执行决策以完成目标。

本质上,管理者的工作就是将方法付诸实践以完成领导者的目标。在这儿,管理针对的是工作的复杂性;而领导针对的是工作的多变性。具体而言,管理者是制订计划并监控计划的结果;而领导者则是通过制订宏远规划为管理者提供向导。有影响效力的领导者会使人们相信他们规划的正确性并一同为之奋斗。[7]

这些区别既简单又清晰,但是建立组织目标和执行组织目标之间的差别在实践中经常被混淆(见图 12.2)。这是因为很多领导者(包括一些高层领导者)在建立目标

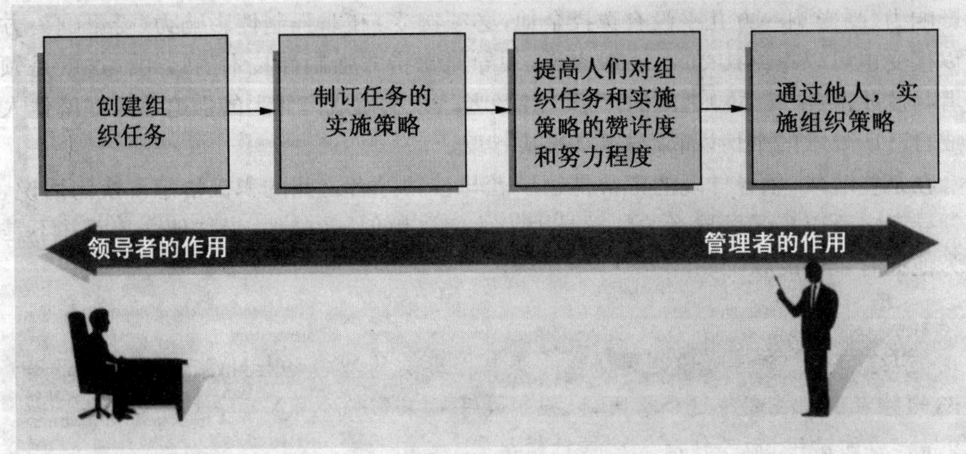


图 12.2 区分管理者与领导者的角色

领导者的功能通常是创建组织任务,而管理者的功能则是通过监督他人来完成这个任务。介于两者之间的是制订任务的实施策略以及激励成员去完成任务。而管理者和领导者皆可实现这些功能。功能的交叠使得管理者和领导者的界限变得更加模糊。

之后为了实现它还经常制订出相应的实施策略，并不断地去增加人们对目标及其实施策略的信心。相反，管理者负责通过他人来实施组织策略。同时，管理者也常常参与实施策略的制订，并常常也做一些为了完成组织目标而去增加员工信心的工作。

总之，管理者和领导者在实践中经常相互扮演对方的角色，这使得我们平时很难区分开领导者和管理者。管理者中一部分人也是领导者，但还有一部分人未必是。同样，领导者当中有一部分人较其他领导者承担了更多的管理角色。一些管理者所从事的更多的是领导者的工作；而有些领导者也常常操持着管理者的事务。虽然领导者和管理者的区别不是很明显，但差异毕竟是客观存在的。因此，我们在本章中将会谨慎地区分领导者和管理者之间的差异。

## 二、领导特质论：具备合适的心理特质

大多数人都梦想着自己有朝一日能成为一名领导者。他们期望能有机会领导一个大团体，赢得别人的信任和尊敬。尽管这种想法十分普遍，但真正能成为领导者的人少之又少。此外，在已成为领导者的人中，只有极小比例的人才能被称为有效领导者。

由此，引来了一个新的问题：如何才能成为有效领导者呢？换句话说，为什么有些人可以脱颖而出，成为有效的领导者呢？目前，研究最为广泛的一种方法就是去研究有效领导者所具备的与普通人不同的特质。简言之，领导者之所以成为领导者，是因为在某些方面他们确实具有与众不同的特性。[8] 这就是所谓的**领导特质论(trait approach to leadership)**。

### (一) 伟人论

有人天生就是领袖吗？从常识上说，好像是这样。过去的一些伟大的领导者，如亚历山大大帝(Alexander the Great)、伊丽莎白女王一世(Queen Elizabeth Ⅰ)、亚伯拉罕·林肯(Abraham Lincoln)，在某些方面确实与众不同。当代的一些伟大的领导者，如科林·鲍威尔(Colin Powell)、罗纳德·里根(Ronald Reagan)和约翰·格伦(John Glenn)也都是如此。无论你对他们感觉如何，你都不得不承认，这些人一旦明白自己想要什么，并在确定远大目标以后，就能以一种超群的能力和气质去完成它。即使是历史上不太知名的一些领导者，也具备一些他们所领导的群体成员所不具备的特质。

**全球问题** 由于我们很熟悉自己文化环境中的领导者，所以在定义“伟人”时，我们首先想到的是这些人。既然我们都很熟悉这些领导者，我们不妨思考一下这些人为什么被称为是“领袖”？我知道世界上有很多伟大的领导者，如英国前首相玛格丽特·撒切尔(Margaret Thatcher)和教皇约翰·保罗二世(John Paul Ⅱ)就是例子。你还能举出其他例子吗？

一些高级行政管理人员、政治家，就连一些体育明星都有着与常人不同的气质。当代理论家有以下一些说法：

> 非常明显，领导者们确实有着自己特有的气质。领导者并不一定是那些伟大的天才或无所不知的人物，但是他们一定要具备"合适的心理特质"，这些心理特质并不是平等地出现在每个人身上的。领导是一项苛求的、严肃的工作，肩负着巨大的压力和责任。如果认为领导者是因为在恰当的时间碰巧遇上了正确的职位，那将会给领导者带来深刻的伤害……在领导的职权范围内（以及在任何其他范围内），每个人都是不同的。[9]

这种研究领导学的方法就是伟人论。根据这个研究方向，我们可以发现伟大的领导者们都有着不同于常人的关键性特质。更重要的是，这套理论显示出了时空变化中各个时代的领袖都具有的共性。

### (二) 伟人所具有的特质

伟大的领袖具有哪些特质？用什么方法可以测量出成功领导者与众不同的特质？研究者们列出了如表 12.1 所述的特质。[10]这些特质中的绝大部分（如驱动力、诚实、正直和自信）无需详述。但另一些特质却不太容易理解，我们作以下解释。[11]

**表 12.1 成功领导者的特质**

成功的领导者往往具备了以下所列的大部分特质。

| 领导的特质或特征 | 描　述 |
| --- | --- |
| 驱动力 | 希望获得成功的渴望、有抱负、精力充沛、坚韧、主动 |
| 诚实和正直性 | 值得信赖、可信、开放 |
| 领导动机 | 渴望影响他人来达到共同的目标 |
| 自信心 | 对自我能力的信任 |
| 认知能力 | 智慧；能够整合并解释大量信息 |
| 商务知识 | 具有行业及相关技术的知识 |
| 创造力 | 能够提出新思想 |
| 灵活性 | 能及时调整自身，适应下属和环境变化的需要 |

### 1. 领导动机：渴望领导他人

怎样定义领导动机呢？所谓领导动机一般指的是一个领导者渴望影响他人的欲望。领导的动机又分两种形式体现出来。一种形式是领导者表现出**个人化的权力动机(personalized power motivation)**，也就是说领导者自始至终寻求权力的本身，渴望领导他人，经常过多地考虑职位的升降。相反，另一种形式是领导者表现出以权力为手段来追寻共同的组织目标。这种被称为**社会化的权力动机(socialized power motivation)**，经常表现在与他人合作之中，积极地、联合地发展网络关系之中。这种形式，总体上更趋向于与下属合作而非主导或控制他们。无需多言，这种领导模式更广泛地被工作群体所接受或采纳。

### 2. 特殊能力

正如你所想，大部分领导者都拥有一些特殊的能力，而这些能力并不总为人们所能想到，比如，对事物的*认知能力*(*cognitive ability*)。不足为奇的是，有效领导者们智慧而又善于整合和解释大量的信息。人们并不要求所有的领导者都是智力天才，有些时候太聪明也是有害的。[12]领导者们聪明而睿智固然好，可人们并不需要他们个个是天才。

**道德问题** 不幸的是，我们已经开始意识到一些高层领导者在道德上有问题的行为——比如，1998 年 12 月差点被弹劾的美国前总统比尔·克林顿。由此可见，成功的领导者应更多地注意道德品质方面的问题。

领导者的另一特质就是*灵活性*(*flexibility*)，即领导者认识事物并灵活处理事物的能力。有资料显示，绝大多数有效的领导者更倾向于体察下情，根据所面临问题的需要以及下属们的需求而采取相应的领导风格。[13]

## 三、领导行为：领导者做什么

领导特质的研究方法侧重于测量领导者不同于常人的特定的性格特征。简言之，就是*看谁是领导者*。这种方法可能是合理的，但由此我们想到，领导者之间的不同不也是往往会表现在他们的行为上吗。也就是说，我们可以通过分析领导者的行为来补充一下领导特质论的不足——也就是去审查一下领导者所做的事。

领导风格的研究具有很大的吸引力，因为它提供了一个乐观的领导过程观。也许我们生来不具备“合适的领导特质”，但是我们通过努力可以做一些“合适的事”。也就是说，我们可做一些事以使我们能成为一名合格的领导者。领导行为的方法论有一个简单而普遍的问题：究竟领导者们应该做些什么，才能使自己的工作更有效呢？下面的讨论，可能会为我们提供一些好的答案。

## (一) 参与型领导行为和专制型领导行为

描述领导行为时，关键的变量就是领导者在多大程度上允许其下属对决策施加影响。描述这些行为主要有两种模式。

### 1. 专制—授权连续模式

回顾一下在你的生活和职业生涯中曾接触过的老板，你能想起谁是那种渴望控制一切、决定一切的人吗？他是否总是告诉人家应该做什么、应该如何做，事无巨细必定一一审核？这类人就是**专制型(autocratic)**领导者。相反，如果老板将所有的事情都让员工自己去决定，那他就充分运用了*授权(delegation)*。

也许你所认识的老板当中还有处于这两种极端之间的——他们请你提出意见并可能采纳，而且还会允许你按照自己的想法去处理事务，这种领导者具有*参与式(participative)*的领导风格；更精确地说，他们还会与你*协商(consulting)*或邀请你*共同决策(joint decision)*。在这种领导下，你能够享受到专制型领导者不能给予的宽松环境，并且体验到完全放任自流的领导者不能给你的约束力。图 12.3 描述了这种**专制—授权型连续模式(autocratic-delegation continuum model)**。

图 12.3 专制—授权连续模式

传统认为，领导者对下属的影响力是从专制型领导行为所具有的影响力(没有影响力)到授权型领导行为所具有的影响力(高影响力)的一个连续统一体。协商和共同决策是决策中参与决策的中间形式。

【资料来源】Based on suggestions by Yukl, 1998; see note 2.

**全球问题** 来自不同文化的人们不一定实践着相同的参与式领导。例如，在瑞典，法律规定员工可以参与工作决策。所以，在那里存在着积极的参与型或民主型的领导风格也就不足为奇了。

专制—授权连续模式描述了领导者在组织决策中的角色，但光凭这点判断领导风格又过于简单。实际上，描述领导者在决策中的参与程度有两个独立的维度。[14]

## 2. 下属参与的双维模式

由于需要一种更精确的研究方法，科学家们提出了**下属参与的双维模式(two-dimensional model of subordinate participation)**。顾名思义，就是用两个维度来描述下属参与决策的程度。

*专制—民主(autocratic-democratic)*维度就是上级允许下属参与决策的限度。极端的专制指的是员工毫无机会参与决策，而极端的民主指的是下属拥有高度的民主决策权。*纵容—指导(permissive-directive)*维度是指领导者指导下属的活动并告知他们该如何做他们的工作。极端的纵容是指不给下属工作上任何的指导，而极端的指导则是指领导者给予下属非常详细的指导。把这两种变量结合在一起，就有如下四种领导风格。见表 12.2。

(1) 指导专制型领导

(2) 纵容专制型领导

(3) 指导民主型领导

(4) 纵容民主型领导

### 表 12.2 下属参与的双维模式

领导者在决策的过程中如何让下属参与和指导下属怎样工作存在不同的领导风格。下面是归纳出来的四种截然不同的领导风格。

| 下属是否被明确告知如何工作？ | 下属们是否被允许参与决策？ | |
|---|---|---|
| | 是(*民主型*) | 否(*专制型*) |
| 是(*指导型*) | **指导民主型领导**(下属参与决策，紧密监督下属) | **指导专制型领导**(单独决策，紧密监督下属) |
| 否(*纵容型*) | **纵容民主型领导**(下属参与决策，给予下属一定的自由度来完成任务) | **纵容专制型领导**(单独决策，给予下属一定的自由度来完成任务) |

【资料来源】Based on suggestions by Muczyk & Reimann，1987；see note 14.

任何试图将人加以区别对待的行为都会引起不必要的麻烦，但这样做似乎又很有道理。许多管理者采取的便是上述的一种领导风格。

根据这两个维度将领导风格划分为几种。每一种领导风格是否清晰可辨？是否存在一种领导风格在很多(如果不是大多数)情境下都优于其他领导风格？很多证据表明，这一论断还值得商榷。上述四种领导风格都具有各自的优、缺点。更重要的是，每一种领导风格所取得的相对成功都与其所处的组织环境和组织所处的发展阶段紧密相连。

举例来说,指导专制型领导者常忽视下属建议而自己决断,并且时刻监督下属的工作。这种方式往往是不受欢迎的,因为它与个人自由的价值观相背。然而,事实上,当员工经验较少或不合格时,抑或是员工对管理者采取敌对态度而迫使管理者不得不紧密观察和监督时,这种领导风格在很多情况下都取得了较大成功。可以想象,这种管理者是不受欢迎的,就如图 12.4 所描述的一位指导专制型领导者一样。

**图 12.4 "链锯"阿尔·邓拉普:指导专制型领导者**

阿尔·邓拉普,以其霸道的监狱式领导方式闻名于商业界。他被称为是商界兰博。他在斯特纸业和阳光公司任职时的大规模裁员让其得了个绰号"链锯"。当 1998 年他在阳光公司被踢出门时,曾经被其裁掉的上千名失业员工拍手称快。

相反地,纵容专制型领导是将下属的建议和自己的判断结合起来的一种领导风格。这种风格比较适合于那些具有较高技术知识、希望独自处理工作的,但又不太愿意参与常规决策的员工(如科学家、工程师以及计算机程序员)。其他两种领导风格——指导民主型领导和纵容民主型领导风格分别适用于特殊的组织情境。领导者关键的任务就是让自己的领导风格适用于组织的需要——或改变自己的领导风格来适应组织的发展和变化。

如果领导者缺乏灵活性又将如何呢?濒临倒闭的人民捷运(People Express)公司就是一个有益的案例。[15]博尔(Don Burr)是这家航空公司的创始人和 CEO,他具有非常明确的管理风格,是一位高度崇尚纵容民主型管理的领导者。他让雇员们积极参与公司许多事务的决策,而且在工作中十分强调自治。他要求公司的每位员工都将自己看做公司的管理者。然而当公司刚刚起步时,这种方式固然很好,但随着公司事务的渐渐复杂化之后,这种领导模式必将带来越来越多的困难。新员工不必要地享受着公司对老员工一样的承诺，如此纵容型的监督机制对于新员工而言就变得没有效果了。另外，随着公司决策的日趋复杂化，这种让员工参与决策的自由性领导方式就会显得越来越不合时宜。不幸的是，高层管理者似乎依然难于改变他们在企业早期成功中所采取的管理手段。加上一些其他的因素，陈旧的领导方式和对日益变化的外部环境的抵触最终导致了人民捷运公司的破产。

总而言之，没有哪一种领导风格是最好的。单一不变的领导风格不可能带来永久的成功。为了确保领导风格适应组织的需要，最重要的就是认清当时的商业环境形势和组织自身条件的不足，这样就能有效地引导组织不断地走向成功（参与型和指导型领导风格的差异在自我管理的工作团队中尤其重要，就如何领导这样的团队，在下面“制胜诀窍”栏目有详细的讨论）。

### 制胜诀窍

#### 自我管理的团队：引导团队成员管理自己

当人们谈到领导者时，他们会认为领导者就是那些替被领导者制订策略，并对所有决定的执行承担责任的人。但是，在今天大部分组织当中，形成*自我管理团队*（*self-managed teams*）占优势。也就是说，团队领导者较之以前而言，已不过多地要求团队成员单一地执行他的决定以完成组织目标。取而代之的是，领导者可能被要求只是去为组织提供特殊的资源，而团队成员则根据被授予的权力可用自己的方式来完成既定的目标。这种情况下，领导者不会注重太多的工作细节，他们只会去帮助下属完成各自的任务。

这意味着，团队领导者应该采取完全不同于传统的“命令—控制”式的领导角色。[16]以下罗列了若干方针，可能有助于你取得成功：

1. *团队领导者与下属之间应建立起相互之间的信任，并激励团队成员之间相互合作，而不是一味地给予工作指导。*这样做的方法之一是在团队成员之间相互鼓励、相互支持，就好像工作团队和客户以及供应商之间的关系一样。另一种关键因素是保持工作的主动性以便更圆满地完成工作。团队领导者还可以树立那些为提高工作质量而作出巨大贡献的人为榜样，改变“说一是一”的教练式作风，以此来激励团队走向成功。

2. *不同于简单的专注于培训个人，团队领导者应更多地注重团队潜能的开发。*这里，领导者主要起的是教练的作用。领导者通过向团队成员提供必要的技能培训、排除干扰成功的壁垒、寻找成功完成任务所必需的资源，以此来帮助团队获得成功。同样，团队领导者还可帮助团队成员树立起自信心，以开发出他们尚未得到开发的潜力。

3. *与"一对一"式的管理不同的是团队领导者应创建团队同一性*。换句话说，就是帮助成员们了解组织的目标并且在领导者的帮助下完成共同的组织目标。团队领导者可以帮助组织建立目标，并及时提醒他们改善业绩、适应需求。当然，计划完成时不要忘记举行一个庆祝仪式。

4. *传统的领导者强调避免个人之间的冲突，而现代团队领导者们却注重团队成员之间的差异*。毋庸置疑，要将团队中不同的个体融合成一个高效有序的整体是一个挑战，但是这是非常重要的。要达到这一点，首先要尊重个体不同的观点，力求保证每个人都有表达自己的观点的机会，并要尊重他们所提出的建议。

5. *传统的领导只对已有的变化作出反应，而团队领导应该能预见和影响变化*。有效的领导者应能认识到，变化是不可避免的(我们将在第十六章重点讨论)，他们能够很好地为即将到来的千变万化做好准备。有效的团队领导者应能不断地追寻到商业环境变化的线索，并能帮助团队成员明确各自的应对方法。

综上所述，团队领导者的领导与传统的指导型领导——乃至参与式领导——是截然不同的。团队的特殊本质使得领导者的工作彼此不相同。辨别出这些差异很容易，但是要恰当地调整领导方式确实是一个很大的挑战——尤其是对那些早已习惯传统领导方式的领导者们。由于现代组织中盛行团队管理，所以进行这些调整是极其重要的。毕竟，用旧式的领导方式来领导新式的团队无疑会导致失败。

## (二) 员工导向的领导者和生产导向的领导者

再回顾一下你在职业生涯中所遇到的各个老板。现在将他们分为两种类型：一类是相对有效的领导者，另一类是相对无效的领导者。这两种类型应如何区分呢?

如果你仔细考虑过这个问题，你的答案可能会是如下两种情况：一种情况是，"领导能力最有效的老板帮助我完成了工作，他们给我建议，回答我的问题，让我能确切地知道他们的期望。而领导能力最无效的老板绝不会这样"。另一种答案是，"领导能力最有效的老板对我体贴入微，他们很友好，倾听我的疑难困惑，帮助我完成我的个人目标。而领导能力最无效的老板绝不会这样"。

1950 年，美国密歇根大学[17]和俄亥俄州立大学[18]进行了大量的研究。研究认为，根据下列的维度划分，可看到领导者之间存在着极大的差异。第一个维度的最右侧是**初始结构型**或**生产导向型**(**initiating structure or production-oriented**)领导者。领导风格位于最右侧的领导者考虑的是为生产而努力完成工作：他们鼓励有组织的工作，要求下属遵循工作制度，设立目标，明确领导者和下属的职责。相反，领导风格位于该维度最左侧的领导者，却较少注意这些行为。

领导风格位于另一维度上方的领导者我们称之为**关怀型**或**员工导向型**(**consideration or person-oriented**)领导者。他们注重与下属建立良好的关系，力求为他们所喜欢。他们主张为下属谋福利，并耐心向下属解释问题，力求保障下属应有的权利。相反，还有一种领导风格的领导人位于该维度的下端，他们并不关心如何与下属相处。

最初的印象，你可能会认为生产导向与员工导向是相对立的——某一维度高，自然另一维度就低。然而事实并非如此，这两种维度实际上具有很大的相对独立性。[19]也就是说，一个领导者可能对生产和员工都很重视，也可能只重视其中之一，当然，也可能重视其中一方而对另一方只是中等程度地重视，等等(参见图 12.5)。

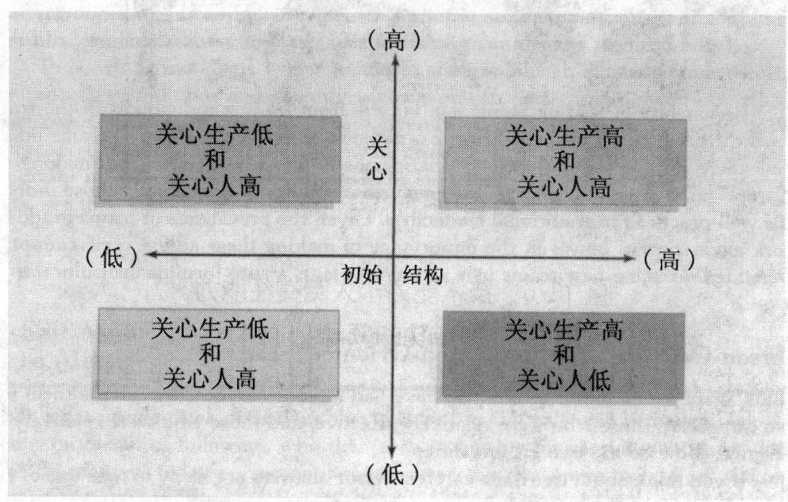


**图 12.5 领导行为的两种基本维度**

领导行为具有关怀型(员工导向型)和初始结构型(生产导向型)两个维度，它在每个维度上表现的特征，都处在低端和高端之间。领导行为在两个维度上的不同组合就构成了不同的领导行为模式。

那么，究竟哪种领导方式最好呢？这确实很难回答。无论生产导向还是员工导向的领导行为都有各自的优缺点。比如，关怀型领导(高度注重人与人之间的关系)最大的优点在于可以优化团队气氛、提高团队士气，[20]而缺点就是领导者往往会羞于表达自己的不同意见或勉为其难地对下属进行工作指导，这也会很难提高生产效率。生产导向型领导(注重提高生产效率以及生产质量)有时能提高效率和绩效，但如果领导者从头到尾只注重生产，员工们就会认为缺少关怀和福利的保障，工作满意度以及组织承诺就会降低。

说到这里，我们不难想像，有一种领导者既关心生产又关心员工。熟练的领导者可以将两方面巧妙融合，从而形成一种全面的领导风格，以取得更好的领导效果。[21]虽然没有任何一种领导风格是完美无瑕的，但若将两者有机结合起来，领导者无疑会获得更好的成就(图 12.6)。用美国陆军中将威廉·G. 巴格尼斯(William G. Pagonis)的话说：

"在技术方面它是一个能手,但它缺少的是与人交往的能力"

**图 12.6 技术能力+人际交往能力=成功的领导**

要想成为成功的领导者,除了要拥有必需的专业技术能力(知道工作如何做)之外,还要拥有足够的人际交往能力。迄今为止,任何一个善于赞同别人的人都有望成为领导者。图中的狗,象征着某些还需要别人点拨才懂得这个道理的人。

【资料来源】*The 5th Wave*, by Rich Tennant, Rockport, MA.

> *一个人若想在领导上取得成功,就必须表现出专业方面的权威和对人的同情心。在我的经验中,这两种特质都是可以被有目的地、有系统地培养出来。个人在这方面的发展,是建构成功领导力的重要基石。*[22]

## (三) 发展成功的领导行为:方格训练

如何才能培养领导者既关心生产又关心员工的行为呢?著名的**方格训练(Grid Training)**所提出的多步骤学习过程,有助于我们习得这两个重要技能。[23]

第一步由一个*方格研讨会*(*grid seminar*)构成——已接受正确的理论学习和技能训练的管理者,去帮助组织成员分析他们各自的管理风格的一个会议。会议中,主要利用了一个特别设计的问卷,该问卷可帮助管理者去判断每个组织成员在关心生产(*concern for production*)和关心人(*concern for people*)两个维度上的位置。每个被试在这两个维度上都被赋予一个分值,分值在1(低)到9(高)分之间。

两个维度的得分都很低的管理者,被赋予分值(1,1)——我们称为*贫乏型管理*

(*impoverished management*);高度重视生产和高度疏于关心员工的管理者,被赋予分值(9,1)——我们称为*任务型管理*(*task management*);与之相反,高度重视员工的管理却是疏于关心生产的,被称为*乡村俱乐部型*(*country club*)管理风格,得分为(1,9)。在两个维度上保持适中态度的管理者则为*中庸型*(*middle-of-the-road*)管理风格,得分为(5,5);最后,高度关心生产和关心员工的管理者,得分为(9,9),这是最理想化的管理风格,我们称之为*团队型管理*(*team management*)。图 12.7 将这几种风格列成图表,这就是著名的*管理方格*(*managerial grid*)。

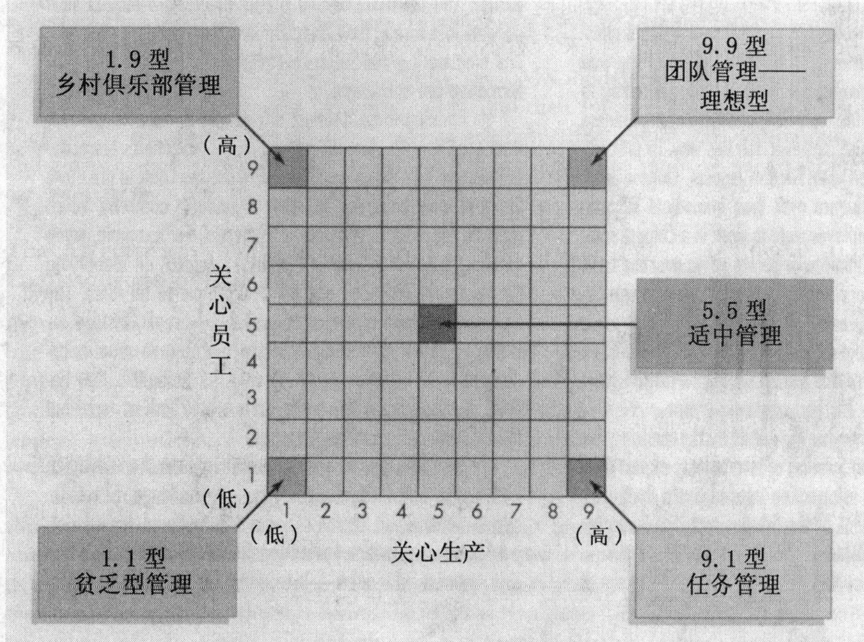


**图 12.7 管理方格**

领导风格可以根据领导者"关心生产"和"关心员工"这两个维度进行描述,并用管理方格加以表示。在方格训练中,人们通过接受在这两方面的高要求培训,而成为有效的领导者。

一旦管理者在方格中的位置被确定之后,方格训练就能根据实际情况逐步提高他们对生产和员工的关心程度,以获得理想分值。管理方格可促进人们在组织范围内更加有效地互动,还能有效地减少群体间相互合作时的摩擦。若再进一步培训,还包括确定组织符合组织战略目标需要的程度,以及比较当前组织绩效与理想绩效之间的差距。接着,制订计划并执行以达到目标;最后,对目标实现的进程不断进行评估,并确定存在的问题。

方格训练被广泛地认为是组织中完善领导行为的有效途径。而实际上,该方法也早已被普遍用于培养人们这两种重要的领导行为。

## 四、领导者和被领导者

迄今，我们都是围绕着领导者的特质和行为展开讨论的，而被领导者多多少少似乎受到了忽视。从某种意义上说，被领导者是领导的根本。没有他们，也就没有所谓的领导。正如李(Lee)所言，"没有被领导者，领导者就没有领导……没有被领导者，约翰·韦恩(John Wayne)就会成为一个孤独的英雄、或者只能成为传奇剧本的一个角色、一个戏剧明星、或一个只能在空空的舞台上自我欣赏的人"。[24]有意思的是，虽然被领导者在领导过程中扮演着重要的角色，然而这个角色在不同国家可能会有所差异。我们可以浏览一下本章"全球组织行为"栏目，来看看不同国家在被领导角色上所存在的巨大差异。

### 全球组织行为

#### 追踪瑞典和中国的领导者

大体上来说，被领导者都很信赖领导者的指导。只有考虑到各国不同的文化背景，我们才会感觉到这种信赖并不像我们想象的那么简单，它也是有区别的。例如，通过比较瑞典和中国两个国家的情况，就会发现这种不同。[25]

调查问卷显示，在通过回答了一组问题后，绝大部分(78%)瑞典人表示为了提高组织效能有时候有必要与直接领导迂回斡旋。[26]而只有三分之一的中国人在问卷中表示出相同的观点。在实践中，中国领导者较瑞典领导者而言，对直接下属更具有影响力。如果一名瑞典员工在中国公司工作，他一般很少请示领导者而单独决策，除非真正有必要。那些中国领导者就可能会感到一定的威胁。反过来，如果一名中国员工在瑞典公司工作，常常会被他的直接主管认为缺少工作主动性，因为他们不会从其他人那里获取信息。

这种不同也许可以解释为一种倾向，中国员工比起瑞典的同行来说，更加倾向于从上司那里获取工作指示。大约只有10%的瑞典员工认为直接主管对他们的工作做出精确指示是非常重要的；而有74%的中国员工持相同意见。瑞典员工很愿意请教组织中的技术专家；而中国员工却更愿意把他们的直接主管看成是惟一可以请教的专家，他们认为如果组织中的主管若没有足够的知识传授他人的话，那将是极丢面子的事情。由于缺乏其他信息来源，组织很容易受到损失。

从国民差异可以看出，瑞典人依靠组织成员发展组织，而中国人则更愿意将领导人的指示视作为权威。但中国人的这种做法，有利于组织的和谐和工作的顺利开展。例如，当计划一个项目时，瑞典领导者注重寻找什么样的职能部门或什么样的人来完成它。而中国人则完全采取另一种方式，他们寻求资历深的人来主持工作，并常能和谐、一致地工作。这样做，既有助于完成现有的工作任务，又发展了未来的人际关系。

我们不能说这两种不同的工作方式哪种更优越。各自的工作方式在各自的国度都比较适合。挑战往往来源于跨越国界的商业发展，了解不同的文化背景并学会接受和适应，这才是领导者成功的本质所在。

被领导者的重要性以及被领导者与领导者之间复杂的、互动的关系早已被组织研究者们广泛认可。主要的领导理论——无论是明确提出的还是含蓄指出——都认为领导是一个双向的过程。我们现在考虑如下两种模式：*领导者—成员交换模式*（*leader-member exchange model*，*LMX*）和领导*归因理论*（*attribution approach*）。

## (一) 领导者—成员交换模式：内团体的重要性

领导者对待所有的下属都是同一种态度吗？非正式的观察研究表明，当然不会。然而，多数领导理论忽略了这个事实。这些理论只是看到了领导者对下属的领导行为的相似之处。**领导者—成员交换模式（leader-member exchange model，简称 LMX）**则旗帜鲜明地提出了认识其潜在差异的重要性。[27]

这个理论指出，出于各种原因，领导者对隶属不同群体的下属有不同的领导关系。*内团体*（*in-group*）的群体将深为领导者所青睐。进入内团体的成员可以获得领导者更多的关心、更多的信息资源（时间和认可程度）；*外团体*（*out-group*）的下属则不被领导所器重。他们不被领导者关心，也很少能从领导者那里获得有价值的资源。领导者根据自己早期与员工之间的关系将他们分成“内团体”成员和“外团体”成员两类。有时，员工可能会因为自己的年龄、性别和个性就足够被列入“内团体”成员的名单。[28]如果领导者十分信任一个员工，尤其是信任他的工作能力，那么他也可能被纳入内团体。[29]

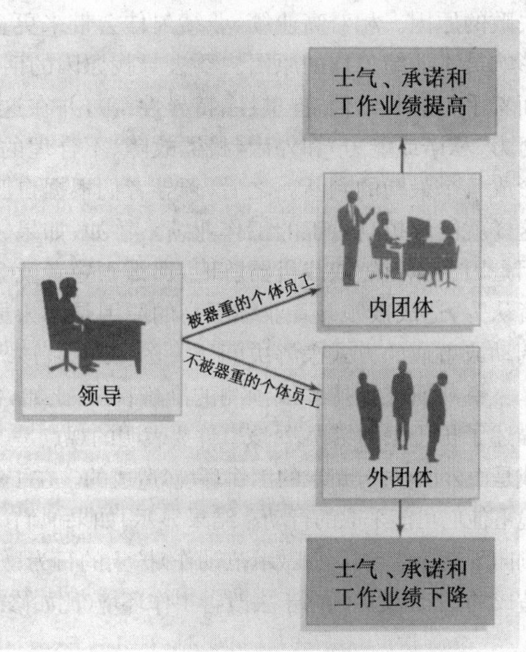


**图 12.8 领导者—成员交换模式(LMX)：总结**

根据领导者—成员交换模式，领导将组织成员分成他们喜欢的(内团体)和不喜欢的(外团体)。内团体成员通常比圈外成员拥有更高的士气、承诺和业绩。

研究表明，领导者更喜欢那些内团体的成员。举例来说，有人发现，领导者高估内团体成员业绩表现的几率远远大于外团体成员。领导者对内团体成员的偏爱大大提高了内团体成员的工作积极性和出色完成任务的信心。[30]内团体成员较外团体成员对自己的工作具有更高的满意度,他们能够更有效地进行自己的工作。[31]内团体成员较少出现离职现象。[32]另外,内团体成员较外团体成员可以更多地获得主管们传授的知识,并能得到有助于成功发展自己事业的帮助(见图 12.8)。[33]

这些研究为领导者—成员交换式理论提供了有益的支持。这类研究启发我们,促进领导者与被领导者之间关系的完善,在某些方面是极其富有意义的。因为,这种相互关系的性质可以强烈地影响员工的士气、承诺和业绩。

## (二) 领导归因理论:领导者对被领导者行为的解释

领导者与被领导者良好的关系能够增强员工的工作满意度、提高他们的业绩,从而发挥出重要的作用。该互动关系的一个方面构成了另一个现代领导理论——领导**归因理论(attribution approach)**。[34]该理论强调领导者对被领导者的行为进行归因的重要性(尤其是对影响被领导者业绩的因素归因)。

领导者们观察被领导者的工作业绩,并努力寻找他们取得成功、超越期望或遭到失败的原因。相对高业绩,业绩欠佳会带来更多的麻烦,所以领导者们更应仔细分析影响员工业绩欠佳的原因。要去寻找原因的话,领导者们可以从第二章所述的几个方面着手(如,一致性、连贯性、特异性等),并在这些信息的基础上,从内因(较低程度的努力、承诺或能力)和外因(机器故障、不合理的期限及疾病等)两个方面去分析,而后形成一个最初的判断。之后,领导者们根据自己的归因,再采取专门的补救措施,也许这样就能够提高员工的工作业绩。譬如,如果领导者认为造成被领导者业绩不高的原因是因为原料短缺或机器陈旧,那么领导者就会着重改善这些客观的条件。如果领导者认为,造成被领导者业绩不高的原因是因为员工不够努力,那么他们就可以用谴责、调动或解雇的方式来解决问题。图 12.9 是该理论的归纳。

一些研究支持了该预测的准确性。[35]比如,在一个研究中,研究者向领导者简要地描述了护士犯的错误。[36]该事件要表明的观点是,错误是由内因(缺乏努力或能力)造成的,或是由外因(过分苛求的工作环境)造成的。在了解到整个事件后,领导者回答了在每种情境下他们可能采取的行动。结果显示,如果他们认为护士的错误是由内因造成的,他们更倾向于直接纠正(比如做示范动作)护士的行为;如果他们认为,护士所犯的错误是由外因造成的,他们就更倾向于去改善工作环境(比如修改工作时间表、更新设备)。

**全球问题** 当我们总结领导者和员工的特性时,不要用一种文化环境里的人们所具有的共性掩盖了他们的个性。例如,普通的韩国人集体主义观念强于个人主义观念,这很可能会误导人们以为新韩国员工不在乎他们个人的薪资级别。

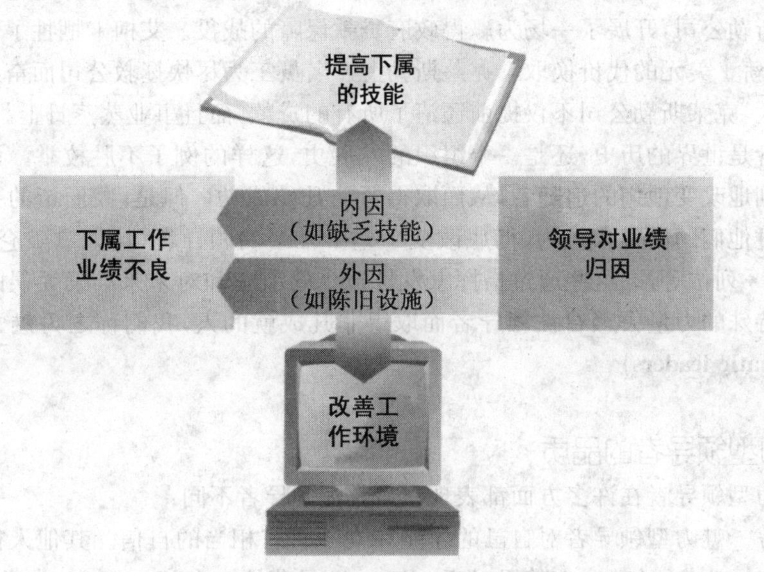


**图 12.9 领导者对被领导者不良业绩的归因**

领导者对被领导者的态度取决于领导者对被领导者业绩的归因。在这个例子中，对被领导者不良业绩的归因，引导着领导者采取不同的行为反应。

总之，归因理论表明，领导者行为经常可反映出他们对员工行为和业绩的归因。领导者既要注重对如何训练影响力的理解，也要注重对如何恰当地运用影响力去影响被领导者的理解。

## 五、变革型领导：卓越的远见

为了使组织兴旺发展——更不用说为了组织的*生存*——组织必须由那些主张变革的个体来领导。领导者必须对未来变化的趋势有个清晰的认识。世界级高层领导者对此都非常赞同。在一次对世界 20 多个国家的首席执行官们(CEOs)进行的大规模调查显示，90%的领导者都认为对未来的洞察力应是领导者必备的重要特质。如果说，有远见的领导者所领导的公司，必定比那些缺乏远见的公司在所有重要的财务方面表现更出色，那就不足为奇了。

是什么使得领导者们能有效地预知未来的变化呢？答案或许能在*魅力型领导*(*charismatic leadership*)和*变革型领导*(*transformational leadership*)两种领导理论中找到。

### (一) 魅力型领导：让我们与众不同

20 世纪 70 年代，许多汽车业的金融分析家都认为克莱斯勒公司即将倒闭。而克莱斯勒的首席执行官,李·艾柯卡(Lee Iacocca)却拒绝接受这一经济评论。他为了拯救克莱斯勒公司,开展了一场为赢得政府贷款保障的战役。艾柯卡牺牲了他的个人利益,以年薪1美元的代价换取了克莱斯勒上万名员工为尽快拯救公司而奋发向上的结果。不久,克莱斯勒公司不仅提前还清了所有的贷款,而且事业蒸蒸日上。

不管是世界的历史,还是一个组织的发展史,这样的例子不胜枚举。许多领导者通过深刻地改变他们的追随者,从而取得了非凡的成功。但是,我们指的并非仅仅是那些通过他们的语言和行为,彻底改变了整个社会的领导者(比如拿破仑、比尔·盖兹、约翰·列侬等)。这些通过指挥家发号施令的信心和对未来准确无误的判断来运用一种特殊的力量去感召被领导者而取得非凡成就的人,我们称之为**魅力型领导者(charismatic leaders)**。

## 1. 魅力型领导者的品质

魅力型领导者在许多方面都表现出与其他领导者不同:

*自信*。魅力型领导者对自己的才能和判断力有相当的自信。其他人很容易意识到这一点。比如,约翰·布赖恩(John Bryan),是萨拉·李(Sara Lee)公司的CEO,他的下属普遍认为他非常熟知自己的下属。

*有远见*。领导者对超出事物本身发展的状态有着敏锐的洞察力,这可使他积极地改变现状。此外,他必须能对事物制定出正确的理想目标,并能愿意为之牺牲以使该理想目标得以实现。这就是艾柯卡可以在克莱斯勒公司处于困境时情愿接受1美元薪水的原因所在。下表12.3还列举了其他魅力型领导人和他们的理想目标。

### 表12.3 一些著名的魅力型领导者和他们预期的目标

魅力型领导者们最显著的特征就是他们为自己的组织明确了一个共同奋斗的愿景,并且不畏艰难去帮助组织达成这一愿景。以下是一些知名领导者以及各自的愿景。

| 魅力型领导 | 公司 | 愿景 |
|---|---|---|
| 斯蒂文·乔布斯 | 苹果电脑公司 | 使计算机简单而实用 |
| 查尔斯·施瓦布 | Charles Schwab | 以合理价格为人们提供高质量的金融服务 |
| 赫伯·凯莱赫 | 西南航空公司 | 让乘客们享受最优秀的航空服务,并获得更大的价值 |
| 玫琳·凯 | 玫琳凯化妆品公司 | 提供高质量的化妆品,帮助她们获得经济上的独立以增强她们女人的自尊 |
| 鲁伯特·默多克 | 新闻集团 | 为全世界的公众提供精确无误的新闻通道 |
| 沃尔特·迪斯尼 | 迪斯尼公司 | 为全世界所有的家庭提供高质量的娱乐 |

*不循规蹈矩的行为*。魅力型领导者常常反传统行事。当他们成功时，他们那超凡的行为常会引来万人的崇拜和仰慕。西南航空公司的成功很大程度上应归因于首席执行官赫伯·凯莱赫(Herb Kelleher)的特异行为。

*变革的代言人*。维持现状是魅力型领导者最大的敌人，因为这些人常常会使许多事情改变。例如，稍后我们将介绍的郭思达(Roberto Goizueta)，正是他才使得可口可乐公司成为美国最受赞赏和利润最高的公司之一。

*环境敏感性*。魅力型的领导者对变革所受到的限制和所需要的资源有着非常现实的认识。他们知道能做什么，不能做什么。

### 2. 魅力型领导者带来的反应

最初，我们判断一个人是否是魅力型领导者是依据他们异于常人的特质。但现在我们还应注意到，魅力型领导者与被领导者之间的关系也很特殊。换句话说，魅力型领导者之所以被认为富有领袖魅力，还因为他们对员工有着特殊的影响，这类影响有：

- 被领导者的工作水平超常发挥；[37]
- 被领导者对领导者无私奉献、高度忠诚以及深深敬仰；[38]
- 被领导者对领导者及其观点的支持具有无限的热情。[39]

一句话，富有魅力的领导者带来的是非常特殊的领导者和被领导者的关系。一位作家说过："一名真正的领导者能引导普通的人在逆境中做出非凡的成就。"[40]

### 3. 魅力型领导者的影响

也许我们能够想象得出，魅力型领导者会给他们下属的行为带来极具戏剧化的影响。由于这些领导者的形象英勇而高大，导致被领导者对他们十分欣赏和拥护，这种满意感往往会被延伸到他们对工作的感觉上。总之，人们喜欢同魅力型领导者一起工作，并在他们的耐心指导下兢兢业业。多数美国总统都被大部分历史学家认为是极富魅力的领导者(就像那些对他们的个性以及对他们面临世界性危机的反应的传记中所注一样)。[41]也就是说，魅力型领导可以带来诸多有益的影响。

然而，富有魅力的领导者不一定都是那些品质高尚的人。实际上，许多臭名昭著的独裁者也是凭着极富魅力的领导才出现在历史舞台上的(如阿道夫·希特勒)。他们怀着非同寻常的愿景，引诱着他们的追随者走向了罪恶之路。

### 4. 魅力型领导者是否必不可缺?

组织中并不总是有魅力型领导的一席之地。通常，只有在困境中才需要这样的领导。[42]举例来说，战争时期，美国将军施瓦茨柯普夫就表达了他战胜伊拉克的愿景并领导他的军队在1991年的海湾战争中打败了伊拉克。美国经济大萧条时的大选中，出现了将美国经济带出困境的富兰克林·D·罗斯福总统。还有更早些时候,20 世纪 70 年代的李·艾柯卡带领克莱斯勒公司摆脱经济困境,从而拯救了整个公司。

同样的,我们不难想象,在当前环境下,领导者如果能够克服自满和骄傲,将具有一笔比资产更大的财富。比如,20 世纪 80 年代晚期,世界上最大的数据库软件供应商——伯兰德国际公司(Borland International)出现财政危机时,极富领袖魅力的总裁兼首席执行官菲利普·凯恩(Philippe R. Kahn)扭转了乾坤。[43]然而,有意思的是,他"野蛮"的领导方式在公司转危为安时却阻碍了公司的运营。

### 5. 魅力型领导的责任

魅力型领导者的奇特之处在于,对这种领导方式的反应不外乎两种,或深深地喜爱(大多数情况如此),或深深地憎恶。这也就不足为怪,为什么世界上很多魅力型领导人,如美国总统约翰·F·肯尼迪(John F. Kennedy)和以色列总理伊扎克·拉宾(Itzak Rabin)都会遭遇不测了。相比之下,缺乏远见的领导者很少会引导一些大的变革,因为那样很容易引发一些刺杀事件而过早结束他们的领导生涯。

## (二) 变革型领导:超越领袖魅力

如果你认为富有领袖魅力的领导与众不同,我同意。然而,要想使你的下属工作更有效率,拥有领袖魅力仅仅是个开始。理论家认为,领袖魅力固然重要,但最成功的领导者还要能不断革新和变革他们的组织。相应地,他们的领导就是所谓的**变革型领导(transformational leadership)**。

### 1. 变革型领导者的特征

变革型领导者具有如下几个特征:首先,如上所述,他们具有领袖魅力——也就是说,对于公司的前景,他们具有很强烈的使命感。正如一位领导理论家所说:"作为领导,如果你能够让颇具吸引力的梦想看起来明天就能变成事实,你的下属就会义无反顾地跟随你。"[44]不妨举例来说,有这样两位极富领袖魅力的领导者提出这样的伟大见解:马丁·路德·金(Martin Luther King),他在《我有一个梦想》的演讲中提出了他对世界和平的看法;而约翰·F·肯尼迪提出了要将人类送上月球,然后在 1970 年之前安全返回地球的想法。

然而,仅凭领袖魅力,要改变一个组织的运行机制是远远不够的。变革型领导还应具备以下特征:

(1) *智力刺激(Intellectual stimulation)*:变革型领导要帮助下属去认识问题和解决问题。

(2) *个别化关怀(Individualized consideration)*:变革型领导要关注每个人,针对每个人的不同情况给予必要的支持、鼓励和关怀,以使其工作更出色。

(3) *感召力*(*Inspirational motivation*):变革型领导可以清晰地表述出公司使命的重要性,并能利用一些象征物(比如别针和标语)来鼓舞士气。

变革型领导者可以唤起下属强烈的情感,他们还可以通过教导的方式(经常称作教导员)来促进下属的转变。[45]变革型领导者这样做的目的,是为了鼓励下属去做自己该做的事情。而魅力型领导者可能使得下属的能力低下,而依赖性却很强。魅力型领导者可能只注重个人的表演,而变革型领导却可以给整个组织带来变化。许多名人都具有很强的领袖魅力,但未必会对下属产生新的变革性影响。比如,一些人崇拜某位摇滚歌星甚至连衣着都会模仿,但这些音乐家却不能激起他们的歌迷去作出些牺牲来革新这个世界。因而,简而言之,领袖魅力只是变革型领导的一部分。

## 2. 一个变革型领导者的轮廓

杰克·韦尔奇(Jack Welch),通用电气(GE)的董事会主席兼首席执行官,就是变革型领导的一个很好的典范。在他的领导下,通用电气在企业经营上经历了很大的变化。[46]从个人角度来讲,通用电气摒弃了以前极端的官僚主义,现在能够更好地听取员工的意见。通用电气能一直在《财富》杂志的"最令人羡慕的公司"年度企业声誉调查中位居前列——包括在1998年排列第一位,这早已不足为奇了。[47]

20世纪80年代,韦尔奇为通用电气购进、售出了许多公司业务。他的指导方针是,通用如果要保留一家公司,这个公司必须在市场份额上属于第一或第二的位置。如果这意味着要关闭工厂、出售资产和解雇员工,那么他做了——并且他也让其他人跟着效仿。毫不奇怪的是,韦尔奇也得到了"中子弹杰克"(Neutron Jack)的绰号。韦尔奇是不是变革了或革新了通用电气?他给通用增值了520亿美元。无疑,他是一个革新者。[48](韦尔奇当然不是惟一的一位变革型领导者,另外一个例子见图12.10)

**图 12.10 雅诗兰黛(Estée Lauder):一位变革型领导**

1998年,雅诗兰黛90岁时已改变了化妆品业。她经过半个世纪开发和获得的化妆业超过美国百货商店化妆品市场45%,是离她最近的竞争对手的3倍。她的那种施催眠术的方法在一些最不平常的商场得到柜台也很有影响力。

## 3. 变革型领导及其效果的测量

科学家们利用一份"*多因素领导力问卷*"(*Multifactor Leadership Questionnaire*)来测量变革型领导。为了使该问卷更完善,同时还要求下属做一份描述上级主管行为的问卷。问卷内容由前面所描述的变革型领导的四个方面构成。

例如，如果下属同意"我的上司让我当和他在一起时感到很自豪"的说法，就可作为领导者具有革新方式的一个指标。同意这个说法的下属越多，那么这个领导就越具有革新能力。该问卷的使用使科学家发现，变革型领导者更趋向于有效地使组织迈向成功之路。

**全球问题** 在一次调查中，研究者将这份问卷分发给新加坡的各中学老师，要求他们对各自的校长进行评价。[49]结果发现，校长越具有革新精神，他们的教职员工的工作满意度就越高，并越忠心于本职工作。再退一步说，校长变革型领导的分值可以预测该校学生的学业成就。

在联邦快递公司，凡是被下属认为具有革新精神的经理们，都趋向于有出色的表现，同时，也是被上司认为是最可能被晋升的人。[50]这项调查以及其他调查揭示了，变革型领导者所带的效益是相当可观的。

当然，去考虑如何才能培养出变革型领导的技能是非常有价值的。对此，我们在表12.4列出了一些重要的指导方针。但你会发现，这些建议理解起来很容易，但执行起来却很难。然而，考虑到最终将要获得的变革型领导的效果，努力还是值得的。

### 表12.4 成为变革型领导者的一些指导方针

要成为一个变革型领导者并不容易；然而，如果遵循下列建议，领导者就能够变革和革新他们的组织。

| 建议 | 解释 |
|---|---|
| 为组织描述一个明确而又足以吸引你下属的愿景。 | 用一个明确而清晰的愿景引导员工一步一步达成组织目标，并使他们感觉良好。 |
| 为实现这一愿景，明确提出一个实施战略。 | 不要为下属设置详细的工作计划；但应该告诉他们达到目标的最佳途径。 |
| 明确表述你对组织的愿景，并将之呈现给他人。 | 愿景不仅要清楚，而且也要具有推动力。可以尝试使用一下轶闻趣事。 |
| 向你下属显示你对该愿景的实现充满信心和乐观。 | 如果领导者本人对成功缺乏信心，那么你的下属绝不会为实现这个目标而努力。 |
| 表现出对员工执行实施战略的能力充满信心。 | 下属必须相信他们能够实现领导的愿景。领导者应该为下属树立起自信心。 |
| 通过在完成最终目标的征途中获得的小小胜利来树立信心。 | 如果一个群体早期有成功的经历，下属就会受到激励而不断努力前进。 |

（续 表）

| 建 议 | 解 释 |
| --- | --- |
| 庆祝每一次取得的成功和成就。 | 正式和非正式的仪式都可以用来庆祝成功。从而建立对未来的乐观精神和高昂士气。 |
| 采取有力措施使组织的价值观形象化。 | 理想目标需要领导者不断采取可表现出其价值的措施来加以强化。例如，领导者要体现出对质量的重视，可以通过销毁一切不符合质量标准的产品来实现。 |
| 树立榜样：行胜于言。 | 领导者充当角色典范。如果他们希望下属做出牺牲，他们就要首先做出牺牲。 |

【资料来源】Based on suggestions by Yukl, 1998; see note 2.

## 六、领导效力的权变理论

现在看来，领导的确是一个复杂的过程。它包括复杂的社会关系，同时还受到一系列的因素影响。既然如此复杂，你会问，研究者们还要花费那么多的时间和精力来解决这些错综复杂的问题吗？答案当然是，有效领导对企业的成功是至关重要的。只有领导有效，组织才会成长、繁荣，才会具有竞争力；没有它，组织就无法生存。**领导权变理论(contingency theories of leadership)**是当代若干领导理论的综合。

这些理论在内容、术语和主题上都大相径庭，但却由两个共同主题相连着。首先，所有采用权变方法（*contingency approach*）的人都知道，没有哪一种领导风格是最好的。组织行为学研究者的关键任务是去决定在哪一种情境下采用哪一种领导风格最有效。其次，所有领导理论都关注领导效力（leader effectiveness）这一主题。换句话说，这些理论寻求的都是，究竟哪种条件或因素能够判断——或在多大程度上能判断——领导者是否提高了下属的工作业绩及满意度。[51]下面描述的理论就属于这类情况：*LPC权变理论*（*LPC contingency theory*），*情境领导理论*（*situational leadership theory*），*路径—目标理论*（*path-goal theory*），*标准化决策理论*（*normative decision theory*）和*领导替代结构*（*substitutes for leadership framework*）。

### （一）LPC权变理论：领导者和任务的匹配

如前所述，与有效领导相关的两类领导行为是：关心人和关心生产。这两类领导行为均可获得成功；然而，要进一步考虑的话，每一种领导行为究竟在什么情况最有效。换句话说，领导者在什么情况下，关心人要比关心生产更有效。

### 1. 理论基础

上述问题，同样为**LPC 权变理论（LPC contingency theory）**（一个广泛被研究的理论）所提出。该理论权变的思想反映在如下这个假设上——领导者对群体取得成功所作的贡献是由领导者个人特质和情境共同决定的。因而，不同的情境下，领导有效性的水平也不同。要想了解领导有效性，我们必须将两种因素都考虑进去。

根据此理论，对*最难共事者（the least preferred coworker，或简称 LPC）*表示尊重，是最重要的个性特征。这是领导者对最难共事者良好的一面和坏的一面的一种评价倾向。如果用消极的词语来描述最难共事者的领导者（即低 LPC 领导者），发现他们主要关心的是出色地完成工作任务。反之，用积极的词语来描述最难共事者的领导者（即高 LPC 领导），倾向于与下属建立良好的关系。一个人的 LPC 分数，可以通过一份问卷来测得。然而，该理论认为一个人的 LPC 是恒定的，也就是说，作为个体领导风格的一个方面，它是不能改变的，而认识到这一点是非常重要的。随着我们后面的解释，我们将认识到，这对于我们将该理论应用于领导有效性的提高有着重要的启示。

那么，究竟哪一种类型的领导者其领导效果更佳：是低 LPC 的领导者还是高 LPC 的领导者？正如“权变”的含义所预示的一样，答案为“不一定”，这还要看情境对领导者支持的程度——也就是说，情境允许领导者控制其下属的程度。这主要由如下三个因素决定：

(1) *领导者与成员关系（leader-member relation）*的性质（也就是，下属对领导者的支持度和忠诚度）。

(2) 任务的*结构化程度（degree of structure）*（也就是，任务目标和下属的角色被清晰描述的程度）。

(3) 领导者的*职位权力（position power）*（也就是，领导者强迫下属依从自己的正式能力）。

综合上述因素，领导者对情境的控制程度可以很高（积极的领导者与成员关系、高度结构化任务和高职位权力）也可以很低（消极的领导者与成员关系、非结构化任务和低职位权力）。

处于这些变化的情境下，哪种类型的领导者最有效？根据该理论，在情境控制程度很高或很低的情况下，低 LPC 的领导者（任务型）要胜过高 LPC 的领导者（关系型）。相反，在情境控制程度中等适度的情况下，高 LPC 的领导者要更胜一筹（图 12.11）。

这些预测的基本原理是合乎情理的。在情境控制程度低的情况下，群体需要相当多的指引来完成任务。因为没有这种指引的话，则将一事无成。举个例子，想象一下一个军事战斗团体和一位不受欢迎的排长。他所取得任何胜利都来自他对即将履行的任务所给予的细致的关注，而不是来自与他要同该团体建立更好一点的关系。

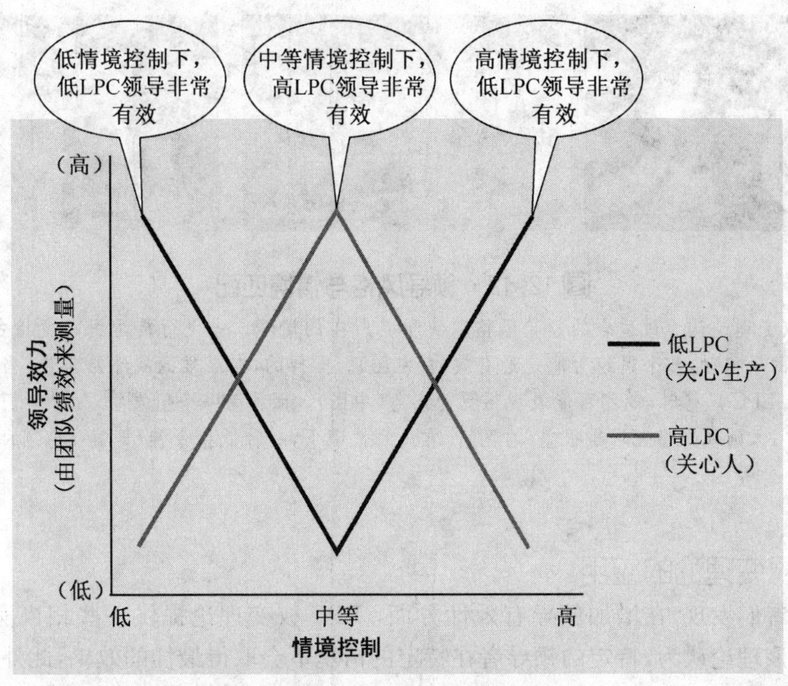


图 12.11 LPC 权变理论：概观

LPC 权变理论认为，低 LPC 领导（任务导向的领导）在情境控制低或高的情况下，都比高 LPC 领导（关心人的领导）有效。在情境控制程度中等的情况下，高 LPC 领导有效。

（实际上，在美国军队中，通常有这样的看法，在突发事件中一个军官即使下达了错误命令，也比不下达任何命令要好得多）低 LPC 的领导者比高 LPC 的领导更容易完成结构化任务，因而在此类情况下，他们通常表现得要出色。

类似的，在情境控制程度高的情况下，低 LPC 的领导表现得也很出色。的确，当领导们深受下属爱戴时，他们的权力不会遭受挑战。而任务对领导者的要求也很清楚，他们只要集中精力于任务就可以了。下属们也希望领导者在此情境下实行控制，而且领导一旦这么做了，他们也会接受。因此，任务也就很容易获得成功。比如说，大家往往期望一个飞行员自己去决定该如何驾驶飞行。大家并不要求他与其他人保持一致，因为他的任务是去把飞机驶向跑道、安全着陆。可以肯定地说，如果他不自己决策，而是不断向副驾驶征求意见，那他的工作有效性就低多了。

然而，领导者面对中等程度的控制情境时，又是另一种情形了。例如，如果一个领导，他与下属之间有着良好的关系，但所面对的是一个非结构化的任务；假如，他的权力也受到一定限制。这种情形就好比一个研发组试图为公司开发出一种具有新用途的产品一样。当然，一个能体谅他人想法和情感的、具有高度教养的领导者——也就是一个高 LPC 的领导者，在这种情境中将是最有成效的。

图 12.12 领导风格与情境匹配

LPC 权变理论认为最适合的领导风格取决于其所在的情境。当飞行员运用高度指令性(也就是低 LPC)的风格时,整个机组可能是最有效的(左图)。同样的,在艰难的战斗形势下,当军队的指挥官采取低 LPC 风格时,他们可能表现得更为出色(中图)。而作为一个研发组,如果他们的领导采取相同的方式,则他们将表现得很差(右图)。在这种情境下,一种低指令性(即高 LPC)的风格将更为有效。

### 2. LPC 权变理论的应用

实践者们发现,在增加领导有效性方面,LPC 权变理论提供一些相当实用的方法。因为该理论认为,特定的领导者在特定的情境下会取得最佳的效果,此外,领导风格是固定的,因此增加领导有效性最好的方法是将合适的领导者与合适的情境相互匹配起来。

这样就会涉及要用一些问卷来评估潜在领导者的 LPC 分值和他所要面临的情境的控制程度。然后,利用这些指标,领导们可以被安排到最适合他们各自领导风格的岗位上去——这一理论我们称为**领导匹配(leader match)**理论。当不太容易改变领导者时,该理论就将重点放在改变情境控制变量上(如:领导与成员关系、任务结构化、领导者的职位权力)。举个例子来说,我们可以将一个高 LPC 的领导分配到一个控制程度极高或极低的情境中工作。但我们也可以试着改变情境(如改变领导和成员的关系、提高或降低领导的岗位权力)来提高或降低所在情境的控制程度。

许多公司,包括西尔斯(Sears)公司,都曾运用过领导匹配理论并获得了成功。事实上,不少研究发现,该理论(至少某一些场合下)在提高群体有效性方面是有效的。

## (二) 情境领导理论:根据情境而调整领导风格

**情境领导理论(situational leadership theory)**也被认为是一种权变理论。因为该理论强调,在任何既定的情境下,都有一种最佳的领导风格。提出这种方法的科学家认为,当领导者能为他所面对的情境选择一种恰当的领导风格时,他就会进行有效的领导。[52]具体地说,领导风格的选择还需取决于被领导者的成熟度(*maturity*)——为自己的行为负责的准备程度。该理论仍基于两个我们已经熟知的因素：*任务行为*(*task behavior*)，即被领导者具备完成任务所必要的知识和技能的程度(也就是他们对帮助和指导的需要)；*关系行为*(*relationship behavior*)，即被领导者希望在没有人指导的情境下工作的意愿程度(也就是他们对情感支持的需求)。

如图 12.13 所示，如果你将这两个相互独立的维度按高低水平相互组合起来的话，就会获得四种不同的情境。每一种情境都对应着一种最有效的领导风格。

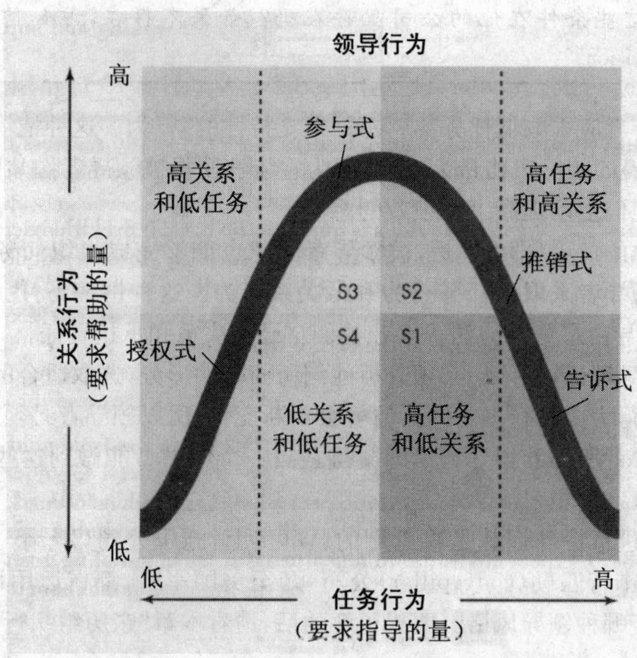


**图 12.13 情境领导理论：它的基本维度**

情境领导理论认为，最恰当的领导风格需取决于被领导者在工作时对情感支持和指导的需求程度。

图中右下角对应的情境(即 S1)下，被领导者需要从领导者处获得大量的指导，但不需要太多情感支持。在此情境下，告诉(*telling*)被领导者应该做什么将是最有用的——给被领导者具体的指导并严密地监督和管理他们的工作。

右上角的情境(即 S2)是，被领导者仍缺乏成功完成任务的技能，但这时他们需要更多的情感支持。在这种情境下，*推销式*(*selling*)可能最有效。领导者提供必要的指导可以弥补被领导者能力的不足，而领导者提供必要的情感支持可以使被领导者情愿遵从领导的吩咐。

左上角的情境(即 S3)是，被领导者只需很少的指导，但需相当多的情感激励。换

**你来做顾问**

一位小型的工具铸模公司的总经理兼创始人对你说："这里没有人尊敬我。他们之所以听从我的唯一理由是，这是我的公司。"而公司的雇员埋怨说，他对他们控制非常严格，不让他们做任何私人的事。

1. 这位总经理应该采取什么样的行为来完善他的领导风格？他应该怎么做？
2. 你认为该总经理目前的领导风格在什么条件下最为有效？
3. 你认为这些条件在他的公司里存在吗？如果不存在，该如何创造出这些条件？

句话说，这时领导者应采取低任务、高关系（即支持性的）行为。这种情境下，一种参与式（*participating*）的领导风格最为有效，因为它能够使得被领导者们共同分享技术和见解，从而增强他们主动提高工作绩效的愿望。

最后，左下角的情境（即 S4）是，被领导者愿意也能够完成组织任务。换言之，这种情境下，需要领导者采取低任务行为和低关系行为。这种情境下，*授权式*（*delegating*）是对待被领导者最好的方法——让他们自己去决策和承担责任。

根据情境领导理论，领导们必须分析他们所面临的形势，选取适合的行为风格，然后按照所选择的行为风格行事。因为情境会不断变化，所以领导者必须经常重新评估情境，给予被领导者所需的指导和情感支持。当一个领导者能做到这些，他也就会成为有效领导者了。

对这些技能进行特殊训练是很有用的。事实上，施乐公司（Xerox）、美孚石油公司（Mobile Oil），卡特匹勒（Caterpillar）公司，乃至美国军队，都在运用该理论训练领导者。（你倾向于哪种领导风格？要想了解的话，请看本章"亲历组织行为"栏目）

### （三）路径—目标理论：领导者作为有价值目标的向导

假如你去问 100 个人，他们想从他们的领导那里获得什么？你会得到什么样的答案呢？当然，答案会多种多样。但其中可能会包含一个共同的主题，"我期望能获得他们的帮助，帮助我达到我认为是有价值的目标"。在领导的**路径—目标理论（path-goal theory）**中，该基本思想起着核心作用。[53]

总的来说，该理论认为，只有当他们觉得领导者能在一定程度上帮他们通过正确手段达到目标时，才会对该领导者表示赞赏。换句话说，有效的领导必须明白员工应该做些什么才能达到他们应该达到的目标，并且能够帮助他们去达到目标。通过说明任务的属性和减少或消除通向目标达成过程中的壁垒，一个领导就会使下属认识到，只要努力地工作，就可以获得良好的绩效，并能最终得到他人的认可和奖励。根据该理论，在这类情况下，下属的工作满意度、动机和绩效就能被大大地提高。

但具体说来，领导者如何才能最好地完成任务呢？用当代的其他领导理论来分析,“这要具体问题具体分析”(事实上,该理论之所以被认为是权变理论,就是这个缘故)。领导者能否最好地完成任务取决于*领导者行为*和某些*偶然因素*之间一种复杂的交互作用。路径—目标理论认为,领导者可采取四种基本的领导风格:

(1) *辅助型或指导型*:领导者致力于向下属提供具体指导并制定工作制度与工作计划。

(2) *支持型*:领导者致力于同下属建立友好的关系以及满足他们的需求。

(3) *参与型*:领导者同员工协商并允许他们参与决策。

(4) *成就取向型*:领导者设置具有挑战性的目标并不断寻求提高绩效的方法。

该理论认为,这四种风格并不相互排斥。同一个领导者可以在不同时间、不同情境中应用它们。的确,灵活性是有效领导的一个重要方面。许多领导者已认识到每种领导风格的重要性,现在许多领导者都已经采用了一种叫做*教练(coaching)*的领导方法。要想具体了解,请看下面的“趋势”栏目。

在这些完全不同的领导风格中,哪种能使下属的满意程度和工作动机最大化?答案取决于两个偶然因素。首先,风格的选择受到下属的某些*个性特征*的影响。例如,如果下属能力很强,那么辅助型的领导风格就不必要了,而宽松的、支持型的领导风格可能会更有效。如果下属能力不太强,那么,应采取的领导风格就应该与上面相反,因为能力差的人需要更多具体的指导来帮助他们达成目标。类似的是,具有强烈归属感需要的被领导者(那些希望与他人亲近、建立友好关系的人)更偏好支持型或参与型的领导风格,而那些成就感需要高的被领导者可能更偏好成就取向的领导风格。

其次,最有效的领导风格也受*工作情境*的影响。例如,路径—目标理论认为,如果任务是非结构化的、非常规的,辅助型领导风格可能是最好的选择,因为下属需要领导者给予更多明确的指导。当任务是常规的、结构化的,这种辅助型的领导风格反过来又会阻碍下属的自我发挥,并为下属所厌恶。下属会认为这个领导者在进行不必要的干预。图 12.14 是路径—目标理论的总体概况。

路径—目标理论在好几个实证研究中都已获得证实。[58] 总的来说,研究结果与该理论衍生出来的预测结果基本上是一致的。因此,路径—目标理论似乎给领导提供了许多有价值的观点,并且,该理论也提出了许多能够测定领导者成功程度的因素。

## (四) 标准化决策理论:员工参与的最佳时机

正如第九章所讨论的,决策是领导者的主要任务之一。实际上,领导位置的一个关键特征是他们是“雄鹿最终停下”的地方,所以一些具体的行动必须实施。由于领导者作出的决策通常对下属有深远的影响,有效的领导主要取决于他们能否恰当地完成这个任务。从公司长远的利益来看,决策英明的领导比决策糟糕的领导更有效率。但是领导如何才能做出好的决策呢?如前所述,决策中的员工参与是组织情境下的一

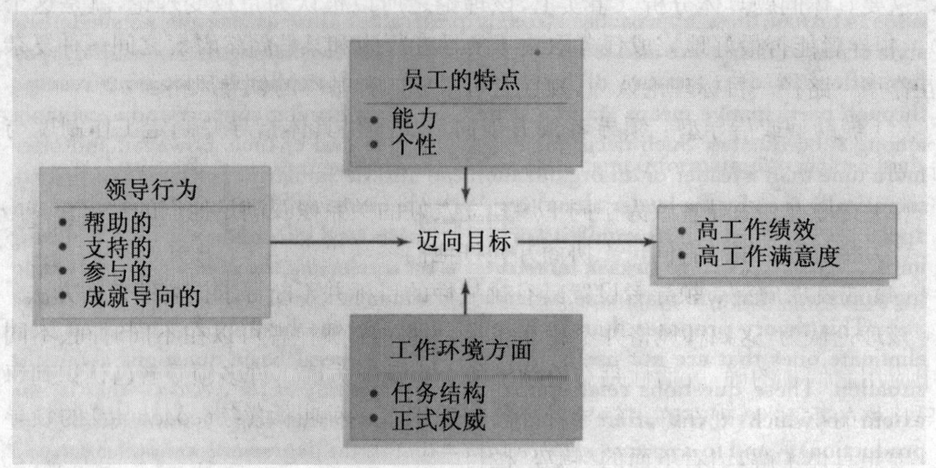


**图 12.14 路径—目标理论：总体概况**

根据路径—目标理论，当员工们认识到领导者能帮助他们达成有价值的目标时，就能够提高员工的工作动机和满意度。因此，当领导者的领导风格符合员工的需要、员工的个性特征（如，经验水平）和工作环境的特征（如，当前的任务要求）时，这种认识就得到了鼓励。

个重要变量，这些情境可能会涉及工作满意度、工作压力和生产力等指标。因此，领导者如何处理这个问题是影响他们领导有效性的关键。

领导者应该允许员工多大程度地参与决策过程呢？标准化决策理论（normative decision theory）可能会提供一个最佳答案。[59]该理论认为领导者进行决策通常有五种策略。这些方法归纳如表 12.5。如你所见，这些方法中有完全专制型领导的单独决策法，也有完全参与型领导的团体决策法。

## 表 12.5 决策的潜在策略

据弗洛姆（Vroom）和耶顿（Yetton）的观点，领导者做决策时通常采用如下五种策略之一：

| 决策策略 | 描述 |
|---|---|
| AⅠ（专制型） | 领导者单方面地利用可获得的信息解决问题或进行决策。 |
| AⅡ（专制型） | 领导者从员工处获得必要信息，但单独决策。 |
| CⅠ（协商型） | 领导者与员工单独讨论问题，然后单独决策。 |
| CⅡ（协商型） | 领导者与员工团体会面讨论问题，然后单独决策。 |
| GⅡ（团体决策） | 领导者与员工团体会面讨论问题，在达成一致意见后进行决策。 |

【资料来源】Based on suggestions from Vroom & Yetton, 1973; see note 59.

究竟哪一个策略最好呢？正如没有一种最好的领导风格一样，也没有一种最好的决策策略。每一种策略都有成本效益问题。例如员工参与进行决策，意味着领导者会得到更多的支持，也意味着决策会有更多的员工接受。然而，决策的过程却很费时，而过长的时间成本常常是一位领导者或一个公司难以承受的。同样的，靠领导者个人决策，更快、更有效率，但可能会在员工中引起不满，贯彻实施时也可能会遭遇到更多的阻力。领导者所面临的一个主要任务是，去选择一个独特的决策策略，使得我们能以最小的成本获得最大的收益。为此，我们如何才能做到鱼和熊掌兼得？

这个理论建议领导们应该选择一个最好的决策策略，至少排除掉那些没用的策略——通过回答有关情境的几个基本问题。这些问题基本上是有关*决策质量*(*quality of the decision*)的——即，对重要的群体加工(如，沟通和生产)的影响程度；*决策赞许度*(*acceptance of the decision*)——也就是决策执行的员工对该决策的接受程度。例如，关于决策质量，领导者应该问一些这样的问题：做一个高质量的决策有必要吗？有足够的信息支持我做这样的决策吗？这些问题是否有好的结构？关于决策赞同，领导者应该问一些这样的问题：下属能否让接受并有效执行决策？通过该问题的解决，公司目标将被达到，这时领导者能否与下属共同分享这一目标呢？

根据标准化决策理论的观点，通过回答上述问题并能够应用表 12.6 中所示的特

**表 12.6　标准化决策理论中的决策规则**

通过这些规则的应用，领导们能够排除一些在特定情境下无效的决策策略，并能选出哪些可能是最有效的策略。

| 旨在保证决策质量的原则 | | 旨在保证决策赞许的原则 | |
|---|---|---|---|
| 领导者信息原则 | 如果决策质量是重要的，而你没有足够的信息或经验来单独解决问题，排除专制型领导风格。 | 赞许原则 | 如果下属的决策赞许对决策的有效履行是很重要的，排除专制型领导风格。 |
| 目标一致原则 | 如果决策质量是重要的，而且下属不可能做出正确的决策，排除高度参与型领导风格。 | 冲突原则 | 如果下属的决策赞许对决策的有效履行是很重要的，而且他们对某些目标的达成持有冲突的观点，排除专制型领导风格。 |
| 非结构化问题原则 | 如果决策质量是重要的，但你缺少足够信息和经验，并且这个问题没有良好结构，排除专制型领导风格。 | 公平原则 | 如果决策质量不重要，但是决策赞许很重要，可利用最具参与型的领导风格。 |
| | | 赞许优先原则 | 如果决策赞许很重要，而决策并不一定来自专制型决策，下属也无法被激励以达成公司目标，可利用高度参与型领导风格。 |

殊规则，就可排除掉一些达成既定决策的方法。所剩下的就构成了一组具有可行性的、至少是潜在的能够用来达成必要决策的方法。

为了使这个过程简单化，我们可以利用图 12.15 所示的决策树。在决策树中，管理者从左边开始，依次回答每个字母（如 A，B，C 等）下的问题。随着管理者依次回答完每一个问题，具有可行性的方法就减少了。例如，假如有一个经理的答案如下：

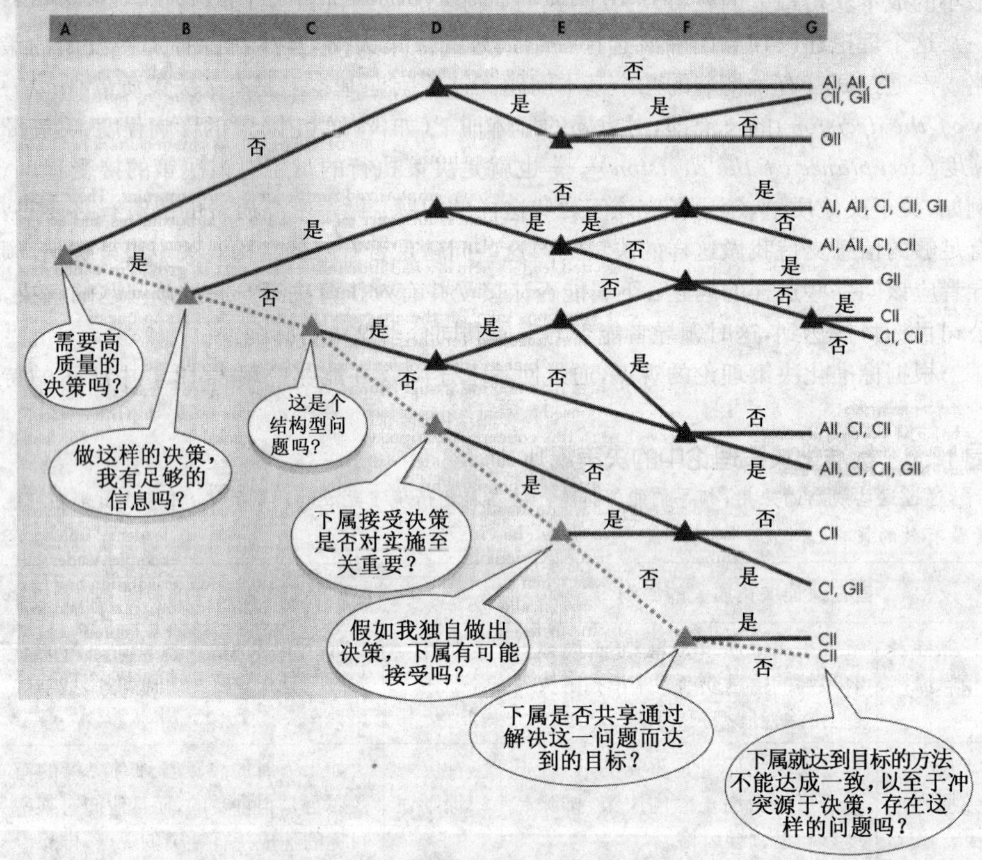


**图 12.15 标准化决策理论：一个例子**

通过回答下列问题，在决策树中，可确定一条路径。领导者由此可获得一个在特定情境下的有效决策策略。问题 A 到问题 G 的答案用虚线连接起来，就形成如图所示的一个路径：

【资料来源】Based on suggestions by Vroom & Yetton, 1973; see note 59.

- 问题 A：是——一个高质量的决策是需要的。
- 问题 B：否——领导没有足够的信息来单独做一个高质量的决策。
- 问题 C：否——问题没有良好的结构。

● 问题 D：是——下属对决策的赞许，对决策的履行十分重要。
● 问题 E：否——如果领导单独做决策，下属可能不接受它。
● 问题 F：否——下属不共享组织目标。
● 问题 G：是——下属之间的冲突可能源于决策。

从这些回答中，你可以得出这样一个结论：只有一种决策方法可行，就是下属的完全参与（得出这个结论的路线可由图 12.15 中的虚线显示出来）。当然，这七个主要问题中的任何一题的答案不同，都会得到不同的结论。

标准化决策理论非常有说服力，因为它完全重视在决策中员工参与的重要性，而且它为领导者的决策提供了一个在不同方法中进行选择的、明确的指导。然而，就像每个理论都会遭遇到的问题那样：该理论是否有效？换句话说，该理论关于不同情境下的最有效的领导风格的建议确切吗？旨在验证这个理论的研究结果都非常鼓舞人心。

该理论的最新版本更为复杂：有十二个有关权变的问题，而不是七个；有五个备选选项，而不再是简单地回答“是”或“否”。事实上，改编过的版本是如此复杂，以致必须要用一个计算机程序来代替决策树。即便如此，初步证据显示，改编后的理论比原始的理论要有效得多（虽然要在这里描述它是一件非常困难的事）。

不管是更加复杂的新版本还是最初的版本，该理论在促进我们对领导的理解方面来说，都有着突出的贡献。如今，让下属广泛参与到决策过程中非常流行，因此标准化决策理论是非常有用的，它在提高任务绩效方面能为领导者提供一个清晰的指导。

## （五）领导替代物：当领导成为多余

在这一章中，我们都在强调，领导者是重要的。他们的风格、行为和领导有效度对下属和公司有重要影响。然而，几乎每个人都在观察或已经成为某个组织群体的一部分。在有些群体里，被指定的领导者事实上只有很小的影响力，也就是说，在这样的群体里，被指定的领导者只是徒有虚名的领导者，他对下属的影响力甚小。对这类情况，从领导者的个性特征进行的一种解释是：他们个性懦弱且不胜任工作。但目前，这种解释已受到了许多的质疑。因为，还有一种可能造成领导者影响力微弱：在某种情境下，其他的一些因素替代了领导者的影响力，它使得领导者变得多余或中和了领导者的影响力。这就是人们所熟知的**领导替代（substitutes for leadership）**理论。[60]

根据这个概念的观点，有一些因素使得领导者再也无法对下属产生影响力——即，这些因素*中和了（或抵消了）*领导者的作用。例如，领导者对那些无所谓于领导者所控制的奖酬的下属，可能影响力就会很微弱。因此，领导者的影响力被该因素抵消了。如果情境使领导者的影响力变得多余，也就是说，其他因素替代了领导，那么领导也就会变得无关紧要了。例如，当下属的工作高度专业化并令他们感到非常的满意，那么领导可能就变得多余了。简言之，当领导者的影响力被其他因素中和或替代时，他的影响力就最大限度地被限制了。

许多变量都可能造成这种结果。因此，我们可能会问：究竟在什么样的情况下，领导者对下属的工作绩效只有有限的影响呢？答案有三种：第一，如上所述，员工不同的个性特征，可能会使领导变得多余。例如，下属在具有优秀的专业知识、高度的责任感和丰富的经验时，任何人告诉他该做什么和怎样做都已显得多余。第二，如果工作结构化良好，工作本身就有明确的指导时，那么来自领导者的影响力同样也显得多余。例如，只需极少指导的高度规范化的工作，而且工作本身有足够的吸引力可以激励员工，这时，来自领导者的激励和各种刺激也是多余的。第三，组织的不同特征也会使领导变得多余。例如，各种工作规范和员工间强烈的情感关系也会直接地影响工作绩效，并使领导变得多余。与此相似的是，与工作关联的技术很大程度上也会影响到员工的决策和行动，这也给领导者影响力的存在留下很小的空间。

这些论断已得到一些研究的证实。[61]比如，在一项研究中，研究者们抽取了大量员工，让他们完成一份测量领导行为和领导替代分别对工作影响程度的认知测验，并测得员工的工作绩效和工作态度。[62]结果发现，工作绩效和工作态度更多地和不同的领导替代相关联而不是领导行为，这与该理论的观点是一致的。

如果领导者在许多情况下都是多余的，为什么我们又常常忽视这个问题呢？一种可能性是，人们总有一种很强的把领导行为*浪漫化*（*romanticize*）的倾向，也就是说，人们倾向于把领导看得比它实际上更为重要、更与工作绩效关系密切。[63]在另一个研究中，研究者测试了这个可能性，他们提供给 MBA 的学生一组非常详细的有关某个假想公司的财政方面的资料，这组资料中有一段内容是有关该公司工作的核心实力。然而，这一部分在内容上是不同的，实验中的四组学生，每一组都有一个不同的版本。这四个版本的资料分别把公司的运作情况归因于最高层的管理、员工素质、不断变化的消费者需求和偏好模式以及联邦政府的调节政策。

在读了所提供的上述资料和该公司的其他信息之后，被试主要从两个方面来评价了该公司的总体状况：获利能力和风险性。当把公司的业绩主要归因于最高层的管理时，被试对该公司的评价就越好，据推断，这是因为人们有一种过高估计领导行为重要性的倾向。如图 12.16 所示，这的确是事实。对这个假想公司作出高赢利和低风险评价的被试，是那些阅读了“公司是以领导为本”的资料被试，而不是其他被试。

这些研究成果（以及其他研究成果）帮助我们解释了为什么领导者常常被认为是很重要的和很必须的，即使他们很大程度上是多余的。但要注意的是，这并不意味着领导者通常不重要。相反，领导者在工作群体中和公司里常常发挥着重要的作用。但我们要意识到情况总有例外，他们相对公司的必要性并非绝对。

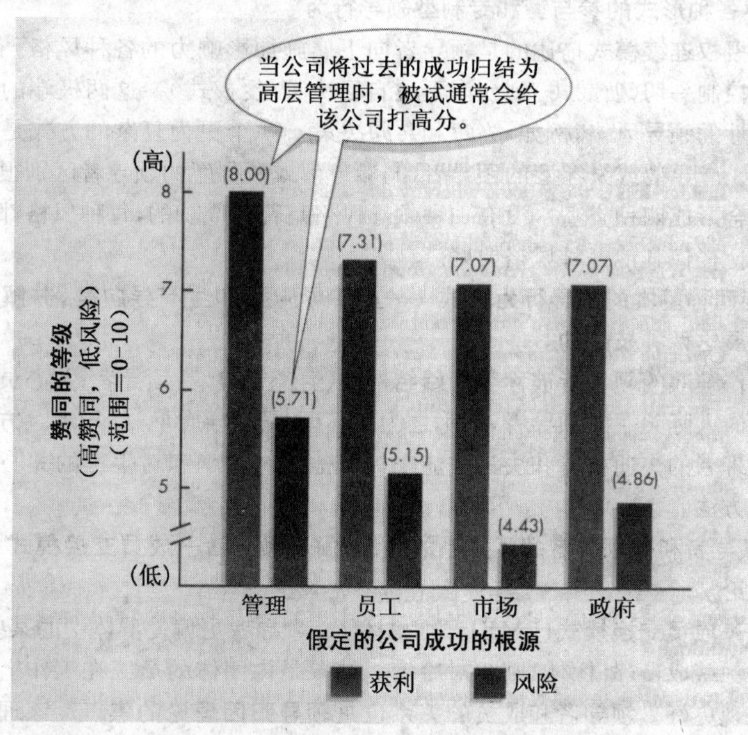


图 12.16 高估领导重要性的研究证据

研究结果表明，将假想公司的成功归因于最高层的管理的被试，通常比其他被试更倾向于认为该公司有发展前途（高利润、低风险）。这证明了，人们通常会把领导浪漫化，而过分估计了它在许多领域中的影响。

【资料来源】Based on data reported by Meindl & Ehrlich, 1987; see note 63.

## 学习目标回顾与总结

**1. 描述领导的定义，辨析领导与管理。**

**领导**是指一个人影响其他群体成员达到既定群体或组织目标的过程。领导者通常使用非强制性影响力的形式，此外，领导者受到被领导者的影响。*领导者*确定群体或组织任务，并提出达成该任务的策略，然后由*管理者*协助执行策略、完成任务。这个区别常常在实践中被混淆。

**2. 描述领导特质论，并指出该理论是如何区分成功领导者和普通人的？**

**领导特质论**，通常也叫**伟人论**，该理论认为成功的领导者具有与普通人不同的特质。这些人在**领导动机**（即，渴望成为一位领导者）、驱动力、诚实、自信心等特质上的得分都高于常人。成功的领导者也倾向于表现出更强的灵活性，也就是说，他们的领导风格能够不断调整以适应被领导者和特殊情境的需要。

**3. 描述各种形式的参与型和专制型领导行为。**

**专制—授权连续模式**描述的是领导者向下属施加影响力的各种风格。这些风格的范围可从控制一切(*独裁式*)到允许下属自己决策(*授权式*)。这两极端的中间风格是更富参与性的领导风格,例如,*协商*和*共同决策*。一个更为复杂的方式是**下属参与的双维模式**。*指导型*或*纵容型*的领导者,与*参与型*或*专制型*的领导者区别很大。这两个维度的组合形成四种类型。没有一种领导风格是普遍成功的,每种风格都可在一特定的情境下比任何其他一种风格要好。

**4. 辨别两种基本的领导行为形式——*员工导向型*和*生产导向型*,并解释*方格训练*是如何发展这两种技能的。**

关心工作绩效的领导者被称为**初始结构型**(*生产导向型*)领导者;关心员工并与员工维持良好的人际关系的领导者,被称之为**关怀型**(*员工导向型*)领导者。**方格训练**是通过培训管理者的沟通技能和决策技能来提高他们对员工和对生产的关心程度的一种系统培训方法。

**5. 从领导者和被领导者之间关系的角度,解释*领导者—成员交换模式(LMX)*和*领导归因理论*。**

**领导者—成员交换模式(LMX)**详细描述了:领导者更偏爱群体中的某些成员(内团体),对另一些成员(外团体)则相对冷漠。结果是内团体的员工在工作上要比外团体的员工表现更好。领导者和成员的关系也是**领导归因理论**的焦点。该理论强调领导者对下属工作绩效潜在原因的评估。特别是,当领导者发现员工的不佳绩效源自内因时,他们会帮助员工完善自我;当不佳绩效源自外因时,领导者就会把注意力指向改变工作环境的相关方面。

**6. 描述*魅力型*领导,并将之与变革型领导相比较。**

**魅力型领导者**会对被领导者的信仰、认知及行动产生深远的影响。这类领导者和下属有着一种特殊的关系,并能激励下属取得高绩效、保持高忠诚度和高热情。魅力型领导者具有高度的自信心,并能提出一个明确、清晰的愿景,行为不循规蹈矩,通常他们被认为是变革的代言人,对环境的限制非常敏感。**变革型领导者**,除了具备领袖的魅力之外,还能变革和革新组织。这类领导者通常具备向下属提供智力激发、个人关怀以及具备感召力等特征,他们的领导通常更有效。

**7. 解释领导效力的权变理论。**

**领导的权变理论**认为并不存在一种最好的领导风格。最有效的领导风格通常被认为决定于领导者所面对的特殊情境。

**8. 从领导风格和情境变量之间联系的角度来概括*LPC 权变理论*和*情境领导理论*。**

**LPC 权变理论**认为领导者的个性特征和各种环境因素决定了群体的工作效率。在领导者情境控制程度高或低的情况下,任务导向型的领导者(低 LPC 的领导者)要比关系导向型的领导者(高 LPC 的领导者)在领导上更有效力。当领导者情境控制程度中等的情境下,关系导向型的领导者在领导上显得更有效力。**情境领导理论**认为最有效的领导风格:*授权式*、*参与式*、*推销式*或*告知式*都由员工需要多大程度的引导、指导和情感支持而定。有效领导者应能分析他们当前所处的情境,选择出适当的行为风格。

**9. 解释路径—目标理论和标准化决策理论。**

**领导的路径—目标理论**认为领导者的行为如果在一定程度上能帮助员工达成他们自己的有价值的目标,就能被员工接受并能大大增强他们的动机。而当领导者的行为能够提供一些引导,或工作环境的情况不明的情况下,领导者的行为也容易被接受。**标准化决策理论**把决策看成领导有效性的一个关键性决定因素,它明确说明了不同的工作情境要求不同的决策风格(如专制式、协商式、参与式)。要选择一个既定情境下最适当的决策风格,可通过回答以下这类问题获取:所需决策的质量问题和下属赞许度的问题。管理人员可利用复杂的决策树来找到最适当的领导风格。

**10. 描述领导替代理论以及该理论有关"何时需要领导者存在"的论述。**

**领导替代理论**认为,当其他因素具有与领导等同的作用时,领导者的存在就是多余的了。例如,在下属具备很高的技术水平、责任感时;所做的工作结构化程度很高或很常规化时;目标行为受技术影响很大时,领导者的存在就是多余的了。

## 问题讨论

(1) 领导者、独裁者和管理者之间的主要区别是什么?请举例说明。

(2) 有人说,"伟大的领导是天生的,而不是后天养成的。"你同意这个观点吗?为什么?

(3) 请辩论下述观点:"最好的领导者应鼓励下属的积极参与"。

(4) 在你的经历中,是否大多数领导者都有一个小的内团体?如果有的话,这种领导者的派系关系对外团体成员有什么影响?

(5) 请解释,在组织领导中,归因过程是如何被运用的。

(6) 与你同时代的美国总统,哪些是魅力型的领导者?哪些是变革型的领导者?并解释你的观点。

(7) 在领导的各种研究中,关心人和关心生产是两个经常碰到的问题。请描述一下不同领导理论对它们的表述。

(8) 在本章内容的基础上,作为一个领导者,你应该如何促进你的成功?

## 典型案例

### 案例 1 吉尔·芭拉德:芭比的老板

身为资产 48 亿美元的芭比公司的 CEO,却曾经在 Dino De Laurentis 执导的一部电影《疯狂的乔》中扮演过一位美貌女王，也曾在 T 形台上展示过喇叭裤，这就是吉尔·芭拉德。这位已有两个孩子的 48 岁的妇女，一直被描述为“强硬和温柔的化身”。在美泰(Mattel)这样巨大的玩具公司，强硬是不可或缺的。然而，充满挑战的生活正是吉尔·芭拉德所喜欢的。吉尔·芭拉德从产品经理(1981)升为 CEO(1997)的这个过程中，肯定接受了许多挑战，并获得了成功。

将吉尔·芭拉德描述为“精力充沛的人”是对她的小觑。而这个词对她来说是不公平的，因为这个词也可以用来描述其他在商界中很活跃的人。此外，“普通”这个词也不适合用来描述关于吉尔·芭拉德的事。她在人群中总是很显眼并畅所欲言，从来不拙于表达她的观点，即使在她遇到麻烦时。

通过不断给自己设定升迁目标，并为此努力。这样做的结果使得她在美泰公司很快获得升迁。她所取得的一个最大成就，就是使得销售量一度萎靡不振的芭比娃娃从年销售量 2 亿美元增加到 20 亿美元，并且开发出了新的玩具娃娃、娃娃的周边产品以及芭比品牌的其他产品——包括孩子用的数码相机，孩子们可用它将芭比有关的图片扫入电脑——这些产品的销售占到了公司 55%的利润。随着美泰公司开发出了具有本土风味的芭比娃娃，并畅销全世界，玩具产业的专家们相信这一数字还会大大提高。即使在该公司推行国际化战略之前，每秒钟也有 3 个芭比娃娃被售出。

充满干劲、富有竞争力的吉尔·芭拉德竭尽全力地使这些成为现实。她的能言善辩和竞争的天性使得玩具产业内的任何人——更不用说公司内部人员——能够小看或忽视她的存在。然而，吉尔·芭拉德之所以走向公司的高层不仅仅是因为她的活跃，还有她对潮流有着敏锐的感受力。这一切才使得她开发出了极醒目的包装，使得公司的产品在商店的柜台大受欢迎。这些产品的包装几乎与吉尔·芭拉德一样，引人注意。吉尔·芭拉德明艳活泼的着装风格，使得她在清一色海军蓝、单排扣的公司制服世界里极为醒目。

然而，吉尔·芭拉德并不需靠外表的艳丽来吸引别人的注意。她的天赋和她带给公司的给人以深刻印象的增长速度更引得他人的注意。公司的大小事务，通常她都会亲力亲为。以最近芭比娃娃的新产品的决策为例，当备选产品呈现在她面前时，在会议桌面前，她仅用五分钟就做好了选择。这么快的决策方式，恐怕很少有 CEO 会采用。吉尔·芭拉德认为自己和芭比有着很深的联系，她自己就是一个芭比迷，在她的办公室里，至少有 52 个不同的芭比娃娃。

请不要误会：这么富有精力的 CEO，事实上是一个非常关心员工的人。她也为他们做了许多事。例如，她把保险受益人延伸到他们的家人；年终假期延长到整整 16 天；在最近的一次员工聚会上，她公开向员工们表示：“我爱你们大家”。如果她发言后，随之而来的热烈掌声是个暗示的话，那么显然，她与员工之间的感情是良好互动的。

**评论性思考题：**

(1) 对于吉尔·芭拉德的领导，你有什么看法？如果你和她共事，会觉得舒服还是不舒服？

(2) 从参与型领导的角度，如何评价吉尔·芭拉德？

(3) 什么特质使得吉尔·芭拉德能成为一个非常成功的领导？

(4) 什么行为致使吉尔·芭拉德成为一个非常成功的领导？

(5) 你认为吉尔·芭拉德的领导风格还应该在哪些方面有所改进(如果需要的话)？并解释你的观点。

## 案例 2 组织中的领导

**小型商务 2000** 你可能会很容易想起一些存在已久的老牌公司，也可能还记得一些昙花一现的小公司。你想过没有，为什么一些公司能长久地生存下来，而有的公司却很快地倒闭？很多观点都把它归结为领导的问题。你还可能会认为，如果一个企业已经存在了很久，那么它就会永远的存在下去。表面上看，这种观点似乎是对的，但细想一下，你是否正在驾驶着当年你父辈们与你一样年轻时开过的同一品牌的汽车？你今天买的个人电脑是否和你三年前可能要买的相同？这些问题的回答很可能是“不”。存在时间的长短并不能确保成功，时间只能为我们提供知识和阅历，这才是时间对成功的价值。

在新泽西州的纽瓦克市，霍华德·肯特(Howard Kent)经营着一家导管和工业电子管公司，并已有 30 多年了。他的公司主要的销售产品在这段时期里并没有多大的变化，但公司的运行方式却变化了许多。肯特带着我们一起踏入了他的回忆之旅，并与我们一起讨论了他的公司的演变。公司的变革通常是产品和技术的变革。该公司的过去和现在的变革是肯特要维持这个公司的继续发展不得不做的事情。

除了了解该公司过去 30 多年的演变过程之外，我们至少从肯特身上学到了两样东西。第一，我们认识到了经营敏锐性的重要性。肯特告诉我们，经营一家公司重视效率和利用技术优势重要性。第二，我们看到了肯特重视公司员工的态度。肯特是一个坚强的人，但他非常重视公平地对待员工。当你看完录像时，试着去想象一下该公司是如何从肯特创业时的景况发展到今天的景况的。

**问题讨论**

(1) 霍华德·肯特现在经营的公司同 30 年前经营的并不相同。作为一个领导者，你对肯特有什么看法？你认为他是一个领导者吗？为什么？

(2) 我们见到了斯克特·葛罗斯，他是一位在该公司工作了 18 年的老将，从一个普通的卡车司机一直升到副总裁。肯特谈了他对葛罗斯的一些想法以及他之所以坐到现在这个位置的一些原因。请问，你对肯特的领导风格有什么看法？

(3) 肯特谈到了“放权和授权”的问题。你认为这对他来说很容易做到吗？对于新的管理者，犯一些错误可能会使他们更加成熟、富有经验，但对于肯特来说，该如何处理这类错误,请你给他一些建议?

(4) 肯特对加薪和分享公司财富和决定权的态度,你有何评价? 你认为他这种态度是好还是不好? 为什么?

## 技巧库

### 问题讨论

(1) 是否每种情境中变革的阻力都相似或不同?

(2) 是否每种情境中克服阻力的方法都相似或不同?

(3) 目前面临情境的性质怎样导致阻力的产生,如何才能轻松的克服它们?

### (一) 亲历组织行为

#### 1. 测评你的领导风格

正如本章所述,*情境领导理论*确定了四种基本的领导风格。在既定情境下,选择最合适的领导风格,有助于在领导上获得成功。为此,你必须首先认识你现有的领导风格。这个练习有助于你获得这种认识。

#### 2. 指导语

如下是八个模拟情境,你必须对每个情境做出一个决策,该决策会影响到你和你的工作群体。对每个情境的反应,想一想,你最可能采取什么行为。

行为A: 让群体成员决定该怎么做。

行为B: 向群体成员征求意见,但最后决策还是你。

行为C: 自己做决策但你会解释决策的理由。

行为D: 自己做决策然后简单地告诉群体应该去做什么。

____(1) 鉴于财政方面的压力,你的部门必须削减预算。你应该从哪里着手?

____(2) 随着期限的迫近,你必须让一个秘书加班到深夜,去打印完一份重要的报告。在你众多的秘书当中,你会选谁?

____(3) 作为公司垒球队教练,你必须从花名册上现有的30人中选择25人。你会选谁?

____(4) 你所领导的部门,为了保证暑假期间办公室有人值班,必须确定一份值日表,谁应该排在最先?

____(5) 作为联谊委员会主席,必须为公司的舞会选定一个主题,你该如何做?

____(6) 你有机会为公司购买或租赁一套重要设备。在收集所有信息后,你该如何选择？

____(7) 办公室在重新装修，该如何决定基本色调？

____(8) 你和同事们正陪一位来访的上司去进晚餐，你该如何选择餐厅？

### 3. 记分

(1) 统计一下你选 A 行为的个数，这是你的"授权式"的分值。

(2) 统计一下你选 B 行为的个数，这是你的"参与式"的分值。

(3) 统计一下你选 C 行为的个数，这是你的"推销式"的分值。

(4) 统计一下你选 D 行为的个数，这是你的"告诉式"的分值。

### 4. 问题讨论

(1) 在这份问卷中，占主导地位的领导风格是什么？和你原先设想的一致吗？

(2) 根据情境领导理论，在何种情境下，该领导风格最恰当？你经历过这种情境吗？如果经历过，你做得如何？

(3) 如果必要的话，你认为改变这种领导风格可能吗？

(4) 所描述的情境对你的选择，有多大程度的影响？换句话说，在不同的情境中，你是否采用了不同的决策风格？

## (二) 分组练习

### 谁是伟大的领导者，什么使他们如此伟大？

理解伟人理论的一个有效方法就是识别"伟人"，然后思考是什么使他们如此伟大。设计这个练习就是为了指导学生进行这样的活动。

### 1. 指导语：

(1)将班级划分成四个同样规模的小组，每一组排成半圆形。

(2)一名小组成员担任记录员，记录下小组的反应。记录员要面向大家，旁边有活动黑板。

(3)每一小组的成员想出 10 个最优秀的领导者。可以考虑的领域有：商业，体育，政治/政府，以及人道主义事业。可以是现在的或过去的，真实的或虚构的人物。每一组应该涉猎这些领域中的每一个。如果提到不止 10 个名字，这一组应该选出 10 个最优秀的。记录员应该记下小组想到的所有名字。

(4)通过检查名单，小组成员应该识别出这些人物区别于他人的共同品质和特征。换言之，什么使这些人与众不同？记录员应该记下答案。

(5)每一小组应派出一代表向全班介绍他们那一小组的答案。包括名字以及基本特征。

2. 问题讨论：

(1)就本次练习中识别出的品质与本章中描述的领导能力的重要因素做比较。它们是否相同？为什么？

(2)将各个小组识别出的品质进行比较，是否有相同之处？换言之，与成功相联系的不同特征是否源自不同的生活轨迹？或者成功的要素是否更为普遍？

(3)你是否诧异于一些识别出的品质，或者他们都是出乎意料的？

(4)本次练习中识别出的品质有可能改变吗，还是永恒不变的？

## 趋势：今天的企业在做什么？

### 教练：从球员更衣室走向董事会议室

如果你在运动队待过，你就会了解到教练领导职责的重要性。究竟，教练做些什么？他很可能非常积极地用下列方法在帮助你：

分析、寻找能提高你的成绩、开拓你的能力的方法。

在发展中遇到阻碍时营造一种支持氛围。

鼓励你提高成绩(无论你的成绩已经有多么好)。

教练的存在已经很长时间了，但只有到最近，它才作为组织中的一门领导哲学出现在世人面前。[54]很大程度上，它的出现是受到一些书的激发。在这些书中，一些教练(如，圣母大学前橄榄球教练娄·霍尔兹(Lou Holtz))[55]和公司高级行政人员(如，绿湾包装人队的执行副总裁及总经理隆·沃尔夫(Ron Wolf))[56]共同分享了对教练的一些真知灼见。

一些大型运动的内部人士透露：教练和队员之间的特殊关系使“教练”成为领导的一种独特方式。这种关系的要诀是信任。队员们对教练的专业知识都很认可，并且他们相信教练会把他们的兴趣、爱好都牢记在心。同时，教练也相信每个队员都能从他的建议中获益。换句话说，“教练”是一种合作关系。教练和队员在通向成功的过程中都发挥着重要的作用。

教练领导力的另一个方面已由篮球界的著名人士、美国前参议员比尔·布莱德利(Bill Bradley)描述过。[57]他强调，“教练”的关键，是让队员做超过他现有能力的事。在运动场上，这样做的结果就意味着赢得一个冠军；在商界，这样做的结果就意味着签署一份大的合同或一个超越已经保持很久的销售记录。把目光投向目标的本身，并确认每个人该如何做才能达到目标，这是“教练”的关键。

布莱德利还指出，最好的教练并不总是在训斥那些与整个团队不协调的人。相反，他们懂得如何利用群体的力量向存在问题人施压。例如，芝加哥公牛队的教练菲尔·杰克逊，在1994年的半决赛上让托尼·库克奇投最后一个球，皮蓬对此非常生气，立刻退出了这场半决赛。想想这以后会发生什么？很自然，在赛后的记者采访中，杰克逊教练申斥了皮蓬，但那绝大部分都是表面文章而已。让皮蓬意识到他的错误的，并不是教练，而是他的队友们。赛后，教练离开队员的更衣室，并通知说球队有话对皮蓬讲。接着，公牛队的成员们分别表达了他们对皮蓬让整个球队落后的失望情绪。皮蓬在看到自己错误的行为之后，当场道了歉，并立刻回到球队。如果教练没有处理好这个插曲的话，结局恐怕就不会那么成功了。

教练能全力支持他们的队员，并取得他们的信任的一条途径就是限制"嘴碎"的队员接近其他队员。布莱德利告诉我们，利用媒体批评自己队员的教练们总是非常后悔。在更衣室关闭的门后面就是另外一个故事了。在那里，也不会存在坦诚。这种情形在办公室和商店里也同样适用。如果一位经理向其他经理抱怨某个员工的工作如何如何地糟糕时，不仅让他自己看上去很糟，更严重的是，他背叛了员工对他的信任——而我们前面说过，信任是"教练"的核心。

# 第十三章 文化、创造力与创新

**学习目标** 学完本章后应能够：

1. 对*组织文化*进行定义。
2. 区别组织中*主流文化*与*亚文化*之间的差异。
3. 描述文化在组织中所扮演的角色。
4. 描述由*双 S 模型*所定义的四种类型的组织文化的特点。
5. 明确促使组织文化产生的各种因素。
6. 明确组织文化的传播机制。
7. 描述组织文化对组织运作产生的影响。
8. 明确决定组织文化变迁的几个因素。
9. 对*创造*进行定义并描述个体和团队创造力的基本要素。
10. 对*创新*进行定义并描述创新的基本要素以及创新的几个渐进过程。

## 预备案例

### 银幕背后的斯皮尔伯格

除非你是住在侏罗纪公园里的某块大石头下，否则你不会没听说过斯蒂芬·斯皮尔伯格（Steven Spielberg）这个名字，因为他是好莱坞奇迹的缔造者。在好莱坞的电影业中，不乏血本无归的电影制作，而斯皮尔伯格却始终能用一部部巨作将观众吸引到大银幕前，从他手中诞生的著名影片有《外星人 E. T.》、《大白鲨》、《寻找失落的世界》等等。在他成功的背后，我们似乎能看到一种独特的个人品质，而这种个人品质中所包含的电影魔力之所以能散发出如此灿烂的光芒，与斯皮尔伯格卓越的管理才能是密不可分的。正是这种天才的管理才能，将斯皮尔伯格电影的魔力表现得淋漓尽致。

据估计，斯皮尔伯格帝国的财富总量价值超过了 10 亿美元。除了斯皮尔伯格的电影、电视和动画公司，他旗下的安宝林（Amblin）娱乐公司还是一个经营餐饮业和其他行业的多面手。当然其中最重要的还是要算梦工厂（DreamWork SKG），这是斯皮尔伯格在 1994 年与制片人大卫·葛芬（David Geffen）和前迪斯尼的监制杰弗雷·卡岑伯格（Jeffery Katzenberg)共同创立的电影工作室。抛开别的不说,仅仅考虑到这是好莱坞 50 年历史上第一间也是惟一的一间电影工作室,我们也应该对他们的这一创举肃然起敬。

当被问到灵感来自何处时,斯皮尔伯格总是说生活中的一些个人情结激发了他。比如说,《外星人 E. T.》这部电影在很多方面都折射出了他在青年时期由于父母婚姻的破裂而感受到的悲伤与孤独。在他的电影《辛德勒名单》(1993)和《末日》(1999)所表现出来的对纳粹在第二次世界大战期间暴行的关注也可以追溯到斯皮尔伯格的个人经历,在那场灾难中,斯皮尔伯格失去了他的亲人,而他的祖母也曾经在第二次世界大战后给幸存下来的欧洲犹太儿童教授过英语。斯皮尔伯格灵感的源泉会枯竭吗?在对他的影迷们所作的承诺中,斯皮尔伯格表示他想通过电影将自己生命中的所有经历讲述给观众,但这些故事可能倾其一生也讲不完。

当不在片场的时候,斯皮尔伯格每天都要到他在梦工厂的办公室去。在那里,他将时间全部用于同各个工作小组进行讨论。很多电影的前期工作都是由沃尔特·帕克斯(Walter Parkes)和劳莉·麦克唐纳(Laurie McDonald)这对夫妻拍档完成的,他们领导着梦工厂的电影制作工作。通常,这对尽职尽责的夫妻拍档会修正斯皮尔伯格计划中的方案和改进一些正在进行中的工作。同样,斯皮尔伯格也会与编剧和制片人一起讨论梦工厂的电影剧本。斯皮尔伯格工作起来非常勤奋,而且愿意听取工作组中所有成员的建议,但他也承认有时候会轻率的驳回一些人的意见。

同样值得一提的是,斯皮尔伯格善于发现和挖掘与他一起工作的人的潜力。影星汤姆·汉克斯(Tom Hanks)出演了斯皮尔伯格 1998 年的获奖影片《拯救大兵瑞恩》,他说:“这就是斯皮尔伯格,与他在一起,你总是尽可能地努力工作来取悦他。”好莱坞的一些其他演员,例如出演《外星人 E. T.》的童星德鲁·巴里摩尔(Drew Barrymore)以及在斯皮尔伯格的《紫色》中完成处女作的乌比·戈德堡(Whoopi Goldberg)同样对这位天才导演挖掘演员潜力的能力赞不绝口。

除了艺术领域以外,斯皮尔伯格在其他方面的创新能力还包括他能想方设法降低电影的成本。比如,斯皮尔伯格在正式的拍摄之前会用一包包的面粉来模拟爆炸场面。此外,在影片《拯救大兵瑞恩》的拍摄过程中,道具组曾经错误地将一座雷达塔建在了向光面,对此,斯皮尔伯格没有要求重建一座雷达站,而是在拍摄过程中重新安排了士兵们的射击角度。

毫无疑问,电影是斯皮尔伯格帝国基业的砥柱,但他的个人兴趣也使得他逐渐开拓新的领域。例如斯皮尔伯格曾暗示他在卡通业领域中的开拓[如动画城(Animaniacs)、小红椿(Tiny Toons)这些新生的公司]可能仅仅是一个开始。这位家庭观念很强的企业家曾经公开承认,他在卡通业中的拓展之所以能够继续,在很大程度上是因为“我的孩子认为我在做卡通的时候总是很酷”(斯皮尔伯格语)。斯皮尔伯格未泯的童心同时也激发了梦工厂与世嘉(Sega)公司的合作构想。如果斯皮尔伯格的这些事业在将来获得成功的话,或许他的影迷们都会祈望他的孩子永远也不要长大。

如果要用一个词来概括斯蒂芬·斯皮尔伯格的天才的话，那么最恰当的可能要算“创造力”了。实际上，斯皮尔伯格确实在电影的制作行业中表现出了巨大的*创造力*（*creativity*）和非凡的才干。同时，斯皮尔伯格的电影能够取得如此巨大的成功，不仅要归功于斯皮尔伯格作为个人所表现出来的创造力，同时也要归功于他所领导的公司表现出来的令人信服的灵活的*创新*（*innovation*）能力。或许这些特别的东西就存在于梦工厂和斯皮尔伯格的其他公司的氛围之中，这种氛围激励着人们竭尽全力完成一件件精彩的作品，这些作品为人们的生活带来了无限的乐趣。这种魔力并不是斯皮尔伯格电影中的各种特技效果，而是一种卓越的管理，斯皮尔伯格领导的公司的与众不同之处也正是这种独特的卓越管理。

我们都知道，每个在不同组织中有过工作经历的人都清楚每一个组织在某些方面都是独特的。即使那些从事相同的行业或者提供相似的产品和服务的组织也可能截然不同。比如，在零售业中，沃尔玛（Wal-Mart）公司长期致力于鼓励员工做顾客的代言人，即强调服务和顾客满意度。[1] 与此相应的是西尔斯（Sears）公司据称对员工的销售额有强制性的要求，因此有时他们会鼓励顾客进行一些并非必要的购物。[2]

沃尔玛和西尔斯都是跨国经营的大型连锁零售公司，都出售品种广泛的商品，然而他们相似的业务中却采取了对顾客和服务的完全不同的方式。这是为什么呢？我们不妨大胆假设这是因为人们都有各自不同的个性，而不同个性的人所组成的组织当然也具有不同的个性。考虑到不同的组织在整体上总是如此一贯的风格迥异，我们应该清楚地认识到组织的独特性并不仅仅在于其成员的独特个性。实际上，很多组织的成员总是不断地流动和变换的，但即使有这种变动，组织自身的根本性变化也是非常有限和缓慢的。现实中，发生变化的通常是组织的新成员而不是组织自身。在某种意义上，组织自身通常有固定的生存模式，而且在任何给定的时间段中，这种模式与组织的人员结构没有关系。

组织的这种稳定性的根源何在？若要深究，这其中包括组织成员共同的信念、愿景以及核心价值观，即我们所称的*组织文化*（*organizational cultures*）。[3] 这些信念、愿景和价值观一旦建立，便趋向于保持相对的稳定并强烈地影响着组织和组织的每个成员。

在组织文化对组织的影响因素中，有特别重要的因素，那就是组织对*创造力*（*creativity*）与*创新*（*innovation*）的态度趋向。正如你可能了解的，有些人经常以独到、新颖和冒险的方式来解决问题，虽然他们不一定能达到斯皮尔伯格的高度。是什么决定了创造力的个体差异？为什么有些组织总是更具创新精神？事实上特定组织中的成员比其他组织中的成员更具创新精神并不是偶然的。诸如明尼苏达矿业与制造业集团公司（3M）、吉列（Gillett）、美德橡胶（Rubbermaid）等公司都开创了自己独特的组织文化来保持创造力和创新的繁荣（图 13.1）。

图 13.1 吉列：刀锋浪尖上的公司

你也许根本不会想到剃须是一项需要多少创造力的活动，但吉列公司却在这一领域保持了多年的突破。正如吉列公司的总裁阿尔弗雷德·泽恩(Alfred Zeien)所说的，吉列成功的关键就在于培养一种文化，不断激励员工提出新的创意并将其运用到生活中去。

是什么将上述这些公司(以及与它们相似的公司)按部就班的工作变得具有开拓性呢？这个问题的核心正是本章将要讨论的关于组织文化的创造力和创新。若要将问题明了化，我们首先需要描述出组织文化的基本特质，包括它在组织中所扮演的角色和所产生的影响。然后，我们将描述出组织文化形成和维系的过程。接下来，我们还将分析组织文化对组织成员和组织运作的影响，并考察组织文化自身在何时进行怎样的适应性的变化。通过对组织文化的分析我们将进一步理解组织中创造力与创新的本质，这正是本章第二部分的主题。就这一点我们需要明了的是，组织是怎样运用创造力来完善自己的创新计划的。

## 一、组织文化的基本特质

要全面的理解组织文化，我们首先需要了解组织文化的基本特质。为此，我们将分析组织文化的三个关键特质：它的基本特征、组织中一种抑或多种文化并存以及文化在组织运作中所扮演的角色。

### (一) 组织文化：定义与核心特征

迄今，我们已经对组织文化进行了一般意义上的讨论，因此现在需要对其进行特定的定义。据此，我们将**组织文化(organizational cultures)**定义为由组织成员的态度、价值观、行为准则以及共同愿景所构成的认知体系。[4] 作为组织文化基础的是一套由组织成员共同遵循的核心价值体系。这其中的某些特征尤其重要(表 13.1)。[5]

**表 13.1 组织文化所体现的核心价值观**

组织文化之间的差异可能在于表中所列的基本的价值观。

- 对客户和雇员的需求的敏感性
- 赋予员工创新的自由度
- 如何看待风险的价值
- 对沟通自由的开放程度

【资料来源】Based on suggestions by Martin，1992；see note 5.

第一点，组织在*对客户和雇员的需求的敏感性*（*sensitivity to the needs of customers and employees*）上表现出不同。例如，几年以前，美国联合包裹运输公司（UPS）对于顾客需求的态度相对来说是僵化呆板的。而今天，该公司的组织文化已经非常重视服务和顾客满意度了。

**图 13.2 雅虎：自由沟通的文化**

蒂莫斯·库格尔领导的雅虎公司今天已经成为世界上最著名的提供互联网接入服务的品牌。库格尔的理念是要将公司办成一家完全以客户为导向的媒体公司。他之所以能获得成功在很大程度上要归功于他开创了一种雅虎文化，在这种文化中，雅虎的员工能自由的相互交流，能群策群力。这种文化在今天日新月异的互联网世界是不可或缺的。

第二点，组织在*鼓励员工创新的态度*（*interest in having employees generate new ideas*）上表现出不同。在沃尔特·迪斯尼公司（Walt Disney Co.）中，员工和那些（所谓的）演职人员们就不得不经常忍受管理层冗长的方针性的说教，这些说教是为了保证他们准确地理解在各种场合中的言行规范。与之相反的是，媒体控制接口公司（MCI）的员工却能够特立独行，而且管理层也鼓励他们在工作中多一点鲜活的东西。实际上，公司的创立者比尔·麦克高文（Bill McGowan）对这种品质的重视是近乎顽固的，所以我们在 MCI 几乎找不到一本工作手册。

第三点，组织在*如何看待风险的价值*（*value placed on taking risks*）上表现出不同。例如，美国银行（Bank of America）在这一问题上的态度是非常保守的，他们只进行最安全的投资，但是美国有限公司（The Limited）却不提倡客户有太多这种“安全”的投资选择。

第四点，组织在*对沟通自由的开放程*

度(*openness of available communication options*)上表现出不同。在一些新生的公司中,比如雅虎(Yahoo!)这家风头正劲的互联网资讯公司,管理层就希望员工能自由的决策,能自由地与任何需要的人进行任何必要的沟通来完成工作,这甚至意味着你要直接去找公司的总裁蒂莫斯·库格尔(Timothy A. Koogle)(图 13.2)。而在美国国际商用机器公司(IBM),工作总是通过特定的适当渠道进行的,而且授权的对象也是少数关键人员(虽然这种情况正在有所改观)。上述案例清晰地描绘了不同组织文化所反映出的不同核心价值观。

## (二) 组织中的文化:组织文化是单一的抑或多种并存

我们前面的分析似乎暗示着每一个组织只有一种贯穿全局的文化,即一套共享的价值观、信念和愿景体系。然而这种理想的局面是非常少见的。事实上,现实中的组织(或者说大多数组织)内部都有几种不同的文化共存。

总体来说,一个组织中相同工作领域或者相同部门中的员工倾向于拥有共同的态度和价值观,而不同工作领域或不同部门中的员工其态度和价值观大都不尽相同,这就是说在这些不同的亚群体中可能存在着我们所谓的**亚文化(subcultures)**,这种亚文化存在于组织中的个别部门而不存在于整个组织。通常,这些亚文化的差异体现于职能的不同(即工作性质的不同)和地域的不同(即员工之间的物理距离)。在现实中,几乎所有规模较大的组织中都存在着按照职业、专业或者功能划分的亚文化。

同时我们也不能否认组织中**主流文化(dominant culture)**的存在,这是一个组织独具特色,具有象征意义的"性格",也正是在我们前面探讨范畴中的文化。组织中的主流文化体现为组织的核心价值观,以及整个组织所共享的共同愿景。就一般意义而言,组织中的亚文化可能会具备自己独特的价值观体系,但同时也是融合于整个组织的核心价值观系统之中的。因此,我们不应当将亚文化作为完全独立的对象来讨论,而应当将其放置于组织的主流文化之中加以探讨。

**道德问题** 组织中的主流文化可能会压制某些亚文化,你能举出在这方面可能超越道德规范的例子吗?请解释。

## (三) 文化在组织中的角色

在理解不同的文化价值观使得不同的组织各具特色的基础上,你或许已认识到文化是一种无形的力量(虽然其长期影响力最终也会有所体现)。实际上,文化在组织中扮演了几种重要的角色。

第一点也是最为明显的一点是,组织文化为其成员提供了一种身份感(*a sense of*

*identity*)。组织文化中的共同愿景和价值观体现得越清晰,组织成员将与组织目标保持越为高度的一致,同时也会视自己为其中重要的一员。例如,西南航空公司(Southwest Airlines)的雇员都对工作有着独特的感受,因为公司倡导在工作中用相互间开玩笑的方式来保持轻松愉快的气氛,这种工作方式是由公司的创建者赫伯·凯勒(Herb Kelleher)开创的,并很快在公司内部推广开来。西南航空公司的雇员对公司有强烈的归属感,他们认为自己是属于公司的。因此,该公司的雇员很少有跳槽到其他航空公司的。

上述的案例同时也说明了组织文化的另一种重要功能:激发员工*对组织目标的献身精神*(*commitment to the organization's mission*)。人们通常难于顾及自己兴趣之外的事物(即,这与我何干?),但如果存在一种强有力的、具有象征意义的文化,人们便会感到自己是组织整体的一部分,是组织整体运作中重要的一个环节。组织文化是高于个人兴趣的,它能提醒人们关注组织的整体。

组织文化的第三种重要功能是*澄清并强化组织中的行为标准*(*clarity and to reinforce standards of behavior*)。这种功能对组织中的新成员来说是至关重要的,同时对组织中的原有成员行为的规范也有帮助。从本质上来说,组织文化对组织成员的言谈举止有导向作用,它能使组织成员明白在特定的情景中该说些什么和该做些什么。在这种意义上,组织文化保持了组织行为的一致性和稳定性,无论是同一个员工在不同的时间还是不同的员工在同一个时间,都有一个行为标准。例如,如果某公司的文化特别强调顾客满意度,其雇员必定对自己的业务活动有清楚的标准:尽量取悦顾客。这样我们应该能明确地认识到,通过扮演上述三种重要角色,组织文化对组织行为发挥着重要的影响(总结见图 13.3)。

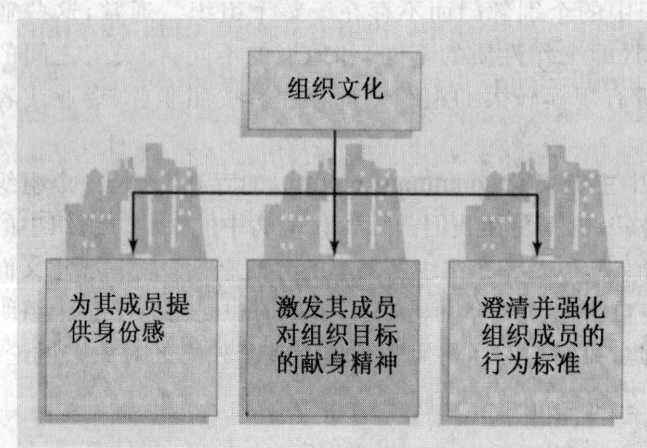


**图 13.3 组织文化的基本功能**

图为对组织文化的三种主要功能的总结。

**全球问题** 组织文化对其成员和工作团队的行为有着强烈的影响,一个国家的文化同样具有相同的功能,这两种文化有何相似之处和不同之处?

## 二、组织文化的类型：双 S 模型

如你所思，任何组织中的文化都可以通过多种方式来描述，若要深入理解并比较不同的组织文化，我们需要对其进行系统的分类。最近，英国的学者和咨询顾问建立了一套很好的理论系统来对组织文化进行精确的分类。[6] 下面我们将对其进行介绍。

### （一）组织文化中的两个基本维度

这一划分组织文化类型的理论系统被称为双 **S 模型（double S cube）**，图 13.4 对其进行了解释。之所以称其为双 S 模型，是因为根据这一理论模型，组织文化可以通过两个独立的维度来划分，这两个维度的英文单词都是以“S”开头的，分别是：*社会性*（*sociability*）和*一致性*（*solidarity*）。

根据在这两个维度上取值的高低，组织文化可以划分为 4 种基本类型。如图 13.4 所示，大正立方体正面所含的小立方体即为 4 种类型的组织文化。然而由此划分出的 4 种类型的组织文化都同时具有其积极和消极的性质。因此在两维图上加入第三个维度（积极—消极）而形成一个立方体，下面我们将分析划分组织文化类型的两个基本维度。

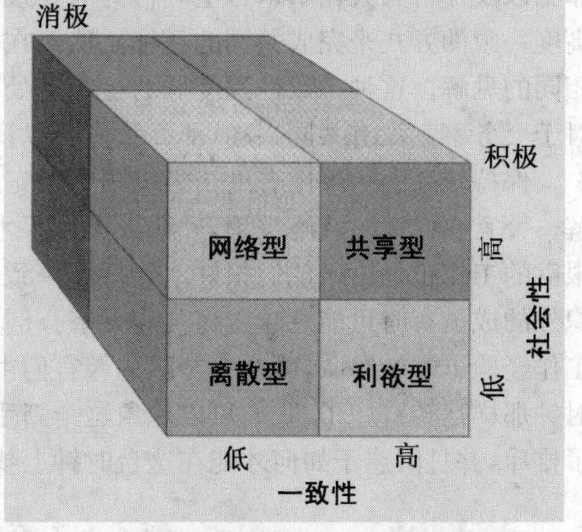


**图 13.4　双 S 模型**

依照双 S 模型，组织文化可以通过两个关键维度划分为 4 种类型，这两个维度分别为**社会性**和**一致性**。照此划分出的 4 种类型的组织文化同时具有积极和消极的性质。

【资料来源】“Double S Cube” from THE CHARACTER OF A CORPORATION by ROB GOFFEE and GARETH JONES.

#### 1. 社会性维度

第一个维度为**社会性（sociability）**。顾名思义，它是表示组织成员之间的融洽程度的一个指标。对于新加入的成员，他们首先关注的事情可能就与组织的社会性有关。一些组织内部人际关系可能非常友善、和谐，其成员经常有统一的外出活动（高社会性）。另一些组织可能恰好相反，其成员尽量抵制社会化，行事风格也保持我行我素（低社会性）。

在社会性这一维度上同时具有其积极与消极的一面。就其积极意义来说，社会性有助于组织的创造力，因为这种文化提倡人们以团队的形式群策群力，提倡信息的共享,这样使人们对新观点保持开放的态度。[7] 就其消极的一面来看,社会性高的组织文化可能会导致非正式群体的出现,这种小圈子形式的非正式群体可能影响巨大,以至于会破坏正常的决策程序。此类组织的成员可能为了保持观点的一致与关系的和睦而不愿反对彼此的观点,也不愿相互批评,这样就可能导致从众思维的弊端出现(见第九章)。

### 2. 一致性维度

组织文化中的第二个维度为**一致性**。一致性所描述的不是组织成员之间是否相亲相爱,相反,它着重描述的是组织成员对组织任务与目标的共识程度。警官在追捕罪犯以及外科大夫在手术台上时行为的一致性程度都很高,因为他们需要团结起来以高度一致的方式来完成共同的目标。然而在很多情况下人们对所从事的工作很少有相同的见解。这种一致性程度低的组织随处可见,举例来说,如果某个委员会的会员对于会务事宜没有共同兴趣,那么我们可以认定这个组织的一致性程度是很低的。

保持较高的一致性有助于组织顺利地完成一些重要的工作,这一点我们很容易理解。警官在办案时互施援手,外科大夫在手术台上密切配合,他们之所以能完成大量艰巨的工作正是由于他们很好地保持了一致性。但同时组织中高度的一致性对于组织外的成员有时可能意味着痛苦与无奈。例如,当一个刚走出警校的警官要加入一个工作经验丰富的警队,而这个警队的警官们由于长期共同工作已经变得像一台精准的时钟那样运转有序了,我们可以想象这个新手将面临怎样的困境,他可能会觉得受到了排斥,并且困惑于如何才能在这台时钟上找准自己的位置。

## (二) 四种类型的组织文化

我们通过社会性与一致性程度的高低组合可以划分出组织文化的四种基本类型。[8] 在图 13.4 中,我们可以清楚地看到四种类型的组织文化,下面就此展开讨论。

### 1. 网络型组织文化

在图 13.4 的立方图的左上方,我们可以看到**网络型组织文化(networked culture)**,这是一种社会性程度高但一致性程度低的组织文化,其特点是组织内成员之间关系非常融洽,组织氛围轻松愉快。在这种组织文化背景下,人们习惯于开诚布公,习惯于以随和、非正式的方式来探讨工作。同时他们会花大量的时间和精力来进行社会交往,这对于他们来说似乎并不是一件麻烦事。在网络型组织文化背景下,人们通常熟稔自如,而且视自己为团体的一部分。

### 2. 利欲型组织文化

在图 13.4 的方立图的右下方,我们可以看到**利欲型组织文化(mercenary cul-**

ture)。这种类型的组织文化与上面提到的网络型组织文化是完全对立的，其特点是社会性程度低且一致性程度高。利欲型组织文化非常强调保持人们行为的规范，通过步调的一致来完成工作。在这种组织文化背景下，沟通是迅速而直接的，其方式也是坦率而严肃的，以正式的商务方式为主。工作时间的闲聊是不能被容忍的，因为这被视为对时间的浪费。在这种组织文化背景下，赢利就是一切，因此它提倡鼓励员工不计一切手段去争取赢利。

### 3. 离散型组织文化

在图 13.4 立方图的左下方为**离散型组织文化(fragmented culture)**。这种类型的组织文化的特点是社会性程度和一致性程度均很低。在离散型组织文化背景下，人们在工作中的相互沟通与接触很少，甚至在很多情况下人们形同陌路。员工们只有在必需或者有利可图的情况下才相互交谈，而在多数时候他们都宁愿选择沉默。实际上，只有当迫不得已时人们才会去办公室，因此缺勤是家常便饭的事。结果自然而然是：在离散型组织文化背景下工作的组织成员对组织没有认同感，相反，他们只对自己从事的职业持有认同感。

### 4. 共享型组织文化

最后一类组织文化为**共享型组织文化(communal culture)**，如图 13.4 立方图的右上方所示。这种类型的组织文化的特点是社会性与一致性同时保持较高的水平。在此种组织文化背景下的组织成员可以说是挚交密友，无论是在工作上还是私交上，他们都保持着紧密的联系。共享型组织文化存在于许多计算机产业的公司中(如图 13.5)。由于该类组织中的成员的相互依存性非常高，以至于你很难将他们归派于某个特定的办公室。此类组织中人们之间的交流与沟通也畅通无阻，能贯穿整个组织的各个层次，同时沟通方式也是多种多样的。由于成员之间关系极为和睦，相应的是划分工作时间的界线不甚明显。在共享型组织文化背景下，组织成员对其组织有着高度的认同感，在他们的身上有着很明显的公司的烙印。他们坚守着组织的信条，同时当他们与“外人”交往时会忠实地维护组织的利益。

**全球问题** 双S模型是由英国的学者提出的。在你自己国家的文化背景下，你认为这一理论对于组织文化的解释程度如何？你认为在不同的国家中都能找到上述四种类型的组织文化吗？

图 13.5 共享型组织文化主宰的计算机行业

杰克·布里斯(Jack Breese),埃里克·赫尔维茨(Eric Horvitz)和大卫·海克曼(David Heckorman)是微软(Microsoft)网站的故障调试向导系统(Trouble Shooting Wizard)的开发人员,他们开发的程序能帮助你解决诸如打印机无法正常工作之类的故障。与许多高科技公司相同,微软的组织文化也具有高度的共享性,大多数计算机程序员都希望共享型的组织文化能在自己的公司中占主导地位,他们相信在这样的工作环境中能做到最好。

## (三) 对组织文化的解释

为了利用双S模型来系统地分析人们对其所在组织的文化的认知度,我们通常使用与表13.2相似的问卷来对员工进行大规模的调查,以此来评估其组织文化的社会性和一致性。诸如此类的题目或许可以帮助我们对人们所信奉的文化进行类型上的划分,但在处理这些信息时有一些问题是必须给予高度重视的。换句话说,组织文化类型的划分究竟有何实在的意义?因此在做任何结论之前,请一定注意以下3点:

(1) *任何公司的文化都绝非单一的*。请记住,一个组织可能有其主流文化,但同时也可能存在着几种不同的亚文化。例如,一些规模大的组织在其不同的职能单位中有着迥然不同的亚文化,因此,这些组织中任何一个成员在调查问卷中所提供的信息更多可能是其个人的经历,而这信息又大多是有限的,不完整的。在下面的章节中我们将详细分析开创和维系组织文化的众多因素,如果你理解了这些因素,对于上面提到的观点就不再会感到惊讶。

**表 13.2 组织文化的评估**

我们可以通过类似下面的问题来评估组织文化在两个维度(社会性与一致性)上的水平。被试的回答表示他们对每一条陈述的认可程度(以1～5来度量),分值越高表示认可程度越高。

你对下面的陈述越是认同,表示你在上面维度中的得分越高……

| 社会性 | 一致性 |
|---|---|
| 在我工作时,大家总是其乐融融。 | 我们公司的员工都非常清楚他们的目标。 |
| 在我的公司里,人们总是相处和睦。 | 在工作中我们有非常明确的行为守则。 |
| 我们在工作时总是喜欢通过一些小玩笑来相互取乐。 | 如果有人工作绩效太差,我们会马上进行处理。 |
| 在工作中我们能如愿地结交朋友,而不是按制度行事。 | 在我的工作中,成功永远是第一位的。 |
| 我们习惯于相互审视彼此的工作。 | 我们的每个项目都善始善终,决不会虎头蛇尾。 |

【资料来源】Based on material in Goffee and Jones, 1998; see note 6.

(2) *组织文化是不断变化的*。假设你创立了一家新的公司,这可能是一家人际关系和睦的小公司,可以说有着共享型的组织文化。然而随着公司的成长,其组织文化也如人们预期的那样发生相应的变化。我们很难就此过程进行确切的分析,但可以肯定的是有很多因素在其中扮演了重要的角色。我们只须明白的是:组织文化是流动的,并非一成不变的。若要描述这一过程,我们可以将其视为一个家庭的演变历程:家庭成员之间关系的变化是随着家庭成员自身的成长、家庭环境的变化、不同成员的进入和退出而变化的。如果你意识到自己的家庭随着岁月的流逝而发生了怎样的变化,你或许能理解组织文化所发生的类似变化。

(3) *组织文化没有优劣之分*。共享型的组织文化比离散型更具优势吗?有没有最好的组织文化?这两个问题的答案很明确:"不"!要理解这一点,我们只需重申双S模型中的一条基本前提:任何组织文化同时具有其积极的和消极的一面。有趣的是,一些组织之所以成功是由于拥有其独特的组织文化,而且这种文化对于其他公司是不合时宜的,其中的诀窍就在于,有效的组织文化不在于具备特殊的形式,而在于组织应当在特定的情境中选择正确的文化。组织文化是复杂的,因此一种文化在一个公司中有效并不意味着在另一个公司也同样有效。即使在一些特定的公司中,最有效的组织文化也会随时间的变迁而发生改变。

因此我们应该清楚的是,给组织文化贴上标签仅仅是一个开始,而解释任何一个组织所拥有的特定组织文化的意义同样是重要的。

## 三、组织文化的形成与维系

既然我们已经理解了组织文化的基本特质，下面就来探讨两个重要的问题：组织文化最初是如何形成的以及组织文化又是怎样维系的（即如何在开创文化以后让其历久不衰）。

### （一）组织文化是怎样形成的

为什么一个组织中的众多个体会共享基本的态度、价值观和愿景？下面几个因素是引发这种局面的关键所在，并因此促使了组织文化的形成。

#### 1．公司的创建者

组织文化的形成可以（至少部分）追溯到公司的创建者[9]。这些人通常精力充沛，信念坚定，并且对于整体组织的运作有着清晰的预期。因为他们总是第一个走到台前的，而且在最初的人力资源配置上起着关键的作用，因此他们的态度和价值观很容易为新雇员所接受。结果呢？自然是这些观念逐渐成为整个组织的共识，而且只要公司创建者仍在其位，它们就不会退出历史舞台。

例如，微软（Microsoft）公司的组织文化倡导废寝忘食的工作，其原因就在于公司的创始人比尔·盖茨（Bill Gates）自己就经常如此。在某些情况下，即使公司的创建者不在其位了，他的价值观仍然对整个公司的文化起着驱动作用。例如雷·克洛克（Ray Kroc）创建麦当劳快餐连锁店是基于这样的信念：应该以适宜的价格在洁净、家庭化的环境中为顾客提供可口的美食。今天克洛克虽不在麦当劳了，但麦当劳仍保持着其关键的价值观。相似的是，沃尔特·迪斯尼（Walt Disney）以健康家庭为核心概念的价值观至今仍在公司里焕发着勃勃生机，而且也使得迪斯尼声名远扬，这在很大程度上是因为公司的员工经常会进行这样的反省："沃尔特会怎样想？"[10]这些人物的价值观逐渐在整个组织中扩散开来，并成为组织主流文化的核心部分。

**道德问题** 公司的创建者鼓励员工接纳他自己的观念，这有悖于道德原则吗？请试着举出其中带有胁迫性质和没有胁迫性质的例子。

#### 2．成长历程

同样，组织文化的发展历程通常也是组织在外部市场环境中的成长历程。每一个组织都必须在整个行业以及整个市场中找到自己适当的位置。在这些组织早期的奋斗历程中，某些价值观和行事风格可能更为有效。例如，某一公司可能认为为顾客提供质量上乘的产品是自己独特的市场切入点，为此，它可以培养出一个核心的顾客群来拓展自己的业务。由此，该公司可能就逐渐形成以高质量为核心的共识。同时，另一个公司可能发现以有吸引力的价格出售质量普通的产品是最有效的经营模式，结果自然就导致以价格为主导的主流文化的形成。正是通过这样的(以及其他无数的)途径，组织文化在与外部环境的相互作用下逐渐成形。

### 3. 同事之间的交往

毫无疑问，组织文化的发展与组织内部成员之间以及团队之间的相互交流不无关系。在广义上，组织文化包括了组织成员对各类事件以及行为的共同的观念。简而言之，组织文化反映出人们对于不同的事物和行为的相似的理解。换言之，人们正是以这种方式逐渐在一些关键问题上(即那些与组织工作有关的)达成一致(参见第二章)。

## (二) 传播组织文化的工具

组织文化是如何在人们之间传播开来的？也就是说，组织成员是如何浸染于自己组织的文化之中的？这其中包括几种关键的机制：*标志*、*传奇*、*行话*、*仪式*以及*原则性声明*。

### 1. 标志：形象背后的意义

首先，组织通常依靠标志(**symbols**)来传播自己的文化，这些标志是一些具体的物理形象，同时蕴含着其特定的内在含义(图 13.6)。例如，一些公司会建造醒目的建筑来显示公司的强大实力、辉煌的业绩以及稳重的风格，而另一些公司则利用标语口号来表达自己的文化。这些口号可能随时会变，但一些经典的口号却源远流长。例如，

我不知道以前是怎么回事，但我只知道这就是我们公司文化的一部分。

**图 13.6　标志：组织文化重要的指示器**

组织文化在很大程度上是通过各类标志来传播的，其中各类具体的物理形象被作为了文化的承载者，就如图中这些滑稽的帽子。

【资料来源】© The New Yorker Collection 1994. Mick Stevens from cartoonank. com.

通用电气公司(General Electric)的"生产过程才是我们最重要的产品"(Progress is our most important product)以及福特公司(Ford)的"质量就是工作的全部"(Quality is job one)。公司的商务用车甚至商用飞机通常也传递着公司文化中的一些特定信息,例如谁是公司内大权在握的人。

一项有趣的研究也证实了这一点。在该研究中,研究者向人们呈现一些公司接待处的图片,然后让他们通过图片来评价这些公司[11]。结果不同的图片投射出了不同公司的组织文化在人们心目中的形象。例如,图片中的公司如果绿化做得好,有大量的花卉和植被,人们通常认为这类公司拥有友善的以人际关系为导向的组织文化;同时如果图片中的公司满布奖杯,人们会认为他们是成功的忠实追随者。以上的研究结果表明物理的标志可能是传播组织文化的有效工具(欲透析此现象,请进行本章末的分组练习)。

### 2. 传奇:"在那些日子里,我们通常……"

同样,组织中流传的种种传奇(无论是正式渠道还是非正式渠道)也传播着组织文化。传奇通常投射出组织文化中的一些核心价值观,而讲述这些传奇可以有效地传播并强化这些价值观[12]。然而传奇并不仅仅指公司的一些重大事件,比如谁曾经凭一己之力拯救了整个公司的命运,它们可能只是一些小故事,而这些小故事之所以会成为传奇就在于人们对它们津津乐道。例如,英国的一家名为吉百利(Cadbury)的糖果公司就特别为其雇员讲述公司在廓克教会(Quaker)传统上的建立过程,其目的就在于让雇员心悦诚服地接受廓克教会的教义中关于勤奋工作的信条。

### 3. 行话:定义文化的特殊语言

即使不讲传奇,公司内的日常用语也有助于组织文化的传播与凝聚。比如,公司内部的俚语或者说行话,能帮助其成员形成对公司的认同感(参见第六章)。例如,IBM的员工多年来形成了自己的行话,他们将磁盘驱动器称为"硬文件(hard file)",把电路板称作"平面板(Planar boards)",这些语言习惯反映出了他们公司文化中的独特之处。

今天的人力资源从业者们可能会经常提到一些在我们看来陌生的名词,像FMCS(即联邦仲裁与救济服务,Federal Mediation and Conciliation Service)、ERISA(即退休金保障法案,Employee Retirement Income Security Act)、BFOQs(即实际职业资格认证,bona fide occupational qualifications)、RMs(即劳工社团选举权,elections to vote Out a union),以及其他一些听起来古怪的名词。长此以往,这些组织或者部门就会开创出一套用于其内部工作的专业语言,而这些专门的名词术语(也许对外行人来说是怪异的)作为一种基本要素能使得业界内的个人迅速融入到共同的文化或亚文化之中。

### 4. 仪式：体现公司价值观的特殊事件

组织同时也通过各种类型的仪式来传承自己的文化。实际上，这些仪式可以视为承载组织基本价值观和承诺的赞歌。这好比婚礼象征着夫妻双方对婚姻的承诺，总统的就职演讲象征着一个国家新领导的诞生，组织的各类仪式也发挥着类似的重要作用。例如一个会计师事务所举办晚会来庆祝公司迁入更高档的办公楼，其意义在于向大众宣布公司"进入了一个新时代"或者"迎来了一个重要的时刻"。此类仪式对于组织内外的人都有着特殊的意义。正如一个专家就此所作的评论："仪式对于文化来说就好比电影对于剧本……这其中的价值找不到更好的表达方式。"[13]

**全球问题** 组织文化在为标志、传奇或者仪式所传播的过程中，可能会受到一个国家的文化什么样的影响？

### 5. 原则性声明：白纸黑字的文化

组织文化传播的另一种途径是直接通过**原则性声明(statements of principle)**。一些组织针对全体员工制定了详细而明确的制度。例如，马尔斯糖果公司(M & M Mars)的创建者弗德斯特·马尔斯(Forrest Mars)最早提出的"马尔斯五法则"至今仍引导着公司的发展，它们是：*质量*(即提高产品质量，人人有责)、*责任*(即每个员工都应当对自己的行为和决定负责)、*共享*(即创造让人人都受益的环境)、*效率*(即几乎所有工厂都从不停产)以及*自由*(即让每个员工都有掌握自己命运的机会)。

一些公司同时还就其组织文化中的道德问题制定了详尽的**道德章程(codes of ethics)**，明确提出公司内部的道德准则。对于海尔斯食品(Hershey Foods)的总裁理查德·泽默曼(Richard Zimmerman)来说这套机制十分有效："通常，人们在加入一个公司之前对于自己将要生存和发展的工作环境是什么样的类型并不清楚，因此，公司内准确而明了的行为准则是必需的……这能够让员工对于自己是否能适应公司的特定文化作出正确的判断"。[14]

**道德问题** 你认为道德章程在何种程度上能有效地阐明组织文化中的一些关键原则？在你的工作经历中有过类似的体验吗？

## 四、组织文化：效用及变迁的能力

现在，我们或许已经认识到组织文化在组织运作中所扮演的重要角色。若要在这个问题上追根究底，我们还需要分析组织文化是如何影响组织及其成员的行为。由于其中的某些影响可能是不合时宜的，因此组织有时乐于改变它们的文化；这样我们还需要分析组织文化变迁的原因及过程。

## (一) 组织文化的影响力

组织文化对于组织成员以及整个组织的运作都具有广泛的影响力。其中的一些影响可能是显著的，而另一些则可能是微妙的。组织文化能产生巨大的压力迫使人们在行动上保持一致，也就是说依据已有的文化来思考和行动。因此，如果一个公司强调优质的产品质量和服务的重要性，顾客会发现他们的投诉通常能得到礼貌的接待和妥善的处理。相反如果一个公司的组织文化强调的是不计一切手段获取最大利益，顾客的投诉或许就只能得到冷遇了。组织文化的影响力如此广泛和强大，涉及的领域甚至包括员工的衣着(例如 IBM 公司的男性职员就有穿白衬衫的传统)、会议之前的准备时间以及员工的提升进度。

**图 13.7 个体与文化的匹配：一项重要的任务**

克浪奇(Crunch)是一家总部设在纽约的连锁健身房，它为人们提供一些如有氧运动和蒙古式摔跤的特殊训练。公司的总裁道格·勒温(Doug Levine)在招聘每一个员工之前(公司共有 30 名员工)，都要保证他们能很好地融入到公司的文化中。忽略个体与组织的文化匹配可能会给组织带来灾难。

就组织文化对组织运作的影响而言，大量的研究将重点放在了组织文化与工作绩效之间可能存在的关系上。[15] 相关研究已经证实，组织文化若要对工作绩效发挥影响，那么组织文化本身必须是强有力的。换言之，必须给予组织文化的遵从者或者抗拒者明确的赞许或者反对意见。相应的，组织成员必须在价值准则上达成普遍的一致。只有在这种条件成立的基础上，组织文化与工作绩效之间才可能表现出一定的联系。

这种观点对于组织成员和组织本身都具有重要的意义。首先，对于那些求职者来说，这意味着他们应当在决定加入某个公司之前仔细地考察该公司盛行的文化。若不然，他们将担负自己与公司价值观冲突的风险。其次，这也意味着组织应当通过强调价值观的匹配(即个体与组织的匹配)来吸引求职者的加入。这一过程包括确定组织文化的核心要素，与员工就其对文化的预期进行交流，然后挑选出两者之间匹配最好的部分（图 13.7）。要完成这项工作需要我们进行相当大的努力。如若个体与组织之间的匹配程度足够高，那么我们看到的可能是组织内部的团结一致，员工的工作满意度以及组织人力资源配置的相对稳定。因此从这种意义上来说这些付出是值得的。

## （二）组织文化变迁的原因与过程

前面我们曾经谈到过组织文化是保持相对稳定的，这可能使你对下面的问题产生疑问：如果组织文化是一成不变的，那么为什么说它又是可变的？这种变化到底是怎样的？为什么组织文化并非以完全固定的方式代代相传呢？根本的原因在于所有的组织文化生存的环境都是不断变化的（参见第六章）。外部环境的变化，如市场的波动、技术的更新、政府条律的改动以及其他诸多因素的变动都是不断进行的，这迫使组织对其商务运作的方式进行相应的调整，因此组织文化也就随之改变。

### 1. 劳动力的构成

就长远的观点来看，组织的新成员与原有成员之间不可能完全相同，这种差异会给组织内已有的文化带来冲击。例如，不同种族、不同文化背景的个体对于工作中的相同问题可能会各持己见，他们可能会对诸如着装的风格之类的细节持有不同的看法，也可能会对守时的重视程度不一致（甚至对于守时概念的理解也不尽相同）。而且这种差异在高层次的人群中更为明显，他们甚至会对工作餐的品种有不同的要求。从另一个角度来说，由于组织是由来自不同文化背景的个体构成的，组织文化的相应变化也是在情理之中的。

### 2. 合并与并购

组织文化变迁的另一个也是更为显著的原因是公司之间的合并与并购，也就是说，一个公司收购或者说合并另一个公司。[16]在这一过程中，人们不会忘记对目标公司的资金与固定资产进行仔细的评估，然而很少会去关心目标公司的组织文化。不幸的是，在一些并购案中，由于被合并的两个公司的文化无法彼此融合而导致了一系列严重问题的出现，这就是我们通常所说的文化冲突（*culture clashes*）。

其中一个典型的案例是 1988 年纳贝斯克（Nabisico, Inc.）与 R. J. 雷诺斯（R. J. Reynolds, Inc.）的并购案。纳贝斯克是一家生产曲奇和其他烤制食品的公司，旗下拥有费格·纽顿斯（Fig Newtons）和奥利奥（Oreos）等著名品牌，而雷诺斯是一家著名的烟草商。两家公司希望通过合并组建一家名为 RJR 纳贝斯克的新公司。如果你看过电影或者读过《门外的野蛮人》这本书，或许你大概知道故事的结局了。[17]纳贝斯克的总部设在纽约，他们的管理层以快节奏的工作方式而闻名，而且公司管理层所享有的优厚的待遇也是声名远扬的，他们乘坐公司的专机，住阁楼公寓，出席各种豪华奢侈的晚会。除此之外，纳贝斯克的员工还以“美国苹果派”的形象自居，并引以为荣。同时，他们也非常看重自己在工作中的自主性。R. J. 雷诺斯的总部设在北卡罗莱纳州的温斯顿沙兰(Winston-Salem)，其公司文化与纳贝斯克大相径庭。这家公司以工作规范的严格著称，不主张员工在工作中有过多的自主权，公司还注重保持与当地社区的和谐关系，热心于慈善事业。专用飞机、阁楼公寓以及豪华晚会在 R. J. 雷诺斯是看不到的。

这两家公司在合并的过程中碰撞出了激烈的火花。纳贝斯克的管理层被 R. J. 雷诺斯总裁泰利·威尔逊(Tylee Wilson)强加的严格管理所激怒，一些人为此抱怨到：“就算是上洗手间都要举手请示！”纳贝斯克过去一贯倡导独立，而新公司却不能容忍独立，这使得纳贝斯克的许多员工忐忑不安。结果呢，不到一年，公司内部爆发了激烈的争斗，这直接导致了原纳贝斯克的总裁罗斯·约翰逊(Ross Johnson)接管了新公司的总裁职位。约翰逊上任伊始便对前雷诺斯的管理人员进行了大清洗，并将公司的总部迁到了美国中部的亚特兰大(Atlanta)。几年时间过去了，到今天新公司仍然备受煎熬，一些部门的产量下降了，公司内部人心思动，分歧严重，冲突不断。显然，如果组织文化发生冲突，那么文化在组织变动过程中所发生的相应变迁也会水火不容。

**道德问题** 在两个公司的合并过程中可能会出现一系列的道德问题。例如，由此引发的裁员以及强制性的职位变更可能会危及员工的生存状态。然而建立实力更强的新公司可能会掩盖这些弊端。对此你有何看法？

在一些情况下，故事的经过并不像电影或者小说里描述的那样饶有趣味，而其结果可能是相当严重的。例如，1993 年美林银行(Mellon Bank)与波士顿公司(Boston Company)的并购案在计划书上显得宏伟壮观。然而金融分析人士却不看好这一并购计划，美林的组织文化十分注重成本控制，而波士顿最大的资本就在于公司有一批天才的资金管理队伍，分析人士怀疑美林的组织文化是否会触怒波士顿的天才们。但公司的董事会却做出了一项冒失的决定，在短短的 3 个月时间内完成了两家公司的合并，组建了一家全新的机构，并增设了其他 30 家分支机构。这次合并的代价是惊人的：合并期间两家公司共流失资产 35 亿美元，同时丧失的还有公司几个最大的客户。[18]

近年来连续发生了几起大规模的并购案，特别是在石油、银行和电信等行业。图 13.8 汇总了近一年中 5 起最大的并购案。[19]虽然我们还不能对这些并购案下什么定论，但我们可以留意相关的商务报道，或许我们可以发现这些合并后的公司中潜伏的文化冲突的征兆(如希望消除公司合并过程中的文化冲突，可以参考下面的“制胜诀窍”栏中的一些建议)。

图 13.8 1998 年中最大的 5 起并购案

公司合并已经形成了一股疯狂的潮流，而 1998 年更是创纪录的一年，在这一年中，许多世界著名的大公司都完成了并购。图中显示了这些新公司的巨额市场价值(数据以百万美元为单位)。我们希望这些超级公司的合并不会由于文化冲突而发生震荡。

【资料来源】Based on data reported by Colvin，1999；see note 19.

## 制胜诀窍

### 构建全新的心理契约以保证文化的有效融合

在所有的并购案中，仅仅半数获得了经济上的成功，而失败的主要原因就在于双方公司文化的分歧。令人欣慰的是，紧随公司合并后的文化合并不一定会以失败告终。例如，1994 年制药业的巨头葛兰素史克(SmithKline Beecham)从柯达(Kodak)并购了其经营非处方药业务的斯特林·温斯洛普(Sterling Winthrop)公司。为了避免出现类似美林并购案中的人才流失的败局，史密斯·克莱恩的总裁在完成并购后迅速给斯特林的每位经理寄出了一封信，表示将保证他们在新公司中拥有重要的职位。

这种姿态在两方面发挥了效果。首先这消除了斯特林公司的经理们可能有过的种种不安，再者就是这为合并后的新公司整合文化的建构提供了一个良好的平台，这个平台就是以开诚布公的交流为基础的。[20]问题的关键在于要让合并所涉及的所有员工都能参与合并的计划与实施，这样他们就会感到命运掌握在自己手中。通过这种途径，他们同时还可以在新的业务领域中展现自己的才能。

或许整合合并公司的文化最重要的诀窍就是重组每个员工与新公司的联系。这其中涉及一个重要的概念：**心理契约(psychological contract)**，也就是员工与组织之间含蓄且非正式的共识，包括员工与组织相互的权利和责任。我们可以将其视为组织文化或者工作场所布设的中心支柱。书面的契约可以涵盖所有的正式约定(例如工种的性质以及薪酬)，但它不可能考虑到所有的内隐的、无法用言语表达的人际关系方面的因素，这些因素在工作中起着举足轻重的作用。当公司发生合并时，旧的心理契约被打破，因此需要建立新的心理契约。为了减少这种变迁可能遇到的困难，专家们推荐按照下面5个步骤循序渐进。

1. *摒弃传统*：为文化的变迁给出合理的解释是必须的，比如分析原公司业务不佳的原因以及描绘新公司的宏图伟略。

2. *前期的动员与筹备*：向员工发出变化到来的讯号，比如招募一名新的高级主管，改变公司的名称或者搬迁一些重要的事业部。

3. *认识新的心理契约*：一线经理应当首先建立起与员工的心理契约。

4. *心理契约的具体化*：必须保证新的心理契约与公司的新文化以及薪酬体系保持一致。例如，要授予新人一定的职务就必须正式宣布；要提倡某种行为，就应当以奖励的方式给予强化。

5. *维持心理契约*：公司的每一个人应当就新的行事方式给予反馈信息。以上几个步骤表明组织的薪酬体系以及内部结构是心理契约的核心所在。反过来说，心理契约在组织文化中也占有至关重要的地位。在公司的合并过程中，如果不考虑这些因素就相当于丧失了成功的决断时机。一位学者曾就此说道：

归根结底，并购的最终价格并不是公司的成交价格，而是员工所支付的心理价格。最重要的并非是并购双方是否达成一致，而是是否可以重建并重新定义心理上的协定。如果我们能对这些无形资产有足够的重视，那么，合并就有了成功的曙光。而如果忽视它们，每个人——顾客、股东、经理和员工都将蒙受损失。[21]

### 3. 有计划的创新

即使一个组织不会因为兼并另一个组织而发生变化，其组织文化也可能因为其他一些既定的创新而发生相应的变迁，比如管理层执意决定要改变组织内部结构或者基本的运作方式(参见第十四章)。一旦管理层做出改变的决定，那么公司内部的许多行事方式都将随之改变，而正是这些行事方式影响并反映着组织文化。例如，公司在人力资本扩张时可能会选择招募新人或者内部提升。同样，经理们也可能被赋予不同的目标。当这些变化发生时，组织内部就会形成新的行为准则，用以规范和引导组织内成员的行为。而作为行为准则的态度和价值观体系也将得到重建。最终的结果可能导致已有的文化发生重大的变化。

我们可以在IBM中找到一个很好的案例。[22]在遭受了亏损的冲击之后，IBM认识到问题的根源在于它自身的官僚作风太过严重，这使得底层的员工难以做出当机立断的决定。对此，IBM对其组织结构进行了重大的调整。IBM原来的管理层层级繁多，各级之间有着高不可攀距离，调整以后的管理层层级减少了，人员也精简了。正如你所想象的，新的"合体"的IBM也开创了新的IBM文化。过去的IBM曾经以严厉的纪律和独裁的风格闻名于世，决策权都掌握在少数人手中，而重建后的IBM则以其更为开放和民主的风格为人们所称道。

总的来说，组织文化通常是相对稳定的，但并非一成不变。事实上，组织文化经常由于外部力量的作用(例如劳动力市场竞争的变化)而不断演变，同时也会随着组织主动的调整而变化(例如公司的并购或者重组)。其中重要的一点是，无论组织文化可能发生什么样的变化，其根本的动力都在于组织希望以创造力或创新来摆脱当前的困境，而组织文化变化的程度也正是依赖于这种创造力与创新的程度。因此，下面我们将转到组织的创造力与创新的主题上来。

## 五、个体与团队的创造力

创造力这个词我们再熟悉不过了，但要对其进行严格的定义却着实困难。依照多名学者的观点，我们将**创造力(creativity)**定义为个体或团队提出新颖且有价值的创意(ideas)的过程。[23]在下面的章节中，我们将对创造力的过程进行详细的分析。

### (一) 个体以及团队创造力的要素

个体以及团队创造力包括下面三个基本要素：专业技能、创造思维技能以及内在的工作动机。

#### 1. 专业技能

要弹奏美妙的钢琴曲或者熟练地使用计算机键盘，我们需要灵活的手部运动能力；要指挥一个管弦乐队，我们需要灵敏的旋律感以及丰富的乐理知识。这就是说，我们需要掌握专门的技能来完成上述的工作。事实上，几乎所有的工作都需要特定的天赋、知识和技能。我们所拥有的基本技能正是创造力的"原材料"。毕竟,如果我们没有能力按照基本的水平来完成某项工作,就根本不要奢望在工作中展现自己的创造性。例如,特技演员在能够为我们表演令人眼花缭乱的汽车特技之前,他(她)总必须具备驾驶所需的基本的灵活性和眼—手的协调性。

### 2. 创造思维技能

若要创新,除了基本的技能以外,我们还需要具备额外的技能,这就是帮助人们以新颖独到的方法解决问题的能力。在培养创造性的过程中,下面的一些方法可能起到特殊的作用。

(1) *打破思维定式和寻找新的视角*:创造力意味着人们不再拘泥于固有的行为模式,这就是说,需要人们"*打开盒子看世界*(*thinking outside the box*)"。沉迷于过去的人创造性会受到压抑。我们要以鲜活的眼光来看那些即使是最熟悉的事物。事实上,最绝妙的创意可能正是来自那些精于此道的人,他们也是不拘泥于成规的人。[24] 表13.3列举了一些有趣的例子。

**表 13.3 "打开盒子看世界":一些著名的经典故事**

一些绝妙的创意来自人们以新鲜的眼光来看待平凡的日常生活。正如下面列举的事例,世界上一些著名发明的灵感都是通过这种方式获得的。

| 发明者 | 产品 | 灵感来源 |
|---|---|---|
| Dr. Rene Laennec | 听诊器 | 儿童通过纸制的传话筒来传递信息。 |
| Samuel Colt | 六发式左轮手枪 | 舵轮的条幅。 |
| John Dunlop | 橡胶轮胎 | 浇花用的水龙带。 |
| James Carrier | 空调机 | 观察水蒸气在玻璃上的凝结。 |
| Thomas Edison | 电报 | 水泵的运动。 |
| Charles Duryea | 喷射式化油器 | 妻子使用的喷雾香水瓶。 |

【资料来源】Based in information in Mattimore, 1994; see note 24.

(2) *理解事物的复杂性*:行事不要过于简单化,要充分考虑事物的复杂性,或许创意正蕴含其中。

(3) *观点开放,避免武断*:具有创新精神的人不会排斥任何异见。为了避免犯武断的错误,他们在思考问题时力求做到面面俱到,尽量避免凭自己的主观臆断妄下结论。

(4) *运用能产性遗忘*:有时候创意受制于我们自己头脑中挥之不去的固有观念。因此,我们需要尝试**能产性遗忘(productive forgetting)**,这种能力要求我们抛弃无用的观点并且暂时中止手中受阻的工作直到发现新的思路。

(5) *追寻创造力的灵感*:有时候人们运用**创造性启发式(creative heuristics)**来寻

求新的创意。这种策略能帮助人们通过新颖独到的途径解决问题。这些方法包括摒弃直觉以及运用类比推理。[25]表 13.4 汇总了启发性思维的多种方法。[26]

**表 13.4 创造性启发式的多种方法**

*创造性启发式是一种帮助人们通过新颖独到的途径解决问题的思维策略。这里汇总了其中的几种方法。*

| 方　法 | 描　　述 |
|---|---|
| 并行比较 | 强迫自己将两种观点进行正面交锋，通过两种观点的相互比较而得到新的观点。 |
| 融　合 | 提取出几种观点的不同特质，通过这些特质的融合而得到新的观点。 |
| 累进叠加 | 通过联结不同观点的不同之处而得到新的观点。 |
| 环形拓展 | 以新创意的雏形为基础通过筛选对其进行系统的拓展而得到新的观点。 |
| 想　象 | 运用你的想像力，以“白日梦”的方式从旧的观点中得到新的观点。 |

【资料来源】Based on suggestion by Ayan，1997；see note 25.

为帮助个体或者团队变得更具创新精神，许多组织经常让员工参加相应的培训来提高他们的创造力。（若要了解今天的公司在这方面有何作为，请参考下面的“趋势”栏。若希望自己体验这类训练，请参考章末的“亲历组织行为”栏）

### 3. 内在的工作动机

创造力的两个最重要的要素：专业技能和创造思维技能，在于个体的工作*能力*（*capability*），而第三个要素，即内在的工作动机，在于个体的工作*意愿*（*willingness*）。道理很简单：个体要想富于创造性地完成某种工作，这件工作首先必须是他自己愿意去做的。当个体在完成一件特定的工作时，若是他根本对此事毫无兴趣，只是敷衍了事，哪怕他本身真的是一个富于创造力的人，在这件特定的工作上，恐怕也绝不能算作是“创新”的。

在一些特定的条件下，个体内在的工作动机就会被激发出来。比如，当个体对工作本身抱有极大的个人*兴趣*（*personal interests*）之时，他就会开足马力完成它——说不准还会极具创造性的完成它，反之亦然。同样的，当个体觉察到自己有更深层次的内在理由要去完成某件工作之时，他的工作动机也会被激发出来。那些认为自己是出于某种外部原因，而要去完成某件工作的个体，比方说是为了高额报酬、或者是由于管理层的压力，他们既对完成这件工作未必有多大的兴趣，自然也未必会表现出多少创造性。

## (二) 总结

正如你可能想象到的，把创造力划分为三个重要的要素，就可以用来图解何时个体会具有创造性这个问题。有鉴于此，学者们认为当个体兼具图中所列举的三种

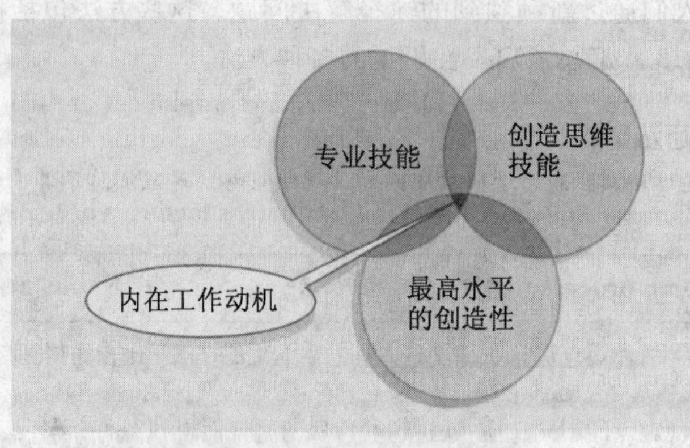


**图 13.9 创造力的要素**

学者们认为当人们兼具图中所列举的三种品质时,才能表现出最高水平的创造性。

【资料来源】Adapted from Amabile, 1988; see note 23.

品质之际,亦为其创造性登峰造极之时。(图 13.9)从图中你可以很清楚的发现这三者之间的乘数关系,也就是说,若其中一者水平很低,则由于乘数关系之作用,其综合之水平亦低,而若其中一者为零,则其综合水平亦为零。这足以引起我们的思考。毕竟,当你不具备相应的技能的时候,不管你有多强烈的动机,你也很难以创新的方式来完成一件工作。同样的,不管是工作技能,还是工作动机,只要有一个是零,要具备所谓的创造性也几乎是不可企及的。言外之意就是,要追求最高的创造性,就要使自己在其三个要素上都维持最高的水平。

最近有一个有趣的研究也验证了这个观点。[28]研究中被试来自两个制造业工厂,研究者采用一份冗长的问卷,罗列了一些与创造力有关的特质,如有能力的、聪明的、自信的、幽默的、有洞察力的,等等,让被试评价哪些特质是自己所具备的。问卷做完之后,研究者又让他们评价自己所从事的工作是否具有挑战性,以及其复杂程度。最后,研究者又让每一个被试的直属上司评价被试在工作中表现出来的创造性,即被试在实际工作中所表现出来的创造力程度和实际价值。图 13.10 直接反映了研究的结果,这个图的结构值得我们进行深入的思考。很明显,表现出最高创造力的被试,不仅具有那些与创造力有关的诸多特质,而且他们的工作也是较复杂,是具有挑战性的。而从事没有挑战性的工作,缺少与创造力有关的个人特质的那些被试,在工作中表现出来的创造性往往是最低的。

## 六、组织创新的过程

既然我们已经了解了个体和团队的创造力过程,我们下面将分析人们是如何运用自己的创造力能力来推进组织的创新的。这一过程就是我们在前面提到过的组织的*创新*(*innovation*)过程。针对**创新(innovation)**,我们可以将其定义为人们在组织环境中成功地运用创意的过程。你或许会认为一些公司比别的公司更具创新精神,事实也正是如此:一些公司在市场贯彻自己的新理念的效率就远比其他公司高。最近,《*财富*》(*Fortune*)杂志对 10 个最具创新精神的公司进行了民意调查,结果见表 13.5。[29]仔细分析这张表,如果你能从中分析出这些公司创新的要素,你就不会为《财富》杂志的结论感到惊讶了。

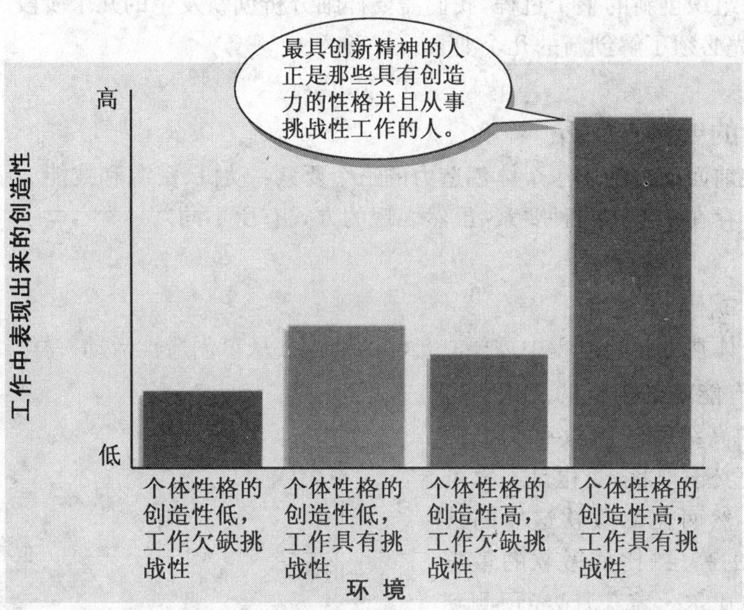


图 13.10 个体与环境特征：决定人们在工作中创造性的重要因素

在所有类型的组织中，谁的工作最具有创造性？决定这一问题的答案既与个体在创造性上的差异有关，也与环境因素有关。但可以肯定的是，最具创造性的个体的创意也最有开拓性，但这也需要给予其一定的工作环境来激发创造力的灵感，例如复杂和挑战性的工作。

【资料来源】Based on data reported by Oldham and Cummings，1996；see note 28.

## 表 13.5 10 家最具创新精神的公司

根据《财富》杂志的调查，这里按顺序列举了创新精神排名前 10 位的公司，比较了各公司在开发新产品、新服务以及市场推广方面的效率。

| 排名 | 公　　司 | 创　新　事　例 |
|---|---|---|
| 1 | 安然(Enron) | 第二代光纤。 |
| 2 | 英特尔(Intel) | 不断改进的电脑芯片。 |
| 3 | 耐克(NIKE) | 第五代乔丹空气运动鞋。 |
| 4 | 赫尔曼・米勒(Herman Miller) | 艾龙铝基合金制造的办公椅。 |
| 5 | 海市蜃楼度假中心(Mirage Resorts) | 精美的主题酒店，例如位于拉斯韦加斯的百宝岛酒店。 |
| 6 | 吉列(Gillette) | 三层剃须刀。 |
| 7 | 明尼苏达矿业与制造业集团(3M) | 报事贴软件。 |
| 8 | 摩托罗拉(Motorola) | 超级便携式蜂窝电话。 |
| 9 | Home Depot 公司 | 以周到的服务和低廉的价格为标志的仓储式购物中心。 |
| 10 | 查里・施瓦布(Charles Schwab)公司 | 为投资者提供的在线股票交易服务。 |

【资料来源】Based on information reported by Brown，L. R.，Kane，H. & Ayres，E.，1999；see note 29.

要了解组织创新的整个过程，我们需要详细分析创新发生的几个阶段。但在此之前，我们首先必须了解创新的几个要素。

## (一) 创新的要素：基石

我们在前面已经阐述了个体创造力的三个要素：动机、资源和技能。组织创新的过程中同样存在于上述三种要素(虽然表现的方式有所不同)。

### 1. 创新的动机

正如个体在创新的过程中需要有足够的动机去从事创造性活动一样，组织若要创新，也需要有能鼓励创新的文化。但如果公司的高级管理层没有明显的创新意图而安于现状，变化是不太可能出现的。然而在像微软这样的公司中，公司的高层(比如微软的董事长和创始人比尔·盖茨)已经预测到创新是公司自然进程的一部分，因此我们对于这些公司日新月异的面貌也就不再感到惊讶了。

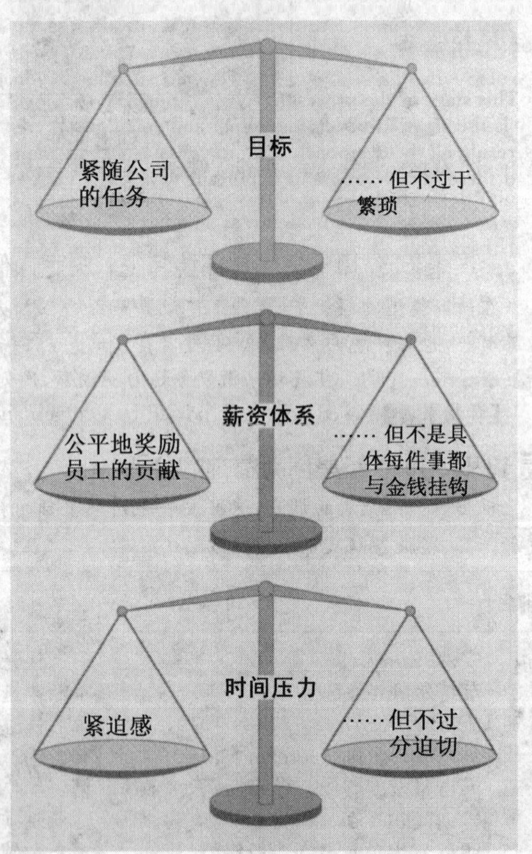


**图 13.11 管理创新的技能：一种细致的平衡机制**

管理创新需要细致地平衡图中所定义的三种要素。

【资料来源】Based on information reported by Amabile, 1998; see note 23.

### 2. 创新的资源

与个体创造力要素的条理相一致的是：正如人们在创新过程中必须掌握一定基础技能一样，组织必须拥有特定的基础资源，使组织创新成为可能。例如，若要创新，组织必须要有足够的人力资源与财务资源。毕竟，如果一个组织在没有技术上的人力资源配置和雄厚的资金时就贸然创新，组织就可能陷入萧条。

### 3. 管理创新

正如个体必须具备某些特殊的技能来进行创新一样，组织必须开创一套独特的管理体制来推动创新——即*创新中的管理技能*（*skill in innovation management*）。这其中最值得注意的是如何把握*平衡性*（*balance*）的问题。具体来说，管理者在三个关键问题：*目标*（*goals*）、*薪资体系*（*reward systems*）和*时间压力*（*time pressure*）中所表现出平衡性是推动组织创新的必要条件（见图 13.11）。

（1）如果创新的*目标*能与公司的发展任务紧密地联系起来，同时在付诸实践时不会过于繁琐，组织的创新就能得到有力的推动。但如果将这样严格的目标强加于人，创新就不太可能取得进展。

（2）*薪资体系*应该实事求是、公平地认可员工的贡献，但也不能太过具体，并且不能将员工的每一步进展都与奖金或金钱奖励挂钩。这样做只会在创新进程中阻碍员工进行风险性的尝试。

（3）管理创新需要仔细权衡员工在创新进程中的*时间压力*。如果时间压力过大，员工可能会丧失想象力，而按部就班的敷衍了事；如果时间压力过小，员工可能会缺乏紧迫感，无法认识到所从事项目的重要性，从而无法保证他们在注视工作项目的目光中迸发出创造性的火花。

## （二）组织创新的进程

如果公司的总裁整天坐在办公桌前敲着手指，幻想着各部门按照自己的指令进行着创新，那他得到的只会是失望。创新并不是一蹴而就的事情，而是一个渐进的过程。学者们通过对组织创新进程的研究分析出组织创新有五个具体的阶段。[30]下面我们将对每个阶段进行详细的描述（见图 13.12）。

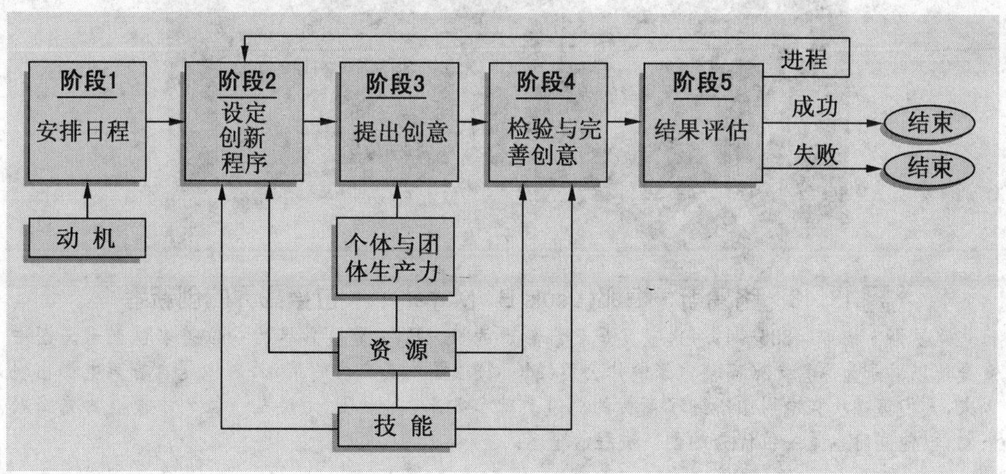


**图 13.12　创新的进程**

组织创新的进程包括以下的各个部分和步骤。

【资料来源】Adapted from Amabile, 1998; see note 23.

### 1. 阶段 1：安排日程

创新进程的第一阶段就是为创新安排日程。这其中包括编写一份**任务报告书**(**mission statement**)——描述组织创新的总体纲领和基本目标的文件。这一阶段最为看重的创新要素是动机。毕竟，组织的高层在亲自按下创新的开始键之前必须对创新本身达成高度的一致。

### 2. 阶段 2：设定创新程序

一旦组织确定了创新的任务，那就需要着手策划创新的渐进程序。这可能要求把董事会的各类具体目标融入更为明确的任务中，并为此筹备各种资源。这其中也可能要求对组织的内、外环境进行评估，找出任何一种可能激发足以“打破常规”的创造性的因素，并为创新的后续工作而努力营造这种良好的环境。组织创新需要有效的程序设计，而这就需要人们掌握必备的创新管理的技能，如充分利用组织的人力资源和财务资源(见图 13.13)。

**图 13.13 路易斯·梅耶(Louis B. Mayer)：一位摄影界的创新者**

路易斯·梅耶(1885～1957)，也就是我们熟悉的“L. B.”，是摄影界的一位著名创新者。图中就是他以狮子为原型为米高梅电影制片公司(MGM)拍摄片头广告的情形，这也是自有声电影出现以来，人们第一次在电影中听到了商标的怒吼。就个人来说，L. B. 无疑是一位天才横溢的先锋派人物，但他同时也是一位优秀的创新进程管理者。

### 3. 阶段 3：提出创意

这一阶段包括提出并检验新的创意。这一阶段也是个体与团队开始创新活动的实质性阶段。因此,这其中也包括了前面提到的个体和团队创新的要素,而且这些要素还可能通过重要途径与组织的各种要素交织在一起。例如,某人天才横溢且充满创新的热情,当他试图把新颖的理念推广于自己的公司时,却发现由于管理层的抵触以及资源的匮乏自己的创新热情一点点地熄灭掉了。相反,另一个锐意进取的公司可能让原先墨守成规的员工也变得充满创新精神。

**你来做顾问**

你们公司是一个小型的制造业公司,公司的董事长经常抱怨公司的销售情况不景气。你发现问题的关键在于公司产品的市场已经达到了饱和状态——并且产品本身缺乏足够的吸引力。而公司里似乎没有人关注如何通过创新来扭转局面。实际上,员工似乎更乐于沿用旧有的工作方式。

1. 你认为哪些因素应对公司文化中多年来的积习负责?
2. 你会提出怎样的方法来激发公司员工的创造性?
3. 如何才能赋予公司的产品更多的新意?

### 4. 阶段4: 检验与完善创意

这是创新的完善阶段。这一阶段的过程大致是:当一个最初以个人为主体的团队提出了一个新的创意之后,组织的其他部门也将逐渐参与到其中来。例如,要得到一种新产品的雏形就可能要经过研发、测试以及市场投放几个不同的过程。简言之,这一阶段需要组织的各种功能性部门共同投入。如你所想,专业知识的资源在这个阶段就显得特别重要。毕竟,只有在组织具备了足够的资金、人力、物力和信息的条件下,创意才可能萌发,直至开花、结果。

有趣的是,甚至有了精妙的创意和充足的资源也不足以为创新带来生机。正如我们在图13.13中所指出的,掌握创新中的管理技能才是最为关键的。这大致是因为若要将创新进行到底,好的创意必须得到组织上下的"滋养"与支持,如果组织中某些部门的人不给予支持,即使是最好的创意也可能被"扼杀"于摇篮之中,表13.6列举了这方面的一些令人瞠目结舌的实例。看到这些伟大的创意起初并未得到人们的完全接受,如果你自己也有创意被拒绝的时候,你会发现你正身处一个优秀的公司。

### 5. 阶段5: 结果评估

创新进程的最后一个阶段涉及的是对创意执行结果的评估。创意的执行结果到底会怎样,取决于评估的结果,而评估有三种可能的结果。如果创意(如某种产品或服务)的执行获得完全的成功,它将获得人们的承认并在今后得到广泛推广。这样整

**表 13.6 你的创意被拒绝了吗？还是你的公司太优秀？**

许多很棒的创意在最初也会遭到人们的拒绝，因为大多数掌权者看不到它们的绝妙之处。当你看到下面这些事例时，你可以想象这些人会如何痛心于自己"消逝的灵感（the one that got away）"。

| 产　　品 | 被拒绝的故事 |
| --- | --- |
| 电影《星球大战》 | 剧本在最后被接受之前，受到12家好莱坞制片厂的拒绝。 |
| 图形影印技术 | 虽然国际商用机器公司（IBM）、通用汽车公司（GM）和杜邦公司（Dupont）认定这项技术的可行性，但他们无一例外地拒绝了这项新技术。 |
| 维可牢（Velcro）尼龙拉链 | 维克多·奇亚姆（Victor Kiam，以雷鸣顿剃须刀 Remington Razor著称）以25 000美元的费用太高为由拒绝了这一项专利。 |
| 晶体管收音机 | 20世纪50年代，索尼（Sony）公司的创始人盛田昭夫在市场中推广这种产品时大败而归。 |
| 披头士乐队 | 1962年德卡唱片公司（Decca Records）以"吉他乐队正在走下坡路"为由拒绝为他们发行唱片。 |
| 有声电影 | 1927年，华纳兄弟（Warner Brothers）的总裁哈里·华纳（Harry Warner）说没有人想听演员在讲些什么。 |

【资料来源】Based on information reported by Ricchiuto, 1997; see note 31.

个创新的进程从此告一段落。同样的，如果创意的执行完全失败，创新的进程也将告终，因为在这种情况下，我们没有任何理由继续下去。然而，如果创意表现出些许成功的希望，并在组织目标上取得了一定的进展，同时还确实存在一些缺陷，整个创新的进程又得从第2阶段重新来过。

以上的五阶段进程或许并不能阐明你可能在组织中见到的所有创新，但是它确实能很好地说明创新的主要模式。通过这种模式，大多数的创新活动都能沿着一定轨迹，从组织的特定需要出发，开发出一种新产品或新服务，以满足组织发展的需要（某些国家的公司可能比其他国家的公司更具创新精神。为了对这种比较做进一步的透析，请参见本章中的"全球组织行为"栏目）。

## 全球组织行为

### 创新中的公司

论及创新，统计资料表明日本公司已远超过美国公司。[31] 只要考虑到美国公司在研发方面的平均花费（占国民生产总值的百分比）要比日本公司少得多，我们就不会对此感到惊讶了。美国公司倾向于速战速决或极力效仿日本公司，但是他们在这种创新上的花费远不能产生应有的效益。[32]一般来讲，美国公司在研发上的每项投入所带来的利润比日本公司要少。[33]以下几个重要因素促成了这种状况。

首先，日本人对产品创新的投入热情要比美国人高。事实上，从 1986 年以后，日本人就作了大量的努力摆脱剽窃者的形象而一跃成为开拓者——自 1986 年起，日本人在创新上的投入便与日俱增。[34]这种局面是有例可证的。例如，日本在熊本(Kumanoto)和筑波(Tsukuba)建立了科学城，这就是加利福尼亚的硅谷和北卡罗莱纳州的三角开发区的日本版本。

“日本制造”这个词曾经是“廉价的仿制品”的代名词，但是现在它所代表的却是尖端产品，这在日本国内随处可见。例如，索尼(Sony)公司被人们公认为世界上最富创新精神的家用电器公司。你可能知道索尼的产品有随身听、CD 机、袖珍 CD，但是你却可能不知道这些只是索尼每年开发的 1 000 种产品中的一小部分，而且这 1 000 种产品中有 200 种是全新的。[35]索尼还只是以创新闻名的日本公司的其中之一。丰田(Toyota)和日立(Hitachi)也是很好的例子。事实上，日立公司是具有雄厚的创新能力的，它在公司创新能力的排行榜上一直名列前茅，拥有着强大的研发能力。[36]

其次，专家把问题的矛头指向了美国公司中普遍存在的所谓*技术沙文主义*(*techonochauvinism*)。技术沙文主义指的是一种傲慢的信仰，认为所有好的创意都来自美国，而任何其他国家做的研发都是微不足道的。[37]这种信仰是一种可怕的误导。如果别的国家真的在技术上一无是处，那么我们很容易看到两个自相矛盾的事实。第一，日本的大学比美国培养出了更多的工程师，虽然日本的人口只有美国的一半。[38]第二，美国许多数学、自然科学和工程学方面的教授即将引退，但却没有新血补充。同时，美国的大学中有半数以上的博士生来自国外。如果这些人回国，将造成美国科学家的严重短缺。[39]因此，许多美国公司正在海外寻找科学家，而且他们通常能在日本找到最好的人选。[40]随着这种趋势的延续，我们相信技术沙文主义必会自取灭亡。

最后一点，美国公司与日本公司在创造与创新方面的差距并非只是一朝一夕的事情。例如在 1985 年有人曾对美国与日本经理做过调查，让他们估计在未来五年中，创新给他们公司带来的利润能占多少个百分点。日本人的回答平均为 82%，而美国人的回答却只有 51%。[41]这至少在部分上是由于与日本相比，美国公司的合并与并购更为普遍，这导致了对研发投入的相对减少。[42]

根据专家们的看法，这种趋势使得美国未来商业的成功前景不妙。一位学者曾就此说道：“如果你认为竞争能力是任何行业的核心所在，那么你就必须意识到保持长期竞争力的惟一途径就是创新。”随即这位学者又奉劝美国的公司要多一点创新，他警告说：“要么创新，要么灭亡。”[43]

## 学习目标的回顾与总结

**1. 对*组织文化*进行定义。**

**组织文化**是一套由组织成员共享的态度、价值观、行为规范和共同愿景所构成的认知体系。

**2. 区别组织中*主流文化*与*亚文化*之间的差异。**

一个组织可能拥有一种**主流文化**——也就是组织作为整体的一种独具特色的，具有象征意义的“个性”。组织中也可能存在多种**亚文化**，它只存在于组织的个别部门中。

**3. 描述文化在组织中所扮演的角色。**

文化在组织中扮演三种主要的角色：为其成员提供身份感；激发其成员对组织目标的献身精神；澄清并强化组织成员的行为标准。

**4. 描述由*双S模型*所定义的四种类型的组织文化的特点。**

**双S模型**中两个维度取值的高低区分了四种类型的组织文化。这两个维度是**一致性**（即组织成员在工作中达成共识的程度）和**社会性**（即组织成员之间的融洽程度）。由此划分的四种类型的组织文化分别是：**网络型组织文化**，社会性高但一致性低的；**利欲型组织文化**，社会性低但一致性高；**离散型组织文化**，社会性低且一致性低；**共享型组织文化**，社会性高且一致性高。这四种文化都各具积极与消极的性质。

**5. 明确促使组织文化产生的各种因素。**

促使组织文化产生的因素包括：公司的创建者、公司的成长历程以及与外部人群的联系。

**6. 明确组织文化的传播机制。**

传播组织文化的工具包括：标志、传奇、行话、仪式以及原则性声明。

**7. 描述组织文化对组织运作产生的影响。**

组织文化的强大的压力迫使人们保持一致，以与现存文化相一致的方式行事和思考。只有当组织文化自身足够强大时，才会对组织的绩效产生影响；而若组织文化自身过于弱小，其对组织绩效的影响则可以忽略不计。

**8. 明确决定组织文化变迁的几个因素。**

组织文化一般趋于保持稳定，但也并非一成不变。引起组织文化变化的最主要的因素包括劳动力的构成、公司的合并与并购以及有计划的组织创新。

**9. 对*创造*进行定义并描述个体和团队创造力的基本要素。**

**创造**是一个个体或团队提出新颖且有价值的创意的过程。组织的创造力包括三个基本要素：专业技能（即完成工作所需具备的基本知识）；创造思维技能（即产生创意的特殊能力）；内在的工作动机（即人们完成创造性活动的意愿）。

**10. 对*创新*进行定义并描述创新的基本要素以及创新的几个渐进过程。**

**创新**指创意在组织中的实施过程。与创造力类似，创新也包含三个基本要素，它们是创新的动机、创新的资源以及管理创新。这些要素应用于创新的进程可以分为五个阶段来展开：安排日程、设定创新的渐进程序、提出创意、检验与完善创意、结果评估。

## 问题讨论

(1) *组织文化*是一个抽象的概念。你虽然看不到它，但你却知道它的确存在。有没有表明组织文化确实存在的标志或象征？

(2) 在由*双S模型*确定的四种类型的组织文化中，你最喜欢在哪一种组织文化中工作？最不喜欢的又是哪一种？为什么？

(3) 回想一下你曾供职过的一个组织，它的主流文化是共享型、利欲型、离散型还是网络型的？对于特定组织中的特定人与特定工种，这种文化是否确实有效？

(4) 再回想一下你曾供职过的一个组织，它的文化是如何传播于内部成员和外界(即公众)的？

(5) 你经历过组织文化的创新吗？如果经历过，创新的结果怎样？

(6) 你认为自己富于创造性吗？你认为自己在工作中如何才能变得更富创造性？

(7) 回忆一下你在自己公司中曾见到的创新。它在多大程度上遵循了图 13.12 所列举的进程？它与图中所描述的创新的一般进程有何相同与不同？

## 典型案例

### 案例 1 3M：创新无处不在

3M(明尼苏达矿业与制造业集团公司)的产品遍布世界各地。无论是斯科奇透明胶带(Scotch Magic Transparent Tape)、报事贴软件(Post-it notes)、斯科奇布莱特抛光护垫(Scotch-Brite Scouring Pads)、斯科奇加德防油防水剂(Scotchgard fabric protector)还是 O-Cel-O Sponges，3M 公司的产品充斥于人们生活的每一个角落。你或许并不知道这些，但是 3M 的上百种产品被广泛地应用于医院，工厂以及我们每天要走的公路上。事实上，仅 3M 的透明胶带就有 900 个以上的品种。

3M 诞生于将近一个世纪以前，那是在明尼苏达的 TWOHARBOR，沿着大湖的西北岸。从一开始，3M 就致力于开发新产品来满足顾客的需要(其中第一种产品是布面砂纸 3M-Ite，这是一种有研磨作用的布，它可用于撒沙汽车车身同时不会损坏车身表面的喷漆)。可以说，3M 的独到之处正是其锐意的创新风格。

人们生活中的任何问题和困难正是 3M 公司开发新产品的最好机会。让我们来看看下面这些例子：3M 的工程师们最近研制了定制大型广告牌的工艺，其低廉的价格即使是小商家也能够承受(第二代斯科奇数字印刷系统 ScotchprintⅡ)。为了解决笔记本电脑用的电池功效低但体积大的问题，3M 并没有去研制新的笔记本电池，而是开发了一种新技术来降低笔记本电脑显示器的耗电量。如果你在最近不慎摔伤了腿,你的整形外科医生很可能会使用 3M 开发的人造强化玻璃纤维带(即 Scotchcast Casting Tape)来包扎你的伤患处,而不是像过去那样在你的腿上打上厚厚的石膏。

是什么使 3M 公司如此锐意创新呢?答案之一就是 3M 公司的"15%规则",这个规则允许公司的技术人员把自己 15%的工作时间用于他们自己选择的方案上,而无须从其他人那里获得批准。在公司发展的早期,管理层就认识到,如果允许技术人员按他们的个人意愿去修正产品的模型,他们可能会提出一些让经理们喜出望外的创意。直到今天,3M 仍然很好地延续着 15%规则。

为了在公司上下推广这种创新精神,3M 同时鼓励不同的部门之间观点的互相交流。这样,公司内就建立了技术人员之间的知识网络,这种网络有正式的也有非正式的(见第六章)。例如,3M 的各个部门都定期举办展览会,以向其他部门的同事展示他们的最新技术。

在 3M,管理部门的主要目标就是培养员工的创造性和创新精神。3M 长期以来致力于激励员工按照"25/5 规则"来开发新产品——也就是说,公司每年销售额的 25%必须来自 5 年内的新产品。1992 年,公司的董事长兼总裁德·西蒙内 (L. D. DeSimone) 提出,公司产品的生命周期必须进一步缩短,这使得公司的目标更为艰巨:30%的销售额将来自 4 年内的新产品。这无疑激起了创造的火花,仅仅两年之后,公司就达到了新目标。

大多数公司以金钱报酬的形式来认可和奖励员工的工作成就 (见第三章),但 3M 的做法无疑更为前卫。3M 把一些特殊的巨奖奖给公司最有创造性的员工。例如,3M 建立了"卡尔顿名人堂"(Carlton Society),这是一个表彰对在科学技术上对 3M 做出过特别贡献的员工的荣誉组织。其中的成员包括那些开发了报事贴软件、斯科奇透明胶带和斯科奇加德防油防水剂等著名产品的人。公司也为技术和非技术人员做出承诺,以帮助他们进行创新,而且这方面的支出是不计入部门的常规预算的。

毫无疑问,3M 不仅是一个锐意创新的公司,而且它还拥有一套独特的管理方式以确保创意的源源不绝。可以说公司长盛不衰的成功记录在很大程度上来自这种对创新的专注。无可厚非,3M 是标新立异的。但是 3M 在追求创新的道路上也并不孤独。今天,以创新闻名的公司还有杜邦、通用电气(GE)、法扎制药(Pfizer)和美德橡胶(Rubbermaid)。

**问题反思**

(1) 最近,3M 悄悄地取消了 25/5 规则。你认为他们为什么会做出这个决定?

(2) 是什么样的文化背景使 3M 的创新如此兴盛?

(3) 你认为 3M 的员工是天生就创意无穷,还是环境使他们表现出了可能潜在的创造力,或者两者兼有?请解释。

(4) 你愿意在像3M这样高度创新的公司中工作吗？为什么愿意或不愿意？如果愿意，你认为你将面临怎样的压力？

## 案例2 文化、创造和创新

**小型商务2000** 如果有人邀请你做一次徒步旅行，你也许会被激怒。但假如有人邀请"尖峰绝壁"(Jagged Edge)的主人克莉尼蒙(Quenemoen)姐妹去远足，她们也许会马上抓起攀岩工具走出门去。玛格丽特·克莉尼蒙和葆拉·克莉尼蒙姐妹俩创建了一家名为尖峰绝壁的运动器械公司，这家公司的诞生源于她们对户外运动的热爱。许多人试图把个人的嗜好和兴趣转向商业，一些人成功了，另一些却失败了。人人都说，尖峰绝壁是一次成功的冒险。然而，这个公司真正有趣的是它所展现的工作环境。

许多因素都能影响一个公司的文化。要理解尖峰绝壁的文化，最好是去透彻地了解经营它的两位女性以及让她们特立独行的东西。玛格丽特的公司在遭受了一系列的危机之后顽强地存活下来了。在最初的市场环境下，公司原本被定位为户外运动服装的生产商，但玛格丽特有一个更直接的原因：她身无分文，需要挣钱——马上挣钱。如你所料，玛格丽特没有轻言放弃，她仍然非常执着地坚持自己的信念。葆拉也因此受到了驱动，但或许其方式与她姐姐有所不同。在完成中国和亚洲其他地区几年的学习之后，葆拉加入了她姐姐的公司。这一段经历对葆拉的心灵影响极大，她把这种精神也带到了公司。

葆拉和玛格丽特没有亲自经营尖峰绝壁的生意。在招募员工的过程中，她们所做的似乎就是努力去寻找在某些方面与她们自己相似的人。这并不意味着她们在克隆自己，只是她们招募的员工具有一些共同的兴趣而已。这些人最明显的共同兴趣就是攀岩和远足，而且这些并非全部。当你在思考这个案例的时候，请试着尽力去理解这个公司的文化。想象一下人们为什么愿意去尖峰绝壁工作，而如果你自己在这样的公司中工作，你会如何的称心如意。

**问题讨论**

(1) 你已经了解了葆拉和玛格丽特的个人信念以及她们的事业。你认为姐妹俩是怎样影响公司的个性和文化的？

(2) 葆拉曾给我们讲述过她在中国投资办厂的经历，她在那里谈生意的时候所做的事情就是握手，甚至没有任何书面的协议。她甚至在没有收到成品之前就付了货款。你是怎样看待这种经营方式的？你认为尖峰绝壁采用这种方式经营的道理何在？

(3) 似乎尖峰绝壁的员工不仅共同工作，而且有时候也一起娱乐。你认为员工这种工作/娱乐共享的生活方式优点和缺点各有哪些？这种生活方式是如何影响公司文化的？

# 技巧库

## (一) 亲历组织行为

### 1. 用创意框图来激发创造力

一天,某生产洗衣店专用洗衣篮的公司的市场主管,正为如何在萧条且竞争激烈的市场中提高公司的市场份额而冥思苦想。为了激发想象力,他仔细考虑了我们许多人习以为常的一些生活细节,也就是洗衣篮的基本参数。他特别注意到洗衣篮在下面四个基本方面存在差异:材料、形状、表面涂层以及放置方式。对每一个维度,他又分析出了五种变式,结果如下表或叫*创意框图*(*idea box*)。

洗衣篮的改进设计

| | 材 料 | 形 状 | 表面涂层 | 放置方式 |
|---|---|---|---|---|
| 1 | 柳条 | 正方形 | 天然的 | 地板上 |
| 2 | 塑料 | 圆柱形 | 油漆的 | 天花板上 |
| 3 | 纸 | 长方形 | 纯色的 | 墙上 |
| 4 | 金属 | 六边形 | 发亮的 | 地下室的斜槽上 |
| 5 | 网状材料 | 立方体 | 霓虹的 | 门上 |

【资料来源】Reprinted with permission from *Tinkeryoys* by Michael Michalko, Ten Speed Press, Berkeley, California.

然后,他在每一栏中随机挑选出一个项目,比如:网状材料、圆柱形、油漆的、放置在门上,这样就得到了一个关于洗衣篮的全新创意。这种想象中的洗衣篮似乎很像一个篮球框:一个大约直径为一码的网兜附在一个圆柱形的箍上,另一头的挡板正好可以粘在门后。

简单地计算一下,你就可以发现这个特殊的创意框图产生了 3 125 种不同的组合。这是一个相当大的数目,如果没有它的帮助你可能很难想出这么多点子。因此,创意框图在我们创新的过程中有着非凡的意义。你可以按照下面的方法来培养自己的创造力。

### 2. 指导语

通过下面的练习勾画出一个创意框图。

(1) *明确你所面临的挑战*。你也许对研制一个新型洗衣篮不感兴趣,但是你必须从我们所陈述的案例中的相同点出发——即清楚地认定你想要做什么。

(2) *选定你所面临挑战的参数*。材料、形状、表面涂层和放置方式是洗衣篮问题的参数。你所面临的课题的参数又是哪些呢？若要确定你所考虑的参数是否足够重要，也就是是否值得我们去探讨，你可以问问自己，没有这些参数，问题是否仍然存在。

(3) *列出变式*。上面的例子中每个参数有五种可能的变式，但对你来说只需要列出你认为最关键的那些变式。因为你的创意框图越大，你激发出创意的难度也就越大(例如，假如你的创意框图有 10 个参数，其中每一个参数又包含 10 个变式，那么，你将面对 100 亿种可能的组合——这对于你来说几乎是一个不可完成的任务！)

(4) 尝试不同的组合。在完成你的创意框图之后，尽力去考察它的可行性。从考察整个创意框图开始，然后锁定最有希望的组合。

### 3. 问题讨论

(1) 在这之前，你曾使用过创意框图或类似的工具吗？如果使用过，效果如何？

(2) 创意框图对于应对哪种挑战最有用，而对于应对哪种挑战作用最少？

(3) 据说勾画出一个创意框图类似于诗歌创作。为什么会这样？

【资料来源】Based on suggestions by Michalko, 1991; see note 26.

## (二) 分组练习

### 1. 你的同事们如何评价你们的组织文化？

新手对一个组织文化的印象主要依赖于他初次所见的视觉信息。即使他对这个组织一无所知，他在工作现场的所见所闻也包含着大量的信息，不管这种信息的获得是有意还是无意的，他都能从这些信息中认识到组织的概貌。我们设计了下面的练习来解释这一现象。

### 2. 指导语

(1) 每个组员需要拍摄几张他工作现场的照片，然后选出三张他认为最能反映该公司本质特征的照片。

(2) 让一个组员根据所拍摄的照片介绍自己的公司，描绘出照片中所展现的工作类型，然后把照片呈现给其他组员。

(3) 全体组员按照下面的几个维度对照片中的公司进行等级评定。在与你对该公司的感觉最相近的数字上划圈。

| 陌生 | 1 | 2 | 3 | 4 | 5 | 6 | 7 | 熟悉 |
|---|---|---|---|---|---|---|---|---|
| 失败 | 1 | 2 | 3 | 4 | 5 | 6 | 7 | 成功 |

| 冷淡 | 1 | 2 | 3 | 4 | 5 | 6 | 7 | 友好 |
|---|---|---|---|---|---|---|---|---|
| 低产 | 1 | 2 | 3 | 4 | 5 | 6 | 7 | 高产 |
| 呆板 | 1 | 2 | 3 | 4 | 5 | 6 | 7 | 创新 |
| 冷漠 | 1 | 2 | 3 | 4 | 5 | 6 | 7 | 热情 |
| 保守 | 1 | 2 | 3 | 4 | 5 | 6 | 7 | 激进 |
| 封闭 | 1 | 2 | 3 | 4 | 5 | 6 | 7 | 开放 |

(4) 将你自己的个人感受与其他组员分享。然后将照片提供者的反应与其他组员的反应进行比较。

(5) 使用其他组员公司的照片重复上述过程。

### 3. 问题讨论

(1) 对于被分析过的每一套照片，全体组员对照片中的公司的评定能达成多大程度上的共识？

(2) 对于被分析过的每一套照片，组员的描述与照片的提供者对他们自己公司的评估有多少相近性？换句话说，这些照片在多大程度上反映了"内部人士"心目中的组织文化？

(3) 从整体来看，人们在评估他们所熟悉的组织的文化时要比评估陌生组织的文化更精确吗？如果是这样，你认为其原因何在？

(4) 人们在评估某些行业组织（如制造业）的文化时的一致性要比其他行业（如服务业）更高吗？如果是这样，你认为其原因何在？

## 趋势：今天的企业在做什么？

### 美德橡胶是怎样帮助员工打破思维定势的？

冰槽、保鲜盒、洗碗机、脱水机……这些可能是世界上最不起眼的东西了，然而，在生产包括这些东西在内的5 000余种生活用品的美德橡胶公司，员工们在生产这些最普通的产品之时，其精益求精的态度丝毫不亚于生产高精度外科手术设备。在这个已有80年历史的公司中，注重产品品质一直是其公司文化的核心，公司管理层一直在努力把最新的发明融入他们的产品当中，使我们的生活变得更加简捷，更加方便。那么，美德橡胶是怎样激发出员工的创造力的呢？

公司一直鼓励员工去发现，去探索新的东西，换句话说，就是鼓励员工在已有的技术基础上加以创新。[27]例如，一个美德橡胶的高层管理人员在公司野餐冷却机生产线上巡视的时候，运转中的塑胶制模设备映入眼帘，他或许就会突然产生灵感：同样的生产原理，同样的材料，可以用来造冷却机，为什么不能用来造办公设备呢？这种办公设备的竞争优势是显而易见的：质地轻盈，经久耐用，而且造价低廉。对于公司来说，今天的这个灵感的产生，本身就是他们一贯的创新理念的巨大成功。

在美德橡胶，每一个员工都生活在一种创新的氛围当中，而且，这种氛围，或者说是这种组织文化，鼓励员工共享他们的每一个创意。他们的道理很简单：总有一种做法是可行的。比方说，以前产品开发部门的主管在博物馆参观古埃及遗物展，他对古埃及独特的烹饪器具产生了浓厚的兴趣，之后公司立即开始研发新款的烹饪设备。毫无疑问，其灵感即来自于这个开发部门主管的此次博物馆之行。你永远不会知道他们的灵感生于何时，产于何处！在公司里，每一个人都知道，想到了新点子，就应该赶快拿出来与大家共享。

在其他的公司，开发一个新产品或许要经过几个月甚至几年的市场试投放，但是在美德橡胶绝非如此。实际上，在这里根本没有市场试投放这一说。公司总裁解释说，在美德橡胶每一款新品的展示会之前，他们绝不给那些妄图剽窃本公司充满灵感的天才设计的竞争对手哪怕是一丝一毫的机会！其实这并非惟一的原因。不经过试验就将产品投放市场，毫无疑问会给设计者带来极大的压力，促使他加倍的努力，以求毕其功于一役，在美德橡胶的管理层看来，在商业企业中，不时刻保持着强烈的现实感，再天才的创造也会误入歧途。也许让设计者保持这种危机感，有助于他们更加认真地对待自己的工作，不管他们制造的东西有多么不起眼。

# 第六部分 组织进程

## 第十四章 组织结构与组织设计

**学习目标** 学完本章后应能够:

1. 描述*组织结构*以及如何用*组织结构图*来表示组织结构。

2. 解释组织图中组织结构的基本特征(*职权层级*,*劳动分工*,*管理幅度*,*直线和参谋*,*分权*)。

3. 描述部门化的不同方法,包括*职能组织*、*产品组织*、*矩阵组织*和*无边界组织*。

4. 区别*古典组织设计*和*新古典组织设计方法*。

5. 通过*组织设计权变方法*区别*机械组织*和*有机组织*,描述各自最适合的条件。

6. 描述明兹伯格的五种组织形式:*简单结构*、*机械官僚制*、*专业官僚结构*、*分部制结构*和*专家控制结构*。

7. 描述组织内设计的两种形式:*集权*和*战略联盟*。

### 预备案例

#### 美国技术公司和兰登书屋在新兴技术上的合作

考虑到一些不确定因素,没有一个公司能控制传播多媒体娱乐到家庭市场的全部技术。然而美国技术公司作为传播娱乐的一家主要新网络公司,似乎开了这个头。美国技术公司是贝尔经营的地方性公司,在中西部有大量的铜线和光纤网络。当然,很清楚,美国技术公司不能独立进行传播,因为任何一家公司,即便是美国技术公司,也无法解决许多技术发展问题,无法回答许多与市场利益有关的问题。

基于此,美国技术公司将其技术和优势定位为与其他公司互相补充。这样的联盟包括兰登书屋,它是书籍和杂志的大型出版公司。也许你会问为什么美国技术公司和一家出版公司合作,而不与一家也许合作前景更好的高科技公司合作呢?答案很简单:传送多媒体信息到家庭的用途是有限的,除非考虑内容传送。而这也正是兰登书屋加入的意义所在。作为《纽约人》杂志和各种旅游指南的出版商,包括辐德(Fodor)和阿瑟·弗洛姆(Arthur Frommer)系列,兰登书屋提供一些非常有价值的信息。

到目前为止,你尚无法通过你家中美国技术公司网络接收兰登书屋的信息。而事实上这两个公司已经成立一个称作环球观察(Worldview Systems)系统的公司,该公司每月出版电子版的最新旅游信息资料,主要卖给旅游代理商。代理商可以上网或通过免费电话获得世界170个左右地方的旅游信息。

美国技术公司开发副总经理托马斯·汤姆顿(Thomas Thomton)乐观地表示他的公司带给用户的服务处于领先地位。他指出,产品的成功关键在于先进的技术和项目管理的最终的承诺。虽然这是一个组织发展任一新方向的通常做法,但是这一做法还是显得有些特殊。他提醒高层管理者必须乐意"快速投资,但必须耐心等待回报",但是,并不是所有的公司都能这样做。

有两点是肯定的。至少在一定程度上,美国技术公司将推动这一技术并使之市场化,但它不会——也不能——独自实现这一目标。专家们估计数百(如果不是成千上万的话)家公司已经或很快将会加入并利用这一新技术。虽然美国技术公司仅仅是多媒体马赛克的一块砖片而已,但是有兰登书屋助一臂之力,美国技术公司也许找到了自己的发展之路。

正如预备案例说明的,组织间的用心协调对成功是必须的——特别在大型的高科技项目上。然而,在一个单一的组织中,个体或部门之间的协调也是需要的。这就提出了这样的问题:对不同的组织任务,组织单元间如何准确地协调?基于这样的看法,它有助于将组织视为一个由许多不同部分组成的大的拼图玩具(jigsaw puzzle)。为了形成有意义的整体,不同的部分(即组织单元)必须以正好恰当的方式结合起来。然而,在组织中他们的结合没有惟一的、单一的方式。相反,这些部分以许多不同的方式结合起来。因此,关键的问题是:不同的组织单元是如何结合在一起才能发挥最大效用的?

组织行为研究者和理论学家通过研究组织结构和组织设计在这方面提供了不少真知灼见。*组织结构*是指如何根据所执行的任务安排个人和团体,而*组织设计*则指以最有效的方式协调这些结构要素的过程。正如你预料到的,要想找到组织结构和设计的最好方式并不简单。因为理解组织的结构和设计对评价其功能显得至关重要,幸好,组织行为学家已经对此作了大量的研究,在本章中,我们将具体阐述这些研究。

首先,我们将通过*组织结构图*(即,一个表示组织结构关键特征的图示)来识别一下组织的基本模块。然后,我们来研究怎样最有效地将这些结构要素组合成为有价值的组织设计。最后,我们讨论作为组织设计原因和结果的技术的作用,与此同时,我们还强调环境对组织设计产生影响的一些基本事实。

## 一、组织结构:组织的基本维度

考虑一下怎样盖一座简单的房子。在水泥板顶上是一木制的框架,木制框架用屋顶和外壁板材料覆盖着。这一基本结构包含着一些独立的系统,这些系统提供水、电和电话服务。同样,人体是由骨骼组成的,周围是维持人体功能的不同的器官、肌肉和组织,如呼吸系统、消化系统等等。我们也可以以相同的方式来识别组织的结构。

例如,你就读的学院或大学。它可能是由各种不同的群体和部门组成,这些群体和部门为了服务于专门的职责而一起工作。个人和群体致力于教学、提供金融服务、维修设备等工作。当然,在每一群体中还可以细分。例如,你的组织行为课程的老师不大可能也教17世纪的法国文学。你还能区别在其他组织中人们履行的不同任务和职责。换句话说,一个组织不是一个偶然的集合,而是个人和群体为了组织的目标,有目的地在一起工作的一种有意义的结合。[1] **组织结构(organizational structure)**指关于组织中任务、责任和权力在个人和群体间的正式分配。[2]

严格地说,我们看不到组织的结构,组织结构是一个抽象概念。然而,组织中存在着不同的职能团,其联系可以在一张称作**组织结构图(organizational chart)**的图表中表现出来。换句话说，组织结构图可以视作一个组织内部结构图。可以想象，这样的图可以作为避免混淆组织中关于不同任务或职责内部联系的有用工具。通过仔细研究组织结构图，我们能够了解一些组织结构的基本要素。故此，现在我们把注意力转向由组织结构图揭示的组织结构的五个基本维度。

组织结构图提供有关组织中执行的不同任务和它们之间正式的职权直线的信息。例如，图 14.1 描述了一个假设的制造型组织的每一部分。每一方框代表一项具体的工作，连接这些方框的线反映执行那些工作的个体之间沟通的正规途径。然而，对研究组织结构的专家们来说，这样的图表反映了更多的内容。

## (一) 职权层级：组织阶梯的上下级关系

特别地，组织结构图还提供有关谁向谁汇报信息，即我们所知道的**职权层级**(**hierarchy of authority**)的信息。它显示组织层级中特定的低层雇员向他的直接上级汇报。在图 14.1 中，不同的地区销售员(在职权层级和图表的底部)向他们各自的地区销售主管汇报，销售主管向副经理汇报，副经理向总经理汇报，总经理向首席执行官汇报，首席执行官向董事会汇报。当我们探索这些汇报关系时，我们逐步建立起组

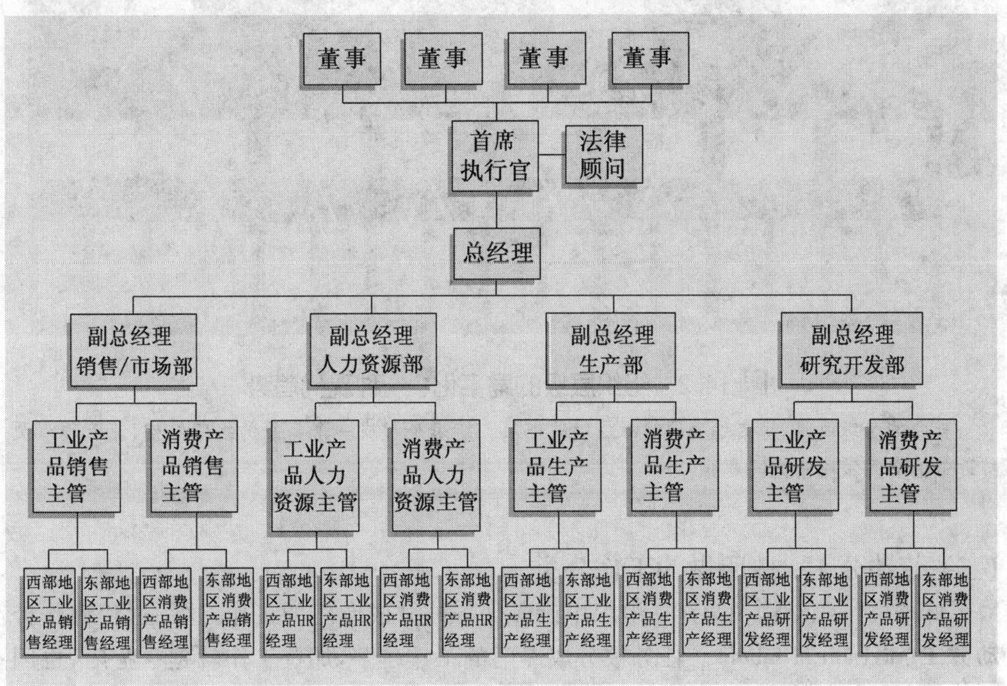


图 14.1 一个假设的制造型公司的组织结构图

这样的组织结构图生动地说明组织中的不同职能和执行这些职能的人员之间的职权直线。

织的职权层级。在本案例中，组织有六个层次，但是组织可能是更多层次的*垂直型*（*tall*），或仅仅有几个层次的*扁平型*（*flat*）。

最近，许多组织已经通过扁平化改组它们的劳动力结构。[3] 措施是削减组织结构的整个层级，如公司的“裁员（downsize）”、“调整规模（rightsize）”、“下岗（delayer）”或“减少开支（retrench）”（我们在第十六章还要提到这一主题）。[4] 改组结构造成的失业已经对组织产生冲击，特别是中层（图 14.2）。为了跟上通过团队完成工作的趋势（见第七章），没必要保留更多的组织层级。这暗示，组织层次越少，就越能减少浪费并使人们能更好地做决策（通过使他们更接近手头的工作），从而获得更大的收益。

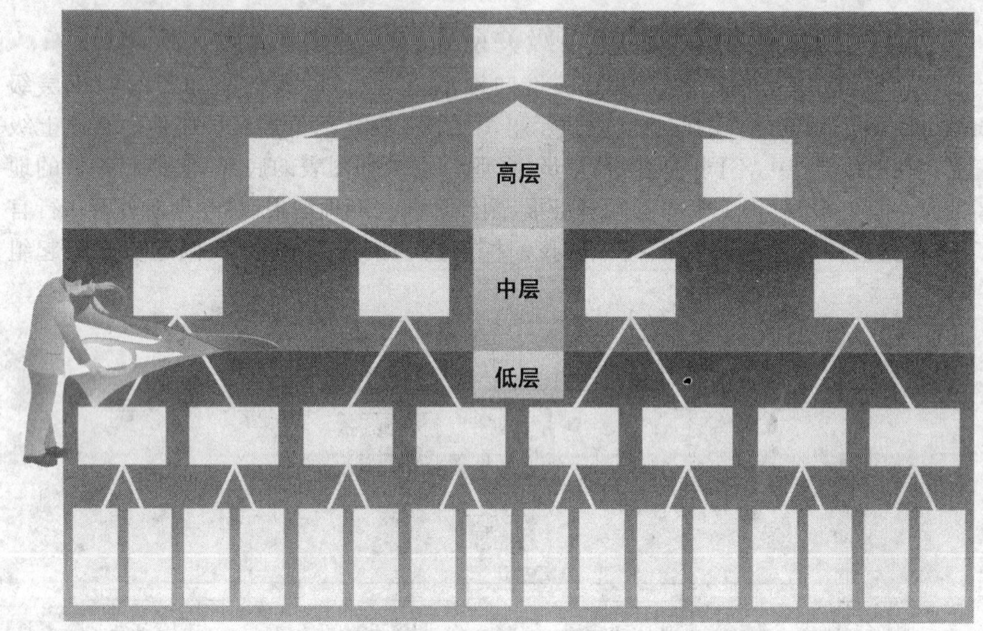


**图 14.2 组织层级的扁平化：一种现代趋势**

当今的组织改建，趋向于去掉组织层级的中层。结果是形成一个扁平的组织结构，使管理者更接近他们必须做决策的问题。

## （二）劳动分工：按所做的工作分类

标准的组织结构图显示：组织中许多任务被分成专门的工作，这一过程称作**劳动分工（division of labor）**。任务被分成专门的工作越多，那些工作就越*专业化*，也因此执行工作的在职者活动范围越窄。从理论上讲，一个人执行任务越少，他可以完成得越好，从而使其他人能从事他们做得最好的工作。总之，一个完整的组织是由从事专门化工作的人组成。这也许是可以从组织结构图上观察到的最明显的特征。

正如你想的那样，员工执行专门工作的程度可能依赖组织规模。换句话说，组织规模越大，专门化存在的机会越多。例如，一个在大型广告机构工作的人可能专门从事非常狭窄的领域，如为电台设计诗和为汽车制作电视广告。相反，在小机构里工作的人除帮助做艺术设计和会见客户，还要做所有文字工作和广告工作。显而易见，大公司通过有效地利用员工的才能获得收益——这是广泛进行劳动分工的自然结果。然而，因为公司裁员，许多管理工作变得不再专门化。例如，在通用电气公司，有相当数量的中层管理职位已经被取消了。结果，剩余的管理者必须做更多的工作，从而使他们自己的工作不再专门化。[5] 你可以在表 14.1 的概述中看到这一关系。

**表 14.1 劳动分工概述**

用这里显示的尺度可以看出劳动分工的水平高低。

| 尺　度 | 劳动分工 | |
|---|---|---|
| | 低 | 高 |
| 专门化的程度 | 一般任务 | 高度专门化任务 |
| 典型的组织规模 | 小 | 大 |
| 经济有效性 | 低效 | 高效 |

## (三) 管理幅度：职责范围

一个主管对几个人负责？最早的管理理论家和实践家（甚至古罗马军队）就提出这一问题。[6] 看一看组织结构图，就很清楚向每一个主管汇报的人数，这一数目构成主管的**管理幅度(span of control)**。那些对许多个体负责的人管理幅度宽，相反，那些对几个人负责的人管理幅度窄。在我们的组织结构图中（见图 14.1），首席执行官对总经理的行为负责，这样，首席执行官的管理幅度比总经理的窄。当组织领导者注意到他们对低层员工控制不够时，他们有时会改变他们的组织结构以便经理对较少的下级负责。有这样一个案例，在加拿大最大的银行——皇家银行，总经理最近建议地区经理将他们所控制的下属分行数量减至 7 到 12 之间。[7]

当一个经理的管理幅度宽时，组织本身趋向扁平型。相反，当经理的管理幅度窄时，组织趋向垂直型（见图 14.3）。在图的上面显示垂直的组织——即多层等级和相应的窄的管理幅度（被管理的人数少）。相反，下面显示——扁平组织——即等级仅有几层以及相应宽的管理幅度。请注意描述两个组织有相同职位但它们的安排不同。

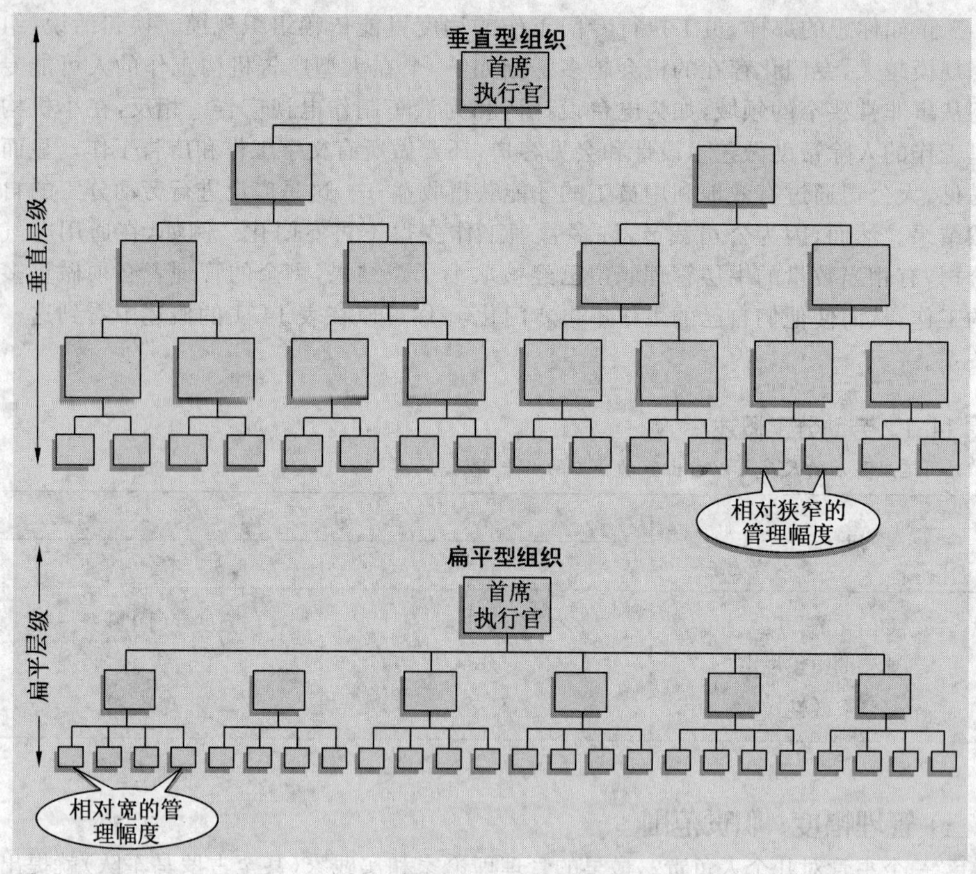


**图 14.3 垂直型和扁平型组织的比较**

垂直型组织有许多层,主管的管理幅度很窄(即他们仅对几个下级负责)。然而,扁平型组织只有几层,主管的管理幅度很宽(即他们对许多下级负责)。这里描述的两个组织都各有31个成员,但是两个组织的构成不一样。

组织结构图不能完美地反映一位管理者实际的管理幅度。因为还包括图上没有直接表示的其他因素,例如,管理者可能有其他潜在的职责(例如,在不同委员会中的职务)。而且,一些下级(例如,一个新员工)可能比其他人需要更多的关注。另外,所需监控的程度可能增加(例如,当工作改变时)或减少(例如,当下级变得更熟练时)。事实上,不可能立马界定"理想"的管理幅度,但可以考虑什么样的组织形式最适合各种目标。例如,军队的上级对下级必须严格控制,并使他们反应既迅速又准确,因此窄的管理幅度可能是有效的。结果,军队的组织趋向于极其垂直。相反,工作在研发实验室的人必须公开交流观点,且几乎不需要多少管理指导也可取得成功,因此,这一类型的组织趋向扁平的结构。

## (四) 直线和参谋职位：决策者和建议者

图 14.1 的组织结构图揭示了另一个差异——直线职位和参谋职位之间的差异。**直线职位**(**line positions**)的人(例如各个副经理和主管)有决策权。其他的**参谋职位**(**staff positions**)的人员仅仅是建议者。例如,法律顾问不能做决定,但是,他可以向直线经理提供建议和进行推荐。并且帮助法人决定是否可以使用某个产品名而不侵犯版权。今天,在许多组织中,人力资源经理可视为参谋职位,因为他们常常提供有关测试和面试的程序以及有关员工歧视的最新法律信息的专门服务。然而,最后的人员录用决定权可能由专门领域的更高层的经理执行——即由直线经理执行。

直线职位和参谋职位的差异并没有什么特别的,但这样的差异可能引起冲突——或者甚至用来制造有目的的冲突。例如,当哈罗德·格林(Harold Green)是国际电话电报公司(ITT)的首席执行官时,他定期邀请规划和战略专家质疑直线经理的决策,使他们时刻保持警惕。[8] 社会学家指出参谋经理有年轻化、高学历的倾向,而且他们更忠实于自己从事的领域而不是雇佣他们的公司。[9] 而直线经理可能更尽责于组织,不仅仅是因为他们有更多决策的机会,还由于他们更可能认为自己是公司的一部分而不是独立的专家(他们的身份在于自己的专业领域)。

## (五) 分权：给下级授权

20 世纪上半叶,由于公司规模越来越大,公司将权力和职权转移给一些高级职位的管理者——即主管人员,这些人的决策会影响组织中职位低于他们的人。事实上,在 20 世纪 20 年代,艾尔弗雷德·斯隆(Alfred P. Sloan),通用汽车公司的总经理,引进了“中心办公室”理念,在那里一些人为整个公司作决策。[10] 作为斯隆计划的一部分,日常操作的决策权下放到越来越低的组织层级中,从而允许那些最受感动的个体做决定。这种组织中从较高层到较低层的授权过程称为**分权**(**decentralization**)。当然,它与集权相反,集权是一种一些有权力的个体或群体掌握大多数决策权的倾向。

最近几年,我们已经见到分权趋势的增加。结果,组织图可能显示很少的参谋职位,因为决策权正被推向低层。许多组织已转向分权,以推进管理的有效性和提高员工的满意度(即,给员工更大的机会对自己的行为负责)。例如,成千上万的参谋职位在一些公司中被取消,如明尼苏达矿业及制造业公司(3M)、伊斯曼·科达、美国电话电报公司和通用电气,因为这些公司已经实行分权。[11]

然而,分权并不总是理想的,对一些工作,分权实际上可能妨碍生产率。例如,考虑生产导向的职位,如装配线工作。在一个经典的研究中,研究人员发现分权只在一些工作上提高绩效,尤其诸如实验研究室这类工作,但是却妨碍更常规的装配线工作的绩效。[12] 这些研究发现对考虑下列问题是有意义的,在研发机构的人可能喜欢分权允许的自治,而在生产部门工作的人可能对决策负责不感兴趣,或者不喜欢承担责任。

因此，今天许多高度重视研发的公司如惠普、英特尔公司、菲利浦电气和美国电话电报公司的贝尔实验室——已经转向更分权的设计。[13]

相反，在某些条件下，如只有几个人能判断什么对公司最有利，高度集权可能更合理。例如，在1990年经济不景气期间，美国亚美航空公司(Delta Airlines)执行总裁罗纳德·艾伦(Ronald W. Allen)亲自批准超过5 000美元的每一笔经费(除了发动机燃料)。[14]通过这样做，在困难时期他能够控制公司的经费开支并保持经费周转。尽管从这些困难而讨厌的工作中解脱出来对艾伦有益，他还是坚信在可能犯小错误时就加强决策是有必要的。一句话，由分权产生的可观利益有存在的可能性，但是，在某些条件下这一过程必须避免(表14.2)。

**表14.2 分权：低分权和高分权时的益处**

与组织中低分权(高集权)和高分权(低集权)相关联的各种益处

| 低分权(高集权) | 高分权(低集权) |
| --- | --- |
| ● 减少从事常规工作的人所不期望额外的责任<br>● 允许由有全局观念的人员作出关键的决定 | ● 可以削减管理层次，形成一个结构更精简的组织<br>● 让最了解问题的人有更多的决策机会 |

到目前为止描述了五个要素——职权层级、劳动分工、管理幅度、直线和参谋职位以及分权——这些是组织结构的构建模块。因此，它们是衡量组织差异的关键尺度。

## 二、部门化：组织结构化的方式

到目前为止，我们已经谈了组织结构图。典型的组织结构图——如图14.2是根据不同的职能划分组织。然而，我们介绍的仅仅是一种选择。组织不仅可以根据职能划分，还可以根据产品或市场，甚至由职能和产品或市场的特殊组合来划分，也就是我们熟知的*矩阵组织*。现在我们进一步研究将组织分成联系单元的方式——**部门化(departmentalization)**的过程。

### (一) 职能组织：根据任务的部门化

因为**职能组织(functional organization)**是正式组织创建时通常采用的方式，也是我们通常对组织的考虑，所以被认为是部门化最基本的方法。实质上，职能组织根据他们从事的职能的性质对个体进行部门化。因此，执行相似职能的人被分到相同的部门。例如，一个制造公司可能由致力于如生产、销售、研发和财会基本职能的独立的部门组成(图14.4)。

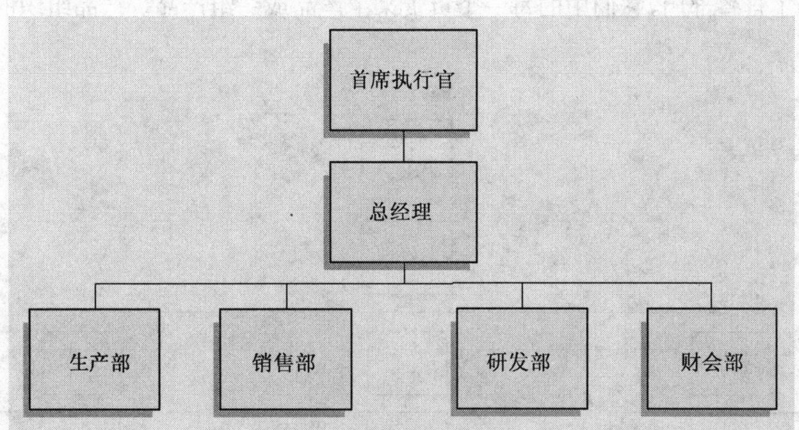


**图 14.4 一个典型制造公司的职能组织**

职能组织是以共同职能为基础形成的部门。在假设的制造公司中,这张简单的组织图确认了四个典型的职能部门。(在具体的组织中,实际的职能可能不同)

很自然,当组织规模扩大并变得更复杂时,就要增加或删除一些部门。某些职能集中化了,就可避免重复操作,从而产生更高的效率。这种形式的组织结构利用规模节约(不重复职能而是允许员工共享设备,完成相同的任务),而且还允许个人专业化,从而完成他们最熟练的那些任务。结果是得到使组织直接受益的熟练的劳动力。

然而,除了上述优点外还有一些潜在的局限。因为职能组织结构鼓励独立的单元发展他们自己的狭隘的观点,从而会忽视整个组织的目标。例如,在一个制造公司,工程师可能根据产品的可靠性来看公司的问题,而忽视其他关键的考虑,如市场动向、国际竞争等等。这种狭隘的观点不可避免地来自职能专门化——公司的下级员工通过狭窄的镜头了解公司的运作。一个相关的问题是职能化结构还阻止组织变革,因为它们引导个体向狭窄的职能领域努力,而不鼓励领域间的协调和交叉多样的观点。总之,职能组织本质上是合乎逻辑的并适用于许多场合,但是它无疑不是组织中将人部门化的最完美的方式。

## (二) 产品组织:根据产品的类型进行部门化

组织——至少是成功的组织——不会停滞不前,而且常常改变规模和范围。当它们开发新产品,寻求新的顾客时,它们可能发现职能机构不再像以前那样起作用。例如,用不同的方法制造一系列产品会损害职能组织的制造部门。同理,对不同业务提出不同的税收标准(例如,饭店、农场、房地产、制造业)就对公司中单一的财务部提出了挑战。针对这些问题,于是出现了**产品组织**(**product organization**)。这一类型的部门化创造了自备部门，它们中的每一个负责某个产品或一组产品。产品组织的结构见图 14.5。

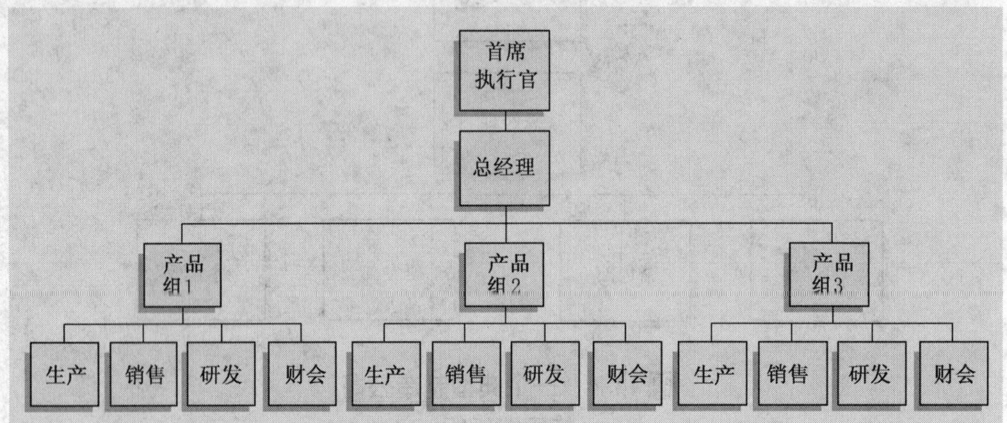


**图 14.5 一个产品组织的例子**

在产品组织中，独立的单元处理不同的产品或生产线。每一个部分包括作为独立单元运作的所有部门。

当组织以产品部门化时，会建立致力于某一产品或一组产品的独立部门。每一部门具有开发、制造和销售其产品的所有资源。产品组织自身由独立的部门组成的，这些独立的部门单独运作，而且由部门经理向总经理汇报。一些职能可能集中在母公司(例如，人力资源部或法律顾问)，但是基于日常运作，这些部门作为独立的公司来运作。通用汽车公司从事制造不同品牌的汽车和卡车(例如，雪佛莱、老爷车、Saturn，GMC 卡车和卡迪拉克)的独立部门就是一个好的例子。还有更多的部门对制造和销售机车、冰箱和汽车部件负责。每一部门的经理都致力于一项特别的业务。

这并不是说产品组织没有局限性。实际上，它们有若干缺点，最明显的缺点就是每个运作单元内的部门重复导致规模节约的丧失。例如，如果每个单元进行它们自己的研究和开发，对昂贵设备、设施和人事的需求可能成倍增加。另一个问题包含组织吸引、留住人才的能力。因为运作单元中每个部门必须小于单一的、联合的部门，从而升迁和职业发展的机会将会受到影响，而这又会导致是否能长期留住有能力员工的问题的产生。最后，同样引起跨生产线的协调问题。实际上，在极端的情况下，一个运作部门采取的行动可能对其他部门产生负面影响。

惠普是计算机、打印机和科学测试设备的制造商，它提供了有关这一问题的一个例子(见图 14.6)。在惠普的长期发展中，它采用了一种包括数十个小型的、部门大部分独立的产品设计方式。其中每一个部门都负责各自的生产和销售。然而，随着惠普的规模逐步扩大，公司变得越来越复杂时，它发现自己的局面越来越无法维持：有时不同部门的销售代表试图销售不同的设备，而这些设备的基本用途往往是相同的，而且，销售给相同的顾客！为了处理这样的问题，上层管理者决定主要根据他们服务的市场(例如，商业顾客、科技和制造顾客)改组公司的结构。总之，由于市场的驱动，惠普从一个相当传统的产品组织转向内部结构的组织。[15]这种变化太快了以至于目前尚不能确定这种重组是否产生如上层管理者所期望的积极效果，但是初步的结果是比较理想的。

**图 14.6 惠普：以市场为基础的部门化**

惠普通过围绕市场而不是围绕产品进行部门化已经取得了很大的成功。不同的部分负责消费者项目(例如计算机，打印机)，以及商业产品和科技设备。

这个例子指出市场部门化基本主题的特殊变化：独立运作单元还能根据特殊的地域或地方甚至是顾客建立而不是基于不同的产品。因此，例如，一个大型的零售链可能针对不同地区的特点发展不同的部门，(例如，Macy's 纽约和 Macy's 加利福尼亚)或基于不同的顾客(例如，邮购客户和零售客户)。同样的，一个大型的唱片公司可能是更大娱乐公司的一个部门，也可能建立独立的部门——每个部门拥有自己的品牌——去签约、发展、生产和根据不同市场中人们的兴趣促进录像制品的销售(例如，儿童的、古典的、拉丁文的、流行的)。以这一方式进行部门化，一个公司不仅可以让艺术家获得他们期望在小公司得到的那种关注，而且还可以实现大型公司的专业化和规模经济。不考虑部门化的确切基础，基本理论基础仍然是一样的——即以一种提高效率的方式对组织的运作进行划分。

**全球问题** 百事可乐公司在运作其食品服务销售之前，是按地域组织它的餐馆的。一组执行经理人负责美国国内业务，而另一组负责国外业务。

## (三) 矩阵组织：基于职能和产品的部门化

航天工业开始发展时，美国政府要求每个公司给每一个项目派一名经理，从而，谁对项目的进程负责就一目了然。作为对这一要求的反映，TRW 系统组(TRW Systems Group)建立了每一项目的“项目领导”——即与各职能部门的领导者共享职权。[16]这一临时的安排后来发展成**矩阵组织(matrix organization)**，在这一组织里员工同时向职能(或部门)经理和具体项目(产品)经理汇报。实质上，TRW 发展成一种复杂的组织结构类型，它结合了职能和产品部门化两种形式。[17]近来，许多组织已经使用矩阵组织形式，例如花旗银行和利宝相互保险(Liberty Mutual Insurance)。[18]为了更好地理解矩阵组织，可参见图 14.7 的组织结构图。

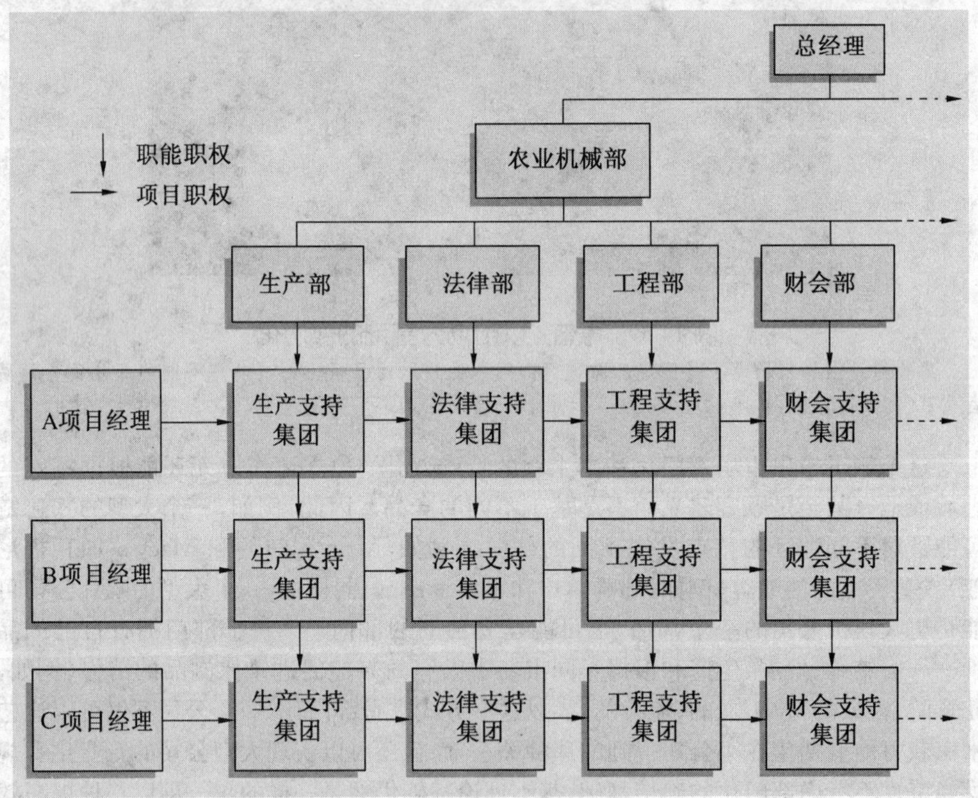


**图 14.7 一个典型的矩阵组织**

在矩阵组织中，产品结构重叠在基本的职能结构上。这导致一个双重的权力系统，在这里一些经理向两个老板汇报：项目(或产品)经理和职能(或部门)经理。

矩阵组织中的员工有两个老板；更严格来说，他们处于*双重*领导下。一重领导，如

图 14.7 的垂直箭头所示，是职能化的。换句话说，他们由负责不同职能领域的副总经理管理。另一重领导，如水平箭头所示，是产品——或一个特殊的项目或临时的业务——由负责某一产品（或项目）的特殊的个体管理。

矩阵设计包括三个主要的角色。第一，有一个*最高领导*（*top leadrer*）——即超越上述双重领导的职权个体（这双重领导是：一重基于职能，另一重基于产品或项目）。最高领导的任务是提高职能经理和产品经理的协调性，并保持他们之间权力的平衡。第二，有*矩阵老板*（*matrix boss*）——即职能部门或特殊项目的经理。既不是职能经理也不是项目经理对下级具有绝对的权威，因此他们必须合作以保证他们相互配合而不是冲突。另外，他们必须在联合的权力对特殊人才的提拔和加薪方面的问题达成共识。最后，有*两个经理*（*two-boss managers*）——即员工必须同时向产品经理和职能经理汇报，并试图平衡每一方的要求。

并不是所有的组织都长期使用矩阵结构。许多部分或临时的矩阵设计类型已经被确认。[19]第一，*临时组织设计*（*temporary overlay*）是一种矩阵结构，在这种设计中项目和职能是在短期内的一种组合。这与*长期组织设计*（*permanent overlay*）形成对比，在长期组织中，每一项目完成后，项目组继续存在。最后，这两种组织都是成熟的矩阵组织，在这些组织中职能线和产品线都是永久的而且同样有力。

道康宁公司（Dow Corning）是成熟矩阵组织的一个例子，它已经使用矩阵组织二十多年了。[20]在这个公司，每一个职能代表向他的部门领导汇报，同时还负责自己的特殊产品线的设计和运作。因为以这一方式工作的员工有两个老板，他们必须有足够的自由获得他们的目标。正如你可能想像的，一定的协调、灵活性、开放性和信任是必要的，这就意味着并不是每个人都适应这样的系统。

当组织面临某种情况时，最有可能采用矩阵设计。这些情况包括复杂的和不确定的环境（例如，频繁变化的环境），使用内部资源达到经济规模的需要。特别地，矩阵方法常常被中等规模的组织采用，这些组织有若干生产线，这些生产线不具有建立完备运作单元的足够资源。这种情况下，矩阵设计非常有用。采用这一结构（至少是尝试性）的公司有 TRW 系统集团，利宝相互保险和花旗银行。[21]

我们的讨论已经表明了矩阵设计的主要优点。[22]第一，这样的设计允许灵活的使用组织的人力资源。职能部门的个体根据需要可以被分配到特殊的产品或项目部门，当任务完成时，他们又可以回到他们常规的职责。第二，矩阵设计给中等规模的组织提供一个能对变化的、不稳定的环境做出快速反应的有效方式。第三，这样的设计常常增进经理间的交流。因此，这种矩阵设计就很自然地能使老板们就具体问题进行讨论并取得一致。

矩阵设计也有缺点，这些缺点包括：部门经理向其双重领导汇报工作时经历的挫折感和压力，以及一个权威系统（即，职能或产品）推翻另一权威系统的危险，需要一致的高水平的合作。[23]然而，当组织必须努力使其经济和人力资源迎接外部环境的挑战或者利用新的机遇时,矩阵设计常常很有用。

## 三、组织设计:组织结构要素的协调

在本章的开头,我们将组织结构比作房子的结构。现在,我们扩展这一类比来介绍*组织设计*的概念。正如房子是用各种方法将其结构要素结合起来这种特殊方式进行设计的,一个组织也可以通过某种方式将其基本要素结合起来进行设计。因此,**组织设计(organizational design)**就是指以最适宜的方式协调组织结构要素的过程。

同样,你可能想象,这不是一个容易的任务。我们可以描述一些选择,它们听起来既漂亮又合理,但实际上这是不现实的。即使经过精心设计的组织也会在某些时候面临因技术变化、政策压力和意外事件方面改变而变化的需要。还可以通过改变组织设计去提高其运作效率,比如近几任美国总统承诺使巨大的联邦官僚政治合理化。我们的观点很简单:因为组织在变化的世界中运作,所以它们自己的设计必须同样能够变化。拙劣的或不灵活的组织是无法生存下去的。如果你认为最近许多银行和航空公司倒闭是因为它们无法应对解除管制和易变的经济,你就会对无效组织设计的后果有清楚的认识。

### (一) 古典的和新古典的研究:寻求最好的设计

最早的组织设计的理论家没有意识到组织需要灵活性。相反,他们提议组织设计是寻求"最佳途径"。今天,我们更加清醒地认识到组织设计应适应不同的环境和社会条件,但 20 世纪早、中期的理论家却寻找"通用"的设计。

在第一章,我们描述了组织学者的努力成果,这些学者有马克斯·韦伯(Max Weber),弗里德里克·泰罗(Frederick Taylor)和亨利·法约尔(Henri Fayol)。这些理论家认为有效的组织有一个正式的等级、明确的规定、专门化的分工、高度日常化的任务和高度常规化的工作环境。韦伯称这一组织形式为*官僚制*(*bureaucracy*)。然而,这种**古典组织理论(classical organization theroy)**已经不受欢迎,因为它对人的需求反应迟钝,而且不适应变化的环境。不幸的是,至少按照韦伯的观点,理想的组织形式不能说明它周围世界的真实情况。很明显,"理想的"并不一定是"现实的"。

对这些条件的反映——连同从霍桑(Hawthorne)研究中得到的启发——官僚制的古典研究让位于以人际关系出发点的研究。组织学者如道格拉斯·麦格雷戈(Douglas McGregor)、克里斯·阿吉里斯(Chris Argyris)和罗森斯·利克特(Rensis Likert)试图改进古典模型,这就是为什么他们的理论被称作**新古典组织理论(neoclassical organizational theory)**。这些理论主张经济效益不是工业组织的惟一目标,在他们看来还应包括员工的满意。

尤其麦格雷戈反对韦伯的官僚制中所提出的严格的等级制,因为这种等级制基于对人的消极假设——人是缺乏雄心的，不强迫是不会工作的（即 X 理论）。[27]麦格雷格主张人期望通过工作获得成功，并通过负责任的行为寻求满足（即 Y 理论）。阿吉里斯提出了类似的观点。[28]他还特别指出，过多的组织管理会阻碍人们表达自我和成功完成任务的基本需求。按照他的观点，这种不满会促使员工跳槽并导致差的业绩。

利克特同意这些观点，他认为组织业绩的提高要通过积极地提高人们的自我价值感和他们对组织的重要性，而不是严格控制他们的行动。[29]利克特认为，有效的组织中个体有很多的机会参与组织决策，这就是他所称的*第 4 系统组织*（*System 4 organization*）。他声称这样做将提高员工的个人价值感，从而激励他们成功。利克特称与之相对的组织类型为*系统 1*（*System* 1）——即组织的传统形式，在这里组织的职权由一些上层管理者掌握，由他们指挥低层员工做什么。*系统 2*（*System* 2）和*系统 3*（*System* 3）是介于极端的系统 1 和系统 4 之间的中间形式。

这些新古典组织设计理论的含义很清楚。古典理论要求设计组织用严格的垂直的结构和狭窄的管理幅度，从而允许经理对他们的下级保持密切的监督。然而新古典理论主张设计组织扁平的等级机构（使管理者对下级的控制最小化）和高度的分权（鼓励员工自己作决定）。确实，这种设计特色能很好地服务于新古典哲学。

正如古典方法一样，新古典方法也存在缺点，因为它再一次地推崇所谓的“最佳方案”的组织设计。扁平的、分权化的设计的好处可能很多，但声称这是代表所有组织的一种通用的、理想的模式则是幼稚的。作为对这一批评的反应，更多的现代组织设计方法不再试图寻找惟一最佳的组织设计模式。相反，他们寻求的是在不同的环境和背景下的最适合组织运作的设计。

## （二）权变方法：根据环境条件进行设计

组织最佳设计的观点取决于环境的性质，这种看法是组织设计现代**权变方法**（**contingency approach**）的核心。这里，术语权变与我们用它讨论领导时的意义相似，但不是指考虑给定情况下领导的最佳方式。我们考虑在给定的情况下起作用的组织设计的最佳方案。

### 1. 外部环境：与组织设计的联系

业内普遍认为，组织设计的最合适的方式取决于组织的外部环境。通常，*外部环境*指组织要生存必须有效处理的所有力量的总和。[30]这些力量包括：一般的工作环境（例如，经济、地理、国家资源）和公司在其中运作的具体任务环境（例如，竞争者、客户、劳动力、供应商）。

举一些例子：银行运作既在很大程度上受一般经济环境（例如利息率、政府法令）影响，又受其他如银行业务（例如账目类型）和服务（例如上班时间、可否用计算机或电话了解账目信息），客户基本要求（例如客户直接存款），是否有训练有素的员工（例如适合审报情况的人员),以及提供商品和服务的供应设备(例如自动出纳设备、监视设备、计算机工作站)的存在的影响。类似的例子还可以在其他行业中发现。例如,要考虑航空公司、电脑公司和汽车制造公司面临的各种环境影响。在思考如何设计此类行业中的组织时,就很容易识别必须加以说明的环境特征。

**全球问题** 政府干预是外部环境中的一个要素,这在不同的国家中变化很大。美国商业领导者常常抱怨他们被迫遵守政府规定,但这样的干预在世界的其他地方更厉害。欧洲两个汽车制造企业菲亚特(Fiat)和雷诺(Renault),它们的一部分股权由其国家的政府所控(分别为意大利和法国)。

当进行组织设计时,必须考虑许多环境因素,但一个典型的调查提供了一些有用的指导。[31]这些科学家访谈了英国20个工业组织的人员,以此来界定管理活动和外部环境间的联系。这样做,他们区别了高度*稳定的*、没有变化的环境中运行的组织和高度*不稳定的*、动荡的环境中运行的组织。例如,一个人造丝公司,在一个高度稳定的环境中运作。换句话说,环境的需求是可以预计的,人们长时间地采用相同的方法进行同样的工作,那么组织就有完成工作的明确的职权直线。相反,一个新的电子开发公司在一个高度动荡的环境中运作。环境每天发生变化,工作没法很好地界定,且没有明显的组织结构存在。

研究者指出,许多被研究过的组织往往被看作适合自己的环境。例如,当环境稳定时,人们可以重复相同的任务,从而允许他们从事更专业的工作。然而,在动荡的环境中,需要执行许多不同的任务,这种专业化就不应该设计在工作内。很明显,工作环境的稳定与适当的组织形式有很大的联系。这些研究者推论管理存在两种不同的方式——而且这两种方式主要基于外部环境稳定的程度。这两种方法是:**机械组织(mechanistic organization)**和**有机组织(organic organization)**。

## 2. 机械和有机组织:为稳定环境和动荡环境的设计

如果你在麦当劳工作过,你就可能知道最基本操作的每一个步骤是如何高度标准化的。[32]例如,炸土豆盒离墙两英寸并分开一英寸叠放贮存。炸土豆又是另一回事——需要19个不同的步骤,每一个步骤都清楚地展示在培训影片上。过程都是一样的,不论是在爱达荷州的莫斯科(Moscow, Idaho),还是俄罗斯的莫斯科(Moscow, Russia)。这是一个高度机械化任务的例子。即当环境不变时,组织可以高度机械化。最近几年,快餐业变化相当大(引进新的、更有益健康的菜单,更具竞争力的价格等等),但是麦当劳的油煎品制作却没有变化。也就是说,使用机械组织关键是没有变化。因此,如果环境没有变化,一个高度机械化的组织形式可能很有效。

如果产品、市场需求或技术的变化不大或变化不及预料的大时，我们就认为环境是稳定的。你是否曾经见过一个老式的 E. Edickinson 迷人的淡褐色瓶子，它是一种用来清洗伤口周围皮肤的局部收敛剂。公司从 1866 年开始就沿袭相同的蒸馏过程来生产这一产品，因此它当然是在一个相对稳定的制造环境中运作。[33] 如前所述，稳定提供了员工高度的专业化，因为没有变化，人们很容易专业化。然而，当变化是不可避免时，专业化就不切实际了。

可以用许多其他的方式来描述机械组织（表 14.3）。机械组织允许高度专业化，但它们还强加许多规定。职权授给上层的几个人，他们向下级直接下达命令。不过，机械组织设计往往在稳定和没有变化的外部环境中非常有效。

## 表 14.3 机械式设计对有机式设计：概述

典型的机械式设计和有机式设计在许多关键尺度上是不同的。但是，组织可以相对有机式，相对机械式或处于两者之间。

| 尺　度 | 结　构 | |
|---|---|---|
| | 机械式 | 有机式 |
| 稳定性 | 不可能改变 | 可能变化 |
| 专业性 | 许多专家 | 许多通才 |
| 正式规定 | 严格的规定 | 相当灵活 |
| 职　权 | 集中在少数上层 | 分权，散布于整个组织 |

现在，思考一下高技术产业，如那些致力于计算机、航天航空产品和生物技术的产业。它们的环境条件可能不断地变化。事实上，这些产业一旦引进新的生产方式就很容易改变，而且已经需要变化。然而，不仅仅是技术可使环境动荡。在必须追随快速变化的行业中，变动也可能很大。例如，如果医疗法规通过时，医疗行业就动荡不已，如果政府立法命令必须遵守许多新的标准，核能业也会动荡。随着美国市场受外国汽车主导，一度稳定的国内汽车业最近出现了动荡局面。不幸的是，因为传统的美国汽车业是高度机械化的，这些公司的设计不能适应更有机化的快速变化需求。

一个单纯的有机组织可以从几个不同方面来描述（表 14.3）。工作专业化的程度可能很低；相反需要许多工作的各种知识。另外，上层很少运用权力，相反的，需要自我控制，且强调同事间的合作。因此，趋向以一种民主的、参与式的方式做决定。然而，在这里描述的机械式和有机式组织类型是组织的合理形式。机械式-有机式的区别可以被看成连续体上相对的两极而不是不同的选择。当然，与其他组织相比，组织可以相对有机化或相对机械化，但不能将它们定位在任何一极。

**全球问题**　按法律要求，瑞典的工人必须参加影响他们工作的决定，所以，那里的组织更趋向有机化。

最后，研究支持这样的观点，组织的有效性与组织结构（即机械式或有机式）和其环境（即稳定的或动荡的）的匹配程度有关。一个经典的研究评估了一个大公司的四个部门，其中两个部门制造集装箱（环境相对稳定），另外两个处理研究交流（环境非常不稳定）。[34]每两个部门中的一个部门被认为比另一个更有效。对集装箱制造部门，更有效的单元是高度机械化形式的结构（即任务和职责界定明确）。相反，更有效的交流研究部门以更有机化的方式构建（即任务和职责是模糊不清的）。另外，另一个低效率的部门以相反的方式构建：低效率的制造部门实行有机化构建，而低效率的研究部门实行机械化构建（图 14.8）。

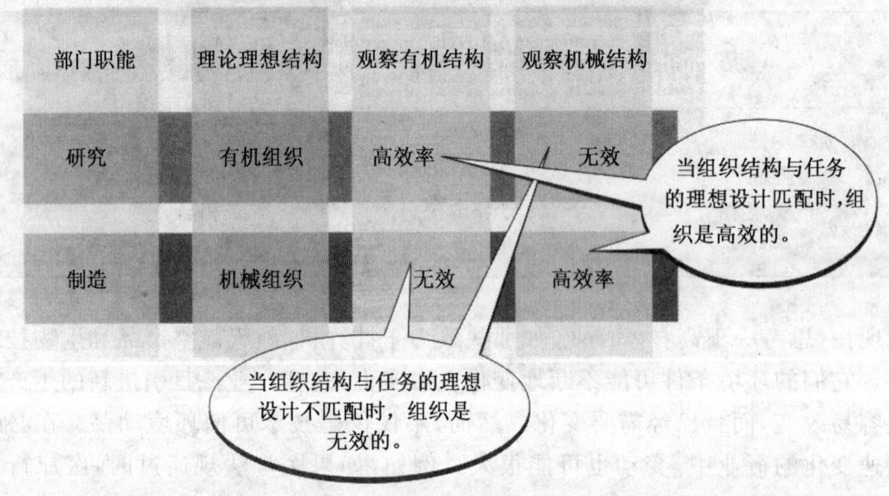


**图 14.8　组织设计与工业的匹配**

在一个经典的研究中，研究者评价一个大型公司四个部门的业绩。最有效的单元是那些组织构建的方法（机械式或有机式）与所执行任务的最佳形式相匹配的单元（即研究工作的有机式和制造工作的机械式）。

【资料来源】Based on suggestions by Morse & Lorsch, 1970; see note 34.

这些结果清楚地表明，组织结构与其环境相适应时，部门化最为有效。这种“在何种环境下，何种设计最好”的观点位于现代组织结构的核心——即权变方法。权变方法强调*何时*（*when*）一种设计最为有效，而不是强调*何种*（*which*）结构最好。

## (三) 明兹伯格的组织体系:五种组织形式

机械设计和有机设计之间的区别非常重要,但有关如何精确地设计组织并不是非常明确。然而,当代组织理论家亨利· 明兹伯格的研究填补了这一空缺。[35]具体地说,明兹伯格主张组织由五个基本部分——或人群组成——每一个部分都可能占主导地位。占主导地位的人群将决定那种情况下的最有效的设计。这五个基本部分是:

- **操作核心(operating core)**:从事与组织的产品或服务有关的基础工作的员工。例如,学校的老师和饭店的主厨和侍者。
- **战略顶层(strategic apex)**:对整个组织的运行负责的最高执行层。例如,一个小型企业的企业家和获汽车经销特许权的总经理。
- **中间层(middle line)**:在战略顶层和操作核心之间传递信息的经理。例子包括中层经理,如地区销售经理(联系上层执行者和销售员)和学校部门主任(作为系主任和教员之间的媒介)。
- **技术机构(technostructure)**:负责组织活动不同方面标准化的专业人员。例如,会计师、审计员和计算机-系统分析员。
- **协同人员(support staff)**:对组织提供间接支持服务的人员。包括咨询人员和顾问律师。

在这五种人群支配的环境下,什么样的组织设计最好呢?明兹伯格确定了五种具体方案:*简单结构(simple structure)*、*机械官僚制(machine bureaucracy)*、*专业官僚制(professional bureaucracy)*、*分部制结构(divisionalized structure)*和*专家控制机构(adbocracy)*(表 14.4)。

**表 14.4 明兹伯格的五种组织形式:概述**

明兹伯格已经确认了五种不同的组织设计,每一种设计都可能在某一群体当权的组织中出现。

| 设 计 | 描 述 | 支配群体 | 例 子 |
|---|---|---|---|
| 简单结构 | 简单的,非正式的,权力集中于单个人 | 战略顶层 | 小型企业 |
| 机械官僚制 | 高度复杂的,正式的环境,有清晰的职权直线 | 技术机构 | 政府机关 |
| 专业官僚制 | 复杂的,决定权授予专家 | 操作核心 | 大学 |
| 分部制结构 | 大型的、正式的组织有许多独立的部门 | 中 间 层 | 多部门企业,如通用汽车 |
| 专家控制机构 | 简单的,非正式的,有分权 | 协同人员 | 软件开发公司 |

【资料来源】Based on suggestions by Mintzberg, 1983; see note 35.

### 1. 简单结构

设想你开一间古董店并雇佣几个人来帮忙。你拥有一个小型的非正式组织,在这里某一个人有最终决定权。这儿很少有规定的形式，整个组织是有机的。这里等级非常扁平，也正如所叙述的，所有的决定权授予一个人——你。这种生来简单，职权存在于战略顶层的组织，明兹伯格称之为**简单结构**(**simple structure**)。可以想象，这个简单结构的组织能对环境做出快速的反应，而且很灵活。例如，一个小型的独立经营饭店的主厨如果需要，随时都可以改变菜谱以适应顾客变化的口味，而不需首先向其他任何人咨询。然而，其不足就是整个企业的成败都依赖于主管的智慧和健康。很明显，简单结构的组织是有风险的。

### 2. 机械官僚制

如果你在自己州的汽车部门工作过，你可能发现它是一个很人的地方，有众多的规定和程序。工作高度专门化(例如，一个人进行视测，另一个人完成登记)，而决策集中在上层(例如，上级必须允许做任何事而不是准确到希望做什么)。这种工作环境是高度稳定的而且不需要改变，这种职权与技术部共存的组织称作**机械官僚制**(**machine bureaucracy**)。这些官僚制在标准化的任务上可能非常有效，但它们往往使人失去人性且令员工感到很厌烦。

### 3. 专业官僚制

假定你是一家大型城市医院的医生。你是经过严格训练的专家，而且你有自己的专长。在你认可某一医学测试或治疗前，你不需要与其他任何人讨论；你因为需要和在需要的时候做决定。同时，环境是高度正式的(例如，有许多法规和规则要遵守)。当然，你也不是独立工作。你还需要其他非常合格的专家的服务，如护士和实验室技师。这种类型的组织，还包括大学、图书馆和咨询机构，它保持操作核心的职权并被称为**专业官僚制**(**professional bureaucracy**)。这样的组织可能很有效，因为它们允许员工去实践那些他们最胜任的技能。然而，有时专家变得过于狭隘，他们不能统观全局，从而导致错误以及员工之间的潜在冲突。

### 4. 分部制结构

当你在考虑诸如通用汽车、杜邦，施乐复印机(Xerox)和 IBM 这些大型组织时，脑子里的设想可能与明兹伯格描述的**分部制结构**(**divisional structure**)最接近。这样的组织由独立的单元组成，并由一个处于中心的总部协调(即它们依赖基于产品的部门化结构)。因为分工是独立的(例如，别克通用汽车的员工工作时不需要咨询雪佛莱的的员工)，部门经理(即明兹伯格基本部门的*中间层*(*middle line*)具有相当大的控制权。这样的设计高层执行者无需考虑日常的运作，因此他们被解放出来集中于大的战略决定。然而，公司频繁地组织成独立的部门要付出高的重复的代价(例如，每一部门独立的订购-加工单元)。通用汽车公司是分部制结构的典型,它已经以独立的部门运作了 70 年。[36]虽然公司在这期间经历了许多变化——包括收购 Satum 有限公司——但它仍然保持这种结构。

## 5. 专家制机构

设想你多年学习计算机编程,大学毕业后,来到一个小型的软件公司工作。与你在大型会计公司的朋友相比,你的职业是不正式的。你作为团队的一员工作,开发一种新的时间-管理软件产品。这里没有规定,固定的时间表会被打破。你们工作在一起,即使有"正式的"负责人,你也不会知道。在明兹伯格的框架中,你为**专家制机构**而工作——即为一个职权存在于协同人员的组织而工作。实质上,这是早期认可的组织结构的典型。专家的互相协作并不因为他们共同的职能(例如会计,制造),而是因为他们是具体项目工作团员的成员。

**图 14.9 专家制机构:强生的新产品部**

在它漂亮的总部,强生有一个正式的分部。然而,工作在一起开发新产品的团队在非正式的、有机组织形式,即专家制机构下工作。

专家制机构的主要优点是培养革新。一些大型的公司,如强生,在正式的部门结构单元中存在专家制机构(见图14.9)。新产品部是这样的一个部门,它最近每年平均大量生产 40 种产品(见本章末的"典型案例")。[37]然而,与其他的设计一样,它也有缺点。在这种情况下,最严重的是效率非常低(这样看来,它们与机械官僚制相反)和巨大的潜在破坏性。

## (四) 无边界组织:一种新的团体结构

你常常听到:某人被要求做一些事情,但他却公然反抗说:"这不是我的工作"。尽管这种表现似乎很不合作,这样的说法在传统的组织结构可能很有道理——传统的组织有多层密切联系的部门,以等级的方式明确地互相叠放在彼此的上方——如前面已经描述的。这些组织形式的优点是他们界定经理和员工的角色。每个人都清楚地知道自己该做什么。然而,问题是这样的组织不灵活。结果,他们不能使自己适应当今快速变化的组织运作环境。

针对这一局限,通用电气公司前首席执行官杰克·韦尔奇(Jack Welch)提出**无边**

图 14.10 杰克·韦尔奇：使通用电气成为无边界组织

很难想象，一个世界最大的组织在没有严格结构下运作，但是这正是前首席执行官杰克·韦尔奇对通用电气的规划。他的无边界组织的理念需要取消严格的部门并使人们以流动的团队一起工作。该公司还没有达到这种境界，但是公司最近的成功得益于边界的取消。

界组织（**boundaryless organization**）。在这一组织中，命令链取消了，管理幅度没有了限制，取消了严格的部门而代之以授权的团队（图 14.10）。代替人们之间的严格区分是易变的、故意含糊的和没有界定的角色。在韦尔奇眼里，通用电气公司将像一个家庭式杂货店一样运作——虽然有 600 亿美元的贮存——在这里员工间互相隔开的界线以及公司同其客户和供应商之间隔开的界线将被取消。[38] 为什么？因为这样的界线妨碍了创造性、浪费时间、压制想象，而且阻碍事物发展速度。在 1990 年 4 月 24 日的演讲里，韦尔奇指出组织的界线如“使企业减速的路碍。”[39] 现在，通用电气还没有成为韦尔奇设想的完全无边界的组织，但已经采取了许多重大的步骤取消界限。

其他组织也是这样。例如，看看克莱斯勒公司（Chrysler）如何着手做新款车彩虹（Neon）的。[40] 1990 年，克莱斯勒小型汽车工业组织的领袖罗伯特·马歇尔，集合了 600 名工程师、289 名供应商和众多蓝领工人。他们一起在 42 个月内开发了一种新型廉价汽车——且花钱不多（13 亿美元）。马歇尔团队不是按典型方式按部就班地工作（在设计、制造和市场方面用独立的专家），而是在许多任务上同时协作，来自不同领域的人（如工程学，市场学，营销，金融）与装配线工人、供应商和消费者协同努力。换句话说，传统上将人分离的组织内外的界线被取消了。结果，团队能够快速地工作，而不受通常他们狭窄角色约束的阻碍。

为了让无边界组织有效地运作，它们需要面临与成功团队相同的要求。例如，所有的参与者之间必须高度信任。其中的每一个人还必须有高水平的技能，这样他们可以在没有许多或者任何的管理指导下操作。另外，因为界线的消除削弱了传统管理职权的基础，一些执行者可能发现放弃他们的职权很困难，因而导致政治行为。界线消除到一定的程度将影响所有员工的才能，然而这样的限度值得努力去克服。

到目前为止，我们描述的无边界组织需要同时打破内部和外部界线。因此，它们有时被称为“无障碍”组织。然而，许多无边界组织仅仅需要消除外部界线。[41] 这就是组合式组织(*modular organization*)和虚拟组织(*virtual organization*)。

### 1. 组合式组织

今天的许多公司当保留其核心业务的所有战略控制时,他们将非核心功能外包给其他公司。可以认为这样的公司有中心轴,周围是根据需要增加或减少的外部专家网络。因为如此,它们被称为**组合式组织(modular organization)**。[42]

作为典型案例,耐克和锐步(Reebok)当然是运动鞋的主要设计者和市场专营者。然而,你或许不知道耐克的生产设备是有限的,而锐步竟然没有自己的工厂。这两个组织将所有的制造签约给中国台湾和韩国的一些公司,因为那里的劳动力廉价,同时,他们避免了在设备上进行大量投资从而能集中于他们的强项——即迎合顾客变化的口味。同时,他们的供应商能集中于快速改组以生产新产品。[43]同样的,如戴尔和网关(Gateway)这样的计算机公司只购买其他公司生产的元件并进行最后的装配,如顾客自己订购的一样。这些服饰和计算机公司是组合式组织的例子。

**道德问题** 大型的美国公司与外国制造商签约时面临较大的道德问题。首先,通过给国外劳动力提供工作,他们使本国人失去了工作的机会。然而,这些公司声称,通过国外员工的低的劳动报酬维持运行,使它们可能保持竞争力,这样,反过来,它们能雇佣美国人,并为税收作贡献。你如何看这样的问题?

日本丰田汽车公司(Toyota)是世界上最成功的汽车制造商之一,该公司将组合式组织运用到了极致。其 230 个供应商(其中有 2 个丰田汽车为自己拥有)网络几乎做公司需要的从机器部件的制模到总签约的所有事情。[44]这种安排成功的关键是丰田汽车与它的供应商的紧密联系,以保证丰田汽车的严格的质量标准。当然,外包许多所有权工作的公司(例如,高技术突破)必须确保商业秘密不被泄露。

### 2. 虚拟组织

无边界组织的另一种形式是**虚拟组织(virtual organization)**。这种组织是由不断发展的公司网络组成(例如供应商和顾客),这些网络连接在一起共享技能、承担费用和拥有市场使用权。他们利用已有的技能形成了伙伴并追求共同的目标。这些目标达到后,他们就宣告解散。[45]组合式组织与其外包公司保持密切的监控,而虚拟组织放弃一些控制并形成新组织的一部分——至少是一段时间是这样。大多数的无边界组织是在有限的基础上形成的。例如,许多大型的摇滚音乐会,如滚石乐队 1999“没有安全可言”巡回演唱,就是以虚拟组织进行运作的。

**全球问题** Corring公司是大型的玻璃和陶器制造商，通过与其他国家的公司发展合作建设自己的公司。德国的电子公司西门子和来自墨西哥最大的玻璃制造商Vitro已经步入新近最大的搭档之列。

虚拟组织的基本观点是每一个加盟的公司仅提供它们的核心竞争力(即最强的领域)。通过混合和匹配若干公司能提供的最好的领域，可能生产出比任何单个公司单独生产的更好的产品。例如，考虑一下来自出版这本书的母公司——派拉蒙传播有限公司(Paramount Communications)的新项目。在今天快速变化的工业里，没有一个公司能完全承担这件事。因此，派拉蒙与其他可以帮助它生产以前从未生产过的新产品的公司合作。例如派拉蒙已经与休斯航空公司形成联盟，这将允许它将电影转变成CD光盘，并通过卫星系统发送。虚拟组织这样的形式在娱乐业是不足为奇的。实际上，时代华纳(Time-Warmer)还成为多媒体企业的一部分。通过分担风险、损失和分享专门技术，今天许多公司发现虚拟组织是组织结构中非常吸引人的类型。

概括地说，无边界组织是一个日益受欢迎的组织形式。它要求消除所有的内部界线(例如员工间的界线)和外部界线(如公司和它供应商之间的界线)。组织形式变化只需要外部界线消除的变化形式有组合式组织(在这里公司运作的次级方面是外包)和虚拟组织(在这里组织临时与其他公司结合形成新的组织)。图14.11是这三种组织结构的概述。

### 制胜诀窍

#### 什么时候组织必须走向虚拟化?

现在的趋势可能没有错：越来越多的公司变得越来越小，而且根据完成特殊项目的需要与其他公司结合。基本理论很简单：通过减少它们自己的等级以及与其他公司形成基于ad－hoc进行的网络联合，一个公司就可能变化很快，从而在高度竞争的环境中有较大的成功机会。在这样的安排下，公司更有可能进行有助它们成功的冒险。然而同时，从形成虚拟组织的不同公司来的人趋向经受高水平人际之间的冲突，或许是因为他们文化和价值观不同之故(见第十三章)。另外，因为他们不在一起工作，他们发现比起在一个综合公司里工作更难协调活动。很明显，协调(trade-off)与虚拟组织有关。

这就提出一个重要的问题：什么时候公司应以虚拟的方式组织呢？换句话说，什么时候在他们现存的组织中执行项目呢？管理专家根据两个要素回答这个问题，即公司需要的能力类型和将要做的变化类型。[46]

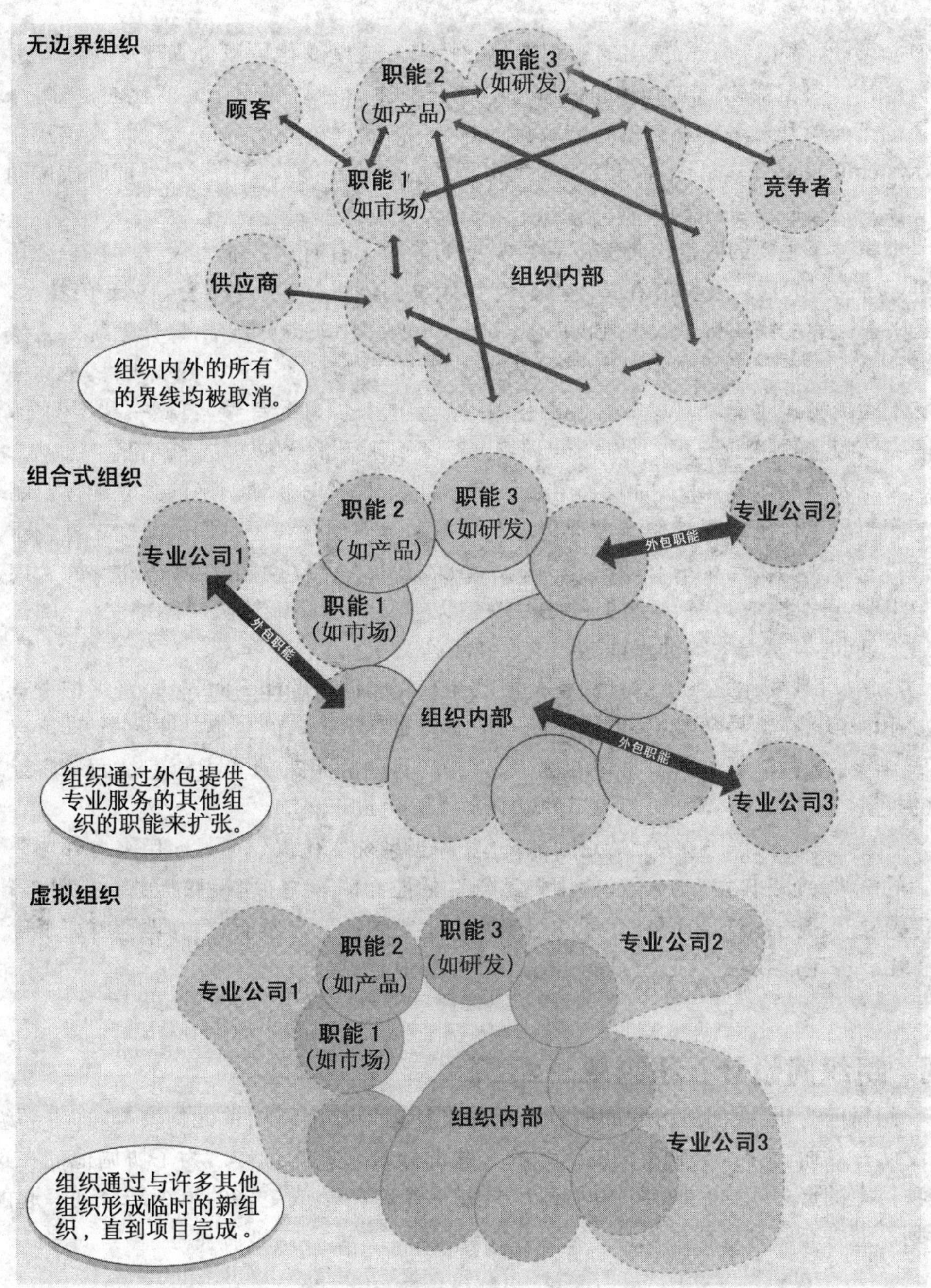


图 14.11 不同类型的无边界组织

真正的无边界组织是既没有内部界线也没有外部界线，而组合式组织和虚拟组织仅仅消除了外部界线，无边界组织的所有形式正在普及。

第一，考虑一下所提出的组织变化的特点。这些变化可以分为*自发的*或者*系统化的*。**自发变化**(autonomous change)是一种独立于其他变化的变化。例如，一个汽车公司开发一种新型的车内装饰品，而不改变汽车其余部件。然而**系统变化**(systemic change)，是一种与其他变化相联系的变化。例如宝利来开发即时成像同时需要进行胶卷和照相技术的变化。

第二个主要的区别包括完成项目需要的能力。有时这些能力仅仅存在于公司外，从而必须开发。例如，在20世纪80年代早期，通过完全走出去寻求专门技术，IBM开发它的第一台个人电脑仅用了15个月(如芯片来自英特尔，操作系统来自微软)。有时，能力可以在公司中发现或挖掘。例如，福特(Ford)通常开发组件，从而使它不太依赖其他公司。许多公司也各做一点点——即外包一些，自做一些。例如，耐克依赖它的亚洲公司伙伴加工鞋，但它自己仔细地设计和销售这些产品。

结合这些因素，什么时候公司必须"虚拟化"，什么时候他们必须独立地在自己的圈子里工作已经很清楚。虚拟组织对那些考虑使用存在于它们的范围之外技术的自发变化的公司是最有效的。例如，摩托罗拉已经与几家电池制造商发展了虚拟组织。因此，它可将自己的业务集中在"无绳交流"(即无线随时随地交流)的传送上，同时有所需的电池保证这样的设备工作。

相反，当变化是系统的且具备公司已经有或能创造的能力时，公司必须把重点放在内部。在这种情境下，依赖外面的帮助会太冒险——而且不必要。今天，可以从英特尔和微软看到这一策略的例子，为提高目前和将来的能力他们都做了广泛的投资。

最后，对于处于这些极端之间的环境(即当系统变化仅仅通过使用来自外部公司的能力，或是自发变化通过使用自己创造的能力时)，虚拟联盟的创造必须相当谨慎。很清楚，虚拟组织在今天的组织中有重要的地位。然而，精确地理解那个位置需要一定的技巧。在这方面，上述指导方针很有效。

## 四、组织间设计：超越单一组织

到目前为止，我们所考察的所有组织的设计集中在组织内单元的安排，即*内部组织设计*。然而，有时，至少不同的组织的一些部分必须共同运作。为了协调他们在这些项目上的努力，必须进行*组织间设计*，这是一个将两个或更多的组织结合到一起的计划。通常有两种这样的设计：*集团*和*战略联盟*。

### (一) 集团：变化多样的"特大公司"

当一个组织通过增加一个完全无关的企业或是产品发生变化时，可以说它已经形成一个**集团**(conglomerate)。亚洲有一些世界最大的集团。例如，韩国生产家用电器、汽车、纺织品和大量化学制品的三星和 Hyundai 是在统一的大企业 Chaebols 中进行的。[47]这些企业是在相同的母公司领导监督下的独立的子公司。在日本,有相同形式,叫 *keiretsu*。[48]松下集团是一个很好的例子。[49]这个巨大的集团由银行(即朝日银行 Asahi Bank),消费电子公司(如松下)和几家保险公司(如住友人寿和新日人寿)(Sumitomo Life, Nippon Life)组成。当然集团并不是亚洲惟一的。许多大型的美国公司,如国际商用机器公司(IBM)和 Tenneco 也是集团公司。本章末的"典型案例"中描述的强生也同样是集团公司。

**道德问题** 一些观察家质疑集团的存在是否是道德的。实质上,他们的论据是:如此大型的、强有力的集团可以排除竞争进而为所欲为。你如何看待这一问题?

公司形成集团有许多原因。第一,母公司可以享受多样化的好处。当一个企业逐渐衰弱,另一个企业可能超越,从而为母公司创造一种稳定的经济前景。另外,集团可以提供固定的市场并可以接近原料,因为公司通常支持集团内的其他组织。例如,通用轿车和卡车公司装配 Delco 收音机,福特轿车和卡车与 Autolite 电火花插头用相同的引擎,而这些公司都是各自母公司拥有的独立的公司。以这种方式,集团可以通过提供在产品和服务上互相依靠的组织网络受益,从而创造可观的利润。

## (二) 战略联盟,为共同利益的结合力

**战略联盟(strategic alliance)**是一种组织设计,在这里独立的公司联合他们竞争的能力去操纵一项具体的业务。目的是提供给每个个体组织仅靠独立运作所不能获得的利益。形成联盟是多样化(增加新的商业运作)和进入新的市场的低风险的方式。一些公司,如通用电气公司和福特,与许多其他公司形成战略联盟。一些联盟仅仅持续了很短的时间,但其他联盟已经存在 30 多年而且将更加强大。[50]实际上,这促使我们把长期联盟看作联姻(图 14.12)。

### 1. 联盟的连续统一体

对全世界 37 个战略联盟的研究确认了组织间合作安排的三种类型。[51]这些类型可以沿着从弱的疏远的联盟到强的紧密的联盟这种连续的变化来安排。图 14.13 显示了在弱的一端是**互相服务财团(mutual service consortia)**。这些财团在相似的公司间筹备,从相同(或相似)的企业共用资源到获得收益,且任何公司单独获得这些收益是很困难的。这些常常是一些高科技的能力。如一台昂贵诊疗设备,可能由两个或更多的地方医院共享(例如,核磁共振)。

*"Do you, Scofield Industries, take Amalgamated Pipe?"*

**图 14.12 战略联盟：两个或更多商业的联姻**

在某种意义上，形成战略联盟的公司是联姻。通过集合他们的资源，每个公司获得独自无法实现的利益。

【资料来源】(©) The New Yorker Collection 1990. Peter Steiner from cartoonbank. com. 

**互相服务财团**

（相似的公司共用资源分享共同的利益；如医院共同开支建立和操作一个核磁共振单元）

**合资公司**

(不同的公司工作在一起实践相同的机会，公司间彼此需要；例如，美国电话电报公司和TSYS's Universal)

**价值链合资公司**

（为了他们惟一的业务，不同的公司互相依赖；如，顾客——供应商关系。）

疏远的弱的关系 ←— 关系的紧密程度 —→ 紧密的强的关系

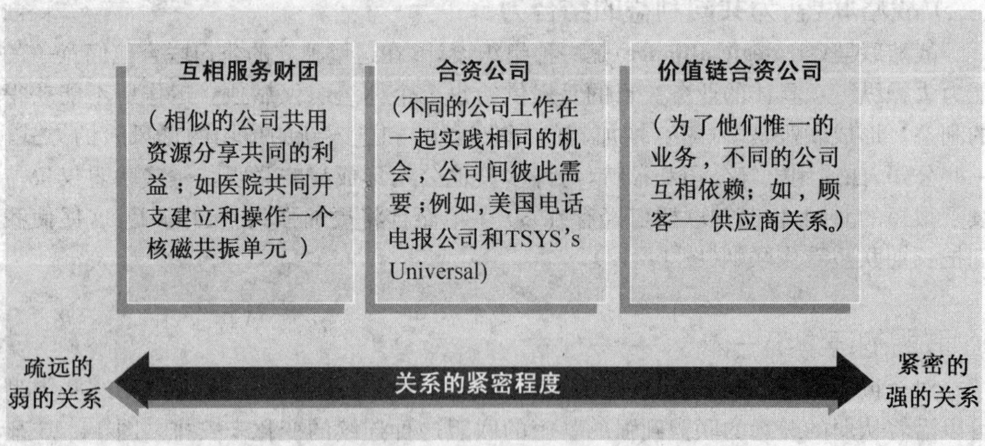

**图 14.13 战略联盟：组织间关系的连续统一体**

在这里三种类型战略联盟可以通过他们位于连续统一体的位置从疏远的弱联合的到紧密的强的联合来区别。

【资料来源】Based on suggestion by Kanter, 1994; see note 50.

**你来做顾问**

Fabricate-It,Inc.,是一个中等规模的使用标准装配线的制造公司。它的员工趋向低教育层次,且做一些单调的工作。Think-It,Inc.,是一个软件设计公司,它为解决顾客的问题编写程序。它的员工趋向高等教育层次且执行高度创造性的工作。两个公司都在重新考虑它们目前的组织设计。

1. 什么类型的组织设计最适合 Think-It 的需要?说明你的决定的理由。
2. 什么类型的组织设计最适合 Fabricate-It 的需要?说明你的决定的理由。
3. 每个组织如何从与其他组织的战略联盟中受益?

在相对的一端是最强大、最紧密的联合,这些联合被称作**价值链合资公司(value-chain partnership)**。这些公司是不同的企业中有补充能力的公司间联合。一个最好的例子是顾客——供应商关系。在这样的安排下,一个公司为了经营从另一公司购买必要的商品和服务。因为每个公司依赖于其他公司,所以每个团体对它们相互关系的约束是很大的。如前面指出的,丰田靠 230 个供应商网络正常与之做生意。这些关系代表了价值链合资公司。

在这两个极端之间是**合资公司(joint ventures)**,在这一安排中,公司一起工作并需要彼此之间通力合作。例如,两个公司可能办一合资公司,如果一个公司拥有有价值的技术,另一个公司有使技术成为具有竞争力的商业产品的市场知识(图14.14)。

**图 14.14 美孚和 Pertamina:印尼的合资公司**

通过与在印尼苏门答腊南太平洋岛州立的 Pertamina 公司合资,美孚汽油公司(Mobil Oil)就可以开采这一地区的丰富的液态天然气。同时,Pertamina 公司可以从美孚巨大的技术和市场资源获利。

很明显,形成联盟是有好处的。这些好处主要来自改进技术、扩大市场和更大的经济规模(例如,组织间分享功能化的运作)。然而,你可以想象,用彼此的承诺,为实现共同的利益,团队之间必定存在高水平的合作和配合。

你还可以想象,并不是所有的战略联盟都是成功的。例如,美国电话电报公司和 Olivetti 曾合力生产个人电脑但并未成功。据悉,管理和组织文化方面的巨大差异是它们失败的原因。同样,雷声(Raytheon)和较小规模的文字处理公司 Lexitron 之间曾有计划联盟,但因为较大规模的 Raytheon 公司的僵硬文化和较小规模的 Lexitron 公司的更企业化的形式间的冲突而失败。很清楚,为了战略联盟能够运作,所涉及的公司必须互相提供有价值的东西,并且还能够携手实现目标。

### 2. 全球经济的战略联盟

与转型经济国家(例如,中国,俄国)的公司结成战略联盟为这些转型经济的发展提供了良好的机遇。假定经济全球化快速发展,我们能够预期许多公司把寻求战略联盟作为获得或保持竞争优势的手段。为了进入对方市场,公司常常与外国公司形成战略联盟。[52]这样的安排还允许技术和制造服务的交换。例如,韩国的大宇(Daewoo)接受技术信息并为与之联盟的通用、欧宝(Opel)、五十铃(Isuzu)和尼桑( Nissan)生产汽车。[53]一些公司,例如电信巨头 MCI,积极加入了许多战略联盟,其中包括加拿大的一个和新西兰的几个联盟。[54]

除了经济刺激(例如,贸易阻遏和关税约束)和市场收益(例如进入国内市场)与战略联盟相联系,直接的管理收益也与一个公司的组织图扩展到其他公司相联系。这些收益主要来自改进的技术和更大的经济规模(例如,跨组织的功能化运作分享)。如想仔细看看中国这一运作过程,见本章"全球组织行为"部分。

### 全球组织行为

#### 当心障碍

现在,随着巨大市场对西方资本主义开放,与中国公司成立合资公司的观点受到世界上其他国家组织的欢迎。有些公司,例如,强生已经以合资公司的形式取得了相当大的成功。然而,大多数公司发现要使这些关系运作是很困难的。[55]

例如,以美国为基础的家用产品公司与上海家化公司形成合资公司就是一例(上海家化是中国最大的化妆品制造商)。美国公司通过涉入家化的销售系统来寻求在中国巨大市场上推销它的产品。它还希望了解中国所谓的"关系"——即在中国成功所需的社会和政治关系。反过来,家化的管理人员寻求帮助它们提高技术和推动它们在国际市场上的竞争力。不幸的是,严重的定位和资源的意见分歧使两个公司陷入瘫痪,从而导致交易失败。更糟糕的是,因为两个公司的关系是基于彼此的信任,所以在中国的文化下很难解除合资关系。因而,脱离这样的关系会很没面子(即失去他人眼中的尊敬)。

很难与中国公司形成合资公司有若干因素。首先,有明显的文化差异。与西方国家相比,中国的文化和传统完全不同。特别的,中国的社会、政府和经济系统非常复杂。例如，中国的公司在获得成功后，可能变得很松懈，而且他们较少考虑长期战略。然而，如果这是惟一的问题，那它还是可能克服的。毕竟喜欢在不同国家做生意的主管们已经成功地学会他们主人的文化方式。[56]然而，在中国还有一些更独特的问题。

(1) 中国市场竞争相当激烈，因为许多公司试图第一个将自己的产品介绍给广大的中国人口。实际上，一些企业(例如，建筑业、制药业、电子业)竞争已经相当激励，有些公司为了追求市场份额，不惜降价，故而这些公司肯定亏本。没有多少公司能玩得起这样的游戏。

(2) 在各国上占有一席之地的中国公司很少。大多数公司要么在地区运作，要么在当地运作。这是国家计划经济的残余，直到 1979 年计划经济一直在起作用，计划经济要求公司在非常狭窄的市场位置运作。因为只有最早的公司与中国公司形成合资公司(例如，可口可乐)，他们设法与少数几个运作全国化的企业联系，对今天的外国公司来说寻求合适的伙伴是相当困难的。

(3) 政府的干涉。所有国家的政府对商业都有一定程度的介入，但这种介入在中国商业中是很深的——介入如此之深以至许多公司实际上由政府部门拥有(部分拥有)。而且，不同地区有不同的政府规定。作为典型案例，考察一下美国电话电报公司、NEC 和西门子公司与不同的中国公司建立电信服务方面的困难便知情况。问题在于上海贝尔有一个中国伙伴正好是邮政和电信部——控制通信的政府代理机构。所以说上海贝尔有明显的优势或许不足为怪。

专家建议公司在寻求与中国公司的合资时必须仔细考虑它们的所有选择。实际上，从这样一个巨大的市场上获得收益可能永远不会实现，因为在前进的路上存在着若干障碍。

## 学习目标的回顾与总结

**1. 描述组织结构以及如何用组织结构图来表示组织结构。**

关于组织中任务、职责和职权在个人和团体间的正式分配，称作**组织结构**。这个抽象的概念可以用**组织结构图**来表示，它用来表示组织中不同单元之间的关系(例如个人或部门)。

**2. 解释组织结构图中组织结构的基本特征(职权层级、劳动分工、管理幅度、直线和参谋以及分权)。**

组织结构图描述了五个不同的组织结构基本构模块：**职权层级**(即汇报关系的总结)，**劳动分工**(即工作专门化的程度)，**管理幅度**(即一个经理必须负责的个体的人数)；**直线和参谋职位**(即允许直接决定的工作和提出建议的工作)，以及**分权**(即由低层员工相对一些高层个体作决定的程度)。

**3. 描述部门化的不同方法，包括职能组织、产品组织、矩阵组织和无边界组织。**

在组织中，团体可以用不同的方法进行组合。最流行的方式是**职能组织**，根据他们执行的共同的职能进行组合（例如销售生产）。一个可以选择的方法是通过他们负责的特殊产品优势对它们进行部门化，即**产品组织**。还有一种部门化形式在一个组织形式中结合这两种方法，即**矩阵组织**。在矩阵组织中，人们至少有两个老板，他们对掌管不同职能的上级负责，也对掌管特殊产品的上级负责。员工还不得不对负责整个组织的高层领导负责。在通用电气的引领下，今天许多公司转向**无边界组织**，在这里没有命令链，管理幅度是无限的，严格的部门让位于授权的团队。这些组织除去所有的内部界线（例如，员工间的界线）和外部界线（例如，公司和供应商的界线）。

**4. 区别古典组织设计和新古典组织设计。**

组织设计是用最合适的方式协调组织结构元素的过程。**古典组织理论**，如韦伯的官僚制理论，主张一种普通的组织设计的最好方法（即基于高效率的方法）。**新古典组织理论**，例如那些由麦格雷戈、阿吉里斯和利克特提出的理论，也坚持一种组织设计的最好方法。然而，他们的方法更注重人的成功和自我表达的基本需要。

**5. 区别机械组织和通过权变方式设计的有机组织，并描述各自适合的最佳条件。**

组织设计的权变方式认为设计组织最适合的方法取决于组织运行的外部环境。特别地，一个关键的因素是组织改变的程度。稳定的环境是指商业环境不变的环境，而动态的环境则是指会迅速发生变化的环境。当环境是稳定时，**机械组织**是有效的。在这一组织中，人们执行专门的工作，强加了许多严格的规定，权力授予几个高层官员。然而当环境是变动时，**有机组织**是有效的。在这一组织中，工作任务往往很笼统，规定很少，决策可以由低层员工作出。

**6. 描述明兹伯格的五种组织形式：简单结构、机械官僚制、专业官僚制、分部制结构和专家控制机构。**

明兹伯格确定了五种特殊的组织形式。**简单结构**是小型的非正式的，它们有单一的职权主体（通常是创业者），由职权主体掌管一切（例如一个单独所有者的小型零售店）。在**机械官僚制**中，工作是高度专门化的，决策者集中在顶层，且工作环境不易改变（例如政府机构）。**专业官僚制**（例如医院、大学）有许多规定，但员工是高度熟练的，且可以自己做决定。许多大型的组织（如通用汽车公司）以**分部制结构**为特征，在这里由独立的、自发的单元去处理整个生产线，从而使高层管理者集中于更重大的战略决策。最后，**专家控制机构**是高度非正式的有机组织，在这里专家以团队工作，在不同的项目上互相协调（例如，许多软件开发公司）。

**7. 描述组织内设计的两种形式：集团和战略联盟。**

一些组织设计表示结合多个组织的方法。这样的组织设计包括**集团**（即，使大型公司通过涉入无关商业而多样化）和**战略联盟**（组织结合起来运作特殊的商业）。有三种主要的战略联盟：互相服务财团、合资公司和价值链合资公司。

## 问题讨论

(1) 组织设计可能随着组织的发展和复杂化而变化。描述组织规模对组织设计的影响。组织设计的变化又是怎样影响个人的?

(2) 描述实施矩阵组织设计所产生的困难。

(3) 阐述传统的组织设计是如何变化的? 将来如何改变? 你能设想从这些趋势中会产生什么样的问题? 如有,请说明。

(4) 当组织变得越来越"无边界"时,人们会遇到什么样的挑战?

(5) 识别现代组织相对机械或有机的性质。概括稳定或动态的外部环境(如权变理论在组织设计中所预见的那样),在何种程度下两方面被区分开来。

(6) 列举出你所知道的公司,它符合明兹伯格的五种组织形式(简单结构、机械官僚制、专业官僚制、分部制结构和专家控制结构)中的任何一种。说明它们为什么能作为范例。

(7) 描述你所知道的一个组织,说说它的主导技术是怎样与它的组织设计相关联的。

## 典型案例

### 案例 1 强生:在母公司麾下的独立子公司

"邦迪"创可贴、婴儿润肤油、胃能达、Reach 牙刷、Retin-A 痤疮油脂和泰诺是全世界医药橱窗中的一些知名产品。然而,你可能不知道所有这些产品和许多其他产品来自相同的公司:强生。更精确地说,它们来自强生公司的 166 个独立的公司。

强生始创于 1930 年初,由罗勃特·W·约翰逊领导,他长期担任董事,他的父亲是公司的一个合作创建者,强生竭力保持不同商业彼此独立。强生相信:如果公司保持小型化、独立化,它们更易管理而且对市场更敏感,因此,强生抵制兼并它们的压力。约翰逊担心出现大的官僚机构。强生的首席执行官拉尔夫·拉森认为,这种方法有助于创造所有权观念和责任感。

同时,拉森认识到这些收益必须抵消开支——因冗余的过多花费。例如,强生的常用开支为销售额的 41%,比竞争对手默克公司(Merck & Co.,)或百时美施贵宝(Bristol-Meyers Squib Co.,)多得多,它们的日常开支仅为销售的 30%。另一种开支源于顾客的服务。大型的零售商如沃尔玛,日益对与供应商的联系合理化感兴趣,它们对来自强生公司的许多销售电话感到厌烦。

面对这些事实,强生集中它的一些运作。例如,在拉森的领导下,强生已经合并不同的管理职能,如薪资和福利处理,计算机服务,采购和账款登记。也因此有公司被合并和组建,例如,Ortho-McNeil 制药公司,该公司是由两个以前独立的公司组成的新公司。另一变革,代号为“探路者”,合并了曾经存在于不同公司四个不同部门的顾客-服务和信托职能。现在,一个电话就能处理所有这些需求。强生 1993 年裁员到 3 000 人,从而每年节省 1 亿美元的开支。

并不是所有的强生人都同意拉森的计划。实际上,一个在强生工作了 17 年的上层执行者威廉·C·伊根因强烈反对拉森的方法而辞职。在这种情况下,最令人难以忍受的事是决定将婴儿产品公司与许多其他公司合并成立强生消费者产品公司(强生还有许多专门于内科和外科供应的公司,如缝合和麻醉。让 Egan 忧心的是强生的分权被拆散了。

拉森认为他仅仅是使不平衡的强生公司的结构恢复平衡。例如,仅仅考虑公司的欧洲商业专业部分,与目前的 18 个单元相比强生有 28 个独立的单元。为了消除那些担忧,他将以长远的目光看待事情。拉森警告道,“我们从不放弃分权的原则,它将给我们执行者商业运作的所有权”。确实,在强生公司中,这一运作继续运行,而且商业策略不是从上而下,而是从下而上——即动机来自个别公司自己,而不是来自一些遥远的公司总部的执行者。事实上,虽然强生雇佣全世界范围的 84000 人(其中美国 40 000 人),但是仅有 1 000 人在新泽西州的新不伦瑞克市的总部工作。

拉森将他的工作比作合唱团的指挥。他指导演员方向,从而确保他们自由地发挥自己的才能。鉴于公司的平均年利润——从 1980 年的 19%,到包括最近超过 15 亿美元的平均利润——毫无疑问,他已经谱写了美丽的经济乐章。

**主要思考问题:**

(1) 强生变得更加集权的优、缺点是什么?

(2) 强生是一个无边界组织吗? 如果是,为什么? 如果不是,如何使它成为无边界组织?

(3) 强生如何获益于与另一公司形成战略联盟? 什么样的公司可能成为好的潜在的伙伴?

## 案例 2 组织结构设计

**小型商务 2000** 了解一个公司的一种途径就是看它的组织结构图。从组织结构图中我们能了解公司的规模(通过它所雇员工的数目),它的全体员工如何组织,它有多少职位,它是如何构成的,它是如何划分自己的工作的。这听起来信息不少,但这仅仅是理解公司如何组织的开始。

你必须做的另一件事是看相同的公司在不同的发展时期的组织结构图。为什么要这样做呢? 它可能告诉你公司如何变化的,至少是组织上的变化。反过来,这可能给你有关你正在研究的公司的一些主要方面的暗示。

分析组织结构图是很有用的,但是我们要做更多的工作。我们需要了解更多有关形成我们观察组织应该考虑的选择和所做的决定。比尔·汉格斯姆(Bill Hagstrom)，优莱科(Urocor)公司的CEO和董事长，与我们谈论有关他如何使一个有产品但没有市场的R & D合资企业变为年销售额超过2 500万美元拥有200个员工的企业。汉格斯姆讨论了优莱科发展的许多方面，但是他着重谈企业如何组织的重要性和组织中的人对它的成长、改变和发展如何敏感。这也许对像优莱科早期阶段的投资特别重要，但是这对一个历史更悠久、更稳定的公司也同样重要。考虑一些大型的公司是如何不得不重新塑造自己去适应运作环境的重要变化。

幸运的是，我们还收到其他组织中一些管理者的来信。因而，我们不仅获得汉格斯姆在组织上的表现，还发现其他有价值的东西。当你看这一部分时，思考汉格斯姆和他的同事告诉我们有关计划、适应性、协同作用和职责的重要性。你也许还考虑汉格斯姆在最近五年学习了什么——以及你也许关心优莱科下一个五年如何组织。

**问题讨论：**

(1) 汉格斯姆接管一个12年的公司，并在最近的五年使它变成一个超过200个员工、2 500万美元产值的大公司。成功不是一夜间发生的，但它确实发生得很快。你认为在如此迅速地建立一个公司上Bill可能经历了什么样的问题？

(2) 思考学过的组织内的部门化和界线。讨论优莱科如何部门化，以及这些界线松或紧的程度。你认为像优莱科这样的公司希望在它的组织中界线松还是紧的理由有哪些？

(3) 似乎优莱科已经在医药服务领域为自己选定了合适的位置。然而，优莱科可能还想进入其他领域。如果优莱科决定扩大它的运作，可选的结构和战略联盟是如何对优莱科起作用的？

## 技巧库

### (一) 亲历组织行为

#### 1. 你喜欢哪一种——机械组织还是有机组织?

因为机械和有机组织是如此不同，人们喜欢一种形式胜过另一种形式是可能的。这项调查帮助你识别你的喜好，且这样做有助于你学习不同的组织形式。

#### 2. 指导语

下面是有关你对不同工作环境的喜好的问题。选择最能描述你感觉的一个选项回答每一个问题。

(1) 当我必须做一个与工作有关的决定，我通常喜欢：

a. 我自己做决定　　b. 由老板帮我做决定

(2) 我常常发现自己更感兴趣于：

a. 一个非常狭窄的专门化的任务 b. 许多不同类型的任务

(3) 我喜欢在这样的工作环境下工作：

a. 变化很大的环境 b. 通常保持不变的环境

(4) 当许多规定约束我时，我一般感到：

a. 很舒服 b. 很不舒服

(5) 我认为政府调节企业是：

a. 通常对两者都好 b. 几乎对任何一方都不好

### 3. 记分

(1) 答案是 1＝b，2＝a，3＝b，4＝a，5＝a，答对一个加一分。这是你更喜欢机械化组织的分数。

(2) 用 5 减这一分数。这是你更喜欢有机组织的分数。

(3) 解释你的分数如下：较高分(接近 5 分)表明非常喜欢。较低分(接近 0 分)表明不太喜好。

### 4. 讨论问题

(1) 你得分如何(即你更喜欢哪种组织形式)？

(2) 回想一下你做过的工作，这些是机械组织还是有机组织？

(3) 你认为你在组织设计更符合你喜好的组织中比在不符合你喜好的组织中表现更好吗？

(4) 你认为你对组织设计更符合你喜好的组织比不符合你喜好的组织更负责吗？

## (二) 分组练习

### 1. 比较组织结构图中的管理幅度

管理幅度是从组织结构图来决定有关公司的事的一种最容易的方式。这个练习允许你了解和比较你所在公司的管理幅度。

### 2. 指导语

(1) 将班级分成四个相同规模的组

(2) 每个组设计成如下的企业类型：制造公司、金融机构、公用事业和慈善团体。

(3) 在每个组所在的企业中，每个学生确定一个公司，考虑大一些的公司因为这些公司更可能有正式的组织结构图。例如，如果有五个学生在“金融”组，命名五个不同的银行或储贷机构。

(4) 每个学生必须搜索因特网寻找在步骤3中分配给他的公司的组织结构图。

(5) 作为一个组,讨论你的例子中的组织的管理幅度。

(6) 全班集中起来,比较不同组的发现。

### 3. 问题讨论

(1) 在因特网上查找组织结构图难吗?

(2) 你发现管理幅度方面有不同吗?

(3) 在不同的组织水平下管理幅度不同吗?如果这样,差异如何?这些差异对所有的企业都是一样吗?

(4) 各组企业管理幅度有什么不同?管理幅度对一些企业会更大,而对另一些企业会更小吗?你如何解释这些差异?这些差异你能理解吗?

## 趋势:今天的企业在做什么?

### 水平组织:根据过程进行组织结构的设计

如果专家是对的,未来的组织将以新的方式构造工作——这一方式不仅仅是组织结构图中方框的修补。这种组织称作**水平组织(horizontal organization)**。水平组织是由许多组织专家提出,并得到麦肯锡咨询公司(Mckinsey & Co.)的顾问的赞同,被称之为职能组织的"第一个真实的、根本不同的、颇具实力的另一种方法"。[24]

这一观点的本质很简单。代替传统垂直的方式中由一长链的团体或个人执行部分的任务(例如,一个团体推销广告工作,另一个团体对广告活动做出计划,而另外的团体创作广告),水平组织有扁平的层级。换句话说,它们平行地安排独立的工作团队(见第七章),每一个团队在这一过程中完成不同的任务(例如,一个广告团队的成员可能会给广告的所有方面负责的另一团队带来不同的技能和专业知识)。

实质上,组织是按*过程*而不是按任务构建,并以客户的需求为执行的目标(例如,成本低,服务优)。一旦找出能满足这些需求的核心过程(例如定单和新产品开发),它们就成为公司的主要组成部分——从而代替了如销售或生产等传统部门。

按照顾问迈克尔·汉姆(Michael Hammer)的说法,"在将来,经理职位不再根据人员群体,如销售经理来定,而是根据销售、运输和定单来定。在组织结构图中不存在方框。只有部分流程图。"[25]想象一下这样的结构作为整个公司存在并由过程进行组织。这一方法的热衷者,Allied Signal的首席执行官Lawrence Bossidy说:"每个企业有六个基本过程。我们将围绕它们进行组织。管理它们的人就是业务的领头人。"[26]例如,在一个工业公司,这些过程可能包括新产品的开发,物流和送货付款。这些个体就会根据需要在不同的组织中迁入和迁出,而这些个体隶属于一群拥有广泛技术的、可自由出售其专业知识的专家组成的自由工作群体。

水平组织在许多组织中已成为现实，包括美国电话电报公司（网络系统分部）、Eastman Chemical（柯达分部）、Hallmark Cards 和施乐。例如，通用电气在波多黎哥贝叶门的工厂中有 172 个钟点工，15 个付薪"建议者"和一个管理制造的"监控者"避电器（即，防范发电站起火的保护装置）。这就是它所有的劳动力。这里没有辅助型的参谋人员也没有上级——人数仅仅只有传统工厂人数的一半。贝叶门的大约 10 个熟练员工建立独立的团队，这些熟练的成员拥有部分工作技能如运送、接收和组装等等。团队做任何完成工作所需要做的事，而"建议者"仅在需要时介入。

这一新方法有待通过精确控制的研究来评价，凡使用过它的人都相信它的有效性。一位麦肯锡咨询公司高级顾问甚至声称这个新方法可以帮助公司降低至少 1/3 的成本。他们夸耀说一些顾客已经做得相当好。水平组织是否会代替传统的等级组织的金字塔呢？只有时间能对此作出回答。同时，那些转向水平结构的组织似乎对它们的作为很满意。

# 第十五章
# 组织中的技术

**学习目标** 学完本章后应能够：

1. 给*技术*下定义。
2. 描述佩罗的*技术矩阵*。
3. 描述人们对工作中*自动控制*的不同反应。
4. 解释*辅助技术*，并且描述如何在组织中应用它。
5. 描述*计算机绩效监控*以及它对人们的影响。
6. 了解怎样使用技术来为客户提供更好的服务。
7. 解释怎样进行*拆卸设计*来保护环境。
8. 描述技术、组织设计和绩效的关系。
9. 解释*工作流程整合*以及它如何影响组织绩效。
10. 描述*相互依赖性*以及它和组织设计的联系。

## 预备案例

### 大型商业中的企业软件大战

当你需要借助电脑软件来操持家务，经营你的小公司，或者仅仅只是玩玩游戏时，你可以去当地电脑商店或办公用品商店花上50美元，买一张软件磁盘即可。但如果一个大型公司需要用软件来运筹操作的话，情形就会大不一样了。企业应用软件通常用来管理和协调电子贸易商业运作的各个方面，从存货清单到销售再到市场、客户服务和清算账目等。当你点击因特网上的一则标题广告，进入一个可以在里面冲浪、购物或雇佣的公司网站，企业应用软件能帮助你实现这一切。

然而开发和安装企业应用软件方面的学问却并不只是花50美元或几百美元的事情。事实上，一家《财富》500强的公司安装一整套企业系统，通常会花3千万美元的软件版权费和2亿美元的咨询顾问费——当然，这还没有把几百万美元的电脑和网络硬件的费用计算在内。而且，安装和运行这些系统并不像从包装中取出光盘，放入光驱中，再点击鼠标那么简单。一般情况下，要花费三年甚至是更长的时间来调试系统，才能使系统正常运行。

公司认为所有的付出都是值得的，因为电子贸易在当今市场是发展十分迅速的一部分。实际上，早在20世纪70年代购物中心迅速发展时，经济学家就已发现并且预测今天的电子贸易将给商业贸易带来再一次的繁荣。企业软件如此之重要以至于一位著名的商业分析家称之为“全球最大的商务控制中枢”。

所以企业应用软件在市场上的竞争日趋紧张激烈也就不足为怪了。500多家软件制造商正在激烈地争夺这个广阔的市场。目前有五家公司走在前列：他们分别是J. D. Edwards、Baan、Oracle、Peoplesoft和SAP公司。也许好多公司你压根儿没有听说过。企业应用软件领域里的这些新秀就好比20年前个人电脑领域里的微软公司。竞争的获胜者必定会赢得巨额财富。

目前的竞争不是在企业电子商务软件上展开，而是转移到了所有的商用软件。就拿SAP为例，它已把软件卖给了可口可乐、惠普、高露洁和其他一些大公司。然而，它却不能满足这些公司的所有需要。大多数公司继续采取同时使用不同公司开发的软件的策略，如同时使用Baan公司开发的生产软件，使用Peoplesoft开发的人力资源管理软件，用Siebel Systems公司开发的销售力评估软件，以及用SAP公司开发的财务信息软件。

上述做法只是不得已而为之的权宜之策，因为用来操作商业的一整套完整的程序至今还未开发出来。SAP的产品虽然号称是完整的，但也不能做到天衣无缝。虽然SAP的软件研发人员在开发出完整的商用软件方面是最被看好的，但是一些小型的崭露头角的公司还是能在某些领域超越SAP。有人开始怀疑一家公司是否可能开发出公司需要的所有软件。只要有广阔的市场空间，无疑会有越来越多的公司试着开发各种软件。

无疑,企业软件大战对于21世纪初期企业将具有十分重要的影响。谁也不能否认正是微软行业中的尖端技术可以让我们在世界的任何一个地方进行贸易。然而,令人惊奇的是,在这种先进技术背后起作用的是商业领域那个最古老的法则:工欲善其事,必先利其器。做事的新方式又一次与老规律交织在一起。纵观历史,科技领域的每一次进步都会影响组织的运作方式。电、蒸汽机、装配线已对组织产生了影响,更不用说计算机了。这些技术革新导致人们的工作方式和组织本身的性质发生了巨大变化。相应地,理解技术的本质对充分理解组织行为尤为关键。

当谈到"技术"这个词时,你头脑中会浮现出什么样的形象?是一个巨大的工业机械臂,是航天飞机上修理太空望远镜的宇航员,是尖端先进工业设备,还是SAP公司和他的竞争者们开发出的先进软件?所有这一切都与技术有关。然而,技术的含义比这些要宽广得多。

与技术在人们头脑中留下的纷繁复杂的印象相比,技术的定义是非常简单明了。一般来说,**技术(technology)**指的是把投入变成有用结果的身体和精神过程。[1] 也就是说,技术涉及完成某项任务的活动、设备和知识。机器人、宇宙飞船和办公自动化设备都是具体的技术设备。但是技术也可以是抽象的,如思想和公式。事实上,宝洁公司所设计的一种新式家庭洗涤剂便是一个再好不过的例子,这种洗涤剂就是用计算机控制生产设备生产出来的。[2]

短短几年时间,技术正以惊人的速度发展。袖珍磁盘才替代留声机,DVD又研制出来了,WORD编辑器已代替了打字机,并且计算机已能识别语音,这样一来键盘只好靠边站了。当然,在现代图书馆里,计算机已经代替了老式的卡片目录。巨大的网上信息服务正渐渐取代满是灰尘的参考书。如果问为什么要关心组织行为领域里技术的新发展?答案很简单,因为技术影响人在组织中的行为,进而影响组织的功能。

技术的进步使得个体的工作方式发生了很大的变化。例如:今天人们可以通过开电视会议而用不着像过去那样为了面对面地坐在一块儿开会而飞越国界,人们可以用电子制表软件(spread sheet)来代替计算器,可以通过操作机器来完成那些繁重、危险的工作,而这些活儿以前必须要人们亲手完成。简而言之,技术已经改变了人与机器的关系。20世纪人们感觉自己好像是机器的一部分(如图15.1),好在这个时代已经过去了,人们至少能够自由自在地去做那些机器做不了的事情,然而事实却并非如此。

技术能帮公司通过击败竞争对手而获利。例如:通过节约成本,提高效率生产出价廉物美的产品,或者更有效的商品流通方式。[3] 与先进技术保持同步,并不是要企业走在技术的前面,而仅仅是不要落后得太远。例如,在20世纪80年代末,拥有计算机只不过给了公司一个炫耀的机会,今天无论在世界的哪个地方,计算机绝对是必须的。换句话说,有时技术不一定会给企业带来某种优势,而只是企业参与竞争的一张入场券。[4]

"这里，Fertig 是我们最可信赖的人之一。"

图 15.1 技术导致工作本质的变化

我们怀疑 Fertig 在这儿工作将不会太久。尽管他是够可靠的了，但他很快就会被一个更可靠的无人操作的机器所代替。

【资料来源】© The New Yorker Collection. 1938 Charles Addams from cartoonbank. com.

现在，让我们来看看技术是怎样影响个体和组织功能的。这一主题涉及面广，我们在本书的其他章节已涉及技术的影响，例如在沟通（见第八章）和决策（见第九章）。这里，我们主要讲技术的更为一般的方面。尤其值得注意的是，我们先回顾技术在组织中应用的基本原则，然后我们探索技术在组织中的应用方式，最后我们讨论技术与组织设计的特定联系。

## 一、技术在当今组织中的角色

为了理解技术在当今组织中的角色，我们必须特别注意自动化以及人们在工作中对它的反应。然而，在做这之前，我们有必要先描述组织中技术的基本维度。

## (一) 划分技术的基本维度

许多组织学家已经描述过各种已有的技术矩阵,在这些理论中,查尔斯·佩罗(Charles Perrow)的理论最有影响。[5] 无论是制造行业还是服务行业,这种分类标准都很适用。

### 1. 佩罗的技术矩阵

佩罗把技术分为两个基本维度。第一是*常规性*(*exceptions*),即用标准化的输入产生标准化的输出的程度(如:例外很少),或遇到许多非常规的情况的频率(如:在操作层面上有许多例外)。第二是*难度*(*problems*),即所遇到的新情况容易分析的程度。如果问题简单、容易分析,只需程序化决策即可;如果问题复杂、难以分析,就需要非程序化的决策。通过把这两个基本维度再细分一次,并且相互交叉,佩罗提出了四个独立的技术类型。由四种技术类型构建的**技术矩阵**(**matrix of technology**)标示在表15.1中。

**表 15.1 佩罗的技术矩阵**

根据常规性两个水平(例外多和例外少)和难度两个水平(容易分析和难分析),佩罗划分了四种技术类型。

| 常规性 | 难度 | 技　术　类　型 |
|---|---|---|
| 例外少 | 容易分析 | 例行技术(如:流水线生产、职业培训) |
| | 较难分析 | 工艺技术(如:做衣橱、公立学校) |
| 例外多 | 容易分析 | 工程技术(如:重型机器制造、健康和健美俱乐部) |
| | 较难分析 | 非例行技术(如:研究所、精神病医院) |

【资料来源】Perrow,1967;see note 5.

(1) *例行技术*

**例行技术**(**routine technology**)第一种技术类型的特点是高度标准化的输入和输出,问题比较容易分析。典型例子是流水线生产(图15.2)和职业培训,在这里产品和服务都有明确的定义。因此,当例外出现,比如将要生产新产品或培训新的内容时,应该怎样处理是显而易见的。

(2) *工艺技术*

佩罗的第二个技术类型**工艺技术**(**craft technology**)包括输入和输出都是标准化的,但是相对于第一种技术类型,问题分析的难度要大一点。例如:木工经常用木板和薄塑料板来制造家具。与此相类似公共学校把他们的注意力放在大多数学生身

图 15.2 技术在过去仅仅意味着流水线

许多年以来，简单技术如流水线生产使得批量生产成为现实。这些工人(1913 年)正在生产某种机车飞轮。尽管看起来不是什么尖端技术，但流水线生产在那时的确是一个巨大的进步。它使得组装一辆小车的时间由 12 小时减少到 93 分钟。

上。不管在哪个例子中，当遇到特殊情况时，最合适的处理方式是不确定的。比如对木工提出一个特别的要求或者是遇到一个有学习障碍的学生时该怎么做？像这种特殊情况组织是不会刻意注意着去处理，因为不能预测怎样处理才是最合适的。

(3) *工程技术*

相对于前两种技术类型，佩罗的后两个技术类型涉及工业，对处理例外有更好的准备。采用**工程技术**(**engineering technology**)的组织，如重型机器制造或健美俱乐部，在输入和输出方面有很多例外，但都能用标准化方式处理。如不同健康状态、不同体型的人带着不同的目的来到健美俱乐部。他们有的想减肥，有的是受伤后要恢复强壮和往日的灵活，还有的是想锻炼身体参加健美比赛。虽然必须根据顾客的不同情况来决定他们所应参与的运动项目、运动量以及运动的难度。但是这种决定相对来说很简单，而且可以参照以前建立起来的(关于不同运动项目效果)信息资料。

(4) *非例行技术*

其他行业也会遇到特殊情况，甚至更难处理。这些组织通常被称为**非例行技术**(**non-routine technology**)类型。例如，就他们的工作性质来看，研究所就是处理困难和特殊情况的。精神病医院也属于这一类，他们不仅遇到各种不同病史的病人，而且有许多病人既有精神病又有身体疾病，什么治疗方法是最合适的确是不确定的。尽管精神病诊断方面不断发展，但是治疗起来仍是极端复杂并且与常规治疗方法相去甚远。

**道德问题** 诊断和治疗精神病是一种非例行技术，但在诊疗过程中又涉及将病人分类的“例行化”过程，这样做有助于诊断和治疗。然而，在这样做的时候又出现了道德的问题。在把非例行技术常规化过程中，会出现什么样的道德问题呢？

当今的高科技设备是非例行技术应用的极好例子。别忘了，设计这些高科技设备正是为了解决非常特殊的问题。有趣的是，这些高科技设备却经常用在军事领域。结果是在向其他国家出口这些技术时又出现了严重的国防方面的问题。（如想了解这个问题，请看本章“全球组织行为”栏目）

## 全球组织行为

### 国防对技术出口的关注

半个世纪以来，出口控制法案明确禁止出口那些潜在威胁美国国防的技术。这个法案是在 1949 年颁布的，那是出于前苏联及其同盟的威胁，当时美国是惟一拥有足以抵御任何对手进攻的先进技术，然而随着前苏联的解体所有这些都改变了。前苏联不再是一大威胁，这使得先进技术广泛地转化为民用，并且迅速传到整个世界。这样一来政治家和科学家不得不重新考虑控制技术出口是否还有实际意义。

那些赞成放松出口控制的人持以下几种观点。[6] 首先，他们表明限制出口是不能强制实行的，因为商品很容易从一个国家出口到另一个国家。因此要废除禁令。另外，当技术保存在计算机信息系统里时（事实上，大多数技术资料都保存在计算机里），很容易被窃取，而这一点又很难被发现。

其次，他们表明出口控制使得美国大公司付出很大的代价，同时使得商业领域也因此减少数亿美元的收入。事实上，据估计每 10 亿美元的出口额能创造 2 万个工作机会。因此，禁止出口对国民经济的影响非常大。

最后，他们宣称像这种出口限制并不能起什么作用，即使其他国家没有最新、最尖端的技术也能构成威胁。事实上，美国和前苏联早在巨型机发明之前就已经开始研制核武器了。

尽管有这些争论，国家安全显然还是存在威胁。前苏联威胁虽已解除，但是利比亚、伊拉克以及世界上其他一些危险地区仍然需要关注。把技术给那些敌对国家肯定是行不通的，那么该怎么办呢？

专家们已提出了有趣的建议。首先，他们认为不能让出口控制放任自流是关键，各国政府要通力合作，严防再出口的漏洞。第二，必须督促公司做得更好，仔细审查所有申请应用他们技术的外国公司。第三，因为出口控制威胁公司的利益，如果以公平的方式征税，公司会更愿意接受出口控制。也就是说，这样做在一定程度上不会威胁一个公司的优势地位。

控制技术出口这一难题绝不是短时间内所能解决的。专家们将这些出口限制作为保护国家和地球安全的重要措施。[7] 因此，建立既公平又有效的控制是一个值得探索的问题。

## (二) 当今组织中的自动控制

过去，工作中的技术应用包括手工和机械操作。人们用钢缆和滑轮来吊起重物并把它从一个地方移到另一个地方，这种类型的工作现在还可以看到，但现在的生产车间正日益广泛地利用**高科技（high technology）**成果。也就是说利用那些依赖于微处理器芯片的电子类的技术（见图15.3）。

**图 15.3　用高科技来生产高科技产品**

摩托罗拉信息技术生产部经理 Blane McMichen，被任命在六个星期内开发一种系统生产电缆调制解调器，因为公司里的调制解调器很难装配，生产过程中的每一个步骤都要详细地记载。Blane McMichen 没有花上好几个月去画详细的图纸，而是拿了一个便宜的数码相机把每一个配件的图纸拍下来。然后，他把这个过程上传到公司的网站让装配工去看。这个网上指导过程进展得如此顺利以至于现在其他公司都采用这种方法。

高科技设备已经使得工作方式发生了急剧变化。[8] 例如，排字工曾把数片金属片放到木板上做成模板，就这样来印刷文件。现在，这种过程再也看不到了。排字工只需要敲敲键盘就能把文件打出来，如同你在家里进行文字处理一样。当然，例子决不仅仅限于这些。高科技设备已经渗透到我们工作和生活中的每一个方面，以下描述的是当今组织应用高科技的一些例子。

**先进制造技术（Advanced manufacturing technology，简称 AMT）**：用计算机来控制生产中的各个环节。

**计算机集成制造（Computer-integrated manufacturing，简称 CIM）**：比 AMT

更为先进，即在生产过程中用计算机来收集信息，然后根据这些信息做出决定，以此来调整那些需要调整的生产过程。

**计算机辅助设计和计算机辅助工程（Computer-aided design and engineering**，简称**CAD/CAE**)：用计算机构建和模拟产品的特征并且测试这些产品性能的过程。

**工业机器人（Industrial robotics**，简称**IR**)：用计算机控制机器人使其按程序加工原材料并且顺利完成复杂的任务。

**柔性制造系统（Flexible manufacturing systems）**：依靠计算机控制机器小批量地生产一些产品，而其成本仅仅与那些大批量生产出来的产品相当。

自动控制的经济学是简单的：一方面竞争迫使商品价格下降，公司不得不提高产品质量和减少劳动成本。因此，他们追求更为有效的生产方式——**自动控制（Automation）**。自动控制即运用机器来做那些本该由人来完成的工作。我们身边也随处可见自动控制。只需想一想自动的现货订购服务，它可以把你的电话连接到你想要联系的人那儿（如果没有连接到另一台电脑），此外自动出纳机可以进行交易。这些设备必然导致工作中人的工作量的减少。机器代替人不仅更快、更准确而且更持久。一个世纪前的工厂主在引进蒸汽机后仍然不断追求提高劳动效率的方法，而当今组织仍然像一百年前的工厂主那样追逐先进的技术。无须惊奇，自动控制的发展导致了“第二次工业革命”。[9]

**全球问题** 把现代自动控制技术带到前苏联及其周边国家是一件困难的事情。然而，这样做对于加强这些国家中企业的经济基础却是很有必要的。

确实，自动控制大幅度提高劳动生产率是毋庸置疑的。有专门资料表明：公司使用各种不同类型的自动化控制设备能减少管理时间、费用和劳动成本，以及加快研发，当然也提高了质量。例如：通用电气公司把计算机集成制造引入到他的圣路易斯洗碗机厂后，生产率提高了30%，投诉电话减少了一半，因此市场占有率提高了12个百分点。[10]然而，考虑到随之而来的高花费，许多企业管理人员不得不仔细考虑大量投资到自动控制方面是否是明智之举。

自动控制不仅是提高工厂和办公室效率的关键，在生活中也是一样。你也许会认为我们的技术已经发展到了先进得再也不能进步的程度，但是专家们断言今后的科技发展将是我们难以想象的。[11]下面总结了某些技术的未来发展，见表15.2。

表 15.2 明天的技术：今后的商店里有什么

技术的进步是如此之快，要想与最新技术保持同步非常困难。今后，这个问题将更为突出。同时，专家预测展望未来我们将惊叹科技给生活中的各个方面带来的进步。

| 年 | 技术进步 | 描述 |
| --- | --- | --- |
| 2006 | 有效防止脱发 | 基因治疗将防止人类脱发。 |
| 2010 | 机器人在小如药丸的物体上做手术 | 将一个微型机器人放入需要动手术的人体内，按照设计好的程序做手术，同时还可以避免身体感染。 |
| 2016 | 全息电话 | 利用全息照相术的原理，能清晰地显示出所摄物体的三维立体形象。 |
| 2020 | 清醒药 | 一种与酒精对人体的作用相反的药。 |
| 2029 | 细胞修复技术 | 专门的分子机器能在人体内修复细胞。 |
| 2043 | 首次冷冻复活 | 冷冻的组织有望复活。 |

【资料来源】Based on information in Weiners & Pescovitz，1996；see note 11.

## (三) 人们对技术的反应

对一个组织来说，人比机器和钱更重要。我们的抽样调查表明：组织里大量使用高科技的结果是，工作的种类确实与以往有很大的不同，对工人的要求也发生了质变。[12]据美国技术评估办公室的资料，有效利用技术的一个主要障碍是技术对人们的影响。[13]

### 1. 技术和工作减少

自动控制一个明显的影响是它使人们工作起来如此高效以至于某些职位的需求量大为减少，因此导致失业。确实，先前所描述的自动控制技术有效性的另一面是人付出的代价：自动控制设计出来后是为了减少工作，并且它做得越多，就越认为是有效。无须惊奇，许多工会对自动控制没有多大热情，尽管自动控制确实使人们在一个更安全、更干净、更健康的环境里工作而避免了长时间做单调、乏味的工作。(一个单调、乏味的工作也许比没有工作好)一些工会害怕自动控制会使其成员孤立，甚至与资方达成协议：禁止裁员，或者把他们换到报酬较低的职位上。[14]确实，统计表明这些忧虑是有事实根据的：现在的公司相对以前来说正利用高科技工具做更多的工作，雇更少的人。[15]

不仅需要更少的人来做某一特定的工作，而且连那些公司(有实力对高科技设备进行投资)也能够从商业中获利。因此，我们看到倒闭的公司中有许多是小公司，这些小公司以及他们的雇员也发现他们是科技革命的牺牲品。例如：随着越来越多的计算机控制机器的使用，木材加工只需很少的员工按一下开关，在屏幕上直接监控就可以了，这个木材加工厂的操作是如此有效以至于小一点的工厂，特别是那些承担不起价值 1 500 万美元或者更多的自动控制设备费用的工厂，会时常被淘汰甚至最终破产。[16]

虽然一些人被机器所代替了，但是也会经常出现这样一种情况：人们和机器共同来完成工作并且比以前做得更好。无人工厂的设想一度流行，在那里只有白领技术员在工厂里来回检查机器，而大量被机器代替了的工人只好加入到失业大军中去。好在这只是一个幻想而已，最终未能实现。今天更为普遍的是人们与机器人共同工作，扬长避短，互相补充。例如，机器人在汽车制造方面发挥着重大作用，正如通用汽车公司高度重视 Saturn，但是许多管理者认为正是因为有了人，技术才发挥它的作用。[17]无论多高的技术离开人这个因素也不能成功地制造一辆小车。日本企业家 Jaruo Shimada 有句名言："只有人，能赋予机器以智慧"。[18]任何组织中人和机器是互为补充的两个方面。

**全球问题** 在世界上富裕国家中，引入技术会导致工人从低级工作向高级工作转换，然而在贫穷国家中引入技术（如在一个新工厂里）却有可能创造出以前所没有的工作机会。

## 2. 技术和工作改变

如果人和机器正逐渐成为组织技术的合作因素，那么工作的性质必须具有高度的激励性。当自动控制一下子把工作变得很单一、枯燥，问题就开始出现了，工人开始感到厌烦和乏味，因此工作积极性减弱，导致低质量的绩效。这究竟是怎么回事，为什么当所有人都希望做好工作，然而需要做好工作时却只是袖手旁观，甚至对着机器发呆？

然而，自动控制留下常规和讨厌的工作让人来做，这一暗示是误导。事实上，因引入机器而创造出的新型工作比起那些旧工种来说要求更高。一个雇员描述他对眼前的机器人的反应：现在的工作要求更多的技能……你不得不学习怎样熟悉它、操作它……这种工作变得更加复杂。[19]确实，自动控制不断把人从繁重的体力劳动中解放出来，从而追求更有趣的工作。如银行使用自动取款机从而让银行职员有更多的时间去做一些难以解决的问题。

**道德问题** 你认为公司引入高科技而导致雇员去学习新工作是不道德的吗？这是不是非常不合适的一种强迫？如果不是，那么认为它对人的帮助大于它对人的伤害就可以认为这是道德的？

有了做有趣工作的机会（把令人乏味的工作交给机器）并不能保证事实就是这样。因此，自从引入自动控制后，一些公司刻意追求尽可能地激励人们对工作（机器所干不了的）的参与性。Grand Rapids 公司是位于密歇根州的一家家具厂，其生产高度自动化。威斯汀豪斯有一个精心挑选的顾问委员会，其任务就是激励员工积极参与公司里的决策。自动控制导致一些组织还会采用工作团队的方式来保证员工对他们因自动控制而改变的工作保持兴趣。

换句话说，如果人们没有失去自动控制的工作，工作本身也会发生变化。自动控制也创造新的工作机会如需要更多的人去开发和维修这些高科技设备。因此，可以说自动控制引起的是工作种类的变化。据美国国家半导体公司的一位官员说："我们将通过自动控制使工作升级，我认为我们再经过几年会把所有的蓝领全变成白领。"[20]

工作种类的变化表明员工培训的必要性，这样才能使自动控制发挥最大作用。正是具有这样的理念，克莱斯勒公司在让员工操作某些机器（这些机器将用来生产某些最先进的模具）之前，花大概900000个工作时来训练他们。[21]图15.4是自动控制对人影响的总结。

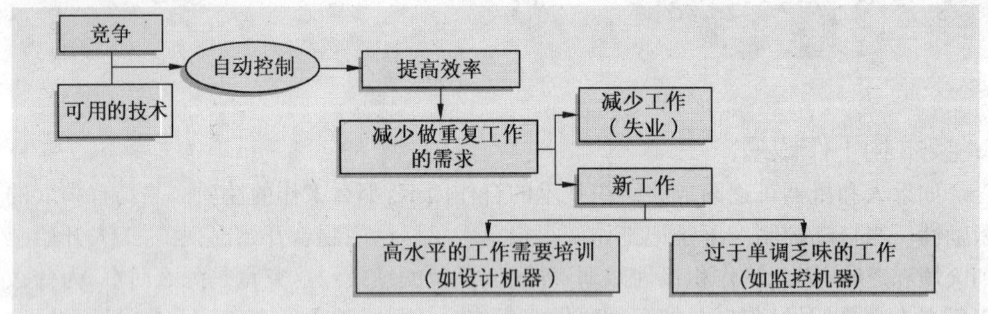


**图15.4 自动控制的影响：小结**

自动控制经济学对组织中人的行为有着重要影响。自动控制使人的工作变得高效，这样一来就不需要许多人来干那些机械单调的工作。因此，工作在变少的同时（导致失业的发生），还带来了许多新的工作，在这些工作中有少量令人乏味的工作（如监控机器），大多数工作变得更加具有挑战性（如设计和维修机器）。

最近，我们都注意到了对人有着更为深刻影响的另一种技术：因特网。因特网极其重要，但它并不是没有代价。因特网技术给人们带来的问题，详见"趋势"栏目。

## 二、现代组织中的技术应用

人们执行不同种类的工作时所用的技术也是不一样的。在这部分我们将讨论组织中常用的几种最新技术。具体来说，我们将专门介绍四种当代组织中应用较为普遍的技术。首先，我们描述*辅助技术*（*assistive technology*），即那些帮助残疾人进行工作的技术，以便他们完完全全地成为公司里有能力的成员。其次，我们展示一种具有争论性的技术，该技术使公司的管理人员能观察或者想象一些人所说的能"窥视"他们的员工，众所周知这就是*计算机绩效监控*（*computerized performance monitoring*）工作。

再次，我们将展示以计算机为基础的技术，现在的组织用该技术来提高或记录*客户服务*(*customer service*)质量，这一技术常常由于冷酷和非人性而受到指责。最后，我们将讨论技术的发展趋势即有利于保护环境的技术，如*拆卸设计*(*desigh for disassembly*)。

## (一) 辅助技术：帮助残疾人有效率地工作

假如你曾经看到公用电话上有音量控制按钮，用盲文标记楼层的电梯，没有井栏的人行道，你会明白这些是为了帮助有残疾的人在社会中生活得更方便。然而，这些相对于帮助残疾人的技术只是很少的一部分。在当今组织中，技术被广泛应用来帮助那些有技能的人完成他们的工作，即使他们有某些身体或精神障碍(见表 15.3)。结果是在仅仅几年前人们还不能做的工作，今天已成为主流工作。这样的技术叫**辅助技术(assistive technology)**，即帮助有生理或心理问题的人完成工作所必须的动作装置或其他东西。[30]

**表 15.3　有关辅助技术的一些例子**

技术能用来帮助各种残疾人有效地完成工作。这里列举几个装置——既有先进的也有简单的——都是为了帮助残疾人方便使用。

| 装　置 | 适　用　范　围 |
|---|---|
| 电话听筒扩音 | 提高电话耳机的音量控制，使有听觉障碍的人能用电话。 |
| 阅读机 | 用计算机模拟讲话以便有视觉障碍的人能用。 |
| 视力装置 | 便携式的感觉向导仪和放大了的闭路电视监测仪能使有听觉障碍的人在日常生活中应付自如。 |
| 针形嘴 | 铁笔一样的工具以便四肢瘫痪者操作计算机 |
| 鹅颈管式电话 | 电话耳机可以随意进行调整以便于身体不能灵活运动的人使用。 |

【资料来源】Tompkins，1993；see note 30.

为什么辅助技术的用途如此广泛，除了能“做好事情”，这儿有几个很好的理由。第一，竞争是如此激烈，雇主根本不能仅仅因为需要调整他们的工作方式而忽视合格的员工。就业适应网络(Job Accommodation Network)是一个专门为残疾人提供适应方式的信息交流中心，该中心认为适应过程的费用并不昂贵。事实上，他们宣称一半的适应花费会低于 50 美元，并且几乎 1/3 根本不需要花钱。[31]例如，只需要提供带杯子的自动售货机，而不需要投资新装一个水管去降低饮水机以便于坐在轮椅上的人可以使用它。

第二，劳动力在老化，人的寿命也在提高。[32]当人们老了，即使是最健康的人也可能出现听力下降，记忆力减弱和其他疾病。如果这些有丰富经验和渊博知识的人辞职，即使是找人代替他们也是一大损失。因此，帮助这些人完成工作有实际意义。

然而从某种意义上说另一个也许是主要原因即《*美国残疾人法案*》(*ADA*)要求他们这样做。根据该法案,雇主必须为那些称职的残疾员工提供合理的帮助,只要他们没有为公司增加过多的负担或者直接威胁其他人的安全。由于公司要遵守该法案,许多新技术得到发展,包括小车顶上放轮椅的行李架和适应残疾人的足够高的桌面。[33]

为帮助公司遵守《美国残疾人法案》,联邦政府有鼓励私人公司发展最合适的辅助技术的几个动议。如《伤残信贷法案》(Disabled Access Credit Act)给一些小公司税收抵免的优惠,如果这些公司的生产投资符合《美国残疾人法案》的要求,各种税法也给这些公司(那些努力使他们的设施便于残疾人使用并且雇佣新的残疾员工)提供税收抵免优惠政策。

**道德问题** 显然,《美国残疾人法案》的目的是非常有人道主义的即帮助残疾人做主流工作。然而,一些评论认为《美国残疾人法案》把不公平的负担推给了雇主,因此是不道德的。你对这个问题有什么看法?

## (二) 计算机绩效监控:远程控制管理

现代公司里应用最普遍的技术之一是用计算机去收集、储存、分析和报道有关人们在工作中所作所为的信息,这就是通常人们所说的**计算机绩效监控(computerized performance monitoring,简称 CPM)**。定义已表明,计算机绩效监控涉及了一个广泛的程序使得上司能够窥视他们的下属上班时做什么。[34]

有了计算机绩效监控,员工的工作能够进行观察和量化评比,尤其是那些用计算机工作的人(如电话销售代理,数据输入及文字处理人员,机票预定,电话接线员)。然而,并不是所有 CPM 系统都相同。在某些公司员工时刻都会受到监控,而另一些员工只是有时受到监控(尽管计算机记录下他们工作中的各个细节)。尽管有差别,所有这些系统使得它能够对工作绩效进行连续地、没有遗漏的观察。

在过去的 10 年内,CPM 系统渐渐为人们所熟悉。在美国 7 万多家公司里估计有 1 千多万员工受到监控,这些装备的投资额超过 10 亿美元。[35]毫无疑问,CPM 的应用引发了一场值得考虑的争论。[36]一些人认为它侵犯了个人隐私,创造了一种不信任的氛围,并且成为了一种与工作有关的负担。[37]然而反对方认为 CPM 使得上司能够收集更多、更客观有关工作绩效的信息,因此为制订培训计划和工作量提供了一个有价值的反馈资源和信息。[38]

对这些争论科学证据揭示了什么?对 CPM 的影响只有少数有限的研究,但是这些为数不多的结果也可以在某种程度上表明,*两种*(*both*)观点都有其正确性。如通过研究比较受监控的和不受监控的员工发现:事实上受监控的员工在完成简单任务时更有效。[39]然而，监控却降低了完成复杂任务的绩效，与社会助长作用的影响相一致（见第七章）。即使绩效监控有助于完成简单任务，但CPM也会导致人们的工作压力增大，工作满意度下降。部分问题看来似乎是因为成天在计算机监视之下会导致孤独和寂寞，压力也随着这种不愉快情境而产生。[40]

涉及工作绩效的具体方面时，被监控的员工会为提高测量成绩而努力工作，即使在牺牲绩效的其他甚至是重要方面的情况下，也是如此。例如，某公司的上司监控电话接线员，了解他们在每个电话上是否超过了22秒钟的时间。[41]结果是，接线员总是以此为标准。然而相当多的人达到这个标准靠的是"欺骗"。如顾客需要长于22秒的时间才行得通（他们有很重的方言和语言障碍），而接线员为了达标获得奖励却丝毫不理会这些特点。即使那些人不为这种评价方式感到难过，他们也不会如他们被希望的那样尽量做到友善、热情。

不仅雇员不喜欢受监控，资料表明许多上司也不喜欢不断地看下属工作绩效的数据这种额外工作负担。问题是监控能引起员工期望上司对自己工作绩效能有所评价，而上司的工作本来就很忙却顾不上这些。然而当员工的工作绩效真的不如人意时，上司又只能以绩效监控所得到的记录为基础来作出评价。在这种情况下，上司们肯定会从已掌握的确切信息中获益，这些信息能帮助他们处理手中的问题。

总而言之，CPM必定会有其方便之处，但是也有一些局限性（见图15.5的总结）。

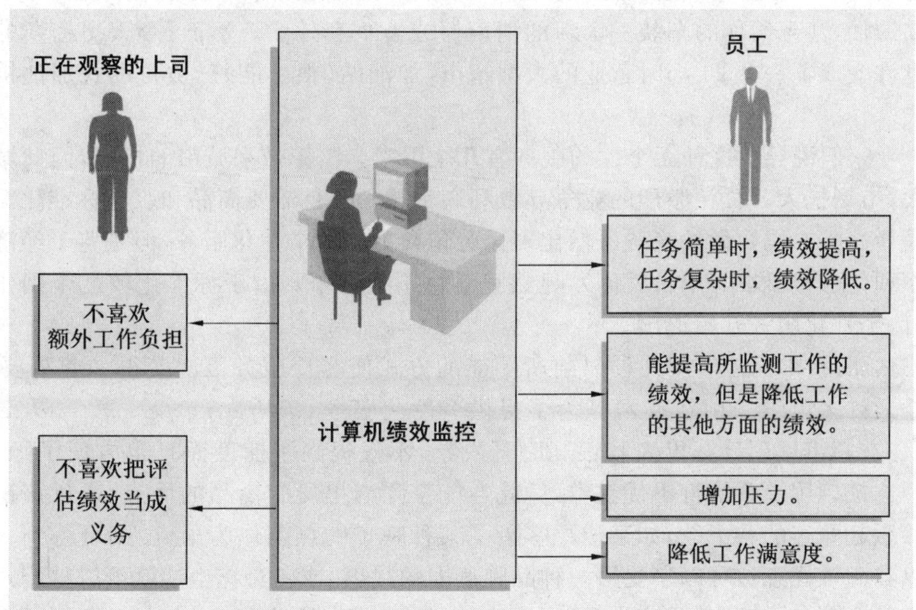


**图15.5 计算机绩效监控：不同结果均有**

引入计算机绩效监控来提高员工的工作绩效，既有积极的影响也有消极的影响。

这种专门的应用技术在被普遍接受之前需要经历很长一段时间。通过在上级和下级之间创造一种新的动力,像许多其他新技术一样 CPM 在引入工厂时显示出危险性。它能完全为人们所接受吗?

我们希望答案存在于技术在实践中如何用的或如何滥用的。如果用一个工具来帮助提高绩效,我们相信 CPM 在组织中将扮演一个重要的角色。然而,如果滥用如用来监视非工作活动(如洗澡过程中)像这样侵犯隐私权的技术肯定会遭到否认。总之,技术本身无所谓有用无用,关键在于人们怎样用它。

**道德问题** 在什么道德层面能对 CPM 进行实际判断?在什么层面能拒绝?你认为 CPM 合乎道德吗?

### (三) 客户服务的援助技术

你曾经听某人抱怨现在的服务质量比不上以前的服务质量了吗?一般来说,这样的抱怨随处可见。尽管 20 世纪 50 年代早期,你不难看到商人提供热情、个性化的高水平服务。你能打电话给街头史密斯先生家的小店,他的儿子会在放学后把你要的货送到你桌上,即使赊账。你能到加油站,在那里加油并冲洗挡风玻璃,检查所加的油,甚至给你的车装一个新的消声器或者一套外胎。然而,今天史密斯的商店也许变成了一个 24 小时营业的大型超市,加油站(很可能)已被自助式加油机所取代。

专家们说导致这种无个性的服务有几个因素。汽车带来城市的扩展,因此城市变大,市场扩大。日益激烈的竞争导致利润率减少并且需要商品和服务标准化。结果是什么呢?妈妈做的晚餐虽然比麦当劳包含更多的个性化服务,但是鉴于经济上的不利(生产规模小,单价就高),显然它对付不了竞争。由于标准化较之个别化更可行,个性化服务开始退出。

然而,技术已能够用几种以前所不能的方式使客户服务再次变得如此重要。[42] 如今天许多组织采用新技术是为了提供*个性化服务*(*delivering personalized service*)。在超市里用计算机来收银同时开发票,不仅提高了速度而且也方便了顾客。大型连锁店用该系统打出优惠券,凭此券能享受店里所有商品的优惠,通过该措施能够激起顾客的购买欲,如某位顾客买了某种牌子的燕麦作为早点,则可得到一些优惠券而该优惠券可以享受另一种品牌燕麦的优惠,或者买花生油就可以得到匹配商品(如面包、肉冻)的优惠券,这样一来,刺激了顾客的消费欲,为商家赢得了更多的利润。

这些活动与史密斯先生家送货上门的服务是不同种意义上的个性化服务。他们代表个性化服务的新形式，而这些是以计算机技术为前提才具有可行性的。有趣的是，技术不仅使得个人能更好地享受这种个性化服务，而且商业也能更好地享受这种服务(如图 15.6)。

**图 15.6 商业与商业间的个性化服务**

俄亥俄州代顿的 Chem Station 公司为他们的工业顾客开发了一种订制的洗涤剂。化学家凯茜·汉森和执行总裁乔治·霍曼在水下检查这种超浓缩的日用洗涤剂的流动性。只要有合理的价格，技术便为个性化服务提供可能性。

技术通过增加服务正使得客户服务增添活力。*增加服务*(*augmenting service*)实际上指的是为顾客提供与产品或服务相关的附加服务。技术怎样帮助实现"增加服务"的，几家公司就很好地证明了这一点，有时附加服务是非常小的但是很管用。如：赫兹率先设计一种系统，通过该系统想租车的顾客根据显示他们名字的信号找到他们所要租的车，该出租公司引入服务引导系统，归还车辆时，代理商只需打开手动装置登记器，马上就能打印出顾客使用车辆的情况。这实际上减少了入口和出口处排队人员的数量，这种待客如宾的客户服务技术帮助赫兹吸引了大量乘客。

最后，技术通过*改变生意*(*transforming business*)提供帮助。即开发更好地满足客户要求的全新业务。特别是，当今先进的计算机信息系统使得客户个性化商品与标准化商品可以以同样的效率生产。如本加明·莫尔用光电比色计确定一个顾客织物样品的颜色，并且告诉计算机如何按照某种比例混合染料并与样品进行匹配。

另外，现在印刷技术也允许杂志出版商去裁剪他们的广告以及社论以适应不同的读者。结果是依阿华州养猪场的农场主所订的《农场杂志》与佛蒙特州奶牛场的农场主所订的杂志有某些不同之处。这些例子表明现在的商业公司是如何用技术改变他们的商业以便于他们能提高客户服务的质量。

虽然有些技术已经导致服务的非人性化，但是技术不论是过去还是现在都可以用来提高客户服务。将来的任何时候我们不应该寻找史密斯先生让他回到他的街头杂货店或者找那个加油生让他回到他的服务站，但是我们能希望技术在这些甚至更多的领域用不同的形式来提高客户服务的质量。

## (四) 有利于环境的技术：拆卸设计

地球上的矿物储存量日益耗竭，并且土地资源也逐渐达到饱和状态。信不信由你，94%的物质(取之于地球)仅仅数月后就变成了废物。[43]毫无疑问工业世界通过长时间从地球获得物质然后把垃圾还给地球而变得富裕。科学家说不能永远这样继续下去。如果我们将来还想依靠地球的自然资源，我们必须从现在开始有节制地开采并尽力保护它们。值得庆幸的是，一个关于要求制造商负责回收他们的产品并进行再循环利用的活动正在进行中。整个欧洲的法律也要求其制造商这样做。在德国，公司要对他们怎样使用包装在法律上负责任，因此不仅要他们回收，而且建议他们创造新的方式减少包装袋的使用量。

德国立法的效果令人鼓舞：在最初两年内，因为有《回收法》，废包装袋的总量已减少了4%，约6亿吨。继这个成功之后，公司又发起减少废弃产品数量的活动，在这个活动中最有影响力的是拆卸设计。**拆卸设计(design for disassembly，简称DFD)**指的是产品的部件能被多次使用，并且产品最终能被安全处置的设计和制造过程。拆卸设计就意味着使用更少的零部件、更少的原材料以及在装配过程中要考虑到今后拆卸方便。

在汽车制造业有一个拆卸设计的很好例子，如宝马(BMW)在缓冲器中用扣件代替胶和电焊，因此再循环就是一件很容易的事。另外，仪表板由聚亚安酯制成，可以循环利用。BMW的80%材料来源于再循环，该公司希望这个数字尽量达到95%。然而，不仅在汽车制造领域考虑拆卸设计，而且计算机、电话和发动机也应考虑用拆卸设计。

如果你曾用过柯达“FunSaver 35”照相机，这种照相机的镜头和胶卷用的是拆卸包装。你在不知不觉中用了拆卸设计产品。当然，以前并非如此。在此以前这种产品用完后只能扔掉。1990年柯达公司因把数以百万计的旧相机扔到垃圾堆里，遭到环保专家的批评并要求其迅速作出处理。今天，旧相机能回收到柯达公司，塑料片被收集起来做成新的零件，相机的内部装置能被重复使用10次。

在美国柯达不是惟一采用拆卸设计技术的公司，施乐静电复印机公司也用再循环的材料做原料，这一点你可以想象得到，这样做的动机是为了绿色——既是为了保护环境也是为了赚钱。这两个目的能同时实现。在核算成本后，公司发现用再循环的东西节省了资金。“FunSaver 35”照相机是柯达公司获利最多的产品，而施乐静电复印机公司通过再制造和重复利用一年可以节省5亿美元。总而言之，拆卸设计既帮公司节约了成本又保护了我们的生态环境。

**全球问题** 显然，早在美国有拆卸设计之前，欧洲就已经流行。你觉得这是为什么？拆卸设计风靡美国后将会发生什么？

## (五) 机器视觉：电子眼睛提高质量

传统意义上的*质量控制*（*quality control*）指的是工厂里把一个产品从流水线上拿下来并且检查是否有缺点。这种质量控制仍然在继续，但是使用了以前所想象不到的技术。现在这种技术日益普及，提供了一种更高水平的测量和检查。这种技术叫**机器视觉**（**machine vision**），尖端的电子眼睛把物体的形象传送给计算机，计算机把所“看”到的进行分析然后“命令”其他机器采取相应步骤，[44]这种技术应用十分广泛，其中几种常见的用途是：

在有污点的蔬菜包装前打上记号。

保证正确的药丸被装进合适的包装。

在飞机起飞前检查机翼上的冰。

寻找原木上的节疤。

确认计算机芯片上极小的错误。

**你来做顾问**

你公司在留住电话销售部出色的员工问题上遇到了麻烦。通过调查你知道员工对几件事情非常不满意，这些事情是：他们对计算机绩效监控不满，并且成天坐在一个小小的隔间里，他们感到既孤独又寂寞。现在要求你来解决这个问题。

1. 解释这些员工的反应是否正常，他们的行为是否被预测到？

2. 什么样的调节有助于解决这些问题？

3. 撤销绩效监控会引起什么争论？如果要撤销应该在什么条件下进行？

4. 也许你会考虑重新招聘一些人，如果对有生理残疾的人开放这一职位你准备采用什么样的辅助技术？

亚拉巴马州的万斯（Vance）工厂，梅赛德斯-奔驰 M-class 赛车的生产地，在那里这种技术的使用给人留下了深刻的印象。在这家工厂里，每一辆车的全面检查只需45秒，在这个过程中用38个激光摄像机进行84种测量。这种设备花费近100万美元，但是这种设备在保证产品的高质量方面所做的贡献足以支付其成本。考虑到因使用这种技术所带来的高质量的声誉，对这种装置的投资简直是小得不值一提。

然而不要误认为机器视觉仅仅能用在工业领域。在消费领域里其用途也很广泛。如机器视觉装置能保证客户订制的高尔夫球手套的质量。同样这种技术能用来扫描人的眼球。不久，当你走到自动取款机前的时候，机器视觉装置将试着分辨你的虹膜，并且把图片保存到它的数据库中。如果它认识你，即使没带卡或者没输入信用卡号，你也能操作这台自动取款机。(对于我们中间那些健忘的人来说这一天可不能来得太快了)

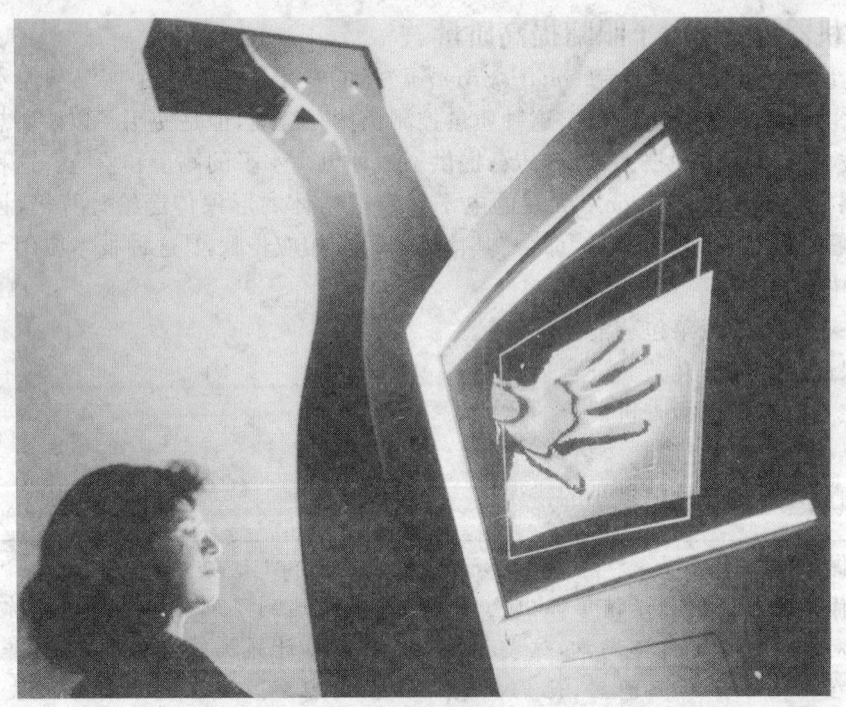

图15.7 机器视觉在工作

这种机器视觉设备用来确保一双订制的高尔夫球手套的质量。这种技术在工业领域中应用也十分广泛。

## 三、技术：组织设计的一个主要原因与结果

到此为止，我们已经讨论了技术在个体和组织行为中所扮演的角色。然而，你也许想象得到，技术与组织的设计和绩效密切相关。显而易见，一个特定的组织所

采用的技术与组织的运作和组织需要完成的任务紧密相连。然而这种关系就像双行道。组织不仅选择他们所采用的技术,而且也会受到所选技术的影响。在这部分中,我们将描述有关此结论的几种主要研究。这些研究将技术分类对比并涉及许多有争议的问题。尽管这些研究得出的结论很难用一种简单直接的方式来进行对比,但他们都阐述了一个相同观点:技术在组织设计和组织绩效方面发挥着重要作用。

## (一) 制造型公司中的技术和结构

以往研究中的一个突出方面是考察技术和制造公司的设计之间的联系。回顾这种研究有助于解释这种关系的复杂本质。

### 1. 伍德沃德的研究

在这些研究中最著名的是伍德沃德和她的助手们 20 世纪 60 年代在英国所做的研究。[45]为了测定各种不同的结构特征(如管理幅度,分权)和组织绩效(如利润、市场占有率)之间的联系。伍德沃德收集了 100 多个制造公司的数据。受经典组织设计方法(见第十四章)的影响,她最初以为那些被认为是高度成功的组织一定有相似的结构特征,而那些相对来说被认为是不成功的组织一定有其他不同的结构特征。然而,令人惊奇的是根本不是这回事。相反,组织结构的各个不同方面在成功组织和不成功组织中似乎有共同点。因此,伍德沃德几乎没有找到管理的普遍性原则的准确性的支持证据。

相反,伍德沃德发现一个组织的成功取决于该组织采用技术进行合理设计的程度。她比较了采用当时流行的三种不同技术的组织:

**小批量生产型:** 承接定做。机器装备简单,公司通常生产小批量客户定制的产品。这种类型的公司主要集中在建筑设备的生产或者定做一些电了产品。也包括服装制作和印刷。

**大批量生产型:** 依靠流水线进行生产。这些组织的典型特征是要求长期进行标准化生产,产品有库存,这样可以连续供应定货。

**连续生产型:** 这些公司采用复杂技术而其生产也是完全自动化的。这种生产类型的公司主要包括石油和化学公司。

当伍德沃德用这些技术类型对公司进行比较研究时,一些重要的差异就被注意到了。首先,像预测的那样,它们显示了不同的内部结构。如从事大批量生产的公司的管理幅度(一级上司)和集权比从事小批量生产或连续生产的公司都高。同样在连续生产的公司中命令链最长,而在小批量生产型的公司中最短。总而言之,生产中所采用的特定技术是组织结构的重要决定因素。正如伍德沃德所说:"不同的技术给个体和组织带来不同的要求,这些要求必须通过一种合适的结构来突现。"[46]

也许更为重要的是,区别不成功的企业与非常成功的企业的特征也随着技术的改变而变化。在先前描述的技术维度的低端和高端,*有机*(*organic*)方法(职权在组织中是扩散的和分散的)最有效。因此,用这种策略的公司比用*机械*(*mechanistic*)方法(即职权集中在少数人手中)的公司要成功得多。回忆第十四章*有机*组织和机械组织的区别。与之相对照,在技术维度中间(即大批量生产型),公司采用机械方法则更有效(见图 15.8)。

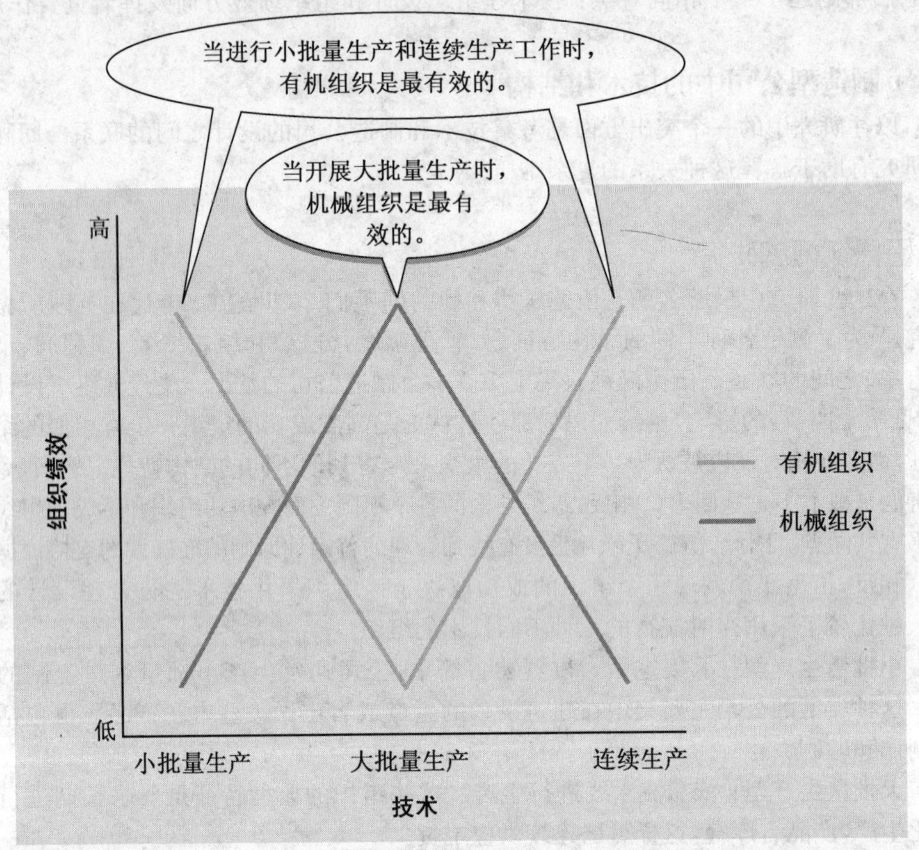


**图 15.8　伍德沃德的研究:技术与设计之间的关系**

在一组经典的研究中,伍德沃德发现当进行小批量生产和连续生产时,有机组织是最有效的,而当进行大批量生产时,机械组织是最有效的。

【资料来源】Based on findings by Woodward, 1965; see note 45.

成功的公司往往拥有与他们的技术水平相适应的组织结构。尤其是那些业绩高于平均水平的公司与那些用相同方式进行生产的其他公司有相似的结构特点。与之相反,那些业绩低于平均水平的公司与那些用同种技术类型进行生产的公司的结构特点大相径庭。总之,伍德沃德的研究结果表明技术与业绩之间有着重要的联系。

2. 当代的研究

我们已经了解了自伍德沃德以来的关于组织设计的研究。没有什么比技术改变得更多,这一点你也许想象得到。除伍德沃德所进行的三种类型的研究之外,当今许多组织以相对来说较小的规模生产高度个性化、高性能的产品。这个过程叫**批量定做**(**mass customization**)(见图 15.9)。[47]因为这些产品非常复杂并要求先进的技术,所以要用高度自动化、计算机控制的设备进行生产。而且,人们在生产过程中要具有高水平的职业或技术知识。简而言之,这些公司与伍德沃德所研究的传统小批量生产的公司有一些共同之处,同时他们与处于三种类型中连续生产型的公司在利用先进技术的特征上也有一些其他的共同之处。

**图 15.9 批量定做:一种尺寸不一定适合所有人的**

如果你需要鞋子,你可以买双便宜的已做好的鞋子,也许是你想要的款式和大小正好,也有可能不是你所要的款式或者是大小不合适。在两者中选择一样,如果你的经济允许,你能定做一双你所需要的鞋子。然而,对于那些需要定做鞋子的人来说,先进的生产技术能使定做的产品价格与大批量生产出来的价格差不多。图上是在康涅狄格州的一家定做鞋店里,一名顾客正用电子扫描仪量脚。这个信息马上输入机器,以保证能生产出一双正好合适的鞋子。

这种利用技术批量生产的组织具有什么类型的内部结构呢?在一个具体的研究中,研究者调查了美国 110 家独立运作的公司。[48]通过仔细调查这些公司的生产方式,研究者把这些组织分成四种类型:传统批量型(trditional batch)、技术批量型(technical batch)、大规模生产(mass production)和工序生产型(process production)。然后他们从几个关键的维度(如管理的幅度、职业分工、分权、规范化程度)对公司的内部结构进行对比研究。如图 15.10 所示,组织类型在各个方面都有很大的不同。如预测的那样,传统批量型与技术批量型在内部结构的几个方面对比非常显著。如,传统批量型的管理幅度大于技术批量型。相比较而言,技术批量型则拥有更强的专业化程度,更强的分权,也许最主要的是它的创造性活动比传统批量型高得多(如研发部门的员工占更高的百分比)。

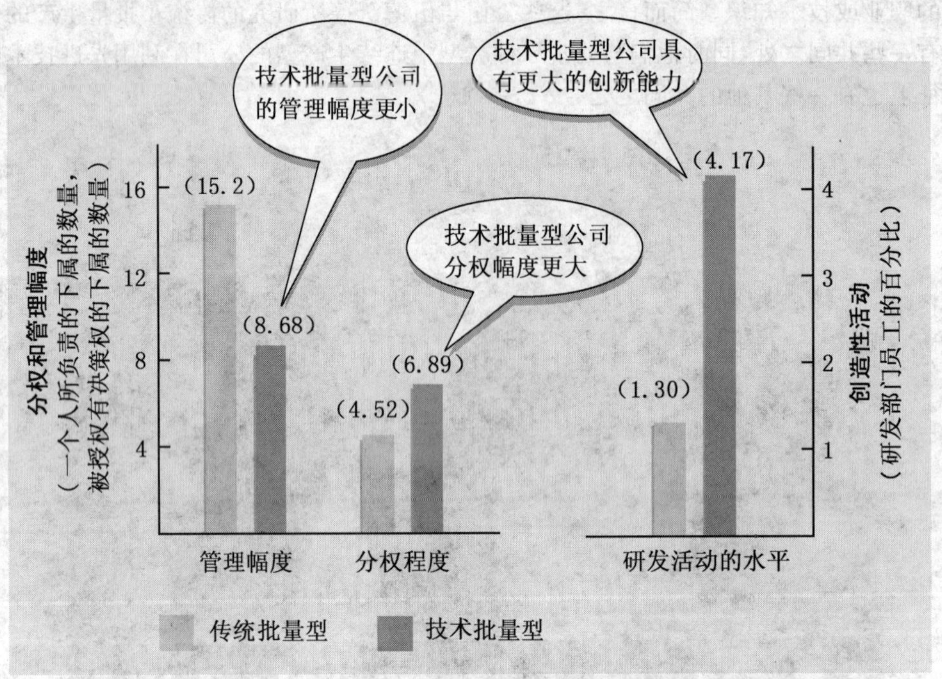


**图 15.10 技术和结构:显著的联系**

技术批量型与传统批量型在几个方面有很大差异。

【资料来源】Based on data from Hull & Collins, 1987; see note 48.

总之,伍德沃德最初分类的扩大反映了最近生产方式的发展。而这种方式的发展又为技术对组织内部结构有着重大的影响增添了新的证据。沿着这个思路进行的其他研究也有助于我们进一步理解技术与组织结构之间的重要关系。

## (二) 工作流程整合:阿斯顿研究

关于制造业中技术与组织结构的联系的研究,至今还留有一个基本的问题没有得到解决,这就是:类似的结果是否也会在其他类型的公司中出现?

附属于阿斯顿大学的一个研究所对这一问题进行了研究。[49]在对制造业和服务业(如银行储蓄、保险公司、百货公司)进行了大范围的研究后,研究者们得出结论,技术能用三个基本的特征来描述:*设备自动化*(*automation of equipment*),或者利用机器进行生产的程度;*工作流程的固定化*(*work-flow rigidity*),或者工作顺序的不灵活程度;*评估的专门化*(*specificity of evaluation*),或者工作是否有专门的、量化的方式评价。这三个因素密切联系,因此被合成一个称之为**工作流程整合**(**work-flow integration**)的单一标度。在这一标度上组织得分越高,组织实施自动控制,工作流程固定化程度就越高,操作的量化测量程度就越高。表 15.4 是不同公司的**工作流程整合**得分一览表,你从表中可以看出,制造公司的得分一般要高于服务行业的得分。

**表 15.4 不同组织中的工作流程整合**

一般来说,在工作流程整合方面制造型公司比服务型公司(比如银行,商店)得分高。

| 组　　织 | 分类(制造或服务) | 工作流程整合得分 |
|---|---|---|
| 汽车制造业 | 制造业 | 17 |
| 冶金业 | 制造业 | 14 |
| 轮胎制造业 | 制造业 | 12 |
| 印刷业 | 服务业 | 11 |
| 自来水公司 | 服务业 | 10 |
| 保险公司 | 服务业 | 7 |
| 银行储蓄 | 服务业 | 4 |
| 百货公司 | 服务业 | 2 |
| 零售连锁店 | 服务业 | 1 |

【资料来源】Based on data Hickson, Pugh & Pheysey, 1969; see note 48.

研究者们还对工作流程整合与组织的结构特点的关系作了调查研究,但是发现二者之间没有特别或一般联系。因此,从表面上看,这些似乎与伍德沃德最初的研究相矛盾。然而,进一步分析指出技术的复杂性与组织结构特征至少在某种程度上是(*was*)相关的。例如当工作流程整合程度增加,组织的专业化、标准化和分权的程度都会提高。然而这些结果的数量较少,并且似乎涉及那些与实际工作流程相连的结构的主要方面。而且,*组织规模*(*organizational size*)对组织结构若干方面产生的影响比技术产生的影响更大。

从总体而言,阿斯顿研究的结果揭示了技术对组织结构的影响并不局限于制造业。在特定情况下在其他行业的公司中技术对组织也可能会有一定的影响。

## (三) 技术与相互依赖性

技术对组织结构具有重要影响的另一个方面是**相互依赖性**(**interdependence**)。

相互依赖性指一个特定组织中的个人、小组和部门完成任务时相互依赖的程度。在低度依赖的情况下，每一个人、小组或群体能完成他们的任务而不需要他人的帮助。然而，在高度依赖的情况下，合作是必须的。汤普森提出的一个框架有助于阐明组织中各种可能的相互依赖类型以及相互依赖对有效的结构设计的影响。

在这个框架内最低程度的相互依赖是**汇集式相互依赖**（**pooled interdependence**），小组或部门是组织的一部分但是他们的工作彼此不相关。而且，每一个小组或部门都能独立完成任务。举一个例子来说：许多大型购物商场的服装分店，他们中的每一个都对母公司负责，但是他们之间几乎没有接触或者合作。

相对来说，**顺序式相互依赖**（**sequential interdependence**）的程度要高一点，一个部门及其次级部门的输出是另外一个部门及其次级部门的输入。如一个食品公司的市场部只有收到产品开发部关于新产品的信息时才能进行推销宣传工作。与此相类似地，在制造电子玩具的公司里，最后的组装工作如果没有其他部门或外部供货商不断地提供各个零部件也不能进行他们的工作的。注意，在顺序式相互依赖的组织里，信息、产品和零部件都在同一个流程里。因此，在生产链中要依靠它前面的那个环节，但是反过来前面的却不依赖后面的。

汤普森模型中依赖度最高的是**交互式相互依赖**（**reciprocal interdependence**），一个部门或小组的输出以一种交互方式成为另一个部门或小组的输入。即部门 A 的输出是部门 B 的输入。反过来，部门 B 的输出变成部门 A 的输入。如许多公司的市场部和生产部就存在这种交互式相互依赖关系。通过调查，市场部形成了吸引潜在客户的新产品的市场概况资料，生产部考虑实际生产这种产品的可行性并且作进一步的修正。修正要求又反馈到市场部，市场部对此作出评价，所获得的结果作为生产部进一步计划的基础。这一过程也许要重复好几次直到双方互相接受产品革新计划的建议（见图 15.11）。

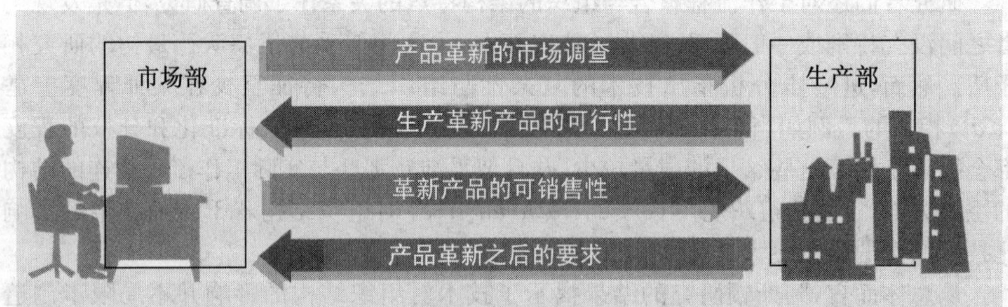


**图 15.11 交互式相互依赖：一个例子**

在交互式相互依赖中，两个或者是更多部门的输出以交互的方式作为对方的输入。

【资料来源】Based on suggestions by Thompson, 1967; see note 50.

这些相互依赖的类型要求变更部门之间的合作水平。在汇集式相互依赖情况下，合作要求相当低，因为每个部门是相对独立的。规则和标准化操作程序通常就够了。与此相对照，顺序式相互依赖要求更多的充分合作，开会和垂直沟通是必不可少的。最后，交互式相互依赖要求在合作上共同努力，包括许多会议和高水平的平行沟通。

组织内部各个部门之间的相互依赖程度还对组织的内部结构有重要影响。在组织设计中，要特别注意那些交互依赖的部门和小组，要把他们归到一个群体中以便他们能够不断地相互进行调整(如，他们应该互相接近并且都服从同一个人的领导)。应该发展特别的机制来保证他们之间的高度合作(如例会，建立专门进行联络的地方等)。虽然在组织设计中要优先考虑交互式相互依赖，但是在顺序互相依赖的部门间努力建立有效的沟通也是非常重要的。这些部门之间应该建立起互通的渠道，这样它们之间的工作流程就能以一种平静有序的方式进行(有关联邦快递是怎样完成这一过程的，请看本章结尾部分的案例)。

总之，组织中所从事的工作活动类型和所采用的技术常常决定组织内部各部门之间的依赖水平。反过来，当设计组织结构时应充分考虑到这种相互依赖性(你也许可以指出联系技术和结构的各种理论不适用于最现代的技术，即当今许多高科技公司中所用的技术。有关这种公司的特别的组织设计讨论请看“制胜诀窍”栏目)。

## 制胜诀窍

### 灵活性：设计一个成功的高科技组织的关键

当今工作机会增加大多来自高科技领域，如电信、计算机和软件开发以及系统分析，这对正在找工作的人来说并不是秘密，这些行业和其他高科技领域里的组织在世界各地如雨后春笋般地冒出来。

高科技领域中的组织不是通常的组织体现在许多方面。它们产品的生命周期很短(如你的电脑买回来没多久，新一代功能更强、价钱更便宜或式样更美观的电脑马上就出来了)，新产品的引入很快，市场变化迅速，机会很难把握。一个成功的产品能带来资金的迅速增长，反过来又因为竞争者的技术突破而破产。因此，今天成功的企业可能是明天破产的例子。在这个成功或失败的世界里，有序的增长和仔细考虑的组织设计仅仅是一个美梦。相反，当今设计良好的高科技公司应具有足够的灵活性。

这些高科技公司怎样才能设计成具有高度灵活性的组织？以下有几个关键性的特点：[51]

(1) 高科技公司倾向于极端扁平并且*很少有或者没有垂直的层次*。因为对于他们来说世界变化如此迅速，不允许时间延误在向上寻求决策方面。相反，高科技公司类似于独立的商业部门间的一个*联合会*(*federation*)或者一个*群体*(*constellation*)，它们彼此依赖各自的专门技术，拥有一个能把广泛的决策、远见和谐地统一起来的核心领导。正如一个高科技公司的总经理描述管理的任务,它是"支持我们的商业部门,实现他们的商业目的并且用一种有效率的方式来开展切实的服务"。把管理活动看成是为员工服务的一种典型观点,许多高科技公司甚至是非常大的公司(如苹果电脑公司)都持有这种观点。

(2) 在高科技公司里*组织设计变化频繁*。当公司比较小并且生产的产品比较少的时候,设计可能行得通,但是当公司规模扩大了,产品丰富了,如果还采取以前的组织设计模式则不一定有效。如 ROLM 电信公司,该公司从 1969 年成立到 1984 年被 IBM 公司兼并,在这 15 年中,这个公司进行了 4 次不同的组织设计,包括功能的(1973 年,当年收入 360 万美元),部门的(1977 年,当年收入 3 000 万美元),以及这样或那样的设计组合(80 年代,当时收入已达几十亿美元)。ROLM 公司存在期间其规模和技术不断变化,迫使组织设计变化频繁。

(3) 竞争压力迫使公司不得不减少花费,导致*直线职能和参谋职能之间的差别变小了*,因此不是由那些提建议的专家(如传统的参谋职能),也不是由那些在建议的基础上有权做出决定的人(如传统的直线职能),而是许多高科技工作团体中的团队把决策权给那些需要马上采取行动的个人。

(4) 许多高科技公司不是把工作分成专门的、早已计划好的任务和正式的等级关系,而是形成了一种*非正式的工作网和关系*(*informal networks and relationships*)。不断的变化使组织的角色和其中的职位变得没有实际意义。相反,非正式群体以他们所具有的知识和技能为基础,根据任务来决定怎样工作以及做什么工作。

从某种意义上说,为了生存当今高科技公司高效率地运作要求达到前所未闻的灵活性、敏捷性和多面性。要想在这个随时都需要调整的环境中获得成功,关键的是要随时主动改变组织设计的传统思维。在这个瞬息万变的环境中,如果把员工束缚在一个传统、缺乏灵活性的组织中,无论这是个什么组织,最终都会被社会所淘汰。

## 学习目标的回顾与总结

**1. 定义技术。**

**技术**指的是把投入变成有用结果的身体和智力过程。简而言之,技术涉及活动、装备和用来完成任务的知识。

**2. 描述佩罗的技术矩阵。**

佩罗的**技术矩阵**确认了技术的两个维度:常规性(也就是组织输入和输出的标准化程度);难度(即对所遇到的问题进行分析的难易程度)。根据这两个维度上的两个不同的水平,可以把技术划分成四种不同的类型:**例行技术**(即较少的例外/容易解决的问题),**工艺技术**(即较少的例外/较难解决的问题),**工程技术**(即较多的例外/容易解决的问题)和**非例行技术**(即许多例外/较难解决的问题)。

**3. 描述人们对工作中*自动控制*的不同反应。**

**自动控制**一般说来减少完成工作所需工人的数量,但是能创造一些新的具有高度挑战性的白领工作。

**4. 解释*辅助技术*,并且描述如何在组织中应用它。**

**辅助技术**指的是去帮助有身体或精神障碍的个体完成工作中所需的各种活动。它也许包括高科技解决方法(如用计算机辅助演讲)或者简单解决方法(如降低门的台阶),法律(《美国残疾人法案》)和经济压力(如:企业吸引和留住合格人才的需要,而那些人才恰好是残疾人),促使公司作出一些努力。

**5. 描述*计算机的绩效*监控以及它对人的影响。**

**计算机的绩效监控**指的是使用高科技来观察和记录员工的绩效,尤其是那些用计算机工作的员工。实际上这也许是提高绩效,但它也有可能制造压力以至于大部分员工都不欢迎这种技术。

**6. 确认怎样应用来提高顾客服务。**

技术可以用来增加更多个性化服务(如在超市收银台前提供发票),增加服务(在汽车出租公司提供迅速的检查服务),改变生意(如利用计算机匹配所需的印染颜色)。

**7. 解释怎样进行*拆卸设计*来保护环境。**

**拆卸设计**指的是设计和制造产品时注意能使产品的某些部分能再循环利用或者使用后能进行安全处理的过程。这包括用更少的零件,更少的材料并且保证在装配过程中考虑到以后能容易地进行拆卸。

**8. 描述技术、组织设计和绩效的关系。**

有机组织(也就是指在整个组织中权力是分散的),在完成小批量生产任务(如定做工作)时是最有效率的,在完成连续生产任务(如高度自动化工作)时也是最有效率的。然而,当进行大批量生产时(如流水线工作),机械组织(也就是权力集中在少数人手中)却是最有效的。

**9. 解释*工作流程整合*以及它对组织绩效的影响。**

**工作流程整合**是一个组织用自动化,固定任务结果以及量化操作的程度。工作流程整合程度越高,其绩效也越高,这种情况小型组织比大型组织体现得更明显。

**10. 描述*相互依赖性*以及它和组织设计的联系。**

**相互依赖性**指的是特定组织中个体、小组和部门在完成任务时彼此依赖的程度。在低度依赖的情况下,每个人、小组和部门或群体在没有合作或没有其他输入时也能完成任务。然而,在高度依赖的情况下,合作却是必须的。

## 问题讨论

(1) 确认你非常熟悉的三个工作。用佩罗的技术矩阵分别给它们归类并进行解释。

(2) 你的公司正计划用自动控制来代替那些完全用人工操作的工作，你的员工对此会有何反应？

(3) 假如你监视电话销售部，并且你可以用计算机监控其绩效，你会使用这些装置吗？当使用计算机绩效监控时，你预测会发生什么问题并且如何克服这些问题？

(4) 解释技术提高任何日常工作绩效的方式（至少两种）。

(5) 如何将辅助技术、拆卸技术或者机器视觉用到你所熟悉的任何一种工作中？

(6) 试描述你所熟悉的组织中的技术与组织结构的关系，并将其与本章中所描述的关系进行比较。

(7) 找一个你所熟悉的工作，描述其各个部门之间相互依赖的类型。解释这种相互依赖是否适合它的组织设计。

## 典型案例

### 案例 1　联邦快递：高技术、低技术、无技术的研究

每天，联邦快递仿佛能创造一个不可思议的奇迹。用 37 000 辆货车和 550 多架飞机，它可以将 300 万包裹邮递到 211 个国家。它比任何一家做得都好——所以，事实上，它每年的收入大约为 100 亿美元。当然，没有科技，这都是不可能实现的。

你可以料想到，联邦快递是依靠最新的技术来完成这些任务的。无疑，你可以凭视力看清空中广告上的阿拉伯数字，你能用他们成熟的客户服务网站在自己的电脑上去寻找装运的路线。然而，所有你没有看见的，也是高科技的。比方说，联邦快递利用最新的导航装置去指挥飞机停靠在合适的机场。甚至公司有自己的气象专家，为管理人员提供信息，因此他们也能根据天气条件来作计划。

天气往往是一个问题，而合适的计划是不让它变成问题的关键所在。也许大雪会降落在底特律，沙漠风暴也有可能席卷图森，但当顾客们的包裹没有及时送到时，他们可不会关心这些问题。联邦快递的副总裁 Roger Podwoski 说："如果你在 15 至 17 小时内没有完成投递任务，你将没有第二次机会与客户继续维持联系。"他还说："客户至上"。所以，公司必须不顾一切相应地作出一些合适的计划。

比如有一天，联邦快递所有包裹要经过的中心孟菲斯被雾所笼罩了。100 架飞机被转移到周围的飞机场。此时没有高技术的工具帮助。公司这时惟一能做的就是利用人力资源。就雇了 5 000 个人来到周围的机场，找回那些包裹。然后送到孟菲斯进行处理，显然，这里运用的不是尖端最高科技——而是电话、卡车和被召集过来进行援

助的人们。在顾客看来,这一点都不足为怪。所有的包裹只不过改用了另外一种装运方式而已。

每个周日早上五点都有一封录音邮件来总结前一晚上的情况。来自各个公司部门(如,地面指挥所、客户服务部、电脑系统)的15至30名代表,都要在会议前检查这些信息。会议可以亲自去,也可以采用电话会议。会议由全球指挥控制和协调组主席召集。这就能给代表们时间准备在会议上需要讨论的任何问题。

用军事上点名的方式,会议的协调人点名各部门的代表。每个代表报告各部的情形,指出可能存在的问题。如果有问题,依照情况,马上会形成一个计划——在FedEx并不是只有空谈,那些计划往往会慎重地给予执行。

**问题反思**

(1) 在联邦快递的操作中运用了哪些技术?

(2) 你认为联邦快递的雇员们可能会对这些技术作出何种反应?他们能适应吗?为什么?

(3) 在这个案例中,组织设计的哪些特征可以支持联邦快递公司运用的技术?

## 案例2 组织中的技术

**小型商务2000** King公司的创始人大卫·阿诺德告诉我们,他是如何利用技术去解决问题的。阿诺德说"他在销售大批手表,这本身不是问题,但我们并不靠它赚钱",King公司发现经过适当管理和维护的信息系统可能是公司成功的关键。King公司雇佣大约60个员工,公司是精工手表的Lorns牌在美国的惟一发行人销售,年销售额超过5 000万美元,其客户大到如沃尔玛,小到街角的小百货店的各种零售商。

其信息管理是如何适用于公司的营运呢?公司不仅利用信息系统去改善其商业性能,而且还通过电子方式与顾客交流接触,从定单到付款大约95%通信交流是通过电子方式处理的;这需要较少或完全不需要人的参与。另外,电子公司直接通过电子途径处理顾客诸如订单、账单类的需要,甚至付款,都不涉及纸张。King公司还利用信息作为推销工具,公司不仅跟踪它所卖给客户的产品,而且,在某些案例中还监视客户一天的销售额。从这些活动中获取的信息不仅满足了例如定货、生产计划这些短期需求,而且也还具有长期价值,经过一段时间,公司就可以跟踪产品的发展趋势,并根据市场的实际投入作出生产线发展的策略。

涉及信息或信息管理时,公司就必定要处理许多问题。一个简单方式就是收集保存所能得到的信息,表面看来这是有道理的,但再想一想,如果这些信息不是被合理组织,也不是以易于查询的方式存储,不能被及时地使用而且适用的对象很少,这些信息又有什么价值可言呢?请记住,与其是一大堆没用的信息,还不如是一些虽然很少但确实很有价值的信息。

**问题讨论**

(1) 大卫·阿诺德,在公司与 SeiKo 接触的开始阶段安排员工管理信息和技术。在公司发展初级阶段,采用计算机和信息管理的优点和缺点是什么?

(2) 你已了解佩罗的技术矩阵,就这个模型讨论技术在 King 公司的作用,你得到的是一种技术方式还是几种?

(3) King 公司的运营并不总是自动控制,你觉得阿诺德的雇员是怎样认识这种自动控制的?在作答时,请参考录像带中的例子,并且要从自动控制的有利和不利方面进行考虑。

(4) King 公司收集他的客户和产品最终购买者的信息,在卖主与客户之间的信息传递是否存在道德问题?为什么呢?

## 技巧库

### (一) 亲历组织行为

#### 1. 你的客户服务导向是什么?

尽管已经注意到了这一点,技术能够增强一个组织的客户服务质量。然而,一旦人们卷入到这个过程中,便无所谓技术的先进与否,服务质量都会因为客户服务态度而受到影响。以下的练习是为了帮你更好地理解你自己对客户服务的价值取向而设计的。

#### 2. 指导语

尽可能真实地回答以下的问题。每一个回答都有一个等级作为参照:

1=不是
2=偶尔
3=一般
4=经常
5=总是

**一般来说,你对以下问题所持的态度是:**

——(1) 你的客户认为你一直都比较诚实吗?
——(2) 你的客户认为你一直都是值得信赖的吗?
——(3) 你的客户在可以选择其他人的情况下还会选择你吗?
——(4) 你的客户认为你曾经考虑过他们的最大利益吗?
——(5) 你曾经用一个令人满意的方式处理过客户的抱怨吗?

——(6) 你以自己能够解决客户的问题为乐吗?

——(7) 你曾经认为你是否能很好地代表你公司的形象,能够为客户提供良好的信息资源?

——(8) 你能够从你的客户那儿得到积极的评价吗?

——(9) 你是否有兴趣致力于尽最大可能地解决客户的问题?

——(10) 当你的客户同你交往时,你是否会让他们感到高兴?

### 3. 计分

把你回答这些问题的得分加起来。你的得分范围将是 10～50 分。高分,尤其是得分在 40 分以上的,反映出高度的客户服务导向。

### 4. 问题讨论

(1) 关于你的客户服务导向,这份问卷告诉了你什么?

(2) 其他人和你持同样的看法吗?

(3) 在班上你怎样把你的客户服务导向同其他人相比?

(4) 技术是怎样提高你的客户服务的?

## (二) 分组练习

### 1. 定义技术的类型

这些练习将有助于你认识技术的不同类型。

### 2. 指导语

(1) 收集最近与商业有关的报纸、期刊(如《华尔街日报》,《财富》,《商业周刊》)。给你班上的每一位同学提供一个话题。

(2) 你自己通过查阅所给的报纸和期刊,单独完成任务。找到一个问题时,挑选出来并且仔细阅读它。然后,依据你所读的,试着用佩罗理论中四种技术类型对它进行归类。

(3) 分小组讨论。每个小组成员应描述他或她所选择的公司。

(4) 听完这些描述之后,小组的其他成员应识别公司正在使用的技术类型。

### 3. 讨论题

(1) 对于各种公司如何分类,总体上是一致还是不一致?

(2) 什么类型的公司最容易分类? 什么类型的公司比较困难?

(3) 什么样的技术类型最常见？什么样的技术类型是罕见的？

## 趋势：今天的企业在做什么？

### 警惕上网带来的心理危机

不久前，因特网还只是为数不多的几个计算机爱好者的一个梦想。[22]然而，今天它却实实在在地走进了数百万个家庭，并且，在某种意义上，它也走进了大多数组织。商业组织利用因特网做任何想做的事情。一些组织利用它对求职者进行面试。[23]无数商家用它创造了一个“虚拟店面”，把商品带给世界上任何一个人和地方。一些组织甚至用它来保持竞争。[24]然而对绝大多数专业人员而言，因特网被专门用来收集数据和同别人进行交流(用电子邮件)。[25]确实，到 1997 年有半数的专业人员声称每天上网，这个数字还在急剧膨胀。[26]显而易见，因特网不是一股瞬息即逝的时尚而是一种当今商业领域不可缺少的工具。

考虑到这个倾向，科学家提出了一个令人感兴趣的问题：过分依赖因特网是否会影响人的社会和心理健康？毕竟当人们独自坐在自己的计算机旁，有人就会说这些人由于缺乏社交而变得更加孤独。[27]相反，另外一些人因为可以不受地域的限制而高兴，因特网把人们带到一起，因此加深了他们的社会联系。[28]最近，一个有趣的研究揭示了这个问题。[29]

这个调查抽取了匹兹堡 73 个家庭的 169 人且这些人都有两年以上的上网经历，对他们进行深入的研究发现，大多数人上网只是为了同他人进行交流。在研究开始前和进行中，分别给这些被试者作了各种心理测试，通过对比结果，得出了一个引人注目的结论：人们在家里上网次数越多，则：

- 他们同家里其他成员交流越少。
- 他们的朋友和熟人圈就越小。
- 他们在生活中感到越孤独。
- 他们会表现出更多的心理沮丧的症状。

这个结果清楚地揭示了上网确实能导致心理疾病的发生，其中的许多疾病对人类心理的影响是令人震惊的。我们也许表露过要关心我们的眼睛、脊背和腕关节因为长时间上网而受到损伤，但是我们却忽略了长时间上网会导致心理疾病的发生。别忘了，我们上网的时间挤掉了同他人面对面交往的时间，我们的社交变得逐渐贫乏。同时，我们不能忽略上网可以找到在现实生活中根本联系不到的人交往。从这个意义上说，上网也不能说是一件坏事。

然而，根据这个结果，工作中过多依赖因特网技术会导致潜在的心理问题，这一点似乎很明显。正因为如此所以要通过用更丰富的社交机会(如一些社会性活动、中间休息等)来调节更孤独的工作。许多人当他们感觉他们确实要从电脑旁走开和同事面对面地交谈,社交就自然而然发生了,我们要关心的是那些因逃避社交而把自己置身于虚拟世界中的人。的确,为了给他们的员工创造一个健康的工作环境,公司一定要更加密切注意成天把员工拴在电脑前的潜在代价。

# 第十六章 组织变革的管理：战略规划和组织发展

**学习目标** 学完本章后应能够：

1. 描述组织变革普及趋势的特征。

2. 理解*组织变革*中所发生的问题，以及非计划性组织变革的动因。

3. 描述*战略规划*，解释组织所做的各种类型的战略变革。

4. 列举*战略规划*过程的十个步骤。

5. 解释人们为什么反对组织变革及如何能克服这些阻力。

6. 列举并描述当今正在使用的一些主要的*组织发展*技术。

7. 关于组织发展本性不道德这个问题存在争论，列举争论双方的观点。

## 预备案例

### 洛克希德·马丁公司生存的故事

对于大多数公司而言，即便是失去几个百分点的利润也被看做是显著的衰退。可想而知，当失去你生意的60%时是怎样一场悲剧。那正是洛克希德公司——世界上最大的航空器生产商之一，在1989年发现自身所处的真实境况。原因很清楚：随着冷战的结束，美国政府的国防开支出现停滞。与此同时，美国太空总署（NASA）几项财政预算的削减及航空公司的不景气也影响了在航空器方面的开支。保守地说，这些现实使得洛克希德公司陷于混乱。说得直接一些，公司必须为生存而战。

十年过去了，洛克希德公司不仅生存了下来，而且销售额翻了三番：从100亿增长到了300亿，它获得了成功。那么它成功的基础是什么？首先，1995年洛克希德与马丁·麦道公司合并成为洛克希德·马丁公司。这一想法很简单：每一家公司都有其他公司所不具备的技术专长，因此友好地合并是明智的选择。这一战略开始取得成效：洛克希德·马丁公司在许多公司参与竞争的市场中赢得了很大一块份额。事实上，洛克希德·马丁公司不仅在卫星制造方面居于世界领先地位；同时航空器发射方面在美国也居于领先地位。它还是美国国防部、能源部以及太空总署的最大供应商。

生存也基于重新调整成本结构。通过对劳动力的重组，洛克希德·马丁公司减少厂房面积 1 600 万平方米，裁员 10 万人，由此公司每年节省 26 亿美元。当然，通过削减产品成本你同样可省下这笔钱，但重要的是，你最终还是不得不让那些仍留在公司中的员工离开。在 20 世纪 80 年代期间，当洛克希德的业务应接不暇时，公司管理人员缺乏精明管理的动机。然而今天精明管理成为洛克希德成功和生存的关键。

因此洛克希德·马丁公司的高层开始关注减少公司的结构层次，把决策推向组织结构图的底部。作为公司的主席和首席执行官，诺尔曼·R·奥古斯汀(Norman R. Augustine)说到，公司力求“将大部分的决策授权委派给基层，由他们来做出合理的决断”。例如，当美国太空总署要求洛克希德·马丁公司减少太空船燃料箱及发动机的重量共计 800 磅时，没有一个人能想出如何减少这额外的重量。最后，一个装配线上的员工提出了解决方案：停止油漆燃料箱。事实上，由于燃料箱非常巨大，它上面所涂的白色涂料加起来正好 800 磅。由于一名装配线上的员工被授权提供解决的方案，所以这个问题的解决没有通过任何机械专家。

洛克希德·马丁公司的高层更努力使公司领先于大众。例如，奥古斯汀和其他高层管理人员始终同公司 20 万名员工保持一条公开的沟通渠道。通过这种方式，他们希望能够消除一些关于公司未来发展的谣言，使员工全心关注于自己的工作。

洛克希德·马丁公司不仅力求使员工满意而且也力求让客户满意。例如，过去公司从佛罗里达、奥兰多的工厂运载来的电子配件，缺漏部件是经常的事。现在，每一个配件上都包着一张上面写着装配者姓名和电话号码的纸，缺漏部件已成为往事。

毫无疑问洛克希德·马丁公司发生了根本的变革，然而，为了生存它别无选择。正如，查尔斯·达尔文(Charles Darwin)所说，"能够幸存下来的既不是最强壮的，也不是最聪明的，而是最能够适应变革的"。确实，洛克希德·马丁公司的变革已经非常引人注目，但这种经历在商业界并非是惟一的。纵观近些年来在商业运作中的许多变革，很明显，变革已成为一条规则，而不是一种异举。例如，随着贸易全球化的逐步出现，许多小企业(尤其是汽车制造和银行业方面)正以一种令人吃惊的速度合并。事实上，合并已变得非常普通。这使得老式的、小型"夫妻店"企业几乎不太可能再维持下来(图 16.1)。

**图 16.1 组织变革敲响了小企业的警钟**

小型私人企业在今天的合并狂潮中经常成为受害者。那些试图生存下去的"夫妻店"企业最终的结局往往是被更大的竞争对手所收购。

【资料来源】©The New Yorker Collection 1994. Roz Chast from cartoonbank. com.

说组织变革(*organizational change*)造成的冲击到处可见是一种轻描淡写。为了理解这一重要过程，在这一章里我们从几个关键的角度来研究它。首先我们描述这一过程的性质，包括促使组织进行变革的各种力量。然后，我们再来关注被称为*战略规划*（*strategic planning*）的更有准备的变革。它们涉及组织在经营管理方面所做的成熟激进的变革。

正如你可能想到的那样，大部分人很难接受这种现实：他们可能不得不改变一起工作的同事，甚至是他们工作的基本属性。毕竟，如果你习惯于以某种固定的方式工作，突然的变革可能会使人非常不安。换言之，人们有许多种抵制变革的理由。然而，幸运的是这种阻力可以被克服。为此，社会科学家开发出各种总称为*组织发展*（*organizational development*）技术的方法并将其应用于需要的组织变革中。这些方法在某种程度上能够为员工所接受并且提高组织的效率。

## 一、组织变革的盛行

一个世纪以前，机械技术的发展使得农业生产效率提高以至于很少再需要手工耕种和收割作物了。剩余的劳动力流向附近的城市，在新开工的工厂中寻找工作的机会——同样是将他们从自己的农田中驱逐出的科学技术，现在又为他们创造了就业的机会。经济形态也因此从农业生产转变为加工制造业，工业革命开始了。随着工业革命的发生，人们生活中的许多方面也出现了剧烈的转变，诸如人们居住哪里、怎样工作、如何消磨闲暇时光、挣多少钱以及如何消费。

今天，商业分析人士声称：在经济技术力量的推动下，我们正在经历着另一个类似的革命。正如一位观察家所陈述的，“工作场所内的革命……可能被看做等同于政治垮台的历史事件一样被铭记”。[1]

### （一）清晰的启示：变革或消亡

商业领域的形势已与几年前不同了。考察一下汽车工业：最近，沃尔沃（Volvo）同福特（Ford）合并，克莱斯勒（Chrysler ）同戴姆勒-奔驰（Daimler-Benz）——梅赛德斯-奔驰（Mercedes-Benz）的生产商合并。（图 16.2）而大众甲克虫（Volkswagen Beetle）又一次合并重组。在银行业情况更为严重：近年来几乎所有的小银行都被大银行所吞并，目前最大的就是联合力量。没有任何工业、任何组织可以免于合并。变革到处都是。那些在必要时没有能成功变革的公司，结果发现自己被剔除出了商业领域。[2]事实上，一项研究表明，高级管理人员对**组织变革**（**organizational change**）的支持率是辨别成功组织的一个重要特征。在这样的组织中支持率高达 94%，而另外一些组织中仅有 76%。[3]

这一点很重要，因为商业失败已成一条规则而不是特例。几乎 62%的所有新投资者在五年内会失败，只有 2%可以生存 50 年。[4] 因此，给人印象特别深刻的是：许多美国公司经受了优胜劣汰的考验，仍然屹立在商业界，超过了两百年。（见表 16.1，

图 16.2 十年 940 亿美元的交易

长久以来被认为是世界上最有名望、最昂贵的小车——梅赛德斯-奔驰(Mercedes-Benz),从来没有高额的销售业绩。面对 1995 年损失的 35 亿美元,生产梅赛德斯-奔驰汽车公司的首席执行官 Jurgen Schrempp 意识到:如果要继续在竞争中领先,必须大规模地提高销售额。此后不久,Schrempp 策划同美国的汽车生产商克莱斯勒合并——一场将重新定义国际汽车贸易性质的合并。1998 年新款戴姆勒-克莱斯勒(Daimler-Chrysler)获利 26 亿美元。

## 表 16.1 美国十家历史最悠久的公司

很少有公司像这里所列的公司那样维持如此长久。正如你可能料想的那样,所有的公司在它们存在的 200～300 年之间都经历了重大的变革。

| 排名 | 建立年代 | 公 司 名 称 | 目前的生意 |
|---|---|---|---|
| 1. | 1702 | J. E. Rhoads & Sons | 传输带 |
| 2. | 1717 | Covenant Life Insurance | 保 险 |
| 3. | 1752 | Philadelphia Contributorship | 保 险 |
| 4. | 1767 | Dexter | 粘合剂 |
| 5. | 1784 | D. Landreth Seed | 种 子 |
| 6. | 1784 | Bank of New York | 银行业 |
| 7. | 1784 | Mutual Assurance | 保 险 |
| 8. | 1784 | Bank of Boston | 银行业 |
| 9. | 1789 | George R. Ruhl&Sons | 面包商 |
| 10. | 1790 | Burns&Russell | 建 材 |

【资料来源】Reprinted from the July 26,1993 issue of FORTUNE.

“玛士撒拉公司”列表。译者注：“玛士撒拉”是《圣经》传说中的人物，相当高寿）[5] 正如你所能想到的，这些公司在他们存在期间经历了许多变革。例如，美国最早的公司 J. E. Rhoads & Sons，现在生产的是传输带。但它 1702 年开业时生产的是四轮马车鞭子。另一家位于康涅狄格州 Windsor Locks 的 Dexter 公司，1767 年开业时是一家磨谷作坊，如今它为航空器生产粘合剂。更早些，它生产专门用于写信的纸张以及茶叶包，很明显这家公司很愿意变革。按照 Dexter 的发言人埃伦·库克（Ellen Cook）所说：“我们不存在任何陈规，一点也没有。”[6]

### 1. 第一层次的变革

组织变革所涉及的范围不尽相同，部分范围较小，而另外一些则很广。那种自然连续的，不涉及组织经营管理方面大变动的变革称为**第一层次的变革（First-Order Change）**。丰田（Toyota）在提高生产过程效率方面已进行了这种持续成熟的变革。[7] 与此相似，一家饭店通过不断往菜单上增加新品种来进行第一层次的变革以便在它彻底改变自己的经营理念前来测定自己是否成功。

### 2. 第二层次的变革

然而，其他类型的组织变革更为复杂。**第二层次的变革（Second-Order Change）**是指一种更为激进的变革，它涉及组织不同层面，不同事务范围内的许多重大变动。[8] 例如，最近通用电气（General Electric）、联信（Allied Signal）、亚美达科（Ameritech）和坦尼科（Tenneco）彻底改变了他们的运作方式、企业文化、运用的技术、企业结构以及企业同员工的根本关系。[9] 前面讲到的洛克希德·马丁公司的案例则是另一个关于第二层次变革的优秀范例。

## （二）变革：全球现象

有趣的是，这股组织变革的浪潮不仅仅局限于美国。事实上，它们显露出全球化的性质。看一下几年前对来自 25 个不同国家的 12 000 名管理人员所做的调查。[10] 当要求他们列举过去两年所经历的变革时，这些管理人员报告了他们组织中的一些重大的变革，如重组、合并、剥离和收购、雇佣减少以及组织国际化的扩展。

图 16.3 展示了 6 个特定的国家在以上变革活动中所占的百分比。某些形式的变革在一些国家比其他国家更为普遍，但所有国家的企业组织都主动地卷入了这些变革的努力之中。以上这些都昭示着组织变革正在全球范围内发生着。变革是组织生涯中一个普遍性的现实，只是不同的力量在不同的地方以不同的速度塑造着变革。

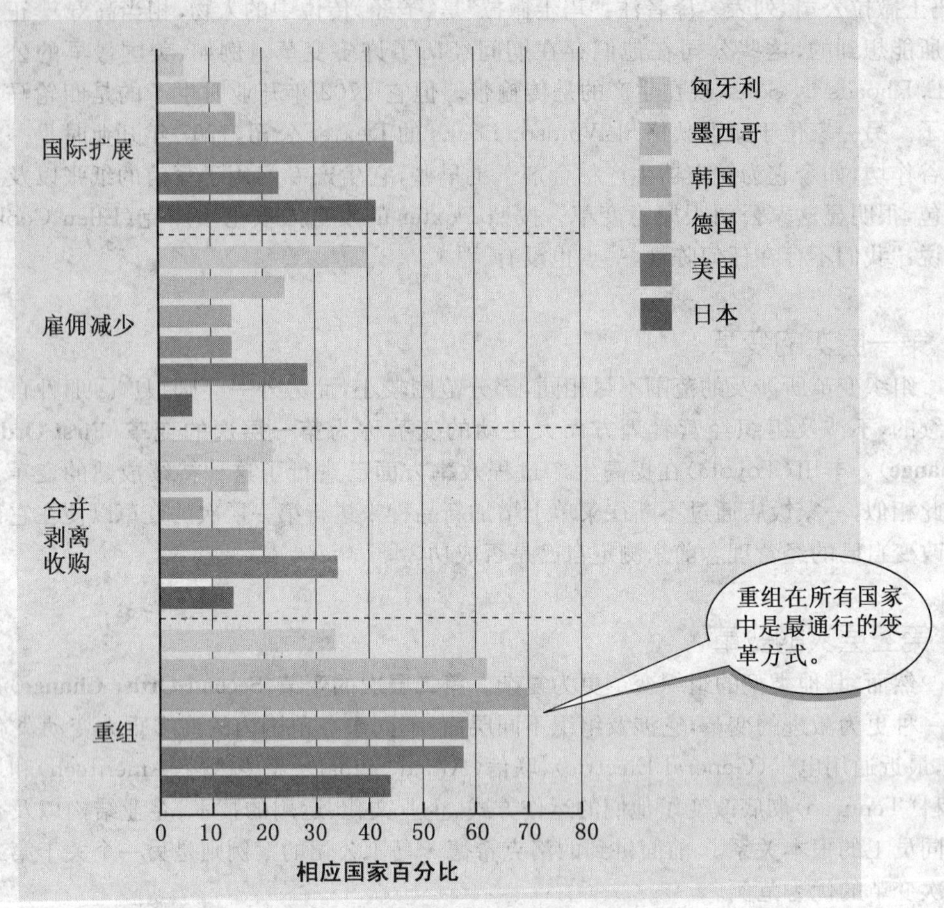


图 16.3 组织变革：一种全球化现象

一个大型的跨国研究调查发现各种形式的组织变革在全世界范围内发生着。这里所展示的是六个国家表明过去两年中在他们国内组织中所发生的四种不同的变革，每一种变革所占的相应百分比。在大部分国家的组织变革中，组织重组是最容易遇上的。

【资料来源】Based on data reported by Kanter; see note 10.

## 二、变革过程的性质

鉴于变革是如此普遍，因此了解组织变革过程的基本性质非常重要。我们将注意力转移到两个关键的问题：当组织变革发生时究竟是改变了什么；是什么力量促使了非计划性组织变革？

### (一) 目标：什么被变革了

假设你是一位工程师，负责监督对一幢大型办公楼的保养、维护。由于运作费用飞涨，物业管理者指示：要求显著提高供暖系统的利用率。换言之，需要对现状进行变革，尤其是改变大楼供暖系统的使用。你不可能得到大公司的支持来降低运营成本，所以你必须认识到要对热能的使用进行变革。

一个可能的解决方案是：重新安排工作职责，只允许维护人员来调整自动调温装置。另一个选择是在所有的自动调温装置上安装定时器，以便在没人时大楼温度自动降低。你也可以在邻近自动调温装置的地方贴一张告示，要求大楼居住者不要拨弄它们。以上这些选择是我们所考虑到的组织变革的三种潜在目标的很好范例，它们是：组织的结构、技术和人的变革（见图 16.4）。

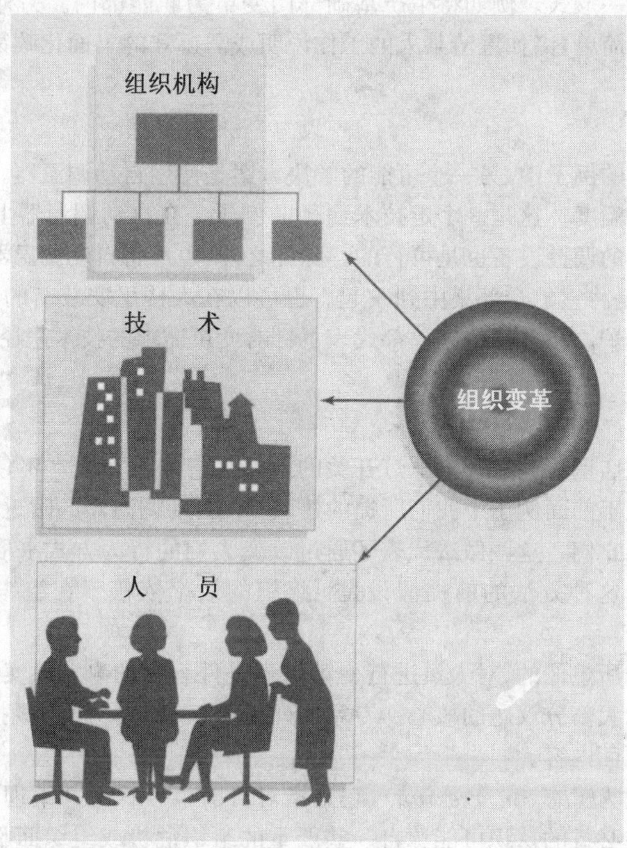


**图 16.4 组织变革目标：结构、技术、人员**

要在组织中进行变革，可以依赖于改变组织结构、技术或人员。在其中任何一个领域的变革都可能促使其他领域的变革。

## 1. 组织结构的变革

在第十四章，我们阐述了组织结构的关键特征。这里我们关注的是改变组织结构可能是满足组织变革需要的合理方式。在我们前面的例子中，针对供暖调控问题变革组织结构的解决方案是以重新安排工作职责的方式出现的。的确，修订规章制度、工作职责以及程序可能是处理变革的有效方式。将调控温度的职责从高度分散的系统（即任何人都可以去调节）集中到一人身上（即只有维护人员可以调节）就是针对这一问题实际应用的组织变革方式。这一特殊的组织结构变革方案被称为权力结构的变革。（即由谁来主管某一特定的任务）

当然，不同类型的组织结构变革可以采取其他不同的形式。例如，可以变革组织的管理幅度，也就是改变主管人员负责的员工数量。组织结构变革还可以采取修改部门建立的基础这一形式。例如将生产基础部门变革为职能部门。另外其他的一些结构变革可能更为简单，诸如澄清某人的工作说明或需遵守的书面化政策和程序。

### 2. 技术变革

在我们前面的例子中，另一个可能的解决方案是使用自动调温器。在没人使用时自动降低大楼的温度。这是一个走技术途径的例子。在自动调温器上安装可以阻止别人去调高温度的调控设备也是可行的。除此之外，也可将自动调温器装进上锁的盒子里，或者甚至是将它们全部集中到一起。也可以在大楼里安装新的现代化的，以及能耗充分的暖气炉。所有这些建议都代表了针对变革需求的技术途径方式。

### 3. 人员变革

你可能在饭店里看到过邻近电灯开关的地方贴着要求客人在不使用时关掉电灯的告示。这类似于前面例子中我们所提的建议：在自动调温器的附近附加提示，要求住户不要去拨弄它们。这些做法代表了通过改变人们的行为方式来取得所必需的组织变革的尝试。这种方法的前提假设是：组织的效率依赖于在组织中工作的人的行为。

正如你可能所想像的，对人员进行变革可不是件容易的事。事实上，这一过程是这本书所讨论的大部分议题的核心。专家们列举了三个基本步骤，概括了在人员变革中所涉及的各方面内容。

第一步称之为*解冻*(*unfreezing*)，它是指对目前事务状况并不理想的认识过程。对组织变革势在必行的认识可能源自一些严重的组织危机或组织面临的威胁（例如，严重的财政损失、罢工、大型诉讼）以及不断清醒地意识到公司目前状况难以令人接受。（例如，陈旧的设备、缺乏培训的员工）

一些主管人员在组织状况还不错时便通过制造出一种紧迫感从而让员工接受变革的需求。他们引进了一种危机迫近的理念，虽然事实上目前的状况还是可以接受的。这种方法被称之为“**末日管理(doomsday management)**”，它能有效地“解冻”人员，因此也就能在企业面临危机前激发起变革。

解冻之后，*变革*（*changing*）便可能发生。这一步是有计划地尝试为组织以及它的成员创造一种更为理想的状况。变革中的尝试可能是规模宏大的（例如，整个组织范围的重新建构）或者是非常细微的（例如，培训程序的变革）（在这一章的稍后部分将进行关于计划性变革技术的全面讨论）。

最后当所做的变革融入员工的思想及组织的经营管理中时，*重新冻结*（*refreezing*）便发生了。（例如，对维持合理变革的行为进行奖赏的机制）从此这些新的态度和行为成为组织系统中一个新的永久不变的组成部分。

## (二) 非计划性组织变革后的动力

随着技术和市场的变化，组织面临着巨大的挑战。事实上组织也必须响应这些非计划性的变化。这些变化可能包括劳动力人口构成、绩效差距、政府调控，以及国际竞争。

### 1. 员工人口构成的改变

了解劳动力组成成分的变化比较容易，甚至可以对照你自己一生的变化情况。在第一章曾指出过美国现今的劳动力与以前相比更为丰富多样。对于关注组织长期发展的人来说，这不单纯是一种有趣的社会趋势，更是迫使组织变革的外部变化条件。

**全球问题** 劳动力种族和民族的多样化在全世界范围内存在着。相应地说员工人口统计学的改变成为各个国家变革的动力，而不仅仅是在美国。

一些问题，例如涉及有多少人员就业，他们能给其工作带来什么技术以及他们将给工作场所带来什么新的影响等是人力资源经理最感兴趣的。以弗兰克·道尔（Frank Doyle）——通用电气的外部和工业关系副总裁的话说：这即将来临的劳动力人口统计学的变化“将使人力资源世界混乱”。[11]

### 2. 绩效差距

如果你曾听说过这句成语“不破不立”，那你就会对组织企业内部无计划性变革的主要根源之一，即*绩效差距*（*performance gaps*）有很好的认识。生产线不运转，利润的下降，没有达到公司所期望的销售水平，这些都是绩效期望水平和实际水平之间落差的实例。

那些突然的、出人意料的关于组织绩效不佳的消息比其他事更能促使组织变革。

组织要想经常保持成功的行为方向，则必须针对不足经常进行变革。事实上，绩效差距是推动组织革新的关键因素。那些全力准备针对意外的下降趋势发动变革的组织有望获得成功。

### 3. 政府调控

一个最普遍的可证实的非计划性组织变革源于政府调控。由于联邦政府征收收入税的缘故，20 世纪 80 年代美国所有的饭店不得不改变将服务员的收入上报给联邦政府的方式。近来，美国政府在企业中取消了一些调控的同时又附加了一些其他调控措施，这些企业诸如商业航空公司（不再控制票价但批准了政府视察计划）以及银行业（如，在清兑前控制银行所拥有的期票数量，但不再控制银行利率）。这些行为对企业的商务运作产生了深远的影响。

你如果想知道得更多，只需问一下微软公司的首席执行官、创立者比尔·盖茨（Bill Gates），美国政府对他公司有什么样的影响。可能你已有所耳闻，微软正进行一场针对它的反托拉斯诉讼案，因为美国政府认定微软公司在个人计算机商业的基本领域内有垄断行为（图 16.5）。不管结果如何，政府的插手干预将迫使这一企业进行变革。

**图 16.5 政府性干预：一种变革的动力**

面对美国政府司法部门的指控，认定微软公司垄断了个人计算机商务的某些领域，微软公司的首席执行官比尔·盖茨为捍卫他的公司而战。这一案件的处理不仅对计算机商务的未来，而且对其他绝大部分一般商务的未来都将起到很大的作用。

**道德问题** 政府表面上帮助和保护大众而介入干预商业运作，你是否认为这是合乎道义的行为？你是否认为商业应该脱离政府干预而自由运作？如果是这样的话，那民众的利益该如何保护？

## 4. 全球性经济竞争

这些情况每天都在发生着：有人生产出更具诱惑力的产品，或者是更便宜的商品。结果许多公司必须时常奋力保持他们的市场份额，使广告更有效以及生产出更为物美价廉的商品。这种经济竞争不仅迫使企业组织做出变革，而且，如果企业组织要生存下去的话，则要求他们必须做出有效的变革。

竞争是企业组织成功的关键因素，但今天，竞争来自全世界。由于原材料的运输越来越便宜，许多工业化国家发现他们卷入了一场在全世界范围内相互争夺市场份额的竞争。这种广泛的经济全球化对于变革和革新是一个强有力的挑战。例如，考虑一下在全世界对于小型高品质汽车需求不断增长的情况下，为何美国大型汽车制造商会因为没有针对这一市场做好准备而蒙受损失，而他们的日本竞争对手却很乐意供应这种车。随着全球化进程的不断推进，惟有一件事是肯定的：适者生存。

**图 16.6 "城市拳师"：虚拟空间中的短裤**

贝蒂·A. 福特(Betty A. Ford)是几个网络企业家之一，她在万维网上创立了一些小商务生意。她的公司——城市拳师(City Boxers)专卖手工缝制的拳击手短裤。虽然目前生意还很小，但福特女士希望能紧随那些目前已经在电脑虚拟空间获得成功的大公司。

## 5. 技术的进步

如第十五章中描述的，技术的进步改变了组织的运作。例如，一些资深科学家和工程师会告诉你，在 20 世纪 70 年代中期，当塑料计算尺让位于便携式计算器时，他们的工作发生了彻底性的改变。十年后，当便携式计算器依次又让位于功能强大的台式微型计算机时，则再一次从根本上改变了办公室中文件的起草、传达和归档的方式。

今天，功能强大的手提电话使得便携无线通讯成为现实，进一步改变着人们的工作方式。那些曾经认为站在技术前沿是出于获得竞争优势的公司很快会发现，这样做实际上只是继续留在商业游戏中的一个必然要求。技术的发展也使得人们可以去发展那种新的，只需有限启动资金的、基于网络的商务。由*网络企业家*(*Internet entrepreneurs*)来启动商务，几年前根本听不到(图 16.6)。

## 三、战略规划：成熟的变革

到目前为止，我们已经描述了非计划性变革，但并不是组织所有的变革都可以归入这一类型。事实上组织也进行那些经过深思熟虑与精心规划的变革。这就是**战略规划**(**strategic planning**)的概念，我们将其定义为设计、执行使组织达成自己目标决策的过程。[12]

### (一) 关于战略规划的基本假设

为了理解今天组织中所运用的战略规划的性质，强调三个关于战略规划的基本假设是十分重要的。[13]

#### 1. 战略规划是经深思熟虑的

当组织制定战略规划时，他们也就是在做出明智的决策来变革自身的某些基本领域。这些变革一般趋向于较为激进(例如，变革生意的性质)而不是细微的改进(例如，改变办公室墙的颜色)。[14]这些变革还可以被以下任何一种因素所激起，例如新的竞争者，新的技术等诸如此类。

#### 2. 战略规划发生于现行目标无法再被满足时

一般来说，如果一个公司目前的战略正产生出理想的效果，变革就不太可能发生。当现行目标无法再被满足时，便设计出新的战略来改变现有状况。

#### 3. 新的组织目标需要新的战略方案

无论何时，当一家公司逐步迈向一个完全崭新的方向时，它便设立了新的目标同时也设计了战略方案来满足这些目标。新的战略方案可能涉及组织所有职能和各个层次，即承认组织的各个部门是相互联系相互依赖的。同时它需要来自组织各个方面充足的资源才能去获得成功。

为了解释以上假设如何真正起作用，我们将举一些变革战略计划的例子。

### (二) 公司战略方案的内容

正如你所想象的，组织可以做出战略方案来变革任何东西。然而今天绝大部分的战略规划涉及的不是变革公司产品、服务就是它自身的组织结构。

### 1. 产品和服务

想象你和你的朋友有一份物业管理的生意。你们每人分担一半责任，每人都要做清洁、购买必需品以及承担一些管理工作。不久之后，生意发展了。你们扩大、增加新的员工，并真正开始"清洁"工作。你们许多商业客户对窗户清洁项目表现出了兴趣，所以你和你的搭档决定开始涉足这一生意领域。这一决策带来一个新的发展方向——增加新的、专业化的服务，需要进行相当程度的组织变革。需要新的设备和供应，招收新员工并进行培训。同时必须购买新的保险契约，就像新的账目必须得到保证一样。总之你必须做出战略决策来变革公司的服务路线，以及此类必须的组织变革。

现实中的公司时刻都在进行这些变革。例如 1989 年联邦快递公司(现在称为 FedEx)试图扩展它的包裹投递服务项目进入国际市场，而先前这项业务仅限于北美地区。最初，公司的这一尝试面临着艰巨的挑战，但现在这项国际服务项目开展得很好。

### 2. 组织结构

公司所做的战略计划不仅仅是关于产品和服务的变革。他们也制定出战略方案来变革他们的组织结构。例如，看一下百事可乐公司(PepsiCo)所做的重组组织的决策。[15]许多年来，百事可乐公司拥有一个分散的国际食品服务部门，包括 62 家国外当地的必胜客(Pizza Hut)和塔可钟(Taco Bell)餐厅。1990 年，由于这些国外餐厅巨大的潜在利润，百事可乐公司的上层决定组织重组，将这些饭店置于负责国内必胜客、肯德基和塔可钟成功运作的同一批管理者的直接控制之下。但 1997 年，百事可乐公司(PepsiCo)又做出另一个战略决策——将这三家餐厅分离出来成立了一个独立的公司：百胜全球餐饮集团(TRICON Global Restaurants)。

近来许多组织为了保持竞争力，缩减了组织图的大小和基本结构。减少员工以达到经营操作有效所必需的数量这样一个过程，被理解为**裁员(downsizing)**。典型地，这涉及的不仅仅是解雇员工、节约开支，它直接指向的是：调整在重新设计的组织中需要的员工数量，这也被称之为**精简(rightsizing)**。不管它被称作什么，来自美国劳工统计局的数字表明：这种精简劳动力的趋势在 1992 年达到了顶峰，并从那时起这种状况开始扭转。[16]事实上目前的就业水平基本上同十年前持平。

有意思的是，一些组织开始发现他们裁减了太多的劳动力，现在他们又努力重新雇用许多他们曾经解雇的员工。然而随着经济繁荣，人们面临着许多机遇，使之成为一个现实的挑战。由于目前失业率保持在极低的水平，出现了巨大的工作困境，因此一些未来的员工将得到丰厚的薪水、福利，甚至参加面试都可以得到礼物(图 16.7)。

**图 16.7 结构重组的组织付给杰出员工额外佣金**

(左图)"沐浴"在未来雇主所给礼物中的两个刚毕业的工商管理硕士(MBA)发现在经济增长时期非常容易能找到很好的工作。今天的雇主们不仅要拼命吸收优秀员工,而且还要留住那些原有的员工。

(右图)这位贝尔大西洋(Bell Atlantic)电话公司的线路架设者,曾经是公司精简的牺牲品,现在又重新被招回公司,并将在这里一直工作到获取丰厚的退休金。

另一种组织重新建构的方式是通过彻底取消他们商业事务中的非核心部门,然后代之以雇佣外部公司来履行这些功能。这种实践被称之为**外包(outsourcing)**。例如一些公司,像提供建筑物维护管理服务的 Services Master 公司和提供薪资账册处理服务的 ADP 公司,使得企业组织集中精力于对组织目标最重要的功能上,而从那些细枝末节的辅助性功能中摆脱出来。

评论家害怕这种外包会架空公司,即通过依赖于其他企业组织而减少公司自身的职能,以此来削弱企业组织。然而一些相反的意见认为,当一些工作对于企业组织赢得成功来说不是很关键(例如建筑物保养管理)或者确实很关键需要外部援助时,外包能使企业组织更为灵活。如果你认为外包是一种很不正常的事,那么请再斟酌一下。有一位工业分析家曾估计约有 30%的美国大型工业公司超过一半的产品是通过外包完成的。[17]

## (三) 战略规划的十个步骤

我们现在所描述的战略规划过程有十个典型的有序步骤。[18]这些步骤并非一成不变的，可以按最佳顺序组合。无论怎样组合，他们确实能合理明晰地描述组织是如何战略性地规划变革的。正如我们所描述的，通过检验图 16.8 所列出的对这些步骤的总结，你会发现它确实有用。

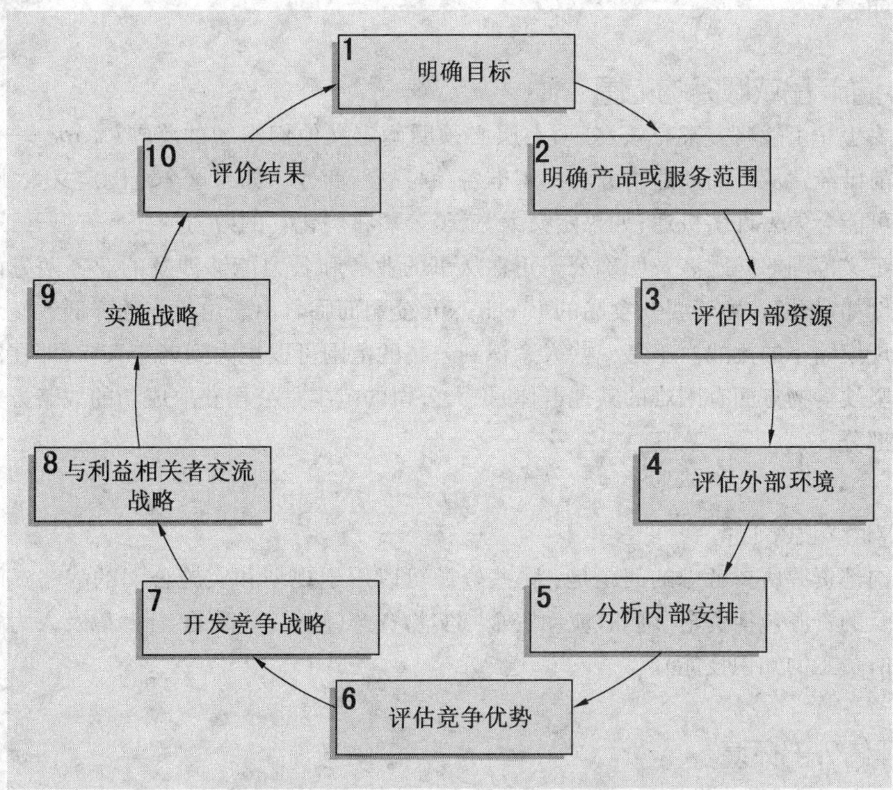


**图 16.8　战略规划：十个步骤的过程**

战略规划——设计、实施以及评估那些使组织达成自己目标的决策过程。一般包括十个步骤，归纳总结于此。

【资料来源】Based on suggestions by Christensen 1994; see note 18.

## 1. 明确目标

一个战略计划的开始必定伴随着一个特定的目标。这些目标在典型情况下一般都涉及公司的市场销售（例如在市场销售中赢得特定的地位）或公司的财政状况（例如，获取一定的股权回报）。组织目标同样可以涉及社会（例如，使某些特定的群体或环境受益）或组织文化（例如，使工作场所愉快、舒适）。

一个公司的总目标应该转变为组织中各个单位所能达成的相应分目标。例如，假设某一公司想改变它的市场定位，从成套机械的生产制造商转变为日用消费工业品的生产制造商。公司明确将头两年内达到这一市场份额的10%作为它的战略目标。这一目标必须分解为各个部门的分目标。市场部门的目标是通过它的广告争取到一定的顾客。同样地,生产部门的目标是在一特定时期内必须生产出一定数量的产品。

### 2. 明确产品或服务的范围

要想一个战略方案有效,公司上层必须明确定义他们组织的*范围*(*scope*)——组织先前已经营从事的商业事务和组织准备参与的新商务。如果这个范围定义太狭窄,公司可能会失去许多机遇;如果定义太宽泛,公司将弱化它的效力。

定义范围的问题涉及明确公司正在从事的业务和公司能够涉及的业务两方面内容。例如,长期致力于婴儿食品的 Beech-Nut 公司面临着由于出生率的降低致使总体市场规模缩小的挑战。于是一些人意识到公司的范围可以扩大到老年人。(即在消化吸收坚硬食物方面有困难的其他群体)扩大公司的范围是公司获取成功的战略方案的关键部分。[19]

### 3. 评估内部资源

内部资源所要考虑的问题是:哪些资源可以用于规划和实施公司的战略?问题所涉及的资源包括资金(例如,流动资金)、实物资产(例如,必需的空间)以及人力资本(例如,员工的知识技能)。

### 4. 评估外部环境

正如此书通篇所强调的,组织并不是在一个真空的环境中运作的,而是在一个影响他们理想的发展方向和经营能力的环境中运作的。环境促进或阻碍公司发展和生存的程度取决于几个关键因素。尤其是当它的资源不能被其他公司简单模仿时,公司便拥有了一个超过其他公司的竞争优势。它的这种优势在任何时候都不会很快贬值,而且其他竞争者们也不会拥有更好的资源。[20]

### 5. 分析内部安排

我们所指的"内部安排"是组织自身的性质。(正如本书通过特征描述所列举出的)例如,员工报酬发放的方式能否刺激他们去努力实现公司的目标?(见第四章)组织文化是鼓励员工去创新、变革,还是鼓励他们墨守成规?(见第十三章)人们是否能进行良好的沟通、友好相处以达成他们的目标?(见第八、第十章)这些以及其他关于组织自身的问题必须有明确的答复以构成一个有效的战略方案。但首要的是这个组织必须运作良好，否则即便是再好的计划也不会成功。

### 6. 评估竞争优势

一家公司要想具备产品和服务的竞争优势，就必须在质量、价格上优于其他的公司。公司的优势可以通过以下要素来评估，如质量、价格、生产线规模、性能的可靠性、款式的设计以及公司形象。

### 7. 开发竞争战略

竞争战略是企业组织实现其目标的途径和方法。制定一项关于如何实现组织目标的决策，必须根据公司先前所描述的一些因素（如，可利用的资源，竞争优势等）的现状，进行认真评估才能最后做出决策。一些可能的战略包括：

- **市场份额增长战略（Market-share increasing strategies）**：拓宽现有的市场份额可以通过诸如拓宽产品的范围或同在其感兴趣的市场中已经占有一席之地的公司进行联合投资（见第十四章）等方式进行。
- **利润战略（Profit strategies）**：通过诸如训练员工获取更高的工作效率或训练销售人员获取更好的销售业绩等方式，来尝试从现有的业务中赢得更高的利润。
- **市场集中战略（Market concentration strategies）**：公司从效益不佳的市场中撤离出来，将资源集中到可能会给公司带来更好收益的市场中去。
- **复兴战略（Turnaround strategies）**：通过投入新的生产线或根本性地重组经营管理方式来尝试扭转生意的下降趋势。
- **退出战略（Exit strategies）**：通过清算资产来撤离某市场。

### 8. 与利益相关者交流战略

**利益相关者（stakeholder）**指其利益与组织正常运作相关的任何个人或群体。换言之，这些人对公司拥有特殊的利害关系或权利。最重要的利益相关者包括各个层面的员工，管理决策委员会以及股票持有者。公司的战略不可避免必定要与这些人沟通交流，以便他们能为公司的成功做出贡献，不论这种贡献是积极主动地（例如，员工努力工作帮助实现目标）还是消极被动地（例如，投资者将资金投入公司以帮助实现目标）。离开了利益相关者对公司战略的完全理解和接受，公司就不可能得到实现其目标所必需的充分支持。

### 9. 实施战略

一旦战略形成并且相互交流过，接下来便可以实施了。当这一步发生时，可能会有一些动荡，如人们采用新的方法处理事务时会出现紧张混乱的状况。正如我们后面将描述的，人们趋向于拒绝变革自己的工作方式，不过可以采取一些步骤以确保人们为变革的发生尽责，去拥护变革而不是反对。

## 10. 评价结果

最后，在一项战略实施过后，最关键的是测定目标是否得以实现(图 16.9)。如果实现了，则可以寻求新的目标，如果没有实现，则定义下一次能够获取成功的目标或战略。(你们可能会觉得这里所描述的战略规划过程太理性化了，以至于认为它具有世界普遍性。然而就如我们在本章的"全球组织行为"部分所描述的，事实并非如此)

**图 16.9 大陆航空公司：一个成功的复兴战略**

首席执行官戈登·贝休恩(Gordon Bethune)由于设计实施了一个战略计划，将大陆航空公司从一家受乘客轻视的亏本公司转变为今天最成功和受欢迎的航空公司，从而他本人也赢得了广泛的声誉。战略计划的很大的一部分涉及对乘客和员工重视，而这些人在 1994 年贝休恩接管公司前都非常不满。

### 全球组织行为

#### 战略价值：更趋向美国化而不是世界普遍性

你可能没有意识到这一点：本章所阐述的战略规划过程有几个潜在的价值观与之相关。例如，规划过程经过高度精心策划；规划立足于竞争假设根本性变革既可行又能符合人们的愿望，假设公司股东掌握着对公司的所有权。然而，正如我们这里所略述的，这些价值观并非全世界普遍拥有，因此对这一战略规划的过程在美国文化背景之外的普遍性产生了质疑。

这里所描述的战略规划过程最明显的特征是其精心策划的特性。在美国，最成功的公司是那些对关键决策仔细分析、计划和实施的公司。[21]然而这一精心策划过程在其他国家并不惯用。例如，在东南亚国家，用直觉和非正规性知识技术取代了精心分析策划。用一位专家的话来说，这些国家的公司"没有战略，他们做私下交易，他们等待机遇"。[22]

很明显我们对战略规划的分析在很大程度上基于某个组织在相关竞争中的地位，但除了美国之外，很少有国家公开表示竞争(*competitiveness*)。日本提供了这样一个有趣的例子。在那个国家，几乎从不谈及有关竞争的任何事。而是有可能在公司正式出版物上突出强调公司优秀的工作业绩，然而具有讽刺意味的是，日本公司在国际市场上则是一个十分强劲的竞争者。由于在日本不能表露出竞争的价值意义，结果在任何战略规划中都不可能出现竞争的价值，但事实上又确实存在着。

我们对战略规划的讨论同样是基于这样一种理念：根本性的变革不仅是可行的，而且是能符合人们愿望的。但专家警告：在越南和泰国，根本性的变革注定要失败。取而代之的是建议进行细微、渐进的调整。[23]

最后，美国制定战略决策趋向于关心*股东*(*stockholder*)的利益。事实上，我们经常提及公司的任务是提高股东的收益。但除了美国之外，其他国家利益相关者的意愿更受重视。例如在德国和法国，员工意愿的协调一致在规划过程中更显重要。而日本，在员工应优先考虑的情况下，公司则属于全体利益相关者。[24]

总之，美国组织战略规划过程所具备的潜在价值在世界其他地方并不同样适用。由此，出现了一个疑问，在美国之外，我们这里所描述的战略规划过程是否有效、或者是否值得去尝试？

## 四、变革阻力：维持现状

人们可能对组织中现有的事务状况感到不满，但他们同样可能担心任何变革都会造成分裂的结果，从而使情况更糟。确实，对新环境条件的恐惧很现实，它造成了不愿接受变革的意愿，我们称之为**变革阻力(resistance to change)**。对于一个组织来说，做出必须的变革不仅仅是维持生存，而且要保留原有的竞争力——组织必须处理这一问题。因此，我们现在讨论组织针对变革的准备措施并检查在个体和组织层面上的变革阻力。然后我们通过列举克服这些阻力的特殊步骤来对这部分的内容加以总结。

### (一) 变革的准备：变革将在何时发生？

如你所想象的，有时变革的可能性会增大，有时变革可能性会减少。总体来说当变革所涉及的人员相信伴随变革而来的收益大于成本时变革就有可能发生。[25]促使变革带来收益有以下因素。

- 对现行状况的不满
- 理想方案的有效性
- 实现理想方案的现实性

理论家认为这三个因素相互结合相互促进共同决定了变革的收益(图 16.10)。所以如果其中任何一个因素是零的话，那么变革的收益——以及变革本身的可能性也为零。如果你考虑到了这一点，那么变革才有意义。如果人们不是对现状很不满意或在脑中没有理想的选择方案(或者达成他们所选方案的任何方式)的话，人们是不愿意发动变革的。当然，对任何要发生的组织变革来说，期望的收益必须大于可能投入的成本(例如，分裂、不确定性)。

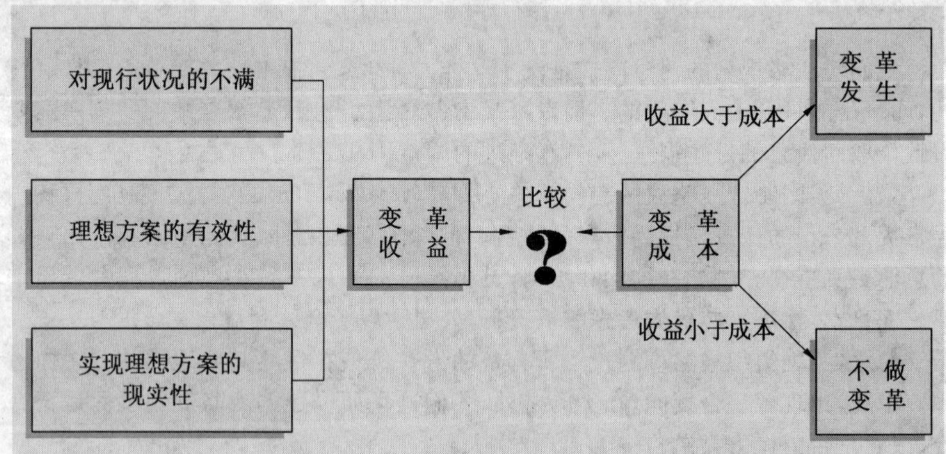


**图 16.10 组织变革：何时发生？**

组织变革的发生与否取决于人们的信念，即关于变革的相关收益和成本。这种收益通过这里所回顾的三因素反映出来。

【资料来源】Based on suggestions by Beer, 1980; see note 25.

## (二) 变革的个体阻力

组织行为学家认识到变革的阻力同时来自个体和组织。这里我们将阐述几种导致人们反对组织变革的关键因素。[26]然后在下面的部分，我们将阐述针对变革的各种组织阻力。

### 1. 经济无保障

由于工作的变革可能威胁到某人生计——或者是失业，或者是减少报酬，所以某些变革阻力不可避免。

### 2. 对未知的恐惧

通过同样的方式处理问题，知道谁是自己的同事，明白向谁汇报工作，从中员工可以获得一种安全感。分割这些已牢固建立的舒适模式而去创造一种不熟悉的环境——一种必定遭拒绝的事务状况。

### 3. 对社会关系的威胁

当人们在组织中工作时，他们和自己的同事形成了牢固的联系。许多变革(例如：重新分配工作职责)威胁到友谊群体的完整性，而这种友谊群体提供了有价值的社会性报酬。

### 4. 习惯

那些熟知的且成为习惯性的工作较容易完成。工作方式的变革对人们提出了挑战，要求人们掌握新的技能，而且这明显要比完成那些人们通常所熟知的经常性工作复杂得多。

## (三) 变革的组织阻力

对组织变革的抵制同样也源于和组织自身相关的一些条件。[27]在此可以列举几种此类因素。

### 1. 结构惯性

设计组织是为了促进稳定。在某种程度上，仔细甄选员工，进行培训以完成一些特定的工作，然后对他们优秀工作业绩加以奖赏——这种作用于个体使其行为采用特定方式的力量是非常强大的——即工作具备了**结构惯性(structural inertia)**。因此，由于工作设计具有稳定性，所以克服造成这种稳定性力量所带来的种种抵制非常困难。

### 2. 工作群体惯性

来源于工作本身和人们工作于其中的社会性群体，以一定的专业方式持续从事某一工作的惯性，这就是**工作群体惯性**(**workgroup inertia**)。由于在群体内形成了稳固的社会规范(见第七章)，因此存在着以某种特定形式工作的潜在压力。然而变革的引入会破坏了这些已建立的规范，所以导致了巨大的抵制。

### 3. 对现有权力平衡的威胁

如果从所做的变革关系到由谁来负责主管的话，那么将有可能发生个体和组织下属单位部门之间权力平衡的转变。当前控制资源、拥有专业技术并掌握着人权的部门担心组织变革可能会使他们失去目前的优越地位。

### 4. 先前失败的努力

任何人在经历一场灾难之后可能都不愿意在同一件事上再经历一次。相应地，如果群体或整个组织在引入变革时曾经失败过，那么他们可能对进一步的尝试非常谨慎、小心。

### 5. 一个范例

在过去的十年间，通用电气公司在它的基本战略、组织结构、同员工的关系等方面经历了一系列广泛的变革。在这一过程中，我们上面所列举的阻力，通用电气都遭遇到了。例如，通用的经理人员有一套官僚主义的传统，使他们的习惯非常稳固、强大并且任由他们的习惯自由发展。用不同方式处理问题的前途在顽固地固守于用“通用方式”处理问题的人面前变得岌岌可危。特别是在公司全球化利益上引发了对未知的许多恐惧。

因为变革对一些部门传统上所拥有的大部分权力造成了剥夺的威胁(例如，权力体系与公开分配)，所以变革的阻力是非常强大的。除此之外，变革彻底瓦解了通用电气的“社会结构”；友谊群体被打碎并分散到整个公司之中。总之，通用电气公司成为各种变革阻力的一个生动例子——所有的阻力都集中体现于一家公司。

## (四) 如何克服组织变革的阻力

由于组织变革不可避免，所以管理人员应该对阻力保持警惕以便能克服它们。当然，说比做容易，不过这里列举了几种有效的方法。[28]

### 1. 塑造政治动力学

要想使变革被接受，争取公司中最有权力、最有影响力的人支持，虽然不是必须的，但这一点常常十分有效。这样做能够建立起一个支持变革的关键性内部群体。向关键的组织领导人解释清楚，使其赞同变革是争取其他人走到一起的有效方法，因为其他人或许认同了领导的远见卓识或者是害怕领导的报复，所以不得不屈从。不管出于何种原因，他们的支持都将使变革更易于接受。

## 2. 教育员工

一些时候，人们不愿意变革是因为他们害怕前途未卜。例如，害怕经济保障由于掌权人物几句安慰的话而被闲置一旁。作为员工受教育的一部分，应告诉他们组织变革对他们意味着什么，高层管理者必须表现出细腻的情感色彩，这样做可以使员工受变革的影响，进而协助变革使之发挥效力。一些公司发现只要回答一下“变革对我意味着什么？”这个问题就对消除所有的恐惧很有帮助（图 16.11）。

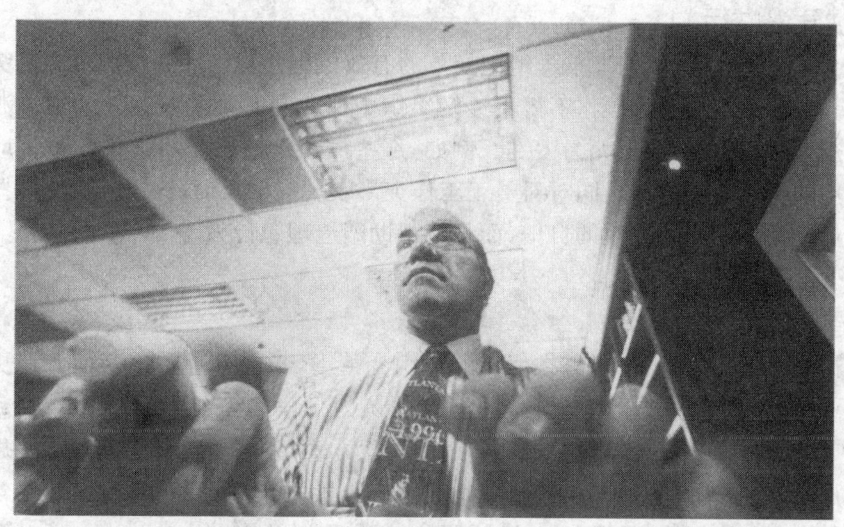

**图 16.11　查尔斯·施瓦布(Charles Schwab)公司：从单一经纪人到全面服务经纪人**

曾经仅仅是一家单一经纪人公司的查尔斯·施瓦布公司在近些年正面临着严峻的竞争形势。具备价格意识的投资者可以通过国际互联网络以高的贴现率买卖股票。他们还可以从全方位投资服务公司得到一些建议，只是价格费用贵了点儿。近来，施瓦布将他的市场定位为以上两者的独特混合。公司董事长及首席执行官戴维·伯特(David Potter)认为，施瓦布的顾客不需要给予填鸭式的投资建议，他们更愿意在享受到互联网络便利的同时接受关于如何投资的教育。这一战略上的转变引起了经纪人酬偿方式的变革——其中部分人已发现其中的威胁。不过对经纪人所涉及的利益进行教育，将有助于赢得他们对公司新战略的接受。

### 3. 使员工参与到变革中

人们一旦参与某项决策的制定，那么他们将比那些没有参与其中的人更愿意为决策的结果付出努力。相应地，参与应对非计划性变革的员工，或者那些已经成为变革团队成员的员工——他们负责规划必要的组织变革，将很少抵制变革。然而在没有提醒或提醒很少的情况下，出现在员工中的变革必将遭遇抵制——这仅是一种自然反应，除非员工能估计出变革将在多大程度上影响到他们。相反，如果员工参与到了变革的过程，他们将更好地理解变革的需求，所以也将更少地抵制变革，杜恩·哈特雷(Duane Hartley)说："我认为人们并不是真正喜欢变革，但如果他们可以参与其中并理解变革，那么这可以成为他们一个积极的人生体验。"[29]

### 4. 奖励建设性行为

一个十分明显的、成功地推进组织变革的有效机制是奖励那些按照理想趋势工作的人们。变革组织的经营操作不得不涉及组织中那些受奖励的行为。这在过渡时期(例如，当变革被引入之时)尤为关键。例如，那些需要学习操作新设备的员工应该因他们成功的努力而受奖赏。同时对员工工作突出表现提供反馈，这不仅仅给那些缺乏信心的员工提供了巨大有效的自信，而且能帮助塑造理想行为。

### 5. 创建"学习型组织"

不论当事人是否想要这样，在所有的组织变革中，必定有一些比其他做得更为有效。那些不断发展适应与变革能力的组织被认为是**学习型组织(learning organization)**。[30]在这些组织中，人们摈弃了他们旧的思想方式，和其他人一起分享某些思想观念。形成了对组织的某种愿景，并且在达成这一愿景的计划下共同工作。这种学习型组织的例子包括：福特、通用电气、摩托罗拉、沃尔玛以及施乐。

正如你所想象的，成为一个学习型组织不是简单的事。事实上，它涉及运用此书所阐述的许多组织行为学原理。尤其是对一家公司来说成为一个不断的学习者，管理上必须：

- ***创建变革承诺*** 除非所有员工清楚地看见高层管理者坚定地致力于变革来改进、发展组织，否则他们不会愿意让变革成为一种必须而带来组织的改进、发展。
- ***采纳非正式组织结构*** 当组织结构扁平(见第十四章)，或创立多功能团队(见第七章)以及人员间的正式边界被取消时，变革更易被接受。
- ***开发开放性的组织文化*** 如第十三章中所描述的，管理人员在创建组织文化中扮演着关键的角色。为了能够有效地适应环境中的变革，组织必须具备一种冒险性、开放性和发展性的文化。公司领导不愿冒失败危险，这样的公司不可能成长壮大。

以上五点建议说起来比真正履行要简单得多，但这些努力和尝试会取得很好的回报。考虑到致使员工抵制变革的许多影响因素，管理者必须将这些指导方针牢记在心。（关于有效的人员变革的额外建议见“制胜诀窍”栏目）

## 制胜诀窍：坚定变革

### 来自西尔斯、壳牌以及美国军队含义深刻的三项建议

毫无疑问组织变革比以往任何时候来得都快。同样毫无疑问的是世界上最大的三个组织——西尔斯（Sears），壳牌（Royal Dutch Shell）以及美国军队成功地进行了变革。毕竟，其中每一个组织都存在了100多年，每一个组织都经历了许多变革。

幸运的是通过对这些组织的分析能够找出他们长寿的关键所在。[31]尤其是，我们可以从这些组织适应周围环境的经历中学到三条经验。由于许多不同的组织成功地借鉴了这些实践经验，所以我们也可以确信其在各种组织中的适用性。这些有用的诀窍是：

1. 将员工完全纳入组织所面临的挑战之中。这意味着不仅仅将员工简单地卷入组织经营运作之中，而且使他们在各个层次水平上积极地应付处理所面临的问题。例如，壳牌马来西亚的高层官员一直未能成功地使员工团结一致来击败竞争者。由于他们的自满，竞争者很快赢得了市场份额。壳牌的高层对此做出了反应，召集了所有的260名经理人员举行了一个为期两天半的会议，讨论当前所面临的步步进逼的竞争问题。这些经理人员从这个马拉松长会中制定出了一个坚定的计划。他们返回工作岗位后，定期召开了一些后继会议以确保计划得以实施。最后，由于员工被卷入到了问题之中，并且由他们自己解决所面临的挑战，壳牌成功地变革了它的经营运作方式。

2. 以强调变革紧迫性的方式领导。公司的高层很容易变得墨守成规，懒散并且满足于已有的经营管理策略——即便在必须做出决定性行为时。所有这一切都成为习惯，结果生意从他们手中错过。这些几乎就是西尔斯几年前所发生的一切。当高层管理者无动于衷而且只是降低销售目标时，这个零售业的巨头正在迅速失去它的顾客。随后，首席执行官阿瑟·马丁内茨（Arthur Martinez）通过强调转变境况的重要性激发起了每个人的积极性。他通过设置挑战性的目标来激发起一种紧迫感。（例如，要求四倍于原有市场份额，提升顾客满意度15个百分点）马丁内茨并没有提供关于西尔斯所面临问题的全部解决方案，但他提供了更为重要的一件事——直接坦诚地讨论所面临的问题，创造出使每个人都朝正确方向行进的紧迫感。

3. 创造出对现状强烈的不满。军事演习之后，美军在称为“行动回顾”的会议上听取所有演习参与者的详尽报告。在这些会议期间，对于士兵们哪些方面做得比较好；哪些地方他们要坚持改进给出了一个详尽的反馈报告。通过关注工作中所需的规范化、细节化的行为方式，军官最终成功地使追求卓越内化为士兵自身的需求。然后士兵们返回各自基地，问自己如何才能将事情做得更好（例如，更迅速、更为经济、更精确）或者是否有新的更好的方法可利用。总之，现状就是敌人，现有的行为水平是永远令人无法接受的。军队的高级官员就像不断改进桥梁油漆的承诺：工作永远不会结束。

这些是相当极端的手段并且不总是容易实施的，但他们确实考虑得很详尽细致。毕竟他在世界上许多最为成功的组织中取得很好的成效。

## 五、组织发展干预：实施计划性变革

既然我们已揭示了一些围绕组织变革的基本问题，那么我们将着眼于实施组织变革的计划性方法途径，这些统称为**组织发展**（**organizational development，简称 OD**）技术。我们可以将此正式地定义为一套社会科学技术，用以在工作环境中计划和实施变革，以期能达到增进个体自身发展以及改进组织功能的目标。通过对涉及员工的整个组织层面的变革进行规划，OD 寻求在改进工作环境的质量、工作态度以及员工福利等方面提高组织绩效。

许多用于实施计划性组织变革的战略（*即 OD 干预*）已经被尝试改进组织功能的专家（*即 OD 实践者*）运用多年。[32] 所有主要的 OD 方法都试图在个体员工、工作团队以及整个组织中产生某种变革。这是以下四种干预措施的目标。

### （一）目标管理：澄清组织的目标

第四章讨论了设置明确目标的激励性优点。正如你可能想象的，不仅个体而且整个组织都可以从明确的目标中受益。例如，某个组织可能针对它的产品力争“增加产量”，以及“提高质量”。这些目标本身意图很清楚，但对于一个组织来说可能不如某些明确的目标，如“将产品产量提升 15 个百分点”、“降低产品废品率 25 个百分点”来得有用。毕竟，按照老话所说，“如果你知道你要去哪里，那么通常很容易就能到达那里。”当 20 世纪 50 年代在为通用电气公司做咨询时，彼得·德鲁克（Peter Drucker）就清楚地意识到了这一信条。事实上，他因提高了由这种明确的组织目标所带来的收益——一种被认为是**目标管理**（**management by objectives，简称 MBO**）的技术而闻名于世。

如图 16.12 中所归纳的，目标管理（MBO）过程包括了三个基本步骤。

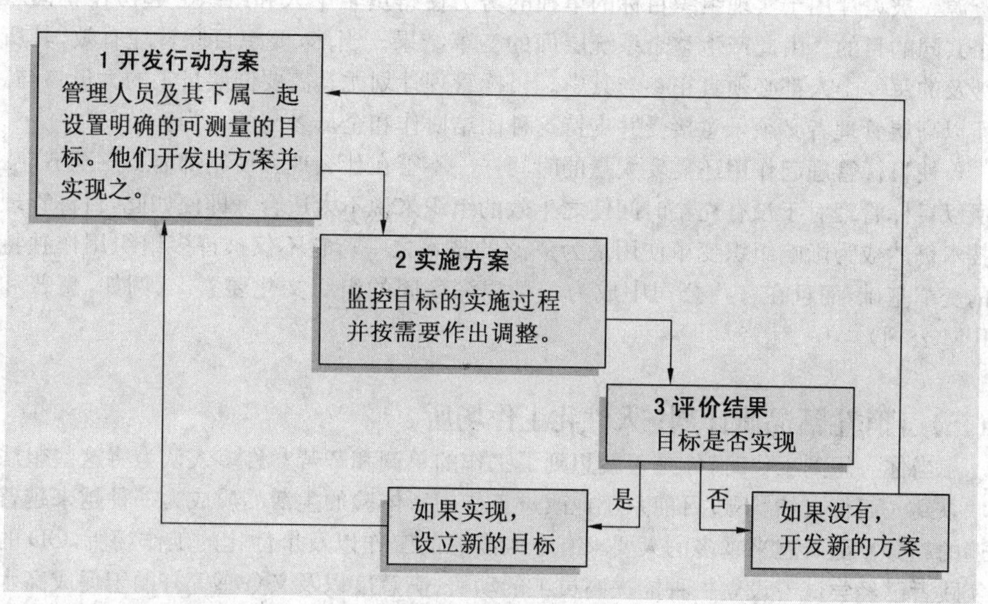


**图 16.12　目标管理：通过设置目标来发展组织**

目标管理(MBO)这种 OD 技术需要管理人员和下属一起团结协作设置组织目标并努力达成重要的组织目标。这儿概述了这一过程的基本步骤。

首先，选择员工愿意为满足组织需求尽全力的目标。这些目标应该由管理人员及其下属共同选择。这些目标必须经过相互讨论来决定而不是简单地强加于人。同时，这些目标还必须可以被直接测量并且有实现目标的时间计划。那些不能被测量的(例如，让公司发展更好)或没有时间限制的目标是毫无用处的。除此之外，管理人员和下属一起协作规划出实现他们所选目标的方案也很关键，因此要开发*行动方案*(*action plan*)。

一旦目标设定并开发出了行动方案，接下来第二步称为*实施*(*implementation*)——也就是完成方案并且定期评估它的进展过程。方案是否有效？目标是否一步步接近？在达到目标的过程中是否遇到了问题？在实施行动方案的过程中，必须详细考虑这些问题。如果方案出现问题，那么就要进行中途调整，改变原有方案、方案的实施计划甚至目标本身。

最后，在监控朝向目标的发展过程之后，将开始第三步*评价*(*evaluation*)，或称目标达成情况的评估。组织目标是否实现？如果实现了，应设立什么新目标来进一步改善现有状况？如果没有实现，可以设定什么新方案来满足这些目标？由于对目标达成程度的最终评估有助于决定下一个新目标的选择，所以目标管理是一个持续不断的过程。

对于在组织中规划和实施战略性变革而言，目标管理同样代表了一种潜在的有效资源。被设计用于实现组织目标的单独的努力使得员工个人和组织一起协作朝向一个共同的目的。由此产生整个系统层面的变革结果。当然,要想目标管理有效,其所涉及的每一个人都必须真正参与其中。目标管理计划尤其需要低层员工的大量参与。所以高层管理者必须乐意接受并支持这种团结协作和全员参与的行为。

使目标管理起作用还需要大量的时间——不管在什么地方使用都需要三至五年。所以目标管理对于没有充裕时间使之生效的组织来说不太适合。即便如此,目标管理技术仍然成为影响组织变革使用最为广泛的技术之一。它不仅被许多组织用作独特的变革基础,而且在一些公司中成为一种根深蒂固的组织文化要素。(例如,惠普和IBM公司)

## (二) 工作生活品质计划:人性化工作场所

当你一想到工作时,你是否就想到了工作的单调和辛苦?许多人认为将这些想法联系到一起很自然,不过目前系统地改进工作中所体验的生活品质成为一种越来越普遍的趋势。随着越来越多的人要求有令人满意的工作以及个性化的工作场所,OD的实践者已经尝试着设立一种能提高员工的动机、满意度以及义务感等有助于促成高水准组织行为的工作场所。这些努力被统称为**工作生活品质(quality of work life,简称QWL)**计划。明确地说,这些是通过将员工参与到影响他们自身工作的决策过程中,来提高质量和增加组织产出的方法。典型的QWL计划为各个层次的员工提供了高度的民主待遇,并且在决策过程中鼓励员工参与。虽然存在着许多改进工作生活品质的方法,但拥有一个共同的目标:人性化工作场所。

一种改进工作生活品质的通用方法包括**工作重建(job restructuring)**——改变工作方式使之对员工来说成为更有意思的过程。此类几种重新设计工作的途径包括*工作扩大化(job enlargement)*,*工作丰富化(job enrichment)*以及*工作特征模式(job characteristics model)*,这些在第四章中曾讨论过,但这些技术对于改进员工的工作生活品质同样有效。

另一种改进生活品质的方法是**质量圈(quality circles,简称QCs)**。一些由志愿者(通常十人左右)组成的小群体定期聚会(通常是每周一次)共同讨论和解决与他们工作质量及工作环境相关的问题。一个组织可以一次使几个QCs工作运转,每一个质量圈处理特定领域的问题,该领域拥有最多的专家意见。为了帮助QCs有效地运转,成员通常要在问题解决方面接受几种形式的培训。一些大公司,诸如西屋(Westinghouse)、惠普(Hewlett-Packard)以及伊斯曼·柯达(Eastman Kodak)已经将QCs归为QWL的一部分。这些群体已经解决处理了一些问题,像如何减少蓄意破坏艺术的行为,如何创造更为安全、舒适的工作环境以及如何改进产品质量。QCs在促使工作生活品质的短期改进方面卓见成效(持续18个月),但在创造较为永久性变革方面效果不佳。

**全球问题** 质量圈是由一位美国管理先锋 W. 爱德华兹·戴明(W. Edwards Deming)在20世纪50年代所开发的,它一开始在美国遭到了排斥。只是当这种技术在日本取得成功之后才被"重新进口"返回美国。

如你可能想象的,各种收益——即便只是短期的——都可能是QWL计划的结果,这些收益可以归为三大类。最直接的收益通常涉及提高工作满意度、增强组织承诺以及减少员工流失。第二种收益是生产力的提高。和第一、第二种收益相关的是组织效力的提高即第三种收益(例如,目标利润率实现)。许多公司(例如,福特、通用电气、美国电话电报)已具备了实践中的QWL计划,并且据报道他们对结果非常满意。

然而这些收益并不会自动实现。QWL计划要想成功,必须避免两个主要的缺陷。第一,*管理人员和生产人员必须在设计计划中相互协作*。如果任何一方将这个计划看做是赢得对方利益的一种途径,那么计划注定要失败。第二,*所有相关部门都赞同的计划必须全力贯彻*。在紧张的日常活动节奏中,QWL群体制定的行动方案很容易被遗忘。坚持完成计划中自己的那一部分是所有阶层员工的职责——从最高层的主管人员到最底层的劳工。

## (三) 团队建设:创造高效工作群体

**团队建设**(**team building**)的过程将敏感性训练(sensitivity training)的技术和原理应用于工作群体。这种方法尝试着让工作群体的成员自己来诊断他们如何一起工作,并规划怎样才能改进他们的工作。考虑到群体力量在有效地发挥组织功能上的重要性,所以改进工作群体的效力可能从根本上影响组织。如果假定工作群体是一个组织的基本单位,那么组织变革应强调变革群体以取代变革个体。

当群体成员承认他们存在一个问题并搜集资料以提供突破口的时候,团队建设便启动了。问题可能来自于敏感性训练或来自更多的客观资料(例如,产量数字、态度调查)。这些资料在*诊断会议*(*diagnostic session*)上相互共享以便形成一种关于群体目前优势和不足的意见。从这种意见中,制定出一张所期望的变革项目列表,同时列出实施这些变革的方案。换句话说,即开发出了*行动方案*(*action plan*)——几种解决所诊断出的问题的任务导向的方法。在运用这种方案的同时对它的进展进行评估以确定最初所列举的问题是否仍然存在。如果这些问题解决了,这一过程就结束了——团队也可以停止聚会。如果问题仍然存在,这一过程应该重新开始。(对这些步骤做的总结,见图16.13)

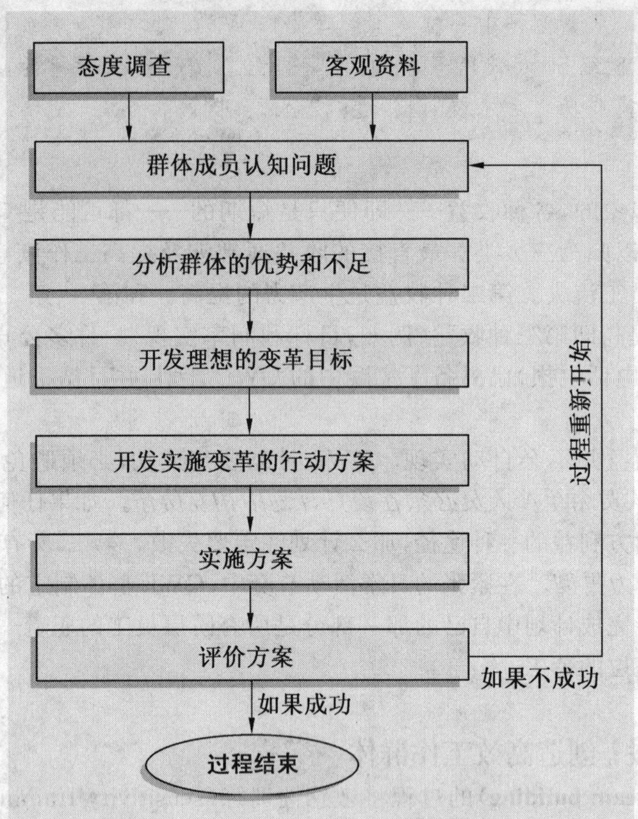


**图 16.13 团队建设：基本步骤**

团队建设，一种广为应用的组织发展技术，包括如图所示的基本步骤。

工作团队被有效地应用于处理许多重要的组织问题。然而，为了使这些努力有效，所有的群体成员都必须参与到搜集、评估信息以及规划和实施行动方案的过程中去。来自群体成员的输入对于评价团队建设方案的实际成效尤为关键。[33] 由于团队建设的方法是高度任务导向型的，而群体成员中的人际问题具有破坏性，所以需要外部力量介入调解。随着人际紧张的消除，下一个阶段是让群体学会如何有效地解决他们自身的问题。不过这些都不能在一夜之间完成。要想团队建设有效，就不能将其看做是在脱产几天内的一次性练习，而要将它看做一个需要几个月甚至是几年来完善的持续发展过程。考虑到有效团队对组织功能的巨大影响（见第七章），所以建立有效工作团队的努力看起来很值得。

## (四) 调查反馈：通过信息共享促使变革

要想组织变革有效，员工必须清楚组织目前的优势和不足，这是**调查反馈**（**survey**

**feedback**)方法背后的基本原理。这种技术包括图 16.14 中所归纳的三个步骤。首先,搜集资料提供员工所普遍关心的问题的信息(例如,组织氛围、领导风格、工作满意度)。这一步可以采取集中访谈,结构式调查问卷等方式,或两者一起使用。由于这些信息必须尽可能的公正,所以要确保员工所提供的回答是保密的。出于这一原因,这个过程通常应该由组织外部的顾问来完成。

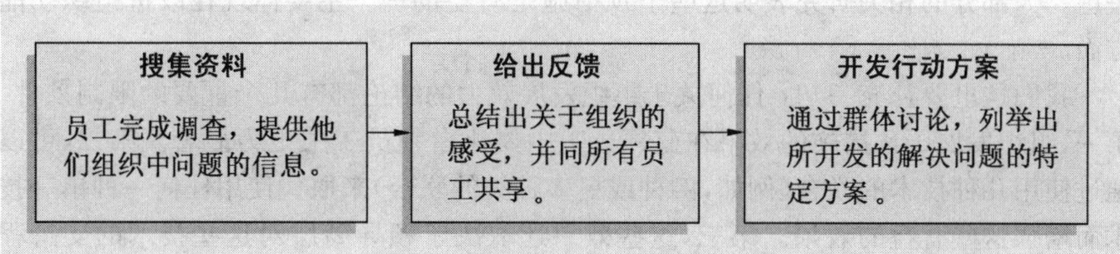


**图 16.14　调查反馈：概述**

组织发展调查反馈技术包括这里所列的三个步骤：搜集资料、给出反馈、开发行动方案。

第二步需要在一些小型群体会议中将所搜集到的信息通告给员工。特别是这其中包括了通过调查所评估总结出的员工态度平均分值。随后应做出关于组织、组织领导、工作完成以及相关主题的感受简述。会议讨论也集中于"为什么得分会是这样"以及调查反馈所提示出的问题。

最后一步涉及分析相关问题,包括沟通、决策以及制定处理问题方案的其他组织过程。当讨论中通过大量材料来举证,同时又制定出了由某人负责执行的特定实施方案时,这种讨论通常十分有效。

调查反馈是一种广泛使用的 OD 技术,考虑到它所带来的益处,就不会对此感到惊奇。它能迅速搜集大量信息,而且这种方法变通性强,能适应面临各种问题的不同组织的需要。但是,这种方法在质量上可能不及调查问卷。因为对员工来说,他首先必须判断出真正的问题所在。当然,为了从调查反馈中获得最大限度的收益,必须有高层管理者的支持。同样,由小规模群体商议开发出的方案必须要有组织的全体赞同才能够实施。当以上条件都满足了,调查反馈就能成为一种很有效的 OD 技术。

(调查反馈背后的基本理念是：员工应该接受指引他们顺利通过变革过程的信息。除调查反馈外,另一个有用的信息资源来自了解竞争对手正在做的事情。对于这种实践的进一步了解,见下面"趋势"栏目)

## 六、组织发展问题的反思

没有解决组织发展技术"是否有效?"、"是否合乎道德?"这两个重要问题,那么组织发展问题的讨论就没有完成。

## (一) 组织发展的效力：是否真的有效？

到目前为止，我们已经阐述了改进组织功能的一些主要的OD技术。这些技术需要相当数量的时间、金钱和努力。相应地，考虑一下这些投资是否值得很有必要。换言之，即OD是否真的有效？考虑到组织发展在组织中的普遍性，所以这个问题十分关键。大部分的相关研究表明这些干预措施是有益的——主要体现在改进组织功能方面。[36]

我们这里要补充一句：任何关于组织发展效力的结论都有几个重要的限制条件。第一，组织发展干预措施的效果在蓝领员工中要比白领员工中更为显著。第二，可以通过使用几种技术的联合（例如，四种或更多种类的联合）来取代使用任何一种单一技术而增强这些有益的效果。第三，这些效果还取决于领导高层对这些技术的支持程度。这些计划从高层得到的支持越多，它们成功的可能性也越大。

尽管组织发展干预措施的效力评估很重要，但是，大部分确被忽视了。毫无疑问，这其中存在许多原因，但一个最关键的因素是评价变革的困难性。由于许多因素都可以导致人们在组织中出现不同的行为表现，而这些行为又难以测定，所以许多OD的实践者大都回避测量变革的问题。同理，对组织发展辩护进行压制可能会阻碍组织发展专家诚实精确地评价他们的效果。毕竟，做这些事承担着浪费金钱和时间的风险。

**全球问题** OD技术的效果部分地取决于该技术所基于的价值观同潜在的民族文化价值观相匹配的程度。例如，在东南亚国家文莱，主导的文化价值是不公开面对问题。[37]结果，诸如调查反馈等技术在这里注定要失败。

尽管存在这些限制，我们还是可以作出这样的结论：在裨益组织及在组织中工作的个体方面，组织发展技术显示了很强的能力。

## (二) 一个争论：是否组织发展天生不道德？

组织发展运用了许多有效的社会科学技术来改变员工的态度和行为。从管理人员试图努力完成各种目标的角度来看，这些技术无疑被认为是非常有用的。但是从个体受影响的角度来看，出现了若干道德问题（图16.15）。[38]

目前针对一些问题已经出现了争论，例如OD技术将组织价值观强加于个体而不考虑个体自身的态度。OD是一种非常片面的方法，反映出大权在握的组织对缺乏权利的个体的强迫行为。一个相应的问题就是OD过程没有提供给员工任何可供自由选择的机会，因而它可能被看做是强迫性和操纵性的。当面对“做！要不然……”的情形时，员工根本无法自由选择，必须让自己屈服于被操纵——一种潜在的侮辱。

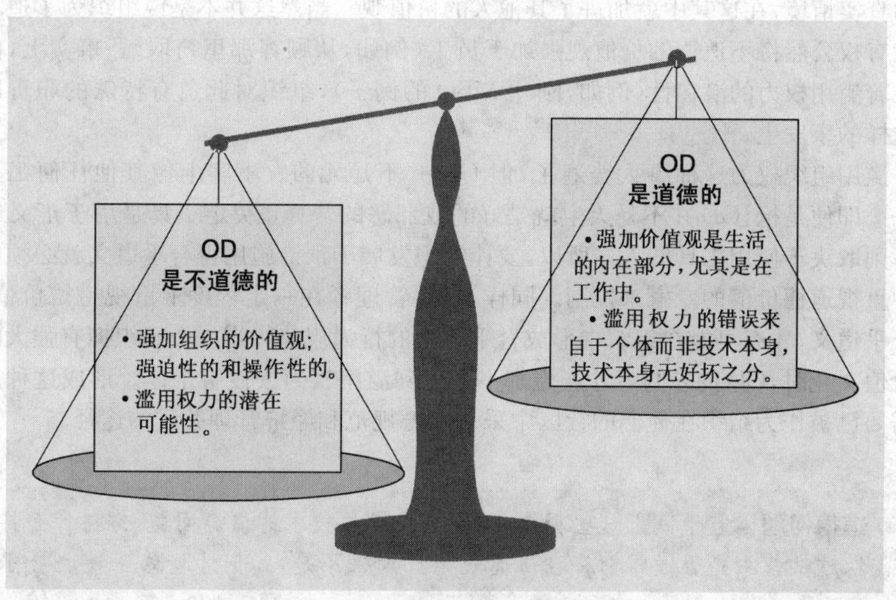


**图 16.15 OD 的道德：争论的总结**

有些人认为，OD 天性是不道德的行为，但是其他的人持反对意见，这里，总结了双方的论点。

**你来做顾问**

你的公司正考虑同竞争对手合并。由于人们担心失去他们的工作，所以这在工作场所内引起了骚动、不安。工作开始拖沓，因为人们要花时间去寻找新的工作。其间，产量下跌严重。

1. 员工的这些恐惧是否有意义？为什么有？或者为什么没有意义？

2. 阐述一下你如何缓和这些恐惧情绪并使工作场所恢复到原来正常状态。你认为这些步骤可能会产生多少效果？

3. 如果合并确实发生了，你可能采用哪些组织发展技术来平稳过渡？

另一个问题是员工和组织之间不平等的权力关系可能使 OD 技术的真实意图变得歪曲。例如，试着想象一下目标管理(MBO)技术是作为一种让员工有更多组织参与的方法而出现的，然而事实上它成为让员工对自己的不良行为负责并对他们进行惩罚的手段。这样的事可能没有发生，但确实存在滥用的潜在性——滥用这种技术的意图(即便那不是最初的意图)可能后来被证实非常强大。

尽管考虑到存在这样一些问题，许多专家并不同意 OD 天性不道德。如果说组织发展天性不道德，等于是说管理实践本身不道德。毕竟，正是为组织工作的行为本身要求个体服从组织的价值观——以及服从全部的社会价值观。一个人不得不面对生活的真实情境，在这其中就加进了其他人的价值观。当然这并不是说组织为了追求利润就有权公然将不道德的价值观强加于员工（例如，从顾客那里窃取）。事实上，由于存在着滥用权力的潜在性（例如，刚才 MBO 的例子），组织对此负有特殊的职责以阻止这样的事发生。

滥用组织权力这种事太普遍了，但 OD 并不是元凶。事实上像其他任何工具一样——即便是枪，OD 并不是天生就是好的或邪恶的。真正*决定工具是用于正义还是邪恶*则取决于使用工具的人。所以，要让组织发展干预措施用得合乎道义就必须由组织中重视道德价值的专家来控制。同样，高层管理者在一定程度上重视道德价值，行为合乎道义，才有可能在组织中形成合乎道德的行为规范。当一个组织拥有强大的道德价值文化时，OD 的参与者才连想都不会想到滥用权力去侵害个体。形成这种文化的需要已被作为组织在他们的社区中采用道德规范和经济管理并重的途径。

**道德问题** 鉴于以上这些观点，关于组织发展技术的道德问题，你持什么样的观点？这些技术是否通常都符合道德规范？如果不是，如何才能修正使之合乎道德？

## 学习目标的回顾与总结

**1. 表述组织变革普及趋势的特征。**

组织变革非常普及，以一种相当快的步调发生着，几乎所有的组织都以这种或那种方式变革以图生存。那些不能成功适应变革的组织，不可避免注定要失败。这种组织变革的趋势不仅限于北美的组织中。变革相当迅速地在全世界范围内的组织中发生着。

**2. 理解组织变革中所发生的问题以及非计划性组织变革的动因。**

组织变革过程涉及变革组织结构、技术、人员等方面的结合。组织中非计划性变革是由员工人口构成的转变、绩效差距、政府调控、全球经济竞争以及技术进步等原因引起的。

**3. 描述战略规划，解释组织所做的各种类型的战略变革。**

**战略规划**是对组织自身目标的决策进行设计、执行、评价的过程。典型的战略计划用于变革一家公司的产品和服务以及它的组织结构。

**4. 列举战略规划过程的十个步骤**

战略规划过程包括以下十个步骤：（1）明确目标 （2）明确产品或服务的范围

(3)评估内部资源 (4)评估外部环境 (5)分析内部安排 (6)评估竞争优势 (7)开发竞争战略 (8)与利益相关者进行战略交流 (9)实施战略 (10)评价结果。

**5. 解释人们为什么反对变革？如何克服这些阻力。**

一般来说，人们反对变革主要是因为个体的因素（例如，经济无保障、对未知的恐惧）以及组织的因素（例如，工作群体的惯性、对现有权力平衡的威胁）。不过变革的阻力可以通过几种方式克服，包括塑造政治动力学、教育员工变革的效果，另外还涉及让员工参与变革、奖励建设性行为、创建学习型组织。

**6. 列举并描述当今正在使用的主要的 OD 技术。**

***调查反馈***使用调查问卷、访谈，或者两者兼用，以之识别组织问题，然后在规划会议中提出。***团队建设***涉及使用工作群体针对一个工作单位所遇到功能上的问题进行诊断并开发出科学的解决方案。***工作生活品质计划***通过将员工卷入到影响他们自身的决策中（例如，通过质量圈会议）以及重组工作来尝试建立人性化的工作场所。最后，***目标管理***关注的是管理人员和他们的下属一起团结协作设置出重要的组织目标，并且开发出实现目标的方案。这些技术的潜在原理是：通过让员工参与提出组织中的问题并加以解决，这样能够增强组织的功能。

**7. 列举出关于组织发展天性不道德问题争论双方的观点。**

一些人认为 OD 不道德，因为它可以用于不合法的目的。而另外一些人反击说 OD 只是一种工具，错误是人使用不恰当造成的。

## 问题讨论

(1) 组织中的一些变革是无计划性的，而另一些则是战略规划的结果。举出每种变革的例子，并解释它们与组织功能的内在联系。

(2) 假设你在管理一组下属方面有些困难，他们在距离总部 1 000 公里以外的地方工作。你可以在结构、技术、人员方面进行哪些变革以便能近距离地控制这些遥远的员工？

(3) 在哪些条件下人们更愿意在组织中进行变革？解释一下你的答案，并给出一个例子。

(4) 假设你是一家大公司中进行大规模结构重组的高层执行者，而这一重组涉及大部分员工工作职责的重大变革。解释一下为什么人们可能会抵制这种变革，以及如何克服这种阻力？

(5) 组织发展在改进组织功能发挥方面总体效果如何？哪些相关因素是有效的或是无效的？

## 典型案例

### 案例1 Zales成为连锁店中的明珠

罗伯特·迪尼克拉(Robert DiNicola)拥有一段重组其所负责的百货公司的经历。当迪尼克拉1994年4月作为主要管理者接管Zale公司——得克萨斯州欧文市珠宝连锁店(经营Zales、Gordon's、Bailey和Banks & Biddle四个品牌)时,人们对此事充满了好奇。当时Zales的董事会并没有寻觅有经营珠宝生意经验的人,因为公司总裁拉里·波拉克(Larry Pollack)就是这样的人。他们需要有人能帮助扶持这些店,以便在严重的财政危机迫使公司申请破产保护之前能重新获得他们曾经享有的声誉和利益。

迪尼克拉在展示他迎接挑战的能力方面没有浪费一点时间,他一早到自己的办公室就开始查问"纪念日"(Memorial Day)销售计划。商店的其他管理人员非常惊讶于这位新老板对珠宝生意竟如此外行。毕竟,珠宝习惯上是出于某一特定目的购买的(例如,结婚、周年纪念)而不是一时冲动(例如,冲着某一诱人的价格)。然而,情况并非如此。在1994年的"纪念日",Zales商店一直开到很晚以便接待众多的假日购物者——他们是被减价出售商品诱人的价格所吸引来。

基于这一次经验,迪尼克拉彻底改变了Zales的生意策略。他列出他们100项最好销的品种(例如,钻石网球手镯、纪念饰带),大量购买然后通过广播和电视广告进行大力促销。仅仅几个月后,这些占总销售额30%的项目一下子升到了40%。宣传低价位大众项目很快成为Zales生意中的一个部分。

在另一个变动中,迪尼克拉使Zales成为价格领导者。他下调了Zale长期坚持的60%利润率,而采取薄利多销。例如,以往一副手镯卖1 295美元,但只能卖300副,迪尼克拉代之以同样产品每副只售799美元,但销售量是以往的十倍。他还重新装修了Zales店堂,制订全国统一的货品标准及广告(稍进行一些小的地方性调整),这些都学习了麦当劳经营的成功经验。

对于迪尼克拉来说,这仅仅是Zales的开始。他还有几个新的妙计,例如,增加连锁店的分支,在未来3年内要新开250家。到1998年,Zales在美国、关岛、波多黎各等拥有了1 100家分店。在1995年的秋季,公司也曾因它首次推出的邮购计划获得过成功。现在迪尼克拉正在考虑的关于家居购物的想法包括电视购物频道以及Zales的网站。如果这些渠道都能销售珠宝的话,对于Zale来说是个很好的机遇。

毫无疑问,迪尼克拉使Zales成为完全不同于他接手时的珠宝连锁店,它赢利更多了。1998年,Zales公司在经营收入方面赢得了令人瞩目的26%的增长率。看着这些数字,感觉迪尼克拉似乎拥有了迈达斯(Midas)(译者注:迈达斯,弗利治亚国王,贪恋财富,曾求神赐给点物成金的法术)的点石成金术。

**问题反思：**

(1) 是什么非计划性或计划性的动力促使了 Zales 的变革？

(2) 迪尼克拉的公司战略计划是什么？

(3) 哪些因素可能对 Zales 的变革产生阻力？如何克服？

(4) 迪尼克拉和 Zales 其他管理者如何确保公司未来成为主要的珠宝销售商？

## 案例 2　管理组织变革：战略规划与组织发展

**小型商务 2000**　今天商界中的经理人员有一件事可以 100%的肯定：他们公司最初的环境以及公司本身将随时间经历许多变革。如果一个经理惟一要担心的因素是在经历变革之后他或她是否还拥有完全的控制权，那么你也许会认为他们可能会照自己的意愿所有的都保持原样。然而事实并非如此。

他们在公司的经营运作环境方面没有多少控制权。技术在不断变化，竞争对手也在一直尝试新的东西，顾客对不同产品的喜好和要求也在发生变化。就公司内部来说，员工也在变化着。工作态度并不是固定不变的。优先考虑的事情根据员工工作场所内以及工作场所外的生活事件来变化。

Boardroom 公司了解变革。这家公司从创立初的家庭生意发展成为拥有超过 80 名员工年销售额超过 1 亿美元的公司。直到现在，这家公司仍由它最初的创立者 Marty Edelston 负责管理。不过很快他将退位，将经营管理权转交给由他的三个孩子以及一位已经在这家公司服务超过 15 年的职员组成的团队。这对 Boardroom 公司意味着什么？这很难说。但一件事是肯定的：一个由 4 人组成的团队将取代 Edelston 来管理这家公司。我们期望新的领导能给公司带来一些新的理念，也许在管理上比 Edelston 有更大的突破。

当你在看这一部分时，考虑一下如果你在这个新的管理团队中你将做些什么？这家公司有着良好的业绩，拥有强大的金融和市场销售队伍，人们很需要 Boardroom 的产品。但正如你所学到的，没有什么事会永远不变。考虑一下新的管理团队，老员工以及顾客会对 Boardroom 公司内的领导变革作出什么样的反应。

**问题讨论**

(1) 列举一些你认为可能影响 Boardroom 公司的外部因素。这些因素是怎样影响这家公司的？如果你是管理队伍中的一员，你将如何反应？你将做些什么呢？

(2) 我们知道 Boardroom 公司将在领导方面经历一场变革。你认为这家公司将采取什么方法来应付这场过渡，如果你是这家公司的员工，针对领导关系的变革你将建议他们做些别的什么？

(3) 我们期望这个新的管理团队接管 Boardroom 公司能够让一些东西仍保持原样，但另外一些东西毫无疑问将进行变革。你认为公司员工(他们中许多为公司服务了很长时间)将对新管理者所做的变革作出怎样的反应？新的管理团队将做些什么来使员工理解和适应这些变革?

## 技巧库

### (一) 亲历组织行为

#### 1. 开发战略计划

开发战略计划并不简单。事实上,要做好的话需要大量的信息以及大量的实践。这种经历能让你感觉到开发此类计划的挑战性。

#### 2. 指导语

(1) 假设你是一个小型软件开发公司的总裁,公司几年来一直销售一些应用软件以增加绝大部分计算机上所使用的操作系统的功能。现在你突然面临一个严重的问题:微软改变了它的操作系统,你的产品不再有任何用处。

(2) 使用图 16.8 所列的十个步骤来开发一种战略计划以维持你的公司。作出你的开发计划的所有假设,但要给出阐述的过程。

#### 3. 问题讨论

(1) 开发战略计划难易程度如何?怎样使这一过程更为简单有效?

(2) 你认为最容易实施的是哪一步?哪一步又最具挑战性?

(3) 你在实施计划过程中是否将运用竞争智慧?如果是,怎样做?

(4) 员工在实施计划过程中是否将面临挑战,若是的话,是何种特定的挑战?你将如何克服这些挑战?

### (二) 分组练习

#### 1. 认识变革的阻力,如何克服它们

面对变革的现实,一个最基本的步骤就是了解变革的阻力,然后,一旦这些阻力被找出来了,就可以考虑克服它们的途径。这一练习帮助你在群体中工作时能沿着这些思路来考虑。

#### 2. 指导语

(1) 将班级分成大约 6 个小组,让每个小组围坐成一个圈。

(2) 每组都要考虑以下情境:

情境 A：一种很成熟的电子邮件系统被引进到一个规模很大的大学中，它将取代纸张传递信息的历史。

情境 B：一个为公司服务了很多年的普通员工退休了，他的位置将被外面新招进来的员工完全替代。

(3) 针对每种情境，说出三种主要的变革阻力。

(4) 列举出一种克服阻碍的方法。

(5) 每组中要有一个人将这些答案记录下来，然后供在班上讨论。

## 趋势：今天的企业在做什么？

### 竞争情报：通过学习了解竞争者来规划变革

只有 10%的美国公司这样做，而另外 90%或许也应这样做。你会问，做什么？回答是：**竞争情报（Competitive Intelligence，简称 CI）**——收集竞争对手信息的过程，并将之用作规划组织变革的基础。CI 是对竞争对手正在做的以及计划要做的信息的收集。为了能在竞争中立足，一些最大的公司——尤其是正迅速变革的高技术领域（例如，通用电气、摩托罗拉、微软、惠普、IBM、美国电话电报、英特尔）——一直致力于 CI。事实上，加里·科斯特利（Gary Costley），（凯洛格北美公司 Kellogg Co. North America）的前任总裁说：那些不致力于 CI 的管理人员是"不合格的"，因为"不了解你的竞争对手是不负责任的行为"。[34]

在你将 CI 作为不道德的行为而加以排斥前，请注意我们现在讨论的任何事都是合法的。因为，CI 通常涉及的是收集正常途径易于得到、可利用的信息，例如包含在公共记录中的信息。公司需要列出一些关于自身财务和账目状况的信息，并服从法律的调控。任何人都可以利用包含这些信息的文件，不断增加的竞争者们确实也正在利用这些记录、信息。

同样，通过与对手公司的员工进行会谈也能获得有价值的信息。令人惊奇的是，你不需要从对方公司员工那里刺探什么，那些嘴松的员工会主动告诉你许多信息。有时候，你收集信息所需做的只是留心观察。例如，在科斯特利成为凯洛格总裁的前几年，他只是站在大街上观察作为竞争对手的通用食品（General Foods）公司在离自己公司不远的谷类农作物加工场装卸一种新的挤压机器。科斯特利后来用他所看到的作为基本依据，使他的老板确信应该改用那种机器。

大部分公司在碰到 CI 时不知如何处理，但也有一部分较成熟的公司能有意识地很好地利用这些信息。例如，在 20 世纪 80 年代中期，摩托罗拉派人去日本研究那些可能同它在欧洲竞争电子产品市场的公司预算状况。当发现有几家日本公司计划在欧洲销售半导体时，摩托罗拉迅速加强了这一领域的业务（例如，启动同其他公司的战略联盟）。所以当日本公司进入这一市场时，他们所引起的冲击比预计的要小得多。

竞争情报同样也帮助康胜啤酒(Adolph Coors)公司在低酒精度葡萄酒的市场中免遭失败。康胜公司派出了一支队伍去研究它的竞争对手盖洛(Gallo)公司,以便确切地了解它在哪些方面做得比较合理。他们了解到由于盖洛公司拥有自己的葡萄园,所以它可以使自己的产品少而精。康胜公司由此认为它不可能击败盖洛公司,所以放弃了它的竞争方案。

由于意识到少许的信息刺探工作可能带来巨大的效益,所以许多细心的公司尽量确保自己不那么容易地成为竞争对手的刺探目标,这些对手可能正在CI方面大试身手。事实上这些公司有时也雇人来打破自己的安全保障措施。如果这些反间谍能够得到有价值的信息,那么这些公司就可以在真正的危害产生之前堵住这些漏洞。当然,我们这里所讨论的不是那些必须公开的信息,而是出于不良动机所刺探得到的信息。

例如,有一些公司在必须填报的表格中包含了太多的信息。一些管理人员在他们的报告或新闻评论中也泄露了太多的信息,他们从来没有考虑过所说的可能使公司陷入困境。精通CI事务的公司不仅仅致力于CI,而且要确保自己不成为其他公司CI的目标。专家建议你要谨慎从事:要假定你的对手在CI方面比你强。

毫无疑问,CI已经成为许多公司的一个重要收益来源。Robert Flynn,这位孟山都(Monsanto)公司加甜剂(Nutra Sweet)生产部的首席执行官曾经称:CI对他的公司来说价值5000万美元(就所得到的以及没有丢失到竞争对手手中的收入而言)。[35]有了像这样的数字,很容易就能得出结论:公司必须将CI作为他们战略变革方案的重要部分。

# 词汇表

## 第一章 组织行为学领域

**行为科学(behavioral sciences)**：诸如心理学和社会学领域，它通过科学的方法探索关于人的行为和社会的知识。

**组织(organization)**：由群体和个人组成，一起达到某些一致目标的有结构的社会系统。

**组织行为学(organizational behavior)**：是通过运用科学的方法，获得组织情境中关于行为的各方面知识。

**科学管理(scientific management)**：一种早期的研究管理和组织行为的方法，它强调设计工作尽可能有效率的重要性。

**时间—动作研究(time-and-motion study)**：一项应用性研究，它通过将完成一项工作所需的单个动作进行分类和简化，以便找到完成这项工作的最佳途径。

**人际关系运动(human relations movement)**：有关组织行为的一个观点，拒绝主要以经济为取向的科学管理，相反，它认识到在工作场景中社会过程的重要性。

**古典组织理论(classical organizational theory)**：管理研究的早期方法，它关注组织构成的最有效方式。

**官僚制(bureaucracy)**：马克斯·韦伯发展的一种组织设计，它试图通过清晰的职权等级让组织有效地操作。在这样的组织中人们从事明确设定好的工作。

**X 理论(Theory X)**：一种传统管理学哲学，它认为大多数人是懒惰、不负责的，只有在压迫下才会努力工作。

**Y 理论(Theory Y)**：一种管理哲学，它认为在合适的环境下，人们完全有能力工作并承担责任。

**权变理论(contingency approach)**：这种观点认为组织行为受许多相互作用因素的影响。一个人的行为由许多同时出现的不同变量而定。

**开放系统(open systems)**：自我维持系统，它将从外部环境中的输入转变成输出，这样，系统又返回到环境中。

**全球化(globalization)**：全球化是一个就各自生活的文化、经济、政治、技术和环境方面把全世界的人们联系起来的过程。

**跨国公司(multinational corporations，简称 MNCs)**：跨国公司是重大的经营遍及不同的国家但总部只在一个国家的组织。

**外派者(expatriates)**：那些作为一个国家的公民却生活和工作在另一个国家的人们。

**文化(culture)**：人们与同一社会单位(例如一个国家)其他成员共有的一套价值观、习俗和信念。

**多元文化社会(multicultural society)**：在这个社会中，拥有许多不同种族、人种、社会经济和世代的群体，每一群体有着自己的文化。

**亚文化(subculture)**：在较大的、主要文化群体中的较小文化群体，每一种小文化群体可能都有自己明确规定的文化。

**文化休克(culture shock)**：当在适应一种新文化时，人们常变得迷惑、晕头转向的倾向。

**回归(repatriation)**：当人们远离本土文化一段时间后，重新调整以适应自己文化的过程。

**收敛性假设(convergence hypothesis)**：管理研究的一种偏见性理论，它假定优秀管理的原则是普遍的，那些在美国运行良好的管理实践会同样适用于其他国家。

**发散性假设(divergence hypothesis)**：管理研究的一种理论，它认为要知道如何有效地管理，需要对人们工作其中的文化有清楚地了解。

**熔炉(melting pot)**：指来自不同种族、人种和宗教背景的人们被转变成为接受一个共同的美国文化的原则。

**文化多元论(cultural pluralism)**：这种理论认为社会的融洽并不要求来自各种文化的人们同化或融为一体，相反人们各自的特性应得以保持并为他人所接受。

**尊重多样化(valuing diversity)**：指鼓励认识和尊重工作场所中不同的人。

**激增的一代(baby boom generation)**：指第二次世界大战后经济繁荣时期出生的婴儿。

**儿童照料场所(child-care falilities)**：在公司或靠近公司的场所，父母在工作时可把孩子放在那里。

**老人照料场所(elder-care facilities)**：在这些设施中，员工在工作中可将由他们负责照料的老人(如父母和祖父母)放在那里。

**个人支持政策(personal support policies)**：指一些多样化的做法，用以帮助员工满足他们家庭生活的需要，使他们集中精力于工作。

**灵活工作时间方案(flextime programs)**：指给员工一些何时上班、下班的自由处理权的政策。这样使工作日程适应个人生活的要求变得更容易。

**压缩工作周(compressed workweeks)**：每周工作的天数少一些，而每天工作的时间长一些这一做法(如每周工作 4 天，每天工作 10 小时)。

**工作分担(job sharing)**：是一种固定的、非全日性工作形式。结成对子的员工承担同一项工作的职责，根据每人工作时间的比例，均分责任、工资和利益。

**自愿减少工作时间(Voluntary Reduced Work Time (V-time) Programs)**：这些方案允许员工在一定程度上减少他们的工作时间量(通常是 10%或 20%)并按一定比例减少工资。

**远距离工作(telecommuting)**：远距离工作是指运用通信技术，使得工作能在遥远的地方(如家里)完成的做法。

**信息化 (informate)**：指工人通过在他们和那些物体之间“输入数据”来操纵物体的过程。

**外包(outsourcing)**：通过完全去除组织中那些非核心业务的部分(即对组织不太重要的任务)，而雇用外部公司来完成这些职能。

**核心能力(core competency)**：一个组织的主要(即组织做得最好的)能力。

**临时劳动力(contigent workforce)**：指组织临时雇用，根据需要，工作有限的一段时间的人。

**虚拟公司(virtual corporation)**：一个由一组公司组成，来开发一个具体机会的非常灵活的临时组织。

**全面质量管理(total quality management，简称 TQM)**：一种组织策略，组织通过技术开发来严格监控产品的质量，以此来提高顾客满意度。

**标杆管理(benchmarking)**：按照指定标准检测竞争对手的产品，以比较和改进自己的产品。

**质量控制审计(quality control audit)**：对于公司是否达到自己的质量标准进行严格的核查。

**马尔柯姆·波多里奇质量奖(Malcolm Baldrige Quality Award)**：美国国会设立的一个奖项，以表彰在提高产品或服务质量方面取得卓越成就的美国公司。

**道德准则(code of ethics)**：一种正式的文件，用以描述组织的基本道德主张、实施该主张的基本原则以及对员工行为的期望(如避免利益冲突、诚实等)。

**道德审计(ethics audit)**：对公司内在道德上存在疑问的事件所进行的积极的调查和取证。

## 第二章 知觉与学习

**知觉(perception)**：人们选择、组织和理解信息的过程。

**社会知觉(social perception)**：联接、整合和理解有关他人的信息以便准确理解他们的过程。

**归因(attribution)**：人们怎样去判断他人行为的隐含原因。

**对应推理(correspondent inferences)**：一般来说，我们通过观察别人的行为来了解他们，并从这些信息中推断出他们的个性，这种以我们从某个人身上观察到的信息为基础做出的对他的判断叫做对应推理。

**行为的内部原因(internal causes of behavior)**：以个人应该负责的行动作为基础。

**行为的外部原因(external causes of behavior)**：以个人无法控制的情况作为基础。

**凯利的归因理论(Kelley's theory of causal attribution)**：建议人们在三类信息的基础上去判断他人的行为是由外部原因还是由内部原因造成的：一致性、连贯性和特异性。

**一致性(consensus)**：是否每个人面对相似的情况都有相同的行为。

**连贯性(consistency)**：某人是否无论何时都有相同的行为。

**特异性(distinctiveness)**：个体在不同情境下是否表现出不同的行为。

**知觉偏见(perceptual biases)**：人们用不同的方式错误地知觉他人的倾向，包括基本归因错误、晕轮效应、类似吸引效应、第一印象错误和选择性知觉。

**基本归因错误(fundamental attribution error)**：将他人行为做内部归因而基本忽略外部因素的倾向。

**晕轮效应(halo effect)**：对他人的整体印象会影响对他们的品质的客观评价：在没有联系的个性特征之间建立起紧密的联系。

**类似吸引效应(similar-to-me effect)**：人们倾向于用几种不同的方法对与自己相似的人做出有利评价。

**第一印象错误(first-impression error)**：把对他人的判断建立在早期印象的基础上。

**选择性知觉(selective perception)**：人们注意环境中的一些方面而忽视另一些方面。

**刻板印象(stereotypes)**：认为某些特定团体中的成员都有相似的特质且有相同的行为方式。

**绩效评估(performance appraisal)**：从各个工作层面评价员工的过程。

**印象处理(impression management)**：个人为了给别人留下好印象做出的努力的过程。

**公司形象塑造(corporate image)**：不仅仅是个人希望给别人留下的好印象，组织也一样，这被称作公司形象塑造。

词 汇 表

**学习(learning)**：由于经验而发生的相对持久的行为改变。

**操作性条件反射(operant conditioning)**：人们将行为的结果与行为本身联系起来的一种学习形式。结果好的行为被接受，结果不好的行为被消除。

**工具性条件反射(instrumental conditioning)**：见操作性条件反射。

**效果律(law of effect)**：使得被期望的结果得到加强，而不被期望的结果被削弱的行为的一种倾向。

**正强化(positive reinforcement)**：人们学习采取行为以便导致期待结果的过程。

**负强化(negative reinforcement)**：人们学习采取行为以避免发生不被期待的结果的过程。

**回避(avoidance)**：见负强化。

**惩罚(punishment)**：减少了带来不良后果的不被期待的行为。

**消退(extinction)**：不再被强化的反应逐渐失去力量的过程。

**强化的相倚(contingencies of reinforcement)**：一个人的行为和其结果之间的各种关系——正强化，负强化，惩罚和消退合起来被称为强化的相倚。

**强化时间表(schedules of reinforcement)**：强化可以根据多种规则来加以管理，这涉及它的时间、频率等，总称强化时间表。

**连续性强化(continuous reinforcement)**：强化所有期待行为的时间表 。

**部分强化(partial reinforcement)**：只强化部分期待行为的时间表。

**间歇性强化(intermittent reinforcement)**：工作中的人们很少被不断地强化。组织奖励是一种部分强化(partial reinforcement)，也叫间歇性强化。

**固定时距强化时间表(fixed interval schedules)**：指期望的行为第一次发生时，经过特定的时距实施的强化。

**不定时距强化时间表(variable interval schedules)**：指在强化之间必须有不定的时距(根据平均数)。

**固定比率强化例时间表(fixed ratio schedules)**：期望的行为第一次发生时，经过完成特定数量的这种行为，所实施的强化。

**不定比率强化时间表(variable ratio schedules)**：指在强化之间，期望反应出现的次数必须是不定的(根据平均数)。

**观察学习(observational learning)**：通过系统观察他人获得的奖励和惩罚来获得新的行为。

**学徒训练计划(apprenticeship programs)**：现在越来越普及的是正式的学徒训练计划，它将课堂训练与一段长时间的实际工作训练(像木匠、电工、园艺工等等需要好几年)系统结合起来。

**跨文化培训(CCT)(cross-cultural training)**：公司为了雇员在国外工作和生活而进行的系统的培训。

**总经理培训计划(executive training programs)**：另一个流行的培训形式是总经理培训计划——这是公司针对高层领导开设的一系列讲座。

**公司大学(corporate universities)**：一些公司(如苹果电脑、摩托罗拉)非常重视培训，它们都建立了自己的公司大学满足公司员工培训要求的全日制培训中心。

**参与(participation)**：主动参加学习过程(越主动的参与会导致越有效的学习)。

**复习(repetition)**:反复练习一项任务来学习它的过程。

**培训迁移(transfer of training)**:培训中学到的技能被应用于工作中。

**反馈(feedback)**:对某人行为的结果信息。

**360°反馈(360°feedback)**:从组织中不同层次的多个信息源中收集反馈的实践。

**技能报酬(skill-based pay)**:相对于做一样或几样工作而言,人们所学技能的数量成为决定报酬多少的标准,这是一个新的奖励体制。

**团队奖励(team-based rewards)**:根据团队表现奖励其中员工的新的奖励体制。

**组织行为管理(organizational behavior management)**:通过系统管理奖励来改变组织行为的实践。

**塑造(shaping)**:有选择地强化接近期待目标的行为的过程。

**处罚(discipline)**:系统化实施惩罚的过程。

**渐进性处罚(progressive discipline)**:逐渐增强处罚的严厉度以惩罚做出不被接受的行为的员工。

## 第三章 个体差异

**人格(personality)**:由个体表现出来的独特的并相对稳定的行为、思想、情感模式。

**人职匹配(person-job fit)**:个体的人格品质和能力能够满足他所从事的工作要求的程度。

**交互作用论(interactionist perspective)**:行为取决于人格和情境因素间复杂的交互作用。

**客观测验(objective test)**:测量个体各种人格特征的问卷和量表。

**信度(reliability)**:在不同情境中,一个测验产生一致性结果的程度以及所有项目测量同一潜在结构的程度。

**效度(validity)**:测验的实际测量结果与测量目标的一致性程度。

**大五人格因素(big five dimensions of personality)**:假定在众多特质下潜在的人格五大维度。

**积极情绪倾向(positive affectivity)**:在很多情境下所拥有的积极情绪体验和倾向。

**消极情绪倾向(negative affectivity)**:在很多情境下所拥有的消极情绪体验和倾向。

**A型行为模式(Type A behavior pattern)**:以高度竞争意识、时间急迫感和急躁性为特征的一种行为模式。

**B型行为模式(Type B behavior pattern)**:以随和、轻松的风格为特征的一种行为模式,与A类行为模式相反。

**自我效能感(self-efficacy)**:个体对自己有能力完成一项具体任务的自信程度。

**自我监控(self-monitoring)**:个体为了给人留下可能的最好印象而随环境不同相应改变自己行为的一种人格特点。

**马基雅维里主义(Machiavellianism)**:希望通过操纵别人来达到自己目的的一种人格特点。

**成就动机(或成就需要)(achievement motivation or need for achievement)**:个体对胜出、成功克服难题和成为佼佼者的渴望。

**早晨型人群(morning persons)**:在早间最为精力充沛和机警的个体。

**晚上型人群(evening persons)**:在晚间最为精力充沛和机警的个体。

**能力(abilities)**:完成不同任务所要求的脑力和体力上的本领。

**认知智力(cognitive intelligence)**:人们理解复杂概念、有效适应环境、接受经验教训、从事不同形式的推理和通过仔细分析来克服困难的能力。

**实践智力(practical intelligence)**:解决日常实际问题的能力。

**默会知识(tacit knowledge)**:如何完成任务的知识。

**情感智力或情商(emotional intelligence)**:跟生活中的情感或感觉有关的一系列能力(如,认识并调整自己情感的能力、认识并影响别人情感的能力、自我激励的能力、与他人建立长期合作的高效关系的能力等)。

**体能(physical abilities)**:完成一项工作中所需的体力任务的能力。

## 第四章 组织激励

**激励(motivation)**:(唤起、指向)并维持人们的行为以达到某种目标的一系列过程。

**需要层次理论(need hierarchy theory)**:马斯洛的需要层次理论强调人类有五种需要(生理、安全、社交、尊重与自我实现),它们是按层次排序的,即在更高级水平的需要被激发以前,较低水平、更基本的需要必须被满足。

**生理需要(physiological needs)**:马斯洛需要层次理论中最低层次也是最基本的需要,包括基本的生理驱动,例如对食物、空气、水的需要。

**安全需要(safety needs)**:在马斯洛的需要层次理论中,安全需要是指对一种安全环境——免遭生理上的威胁或心理伤害的需要。

**社交需要(social needs)**:马斯洛的需要层次理论中的归属需要,即拥有友谊、爱以及被别人接受。

**缺失需要(deficiency needs)**:马斯洛需要层次理论中的生理需要、安全需要与社交需要。假如这些需要不被满足,人们将不能以一种健康的方式成长。

**成长需要(growth needs)**:马斯洛需要层次理论中的尊重需要与自我实现的需要,这些需要的满足有助于一个人实现他的最大潜能。

**尊重需要(esteem needs)**:在马斯洛需要层次理论中,发展自我尊重与获得别人认可的需要。

**自我实现需要(self-actualization)**:在马斯洛需要层次理论中发现自我以及实现自我的潜力。

**ERG 理论(ERG theory)**:由奥尔德弗提出的除了马斯洛需要层次理论之外的另一种理论,它假设有三种基本的人类需要:生存、关系与成长需要。

**新职介绍服务(outplacement services)**:公司为解雇的员工提供寻找新职业的帮助。

**目标设置(goal setting)**:为工作人员设置达到特定绩效水平的过程。

**自我效能感(self-efficacy)**:个体对他胜任特定工作的信心。

**目标承诺(goal commitment)**:人们接受并努力实现目标的程度。

**组织公平(organizational justice)**:组织中人们的公平感,包括关注结果分配的决策如何制定(程序公平)以及对那些结果本身的感知(公平理论所研究的内容)。

**公平理论(equity theory)**:此理论论述了人们努力维护自己的产出(报酬)与其投入(贡献)的比率与其他人产出与投入比率相比保持平衡。

**产出(outcomes)**:即报酬,员工从他们工作中所得到的薪水与认可。

**投入(inputs)**:人们在工作中所做的贡献,例如,他们的经历、资格或工作时间。

**报酬过高产生的不公平(overpayment inequity)**:导致内疚的状态,即一个人的产出/投入比率要比另一人即参照对象的产出/投入的比率要高。

**报酬过低产生的不公平(underpayment inequity)**:导致愤怒的状态,即一个人的产出/投入比率要比另一人即参照对象的产出/投入的比率要低。

**报酬公平(equitable payment)**:一个人的产出/投入与另一人即参照对象的产出/投入比率相等的状态。

**程序公平(procedural justice)**:制定决策过程的公平感。

**互动公平(interactional justice)**:用来决定组织产出的人际关系待遇方面所感受到的公平。

**双层工资结构(two-tier wage structures)**:即在报酬支付体系中,新来的员工要比做相同工作的但早些时候来的员工得到较少的报酬。

**期望理论(expectancy theory)**:这个理论认为激励是建立在人们对他们的努力将可能导致绩效产生的信念(期望)、由达到目标的可能性(工具性)与目标对人产生的价值(效价)相乘的产物。

**期望(expectancy)**:一个人对其努力将产生绩效的信心。

**工具性(instrumentality)**:个体根据本身的绩效水平而得到报酬的可能性的一种信念。

**效价(value)**:从组织中获得报酬对个人的价值。

**自助式福利计划(cafeteria-style benefit plans)**:这是一种激励制度,员工能从一个可供选择的菜单中挑选福利。

**绩效工资(pay-for-performance)**:根据员工绩效的数量与质量进行有区别支付报酬的一种制度,此项计划加强了人们对*工具性*的信念。

**工作设计(job design)**:建议对工作进行设计以提高人们工作兴趣的一种激励方法(参见工作扩大化、工作丰富化与工作特征模型)。

**工作扩大化(job enlargement)**:在水平相同的基础上给予一项工作更多的变化与任务以扩大一项工作的内容。

**工作丰富化(job enrichment)**:员工对其工作具有高度的控制权的一种实践,包括从计划、组织、执行与结果的评价。

**工作特征模型(job characteristics model)**:工作丰富化的一种方法,它明确指出了五种核心工作维度(技能多样性、任务同一性、任务重要性、自主性与工作反馈)能造成关键心理状态,转而对个人(如工作高度满意度)与组织(如减少离职)产生有益的结果。

**成长需求强度(growth need strength)**:描述人们在个人成长与发展具有高层次需要的人格变量。工作特征模型充分描述了人们具有很高的成长需求强度。

**激发潜力分数(motivating potential score,简称 MPS)**:正如工作特征模型中所建议的,用来描述设计一项工作对人们激励程度的一个指标,它是以工作诊断调查问卷为基础计算出来的。

## 第五章 和工作相关的态度:对工作、组织和同事的感受

**评价成分(evaluative component)**:我们喜欢或不喜欢某一特定的人、项目或事件。

**认知成分(cognitive component)**:对态度对象的正确或错误的信念。

**行为成分(behavioral component)**:与我们的信念和情感相一致的行为倾向。

## 词 汇 表

**态度(attitudes)**：个体对特定的人或组织的相对稳定的一系列情感、信念和行为的倾向性。

**与工作相关的态度(work-related attitudes)**：对工作以及工作环境各方面的态度。

**工作满意度(job satisfaction)**：个体对自己工作或积极或消极的态度。

**工作满意度的性情模式(dispositional model of job satisfaction)**：关于工作满意度的概念化的模型，该模型认为工作满意度是相对稳定的个体倾向，即一种超越情境并与个体同在的特征。

**工作描述指标(Job Descriptive Index，简称 JDI)**：一种用于测量工作满意度的等级量表，被试在这种测验中需要选择出那些所描述的符合自己工作实际情况的形容词。

**明尼苏达满意度问卷(Minnesota Satisfaction Questionnaire，简称 MSQ)**：一种用于测量工作满意度的等级量表，被试在这种测验中需要指出对于自己工作各方面的满意程度。

**薪资满意度问卷(Pay Satisfaction Questionnaire，简称 PSQ)**：一种用于测量员工对于自己薪资各方面满意程度的等级量表。

**关键事件法(critical incidents technique)**：一种测量工作满意度的方法，这种方法要求员工描述出与自己工作相关的特别满意或者特别不满的事件。

**双因素理论(two-factor theory)**：一种关于工作满意度的理论，该理论认为，人们对于工作的满意和不满意是由不同的因素引起的(即*激励因素*和*保健因素*)。

**保健—激励因素理论(motivator-hygiene theory)**：参见*双因素理论*。

**价值理论(value theory)**：一种关于工作满意度的理论，该理论认为，工作满意度的高低取决于个体的工作成果的价值与预期的价值之间的匹配程度。

**员工离职(employee withdrawal)**：员工的诸如长期性缺席、主动的跳槽(即主动辞职)等行为，此类行为可使员工逃避不利的组织环境。

**组织承诺(organizational commitment)**：个体对组织的认同度和卷入度，或者说是个体对组织的依恋程度(见情感承诺)。

**继续承诺(continuance commitment)**：个体由于认为离开某一组织付出的代价太大，而在这一组织内供职的意愿的强度。

**情感承诺(affective commitment)**：由于认同组织潜在的目标和价值而继续为一个组织工作的强烈愿望。

**规范承诺(normative commitment)**：员工由于其他方面的压力而继续在组织中供职的意愿。

**利润分配计划(profits-sharing plans)**：一种员工激励计划，根据公司的利润按照一定比率给员工分配红利。

**偏见(prejudice)**：对于特殊群体成员的消极态度，这种消极态度的根据仅仅在于对方所属群体的性质(如年龄、种族、性取向等)。

**歧视(discrimination)**：与偏见态度对应的行为，指由于对方的特殊群体身份而消极对待对方的行为。

**肯定行动法案(affirmative action laws)**：通过立法的形式给予在劳动力市场中受到不公平待遇的群体以平等的工作机会。

**多元化管理计划(diversity management programs)**：这一计划的目的在于倡导员工的个体差异并在组织中为妇女和少数民族员工创造支持性的工作环境。

**意识性多元化训练(awareness-based diversity training)**:多元化管理计划中的一类训练,用以提高员工在工作场所中对多元化问题的意识,并且帮助他们认识到对他人的潜在假设。

**技能性多元化训练(skill-based diversity training)**:建立在意识多元化训练基础之上的多元化管理方式,用以帮助员工提高在多元化管理中的技能。

## 第六章 行为管理:职业与压力

**组织同化(organization socialization)**:指的是个体从组织外参与到组织内并成为一个有效的组织成员的过程。

**进入打击(entry shock)**:许多进入组织的新来者所经历的迷惑和不知所措。

**实际工作预览(realistic job previews)**:指的是组织为其潜在员工提供在组织中工作的实际情形的精确描述。

**导师制(mentoring)**:是指经验丰富的导师作为徒弟的职业顾问,或者说促进徒弟的个人(和职业生涯)的发展。

**导师(mentor)**:一个更有经验的员工,他给年轻、缺少经验的员工(徒弟)提供建议、帮助和保护。

**徒弟(protégé)**:缺少经验的员工(通常为新手),通过和导师一起工作,实现其组织的社会化。

**职业(career)**:可以被简单定义为个体在某一段时间内的相关的工作经历。

**轮岗(job rotaton)**:员工在一个组织的各个部门之间横向流动。

**企业家(entrepreneur)**:开创他自己经营的个体。

**玻璃天花板(The Glass Ceiling)**:在美国劳动部门中被定义为:组织中的阻碍优秀的个体发展的偏见和人为制造的障碍。

**压力(stress)**:人们对外部需求作出的复杂反应,包括情绪反应、生理反应和相关的思维反应。

**压力源(stressor)**:引起压力的外部环境中的各种因素。

**紧张(strain)**:主要指由于长时期处于压力事件中使个体偏离正常的状态或导致个体行为异常。

**角色冲突(role conflict)**:人们不能协调不同组织的期望,或不能协调单一角色的多方面的要求。

**角色模糊(role ambiguity)**:指的是个体不能确定采取什么行为能够满足工作需要的现象。

**工作超载(overload)**:指的是员工所做的工作超过自己能够处理的范围的现象。

**工作量超载(quantitative overload)**:指的是当员工被要求做的工作量超过他某一特定时间段所能完成的工作量。

**工作欠载(underload)**:指的是员工被要求做的事情太少的现象。

**工作量欠载(quantitative underload)**:指工作量太少而导致的无聊的现象。

**工作质欠载(qualitative underload)**:指工作缺少精神刺激,单调重复。

**性骚扰(sexual harassment)**:为不受欢迎的性表示,性喜爱要求和其他的带有性的身体或生理的行为。

**日常烦恼(daily hassles)**:指的是日常生活中无数的令人烦恼的小事,虽然这些事件的紧张度不高,但发生的频率挺高,可能发生在生活的各个方面,包括家务(如做饭、购物)的烦恼,时间压力烦恼(如有很多事情要做),经济烦恼(如欠债)。

**倦怠(burnout)**:是指由于个体长期处于压力下出现的综合症状,主要包括三个部分情绪衰竭、玩世不恭、成就感低落。

**复原(resiliency)**:是指员工学习减轻压力的负面影响的方法。

**冥想(meditation)**:是指员工通过重复单一音节的方法来清理其混乱的思想的一种放松技巧。

**放松训练(relaxation training)**:是关于个体减轻焦虑和压力的培训。

**压力管理计划(stress management programs)**:是指组织设计的系统帮助员工减轻压力水平或预防压力产生的计划。

**保健计划(wellness programs)**:是指组织为了增强员工健康的多样化训练计划(如体育锻炼、tritional 训练)。

**员工帮助计划(employee assistance programs,简称 EAPs)**:是指组织为员工提供各种问题帮助的计划(如药物滥用、职业规划和法律问题)。

## 第七章 群体动力学以及团队工作

**群体动力学(group dynamics)**:关注群体本质的社会科学,包括影响群体形成及发展的因素,群体的构成因素,它们与个体,其他的群体以及组织之间的相互联系。

**团队工作(teamwork)**:在团队中工作的实践(见团队)。

**群体(group)**:两个或两个以上相互交流个体的组合,他们之间有一种保持固定的关系模式,分享共同的目标,并且把他们自己看做是一个群体。

**正式群体(formal group)**:由组织产生的群体,它们特意用来引导成员完成一些组织目标。

**命令型群体(command group)**:由正式组织成员之间的关系所决定的一个群体。

**任务型群体(task group)**:由于一些特殊的任务而形成的正式组织群体。

**常务委员会(standing committees)**:永久性的委员会。

**特定委员会(ad hoc committees)**:由于特殊的目标而形成的一个临时的委员会。

**特别工作组(task forces)**:见特定委员会。

**非正式群体(informal groups)**:在人们中间自然发展起来的群体,没有来自组织的指导。

**兴趣型群体(interest group)**:为了满足共同兴趣聚在一起的一组成员。

**友谊型群体(friendship groups)**:由于它们的成员是朋友并且经常在组织外面相互交往而形成的非正式群体。

**五阶段模型(five-stage model)**:认为群体的发展经历五个阶段——形成、震荡、规范化、执行任务、中止阶段。

**间断—平衡模型(punctuated-equilibrium model)**:群体发展的一种概念,它认为群体一般在前半段时间计划它们的活动,然后在后半段时间修订并完成他们的计划。

**群体结构(group structrue)**:构成群体的个体之间的人际关系模式;使群体既有秩序又可预测地运行的群体行为向导。

**角色(role)**:一个人在特殊社会环境中典型的行为特征。

**角色扮演者(role incubent)**:扮演一个特殊角色的人。

**角色期望(role expectations)**:对扮演特殊角色的人所期望的行为。

**角色分工(role differentiation)**:各种专门角色随着群体的发展而出现的趋势。

**工作取向角色(task-oriented role)**：群体中的个人行为，他比别人付出更多以帮助群体实现目标。

**社会情感角色(socioemotional role)**：群体中的个人行为，他乐于助人并且对他人充满爱心，使别人感到很舒服。

**自我取向角色(self-oriented role)**：群体中的个人行为，他常常会强调自己的利益，而不惜牺牲他人的利益。

**规范(norms)**：引导群体成员行为的大家都共同接受的非正式规则。

**规定性规范(prescriptive norms)**：在群体内部，对于支持的行为所持的期待。

**禁止性规范(proscriptive norms)**：在群体内部，对于不受支持的群体成员行为所持的期待。

**地位(status)**：他人对群体或个人的相应威望，社会位置或层次的界定。

**正式地位(formal status)**：根据他在组织中的正式位置，一个人所拥有的威望。

**地位标志(status symbols)**：反映个人在一个组织的等级制度中所处地位的事物。

**非正式地位(informal status)**：对那些有一定特点的个体给予的威望，而这种威望没有被组织正式认可。

**凝聚力(cohesiveness)**：一种使成员想留在群体中的力量。

**社会助长作用(social facilitation)**：他人在场时有可能会提高个人的绩效，也可能会防碍个人的绩效，这种倾向称作社会助长作用。

**社会助长作用的驱动理论(drive theory of social facilitation)**：该理论认为，他人在场会增加唤起，唤起反过来会增加人们表现支配性反应的倾向。如果反应是对所熟悉的情形做出的，绩效就得到提高，如果反应是对生疏的情形作出的，则绩效就受到阻碍。

**评价顾虑(evaluation apprehension)**：害怕另一个人对自己进行评价或判断。

**计算机绩效监控(computerized performance monitoring)**：使用计算机来监控工作绩效的过程。

**电视会议(videoconferencing)**：使用高科技将听众和电视联系起来(有限的或者是完全动态的)，因此也允许了人们之间的可视化交流，虽然他们不在一个物理空间。

**共享屏幕会议(shared-screen conferencing)**：将计算机工作站联系起来提供一致的信息展示和个体之间交流的一个过程。

**累加性任务(additive tasks)**：一种群体任务，在任务中，几个成员的联合努力累加在一起完成了群体的任务。

**社会惰化作用(social loafing)**：随着群体规模的增加，群体成员在累加性任务上付出的个人努力减少的趋势。

**社会影响理论(social impact theory)**：这个理论通过每个群体成员在做自己应该做的事时分散责任来解释社会惰化作用(看社会惰化作用)，群体越大，每个成员受作用于群体的社会力量的影响就越小。

**个体主义文化(individualistic cultures)**：在这种文化中，成员高度重视个人的成就和成功。

**集体主义文化(collectivistic cultures)**：在这种文化中，成员高度重视共同的责任感以及集体的利益。

**团队(team)**：属于一种群体，它的成员有互补的技能并且承诺于一个共同的目标或一系列绩效目标，他们认为他们自己应该为这些目标共同负责。

**高绩效团队(high-performance teams)**：成员之间彼此相互关注着个人生长和成功的团队。

**工作型团队(work teams)**：团队的成员主要关心通过使用母公司的资源来创造出自己的成果。

**改善型团队(improvement teams)**：这种团队的成员主要侧重于母公司所使用方法的效率的提高。

**自我管理团队(self-managed teams)**：这种团队允许它的成员对自己如何进行工作做出重要决策。

**自导型团队(self-directed teams)**：见自我管理团队。

**跨职能型团队(cross-functional teams)**：包括来自组织内不同专业领域的成员形成的群体。

## 第八章 组织中的沟通

**沟通(communication)**：个人、群体或组织(即发送者 sender)将某种信息(即消息 message)传递给另一个个人、群体或组织(即接收者 receiver)的过程。

**编码(encoding)**： 将一种想法转化成接收者所能理解的形式(如书面语言或口头语言)的过程。

**沟通渠道(channels of communication)**：信息传递的通路(如：电话线、邮路等)。

**译码(decoding)**：接收者将信息还原到发送者原来意思的过程。

**反馈(feedback)**：接收者对所收到的信息做出的反应。

**言语沟通(verbal communication)**：通过使用词汇或者以书面方式,或者以口头方式来传达和接受观点的过程。

**非言语沟通(nonverbal communication)**：不通过词汇(如：通过手势和对空间的利用)来传递信息的过程。

**时事通讯(newsletters)**：面向大众的定期出版物,是在行业和非行业领域中向员工们介绍他们感兴趣信息的内部文件。

**员工手册(employee handbook)**：介绍公司基本信息的文件,通常是对公司背景、行业性质、公司规章的一个概要。

**个人沟通风格(personal communication)**：指与别人沟通时所采取的一贯方式(即：贵族型、苏格拉底型、沉思型、长官型、候选人型、参议员型)。

**正式沟通(formal communication)**：有关组织工作的各类信息的交流。

**非正式沟通(informal communication)**：组织正式活动之外的非工作信息的交流。

**组织结构(organizational structure)**：正式规定的各部门间的关系模型。

**组织图(organizational chart)**：以图形的方式展现了组织的结构以及组织中的沟通情况。

**沉默效应(MUM effect)**：不愿告诉上司坏消息,表现为或是不愿传递坏消息、或是向某人推卸责任。

**老男孩网络(old-boys networks)**：在背景相似的男性组成中形成的同性别的非正式沟通网络。

**雪球效应(snowball effect)**：人们与他人共享非正式的一种趋向。

**小道消息(grapevine)**：组织内部建立在友谊或熟人基础上的非正式沟通渠道。

**流言(rumors)**：很少建立在事实上的、并经常通过非正式渠道传播的信息(见小道消息)。

**战略沟通(strategic communication)**：向广大的外部受众(如：新闻媒介)展示公司信息的实践。

**行话(jargon)**：特定团体使用的独特语言。

**K. I. S. S. 原则(K. I. S. S. Principle)**：一个建议尽可能保持信息简练(即使信息又短又简单)的基

本沟通原则。

**HURIER 模型(HURIER model)**：这个概念表述了有效倾听的六项基本技能：倾听、理解、记忆、解释、评估和反应。

**超负荷(overload)**：组织中的一个机构由于接收了过多的信息而不堪重负的状况。

**支持性沟通(supportive communication)**：任何准确、诚实，并以建立和增进而不是损害关系为宗旨的沟通。

**无效语言(invalidating language)**：引起伤害某人自我价值感等消极情感的语言。

**有效语言(validating language)**：使人们感到受到认可与被人接受的语言。

**相关言论(conjunctive statements)**：可将你说的和讲话者的谈论联系在一起的言论。

**不相关言论(disjunctive statements)**：与讲话者先前谈话无关的言论。

**图像媒介沟通(video-mediated communications，简称 VMC)**：通过电脑实现的人们能彼此看到和听到的会议形式。

## 第九章 组织中的决策

**决策(decision making)**：在几个备选方案中选择一个的过程。

**决策的分析模型(analytical model of decision making)**：把决策过程概括为八个步骤的一般模型。

**预决策(predecision)**：关于在决策过程中采用何种程序的决策。

**决策支持系统(decision support systems，简称 DSS)**：为决策者提供组织行为学方面的信息，帮助他们作出决策的计算机程序。

**程序化决策(programmed decisions)**：根据事先确定的组织规章和程序，做出的常规决策。

**非程序化决策(non-programmed decisions)**：针对没有明确行动方案的新问题做出的决策。

**战略决策(strategic decisions)**：非程序化决策的一种，是由高层做出的，制定指导方针的决策。

**自上而下的决策(top-down decision making)**：决策权掌握在上级手中，低级别的员工没有机会参与决策。

**授权决策(empowered decision making)**：授权员工自行做出决策。

**决策风格(decision style)**：决策倾向的个体差异。

**决策风格模型(decision-style model)**：根据四种主要的决策风格：命令型、分析型、概念型、行为型，而建立的概念体系。

**群体盲思(groupthink)**：凝聚力高的群体中，群体成员迫于群体压力而从众，同意某一方案，从而抑制了群体内的批判性思维，排斥了外界正确的信息的进入。

**理性决策(rational decisions)**：最大程度达到个人的、群体的、或组织的目标的决策。

**理性—经济模型(rational-economic model)**：决策的理想化模型，它认为决策者要首先考虑所有的备选方案，然后做出完美决策。

**管理模型(administrative model)**：一种描述现实决策状况的模型，它认为人们由于受到有限理性的制约，很难做出理性—经济模型所描述的完美决策。

**满意决策(satisficing decisions)**：用最先得到的，达到最低标准的备选方案作为决策方案的决策。

**有限理性(bounded rationality)**：管理模型的主要假设——组织的，社会的和个人的局限使人们只能做出满意决策，而不能做出完美决策。

**有限判断(bounded discretion)**：决策的备选方案不能超出当前的道德标准允许的范围。

**印象理论(image theory)**：一种决策理论，它认为决策是以一种下意识的，直觉的方式进行的。人们通常会采用最符合个人原则，当前目标，未来计划的方案。

**框架效应(framing)**：人们会根据问题呈现方式不同做出不同决策的倾向。

**风险选择的框架效应(risky choice framing effect)**：当问题用强调既得利益的方式呈现时，人们有规避风险的倾向；当问题用强调可能的损失的方式呈现时，人们有做风险决策的倾向。

**特性的框架效应(attribute framing effect)**：如果从正面呈现某种特性，人们就会从积极的方面评价这种特性。反之亦然。

**目标的框架效应(goal framing effect)**：当劝说别人干某事的时候，告诉他不这样干的恶果比告诉他这样干的好处更能起到劝说的效果。

**启发式(heuristics)**：用简单的法则(如，经验法则(rules of thumb))迅速地做出一系列复杂决策。参见简单的直观推断和刻板直观推断。

**可得性启发式(availability heuristic)**：人们有根据现成的信息(这些信息可能不太准确)做出决策的倾向，因而影响了决策质量。

**代表性启发式(representativeness heuristic)**：指如果一个人表现出某些团体所具有的典型特征，我们就会刻板地认为他属于那一个团体的倾向。

**内隐偏爱(implicit favorite)**：决策者偏好的方案。在考虑其他的备选方案以前，决策者就已经下意识地选中了它。

**证实方案(confirmation candidate)**：除内隐偏爱方案外的其他备选方案，决策者考虑它们仅仅是为了证明内隐偏爱方案的正确性。

**承诺升级现象(escalation of commitment phenomenon)**：人们支持先前的错误决定的倾向。

**脑力激荡法(brainstorming)**：一种提高群体决策效率和改善决策质量的方法。它鼓励群体中彼此相互作用的成员自由地发表意见，不许批评讨论中提出的任何观点。

**过度警觉(hypervigilance)**：是决策者的一种不良决策状态。具体表现为疯狂地搜索能快速解决问题的方案，找了一个又一个，最后绝望地发现已有的方案都不够理想，而新的方案还没有想出来。可是剩下的时间已经不多了。

**先入为主(unconflicted adherence)**：坚持采用第一个进入脑海的方案，而不去评价其执行效果的决策误区。

**没有主见(unconflicted change)**：决策者的主意变得非常快，而且总是倾向于采用刚提出的最新方案的决策误区。

**防御性回避(defensive avoidance)**：决策者不能有效地解决问题，是因为他们想尽一切办法来回避手头的问题。这样的决策误区就是所谓防御性回避。

**德尔菲技术(Delphi technique)**：一种用专家的意见改善群体决策的方法。首先通过信件征求专家意见，然后进行编辑整理，最后专家们的一致同意的方案就是群体的决策方案。

**名义群体技术(nominal group technique，简称 NGT)**：一种改善群体决策的方法。首先，在名义群体内系统地陈述个人的方案，然后对这些方案进行讨论，最后每个成员依据自己的偏好对所有方案进行表决,最后得票最多的方案就是最终的决策方案。

**电子会议系统(electronic meeting systems)**:通过电话线路或卫星传输使得在不同地点的人能在一起开会的技术系统。各个会场的情况通过电脑显示器或者电视屏幕呈现出来。

**阶梯技术(stepladder technique)**:一种改善群体质量的决策技术。它能弱化群体成员不愿意表达自己思想的倾向。具体做法是:不断向群体中加入新成员。群体成员已经对问题进行讨论之后,让新的成员向群体表达自己对问题的独立见解,然后加入群体讨论。

## 第十章 合作—对抗:组织中的亲社会与偏离行为

**利他主义(altruism)**:一个人在不求任何回报的前提下为他人谋利益。

**亲社会行为 (prosocial behavior)**:用各种方法帮助其他个人或组织的行为。

**组织公民行为 (organizational citizenship behavior)**:组织成员的超出工作正式需要的行为。

**揭发(whistle-blowing)**:员工揭发雇主对员工或者组织对员工所做一些的不合法的、不道德的或不规范的行为。

**合作(cooperation)**:两个或更多的个人,群体或组织为了共同的利益实现共同的目标一起工作的一种相互援助的行为方式。

**竞争 (competition)**:一个个体、群体或组织经常以牺牲他人的利益为代价来力求使自己的利益最大化的一种行为方式。

**社会两难境地 (social dilemma)**:是一种特殊情况。在这种情况下,各部分(比如个人、群体或组织)都可以通过一种方法来提高自己的收益,但如果大家(或大部分人)都这样做时,反而没有人会得到益处。

**互惠(reciprocity)**:人们以他人对待自己的方式回报他人的倾向。

**信任(trust)**:个人对他人具有诚意的信心,相信他人会为了群体的目标而努力。

**冲突(conflict)**:是一个过程,在这个过程中一个成员感觉到其他成员采取的(或将要采取的)一些行动将对自己的主要利益带来不良影响。

**分配(distribution)**:只关心自己的收入。

**整合(integration)**:同时关心他人的收入。

**协商(bargaining)**:双方直接或通过代表交换提议,反对提议和让步的一个过程。

**谈判(negotiation)**:与“协商”同义。

**双赢情况(win-win situation)**:在这种情况中双方的利益并不是完全抵触的,存在着两方利益都最大化的可能。

**整合一致(integrative agreements)**:双方能提出比简单的折衷(即把所有的差异都一分为二)更能满足共同利益的一致意见。

**不能相容错误(incompatibility error)**:冲突中的双方都倾向于假设他们的利益是水火不相容的。

**固定估计错误(fixed-sum error)**:冲突中的一方倾向于假设问题的每一方面对他们自己与对对方都是同等重要的。

**高估透明度(transparency overestimation)**:相信对对手来说我们自己的目标和动机要比真实情况中的更显而易见。

**调停(mediation)**:在协商过程中第三方尽力在冲突双方中提出一个能自愿达成一致的建议。

**仲裁(arbitration)**:在协商过程中第三方(包括仲裁者)利用权利强迫(或者至少是强有力的建议)冲突双方达成一个一致意见。

**组织偏离行为(deviant organizational behavior)**:员工有目的地违背他们的群体、组织或社会已有的规章并对同事或组织带来负面后果的行为。

**工作场所暴力(workplace violence)**:以前或者现在的员工对组织中的其他员工进行直接身体攻击的情况。

**工作场所侵犯(workplace aggression)**:在工作场所中个人试图伤害其他人的各种行为。

**员工偷窃(employee theft)**:员工未经许可而占用公司的财产供个人所用的行为。

## 第十一章 组织中的影响、权力和政治

**社会影响(social influence)**:那些在用期望的方式去影响他人的这一过程中所作出的努力。

**权力(power)**:指按照期望的方式改变他人态度或行为的能力。

**组织政治(organizational politics)**:为了实现自己个人或自己组织的利益而在未经授权的情况下使用有关的权力。

**迎合(ingratiation)**:这是指通过让他人处于好的情绪状态或者让他们喜欢你,从而让他们去做你想让他们去做的事情。

**职位权力(position power)**:依据个人所在组织中的正式职位而形成的权力。

**法定性权力(legitimate power)**:从组织层次中某一职位派生出来的个人权力基础,源自某人职位的并且得到接受的权力。

**奖励性权力(reward power)**:从奖励他人的能力中衍生出来的个人权力基础。

**强制性权力(coercive power)**:从惩罚他人的能力中衍生出来的个人权力。

**信息权力(information power)**:是主管向下属提供工作之需要的程度。

**个人权力(personal power)**:由个体素质和特征所衍生出来的权力。

**理性说服(rational persuasion)**:运用逻辑论证和事实论据来让他人信服。

**领袖魅力(charisma)**:一种极具感染力的激情和乐观;一种领袖的风范。

**专家性权力(expert power)**:基于个人被公认的、高级技巧和能力的权力。

**参照性权力(referent power)**:伴随个人受他人喜欢与崇拜的程度而衍生出来的个人权力。

**授权(empowerment)**:指把责任和权力从经理手中下放到员工手中的行为。

**资源相依性模型(resource-dependency model)**:这种理论认为,控制组织中最重要资源的部门拥有最大的权力。

**战略列联性模型(strategic contingencies model)**:此理论可以解释因有能力控制其他部门的活动而获得权力的现象。一个部门的权力在减少其他部门所面临的不确定性时往往得到加强,该部门往往占据其所属组织中的中心位置,而且其行为也常常显得不可或缺。

**组织中的适应人(organizational chameleons)**:这些个体心里清楚在他们所属的组织中什么样的行为通常是正确的。他们会以其他的一些方式和途径来让人们意识到他们正在以这些正确行为方式在进行组织活动和过组织生活。

**互惠原则(reciprocity)**:该原则认为人们希望自己提供他人的帮助能够获得回报。

**替罪羊(scapegoat)**:一个因他人的失败或过错而受斥责或承担后果的替他人背黑锅的人。

**鼓舞人心(Inspirational appeal)**:通过赞赏或迎合他人的价值观和理想来唤起他人的热忱和热情。

**磋商(Consultation)**:在决策时,寻求他人的参与和支持,或者让他人参与变革计划的制定。

**交换(exchange)**:许诺用一些利益来作为他人应允你要求的交换条件。

**私人恳求(personal appeal)**:在说出要求之前赢得他人的忠诚和友谊。

**照章办事(legitimating)**:指出某人有权提出要求,或者核准认为这与组织的大政方针以及主流行为相一致。

**施压(pressure)**:通过使用规定、威胁或者恫吓等手段以得到应允和配合。

**一致性(congruence)**:你要想提高所付努力的信誉的话,就请挑一个与你既有专长相关的问题。如果你挑了一个你专业领域以外的问题的话,这将可能只会引起很小的关注。

**信誉(credibility)**:请弄清楚,你对这一问题的兴趣并非着眼于你自己的个人利益。如果解决这个问题是为了个人私利的话,你将信誉全无。

**沟通(communication)**:让尽可能多的人能听到你的论述和论辩,并且尽可能地使用许多不同的方式和渠道来进行沟通(比如说,电子邮件、会议陈述,以及便条等)。

**和谐性(compatibility)**:确保这个问题与组织的原则和任务是相连的,同时避免与公司的文化相左。

**可解决性(solvability)**:如果你能为问题提供切实可行的解决方案的话,你就能受到关注;而挑一个根本无法解决的问题就不大可能引起关注了。

**薪酬支付(payoff)**:能够对针对组织的长期薪酬与针对管理者的长期薪酬进行区分。薪酬数额越大,问题就越可能被接受以便解决。

**专长(expertise)**:就如何通过现有的人手来给你所提的问题予以解释。

**责任(responsibility)**:解释一下你的问题之所以属于经理责任范围之内(或称分内之事)的原因,这样就会起到以建议的方式暗示经理自己去处理这个问题是合情合理的效果。当然,你也可以道明如果忽视这一问题将会出现什么样的消极后果。

**透明度(visibility)**:在公开场合将这一问题"转售"给你老板,而不是在私下里会面时。这样做就能让更多的人听到这一问题,这就会增加经理将此问题排上工作日程的可能性。

**结盟(coalition)**:让支持你的人结成联盟。这样就可以防止你的提案被老板否决。因为拒绝实施一项由多人支持的提案的难度要比拒绝一项仅由一人倡导的提案的难度大多了,老板不得不对这一问题予以考虑。

**权力距离感高(high power distance)/权力距离感低(low power distance)**:菲律宾人、墨西哥人以及印度人权力距离感高。他们对较有权势的上司很是尊敬,而且自己不愿意表现出什么越权行为。而那些权力距离感低的国度(如奥地利,以色列以及丹麦等)中的人们更多地对较有权势的人则是另眼相看了。

**阻抗性游戏(insurgency games)/反阻抗性游戏(counterinsurgency games)**:这是一些政治游戏,它们是用来阻抗权力的;与之相对的其他一些政治游戏,我们称之为反阻抗性游戏,它们是用来抗击上面的那些权力阻抗性行为的。

## 第十二章 组织中的领导

**领导者(leaders)**：团体或组织中对其他成员最具影响力的个人。

**领导(leadership)**：个人影响团体中其他成员以达到团体或组织既定目标的过程。

**领导特质论(trait approach to leadership)**：认为领导者之所以成为领导者是因为他们拥有与众不同的特质的一种观点。

**伟人论(great person theory)**：认为领导者拥有与众不同的特质，并且认为这些特质是他们处于统治地位的原因的一种观点。

**领导动机(leadership motivation)**：渴望影响他人，特别是影响他人以达到共同目标的一种欲望。

**个人化的权力动机(personalized power motivation)**：支配他人的一种愿望，反映在过多地关注职位的升降。

**社会化的权力动机(socialized power motivation)**：与他人合作而不是支配或控制他们的一种愿望。

**专制型(领导风格)(autocratic leadership style)**：领导者单方面做出所有决定的领导风格。

**专制—授权连续模式(autocratic-delegation continuum model)**：描述领导者如何把权力分配给下属的一种领导论。它包括从控制每一件事(即专制)到允许他人自己做出决定(即授权)等不同风格。处于这两种极端之间的是参与式的领导风格。

**下属参与的双维模式(two-dimensional model of subordinate participation)**：描述领导者如何影响被领导者的一种领导论。这种模式根据其对下属是进行指导还是纵容以及在做决策时的参与程度和专制程度，对领导者进行了区分。根据在双维方格中所处的位置，领导者个人可以被分为四种类型。

**初始结构型(initiating structure)**：领导者为增加产量或提高任务完成的质量而进行的活动。主要关注这些目标的领导者显示出任务导向风格。

**生产导向型(production-oriented)**：见初始结构型。

**关怀型(consideration)**：领导者为关心下属的福利并与下属建立良好的关系而采取的行为。主要关注这种任务的领导者显示出员工导向型风格。

**员工导向型(person-oriented)**：见关怀型。

**方格训练(grid-training)**：一个多步骤的过程，目的是发展既关心生产又关心员工的行为。

**领导者—成员交换模式(leader-member exchange model，简称 LMX)**：认为领导者与不同的下属之间形成不同的关系，并认为这种双向交换的本质会影响下属的业绩和满意度。

**归因理论(attribution approach)**：领导者对被领导者的表现进行归因——领导者对表现的内在原因进行认识的一种领导论。

**魅力型领导者(charismatic leaders)**：对被领导者产生特别巨大的影响的领导者。这样的个体具有很强的自信心和清楚明确的看法，行为不循规蹈矩，被认为是变革的代言人，并且对环境的限制具有敏感性。

**变革型领导(transformational leadership)**：在这种领导中，领导者凭借他们的领袖魅力来变革或复兴他们的组织。

**领导权变理论(contingency theories of leadership)**：认为某些领导风格在一些情境下很有效，而在另一些情境下则不然的理论。

**LPC 权变理论(LPC contingency theory)**：认为领导者的特征(即,LPC 分数)以及他们在一定情境下控制下属的水平决定了领导效果的一种理论。

**LPC**：对最难共事者的尊重的简称;通过他们是关心人(高 LPC)还是关心生产(低 LPC)。

## 第十三章 文化、创造力与创新

**组织文化(organizational cultures)**：由组织成员的态度、价值观、行为规范以及共同愿景所构成的认知体系。

**亚文化(subcultures)**：存在于组织个别部门中的文化,作用范围不及整体。

**主流文化(dominant culture)**：组织所拥有的独具特色、具有象征意义的"个性"。

**双 S 模型(double S cube)**：这种理论系统通过*社会性*和*一致性*两个维度将组织行为划分为四种类型：网络型文化、利欲型文化、离散型文化和共享型文化,每一类型都同时具有正面和负面的性质。

**社会性(sociablity)**：*双 S 模型*中的一个维度,描述了组织成员间关系的融洽程度。

**一致性(solidarity)**：*双 S 模型*中的一个维度,描述了组织成员对组织任务与目标的共识程度。

**网络型组织文化(networked culture)**：根据*双 S 模型*,这是一种社会性高但一致性低的组织文化。

**利欲型组织文化(mercenary culture)**：根据*双 S 模型*,这是一种社会性低但一致性高的组织文化。

**离散型组织文化(fragmented culture)**：根据*双 S 模型*,这是一种社会性低且一致性低的组织文化。

**共享型组织文化(communal culture)**：根据*双 S 模型*,这是一种社会性高且一致性高的组织文化。

**标志(symbols)**：含深层意义的物理形象。

**原则性声明(statements of principle)**：描述用以引导整个组织运作的准则和信念的书面文件。此类公文有助于强化组织的文化。

**道德章程(codes of ethics)**：关于公司道德准则的明确规定。

**心理契约(psychological contract)**：员工与组织之间就相互间权利和责任的含蓄且非正式的共识。

**创造力(creativity)**：个体或团队提出新颖且有价值的创意的过程。

**能产性遗忘(productive forgetting)**：我们抛弃无用的观点并且暂时中止手中受阻的工作直到发现新的思路。

**创造性启发式(creative heuristics)**：帮助人们通过新颖独到的途径解决问题的思维策略。

**创新(innovation)**：人们在组织环境中成功地运用创意的过程。

**任务报告书(mission statement)**：描述组织创新的总体纲领和基本目标的文件。

## 第十四章 组织结构与组织设计

**组织结构(organizational structure)**：关于组织中任务、责任和权力在个人和群体间的正式分配。

**组织结构图(organizational chart)**:用来表示组织中不同部门之间联系的图表;它是组织设计的生动描述,规定谁与谁联络。

**职权层级(hierarchy of authority)**:组织中汇报关系的构成(即谁向谁汇报)。

**劳动分工(division of labor)**:将组织中许多任务分成专门工作的过程。

**管理幅度(span of control)**:组织中上级管理的下级员工的数目。

**直线职位(line positions)**:组织中的职位,在这里的人可以做与基础工作有关的决定。

**参谋职位(staff positions)**:组织中的职位,在这里的人可以向他人提建议而不作有关日常操作的决定。

**分权(decentralization)**:权力和决定散布到组织的所有层次而不是为高层管理者服务的(即集权)。

**部门化(departmentalization)**:将组织分成相联系单元的过程。

**职能组织(functional organization)**:以执行的活动或职能为基础的部门类型(例如,销售,金融)。

**产品组织(product organization)**:以生产的产品(或生产线)为基础的部门类型。

**矩阵组织(matrix organization)**:部门化的一种类型,在这里产品或项目形式与职能形式相融合。

**水平组织(horizontal organization)**:在扁平等级中使用自发工作团队,通过执行的过程来构建组织的实践。

**组织设计(organization design)**:以最适宜的方式协调组织结构要素的过程。

**古典组织理论(classical organization theory)**:假定设计组织有单一的最好的方式。

**新古典组织理论(neoclassical organizational theory)**:试图改进古典组织理论,主张组织结构的目标除了经济效益外还包括员工满意。

**权变方法(contingency approach)**:当代理论认为没有一种组织设计的最好方法,但最好的设计是最适应环境条件的设计。

**机械组织(mechanistic organization)**:一种内部组织结构,在这里人们执行专门的工作,有严格的规定,权力授给一些高层管理者。

**有机组织(organic organization)**:一种内部组织结构,在这里工作趋向更普通,有很少的规定,低层员工可以作决定。

**操作核心(operating core)**:从事与组织的产品或服务有关的基本工作的员工。

**战略顶层(strategic apex)**:对整个组织的运行负责的最高执行层。

**中间层(middle line)**:在战略顶层和操作核心之间传递信息的经理(见战略顶层和操作核心)。

**技术机构(technostructure)**:负责组织活动不同方面标准化的专业人员。

**协同人员(support staff)**:对组织提供间接支持服务的人员。

**简单结构(simple structure)**:该种组织的特征是:小型的和非正式的,由单一的权力个体(常常是创业者)掌管一切。

**机械官僚制(machine bureaucracy)**:是这样的组织结构,在这里工作是高度专门化的,决策集中在高层,工作环境不易改变(例如,政府机构)。

**专业官僚制(professional bureaucracy)**:有许多规定的组织(例如,医院,大学),但员工是高度熟练的且可以自己做决定。

**分部制结构(divisional structure)**：由许多大型组织使用的形式，在这里由独立的、自发的单元处理整个生产线，从而让高层管理者集中于大型的战略决策。

**专家控制机构(adhocracy)**：是一个高度非正式的有机组织，在这里专家以团队工作，在不同的项目上互相协作(例如，许多软件开发公司)。

**无边界组织(boundaryless organization)**：是这样一种组织，在这里命令链被取消了，管理幅度是无限的，且严格的部门让位于授权的团队。

**组合式组织(modular organization)**：是这样一种组织，在它的周围是通常外包的无中心职能的其他组织。

**虚拟组织(virtual organization)**：一组公司为了开拓一个特殊机会而形成的高度灵活的、临时的组织。

**自发变化(autonomous change)**：组织中一个部门的变化独立于另一部分的变化。

**系统变化(systemic change)**：组织中一个部门的变化与另一部门的变化相联系。

**集团(conglomerate)**：组织多样化的一种形式，在这里一个组织(通常是大型的跨国公司)增加一个完全无关的企业或产品到它的组织设计中。

**战略联盟(strategic alliance)**：一种组织设计类型，在这里两个或更多的独立公司结合起来发展和运作一种特殊的商业(见互相服务财团、合资公司和价值链合资公司)。

**互相服务财团(mutual service consortia)**：一种战略联盟，在这里来自相同的(或相似的)产业的两个相似的公司共享资源获得利益，且这种利益独立获得是很困难的或代价昂贵的。

**价值链合资公司(value-chain partnership)**：产业中不同的有互补能力的公司间的战略联盟。

**合资公司(joint ventures)**：许多公司一起工作并需要彼此之间通力合作的战略联盟。

## 第十五章　组织中的技术

**技术(technology)**：指的是把投入变成有用结果的身体和精神过程。涉及完成某项任务的活动、设备和知识。

**技术矩阵(matrix of technology)**：佩罗的技术分类理论是建立在两个基本维度之上，这两个基本维度是：问题的常规性和问题难度，问题的常规性是标准化输入导致标准化产出的程度；问题难度是对遇到问题进行分析的难易程度。

**例行技术(routine technology)**：此类技术的特点是高度标准化的输入和输出，问题比较容易分析。(例如，流水生产线，职业培训，见“技术矩阵”)

**工艺技术(craft technology)**：此类技术的特点是高度标准化的输入和输出，问题比较难分析(例如，木工和公立学校，见工艺技术)。

**工程技术(engineering technology)**：此类技术的输入和输出标准化程度低，特例比较多，问题比较容易分析。(见“技术矩阵”)

**非例行技术(non-routine technology)**：此类技术的输入和输出标准化程度低，特例比较多，问题分析起来困难。(如研究所，精神病医院，见“技术矩阵”。)

**高科技(high technology)**：本质上属于电子类技术并且依赖微处理器芯片。

**先进制造技术(AMT)**：用计算机来控制生产中的各个环节。

**计算机集成制造(CIM)**：比 AMT 更为先进，即在生产过程中用计算机来收集信息，然后根据这些信息做出决定，以此来调整那些需要调整的生产过程。

**计算机辅助设计和计算机辅助工程(CAD/CAE)**：用计算机构建和模拟产品的特征并且测试这些产品性能的过程。

**工业机器人(IR)**：用计算机控制机器人使其按程序加工原材料并且顺利完成复杂的任务。

**柔性制造系统(flexible manufacturing systems)**：依靠计算机控制机器小批量地生产一些产品，而这些产品足以与那些大批量生产出来的产品竞争。

**自动控制(automation)**：用计算机来完成那些由人完成的任务。

**拆卸设计(DFD)**：设计和制造产品时考虑到能使产品的某些部分能再用几次或者使用后能进行安全处理的过程。

**计算机绩效监控(CPM)**：指的是用计算机技术去收集、储存、分析和报告员工在工作中的所作所为的过程。

**辅助技术(assistive technology)**：即帮助有生理或心理问题的人完成工作所必须的动作装置或其他东西。

**机器视觉(machine vision)**：是一种尖端的生产技术。该技术通过电子眼睛把所"看"到的图像输送到计算机里，计算机通过处理，做出要求其他机器采取相应行动的命令。

**小批量生产型(small-batch production)**：靠根据客户的特定要求进行小批量的定做工作的一种技术。

**大批量生产型(large-batch production)**：长期从事生产一些标准化的产品或零件的一种生产技术。

**连续生产型(continuous-process production)**：以高度自动化的方式进行生产，其组成过程和程序既有实质上的连续性又有高度的整合性。

**批量定做(mass customization)**：根据定单以大规模流水线的方式进行生产的过程。

**工作流程整合(work-flow integration)**：衡量一个组织中生产自动化程度、工作固定化程度以及绩效评估专门化程度的一种量化技术。

**相互依赖性(interdependence)**：在一个特定组织中的个人、部门和小组为完成任务而相互依赖的程度。

**汇集式相互依赖(pooled interdependence)**：组织中的各部门以一种较强的独立性方式运行，相对来说是一种较低水平的依赖。

**顺序式相互依赖(sequential interdependence)**：一个部门或小组的产出是另外一个部门或小组的投入，这是一种中等水平的依赖。

**交互式相互依赖(reciprocal interdependence)**：一个部门或单位的产出是另一个部门或单位的投入，是一种最高水平的依赖。

## 第十六章 组织变革的管理：战略规划和组织发展

**组织变革(organizational change)**：在组织结构、技术、人员方面进行计划或非计划的改革。

**第一层次的变革(first-order change)**：一种自然持续的变革，不涉及组织经营管理方面的变动。

**第二层次的变革(second-order change)**：一种激进的变革，涉及组织不同层次不同事务范围的许多重大变动。

**末日管理(doomsday management)**：通过模拟危机迫近的情境来引发变革的管理实践。

**战略规划(strategic planning)**：对实现组织自身目标的决策进行设计、执行、评价的过程。

**外包(outsourcing)**：取消企业中非核心部门，雇佣外部企业来履行这些功能的实践。

**市场份额增长战略(market-share increasing strategies)**：公司发展拓宽现有市场份额的一种尝试(例如，可以拓宽产品的范围或同已在感兴趣的市场中占有一席之地的公司搞联合投资)。

**利润战略(profit strategies)**：从现有的业务中赢得更高利润的尝试(例如，训练员工获得更高的工作效率或训练销售人员取得更好的业绩)。

**市场集中战略(market concentration strategies)**：公司从效益不佳的市场中撤离出来而将资源集中到可能给公司带来更好收益的市场中去的一种策略。

**复兴战略(turnaround strategies)**：通过投入新的生产线或根本性地经营重组来扭转生意下降的尝试。

**退出战略(exit strategies)**：公司从某一市场中撤离的策略(例如，通过清算资产)。

**利益相关者(stakeholder)**：其利益与组织正常运作相关的任何人或群体。

**变革阻力(resistance to change)**：由于个体对未知的恐惧以及组织妨碍，员工不愿意随同组织一起变革的趋向(例如，结构惯性(Structural Inertia))。

**结构惯性(structural inertia)**：促使员工以某种特定方式完成他们工作的组织动力(例如，培训、报酬系统)，但却使员工抵制变革。

**学习型组织(learning organization)**：一个成功获取、培植和运用能够帮助企业采纳变革知识的组织。

**组织发展(organizational development，简称 OD)**：一套在组织工作环境中所运用的用以规划变革社会科学技术，以期能改进个体自身的发展并增强组织功能。

**目标管理(management by objectives，简称 MBO)**：通过某种技术使管理人员和下属团结协作来调整和满足组织目标。

**工作生活品质计划(quality of work life，简称 QWL)**：一种组织发展技术，通过人性化工作场所，使之更为民主，将员工卷入决策过程中来改进增强组织功能的计划。

**工作重建(job restructuring)**：改变工作方式的过程，使之对工人更为有意思。

**质量圈(quality circles，简称 QCs)**：一种改进工作生活品质的方法。在质量圈内，一小群志愿者定期聚会共同讨论和解决他们工作中以及工作环境中所遇到的问题。

**团队建设(team building)**：一种组织发展技术，在这之中员工讨论与工作群体相关的问题。在这些讨论的基础上，列出特定的问题以及策划、实施的解决方案。

**调查反馈(survey feedback)**：一种组织发展技术，其中运用调查问卷、访谈来搜集组织所关心问题的信息。这些信息和员工共享，并用作规划组织变革的基础。

**竞争情报(competitive intelligence，简称 CI)**：收集竞争对手的信息用于规划组织变革的进程。

# 参考文献

## 第一章

**Preview Case Source**

Yates, R. E. (1998). *The Kikkoman chronicles*. New York: McGraw-Hill.

**Chapter Notes**

1. Greenberg, J. (Ed.) (1994). *Organizational behavior: The state of the science*. Hillsdale, NJ: Erlbaum.
2. Elden, M., & Chisholm, R. F. (1993). Emerging varieties of action research: Introduction to the special issue. *Human Relations*, *46*, 121-142.
3. Warner, M. (1994). Organizational behavior revisited. *Human Relations*, *47*, 1151-1166.
4. Kennedy, C. (1991). *Instant management*. New York: William Morrow and Company.
5. Taylor, F. W. (1947). *Scientific management*. New York: Harper & Row.
6. Drucker, P. F. (1974). *Management: Tasks, responsibilities, practices*. New York: Harper & Row (quote, p. 27).
7. Münsterberg, H. (1913). *Psychology and industrial efficiency*. New York: Houghton Mifflin.
8. Metcalf, H., & Urwick, L. F. (Eds.) (1942). *Dynamic administration: The collected papers of Mary Parker Follett*. New York: Harper & Row.
9. Bedian, A. (1976, June). Finding the one best way: An appreciation of Frank B. Gilbreth, the father of motion study. *Conference Board Record*, pp. 37-39.
10. Gotcher, J. M. (1992). Assisting the handicapped: The pioneering efforts of Frank and Lillian Gilbreth. *Journal of Management*, *18*, 5-13.
11. Mayo, E. (1933). *The human problems of an industrial civilization*. London: MacMillan.
12. Roethlisberger, F. J., & Dickson, W. J. (1939). *Management and the worker*. Cambridge, MA: Harvard University Press.
13. Baron, R. A., Rea, M. S., & Daniels, S. G. (1992). Lighting as a source of environmentally-generated positive affect in work settings: Impact on cognitive tasks and interpersonal behavior. *Motivation and Emotion*, *15*, 1-34.
14. Fayol, H. (1949). *General and industrial management*. London: Pittman.
15. Weber, M. (1921). *Theory of social and economic organization* (A. M. Henderson & T. Parsons, Trans.). London: Oxford University Press.
16. Flexner, S. B. (1976). *I hear America talking*. New York: Van Nostrand Reinhold.
17. Lawrence, P. R. (1987). Historical development of organizational behavior. In J. W. Lorsch (Ed.), *Handbook of organizational behavior* (pp. 1-9). Englewood Cliffs, NJ: Prentice-Hall.
18. Gardner, B., & Moore, G. (1945). *Human relations in industry*. Homewood, IL: Irwin.
19. See note 18.

20. Gordon, R. A., & Howell, J. E. (1959). *Higher education for business*. New York: Columbia University Press.

21. Case, J. (1993, April). A company of businesspeople. *Inc.*, pp. 79 - 84, 86 - 87, 90, 92 - 93.

22. McGregor, D. (1960). *The human side of enterprise*. New York: McGraw-Hill.

23. Pennings, J. M. (1992). Structural contingency theory: A reappraisal. In B. M. Staw & L. L. Cummings (Eds.), *Research in organizational behavior* (Vol. 14, pp. 267 - 310). Greenwich, CT: JAI Press.

24. Katz, D., & Kahn, R. (1978). *The social psychology of organizations*. New York: Wiley.

25. Cascio, W. E. (1995). Whither industrial and organizational in a changing world of work? *American Psychologist*, *50*, 928 - 939 (quote, p. 928).

26. Gwynne, S. C. (1992, September 28). The long haul. *Time*, pp. 34 - 38.

27. Investing in people and prosperity. (1994, May). U. S. Department of Labor, Washington, DC, p. 7.

28. See note 27.

29. Brown, L. R., Kane, H., & Ayres, E. (1994). *Vital signs*. New York: W. W. Norton.

30. Lodge, G. C. (1995). *Managing globalization in the age of interdependence*. San Francisco: Pfeifer.

31. Anonymous (1993, March 27). A survey of multinationals. *The Economist*, p. 6.

32. "Cross-border investment is high." (1993, September 15). *Chemical Week*, p. 5.

33. Ronen, S. (1986). *Comparative multinational management*. New York: Wiley.

34. Duerr, M. G. (1986, October). International business management: Its four tasks. *Conference Board Record*, pp. 42 - 45 (quote, p. 43).

35. Earley, P. C., & Singh, H. (1995). International and intercultural management research: What's next? *Academy of Management Journal 38*, 327 - 340.

36. Ogbonna, E. (1993). Managing organizational culture: Fantasy or reality? *Human Resource Management Journal*, *3*(2), 42 - 54.

37. DeCieri, H., & Dowling, P. J. (1995). Cross-cultural issues in organizational behavior. In C. L. Cooper & D. M. Rousseau (Eds.), *Trends in organizational behavior* (Vol. 2, pp. 127 - 145). New York: Wiley.

38. Hesketh, B., & Bochner, S. (1994). Technological change in a multicultural context: Implications for training and career planning. In H. C. Triandis, M. D. Dunnette, & L. Hough (Eds.), *Handbook of industrial and organizational psychology* (Vol. 4, pp. 190 - 240). Palo Alto, CA: Consulting Psychologists Press.

39. Janssens, M. (1995). Intercultural interaction: A burden on international managers? *Journal of Organizational Behavior*, *16*, 155 - 167.

40. See note 37.

41. Garraty, J. A., & McCaughey, R. A. (1987). *The American nation: A history of the United States* (6th ed.). New York: Harper & Row.

42. Boyett, J. H., & Boyett, J. T. (1995). *Beyond workplace 2000*. New York: Dutton.

43. Carnevale, A. P., & Stone, S. C. (1995). *The American mosaic: An in-depth report on the future of diversity at work*. New York: McGraw-Hill.

44. See note 43.

参考文献


45. Mason, J. C. (1993, July). Working in the family way. *HRMagazine*, pp. 25 - 28.
46. Shellenbarger, S. (1994, February 16). The aging of America is making "elder care" a big workplace issue. *Wall Street Journal*, p. A1.
47. Fenn, D. (1993, July) Bottoms up. *Inc.*, pp. 57 - 60.
48. Martinez, M. N. (1993). Family support makes business sense.. *HRMagazine*, pp. 38 - 43.
49. Meier, L., & Meagher, L. (1993, September). Teaming up to manage. *Working Woman*, pp. 31 - 32, 108.
50. Mason, J. C. (1993, July). Working in the family way. *HRMagazine*, pp. 25 - 28.
51. See note 50 (quote, p. 28).
52. See note 50.
53. Cohen, A. R., & Gadon, H. (1980). *Alternative work schedules*. Reading, MA: Addison-Wesley.
54. Galen, M., Palmer, A. T., Cuneo, A., & Maremont, M. (1993, June 28). Work & family. *Business Week*, pp. 80 - 84, 86, 88.
55. Olmsted, B., & Smith, S. (1994). *Creating a flexible workplace* (2nd ed.). New York: AMACOM.
56. Meier, L., & Meagher, L. (1993, September). Teaming up to manage. *Working Woman*, pp. 31 - 32, 108.
57. See note 56.
58. See note 56.
59. Greengard, S. (1994, September). Workers go virtual. *Personnel Journal*, p. 71.
60. Kugelmass, J. (1995), *Telecommuting: A manager's guide to flexible work arrangements*. New York: Lexington Books.
61. DuBrin, A. J. (1994). *Contemporary applied management: Skills for managers* (4th ed.). Burr Ridge, IL: Irwin.
62. Zuboff, S. (1988). *In the age of the smart machine*. New York: Basic Books.
63. Bridges, W. (1994). *Job shift: How to prosper in a workplace without jobs*. Reading, MA: Addison-Wesley.
64. See note 63.
65. Tomasko, R. M. (1993). *Rethinking the corporation*, New York: AMACOM.
66. Bettis, R. A., Bradley, S. P., & Hamel, G. (1992). Outsourcing and industrial decline. *Academy of Management Review*, *6*, 7 - 22.
67. Haapaniemi, P. (1993, Winter). Taking care of business. *Solutions*, pp. 6 - 8, 10 - 13.
68. See note 67.
69. Stewart, T. A. (1993, December 13). Welcome to the revolution. *Fortune*, pp. 66 - 68, 70, 72, 76, 78.
70. Fierman, J. (1994, January 24). The contingency workforce. *Fortune*, pp. 30 - 34, 36.
71. Brotherton, P. (1995, December). Staff to suit. *HRMagazine*, pp. 50 - 55.
72. Aley, J. (1995, September 18). Where the jobs are. *Fortune*, pp. 53 - 54, 56.
73. Byrne, J. A., Brandt, R., & Port, O. (1993, February 8). The virtual corporation: The company of the future will be the ultimate in adaptability. *Business Week*, pp. 98 - 102.
74. Davidow, W. H., & Malone, M. S. (1992). *The virtual corporation*. New York: Harper Business.
75. See note 74 (quote, p. 99).

76. Walton, M. (1990). *The Demming management method at work*. New York: Perigree.
77. Hart, C. W. L., & Bogan, C. E. (1992). *The Baldridge*. New York: McGraw-Hill.
78. Hodgetts, R. M. (1993). *Blueprints for continuous improvement: Lessons from the Baldridge winners*. New York: AMACOM.
79. Boyett, J. H., Schwartz, S., Osterwise, L., & Bauer, R. (1993). *The quality journey: How winning the Baldridge sparked the remaking of IBM*. New York: Dutton.
80. Ferrell, O. C., & Fraedrich, J. (1994). *Business ethics: Ethical decision making and cases* (2nd ed.). Boston: Houghton Mifflin.
81. Henderson, V. E. (1992). *What's ethical in business?* New York: McGraw-Hill (quote, p. 24).
82. Verschoor, C. C. (1998). A study of the link between a corporation's financial performance and its commitment to ethics. *Journal of Business Ethics*, *17*, 1509-1516.
83. See note 87 (quotes, pp. 1512-1513).
84. Embley, L. L. (1993). *Doing well while doing good*. Englewood Cliffs, NJ: Prentice-Hall.
85. DuBrin, A. J. (1994). *Contemporary applied management: Skills for managers* (4th ed.). Burr Ridge, IL: Irwin.
86. Manley, W. W., II. (1991). *Executive's handbook of model business conduct codes*. Englewood Cliffs, NJ: Prentice-Hall.
87. Freviño, L. K., & Nelson, K. A. (1995). *Managing business ethics*. New York: Wiley.
88. Skelly, J. (1995, March/April). The Caux round table principles for business: The rise of international ethics. *Business Ethics*, supplement pp. 2-5.

***Case in Point Source***

Material from pp. 5-34 of Special Advertising section in *Business Week*.

**APPENDIX**

1. Cooper, H., & Hedges, L. V. (1994). *The handbook of research synthesis*. New York: Russell Sage Foundation.
2. Van Mannen, J., Dabbs, J. M., Jr., & Faulkner, R. R. (1982). *Varieties of qualitative research*. Beverly Hills, CA: Sage Publications.
3. Greenberg, J., & Folger, R. (1988). *Controversial issues in social research methods*. New York: Springer-Verlag.
4. Eisenhardt, K. M. (1989). Building theories from case study research. *Academy of Management Review*, *14*, 532-550.

**PREVIEW CASE SOURCE**

Kirkpatrick, D. (1998, December 7). The e-ware war: Competition comes to enterprise software. *Fortune*, pp. 102-104, 106, 108, 110, 112.

## 第二章

***Preview Case Source***

Barrett, A. (1997, November 17). Lessons for the tutors. *Business Week*, pp. 91, 93.

***Chapter Notes***

1. Schiffman, H. R. (1993). *Sensation and perception* (4th ed.). New York: Wiley.

2. Kenny, D. A. (1994). *Interpersonal perception*. New York: Guilford.

3. Weiner, B. (1995). *Judgments of responsibility*. New York: Guilford.

4. Jones, E. E., & McGillis, D. (1976). Correspondent inferences and the attribution cube: A comparative reappraisal. In J. H. Harvey, W. J. Ickes, & R. F. Kidd (Eds.), *New directions in attribution research* (Vol. 1, pp. 389-420). Hillsdale, NJ: Lawrence Erlbaum Associates.

5. Kelley, H. H. (1972). Attribution in social interaction (pp. 1-26). In E. E. Jones, D. E. Kanous, H. H. Kelley, R. E. Nisbett, S. Valins, & B. Weiner (Eds.), *Attribution: Perceiving the causes of behavior*. Morristown, NJ: General Learning Press.

6. Burger, J. M. (1991). Changes in attribution errors over time: The ephemeral fundamental attribution error. *Social Cognition*, *9*, 182-193.

7. Murphy, K. R., Jako, R. A., & Anhalt, R. L. (1993). Nature and consequences of halo error: A critical analysis. *Journal of Applied Psychology*, *78*, 218-225.

8. Pulakos, E. D., & Wexley, K. N. (1983). The relationship among perceptual similarity, sex, and performance ratings in manager-subordinate dyads. *Academy of Management Journal*, *26*, 129-139.

9. Turban, D. B., & Jones, A. P. (1988). Supervisor-subordinate similarity: Types, effects, and mechanisms. *Journal of Applied Psychology*, *73*, 228-234.

10. Dougherty, T. W., Turban, D. B., & Callender, J. C. (1994). Confirming first impressions in the employment interview: A field study of interviewer behavior. *Journal of Applied Psychology*, *79*, 659-665.

11. Dearborn, D. C., & Simon, H. A. (1958). Selective perception: A note on the departmental identification of executives. *Sociometry*, *21*, 140-144.

12. Waller, M. J., Huber, G. P., & Glick, W. H. (1995). Functional background as a determinant of executives' selective perception. *Academy of Management Journal 38*, 943-974.

13. Srull, T. K., & Wyer, R. S. (1988). *Advances in social cognition*. Hillsdale, NJ: Lawrence Erlbaum Associates.

14. Mohrman, A. M., Jr., Resnick-West, S. M., & Lawler, E. E., III. (1989). *Designing performance appraisal systems*. San Francisco: Jossey-Bass.

15. Ilgen, D. R., Major, D. A., & Tower, S. L. (1994). The cognitive revolution in organizational behavior (pp. 1-22). In J. Greenberg (Ed.), *Organizational behavior: The state of the science*. Hillsdale, NJ: Lawrence Erlbaum Associates.

16. Hogan, E. A. (1987). Effects of prior expectations on performance ratings: A longitudinal study. *Academy of Management Journal*, *30*, 354-368.

17. Wayne, S. J., & Liden, R. C. (1995). Effects of impression management on performance ratings: A longitudinal study. *Academy of Management Journal*, *38*, 232-260.

18. Harris, P. R., & Moran, R. T. (1991). *Managing cultural differences* (3rd ed.). Houston: Gulf Publishing.

19. Fletcher, C. (1989). Impression management in the selection interview. In R. A. Giacalone & P. Rosenfeld (Eds.), *Impression management in the organization* (pp. 269-282). Hillsdale, NJ: Lawrence Erlbaum Associates.

20. Giacalone, R. A., & Rosenfeld, P. (Eds.). (1989). *Impression management in the organization*. Hill-

sdale, NJ: Lawrence Erlbaum Associates.

21. Jordan, M., & Sullivan, K. (1995, September 8). Saving face: Japanese can rent mourners, relatives, friends, even enemies to buff an image. *Washington Post*, pp. A1, A28.
22. Stevens, C. K., & Kristof, A. L. (1995). Making the right impression: A field study of applicant impression management during job interviews. *Journal of Applied Psychology*, *80*, 587 - 606.
23. Garbett, T. (1988). *How to build a corporation's identity and project its image*. Lexington, MA: Lexington Books.
24. Gatewood, R. D., Gowan, M. A., & Lautenschlager, G. J. (1993). Corporate image, recruitment image, and initial job choice decisions. *Academy of Management Journal*, *36*, 414 - 427.
25. Brown, E. (1999, March 1). America's most admired companies. *Fortune*, pp. 68 - 73.
26. Bongiorno, L. (1995, April 10). The duller the better: For 1994's annual reports, modesty is a virtue. *Business Week*, p. 44.
27. Wick, C. W., & Leon, L. S. (1993). *The learning edge: How smart managers and smart companies stay ahead*. New York: McGraw-Hill.
28. Atkinson, R. C., Herrnstein, R. J., Lindzey, G., & Luce, R. D. (Eds.) (1988). *Stevens' handbook of experimental psychology* (2nd ed.) (Vol. 1, pp. 218 - 266). New York: Wiley.
29. Skinner, B. F. (1969). *Contingencies of reinforcement*. New York: Appleton-Century-Crofts.
30. Scott, W. E., & Podsakoff, P. M. (1985). *Behavioral principles in the practice of management*. New York: Wiley.
31. Bandura, A. (1986). *Social foundations of thought and action*. Englewood Cliffs, NJ: Prentice Hall.
32. Harrison, J. K. (1992). Individual and combined effects of behavior modeling and the cultural assimilator in cross-cultural management training. *Journal of Applied Psychology*, *77*, 962.
33. Goldstein, I. L. (1991). Training in work organizations. In M. D. Dunnette & L. M. Hough (Eds.), *Handbook of industrial and organizational psychology* (2nd ed.) (Vol. 2, pp. 507 - 620). Palo Alto, CA: Consulting Psychologists Press.
34. Schnake, M. E. (1986). Vicarious punishment in a work setting. *Journal of Applied Psychology*, *71*, 343 - 345.
35. Carnevlae, A. P., & Gainer, L. J. (1989). *The learning enterprise*. Alexandria, VA: American Society for Training and Development.
36. Del Valle, C. (1993, April 26). From high schools to high skills. *Business Week*, p. 110, 112.
37. Francesco, A. M., & Gold, B. A. (1998). *International organizational behavion*. Upper Saddle River, NJ: Prentice-Hall.
38. Gist, M. E., Stevens, C. K., & Bavetta, A. G. (1991). Effects of selfefficacy and post-training intervention on the acquisition and maintenance of complex interpersonal skills. *Personnel Psychology*, *44*, 837 - 861.
39. O'Reilly, B. (1993, April 5). How execs learn now. *Fortune*, pp. 52 - 54, 58.
40. Argyris, C. (1991, May-June). Teaching smart people how to learn. *Harvard Business Review*, *69*(3), 99 - 109.
41. Meister, J. C. (1998). *Corporate universities*. New York: McGraw-Hill.
42. Driskell, J. E., Cooper, C., & Moran, A. (1994). Does mental practice enhance performance? *Journal*

*of Applied Psychology*, *79*, 481 - 492.

43. Tracey, B. J., Tannenbaum, S. I., & Kavanaugh, M. J. (1995). Applying trained skills on the job: The importance of the work environment. *Journal of Applied Psychology*, *80*, 239 - 252.
44. Tannenbaum, S. I., & Yukl, G. A. (1992). Training and development in work organizations. *Annual Review of Psychology*, *43*, 399 - 441.
45. Hoffman, R. (1995, April). Ten reasons you should be using 360 - feedback. *HRMagazine*, pp. 82 - 85.
46. Edwards, M. R., & Ewen, A. J. (1996). *360° feedback: The powerful new model for employee assessment and performance improvement*. New York: AMACOM.
47. Tornow, W. W., & London, M. (1998). *Maximizing the value of 360-degree feedback*. San Francisco: Jossey-Bass.
48. Lepsinger, R., & Lucia, A. D. (1997). *The art and science of 360-degree feedback*. San Francisco: Jossey-Bass.
49. Flannery, T. P., Hofrichter, D. A., & Platten, P. E. (1996). *People, performance, and pay*. New York: Free Press.
50. Hills, F., Bergmann, T., & Scarpello, V. (1994). *Compensation decision making*. New York: Dryden.
51. Denton, D. K. (1992, September). Multi-skilled teams replace old work systems. *HRMagazine*, 55 -56.
52. Gross, S. E. (1995). *Compensation for teams*. New York: AMACOM.
53. Gross, S. E. (1996, November-December). When jobs become team roles, what do you pay for? *Compensation and Benefits Review*, pp. 48 - 51.
54. Novak, C. J. (1997, April). Proceed with caution when paying teams. *HRMagazine*, pp. 73 - 78.
55. Miller, L. (1978). *Behavior management*. New York: Wiley.
56. Brooks, S. S. (1994, April). Noncash ways to compensate employees. *HRMagazine*, pp. 38 - 43.
57. Lawler, E. O. (1993, April). How MCI wrought a 100-day "miracle." *Business Marketing*, pp. 56 - 57.
58. Frederiksen, L. W. (1982). *Handbook of organizational behavior management*. New York: Wiley.
59. Beyer, J., & Trice, H. M. (1984). A field study of the use and perceived effects of discipline in controlling work performance. *Academy of Management Journal*, *27*, 743 - 754.
60. Trahan, W. A., & Steiner, D. D. (1994). Factors affecting supervisors' use of disciplinary actions following poor performance. *Journal of Organizational Behavior*, *15*, 129 - 139.
61. Oberle, R. J. (1978). Administering disciplinary actions. *Personnel Journal*, *18*(3), 30 - 33.
62. Arvey, R. D., & Jones, A. P. (1985). The use of discipline in organizational settings: A framework for future research. In L. L. Cummings & R. M. Staw (Eds.), *Research in organizational behavior* (Vol. 7, pp. 367 - 408). Greenwich, CT: JAI Press.
63. Kiechell, W., III. (1990, May 7). How to discipline in the modern age. *Fortune*, pp. 179 - 180 (quote, p. 180).
64. Arvey, R. E., & Icancevich, J. M. (1980). Punishment in organizations: A review, propositions, and research suggestions. *Academy of Management Review*, *5*, 123 - 132.
65. Trevino, L. K. (1992). The social effects of punishment in organizations: A justice perspective. *Academy of Management Review*, *17*, 647 - 676.
66. Lussier, R. H. (1990, August), A discipline model for increasing performance. *Supervisory Manage-*

ment, pp. 6 - 7.

67. Kerr, S. (1975). On the follow of rewarding "A" while hoping for "B" *Academy of Management Journal*, *18*, 769 - 783.

68. Dechant, K., & Viega, J. (1995). More on the folly. *Academy of Management Executive*, *9*, 15 - 16.

***Case in Point Sources***

Safeway workers frowning upon service-with-a-smile policy (1998, September 3). *Columbus Dispatch*, p. C1, and Kornheiser, T. (1998, September 13). Unsafe way? *Washington Post*, p. F1.

## 第三章

***Preview Case***

Greising, D. (1998, March 23). Fast Eddie's future bank: How Crutchfield is racing to revolutionize First Union. *Business Week*, pp. 74 - 77.

***Chapter Notes***

1. Carver, C. S., & Scheier, M. F. (1992). *Perspectives on personality* (2nd ed.). Boston: Allyn & Bacon.
2. Eysenk, M. W. (1994). *Individual differences*. Hillsdale, NJ: Erlbaum.
3. Mischel, W. (1985, August). *Personality: Lost or found? Identifying when individual differences make a difference*. Paper presented at the meeting of the American Psychological Association, Los Angeles, CA.
4. Osipow, S. H. (1990). Convergence in theories of career choice and development: Review and prospect. *Journal of Vocational Behavior*, *36*, 122 - 131.
5. Caldwell, D. F., & O'Reilly, C. A., III (1990). Measuring person-job fit with a profile-comparison process. *Journal of Applied Psychology*, *75*, 648 - 657.
6. Allport, G. W., & Odbert, H. S. (1936). Trait names: A psycholexical study. *Psychological Monographs*, *47*, 211 - 214.
7. Costa, P. T., & McCrac, R. R. (1992). *The NEO-PI Personality Inventory*. Odessa, FL: Psychological Assessment Resources.
8. Funder, D. C., & Colvin, C. R. (1991). Explorations in behavioral consistency. Properties of persons, situations, and behavior. *Journal of Personality and Social Psychology*, *60*, 773 - 794.
9. Salgado, J. F. (1997). The five-factor model of personality and job performance in the European community. *Journal of Applied Psychology*, *82*, 30 - 43.
10. Judge, T. A., Martocchio, J. J., & Thoresn, C. J. (1998). Five-factor model of personality and employee absence. *Journal of Applied Psychology*, *82*, 745 - 755.
11. See note 10.
12. Barrick, M. R., Stewart, G. L., Neubert, M. J., & Mount, M. K. (1998). Relating member ability and personality to work-team processes and team effectiveness. *Journal of Applied Psychology*, *83*, 377 -391.
13. George, J. M., & Breief, A. P. (1992). Feeling good — doing good: A conceptual analysis of the mood at work-organizational spontaneity relationships. *Psychological Bulletin*, *112*, 310 - 329.
14. Isen, A. M., & Baron, R. A. (1992). Positive affect as a factor in organizational behavior. In B. M.

Staw & L. L. Cummings, eds. *Research in organizational behavior*, (Vol. 13, pp. 1 - 54). Greenwich, CT: JAI Press.

15. Staw, B. M. & Barsade, S. G. (1993). Affect and managerial performance: A test of the sadder-but-wiser vs. happier-and-smarter hypotheses. *Administrative Science Quarterly*, *38*, 304 - 331.
16. George, J. M. (1990). Personality, affect, and behavior in groups. *Journal of Applied Psychology*, *75*, 107 - 116.
17. Friedman, M., & Rosenman, R. H. (1974). *Type A behavior and your heart*. New York: Knopf.
18. Lee, C., Ashford, S. J., & Jamieson, L. F. (1993). The effects of type A behavior dimensions and optimism on coping strategy, health, and performance. *Journal of Organizational Behavior*, *14*, 143 -157.
19. Schauabroeck, J., Ganster, D. C., & Kemmerer, B. E. (1994). Job complexity, "Type A" behavior, and cardiovascular disorder: A prospective study. *Academy of Management Journal*, *37*, 426 - 439.
20. Glass, D. C. (1977). *Behavior patterns, stress, and coronary disease*. Hillsdale, NJ: Erlbaum.
21. Holmes, D. S., McGilley, B. M., & Houston, B. K. (1984). Task-related arousal of type A and type B persons: Level of challenge and response specificity. *Journal of Personality and Social Psychology*, *46*, 1322 - 1327.
22. Jamal, M., & Baba, V. V. (1991). Type A behavior, its prevalence and consequences among women nurse: An empirical examination. *Human Relations*, *44*, 1213 - 1228.
23. Lee, M., & Kanungo, R. (1984). *Management of work and personal life*. New York: Praeger.
24. Berman, M., Gladue, B., & Taylor, S. (1993). The effects of hormones, Type A behavior pattern and provocation on aggression in men. *Motivation and Emotion*, *17*, 125 - 138.
25. Doktor, R. H. (1990). Asian and American CEOs: A comparative study. *Organizational Dynamics*, *18* (3), 36 - 56.
26. Baron, R. A. (1989). Personality and organizational conflict: Effects of the type A behavior pattern and self-monitoring. *Organizational Behavior and Human Decisions Processes*, *44*, 281 - 297.
27. Maurer, T. J., & Pierce, H. R. (1998). A comparison of Likert scale and traditional measures of self-efficacy. *Journal of Applied Psychology*, *83*, 324 - 329.
28. Wood, R., Bandura, A., & Bailey, T. (1990). Mechanisms governing organizational performance in complex decision-making environments. *Organizational Behavior and Human Decision Processes*, *46*, 181 - 201.
29. Kanger, R., & Kanfer, F. H. (1991). Goals and self-regulation: applications of theory to work settings. *Advances in Motivation and Achievement*, *7*, 287 - 326.
30. Bandura, A. (1997). *Self-efficacy: The exercise of control*. New York: Freeman.
31. Judge, T. A., Locke, E. A., & Durham, C. C. (1997). The dispositional cause of job satisfaction: A core evaluations approach. *Research in Organizational Behavior*, *19*, 151 - 188.
32. Gist, M. E., & Mitchell, T. R. (1992). Self-efficacy: A theoretical analysis of its determinants and malleability. *Academy of Management Review*, *17*, 183 - 211.
33. Mitchell, T. E., Hopper, H., Daniels, D., George-Falvy, J., & James, L. R. (1994). Predicting self-efficacy and performance during skill acquisition. *Journal of Applied Psychology*, *79*, 506 - 507.
34. Judge, T. A., Locke, E. A., Durhamn, C. C., & Kluger, A. N. (1998). Dispositional effects on job

and life satisfaction: the role of core evaluations. *Journal of Applied Psychology*, *83*, 17-34.

35. Eden, D., & Aviram, A. (1993). Self-efficacy training to speed reemployment: Helping people to help themselves. *Journal of Applied Psychology*, *78*, 352-360.
36. Snyder, M. (1987). *Public appearance/private realities: The psychology self-monitoring*. San Francisco: Freeman.
37. Caldwell, D. F., & O'Reilly, C. A., III. (1982). Boundary spanning and individual performance: The impact of self-monitoring. *Journal of Applied Psychology*, *67*, 124-127.
38. Kilduff, M., & Day, D. V. (1994). Do chameleons get ahead? The effects of self-monitoring on managerial careers. *Academy of Management Journal*, *37*, 1047-1060.
39. Rosenbaum, J. E. (1979). Tournament mobility: Career patterns in a corporation. *Administrative Science Quarterly*, *24*, 220-241.
40. Sellers, P. (1996, January 15). What exactly is charisma? *Fortune*, pp. 68-72, 74-75.
41. Friedman, H. S., & Miller-Herringer, T. (1991). Nonverbal display of emotion in public and private: Self-monitoring, personality, and expressive cues. *Journal of Personality and Social Psychology*, *62*, 766-775.
42. Jamieson, D. W., Lydon, J. E., & Zanna, M. P. (1987). Attitude and activity preference simliarity: Different bases of interpersonal attraction for low and high self-monitors. *Journal of Personality and Social Psychology*, *53*, 1052-1060.
43. Christie, R., & Geis, F. L. (1970). *Studies in Machiavellianism*. New York: Academic Press.
44. McHoskey, J. W., Worzel, W., & Szyarto, C. (1998). Machiavellianism and psychopathy. *Journal of Personality and Social Psychology*, *74*, 192-210.
45. See note 44.
46. Wilson, D. S., Near, D., & Miller, R. R. (1997). Machiavellianism: A synthesis of the evolutionary and psychological literatures. *Psychological Bulletin*, *119*, 285-299.
47. Schultz, C. J., II. (1993). Situational and dispositional predictors of performance: A test of the hypothesized Machiavellianism × structure interaction among sales persons. *Journal of Applied Social Psychology*, *23*, 478-498.
48. O'Connell, L. (1997, May 6). Be set for co-workers who have it in for you. *Orlando Sentinel*, p. B1.
49. McClelland, D. C. (1985). *Human motivation*. Glenview, IL: Scott, Foresman.
50. McClelland, D. C. (1977). Entrepreneurship and management in the years ahead. In C. A. Bramletter (Ed.), *The individual and the future of organizations* (pp. 12-29). Atlanta: Georgia State University.
51. Miller, D., & Droge, C. (1986). Psychological and traditional determinants of structure. *Administrative Science Quarterly*, *31*, 539-560.
52. McClelland, D. C. (1961). *The achieving society*. Princeton, NJ: Van Nostrand.
53. Lynn, R. (1991). *The secret of the miracle economy*. London: SAU.
54. Furnham, A., Kirkcaldy, B. D., & Lynn, R. (1994). National attitudes to competitiveness, money, and work among young people: First, second, and third world differences. *Human Relations*, *47*, 119-132.
55. Turban, D. B., & Keon, T. L. (1993). Organizational attractiveness: An interactionist perspective.

*Journal of Applied Psychology*, *78*, 184 - 193.

56. Guthrie, J. P., Ash, R. A., & Bandapudi, V. (1995). Additional validity evidence for a measure of *morningness. Journal of Applied Psychology*, *80*, 186 - 190.
57. Fierman, J. (1995, August 21), It's 2 A.M. Let's go to work. *Fortune*, pp. 82 - 86.
58. Totterdell, P., Spelten, E., Smith, L., Barton, J., & Folkard, S. (1995). Recovery from work shifts: How long does it take? *Journal of Applied Psychology*, *80*, 43 - 57.
59. See note 56.
60. Wallace, B. (1993). Day persons, night persons, and variability in hypnotic susceptibility. *Journal of Personality and Social Psychology*, *64*, 827 - 833.
61. Eysenk, M. W. (1994). *Individual differences*. Hillsdale, NJ: Erlbaum.
62. Neisser, U., Boodoo, G., Bouchard, T. J., Jr., Bykin, A. W., Brody, N., Ceci, S. J., Halpen, D. F., Loehlin, J. C., Perloff, R., Sternberg, R. J., & Urbina, S. (1996). Intelligence: Knowns and unknowns. *American Psychologist*, *51*, 77 - 101.
63. Sternberg, R. J., Wagner, R. K., Williams, W. M., & Horvath, J. A. (1995). Testing common sense. *American Psychologist*, *50*, 912 - 927.
64. Goleman, D. (1998). *Working with emotional intelligence*. New York: Bantam.
65. See note 64.
65. Baron, R. A., & Markman, G. (1998). *Social competence and entrepreneurs' financial success: Evidence for the role of group-level sariables in the performance of new ventures*. Manuscript submitted for publication.
66. Reed, T. E., & Jensen, A. R. (In press). Conduction velocity in a brain nerve pathway of normal adults correlates with intelligence level. *Intelligence*.
67. See note 66.
68. Rempel, D. M., Harrison, R. J., & Barnhart, S. (1992). Work-related cumulative trauma disorders of the upper extremity. *Journal of the American Medial Association*, *267*, 833 - 843.
69. Holweijn, M., & Lotens, W. A. (1992). The influence of backpack design on physical performance. *Ergonomics*, *35*, 149 - 157.
70. Bloswick, D. S., Gerber, A., Sebesta, D., Johnson, S., & Mecham, W. (1994). Effect of mailbag design on musculoskeletal fatigue and metabolic load. *Human Factors*, *36*, 210 - 218.

***Case in Point Source***

Tietlebaum, R. (1997, December 8). Who is Bob Kierlin — And why is he so successful? *Fortune*, pp. 245 - 246, 248.

## 第四章

***Preview Case Sources***

Palmeri, C. (1997, September 8). Believe in yourself, believe in the merchandise. *Forbes*, pp. 118 - 119, 122, 124. Internet site: http://www.wal-mart.com/newsroom; and Vance, S. S., & Scott, R. V. (1997). *Wal-Mart: A history of Sam Walton's retail phenomenon*. New York: Twayne.

***Chapter Notes***

1. Kanfer, R. (1990). Motivational theory and industrial and organizational psychology. In M. D. Dunnette

& L. M. Hough (Eds.), *Handbook of industrial and organizational psychology* (2nd ed.) (Vol. 1, pp. 75 - 170). Palo Alto, CA: Consulting Psychologists Press.

2. Blau, G. (1993). Operationalizing direction and level of effort and testing their relationships to individual job performance. *Organizational Behavior and Human Decision Processes*, *55*, 152 - 170.
3. Jones, B. (1998, January). What future European recruits want. *Management Review*, p. 6.
4. "Work still a labor of love." (1981, April 20). *The Columbus Dispatch*, p. 1.
5. Maslow, A. H., Stephens, D. C., & Heil, G. (1998). *Maslow on management*. New York: Wiley.
6. Mudrack, P. E. (1992). 'Work' or 'leisure'? The Protestant work ethic and participation in an employee fitness program. *Journal of Organizational Behavior*, *13*, 81 - 88.
7. Restructuring the family diet (1995, September). *World Traveler*, p. 92.
8. Miller, A., & Springen, K. (1988, October 31). Forget cash, give me the TV. *Newsweek*, 58.
9. Porter, L. W. (1961). A study of perceived need satisfaction in bottom and middle management jobs. *Journal of Applied Psychology*, *45*, 1 - 10.
10. Wahba, M. A., & Bridwell, L. G. (1976). Maslow reconsidered: A review of research on the need hierarchy theory. *Organizational Behavior and Human Performance*, *15*, 212 - 240.
11. Alderfer, C. P. (1972). *Existence, relatedness, and growth*. New York: Free Press.
12. Salancik, G. R., & Pfeffer, J. (1977). An examination of need-satisfaction models of job satisfaction. *Administrative Science Quarterly*, *22*, 427 - 456.
13. Miller, A., & Bradburn, E. (1991, July 1). Shape up — or else! *Newsweek*, pp. 42 - 43.
14. Tullly, S. (1995, June 12). America's healthiest companies. *Fortune*, pp. 98 - 100, 104, 106.
15. Mc Laughlin, S. (1998). Freudian chip. *Inc. Tech.*, No. 1, p. 18.
16. Cronin, M. P. (1993, September). Easing workers' savings woes. *Inc.*, p. 29.
17. Leana, C. R., & Feldman, D. C. (1992). *Coping with job loss*. New York: Lexington Books.
18. Schwartz, E. L. (1991, June 17). Hot dogs, roller coasters, and complaints. *Business Week*, p. 27.
19. Jaffe, C. A. (1990, January). Management by fun. *Nation's Business*, pp. 58 - 60.
20. Gunsch, D. (1991). Award programs at work. *Personnel Journal*, *23*(4), 85 - 89.
21. Miller, A., & Springen, K. (1988, October 31). Forget cash, give me the TV. *Newsweek*, p. 58.
22. Austin, N. K. (1994, March). Why sabbaticals make sense. *Working Woman*, p. 19, 22, 24.
23. See note 22 (quote, p. 22).
24. Kennedy, M. M. (1998, January). It's all about time. *Across the Board*, pp. 51 - 52 (quote, p. 51).
25. Caggiano, C. (1998, January). Can you achieve high impact with a low-cost perk? *Inc.*, p. 82.
26. See note 22 (quote, p. 24).
27. Wood, R. A., & Locke, E. A. (1990). Goal setting and strategy effects on complex tasks. In B. M. Staw & L. L. Cummings (Eds.), *Research in organizational behavior* (Vol. 12, pp. 73 - 110). Greenwich, CT: JAI Press.
28. Locke, E. A., & Latham, G. P. (1990). *A theory of goal setting and task performance*. Englewood Cliffs, NJ: Prentice-Hall.
29. Mento, A. J., Locke, E. A., & Klein, H. J. (1992). Relationship of goal level to valence and instrumentality. *Journal of Applied Psychology*, *77*, 395 - 405.
30. Wright, P. M., O'Leary-Kelly, A. M., Cortinak, J. M., Klein, H. J., & Hollenbeck, J. R. (1994).

On the meaning and measurement of goal commitment. *Journal of Applied Psychology*, *79*, 795 - 803.

31. Klein, H. J. (1991). Further evidence on the relationship between goal setting and expectancy theories. *Organizational Behavior and Human Decision Processes*, *49*, 230 - 257.
32. Harrison, D. A., & Liska, L. Z. (1994). Promoting regular exercise in organizational fitness programs: Healthrelated differences in motivational building blocks. *Personnel Psychology*, *47*, 47 - 71.
33. Gellatly, I. R., & Meyer, J. P. (1992). The effects of goal difficulty on physiological arousal, cognition, and task performance. *Journal of Applied Psychology*, *77*, 694 - 704.
34. Wright, P. M. (1992). An examination of the relationships among monetary incentives, goal level, goal commitment, and performance. *Journal of Management*, *18*, 677 - 693.
35. Earley, P. C., & Litucy, T. R. (1991). Delineating goal and efficacy effects: A test of three models. *Journal of Applied Psychology*, *76*, 81 - 98.
36. Latham, G. P., & Lee, T. W. (1986). Goal setting. In E. A. Locke ed. *Generalizing from laboratory to field settings* (pp. 100 - 117). Lexington, MA: Lexington.
37. Latham, G., & Baldes, J. (1975). The practical significance of Locke's theory of goal setting. *Journal of Applied Psychology*, *60*, 122 - 124.
38. Locke, E. A., & Latham, G. P. (1984). *Goal setting: A motivational technique that works!* Englewood Cliffs, NJ: Prentice-Hall.
39. Wright, P. M., Hollenbeck, J. R., Wolf, S., & McMahan, G. C. (1995). The effects of varying goal difficulty operationalizations on goal setting outcomes and processes. *Organizational Behavior and Human Decision Processes*, *61*, 28 - 43.
40. Bernstein, A. (1991, April 29). How to motivate workers: Don't watch 'em. *Business Week*, p. 56.
41. Stedry, A. C., & Kay, E. (1964). *The effects of goal difficulty on task performance*. General Electric Company, Behavioral Research Service.
42. Latham, G. P., Erez, M., & Locke, E. A. (1988). Resolving scientific disputes by the joint design of crucial experiments by the antagonists: Application to the Erez-Latham dispute regarding participation in goal setting. *Journal of Applied Psychology*, *73*, 753 - 772.
43. Ludwig, T. D., & Geller, E. S. (1997). Assigned versus participative goal setting and response generalization: Managing injury control among professional pizza deliverers. *Journal of Applied Psychology*, *82*, 253 - 261.
44. Folger, R., & Cropanzano, R. (1998). *Organizational justice and human resource management*. Thousand Oaks, CA: Sage.
45. Grienberger, I. V., Rutte, C. G., & Van Kippenberg, A. F. M. (1997). Influence of social comparisons of outcomes and procedures on fairness judgments. *Journal of Applied Psychology*, *82*, 913 - 919.
46. Greenberg, J. (1997). *The quest for justice on the job*. Thousand Oaks, CA: Sage.
47. Greenberg, J. (1987). A taxonomy of organizational justice theories. *Academy of Management Review*, *12*, 9 - 22.
48. Adams, J. S. (1965). Inequity in social exchange. In L. Berkowitz (Ed.), *Advances in experimental social psychology* (Vol. 2, pp. 267 - 299). New York: Academic Press.
49. Greenberg, J. (1989). Cognitive revaluation of outcomes in response to underpayment inequity. *Academy of Management Journal*, *32*, 174 - 184.

50. Harder, J. W. (1992). Play for pay: Effects of inequity in a pay-forperformance context. *Administrative Science Quarterly*, *37*, 321 - 335.

51. Greenberg, J. (1990). Employee theft as a reaction to underpayment inequity: The hidden cost of pay cuts. *Journal of Applied Psychology*, *75*, 561 - 658.

52. Skarlicki, D. P., & Folger, R. (1997). Retaliation in the workplace: The roles of distributive, procedural, and interactional justice. *Journal of Applied Psychology*, *82*, 434 - 443.

53. Thibaut, J., & Walker, L. (1975). *Procedural justice: A psychological analysis*. Hillsdale, NJ: Erlbaum.

54. Cropanzano, R., & Greenberg, J. (1997). Progress in organizational justice: Tunneling through the maze. In C. L. Cooper & I. T. Robertson (Eds.), *International review of industrial and organizational psychology* (Vol. 12, pp. 317 - 372). New York: Wiley.

55. Greenberg, J. (1986). Determinants of perceived fairness of performance evaluations. *Journal of Applied Psychology*, *71*, 340 - 342.

56. Konovsky, M. A., & Cropanzano, R. (1993). Justice considerations in employee drug testing. In R. Cropanzano (Ed.), *Justice in the workplace*. (pp. 171 - 192). Hillsdale, NJ: Erlbaum.

57. Parker, C. P., Baltes, B. B., & Christiansen, N. D. (1997). Support for affirmative action, justice perceptions, and work attitudes: A study of gender and racial-ethnic group differences. *Journal of Applied Psychology*, *82*, 376 - 389.

58. Brockner, J., & Wiesenfeld, B. M. (1996). An integrative framework for explaining reactions to decisions: The interactive effects of outcomes and procedures. *Psychological Bulletin*, *120*, 189 - 208.

59. Martin, J. E., & Peterson, M. M. (1987). Two-tier wage structures: Implications for equity theory. *Academy of Management Journal*, *30*, 297 - 315.

60. Ross, I. (1985, April 29). Employers win big on the move to two-tier contracts. *Fortune*, pp. 82 - 92.

61. Lawler, E. E., III. (1967). Secrecy about management compensation: Are there hidden costs? *Organizational Behavior and Human Performance*, *2*, 182 - 189.

62. See note 61.

63. Schaubroeck, J., May, D. R., & Brown, F. W. (1994). Procedural justice explanations and employee reactions to economic hardship: A field experiment. *Journal of Applied Psychology*, *79*, 455 - 460.

64. Porter, L. W., & Lawler, E. E., III. (1968). *Managerial attitudes and performance*. Homewood, IL: Irwin.

65. Mitchell, T. R. (1983). Expectancyvalue models in organizational psychology. In N. Feather (Ed.), *Expectancy, incentive, and action* (pp. 293 - 314). Hillsdale, NJ: Erlbaum.

66. Flexible-benefit plans grow. (1989, March 21) *USA Today*, p. C1.

67. Zippo, M. (1982). Flexible benefits: Just the beginning. *Personnel Journal*, *17*(4), 56 - 58.

68. Stern, J. M., & Stewart, G. B., III. (1993, June). Pay for performance: Only the theory is easy. *HRMagazine*, pp. 48 - 49.

69. Ettore, B. (1998, May). The brave new world of executive compensation. *Management Review*, p. 8.

70. Schuster, J. R., & Zingheim, P. K. (1992). *The new pay: Linking employee and organizational performance*. New York: Lexington.

71. Fierman, J. (1994, June 13). The perilous new world of fair pay. *Fortune*, p. 57, 59, 61, 63.

72. Curry, S. (1997, August 18). Surprise! Money talks loudest. *Fortune*, p. 227.

73. Schafer, S. (1997, August). Battling a labor shortage? It's all in your imagination. *Inc.*, p. 97.

74. Griffin, R. W., & McMahan, G. C. (1994). Motivation through job design. In J. Greenberg (Ed.), *Organizational behavior: The state of the science* (pp. 23 - 44). Hillsdale, NJ: Erlbaum.

75. Rigdon, J. E. (1992, May 26). Using lateral moves to spur employees. *Wall Street Journal*, pp. B1, B9.

76. Campion, M. A., & McClelland, C. L. (1991). Interdisciplinary examination of the costs and benefits of enlarged jobs: A job design quasi-experiment. *Journal of Applied Psychology*, *76*, 186 - 198.

77. Campion, M. A., & McClelland, C. L. (1993). Follow-up and extension of the interdisciplinary costs and benefits of enlarged jobs. *Journal of Applied Psychology*, *78*, 339 - 351.

78. Gellenhammar, P. G. (1977). *People at work*. Reading, MA: Addison-Wesley.

79. Luthans, F., & Reif, W. E. (1974). Job enrichment: Long on theory, short on practice. *Organizational Dynamics*, *2*(2), 30 - 43.

80. Steers, R. M., & Spencer, D. G. (1977). The role of achievement motivation in job design. *Journal of Applied Psychology*, *62*, 472 - 479.

81. Goldman, R. B. (1976). *A work experiment: Six Americans in a Swedish plant*. New York: Ford Foundation.

82. Winpisinger, W. (1973, February). Job satisfaction: A union response. *AFLCIO American Federationist*, pp. 8 - 10 (quote, p. 8).

83. Hackman, J. R., & Oldham, G. R. (1980). *Work redesign*. Reading, MA: Addison-Wesley.

84. Graen, G. B., Scandura, T. A., & Graen, M. R. (1986). A field experimental test of the moderating effects of growth need strength on productivity. *Journal of Applied Psychology*, *71*, 484 - 491.

85. Hackman, J. R., & Oldham, G. R. (1976). Motivation through the design of work: Test of a theory. *Organizational Behavior and Human Performance*, *16*, 250 - 279.

86. Johns, G., Xie, J. L., & Fang, Y. (1992). Mediating and moderating effects in job design. *Journal of Management*, *18*, 657 - 676.

87. Orpen, C. (1979). The effects of job enrichment on employee satisfaction, motivation, involvement, and performance: A field experiment. *Human Relations*, *32*, 189 - 217.

88. Ropp, K. (1987, October). Candid conversations. *Personnel Administrator*, p. 49.

89. Hackman, J. R. (1976). Work design. In J. R. Hackman & J. L. Suttle (Eds.), *Improving life at work* (96 - 162). Santa Monica, CA: Goodyear.

90. Callari, J. J. (1988, June). You can be a better motivator. *Traffic Management*, pp. 52 - 56.

91. Magnet, M. (1993, May 3). Good news for the service economy. *Fortune*, pp. 46 - 50, 52.

92. Finegan, J. (1993, July). People power. *Inc.*, pp. 62 - 63.

93. See note 92 (quote, p. 62).

***Case in Point Source***

Ehrenfeld, T. (1993, July). Cashing in. *Inc.*, pp. 69 - 70.

## 第五章

**Preview Case Source**

Faircloth, A. (1998, August 3). Guess who's coming to Denny's. *Fortune*, pp. 108－110.

**Chapter Notes**

1. Quarstein, V. A., McAfee, R. B., & Glassman, M. (1992). The situational occurrences theory of job satisfaction. *Human Relations*, *45*, 859－875.
2. Hulin, C. L. (1991). Adaptation, persistence, and commitment in organizations. In M. D. Dunnette & L. M. Hough (Eds.), *Handbook of industrial and organizational psychology* (2nd ed.) (Vol. 2, pp. 445－506). Palo Alto, CA: Consulting Psychologists Press.
3. Stone, E. F., Stone, D. L., & Dipboye, R. L. (1991). Stigmas in organizations: Race, handicaps, and physical unattractiveness. In K. Kelley (Ed.), *Issues, theory, and research in industrial/organizational psychology* (pp. 385－457). Amsterdam: Elsevier.
4. McGuire, W. J. (1985). Attitudes and attitude change. In G. Lindzey & E. Aronson (Eds.), *Handbook of social psychology* (3rd ed.) (Vol. 2, pp. 233－346). New York: Random House.
5. Locke, E. A. (1976). The nature and causes of job satisfaction. In M. D. Dunnette (Ed.), *Handbook of industrial and organizational psychology* (pp. 1297－1350). Chicago: Rand McNally.
6. Thornburg, L. (1992, July). When violence hits business. *HRMagazine*, pp. 40－45.
7. Page, N. R., & Wiseman, R. L. (1993). Supervisory behavior and worker satisfaction in the United States, Mexico, and Spain. *Journal of Business Communication*, *30*, 161－180.
8. Quinn, R. P., & Staines, G. L. (1979). *The 1977 quality of employment survey*. Ann Arbor, MI: Institute for Social Research.
9. Weaver, C. N. (1980). Job satisfaction in the United States in the 1970s. *Journal of Applied Psychology*, *65*, 364－367.
10. Eichar, D. M., Brady, E. M., & Fortinsky, R. H. (1991). The job satisfaction of older workers. *Journal of Organizational Behavior*, *12*, 609－620.
11. Bedian, A. G., Ferris, G. R., & Kacmar, K. M. (1992). Age, tenure, and job satisfaction: A tale of two perspectives. *Journal of Vocational Behavior*, *40*, 33－48.
12. Lambert, S. L. (1991). The combined effect of job and family characteristics on the job satisfaction, job involvement, and intrinsic motivation of men and women workers. *Journal of Organizational Behavior*, *12*, 341－363.
13. Staw, B. M., & Ross, J. (1985). Stability in the midst of change: A dispositional approach to job attitudes. *Journal of Applied Psychology*, *70*, 55－77.
14. Steel, R. P., & Rentsch, J. R. (1997). The dispositional model of job attitudes revisited: Findings of a 10-year study. *Journal of Applied Psychology*, *82*, 873－879.
15. Smith, P. C., Kendall, L. M., & Hulin, C. L. (1969). *The measurement of satisfaction in work and retirement*. Chicago: Rand McNally.
16. Weiss, D. J., Dawis, R. V., England, G. W., & Loftquist, L. H. (1967). *Manual for the Minnesota Satisfaction Questionnaire* (Minnesota Studies on Vocational Rehabilitation, Vol. 22). Minneapolis, MN: Industrial Relations Center, Work Adjustment Project, University of Minnesota.
17. Heneman, H. G., III., & Schwab, D. P. (1985). Pay satisfaction: Its multidimensional nature and

measurement. *International Journal of Psychology*, *20*, 129 - 141.

18. Judge, T. A., & Welbourne, T. M. (1994). A confirmatory investigation of the dimensionality of the Pay Satisfaction Questionnaire. *Journal of Applied Psychology*, *79*, 461 - 466.
19. Sutton, R. I., & Callahan, A. L. (1987). The stigma of bankruptcy: Spoiled organizational image and its management. *Academy of Management Journal*, *30*, 405 - 436.
20. Herzberg, F. (1966). *Work and the nature of man*. Cleveland: World.
21. Machungaws, P. D., & Schmitt, N. (1983). Work motivation in a developing country. *Journal of Applied Psychology*, *68*, 31 - 42.
22. Landy, F. J. (1985). *Psychology of work behavior* (3rd ed.). Homewood, IL: Dorsey.
23. Magnet, M. (1993, May 3). Good news for the service economy. *Fortune*, pp. 45 - 50, 52.
24. Sundstrom, E. (1986). *Workplaces*. New York: Cambridge University Press.
25. Locke, E. A. (1984). Job satisfaction. In M. Gruenberg & T. Wall (Eds.), *Social psychology and organizational behavior* (pp. 93 - 117). London: Wiley.
26. McFarlin, D. B., & Rice, R. W. (1992). The role of facet importance as a moderator in job satisfaction processes. *Journal of Organizational Behavior*, *13*, 41 - 54.
27. Dalton, D. R., & Todor, W. D. (1993). Turnover, transfer, absenteeism: An interdependent perspective. *Journal of Management*, *19*, 193 - 219.
28. Porter, L. W., & Steers, R. M. (1973). Organizational work and personal factors in employee turnover and absenteeism. *Psychological Bulletin*, *80*, 151 - 176.
29. Tett, R. P., & Meyer, J. P. (1993). Job satisfaction, organizational commitment, turnover intention, and turnover: Path analyses based on meta-analytic findings. *Personnel Psychology*, *46*, 259 - 293.
30. Mobley, W. H., Horner, S. O., & Holingsworth, A. T. (1978). An evaluation of precursors of hospital employee turnover. *Journal of Applied Psychology*, *63*, 408 - 414.
31. Carsten, J. M., & Spector, P. E. (1987). Unemployment, job satisfaction, and employee turnover: A meta-analytic test of the Murchinsky model. *Journal of Applied Psychology*, *72*, 374 - 381.
32. Armour, S. (1998, November 6). Workplace absenteeism soars 25%, costs millions. *USA Today*, p. 1A.
33. Iaffaldano, M. T., & Murchinsky, P. M. (1985). Job satisfaction and job performance: A metaanalysis. *Psychological Bulletin*, *97*, 251 - 273.
34. Porter, L. W., & Lawler, E. E., III. (1968). *Managerial attitudes and performance*. Homewood, IL: Dorsey Press.
35. Weinstein, M. (1996). *Managing to have fun*. New York: Fireside.
36. O'Reilly, B. (1994, June 13). The new deal: What companies and employees owe each other. *Fortune*, pp. 44 - 47, 50, 52 (quote, p. 45).
37. Ko, J., Price, J. L., & Mueller, C. W. (1997). Assessment of Meyer and Allen's three-component model of organizational commitment in South Korea. *Journal of Applied Psychology*, *82*, 961 - 973.
38. Lee, T. W., Ashford, S. J., Walsh, J. P., & Mowday, R. T. (1992). Commitment propensity, organizational commitment, and voluntary turnover: A longitudinal study of organizational entry processes. *Journal of Management*, *18*, 15 - 32.
39. Van Dyne, L., & Ang, S. (1998). Organizational citizenship behavior of contingent workers in Singa-

pore. *Academy of Management Journal*, *41*, 692 - 703.

40. Johns, G., & Xie, J. L. (1998). Perceptions of absence from work: People's Republic of China versus Canada. *Journal of Applied Psychology*, *83*, 515 - 530.
41. Bond, M. H. (1986). *The psychology of the Chinese people*. New York: Oxford University Press.
42. Rosen, R. H. (1991). *The healthy company*. Los Angeles: Jeremy P. Tarchef (quote, pp. 71 - 72).
43. Stephan, W. G. (1985). Intergroup relations. In G. Lindzey & E. Aronson (Eds.), *Handbook of social psychology* (3rd ed.) (Vol. 2, pp. 599 - 658). New York: Random House.
44. Fernandez, J. P., & Barr, M. (1993). *The diversity advantage*. New York: Lexington Books.
45. Malone, M. S. (1993, July 18). Translating diversity into high-tech gains. *New York Times*, p. B2.
46. Yang, C. (1993, June 21). In any language, it's unfair: More immigrants are bringing bias charges against employers. *Business Week*, pp. 110 - 112.
47. Hawkins, C. (1993, June 28). Denny's: The stain that isn't coming out: Can a pact with the NAACP help it overcome charges of bias? *Business Week*, pp. 98 - 99.
48. Mason, J. C. (1993, July). Knocking on the glass ceiling. *Management Review*, p. 5.
49. Solomon, C. M. (1992, July). Keeping hate out of the workplace. *Personnel Journal*, pp. 30 - 36.
50. Ornstein, S. L., Sankowsky, D. (1994). Overcoming stereotyping and prejudice: A framework and suggestions for learning from groupist comments in the classroom. *Journal of Management Education*, *18*, 80 - 90.
51. Boyett, J. H., & Conn, H. P. (1992). *Workplace 2000*. New York: Plume.
52. Overman, S. (1993, June). Myths hinder hiring of older workers. *HRMagazine*, pp. 51 - 52.
53. Hassell, B. L., & Perrewe, P. L. (1995). An examination of beliefs about older workers: Do stereotypes still exist? *Journal of Organizational Behavior*, *16*, 457 - 468.
54. Stone, E. F., Stone, D. L., & Dipboye, R. L. (1991). Stigmas in organizations: Race, handicaps, and physical unattractiveness. In K. Kelley (Ed.), *Issues, theory, and research in industrial/organizational psychology* (pp. 385 - 457). Amsterdam: Elsevier.
55. Yang, C., & Forest, S. A. (1993, April 12). Business has to find a new meaning for "fairness": The Disabilities Act means some workers get special treatment. *Business Week*, p. 72.
56. See note 55.
57. See note 55.
58. Fernandez, J. P., & Barr, M. (1993). *The diversity advantage*. New York: Lexington Books.
59. Yang, C. (1993, June 21). In any language, it's unfair: More immigrants are bringing bias charges against employees. *Business Week*, pp. 110 - 112.
60. See note 59 (quote, p. 111).
61. See note 59.
62. Martinez, M. N. (1993, June). Recognizing sexual orientation is fair and not costly. *HRMagazine*, pp. 65 - 68, 70, 72.
63. Williamson, A. D. (1993, July-August). Is this the right time to come out? *Harvard Business Review*, pp. 18 - 20, 22, 24, 26, 28.
64. See note 63.
65. See note 63 (quote, p. 22).

66. See note 63.

67. Lander, M. (1992, June 8). Corporate women. *Business Week*, pp. 74, 75 - 78.

68. Steinberg, R., & Shapiro, S. (1982). Sex differences in personality traits of female and male master of business administration students. *Journal of Applied Psychology*, *67*, 305 - 310.

69. Bilmoria, D., & Piderit, S. K. (1994). Boward committee membership: Effects of sex-based bias. *Academy of Management Journal*, *37*, 1453 - 1477.

70. Carnevale, A. P., & Stone, S. C. (1995). *The American mosaic*. New York: McGraw-Hill.

71. Towers Perrin. (1992). *Workforce 2000 today*. New York: Author.

72. See note 71 (quote, p. 1).

73. See note 71.

74. Thomas, R. R., Jr. (1992). Managing diversity: A conceptual framework. In S. E. Jackson (Ed.), *Diversity in the workplace* (pp. 305 - 317). New York: Gullford Press (quote, p. 310).

75. Murray, K. (1993, August 1). The unfortunate side effects of "diversity training." *New York Times*, pp. E1, E3.

76. Gottfredson, L. S. (1992). Dilemmas in developing diversity programs. In S. E. Jackson (Ed.), *Diversity in the workplace* (pp. 279 - 305). New York: Guilford Press.

77. See note 70.

78. Urresta, L., & Hickman, J. (1998, August 3). The diversity elite. *Fortune*, pp. 14 - 116, 118, 120, 122.

79. Johnson, R. S. (1998, August 3). The 50 best companies for blacks and Hispanics. *Fortune*, pp. 94 - 96, 98, 100 - 102, 104, 106 (quote, p. 116).

80. See note 79 (quote, p. 98).

81. See note 70.

82. Battaglia, B. (1992). Skills for managing multicultural teams. *Cultural Diversity at Work*, *4*, 4 - 12.

83. Wright, P., Ferris, S. P., Hiller, J. S., & Kroll, M. (1995). Competitiveness through management of diversity: Effects of stock price valuation. *Academy of Management Journal*, *38*, 272 - 287.

84. See note 75.

85. See note 76.

86. Gardenswartz, L., & Rowe, A. (1994). *The managing diversity survival guide*. Burr Ridge, IL: Irwin.

87. Rynes, S., & Rosen, B. (1995). A field survey of factors affecting the adoption and perceived success of diversity training. *Personnel Psychology*, *48*, 247 - 270.

88. Meyer, J. P., & Allen, N. J. (1991). A three-component conceptualization of organizational commitment. *Human Resource Management Review*, *1*, 61 - 89.

***Case in Point Source***

Martinez, M. N. (1995, January). Equality effort sharpens bank's edge. *HRMagazine*, pp. 38 - 43.

## 第六章

***Preview Case Source***

Kaufman, J. (1998, May 5). A middle manager, 54, and insecure, struggles to adapt to the times, *Wall*

*Street Journal*, pp. Al, A6.

***Chapter Noted***

1. Ornstein, S., & Isabella, L. A. (1993). Making sense of careers: A review, 1989 - 1992. *Journal of Management*, *19*, 243 - 267.
2. Kahn, R. L., & Byosiere, P. (1992). Stress in organizations. In M. D. Dunnette & L. M. Hough, (Eds.), *Handbook of industrial and organizational psychology* (2nd ed.) (Vol. 3., pp. 571 - 650). Palo Alto, CA: Consulting Psychologists Press.
3. Wanous, J. P. (1992). *Organizational entry: Recruitment, selection, orientation, and socialization.* Reading, MA: AddisonWesley.
4. Kram, K. E. (1985). *Mentoring at work: Development relationships in organizational life.* Glenview, IL: Scott, Foresman.
5. Brown, D., & Brooks, L. (1996). *Career choice and development*. San Francisco: Jossey-Bass.
6. Van Maanen, J., & Schein, E. H. (1991). Toward a theory of organizational socialization. In B. M. Staw (Ed.), *Research in organizational behavior* (Vol. 12, pp. 209 - 264). Greenwich, CT: JAI Press.
7. Feldman, J. C. (1981). The multiple socialization of organization members. *Academy of Management Review*, 6, 309 - 318.
8. Fisher, C. D. (1986). Organizational socialization: An integrative review. In G. R. Ferris & K. M. Rowland (Eds.), *Research in personnel and human resources management* (Vol. 4, pp. 101 - 145). Greenwich, CT: JAI Press.
9. Wanous, J. P., Poland, T. D., Premark, S. L., & Davis, K. S. (1992). The effects of met expectations on newcomer attitudes and behavior: A review and meta-analysis. *Journal of Applied Psychology*, *77*, 288 - 297.
10. Fedor, D. B., Buckley, M. R., & Davis, W. D. (1997). A model of the effects of realistic job previews. *International Journal of Management*, *14*, 211 - 221.
11. Buckley, M. R., Fedor, D. B., Veres, J. G., Wiese, D. S., & Carraher, S. M. (1998). Investigating newcomer expectations and job-related outcomes. *Journal of Applied Psychology*, *83*, 452 - 461.
12. Bretz, R. D., Jr., & Judge, T. A. (1998). Realistic job previews: A test of the adverse-self-selection hypothesis. *Journal of Applied Psychology*, *83*, 330 - 337.
13. Morrison, R. F., & Brantner, T. M. (1992). What enhances or inhibits learning a new job? A basic career issue. *Journal of Applied Psychology*, *77*, 926 - 940.
14. Lancaster, H. (1998, July 14). To avoid job failure, learn the culture of a company first. *Wall Street Journal*, p. B 1.
15. See note 4.
16. Whitely, W., Dougherty, T. M., & Dreher, G. E (1991). Relationship of career mentoring and socioeconomic origin to managers' and professionals' early career progress. *Academy of Management Journal*, *34*, 331 - 351.
17. Olian, J., Carroll, S., Giannantonio, D., & Feren, D. (1998). What do protégés look for in a mentor? Results of three experimental studies. *Journal of Vocational Behavior*, *33*, 13 - 37.
18. Granfield, M. (1992, November). '90s mentoring: Circles and quads. *Working Woman*, p. 15.
19. Tepper, B. J. (1995). Upward maintenance tactics in supervisory mentoring and nonmentoring relation-

ships. *Academy of Management Journal*, *38*, 1191–1205.

20. Kram, K. E. (1983). Phases of the mentor relationship. *Academy of Management Journal*, *26*, 608–625.
21. Kram, K. E., & Brager, M. C. (1992). Development through mentoring: A strategic approach. In D. Montross & C. Shinkman (Eds.), *Career development: Theory and practice* (pp. 221–254). Chicago: Thomas Press.
22. Ragins, B. R., & Cotton, J. (1991). Easier said than done: Gender difference in perceived barriers to gaining a mentor. *Academy of Management Journal*, *34*, 939–951.
23. Thomas, D. A. (1993). Racial dynamics in cross-race developmental relationships. *Administrative Science Quarterly*, *38*, 169–194.
24. Ragins, B. R., & Scandura, T. A. (1997). The way we were: Gender and the termination of mentoring relationships. *Journal of Applied Psychology*, *82*, 945–953.
25. See note 18.
26. Pink, D. H. (1998, January). Free agent nation. *Fast Company*, pp. 131–137.
27. See note 26.
28. Zimmerer, T. W., & Scarborough, N. M. (1998). *Essentials of entrepreneurship and small business management* (2nd ed.). Upper Saddle River, NJ: Prentice Hall.
29. Link Resources, Inc. (1998). *Employment trends*. Marietta, GA: Author.
30. See note 1.
31. Holland, J. L. (1985). *Making vocational choices: A theory of vocational personalities and work environments*. Englewood Cliffs, NJ: Prentice-Hall.
32. Meier, S. T. (1991). Vocational behavior, 1988–1990: Vocational choice, decision-making, career development interventions, and assessment. *Journal of Vocational Behavior*, *39*, 131–138.
33. Chatman, J. A. (1991). Matching people and organizations: Selection and socialization in public accounting firms. *Administrative Science Quarterly*, *36*, 459–484.
34. Judge, T. A., & Bretz, R. D., Jr. (1992). Effects of work values on job choice decisions. *Journal of Applied Psychology*, *77*, 261–271.
35. Monthly Labor Review (1997, November). Bureau of Labor Statistics. (From the Internet, http://www. oohinfo @bls. gov.)
36. Stewart, T. A. (1995, March 20). Planning a career in a world without managers. *Fortune*, pp. 72–74, 75, 77, 79.
37. Fingleton, E. (1995, March 20). Jobs for life: Why Japan won't give them up. *Fortune*, pp. 119–123, 125.
38. Campion, M. A., Cheraskin, L., & Stevens, M. J. (1994). Career-related antecedents and outcomes of job rotation. *Academy of Management Journal*, *37*, 1518–1542.
39. Gartner, W. B. (1990). What are we talking about when we talk about entrepreneurship? *Journal of Business Venturing*, *5*, 15–28.
40. Lambling, P. A., & Kuehl, C. (1997). *Entrepreneurship*. Upper Saddle River, NJ: Prentice-Hall.
41. Venkataraman, S. (1997). The distinctive domain of entrepreneurship research: An editor's perspective. In J. Katz & R. H. Brockhaus (Eds.) *Advances in entrepreneurship, firm emergence, and growth*

(Vol. 3, pp. 119 - 138). Greenwich, CT: JAI Press.

42. Hatten, T. S. (1997). *Small business: Entrepreneurship and beyond*. Upper Saddle River, NJ: Prentice-Hall.
43. Tharenou, P., Latimer, S., & Conroy, D. (1994). How do you make it to the top? An examination of influences on women's and men's managerial advancement. *Academy of Management Journal*, 37, 899 - 931.
44. U. S. Department of Labor (1992). *Employment and earnings* (Vol. 39, No. 5; Table A022). Washington, DC: Author.
45. Glass Ceiling Commission (1995). *Good for businese: Making full use of the nation's buman capital*. Washington, DC: Glass Ceiling Commission.
46. Heilman, M. E. (1995). Sex stereotypes and their effects in the workplace: What we know and what we don't know. *Journal of Social Behavior and Personality*, *10*, 3 - 26.
47. Aluetta, K. (1998, April 20). In the company of women. *The New Yorker*, pp. 71 - 78.
48. See note 47.
49. Lyness, K. S., & Thompson, D. E. (1997). Above the glass ceiling? A comparison of matched samples of female and male executives. *Journal of Applied Psychology*, *82*, 359 - 375.
50. See note 49.
51. Northwestern National Life Insurance Company (1991). *Employee burnout: America's newest epidemic*. Minneapolis, MN: Author.
52. Lazarus, R. S., & Folkman, S. (1984). *Stress, appraisal, and coping*. New York: Springer-Verlag.
53. Selye, H. (1986). *Stress in health and disease*. London: Butterworths.
54. See note 49.
55. Shaw, J. B., & Riskind, J. H. (1983). Predicting job stress using data from the Position Analysis Questionnaire. *Journal of Applied Psychology*, *68*, 253 - 261.
56. Monani, A. Q. (1998, June 10). Plane misbehavior: In the skies today, a weird new worry: Sexual misconduct. *Wall Street Journal*, pp. Al, A8.
57. Williams, K. J., & Alliger, G. M. (1994). Role stressors, mood spillover, and perceptions of work-family conflict in employed parents. *Academy of Management Journal*, *37*, 837 - 868.
58. Kossek, E. E., & Ozeki, C. (1998). Work-family conflict, policies, and the job-life satisfaction relationship: A review and directions for organizational behavior-human resources research. *Journal of Applied Psychology*, *83*, 139 - 149.
59. McGrath, J. E. (1987). Stress and behavior in organizations. In M. D. Dunnette (Ed.), *Handbook of industrial and organizational psychology* (pp. 1351 - 1398). Chicago: Rand McNally.
60. Peterson, M. F., Smith, P. B., Akande, A., et al. (1995). Role conflict, ambiguity, and overload: A 21-nation study. *Academy of Management Journal*, *38*, 429 - 452.
61. Hofstede, G. (1994). Management scientists are human. *Management Science*, *40*, 4 - 13.
62. McClean, A. A. (1980). *Work stress*. Reading, MA: Addison-Wesley.
63. Doby, V. J., & Caplan, R. D. (1995). Organizational stress as threat to reputation: Effects on anxiety at work and at home. *Academy of Management Journal*, *38*, 1105 - 1123.
64. See note 63.

65. Bureau of National Affairs (1994, April 6). Survey finds 31 percent of women report having been harassed at work. *Employee Relations Weekley*, pp. 111 - 112.

66. Felsenthall, E. (1998, June 17). Rulings open way for sex-harass cases. *Wall Street Journal*, pp. Al, A10.

67. Segal, T., Kelly, K., & Solomon, A. (1992, November 9). Getting serious about sexual harassment. *Business Week*, pp. 78, 82.

68. Gutek, B., Nakamura, C. Y., Gadart, M., Handschumacher, J. W., & Russell, D. (1980). Sexuality and the workplace. *Basic and Applied Social Psychology*, *1*, 255 - 265.

69. McClean, A. A. (1980). *Work stress*. Reading, MA: Addison-Wesley.

70. Lind, E. A., Greenberg, J., Scott, K., & Welchans, T. (1998, August). *The winding road from employee to complainant: Situational and psychological determinants of wrongful termination lawsuits*. Paper presented at the meeting of the Academy of Management, San Diego, CA.

71. Holmes, T. H., & Rahe, R. H. (1967). Social readjustment rating scale. *Journal of Psychosomatic Research*, *11*, 213 - 218.

72. See note 52.

73. Motowidlo, S. J., Packard, H. J., & Manning, M. R. (1986). Occupational stress: Its causes and consequences for job performance. *Journal of Applied Psychology*, *71*, 618 - 629.

74. Schaufeli, W. B., & Brunk, B. P. (1996). Professional burnout. In M. J. Schabracq, J. A. Winnubst, & C. L. Cooper (Eds.), *Handbook of work and health psychology* (pp. 3121 - 3146). Chichester, England: Wiley.

75. Zohar, D. (1997). Predicting burnout with a hassle-based measure of role demands. *Journal of Organizational Behavior*, *18*, 101 - 115.

76. Lee, R. T., & Ashforth, B. E. (1996). A meta-analytic examination of the correlations of the three dimensions of job burnout. *Journal of Applied Psychology*, *81*, 123 - 133.

77. Golombiewski, R. T., Ninzenrider, R. F., & Stevenson, J. G. (1986). *Stress in organizations: Toward a phase model of burnout*. New York: Praeger.

78. Stelzer, J., & Numerof, R. E. (1986). Supervisory leadership and subordinate burnout. *Academy of Management Journal*, *31*, 439 - 446.

79. Moss, L. (1981). *Management stress*. Reading, MA: Addison-Wesley.

80. Wright, T. A., & Bonnet, T. A. (1997). The contribution of burnout to work performance. *Journal of Organizational Behavior*, *18*, 491 - 499.

81. Schaufeli, W. B. (1995). The evaluation of a burnout workshop for community nurses. *Journal of Health and Human Resources Administration*, *18*, 11 - 40.

82. Dierendonck, D. V., Schaufeli, W. B., & Buunk, B. P. (1998). The evaluation of an individual burnout intervention program: The role of inequity and social support. *Journal of Applied Psychology*, *83*, 392 - 407.

83. Matthes, K. (1992). In pursuit of leisure: Employees want more time off. *Human Resources Focus*, *69*, 1.

84. Weitzman, M., & Eden, D. (1997). Effects of a respite from work on burnout: Vacation relief and fade-out. *Journal of Applied Psychology*, *82*, 516 - 527.

85. Adams, G. T. (1987). Preventive law trends and compensation payments for stress-disabled workers. In J. C. Quick, R. S. Bhaghat, J. E. Dalton, & J. D. Quick (Eds.), *Work stress: Health care systems in the workplace* (pp. 67 - 78). New York: Praeger.
86. Quick, J. C., & Quick, J. D. (1984). *Organizational stress and preventive management*. New York: McGraw-Hill.
87. Cohen, S., & Williamson, G. (1991). Stress and infectious disease in humans. *Psychological Bulletin*, *109*, 5 - 24.
88. North, F., Syme, S. L., Feeney, A., Head, J., Shipley, M. J., & Marmot, M. G. (1996). Psychosocial work environment and sickness absence among British civil servants: The Whitehall II study. *American Journal of Public Health*, *86*, 332 - 340.
89. Kivimaki, M., Vahtera, J., Thomson, L., Griffiths, A., & Cox, T. (1997). Psychological factors predicting employee sickness absence during economic decline. *Journal of Applied Psychology*, *82*, 858 - 872.
90. Schaubroeck, J., Ganster, D. C., & Kemmerer, B. E. (1994). Job complexity, "Type A" behavior, and cardiovascular disorder: A prospective study. *Academy of Management Journal*, *37*, 426 - 439.
91. Baron, R. A. (1997). *Psychology* (4th ed.). Boston: Allyn & Bacon.
92. See note 91.
93. Sobel, D. (1993, May). Outsmarting stress. *Working Woman*, pp. 83 - 84, 101.
94. Benson, H. (1975). *The relaxation response*. New York: Morrow.
95. Roskies, E. (1987). *Stress management far the healthy Type A*. New York: Guilford.
96. Ferner, J. D. (1995). *Successful time management* (2nd ed.). New York: Wiley.
97. Reynolds, S., & Shapiro, D. A. (1991). Stress reduction in transition: Conceptual problems in the design, implementation, and evaluation of worksite stress management inventories. *Human Relations*, *44*, 717 - 733.
98. See note 86.
99. Beadle, C. E. (1994, July 24). And let's save "Wellness." It works. *New York times*, p. F9.
100. Tully, S. (1995, June 12). America's healthiest companies. *Fortune*, pp. 104 - 106.
101. Philips, S. B., & Mushinki, M. H. (1992). Configuring an employee assistance program to fit the corporation's structure: One company's design. In J. C. Quick, K. R. Murphy, & J. J. Hurrell, Jr. (Eds.) *Stress and well-being at work* (pp. 317 - 328). Washington, DC: American Psychological Association.
102. Mitchell, R. (1996, November 20). Are your employees physically fit? *Amarillo Business Journal*. (From the Internet, http ://www. businessj ournal/net. health.)
103. Wellness Councils of America (1998, September). (From the Internet, http ://www. welcoa. org/works.)

***Case in Point Source***

Kirschman, E., Scrivner, E., Ellison, K., & Marcy, C. (1992). Work and well-being: Lessons from law enforcement. In J. C. Quick, L. R. Murphy, & J. J. Hurrell, Jr. (Eds.), *Stress and well-being at work*. Washington, DC: American Psychological Association.

## 第七章

***Preview Case Source***

Cutler-Hammer Web site: http://www. ch. cutler-hammer. com/; and Hiebeler, R., Kelly, T. B., & Ketteman, C. (1998). Best practices. New York: Simon & Schuster.

***Chapter Notes***


1. Cartwright, D., & Zander, A. (1968). Origins of group dynamics. In D. Cartwright & A. Zander (Eds.), *Group dynamics: Research and theory* (pp. 3-21). New York: Harper & Row.
2. Bettenhausen, K. L. (1991). Five years of groups research: What we have learned and what needs to be addressed. *Journal of Management*, *17*, 345-381.
3. Forsyth, D. L. (1983). *An introduction to group dynamics*. Monterey, CA: Brooks/Cole.
4. Long, S. (1984). Early integration in groups: "A group to join and a group to create." *Human Relations*, *37*, 311-332.
5. Tuckman, B. W., & Jensen, M. A. (1977). Stages of small group development revisited. *Group and Organization Studies*, *2*, 419-427.
6. Gersick, C. J. G. (1988). Time and transition in work teams: Toward a new model of group development. *Academy of Management Journal*, *31*, 9-41.
7. Gersick, C. J. G. (1989). Marking time: Predictable transitions in task groups. *Academy of Management Journal*, *32*, 274-309.
8. Romanelli, E., & Tushman, M. L. (1994). Organizational transformation as punctuated equilibrium: An empirical test. *Academy of Management Journal*, *37*, 1141-1166.
9. Biddle, B. J. (1979). *Role theory: Expectations, identities, and behavior*. New York: Academic Press.
10. Jackson, S. E., & Schuler, R. S. (1985). A meta-analysis and conceptual critique of research on role ambiguity and role conflict in work settings. *Organizational Behavior and Human Deision Processes*, *36*, 16-78.
11. Benne, K. D., & Sheats, P. (1948). Functional roles of group members. *Journal of Social Issues*, *4*, 41-49.
12. Hackman, J. R. (1992). Group influences on individuals in organizations. In M. D. Dunnette & L. M. Hough (Eds.), *Handbook of industrial and organizational psychology* (2nd ed.) (Vol. 3, pp. 199-268). Palo Alto, CA: Consulting Psychologists Press.
13. Feldman, D. C. (1984). The development and enforcement of group norms. *Academy of Management Review*, 9, 47-53.
14. Watson, T. J., Jr. (1990). *Father son & ce.: My life at IBM and beyond*. New York: Bantam.
15. Wilson, S. (1978). *Informal groups: An introduction*. Englewood Cliffs, NJ: Prentice-Hall.
16. Greenberg, J. (1988). Equity and workplace status: A field experiment. *Journal of Applied Psychology*, *73*, 606-613.
17. Stryker, S., & Macke, A. S. (1978). Status inconsistency and role conflict. In R. H. Turner, J. Coleman, & R. C. Fox (Eds.), *Annual review of sociology* (Vol. 4, pp. 57-90). Palo Alto, CA: Annual Reviews.
18. Jackson, L. A., & Grabski, S. V. (1988). Perceptions of fair pay and the gender wage gap. *Journal of Applied Social Psychology*, *18*, 606-625.

19. Torrance, E. P. (1954). Some consequences of power differences on decision making in permanent and temporary three-man groups. *Research Studies: Washington State College*, *22*, 130-140.
20. Hare, A. P. (1976). *Handbook of small group research* (2nd ed). New York: Free Press.
21. Aronson, E., & Mills, J. (1959). The effects of severity of initiation on liking for a group. *Journal of Abnormal and Social Psychology*, *59*, 177-181.
22. Long, S. (1984). Early integration in groups: "A group to join and a group to create." *Human Relations*, *37*, 311-322.
23. Cartwright, D. (1968). The nature of group cohesiveness. In D. Cartwright & A. Zander (Eds.), *Group dynamics: Research and theory* (3rd ed.) (pp. 91-109). New York: Harper & Row.
24. George, J. M., & Bettenhausen, K. (1990). Understanding prosocial behavior, sales performance, and turnover: A group-level analysis in a service context. *Journal of Applied Psychology*, *75*, 698-709.
25. Douglas, T. (1983). *Groups: Understanding people gathered together*. New York: Tavistock.
26. Geen, R. (1989). Alternative conceptualizations of social facilitation. In P. B. Paulus (Ed.), *Psychology of group influence* (2nd ed.) (pp. 15-51). Hillsdale, NJ: Erlbaum.
27. Zajonc, R. B. (1965). Social facilitation. *Science*, *149*, 269-274.
28. Zajonc, R. B. (1980). Compresence. In P. B. Paulus (Ed.), *Psychology of group influence* (pp. 35-60). Hillsdale, NJ: Erlbaum.
29. Geen, R. B., Thomas, S. L., & Gammill, P. (1988). Effects of evaluation and coaction on state anxiety and anagram performance. *Personality and Individual Differences*, *6*, 293-298.
30. Aiello, J. R., & Kolb, K. J. (1995). Electronic performance monitoring and social context: Impact on productivity and stress. *Journal of Applied Psychology*, *80*, 339-353.
31. Aiello, J. R., & Svec, C. M. (1993). Computer monitoring of work performance: Extending the social facilitation framework to electronic presence. *Journal of Applied Social Psychology*, *23*, 537-548.
32. Koelsch, F. (1995). *The informedia revolution*. New York: McGraw-Hill.
33. See note 31.
34. Band, W. A. (1994). *Touchstones*. New York: Wiley.
35. Minkin, B. H. (1995). *Future in sight*. New York: Macmillan.
36. See note 35.
37. Watson, W. E., Kumar, K., & Michaelsen, K. K. (1993). Cultural diversity's impact on interaction process and performance: Comparing homogeneous and diverse task groups. *Academy of Management Journal*, *36*, 590-602.
38. Steiner, I. D. (1972). *Group processes and productivity*. New York: Academic Press.
39. Shepperd, J. A. (1993). Productivity loss in performance groups: A motivation analysis. *Psychological Bulletin*, *113*, 67-81.
40. Latané, B., Williams, K., & Harkins, S. (1979). Many hands make light the work: The causes and consequences of social loafing. *Journal of Personality and Social Psychology*, *37*, 822-832.
41. Kravitz, D. A., & Martin, B. (1986). Ringelmann rediscovered: The original article. *Journal of Personality and Social Psychology*, *50*, 936-941.
42. Karau, S. J., & Williams, K. D. (1993). Social loafing: A meta-analytic review and theoretical integration. *Journal of Personality and Social Psychology*, *65*, 681-706.

43. Latané, B., & Nida, S. (1980). Social impact theory and group influence: A social engineering perspective. In P. B. Paulus (Ed.), *Psychology of group influence* (pp. 3-34). Hillsdale, NJ: Erlbaum.
44. Earley, P. C. (1993). East meets west meets mideast: Further explorations of collectivistic and individualistic work groups. *Academy of Management Journal*, *36*, 319-348.
45. Nordstrom, R., Lorenzi, P., & Hall, R. V. (1990). A review of public posting of performance feedback in work settings. *Journal of Organizational Behavior Management*, *11*, 101-123.
46. Bricker, M. A., Harkins, S. G., & Ostrom, T. M. (1986). Effects of personal involvement: Thought-provoking implications for social loafing. *Journal of Personality and Social Psychology*, *51*, 763-769.
47. George, J. M. (1992). Extrinsic and intrinsic origins of perceived social loafing in organizations. *Academy of Management Journal*, *35*, 191-202.
48. Albanese, R., & Van Fleet, D. D. (1985). Rational behavior in groups: The free-riding tendency. *Academy of Management Review*, *10*, 244-255.
49. Miles, J. A., & Greenberg, J. (1993). Using punishment threats to attenuate social loafing effects among swimmers. *Organizational Behavior and Human Decision Processes*, *56*, 246-265.
50. Katzenbach, J. R., & Smith, D. K. (1993, March-April). The discipline of teams. *Harvard Business Review*, *71*(2), 111-120.
51. Harari, O. (1995, October). The dream team. *Management Review*, pp. 29-31.
52. See note 51.
53. Katzenbach, J. R. (1998). *Teams at the top*. Boston: Harvard Business School.
54. Mohrman, S. A. (1993). Integrating roles and structure in the lateral organization. In J. R. Galbraith & E. E. Lawler, III (Eds.), *Organizing for the future* (pp. 109-141). San Francisco: Jossey-Bass.
55. Tuckman, B. W., & Jensen, M. A. (1977). Stages of small group development revisited. *Group and Organization Studies*, *2*, 419-427.
56. Ray, D., & Bronstein, H. (1995). *Teaming up*. New York: McGraw-Hill.
57. Wellins, R. S., Byham, & Wilson, J. M. (1991). *Empowered teams*. San Francisco: Jossey-Bass.
58. Moravec, M., Johannessen, O. J., & Hjelmas, T. A. (1997, July/August). Thumbs up for self-managed teams. *Management Review*, pp. 42-47.
59. Manz, C. C., & Sims, H. P., Jr. (1993). *Business without bosses*. New York: Wiley.
60. Osburn, J. D., Moran, L., Musselwhite, E., & Zenger, J. H. (1990). *Self-directed work teams*. Burr Ridge, IL: Irwin.
61. Hackman, J. R. (1987). The design of work teams. In J. W. Lorsch (Ed.), *Handbook of myanizational behavior* (pp. 315-342). Englewood Cliffs, NJ: Prentice-Hall.
62. See note 60 (quote, p. 338).
63. Sheridan, J. H. (1990, October 15). America's best plants. *Industry Week*, pp. 27-64.
64. Fisher, K. (1993). *Leading self-directed work teams*. New York: McGraw-Hill.
65. Dumaine, B. (1990, May 7). Who needs a boss? *Fortune*, pp. 52-60.
66. Ilgen, D. R., Major, D. A., Hollenbeck, & Sego, D. J. (1993). Team research in the 1990s. In M. M. Chemers & R. Ayman (Eds.), *Leadership theory and research* (pp. 245-270). San Diego: Academic Press.
67. Lawler, E. E., III, Mohrman, S. A., & Ledford, G. E., Jr. (1992). *Employee involvement and total*

*quality management*. San Francisco: Jossey-Bass.

68. Hackman, J. R. (Ed.) (1990). *Groups that work (and those that don't)*. San Francisco: Jossey-Bass.
69. See note 68.
70. Katzenbach, J. R., & Smith, D. K. (1993). *The wisdom of teams*. Boston: Harvard Business School.
71. See note 70.
72. Pearson, C. A. L. (1992). Autonomous workgroups: An evaluation at an industrial site. *Human Relations*, 45, 905–936.
73. Wall, T. D., Kemp, N. J., Jackson, P. R., & Clegg, C. W. (1986). Outcomes of autonomous workgroups: A long-term field experiment. *Academy of, Management Journal*, *29*, 280–304.
74. Robbins, H., & Finley, M. (1995). *Why teams don't work*. Princeton, NJ: Peterson's/Pacesetters Books.
75. Stern, A. (1993, July 18). Managing by team is not always as easy as it looks. *The New York Times*, p. B 14.
76. Smith, P. B., Peterson, M. F., & Misumi, J. (1993). Event management and work team effectiveness in Japan, Britain and USA. *Journal of Occupational and Organizational Psychology*, *67*, 33–43.
77. Nahavandi, A., & Aranda, E. (1994). Restructuring teams for the reengineered organization. *Academy of Management Executive*, *8*, 58–68.
78. See note 75.
79. See note 75.
80. See note 75.
81. See note 75.
82. See note 75.
83. Maginn, M. D. (1994). *Effective teamwork*. Burr Ridge, IL: Business One Irwin.
84. Dumaine, B. (1994, September 5). The trouble with teams. *Fortune*, pp. 86–88, 90, 92. (quote, p. 86).
85. See note 84.
86. Campion, M. A., & Higgs, A. C. (1995, October). Design work teams to increase productivity and satisfaction. *HR Magazine*, pp. 101–102, 104, 107.
87. Campion, M. A., Medsker, R., & Higgs, A. C. (1993). Relations between work group characteristics and effectiveness: Implications for designing effective work groups. *Personnel Psychology*, *46*, 823–850.
88. Frangos, S. J. (1993). *Team zebra*. Essex Junction, VT: Omneo.
89. McDermott, L. C., Brawley, N., & Waite, W. W. (1998). *World Class Teams*. New York: Wiley.

***Case in Point Source***

Kirsner, S. (1998, April/May). "Everyday, it's a new place." *Fast Company*, pp. 130–135.

## 第八章

***Preview Case Sources***

Digital Equipment held a state of the company meeting. (1989, June 20). *Wall Street Journal*, p. lA; Gardner, D. (1998, April 13). Merger creates new force in networking. *EE Times*. Tech Search issue 1002; (www. techweb. com/se/directlink) and Borland, J. (1998, July 28). Compaq says no deal on alta vista domain. *Tech Web*; www. techweb. com/wire. story.

***Chapter Notes***

1. Fulk, J. (1993). Social construction of communication technology. *Academy of Management Journal*, *36*, 921-950.
2. Roberts, K. H. (1984). *Communicating in organizations*. Chicago: Science Research Associates (quote, p. 4).
3. Weick, K. E. (1987). Theorizing about organizational communication. In F. M. Jablin, L. L. Putnam, K. H. Roberts, & L. W. Porter (Eds.), *Handbook of organizational communication* (pp. 97-122). Newbury Park, CA: Sage (quote, p. 100).
4. Barnard, C. I. (1938). *The functions of the executive*. Cambridge, MA: Harvard University Press (quote, p. 5).
5. Mintzberg, H. (1973). *The nature of managerial work*. New York: Harper & Row.
6. Baskin, O. W., & Aronoff, C. E. (1980). *Interpersonal communication in organizations*. Santa Monica, CA: Goodyear.
7. Quinn, R. E., Hildebrandt, H. W., Rogers, P. S., & Thompson, M. P. (1991). A competing values framework for analyzing presentational communication in management contexts. *Journal of Business Communication*, *28*, 213-232.
8. Lengel, R. H., & Daft, R. L. (1988). The selection of communication media as an executive skill. *Academy of Management Executive*, *2*, 225-232.
9. Yates, J., & Orlikowski, W. J. (1992). Genres of organizational communication: A structurational approach to studying communication and media. *Academy of Management Review*, *17*, 298-326.
10. Szwergold, J. (1993, June). Employee newsletters help fill an information gap. *Management Review*, p. 8.
11. Sibson and Company, Inc. (1989). *Compensation planning survey, 1989*. Princeton, NJ: Author.
12. Brady, T. (1993, June). Employee handbooks: Contracts or empty promises? *Management Review*, pp. 33-35.
13. Anonymous (1993, November). The (handbook) handbook. *Inc.*, pp. 57-64.
14. Level, D. A. (1972). Communication effectiveness: Methods and situation. *Journal of Business Communication*, *28*, 18-25.
15. Klauss, R., & Bass, B. M. (1982). *International communication in organizations*. New York: Academic Press.
16. Daft, R. L., Lengel, R. H., & Treviño, L. K. (1987). Message equivocality, media selection, and manager performance: Implications for information systems. *MIS Quarterly*, *11*, 355-366.
17. Barnum, C., & Wolnainsky, N. (1989, April). Taking cues from body language. *Management Review*, pp. 3-8.
18. Malloy, J. T. (1990). *Dress for success*. New York: Warner Books (quote, p. 27).
19. Rafaeli, A., Dutton, J., Harquail, C., & Mackie-Lewis, S. (1997). Navigating by attire: The use of dress by female administrative employees. *Academy of Management Journal*, *40*, 9-45.
20. Caggiano, C. (1997). Benchmark: Does anyone still wear a power tie ? *Inc.*, p. 148.
21. Global businesswear trends (1997, June). *Casual Clothing in the Workplace News*, pp. 2-4.

22. Malloy, A. (1996, June). Counting the intangibles. *Computerworld*, pp. 31 - 33.
23. Schwartz, G. (1976). *Queuing and waiting*. Chicago: University of Chicago Press.
24. Greenberg, J. (1989). The organizational waiting game: Time as a statusasserting or status-neutralizing tactic. *Basic and Applied Social Psychology*, *10*, 13 - 26.
25. Greenberg, J. (1988). Equity and workplace status: A field experiment. *Journal of Applied Psychology*, *73*, 606 - 613.
26. Zweigenhaft, R. L. (1976). Personal space in the faculty office: Desk placement and student-faculty interaction. *Journal of Applied Psychology*, *61*, 628 - 32.
27. Greenberg, J. (1976). The role of seating position in group interaction: A review, with applications for group trainers. *Group and Organization Studies*, *1*, 310 - 327.
28. Capowski, G. S. (1993, June). Designing a corporate identity. *Management Review*, pp. 37 - 40.
29. Scully, J. (1987). *Odyssey: Pepsi to Apple... a journey of adventure, ideas, and the future*. New York: Harper & Row (quote, p. 33).
30. Carstairs, E. (1986, February). No ivory tower for Procter & Gamble. *Corporate Design and Reality*, pp. 24 - 30.
31. McCallister, L. (1994). *"I wish I'd said that!" How to talk your way out of trouble and into success*. New York: Wiley.
32. See note 42.
33. Tannen, D. (1995). *Talking 9 to 5*. New York: Avon.
34. *Tannen, D. (1995, September-October). The power of talk: Who gets heard and why*. Harvard Business Review, 137 - 148.
35. See note 45 (quote, p. 148).
36. Munter, M. (1993, May-June). Cross-cultural communication for managers. *Business Horizons*, pp. 75 - 76.
37. Mellow, C. (1995, August 17). Russia: Making cash from chaos. *Fortune*, pp. 145 - 148, 150 - 151.
38. Adler, N. (1991). *International dimensions of organizational behavior* (2nd ed.). Boston: PWS/Kent.
39. Argyris, C. (1974). *Behind the front page: Organizational self-renewal in a metropolitan newspaper*. San Francisco: JosseyBass.
40. Hawkins, B. L., & Preston, P. (1981). *Managerial communication*. Santa Monica, CA: Goodyear.
41. Szilagyi, A. (1981). *Management and performance*. Glenview, IL: Scott, Foresman.
42. Beck, S. (1997, December 8). What to do before you say, "You're outta here." *Business Week*, pp. ENT 6 - ENT 7.
43. See note 42.
44. Coulson, R. (1981). *The termination handbook*. New York: Free Press.
45. Walker, C. R., & Guest, R. H. (1952). *The man on the assembly line*. Cambridge, MA: Harvard University Press.
46. Luthans, F., & Larsen, J. K. (1986). How managers really communicate. *Human Relations*, *39*, 161 - 178.
47. Kirmeyer, S. L., & Lin, T. (1987). Social support: Its relationship to observed communication with peers and superiors. *Academy of Management Journal*, *30*, 137 - 151.

48. Read, W. (1962). Upward communication in industrial hierarchies. *Human Relations*, *15*, 3-16.
49. Glauser, M. J. (1984). Upward information flow in organizations: Review and conceptual analysis. *Human Relations*, *37*, 613-643.
50. Lee, F. (1993). Being polite and keeping MUM: How bad news is communicated in organizational hierarchies. *Journal of Applied Social Psychology*, *23*, 1124-1149.
51. Tesser, A., & Rosen, S. (1975). The reluctance to transmit bad news. In L. Berkowitz (Ed.), *Advances in experimental social psychology* (Vol. 8, pp. 192-232). New York: Academic Press.
52. Kiechel, W., III. (1990, June 18). How to escape the echo chamber. *Fortune*, pp. 128-130 (quote, p. 130).
53. Rogers, E. M., & Rogers, A. (1976). *Communication in organizations*. New York: Free Press.
54. Harcourt, J., Richerson, V., & Waitterk, M. J. (1991). A national study of middle managers' assessment of organization communication quality. *Journal of Business Communication*, *28*, 347-365.
55. Krackhardt, D., & Hanson, J. R. (1993, July-August). Informal networks: The company behind the chart. *Harvard Business Review*, pp. 104-111.
56. Zenger, T. R., & Lawrence, B. S. (1989). Organizational demography: The differential effects of age and tenure distributions on technical communication. *Academy of Management Journal*, *32*, 353-376.
57. Ibarra, H. (1992). Homophily and differential returns: Sex differences in network structure and access in an advertising firm. *Administrative Science Quarterly*, *37*, 422-447.
58. Lesley, E., & Mallory, M. (1993, November 29). Inside the Black business network. *Business Week*, pp. 70-72, 77, 80-81.
59. Brass, D. J. (1985). Men's and women's networks: A study of interaction patterns and influence in an organization. *Academy of Management Journal*, *28*, 327-343.
60. Krackhardt, D., & Porter, L. W. (1986). The snowball effect: Turnover embedded in communication networks. *Journal of Applied Psychology*, *71*, 50-55.
61. Duncan, J. W. (1984). Perceived humor and social network patterns in a sample of task-oriented groups: A reexamination of prior research. *Human Relations*, *37*, 895-907.
62. Baskin, O. W., & Aronoff, C. E. (1989). *Interpersonal communication in organizations*. Santa Monica: Goodyear.
63. Walton, E. (1961). How efficient is the grapevine? *Personnel*, *28*, 45-49.
64. Thibaut, A. M., Calder, B. J., & Sternthal, B. (1981). Using information processing theory to design marketing strategies. *Journal of Marketing Research*, *18*, 73-79.
65. Lesley, E., & Zinn, L. (1993, July 5). The right moves, baby. *Business Week*, pp. 30-31.
66. Schiller, Z. (1995, September 11). P&G is still having a devil of a time. *Business Week*, p. 46.
67. See note 62.
68. Fiol, C. M. (1995). Corporate communications: Comparing executives' private and public statements. *Academy of Management Journal*, *38*, 522-536.
69. Alessandra, T., & Hunksaker, P. (1993). *Communicating at work*. New York: Fireside.
70. Borman, E. (1982). *Interpersonal communication in the modern organization* (2nd ed.). Englewood Cliffs, NJ: Prentice-Hall.
71. Cantoni, C. J. (1993). *Corporate dandelions*. New York: AMACOM.

72. Thornton, R. J. (1987, February 25). I can't recommend the candidate too highly: An ambiguous lexicon for job recommendations. *The Chronicle for Higher Education*, p. 42.

73. Rowe, M. P., & Baker, M. (1984, May-June). Are you hearing enough employee concerns? *Harvard Business Review*, pp. 127 - 135.

74. Burley-Allen, M. (1982). *Listening: The forgotten skill*. New York: Wiley.

75. Brownell, J. (1985). A model for listening instructions: Management applications. *ABCA Bulletin*, *48* (3), 38 - 44.

76. Austin, N. K. (1991, March). Why listening's not as easy as it sounds. *Working Woman*, pp. 46 - 48.

77. See note 95.

78. Seyper, B. D., Bostrom, R. N., & Seibert, J. H. (1989). Listening, communication abilities, and success at work. *Journal of Business Communication*, *26*, 293 - 303.

79. Penley, L. E., Alexander, E. R., Jernigan, I. E., & Henwood, C. I. (1991). Communication abilities of managers: The relationship to performance. *Journal of Management*, *17*, 57 - 76.

80. Brownell, J. (1990). Perceptions of effective listeners: A management study. *Journal of Business Communication*, *27*, 401 - 415.

81. Jones, B. (1997, July/August). Communication: Dying for information. *Management Review*, p. 9.

82. Nichols, R. G. (1962, Winter). Listening is good business. *Management of Personnel Quarterly*, p. 4.

83. See note 82.

84. McCathrin, Z. (1990, Spring). The key to employee communication: Small group meetings. *The Professional Communicator*, pp. 6 - 7, 10.

85. Vernyi, B. (1987, April 26). Institute aims to boos quality of company suggestion boxes. *Toledo Blade*, p. B2.

86. Taft, W. F. (1985). Bulletin boards, exhibits, hotlines. In C. Reuss & D. Silvis (Eds.), *Inside organizational communication* (2nd ed.) (pp. 183 - 189). New York: Longman.

87. Walter, K. (1995, September). Ethics hot lines tap into more than wrongdoing. *HRMagazine*, pp. 78 - 85.

88. See note 87.

89. See note 87.

90. Beck, S. M. (1997, September 7). How'm I really doing? No, really. *Business Week*, ENT 10 - ENT 11.

91. Schnake, M. E., Dumler, M. P., Cochran, D. S., & Barnett, T. R. (1990). Effects of differences in superior and subordinate perception of superiors' communication practices. *Journal of Business Communication*, *27*, 37 - 50.

92. Whetten, D. A., & Cameron, K. S. (1995). *Developing management skills* (3rd ed.). New York: HarperCollins.

93. Aeuerback, J. G. (1997, June 16). Getting the message. *Wall Street Journal*, p. R22.

94. Creighton, J. L., & Adams, J. W. R. (1998, January). The cybermeeting's about to begin. *Management Review*, pp. 29 - 31.

95. Craiger, P., & Weiss, R. J. (1998, June). Traveling in cyberspace: Videomediated communication. *The Industrial Organizational Psychologist*, pp. 83 - 92.

96. Diamond, L., & Roberts, S. (1996). *Effective videoconferencing*. Menlo Park, CA: Crisp Publications.

97. Pape, W. R. (1997, March). A meeting of the minds. *Inc. Tech*, pp. 29-30.

98. Grossman, J. (1998, April). We've got to start meeting like this. *Inc.*, pp. 70-72, 74.

99. Judge, P. C., & Browder, S. (1998, February 23). Let's talk. *Business Week*, pp. 61-64, 66-68, 72, 74, 76.

***Case in Point Sources***

Kelly, P. (1998, April). Forget policy manuals. *Inc.*, pp. 37-38; and Kelly, P. (1998). *Faster company: Building the world's nuttiest, turn-on-a-dime, home-grown, billion dollar business*. New York: Wiley.

## 第九章

***Preview Case Notes***

Lienert, A. (1998, December). Plowing ahead in uncertain times. Management Review, pp. 16-21. Deere & Co. General information (http://www. deere. com/aboutus/general/sheet 1. htm).

***Chapter Notes***

1. Mintzberg, H. J. (1988). *Mintzberg on management: Inside our strange world of organizations*. New York: Free Press.
2. Allison, S. T., Jordan, A. M. R., & Yeatts, C. E. (1992). A cluster-analytic approach toward identifying the structure and content of human decision making. *Human Relations*, *45*, 49-72.
3. Harrison, E. F. (1987). *The managerial decision-making process* (3rd ed.). Boston: Houghton Mifflin.
4. Wedley, W. C., & Field, R. H. G. (1984). A predecision support system. *Academy of Management Review*, *9*, 696-703.
5. Nutt, P. C. (1993). The formulation process and tactics used in organizational decision making. *Organization Science 4*, 226-251.
6. Nutt, P. (1984). Types of organizational decision processes. *Administrative Science Quarterly*, *29*, 414-450.
7. Cowan, D. A. (1986). Developing a process model of problem recognition. *Academy of Management Review*, *11*, 763-776.
8. Dennis, T. L., & Dennis, L. B. (1998). *Microcomputer models for management decision making*. St. Paul, MN: West.
9. Fulk, J., & Boyd, B. (1991). Emerging theories of communication in organizations. *Journal of Management*, *17*, 407-446.
10. Sainfort, F. C., Gustafson, D. H., Bosworth, K., & Hawkins, R. P. (1990). Decision support systems effectiveness: Conceptual framework and empirical evaluation. *Organizational Behavior and Human Decision Processes*, *45*, 232-252.
11. Collyer, S. C., & Malecki, G. S. (1998). Tactical decision making under stress: History and overview. In J. A. Cannon-Bowers & E. Salas (Eds). *Making decisions under stress: Implications for individual and team training* (pp. 3-15). Washington, DC: American Psychological Association.
12. Morrison, J. G., Kelly, R. T., Moore, R. A., & Hutchins, S. G. (1998). Implications of decision-

making research for decision support and displays. In J. A. Cannon-Bowers & E. Salas (Eds). *Making decisions under stress: Implications for individual and team training* (pp. 375 - 406). Washington, DC: American Psychological Association.

13. Stevenson, M. K., Busemeyer, J. R., & Naylor, J. C. (1990). Judgment and decision-making theory. In M. D. Dunnette & L. M. Hough (Eds.), *Handbook of industrial and organizational psychology* (2nd ed.) (Vol. 1, pp. 283 - 374). Palo Alto, CA: Consulting Psychologists Press.
14. Hill, C. W., & Jones, G. R. (1989). *Strategic management*. Boston: Houghton Mifflin.
15. See note 5.
16. Amit, R., & Wernerfelt, B. (1990). Why do firms reduce business risk? *Academy of Management Journal 33*, 520 - 533.
17. Provan, K. G. (1982). Interorgan-izational linkages and influence over decision making. *Academy of Management Journal*, *25*, 443 - 451.
18. Galaskiewicz, J., & Wasserman, S. (1989). Mimetic processes within an in terorganizational field: An empirical test. *Administrative Science Quarterly*, *34*, 454 - 479.
19. Parsons, C. K. (1988). Computer technology: Implications for human resources management. In G. R. Ferris & K. M. Rowland (Eds.), *Research in personnel and human resources management* (Vol. 6, pp. 1 - 36). Greenwich, CT: JAI Press.
20. Simon, H. A. (1987). Making management decisions: The role of intuition and emotion. *Academy of Management Executive*, *1*, 57 - 64.
21. Kirschenbaum, S. S. (1992). Influence of experience on informationgathering strategies. *Journal of Applied Psychology*, *77*, 343 - 352.
22. Simon, H. (1977). *The new science of management decisions* (2nd ed.). Englewood Cliffs, NJ: Prentice-Hall.
23. Case, J. (1995). *Open-book management*. New York: HarperBusiness.
24. Remdomo, M. G. (1995, April). Team effort at Maguire Group leads to ethics policy. *HRMagazine*, pp. 63 - 64, 66.
25. Rowe, A. J., Boulgaides, J. D., & McGrath, M. R. (1984). *Managerial decision making*. Chicago: Science Research Associates.
26. See note 12.
27. Murninghan, J. K. (1981). Group decision making: What strategies should you use? *Management Review*, *25*, 56 - 62.
28. Janis, I. L. (1982). *Groupthink: Psychological studies of policy decisions and fiascoes* (2nd ed.). Boston: Houghton Mifflin.
29. Morehead, G., Ference, R., & Neck, C. P. (1991). Group decision fiascoes continue: Space shuttle Challenger and a revised groupthink framework. *Human Relations*, *44*, 539 - 550.
30. Turner, M. E., & Pratkanis, A. R. (1998). Twenty-five years of groupthink theory and research: Lessons from the evaluation of a theory. *Organizational Behavior and Human Decision Processes*, *73*, 105 - 115.
31. Morehead, G., & Montanari, J. R. (1986). An empirical investigation of the groupthink phenomenon. *Human Relations*, *39*, 399 - 410.

32. Schweiger, D. M., Sandberg, W. R., & Ragan, J. W. (1986). Group approaches for improving strategic decision making: A comparative analysis of dialectical inquiry, devil's advocacy, and consensus. *Academy of Management Journal*, *29*, 51-71.

33. Schweiger, D. M., Sandberg, W. R., & Rechner, P. L. (1989). Experiential effects of dialectical inquiry, devil's advocacy, and consensus approaches to strategic decision making. *Academy of Management Journal*, *32*, 745-772.

34. Cosier, R. A., & Schwenk, C. R. (1990). Agreement and thinking alike: Ingredients for poor decisions. *Academy of Management Executive*, *4*, 69-74.

35. Sloan, A. P., Jr. (1964). *My years with General Motors*. New York: Doubleday.

36. Tjosvold, D. (1984). Effects of crisis orientation on managers' approach to controversy in decision making. *Academy of Management Journal*, *27*, 130-138.

37. Johnson, R. J. (1984). Conflict avoidance through acceptable decisions. *Human Relations*, *27*, 71 82.

38. Neustadt, R. E., & Fineberg, H. (1978). *The swine flu affair: Decision making on a slippery disease*. Washington, DC: U.S. Department of Health, Education, and Welfare.

39. Adler, N. J. (1991). *International dimensions of organizational behavior*. Boston: PWS-Kent.

40. Roth, K. (1992). Implementing international strategy at the business unit level: The role of managerial decisionmaking characteristics. *Journal of Management*, *18*, 769-789.

41. Linstone, H. A. (1984). *Multiple perspectives for decision making*. New York: North-Holland.

42. Simon, H. A. (1979). Rational decision making in organizations. *American Economic Review*, *69*, 493-513.

43. March, J. G., & Simon, H. A. (1958). *Organizations*. New York: Wiley.

44. See note 29.

45. Simon, H. A. (1957). *Models of man*. New York: Wiley.

46. Shull, F. A., Delbecq, A. L., & Cummings, L. L. (1970). *Organizational decision making*. New York: McGrawHill.

47. Browning, E. B. (1850/1950). *Sonnets from the Portuguese*. New York: Ratchford and Fulton.

48. Mitchell, T. R., & Beach, L. R. (1990). "... Do I love thee? Let me count..." Toward an understanding of intuitive and automatic decision making. *Organizational Behavior and Human Decisian Processes*, *47*, 1-20.

49. Beach, L. R., & Mitchell, T. R. (1990). Image theory: A behavioral theory of image making in organizations. In B. Staw & L. L. Cummings (Eds.), *Research in organizational behavior* (Vol. 12, pp. 1-41). Greenwich, CT: JAI Press.

50. Dunegan, K. J. (1995). Image theory: Testing the role of image compatibility in progress decisions. *Organizational Behavior and Human Decision Processes*, *62*, 79-86.

51. Dunegan, K. J. (1993). Framing, cognitive modes, and image theory: Toward an understanding of a glass half full. *Journal of Applied Psychology*, *78*, 491-503.

52. Gaeth, G. J., & Shanteau, J. (1984). Reducing the influence of irrelevant information on experienced decision makers. *Organizational Behavior and Human Performance*, *33*, 263-282.

53. Ginrich, G., & Soli, S. D. (1984). Subjective evaluation and allocation of resources in routine decision making. *Organizational Behavior and Human Performance*, *33*, 187-203.

54. Levin, I. P., Schneider, S. L., & Gaeth, G. J. (1998). All frames are not created equal: A typology and critical analysis of framing effects. *Organizational Behavior and Human Decision Processes*, *76*, 149-188.

55. Kahneman, D., & Tversky, A. (1984). Choices, values, and frames. *American Psychologist*, *39*, 341-350.

56. Highhouse, S., & Yüce, P. (1996). Perspectives, perceptions, and risk-taking behavior. *Organizational Behavior and Human Decision Processes*, *65*, 159-167.

57. Levin, I. P., & Gaeth, G. J. (1988). Framing of attribute information before and after consuming the product. *Journal of Consumer Research*, *15*, 374-378.

58. Levin, I. P. (1987). Associative effects of information framing. *Bulletin of the Psychonomic Society*, *25*, 85-86.

59. Meyerowitz, B. E., & Chaiken, S. (1987). The effects of message framing on breast self-examination attitudes, intentions, and behavior. *Journal of Personality and Social Psychology*, *52*, 500-510.

60. Frisch, D. (1993). Reasons for framing effects. *Organizational Behavior and Human Decision Processes*, *54*, 399-429.

61. Nisbett, R. E., & Ross, L. (1980). *Human inference: Strategies and shortcomings of social judgment*. Englewood Cliffs, NJ: Prentice-Hall.

62. Abelson, R. P., & Levi, A. (1985). Decision-making and decision theory. In G. Lindzey & E. Aronson (Eds.), *Handbook of social psychology* (3rd ed.) (Vol. 1, pp. 231-309). Reading, MA: Addison-Wesley.

63. Kahneman, D., & Tversky, A. (1973). On the psychology of prediction. *Psychological Review*, *80*, 251-273.

64. Gaeth, G. J., & Shanteau, J. (1984). Reducing the influence of irrelevant information on experienced decision makers. *Organizational Behavior and Human Performance*, *33*, 187-203.

65. Power, D. J., & Aldag, R. J. (1985). Soelberg's job search and choice model: A clarification, review, and critique. *Academy of Management Review*, *10*, 48-58.

66. Soelberg, P. O. (1967). Unprogrammed decision making. *Industrial Management Review*, *8*, 19-29.

67. Langer, E., & Schank, R. C. (1994). *Belief, reasoning, and decision making*. Hillsdale, NJ: Erlbaum.

68. Conlon, D. E., & Garland, H. (1993). The role of project completion information in resource allocation decisions. *Academy of Management Journal*, *36*, 402-413.

69. Ross, J., & Staw, B. M. (1986). Expo '86: An escalation prototype. *Administrative Science Quarterly*, *31*, 274-297.

70. Bobocel, D. R., & Meyer, J. P. (1994). Escalating commitment to a failing course of action: Separating the roles of choice and justification. *Journal of Applied Psychology*, *79*, 360-363.

71. Staw, B. M. (1981). The escalation of commitment to a course of action. *Academy of Management Review*, *6*, 577-587.

72. Whyte, G. (1993). Escalating commitment in individual and group decision making: A prospect theory approach. *Organizational Behavior and Human Decision Processes*, *54*, 430-455.

73. Simonson, I., & Staw, B. M. (1992). Deescalation strategies: A comparison of techniques for reducing

commitment to losing courses of action. *Journal of Applied Psychology*, *77*, 419－426.

74. Garland, H., & Newport, S. (1991). Effects of absolute and relative sunk costs on the decision to persist with a course of action. *Organizational Behavior and Human Decision Processes*, *48*, 55－69.
75. Ross, J., & Staw, B. M. (1993). Organizational escalation and exit: Lessons from the Shoreham nuclear power plant. *Academy of Management Journal*, *36*, 701－732.
76. Whyte, G. (1991). Diffusion of responsibility: Effects on the escalation tendency. *Journal of Applied Psychology*, *76*, 408－415.
77. Staw, B. M., Barsade, S. G., & Koput, K. W. (1997). Escalation at the credit window: A longitudinal study of bank executives' recognition and writeoff of problem loans. *Journal of Applied Psychology*, *82*, 130－142.
78. Heath, C. (1995). Escalation and de-escalation of commitment in response to sunk costs: The role of budgeting in mental accounting. *Organizational Behavior and Human Decision Processes*, *62*, 38－54.
79. Tan, H., & Yates, J. F. (1995). Sunk cost effects: The influences of instruction and future return estimates. *Organizational Behavior and Human Decision Processes*, *63*, 311－319.
80. Davis, J. H. (1992). Introduction to the special issue on group decision making. *Organizational Behavior and Human Decision Processes*, *52*, 1－2.
81. Delbecq, A. L., Van de Ven, A. H., & Gustafson, D. H. (1975). *Group techniques for program planning*. Glenview, IL: Scott, Foresman.
82. Hill, G. W. (1982). Group versus individual performance: Are N＋1 heads better than one? *Psychological Bulletin*, *91*, 517－539.
83. Wanous, J. P., & Youtz, M. A. (1986). Solution diversity and the quality of group decisions. *Academy of Management Journal*, *29*, 149－159.
84. Yetton, P., & Bottger, P. (1983). The relationships among group size, member ability, social decision schemes, and performance. *Organizational Behavior and Human Performance*, *32*, 145－149.
85. See note 84.
86. See note 84.
87. Osborn, A. F. (1957). *Applied imagination*. New York: Scribner's.
88. Bouchard, T. J., Jr., Barsaloux, J., & Drauden, G. (1974). Brainstorming procedure, group size, and sex as determinants of the problem-solving effectiveness of groups and individuals. *Journal of Applied Psychology*, *59*, 135－138.
89. Bottger, P. C., & Yetton, P. W. (1987). Improving group performance by training in individual problem solving. *Journal of Applied Psychology*, *72*, 651－657.
90. Patterson, J., & Kim, P. (1991). *The day America told the truth*. New York: Plume.
91. Dubrin, A. J. (1994). *Contemporary applied management* (4th ed.). Burr Ridge, IL: Irwin.
92. Vogel, D. (1993, November/December). Is U. S. business obsessed with ethics? *Across the Board*, pp. 31－33.
93. Insider trading (1987, March 23). *Business Week*, p. 66.
94. Nomura Securities (1991, August 26). *Business Week*, p. 27.
95. Singer, A. W. (1991, September). Ethics: Are standards lower overseas? *Across the Board*, pp. 31－34.

96. Dalkey, N. (1969). *The Delphi method: An experimental study of group decisions*. Santa Monica, CA: Rand Corporation.
97. Van de Ven, A. H., & Delbecq, A. L. (1971). Nominal versus interacting group processes for committee decision making effectiveness. *Academy of Management Journal*, *14*, 203 - 212.
98. See note 97.
99. Gustafson, D. H., Shulka, R. K., Delbecq, A., & Walster, W. G. (1973). A comparative study of differences in subjective likelihood estimates made by individuals, interacting groups, Delphi groups, and nominal groups. *Organizational Behavior and Human Performance*, *9*, 280 - 291.
100. Ulshak, F. L., Nathanson, L., & Gillan, P. B. (1981). *Small group problem solving: An aid to organizational effectiveness*. Reading, MA: Addison-Wesley.
101. Harmon, J., Schneer, J. A., & Hoffman, L. R. (1995). Electronic meetings and established decision groups: Audioconferencing effects on performance and structural stability. *Organizational Behavior and Human Decision Processes*, *61*, 138 - 147.
102. Willis, R. E. (1979). A simulation of multiple selection using nominal group procedures. *Management Science*, *25*, 171 - 181.
103. Stumpf, S. A., Zand, D. E., & Freedman, R. D. (1979). Designing groups for judgmental decisions. *Academy of Management Review*, *4*, 589 - 600.
104. Rogelberg, S. G., Barnes-Farrell, J. L., & Lowe, C. A. (1992). The stepladder technique: An alternative group structure facilitating effective group decision making. *Journal of Applied Psychology*, *77*, 730 - 737.

**Case in Point Sources**

Meeks, F. (1995, October 23). Catering to indulgent parents. *Forbes*, pp. 148, 150, 154 - 155; and The Motley Fool (1996, October 2.). http://www.fool.com/EveningNews/1996/EveningNews961002.htm.

## 第十章

**Preview Case Source**

Sapsford, J. (1998, July 8). Deadbeat days: It's Japan's paradox: Troubled banks buoy their ailing borrowers. *Wall Street Journal*, pp. Al, A10.

**Chapter Notes**

1. Spacapan, S., & Oskamp, S. (Eds.). (1992). *Helping and being helped*. Newbury Park, CA: Sage.
2. Organ, D. W. (1997). Organizational citizenship behavior: It's construct clean-up time. *Human Performance*, *10*, 85 - 98.
3. See note 2.
4. Morrison, E. W. (1994). Role definitions and organizational citizenship behavior: The importance of employee's perspective. *Academy of Management Journal*, *37*, 1543 - 1567.
5. Konovsky, M. A., & Pugh, S. D. (1994). Citizenship behavior and social exchange. *Academy of Management Journal*, *37*, 656 - 689.
6. Ball, G. A., Trevino, K. K., & Sims, H. P., Jr. (1994). Just and unjust punishment: Influences on subordinate performance and citizenship. *Academy of Management Journal*, *37*, 299 - 322.

7. See note 4.

8. Randall, D. M., Fedor, D. P., & Longenecker, C. O. (1990). The behavioral expression of organizational commitment. *Journal of Vocational Behavior*, *36*, 210-224.

9. Allen, T. D., & Rush, M. C. (1998). The effects of organizational citizenship behavior on performance judgments: A field study and a laboratory experiment. *Journal of Applied Psychology*, *83*, 247-260.

10. Near, J. P., & Miceli, M. P. (1985). Organizational dissidence: The case of whistle-blowing. *Journal of Business Ethics*, *4*, 1-16.

11. Lancaster, H. (1995, July 18). Workers who blow the whistle on bosses often pay a high price. *Wall Street Journal*, p. B1.

12. Henkoff, R. (1995, September 4). So who is this Mark Whitacre, and why is he saying these things about ADM? *Fortune*, pp. 64-66, 68.

13. Yates, R. E. (1995, July 7). Whistleblowers pay dearly for heroics. *Chicago Tribune*, p. B7.

14. Miceli, M. P., & Near, J. P. (1997). Whistle-blowing as antisocial behavior. In R. A. Giacalone & J. Greenberg (Eds.), *Antisocial behavior in organizations* (pp. 130-149). Thousand Oaks, CA: Sage.

15. Ring, P. S., & Van de Ven, A. (1994). Developmental processes of cooperative interorganizational relationships. *Academy of Management Review*, *19*, 90-118.

16. Tjosvold, D. (1986). *Working together to get things done*. Lexington, MA: Lexington Books.

17. Komorita, M., & Parks, G. (1995). Interpersonal relations: Mixed-motive interaction. *Annual Review of Psychology*, 46, 183-207.

18. Baron, R. S., Kerr, N. L., & Miller, N. (1992). *Group process, group decision, group action*. Pacific Grove, CA: Brooks/Cole.

19. Pruitt, D. G., & Carnevale, P. J. (1993). *Negotiation in social conflict*. Pacific Grove, CA: Brooks/Cole.

20. Knight, G. P., & Dubro, A. F. (1984). Cooperative, competitive, and individualistic social values: An individualized regression and clustering approach. *Journal of Personality and Social Psychology*, *46*, 98-105.

21. McAllister, D. J. (1995). Affectand cognition-based trust as foundations for interpersonal cooperation in organizations. *Academy of Management Journal*, *38*, 24-59.

22. See note 21.

23. Smith, K. G., Carrol, S. J., & Ashford, S. J. (1995). Intra-and interorganizational cooperation: Toward a research agenda. *Academy of Management Journal*, *38*, 7-23.

24. Korsgaard, M. A., Schweiger, D. M., & Sapienza, H. J. (1995). Building commitment, attachment, and trust in strategic decision-making teams: The role of procedural justice. *Academy of Management Journal*, *38*, 60-84.

25. See note 24.

26. See note 24.

27. Yamagishi, T., & Yamagishi, M. (1994). Trust and commitment in the United States and Japan. *Motivation and Emotion*, *18*, 129-166.

28. Peters, T. J., & Waterman, R. H., Jr. (1982). *In search of excellence: Lessons from America's best-run companies*. New York: Warner Books.

29. Cheng, J. L. (1983). Interdependence and coordination in organizations: A role-system analysis. *Academy of Management Journal*, *26*, 156-162.

30. Tully, S. (1995, February 20). Purchasing's new muscle. *Fortune*, pp. 75-76, 78-79, 82-83.

31. See note 3.

32. Thomas, K. W., & Schmidt, W. H. (1976). A survey of managerial interests with respect to conflict. *Academy of Management Journal*, *10*, 315-318.

33. Mamis, R. A. (1994, June). Partner wars: Six true confessions. *Inc.*, pp. 36-42.

34. Walton, R. S., & McKersie, R. B. (1965). *A behavioral theory of labor negotiations: An analysis of a social interaction system*. New York: McGraw-Hill.

35. Thomas, K. W. (1976). Conflict and conflict management. In M. D. Dunnette (Ed.), *Handbook of industrial and organizational psychology* (pp. 889-935). Chicago: Rand McNally.

36. Rahim, M. A. (1983). A measure of styles of handling interpersonal conflict. *Academy of Management Journal*, *26*, 368-376.

37. Ting-Toomey, S. (1988). Intercultural conflict styles: A face-negotiation theory. In Y. Kim & W. Gudykunst (Eds.), *Theories in intercultural communication* (pp. 213-235). Newbury Park, CA: Sage.

38. Tjosvold, D., & De Dreu, C. (1997). Managing conflict in Dutch organizations: A test of the relevance of Deutsch's cooperation theory. *Journal of Applied Social Psychology*, *27*, 2213-2227.

39. Baron, R. A. (1989). Personality and organizational conflict: The Type A behavior pattern and self-monitoring. *Organizational Behavior and Human Decision Processes*, *44*, 281-297.

40. Robinson, R., Keltner, D., Ward, A., & Ross, L. (1995). Actual versus assumed differences in construal: "Ngïve realism" in intergroup perception and conflict. *Journal of Personality and Social Psychology*, *68*, 404-417.

41. Keltner, D., & Robinson, R. J. (1997). Defending the status quo: Power and bias in social conflict. *Personality and Social Psychology Bulletin*, *23*, 1066-1077.

42. Fodor, E. M. (1978b). Group stress, autoritarian style of control and use of power. *Journal of Applied Psychology*, *61*, 313-318.

43. Huo, Y. J., Smith, H. J., Tyler, T. R., & Lind, E. A. (1996). Superordinate identification subgroup identification and justice concerns: Is separation the problem, is assimilation the answer? *Psychological Science*, *7*, 40-45.

44. Tyler, T. R., Lind, E. A., Ohbuchi, K. I., Sugawara, I., & Huo, Y. J. (1998). Conflict with outsiders: Disputing within and across cultural boundaries. *Personality and Social Psychology Bulletin*, *24*, 137-146.

45. Tjosvold, D. (1985). Implications of controversy research for management. *Journal of Management*, *11*, 21-37.

46. Robbins, S. P. (1974). *Managing organizational conflict: A nontraditional approach*. Englewood Cliffs, NJ: Prentice-Hall.

47. Schwenk, C. R., & Cosier, R. A. (1980). Effects of the expert, devil's advocate, and dialectical inquiry methods of prediction performance. *Organizational Behavior and Human Decision Processes*, *26*, 409-424.

48. See note 47.

49. Cosier, R. A., & Dalton, D. R. (1990). Positive effects of conflict: A field assessment. *International Journal of Conflict Management*, *1*, 81-92.

50. Thompson, L. (1998). *The mind and heart of the negotiator*. Upper Saddle River, NJ: Prentice-Hall.

51. Thompson, L., & Hastie, R. (1990). Social perception in negotiation. *Organizational Behavior and Human Decbion Processes*, *47*, 98-123.

52. Lewicki, R. J., & Litterer, J. A. (1985). *Negotiation*. Homewood, IL: Irwin.

53. Pruitt, D. G., & Carnevale, P. J. (1993). *Negotiation in social conflict*. Pacific Grove, CA: Brooks/Cole.

54. Thompson, L., & Hastie, R. (1990). Social perception in negotiation. *Organizational Behavior and Human DeciJion Processes*, *47*, 98-123.

55. See note 53.

56. Vorauer, J. D., & Claude, S. D. (1998). Perceived versus actual transparency of goals in negotiation. *Pesonality and Social Psychology Bulletin*, *24*, 371-385.

57. Thomas, K. W. (1992). Conflict and conflict management: Reflections and update. *Journal of Organizational Behavior*, *13*, 265-274.

58. Overman, S. (1993, May). Why grapple with the cloudy elephant? *HRMagazine*, pp. 60-65.

59. See note 58.

60. McGurn (1988, March 7). Spotting the thieves who work among us. *Wall Street Journal*, p. 16A.

61. Northwestern National Life Insurance Company (1993). *Fear and violence in the workplace*. Milwaukee, WI: Author.

62. Harper, D. (1990). Spotlight abuse, save profits. *Industrial Distribution*, *79*, 47-51.

63. Gruber, J. E. (1990). How women handle sexual harassment: A literature review. Social *Science Research*, *74*, 3-9.

64. Buss, D. (1993). Ways to curtail employee theft. *Nation's Business*, pp. 36-38.

65. Robinson, S. L., & Greenberg, J. (1998). Employees behaving badly: Dimensions, determinants, and dilemmas in the study of workplace deviance. In D. M. Rousseau & C. Cooper (Eds.), *Trends in organizational behavior* (Vol. 5). New York: Wiley.

66. National Institute for Occupational Safety and Health, 1993.

67. Deibel, M. (1998). Study: Workplace violence a global problem. *Albany Times Union*, July 20, 1996, p. B1.

68. Leonard, J. R., & Sloboda, B. A. (1996, April). *Workplace violence: A review ofcttrrent literature*. Paper presented at the Annual Meeting of the Society for Industrial and Organizational Psychology, San Diego, CA.

69. Neuman, J. H., & Baron, R. A. (1997). Aggression in the workplace. In Giacalone, R. A., & Greenberg, J. (Eds.), *Anti-social behavior in organizations* (pp. 37-67). Thousand Oaks, CA: Sage.

70. Baron, R. A., Neuman, J. H., & Geddes, D. H. (In press). Social and personal determinants of workplace aggression: Evidence for the impact of the Type A behavior pattern and perceived injustice. *Aggressive Behavior*.

71. Neuman, J. H., & Baron, R. A. (1998). Workplace violence and workplace aggression: Evidence con-

cerning specific forms, potential causes, and preferred targets. *Journal of Management*, *24*, 391-419.

72. Greenberg, J., & Alge, B. J. (1998). Aggressive reactions to workplace injustice. In R. W. Griffin, A. O'Leary-Kelly, & J. Collins (Ecls.), Dysfunctional behavior in organizations, Vol. 1: Violent behaviors in organizations. Stamford, CT: JAI Press.
73. Folger, R., Robinson, S. L., Dietz, J., McClean Parks, J., & Baron, R. A. (1998, August). *When colleagues become violent*. Paper presented at the meetings of the Academy of Management, San Diego, CA.
74. See note 84.
75. Folger, R., & Baron, R. A. (1996). Violence and hostility at work: A model of reactions to perceived injustice. In G. R. VanclenBos & E. Q. Bulatao (Eds.), *Violence on the job: Identifying risks and developing solutions* (pp. 51-85). Washington, DC: American Psychological Association.
76. Griffin, R. W., O'Leary-Kelly, A., & Collins, J. M. (1998). *Dysfunctional behavior in organizations: Violent and deviant behavior*. Stamford, CT: JAI Press.
77. Arvey, R. D., & Jones, A. P. (1985). The use of discipline in organizational settings: A framework for future research. In L. L. Cummings & B. M. Staw (Eds.), *Research in organizational behavior* (Vol. 7, pp. 367-408). Greenwich, CT: JAI Press.
78. Greenberg, J. (1993). The social side of fairness: Interpersonal and informational classes of justice. In R. Cropanzano (Ed.), *Justice in the workplace: Approaching fairness in human resource management*. Hillsdale, NJ: Erlbaum.
79. Mantell, M., & Albrecht, S. (1994). *Ticking bombs: Defusing violence in the workplace*. New York: Irwin.
80. Greenberg, J. (1997). The STEAL motive: Managing the social determinants of employee theft. In R. Giacalone & J. Greenberg (Ecls.), *Antisocial behavior in organizations* (pp. 85-108). Newbury Park, CA: Sage.
81. Snyder, N. H., & Blair, K. E. (1989, May-June). Dealing with employee theft. *Business Horizons*, pp. 27-34.
82. Miner, J. B., & Capps, M. H. (1996). *How honesty testing works*. Westport, CT: Quorum.
83. See note 82.
84. Altheide, D. L., Adler, P. A., Adler, P., & Altheide, D. A. (1978). The social meanings of employee theft. In J. M. Johnson & J. D. Douglas (Eds.), *Crime at the top: Deviance in business and the professions* (pp. 90-124). Philadelphia: Lippincott.
85. Greenberg, J. (1998). The cognitive geometry of employee theft. In *Dysfunctional behavior in organizations: Nonviolent and deviant behavior* (pp. 147-193). Stamford, CT: JAI Press.

***Case in Point Source***

Tjosvold, D. (1986). *Working together to get things done*. Lexington, MA: Lexington.

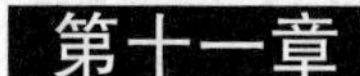

## 第十一章

***Preview Case Notes***

Gunther, M. (1997, August 18). Will Uncle Bud sell Hollywood? *Fortune*, pp. 185-186, 188.

***Chapter Notes***

# 参考文献

1. Cobb, A. T. (1984). An episodic model of power: Toward an integration of theory and research. *Academy of Management Review*, *9*, 482-493.
2. Mayes, B. T., & Allen, R. T. (1977). Toward a definition of organizational politics. *Academy of Management Review*, *2*, 672-678.
3. Mintzberg, H. (1983). *Power in and around organizations*. Englewood Cliffs, NJ: Prentice-Hall.
4. Schriesheim, C. A., & Hinkin, T. R. (1990). Influence tactics used by subordinates: A theoretical and empirical analysis and refinement of the Kipnis, Schmidt, and Wilkinson subscales. *Journal of Applied Psychology*, *75*, 246-257.
5. Yukl, G., & Tracey, J. B. (1992). Consequences of influence tactics used with subordinates, peers, and the boss. *Journal of Applied Psychology*, *77*, 525-535.
6. Yukl, G., Falbe, C. M., & Youn, J. Y. (1993). Patterns of influence behavior for managers. *Group & Organization Management*, *18*, 5-28.
7. Offermann, L. R. (1990). Power and leadership in organizations. *American Psychologist*, *45*, 179-189.
8. Falbe, C. M. & Yukl, G. (1992). Consequences for managers of using single influence tactics and combinations of tactics. *Academy of Management Journal*, *35*, 638-652.
9. Ansari, M. A., & Kapoor, A. (1987). Organizational context and upward influence tactics. *Organizational Behavior and Human Decision Processes*, *40*, 39-49.
10. Dutton, J. E., & Ashford, S. J. (1993). Selling issues to top management. *Academy of Management Review*, *18*, 397-428.
11. Rebello, K., Burrows, P., & Sager, I. (1996, February 5). The fall of an American icon. *Business Week*, pp. 34-42.
12. Creswell, J. (1998, October 12). Ranking the 50 most powerful women. *Fortune*, pp. 83-86.
13. Podsakoff, P. M., & Schriesheim, C. A. (1985). Field studies of French and Raven's bases of power: Critique, reanalysis, and suggestions for future research. *Psychological Bulletin*, *97*, 387-411.
14. Huber, V. L. (1981). The sources, uses, and conservation of managerial power. *Personnel*, *51*(4), 62-67.
15. Kipnis, D., Schmidt, S. M., SwaffinSmith, C., & Wilkinson, I. (1984, Winter). Patterns of managerial influence: Shotgun managers, tacticians, and bystanders. *Organizational Dynamics*, 58-67.
16. Stewart, T. (1989, November 6). CEOs see clout shifting. *Fortune*, p. 66.
17. Kahn, R. L., Wolfe, D. M., Quinn, R. P., Snoek, J. D., & Rosenthal, R. A. (1964). *Organizational stress: Studies in role conflict and ambiguity*. New York: Wiley.
18. See note 13.
19. Symonds, W. C., & Siler, J. F. (1991, April 1). CEO disease. *Business Week*, pp. 52-60.
20. Morris, S. (1990, March 13). Abbott boss's suit points to a trend. *Chicago Tribune*, Business Section, p. 1.
21. See note 17.
22. Ford, R. C., & Fottler, M. D. (1995). Empowerment: A matter of degree. *Academy of Management Executive*, *9*, 21-29.
23. Dumaine, B. (1990, May 7). Who needs a boss? *Fortune*, pp. 52-54, 56, 58, 60.

24. Shipper, F., & Manz, C. C. (1991). Employee self-management without formally designated teams: An alternative road to empowerment. *Organizational Dynamics*, *20*(3), 48 - 61.
25. Sherman, J. (1994). *In the rings of Saturn*. New York: Oxford University Press.
26. Dumaine, B. (1993, February 22). The new non-manager managers. *Fortune*, pp. 80 - 84 (quote, p. 81).
27. Row, H. (1998, December). Great Harvest's recipe for growth. *Fast Company*, pp. 46, 48.
28. DeGus, A. (1997). *The living company*. Boston: Harvard Business School.
29. See note 26.
30. DuBrin, A. J. (1994). *Contemporary applied management* (4th ed.). Burr Ridge, IL: Irwin.
31. Patalon, W., III. (1992, June 14). Xerox's gateway to the world. *Rochester Democrat and Chronicle*, pp. 1F - 2F.
32. Lesser, Y. (1992, May). From the bottom up: A toast to empowerment. *Human Resources Forum*, pp. 1 - 2.
33. Omni Hotels Web site (http://www. omnihotels. com/pages/common/number. html).
34. Fleming, P. C. (1991, December). Empowerment strengthens the rock. *Management Review*, pp. 34 - 37.
35. Byham, W. C., & Cox, J. (1991). *ZAPP: The ligbtening of empowerment*. New York: Harmony.
36. Gresov, C., & Stephens, C. (1993). The context of interunit influence attempts. *Administrative Science Quarterly*, *38*, 252 - 276.
37. Pfeifer, J., & Salancik, G. (1978). *The external control of organizations*. New York: Harper & Row.
38. Salancik, G., & Pfeifer, J. (1974). The bases and uses of power in organizational decision-making. *Administrative Science Quarterly*, *19*, 453 - 473.
39. Boeker, W. (1989). The development and institutionalization of subunit power in organizations. *Administrative Science Quarterly*, *34*, 388 - 410.
40. Lawrence, P. R., & Lorsch, J. W. (1967). *Organization and environment*. Cambridge, MA: Harvard University Press.
41. Hickson, D. J., Astley, W. G., Butler, R. J., & Wilson, D. C. (1981). Organization as power. In L. L. Cummings & B. M. Staw (Eds.), *Research in organizational behavior* (Vol. 4, pp. 151 - 196). Greenwich, CT: JAI Press.
42. Miles, R. H. (1980). *Macro organizational behavior*. Glenview, IL: Scott, Foresman.
43. Saunders, C. S., & Scarmell, R. (1982). Intraorganizational distributions of power: Replication research. *Academy of Management Journal*, *25*, 192 - 200.
44. Hinings, C. R., Hickson, D. J., Pennings, J. M., & Schneck, R. E. (1974). Structural conditions of intraorganizational power. *Academy of Management Journal*, *19*, 22 - 44.
45. See note 2.
46. Drory, A., & Romm, T. (1990). The definition of organizational politics: A review. *Human Relations*, *43*, 1133 - 1154.
47. Ferris, G. R., & Kacmar, K. M. (1992). Perceptions of organizational politics. *Journal of Management*, *18*, 93 - 116.
48. Rosen, R. H. (1991). *The healthy company*. New York: Tarcher/Perigree (quote, p. 71).

49. Mulder, M., de Jong, R. D., Koppelaar, L., & Verhage, J. (1986). Power, situation, and leaders' effectiveness: An organizational field study. *Journal of Applied Psychology*, *71*, 566-570.
50. Feldman, S. P. (1988). Secrecy, information, and politics: An essay in organizational decision making. *Human Relations*, *41*, 73-90.
51. Greenberg, J. (1990). Looking fair vs. being fair: Managing impressions of organizational justice. In B. M. Staw & L. L. Cummings (Eds.), *Research in organizational behavior* (Vol. 12, pp. 111-157). Greenwich, CT: JAI Press.
52. Ferris, G. R., & King, T. R. (1991). Politics in human resources decisions: A walk on the dark side. *Organizational Dynamics*, *20*, 59-71.
53. Warshaw, M. (1998, April/May). The good guy's and gal's guide to office politics. *Fast Company*, pp. 156-158, 160, 162, 166, 168, 170, 172, 174, 176, 178.
54. Boeker, W. (1992). Power and managerial dismissal: Scapegoating at the top. *Administrative Science Quarterly*, *37*, 400-421.
55. Cobb, A. T. (1991). Toward the study of organizational coalitions: Participant concerns and activities in a simulated organizational setting. *Human Relations*, *44*, 1057-1079.
56. Feldman, S. P. (1988). Secrecy, information, and politics: An essay in organizational decision making. *Human Relations*, *41*, 73-90.
57. Liden, R. C., & Mitchell, T. R. (1988). Ingratiatory behaviors in organizational settings. *Academy of Management Review*, *13*, 572-587.
58. See note 3.
59. Sprouse, M. (1992). *Sabotage in the American workplace*. San Francisco: Pressure Drop Press.
60. Madison, D. L., Allen, R. W., Porter, L. W., Renwick, P. A., & Mayes, B. T. (1980). Organizational politics: An exploration of managers perceptions. *Human Relations*, *33*, 79-100.
61. Pfeifer, J. (1992). *Managing with power*. Boston: Harvard Business School.
62. See note 38.
63. Wayne, S. J., & Ferris, G. R. (1990). Influence tactics, affect, and exchange quality in supervisor-subordinate interactions. *Journal of Applied Psychology*, *75*, 487-499.
64. See note 43.
65. Adler, N. J., & Israeli, D. N. (1995). Women managers: Moving up and across borders. In O. Shenkar (Ed.), *Global perspectives of human resource management* (pp. 165-193). Englewood Cliffs, NJ: Prentice-Hall.
66. Adler, N. J. (1984). Women do not want international careers: And other myths about international management. *Organizational Dynamics*, *13*(2), 66-79.
67. Moran, Stahl, & Boyer, Inc. (1988). *Status of American female expatriate employees: Survey results*. Boulder, CO: International Division.
68. Jelinek, M., & Adler, N. J. (1988). Women: World-class managers for global competition. *Academy of Management Executive*, *2*(1), 11-19.
69. Bartol, K. M., & Martin, D. C. (1990). When politics pays: Factors influencing managerial compensation decisions. *Personnel Psychology*, *43*, 599-614.
70. Gray, B., & Ariss, S. S. (1985). Politics and strategic change across organizational life cycles. *Acade-*

*my of Management Review*, *10*, 707 - 723.

71. Hannan, M. T., & Freeman, J. H. (1978). Internal politics of growth and decline. In M. W. Meyer (Ed.), *Environment and organizations* (pp. 177 - 199). San Francisco: Jossey-Bass.
72. Ferris, G. R., & King, T. R. (1991). Politics in human resources decisions: A walk on the dark side. *Organizational Dynamics*, *20*, 59 - 71.
73. Gandz, J., & Murray, V. V. (1980). The experience of workplace politics. *Academy of Management Journal*, *23*, 237 - 251.
74. Allen, R. W., Madison, D. L., Porter, L. W., Renwick, P. A., & Mayes, B. T. (1979). Organizational politics: Tactics and characteristics of its actors. *California Management Review*, *22*, 77 - 83.
75. See note 72.
76. See note 73.
77. Kipnis, D. (1976). *The powerbolders*. Chicago: University of Chicago Press.
78. Buchholz, R. A. (1989). *Fundamental concepts and problems in business ethics*. Englewood Cliffs, NJ: Prentice-Hall.
79. Gellerman, S. W. (1986, July - August). Why "good" managers make bad ethical choices. *Harvard Business Review*, pp. 85 - 90.
80. Commerce Clearing House (1991, June 26). *1991 SHRM/CCH survey*. Chicago: Author.
81. Kumar, P., & Ghadially, R. (1989). Organizational politics and its effects on members of organizations. *Human Relations*, *42*, 305 - 314.
82. Andrews, G. (1994, September). Mistrust, the hidden obstacle to empowerment. *HR Magazine*, pp. 66 - 68, 70.
83. Velasquez, M., Moberg, D. J., & Cavanaugh, G. F. (1983). Organizational statesmanship and dirty politics: Ethical guidelines for the organizational politician. *Organizational Dynamics*, *11*, 65 - 79.
84. See note 83.
85. Greenberg, J. (1982). Approaching equity and avoiding inequity in groups and organizations. In J. Greenberg & R. L. Cohen (Eds.), *Equity and justice in social behavior* (pp. 389 - 435). New York: Academic Press.

## 第十二章

**Preview Case Sources**

Farrell, G. (1998, December). "My mouse is my first." *Business 2.0*, 72 - 74, 76, 78, 80, 82, 84 (http://www.agency.com/ourcompany/).

**Chapter Notes**

1. House, R. J., & Podsakoff, P. M. (1995). Leadership effectiveness: Past perspectives and future directions for research. In J. Greenberg (Ed.), *Organizational behavior: The state of the science* (pp. 45 - 82). Hillsdale, NJ: Erlbaum.
2. Yukl, G. (1998). *Leadership in organizations* (4th ed.). Upper Saddle River, NJ: Prentice - Hall.
3. Bennis, W. G., & Nanus, B. (1985). *Leaders: The strategies for taking charge*. New York: Harper & Row (quote, p. 4).
4. See note 1.

5. Locke, E. A. (1991). *The essence of leadership*. New York: Lexington Books.
6. Cialdini, R. B. (1988). *Influence* (2nd ed.). Glenview, IL: Scott, Foresman.
7. Kotter, J. P. (1990). *A force far change: How leadership differs from management*. New York: Free Press.
8. Geier, J. G. (1969). A trait approach to the study of leadership in small groups. *Journal of Communication*, *17*, 316-323.
9. Kirkpatrick, S. A., & Locke, E. A. (1991). Leadership: Do traits matter? *Academy of Management Executive*, *5*, 48-60 (quote, p. 58).
10. House, R. J., Shane, S. A., & Herold, D. M. (1996). Rumors of the death of dispositional research are vastly exaggerated. *Academy of Management Review*, *21*, 203-224.
11. See note 9.
12. Lord, R. G., DeVader, C. L., & Alliger, G. M. (1986). A meta-analysis of the relation between personality traits and leadership perceptions: An application of validity generalization procedures. *Journal of Applied Psychology*, *61*, 402-410.
13. Zaccaro, S. J., Foti, R. J., & Kenny, D. A. (1991). Self-monitoring and traitbased variance in leadership: An investigation of leader flexibility across multiple group situations. *Journal of Applied Psychology*, *76*, 308-315.
14. Muczyk, J. P., & Reimann, B. C. (1987). The case for directive leadership. *Academy of Management Review*, *12*, 637-647.
15. Chen, C. C., & Meindl, J. R. (1991). The construction of leadership images in the popular press: The case of Donald Burr and People Express. *Administrative Science Quarterly*, *36*, 521-551.
16. Zenger, J. H., Musselwhite, E., Hurson, K., & Perrin, C. (1994). *Leading teams: Mastering the new role*. Homewood, IL: Business One Irwin.
17. Likert, R. (1961). New patterns in management. New York: McGraw-Hill.
18. Stogdill, R. M. (1963). *Manual for the leader behavior description questionnaire*, *form XII*. Columbus, OH: Ohio State University, Bureau of Business Research.
19. Weissenberg, P., & Kavanagh, M. H. (1972). The independence of initiating structure and consideration: A review of the evidence. *Personnel Psychology*, *25*, 119-130.
20. Vroom, V. H. (1976). Leadership. In M. D. Dunnette (Ed.), *Handbook of industrial-organizational psychology* (1527-1552). Chicago: Rand-McNally.
21. See note 3.
22. Band, W. A. (1994). *Touchstones*. New York: Wiley (quote, p. 247).
23. Blake, R. R., & Mouton, J. J. (1969). *Building a dynamic corporation through grid organizational development*. Reading, MA: Addison-Wesley.
24. Lee, C. (1991). Followership: The essence of leadership. *Training*, 28, 27-35 (quote, p. 28).
25. Mead, R. (1998). *International management* (2nd ed.). Malden, MA: Blackwell.
26. Adler, N. J., Campbell, N. C., & Laurent, A. (1989). In search of appropriate methodology: From outside the People's Republic of China looking in. *Journal of International Business Studies*, 12, 61-74.
27. Graen, G. B., & Wakabayashi, M. (1994). Cross-cultural leadership-making: Bridging American and

Japanese diversity for team advantage. In H. C. Triandis, M. D. Dunnette, & L. M. Hough (Eds.) *Handbook of industrial and organizational psychology* (2nd ed.) (Vol. 4, pp. 415 - 466). Palo Alto, CA: Consulting Psychologists Press.

28. Phillips, A. S., & Bedian, A. G. (1994). Leader-follower exchange quality: The role of personal and interpersonal attributes. *Academy of Management Journal*, *37*, 990 - 1001.
29. Dunegan, K. J., Duchon, D., & Uhl-Bien, M. (1992). Examining the link between leader-member exchange and subordinate performance: The role of task analyzability and variety as moderators. *Journal of Management*, *18*, 59 - 76.
30. Duarte, N. T., Goodson, J. R., & Klich, N. R. (1993). How do I like thee? Let me appraise the ways. *Journal of Organizational Behavior*, *14*, 239 - 249.
31. Deluga, R. J., & Perry, J. T. (1991). The relationship of subordinate upward influencing behaviour, satisfaction and perceived superior effectiveness with leader-member exchanges. *Journal of Occupational Psychology*, *64*, 239 - 252.
32. Ferris, G. R. (1985). Role of leadership in the employee withdrawal process: A constructive replication. *Journal of Applied Psychology*, *70*, 777 - 781.
33. Scandura, T. A., & Schriesheim, C. A. (1994). Leader-member exchange and supervisor career mentoring as complementary constructs in leadership research. *Academy of Management Journal*, *37*, 1588 -1602.
34. Lord, R. G., & Maher, K. (1989). Perceptions in leadership and their implications in organizations. In J. Carroll (Ed.), *Applied social psychology and organizational settings* (Vol. 4, pp. 129 - 154). Hillsdale, NJ: Erlbaum.
35. Heneman, R. L., Greenberger, D. B., & Anonyuo, C. (1989). Attributions and exchanges: The effects of interpersonal factors on the diagnosis of employee performance. *Academy of Management Journal*, *32*, 466 - 476.
36. Mitchell, T. R., & Wood, R. E. (1980). Supervisor's responses to subordinate poor performance: A test of an attribution model. *Organizational Behavior and Human Performance*, *25*, 123 - 138.
37. Bass, B. M. (1985). *Leadership and performance beyond expectations*. New York: Free Press.
38. House, R. J. (1977). A 1976 theory of charismatic leadership. In J. G. Hunt & L. L. Larson (Eds.), *Leadership: The cutting edge* (pp. 189 - 207). Carbondale, IL: Southern Illinois University Press.
39. See note 38.
40. Conger, J. A. (1991). Inspiring others: The language of leadership. *Academy of Management Executive*, *5*, 31 - 45 (quote, p. 32).
41. House, R. J., Woycke, J., & Fedor, E. M. (1988). Charismatic and noncharismatic leaders: Differences in behavior and effectiveness. In J. A. Conger & R. N. Kanungo (Eds.), *Charismatic leadership* (pp. 122 - 144). San Francisco: Jossey-Bass.
42. See note 1.
43. Zachary, G. P. (1994, June 2). How "barbarian" style of Philippe Kahn led Borland into jeopardy. *Wall Street Journal*, p. A1.
44. See note 7 (quote, p. 44).
45. See note 1.

46. Tichy, N. M. (1993). *Control your destiny or someone else will*. New York: Doubleday Currency.

47. Stewart, T. A. (1998, March 2). America's most admired companies. *Fortune*, 70 - 82.

48. Morris, B. (1995, December 11). The wealth builders. *Fortune*, pp. 80 - 84, 88, 90, 94.

49. Koh, W. L., Steers, & Terborg, J. R. (1995). The effects of transformational leadership on teacher attitudes and student performance in Singapore. *Journal of Organizational Behavior*, *16*, 319 - 333.

50. Hater, J. J., & Bass, B. M. (1988). Superiors' evaluations and subordinates perceptions of transformational and transactional leadership. *Journal of Applied Psychology*, *73*, 695 - 702.

51. Fiedler, F. E. (1978). Contingency model and the leadership process. In L. Berkowitz (Ed.), *Advances in experimental social psychology* (Vol. 11, pp. 60 - 112). New York: Academic Press.

52. Hersey, P., & Blanchard, K. H. (1988). *Management of organizational behavior*. Englewood Cliffs, NJ: Prentice-Hall.

53. House, R. J., & Baetz, M. L. (1979). Leadership: Some empirical generalizations and new research directions. In B. M. Stow (Ed.), *Research in organizational behavior* (Vol. 1, pp. 341 - 424). Greenwich, CT: JAI Press.

54. Whitworth, L., House, H., Sandahl, P., & Kimsey-House, H. (1998). *Coactive coaching: New skills for coaching people toward success in work and life*. Palo Alto, CA: Davies-Black.

55. Holtz, L. (1998). *Winning everyday*. New York: Harper Business.

56. Wolfe, R. (1998). *The Packer way*. New York: St. Martins.

57. Bradley, Bill. (1998). *Values of the game*. New York: Artisan.

58. Milbank, D. (1990, March 5). Managers are sent to "charm schools" to discover how to polish up their acts. *Wall Street Journal*, pp. Al4, B3.

59. Vroom, V. H., & Yetton, P. W. (1973). *Leadership and decision making*. Pittsburgh: University of Pittsburgh Press.

60. Kerr, S., & Jermier, J. M. (1978). Substitutes for leadership: Their meaning and measurement. *Organizational Behavior and Human Performance*, *22*, 375 - 403.

61. Sheridan, J. E., Vredenburgh, D. 3., & Abelson, M. A. (1984). Contextual model of leadership influence in hospital units. *Academy of Management Journal*, *27*, 57 - 78.

62. Podsakoff, P. M., Niehoff, B. P., MacKenzie, S. B., & Williams, M. L. (1993). Do substitutes for leadership really substitute for leadership? An empirical examination of Kerr and Jermier's situational leadership model. *Organizational Behavior and Human Decision Processes*, *54*, 1 - 44.

63. Meindl, J. R., & Ehrlich, S. B. (1987). The romance of leadership and the evaluation of organizational performance. *Academy of Management Journal*, *30*, 91 - 109.

***Case in Point Source***

Morris, K. (1998, May 25). The rise of Jill Barad. *Business Week*, pp. 112 - 116, 118 - 119.

## 第十三章

***Preview Case Sources***

Cortese, A. (1996, February 26). It's a wrap—with the intranet. *Business Week*, pp. 48 - 49, 51; and Grover, R. (1998, July 13). Steven Spielberg: The storyteller. *Business Week*, pp. 56 - 60, 62, 64.

***Chapter Notes***

参考文献


1. Saporito, B. (1992, August 24). A week aboard the Wal-Mart express. *Business Week*, pp. 77–81, 84.
2. Flynn, J., Del Valle, C., & Mitchell, R. (1992, August 3). Did Sears take other customers for a ride? *Business Week*, pp. 24–25.
3. Schneider, B. (1990). *Organizational climate and culture*. San Francisco: Jossey-Bass.
4. Schein, E. H. (1985). *Organizational culture and leadership*. San Francisco: Jossey-Bass.
5. Martin, J. (1992). *Cultures in organizations*. New York: Oxford University Press.
6. Goffee, R., & Jones, G. (1998). *The character of a corporation*. New York: Harper Business.
7. Amabile, T. (1996). *Creativity in con text*. Denver: Westview Press.
8. See note 6.
9. Martin, J., Sitkin, S. B., & Boehm, M. (1985). Founders and the elusiveness of a cultural legacy. In P. J. Frost, L. F. Moore, M. R. Louis, C. C. Lundberg, & J. Martin (Eds.), *Organizational culture* (pp. 99–124). Beverly Hills, CA: Sage.
10. Dobrzynski, J. H. (1993, April 12). "I'm going to let the problems come to me." *Business Week*, pp. 32–33.
11. Ornstein, S. L. (1986). Organizational symbols: A study of their meanings and influences on perceived psychological climate. *Organizational Behavior and Human Decision Processes*, *38*, 207–229.
12. Martin, J. (1982). Stories and scripts in organizational settings. In A. Hastorf & A. Isen (Eds.), *Cognitive social psychology* (pp. 255–306). New York: Elsevier-North Holland.
13. Neuhauser, P. C. (1993). *Corporate legends and lore: The power of storytelling as a management tool*. New York: McGraw-Hill (quote, p. 63).
14. Manley, W. W., Ⅱ. (1991). *Executive's handbook of model business conduct codes*. Englewood Cliffs, NJ: Prentice-Hall (quote, p. 5).
15. Weiner, Y. (1988). Forms of value systems: A focus on organizational effectiveness and cultural change and maintenance. *Academy of Management Review*, *13*, 534–545.
16. Walter, G. A. (1985). Culture collisions in mergers and acquisitions. In P. J. Frost, L. F. Moore, M. R. Louis, C. C. Lundberg, & J. Martin (Eds.), *Organizational culture* (pp. 301–314). Beverly Hills, CA: Sage.
17. Burrough, B., & Helyar, J. (1990). *Barbarians at the gate*. New York: HarperCollins.
18. Davenport, T. O. (1998, January). The integration challenge. *Management Review*, pp. 25–28.
19. Colvin, G. (1999, January 11). The year of the mega-merger. *Fortune*, pp. 62–88.
20. See note 18.
21. See note 18 (quote, p. 28).
22. Carroll, P. (1993). *Big blues: The unmaking of IBM*. New York: Crown.
23. Amabile, T. M. (1988). A model of creativity and innovation in organizations. In B. M. Staw & L. L. Cummings (Eds.), *Research in organizational behavior* (Vol. 10, pp. 123–167). Greenwich, CT: JAI Press.
24. Mattimore, B. W. (1994). *99% inspi ration*. New York: AMACOM.
25. Ayan, J. (1997). *Aha*. New York: Three Rivers Press.
26. Michalko, M. (1991). *Thinkertoys*. Berkeley, CA: Ten Speed Press.
27. Higgins, J. M. (1995). *Innovate or evaporate*. Winter Park, FL: New Management Publishing Compa-

ny.

28. Oldham, G. R., & Cummings, A. (1996). Employee creativity: Personal and contextual factors at work. *Academy of Management Journal*, *39*, 607 - 634.
29. Brown, E. (1998, March 1). America's most admired companies. *Fortune*, pp. 68 - 73.
30. See note 17.
31. Hayes, R. H., & Abernathy, W. J. (1980, July-August). Managing our way to economic decline. *Harvard Business Review*, pp. 67 - 77.
32. Hill, C. W., Hitt, M. A., & Hoskisson, R. E. (1988). *Academy of Management Executive*, *2*, 51 - 60.
33. Dumaine, B. (1991, December 2). Closing the innovation gap. *Fortune*, pp. 57 - 59.
34. Gross, N. (1994, March 21). Who says science has to pay off fast? *Business Week*, pp. 110 - 111.
35. Schlender, B. R. (1992, February 24). How Sony keeps the magic going. *Fortune*, pp. 76 - 80, 82, 84.
36. Gross, N. (1992, September 28). Inside Hitachi. *Business Week*, pp. 92 - 94, 96, 98, 100.
37. Young, J. A. (1990, February). Myths of technology leadership lull U. S. into risky comfort zone. *Financier*, pp. 32 - 36.
38. Lord, L. L., & Horn, M. (1987, January 19). The brain battle. *U. S. News & World Report*, pp. 58 -65.
39. Bowen, E. (1988, January 11). Wanted: Fresh, homegrown talent. *Time*, 65.
40. Moffat, S. (1991, March 25). Picking Japan's research brains. *Fortune*, pp. 84 - 86, 88, 90 - 92, 94, 96.
41. Arthur D. Little, Inc. (1985). *Management perspectives on innovation: Innovation management practices in North America, Europe, and Japan*. Cambridge, MA: Author.
42. Hitt, M. A., Hoskisson, R. E., Ireland, R. D., & Harrison, J. S. (1991). Effects of acquisitions on R&D inputs and outputs. *Academy of Management Journal*, *34*, 693 - 706.
43. See note 27 (quote, p. 18).
44. Ricchiuto, J. (1997). *Collaborative creativity*. New York: Oakhill.

***Case in Point Sources***

Coyne, W. E. (1997). 3M (Minnesota Mining and Manufacturing Company). In R. M. Kanter, J. Kao, & F. Wiersema (Eds.), *Innovation* (pp. 43 - 63). New York: Harper Business; and Kanter, R. M., Kao, J., & Wiersema, F. (1997). *Innovation*. New York: Harper Business.

## 第十四章

***Preview Case Source***

Lubove, S. (1995, July 17). New-tech, old-tech. *Forbes*, 58, 60, 62.

***Chapter Notes***

1. Miller, D. (1987). The genesis of configuration. *Academy of Management Review*, *12*, 686 - 701.
2. Galbraith, J. R. (1987). Organization design. In J. W. Lorsch (Ed.), *Handbook of organizational behavior* (pp. 343 - 357). Englewood Cliffs, NJ: Prentice-Hall.
3. Hendricks, C. F. (1992). *The rigthtsizing remedy*. Homewood, IL: Business One Irwin.
4. Swoboda, F. (1990, May 28 - June 3). For unions, maybe bitter was better. *Washington Post National*

*Ueekly Edition*, p. 20.

5. Speen, K. (1988, September 12). Caught in the middle. *Business Week*, pp. 80 - 88.
6. Urwick, L. F. (1956). The manager's span of control. *Harvard Business Review*, *34*(3), 39 - 47.
7. Charan, R. (1991, July - August). How networks reshape organizations — for results. *Harvard Business Review*, pp. 10 - 17.
8. Green, H., & Moscow, A. (1984). *Managing*. New York: Doubleday.
9. Dalton, M. (1950). Conflicts between staff and line managerial officers. *American Sociological Review*, *15*, 342 - 351.
10. Chandler, A. (1962). *Strategy and structure*. Cambridge, MA: MIT Press.
11. Mitchell, R. (1987, December 14). When Jack Welch takes over: A guide for the newly acquired. *Business Week*, p. 93 - 97.
12. Lawrence, P., & Lorsch, J. (1967). *Organization and environment*. Boston: Harvard University Press.
13. Pitta, J. (1993, April 26). It had to be done and we did it. *Forbes*, pp. 148 - 152.
14. Dumaine, B. (1990, November 5). How to manage in a recession. *Fortune*, pp. 72 - 75.
15. Uttal, B. (1985, June 29). Mettle test time for John Young. *Fortune*, pp. 242 - 244, 248.
16. Mee, J. F. (1964). Matrix organizations. *Business Horizons*, *7*(2), 70 - 72.
17. Bartlett, C. A., & Ghoshal, S. (1990). Matrix management: Not a structure, a frame of mind. *Harvard Business Review*, *68*(3), 138 - 146.
18. Wall, W. C., Jr. (1984). Integrated management in matrix organizations. *IEEE Transactions on Engineering Management*, *20*(2), 30 - 36.
19. Davis, S. M., & Lawrence, P. R. (1977). *Matrix*. Reading, MA: Addison-Wesley.
20. Goggin, W. (1974). How the multidimensional structure works at Dow Corning. *Harvard Business Review*, *56*(1), 33 - 52.
21. See note 20.
22. Ford, R. C., & Randolph, W. A. (1992). Cross-functional structures: A review and integration of matrix organization and project management. *Journal of Management*, *18*, 267 - 294.
23. See note 22.
24. Stewart, T. A. (1992, May 18). The search for the organization of tomorrow. *Fortune*, pp. 93 - 98 (quote, p. 93).
25. Byrne, J. A. (1993, December 20) The horizontal corporation. *Business Week*, pp. 76 - 81 (quote, p. 76).
26. See note 3 (quote, p. 96).
27. McGregor, D. (1960). *The human side of enterprise*. New York: McGraw-Hill.
28. Argyris, C. (1964). *Integrating the individual and the organization*. New York: Wiley.
29. Likert, R. (1961). *New patterns of management*. New York: McGraw-Hill.
30. Duncan, R. (1979, Winter). What is the right organization structure? *Organizational Dynamics*, pp. 59 -69.
31. Burns, T., & Stalker, G. M. (1961). *The management of innovation*. London: Tavistock.
32. Deveney, K. (1986, October 13). Bag those fries, squirt that ketchup, fry that fish. *Business Week*, pp.

57 - 61.

33. Kerr, P. (1985, May 11). Witch hazel still made the old-fashioned way. *New York Times*, pp. 27 - 28.
34. Morse, J. J., & Lorsch, J. W. (1970). Beyond theory Y. *Harvard Business Review*, 48(3), 61 - 68.
35. Mintzberg, H. (1983). *Structure in fives: Designing effective organizations*. Englewood Cliffs, NJ: Prentice-Hall.
36. Livesay, H. C. (1979). *American made: Man who shaped the American econamy*. Boston: Little, Brown.
37. See note 1.
38. GE: Just your average everyday $60 billion family grocery store. (1994, May 2). *Industry Week*, pp. 13 -18.
39. Slater, R. (1993). *The new GE*. Homewood, IL: Business One Irwin (quote, p. 257).
40. Woodruff, D., & Miller, K. L. (1993, May 3). Chrysler's Neon: Is this the small car Detroit couldn't build? *Business Week*, pp. 116 - 126.
41. Dees, G. D., Rasheed, A. M. A., McLaughlin, K. J., & Priem, R. L. (1995). The new corporate architecture. *Academy of Management Executive*, *9*, 7 - 18.
42. See note 41.
43. Tully, S. (1993, February 3). The modular corporation. *Fortune*, pp. 106 - 108, 110.
44. Taylor, A. (1990, November 19). Why Toyota keeps getting better and better and better. *Fortune*, pp. 72 - 79.
45. Byrne, J. (1993, February 8). The virtual corporation. *Business Week*, pp. 99 - 103.
46. Chesbrough, H. W., & Teece, D. J. (1996, January - February). When is virtual virtuous? Organizing for innovation. *Harvard Business Review*, *96*, 65 - 73.
47. Nakarmi, L., & Einhorn, B. (1993, June 7). Hyundai's gutsy gambit. *Business Week*, p. 48.
48. Gerlach, M. L. (1993). *Alliance capitalism: The social organization of Japanese business*. Berkeley, CA: University of California Press.
49. Miyashita, K., & Russell, D. (1994). *Keiretstt: Inside the Japanese conglomerates*. New York: McGraw-Hill.
50. Kanter, R. M. (1994, July - August). Collaborative advantage: The art of alliances. *Harvard Business Review*, pp. 96 - 108.
51. See note 50.
52. Fletcher, N. (1988, December 10). U. S., China form joint venture to manufacture helicopters. *Journal of Commerce*, p. 58.
53. Bransi, B. (1987, January 3). South Korea's carmakers count their blessings. *The Economist*, p. 45.
54. Mason, J. C. (1993, May). Strategic alliances: Partnering for success. *Management Review*, pp. 10 -15.
55. Vanhonacker, W. (1997, March - April). Entering China: An unconventional approach. *Harvard Business Review*, *97*, 130 - 131, 134 - 136, 138 - 140.
56. Earley, P. C., & Erez, M. (1997). *The transplanted executive: Why you need to understand how workers in other countries see the world differently*. New York: Oxford University Press.

## 第十五章

***Preview Case Source***

1. Hulin, C. L., & Roznowski, M. (1985). Organizational technologies: Effects on organizations' characteristics and individuals' responses. In L. L. Cummings & B. M. Stow (Eds.), *Research in organizational behavior* (Vol. 7, pp. 39-86). Greenwich, CT: JAI Press.
2. Swasy, A. (1993). *Soap opera: The inside story of Procter & Gamble*. New York: Times Books.
3. Porter, M. E. (1985). *Competitive advantage*. New York: Free Press.
4. Drucker, P. F. (1992). *Managing for the future*. New York: Truman Talley Books/Dutton.
5. Perrow, C. (1967). A framework for the comparative analysis of organizations. *American Sociological Review*, *32*, 194-208.
6. Czinkota, M. R., & Dichtl, E. (1998). Export controls: Providing security in a volatile environment. In M. R. Czinkota & M. Kotabe (Eds.), *Trends in international business* (pp. 43-51). Malden, MA: Blackwell.
7. See note 7 (quote, p. 51).
8. Katzell, R. (1994). Contemporary meta-trends in industrial and organizational psychology. In H. C. Triandis, M. D. Dunnette, & L. M. Hough (Eds.), *Handbook of industrial and organizational psychology* (2nd ed.). (Vol. 4, pp. 1-89). Palo Alto, CA: Consulting Psychologists Press.
9. Dean, J. W., Yoon, S. J., & Susman, G. I. (1992). Advanced manufacturing technology and organization structure: Empowerment or subordination? *Organization Science*, *3*, 203-229 (quote, p. 207).
10. Valery, N. (1988). Factory of the future. In J. Gibson, J. Ivancevich, & J. Donnelly, Jr. (Eds.), *Organizations closeup* (pp. 274-301). Plano, TX: Business Publications.
11. Weiners, B., & Pescovitz, D. (1996). *Reality check*. San Francisco: Hardwired.
12. Weick, K. (1990). Technology as equivoque: Sensemaking in new technologies. In P. S. Goodman, & L. S. Sproull (Eds.), *Technology and organizations* (pp. 1-44). San Francisco: Jossey-Bass.
13. Office of Technology Assessment. (1985). *Automation of American offices, 1985-2000*. Washington, DC: Author.
14. Solomon, J. S. (1987, Fall). Union responses to technological change: Protecting the past or looking into the future? *Labor Studies Journal*, pp. 51-65.
15. Farnham, A. (1993, Autumn). Making high tech work for you. *Fortune* (Special Issue), p. 1.
16. Bayless, A. (1986, October 16). Technology reshapes North America's lumber plants. *Wall Street Journal*, p. 6.
17. Sherman, J. (1994). *In the rings of Saturn*. New York: Oxford University Press.
18. Neff, R. (1987, April 20). Getting man and machine to live happily ever after. *Business Week*, pp. 61-63.
19. Argote, L., Goodman, P. S., & Schkacle, D. (1983, Spring). The human side of robots: How workers react to a robot. *Sloan Management Review*, 31-42 (quote, p. 42).
20. Carstairs, J. E (1988, March 28). America rushes to high tech for growth. *Business Week*, pp. 84-86, 88, 90 (quote, p. 86).
21. See note 20.

22. Segaller, S. (1998). *Nerds 2, 0.1*. New York: TV Books.

23. Paps, W. R. (1997). Hiring blind. *Inc. Tech.*, No. 4, pp. 31-32.

24. Face-to-face: Spies like us. (1998, March). *Inc.*, pp. 28, 20, 32.

25. Price Waterhouse EMC Group. (1997). *American Internet user survey*. New York: Author.

26. Pappas, B. (1997, August 25). Executives versus computers. *Forbes*, pp. 18, 20.

27. Turkle, S. (1996, Winter). Virtuality and its discontents: Searching for community in cyberspace. *The American Prospect*, *24*, 50-57.

28. Katz, J. E., & Aspden, P. (1997). A nation of strangers? *Communications of the ACM*, *40*(12), 81-86.

29. Kraut, R., Patterson, M., Lundmark, V., Kiesler, S., Mukopadhyay, T., & Scherlis, W. (1998). Internet paradox: A social technology that reduces social involvement and psychological well-being? *American Psychologist*, *53*, 1017-1031.

30. Tompkins, N. C. (1993, April). Tools that help performance on the job. *HR Magazine*, pp. 84, 87, 89-91.

31. See note 30.

32. Anonymous. (1993, September). New technology and the disabled. *Information Management Forum*, pp. 1, 4.

33. See note 30.

34. See note 30.

35. French, W. L., Bell, C. H., Jr., & Zawacki, R. A. (1989). *Organization development: Theory, practice and research* (3rd ed.). Homewood, IL: BPI/Irwin.

36. Marx, G. T., & Sherizen, S. (1986). Monitoring on the job: How to protect privacy as well as property. *Technology Review*, *89*, 62-72.

37. See note 36.

38. Kulik, C. T., & Ambrose, M. L. (1993). Category-based and featurebased processes in performance appraisal: Integrating visual and computerized sources of performance data. *Journal of Applied Psychology*, *78*, 821-830.

39. Aiello, J. R. (1993). Computerbased work monitoring: Electronic surveillance and its effects. *Journal of Applied Social Psychology*, *23*, 499-507.

40. See note 38.

41. See note 38.

42. Ives, B., & Mason, R. O. (1990). Can information technology revitalize your customer service? *Academy of Management Executive*, *4*, 52-69.

43. Bylinsky, G. (1996, February 6). Manufacturing for reuse. *Fortune*, pp. 102-104, 108, 110, 112.

44. Brown, S. F. (1998, February 16). Giving more jobs to electronic eyes. *Fortune*, pp. 104[B]-104[D].

45. Woodward, J. (1965). *Industrial organization: Theory and practice*. London: Oxford University Press.

46. See note 45 (quote, p. 58).

47. Oleson, J. D. (1998). *Pathway to agility: Mass customization in action*. New York: John Wiley & Sons.

48. Hull, F. M., & Collins, P. D. (1987). High-technology batch production systems: Woodward's missing type. *Academy of Management Journal*, *30*, 786 - 797.

49. Hickson, D., Pugh, D., & Pheysey, D. (1969). Operations technology and organization structure: An empirical reappraisal. *Adminsitrative Science Quarterly*, *26*, 349 - 377.

50. Thompson, J. D. (1967). *Organizations in action*. New York: McGraw-Hill.

51. Bahrami, H. (1992). The emerging flexible organization: Perspectives from Silicon Valley. *California Management Review*, *34*(4), 33 - 52.

52. See note 51 (quote, p. 38).

***Case in Point Source***

Goldberg, M. (1997, April - May). How FedEx runs on time. *Fast Company*, p. 38.

## 第十六章

***Preview Case Source***

Augustine, N. R. (1997, May - June). Reshaping an industry: Lockheed Martin's survival story. *Harvard Business Review*, *75*(3), 83 - 94.

***Chapter Notes***

1. Sherman, S. (1993, December 13). How will we live with the tumult? *Fortune*, pp. 123 - 125 (quote, p. 125).
2. Haveman, H. A. (1992). Between a rock and a hard place: Organizational change and performance under conditions of fundamental environmental transformation. *Administrative Science Quarterly*, *37*, 48 - 75.
3. Smith, D. (1998, May). Invigorating change initiatives. *Management Review*, pp. 45 - 48.
4. Nystrom, P. C., & Starbuck, W. H. (1984, Spring). To avoid organizational crises, unlearn. *Organizational Dynamics*, 44 - 60.
5. Reese, J. (1993, July 26). Corporate Methuselahs. *Fortune*, p. 16.
6. See note 5 (quote, p. 15).
7. Miller, K. L. (1993, May 17). The factory guru tinkering with Toyota. *Business Week*, pp. 95, 97.
8. Levy, A. (1986). Second-order planned change: Definition and conceptualization. *Organizational Dynamws*, *16*(1), 4 - 20.
9. A master class in radical change. (1993, December 13). *Fortune*, pp. 82 - 84, 88, 90.
10. Kanter, R. M. (1991, May - June). Transcending business boundaries: 12,000 world managers view change. *Harvard Business Review*, pp. 151 - 164.
11. Stewart, T. A. (1993, December 13). Welcome to the revolution. *Fortune*, pp. 66 - 68, 70, 72, 76, 78 (quote, p. 70).
12. David, F. R. (1993). *Concepts of strategic management*. New York: Macmillan.
13. Mead, R. (1998). *International management* (2nd ed.). Malden, MA: Blackwell.
14. Taylor, B. (1995). The new strategic leadership — driving change, getting results. *Long Range Planning*, *28*(5), 71 - 81.
15. McCarty, M. (1990, October 30). PepsiCo to consolidate its restaurants, combining U. S. and foreign operations. *Wall Street Journal*, p. A4.

16. Bureau of Labor Statistics. (1999). Web site: http://stats. bls. gov. )

17. See note 11.

18. Christensen, H. K. (1994). Corporate strategy: Managing a set of businesses. In I. L. Fahley & R. M. Randall (Eds.), *The portable MBA in strategy* (pp. 53-83). New York: Wiley.

19. Markides, C. (1997, Spring). Strategic innovation. *Sloan Management Review*, 9-23.

20. Collis, D. J., & Montgomery, C. A. (1995, July-August). Competing on resources: Strategy in the 1990s. *Harvard Business Review*, *73*, 118-128.

21. Dean, J. W., Jr., & Scharfman, M. (1996). Does decision process matter? A study of strategic decision-making effectiveness. *Academy of Management Journal*, *29*, 368-396.

22. Porter, M. (1996, March 14). "It's time to grow up." *Far Eastern Economic Review*, pp. 1-2.

23. Lasserre, P., & Putti, J. (1990). *Business strategy and management: Text and cases for managers in Asia*. Singapore: Institute of Management.

24. Yoshimori, M. (1995). Whose company is it? The concept of the corporation in Japan and the West. *Long Range Planning*, *28*(4), 33-34.

25. Beer, M. (1980). *Organizational change and development: A systems view*. Glenview, IL: Scott, Foresman.

26. Nadler, D. A. (1987). The effective management of organizational change. In J. W. Lorsch (Ed.), *Handbook of organizational behavior* (pp. 358-369). Englewood Cliffs, NJ: Prentice-Hall.

27. Katz, D., & Kahn, R. L. (1978). *The social psychology of organizations* (2nd ed.). New York: Wiley.

28. See note 26.

29. Huey, J. (1993, April 5). Managing in the midst of chaos. *Fortune*, pp. 38-41, 44, 46, 48 (quote, p. 40).

30. Senge, P. M. (1990). *The fifth discipline*. New York: Doubleday.

31. Pascale, R., Millemann, M., & Gioja, L. (1997, November-December). Changing the way we change. *Harvard Business Review*, pp. 127-139.

32. Collarelli, S. M. (1998). Psychological interventions in organizations. *American Phychologist*, *53*, 1044-1056.

33. Vicars, W. M., & Hartke, D. D. (1984). Evaluating OD evaluations: A status report. *Group and Organization Studies*, *9*, 177-188.

34. Ettorre, B. (1995, October). Managing competitive intelligence. *Management Review*, pp. 15-19 (quote, p. 18).

35. See note 54.

36. Porras, J. I., & Robertson, P. J. (1992). Organization development: Theory, practice, and research. In M. D. Dunnette & L. M. Hough (Eds.) *Handbook of industrial and organizational psychology* (2nd ed.) (Vol. 3, pp. 719-822). Palo Alto, CA: Consulting Psy-chologists Press.

37. Blunt, P. (1988). Cultural consequences for organizational change in a Southeast Asian state: Brunei. *Academy of Management Executive*, *2*, 235-240.

38. White, L. P., & Wotten, K. C. (1983). Ethical dilemmas in various stages of organizational development. *Academy of Management review*, *8*, 690-697.

***Case in Point Source***

Feldman, A. (1995, October 23). Shaking things up. *Forbes*, pp. 260-262; and the Zale Corporation Internet site (http://www.zalecorp.com/).

# 译后记

在《组织行为学》一书翻译工作即将完成之际，体会到的不仅有艰辛，更有一种充实和喜悦。

《组织中行为学》一书作为组织行为学教材精品是当之无愧的。阅读这本教材，有“开卷有益”的体会。

全书共分六部分，十六章内容。不仅包括那些成熟的理论，而且让读者接触到组织行为学最新的研究课题和丰富的材料。在阅读中，时时感受到问题的挑战和理论的推进。理论联系实际，为许多组织行为学家所重视。本书并不是孤立地谈论理论，也不是简单指出理论运用于实际之可能，而是把理论研究、具体研究和实际应用三者紧密联系在一起。在阅读中，不只感触到各种实际问题，而且明白心理学理论是怎样能够解决这些问题的。本书还安排了心理测试题和增进技能的练习。在学习了组织行为学系统知识的同时，还提高了自己工作、生活技能。

本书翻译是在朱永新教授的关心指导下进行的。本书翻译几易其稿，多次进行交流讨论。具体翻译工作由范庭卫负责。译者分工为：邵爱国：前言、附录。范庭卫：第一章。章颖：第二章。宋春蕾、李云：第三章。何源：第四章。陈海芹：第五章。王平、范庭卫：第六章。穆彦均：第七章。李瑾：第八章。吴铁钧：第九章。范晴岚：第十章。葛存根：第十一章。夏金华、邵爱国、吴颖：第十二章。李锐：第十三章。薛锦霞、张顺生：第十四章。陈剑梅、范庭卫：第十五章。殷明：第十六章。这里我们由衷地感谢朱永新教授在百忙中为全书做了审校工作。

在翻译过程中，得到了研究生张琳琳、丁志强、朱艳、程刚、王椿阳、杨再勇等的帮助，华东师范大学吕晓俊博士以及潘新玉、沈淼给予了帮助。苏州大学教育学院许庆豫教授给予了关心和支持。这里对他们表示谢意。

由于译者水平有限，翻译不当之处，请读者批评指正。请将您的反馈意见寄至苏州大学教育学院范庭卫收。我们期盼着您的宝贵意见。

范庭卫

2005 年 3 月 15 日